Jacqueline Kennedy Onassis war und ist das Idol für Generationen von Frauen. Schön, exquisit gekleidet, kultiviert, charmant, mysteriös und majestätisch, das war die Aura, die sie umgab und zum bewunderten Star werden ließ.

Sarah Bradfords Biographie blickt hinter den Mythos Jackie. Sie zeigt uns eine außergewöhnliche Frau, die rätselhaft und widersprüchlich war: sympathisch, rücksichtsvoll, stolz, loyal und liebevoll, aber ebenso höchst egoistisch, manipulierend und habsüchtig. In Hunderten von Interviews mit Zeitzeugen, engen Freunden und Verwandten ist es Sarah Bradford gelungen, neue und bisher nicht bekannte Details aus Jackies Leben zu erfahren: ihre Affären, ihr Schwanken zwischen Geiz und Verschwendungssucht, ihre Kompromisslosigkeit alten Freunden gegenüber, wenn diese in ihren Augen einen Treuebruch begangen hatten. Die Biographie folgt ihrem Lebensweg von der nicht immer unbeschwerten Kindheit zu dem glanzvollen, aber schwierigen Leben an der Seite John F. Kennedys, ihrer Verklärung zur »Königin von Amerika« nach seinem gewaltsamen Tod, zur Heirat mit Aristoteles Onassis, durch die sie sich von ihrer Rolle als verehrten Witwen-Göttin verabschiedet und die sie bei den Angloamerikanern zur Persona non grata werden läßt, bis zu ihren zwar weniger glamourösen, aber selbstbestimmten und unabhängigen letzten Lebensjahren als Lektorin in einem New Yorker Verlag.

Dieses Buch ist aber auch die politische Biographie einer Epoche, die Amerika und die gesamte westliche Welt von Grund auf verändert hat und in der die Verstrickungen des Kennedy-Clans ebenso zur Sprache kommen wie die Bürgerrechtsbewegung und der Vietnamkrieg.

Sarah Bradford ist Historikerin und anerkannte Biographin berühmter Persönlichkeiten wie Cesare Borgia, Disraeli, Fürstin Gracia Patricia, Georg VI. und Elisabeth II. Für ihre 1982 erschienene Biographie über Disraeli wurde sie von der ›New York Times‹ mit dem renommierten »Book of the Year«-Preis ausgezeichnet.

Unsere Adresse im Internet: www.fischer-tb.de

Sarah Bradford

JACKIE KENNEDY ONASSIS

Ein leidenschaftliches Leben

Aus dem Amerikanischen
von Petra Dudas

Fischer Taschenbuch Verlag

Für Sam Peabody

Veröffentlicht im Fischer Taschenbuch Verlag,
einem Unternehmen der S. Fischer Verlag GmbH,
Frankfurt am Main, Oktober 2003

Die amerikanische Originalausgabe erschien 2000 unter dem Titel
›America's Queen. The Life of Jacqueline Kennedy Onassis‹

First published by Viking/Penguin Group, London and New York
Für die deutsche Ausgabe:

Satz: Pinkuin Satz und Datentechnik, Berlin
Druck und Bindung: Clausen & Bosse, Leck
Printed in Germany
ISBN 3-596-15830-3

Inhalt

Einführung
Vier Tage in Amerika: 22.–25. November 1963

»Es ist schwierig, sich noch einmal zu vergegenwärtigen, welche Wirkung das Begräbnis des Präsidenten und jene vier Tage in Amerika hatten. Aber in jenen Tagen brannte sich Jackies Name unauslöschlich ins Bewusstsein eines jeden, der dieses Ereignis verfolgte. Ihr ganzes Leben lang, scheint mir, dachten die Menschen, die diese Tage miterlebt hatten, nie mehr auf andere Weise an sie.«
Botschafter William vanden Heuvel

Die vierunddreißigjährige Witwe des Präsidenten war hinter dem Schleier zu Marmor geworden. Weißer Marmor mit den kraftvollen Zügen einer antiken Statue, edel in ihrer erstarrten Trauer, als stünde sie dort stellvertretend für die Witwen aller Helden, durch alle Jahrhunderte, seit Andromache vor den Mauern Trojas um Hektor trauerte. An jenem Tag gab sie Amerika seinen Stolz zurück, tilgte die Schande der Ermordung des fünfunddreißigsten Präsidenten und wurde, um mit Frank Sinatras Worten zu sprechen, zu Amerikas Königin. Bewusst schuf sie einen Mythos, verhüllte den wahren Charakter ihres verstorbenen Mannes – den vitalen, gewitzten, sexsüchtigen, überragend intelligenten John F. Kennedy – mit dem würdevollen Begräbnisschmuck von Abraham Lincoln. Von diesem Augenblick an, als sie dort, ihre zwei kleinen Kindern an den Händen haltend, auf den Sarg ihres ermordeten Gatten hinabsah, wurde sie zu einer Ikone, einer Legende jenseits gewöhnlicher Erfahrung, beladen mit den Träumen und Erwartungen von Millionen von Fremden, einer Last, die sie bis in ihr eigenes Grab tragen sollte.

Aber Jacqueline Bouvier Kennedy war eine vielschichtige Frau mit zahlreichen Facetten, verborgenen Unsicherheiten und komplizierten Verteidigungsmechanismen. In ihr rang ein heftiger Drang zum Rampenlicht mit der Sehnsucht nach Privatsphäre und Verborgenheit. Sie war, um noch einmal ein klassisches Bild zu benutzen, eine Nymphe, die sich vor den Blicken der Menschen immer tiefer in die Wälder zurückzog. Dieses Bild gebrauchte sie selbst in einem der wenigen von ihr veröffentlichten Texte, den sie im Alter von sechzehn Jahren für ihre Schülerzeitschrift verfasste: Es handelte sich um die Geschichte einer Marmornymphe im Central Park, die für einen Tag zum Leben erwacht und einen gewöhnlichen New Yorker zu einem Tag voller Zauber verführt, ehe sie zurück auf ihren Sockel steigt.

Hinter der Maske aus Schönheit und Ruhm verbargen sich ein hellwacher Geist, ein gnadenloses Urteil über Menschen, feine Sensoren, die auf das kleinste Zeichen von Pomp und Wichtigtuerei reagierten, und ein trockener, ja sogar rauer Sinn für Humor. Sie war eine treue Freundin, kündigte jedoch die Freundschaft auf, sobald sie sich in ihrer Treue verraten fühlte. Sie war begierig auf Geld und wusste Ruhm zu schätzen, doch ihr Geschmack war von Grund auf einfach, und nie war sie glücklicher als auf dem Pferderücken im ländlichen Virginia. Sie überlebte Tragödien und Skandale und blieb dabei sie selbst, bis sie sich endlich ihre Unabhängigkeit und ein eigenes Leben erkämpft hatte.

1
Die goldenen Gatsby-Jahre

»In meinem Leben, und ich glaube, in Jackies genauso, war das eine wirklich glückliche und viel zu kurze Zeit … Alles war so einfach damals. Komplikationen, Verwirrung, Wunden und Leid hatten noch nicht Einzug in unser Leben gehalten.«
Jackies Schwester Lee Radziwill über ihre Kindheit in Long Island[1]

Sie wurde mit einem Sinn fürs Theater, für sorgsam einstudierte Abgänge und Auftritte geboren, ein sehnlichst erwartetes Baby, das am 28. Juli 1929 im Southampton Hospital in Long Island zur Welt kam, um unglaubliche sechs Wochen zu spät. Planmäßig hätte die Geburt im New York Hospital stattfinden sollen, doch ihrem Charakter gemäß entschied sich Jackie, an einem heißen Hochsommertag in den gerade in Mode gekommenen Hamptons zum ersten Mal in Erscheinung zu treten. Sie war das erste Kind von Janet Norton Lee und John Vernou Bouvier III., geboren kaum mehr als ein Jahr nach deren Hochzeit im nahen East Hampton. In jener Gegend, die man beinahe als »Wall Street am Meer« bezeichnen konnte, besaßen beide Großelternpaare komfortable Sommerhäuser. Wenige Monate nach Jackies Geburt hatte der Börsenkrach vom Oktober 1929 seine Schatten über das Familienvermögen der Bouviers geworfen. Dadurch lernten Jackie und ihre vier Jahre später geborene Schwester Lee ein Gefühl der Unsicherheit und eine Angst vor der Armut kennen, die sie fast ihr ganzes Leben lang begleiten sollten.

Schon früh wurde sich Jackie der Geschlechterpolitik in ihrer Familie bewusst, der Macht, die von dem dominanten männlichen Familienmitglied ausging, während die Frauen als untergeordnete Elemente um dessen Aufmerksamkeit rangen. Es war ein Spiel, das sie rasch zu spielen lernte, und sie holte das Maximum aus dieser Situation heraus. Ihr Leben lang fühlte sie sich von den mächtigsten, erfolgreichsten Männern einer Gruppe angezogen. (Ein Cousin sagte später über Jackies Vorliebe für einen Mann von der Art ihres zukünftigen Schwiegervaters Joseph P. Kennedy: »Würde Jackie am Hof Iwans des Schrecklichen leben, so würde sie sagen: ›Ach, er wird ja so missverstanden …‹«)[2]

Die beiden beherrschenden Männergestalten in Jackies jungen Jahren waren ihr Großvater väterlicherseits, Major John Vernou Bouvier jr., und ihr Vater John Vernou Bouvier III. Ihr Großvater, »Opi Jack« oder »Opi Bouvier« für seine zehn Enkel, für jeden anderen aber »der Major«, war der Mittelpunkt des sommerlichen Familienlebens in Lasata, dem stuckverzierten, efeubewachsenen Haus in der Further Lane. Es lag strategisch günstig in der Nähe des Meeres und des Maidstone Clubs, dem Herzen des gesellschaftlichen Lebens von East Hampton, wo die Bouviers 1926 ein Strandhaus erworben hatten. In Lasata war der Major nicht nur das unumstrittene Oberhaupt des Haushalts, sondern außerdem eine Persönlichkeit im Dorf von East Hampton. Als früherer Prozessanwalt liebte er den Klang seiner eigenen Stimme und hielt regelmäßig Ansprachen zu den Feierlichkeiten zum Memorial Day in East Hampton, der die Sommersaison einläutete. 1912, als die Bouviers als Sommergäste zum ersten Mal nach East Hampton kamen, war der Ort im Vergleich zu dem schickeren Southampton nur ein »schlichtes« Seebad mit Salzkisten-Häuschen, einem Ententeich und einer Dorfwiese, vor dem Meer durch einen Ring hoher Sanddünen geschützt. Landeinwärts erstreckten sich die flachen Kartoffelfelder bis zum Horizont. Das erste Haus der Bouviers lag in der Apaquoque Road, ein dreistöckiges Gebäude mit Veranda, das den Namen »Wildmoor« trug. 1925 kaufte Maude Sergeant, die Frau des Majors, Lasata mit dem Geld ihres Vaters. Erst 1935, nachdem er ein beachtliches Vermögen von seinem Onkel Michel Charles »MC« Bouvier geerbt hatte, übernahm der Major das Haus und begann das ausschweifende Leben zu führen, zu dem er sich berechtigt fühlte und das bei seinem Tod mit dem Ruin der Familie endete.

Jedes Jahr im Mai verließen die diversen Bouvier-Sippen ihre Wohnungen in der Park Avenue, um den Sommer in East Hampton zu verbringen, wofür Maude ihr gesamtes Hauspersonal nach Lasata umquartierte. Lasata – ein indischer Name, der »Ort des Friedens« bedeutet (eine Fehlbenennung, was die explosive Familie Bouvier betraf) – stand auf ansehnlichen zehn Morgen Land. Dazu gehörten ein Tennisplatz, Black Jack Bouviers Stall für acht Pferde, wo an jeder Box in vergoldeten Buchstaben der Name des Bewohners vermerkt war, eine Sattelkammer, ein Springparcours und eine Koppel, ausgedehnte Gemüsebeete, ein Weinspalier und Maudes »italienischer Garten«, umrahmt von Buchsbaum und geschmückt mit klassischen Statuen. In Berichten der Bouviers, die Lasata als »einem englischen Landsitz nachempfunden« beschreiben, wird dessen Größe übertrieben, doch gemäß dem Vorbild des Majors neigten die Bouviers zur Übertreibung.

Auf Lasata war einzig der Gärtner und Hausbesorger Paul Yuska ganzjährig beschäftigt. Dienstboten in Dauerstellung aber bildeten einen wichtigen Bestandteil des bouvierschen Haushalts, allen voran Pauline, die frühere Pflegerin, Gouvernante und Haushälterin der Familie John Vernou Bouvier in deren weniger begüterten Tagen in Nutley, New Jersey, wo sie vor ihrem Umzug in die Park Avenue zwanzig Jahre lang gelebt hatten. Des Weiteren Esther, die an der Börse spekulierte und auf Pferde setzte und in der Familie als stets flüssige Geldquelle galt.

Obwohl der Major stolz auf seinen Armee-Dienstrang war, hielt sich seine Kriegserfahrung in Grenzen. Als ausgebildeter Anwalt mit einem Abschluss der Columbia Law School wurde er am 22. Juli 1918, im Alter von zweiundfünfzig Jahren, in die Kriegsgerichts-Sektion des Reserve-Offizierscorps der US-Armee berufen und fünf Monate später, im Dezember 1918, in Ehren entlassen. Anschließend trat er als Partner in die Wall-Street-Firma seines Onkels ein.

John Vernou Bouvier jr. war ein eleganter Mann, der zu lautstarken Temperamentsausbrüchen neigte – »Gottverdammt und zur Hölle!« Der Sonntag war der Tag bouvierscher Familientreffen, entweder in der Wohnung des Majors in der 765 Park Avenue, wo man sich nach der Messe traf, zu der er seine Enkelinnen mitzunehmen pflegte, oder im Sommer in Lasata, zum traditionellen Sonntagsessen mit Roastbeef und Pfirsicheis als Dessert (hausgemacht auf der hinteren Veranda vom französischen Chauffeur). Man saß versammelt um den runden Eichentisch im strahlend erleuchteten Speisesaal. Während Maude eine sanfte Gestalt im Hintergrund blieb, die den Haushalt von ihrem Schlafzimmer im oberen Stock aus organisierte oder sich um die Blumen in Haus und Garten kümmerte, war die Gegenwart des Majors beherrschend – und unüberhörbar. Maudes ehemals zarte Züge und Figur waren durch die Wassersucht aus der Form geraten (sie trug lange, wallende Röcke, um ihre geschwollenen Beine und Knöchel zu verbergen). Der Major jedoch, der bei Jackies Geburt fünfundsechzig Jahre alt war, besaß noch immer ein tadelloses Äußeres, seiner Behauptung nach ein Ergebnis extrem heißer und extrem kalter Wechselbäder, während deren man seine Schmerzensschreie durchs ganze Haus hören konnte.

Er legte Wert auf exquisite Garderobe. Unveränderlich erschien er am Sonntag in East Hampton in einem braunen Tweedjackett, einem weißen Hemd mit hohem, steifem Kragen, weißer Leinenhose, schwarzen Socken und weißen Schuhen. Er war äußerst stolz auf seinen Schnauzbart im Stil von Hercule Poirot. Jeden Morgen kämmte er ihn sorgfältig und wachste ihn anschließend, bis die Enden hoch bis über seine Wangen ragten. Er besaß ein rotes Nash-Kabriolett mit primitiver Gangschaltung, das er fünf Minuten lang unter ohrenbetäubendem Krawall auf Touren brachte, bis das Vibrieren der Bodenplatten (er war stocktaub) ihm anzeigte, dass der Motor fahrbereit war. Dann brauste er in einem Hagel von Geröll von dannen und kurvte auf gefährlichste Weise – zu allem Übel war er auch noch kurzsichtig – durch die Dorfstraßen zu der alten katholischen Kirche St. Philomena. Später beim Sonntagsessen stellte er seine beiden Hörgeräte ab und saß gleichgültig inmitten des lärmenden Gezänks seiner Familie. Dabei erdachte er ein Gedicht für eines der Familienmitglieder, das zum Ende der Mahlzeit verlesen werden sollte.

Der literarische Stil des Majors war schwülstig und seine Dichtkunst reichte allenfalls zu Knittelversen. Jedoch gab er seine Liebe zur Poesie an seine Lieblingsenkelin Jackie weiter. »Er betete sie regelrecht an, und ich glaube, er spürte, dass sie in dem Feld, das ihm etwas bedeutete, in der Literatur, ein enormes Potenzial besaß«, sagte Lee. »Sie unterhielten eine lebhafte Korrespondenz und wechselten zahllose blumige Briefe. Ich weiß nicht, ob er ihr Interesse für Poesie weckte, aber sie begann in ungewöhnlich jungen Jahren Gedichte zu lieben, und sie bereitete ihm großes Vergnügen. Es beruhte auf Gegenseitigkeit und es war sehr schön, die beiden miteinander zu erleben. Ich erinnere mich daran, wie er kam, um sie in Madison Square Garden reiten zu sehen, wie er völlig die Beherrschung verlor und anfing, das Pferd anzubrüllen und auf- und abzuspringen. Es war amüsant und rührend. Ich bin der Meinung, dass sie nie die besondere, ihr eigene Kraft, Unabhängigkeit und Individualität entwickelt hätte ohne die außergewöhnliche Verbindung, die zwischen ihr, meinem Großvater Bouvier und meinem Vater bestand. Eine besonders normale Familie waren wir nämlich nicht …«[3]

Eine spezielle Fantasterei des Majors gewann erheblichen Einfluss auf das Selbstbild der Familie. Während Jackies Kindheit beschäftigte er sich mit einer ausgefeilten – und mythischen – Abhandlung über die Genealogie der Familie, die 1940 unter dem Titel *Unsere Vorfahren* als Privatdruck veröffentlicht wurde. Die Bouviers waren Katholiken von südfranzösischer Herkunft. Der Major war stolz auf seine Abstammung, nach seinen eigenen Angaben sprach er Französisch und war ein Jahr lang in Frankreich zur Schule gegangen. Der Major aber wäre nicht der Major gewesen, hätte schlichte französische Abkunft ihm genügt. Nein, sie musste aristokratisch sein, und da zwei französische Familien beteiligt waren, sogar auf beiden Seiten. Wie in *Unsere Vorfahren* berichtet wird, waren die Bouviers »ein altes Geschlecht aus Fontaine, bei Grenoble«[4], doch wie spätere

Nachforschungen ergaben, waren die fraglichen Bouviers nicht ihre Stammväter. Diese Ehre kommt einer Familie von Handwerkern und kleinen Ladenbesitzern aus dem Dorf Pont-Saint Esprit bei Arles zu, deren Nachfahren noch immer dort leben. Die amerikanischen Bouviers stammten von Michel Bouvier ab, der um 1815 von Frankreich nach Philadelphia übersiedelte, wo er ein erfolgreiches Geschäft als Möbelschreiner und Importeur von Marmor und Mahagoni aufbaute (einer seiner Kunden war Napoleons Bruder Joseph Bonaparte). Er machte ein solides Vermögen, das sein Sohn Michel Charles Bouvier durch vorteilhafte Transaktionen an der Börse noch immens vergrößerte. Von der zweiten französischen Familie stammten die Bouviers über Michels zweite Frau Louise Vernou ab, die Tochter von John Vernou, deren Familie laut Jackies Großvater »zu den bekanntesten und ältesten der Provinz von Poitou gehört«. Allerdings gibt es keinen Beweis für eine Verbindung zwischen der aristokratischen Familie aus Poitou und John Vernou, der während der letzten Dekade des 18. Jahrhunderts vermutlich aus Französisch-Westindien nach Philadelphia kam. Die Unterschrift auf seinem Antrag auf Einbürgerung, den er am 25. Oktober 1808 stellte, scheint eher die eines Analphabeten zu sein als die eines gebildeten französischen Aristokraten.[5]

Das Werk *Unsere Vorfahren* wurde von den Nachkommen des Majors mit derselben Ehrfurcht wie die Familienbibel behandelt, und noch Mary Van Rensselaer Thayer verbreitete in ihrer 1961 erschienenen autorisierten Biographie von Jackie als First Lady die Version einer aristokratischen Familienlinie. Zur selben Zeit aber wurde der Schwindel von einem amerikanischen Historiker schonend aufgedeckt.[6] In Wahrheit waren die Bouviers französische Einwanderer der dritten Generation, die gut vorangekommen waren, aber es dennoch für nötig hielten, über ihre Herkunft zu fantasieren und Ladenbesitzer in Edelleute zu verwandeln. In dem klassenbewussten Amerika, in dem die Bouvier-Schwestern ihre Jugend verbrachten, wusste jedes »Mitglied der Gesellschaft« genau, wo jedermann herkam, und die WASPs – weiße, protestantische Familien angelsächsischer Herkunft – stellten die herrschende Klasse. 1972, also sogar noch nach der Entlarvung der Bouviers in den sechziger Jahren, prahlte Jackies exzentrische Cousine Edie Beale gegenüber der Schriftstellerin Gail Sheehy: »Wir alle stammen von französischen Königen des 14. Jahrhunderts ab.«[7] Als Jackie 1953 John F. Kennedy heiratete, verkündeten Zeitungsberichte die Allianz des wohlhabenden irischstämmigen Senators mit dem Spross einer Familie von französischen Aristokraten. »Ich weiß nicht, wie Janet (Jackies Mutter) damit durchkam«, sagte Gore Vidal. »Schön, es funktionierte nur mit der Presse, ich meine, sie waren so etwas wie Plantagenets und Tudors in einem – es war schlichtweg Unsinn. Ihre Herkunft war ziemlich niedrig ...«[8] Sie waren Katholiken, keinesfalls aber große Katholiken, von mediterraner Abkunft in einer von weißen, angelsächsischen Protestanten beherrschten Welt. Äußerlich spielte nichts davon eine Rolle für Jackie, während sie zu einer klassischen Schönheit heranwuchs, aber es trug zu einem inneren Gefühl des Andersseins bei. Viele Jahre später äußerte sie gegenüber dem Gesellschaftslöwen Peter Duchin in Bezug auf Newport: »Du und ich, Peter, wir sind beide Außenseiter.« Sie fühlte sich dadurch in keiner Weise minderwertig, im Gegenteil steigerte die Empfindung noch das Bewusstsein ihrer Einzigartigkeit. Nie war es ihr ein Bedürfnis, der Masse anzugehören, vielmehr fühlte sie sich kreativen Menschen, Künstlern und Originalen nahe. Bemerkenswert ist, dass von den drei bedeutenden Männern in ihrem Leben – John F. Kennedy (Boston-irischer Herkunft von beiden Seiten), Aristoteles Onassis (griechisch) und Maurice Tempelsman (jüdisch) keiner auch nur im entferntesten als WASP hätte bezeichnet werden können.

Neben ihrem geliebten »Opi Jack« betete Jackie ihren Vater an, den glamourösen, überlebensgroßen John Vernou Bouvier III., der Jack gerufen wurde und seinem Vater zwar äußerlich, ansonsten aber überhaupt nicht glich. Ihr Großvater, John Vernou Bouvier jr., war von Natur aus ein »Mitmacher« und Vereinsmensch: Er gehörte dem ständigen Komitee ehemaliger Schüler der Columbia Law School an, war Vizepräsident der ehemaligen College-Studenten und Ratsmitglied der Delta-Kappa-Epsilon-Bruderschaft, wie er stolz in *Unsere Vorfahren* berichtet. Zudem gehörte er (durch seinen Urgroßvater Captain James Ewing) der Gesellschaft der Cincinnati von Maryland an, war Präsident der Söhne der Revolution des Staates New York (über einen Ur-Urgroßvater, John Griffith), General-Präsident der Allgemeinen Gesellschaft der Söhne der Revolution, Mitglied des Militärordens der Loyal Legion der Vereinigten Staaten und so weiter. John Vernou Bouvier III. hingegen war ein freier Geist, der seine Abneigung gegen Komitees und pompöse Organisationen seiner Tochter vererbt zu haben scheint. Vermutlich auf Druck seines Vaters trat er den New Yorker Söhnen der Revolution und den Cincinnati von Maryland bei, doch die einzigen Organisationen, an denen er irgendein Interesse zeigte, waren die Yale-Senior-Gesellschaft »Buch und Schlange« und seine gesellschaftlichen Clubs in New York – der Yale Club sowie der Racket- und Tennisclub. Jack Bouvier betete seine übermäßig nachsichtige Mutter an, mit seinem Vater aber geriet er regelmäßig aneinander, da diesem der undisziplinierte, sich selbst gegenüber großzügige Lebensstil des Sohnes missfiel. Es kam zu lautstarken Auseinandersetzungen, in deren Verlauf der Major ihn anbrüllte und ihm mit Enterbung drohte, einer Sanktion, die sich als von sinkender Bedeutung erwies.[9]

Jackies Vater war ein aufsehenerregend attraktiver Mann, der ins Auge stach. Sein Äußeres war exotisch, das genaue Gegenteil des amerikanischen Durchschnittsjungen. Sein von den Bouvier-Vorfahren ererbter, extrem dunkler Teint trug ihm die verschiedensten Spitznamen ein: »der Scheich«, nach Rodolfo Valentino, »die schwarze Orchidee« oder, etwas schlichter, »Black Jack«. Er trug einen hauchdünnen Clark-Gable-Schnurrbart über edel geformten, sensiblen Lippen und wurde oft mit dem Star verwechselt. In der Tat hätte der Ausspruch, mit dem der von Gable verkörperte Rhett Butler sich in *Vom Winde verweht* verabschiedet – »Ehrlich gesagt, meine Liebe, interessiert mich das einen Dreck« –, sein Motto sein können. Er hatte dichtes, schwarzes Haar, stets schön gekämmt und pfeilgerade gescheitelt, und stechend blaue Augen. Er war in höchstem Maße eitel (ein Freund, der ihn für ein Wochenende im Schwertfisch

Club in Bridgehampton besuchte, kam nicht umhin zu bemerken, dass Black Jack nicht weniger als sechs Fotos von sich selbst an der Wand hängen hatte), und er verwandte eine Menge Zeit auf die Erhaltung seines Aussehens. Er hatte einen schönen, muskulösen Körperbau und hielt sich durch regelmäßiges Training im privaten Fitnesscenter fit, entweder in der Abgeschlossenheit seiner Wohnung oder im Yale Club. Seinen Teint verbesserte er auf der Sonnenbank oder indem er sich nackt am Fenster seiner Wohnung in der Park Avenue sowie im *Cabana*-Bereich für Männer im Maidstone Club sonnte. Seine Kleidung saß immer perfekt, seine Hemden ließ er sich von Brooks Brothers schneidern. Sogar im Sommer in East Hampton sah man ihn stets in Gabardine-Anzügen. Er war ein ehrgeiziger, wenngleich nie überragender Sportler und ging gern zu Preiskämpfen, Pferderennen und den wichtigsten Football-Spielen. Er war ein Spieler, auf der Rennbahn wie an der Börse, und war wegen Spielens von seiner vorbereitenden Hochschule, Phillip Exeter, verwiesen worden. An intellektuellen oder kulturellen Zielen zeigte er keinerlei Interesse und seine akademische Laufbahn war miserabel: In Yale war er vorwiegend als Veranstalter von Partys bekannt, die von Trinkfreudigen und hübschen Mädchen besucht wurden. Er war ein zwanghafter Schürzenjäger und in späteren Jahren ein schwerer Trinker.

Wie seine Tochter Jackie wusste er sich vor der Kamera instinktiv in Positur zu stellen und besaß gleich ihr ein angeborenes Gespür für das Theater und seine eigene Erscheinung. Er war der Typ Mann, den zahlreiche Männer auf den ersten Blick ablehnen oder als Witzfigur betrachten, der aber auf Frauen schier unwiderstehlich wirkt. Er stand im Ruf, seine Frauen übel zu behandeln, sie mit seiner Aufmerksamkeit zu überschütten, solange er um sie warb, sie jedoch schnell und ohne Reue fallen zu lassen, sobald er ihrer überdrüssig war. Von seiner Mutter verwöhnt, schien er nicht in der Lage, eine verantwortungsbewusste Beziehung zu einer Frau aufzubauen. Obgleich das Aussehen, der Chic und die Reitkunst seiner Frau Janet ihn mit Stolz erfüllten, blieb er in erster Linie ein Jäger, der das Risiko liebte und nicht fähig war, einer Versuchung oder Befriedigung zu widerstehen. Er war zweifellos völlig ungeeignet, seiner Frau und den Töchtern den verlässlichen Ehemann und Vater zu bieten, nach dem sie sich allem Anschein nach gesehnt haben. Seinen Töchtern gegenüber verhielt er sich eher wie ein Liebhaber als wie ein Vater – prahlerisch, verantwortungslos, amüsant im Umgang, allergisch gegen Langeweile und Langweiler, liebevoll und fordernd. Einige seiner weniger bewundernswerten Eigenschaften färbten auf seine Töchter ab. Als er einmal mit Jackie und Lee im Central Park spazieren ging, begegneten sie einer älteren Dame, die offenbar versuchte, mit ihnen ins Gespräch zu kommen. »Sag ihr, sie soll in den See springen«, sagte er zu Jackie, deren Intoleranz gegenüber Langweilern berühmt werden sollte.

Trotz des Schmerzes, den seine Untreue ihrer Mutter bereitete, und obwohl die Ehe nachweislich aus diesem Grund zerbrach, genoss Jackie seinen Erfolg bei Frauen. »Sie berichtete mir von der komplizierten Beziehung zu ihrem Vater, den sie bewunderte und respektierte, weil die Frauen verrückt nach ihm waren«, erzählte John »Demi« Gates, ein früher Bewunderer Jackies. »Am Elternsprechtag in Farmington beispielsweise pflegte sie ihn über die Mütter verschiedener ihrer Freundinnen auszufragen: ›Wie steht's mit der?‹, und er gab zur Antwort: ›Ja, mit der hatte ich was‹, oder aber: ›Mit der nicht, aber ich denke, das wird nicht mehr lange dauern!‹ Ihrer Meinung nach war das einfach wundervoll. Sie hatte völlig falsche Maßstäbe, völlig falsche Maßstäbe, und wurde dennoch zu etwas ganz Besonderem. Ihre Mutter hätte vor Habgier noch das Messing von der Klinke gekratzt.«[10]

Black Jacks Maßstäbe waren amoralisch und basierten auf oberflächlichen Wertvorstellungen. Die einzigen Qualitäten, die er anerkannte, waren Macho-Tugenden wie körperlicher Mut, Sportlichkeit und Stil. Das Bild war die Botschaft. Im Spiel des Lebens ging es in erster Linie darum, das andere Geschlecht für sich zu gewinnen und dafür jeden erdenklichen Trick anzuwenden. Dabei stand fest, dass auf dem Spielfeld des Sex jedermann sich leicht zum Narren halten lässt und im Krieg wie in der Liebe alle Mittel erlaubt sind. Black Jacks ewiger

Refrain – und wer hätte es besser wissen sollen als er – lautete nämlich: »Alle Männer sind Ratten.« Diese Maxime half zweifellos seiner älteren Tochter, die turbulenteren Perioden ihres Lebens zu überstehen, und sie wurde durch ihre Erfahrungen durchaus bestätigt.

Erweckten Black Jack Bouviers Lebensgrundsätze wenig Bewunderung, so waren die von Janet kaum besser. Die meisten Leute waren vollkommen überrascht, als der bereits siebenunddreißigjährige Black Jack am 7. Juli 1928 in der Katholischen Kirche St. Philomena in East Hampton Janet Norton Lee heiratete. Auf die Trauung folgte ein großer Empfang im Sommerhaus der Lees, einem ansehnlichen Gebäude in der Lily Pond Lane, das der Architekt Harrie Lindberg 1905 für Edward Cowcroft entworfen hatte. Janet, eine Freundin der Bouvier-Zwillinge, Jacks Schwestern Maude und Michelle, war sechzehn Jahre jünger als ihr Bräutigam und gehörte der Episkopalkirche an, was Black Jack jedoch nicht scherte. Das Paar passte nicht im Geringsten zusammen. Janet, zierlich und hübsch, besaß eine Menge Charme und ein gewinnendes Lächeln, wenn sie beschloss, es zu zeigen. Sie war zäh, diszipliniert und gehemmt, doch unter ihrem damenhaften Äußeren verbarg sich ein heftiges Temperament. Sie entstammte einem unglücklichen Elternhaus. Ihr Vater James T. Lee, der Sohn eines New Yorker Arztes und Schulaufsehers, hatte ein Vermögen im Immobilien- und Bankgeschäft gemacht. Er war eine hart wirkende Persönlichkeit mit stählernen Augen und einem schmallippigen Mund. Gern prahlte er damit, dass er im Alter von dreißig Jahren bereits zwei Millionen Dollar verdient hatte, die er dann während der Finanzkrise von 1907 wieder verlor. Als bemerkenswerter Geschäftsmann schuf er sich bald darauf ein neues Vermögen im Bankwesen und im New Yorker Immobilienhandel. Die Entwürfe seiner Gebäude trugen ihm zahlreiche Preise ein. Vielleicht erbte Jackie von ihm ihr Interesse für Architektur und die Stadt New York. Gleichfalls von ihm erbte sie vermutlich den stählernen Zug in ihrem Wesen, der McGeorge Bundy, John Kennedys Berater für nationale Sicherheit, zu dem Scherz veranlasste, sie sei eine Frau mit einem »Gemüt aus Eisen«. Lee lehnte seine Ehefrau Margaret Merrit ab und sprach niemals mit ihr. Zur Zeit von Janets Eheschließung lebten ihre Eltern getrennt, auch wenn sie nie formell geschieden wurden.

Es überrascht nicht, dass James Lee Black Jack verachtete und dass Janets Heirat sein Missfallen erregte. Obwohl sie in der Park Avenue wie in East Hampton als Nachbarn lebten, kamen die Familien Bouvier und Lee nicht miteinander aus. Die Bouviers, stolz wie sie auf ihre Abstammung waren, sahen auf die Lees herab, die sie für minderwertig hielten. In den Augen der Bouviers hatte Janet Black Jack aus Berechnung geheiratet, um die gesellschaftliche Leiter zu erklimmen. Die Lees litten zweifellos unter gesellschaftlicher Unsicherheit. Nachdem James T. Lee am 3. Januar 1968 im Alter von neunzig Jahren gestorben war, gab es in seinem Nachruf in der *New York Times* weder auf seine Herkunft noch auf die seiner Frau irgendeinen Hinweis. Er wird lediglich als »geboren in New York, am 2. Oktober 1877, als Sohn von Dr. James Lee und Mary Norton Lee« beschrieben. Daneben heißt es: »Sein Vater war einst kommissarischer Leiter der öffentlichen Schulen der Stadt.«

Die Gerüchte, sowohl James als auch Margaret Lee seien Kinder irischer Einwanderer gewesen, wurden kürzlich durch einen Experten zum Thema Jackie bestätigt, der angibt, dass ihre beiden Urgroßeltern-Paare mütterlicherseits während der Zeit der Kartoffel-Hungersnot aus der Grafschaft Cork eingewandert waren.[11] Dennoch stattet die *National Cyclopedia of Biography* ihre Eltern mit einem glanzvollen konföderierten Hintergrund aus: Von James Lees Vater heißt es, er sei in Maryland geboren worden und habe während des Bürgerkriegs für die Konföderierte Armee gekämpft, während Margaret Merritt als Tochter des Thomas Merritt aus Savannah, Georgia, aufgeführt wird, einem »Veteranen der Konföderierten Armee und Importeur aus New York City«. Die Maryland-Verbindung der Lees wurde, neben anderen Fantastereien und Halbwahrheiten, von Janet in einem 1962 verfassten biografischen Artikel öffentlich verbreitet, nachdem Jackie zur First Lady aufgestiegen war.[12] In der Tat beschrieben verschiedene ihrer Freunde sie der Autorin dieses Buches gegenüber als eine »Schönheit des Südens«.

Obwohl James Lee als Katholik geboren wurde und starb, besuchte seine Tochter Janet die als gesellschaftlich korrekt angesehenen Schulen für WASPs – Miss Spence's in New York City, darauf ein Jahr lang das Sweet Briar College in Virginia und wiederum für ein Jahr das Barnard College in New York. Außerdem hatte sie ihr Debüt im Sherry's, wo sie ihre Religionszugehörigkeit als »episkopalisch« angab. Dem Verfasser des Artikels berichtete sie, sie habe davon geträumt, Schriftstellerin zu werden, und Kurse zum Verfassen von Drehbüchern und Kurzgeschichten an der Universität von Columbia besucht. Ihre literarische Karriere kam jedoch über das Ghostwriting einiger reißerischer Geschichten für eine Zeitschrift nicht hinaus.

Bedenkt man die Antipathie zwischen den beiden Familien sowie Black Jacks wohlbegründeten Ruf als Schürzenjäger, so standen die Zeichen für die Ehe auf Unheil. Wie üblich unter Frauen, deren Ehen scheitern, erklärte Janet später, sie habe Black Jack geheiratet, um ihrem Vater zu entkommen. Gegen den Willen von James Lee hatte sie es ganz gewiss getan. Doch auch wenn dies zum Teil der Wahrheit entsprechen mag, fühlte sie sich erwiesenermaßen körperlich stark zu Black Jack hingezogen, was vermutlich ein Grund für ihre extreme Bitterkeit nach dem Zusammenbruch der Ehe war. Nicht einmal während ihrer Hochzeitsreise nach Europa, an Bord der *Aquitania*, konnte Black Jack sich eines Flirts mit der Newporter Erbin Doris Duke enthalten. Und ebenso wenig den Spieltischen. Als Jackie während ihrer Teenager-Jahre einen Urlaub mit einer Gruppe junger Freunde auf dem Château de Borda-Berri bei Biarritz verbrachte, erzählte sie Demi Gates: »Wissen Sie, als mein Vater und meine Mutter auf ihrer Hochzeitsreise nach Biarritz kamen, war mein Vater ein ganz schrecklicher Spieler und verspielte das ganze Geld: Mutters, sein eigenes, alles … Noch am Abend ihrer Ankunft ging er ins Casino und kam völlig deprimiert zurück, weil er alles verloren hatte …« Sie berichtete, ihre Mutter habe zusammengekratzt, was sie noch an Geld besaß, und alles zurückgewonnen.[13]

Drei Tage vor dem Weihnachtsfest 1929 wurde Jackie in der Kirche St. Ignazius Loyola in der Park Avenue in New York City getauft. Sie erhielt die Taufnamen Jacqueline Lee, eine Geste, die ihren gestrengen Großvater mütterlicherseits besänftigen sollte. Von ihrer näheren Verwandtschaft war er bei weitem der Wohlhabendste. Sie trug das Taufkleid, das er bei seiner eigenen Taufe getragen hatte. James T. Lee war als Taufpate vorgesehen, aber Black Jack ergriff die Gelegenheit, die sich ihm durch die verspätete Ankunft seines verhassten Schwiegervaters bot, und setzte stattdessen seinen Lieblingsneffen ein, den neunjährigen Miche. Damit nahm er in kurioser Weise das Einspringen von Jackies Stiefvater Hugh D. Auchincloss II. vorweg, der statt seiner Jackie bei ihrer Hochzeit mit John F. Kennedy zum Altar führte.

Zwei Monate zuvor, im Oktober 1929, hatten sich zwei Dinge ereignet, durch die der Abstieg und Fall der Familie Bouvier seine Schatten vorauswarf. Am 8. Oktober starb William Sergeant »Bud« Bouvier, Jacks jüngerer Bruder, der von seiner schweren Gasvergiftung und Verwundung während des Ersten Weltkriegs in Frankreich nie völlig genesen und seither zum Alkoholiker geworden war, an seiner Trunksucht. Nach seiner Scheidung hatte er allein in Kalifornien gelebt und hinterließ seinen kleinen Sohn Miche der Obhut seines Bruders Jack. Die Umstände seines Todes, denen noch die öffentliche Schande vorausging, dass er den Unterhalt für seine Exfrau und den gemeinsamen Sohn nicht hatte zahlen können, versetzten dem Familienstolz des Majors einen empfindlichen Dämpfer und ließen bei der gesamten Familie ein unauslöschliches Gefühl von Schuld und Scham zurück. Acht Tage später brach die Börse zusammen. Black Jack, der den Kollaps des Marktes vorausgeahnt hatte, war seine Aktien unter Wert losgeworden und machte $ 100 000 Gewinn, die er aber nur einen Monat später wieder einbüßte, als im November der Markt weiter absackte. Der Major verlor ein kleines Vermögen, machte allerdings keine Anstalten, dies auszugleichen, sondern lebte von seinem schwindenden Kapital weiter so verschwenderisch wie bisher.

An der Oberfläche jedoch erschien das Leben der jungen Bouviers erfüllt von Sonne und Heiterkeit. In der New Yorker Gesellschaft wie in der von East Hampton galten sie als schillerndes Paar. Viele Jahre später erzählte Jackie Peter Duchin von ihren Erinnerungen an den Duft ihrer Mutter und die Weichheit ihres Pelzmantels, wenn ihre Eltern sich über ihr Bett beugten, um ihr vor einer Abendvorstellung von Eddie Duchin gute Nacht zu sagen. In New York wohnte die Familie mietfrei in einer zweistöckigen Elf-Zimmer-Wohnung der angesehenen Wohnanlage in der 740 Park Avenue, die Janets Vater gehörte und von ihm errichtet worden war. Der Central Park, der für so viele Jahre zum physischen Mittelpunkt von Jackies Leben werden sollte und um dessen Reservoir herum sich Black Jack in einem speziellen Gummianzug abschwitzte, um sein Gewicht zu halten, lag nur zwei Blocks weiter westlich. Für den Sommer in East Hampton mieteten sie ein entzückendes Landhaus, Rowdy Hall, in der Egypt Lane nahe dem Maidstone Club. Dort geriet das Kleinkind Jackie mit der Party zu ihrem zweiten Geburtstag zum ersten Mal in die Gesellschaftsspalten. In derselben Saison wird darüber berichtet, wie sie ihren Scotchterrier Hootchie auf der East Hampton Show vorführte. Ihre Eltern gaben rauschende Partys in gelöster Atmosphäre im Devon Yacht Club, und zu den sommerlichen Baseballspielen im Maidstone Club lud Jack eine Mannschaft ein, die sich – wie auch anders – die »Wall Street Stars« nannte, während Janet als Kapitän der Frauenauswahl fungierte.

Das Leben der Familie drehte sich um Tiere, um Hunde – Hootchie, den Scotchterrier, Sister, einen weißen Bullterrier, Tally-Ho, einen Dalmatiner, Caprice, einen Bouvier de Flandres, und die Dänische Dogge King Phar –, doch vor allem um Pferde. Janet war eine geschickte, äußerst ehrgeizige Reiterin. Sie gewann Preise auf Pferdeschauen im gesamten Osten sowie auf der jährlichen National Horse Show in Madison Square Garden. Sie hielt sich vier Pferde, darunter die Fuchsstute Danseuse, Jackies Liebling. Tadellos herausgeputzt erschien sie regelmäßig in der Gesellschaftspresse – »Sie trägt die allereleganteste Reitkleidung auf den Pferdeschauen von Long Island …« –, doch ebenso auf den Sportseiten, wo ihr Mut, ihre Fähigkeiten und ihre Entschlossenheit zu Pferd in bewunderndem Ton gepriesen werden: »(Ihr Gesichtsausdruck war) so entschlossen wie der von Tennismeisterin Helen Wills Moody, während sie schwierigste Sprünge meisterte, und um nach vollbrachter Leistung ihr hinreißendes Lächeln zu sehen, hätten sich Meilen der Anreise gelohnt.«[14] Unter Anleitung ihrer Mutter wurden Pferde und Reiten zu Jackies Lebensinhalt. Im Alter von zwei Jahren wurde sie auf ein Pferd gesetzt und mit ihrer Mutter, die den Zügel hielt, fotografiert. Mit fünf Jahren gewann sie gemeinsam mit ihrer Mutter den dritten Preis bei einem Familienturnier auf der East Hampton Show. Ein anderes Foto aus demselben Sommer zeigt sie, wie sie nach einer Niederlage bei einer Show in Smithtown, Long Island, mit zornig-enttäuschtem Gesicht ihr Pony davonführt.

Auf Fotos aus jener Zeit erscheint Jackie als stämmiges, dunkelhaariges Kind, das dem Fotografen direkt, ja sogar angriffslustig entgegensieht. Sie hatte die weit auseinander stehenden Augen der Bouviers, selbst wenn ihre, im Gegensatz zu den blendend blauen von Black Jack, braun wie die ihrer Mutter waren, und dazu kräftige, dunkle Locken. Wie ihre Mutter verfügte sie über großen körperlichen Mut und ausgeprägten Ehrgeiz. Als ihr Pony sie während der East Hampton Show abwarf, klopfte sie sich den Staub ab und stieg sogleich wieder auf.

Am 3. März 1933 kam ihre Schwester, Caroline Lee Bouvier, zur Welt. Benannt nach ihrer Urgroßmutter von der Bouvier-Seite, Caroline Maslin Ewing aus Philadelphia, wurde das kleine Mädchen stets nur Lee gerufen. »Ich war so traurig darüber, dass niemand mich bei meinem Taufnamen Caroline nannte«, berichtet Lee. »Aber es geschah, um Gutwetter mit diesem eher unangenehmen Großvater zu machen. Zweifellos hatte das nicht den geringsten Erfolg, und an mir blieb der Rufname Lee hängen, der, wie du ja weißt, unser beider Zweitname war.«[15] Innerhalb der Familie erhielten die beiden Schwestern die Spitznamen »Pekes« und »Jacks«.

Von Anfang an war Jackies Verhältnis zu ihrer jüngeren Schwester bemerkenswert: eine Mischung aus Nähe und intensiver Rivalität, Beschützerinstinkt und dem Drang zu dominieren. Auch wenn die Beziehung später abkühlte, spielte sie für beide während des größten Teils ihres Lebens eine wichtige

Rolle. »Jackies Verhältnis zu ihrer Schwester war äußerst sadomasochistisch«, berichtete Gore Vidal, der mit den Schwestern durch die frühere Ehe seiner Mutter mit Hugh D. Auchincloss II., der ihr Stiefvater wurde, verbunden war. »Dabei ist Jackie die Sadistin und Lee die Masochistin.«[16] »Ich denke, man hegt immer irgendwelche geschwisterlichen Gefühle«, steuert Lee bei. »Ich aber fühlte mehr Hingabe als alles andere. Als kleines Kind, nehme ich an, war ich so lästig wie alle jüngeren Schwestern. Nach einem Schlag mit dem Krockethammer war ich zwei Tage lang k.o. und solche Sachen – also gab es bei uns jede Menge Gezänk und Gerangel unter Schwestern.«[17] Von Anfang an herrschte ein Konkurrenzkampf, in dem Lee, von kurzen Zeitspannen abgesehen, regelmäßig den Kürzeren zog und aus dem Jackie als Star hervorging. Am stärksten bekam Lee dies in ihrem Verhältnis zum Vater zu spüren: Black Jack betete seine beiden Töchter an und war stolz auf ihr Aussehen und ihre Erfolge, aber seine Leidenschaft für Jackie (die von ihr erwidert wurde) war überwältigend und nahezu inzestuös. »Sie waren einander so nahe, und dieses Pferd, Danseuse, war der Dritte im Bunde, gut zehn Jahre lang. Mein Vater, das Pferd und Jackie. Ich habe ein Buch, das sie nach Vaters Tod für sich und mich gemacht hat, mit fast jedem Brief, den er uns beiden je geschrieben hat. In mindestens der Hälfte davon ging es um dieses Pferd und was der nächste Schritt wäre, welcher Jagdmannschaft sie beitreten könnte oder welche Klasse sie wohl im kommenden Jahr im (Madison Square) Garden schaffen würde.« Auf dem Feld der Reiterei konnte Lee nicht mit ihrer Schwester mithalten. Ihr Vater setzte sie auf das gescheckte Pony Dancestep, das sie nicht mochte. »Er wollte, dass ich eine ebenso gute Reiterin wie Jackie würde, und er zwang mich, fünf-, sechsmal hintereinander herunterzufallen, als das Pferd konsequent den Sprung über den Zaun verweigerte …« Auf die Frage, ob die offensichtliche Vorliebe ihres Vaters für Jackie ihr etwas ausgemacht habe, gab sie zu, dass sie sich verletzt fühlte, »denn ich respektierte ihn und sehnte mich nach seiner Liebe und Zuwendung. Nichts liebte ich mehr, als mit ihm hier in East Hampton zu sein, wenn er mich bis weit hinter die Brecherwellen mit hinausnahm. Das waren meine besonderen Momente mit ihm.« Die vier Jahre, die Jackie ihr voraus hatte, machten offenbar einen großen Unterschied. »Ich war zu klein, um so sportlich und jeder Herausforderung gewachsen zu sein. In diesem Alter konnte ich einfach nicht leisten, was er von mir erwartete …«

Janet Bouvier war extrem nervös, vermutlich als Folge der angespannten, unglücklichen Atmosphäre im Haushalt der Lees. Sie erzählte ihren Töchtern, dass ihre eigene Kindheit nicht glücklich gewesen sei. Sie und ihre zwei Schwestern hatten mit ihren Eltern um den Tisch gesessen. Die Mutter betete sie an, den Vater lehnte sie anscheinend eher ab, und die Eltern sprachen nicht miteinander. »Ihr Vater sagte zum Beispiel: ›Würdest du deiner Mutter bitte sagen …‹, und ihre Mutter sagte: ›Würdest du deinem Vater bitte sagen …‹, und das war alles furchtbar traurig. Und dann trennten sie sich, und wir hatten, milde ausgedrückt, nie ein enges Verhältnis zu meinem Großvater Lee. Er war ein sehr strenger Mann, ein Miesmacher und ein furchtbar erfolgreicher Geschäftsmann. Viel Wärme oder Charme hatte er nicht …«[18]

Auch der Bouvier-Haushalt war nicht von Heiterkeit geprägt. Eine starke Neigung zur Individualität, die an Exzentrik grenzte, zog sich durch die Familie, und die Beziehungen der Erwachsenen gestalteten sich oftmals explosiv, angeheizt durch geschwisterliche Rivalitäten. Der Major kritisierte Black Jack, aber Großmutter Maude verwöhnte ihn. Jack stand seinen Schwestern nicht nahe, weder den Zwillingen Maude und Michelle, welche die zarten Züge und das rotgoldene Haar ihrer Mutter geerbt hatten, noch Edith, welche die Zwillinge von Geburt an ablehnte. Edith wurde stets die »große Edie« genannt, um sie von ihrer Tochter »Klein-Edie« zu unterscheiden. Beide erfreuten sich des blendenden Aussehens der Bouviers. Die große Edie, die mit Phelan Beale verheiratet war, einem Anwalt aus Philadelphia, besaß eine großartige Stimme, mit der sie sich gern Gehör verschaffte, indem sie zum immensen Ärger ihrer Geschwister »Indian Love Call« oder »Smoke Gets In Your Eyes« trällerte. Klein-Edies umwerfendes Aussehen und Figur machten sie zum Star der Familie. Einmal verlor sie beim Sprung ins Schwimmbecken des Maidstone Clubs ihren Badeanzug und war von da an aus leicht ersichtlichem Grund überall als »der Körper« bekannt. Sie hatte einen Schwarm von Liebhabern und behauptete, sie sei mit John F. Kennedys älterem Bruder Joe jr. so gut wie verlobt gewesen. Durch ihre hemmungslosen Treuebrüche und ihren bohemeartigen Lebensstil verlor die große Edie ihren Ehemann. Ihre Ehe wurde zu einem weiteren Trauerspiel in der Familie Bouvier.

Jackies Favorit unter ihren Cousins und Cousinen war ihr Pate, Michel »Miche« Bouvier, den Black Jack fast wie einen eigenen Sohn behandelte und der oft bei ihnen wohnte, sowohl in New York als auch in Wildmoor, wo sie inzwischen ihre East Hamptoner Sommer verbrachten. Mehr in ihrem eigenen Alter waren »Scotty«, Henry C. Scott jr., ein zwei Jahre älterer Wagehals, den sie bewunderte, seine Schwester »Shella«, Michelle, die genauso alt wie sie selbst war, und John H. Davis, der ebenfalls 1929 geboren war und später zum Biographen der Familie werden sollte. (Als sein erstes Buch über die Familie erschien, empfand Jackie dies als Verrat und schnitt ihn fortan.)

In jedem Fall war Black Jack Bouvier zu sehr Individualist, um sich in irgendeine gemütliche Familienszene zu fügen, selbst wenn ein solches Angebot bestanden hätte. Er betrachtete sich und seine Töchter als den übrigen Bouviers überlegen, was dazu führte, dass Jackie und Lee sich, ganz anders als die Kennedys, niemals als Mitglieder eines Clans fühlten. Es machte Spaß, im Gesellschaftsleben von East Hampton, am Strand oder am Pool im Maidstone Club eine Bouvier zu sein, mit den Cousins zu spielen und an der East Hampton Show teilzunehmen, doch nach Jack Bouviers Wünschen sollten seine Töchter stets die Stars sein. Bei Familienfeiern und Sonntagsessen stiftete er absichtlich Aufruhr, indem er einer von ihnen ein Kompliment machte: »Lee wird eines Tages ein richtiges Glamourgirl werden. Seht euch doch nur diese Augen an ... und diese sexy Lippen, die sie hat!« Der Rest der Familie nannte diese Einimpfungen »Vitamin P« (Preisung). Noch öfter gingen solche Vitamin-P-Dosen an Jackie: »Sieht Jackie nicht großartig aus? Das

Mädel hat dieses Jahr in ihrer Klasse alle Preise geholt … und das hübscheste Ding im Ring ist sie obendrein.«[19]

Jahre später schrieb Lee in lyrischen Worten über ihre Erinnerungen an East Hampton, das Meer, das beide Mädchen liebten (ein frühes Gedicht, das Jackie im Alter von zehn Jahren schrieb, trug den Titel »Meeresfreude«), das Glücksgefühl, wenn sie New York Anfang Juni in dem blauen Ford-Kabriolett entfliehen konnten, wobei sie oft genug von der Polizei verfolgt wurden (Janet wurde ständig wegen Geschwindigkeitsüberschreitung angehalten), über ihre Ankunft, das Auspacken der Sommerkleider – vier Shorts, rot, blau, weiß und grau, vier gestreifte Hemden und zwei Paar Sandalen. Für Jackie bedeutete der Sommer, dass sie auf Donny, wie Danseuse in der Familie genannt wurde, reiten konnte und jeden Freitagabend zum Bahnhof ging, um ihren Vater vom Canonball Express aus New York abzuholen, möglichst rasch, damit sie rechtzeitig Pennys auf die Gleise legen konnte, ehe der Zug einfuhr. Zu Halloween gab es noch einmal einen Kurzbesuch in East Hampton, und dann hieß es, in New York auf den Beginn des nächsten Junis zu warten.

Als Jackie sieben wurde, begann ihre Familie zu zerfallen. Ihre Eltern stritten sich ständig, und Janet ließ ihre Enttäuschung und ihren angestauten Zorn an ihren Kindern aus, die sie sogar zuweilen schlug. Während der zweiten Hälfte der dreißiger Jahre verschoben sich die Machtverhältnisse in der Ehe zu Janets Gunsten. Black Jack war im Unrecht und wusste es, obwohl er nicht aufhören konnte, Frauen nachzustellen. Ein Foto aus dieser Zeit zeigt Janet in Reitkleidung, elegant an einen Zaun gelehnt, doch im Hintergrund hält ihr Mann in aller Offenheit die Hand einer hübschen, jungen Frau, Virginia Kernochan. Einen Tag, nachdem das Bild aufgenommen worden war, erschien es in den *New York Daily News*, zusammen mit den unvermeidlichen Anspielungen, von denen Janet sich zutiefst gedemütigt fühlte. James T. Lee, der es nicht erwarten konnte, seinen verhassten Schwiegersohn loszuwerden, riet seiner Tochter, einen Scheidungsanwalt aufzusuchen. Janet jedoch war noch nicht bereit, ihre Ehe aufzugeben, und lehnte ab. Hemmungslos wie immer dachte der unverbesserliche Black

Jack überhaupt nicht daran, seine Lebensweise zu ändern. Außerhalb der Saison benutzte er Wildmoor für seine Partys mit Freunden aus Börsenkreisen und Showgirls, während ihm im Sommer, derweil er seine Familie sicher in East Hampton wusste, die New Yorker Wohnung zu ähnlichen Zwecken diente. Auf die Frage, warum ihre Mutter ihrem Vater gegenüber solche Bitterkeit an den Tag legte, antwortete Lee: »Ich vermute, er hat sie in den Anfangstagen oder besser -jahren ihrer Ehe unglaublich verletzt … Er sah anderen Frauen nach und flirtete gern. Ich kenne Tausende von Männern, die das tun, aber ich vermute, sie konnte eben nicht damit umgehen …«[20]

Einen weiteren Grund für Spannungen bildeten die Finanzen. Black Jacks Börsenvermögen war bedenklich zusammengeschrumpft. 1933 und 1934 war er gezwungen gewesen, seinen Schwiegervater um Kredit anzugehen, um zu überleben, und er war sich nur allzu bewusst darüber, dass sogar sein Heim in der Park Avenue von den übellaunigen Gnaden James T. Lees abhängig war. Dieses Gefühl des Versagens vertiefte sich und verletzte seinen Stolz. Auch wenn seine Vermögensverhältnisse an der Börse sich 1936 kurzfristig besserten, bedrängte ihn MC Bouviers Nachlassverwalter wegen ausstehender Schulden, darunter ein Kredit über $ 25 000, der aus dem Jahr 1930 stammte. Auch die Finanzbehörden forderten beachtliche Summen an Steuerrückständen. Janet ihrerseits war bitterlich erzürnt über seine Unfähigkeit, ihr die Stabilität, Liebe und Zuneigung zu geben, die sie gebraucht hätte, um über die kalte Beziehung zu ihrem Vater hinwegzukommen. Es erboste sie außerdem, dass die Kinder ihren Vater so offensichtlich anbeteten und seine Gesellschaft der ihren vorzogen. Unbewusst ergriffen die Mädchen Partei für ihren faszinierenden, liebevollen Vater und stellten sich gegen die strenge Mutter. »Beide Mädchen hassten ihre Mutter«, sagte ein Freund, der sie in Farmington gekannt hatte. »Jackie hatte eine sehr enge, halb inzestuöse Beziehung zu ihrem Vater, für den sie sich andererseits schämte. Janet mochte ihre Töchter nicht, nur ihre Auchincloss-Kinder.«[21] Janets Gewalttätigkeit ihren Töchtern gegenüber hörte nicht einmal auf, als diese erwachsen waren: »Michael Canfield erzählte mir, dass

Janet sie (Jackie) bei ihren Wutausbrüchen schlug«, berichtete ein Cousin. »Er sagte, sie waren äußerst gewalttätig, sie schlug zu, und Jackie gefiel das überhaupt nicht. Mir scheint das glaubhaft, denn bei Janet konnte man sich so etwas vorstellen: Sie hatte ein Temperament wie ein Gewittersturm, man sah es immer schon kommen.«[22] Vielleicht kommt es der Wahrheit näher, dass die Mädchen Janet ihre ständige, nörgelnde Kritik übel nahmen. »Sie erwartete so viel von uns beiden«, erinnerte sich Lee. »Ich erinnere mich nicht mehr genau, aber ein bestimmter Bereich wurde nie konkret benannt … (einfach) Glanzleistungen und Perfektion, somit gab es Kritik in rauen Mengen. Aber vielleicht lag das daran, dass sie mit sich selbst so unglücklich war …«[23]

Ende September 1936 verlangte Janet eine sechsmonatige Trennung auf Probe. Black Jack zog aus der Wohnung aus und in ein Zimmer in Westbury. Der Ort war wie ein zweites Zuhause für ihn, da die Polo Bar zu seinen Lieblingsplätzen für seine Rendezvous gehörte. Im Sommer zeigte sich das Paar in East Hampton wieder vereint, doch nach dem Labour Day, bei der Rückkehr nach New York, trennten sie sich endgültig. Wie einer von Jackies Biographen berichtet, war dieser letzte East Hamptoner Familiensommer eine traurige Tortur. In East Hampton wusste jeder, was der andere tat, und im Reitclub, wo Jackie die meiste Zeit verbrachte, »wussten alle Kinder Bescheid und machten sich einen Spaß daraus, Jackie zu piesacken. Aber wenn sie etwas nicht hören wollte, verschloss sie einfach ihre Ohren. Sie hatte eine Menge Mumm für ein kleines Mädchen.«[24] Ein anderes Clubmitglied erinnert sich an eine schwermütige Jackie, die herumstreunte wie »ein mutterloses Kätzchen«, mit Stallburschen sprach und die Pferde mit ihrer Zuneigung überschüttete. »Man spürte irgendwie, dass sie tausend Meilen weit weg war, in einer Welt aus selbst gemachten Träumen.«[25] Mit einiger Berechtigung gaben die Lees Black Jack die Schuld: »Auf der ganzen Welt gibt es keine Entschuldigung für Black Jack«, sagte Janets jüngere Schwester Winifred d'Olier. »Er war ein schrecklicher Mann … er war der schlimmste Mann, den man finden konnte.«[26]

Im folgenden Sommer, 1938, mietete Janet ein Haus in Bellport, vierzig Meilen von dem von ihren Töchtern geliebten East Hampton entfernt, um Abstand zwischen sich selbst und Black Jack zu bringen. Die Mädchen verbrachten den August mit ihrem Vater, doch auch in Lasata brach das Leben auseinander, und die Familienmitglieder gingen einander öfter denn je an die Gurgel. Der Major hatte sich in eine Engländerin, Mrs. Mabel Ferguson, verliebt, die in New York lebte und arbeitete. »Als Großmutter es herausbekam«, berichtete Edie Beale, »brach es ihr das Herz. Diese Affäre brachte sie um ...« Maude starb kaum zwei Jahre später, am 2. April 1940.

Für Jackie war das Herzeleid privat, die Demütigung aber öffentlich. Am 26. Januar 1940 brachte der *New York Daily Mirror* die Nachricht von der Trennung ihrer Eltern unter der Schlagzeile »Gesellschafts-Börsenmakler in Scheidungsprozess« und veröffentlichte Einzelheiten über Black Jacks Frauengeschichten, die offenbar Janets Anwalt geliefert hatte, mit Daten und Bildern. Dann geriet die Story an die großen Nachrichtendienste, und Zeitungen und Boulevardblätter im ganzen Land übernahmen sie. In der Öffentlichkeit legte sich Jackie eine schützende Schale aus Reserviertheit zu, sodass offenbar keiner ihrer Schulfreunde und Lehrer je bemerkt hat, wie viel Schmerz dahinter verborgen lag. »Ich denke, unter all den Scheidungen, die ich gesehen und von denen ich gehört habe, war es vermutlich eine der schlimmsten«, erinnerte sich Lee, »weil auf beiden Seiten so viel *grausame* Bitterkeit herrschte. Nur ich und Jackie, wir fühlten uns ständig hin und her gezerrt, und dann sprachen sie auch noch in so hässlicher Weise voneinander.«

Damals entwickelte Jackie ihre Fähigkeit, Dinge, die sie nicht hören wollte, auszuschalten und Schmerz abzublocken, welche ihr in ihrem späteren Leben so gute Dienste leisten sollte. »Jackie hatte wirklich Glück, dass sie dieses Talent zum Abschalten besaß oder sich erworben hatte und das sie sich zeitlebens bewahrte«, sagte Lee. »Es war, als hätte man in den Jahren zwischen zehn und zwanzig (von seinen Eltern) nie etwas anderes gehört, als wie furchtbar doch der andere sei. Irgendwann ist das so wie bei einer Platte mit Sprung, und man hört nicht mehr hin, weil man schon ahnt, was kommt ... Ich war neidisch, weil sie (Jackie) das so gut konnte, den Knopf drücken und abschalten ...«[27] Aber nicht einmal Jackie konnte vollkommen »abschalten«. Die Bitterkeit der Scheidung ihrer Eltern und deren öffentliche Austragung hinterließen in ihr tiefe Unsicherheiten, unterdrückten Zorn und eine faunhafte Schüchternheit gegenüber der Welt, die über einen vertrauten Freundeskreis hinausging. Daneben förderte die Scheidung die eskapistische, romantische Seite ihres Charakters sowie ihre Liebe zu Poesie und Büchern, einer Fantasiewelt, in der sie sich verlieren und vor der unschönen Realität verstecken konnte. Ihr ganzes Leben lang zog sie es vor, über die Oberfläche zu streifen, aus Angst herauszufinden, was sich darunter verbarg. Körperliche Befreiung von ihren Dämonen fand sie bei anstrengenden Ritten über Hürden; sie war eine mutige, ehrgeizige Reiterin. Black Jack riet ihrem zukünftigen Ehemann John F. Kennedy: »Wenn du mit Jackie irgendwelche Probleme hast, setz sie auf ein Pferd.«

Als 1939 ihre Welt in East Hampton zerbrach, schrieb die zehnjährige Jackie ein Gedicht, mit dem sie ihre Liebe zum Meer besang. Sie illustrierte es mit einer Zeichnung von sich selbst, mit aufgeworfenem Kopf und im Wind flatterndem Haar, vor gewaltigen, tosenden Wellen:

Lauf ich hinunter zum Strand, ans Meer
Wünsch' ich mir nichts auf der Welt so sehr,
Als zu sein bei den stürmischen, blauen Wellen,
Wo Möwenschreie im Ohr mir gellen.

Bei Ebbe tolle ich frei umher,
Fühl' mich umgeben von Wind und Meer,
Und die Möwen tauchen ein in den Schaum,
Ach, am Meer zu leben ist mein größter Traum.

»Ich – 1939«[28]

2
Papas kleines Mädchen

»Du weißt, Peter, wir beide leben in dieser Welt der WASPs, des alten Vermögens und der besseren Kreise, und kommen prächtig voran. Das alles soll ja so sicher und beständig sein. Aber du und ich gehören nicht wirklich dazu. Vielleicht weil ich Katholikin bin und meine Eltern sich scheiden ließen, als ich ein Kind war – zu jener Zeit eine schrecklich radikale Angelegenheit –, habe ich mich in dieser Welt immer als Außenseiterin gefühlt.«[1]
Jackie zu Peter Duchin

Janet erreichte ihre Reno-Scheidung von Black Jack im Juni 1940. Nach dem Tod von Jackies Großmutter Maude Bouvier im April desselben Jahres gehörte das Leben in Lasata, wie sie es gekannt hatte, praktisch der Vergangenheit an. Von da an scheint Jackie das Motto ihrer Heldin Scarlett O'Hara (innerhalb dieses Jahres las sie *Vom Winde verweht* dreimal) angenommen zu haben: »Ich werde nie zurückblicken.« Derweil East Hampton in der Erinnerung verblasste, entwickelte sich New York, das ihr Zuhause für den größten Teil ihres Lebens bleiben sollte, zum Mittelpunkt ihrer – hauptsächlich von WASPs geprägten – Welt. Nach der Scheidung zogen Janet und ihre Töchter in eine Wohnung am One Gracie Square, in der Nähe der Chapin School for Girls, die Jackie seit September 1935 besuchte.

Nach dem Bericht einer gleichaltrigen Mitschülerin war Miss Chapins Schule, als Jackie sie besuchte, noch voller Fräuleins und die Atmosphäre beherrscht von weiblichen WASPs. Die Direktorin, Miss Ethel Gray Stringfellow, lebte mit einer Miss Evelyn Scott zusammen, die nicht an der Schule tätig war. Die Lateinlehrerin lebte mit der extrem maskulinen Gymnastiklehrerin, deren Training den Mädchen wie die Vorbereitung auf einen Krieg erschien. Von ihnen wurde erwartet, an Seilen hinaufzuklettern und auf dem Bauch über den Boden zu robben, »als ob Geschosse über unsere Köpfe zischten«. Das Motto der Schule, das überall weithin sichtbar prangte, lautete *Fortiter et Recte* – »Sei tapfer und gerecht«. Zusammen mit Miss Stringfellows eigenem Mantra »Falle auf, indem du nicht auffällst« vermittelte dies eine widersprüchliche, verwirrende Botschaft. Die Schuluniform, die Jackie in den unteren Klassen trug, bestand aus einem türkisfarbenen Leinenpullover mit Gürtel, der über einer weißen Baumwollbluse mit Peter-Pan-Kragen und türkisfarbener Pumphose getragen wurde. In den oberen Klassen trug sie eine türkisfarbene Bluse und einen dunkelgrünen Sergerock über dunkelgrünen Serge-Pumphosen.

Der Schultag begann damit, dass die uniformierten Mädchen zum Gebet in die Aula einmarschierten. Das Gebet bestand aus der Episkopalversion des Vaterunsers, dem Hersagen erlernter Bibelverse und der Lesung eines Mädchens aus den Oberklassen. Im Anschluss folgten schulische Bekanntmachungen. Der Auszug erfolgte im Takt eines Militärmarsches, getrommelt von der Klavierlehrerin. »Zu ihrer [Jackies] Zeit war die Schule vorwiegend protestantisch«, erinnerte sich Minnie Hickman. »Pro Klasse konnten sich vielleicht ein oder zwei Katholikinnen einschmuggeln. Es gab ein paar jüdische Mädchen, gewiss aber keine mit verräterischen Namen ...«[2] Jackies Erfahrungen mit dem Katholizismus hielten sich ziemlich in Grenzen: »Wir waren bestimmt keine Katholiken wie die Kennedys«, berichtete Lee. »Aber während wir in New York wohnten, gingen wir mit meinem Großvater Bouvier jeden Sonntag zur Kirche. Und wir besuchten dreimal pro Woche dieses Kloster, Helpers of the Holy Souls, wir sollten also im katholischen Glauben verwurzelt sein.«[3]

»Es herrschte die Erwartung, dass wir uns gut verheiraten würden«, erzählte Minnie Hickman. »Um uns auf die Ehe vorzubereiten, wurden wir mit acht oder neun Jahren zur Tanzschule geschickt. Jackie ging zweimal pro Woche zur Schule im Colony Club, die eine Miss Hubbell leitete. Diese Dame hatte einen Stock mit einem Silberknauf, mit dem sie im Takt der Musik auf den Boden schlug. Unsere Partner wurden aus den Reihen der Buckley-, St.-Bernard- und Allen-Stevenson-Schüler ausgewählt. Sie erschienen nur widerwillig zur Tanzstunde und mussten von Miss Hubbells Stock aus der Männertoilette getrieben werden.«[4] Die Jungen trugen Eton-Blazer oder ordentliche blaue Anzüge und die Mädchen Partykleider, während man von beiden Geschlechtern erwartete, dass sie weiße Handschuhe anlegten. Jackie zog Miss O'Neills Ballettunterricht bei weitem vor, der in ihr ein lebenslanges Interesse für Ballett weckte. Auch wenn ihr bewusst war, dass sie zum einen zu groß war, um Berufstänzerin zu werden, und dass zum Zweiten ihre Familie ihr dies niemals gestattet hätte, dachte sie doch flüchtig daran, vielleicht Kostüme zu entwerfen, und begann Bücher über das Ballett zu sammeln.

Jackie war bereits eine Rebellin, die sich Miss Chapins Disziplin nicht fügte. Sie war intelligenter als die meisten ihrer Klassenkameradinnen und erledigte ihre Aufgaben rasch, woraufhin ihr nichts mehr zu tun blieb als Kritzeleien und Tagträume. Alle Lehrerinnen, die Mary Van Rensselaer zwanzig Jahre später interviewte, erinnerten sich an ihre Schönheit, vor allem aber an ihren Schalk. »Sie war das hübscheste kleine Mädchen«, besann sich eine Miss Affleck, »sehr klug, künstlerisch sehr begabt, aber in ihr steckte ein Teufel.«[5]

An Miss Chapins Schule schloss Jackie Freundschaften fürs Leben, insbesondere mit Nancy Tuckerman, die bis zu ihrem Tod als ihre Privatsekretärin, Vertraute und Beschützerin fungierte. Jane Felton, die ebenfalls während Jackies Zeit als First Lady für sie arbeitete, erinnerte sich an Jackies Jahre in der Chapin-Schule: »Sie war frech wie sonst was, sie störte den Unterricht, wo immer sie konnte, aber sie war hoch begabt. Wir wurden immer auf diese grauenhaften Vogelbeobachtungstouren in den Central Park geführt, mussten auf Zehenspitzen laufen, aber Jackie fing natürlich an zu brüllen und zu kreischen. Sie wurde dabei erwischt, wie sie aus dem öffentlichen Brunnen trank – und zur Direktorin wurde sie, glaube ich, jede zweite Woche geschickt, so frech war sie. So oder so, meiner Meinung nach hatte sie ihr Leben lang den besten Sinn für Humor und für Absurdes. Hinter dem Rücken von Leuten bekam sie deren Masche heraus und dann ahmte sie die entweder nach oder stellte etwas an. Und sie stiftete andere an. Nancy (Tuckerman), die nicht die leiseste Ahnung von Pferden hatte, erzählte sie, wenn man unter einem Pferd hindurchsteige, bringe das Glück! Sie schickte Lee los, um für sie die Schmutzarbeit zu erledigen. Eigentlich ließ sie immer andere für sie die Schmutzarbeit machen …«[6]

Sally Smith Cross, eine Klassenkameradin in der Chapin-Schule, erinnerte sich an Jackies »unbezähmbaren Überschwang« und hervorragende sportliche Leistungen. »Ich sehe sie leibhaftig vor mir«, berichtete sie, »wie sie mit hüpfenden dicken braunen Zöpfen in die Mitte von ›The Roof‹ stürmte, um Eck-Kickball zu spielen. Ich sehe auch noch vor mir, wie sie gescholten und ins Büro von Miss Stringfellow geschickt wird, weil sie die unerfahrene junge Lehrerin für Modernen Tanz provoziert hatte … Sie war eine hoch begabte Schülerin und außerdem eine Anführerin, deren Stoffzebra Flapjack zu unserem Klassen-Maskottchen wurde. Sie konnte Rad schlagen, etwas, das ich nie geschafft habe.«[7]

In der Schule mochte sich Jackie betragen, als sei ein Junge an ihr verloren gegangen, in der streng disziplinierten Atmosphäre der mütterlichen Wohnung aber flüchtete sie sich wie viele einsame Kinder in ihre Bücher. An ihre Kinderjahre in New York erinnerte sie sich folgendermaßen:

> Bis ich dreizehn Jahre alt war, wohnte ich in New York City und verbrachte die Sommer auf dem Land. Ich hasste Puppen, aber Pferde und Hunde liebte ich. Für eine Zeit, die meiner Familie endlos vorgekommen sein muss, lief ich mit aufgeschürften Knien und Zahnspangen herum.
>
> Als ich klein war, las ich eine Menge, für vieles war ich nicht alt genug. In dem Zimmer, in dem ich meinen Mittagsschlaf halten sollte, standen Bücher von Tschechow und Shaw, also habe ich nie geschlafen, sondern saß auf dem Fensterbrett und las, und dann schrubbte ich mir die Fußsohlen, damit das Mädchen nicht merkte, dass ich aus dem Bett gestiegen war. Meine Helden wa-

ren Byron, Mogli, Robin Hood, der Großvater des kleinen Lord Fauntleroy und Scarlett O'Hara.[8]

Aus dieser eher konventionellen Liste sticht ein Name hervor: Der Großvater des kleinen Lord Fauntleroy weist auf Jackies Fixierung auf ältere Männer oder auch auf den Großvater hin, den sie jetzt nur noch selten sah: Opi Jack.

Black Jacks Vermögen schrumpfte weiter zusammen, und um Geld zu sparen, zog er aus dem Westbury in eine Zweizimmerwohnung mit Dienstmädchenkammer in der 125 East 74th Street. Er trennte sich von zwei Automobilen und behielt nur das Mercury-Kabriolett. Er ging nur noch selten zum Essen aus, doch bei seinen geliebten Töchtern zeigte er sich niemals geizig. So kam er für Danseuses Unterhalt in Durlands Mietstall auf, damit Jackie sie im Central Park reiten konnte, und auch für Jackies Schulgebühren bei Chapin. Als die Mädchen heranwuchsen, richtete er ihnen Kundenkreditkonten bei Saks ein. Jeden Sonntag holte er sie mit dem Mercury von der Wohnung ihrer Mutter ab, wobei er ein spezielles Hupsignal ertönen ließ. Sie unternahmen Spaziergänge im Central Park, begleitet von Hunden, die sie sich für den Tag aus Tierhandlungen geholt hatten. Hinterher gab es ein Mittagessen mit Schulfreundinnen bei Schrafft's, dann Kino und Pistazieneis satt. Ein anderes Mal besuchten sie ein Baseball-Testspiel auf dem Baker's Field oder ein Rennen im Belmont Park, wo der Vater die Mädchen den Spitzenjockeys vorstellte. Es gab Ausflüge in die Innenstadt für einen Lunch in der Wall Street, und einmal führte Black Jack sie auf die Besuchergalerie der New Yorker Börse, von wo aus sie auf das Gelärme und Gedränge der Spekulanten hinunterschauen konnten, das einst ein so bedeutender Teil seines Lebens gewesen war.

Obwohl er sich bemühte, es seine Töchter nicht merken zu lassen, befand sich seine Welt im Niedergang. Der Tod seiner Mutter sowie die Scheidung von Janet, die in ihm ein Gefühl des Versagens hinterließ, hatten ihn schwer erschüttert. Er fuhr nun nur noch selten nach Lasata und gab seine Pferde dort auf, auch wenn Jackie und Lee noch immer den August mit ihm in East Hampton verbrachten. Der *Social Spectator* vom 30. August 1941 brachte ein Bild von Jackie, die graziös und erwachsen wirkt, während sie auf der East Hampton Horse Show mit Danseuse ein Hindernis nimmt. Sie gewann die blaue Rosette in der Jagdklasse und den ersten Preis für reiterlichen Sportsgeist »für Kinder unter 14 Jahren«.

Am 21. Juni 1942 versetzte Janet Black Jack den letzten Schlag, indem sie einen Mann heiratete, der wesentlich reicher und nach gesellschaftlichen Maßstäben von besserer Herkunft war als er. Hugh D. Auchincloss II. oder Hughdie, wie er allgemein genannt wurde, war der Erbe eines Standard-Oil-Vermögens und zweier fantastischer Häuser, Merrywood in McLean, Virginia, und Hammersmith Farm in Newport, Rhode Island. Für Jackie und Lee kam die Hochzeit aus heiterem Himmel, zum einen, weil ihre Mutter sie nicht vorgewarnt hatte, und zum anderen, weil sich nach Berichten von Lee noch mindestens zwei weitere Galane auf der Bühne tummelten. »Meiner Erinnerung nach waren wir völlig überrascht«, äußerte sich Lee, »denn sie [Janet] rief uns an, als wir gerade im Haus von Großvater Lee waren. Jackie erwischte das Telefon als Erste, und dann hörte ich Jackie sagen: ›Sie hat geheiratet‹, und ich fragte: ›Wen denn?‹ Und Jackie sagte: ›Mr. Auchincloss.‹ Ich hatte mit zwei anderen Leuten gerechnet, also war ich wie vor den Kopf gestoßen. Anscheinend hatte er nur zwei Tage Urlaub, er war nämlich bei der Marine, und das gab sie uns als Grund dafür an, dass wir nicht dabei sein konnten …«[9]

Tatsächlich hatten Jackie und Lee Hughdie und seinen ältesten Sohn aus der ersten Ehe mit einer Russin bereits im vorangegangenen Dezember kennen gelernt. Der Sohn hieß Hugh D. Auchincloss III. und war auch als Yusha bekannt. Die Begegnung hatte zehn Tage nach dem japanischen Bombenangriff auf Pearl Harbour stattgefunden, durch den die Vereinigten Staaten in den Krieg eintraten. Janet hatte die Mädchen auf eine Besichtigungstour nach Washington mitgenommen. Yusha, ein schüchterner Vierzehnjähriger, der für die Weihnachtsferien aus der Groton-Schule nach Hause gekommen war, fühlte sich zu der zwölfjährigen Jackie in besonderer Weise hingezogen. Gemeinsam war ihnen die Leidenschaft für Geschichte, und in diesem emotionsgeladenen Augenblick des amerikanischen Kriegseintritts teilten sie ihre Gefühle von Patriotismus und Heldenverehrung. Jackie fragte sich, was aus Frankreich werden würde. Sie hatte ihren Pudel zu Ehren von General de Gaulle »Gaullie« getauft. An den Vormittagen dieser Woche vor Weihnachten besichtigten sie Washington: Mount Vernon und das Monument, das Capitol und das Weiße Haus. (Letzteres hatte Jackie im selben Jahr schon einmal mit ihrer Mutter besucht. Später erinnerte sie sich, wie wenig einladend es ihr vorgekommen war.) Sie verbrachten eine lange Zeit beim Lincoln Memorial, wo Jackie dessen in Stein gemeißelte, mitreißende Worte laut vorlas. Ganz besonders aber liebte sie das Smithsonian-Museum für Amerikanische Geschichte. »Ihr spezielles Interesse galt den amerikanischen Indianern«, erinnerte sich Yusha. »Aber ebenso fasziniert war sie von Piraten ... ihren Vater Jack Bouvier, den sie innig liebte, stellte sie sich als tollkühnen Piraten vor.«[10] Eine gewisse Wehmut weckt die Tatsache, dass ihre letzte Besichtigungstour sie zum Arlington-Friedhof und Lee Mansion führte, wo Jackie eines Tages selbst an der Seite John F. Kennedys begraben werden sollte. Während sie hinunter auf das Grab des Unbekannten Soldaten aus dem Ersten Weltkrieg und die Reihen weißer Grabsteine blickten, fragten sie sich, wie viele wohl jetzt, wo Amerika im Krieg stand, hinzukommen mochten und ob je einer ihrer Freunde auf diesem Hügel begraben liegen würde. »Was für ein friedlicher Ort«, hörte man die in Gedanken versunkene Jackie sagen. An ihrem letzten Nachmittag in Merrywood, auf einem Felsvorsprung mit Blick über die Stromschnellen des Potomac, lud Jackie Yusha für die Osterferien nach New York ein: Er konnte bei seiner Großmutter in der 903 Park Avenue wohnen, und Jackie versprach, ihm die Stadt zu zeigen.

Yusha war Trauzeuge bei der Hochzeit seines Vaters mit Janet in Merrywood. Er freute sich darüber, dass Jackie und Lee jetzt zur Familie gehörten, und für Jackie war er der ältere Bruder, nach dem sie sich immer gesehnt hatte. Zwei Tage nach der

Hochzeit brach Hughdie mit dem britischen Geheimdienst zu seinem Marinestützpunkt in Jamaika auf, während Janet nach förmlichen Antrittsbesuchen bei ihren neuen Schwiegereltern zu Jackie und Lee ins Haus ihrer Eltern in East Hampton zurückkehrte.[11]

Nachdem Hughdie im Spätsommer 1942 zurück nach Washington versetzt worden war, zogen Janet, Jackie und Lee nach Merrywood in ein Haus, das während der folgenden Jahre eine wichtige Rolle in Jackies Leben spielen sollte. Es hatte etwas an sich, das von allen, die dort lebten, Besitz ergriff. Gore Vidal, der im Alter von zehn Jahren, nach der Heirat seiner Mutter Nina, widerwillig zu Hughdies Stiefsohn geworden war, beschrieb es als das Lorbeerhaus in *Washington DC*. Er erwähnt es wiederum in seinem autobiographischen Werk *Palimpsest*. Der auf der hohen Steilküste des Potomac zwischen den Bäumen körperlich spürbare Geist von Merrywood sollte ihn sein Leben lang begleiten: »Von den stufenförmigen Wiesen fiel der Felsen zum Fluss hin steil ab. Es war gefährlich, dort hinabzusteigen, geschweige denn zu rennen, also rannte ich natürlich oft diesen halsbrecherischen Weg hinunter und sprang von Felsen zu Felsen. Noch heute träume ich von diesem Abstieg, dem rasch fließenden, schlammbraunen, sich kräuselnden Fluss entgegen ...«[12]

Jackies Schlafzimmer hatte zuvor Gore gehört. Sie erzählte ihm, sie habe bei ihrem Einzug einige seiner mit seinem Namen versehenen alten Hemden gefunden und sie zum Reiten getragen. Es war ein kleines Zimmer mit einem Doppelbett und angrenzendem Bad, dessen weiß gekachelter Boden »seit den dreißiger Jahren nicht verändert worden war«. Darüber hinaus besaß das Zimmer ein großes Fenster mit Blick auf die Wiese, die Wälder und den Fluss. Später wurde es zu dem Zimmer, das sie mit Kennedy teilte. Das aus großen Steinen errichtete, neugeorgianische Haus erinnerte sie an Tara in *Vom Winde verweht*. Seine Lage, umgeben von fünfzig Morgen Waldland, hoch über den dahinjagenden Stromschnellen des Potomac, sprach ihren Sinn für Romantik und ihre Liebe zur Natur an: »Ich werde nie zu sagen vermögen, was ich mehr liebe, Hammersmith [Farm] mit seinen grünen Feldern und den Sommerwinden oder Merrywood im Schnee, mit seinem Fluss und diesen großen, steilen Hügeln ...«[13], schrieb sie an Yusha. Yusha, der die poetische Seele seiner russischen Vorfahren geerbt hatte, schrieb ihr in mystischen Worten über die Liebe zu Merrywood, die sie teilten und die er als einen leitenden Geist betrachtete: »Merrywood ist eine Art himmlisches Reich, wo es keine Begierden und keine Furcht geben kann, kein egoistisches, oberflächliches Streben, sondern nur das Streben nach Liebe und Glück. Merrywood ... ist ein Geist. Du kannst ihn spüren und ihn besser als jeder andere kennen, weil ich es so will. Dein wahres Ich ruht im Charakter Merrywoods, und ich hoffe, dass du dich nie veränderst. Ich glaube nicht, dass du dies jemals tun wirst, weil Merrywood es dir so geboten hat ...«[14]

Die Hammersmith-Farm, kurz vor Newport in Rhode Island gelegen, sah Jackie im Sommer 1943 zum ersten Mal. Das von Yusha schlicht als »geräumiges, gedecktes Landhaus von 1880« beschriebene Farmgebäude besaß zwanzig Zimmer und konnte höchstens im Vergleich mit den Herrenhäusern und Vanderbilt-Schlössern in Newports Bellevue Avenue als Landhaus bezeichnet werden. 1887 von Yushas Großonkel John Auchincloss erbaut, war es danach von seiner Großmutter Emma Jennings Auchincloss und seinem Großvater Hugh D. Auchincloss übernommen worden, der 1913 starb. Hughdie erbte es nach seiner Hochzeit mit Janet beim Tod seiner Mutter im September 1942. Damals war es noch nach klobigem viktorianischen Stil eingerichtet, vor allem das »Terrassenzimmer« mit seinen dunklen, muffigen Polstern, den Vorlegern aus Bären-, Tiger- und Leopardenfellen und dem ausgestopften Pelikan, der von der Decke hing (dort hängt er noch immer) und den sein Großvater um die Jahrhundertwende erlegt hatte. Bei Jackies erstem Besuch machte sich in den ausgedehnten, streng angelegten Gärten noch kein Zeichen kriegsbedingter Sparmaßnahmen bemerkbar. Vor allem der Steingarten und der von Frederick Olmsted entworfene versunkene Garten gefielen ihr. Dort übte sie Pirouetten oder saß und malte, wenn sie sich nicht gerade am Bootssteg aufhielt, wo sie Gedichte verfasste oder sich romantische Geschichten erträumte. Der Glanzpunkt der Hammersmith-Farm war und ist noch immer ihre Lage auf der Kuppe eines Hügels mit einem atemberaubenden Blick über grüne Felder bis hin zu den Wassern der Narragansett Bay.

Der Krieg beschäftigte Jackie stark[15], wie sich Yusha erinnert. Die Fensterläden waren schwarz umrahmt, und wegen des nahen Torpedo-Stützpunktes herrschte strengstes Verdunkelungsgebot für den Fall eines feindlichen Angriffs. Ein Netz von Unterseebooten erstreckte sich in der Nähe des Hammersmith-Bootshauses, um den Stützpunkt auf Goat Island zu schützen. Marineschiffe fuhren ständig in der Bucht ein und aus. Am 8. Januar 1943, nur wenige Monate nach Jackies Ankunft in Hammersmith, war ein junger Fähnrich der US-Marine, der fünfundzwanzigjährige John Fitzgerald Kennedy, mit einem Kommando über fünf Torpedoboote, von der Melville Torpedo Boat Training School aus durch die Bucht in Richtung Jacksonville, Florida, in See gestochen. Sein Ziel war der Pazifik und schließlich sein historischer Auftrag auf der PT 109, wo er wahres Heldentum bewies, als er nach der Zerstörung ihres Torpedobootes seine verwundeten Kameraden aus Seenot rettete. Viel später, als er auf der Terrasse der Hammersmith-Farm an einem Daiquiri nippte und die unvermeidlichen Kabeljaubällchen knabberte, berichtete er, er habe damals gedacht, der Ausblick von seinem Boot nach Osten über die Hammersmith-Farm sei einer der bezauberndsten, die er je gesehen habe.

In Lee Radziwills Erinnerung herrschte immer Sommer in Hammersmith: »Unsere Fahrt dort hinauf fand immer am ersten Juni statt und war eine ziemliche Aktion, denn man fuhr acht Stunden mit dem Zug und nahm absolut alles mit, was man für den Sommer brauchte. Und weil es eben eine große Farm in einer Bucht war, gab es so viel zu tun. Die ersten Tiere, die mein Stiefvater nach der Wiederinbetriebnahme von Hammersmith anschaffte, waren zwei Guernsey-Kühe, die er nach uns benannte – Jacqueline und Caroline!«[16] Das Haus war von neunzig Morgen fruchtbarer Felder umgeben, ein Paradies für Jackie und ihre Tiere, die Hunde, Pferde und Rinder. Der Farm-Aufseher, Bob Burgess aus Guernsey, hatte den Auftrag, die

Farm so herzurichten, dass dort Lebensmittelvorräte für die Marine produziert werden konnten. Jackie und Yusha bekamen beide ihre eigenen Aufgaben: Yusha half beim Melken der Guernsey-Kühe und Jackie sammelte die Eier der roten Rhode-Island-Hennen ein.

Jackie besaß nun eine neue, fix und fertige Familie und zwei neue Domizile in Lagen, die Grundstücksmakler als »heiß begehrt« beschreiben würden. Ihr Stiefvater, für sie und Lee »Onkel Hugh« oder kurz »Unk«, war wahrhaftig reich: Seine Mutter, Emma Jennings Auchincloss, eine Standard-Oil-Erbin, hatte ihm genug Geld hinterlassen, um ein Maklerunternehmen zu gründen, Auchincloss, Parker & Redpath. Hughdie, ein großer, freundlicher, stotternder Mann, war stolz auf seine Herkunft und bewahrte ein Exemplar seines Familienstammbaums in seinem Badezimmer in Hammersmith auf. Der Stammvater der Auchincloss' war ein Schotte aus Paisley gewesen. Zu seiner mütterlichen Stammlinie gehörte die angesehene Familie Burr und die Schwester seiner Mutter hatte einen Rockefeller geheiratet. »Er war ein freundlicher Mann und er war ein sanftmütiger Mann, aber er war auch ein Mann, der in vielfacher Hinsicht im 19. Jahrhundert stecken geblieben war«, erklärte Jamie Auchincloss, Hughdies Sohn aus der Ehe mit Janet. »Und dann sein Freundeskreis – er hatte einen riesigen Kreis guter Freunde, aber ich versichere, sie waren alle weiß, protestantisch und wohlhabend, gehörten alle irgendwelchen Clubs an und führten ein äußerst angenehmes Leben.«[17] Eine Freundin Jackies beschreibt Hughdie als »fürchterlich spießig«. Er war zu Recht stolz darauf, ein Gentleman zu sein. Wie viele reiche Männer hatte er etwas von einem Pfennigfuchser: Um im Winter Strom zu sparen, ließ er die Kadaver von Rehen auf der hinteren Veranda lagern, sodass kein Platz in der Tiefkühltruhe verschwendet wurde.[18]

Im Dezember 1942 fand Jackies erstes Weihnachten mit der Familie Auchincloss statt. Jackie und Lee führten jedes Jahr ein Krippenspiel für ihre Mutter auf. Jetzt hatten sie in Yusha einen Joseph und einen Heiligen König in Hughdie. Jackie spielte Maria, und Lee, die eine hübsche Stimme besaß, sang als Engel

Weihnachtslieder. Die übrigen Darsteller spielten ihre Rollen stumm. Die Rolle des Jesuskindes übernahm, ein wenig blasphemisch, einer von Jackies kleinen Hunden. Diese idyllische Szene jedoch war nicht unbedingt typisch für das komplizierte Familienleben der Auchincloss'.

Hughdie war bereits zweimal verheiratet gewesen, einmal mit einer Frau russischer Herkunft, Maria Chaprowitsky, der Tochter eines russischen Marineoffiziers und Mutter von Yusha. Gerne spielte Jackie auf Yushas edle Herkunft an: Einer seiner Vorfahren auf der mütterlichen Seite war der Privatsekretär Katharinas der Großen gewesen, ein Intellektueller, der die Briefe der Zarin an Voltaire schrieb. Auf väterlicher Seite hingegen gab es einen Chaprowitsky, der Gerüchten zufolge eine uneheliche Tochter Peters des Großen geheiratet hatte. Yushas Großvater mütterlicherseits war im Russisch-Japanischen Krieg in der Schlacht von Tsushima gefallen, als sein Schlachtschiff, die *Alexander III.*, versenkt wurde, wobei die gesamte Besatzung ums Leben kam. Seine Mutter Maria war im selben Jahr wie die unglückselige Großherzogin Anastasia zur Welt gekommen, mit der sie als Kind während des Sommers auf der Krim gespielt hatte. Nach Yushas Geburt verliebte sich Maria in einen anderen Mann und Hughdie ließ sich von ihr scheiden. Darauf heiratete er Nina Gore Vidal, die Tochter des blinden Senators von Oklahoma, T. P. Gore, und Mutter von Gore Vidal. Mit ihr hatte er eine Tochter, die wie ihre Mutter Nina getauft, aber stets nur Nini gerufen wurde, sowie einen Sohn, Tommy Gore. Als seine Mutter ihn fragte, ob er Hughdie gern als Stiefvater hätte, antwortete der zehnjährige Gore mit einem leidenschaftlichen Nein. »… hauptsächlich aus ästhetischen Gründen. Als Nachfolger meines Vaters [des gutaussehenden Sportlers und Fliegers Eugene Vidal] erschien der massige, schwerfällige, stotternde Hughdie mir schlicht weder erklärlich noch dekorativ.«[19] Gores Porträt von Hughdie und seinen sexuellen Problemen in *Palimpsest* ist auf böse Weise amüsant. Hughdie besaß eine Pornographie-Sammlung, deren größten Teil er – von Nina gezwungen – in den Potomac werfen musste. Er war unfähig, zu einer Erektion zu kommen, und nach Berichten von Gores

Mutter, die als Alkoholikerin jedoch nicht völlig verlässlich ist, fand die Zeugung ihrer beiden Kinder mit Hilfe eines Löffels statt. (Laut Gore wusste Jackie genau, was das bedeutete.) Nicht eben überraschend verließ Nina Hughdie 1940, um ihren Liebhaber, General Robert Olds, zu heiraten. Gores Abneigung gegen seinen Stiefvater stieß auf leidenschaftliche Erwiderung. »In der Familie machte eine amüsante Geschichte die Runde«, berichtete ein Cousin. »Yusha, so heißt es, hatte einmal einen Kampf mit Gore, wobei Gore sich sozusagen tot stellte und zu Boden fallen ließ, also rannte Yusha in panischer Angst zu seinem Vater und rief: ›Ich habe eben Gore umgebracht!‹ Worauf sein Vater erwiderte: ›Gut so.‹«[20] Obwohl Jackie Hughdie gern mochte, fand sie ihn ebenso langweilig wie sein scharfzüngiger Stiefsohn, der schrieb: »Meine lebenslange Leidenschaft für Langweiler nahm mit Hughdie ihren Anfang.« Voll Häme pflegten er und Jackie sich an Hughdies Redensarten zu erinnern: »Alle guten Köchinnen sind dick. Woran erkennt man eine gute Köchin? Daran, dass sie Kabeljaufrikadellen backen kann.«[21]

Gore verabscheute Janet – »eine unbeabsichtigte Lachsalve pro Minute« –, doch es gab keinen Zweifel daran, wer im Hause Auchincloss herrschte. In ironischem Ton erklärte Hugh regelmäßig seinem Sohn Jamie: »Wenn du deine Mutter ansprichst, unterbrichst du sie.« »Entsprechend«, erinnerte sich Jamie, »hörte ich meinen Vater in den achtundzwanzig Jahren, die ich ihn kannte, nicht viel sagen, und immer unterwarf er sich den Wünschen und Begierden meiner Mutter. Wenn es in der Familie Streit gab, wünschte ich mir zuweilen nicht nur, dass er für sich selbst, sondern auch für einen von uns eingetreten wäre … Aber er hatte schon zwei echt schlechte, katastrophale Ehen hinter sich, ehe er meine Mutter heiratete, und seine Einstellung lautete: Ich kann mir keinen weiteren Streit erlauben, schon gar nicht eine weitere Scheidung, und wenn ich mich scheiden lasse, stehe ich allein da. Außerdem war meine Mutter ihm ganz und gar ergeben und wollte selbst keine Scheidung. Aber sie verstand sich zurückzuziehen, wenn er ihr in einem Streit, ob groß oder klein, nicht augenblicklich zur Seite sprang, ganz egal, wie lächerlich der Anlass sein mochte. Und es gab ständig solche kleinen Streitigkeiten, die sich fürchterlich ausweiteten, und einige große Streitpunkte, die vermutlich bis hinauf vor den Obersten Gerichtshof hätten gehen sollen, anstatt in der Familie zu bleiben.«[22] Ein anderer Freund der Familie, »Oatsie« Leiter, der Janet anbetete und sie charmant fand, gab zu, dass sie »ein gewaltiges Temperament besaß, das explodierte und mit ihr durchging. Sie war äußerst impulsiv. Und Hughdie saß einfach nur dabei und versteckte sein Gesicht hinter der Zeitung.«[23]

Unter diesen Umständen war das Leben im Hause Auchincloss nicht nur eitel Sonnenschein. Einmal griff John F. Kennedy Vidal wegen eines Artikels an, den dieser für *Look* über das »goldene Ambiente« von Merrywood verfasst hatte: »Was soll dieser Goldene-Zeiten-Scheiß, den du da verzapft hast, Gore? Es war doch eher wie in *Die kleinen Füchse.*« Ein Cousin der Familie Auchincloss schrieb über einen Besuch: »Nur Krach von schlagenden Türen, Ohrfeigen, abscheulichen Flüchen, wobei Hughdie in der Mitte hockt, als sei er dort abgeladen worden.«[24]

Den Schlüssel zu dieser explosiven Familienatmosphäre stellte Janet dar, deren Beschreibungen von »ein Monster« bis »durch und durch charmant« reichen. Um Janet Gerechtigkeit widerfahren zu lassen, muss man sehen, dass ihr Leben nicht einfach gewesen war: ein kalter, abwesender Vater, ein sie hemmungslos betrügender Ehemann, eine Scheidung mit Anfang dreißig, die sie mit zwei Kindern zurückließ, und eine Geldheirat als einziger Ausweg. Sie war hochgradig nervös, Kettenraucherin und kaute auf den Fingernägeln. Außerdem litt Janet unter sozialen Unsicherheiten, die zum Teil für die Spannung verantwortlich waren: »Sie gehörte nicht der Klasse an, nach der sie strebte und in die sie in gewisser Weise durch die Heirat mit Hughdie auch gelangt war«, sagte Gore Vidal. »Und ich vermute, das machte sie nervös ...« Außerdem gab es, ganz unvermeidlich in der von Vorurteilen geprägten Atmosphäre jener Zeit, Gerüchte, sie sei entweder jüdisch und ihr Mädchenname laute Levi, nicht Lee, oder eine irische Katholikin, was in den

Kreisen der Auchincloss' beides nicht als akzeptabel galt. Als Nini Gore Auchincloss im Alter von zehn Jahren einmal einen Ausspruch ihrer Mutter nachplapperte: »Was wird wohl passieren, wenn Hughdie herausfindet, dass Janets Vater ein Mr. Levi war«, erlitt Janet, anstatt die Behauptung abzustreiten, einen hysterischen Anfall.[25]

»Ich nehme an, sie war Menschen gegenüber ein bisschen argwöhnisch«, sagte eine englische Freundin. »Hughdie ging wundervoll mit ihr um. Er war so eine Art von Schmuseteddybär und beruhigte sie, weil sie doch so furchtbar unter Spannung stand. Aber sie war eine sehr gutherzige Frau und hatte einen angenehmen Sinn für Humor.«[26] Als im Krieg der Mangel an Hilfskräften selbst vor den angesehensten Familien nicht länger Halt machte, hatte sie zwei große Haushalte zu führen. »Janet vibrierte vor Energie«, berichtete ihre New Yorker Innenarchitektin Elisabeth Draper. »Sie war eine Perfektionistin, äußerst wählerisch, äußerst pingelig in allem, was sie tat, von ihrer Art, sich hinzusetzen, bis zu der Art, sich nach dem Essen die Lippen abzuwischen.«[27] Sowohl Merrywood als auch Hammersmith waren ständig voller Menschen, sogar während der Kriegsjahre gab es Dinnerpartys, Cocktailpartys, Mittagstafeln. Eine gleichaltrige Bekannte Jackies erinnert sich an Kinderfeste in Merrywood und an Hughdie als an »einen sehr netten Gentleman der alten Schule, er war immer reizend zu jungen Leuten … Janet war ja anscheinend eine schwierige Dame, aber diese Seite von ihr bekam ich nie zu sehen. Ich sah eine sehr charmante, hübsche Frau. Wie ich hörte, war sie sehr ehrgeizig mit ihren Mädchen, aber von ihrer harten Seite sah ich sie überhaupt nie … Ich ging zu einer Geburtstagsparty [für »Klein«-Janet Auchincloss], und sie brachten ein Pony mit ins Wohnzimmer. Das Pony erledigte sein Geschäft auf dem Aubusson-Teppich. Janet zuckte nicht einmal mit der Wimper.«[28]

»Mir ist egal, was irgendwer über sie geschrieben hat«, beginnt ein Beobachter der Washingtoner Szene seine Erinnerungen. »Sie hackten alle auf sie ein. Sie alle behaupteten, Janet Lee sei ein gesellschaftlicher Emporkömmling, aber in meinen Augen hatte sie Klasse. Schon in ihrer Haltung lag etwas Würdevolles. Sie trug diese fabelhaft schlichten Tweedsachen, sah immer fantastisch aus und wusste sich auf sehr elegante Weise zu benehmen.«[29]

Gore Vidal, gewiss kein unvoreingenommener Zeuge, beschrieb, was er den »efeuumflorten Gift-Ausblick« nannte, als seine ehemalige Stiefmutter 1957 die Hochzeit seiner Halbschwester Nini mit Newton Steers ausrichtete: »Janet Auchincloss war eine kleine Frau mit der mächtigen Brust einer Plustertaube, die mit den ausladenden, abgesackten Pobacken, getragen von Sandpfeifer-Beinen, fein säuberlich in der Balance blieb. Das teigige Gesicht wurde völlig von dem gewaltigen, gekrümmten Nasenschnabel beherrscht, der zwischen glühenden, dunklen Augen saß. Mir gegenüber benahm sie sich auf ihre übliche rüde Art …«[30] Die gesellschaftlichen und körperlichen Belastungen, denen Janet ausgesetzt war, steigerten sich noch während ihrer zwei Schwangerschaften mit Hughdies Kindern und den Geburten von Janet Jennings Auchincloss 1945 und James Lee, genannt Jamie, 1947. »Meine Mutter versuchte, ihr Bestes zu geben«, sagte Lee Radziwill, »[aber] sie lud sich einfach zu viel auf und wurde dann nicht damit fertig. Ich meine, mit so vielen Kindern wurde sie nicht fertig.« Auf die Frage, ob Jackie infolge der Spannung, unter der ihre Mutter stand, Unsicherheiten entwickelt habe, antwortete Lee: »Oh, dessen bin ich mir sicher, denn bei einer Mutter, die so kritisch ist wie unsere, wäre es unnatürlich, keine Unsicherheiten zu haben.«[31]

Jackies Einstellung zu ihrer Mutter war während dieser Jahre zwiespältig. Einerseits war sie zu intelligent, um nicht zu schätzen, was ihre Mutter für sie und Lee zu erreichen versuchte. »Sie war die gewissenhafteste aller Mütter«, gestand Gore Vidal ein. »Nini meinte, dass diese Mädchen alles, was aus ihnen geworden ist, ihrer Mutter zu verdanken haben. Sie arrangierte die Hochzeiten, sie trieb sie an und tat alles für sie, sah zu, dass sie glanzvolle Debüt-Partys bekamen – trieb sie ständig an, trieb sie und trieb sie … Jackie wusste schon zu schätzen, was ihre Mutter tat. Jackie war kein Dummkopf. Vermutlich fand sie sie genauso ermüdend wie alle anderen.«[32] Ein Teil von Jackie fügte sich dem Programm ihrer Mutter, da es in ihre eigenen Zukunftsvorstellungen passte, die sich, wie bei den meisten Frauen jener Zeit, auf eine brillante Eheschließung konzentrierten. Der andere Teil von ihr, jenes Selbst, das von den materialistischen und oft wenig bewundernswerten Maßstäben ihrer Eltern unberührt blieb, begehrte dagegen auf. Noch im Mädchenalter schockierte sie einmal eine Freundin ihrer Mutter mit einem Ausbruch gegen ihre Mutter, in dem sie dieser an den Kopf warf, »wie schrecklich es sei, dass sie so penetrant und so gesellig sei, nur am Gesellschaftsleben interessiert, an diesem Leben mit weißen Handschuhen. Das sei alles so unecht.«[33] Jackie konnte provozieren und auf stille Weise aufsässig gegenüber ihrer Mutter sein, indem sie während des abendlichen Rituals »abschaltete«. Lee beschrieb das folgendermaßen: »Diese *qualvolle* Stunde vor dem Dinner in Hammersmith, die sie Cocktailstunde nannten, wenn wir, aus irgendeinem abwegigen Grund nicht mal mit einer Coca-Cola, einfach dasitzen mussten, alle beide. Ich habe keine Ahnung, wo meine Stief- und Halbgeschwister waren, es ging nur um uns beide. Und sie [Jackie] brachte immer einen Stoß Zeitschriften mit herunter, um sie während dieser Sitzung durchzublättern. Meine Mutter kreischte nur und schrie: ›Ich rede mit dir‹, was sie in Wirklichkeit gar nicht tat, sie redete mit meinem Stiefvater. ›Leg diese Zeitschrift weg!‹ Und in dem Augenblick, als sie wieder zu reden begann, fing sie [Jackie] wieder an, ihre Zeitschrift zu lesen.

Ich glaube nicht, dass Jackie meine Mutter je ablehnte, wie du das vielleicht gehört hast«, sagte Lee. »Ich denke, sie war ihr dankbar, weil ihr klar war, dass sie ihre Welt – unsere Welt – mit Absicht erweitert hatte, um unsertwillen nicht weniger als für sich selbst. Ich glaube, sie war ihr dafür immer wesentlich dankbarer als ich … es bedeutete ihr so viel.«

Die Heirat ihrer Mutter ins WASP-Establishment und die Eintrittskarte für jeden gesellschaftlichen Kreis auf höchster Ebene hatte eine enorme Wirkung auf Jackies Leben. Es eröffnete ihr ganz neue Möglichkeiten, die über One Gracie Square und den August in East Hampton hinausgingen. Als intelligente Dreizehnjährige war sie sich des Potenzials, das dieses neue Leben für sie bereithalten mochte, nur allzu bewusst. »Sie war absolut bereit zum Wechsel auf die nächstgrößere Bühne und zu mehr Spielraum. Sie war aufgeregt und voller Neugier«, erzählte Lee. Lee selbst jedoch war nervös und verzagt. »Ich würde sagen, ich war ängstlich, traurig von hier [East Hampton] für immer wegzugehen, denn ich liebte mein Leben hier. Ich glaube, es war meine glücklichste Zeit und mit Sicherheit die Zeit, in der ich mich am sichersten fühlte.« Jackie, so Lee, war mit East Hampton nicht so eng verbunden wie sie. Für Lee bedeutete Janets Heirat »mehr oder weniger ein endgültiger Bruch mit dem Leben, wie es mit meinem Vater und Großvater und Lasata gewesen war ... Von da an nämlich verbrachten wir nur noch im Sommer sechs Wochen mit meinem Vater, und die Diskussionen darüber begannen schon Monate vorher ... ›Dann und dann kann er euch nicht haben‹ und so weiter ...«

Ihr ganzes Leben lang sollte Jackie die Fähigkeit bewahren, vorwärts zu gehen, ohne zurückzublicken, Brücken zu früherem Leben radikal abzubrechen. Von den Bouviers, mit Ausnahme von Black Jack, wandte sie sich ab und widmete sich ihrer neuen Familie, den Auchincloss', allen voran Yusha. »Wir waren so glücklich, endlich einen Bruder zu haben«, erinnerte sich Lee. »Es war sehr aufregend, wenn er während der Ferien nach Hause kam. Jackie hoffte, er würde sie ein paar seiner überwältigenden Freunde vorstellen. Er ist ein schrecklich netter Mensch und er war so reizend zu uns beiden.«[34]

Was Jackie betrifft, so erinnerte sich ein Cousin: »Sie hatte einen ungeheuren Familiensinn. Nachdem Janet Onkel Hughdie geheiratet hatte und sie alle zusammenlebten – seine Kinder aus früheren Ehen, ihre Kinder – sprach Jackie nie mehr von Stief-dies oder Halb-das. Für Jackie waren sie alle ihre Brüder und Schwestern. Sie hatte einen starken Mutterinstinkt. Sie kümmerte sich um Janet und Jamie, als sie Babys und kleine Kinder waren. Und wenn Tommy und Nina schwere Zeiten durchmachten und Hilfe brauchten, sorgte sie sich um ihr Wohlbefinden.«[35]

Während dieser formenden Teenagerjahre boten Merrywood, Hammersmith und der Auchincloss-Kreis Jackie ein Zuhause und die Stabilität, die ihr in den letzten Jahren ihres

Lebens fehlten. »Ich bekam schreckliches Heimweh«, schrieb sie an Yusha. »Genau wie in einem Traum. Ich begann an Dinge zu denken wie an den Pfad in Merrywood, der zu den Stallungen führt, daran, wie die Steine wegglitschen, wenn man dort entlang rennt, oder an Hammersmith mit seinen Nebelhörnern, die in der Nacht blasen – an all die Orte und Gefühle und das Glück, das einen mit der Familie, die man liebt, verbindet …«.[36]

Falls Jackie und Lee sich Hoffnungen gemacht hatten, die neue Ehe ihrer Mutter würde deren Bitterkeit gegen den Vater mildern, so hatten sie sich getäuscht. »Ich hatte erwartet, es würde sich alles ändern, aber das tat es nicht«, sagte Lee. Sogar wenn es zur Aufteilung der Ferien kam, litten sie. Eine besonders schwierige Zeit war Weihnachten. Lee erinnerte sich: »Das war immer ein Druck, ein riesengroßer Druck, und ich weiß noch, dass der Weihnachtstag immer so traurig für uns war, weil wir ihn immer in Merrywood verbrachten. Wir wussten dann schon, dass wir nur ein paar Stunden am Morgen Zeit hätten, ehe wir hinauf nach New York fahren mussten, um unseren Vater zu besuchen. Und er war so einsam und wir waren immer die beiden einzigen Menschen in seiner Sphäre. Mitten im Festessen mussten wir wieder los … Ich glaube, er rechnete so sehr mit uns, wir waren das Einzige, was ihn am Leben hielt – nun ja, da war vielleicht noch der Sport und danach noch die Börse. Aber wir standen immer an erster Stelle. Wir fühlten eine *riesige* Verantwortung, vor allem weil er so allein war und sich vollkommen auf uns verließ.«[37]

Tatsächlich konzentrierte sich Black Jacks Liebe auf seine Töchter, doch als Antwort auf die Heirat seiner Exfrau hatte er sich im Sommer 1942 in eine ernsthafte, wenngleich kurzlebige Affäre gestürzt. Ann Plugge war eine dreiunddreißigjährige Engländerin, die 1940 mit ihrem kleinen Sohn Frank nach Nordamerika evakuiert worden war, um den Bombenangriffen zu entgehen. Ihr Mann Captain Leonard Plugge, Parlamentsabgeordneter von Chatham, blieb in London zurück. Ann, eine attraktive ehemalige Schauspielerin, die auch als Model gearbeitet hatte, unterhielt nach Berichten ihres Sohnes außerdem eine Affäre mit Bernard Baruch und besaß eine Menge einflussreicher amerikanischer Freunde. Als sie 1941 in New York eintraf, nahm sie eine unbezahlte Stellung in den Büros der britischen Kriegshilfe an und fand eine Wohnung für sich und ihren Sohn in der 125 East 74th Street, im selben Gebäude wie Black Jack. Vermutlich trafen sie und Black Jack einander in New York, und es geschah vielleicht auf seinen Vorschlag hin, dass sie im Sommer 1942 für sich und Frank ein kleines Schindelhaus in Meeresnähe in East Hampton mietete. Franks Erinnerung nach saß Jackie »ständig auf dem Pferderücken – und der Papa war immer dabei. Sie und ihre Schwester hatten ein sehr enges Verhältnis ... Wir unternahmen viel als Familie. Wir gingen zu Pferdeschauen, um Jackie im Turnier zu sehen, machten Bootsfahrten, machten Tagesausflüge, um Freunde zu besuchen, und verbrachten viele Tage im Maidstone Club, wo die Familie Bouvier eine Strandhütte hatte. Obwohl ich zu jung war, um Beziehungen zwischen Erwachsenen vollständig zu begreifen, war mir dennoch klar, dass sich alles um Jack Bouvier drehte. Er war immer sehr nett zu mir und wurde für mich so etwas wie ein Vaterersatz.« In New York bekam er Black Jack häufig zu sehen und ebenso Jackie und Lee, wenn diese ihren Vater besuchten. Zu Franks Erinnerungen gehören Karussellfahrten mit den beiden im Central Park.

Anfang 1943 war die Beziehung zwischen Jack und Ann so ernst geworden, dass Ann ihrem Mann schrieb, sie habe sich in Jack Bouvier verliebt und wolle ihn heiraten. Inzwischen hatte die Familie Bouvier sie willkommen geheißen, und sie wurde zu allen gesellschaftlichen Anlässen eingeladen. Zweifellos hoffte die Familie, Black Jack würde sie heiraten und in seinen mittleren Jahren endlich sesshaft werden. Leonard Plugge jedoch, der sich seinem Sohn zufolge mit »Armen voller Mädchen« vergnügte, lehnte es ab, eine Scheidung auch nur zu erwägen, und drohte damit, um das Sorgerecht für seinen Sohn zu kämpfen, sollte Ann versuchen, ihn zu verlassen. Captain Plugge war zwei Jahre jünger als Black Jack, ein energiegeladener und in gewisser Weise exzentrischer Mann, ein Pionier auf dem Gebiet der Fernsehübertragung, Erfinder und Wissenschaftler. Anders als Black Jack war er darüber hinaus angenehm wohlhabend. Er nahm ein Flugzeug nach New York und überredete seine Frau, mit ihrem Sohn nach England zurückzukehren, was sie im Frühling 1943 schließlich auch tat.[38] Black Jack hat Ann nie wiedergesehen. Wie eine angeheiratete Nichte, Kathleen Bouvier, berichtete, ließ Black Jack, der sich inzwischen in den Fünfzigern befand, »danach seine Beziehungen zu Mädchen aus der Gesellschaft von East Hampton und Manhattan schleifen und richtete seine Aufmerksamkeit mehr und mehr auf Frauen, die seinem gesellschaftlichen und finanziellen Hintergrund nicht entsprachen«.[39]

Als Janet Hughdie heiratete, prägte Black Jack in New Yorker Börsenkreisen einen Spruch: »Verlust ist groß – mit Auchincloss«, doch wenn einer der Verlierer war, so war es Jack Bouvier selbst. Jackie geriet immer mehr aus seiner Reichweite. Sie verließ die Chapin-Schule und verbrachte zwei Jahre auf der Holton Arms School in Georgetown, wo sie einem Gleichaltrigen als »ein kleines Mädchen, das aussah wie Bambi«[40], in Erinnerung blieb.

Im Sommer 1944 wurde die fünfzehnjährige Jackie als Schülerin an Miss Porter's School in Farmington, Connecticut, angemeldet. Maude Sergeant, ihre Großmutter mütterlicherseits, war dort ebenfalls zur Schule gegangen, genauso wie ihre Cousine Edie Beale, aber der Hauptgrund für ihre Anmeldung war die Tatsache, dass Hughdies Schwester Annie Burr Lewis, eine ehemalige Schülerin und Gründerin der ersten Ehemaligen-Vereinigung, sowie ihr Ehemann, der Bücherfreund und Sammler Wilmarth Sheldon »Lefty« Lewis, ein Mitglied des Treuhand-Ausschusses, in der Nähe lebten. Wie die Chapin-Schule war auch Miss Porter's eine protestantische Hochburg.

»Sie war eine ziemlich gute Katholikin«, erinnerte sich Jackies Schulfreundin Ellen »Puffin« Gates. »Wir neckten sie und nannten sie Makrelendiebin. Wenn man in Farmington katholisch war, ging man natürlich nicht in die Kirche, in die wir alle gingen, sondern die Katholiken sonderten sich ab und gingen in eine katholische Kirche [St. Patrick]. Es war nur so eine Neckerei, aber so ein bisschen etwas von Anderssein war halt auch dabei ...« Hier wie überall in der Gesellschaft beschützte sie der Mantel der Auchincloss', diesmal in Gestalt von Tante Abie – Annie Burr – und Onkel Lefty, aber im Hintergrund lauerte die ganze Zeit über die eindeutig nicht zum Establishment gehörende Gestalt Black Jacks. »Und da war noch etwas, das Jackie von uns unterschied«, berichtete Puffin, »ihr Vater.«[41]

Als Jackie in die Farmington-Schule eintrat, hatte diese gerade ihr hundertjähriges Bestehen gefeiert. Sie war 1843 von Miss Sarah Porter, der willensstarken Schwester des Yale-Präsidenten Noah Porter, gegründet worden. *Time* beschrieb sie als eine »rigorose, konservative Vorbereitungsschule für reiche Mädchen (Schulgeld: $ 2700) mit reichen geistigen Gaben. Eingetaucht in den Charme Connecticuts besitzt sie eine bekannte Abteilung für Kunstgeschichte, eine Lehrerin für jeweils acht ihrer 230 Mädchen und eine erstklassige Herde Milchvieh für die Verpflegung ihrer erstklassigen Schülerinnen, die regelmäßig an Universitäten wie Radcliffe, Vassar, Smith und Wellesley aufgenommen werden.« Bei Jackies Eintritt unterhielt die Schule noch eine große Farm, auf der Milch, Butter und Gemüse für den eigenen Bedarf produziert wurden. Wie es im Krieg eben zugeht, halfen die Mädchen im Haushalt, zum Beispiel beim Kartoffelschälen.

Jackie nahm an der Aufnahmezeremonie in der hübschen weißen, schindelgedeckten First Church of Christ Congregational (»Congo«) teil und bekam eine ältere Schülerin im Abschlussjahr zugeteilt, die ihr durch ihr erstes Jahr helfen sollte. Außerdem erhielt sie ein Exemplar der Regeln für neue Schülerinnen:

1. Neue Mädchen tragen nicht die Schulfarben Gelb und Grau.
2. Neue Mädchen halten älteren Mädchen das Haupttor auf.
3. Neue Mädchen stehen auf, wenn eine Schülerin der Abschlussklasse den Raum betritt.
4. Neue Mädchen weichen an den Rand des Gehwegs aus, wenn ältere Mädchen vorbeigehen.[42]

Es gab keine offizielle Uniform, jedoch trugen die Mädchen Kleider, die sich zu einer solchen entwickelten: Sie wurden von den eleganten New Yorker Unternehmen Brooks Brothers und Abercrombie & Fitch mit Kamelhaar-Polomänteln und grauen oder karierten Röcken und Shetlandpullovern über Blusen mit runden Kragen ausgestattet, zu denen man für gewöhnlich eine einreihige Schnur echter Perlen trug. Es war alles einfach und streng damenhaft: Zu kurze Ärmel an einem Kleid für die Abschlussfeier hatten zur Folge, dass das betreffende Mädchen sich mit einem schuleigenen Bolerojäckchen bedecken musste. Pullover in der Kirche waren nicht gestattet, und Hosen durften nur getragen werden, wenn die Temperatur unter zehn Grad Fahrenheit sank. Visiten von Jungen (oder »Besuchern«) waren streng reglementiert. Die Mädchen mussten ihre männlichen Gäste im Besucherbuch registrieren, das vom Schulpolizisten, Officer George Miller, verwaltet wurde. Danach war es dem Mädchen und seinem Besucher gestattet, einen vorgeschriebenen Weg entlang spazieren zu gehen, mit anschließendem Tee im Haus der Direktorin. Dann wurde von dem Besucher erwartet, dass er ging. Jackies häufigster männlicher Besucher war natürlich Black Jack, der in seinem Mercury-Kabriolett in halsbrecherischem Tempo aus New York herüberkam und Strümpfe und Filmzeitschriften als Geschenke mitbrachte. Äußerst romantisch brachte er einmal auch einen Strauß Gardenien mit, den er in den Schnee unter Jackies Schlafsaalfenster legte. Zusammen brausten Vater und Tochter wie Teenager im Auto umher. Jackie erzählte Yusha, »Papa« habe ihr versprochen, ihr den Mercury zu schenken, sobald sie siebzehn sei.

Für einige Farmington-Mädchen stach Black Jack wie ein bunter Hund aus den Reihen der respektablen WASP-Eltern heraus: »Er pflegte in der Schule aufzutauchen. Es gab immer diese Vatertage, und sie spielten zusammen Vater/Tochter-Tennismatches«, wusste Puffin Gates zu berichten. »Wir hatten unseren Spaß daran, herumzulaufen und vor ihm mit dem Hintern zu wackeln, denn er war ein absoluter Lustmolch, ein absolut gieriger, geifernder Lustmolch. Und Jackie wusste das natürlich und fand es amüsant, obwohl ich nicht glaube, dass sie mitbekam – das heißt, vielleicht doch, ihr entging ja sonst nichts –, wie sehr wir uns über ihren Vater lustig machten und ihn zum Narren hielten … Dieser Mann war wirklich abstoßend … er wirkte wie eine Karikatur des lüsternen Alten, und ich bin mir nicht sicher, ob Jackie je klar wurde, in welchem Ausmaß wir ihn als einen solchen empfanden.«[43]

Während ihres ersten Jahres teilte sich Jackie ein Zimmer mit Sue Norton, einem hübschen, blonden Mädchen aus Kalifornien. Die beiden Mädchen ritzten mit Diamanten ihre Namen in die Fensterscheibe des Schlafsaals ein – »Jackie Bouvier/ 44 – 45/Sue Norton«. Nachdem sie sich in Farmington erst einmal eingelebt hatte, setzte Jackie Himmel und Hölle in Bewegung, um sich Danseuse herschicken zu lassen, damit sie reiten konnte. Der Unterhalt des Pferdes sollte fünfundzwanzig Dollar im Monat kosten. Das konnte sie sich nicht leisten, doch sie wusste, wie sie bekommen würde, was sie wollte. Sie schrieb an Opi Jack und legte eine Abschrift ihres neuesten Gedichtes zur Versüßung bei. In seinem ausschweifenden Stil antwortete der alte Mann:

> Liebe Jacqueline,
> was in einer Hinsicht als luxuriöse Extravaganz angesehen werden mag, könnte andererseits, vom mentalen und physischen Standpunkt aus betrachtet, als gerechtfertigte Notwendigkeit erachtet werden.
> In diese Kategorie fällt natürlich Danseuse. Psychologisch gesehen hilft sie dir. Geistig beschert sie dir eine umfassende Erholung von weltlichen, gemeinen Sorgen. Ich erkläre mich somit bereit, ihren monatlichen Unterhalt von $ 25 bis zum April nächsten Jahres zu bestreiten.
> Hast du oder habe ich in diesen grauenvollen Tagen ein Anrecht auf solchen Überfluss? Dieser Meinung bin ich nicht, doch was die Notwendigkeit der Haltung von Danseuse betrifft, gehen wir beide konform.
> In Liebe
> Großvater.[44]

Jackie striegelte die Stute jeden Tag und stahl eine Decke, um sie vor dem Einbruch des New-England-Winters zu schützen. Sie brachte Danseuse bei, einen Schlitten zu ziehen. Ein Foto zeigt Jackie, wie sie in königlicher Haltung die Zügel hält. Hinter ihr im Schnee stehen wie zwei Dienstmägde ihre Freundinnen Nancy Tuckerman und Sue Norton. »Tucky«, deren Familie in New York lebte, war Jackies engste Freundin in Farmington: »Wir nannten sie immer Mutt und Jeff«, erinnerte sich Puffin, »weil Tucky ihr sozusagen überallhin folgte. Es war eine merkwürdige Beziehung, aber Jackie war von Nancy abhängig.«[45]

Jackie blühte in Farmington auf, besonders im Englischunterricht, wo sie der Star unter den Schülerinnen war und sich oft mit der Lehrerin, Miss Catherine Watson, maß. In ihrer Kurzbiographie von Jackie schrieb Puffin:

> Keine andere Schülerin schwebte so sehr wie sie in den höheren Sphären der Literatur. Wir hatten unsere Freude daran, wenn Jackie einen Punkt machte, indem sie ein Lesestück in Frage stellte oder neu interpretierte, das diese unnachgiebige Lehrerin vorgegeben hatte. Und Miss Watson genoss diesen Wettkampf. Wenn die beiden loslegten, wurde das Klassenzimmer zur Arena, elektrisiert durch die erregte Debatte. Wir warteten darauf, dass Jackie der Kugel der Komik ihren speziellen Drall versetzen würde, mit dem sie uns dazu brachte, vor Lachen zu brüllen, indem sie jede Heuchelei in Schrift- oder gesprochener Sprache durchlöcherte … Es gab in der Klasse noch andere, die so intelligent waren wie Jackie, doch was sie wirklich einmalig machte, war ihre ungeheure Belesenheit.[46]

Jackie las die Dichter und Schriftsteller der Romantik, Tschechow, Wordsworth und allen voran Byron, jenen Prototypen des gefährlichen, risikofreudigen Herzensbrechers, der solche Anziehungskraft auf sie ausübte. Wieder und wieder las sie seine Gedichte und seine von André Maurois verfasste Biographie. Sie liebte Shakespeare und Longfellow, den sie in Merrywood am Ufer des von indianischen Geistern heimgesuchten Potomac las. Im Juni 1946 gewann sie den ersten Preis im Marie McKinney Memorial Award in Literatur, eine große Ehre, die für »Beständigkeit in Bemühung und Erfolg sowie talentierte und fantasievolle Benutzung des Materials« im Abschlussjahr verliehen wurde. Jackies Preis bestand aus einem Gedichtband von Edna St. Vincent Millay, den sie stets in Ehren hielt und in einem speziellen Regal aufbewahrte.

Jackies Interesse für Kunst, Bücher und englische Literatur wurde vom Auchincloss-Kreis gefördert. Hughdie, seine Schwester Annie und sein Schwager Lefty Lewis waren Liebhaber von englischen Büchern aus dem 18. Jahrhundert, Zeichnungen und Manuskripten. (Hughdies Sammlung befindet sich in der Beinecke Library in Yale; die Lewis-Sammlung ist in der mit Yale verbundenen Lewis Walpole Library in Farmington zu finden.) Jackie war fasziniert von Onkel Leftys Sammlung von Büchern, Manuskripten, Drucken, Zeichnungen, Möbeln und Kunstgegenständen, die eine Verbindung zu dem Schriftsteller Horace Walpole hatten. Vieles stammte aus dessen berühmter gotischer Villa Strawberry Hill. Lewis war der Herausgeber der Yale-Ausgabe von Walpoles Korrespondenz und besaß nach dem Britischen Museum die größte Sammlung britischer satirischer und topographischer Drucke, Zeichnungen und Porträts aus dem 18. Jahrhundert. Jackie und ihre Schulfreundinnen waren häufig in dem entzückenden Haus der Lewis' in Farmington zu Gast. Ein Gedicht von Jackie, das sie mit Zeichnungen von Pudeln und einem Kuchen für Tante Abies Geburtstag am 22. Juli 1946 illustriert hatte, hängt noch immer in diesem Haus.

In Jackies Jahrbuch-Eintrag steht zu lesen, sie sei bekannt für ihre Gewitztheit. »Jackie hatte einen äußerst komischen Sinn für Humor … Sie war respektlos, verstand sich wundervoll auf Beleidigungen [und hatte einen] rauen Sinn für Humor. Sie hatte wirklich einen richtig unanständigen Sinn für Humor«, berichtete Puffin aus der Erinnerung. »Mit Jackie hatte ich so viel Spaß wie mit fast niemandem sonst wegen ihrer Eigenschaft, mit beinahe allen Dingen so rotzfrech und respektlos umzugehen.«[47]

»Jackie war eine Legende in Farmington«, berichtete Isabel Eberstadt, die Tochter von Ogden Nash. »Sie war ein Jahr vor meiner Ankunft abgegangen und spukte noch immer als das ›Supergirl‹ durch die Schule. Sogar die Schuldirektorin war in sie verliebt und die gesamte Lehrerschaft dazu …«[48]

Besonders viel Spaß machten Jackie die Theatergruppe, die Farmington-Schauspielerinnen. An Yusha schrieb sie, sie würde liebend gern Schauspielerin werden, nur wisse sie, dass sie keine Lust hätte, zum Wohl der Kunst Hunger zu leiden. Sie spielte Mr. Bingley in *Stolz und Vorurteil* und Chrysos in W. S. Gilberts *Pygmalion und Galathee.* Bei *Der bewundernswerte Crichton* war sie für die Kostüme verantwortlich und beim *Apfelgarten* für das Schieben der Kulissen. Sie trug ein Gedicht, Artikel und Illustrationen (unsigniert) für die Schülerzeitschrift *Miss Porter's Salmagundy* bei und stieg 1947 im zweiten Jahr des Erscheinens in die Redaktion auf. Sie verfasste mindestens eines der vier jährlichen Unterhaltungsprogramme der Schule, die »Germans« genannt wurden, und verlas auf einer der kleinen Sonntagsversammlungen ein Referat vor der gesamten Schule. Und natürlich gewann sie Preise mit Danseuse auf den Pferdeschauen der Schule. Zweimal ist ihr Name in den Silberpokal eingraviert, der auf dem Miss-Porter-Springturnier verliehen wurde und sich inzwischen in den MPS-Archiven befindet. Unter den Gegenständen, die an ihre Zeit dort erinnern, ist außerdem ein abgegriffener Plüschelefant, der von Schülerinnen im Abschlussjahr an neue Mädchen weitergegeben oder ihnen »abgezwungen« wurde und an dem noch deren Namensschilder hängen.

So sehr Jackie auch eingestand, dass sie Farmington liebte, fand sie doch manche alten Bräuche der Schule lächerlich, vor allem die Tradition, nach der am Ende des ersten Jahres die neuen Mädchen ein Mädchen der Abschlussklasse bitten mussten, einen Wunsch auf ihre Ringe auszusprechen. Die leidenschaftlichen Liebeserklärungen und Schwüre ewiger Treue zum wahren Geist Farmingtons, die mit diesem Brauch einhergingen, lösten bei Jackie Lachanfälle aus. Sie schwor sich, das hässlichste Mädchen der Schule zu finden, das wissen würde, dass sie unmöglich für sie schwärmen konnte. (Die Schulhymne besang edle Freundschaften. Sie wurde zur Abschlussfeier vorgetragen: »Farmington, Farmington ... / Wirst mein Herz für immer wenden / Lass die Freundschaft niemals enden / die so leichthin hier begann ...«) Sue Nortons Verzückung über die erhebenden Wunder, die Farmington vollbrachte, reizten Jackie zu derartigen Kicheranfällen, dass sie fast in ihrem Kissen erstickte. Sues süßer Unschuld gegenüber fühlte sie sich wie eine Sünderin. Im nächsten Semester sollte sie ihr Zimmer mit Nancy Tuckerman teilen, was eine Veränderung bedeutete.

Regelmäßig schrieb sie sowohl Lee als auch Yusha. Lee in der Vorpubertät war pummelig und erinnerte an einen Welpen. Da sie vier Jahre jünger war als Jackie, litt sie mehr unter den Veränderungen, welche die Scheidung und Wiederverheiratung ihrer Mutter für sie beide bedeuteten. Auch wenn sie Merrywood und Hammersmith liebte, vermisste sie doch ihr Leben in East Hampton. Rückblickend empfand sie sich als »zu rasch verpflanzt«: »Von allen war ich am häufigsten allein in Merrywood, denn alle anderen brachen in ihre Schulen auf und meine Mutter und mein Stiefvater unternahmen Reisen. Ich war in diesem großen Haus, diesem großen Gebäude und habe mich sehr einsam gefühlt«, erinnerte sie sich.[49] Einmal, berichtete sie, lief sie davon, um in einem Waisenhaus nach Gesellschaft zu suchen.

Als Resultat des Wettkampfs mit Jackie, die nie auch nur ein Gramm zuzunehmen schien, wurde Lee magersüchtig. Sie war erst zwölf Jahre alt, als sie Jackie in einem Brief nach Farmingdon darum bat, ihr zu raten, wie man Gewicht verlieren könne. Jackie antwortete mit einem Brief, in dem sie ihr riet, zu rauchen und ihren Appetit zu zügeln, und der unglücklicherweise Janet in die Hände fiel. Postwendend schrieb sie ihrer älteren Tochter eine wütende Epistel über »die Gefahren des Nikotins für die Jugend«. »Wenn die wüsste, dass Lee sich eine Zigarette angesteckt hat, als sie ihre erste Rassel wegpackte«, lautete Jackies Kommentar. Jackie und »Tucky«, die an Zigaretten nicht herankamen, simulierten das Rauchen mit Bleistiften und konnten an nichts anderes als Essen denken. Sie bestachen einen Jungen aus dem Dorf, ihnen im Drugstore, den sie selbst nicht betreten durften, Schokoladen-Eiswaffeln zu kaufen.

Jackies Beziehung zu Lee blieb vielschichtig, gönnerhaft-schwesterlich, neckend und beherrschend. Als Lee 1947, in Jackies Abschlussjahr, nach Farmington kam, fühlte sie sich völlig im Schatten ihrer älteren Schwester. Im September desselben Jahres bat Jackie, die mittlerweile in Vassar studierte, Yusha, der »armen kleine Pekes« nach Farmington zu schreiben, weil diese sich in der ungewohnten Umgebung verwirrt und einsam fühle und unter der Schale doch noch ein ziemliches Baby sei, ihrer neuen erwachsenen Rolle zu Hause zum Trotz. Dennoch konnte sie nicht widerstehen, ihre kleine Schwester in einer Weise zu necken, die eine Freundin als »Tortur« für Lee bezeichnete.[50] Lee erhielt in Farmington Briefe von College-Studenten, denen sie nie begegnet war. Jackie flirtete nämlich hinterhältig mit diesen und erzählte ihnen, ihr Name sei Lee.

Jackie hatte eine zwiespältige Persönlichkeit. In ihrer Natur gab es eine dunkle und ebenso eine helle Seite, was deutlicher wurde, als ihr Leben sich allmählich komplexer entwickelte. Grausam neckte sie Lee, während sie andererseits Yusha Briefe von einer Zärtlichkeit, einem Optimismus und einer Weisheit schrieb, die über ihr Alter hinausgingen. Als er im März 1945 vor dem Eintritt in die Marine stand, schrieb sie ihm eine Warnung, er solle sich von der Brutalität des Lebens – von unterprivilegierten und intoleranten, rassebewussten Männern und tyrannischen Sergeanten – nicht unterkriegen lassen, sondern immer an das Gute und die Schönheit denken, die es in der Welt gebe.[51] Traditionell wird Jackie als uninteressiert an Politik dargestellt, doch in Farmington nahm sie aktiv Anteil an der Präsidentschaftswahl zwischen Dewey und Roosevelt im November 1944. Sie schrieb Yusha, wie wichtig ihr das Ganze sei, dass es sie mit Erregung und Furcht erfülle, und prahlte, sie habe »ganze Arbeit« für die Republikaner geleistet. Keine sechs Monate später jedoch war sie »niedergeschmettert« von Roosevelts Tod am 12. April 1945. Sie gestand ein, sie sei nun von seiner Großartigkeit überzeugt und habe ihn nur deshalb nicht gemocht, weil ihr Vater immer über das geschimpft habe, was er an der Börse anrichtete. Wehmütig schrieb sie über den Kummer der Präsidentenwitwe: »Die arme Mrs. Roosevelt tut mir so Leid. Es muss furchtbar schwer sein, das Weiße Haus nach all diesen Jahren zu verlassen.«

Die Jackie, die Farmington im Juni 1947 verließ, war eine intelligente, selbstbewusste, fantasievolle Siebzehnjährige, die sich auf eine Welt voll neuer Erfahrungen und grenzenloser Möglichkeiten freute. Eine Kurzgeschichte mit dem Titel »Frühlingsfieber«, die sie für zwei Ausgaben des *Salmagundy* im

Februar und März jenes Jahres verfasste, ist psychologisch von Interesse. Sie hat Daphne zum Thema, eine Nymphe, die vom Olymp verbannt wurde, weil sie einen Reißnagel auf den Stuhl des Zeus gelegt hatte. Zur Strafe verwandelt er sie in eine Marmorstatue, gewährt ihr aber die Erlaubnis, alle tausend Jahre einmal zum Leben zu erwachen, unter der Bedingung, dass sie eine gute Tat vollbringe. »Wie spießig, so eine gute Tat«, wundert sich Daphne. »Eine üble würde mir weit besser gefallen …« Gefangen in ihrem Statuenkörper, der aus dem Forum Romanum in den Central Park gebracht wurde, um dort einen Brunnen zu schmücken, entscheidet Daphne, ihre Mission für den Tag bestehe darin, einen aufblühenden jungen Mann mit Frühlingsfieber anzustecken. Sie steigt von ihrem Sockel und verbringt einen warmen New Yorker Frühlingstag mit ihm, an dessen Ende »sie hinaufstieg und wieder jene Pose einnahm, die Männer seit Jahrhunderten wünschen ließ, sie sei nicht aus Stein gemacht. ›Ach bitte‹, wispert sie gen Himmel, ›lasst mich doch nur irgendwie wissen, ob ich ihm Frühlingsfieber gebracht habe.‹ Und auf einmal durchdrang die Stille des Frühlingsabends jener ausdrucksvollste aller menschlichen Laute, ein langer, leiser Pfiff …«[52]

Während des Frühlings und Sommers 1947 freute sich Jackie/Daphne darauf, der klösterlichen Atmosphäre von Farmington zu entkommen, um zu der Nymphe aus dem Central Park zu werden. Unter »Mein Ziel« schrieb sie in ihrem Eintrag ins Abschluss-Jahrbuch: »Nie eine Hausfrau zu werden.«

3
Die Ausbildung einer Nymphe

»Die Fähigkeit, sich an seine Umgebung anzupassen, ist nicht nur ein Beweis für entwicklungsgeschichtlichen Fortschritt, sondern enthüllt uns zugleich eine praktische Philosophie, die zu kultivieren weiser wäre. Bei dir hat dieser Prozess der Anpassung glücklicherweise niemals auch nur die geringsten Schwierigkeiten bereitet …«[1]
Jackies Großvater John Vernou Bouvier in einem Brief an Jackie

Es war Mitte Januar 1948, in New York City herrschte tiefster Winter. In dem vertrauten Wohnzimmer in der 765 Park Avenue saß Jackie am Sarg von Opi Jack. Der Major war während der vergangenen achtzehn Monate mehr und mehr dahingeschwunden. Er litt an Prostatakrebs, was man vor ihm geheim hielt, und tröstete sich selbst, indem er seine Lieblingsliteratur wieder und wieder las: die Werke Macaulays und Shakespeares. Jackie hatte ihren Großvater vor dem Endstadium seiner Krankheit zum letzten Mal an seinem 82. Geburtstag am 14. August 1947 auf Lasata gesehen. Vielleicht erinnerte sie sich mit einer Spur von Schuldgefühlen daran, wie unwillig sie sich von Black Jack von den Vergnügungen ihrer Debütsaison in Newport hatte wegzerren lassen. Ihm war daran gelegen gewesen, sich bei seinem sterbenden Vater beliebt zu machen. Ihre erste Begegnung mit dem Tod schreckte sie nicht. »Ich saß am Sarg meines Großvaters und sah ihn mir an, wie er da in seinem dunkelblauen Anzug mit gefalteten Händen lag. Ich hatte den Tod noch nie zuvor gesehen und schämte mich, weil er keinen größeren Eindruck auf mich machte.«[2]

Erschrocken aber war sie über ihre bouvierschen Tanten und Black Jack, die über das Erbe ihres Vaters zu streiten begannen, noch bevor er unter der Erde lag. »Ich war froh, dass er nicht mit ansehen musste, wie seine Kinder sich benahmen, nun da er tot war«, lautete ihr Kommentar.[3] Als ein Arbeiter mit einem kleinen Strauß Veilchen für ihren Großvater erschien, schnappte ihn sich eine der Tanten und versteckte ihn hinter einem Gesteck aus Gladiolen. Jackie holte ihn wieder hervor und steckte die Veilchen »tief in den Sarg, wo die Leute, selbst wenn sie dem Sarg nahe kamen, sie nicht sehen konnten«. Es war ein ebenso privater Tribut wie ein Protest: für die Einfachheit und gegen den Pomp.

Zu ihrem Verdruss entdeckten die Erben, dass der alte Mann sehr viel mehr von den 1,3 Millionen Dollar, seinem Erbe von 1935, durchgebracht hatte, als sie sich hätten träumen lassen. Zwischen 1935 und 1948 waren um die $ 400 000 verschwunden, und übrig blieben $ 800 000, von denen die Steuer ein Drittel verschlang. Der Löwenanteil des Rests fiel an die Zwillinge Maude und Michelle, eine Viertelmillion Dollar plus Lasata und Wildmoor für beide zusammen. Black Jack erhielt $ 100 000 sowie einen Erlass seiner Schulden. Er war lange aus dem Testament seines Vaters ausgeschlossen gewesen, bis er im vorausgegangenen August als Ergebnis seines Eifers wieder eingesetzt wurde. Die große Edie, die den Lebensstil, der ihrem Vater missfiel, niemals aufgegeben hatte, bekam lediglich $ 65 000 in Stiftungsgeldern. Der Geliebten des Majors blieben $ 35 000, und Jackie und Lee sollten jede $ 3000 bekommen. Innerhalb eines Jahres sahen sich die Zwillinge gezwungen, Lasata zum Verkauf anzubieten. Im April 1950 wurde es schließlich verkauft.

Der rasche Niedergang des bouvierschen Vermögens vermittelte Jackie ein Bild – wenn sie denn noch eines nötig hatte – von der Unsicherheit familiären Wohlstands und der Bedeutung des Geldes in der gesellschaftlichen Gleichung. Für sie gehörten die Bouviers nun der Geschichte an. Nur fünf Monate zuvor war sie mit einer Teeparty in Hammersmith, mit der zugleich die Taufe ihres neuen Halbbruders, des fünf Monate alten James Lee Auchincloss gefeiert wurde, von der sicheren gesellschaftlichen Plattform der Auchincloss' aus in Newport als Debütantin eingeführt worden. Dreihundert Gäste waren zu der

Party erschienen, welche die *Newport Daily News* als »einen Empfang von 5 bis 7 Uhr nachmittags, zu dem Clifford Hall (der angestammte Pianist des Clambake Clubs) aufspielte«, beschrieb. Die wirkliche Debütparty wurde am 16. August 1947 mit einer Dinner- und Tanzeinladung zur Musik des Gesellschafts-Bandleaders Meyer Davis begangen, der auch auf der Hochzeit ihrer Eltern im Clambake Club gespielt hatte. Sie teilte das Ereignis mit ihrer Mit-Debütantin Rose Grosvenor. Beide Mädchen trugen Weiß, dazu die traditionellen Perlenketten um den Hals. Das vierzehnjährige Schulmädchen Lee erschien in einem rosafarbenen, trägerlosen Satinkleid mit Rheinkieselbesatz, in der Absicht, ihrer Schwester die Schau zu stehlen.

Jackie war nicht ausschließlich beliebt bei ihren Mit-Debütantinnen, und tatsächlich war dies nicht ihr erster Auftritt auf einer Party der Gesellschaft. »Ich wusste von ihr durch ihre Zimmerkameradin Sue Norton«, erinnerte sich Priscilla Johnson Macmillan. »Und ich weiß noch, wie ich sie auf einer Debütparty in Long Island, ich glaube im Juni 1947, zum ersten Mal gesehen habe. Ich entdeckte sie in einer Art Marmorhalle, als sie aus der Damentoilette kam. Ich wusste von ihr, dass sie sechzehn war, während wir anderen schon siebzehn waren, dass sie ein bisschen übertrieb, wie sie so einfach ein Jahr zu früh auf Debütpartys ging. Auch fand ich, dass sie für unsere verschlafene Modewelt ein bisschen zu schick angezogen war. Sie hatte ein kleines bisschen Stil, und das war uns Übrigen noch nicht gelungen.«[4] Ein Mädchen aus Baltimore, dessen Eltern den Sommer in New Port verbrachten, berichtete: »Ich hörte eine Menge Geschichten von Leuten, die in ihrem Alter waren und mit ihr zusammen ihr Debüt hatten. Ich fand sie schrecklich glamourös, aber nicht besonders nett zu anderen Mädchen, die das Gleiche machten wie sie.«[5]

Das Wort »anders« taucht wieder und wieder in den Erinnerungen von Jackies gleichaltrigen WASP-Kameradinnen auf. »Ich besinne mich, dass ich sie einmal sah, als sie Debütantin war. Ich war auf dem Grosvenor-Ball, und sie trug ein smaragdgrünes Satinkleid, das keine Träger, aber einen gewaltigen Reifrock hatte, und so kam sie eine Treppe herunter. Und ich weiß noch, wie mir der Atem stockte, weil sie so königlich aussah. Es schien, als sei sie so ganz anders als wir anderen alle, ich meine, sie hatte etwas an sich, das einfach unglaublich war. Ich habe diesen Moment nie vergessen.«[6]

Jackie hatte eine äußere Schale entwickelt, eine Reserviertheit, die sie vor Menschen schützte, die sie nicht in ihrem Leben haben wollte. Manche ihrer Altersgenossen in Newport fanden sie schüchtern und zurückhaltend, eine Prinzessin von weit her, die von ihrem Schloss auf dem Berg herunterstieg. Befragt, ob sie auf Partys beliebt gewesen sei, antwortete Columbus O'Donnell, ein Gleichaltriger, der sie in ihren frühen Jahren in Newport gekannt hatte: »Nun ja, sie war ein bisschen distanziert, wissen Sie, also auf gar keinen Fall der typische überschäumende Teenager. Sie war sehr ernst und sie war sehr intelligent, und sie war nicht nur an Männern interessiert wie eine Menge anderer Mädchen in Newport. Ich glaube, sie interessierte sich für ihre Familie und für Bücher und ernstere Dinge als einfach nur zu Verabredungen gehen.«[7] R. »Zup« Campbell James, ein Cousin der Auchincloss', erinnerte sich daran, wie er auf Jackies Wunsch hin mit ihr während mehrerer Tänze sitzen blieb, sodass sie sich über Sartre unterhalten konnten. »Manchmal«, gesteht er ein, »hätte ich ein bisschen weniger Ernst und ein bisschen mehr Vergnügungen bevorzugt ...«[8]

Jackies ernste Ader zeigte sich auch in dem Briefwechsel zwischen ihr und Yusha, der in diesen Jahren ihr engster Vertrauter, der Empfänger ihrer Gedanken und Gefühle war. Sie führten beide Tagebücher und verglichen sie miteinander. Eine Gemeinsamkeit war ihre Liebe zu Merrywood, wo sie in der Dämmerung auf dem Ausblicksfelsen über dem Fluss saßen und rauchten, während der braune Fluss durch die gespenstischen Hornstrauchwälder schimmerte.

»Du schreibst wirklich sehr gut, und manchmal kommt es mir fast vor, als könne ich dich hören«, gestand ihr Yusha. » ... Es ist so typisch für dich, dass du wirklich aus deinem Herzen sprichst, und das ist eines von vielen Dingen, die ich an dir liebe.«[9]

Aus New York, wo sie bei Black Jack wohnte, schrieb sie Yusha, wie sehr sie mit ihren sechzehn Jahren die Anfänge ihres gesellschaftlichen Lebens genoss, wie sie mit ihrer Truppe zu den Footballspielen zwischen Yale und Harvard hinauf nach New Haven fuhr und dann zurück nach New York, um sich umzuziehen und in der Maisonette im St. Regis zu Abend zu essen, mit anschließendem Tanz im La Rue.

Wenn es um Verabredungen ging, betrieben Jackie und Yusha, der inzwischen in Yale war, etwas, das Yusha »unser Intelligenz-Sammel-System« nannte: »Jeder von uns stellt dem anderen seine Freunde und Klassenkameraden vor.« Wenn es sich traf, dass Jackie für ein Footballspiel oder eine Tanzveranstaltung keinen Begleiter hatte, sprang Yusha ein, »wobei ich wusste, dass ich womöglich allein nach Hause gehen würde, aber zurückgelassen hätte ich sie nie. Wir hatten Massen von gemeinsamen Freunden, und wir hatten eine wunderbare Zeit und jede Menge Spaß, wenn wir hinterher darüber klatschten, wer was zu wem gesagt hatte und warum und wieso …«[10] Jackie liebte das Tanzen. Sie und Yusha imitierten oft Fred Astaire und Ginger Rogers, tanzten Walzer mit schnellen Drehungen, Foxtrott und Rumba, aber scheiterten an Samba und Tango. Es gefiel ihr, zur Melodie von »Tea for Two« zu schieben und zu steppen, auf der großen Victrola-Truhe Platten zu hören, den Pedalen des Pianola Musik zu entlocken oder den neuesten Schlagern der Hitparade im Radio zu lauschen. Im Anschluss an Partys in Newport brachte sie ihren jeweiligen Favoriten auf ein Rührei und ein bisschen Victrola-Musik mit nach Hause, doch über einen scheuen Kuss ging kein Flirt je hinaus. In ihren Briefen an Yusha wird Bev Corbin besonders erwähnt, aber es gab zahllose andere Verehrer, unter ihnen Ronnie Dick, die Isham-Brüder John und Heywood sowie Peter Vogt. Jackie aber fand in diesem Sommer 1945 ältere Jungen interessanter und war enttäuscht, als ihre Mutter ihr nicht gestattete, mit Marineoffizieren auszugehen.

Eine Sonderstellung unter den »älteren Jungen« nahm Charles Whitehouse ein, der Sohn der *Grande Dame* von Newport, Mrs. Sheldon Whitehouse. »Als sie jung waren, war Jackie verrückt nach Charlie«, sagte seine Cousine Mary Alsop. »Vielleicht mochte er sie mit der Zeit ganz gern, aber ich glaube, verliebt in sie war er nie.«[11] Charlie war nicht nur älter als Jackies übliche Bewunderer in Newport, sondern außerdem ein exzellenter Reiter, was seine Attraktivität in Jackies Augen noch erhöhte. »Ich war vierundzwanzig, ich kam aus dem Krieg, ich denke, es muss im Sommer '45 gewesen sein, als ich sie zum ersten Mal sah«, erinnerte er sich. »Sie war ungefähr sechzehn. Damals sah ich sie nicht oft bis zum nächsten Sommer, glaube ich, dann gingen wir zusammen reiten. Sie hatten dort oben (in Hammersmith) Pferde. 1947 sah ich sie häufiger. Ich hatte endlich in Yale meinen Abschluss gemacht und kam im Herbst herunter nach Washington und dann ging ich dort jagen. Ich wohnte bei Freunden der Familie, aber natürlich nur am Wochenende. Damals gingen wir öfter ins Kino oder aßen zusammen zu Abend, solche Sachen eben, damals in Washington, '47, '48 …« Zuweilen besuchte Jackie die Whitehouses auf El Destino, ihrer Plantage bei Tallahassee, im Norden Floridas. Einige ihrer Freunde nahmen an, dass sie Charlie gern geheiratet hätte, er aber streitet einen solchen Ernst der Romanze ab: »Ich mochte sie sehr gern, aber ich glaube nicht, dass sie damals so besonders aufs Heiraten aus war, und ich selbst war es ganz bestimmt nicht. Aber wir trafen uns oft und mochten uns sehr gern, und diese Verbindung blieb über Jahre bestehen.«[12]

Jackies '47er Sommer in Newport war ein Vorspiel für den sich voll entfachenden Glanz einer Debütsaison in New York, der sie noch im selben Jahr erwartete. Zuvor aber sollte sie in Vassar anfangen, dem angesehensten College für Frauen. Vassar bedeutete Intelligenz, Geld und Klasse. Jacqueline Bouvier von der Chapin-Schule und Miss Porter's Institut, aus Newport und McLean, Virginia, passten perfekt ins Bild. Was ihren Intellekt betraf, so war sie den Anforderungen Vassars mehr als gewachsen, hatte sie doch bei ihrem Schulabschluss die bestmöglichen Noten erzielt. Das Institut war 1861 von Matthew Vassar, einem ortsansässigen Brauer, der es zum Millionär gebracht hatte, als ein College gegründet worden, »das für junge Frauen sein soll, was Yale und Harvard für junge Männer sind«. Man hatte keinerlei Kosten gescheut, um einen großartigen

Campus mit Gebäuden der berühmtesten Architekten zu gestalten. Die Stilrichtungen variierten, man fand Second Empire, Romanik und Tudorstil, dazu kamen Einrichtungen für Kunst und Kunsthandwerk und ein landschaftlich schönes Gelände. Der Gründer war äußerst besorgt darum gewesen, dass ein so fortschrittliches Konzept wie das eines Internats-College für junge Frauen keine Zweifel an der »Reinheit« der Studentinnen begünstigen dürfe. Diese Gedanken spiegeln sich in der Lage, außerhalb der kleinen Industriestadt Poughkeepsie am Hudson, weit ab von den Ausschweifungen New Yorks und, was noch viel wichtiger war, von den Versuchungen in männlicher Gestalt aus Princeton, Yale und Harvard. (Dies sollte sich später für Jackie als unannehmbarer Nachteil herausstellen.) Es gab eine starke feministische Tendenz innerhalb der Fakultät: Die Mitglieder benutzten grundsätzlich nie ihre Ehenamen, und ihre Ziele wichen von denen ihrer Studentinnen deutlich ab: Während der Lehrkörper die Ausbildung als Vorbereitung für eine Berufslaufbahn ansah, bevorzugt in der akademischen Lehre, betrachtete der Großteil der Nachkriegsgeneration eine Eheschließung als das höchste Ziel. Wie so viele Frauen ihrer Generation sah Jackie sich vor die schwierige Wahl zwischen ihren intellektuellen Möglichkeiten und dem sicheren Hafen der Ehe gestellt.

Ihre erste Reaktion auf Vassar fiel positiv aus: Nach dem mehr als straff geregelten Leben in Farmington genoss sie die Freiheit und Verantwortung. Sie liebte all ihre Kurse und ebenso die Zusatzangebote wie die Theatergruppe, die College-Zeitung und natürlich das Reiten. Sie arbeitete auf einen Abschluss in Literatur hin und hatte besonderen Spaß an einer Shakespeare-Klasse, die von der inspirierenden Dozentin Helen Sandison geleitet wurde. Sie belegte Kurse in Atelierkunst und Kunstgeschichte, ein Bereich, der in Vassar besonders stark gepflegt wurde.

Anscheinend hatte Jackie geplant, ein Zimmer mit Nancy Tuckerman zu teilen, die im letzten Augenblick dann doch nicht nach Vassar ging. Stattdessen wurde Edna Harrison zu Jackie ins Zimmer gesteckt – »Jemand sagte uns, das sei so, weil wir beide Katholikinnen waren.« Sie belegten zusammen Spanisch. »Ich quälte mich fürchterlich damit, während sie die Klasse nur so überflog, sie bekam die besten Noten und versuchte alles, um mich mit durchzuhieven. Sie hatte eine sehr große Sprachbegabung.« Zusammen arbeiteten sie an einem Buch: »Ich hatte Pädagogik belegt und sollte ein Kinderbuch schreiben. Also machte sie die Illustrationen, und ich schrieb.« Edna dachte mit Wärme an diese Zeit zurück: »Es machte wirklich viel Spaß, mit ihr zusammen zu sein, und sie liebte Menschen. Ich habe eine Menge Briefe, die sie mir schrieb. Ich verbrachte die Sommer in Hawaii, also schrieb sie mir, während sie mit ihren Sachen beschäftigt war und ich mit meinen, und wenn ich die Briefe jetzt wieder lese – sie sprühen nur so vor Humor und Freude.«[13]

Jackie nahm ihre Zimmergenossin über das Wochenende mit zu ihrem Vater nach New York oder zu den Auchincloss' nach Merrywood. Über Black Jack wusste Edna zu sagen: »Er war göttlich, wirklich umwerfend, und man sah sofort, wo sie (Jackie) diesen koboldhaften Sinn für Humor her hatte. Wenn ich mich pünktlich zum Ausgehen fertig gemacht hatte, sagte er: ›Hör mal, pünktlich darfst du niemals kommen, das ist einfach lächerlich, junge Männer musst du warten lassen.‹ Immer sagte er: ›Spiel das Spiel.‹ Und ich war natürlich zu naiv. Das war damals sowieso ungefähr meine erste richtige Verabredung, daher war ich einfach hingerissen davon, dass ein göttlicher Princeton-Student mich eingeladen hatte. Also saß ich fix und fertig aufgedonnert auf meiner Stuhlkante, und ich werde nie vergessen, wie Jackies Vater sagte: ›So zappelig darfst du nicht sein, du musst sie warten lassen.‹«[14] Ein Aufenthalt in Black Jacks schlichter New Yorker Wohnung machte in Ednas Erinnerung weit mehr Spaß als all der Luxus von Merrywood, wo einem Hausmädchen die Koffer auspackten und sich das Tischgespräch um Pferdestammbäume drehte. Janet und Hughdie erschienen ihr »eher streng«.

Jackie war der Star auf dem Debütantinnenball der New Yorker Wintersaison, auf dem Ball der Junior League, dem Grosvenor- und dem Smoking-Ball. Ihre Einführung in den Heiratsmarkt, die letztendlich ja der Zweck der Debütsaison war, bereitete ihrem Vater Sorge: »Ich fürchte, es wird nicht mehr lange dauern, bis ich dich an einen komischen Hansel verliere, von dem du meinst, er sei wundervoll, weil er am Abend so romantisch aussieht, wenn er die Perlenohrringe seiner Mutter als Hemdknöpfe trägt, weil er sie so sehr liebt ...«, schrieb er ihr wehmütig in einem Stil, der wohl eher einem Liebhaber als einem Vater zukam.[15]

Über Black Jacks Besessenheit von seinen Töchtern, vor allem von Jackie, berichtete auch die Frau seines Neffen Miche. Jeden Abend, sobald die Diskussion über Börsenstatistiken und Sport beendet war, begann er unvermeidlich von ihnen zu sprechen. Wenn er hörte, dass Jackie einen Besuch plante, sagte er sämtliche Verabredungen ab, um sich auf sie zu konzentrieren. Als Jackie ihn einmal vom Friseur aus anrief, um zu erzählen, sie habe sich gerade den letzten Schrei schneiden lassen, eine kurze »Pudelfrisur«, geriet er in Panik, da er fürchtete, sie habe ihre Schönheit zerstört. Er raste aus dem Yale Club nach Hause, um sie in Augenschein zu nehmen. »Er war so besessen von Jackies Pudelfrisur, wie er es sonst nur von der Werbung um eine Frau gewesen war.«[16]

Während seine Mädchen heranwuchsen, begutachtete Black Jack potenzielle Bewerber mit strengstem Blick. »Er sagte uns das so gut wie jedes Mal, wenn wir ihn sahen«, erinnerte sich Lee Radziwill. »›Alle Männer sind Ratten.‹ Ich höre heute noch, wie er das sagt. ›Eines Tages, wenn Lee erwachsen ist, wird sie auf mich hören, dann weiß sie, wovon ich spreche. Denk bloß daran, Jacqueline, alle Männer sind Ratten. Trauen darfst du keinem von ihnen.‹ Natürlich gab es nirgendwo einen jungen Mann, der gut genug für seine Töchter gewesen wäre. Ich weiß noch, wie wir ihn über die Weihnachtsferien besuchten, und wir gingen zu verschiedenen Tanzveranstaltungen, zu denen all unsere Schulfreunde auch gingen. Wissen Sie, ich habe schon eine Woche vorher Magenschmerzen bekommen, wenn ich mir vorstellte, wie er das arme, pickelgesichtige Geschöpf mustern und ausfragen würde, das dort auftauchte, um mich abzuholen. Und für Jackie war es genauso, es hat ihr furchtbare Sorgen gemacht. Niemand war gut genug, und in gewisser Weise glaube ich, dass Jackie sich das zu Herzen genommen hat, ich meine, sie behielt es irgendwie im Hinterkopf. Und ich vermute, er hielt es wohl für seine Pflicht, uns zu warnen.«[17] Ein anderer Zauberspruch lautete: »Spiel die, die schwer zu kriegen ist, sei bloß schwer zu kriegen.«

Solchermaßen von Black Jack vorbereitet, wirkten die Schwestern auf die meisten Männer unwiderstehlich: Einem Mann den Kopf zu verdrehen war ein Spiel, das sie beide beherrschten. »Wir waren alle immer wieder verblüfft«, berichtete die gleichaltrige Pamela Harlech[18], »weil diese zwei Mädchen einen Mann fesseln konnten, ich meine wirklich fesseln, sie setzten sich links und rechts von ihm hin und sahen ihm verzückt in die Augen, aber eben von beiden Seiten, und der Mann dachte, mein Gott, ich habe voll eingeschlagen, diese zwei herrlichen Frauen denken, ich bin wundervoll …« Wenn er sich auf einen Mann richtete, wirkte Jackies Blick wie ein Magnet: »Wenn sie ihren leuchtenden Blick auf dich lenkte, war da so viel Kraft und Glanz in diesem Leuchten. Wie bei einem Leuchtturm konnte sich dieses Licht um sich selbst drehen«, sagte Lord Jenkins of Hillhead, ein Freund aus späteren Jahren.[19] George Plimpton, der in Newport eine Zeit lang Lee den Hof machte, erinnerte sich: »Ich weiß noch, dass ich es sehr schwer fand, mit ihr zu sprechen. Sie wickelte einen förmlich ein – eine Seltenheit, dass ein Mädchen in diesem Alter schon gelernt hat, wie man das macht. Sie hatte eine wundervolle Art, einen anzusehen, einen mit Blicken einzuwickeln. Nie schaute sie einem über die Schulter, um zu sehen, wer als Nächstes kam. Wie ich mich erinnere, war das so von unseren allerersten Gesprächen an.«[20]

Jackie erlernte die amerikanische Form der Geisha-Technik, einen Mann zu fesseln oder besser, ihn nicht abzuschrecken. Beide Mädchen, doch ganz besonders Jackie, formten ihre Stimmen zu einem weichen, flüsternden Singsang – »Ja-haa …« –, um als unbedrohliche, kleine Frauenspersonen zu erscheinen. »Ihre Stimme machte gewaltige Veränderungen durch«, sagte die Schulkameradin Shirley Langhauser. »In Farmington hatte sie nicht so gesprochen. Dort war ihre Stimme eher normal, wie die von jeder anderen auch.«[21] Kluge Frauen jener Zeit lernten ihre Intelligenz zu verbergen. »Ich erinnere mich daran, wie ein Mann Jackie erzählte, er habe Angst, durch sein Examen zu fallen«, hieß es in einem Bericht von Zup Campbell James. »Und Jackie erwiderte schmeichlerisch: ›Ich habe das gleiche Problem‹, obwohl sie wusste, dass sie bestanden hatte.«[22] Bemerkenswert ist die Aussage eines berühmten Kunstdirektors, der Jackie als »die perfekte Geisha« bezeichnete, »weil man nie auch nur im mindesten ahnte, was sie dachte«.[23] Nach Berichten des Kunsthistorikers John Richardson war Jackie »unglaublich gewinnend und attraktiv. Sie hatte diesen wahnsinnigen Charme, diese wundervolle, sanfte Stimme – ich glaube, sie wollte um jeden Preis gefallen.«[24] Es war eine Technik, in der sie es zur Perfektion brachte, was sich als besonders wirkungsvoll erwies, nachdem sie berühmt geworden war. So erinnerte sich Richard de Combray, einer der Autoren, dessen Bücher sie bei Doubleday herausgegeben hatte: »Immer sprach sie über ihren Gesprächspartner, was ja zum Geisha-Syndrom dazugehört, und es ist einfach ungeheuer reizvoll, einer solchen Frau gegenüberzusitzen, die all diese Dinge mit sich herumschleppt, diesen Ruhm, das Geld, was auch immer, und sie geht völlig auf in jedem Wort, das du sagst, als sei es das Interessanteste, was sie je gehört hätte … Der Trick bestand darin«, so fügte er hinzu, »dass sie niemals über sich selber sprach, sondern immer über den anderen.«[25]

Männliche Reaktionen auf die Debütantin Jackie fielen durchweg positiv aus. Sam Peabody, der Enkel des berühmten Rektors von Groton, Endicott Peabody, saß neben ihr, als er während ihrer Debütsaison in Harvard war. »Ich fand sie wundervoll«, sagte er. »Schön, klug, süß – und sexy.«[26] Sogar Gore Vidal fühlte sich von ihr angezogen und nahm sie von der Verachtung aus, mit der er den Rest seiner Auchincloss-Geschwister bedachte. Im Rückblick auf die Tage in Merrywood schrieb Gore, der sie 1949 erstmals traf: »Mit ihrer jungenhaften Schönheit und ihrer das Leben bereichernden Bosheit bereitete Jackie mir großes Vergnügen … Sie brachte ihren verschmitzten

Humor in mein Leben, solange sie Teil davon war.« Jackies Körperbau war in der Tat androgyn: Sie hatte breite Schultern, einen flachen Brustkorb, lange, muskulöse Beine, große Hände und Füße. Es war nur zur Hälfte scherzhaft gemeint, als sie Gore gestand, ihr Lebensziel sei es immer gewesen, »für Männer attraktiv zu sein«. Sie flirtete subtil und gekonnt. In seinen Erinnerungen gedachte Vidal eines Moments der »erotischen Spannung«, derweil Jackies nacktes Bein (sacht und in voller Absicht) das seine streifte.[27]

Jackies Einstellung Männern wie Frauen gegenüber war vielschichtig. Sie schien die Gesellschaft von Männern vorzuziehen, was ihr den Ruf eintrug, dass sie Frauen nicht mochte. Aber Black Jacks Belehrungen und das warnende Beispiel seines Umgangs mit Frauen hatten Wurzeln geschlagen: Männer waren dazu da, gefangen zu werden. Sie waren die Beute, doch zugleich der Feind. Sie waren die Kampfziele, die es zu umwerben galt, doch bedingt durch die Umstände ihrer Zeit schränkten sie andererseits ihr Potenzial ein. Sie brauchte ihre Bewunderung und ihr Geld, aber unterbewusst erzürnte sie die Tatsache, dass ihre Schönheit zu diesem Zweck ausgespielt, ihre Intelligenz hingegen unterdrückt werden musste. »Ich denke, sie wusste Männer zu schätzen«, sagte ein ehemaliger Bewunderer. »Ob sie sie aber wirklich verstand und ob sie sie mochte, steht auf einem anderen Blatt.«[28]

»Ganz anders als Lee«, berichtete eine Frau, die mit den Auchincloss' in Verbindung stand, »mochte Jackie manche Frauen wirklich gern. Jackie hatte Spaß daran, Männer zu necken«, fuhr sie fort, wobei sie sich an ihre erste Begegnung mit Jackie erinnerte. »Ich war etwa achtzehn. Dieses glitzernde Geschöpf betrat den Raum. Massen von Männern wollten mit ihr sprechen, aber sie kam herüber zu mir und sagte: ›Du bist doch die und die, und du bist eine wundervolle Schriftstellerin‹, also sprach sie mit mir und ließ die Männer links liegen. Oft tat sie dies, um sie zu reizen. Sie hatte so viele verschiedene Seiten«, berichtete sie weiter. »Ihr Verhalten war äußerst sprunghaft. Sie konnte einem Mann sehr verführerisch begegnen, auf einer Party neben ihm sitzen und dann plötzlich ihre Zigarette auf seiner

Hand ausdrücken.«[29] Ein Kommentar von Claude Granrut (vormals Claude de Renty), mit deren Familie Jackie ein Jahr in Paris verbrachte, lautete folgendermaßen: »Jacqueline besaß enorme Charakterstärke, aber ihre Schwächen hatte auch sie. Es war nicht immer leicht für sie. Wenn man zu der Art von Menschen gehört, die immer nur stark sein wollen ... In der Tat, sie litt darunter. Ihre eigenen wunden Punkte vermochte sie nicht zu akzeptieren. Genauso wenig konnte sie mit den wunden Punkten von anderen umgehen. Schwache Männer waren ihr unerträglich ... Wenn sie einen Mann nicht schätzen und bewundern, wenn sie nicht zu ihm aufblicken konnte, ließ sie ihn augenblicklich fallen.«[30]

Am 7. Januar 1948 wurde Jackie über Nacht zur Medienberühmtheit. Cholly Knickerbocker, alias Igor Cassini, ein für mehrere Zeitungen schreibender Kolumnist der Hearst Press, verlieh ihr den Titel »Debütantinnen-Königin des Jahres 1947«. In einer Zeit, als gesellschaftliche Erfolge noch zählten, stellte ein solches Attribut sie fast auf eine Stufe mit Hollywood-Stars. In einem Artikel, der zuerst im *New York Journal American* erschien und daraufhin von verschiedenen Hearst-Publikationen in ganz Amerika nachgedruckt wurde, beschrieb Cassini Jackie als »eine königliche Brünette mit klassischen Zügen und der Anmut von Dresdener Porzellan. Sie besitzt Grazie, spricht mit sanfter Stimme und ist intelligent – alles, was eine führende Debütantin haben sollte.« Sogar Cassini war von der Aura der Auchincloss' und Vassar geblendet. »Ihr Hintergrund entspricht strikt der ›alten Garde‹«, schrieb er. Privat betonte er, dass seine Entscheidung für Jackie nicht seiner gewohnten Formel entsprach: Normalerweise wählte er eines der hübscheren, auffälligeren Mädchen, doch »in ihr nahm ich etwas ganz Besonderes wahr, eine untertriebene Eleganz. Obwohl sie extrem schüchtern und zurückhaltend war, ragte sie aus der Menge heraus. Sie hatte das gewisse Etwas, ich weiß nicht genau, mit welchem Wort sich diese Eigenschaft beschreiben lässt: Schönheit, Charme, Charisma, Stil, irgendeines oder alle davon. Was immer damit auch gemeint ist, sie hatte es an sich.«[31]

Mit dem Erringen des Titels »Debütantin des Jahres« hatte

der Aufstieg der Jacqueline Bouvier eine bedeutende neue Ebene erreicht. Nach der aufgeheizten Atmosphäre der New Yorker Saison kam ihr Vassar mit seiner ausschließlich weiblichen Gesellschaft spießig vor. In zunehmendem Maße verdross Jackie die Tatsache, dass sie, wie sie schrieb, »ein Schulmädchen unter Schulmädchen« war. Sie verbrachte kaum je ein Wochenende am College und schien nicht in jene Welt zu gehören. Als ihre Klasse nach ihrem Tod versuchte, Erinnerungen an ihre Zeit dort zusammenzutragen, wurde sie beschrieben als »ein Mitglied unserer Klasse, das sich jedoch von uns fernhielt«. (Eine Frau, die Jackie kaum kannte, erinnert sich jedoch an eine freundliche Geste Jackies: Während diese Schülerin in der Krankenstube lag, brachte Jackie ihr Notizen aus dem Geschichtsunterricht, sodass sie mit dem Lehrstoff auf dem Laufenden blieb.)[32] Altersgenossen bemerkten ihre Schüchternheit und Reserviertheit, ihre schwer greifbare Eigenheit, die sie von ihnen fernhielt. Neben ihrem Bett hatte sie ein Bild von Black Jack stehen, doch erwähnte sie weder ihn noch ihre familiären Umstände jemals. An den Gesprächen über Jungen, in denen ihre Klassenkameradinnen aufgingen, nahm sie nie teil.

Zwar machte Jackies reservierte Haltung vor einigen eine Ausnahme – unter ihnen waren Edna Harrison, Ellen »Puffin« Gates und Shirley Oakes –, doch für die meisten ihrer Klassenkameradinnen war klar, dass ein geteilter Klassenraum für Jackie kein geteiltes Leben bedeutete. Eugenie Aiguier, die Jackie durch die gemeinsame Freundin Shirley Oakes[33] kennen lernte, schrieb: »Sie kam mir übertrieben und bewusst wählerisch bei ihren Freundinnen vor.« Im Sommer 1951 unternahmen Shirley und Eugenie zusammen eine Europareise. In Pamplona trafen sie sich zu einem Stierkampf mit Jackie und Lee. »Es war mir völlig klar, dass Jackie mit Shirley zusammen sein wollte, nicht mit mir. Shirley war ihre Freundin.«[34] Sechs Jahre später wurde Shirley aus unbekannten Gründen von Jackies Liste gestrichen. Es war schwer, in Jackies engsten Kreis zu gelangen: War man einmal aufgenommen, erhielt man eine Mitgliedschaft fürs Leben, konnte jedoch ohne Gnade ausgestoßen werden, sobald man sich in ihren Augen falsch verhielt.

Im Juli und August 1948 unternahm Jackie ihre erste Reise nach Europa, bemerkenswerterweise während der Zeit, die sie für gewöhnlich mit ihrem Vater verbrachte. Wie alle glanzvollen Ereignisse in diesem Lebensabschnitt Jackies kam die Reise durch Verbindungen der Auchincloss' zustande. Edward M. Foley jr., damals Staatssekretär im Finanzministerium, war ein Freund von Janet und Hughdie. Zwei seiner Stieftöchter, die Jackie bereits kannte, planten mit einer weiteren Freundin eine Europareise. Foley schlug vor, Jackie solle die drei begleiten, und die effiziente Janet überredete Jackies ehemalige Lateinlehrerin in Holton Arms, als Anstandsdame zu fungieren. Jackie schrieb Yusha begeisterte Briefe über die Aussicht, mit dieser »himmlischen« Anstandsdame nach Europa zu fahren, die sie machen lassen würde, was sie wollten. Yusha traf sie in Paris und nahm sie mit in einen Nachtclub, in dem ihr fast die Augen aus dem Kopf fielen. Paris schien ihr ganz aus »Glamour, Glanz und Hast« zu bestehen, und es gab kaum Zeit, etwas außerhalb des Plans zu unternehmen. Es war eine vollgestopfte, von Eile geprägte siebenwöchige Exkursion – London, Paris, die Provence, die Riviera, die Schweiz und Italien. Den Höhepunkt stellte für Jackie die Begegnung mit ihrem Kriegshelden Winston Churchill auf einer Gartenparty des Buckingham-Palastes dar. Sie stellte sich zweimal in die Schlange am Empfang, nur um das erregende Gefühl noch einmal zu erleben, des großen Mannes Hand zu schütteln. Europa, und vor allem Paris, standen für die kommenden drei Jahre ganz oben auf ihrem Programm. Einer ihrer Pläne bestand anscheinend darin, Vassar zu entfliehen.

»Sie war selig, als sie im zweiten Jahr [1949–50] hinaus konnte«, berichtete Puffin Gates. Puffin und Jackie, die in Vassar zusammen Kurse in Kunstgeschichte besuchten und auf demselben Flur wohnten, hatten vor, zusammen einen Smith-College-Kurs an der Sorbonne zu belegen, aber Puffin gab die Reisepläne auf, um Derry D'Oench zu heiraten. Jackie schrieb ihr zu diesem Anlass ein komisches Gedicht: »Anstatt über die Seine zu gleiten, ach was, lässt sich Puffin in den Abfluss leiten, in Pittsfield Mass.« Sie warnte sie, wie sehr sie ihr Leben als ungebundenes Mädchen vermissen würde: »Wie wird sie denken an

New York und diese Nächte im Stork, wo sie quietschte wie 'n Neuling beim Knallen von Kork, und der Zug fuhr hinunter nach UVA, sie ward mit Blumen erwartet, ach ja, Footballspiele in Yale, Sunset Lake im Mai …«[35]

Wie es ihrem Charakter entsprach, hatte Jackie sich der Unterstützung ihres einflussreichen Onkels Lefty Lewis versichert. Der schrieb einem Mitglied des Smith College, um sie für die Pariser Gruppe zu empfehlen: »Wie Sie ihren Schulzeugnissen ohne Zweifel bereits entnommen haben, verfügt sie über einen brillanten Geist. Nicht darin aufgeführt sind die Tatsachen, dass es sich bei ihr um ein außergewöhnlich attraktives Mädchen handelt und dass sie hundertprozentig verlässlich ist. Falls Sie erwägen, Nicht-Smith-Mädchen anzunehmen, so wüsste ich keine, der dieses Privileg eher zukäme als ihr.«[36] Im Frühling 1949 war die Sache abgemacht. Im Mai schrieb Jackie an Yusha, dass sie vorhatte, den Frühsommer mit Stippvisiten auf Hochzeiten zu verbringen. Bilder im *Social Spectator* zeigen sie im Zigeunerinnenkostüm »bei der Vorführung von Sommermode« auf der LVIS-Messe in East Hampton am 29. Juli. Begleitet wurde sie von Black Jack, der einen hellen, tadellosen Gabardineanzug trug.[37] Einen knappen Monat später brach sie am 23. August auf nach Paris. Sie hatte die Absicht, erst im Juni des folgenden Jahres zurückzukehren, wenn ein exklusiver gesellschaftlicher Anlass wartete: die Tanzklasse.

Den September verbrachte Jackie in Grenoble, wo die Gruppe Quartier bei einer Familie verarmter Aristokraten bezog und einen Sprachkurs an der Universität besuchte. Im Oktober fuhr sie nach Paris, um ihren Kurs an der Sorbonne zu beginnen. Zusammen mit zwei anderen Mädchen aus der Gruppe wohnte sie bei einer aristokratischen französischen Familie in relativ beschränkten Verhältnissen in der 78 Avenue Mozart, am weniger schicken Ende des renommierten 16. Arrondissements. Beide Eltern waren Mitglieder der französischen Widerstandsbewegung gewesen. Graf de Renty war in einem Konzentrationslager der Nazis ums Leben gekommen. Seine Witwe, die Gräfin, hatte ein Dienstmädchen, aber bekochte ihren siebenköpfigen Haushalt gern selbst: Er bestand aus ihren drei Töchtern, einschließlich der geschiedenen, dreiundzwanzigjährigen Ghislaine und deren »dämonischem« vier Jahre alten Sohn Christian, sowie der jüngsten, Claude, die in Jackies Alter war und ihr eine Freundin fürs Leben wurde; dazu Jackie und die beiden anderen Mädchen aus der Smith-Gruppe.

Im Haushalt der Familie de Renty wurde kein Wort Englisch gesprochen, und andere Amerikaner bekam Jackie kaum zu Gesicht. Wie üblich verfügte sie über einige exzellente französische Kontakte und verkehrte bald in den höchsten Kreisen. »Ich führe wahrhaftig zwei Leben«, schrieb sie Yusha. »Von hier [78 Avenue Mozart] sause ich an die Sorbonne und die Reid Hall [das Zentrum für die Kurse amerikanischer Studenten], in eine hübsche, stille, regengraue Welt – und dann wiederum bin ich wie die Dienstmagd, die an ihrem freien Tag einen Pelzmantel anlegt, um in der Ritz-Bar einen drauf zu machen.« Da ihre Kurse spät begannen, stürzte sie sich voller Begeisterung ins Pariser Leben. »Das Herrlichste hier sind all die Theater, die Opern und das Ballett, und es ist ganz einfach hineinzukommen«, berichtete sie Yusha. »Man könnte den ganzen Winter lang jeden Abend ausgehen und hätte trotzdem noch nicht alles gesehen, was auf dem Spielplan steht.« Dies war erst der Anfang ihres gesellschaftlichen Lebens. »Ich bin sicher, die Dinge werden sich bald prächtig entwickeln, und da ich jede Menge Franzosen kenne, dürfte der Winter ein Paradies werden …«[38]

Während der Weihnachtsferien verbrachte sie einige Zeit in London, um Black Jacks ehemalige Geliebte Ann Plugge und deren Familie in ihrem ansehnlichen ehemaligen Rothschild-Haus am 5 Hamilton Place zu besuchen. Ann und ihr Mann Leonard hatten sich gezwungenermaßen wieder versöhnt, und seit ihrer Rückkehr nach England im Frühling 1943 hatte sie ihm Zwillinge geboren, einen Jungen und ein Mädchen, die am 4. November 1944 zur Welt gekommen waren. Anscheinend glaubte Jackie, Black Jack sei der Vater, und teilte ihm dies in einem Brief vom 6. Januar 1950 mit. »Was die Plugge-Zwillinge angeht, hast du verdammt recht«, schrieb Black Jack am 10. Januar zurück. »Von ihrem Mann können sie definitiv nicht sein, da gibt es gar keine Frage …«[39] In Wahrheit aber gab es gar keine

Frage darüber, dass sie definitiv nicht von ihm sein konnten: Die Zwillinge waren sechzehn Monate nachdem Ann und ihr Sohn die Vereinigten Staaten verlassen hatten, geboren worden, und zum Zeitpunkt ihrer Zeugung unterzog sich Black Jack gerade einer seiner Entziehungskuren an der Silver Hill Foundation in Connecticut. Vermutlich hielt Jackie die fünf Jahre alten Kinder, von denen eines dunkelhaarig und das andere blond war, für ein Jahr älter, als sie tatsächlich waren. Sie wusste, wie gern ihr Vater sich dem Glauben hingegeben hätte, es handle sich um seine Kinder. Jackie hegte eindeutig warme Gefühle für Ann und schrieb ihr fünf Jahre später, nachdem sie sie bei einem Besuch in London verpasst hatte, weder sie noch Lee würden je die »himmlischen Zeiten« vergessen, die sie Anns Schönheit und Heiterkeit verdankten.[40] Nach einem Bericht von Frank Plugge aß sie im Sommer des Jahres, in dem sie die Sorbonne gerade verlassen hatte, in Cannes zu Mittag.[41]

Im Januar teilte Jackie ihrem Vater in einem Brief ihre Pläne für die Zukunft mit. Diese machten ihn deutlich nervös: »Du sagst da etwas davon, dass du im nächsten Sommer nach Belgien gehen willst oder vielleicht nach Irland oder all die verschiedenen Teile von Frankreich. Denkst du denn gar nicht mehr daran, nach Hause zu kommen? Wenn du weißt, was gut für dich ist, kommst du besser demnächst zurück, und dann, meine ich, könntest du doch ein Buch über deine Reisen schreiben … Lach nicht darüber … Du musst dir nur die Zeit dafür nehmen, dann bringst du ein Buch zustande, das ein Bestseller werden könnte.« Froh war er darüber, dass sie nicht vorhatte, in Europa auf die Jagd zu gehen. Sie hatte sich zu Hause beim Reiten eine Bandscheibe verletzt und war gezwungen, eine Rückenschiene zu tragen. »Es wäre ein so fataler Irrtum gewesen, wenn du versucht hättest, in Frankreich oder Irland zu jagen, um dann mit einer Bandscheibe zu enden, die dich geradewegs zurück in dieses Land zwingen könnte«, warnte er sie. »Eines Tages wirst du Gelegenheit haben, in Irland zu jagen und in Frankreich auch, erst recht, wenn du einen reichen Mann heiraten würdest …« Jackie hatte sich bereits entschieden, dass sie nicht nach Vassar zurückgehen wollte. Black Jack beschwor sie, ihre Meinung zu ändern: »Du magst ja den Gedanken hassen, in das verdammte Vassar, wie du es nennst, zurückzugehen, aber vielleicht erscheint es dir am Ende nur halb so schlimm, wie du jetzt denkst …«[42]

Neben dem Besuch bei den Plugges in London hatte Jackie über die Weihnachtstage eine Reise nach Deutschland und Österreich unternommen, die sie ihrem Vater und Yusha gegenüber als »wundervoll« beschrieb. Es bereitete ihr großes Vergnügen, in Zweite- und Dritte-Klasse-Zügen zu reisen, die ganze Nacht über aufzubleiben, mit Menschen zu reden und ihre Geschichten zu hören. »Als ich mit Bow [Helen Bowdoin] unterwegs war, war das Ganze einfach zu luxuriös und wir bekamen gar nichts zu sehen«, erzählte sie Yusha.[43] In Wien hatten Angehörige der russischen Besatzungsmacht versucht, sie für ein Verhör festzunehmen, nachdem sie deren Gebäude fotografiert hatte. Sie sahen Hitlers Horst in Berchtesgaden und das Konzentrationslager Dachau. Zu jener Zeit brachte Jackie es nicht über sich, in ihren Briefen den Eindruck zu erwähnen, den Dachau auf sie gemacht hatte, obwohl sie offenbar zu ihrer Newporter Freundin Vivi Stokes darüber sprach, die inzwischen als Frau des Grafen Crespi in Rom lebte. Entsetzt darüber, dass Jackie überhaupt dort hatte hinfahren wollen, sagte Vivi Crespi: »Das ist Geschichte. Sie wollte es ja wissen …«[44]

Zurück in Paris begann sie mit jungen Franzosen aus dem Kreis der de Renty auszugehen und wies Warnungen aus Amerika, sie solle nur ja keinen französischen Grafen heiraten, empört mit den Worten zurück, ihr sei überhaupt noch keiner begegnet.

In jenem Frühling 1950 aber sollte Jackie einer Menge Grafen und darunter einem ganz besonderen begegnen. Durch ihre Newporter Whitehouse-Verbindungen traf sie – als einen der Ersten, die sie kennen lernte – den eleganten jungen Grafen Paul de Ganay, den jüngsten von fünf franko-argentinischen Brüdern, reichen Aristokraten, deren Familie das bezaubernde Château de Courances fünfunddreißig Meilen südlich von Paris gehörte. »Ich wurde Jackie durch eine meiner Cousinen vorgestellt, Kiko Bemberg, die sie in Rhode Island kennen gelernt hatte«, erinnerte sich de Ganay. »Ich studierte zur gleichen Zeit an der Sorbonne, also gingen wir ziemlich oft zusammen zur Sorbonne oder trafen uns dort und gingen auf einen Kaffee in die Brasserie Balthasar, die dort direkt bei der Sorbonne noch immer existiert. Da wir einander häufig sahen, wurden wir natürlich gute Freunde. Ich nahm sie auf Partys mit oder sie kam übers Wochenende mit aufs Land, und unsere Freundschaft wurde sehr intim. Sie lernte eine Menge meiner Freunde kennen und war sehr beliebt. Jeder liebte sie und sie wurde zu allen Bällen eingeladen, von denen es zu jener Zeit jede Menge gab.« Letitia Baldrige, Jackies spätere Assistentin im Weißen Haus, die damals an der US-Botschaft in Paris arbeitete, bezeichnete Paul de Ganay als »einen von Jackies Galanen«, während Demi Gates so weit geht, zu behaupten, Jackie habe für Paul »geschwärmt«. De Ganay hatte sie es mehr als nur ein wenig angetan: »Sie war eine außergewöhnliche Persönlichkeit«, beschrieb er sie. »Sie hatte einen großartigen Sinn für Humor. Sie beobachtete Dinge sehr genau, aber sie verstand es immer, ihre Bemerkungen mit irgendetwas Witzigem zu würzen. Sie sprach viel über Menschen … Sie war sehr freundlich und immer, immer lachte sie, eine unheimlich positive Persönlichkeit. Alles machte ihr Spaß, für Schönheit war sie sehr offen und für alles Neue, das sie zu sehen bekam. Manchmal gehen ja Leute an Dingen vorbei, ohne sie zu bemerken, aber sie war eine ausgezeichnete Beobachterin.«

Kaum war sie mit Hilfe de Ganays in die elegante gesellschaftliche Szene eingeführt, erwies sie sich als voller Erfolg. »Zu der Zeit ging ich ziemlich regelmäßig mit ihr aus und wurde zu vielen Partys eingeladen«, sagte er. »Sie kam mit zu diesen Partys und wurde dann wieder dorthin eingeladen – ein gut aussehendes, amerikanisches Mädchen, das bereits sehr gut Französisch sprach. Sie gab sich Mühe, daher lernte jeder sie mit Freuden kennen, und zu der Zeit gab es jede Menge Partys, also war sie immer auf Achse.« Während einer Osterreise trafen sie sich in Madrid und besuchten zusammen Toledo. De Ganay, der dem internationalen Jet-Set angehörte, traf Jackie weiterhin, nachdem sie Paris bereits verlassen hatte. »Wir blieben in Verbindung«, sagte er. »Wir blieben sehr gute Freunde fast bis zum Ende ihres Lebens. Zum Schluss verbrachte ich weniger Zeit in den Staaten, also sah ich sie nicht mehr so oft.«[45]

Für ihre Zukunft als Hohepriesterin des Weißen Hauses war es vielleicht bedeutender, dass Jessie Wood, eine Klassenkameradin aus Vassar, die sie auch von Newport her kannte, sie in den schicken, amüsanten Kreis ihrer Mutter, der Schriftstellerin Louise (Lulu) de Vilmorin, in deren Château de Verrières einführte. Louise kannte jedermann und Einladungen zu ihren Veranstaltungen waren heiß begehrt. »Jeder, der etwas auf sich hielt, musste dort zumindest einmal gewesen sein«, schrieb der Verfasser der De-Vilmorin-Biographie:

> Der blaue Salon, ein laternenförmiger Raum, wurde von vier Fenstern erhellt und erhielt seinen Namen nach dem weißgeblümten, blauen Stoff, aus dem Wandbehang und Vorhänge gemacht waren. Vor jedem Fenster stand ein Stuhl und zwischen den Fenstern Sofas, Sessel und Louis-XVI-Stühle. Auf Tischen aus Ebenholz, das wie Bambus bearbeitet und mit blauem und weißem Porzellan besetzt war, befanden sich Gemälde ihrer Freunde und ihre Sammlung von Malachit-Ornamenten, silbernen Vögel sowie Kerzenhalter mit brennenden Kerzen. An den Wänden hingen Familienporträts und das gewaltige Reiterporträt von Louis XIV. Über Politik sprach niemand. Die Gespräche waren intelligent, es flossen Champagner und köstlicher Wein. Louise dinierte gern im Licht der Kandelaber. Zuweilen las sie ihre Gedichte vor. Das Essen war exquisit und die Atmosphäre entspannt. Louise lud Tänzer, Maler, Schriftsteller, gelegentlich einen ausländischen Millionär, Filmgrößen, gefeierte Regisseure und nur höchst selten Politiker ein.[46]

Auf den Partys trafen sich Leute wie Orson Welles, Ali Khan und Rita Hayworth, Pamela Churchill (später Hayward, dann Harriman) und Elie de Rothschild, Jean Cocteau, Max Ophüls, René Clair, Jean Anouilh und Bernard Buffet. Kurz zuvor war Lulu die Geliebte des britischen Botschafters Duff Cooper gewesen, des Ehemanns der berühmten Lady Diana, und wurde bald darauf die Geliebte von André Malraux, den Jackie später ins Weiße Haus einlud. Oft verbrachte Jackie auf Einladung ihrer Freundin Jessie das ganze Wochenende dort. Als gute Beobachterin, die sie war, nahm sie jedes Detail von Lulus kultivierten, leichtlebigen Partys in sich auf und profitierte später als Gastgeberin des Weißen Hauses von diesen Erfahrungen.

Jackie kam nach Paris, als das Leben der Pariser High Society gerade mit Glanz und Glamour der Asche der Kriegsjahre entstieg, als es, um mit de Ganay zu sprechen, Partys, Partys und noch mal Partys gab, dazu aufsehenerregende Bälle mit Dekorationen von Künstlern wie Christian »Bébé« Bérard, einem Mitglied des Kreises aus Verrières. »Niemals seit der Ära der Leichtigkeit«, schrieb Prinz Jean-Louis de Faucigny-Lucinge, »fand sich die feine Gesellschaft so verbunden mit den Künstlern.«[47] Der Gesellschaftslöwe Graf Etienne de Beaumont nahm ungeheure Mühen für die Vorbereitungen für einen großen Kostümball in Kauf, ja er hielt sogar Proben mit den Gästen ab. Auf dem Bal du Rois im Januar 1949 waren die Kostüme ganzer Gruppen gemeinsam eintreffender Gäste von Künstlern wie Jean Cocteau oder Marie Laurencin entworfen und bei Dior oder Chanel fertig gestellt worden. Pauls Mutter, die Gräfin de Ganay, erschien als Kaiserin Josephine in einem Kostüm nach dem Entwurf des Spitzen-Modeschöpfers Jacques Fath, und Violet Trefusis (die Großtante von Camilla Parker-Bowles) kam als Königin Victoria, von der sie ihrer (unwahren) Behauptung nach über die Affäre ihrer Mutter Alice Keppel mit Edward VII. abstammte.

Paris bot Spaß auf jeder Ebene. In diesem Jahr kam der erste große Schwung Besucher aus dem Nachkriegs-Amerika herüber, die sich von den billigen Einkaufsmöglichkeiten, den Restaurants und der Unterhaltung angezogen fühlten. Unter amerikanischem Einfluss entstand die Cocktailstunde von sechs bis halb neun. Der Barmann der Ritz-Bar, einer von Jackies Lieblingsplätzen, war für seine Champagnercocktails berühmt. Für diejenigen, die wie Jackie die Sprache verstanden, hatte das Pariser Theater des Herbstes 1949 eine Menge zu bieten. Das Ballets de Monte Carlo, produziert von dem Marquis de Cuevas (dem Vater von Elizabeth de Cuevas, einer von Jackies gleichaltrigen Debüt-Freundinnen) eröffnete seine Herbstsaison mit Tamara Toumanowa und Rosella Hightower. Marlon Brando war in Paris und besuchte den Nachtclub Le Bœuf sur le Toit mit Juliette Greco und Eartha Kitt. Und Josephine Baker gab ein hinreißendes Comeback in den Folies-Bergères. In den Pariser Nachtclubs umfasste das Angebot eine breitere Palette als irgendwo sonst auf der Welt: Das Carousel brachte Damen-Darsteller in fabelhaften Kostümen, im La Vie en Rose (Spitzname: Fleischsalon) gab es Schwule und Lesben, man fand weißrussische Clubs mit Kaviar und Zigeunergeigen und lockere Jazzclubs am linken Seineufer. Jackie besaß natürlich auch Kontakte in Botschafterkreisen. Der amerikanische Botschafter, Hon. David Bruce, und seine schöne, schicke Frau Evangeline, wurden Mitglieder in Jackies Kreis im Weißen Haus. Letitia Baldrige gehörte damals zum Botschaftspersonal.

Nach dem Abschluss ihrer Examen am 16. Juni setzte Jackie ihr europäisches Gesellschaftsleben mit einer Party in London fort, die dort am 19. für ihre Freundin Shirley Oakes gegeben wurde. Am 22. Juni kehrte sie nach Paris zurück, um Yusha in Orly abzuholen. Zwei Wochen lang zogen sie durch Paris, zum Louvre, Eiffelturm und Seineufer, wo sie, wie sie Yusha berichtete, zu sitzen pflegte, um die Impressionisten zu kopieren. Sie zeichnete eigene Versionen von Monet, Manet, Degas und sogar Picasso. Sie besuchten den Bois de Boulogne, die Tuilerien, aßen im Maxim und gepresste Ente im Tour d'Argent. Sie stellte Yusha all ihren Freunden vor, die Paris nicht in Richtung Küste verlassen hatten, insbesondere Solange Batselle, einer in Amerika ausgebildeten französischen Freundin von Claude de Renty. Solange, die nach ihrem Abschluss in Bennington, Vermont, als Anwältin in Paris praktizierte, blieb Jackie für den Rest ihres Lebens verbunden. Solange und Yusha fuhren zusammen durch Südfrankreich bis nach St. Jean de Luz, wo sie sich mit Jackie und Claude trafen.

Jackie verbrachte ein paar Tage in Südfrankreich bei einer aristokratischen Familie, bevor sie sich in Lyon Claude zu einer geruhsamen Rundfahrt anschloss. Sie machten Besichtigungen und wohnten bei Freunden und Verwandten von Claude, ehe sie sich nach St. Jean de Luz begaben, wo ein gemeinsamer Freund, Gordon Coons, das Château de Borda-Berry gemietet hatte. Er hatte eine Gruppe von Freunden dorthin eingeladen. Neben Jackie, Yusha und Solange waren dort Diana Vreelands Sohn Frecky, der aus Pamplona herübergekommen war, und Puffin Gates' Bruder Demi, der in der Hotelsuite seiner Mutter in Zarauz, kurz hinter der spanischen Grenze, übernachtete. »Ich kam über die Grenze, um die Truppe zu treffen«, erinnerte sich Demi. »Sie waren Freunde von mir, und dort geschah es dann, dass ich mich wie verrückt in Jackie verliebte. Im Casino von St. Jean de Luz gab es einen Sommernachtclub und man kennt das ja, Geigenmusik, all das. Ich hätte mich unmöglich nicht in sie verlieben können ...«[48] Es war ein romantischer Sommer. Unvermeidlich verliebte sich Yusha in Solange. Jackie und Claude fuhren das Paar nach Bordeaux und setzten dann auf dem Rückweg ihre Besichtigungstour fort, ehe sie in Paris wieder mit Yusha zusammentrafen.

Jackie hielt sich nun bereits seit mehr als einem Jahr im Ausland auf, doch noch immer verschob sie ihre Rückkehr nach Hause, in ihr altes Leben. Sie und Yusha planten eine Reise durch Irland, England und Schottland für den August, angefangen mit der Dublin Horse Show, dem großen gesellschaftlichen Ereignis im irischen Kalender. »Ich hoffe, du sagst ja«, hatte sie Yusha im Mai geschrieben, »denn ich möchte gern so lange wie möglich bleiben, weil ein ganzer Monat in Newport ja ganz hübsch öde sein kann ...«[49] Als sie in Dublin ankamen, ging die Pferdeschau gerade zu Ende, aber die Hotels waren noch immer überfüllt und sie fanden keinen Platz zum Übernachten. Sie riefen Vater Leonard an, einen Freund der Wilmarth Lewis', wo ihnen »ein seniles Geschöpf in gebrochenem Irisch« lediglich zu berichten wusste, dass dieser das Land verlassen hatte. Doch weil Jackie eben Jackie war, riefen sie daraufhin in der Botschaft an, und ein weiterer Bekannter der Auchincloss' besorgte ihnen ein Zimmer im »himmlischsten kleinen Hotel«. Am nächsten Tag tauchte Vater Leonard mit drei Kisten Bonbons für Jackie und Zigaretten auf und lud die beiden zu einer

Tour durchs georgianische Dublin ein. Sie ritten im Phoenix Park, aßen in der Botschaft zu Mittag und fuhren im Botschaftswagen zu Besichtigungen. Danach fuhr der Chauffeur sie ins Theater und kam auf eigene Initiative später mit seinem Freund Paddy, um sie mit in den Pub zu nehmen. Nach der Sperrstunde führte der Besitzer sie hinunter in den Keller und erlaubte ihnen, Korken aus den Guinness-Fässern zu ziehen, um das dunkle Gebräu herausspritzen zu sehen. Dazu sang er ihnen irische Lieder vor. Der erdverbundene Vater Leonard lud sie zum Lunch in das beliebte französische Restaurant Jammet's ein, dessen Koch zuvor Koch der Vice-Regal Lodge gewesen war. Er hatte einen zwar weltfremden, aber gut aussehenden Kollegen, der sie zu sich nach England einlud, damit sie sich Onkel Leftys Allerheiligstes, Strawberry Hill, ansehen könnten. An diesem Morgen hatten sie den Premierminister Patrick Costello besucht, der ihnen sieben signierte Bücher über Irland schenkte. Um den Tag abzurunden, besuchten sie eine Vorstellung von Shaws *Der Arzt in Nöten* am Abbey-Theater. Sie besichtigten das literarische und das georgianische Dublin. Jackie geriet in Begeisterung über die Stuckarbeiten der Inneneinrichtung und die eleganten Türen. Dann fuhren sie in einem Auto, das sie sich vom Besitzer des Hotels geborgt hatten, für drei Tage nach Limerick, wo sie bei Nellie Curtain, einer pensionierten Köchin der Auchincloss', am Torffeuer in ihrem strohgedeckten Landhaus Tee tranken. Weiter ging es nach Killarney und Cork. Laut Yusha wusste Jackie von den irischen Wurzeln ihres Lee-Familienzweiges und war auf sie ebenso stolz wie auf ihr französisches Blut. Ihnen war geschehen, wovor Vater Leonard sie gewarnt hatte: Wie so viele Ausländer waren sie bezaubert und wollten nicht aus Irland abreisen.

Verfolgt von dem liebeskranken Demi Gates, für den Jackie spöttische, irreführende Nachrichten hinterließ, setzten sie nach Schottland über. Jackie stattete Yusha mit Mütze und Inverness-Cape als Sherlock Holmes aus und beschaffte ihm außerdem einen Kilt im Tartan der Stuart-Könige. Sie besichtigten alle üblichen Sehenswürdigkeiten, vor allem Schlösser, die Jackie liebte, Edinburgh und Stirling, und reisten dann nach London weiter, wo sie den Tower und Windsor Castle besuchten. Gewiss hätte sich Jackie niemals träumen lassen, dass sie nur wenige Jahre später von der Königin nach Windsor eingeladen werden und mit ihr im Buckingham-Palast zu Abend essen würde.

Gemeinsam fuhren Jackie und Yusha auf dem Linienschiff *Liberté* nach Hause. Ihre Erfahrungen in Europa hatten Jackies Horizont erweitert und machten sie umso entschlossener, nicht nach Vassar zu einem weiteren Jahr im Exil von Poughkeepsie zurückzukehren. Stattdessen schrieb sie sich an der George-Washington-Universität in Washington ein. Die Finger ehrfürchtiger Fans haben Jackies Unterschrift im Immatrikulationsbuch von Vassar verwischt, vergleichbar der Statue des heiligen Petrus in dessen römischer Basilika, deren Zeh abgeschabt ist von den Küssen von Generationen von Pilgern. Es ist das einzige Erinnerungsstück aus ihrer Zeit in Vassar: 1975 verschwand der Ordner mit den sie betreffenden Unterlagen. Dokumente über ehemalige Studenten werden in Kellerräumen unter der Aufsicht eines Archivars, des »Bewahrers der Krypta«, sorgfältig aufbewahrt. Es ist äußerst unwahrscheinlich, dass ausgerechnet Jackies Ordner verloren gegangen ist oder weggeworfen wurde. Frances Daly Fergusson, die Präsidentin von Vassar, sagte dazu: »Wir heben Leute eigentlich für die Ewigkeit auf.«[50] Gerüchten zufolge verschwand das Dokument zu der Zeit, als John F. Kennedy 1960 als Präsidentschaftskandidat nominiert wurde. Ist es möglich, dass Jackie fürchtete, ihr unvollendetes Studium in Vassar könne sie in den geringsten Misskredit bringen? Sie machte nie ein Geheimnis daraus, wie sehr ihr die Zeit dort missfallen hatte, und gab die Schuld daran, dass ihr vielversprechendes intellektuelles Potenzial nicht ausgenutzt wurde, wohl eher dem College als sich selbst. Nie besuchte sie Klassentreffen, sondern kehrte dieser Vergangenheit, wie es ihre Art war, entschlossen den Rücken zu.

Black Jacks Enttäuschung beruhte teilweise auf Jackies Entscheidung, in den Schoß der Familie Auchincloss zurückzukehren. Er hatte gehofft, sie würde bei ihm in New York leben und in seinem Büro arbeiten. Nicht nur war sie jetzt ständig in Merrywood zu Hause, Janet hatte sie darüber hinaus ermuntert, am jährlich ausgeschriebenen Prix de Paris der *Vogue* teilzunehmen. Der Preis bestand in der Gelegenheit, als Assistent des Herausgebers sechs Monate lang in den Büros in Paris und ein weiteres halbes Jahr in New York zu arbeiten.

Für den Wettbewerb reichte Jackie einen Bericht darüber ein, wie sie sich selbst und ihren Lebensstil zu jener Zeit sah.

> Zunächst zur äußeren Erscheinung – ich bin groß, etwa 1,70 m, habe braunes Haar, ein kantiges Gesicht und Augen, die unglücklicherweise so weit auseinander stehen, dass es drei Wochen dauern würde, mir eine Brille zu machen, die breit genug ist, damit sie über meine Nase passt. Meine Figur ist nicht gerade sensationell, aber wenn ich die richtigen Kleider anhabe, sehe ich schlank aus. Ich schmeichle mir selbst damit, dass ich manchmal aus dem Haus gehe und dem Bild gleiche, das sich der kleine Mann von der Pariser Frau machen mag, aber meist rennt dann meine Mutter hinter mir her, um mich zu informieren, dass ich im linken Strumpf eine Laufmasche habe oder dass mein rechter oberer Knopf gleich abfällt. So etwas, das ist mir klar, ist natürlich eine unverzeihliche Sünde.

Sie wählte drei Männer, die sie gern kennen gelernt hätte, und ihre Wahl spiegelt ihre Pariser Erlebnisse wider: die Dichter Charles Baudelaire und Oscar Wilde und den russischen Ballett-Impresario Sergei Diaghilew. Eine nicht eben übliche Wahl für ein wohlerzogenes, zwanzigjähriges amerikanisches Mädchen. Über Baudelaire und Wilde schrieb sie: »Beide waren Dichter und Idealisten, die ihre Sündhaftigkeit mit Schönheit übermalten und doch an etwas Höheres glaubten.« Diahgilew bewunderte sie für seine Fähigkeit, das Zusammenwirken der Künste und Kulturen von Ost und West zu vertreten, und für seine geniale Begabung, die Besten zu wählen und ein Meisterwerk zu schaffen, so kurzlebig es auch sein mochte. »Wenn ich so etwas wie ein allgemeiner Regisseur für das zwanzigste Jahrhundert sein könnte, jemand, der darauf achtet, dass jeder Stuhl an seinem Platz steht, würde ich ihre Theorien auf meine Epoche anwenden und Musik zu ihren Gedichten, Gemälden und Balletten komponieren lassen«, schrieb sie.

Ihre Kleiderwahl enthüllt den Lebensstil, an den sie sich inzwischen gewöhnt hatte: ein graues Kostüm als Uniform zum Reisen, Einkaufen, für Essensverabredungen und Kunstausstellungen. Aufgepeppt mit einer Samtmütze, einem Schal und einem riesigen Pelzmuff eignete es sich auch für Cocktailpartys und für »nicht zu schicke Abende in der Stadt«. Ein ärmelloses kariertes Kleid, kombiniert mit einer schwarzen Bluse mit Schildkrötenkragen, die sie für das graue Kostüm angeschafft hatte, »genügte für Sonntagnachmittage am College, gefolgt von Dinner in der Stadt, oder für ein Sonntagsessen auf einem Familiensitz auf dem Land«. In schwarzem Oberteil und orangefarbenem Taftrock »überstehe ich den Tanz nach Footballspielen in Verbindungshäusern, solange die Jungs sich nicht fein machen, und auch Dinner-, Theater- und Tanzverabredungen in der Stadt …« Jackie schlug vor, eine Rubrik für Männermode einzurichten, die sich jedoch nicht an Männer, sondern an Frauen richten sollte. Ein wenig gönnerhaft schrieb sie: »Meiner Meinung nach wären jeder Frau ein paar Hinweise in Bezug auf die Kleidung ihres Mannes nur allzu willkommen. Sie würde ja gerne ein bisschen Leben in die Garderobe ihres Mannes bringen, hat aber keine Ahnung, wie sie das anfangen soll, ohne auf den unsäglichen blauen Gabardineanzug und die handgefärbte Krawatte zu verfallen …«

Die anziehende und erregende Wirkung auf Männer bildeten den Aufhänger für Jackies Parfüm-Werbung: »Parfüm übte bereits vor unserer Ära der mit Adjektiven überladenen Anzeigen seine Wirkung auf die Geruchsdrüsen der Männer aus. Warum also nicht die Gedichte zitieren, die davon inspiriert worden sind?« schrieb sie. »Es verhält sich doch analog zu Wein. Beides sind Flüssigkeiten, die auf unsere eng verwandten Sinne des Geruchs und Geschmacks einwirken, um einen betörenden Effekt zu erzielen. Wein hatte einen sogar noch stärkeren Einfluss auf die Literatur …« Der Entwurf, den sie vorschlug, zeigte Parfümflaschen in einem Weinregal, versehen mit Etiketten wie für edle Jahrgänge. Das Ganze war höchst wirkungsvoll in Schwarzweiß fotografiert, wobei die schwarzen Tiefen der Regalfächer die Spiegelreflexe auf den Glasflaschen betonten. Die rechte Seite zeigte – ebenfalls vor schwarzem Hintergrund – einige verstreute Blütenblätter, ein langstieliges Weinglas und das verschwommen angedeutete Bild einer Frau (ein langer Hals, ein Ohrring, eine Hand), die Parfüm aus einer Diorama-Flasche in das Glas schenkt.

Die Reaktion der *Vogue* auf ihren Beitrag fiel enthusiastisch aus: Am 25. April 1951 schrieb Mary E. Campbell, die Leiterin des Prix de Paris, an Jackie, um ihr zum Erreichen der Endrunde zu gratulieren und sie zur Endausscheidung nach New York einzuladen. Dort fand unter anderem am 10. Mai ein Abendessen statt, das die *Grande Dame* und Redaktionsleiterin Edna Woolman Chase im Cosmopolitan Club für die Teilnehmer veranstaltete. Zur Antwort schickte Jackie ein Telegramm: Da ihre allgemeinen Abschlussexamen für den 9., 10. und 11. angesetzt seien, könne sie den Termin nicht wahrnehmen. »Bin glücklich in der Endrunde zu sein und hoffe dadurch nicht disqualifiziert zu werden.« Mary Campbell schrieb am nächsten Tag postwendend zurück und bettelte, sie möge doch während der nächsten zwei Wochen nach New York geflogen gekommen, wann immer es ihr am besten passe. »Da wir alle das Gefühl hatten, dass Ihr Beitrag zu den interessantesten gehört, werden Sie sich vorstellen können, wie gespannt wir darauf sind, die Verfasserin kennen zu lernen.« Jackie buchte einen Flug für den 3. Mai, um Miss Campbell zum Lunch zu treffen. Dieses Treffen war ein Erfolg: Am 15. Mai 1951 erhielt Jackie einen Brief von Mrs. Chase, in dem diese ihr mitteilte, dass sie unter 1280 Teilnehmerinnen von 225 Frauen-Colleges den ersten Preis gewonnen hatte. »Kann kaum glauben, dass ich Preis habe. Bin ganzen Montag in New York. Könnte zu Ihnen kommen, rufe Montag früh an«, telegraphierte eine atemlose Jackie am 18. Mai.[51]

Am Montag, dem 21. Mai, traf sie sich mit Mary Campbell, füllte das Bewerbungsformular aus und posierte für Studioaufnahmen. Als ihre nächste Verwandte, die im Notfall zu benachrichtigen sei, gab sie ihre Mutter an und nannte Virginia als den Staat, in dem sie seit 1942 ihren ständigen Wohnsitz hatte.

Beinahe sofort, nachdem sie bei *Vogue* unterschrieben hatte, schiffte Jackie sich am 7. Juni 1951 wiederum nach Europa ein, dieses Mal mit Lee auf der *Queen Elizabeth* (in der dritten Klasse, aus der sie jeden Tag in die erste entwischte). Diese Reise war ein Geschenk, das Lee zum Schulabschluss von den Auchincloss' erhalten hatte. Nach eigenen Angaben hatte Lee »drei Jahre an Miss Porters Schule nur dank der Ermutigung meiner Kunstgeschichtslehrerin Miss Sarah McLennan überlebt«. Lee hatte eine Leidenschaft für die italienische Renaissance entwickelt. Mit fünfzehn hatte sie dem gefeierten Kunsthistoriker und Sammler Bernard Berenson einen Verehrerbrief geschrieben, den der große Mann beantwortet hatte. Nun war sie entschlossen, nach Florenz zu fahren, um ihn kennen zu lernen.[52] Als Dank für Janet und »Unk«, die die Sache finanzierten und dafür gesorgt hatten, dass sie überallhin eingeladen wurden, verfassten die Schwestern einen Bericht von ihrer Reise, »Ein besonderer Sommer«, den Jackie illustrierte. In London gingen sie auf eine Cocktailparty bei Janets Freundin Jane du Boulay, die mit dem Engländer Guy du Boulay verheiratet war. Für £ 500 kauften sie sich ein kleines Hillmann-Minx-Auto, in dem sie nach Paris und dann weiter nach Poitiers fuhren, wo Paul de Ganay seinen Militärdienst ableistete. Die Ankunft der beiden hübschen Mädchen in trägerlosen Sommerkleidern inmitten von Heeresmanövern verursachte eine enorme Aufregung unter den Soldaten. »De Ganay, Ihre Freundinnen sind sensationell«, teilte sein Befehlshaber ihm mit. »Sind Sie verlobt?«

»Ja, Leutnant, mit allen beiden«, gab de Ganay salutierend zurück.

Sie überquerten die spanische Grenze und fuhren zusammen mit anderen, von Hemingway inspirierten jungen Amerikanern zu den Stierkämpfen nach Pamplona. Ihrem Bericht nach standen sie sogar um halb sechs Uhr früh auf, um an den Stiertreiben teilzunehmen. Begleitet wurden sie von ihrem stimmgewaltigen Freund Ace Williams, der Zitate aus *Tod am Nachmittag* und *Fiesta*, einem von Jackies Lieblingsbüchern, hinter ihnen herbrüllte. Es traf sich, dass sich eine englische Freundin Janets auch gerade dort befand und miterlebte, wie Jackie bei einem Stierkampf eine Sensation verursachte: »Irgendwer hatte ihnen einen dieser Weinschläuche gegeben, und alles rann an ihrem Hemd herunter, das davon ziemlich durchsichtig wurde«, erinnerte sich die Baronin Trumpington. »Jemand machte eine grobe Bemerkung darüber und ein anderer nahm sie in Schutz und im Nu fand in der Stierkampfarena ein Gratiskampf statt, der reichlich dramatisch verlief.«[53] Shirley Oakes, mit der sie die Osterferien auf dem Nassauer Landsitz ihrer Eltern verbracht hatte, war auch mit von der Partie, ebenso wie zwei andere Freunde, Mike Forrestal (ein späterer Assistent im Weißen Haus Kennedys) und Ed Tuck. Jackie und Lee bildeten gern ein Team, wenn es darum ging, Männern Streiche zu spielen. Sie boten Forrestal und Tuck an, sie am nächsten Morgen in ihrem Auto mitzunehmen, doch als sich die beiden Männer zur verabredeten Zeit beim Hotel einfanden, erfuhren sie, dass die Mädchen um halb neun Uhr früh abgereist waren.[54]

In Madrid zeigte ihnen der Marques von Santo Domingo – »der einzige Mensch, dem es gestattet ist, auf den Stadtmauern von Avila entlangzuspazieren, weil sie ihm nämlich gehören« – sein gefeiertes Gemälde der Madonna. Während Jackie ihn auf Spanisch mit Komplimenten überschüttete, flüsterte Lee, wie es für sie typisch war, ihr ins Ohr: »Sag mal, wenn das Ding so viel Geld wert ist, wieso verkauft er's dann nicht?« Die Prinzen Christian und Alfonso von Hohenlohe luden sie in ihr Landhaus El Quexigal ein, ein ehemaliges Kloster aus dem 16. Jahrhundert: »Wir saßen in Columbus' Stuhl, schlichen auf Zehenspitzen um Tische voller Kronjuwelen, starrten Bilder an, die mit ›In Liebe, George V.‹ unterschrieben waren, und fühlten uns, als sollten wir uns Notizen für den Kunstgeschichtsunterricht machen«, schrieb Jackie. »Aber sie wollten nichts anderes als Ma und Pa überreden, die Platte auf der Vic[trola] zu wechseln, während wir unter den flämischen Naiven zu ›Wave the Green for Old Tulane‹ Jitterbug tanzten.« Dann ging es weiter, über die Pyrenäen in die Provence und an die Riviera, dann nach Venedig und Florenz, wo das vor Ehrfurcht stumme Paar die Pilgerfahrt zu Berensons Villa I Tatti unternahm. Lee machte sich Notizen während des Gesprächs mit ihm, das großen Eindruck bei beiden hinterließ: »Sprach sofort mit uns von Liebe ... lasst euch nie von euren Sinnen leiten – heiratet jemanden, der euch beständig Anregung bietet – und ihr ihm«, lautete der Rat des weisen Mannes, den Jackie wortgetreu befolgte.[55]

Einen weniger erfolgreichen Besuch statteten sie der aufsehenerregend schönen Villa Marlia ab, die sich im Besitz der Familie Pecci Blunt befand. Graf Dino Pecci Blunt war halber Amerikaner und kannte alle und jeden (einschließlich John F. Kennedy). Lee und Jackie verletzten die Etikette, indem sie aus der Villa schlichen, ohne sich von ihrer Gastgeberin, Dinos Mutter, zu verabschieden. Sie hatten sie nicht stören wollen, hatten sie stattdessen jedoch verletzt. »Ich weiß noch, dass Mutter ständig davon erzählte, wie sie gingen, ohne auf Wiedersehen zu sagen – wir alle machten Witze darüber«, sagte eine von Dinos Schwestern, die Gräfin Viviana Pecci Blunt.[56] Ihr jugendlicher Fauxpas wurde ihnen aber vergeben – Jackie und Lee sollten beide noch einmal Gäste auf Marlia sein. »Jetzt ist alles vorbei. 15. September 1951«, schrieb Jackie unter einen Schnappschuss von ihnen vor ihrer Rückkehr nach New York.

In der *Vogue*-Ausgabe vom 15. August 1951 erschien eine Porträtaufnahme von Jackie als Gewinnerin des ersten Preises beim Prix de Paris. Ihre Ähnlichkeit mit Black Jack ist verblüffend: dichte, dunkle, in der Mitte gescheitelte Locken, schwere, dunkle, gebogene Brauen über weit auseinander stehenden Augen, eine starke Nase und ein fein geschnittener, sensibler Mund. Es war Black Jack im Debütantinnenkostüm: zweireihige, unechte (nicht gerade vornehme) Perlenkette und eine Schmetterlingsnadel am Halsausschnitt, eine dunkle Strickjacke, goldene Armreifen und als i-Tüpfelchen die vorgeschriebenen kurzen weißen Handschuhe.

Einer Freundin zufolge war Jackies Tätigkeit bei der *Vogue* von kurzer Dauer. An ihrem ersten Arbeitstag im 19. Stock des Greybar-Gebäudes wurde ihr gesagt, sie solle sich neben dem Schreibtisch der Mode-Redakteurin Bettina Ballard einen Platz einrichten, um ein Gespür dafür zu bekommen, wie die Zeitschrift produziert wurde. Im Laufe des Vormittags erschien ein affektierter, schwuler Redakteur mit starkem europäischen Akzent, der zu seinem hochfliegenden Titel passte, tänzelte bis vor Mrs. Ballards Tisch, den er mit dramatischer Geste mit einer

Lage graugrünen Samtes bedeckte, wobei er theatralisch ausrief: »Liebste Bettina, das bist du.«

»Jackie beschloss, sie habe genug«, berichtete eine Freundin, die später bei dem gleichen *Vogue*-Wettbewerb den zweiten Preis gewinnen sollte. »Sie nahm ihre Stifte aus dem Bleistiftständer, packte das Zeug, das ihr aus der Handtasche gefallen war, wieder ein und marschierte zum Condé-Nast-Personalbüro, um zu kündigen. Sie war der Meinung, dies sei wohl kaum der geeignete Ort, um ihren Kreis an in Frage kommenden Männern zu erweitern.«[57] Als offizielle Begründung für die Redakteure, die sie ausgewählt hatten, gab sie an, ihre Mutter »sei ganz grauenhaft fest davon überzeugt, dass sie mich zu Hause behalten müsse«.

Durch die Episode mit dem graugrünen Samt kam lediglich an die Oberfläche, was sie im Hinterkopf wohl bereits gewusst hatte: Sie war kein Mensch, der zu sprunghaften Entscheidungen neigte. Jackie hätte den Job bei der *Vogue* nie aufgegeben, wenn sie diesen als Ausweg für sich betrachtet hätte. Die von Frauen und Homosexuellen beherrschte Welt der Modemagazine, die für die meisten Mädchen die Erfüllung ihrer Träume bedeutet hätte, war für sie nicht geeignet. Ihre europäischen Erfahrungen gehörten der Vergangenheit an. Washington entwickelte sich in raschem Tempo zur weltweiten Machtbasis. Mit ihren Verbindungen und dem glanzvollen Hintergrund von Merrywood hatte Jackie die besten Voraussetzungen, es zu erobern.

4
Der tollkühne junge Mann auf dem fliegenden Trapez

»Für sich selbst sah sie die Zukunft einer Zirkuskönigin voraus, die … den tollkühnen jungen Mann auf dem fliegenden Trapez heiraten würde.«[1]
Jackies Voraussage für ihre Zukunft aus Teenagerjahren

In den fünfziger Jahren war Washington eine kleine Stadt, in der jeder, der einer bestimmten sozialen oder politischen Klasse angehörte, jeden kannte oder aber irgendwann kennen lernen würde. In einer Zeit, als Jackie der *Vogue* den Rücken kehrte und New York ebenso wie Europa ihr Augenmerk allmählich auf Washington richteten, bewegten sich ihr Schicksal und das von John F. Kennedy aufeinander zu.

Nachdem sie an der George-Washington-Universität ihr Diplom in Französischer Literatur erhalten hatte, brauchte Jackie einen Job, um einerseits ihren mageren monatlichen Unterhalt von fünfzig Dollar aufzustocken und andererseits aus der Enge von McLean in Virginia ins Zentrum des Washingtoner Lebens zu entkommen. Immer schon hatte sie für sich selbst und ihren Familienkreis Gedichte verfasst, seit kurzem waren auch auf persönlicher Erfahrung beruhende Kurzgeschichten dazugekommen, doch fehlte ihr das Selbstvertrauen, sich an einer ehrgeizigeren Aufgabe zu versuchen. Wie üblich nutzte sie ihre Beziehungen, um zu bekommen, was sie wollte.

Sie wandte sich an Arthur Krock, den einflussreichen Chef des Washingtoner Büros der *New York Times*, der nicht nur ein privater Freund der Auchincloss' war, sondern außerdem der bezahlte Medien-»Ordnungsschaffer« von Joseph P. Kennedy, dem Patriarchen des Kennedy-Clans. Krock war seiner Sache völlig ergeben. Er rief Frank Waldrop an, den Redakteur der *Washington Times-Herald,* einer lebendigen Zeitung mit geringen intellektuellen Ansprüchen. Waldrop war dafür bekannt, dass er häufig hübschen Mädchen, die sich ihr Vermögen nicht selbst verdienen mussten, eine Nische verschaffte. »Stellst du immer noch kleine Mädchen ein?«, fragte er. »Fein, in dem Fall habe ich ein Wunderwesen für dich. Sie ist rundäugig, clever und will in den Journalismus.«[2] Unter früheren »kleinen Mädchen« hatte sich John F. »Jack« Kennedys Lieblingsschwester Kathleen oder »Kick«, wie sie genannt wurde, befunden, die 1948 bei einem Flugzeugabsturz umgekommen war. Ebenso seine ehemalige Geliebte, eine schöne, intelligente dänische Blondine namens Inga Arvad. Darüber hinaus, so behauptete ein Mitglied der Waldrop-Familie, »hatte der alte Joe Kennedy seit langem schon so einige Beziehungen zu der Zeitung, zumeist von der verstohlenen Art ...«[3]

Die Einstellungspolitik der *Times-Herald* war von der früheren Besitzerin Eleanor Medill »Cissy« Patterson festgelegt worden, die einer mächtigen Medien-Dynastie angehörte. Sie hatte die Zeitung von ihrem Freund William Randolph Hearst gekauft und verpasste ihr ihren eigenen, lebendigen Stil. Gegen Ende des Zweiten Weltkriegs erreichte die Zeitung höhere Verkaufszahlen als die intellektuellere *Washington Post* und der seriöse *Evening Star.* Cissy Patterson, die Romane schrieb und auf höchster Ebene mitspielte, war eine wichtige Figur im gesellschaftlichen Leben Washingtons. Berühmt waren ihre Partys in dem prunkvollen weißen Marmorhaus am Dupont Circle, das Stanford White für ihre Mutter entworfen hatte. Ihre Interessen – der Kampf gegen Tierversuche, niedliche Tiergeschichten, Gesellschaftsleben und Spott über die Roosevelts – spiegelten sich in den Seiten ihrer Zeitung wider. »Wir stellen gern die hübschen Mädchen der Stadt ein«, lautete der inoffizielle Slogan der *Times-Herald.* »Die, bei denen jeder sich fragt: Machen sie's? Und wenn ja, mit wem?«

> Ein stetiger Strom von jungen Naiven gab sich bei der Zeitung die Klinke in die Hand. [So jedenfalls erinnerte sich eine Ge-

fährtin von Jackie, die mit der *Times-Herald* in Verbindung stand.] Erfahrungen mit Zeitungsarbeit hatte kaum eine von ihnen. Glücklicherweise aber stellte mangelnde Eignung kein Hindernis dar, sofern man andere Qualitäten besaß. Beim Arbeiten lernen, lautete definitiv die Devise. Jacqueline gehörte sicherlich in diese Kategorie. Neben ihrem extrem angenehmen, zurückhaltenden Wesen besaß sie das Talent, sich selbst nicht allzu ernst zu nehmen. Zwar sah sie weniger umwerfend aus als die übrigen, aber sie war vermutlich intelligenter, besser ausgebildet und trat mit größerer Sicherheit auf. Ihre leichte Hand entsprach unbedingt Mrs. P[atterson]s Stil, aber ihr Aussehen entsprach zu der Zeit nicht dem herrschenden Standard … Sie wirkte groß und linkisch, mit dem welpenhaften Charme zu großer Hände und Füße. Ihre Gesichtshaut wirkte fleckig – nicht picklig, aber eben irgendwie ungleichmäßig, scheckig, ein bisschen nach »noch nass in die Ecke gestopft«. Sie machte sich über ihr Aussehen lustig, beklagte sich über ihre weit auseinander stehenden Augen und meinte, der Optiker könne keine Brille finden, die breit genug sei, um über ihre Nase zu passen …
Ihre Arbeit bei der Zeitung fiel unter die Kategorie »hübsche Jobs«, wie sie massenweise von jungen Frauen verrichtet werden, die entweder gute Beziehungen oder eine gute Ausbildung haben, schlau, hübsch, reich, vom Glück gesegnet oder eine Kombination von alldem sind. Die Bezahlung war unangemessen, also wohnten diese »Arbeitsbienen« meistens noch zu Hause und wurden von Stiftungsgeldern oder ihren Papas unterstützt. Jackie wohnte auch zu Hause, wo sie in der Falle saß. Die meisten ihrer engeren und weiteren Familie waren schwerreich, aber sie und Lee waren es nicht. Die zierliche kleine Schwester war die Schönheit der Familie …
Als der älteren Schwester fiel Jackie die Verantwortung zu. Sie musste die Führerin, die Vernünftige sein. Die Fehler ihrer Mutter trafen sie hart. Jackie hatte was im Kopf und einen guten Geschmack – für sie gab's keinen hirnlosen Hedonismus. Ihre stark ausgeprägten religiösen Instinkte trieben sie, sich einen Ehepartner ihrer eigenen Konfession zu suchen, aber das war nicht einfach. Sie war in eine merkwürdige Zeit hineingeboren worden: Die meisten guten römisch-katholischen Familien hatten zwar Töchter, aber keine Söhne. Diese Blüten der Herde mussten sich entweder unter Wert verheiraten … oder außer-

halb ihrer Kreise. Jackie war das längst klar. Wie die meisten jungen Frauen, die in den fünfziger Jahren die Universität abschlossen, erwartete sie eine Menge vom Leben. Und ganz oben auf ihrer Liste stand ein geeigneter Gefährte.
Der Job sollte als Ausgangspunkt dienen, von dem aus man sich umschauen konnte. Die Ungeduld ihrer Suche war offensichtlich. Sie war zwar nicht verzweifelt, sie verlor nicht den Kopf, aber sie war sich doch nüchtern beobachtend ihres Dilemmas bewusst. Sie war ja auch nicht gerade ein Traumschiff für jeden jungen Mann. Ihre Körpergröße verkleinerte den Kreis potenzieller Bewerber, denn in den Fünfzigern fühlte sich kaum eine junge Frau, die etwas auf sich hielt, wohl dabei, mit einem kleineren Mann zu tanzen, geschweige denn einen zu heiraten. Und wegen ihrer Kopflastigkeit schied die Kategorie der »grünen Jungs« aus …[4]

Jackies Qualifikationen für die nicht eben anspruchsvolle Position einer Interview-Fotografin bestanden in einem Fotografierkurs, den sie an der Sorbonne belegt hatte, sowie ihrer Schulmädchen-Tätigkeit für *Miss Porter's Salmagundy.* Als der Stadtredakteur der *Times-Herald,* Sid Epstein, der das Bewerbungsgespräch mit ihr führte, ihr erklärte, sie würden nur erfahrene Leute einstellen, erwiderte sie: »Ich bin auch noch Fotografin und habe an der Sorbonne eine Leica benutzt.« Epstein lachte. »Mädel, so was Ausgefallenes haben wir hier nicht. Hier benutzen wir eine Speed Graphic. Wenn du dir bis morgen früh beigebracht hast, wie man mit der Speed Graphic umgeht, dann stelle ich dich ein.« Nach einem Schnellkurs mit dem Personalfotografen erschien Jackie am nächsten Tag erneut und wurde für 25 Dollar pro Woche eingestellt. Am 25. Januar 1952 sollte sie anfangen.[5]

Sie war ehrgeizig, und wie sie ihrem Redakteur Frank Waldrop erklärte, war es ihr Ernst mit ihrer Schreibkarriere. Im Frühling 1952 brachte sie ihre Abende mit der Arbeit an einem Fernsehscript zu, in dem eine ehemalige First Lady, Dolley Madison, auftrat. Sie stellte sich vor, wie deren Geist im Octagon-Haus umging, das nach dem Brand des Weißen Hauses 1812 dem Präsidentenpaar als Notresidenz gedient hatte. Sie ließ ihre First

Lady um Mitternacht Hof halten. »In der Blüte ihres Lebens und in königlicher Schönheit« war sie der Mittelpunkt »einer vergnügten Gesellschaft«, die zu Geigenmusik tanzte. Es gelang Jackie, das Interesse einer Fernsehgesellschaft für ihr Projekt zu wecken, aber über die Angebotsphase gingen die Verhandlungen nie hinaus: Das Unternehmen ging bankrott.

Ihre Kolumne als Interview-Kameramädchen gehörte zu jener Art von Arbeiten, die öde oder interessant sein konnten, je nachdem, welchen Blickwinkel der Verfasser einnahm. Jackie gestaltete sie lebendig, durchstreifte die Straßen mit einer Liste sorgfältig vorbereiteter Fragen. Am 26. März 1952 hatte sie sich in ihrem Job so weit etabliert, dass sie ihre eigene Autorenzeile als »Interview-Fotografin« bekam. Später begann sie, verschiedene eigene Texte und Interviews selbst mit ihren komischen Strichzeichnungen zu illustrieren. Ihre Fragen waren persönlicher Natur: »Halten Sie sich selbst für normal?« Oder sie bezogen sich auf aktuelle Themen: »Wenn Sie eine Verabredung mit Marilyn Monroe hätten, inwieweit würden Sie darüber reden?« Oft ging es um Ehe und Beziehungen: »Meinen Sie, eine Ehefrau sollte ihren Mann in dem Glauben lassen, er sei schlauer als sie?« »Chaucer behauptet, was Frauen am meisten begehren, ist Macht über Männer. Was begehren Frauen Ihrer Meinung nach am meisten?« »Wann haben Sie bemerkt, dass Frauen nicht das ›schwache Geschlecht‹ sind?«[6] Sie bewies das hingebungsvollste Interesse am Weißen Haus, wie ihre Schneiderin Mini Rhea berichtete. Sie befragte die Mitglieder des Pressecorps über das Leben innerhalb seiner Mauern. »Alles, was mit dem Weißen Haus zusammenhing, fand sie aufregend«, erzählte Mini Rhea.

Wenn sie bei der Arbeit in den Straßen und Büros von Washington einfache Menschen interviewte, war Jackie ein völlig anderer Mensch als die königliche Version einer »Dresdener Schäferin« ihrer Debütantinnenzeit. Zwei ihrer Interview-Partner, Mac McGarry und Everett Sevier, die für die WRC (eine Abteilung der Nationalen Fernsehanstalt in Washington) arbeiteten, erinnern sich, wie sie am 21. April 1952 von ihr gefragt wurden: »Sind Ehefrauen ein Luxus oder eine Notwendigkeit?« »Sechs von uns wurden willkürlich herausgepickt«, berichtete

McGarry. »Wir waren alle ganz aufgeregt, als wir hörten, Jacqueline Bouvier würde kommen. Sie war allgemein bekannt, und ihre Familie gehörte zur gesellschaftlichen Prominenz. Sie war schlank, trug ihre Sonnenbrille in die Stirn geschoben und einen langen Rock, eine Art New Look. Sie war sehr nett und charmant, ihre Stimme kam mir nicht ungewöhnlich sanft vor. Sie war sehr effizient, schoss ihre Fotos und machte sich Notizen. Mir fiel auf, dass ihre Fingernägel bis auf die Haut abgeknabbert waren.«

Sevier erinnerte sich daran, dass sie »es offensichtlich eilig hatte, spät dran war mit ihrem Abgabetermin, also sagte sie hinterher zu mir: ›Ev, komm und hilf mir dabei.‹ Sie saß auf meinem Schreibtisch, ein Bein auf dem Boden, mit dem anderen baumelnd. Sie trug einen langen Rock, eine Art noppigen Tweed, und während ihr Bein baumelte, bekam man mehr zu sehen, als es in jenen Tagen üblich war. Ihr dunkles Haar trug sie rund ums Gesicht frisiert und bis auf die Schultern, aber besonders hübsch fand ich sie nicht mit ihren großen Augen und einem großen, breiten Mund wie ein Vogelküken. Mich beeindruckten ihre Energie und ihr Antrieb. Sie hatte uns alle organisiert. Ich dachte, sie wäre eine Verabredung wert, aber als sie den Flur hinunterrannte, blähte sich ihr Rock, und ich sah, dass sie krumme Beine hatte, und dachte mir: Vergiss es.« Auch ihm erschien ihre Stimme eher normal, und ihre Persönlichkeit hatte seiner Meinung nach überhaupt nichts mit der gemein, die sie später im Weißen Haus kultivierte. »Als ich sie kennen lernte, war sie eins von den Mädchen, mit denen man auf der Straße Stockball spielen konnte …«[7]

Jackies Washingtoner Freunde aus jener Zeit erinnern sich eher an ihre Intelligenz und Persönlichkeit als an ihr Äußeres. Und an ihren Ehrgeiz. Drei von ihnen standen in Verbindung zu Kennedy. Der aus Chicago stammende Charles Bartlett war ein junger Zeitungsmann, der im Winter 1948 als Reporter der *Chattanooga Times*, einer zur *Times* gehörenden Zeitung des Südens, in Washington eintraf, um sich ein eigenes Büro aufzubauen. Er lernte Jackie kennen und führte sie des öfteren aus, ehe sie nach Frankreich fuhr. »Sie war ein furchtbar niedliches

Mädchen, ein richtiges Herzblatt, als sie jung war«, erinnerte er sich. »Sie war klug, sie war frisch, sie war völlig unverdorben. Sie lebte als Stiefkind in diesem reichlich lächerlichen Hauhalt. Sie hatte einen herrlichen Sinn für Humor, ließ sich von Kleidern und Schmuck nicht im Geringsten beeinflussen, fuhr einen alten Mustang und bereitete einfach großes Vergnügen.«[8]

John White, der für die Prominentenspalten der *Times-Herald* geschrieben hatte und inzwischen im Außenministerium beschäftigt war, wurde einer ihrer Begleiter, als sie bei der Zeitung anfing. Er war mehr als nur ein bisschen in Kathleen Kennedy verliebt gewesen, die sich eine Wohnung mit Inga Arvad geteilt hatte. Das Paar hatte viel mit Kathleens Bruder Jack und Inga unternommen, um die Affäre vor Joe Kennedys Spionen verborgen zu halten. White fühlte sich zu Jackie hingezogen, zu dem, was er ihre »Elfenhaftigkeit« nannte, aber im Grunde handelte es sich um eine rein geistige Freundschaft. »Jackie hatte Spaß daran, über Menschen und ihre Motive von einem psychologischen Standpunkt aus zu sprechen«, berichtete er. Obwohl Jackie es ablehnte, über sich selbst zu sprechen, erzählte sie ihm, mit welchen Frauen aus der Geschichte sie sich identifizierte. Während eines Gesprächs über die griechische Dichterin Sappho gestand Jackie, dass sie gern »vor langer Zeit gelebt hätte und einzigartig gewesen wäre, die Beste der Welt in ihrer Kunst, der Poesie. Und sie sah Vorteile darin, auf einer kleinen, abgelegenen Insel zu leben …« Die beiden Frauen, mit denen sie sich am stärksten identifizierte, waren Madame de Maintenon und Madame Recamier. Bezeichnenderweise handelt es sich bei beiden um intelligente Frauen, die ihre Stellung durch ihren Einfluss auf mächtige Männer erlangt hatten. Jackie gefiel die Idee, sich einen Salon zu halten, wie Madame Recamier es getan hatte: Gute Gespräche waren wichtig für sie. »Außerdem«, so sagte White, »wollte sie die Vertraute eines wichtigen Mannes sein. Auch ihr Interesse an Menschen hatte eher einen direkten Bezug zu deren Bedeutung sowie der Fähigkeit, sie zu amüsieren. Bei ihrer Einschätzung von Menschen schienen Macht und Charisma alle anderen Eigenschaften auszustechen …«[9]

Zu John Whites Freundeskreis gehörte William Walton, bekannt als Bill, der vielseitig begabte frühere Kriegsberichterstatter von *Time-Life*, der bei Missionen von britischen und amerikanischen Einheiten mitgeflogen und auf demselben englischen Luftwaffenstützpunkt einquartiert gewesen war wie Jack Kennedys älterer Bruder Joe Kennedy jr. Neben anderen Kriegsheldentaten hatte er mit Ernest Hemingway die Ritz-Bar in Paris befreit. Er war Künstler und lebte zu der Zeit, als er Jackie – und auch Jack – kennen lernte, als geschiedener Mann in Georgetown. Er wurde beiden zu einem Freund fürs Leben. Walton gewann jedermann mit seinem Charme. »Mit ihm hatte man so großen Spaß, den größten Spaß, er war wirklich absolut brillant, wirklich einfühlsam, ganz und gar Mann von Welt, sodass er die Dinge nicht immer als das nahm, was sie schienen. Er machte sich so seine Gedanken über die Motive von Leuten«, erinnerte sich Mary Bundy.[10] Wie die meisten Freunde von Jackie war er älter als sie. »Jackie«, so erzählte er, »saß mir und einem Typen namens John White andächtig zu Füßen … John White war ein sehr belesener Exmariner, exzentrisch wie der Teufel und ein toller Kerl. Und sie dachte, wir wären die beiden gebildetsten Typen, die ihr je auf dieser Welt begegnet waren. Er hatte eine kleine Wohnung in Dumbarton, deren Wände mit Büchern bedeckt waren. Er war ein richtiger Bücherwurm. Für sie war es wie ein Blick in eine andere Welt. Und für uns war sie einfach eine wundervoll aussehende, verrückte junge Reporterin.« Um etwa dieselbe Zeit geschah es, dass Walton Jack und Jackie unabhängig voneinander traf. »Ich war völlig verblüfft, als ich hörte, die beiden wollten heiraten. Ich wusste nicht einmal, dass sie sich kannten. Ich war nirgendwo mit beiden zusammen gewesen. Somit kam das wirklich wie ein Schlag aus heiterem Himmel … Natürlich hatte Charlie Bartlett sie zusammengebracht …«[11]

Charlie Bartlett war John F. Kennedy zum ersten Mal in einem Nachtclub in Palm Beach zu Weihnachten 1945 begegnet, als Kennedy ernsthaft in Erwägung zog, 1946 für den Kongress zu kandidieren. Die Kennedy-Familie besaß in Palm Beach ein Haus, und die Bartletts hatten eines bei Hobe Sound. Die beiden Männer, die einem ähnlichen Hintergrund entstammten, freundeten sich an, erst recht als Bartlett nach Washington kam und Kennedy für Boston als Kongressabgeordneter aufgestellt war. Charlie Bartlett nahm es auf sich, für Jackie und seinen Freund Jack Kennedy den Cupido zu spielen: »Ich fand einfach, sie war ein außergewöhnlich vielversprechendes Mädchen«, sagte er. »Und ich konnte mir vorstellen, dass sie für jedermann eine großartige Ehefrau abgeben würde. Aber es musste jemand mit einer Menge Bildung sein, auch wenn ich sagen möchte, dass sie in dieser Hinsicht völlig unverdorben war. Sie war wirklich ein richtiges Naturkind, so habe ich sie erlebt, mit einer wundervollen Vorstellungskraft, einem Talent zu zeichnen und zu schreiben und einfach einer grundlegenden *joie de vivre*, die fantastisch war. Ich wusste, unser Freund Jack rannte in der Gegend herum ... Ich dachte, es wäre gut für ihn ... Mir war nicht klar, dass Jack der Frauenheld war, als der er sich später herausstellte. Ich wusste, er mochte Mädchen, aber ich hätte nicht ... Ich bin nicht sicher, dass ich die Sache vorangetrieben hätte, wenn ich gewusst hätte, dass er ... dass er diese ... fast möchte ich sagen, diese Krankheit hatte ...« Bartlett war davon überzeugt, die Ehe würde für beide die Lösung sein. Jack würde sich beruhigen, aufhören, »in der Gegend herumzurennen«, und für Jackie den kultivierten Ehemann abgeben, den sie brauchte.[12]

Heirat aber hatte noch nicht in der Luft gelegen, als sie Jack Kennedy einen Sommer zuvor auf einer kleinen Dinnerparty im Haus von Charles und Martha Bartlett kennen gelernt hatte. Jack hatte zwar gemurmelt, dass sie zusammen nach der Party noch etwas trinken gehen könnten, wurde daran aber von einem namentlich nicht bekannten Verehrer gehindert. Dieser hatte Jackies Mustang vor dem Haus der Bartletts stehen sehen und war auf den Rücksitz geklettert, um dort auf sie zu warten. Entdeckt wurde er vom Foxterrier der Bartletts, der schrill zu bellen begann. Kurz darauf traten Jackie und Lee ihre Europareise an. Jackie und Jack sollten sich erst sieben Monate später wieder begegnen.

So sehr Jackie auch den »Ernst« betonte, mit dem sie ihre Schreibkarriere verfolgen wollte, war ihre Nervosität wegen einer Heirat doch immer vorhanden und mit der Zeit verstärkte sich der Druck. Standardmäßig erwartete man von College-

Schülerinnen ihres Alters »den Ring im Frühling«, also einen Verlobten im Wartestand während des Abschlussjahres und eine Hochzeit sofort nach dem Diplom. Hatte man das Alter von fünfundzwanzig überschritten, galt man schon fast als »sitzen geblieben«. Als sie für die *Time-Herald* zu arbeiten begann, war sie zweiundzwanzig und dachte daran zu heiraten. Im frühen Januar hatte sie sich heimlich verlobt. Der Verlobte war John Husted, ein hoch gewachsener, kultivierter, gut aussehender Mann und laut einiger Mädchen, die für ihn schwärmten, »ein umwerfender Tänzer«. Er hatte einen tadellosen WASP-Hintergrund: Ausbildung an der angesehenen Vorbereitungsschule Summerfields in England, danach zurück nach St. Pauls und dann nach Yale. Er hatte Kriegsdienst in den amerikanischen Streitkräften geleistet, die mit den Briten in Italien, Frankreich, Deutschland und Indien verbunden waren, und arbeitete jetzt an der Wall Street. Er war Mitglied des Yale Clubs und des Racquet and Tennis Club. Seine Cousine Carol Husted und seine beiden Schwestern waren mit Jackie in Farmington gewesen. Anscheinend handelte es sich bei der Verlobung um eine romantische Affäre aus dem Augenblick heraus. Sie hatten sich Ende 1951 in Washington kennen gelernt, und im Januar 1952 machte Husted ihr in der Polo Bar in Westbury einen Antrag, der angenommen wurde. Vor ihrer offiziellen Verlobung schrieb Jackie beglückt an die Wilmarth Lewis', wobei sie dem Himmel dafür dankte, dass John »nicht der vernünftige Junge von nebenan« sei, den sie nach Ansicht ihrer Mutter brauchte. In tadelloser Manier schrieb sie außerdem an einen früheren Verehrer, um ihm selbst die Neuigkeit beizubringen, dass sie die Liebe ihres Lebens getroffen habe.

Diese Sicherheit aber sollte nicht von langer Dauer sein. Als ihr Bild – mit der »Pudelfrisur« – mit der Nachricht von ihrer Verlobung am 21. Januar 1952 in den Gesellschaftsspalten der *Times-Herald* erschien – »ein Ereignis von großem Interesse für die Gesellschaft der Hauptstadt« –, hatte sie bereits Zweifel. Während Black Jack (dessen Name nicht in der offiziellen Verlobungsanzeige auftauchte, wenngleich beide Großelternpaare einer Erwähnung für würdig befunden wurden) von der Aussicht auf Jackies Heirat mit einem Wall-Street-Mann begeistert war, zeigte sich die Familie in Merrywood weniger erfreut. Lee erinnerte sich an den Brief, den sie von Jackie über deren Verlobung erhielt und der »ewig lang« war. Sie sagte darüber: »Ich weiß wirklich nicht, um was es für sie ging, ob sie die gleichen Gründe hatte wie ich, dass wir nämlich in extremer Weise darauf brannten, von zu Hause wegzukommen und ein eigenes Leben anzufangen, was meiner Meinung nach der Fall war. Dazu hat wohl auch beigetragen, dass meine Mutter nicht eben begeistert war …«[13] »Vom gesellschaftlichen Standpunkt aus waren die Husteds eine vollkommen anständige Familie, aber es war nichts Brillantes oder Aufregendes an ihnen«, sagte ein Cousin der Auchincloss'. »Das machte Janet nervös. Nach ihren Wünschen sollte Jackie in die höchsten Sphären aufsteigen. Ich glaube, sie war ärgerlich, weil nur allzu offensichtlich war, dass Jackie sich aus dem jungen Mann nicht besonders viel machte, dass sie nicht verliebt in ihn war. Sie dachte sich wohl: ›Worum geht's hier überhaupt?‹«[14] Celia »Sherry« Parker Geyelin, die Tochter von Hughdies Partner im Börsengeschäft, beschrieb die Verlobungsparty in Merrywood als eine »kühle Angelegenheit … Es gab keinerlei Wärme. Es war einfach nur ein gesellschaftlicher Anlass.«[15]

Inzwischen hatte Jackie begonnen, ihren Zweifeln Freunden und Verwandten gegenüber offen Ausdruck zu verleihen. Yushas Cousin Zup Campbell Jones gegenüber zum Beispiel, der sich daran erinnert, wie sie ihm, zu seinen Füßen sitzend, erklärte, sie eigne sich nicht für eine Heirat mit John Husted.[16] Der angesehene Schriftsteller Louis Husted, ein Mitglied der Familie, erfuhr von Jackies Verlobung mit seinem Bruder John in Washington, als Jackie mit Janet und Hughdie zum Dinner kam. »Nach dem Essen setzte Jackie sich mit mir in eine Ecke und erklärte mir, wie ihr Leben als Ehefrau eines respektablen jungen New Yorker Geschäftsmannes aussehen würde. Sie schien zu erwarten, es sei friedlich, aber langweilig. Ich hatte gerade einen Roman mit dem Titel *Sybil* veröffentlicht, in dem es um das Leben einer solchen Frau geht, und sie sagte immer wieder leidenschaftlich: ›Genau das ist es. Das ist meine Zukunft. Ich werde eine Sybil Husted sein …‹ Lebhaft erinnere ich mich an meine Überzeugung, dass die Frau, die mir das erzählte, für ein anderes Schicksal ausersehen sei. Nur Tage später erfuhren wir, dass die Verlobung gelöst worden war.«[17]

Mitte März lud Jackie Husted übers Wochenende nach Merrywood ein. Am Flughafen, wo sie ihn zum Rückflug nach New York absetzte, nahm sie den Verlobungsring vom Finger und steckte ihn in seine Tasche. »Sie sagte nicht viel und ich auch nicht«, berichtete John Husted. »Es gab nicht viel, was man hätte sagen können.«[18]

»Sie hatte Johnny am Gängelband und es war immer Ja, Nein, Ja, Nein und Ja, ich will und Nein, ich will doch nicht«, lautete der Kommentar einer Frau, die Husted gut kannte. »Und dann tauchte Jack Kennedy auf, und er war abgemeldet. So einfach war das. Er erholte sich bald und hat eine ziemlich nette Frau geheiratet. Aber ich weiß noch, wie sie ihn sitzen ließ – er war wirklich völlig deprimiert. Sie hat es ihm nämlich nicht gerade besonders nett beigebracht.«[19] In Jackies erster Biographie wurde Husteds Name nicht erwähnt. Sie wurde verfasst von Mary »Molly« Van Rensselaer Thayer, einer mit Janet Auchincloss befreundeten Journalistin, und basierte auf Material, das Jackie und ihre Mutter ihr zur Verfügung gestellt hatten. Jackie wischte Husteds Namen einfach aus ihrem Leben aus.[20]

Die für Jackie untypischen Enthüllungen über ihre privaten Zweifel bezüglich Husted verfolgten mit Sicherheit den Zweck, den Weg dafür zu ebnen, dass sie ihn öffentlich »sitzen lassen« konnte. Ihre Vorbehalte gegen eine Zukunft als New Yorker Matrone und Ehefrau eines Wall-Street-WASPs der mittleren Einkommensklasse waren verständlich, wenn man den Ehrgeiz bedenkt, den John White ihr zuschreibt. Zudem war der strahlende Kongressabgeordnete Kennedy wieder in ihren Dunstkreis getreten, der Husted in den Schatten stellte. Irgendwann während des Winters 1951, so notierte Rose Kennedy, deren Gedächtnis für Daten – wenn auch nicht immer ihre Interpretation von Ereignissen – im allgemeinen verlässlich war, verbrachten Jackie und Lee Ferientage in Hobe Sound, oberhalb der Küste von Palm Beach:

> Jackie arbeitete in Washington bei einer Zeitung und kannte mehrere unserer Kinder, denn zu der Zeit arbeiteten Jack, Eunice und Bobby in Washington. Sie wurde eingeladen, ein paar Tage in unserem Haus in Palm Beach zu verbringen, während einige von ihnen zugegen waren. Ich selbst war zu jener Zeit nicht da. Ich war mit anderen Dingen beschäftigt und kam in dem Jahr ein bisschen später. Gleich hinterher aber erhielt ich einen Dankesbrief. Er war mit »Jackie« unterschrieben. Ich glaubte, er käme von einem Jungen und dachte, wie ungewöhnlich für einen Jungen, so einen charmanten Brief zu schreiben. Und dann fragte ich mich: Wer ist Jackie?[21]

Da Jackie zu jener Zeit ihr eigenes blaues Briefpapier mit dem eingedruckten Namen »Jacqueline Lee Bouvier« benutzte und ohnehin einen Brief an eine Gastgeberin, der sie nie begegnet war, wohl kaum mit »Jackie« unterschrieben hätte, hat Rose mit der »Wer ist Jackie?«-Anekdote ihre Geschichte vermutlich ein wenig ausgeschmückt. Wahr bleibt jedoch, dass Jackie und Lee das Palm Beach House der Kennedys im Winter 1951 vor Weihnachten besuchten. Da Charlie Bartletts Eltern ein Haus bei Hobe Sound besaßen, darf außerdem davon ausgegangen werden, dass er etwas damit zu tun hatte.

Charlie war von John Husted als Partner für Jackie nicht begeistert und hatte die Idee nicht aufgegeben, sie mit Jack Kennedy zu verkuppeln. Als die Bartletts am 8. Mai 1952 wieder eine Dinnerparty in Georgetown gaben, rief Martha Bartlett Jackie an, um sie einzuladen. Sie schlug vor, sie solle den Kongressabgeordneten Kennedy mitbringen. Nach Jackie wie auch Kennedy nahestehenden Quellen stellte dieser Abend den Schlüssel zu ihrer Beziehung dar. Jackie erzählte Molly Thayer: »Sie wusste sofort, dass er einen massiven, vielleicht störenden Einfluss auf ihr Leben haben würde. In einer blitzartigen Eingebung wurde ihr klar, dass sie einen Mann vor sich hatte, der nicht heiraten wollte. Sie hatte Angst … In diesem enthüllenden Moment sah sie Leid auf sich zukommen, aber entschied genauso schnell, dass dieses Leid die Mühe wert war.«[22]

Nach Überlieferung der Kennedy-Familie war die Anziehungskraft gegenseitig und, was Jack betraf, ernst. »Mein Bruder war wirklich von Anfang an, seit er sie zum ersten Mal zum Dinner getroffen hatte, von ihr hingerissen«, behauptete Jacks jüngster Bruder Teddy. »Mitglieder der Familie wussten augenblicklich, dass sie etwas Besonderes für ihn war, und ahnten die Entwicklung ihrer Beziehung voraus. Ich weiß noch, wie sie zu dieser Zeit nach Cape Cod kam und sich am Familienleben beteiligte. Er war von ihrer Intelligenz fasziniert, sie lasen zusammen, malten zusammen, genossen gute Gespräche und Spaziergänge ...«[23]

Zum Zeitpunkt jener historischen Dinnerparty im Mai 1952 stand John Fitzgerald Kennedy zwei Wochen vor seinem fünfunddreißigsten Geburtstag und war bereits eine Figur des öffentlichen Lebens, der Autor eines weit verbreiteten Buches mit dem Titel *Warum England schlief* und als Kriegsheld das Thema eines gefeierten Aufsatzes von John Hersey, *Die Geschichte der PT-109*. Nun, da er seit fünf Jahren als Repräsentant von Massachusetts im Kongress saß, trat er für den Senat gegen den renommierten republikanischen Amtsinhaber, den Bostoner »Brahmanen« Henry Cabot Lodge, an. Kurz vorher war er zu »Amerikas begehrtestem Junggesellen« gewählt worden, wobei er den überzeugten Junggesellen Rock Hudson schlug. Im Juli wählte ihn das Washingtoner Pressecorps zum bestaussehenden Mitglied des Kongresses. Jack Kennedy war schlank, groß, hatte einen Schopf braunen Haars und bezog seine Attraktivität aus seiner Persönlichkeit nicht weniger als aus seinem Äußeren. Frauen – und Männer – überschlugen sich, um ihm zu gefallen. Inga Arvad, die seit November 1941 seine Geliebte gewesen war, bis sein Vater der Beziehung im Februar 1942 ein Ende setzte, schrieb über ihre erste Begegnung mit ihm: »Er besaß einen Charme, der Steine erweicht ... Die dicke Matte von Haaren, blaue Augen, natürlich, fesselnd und warmherzig, und wenn er einen Raum betrat, wusste man, er war da, ohne sich aufzudrängen, ohne zu beherrschen, allein durch seinen tierhaften Magnetismus.«[24]

Die Schriftstellerin Gloria Emerson, die damals als junge Journalistin arbeitete und später zu einer Freundin Jackies wurde, traf Jack Kennedy in den fünfziger Jahren auf einer Cocktailparty: »Ich war von dem Anblick dieses Mannes geradezu hypnotisiert. Er war eine derart umwerfende Erscheinung. Er brauchte Frauen nicht zu umwerben. Er zog sie in Scharen, in Heerscharen in seinen Bann ...«[25] Cecilia Parker Geyelin hatte ihn als einen »wunderbar attraktiven, sehr amüsanten Mann mit großartigem Humor«[26] in Erinnerung. Aileen Bowdoin Train besinnt sich der elektrisierenden Spannung, die von ihm auszugehen schien: »Jack betrat einen Raum und hatte dich mit einem kurzen Blick an der Angel, und das war äußerst aufregend ...«[27]

»Wenn Jack einen Raum betrat, stieg die Temperatur um hundertfünfzig Prozent«, erinnerte sich ein Freund. »Jack *lebte* vierundzwanzig Stunden am Tag.«[28] Er besaß die grenzenlose Energie seiner Familie und noch einen Zacken extra. Mindestens dreimal hatte er bereits dem Tod ins Auge gesehen. Für ihn war jede Minute ein Rennen gegen seine Sterblichkeit: »Ich habe nie irgendjemanden getroffen, für den eine Minute so viel bedeutete wie für ihn«, sagte sein langjähriger Freund Charles »Chuck« Spalding. »Er musste für das Hier und Heute leben. In ihm war dieser besondere Pulsschlag, wohin auch immer er ging.«[29] Einer der neueren Biographen schrieb, die Menschen um Kennedy seien wie die Figuren eines Bildes gewesen, die darauf warteten, dass er erschien und sie zum Leben erweckte. »Er war höchst ungeduldig, süchtig nach Aufregung, und er lebte sein Leben wie ein Rennen gegen die Langeweile.«[30] Stoisch ertrug er ununterbrochene Schmerzen im Rücken, den er sich bei einem College-Footballspiel verletzt[31] und dann bei seinem heldenhaften Einsatz während des Schiffbruchs im Pazifik 1943 weiter beschädigt hatte. Sein gesundheitlicher Gesamtzustand wurde ständig durch die Addison-Krankheit bedroht, doch keiner seiner Freunde hörte ihn jemals klagen. Männer bewunderten seinen Mut, seinen Humor, seinen Stil. »Sie wollten so sein wie er«, erinnerte sich Gloria Emerson. »Und wie Frauen wollten auch sie seine Anerkennung erringen, aber was noch wichtiger war, sie schienen ihn zu lieben. Menschen wollten Jack gefallen.«[32]

Jack Kennedy und Jacqueline Lee Bouvier hatten vieles gemeinsam. Wie Jackie war Jack ungeheuer belesen. Anders als der Rest seiner Familie, die keine intellektuellen oder literarischen Ansprüche hatten, war er von Kindheit an, als er durch häufige Krankheiten Stunden allein verbrachte, ein begeisterter Leser gewesen. Im Alter von drei Jahren wäre er um ein Haar an Scharlach gestorben, und während seiner Schulzeit, zunächst in Canterbury, dann in Choate, war er ein ständiger Gast in der Krankenstube. 1934 war er so krank, dass man in der Kapelle für ihn betete. Daraufhin wurde er verschiedenen Untersuchungen, demütigenden Prozeduren und Krankenhausaufenthalten unterzogen. Als er 1947 in London ernsthaft erkrankte, wurde die Addison-Krankheit diagnostiziert. Der englische Arzt erklärte Pamela Churchill: »Ihr junger Freund hat höchstens noch drei Jahre zu leben …«

In schwerer Form kann die Addison-Krankheit, eine Unterfunktion der Nebennierenrinde, zu körperlicher Schwäche und psychischen Symptomen wie Reizbarkeit, Nervosität, emotionaler Instabilität und Depressionen führen. Zur Zeit der Londoner Diagnose wurde sie als lebensbedrohlich angesehen, doch zu Jack Kennedys Glück entdeckte man kurz darauf, dass die Gabe von Steroiden in Form von Kortison der Unterfunktion entgegenwirken und den Symptomen vorbeugen kann. Trotzdem war die Behandlung heikel und konnte zu ernsten Nebenwirkungen führen. Bei zu niedriger Dosis fühlt der Patient sich schlapp und schwach, doch eine zu hohe Dosis kann psychotische Symptome verursachen. Während des Wahlkampfes von 1960 und während seiner Zeit als Präsident pflegten Kennedys Mitarbeiter einfach zu leugnen, dass er an der Addison-Krankheit litt.[33] Traurigerweise hatte sich sein Zustand, die Atrophie seiner Nebennierenrinde, durch das emotionale Trauma des Einsatzes auf der PT-109 möglicherweise verschlimmert.[34]

Wie auch bei Jackie waren Englisch und Geschichte seine Lieblingsfächer. Sie hatten zahlreiche gemeinsame Helden – darunter Churchill und Byron. Byron erschien Jackie wie ein poetischer Black Jack – »verrückt, schlimm, und gefährlich für die, die ihn kannten«. Für Jack aber war er ein Spiegel seines Selbstbildes, ein Element seines angeborenen Narzissmus und dessen, was sein Bewunderer, der politische Journalist Joseph Alsop, seinen »stilistischen Snobismus« nennen sollte. Jack Kennedys Helden war eine Mischung aus Intelligenz, kühler Courage und Gefühllosigkeit zu Eigen. Sie weigerten sich, sich konventionellen Regeln zu beugen, waren risikofreudig, abenteuerlustig, nie aber langweilig oder banal. Ganz besonders bewunderte er junge Männer, die ihr Leben auf dem Schlachtfeld riskierten, was eine Parallele zu seiner eigenen Erfahrung im Pazifik bildete. Zu seinen Favoriten gehörte Raymond Asquith, der Held aus John Buchans *Memory Hold-the-Door (Pilgrim's Way)*, der 1915 an der Somme fiel. Das Buch, das 1940 erschienen war, hatte ihn sehr beeindruckt. Aspekte von Buchans Beschreibung Asquiths trafen auch auf Jack Kennedy zu: »Er zerstörte ein ehrliches Gefühl mit einem Scherz, und vor den Heiligtümern langweiliger Männer hatte er keinerlei Respekt. Immer war da in ihm dieser Hauch von Verachtung für offensichtliche Gefühle, offensichtliche Glaubensbekenntnisse und all das Gerümpel der prosaischen Menschheit.«[35] Wie Inga Arvad es ausdrückte, schätzte er Verstand mehr als Herz. Jack und Jackie hatten eine beißende Intelligenz, einen schwarzen Humor und einen klaren, oftmals grausamen Blick auf das menschliche Innere gemein. Von dieser Art jedenfalls war der Jack Kennedy, den Jackie sah und in den sie sich verliebte. Anderer Aspekte seines Charakters war sie sich nicht bewusst. Diese waren tief in seinen Genen verwurzelt, in seinen Kindheitserfahrungen und vor allem in seiner Familie.

Vielleicht hatte Jack tatsächlich, wie er später behauptete, bereits an jenem Abend im Haus der Bartletts für sich entschieden, dass Jackie »die Eine« für ihn sei, doch wenn dies der Fall war, so ließ er es sich nicht gleich anmerken. Er lud sie auf den Familiensitz nach Hyannis Port auf Cape Cod ein. Kurz besuchte sie ihn während seines Wahlkampfs in Boston, nahm an einer Kundgebung für Israel teil und hörte seine Ansprachen in Quincy und Fall River, Massachusetts, aber er war mit seiner Senatskampagne beschäftigt und traf sich auch weiterhin mit anderen Frauen. Seine Werbung erfolgte sporadisch und in gewisser Weise im Verborgenen. Zu ihrer ersten Verabredung im Blue Room des Shoreham Hotel brachte er einen seiner politischen Spießgesellen, Dave Powers, als Tugendwächter mit.

Jackie arbeitete weiter bei der *Times-Herald*. Ihre Fragen beschäftigten sich mit zwei Themen, die in Verbindung mit Kennedy standen: Ehe und Politik. In die erste Kategorie fielen beispielsweise:

> Sollten Eheleute einander kritisieren?
> Würden Sie Ihre Hochzeitspläne verschieben, wenn Sie bei Ihren Schwiegereltern wohnen müssten?
> Können Sie mir einen Grund dafür nennen, warum ein überzeugter Junggeselle heiraten sollte?
> Halten Sie gemeinsame Bankkonten für eine gute Sache?
> Der irische Schriftsteller Sean O'Faolain behauptet, dass die Iren in der Kunst der Liebe unzulänglich sind. Würden Sie dem zustimmen?[36]

Was die Politik betraf, so hatte sie inzwischen dem mütterlichen wie väterlichen Republikanertum den Rücken zugekehrt und unterstützte den demokratischen Kandidaten des Jahres 1952, Adlai Stevenson. Dennoch war Politik ihr noch immer nicht wichtig genug, sich in die Wählerliste eintragen zu lassen. Ihre Fragen umfassten eine Spanne nationaler und internationaler Themen, einschließlich der Wahl von Frauen in politische Ämter. Sie fragte Leute: »Sollte die Frau eines Kandidaten sich an seinem Wahlkampf beteiligen?« und »Beeinflusst das Aussehen eines Kandidaten Ihre Wahlentscheidung?« Sie interviewte Pat Nixon, die Frau des nominierten Vizepräsidenten, und fing zwei Nichten des zukünftigen Präsidenten Eisenhower vor ihrer Schule ab. Dieses journalistische Husarenstück trug ihr eine Klage der Mutter der Mädchen beim Redakteur ein. Davon unbeeindruckt erwog sie, ein Kinderbuch über das Weiße Haus aus der Sicht von Eisenhowers Nichte Mamie zu schreiben. »Am Ende mag sich die arme Mamie, der ich vor ihrer Schule aufgelauert habe, noch als mein Glücksgriff herausstellen!«, schrieb sie in einem atemlosen Antwortbrief an Bess Armstrong von der *New York Times*. »Ich bin inzwischen ja so verliebt in diese ganze (Zeitungs-)Welt. Ich glaube, ich sehe zu Zeitungsleuten auf, wie man als Zehnjährige in die Fanclubs von Filmstars eintritt.«[37] Als Jackie selbst im Weißen Haus gelandet war, hatte sie vergessen, dass sie einst Mitglied des Journalisten-Fanclubs gewesen war, und verurteilte aufs Schärfste die Verfolgung von Kindern, der sie selbst sich einst bei der kleinen Mamie Moore schuldig gemacht hatte.

Den Ball zu Eisenhowers Amtsantritt im Januar 1953 besuchte Jackie als Jacks Begleiterin, aber der Senator, der er inzwischen war, machte noch immer keine Anstalten, sich zu erklären. Jackie fühlte sich in ihrer Haut nicht wohl. Sie verlor Zeit bei der Arbeit. Die Möglichkeiten ihres Jobs waren begrenzt, und wenn es ihr Ernst war mit ihrer journalistischen Karriere, bot die muntere *Times-Herald* wohl kaum das ideale Sprungbrett. Zu Hause hatte ihre kleine Schwester Lee sie im Rennen um die Ehemänner geschlagen und sich im Dezember 1952 verlobt.

Zwischen den Schwestern bestand eine intensive, anhaltende Rivalität trotz der ehrlichen Zuneigung – »die einzige Frau, die Lee mochte, war Jackie«, sagte eine Altersgenossin – und der Nähe, die durch die Kindheitserlebnisse und ein »Wir-gegen-den-Rest-der-Welt«-Gefühl gewachsen war, in das Außenstehende nur schwer Einlass fanden. Die vier Jahre Unterschied schienen mit zunehmendem Alter kaum noch eine Rolle zu spielen. »Ich weiß noch, wie wir aufwuchsen«, erinnerte sich Jackies lebenslange Freundin aus Newport und New York, Vivi Stokes Crespi. »Für uns waren vier Jahre ein enormer Unterschied, und Lee war so altklug. Ich meine, sie lackierte sich die Fingernägel und schminkte sich, als Jackie und ich noch auf Ponys ritten. Wir waren sechzehn und siebzehn und Lee erst dreizehn. Ja, Lee war die Schöne, aber Jackie hatte diesen besonderen Funken und den Verstand.«[38] In der Tat wuchs Lee zu einer noch größeren Schönheit als Jackie heran. Zwar waren ihre Beine wie die ihrer Mutter zu kurz, um perfekt zu sein, aber sie besaß derart exquisite Züge, dass man sie später mit Königin Nofretete verglich. Entschlossen hatte sie sich ihres Babyspecks entledigt. Kleider standen ihr gut und ihr Geschmack in Mode-

und Schmuckfragen übertraf den ihrer Schwester. Und dennoch blieb Jackie der Star und Lee nur die kleine Schwester. »Ich fand immer, dass Lee schöner war als Jackie«, sagte ein Freund, der für seinen Frauengeschmack berühmt war. »Ich fand Lee umwerfend. Und dann traf man Jackie. Und auf einmal war man Jackie verfallen …«[39]

Einige Leute vertraten die Ansicht, Lee sei zwar weniger intelligent und gerissen als Jackie, aber menschlicher und einnehmender in ihrer Verwundbarkeit. Beide Schwestern litten unter Unsicherheitsgefühlen, doch Lee in weit stärkerem Maße. Hieran war ihr aussichtsloser Kampf, es Jackie gleichzutun, nicht ganz unschuldig. Jay Mellon berichtete: »Lee war ein unglaublich verletzlicher Mensch und auch ein Mensch mit vielen Fehlern. Doch sehr anziehend auf ihre Art … Als Frau fand ich sie anziehender als Jackie, aber wenn ich den Rest meines Lebens auf einer einsamen Insel zubringen müsste, hätte ich mich immer für Jackie als Begleiterin entschieden, weil sie so viel bessere Gesellschaft und wesentlich klüger war. Jackie hatte mehr Substanz, sie hatte mehr gelesen. Sie besaß einen unerschöpflichen Fundus an Gesprächsthemen … Und sie hatte einen sehr guten Sinn für Humor, sie lachte sehr viel, wenn man mit ihr zusammen war … Lee war immer fürchterlich empfindlich. Jeden kleinsten Witz, der sich auch nur im Geringsten auf sie zu beziehen schien, fand sie überhaupt nicht komisch, sondern wurde völlig verkrampft und fing an sich zu verteidigen, eben furchtbar unsicher, furchtbar empfindlich. Jackie dagegen war überhaupt nicht empfindlich, überhaupt nicht unsicher, kein bisschen. Sie wusste, wer sie war und worum es ging, und im Grunde mochte sie sich, jedenfalls war das mein Eindruck von ihr, und mit solchen Menschen ist man gern zusammen. Mit jemandem, an dem ständig innerlich etwas frisst, lässt es sich schwer auskommen …«[40]

Sogar während ihrer Zeit in Newport hatte eine Rivalität zwischen den Schwestern bestanden, zumindest von Lees Seite aus. »Wenn man sich an Jackie heranwagte, hatte man plötzlich Lee am Hals wie die Pest – das war in unserer Jugend«, erinnerte sich einer von Jackies Bewunderern. »Sie [Lee] sah besser aus, hatte die bessere Figur und alles, [aber trotzdem} muss es schwer für Lee gewesen sein, denn wenn Jackie dabei war, bemerkte man Lee eigentlich gar nicht …«[41]

1952 aber hatte sich das Gleichgewicht der Macht zwischen den Schwestern zu Lees Gunsten verschoben. Während Jackie mit zahllosen Unsicherheiten kämpfte, nicht zuletzt in Bezug auf Jack Kennedy, war Lee jetzt eine hübsche, schicke Neunzehnjährige, die nach mehrmonatigem Aufenthalt in Rom, wo sie angeblich Gesang studiert hatte, nach Hause zurückgekehrt war. Sie verließ das Sarah Lawrence College und nahm eine Stellung als Sonderassistentin bei Diana Vreeland im *Harper's Bazaar* an. Am 12. Dezember 1952 gaben die Auchincloss' ihre Verlobung mit Michael Temple Canfield bekannt. (Diesmal wurde Black Jack als Vater der jungen Braut erwähnt.)

Canfield war der Adoptivsohn des Verlegers Cass Canfield. In den Canfield-Gebäuden in der 37th Street in New York sowie in Crowfields im Westchester County kam die junge, intelligente Literaturszene zusammen – junge Männer wie Lees ehemaliger Verehrer und Jackies lebenslanger Freund George Plimpton, Mitbegründer der *Paris Review*, Thomas Guinzburg, Sohn des Gründers des Viking-Verlags, und John P. Marquand jr., Sohn des Romanautors. Canfield war hoch gewachsen, beinahe zwei Meter groß, blond und gab sich eine englische Aura, veranlasst von (vermutlich zutreffenden) Gerüchten, er sei der Sohn des Herzogs von Kent und von Kiki Whitney Preston, einer wilden, jungen Amerikanerin, die der Herzog in Kenia kennen gelernt hatte. Sie hatte ihn zum Kokainmissbrauch verführt und er war kurzzeitig süchtig. Wie Jackie sehnte sich Lee danach, zu heiraten und ihrem Zuhause zu entkommen, ebenso war ihr aber daran gelegen, Jackie im Rennen zum Traualtar zu schlagen. Nach Berichten von Freunden verliebte sich Lee in Michael, stellte ihm nach und machte ihm einen Antrag. Canfields Stiefschwägerin berichtete, sie habe ihm ins Gewissen geredet: »Aber Michael, das kannst du doch nicht machen, du liebst Lee doch gar nicht«, woraufhin er lässig geantwortet habe: »Nun ja, aber das gute Mädchen liebt mich doch so sehr …«[42]

Lees Hochzeit mit Michael Canfield wurde am 18. April 1953

in der Holy Trinity Cathedral in Georgetown gefeiert. Anschließend fand ein Empfang auf Merrywood statt. Black Jack Bouvier erschien und führte zur allgemeinen Überraschung seine Exfrau zum Tanz. »Jeder beobachtete ihn mit äußerstem Interesse«, erinnerte sich eine Cousine. »Ich weiß noch, dass ich zu jemandem sagte: ›Ich vermute, das hier wird wie in Lochinvar – in den Sattel und weg sind sie.‹ Sie sah aus, als wäre sie mit ihm gegangen, und man stellte so seine Vergleiche an. In gewisser Weise sah er furchtbar aus, aber er hatte viel mehr Sexappeal als Hughdie …«[43] Als das junge Paar zur Abfahrt in die Flitterwochen das Haus verließ, warf Lee als unverkennbare Demonstration ihrer Überlegenheit Jackie ihren Brautstrauß zu.

Charlie Bartlett hatte den Eindruck, dass Jackie Schwierigkeiten mit Janet hatte. »Ihre Mutter war irgendwie … sie war Lee ähnlicher als Jackie. Sie war eine Art eiserne Lady, die meiner Meinung nach keinen besonderen Charme besaß. Sie hatte eine gesicherte gesellschaftliche Stellung, was zu jener Zeit keine Kunst war, wenn man Geld hatte. Ich glaube, die Mutter stellte Lee immer als Vorbild heraus, so in der Art von: ›Warum bist du nicht wie Lee?‹« Er glaubte, dass sie sich danach sehnte, Merrywood zu entkommen. »Sehen Sie, ich denke, Jackie konnte es wohl nicht erwarten, aus diesem Haus zu kommen«, fuhr Bartlett fort. »Yusha war sozusagen der Kronprinz, und dann gab es Kinder. Da waren so viele durcheinander gewürfelte Kinder – sie hatte Gore Vidal, und alle möglichen Blutmischungen liefen da herum – und die Mutter sprach immerzu davon, wie toll Lee war …«[44]

»Ich glaube, sie hatte das Gefühl, ihre Zeit würde knapp«, bekannte eine Freundin von Jackie.[45]

Innerhalb eines Monats, nachdem sie den Brautstrauß ihrer Schwester aufgefangen hatte, hatte Jackie den Senator aus Massachusetts so weit gebracht, ihr einen Heiratsantrag zu machen. Im Januar 1953 war sie auf dem Ball zu Eisenhowers Amtsantritt seine Begleiterin gewesen, und im folgenden Monat begann sie mit der Übersetzung von zehn französischen Büchern über südostasiatische Politik, die als Material für Jacks erste wichtige Ansprache im Senat gedacht waren. Später scherzte sie, sie habe das getan, damit er sie heiratete. Ohne Zweifel war er von ihren Leistungen auf diesem Gebiet beeindruckt, aber es gab noch weitere Faktoren, die sich zu ihren Gunsten auswirkten. Jack steuerte auf seinen sechsunddreißigsten Geburtstag zu und traf sich seit mehr als einem Jahr mit Jackie. Obwohl er noch immer auch andere Frauen traf, war sie definitiv das am besten geeignete Mädchen an seinem Horizont. In sie verliebt war er nicht. »Verliebt sein« war kein Zustand, den er aus eigener Erfahrung kannte. Als sein Freund Chiquita Astor ihn zehn Jahre später, kurz vor seinem Tod fragte, ob er je verliebt gewesen sei, antwortete er: »Nein, aber ein- oder zweimal war ich *sehr* interessiert.«[46]

In diese Kategorie fiel ganz sicherlich Jackie. Er war von ihr fasziniert, von ihrer einmaligen, neckenden Art, ihrem klugen, scharfen Urteil über Menschen und ihrer Liebe zu Geschichte und Literatur, die seiner eigenen entsprach. Körperlich entsprach sie nicht seinem Typ. Schlank, dunkel und flachbrüstig, war sie das genaue Gegenteil der kurvenreichen Blondinen, die er bevorzugte, wie Inga und bekanntermaßen später Marilyn Monroe. Sexuell hatten sie nicht viel gemeinsam. Für Jack war Sex mehr oder minder die Befriedigung eines Grundbedürfnisses. Mit »Rein, raus und danke sehr« ließen sich seine Einstellung und Ausführungen zusammenfassen. Jackie war nicht frigide, aber sie war sexuell unerfahren und erwartete ein wenig Romantik. Bis dahin hatte sie Männer auf Abstand gehalten und die allgemein akzeptierte Regel befolgt, dass man Jungfrau sein musste, um einen guten Ehemann zu ergattern. Sex war nicht von erstrangiger Bedeutung für sie. Sie wünschte sich Leidenschaft, die sie von Jack Kennedy niemals bekommen sollte.

Fasziniert von Jackies Liebe zu ihrem Vater, nahm Jack die Mühe auf sich, sich mit ihm anzufreunden. Bei einem Dinner in New York stellte Jackie die beiden einander vor und erinnerte sich später daran, dass sie »über Sport, Politik und Frauen sprachen – wie das alle heißblütigen Männer gern tun. Sie waren einander sehr ähnlich.« Man mag sich fragen, wie sehr der an Geschichte und dem Weltgeschehen interessierte Jack der Vergleich mit einem Mann gefallen hätte, dessen Interessen an der Welt über Gelegenheitssex und fanatisches Spielen nicht hinausgingen, aber der alte Haudegen amüsierte ihn. Black Jack war seinerseits eingenommen, auch wenn er Joe Kennedys Sohn nicht traute und davon überzeugt war, niemand sei für seine Tochter gut genug. Er berichtete einem Freund, Kennedy sei ein anständiger Kerl. »Auf alle Fälle ist Jackie völlig verschossen in ihn.« Zu seinen Gunsten muss gesagt werden, dass Black Jack keinerlei Eifersucht auf Jack zeigte und, nachdem Jackie und Kennedy geheiratet hatten, sogar zu Jacks heimlichem Spießgesellen wurde, wenn es um Mädchen ging.

Es war, wie eine Freundin von Jackie es ausdrückte, wie »aus dem freudschen Lehrbuch«. Zum Teil beruhte die Anziehungskraft, die Jack – genau wie Black Jack – auf Jackie ausübte, auf seiner hemmungslosen Gier nach Frauen. Indem sie aber Jack Kennedys »heißblütiges« männliches Verhalten dem von Black Jack gleichsetzte und annahm, sie könne damit umgehen, beging sie einen schweren Fehler. Wie sie später entdecken sollte, hatten die beiden Männer weniger gemeinsam, als sie sich in ihrer Zuneigung eingebildet hatte: Auf der Messlatte für Schürzenjäger schlug Jack Black Jack um sieben oder acht Längen.

Ein schweres Gewicht in der Waagschale zugunsten Jackies als Braut für Jack war die aktive Unterstützung von Joseph P. Kennedy. Er war die mächtige Gestalt hinter Jacks politischer Laufbahn, der Mann, der, um mit Jack zu sprechen, »alles wahrmachte«. Nach Joe Kennedys Ansicht brauchte ein Senator eine Frau. In den Fünfzigern heirateten Paare jung und ein Mann, der in Jacks Alter noch Junggeselle war, riskierte, als »schwul« gebrandmarkt zu werden. Sogar noch bevor er sie regelmäßig traf, holte er einen positiven Bericht über Jackie von Arthur Krock ein, der ihr geholfen hatte, den Job bei der *Times-Herald* zu bekommen. Im Sommer auf Hyannis Port hatte Jackie, mit ihrem untrüglichen Sinn für die Quelle der Macht in einer Menschenansammlung, ihre unwiderstehliche Aufmerksamkeit dem alten Joe zugewandt und damit ihren wichtigsten Verbündeten gewonnen, denn Joe Kennedy war beeindruckt. Jackie besaß alle nötigen Qualifikationen, um Jacks Frau zu werden, die Frau, die ein aufstrebender Politiker als Zubehör in seiner

Laufbahn brauchte. Sie war schön, intelligent und willensstark genug, um mit ihm fertig zu werden, soweit das überhaupt irgendeine Frau konnte. Sie war Katholikin mit Eintrittskarte in die WASP-Welt sowie dem Auchincloss-Hintergrund von Merrywood und Hammersmith. Sie hatte die Klasse, die Miss Porter's und Vassar verliehen, den Titel »Debütantin des Jahres« – kurz alles, was vor den Augen der Kennedys Gnade fand. Joe Kennedy wusste so wenig wie Jackie, dass die aristokratische Abstammung der Bouviers reiner Fantasie entsprang, aber er war informiert genug, um zu wissen, dass die Familie Bouvier ruiniert war und Black Jack in dem Ruf stand, ein finanzieller Versager und Alkoholiker zu sein. Jackie selbst aber war das perfekte Geschäft für seinen Sohn und er war bereit, sie zu kaufen. »Joe Kennedy förderte die Hochzeit nicht nur, er ordnete sie an«, erklärte Jacks Freund Lem Billings.[47]

Die Zustimmung seines Vaters war wichtig für Jack, aber sie war nur ein Faktor unter vielen, die seine Wahl letztendlich auf Jackie fallen ließen. Er wollte nicht heiraten, wusste aber, dass er es früher oder später würde tun müssen, und er wollte Kinder. Von allen Frauen, die er kannte, hielt er es bei Jackie mit ihrer kühlen Reserviertheit, ihrem Humor und ihrer Intelligenz für am wenigsten wahrscheinlich, dass sie ihn langweilen würde. Ihr gemeinsamer katholischer Glaube spielte auch eine Rolle, wenn auch nicht deshalb, weil er die Religion intellektuell ernst genommen oder gar wie seine Mutter und Schwestern Eifer an den Tag gelegt hätte. Seine Religiosität war ziemlich oberflächlich, und selbst wenn er jeden Tag auf Knien betete und am Sonntag zur Messe ging, fiel es ihm schwer, an die meisten Grundsätze seiner katholischen Kirche zu glauben. »Religion interessierte ihn nicht«, sagte ein Freund aus Stanford. »Er hätte aber seine Religion nie abgelegt. Es gefiel ihm, dass er sich durch sie abhob von der protestantischen Welt.«[48] Im Herzen war Jackie religiöser als Jack, aber bei ihm machte ihr Katholizismus vor allem ihre Einzigartigkeit aus und begründete ihre Loyalität gegen die WASP-Mehrheit. Und so machte ihr Jack an einem Abend Anfang Mai einen Heiratsantrag.

Ganz im Sinne von Black Jacks Lehren spielte Jackie »schwer

zu kriegen«, aber sie wusste, dass sie diese Entscheidung nicht auf die leichte Schulter nehmen durfte. Am 22. Mai brach sie zu einer Reise nach England auf. Damit bot sich eine perfekte Gelegenheit, um zu überdenken, ob sie nun, da sie ihr Ziel erreicht hatte, ihren Wunschmann auch tatsächlich heiraten wollte. Die Idee stammte von Mrs. Bowdoin, der Mutter von Helen, die Jackie 1950 auf ihrer ersten Europareise begleitet hatte. Sie schlug vor, Jackie solle ihre kürzlich geschiedene Tochter Aileen begleiten. »Sie hatte eine Kabine auf der *United States* gebucht, die am Freitag, also sechs Tage später ablegen sollte«, sagte Aileen. »Ich sagte, ich würde liebend gern fahren, aber nicht ganz allein. Alle meine Freundinnen waren verheiratet, hatten Kinder und so weiter. Also schlug meine Mutter vor, Jackie zu fragen. Ich rief Jackie am Dienstag an und fragte sie, ob sie Lust hätte, zur Krönung zu fahren, und sie antwortete: ›Ich sage dir morgen früh Bescheid.‹ Das war Mittwoch, und am Freitag sollte es losgehen. Sie marschierte zur *Times-Herald*, wo man ihr sagte, man wäre hoch erfreut, wenn sie ein paar Geschichten über die Reise schriebe.«[49]

Jackie und Aileen verließen New York mit einer Schiffsladung voll Prominenter, von denen die meisten zur Krönung von Königin Elizabeth II. wollten. Unter denen, die nicht nach London reisten, zählten als berühmtestes Paar der Herzog und die Herzogin von Windsor. Sie hatten keine Einladung erhalten und wollten in Le Havre von Bord gehen und nach Paris weiterfahren, das inzwischen ihr ständiger Wohnsitz war. Begleitet wurden sie von James »Jimmy« Donahue und seiner Mutter Jessie, der Woolworth-Erbin. Donahue, der aus dem Woolworth-Vermögen seines Großvaters 15 Millionen Dollar geerbt hatte, war – seiner allgemein bekannten Homosexualität zum Trotz – der Liebhaber der Herzogin, eine Affäre, die der New Yorker Gesellschaft nicht verborgen geblieben war. Jackie bat die Windsors nicht um ein Interview, aber sie sprach mit dem Zwingerwärter des Schiffs über deren Hunde.

Gute Beziehungen hatten den Weg geebnet, und Jackie und Aileen verbrachten die zwei Wochen um die Krönungsfeierlichkeiten in einer Wohnung in der South Audley Street in Mayfair, die ihnen ein alter Freund der Bowdoins, Alex Abel Smith, überlassen hatte. Seine Frau Henriette gehörte zu den Kammerfrauen der Königin und würde im Buckingham Palast wohnen. Die Mädchen verkehrten in eleganten gesellschaftlichen Kreisen, tanzten in dem populären Nachtclub The 400 und besuchten Perle Mestas luxuriösen Krönungs-Nachleseball im Londonderry-Haus, wo als Star der Szene Lauren Bacall in einem engen, trägerlosen weißen Spitzenkleid erschien.

Gerüchte über Jackies Romanze machten bereits die Runde. »Henri Claudel verwandte seine ganze Zeit darauf, auf Jackie einzureden, sie solle Jack Kennedy nicht heiraten«, erinnerte sich Henriette Abel Smith.[50] Durch Jackie erhielten die Gerüchte gewiss keine Nahrung. Sie erwähnte die Sache kaum, nicht einmal Aileen gegenüber, mit der sie auf dem Schiff die Kabine teilte, in der South Audley Street die Wohnung und im Hotel Meurice in Paris das Hotelzimmer, wo sie zwei weitere Wochen verbrachten. Jack schickte ihr Telegramme – »Artikel gut, aber du wirst vermisst« –, die sie für sich behielt. »Sie las mir die Telegramme nie vor«, berichtete Aileen. »Sie war vermutlich der diskreteste Mensch, dem ich je begegnet bin. Ich hatte immer das Gefühl, dass sie in einer Traumwelt lebte und alles als eine Art Spiel betrachtete. Deshalb war es schwer, sie kennen zu lernen. Sie zog herum, sammelte Bücher von Aldous Huxley, und ich fragte: ›Jackie, für wen sind denn diese Bücher?‹ Und dann hatte sie ja all die zusätzlichen Koffer – wir mussten 200 Dollar für Übergepäck[51] zahlen –, und sie antwortete: ›Ach, die sind für Onkel Hughdie‹, aber für Onkel Hughdie waren die nicht, ich glaube, sie waren für Jack.«

Zwar mochte Jackie ihre Sorgen nicht mit Aileen teilen, sie tat es jedoch beim Lunch mit Demi Gates, der zu jener Zeit in Madrid lebte und zur Krönung herübergekommen war. Er war schockiert, als sie ihm erklärte, sie werde nach Hause fahren und Jack Kennedy heiraten. »›Hör mal‹, sagte ich, ›wenn Jack Kennedy nach New York kommt, ruft er meinen Cousin und all die Jungs an, damit sie mit den Mädchen bereitstehen. Dieser Kerl ist ein hoffnungsloser Schürzenjäger.‹ Aber sie lachte und sagte: ›Sieh dir doch nur mal meinen Vater an!‹ Ich habe das gesagt, weil ich das Gefühl hatte, sie hätte für sich allein eine außergewöhnliche Frau sein können, und dass dieser Mann sie in den Schatten stellen würde, weil sie eine Frau war. Ich denke, im Grunde fühlte Jackie sich von Jack angezogen«, fuhr Gates fort, »weil er nicht nur Senator und ein gut aussehender Kerl war, sondern weil alle Fehler von Jack dadurch ausgeglichen wurden, dass er Geld hatte. Unter ihren Verehrern gab es niemanden sonst mit einem solchen Geldhintergrund.«[52]

Sie sprach auch mit John Marquand in Paris darüber. Marquand war in sie verliebt, doch für Jackie scheint es nicht mehr als ein Flirt gewesen zu sein. »Die Leute behaupteten, Jackie sei wirklich verliebt in John«, berichtete Aileen. »Aber ich glaube, da war überhaupt nichts dran.«[53] Marquand ist nachgesagt worden, er habe Jackie in einem Fahrstuhl entjungfert, obwohl er die Geschichte Jackies Biographen C. David Heymann gegenüber rundheraus von sich wies. Als Jackie mit J. C. Warnecke, einem späteren Liebhaber, über das Thema sprach, sagte sie lediglich, sie sei »ziemlich nahe (an der Entjungferung) dran gewesen«. Das berühmte Fahrstuhlereignis trug sich – wenn überhaupt – vielleicht während dieser Tage in Paris zu, und vermutlich fand damals auch das von Gore Vidal berichtete Gespräch zwischen Jackie und ihrem »Fahrstuhl-Geliebten« statt (»Er stammte aus einer besseren Familie als wir, wie wir zu sagen pflegten, aber er hatte kein Geld. Außerdem war er Protestant«), in dessen Verlauf sie ihm sagte, sie werde Jack heiraten.

> … er war schockiert und sagte: »Du kannst doch nicht diesen … diesen *Kasper* heiraten!« Sie blieb kühl und gab zurück: »Er hat Geld und du hast keines.« Er fragte sie, wie es ihr gefallen würde, einen Politiker zu heiraten (sie war in Washington groß geworden und machte sich über diese Spezies keinerlei Illusionen), und sie erwiderte: »Natürlich kann ich Politiker nicht ausstehen, und er ist ja auch wesentlich älter als ich, aber das Leben mit ihm wird immer interessant sein, und dann ist da ja auch noch das Geld.«
> »Was um Himmels willen soll in dieser scheußlichen Welt denn aus dir werden?«
> »Lies Zeitung«, antwortete sie.[54]

Allem Glanz Jacks und dem Familienvermögen zum Trotz wurden die Kennedys, wie Jackie sehr wohl wusste, von der WASP-Gesellschaft der Ostküste als dubios angesehen. Es herrschten gewaltige Vorurteile gegen Iren, vor allem im »brahmanischen« Boston und in Harvard, sogar in Jacks Klasse von 1940. Einer seiner Klassenkameraden berichtete seinem Biographen folgendes:

> Eine WASP-Atmosphäre herrschte vor. Und in diese Schablone passte Kennedy nun überhaupt nicht ... denn er war ja völlig unverkennbar ein typischer Ire aus Boston. Man merkte es schon an der Art, wie er sprach – er hatte einen Bostoner Akzent, ganz anders als der Akzent von Groton. Und dann gab es diese älteren, puritanischeren Bostoner ... in der Klasse in Harvard 1940, die betrachteten die Kennedys als Abschaum, als laute, neureiche Emporkömmlinge. Für diese Leute waren die Kennedys einfach unwiderruflich Bostoner Iren ... Besonders bei den Bostonern galten die Kennedys als eine Aufsteigerfamilie. Für viele der »Brahmanen«-Familien hier waren die Fitzgeralds (die Familie von Jacks Großeltern mütterlicherseits) einfach indiskutabel, und die Kennedys genauso.[55]

Für Jackie, die selbst Außenseiterin war, spielte nichts davon eine Rolle. Eine Rolle spielte allerdings das Geld. So fasziniert, wie sie zweifellos davon war, hätte sie einen mittellosen Jack Kennedy niemals geheiratet.

Gore Vidal sieht den Grund für Jackies Besessenheit von Geld in dem Reichtum der Auchincloss', während sie sich nur allzu bewusst darüber war, dass sie selbst keines besaß. Jackie, Gore und Lee waren die armen Verwandten neben ihren fünf Auchincloss-Geschwistern, die mit Geldern der Familienstiftung ausgestattet waren. Jackie und Lee bekamen fünfzig Dollar im Monat von ihrem Vater und hatten darüber hinaus nichts zu erwarten. Doch weit davon entfernt, als arme Verwandte behandelt zu werden, galten Jackie und Lee in der neuen Familie ihrer Mutter als die Stars. »Ich denke, sie waren einfach beide so hübsch und so attraktiv und jedermann umschmeichelte sie«, erinnerte sich ein Mitglied der Familie Auchincloss. »Aber mit dem unglaublichen Interesse an Gelddingen, das Jackie hatte, muss ihr bewusst gewesen sein, dass sie an Hughdies Vermögen nicht herankommen würde. Er war der reiche Stiefvater, aber Geld blieb seinem eigenen Blut vorbehalten. So schlau und gerissen wie sie war, kann ich nicht glauben, dass ihr nicht von Anfang an klar war, wo das Geld herkam und was damit los war. Aber sie war keine Cinderella. Sie war die umwerfende Jackie von Hammersmith Farm.«[56]

Selbst Jackies engste Freunde und Bewunderer sahen ihre besessene Jagd nach Geld als einen Fehler ihres Charakters an. »Sie war prachtvoll, elektrisierend, attraktiv«, sagte Demi Gates, »aber wie es so oft bei elektrisierenden Menschen der Fall ist, hatte sie einen grundlegenden Fehler, mit dem ich mich identifizieren konnte, denn meine Mutter hat einen schwerreichen Mann geheiratet, und Jackies Mutter hat auch einen schwerreichen Mann geheiratet, und ich sah, dass sie von der Furcht vor Armut absolut besessen war, absolut besessen. In manchen Fällen wirkt sich das äußerst zerstörerisch aus, aber in anderen verleiht es Menschen den Willen und die Fähigkeit, in dieser Welt mitzuhalten ... Sie hatte schreckliche Angst, weil sie in diesem, wie sie es nannte, großen Haus in Washington lebte und wusste, eines Tage hieße es, hinaus in die Kälte. Was sollte sie tun? Wie würde sie leben können?«[57]

»Sie hatte eine tiefsitzende Angst vor Armut«, sagte ein Mann, der sie aus den Tagen mit Onassis kannte. »Sie hatte Unsicherheitsgefühle, was Geld betraf, eine Furcht, zurück in die Armut zu müssen.«[58] »Mit der Angst, kein Geld zu besitzen, wuchs sie auf. Sie wurde ihr möglicherweise von Janet eingeimpft«, lautete Arthur Schlesingers Meinung.[59] Lee dagegen glaubte, dass Geld für Jackie »Schutz« bedeutete. »Sie hatte um sich herum genug Zusammenbrüche erlebt, um sich diesen Schutz zu wünschen.« Weit weniger freundlich stellte John White es dar: »Das Einzige, was sie wirklich interessierte, war Geld. Das war wirklich das Leitmotiv ihres Lebens.«[60] »Wir waren beide Kinder der Wirtschaftskrise«, äußerte Fred Papert, ihr Freund und Mentor an der New York Municipal Art Society, »und daher im Grunde unseres Herzens geizig.«[61] Jackies bisherige Erfahrungen mit der harten Realität des Lebens, der Niedergang des Bouvier-Vermögens und die veränderte Stellung ihrer Mutter aufgrund ihrer Heirat mit Hughdie Auchincloss hatten ihr eingeprägt, dass die Ehe mit einem reichen, vorzugsweise einem schwerreichen Mann die einzige wahre Sicherheit gewährte.

Als das Flugzeug, das Jackie nach Hause zurückbrachte, auf dem Weg nach Washington in Boston zwischenlandete, wurde sie von Jack Kennedy erwartet. Die Würfel waren gefallen.

Zahlreiche Freunde von Jackie waren schockiert, die meisten zumindest überrascht, als die Verlobung bekannt gegeben wurde. »Wir gingen ins Theater«, erinnerte sich Betty Coxe Spalding, die damalige Frau von Chuck und eine alte Freundin von Jack und Kathleen Kennedy. »Das war vor der Verlobung. Mein Exmann und Jack und ich waren da, und er stellte mir dieses junge Mädchen vor, das eher schlampig angezogen war. Dazu rabenschwarzes, direkt unanständiges Haar. Ich dachte mir: Wer ist denn nun die, und was wird denn hier gespielt ...? Sie wirkte still und von der Gruppe völlig überwältigt ... Ich hatte keine Ahnung, dass sie verlobt waren. Mir war gesagt worden, er gehe mit ihr aus und es werde allmählich ziemlich ernst ...«[62] Jackie schien sich ihrem Mangel an Glamour bewusst zu sein: Während der Rückkehr aus Paris von der Krönungsreise fragte sie Zsa Zsa Gabor, die durch den Gang getrennt neben ihr saß: »Was tun Sie für Ihre Haut?« »Sie war weder die glamouröseste noch die allerschönste Frau«, erinnerte sich die Schauspielerin. »Sie hatte wildes Haar und einen schlechten Teint.«[63]

Einige von Jacks besten Freunden standen der Heirat so zweifelnd gegenüber wie Jackies Freunde. George Smathers, der Senator von Florida, der als Mitglied der »Drei Musketiere« (zusammen mit dem Eisenbahn-Lobbyisten Bill Thompson und Jack) aus erster Hand über das Ausmaß von Jacks Frauengeschichten informiert war, sagte zu Jack, er sei nicht der Typ, der sich verheiratet. Andere wie Kirk Le Moyne »Lem« Billings warnten Jackie vor bevorstehenden Problemen. Lem war in Choate Jacks Zimmergenosse gewesen und kannte ihn, von seiner engsten Familie abgesehen, länger als jeder andere. »Ich nahm sie auf einer Party beiseite« sagte er, »und versuchte ihr ein paar Fakten über das Leben beizubringen. Ich beschrieb Jacks gesundheitliche Probleme – seinen schlimmen Rücken, die Addison-Krankheit – und sprach über einige Frauen in seinem Leben, machte deutlich, wie gefährlich es sei, sich mit einem älteren Mann einzulassen, dessen Charakter bereits geprägt war.«[64]

Hegte Jackie Zweifel an der Heirat, so tat Jack dies nicht weniger. »Ich habe noch nie einen Mann so niedergeschlagen erlebt wie ihn an dem Tag, an dem er mir sagte, er würde heiraten«, berichtete Alastair Forbes[65], ein englischer Freund von Jack und Kathleen und ein entfernter Cousin von Franklin D. Roosevelt. Im August begegnete Jack auf einer letzten Junggesellenreise mit Torbert »Torby« Macdonald nach Südfrankreich einem umwerfenden Mädchen, einer schwedischen Version von Grace Kelly, die sich erinnerte, dass er »tief bekümmert aussah und auch so klang«, als er ihr gestand, dass er in die Staaten zurückflog, um dort zu heiraten.[66]

Seit der offiziellen Bekanntgabe der Verlobung am 24. Juni 1953 drehten sich die Räder unumkehrbar. In echtem Kennedy-Stil war sie auf einen Termin zwei Wochen nach dem Erscheinen eines Porträts von Jack in der *Saturday Evening Post* verschoben worden. Der Artikel erschien auf der Titelseite und trug den Titel »Jack Kennedy – der junge, heitere Junggeselle des Senats«. Inzwischen war er berühmt genug, einen Bericht über seine Verlobung mit dem »heißblütigen Gesellschaftsmitglied Jacqueline Bouvier« einschließlich Bild mit der Unterschrift »Senator Kennedy mit seiner Verlobten« in der »Leute«-Rubrik von *Time* zu erhalten. Gemäß den von Black Jack aufgestellten Spielregeln ließ Jackie ihn bis zum letzten Augenblick warten, ehe sie in ein Flugzeug von New York stieg, um den Patriarchen und seinen Clan in Hyannis zu treffen.

Joe Kennedy scheute keine Mühe, um das Maximum an Publicity aus der Hochzeitsfeier seines Sohnes herauszuholen. Sogar Janet brachte er unter Zuhilfenahme seiner Persönlichkeit und seines Portemonnaies auf Trab. Für ihn sollte es die zweite extravagante Hochzeit des Jahres werden: Im Mai hatte die einunddreißigjährige Eunice den siebenunddreißigjährigen Sargent »Sarge« Shriver geheiratet. Shriver, der Sohn einer alten katholischen Familie aus Maryland, die ihr Geld in der Wirtschaftskrise verloren hatte, war dazu bestimmt, den Rest seines Lebens als Vasall der Kennedys zu verbringen. Er war groß, gut aussehend, hatte im Krieg in der Marine gedient und seinen Abschluss in Yale gemacht, besaß einige Erfahrung im Journalismus und hatte zunächst mit Eunice in Washington und darauf mit ihrem Vater am Chicago Merchandise Mart gearbeitet, den Joe Kennedy kurz zuvor aufgekauft hatte. Sarge hatte mehr als ein Jahrzehnt lang um Eunice geworben. Laut Laurence Leamer, dem Biographen der Kennedy-Frauen, hatten seine Bemühungen um sie sich zu einer Art von Witz innerhalb der Kennedy-Clique entwickelt. »Es war zu einem kleinen Partyspiel geworden zu raten, durch welchen Reifen Eunice den armen Sarge als Nächstes springen lassen würde. Sarge legte sowohl Eunice als auch ihrem Vater gegenüber die Beflissenheit eines Höflings an den Tag und vollführte Sprung auf Sprung. Joe fand an dem siebenunddreißigjährigen Sarge keinen Gefallen, aber er unterstützte Eunices Heirat mit seinem geschäftlichen Vasallen aktiv.«[67]

»Ich habe einen Mann gefunden, der meinem Vater so ähnlich wie nur irgend möglich ist«, erklärte Eunice ihren Hochzeitsgästen, eine Bemerkung, die Bände sprach. Es war das größte Kompliment, das sie zu vergeben hatte, doch was ihr Bräutigam und seine Familie insgeheim davon hielten, ist nicht bekannt. Vornehm wie sie war, verlor diese auf jeden Fall eher einen Sohn, als dass sie eine Tochter gewann. Sarge heiratete in die Familie Kennedy, nicht umgekehrt. Dies wurde durch die Titelseite des *Boston Globe* noch unterstrichen, die nicht etwa ein Foto der Frischvermählten, sondern eines von Eunice und ihrem Vater druckte. Die Presseerklärung der Kennedys überschlug sich, indem sie das Ereignis als »eine der bedeutsamsten und farbenfrohsten Trauungen, die Amerika je erlebt hat«, bezeichnete. Kardinal Spellman hielt die Messe in der St. Patrick's Cathedral, assistiert von drei Bischöfen, vier Monsignores und neun Priestern. Der Papst schickte seinen apostolischen Segen.

1. Jackie und Lee mit ihrer Mama, 1933

2. Jackie im Alter von fünf Jahren, mit Pony Buddy

3. Mama, Jackie und Lee, 1939

5. Mit Black Jack auf der Abschlussfeier

4. Jackie mit Sue Norton und Nancy Tuckerman

6. Jackie im Alter von dreizehn, mit Black Jack

7. Jackie im Olmsted-Garten, Hammersmith Farm, 1943

8. Der Auchincloss-Clan in Newport, 1945. Im Uhrzeigersinn von links oben: Jackie, Hugh D. »Yusha« Auchincloss III., Lee, Hugh D. Auchincloss jr., Klein-Janet, Janet, Nina Auchincloss, Thomas Auchincloss

9. Jackie auf der Treppe des Hammersmith-Farmhauses, vor ihrer Debütantinnenparty am 16. August 1947

10.Weihnachten 1948 in Merrywood. Von links nach rechts: Lee, Jackie, Klein-Janet, Nina, Yusha, Jamie und Tommy

11. Jackie und Yusha in Highlander-Tracht in Schottland, August 1950

12. Jackie beim Moorspaziergang in Schottland, 1950

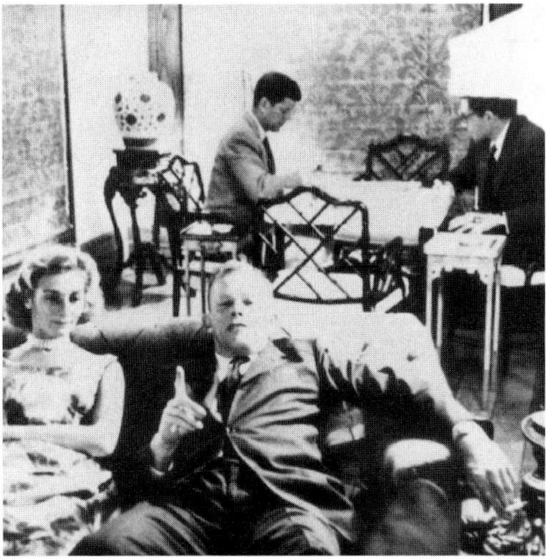

13. Jack spielt Backgammon mit Clairborne Pell. Im Vordergrund sieht man William Walton und Nuala Pell.

14. Das verlobte Paar: Jackie und Jack in Hyannis Port, Juli 1953

15. Jackie und Jack beim Verlassen der St. Mary's Church nach der Trauung am 12. September 1953 in Newport

16. Jackie und Jack mit den »Groomsmen«, dem Gefolge des Bräutigams, während des Hochzeitsempfangs auf der Hammersmith Farm

17. Jackie und die »bissigen Mädchen« auf einer Party zu Ehren Jean Kennedys Verlobung im Stork Club, Mai 1956. Von links nach rechts: Jackie, Pat Kennedy Lawford, Ethel Skakel Kennedy, Jean Kennedy, Eunice Kennedy Shriver

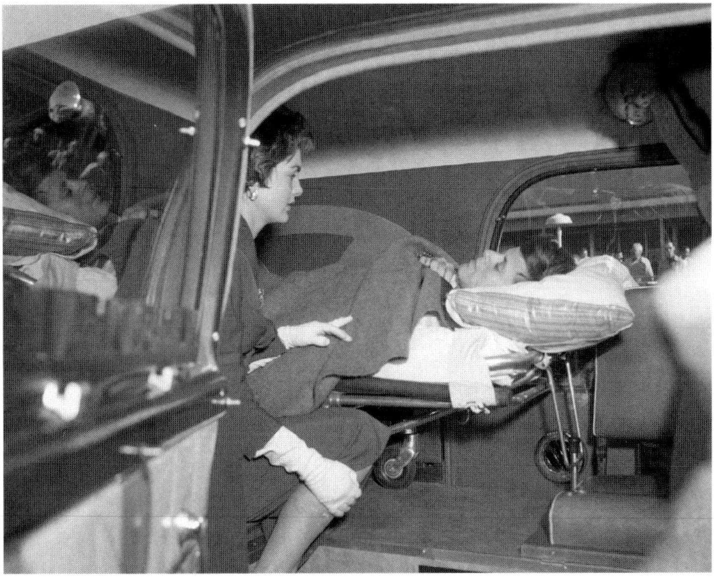

18. Entlassung aus dem Krankenhaus nach Jacks erster großer Rückenoperation: Jackie begleitet ihren Mann im Krankenwagen auf dem Weg nach Palm Beach, 21. Dezember 1954

19. Die Senatorengattin: Jackie bei der Arbeit mit Jack in seinem Senatsbüro, Herbst 1958

20. Präsidentschafts-Wahlkampf 1960

Die Braut war von Dior eingekleidet worden, und der Hochzeitskuchen war so hoch, dass Eunice auf einen Stuhl steigen musste, um ihn anzuschneiden. Die siebzehnhundert anwesenden Gäste bezeichnete der *Boston Globe* als »einen Gesellschafts-Who's who der Nation«.

Janet wünschte sich für Jackie und Jack eine eher gesetzte Familienfeier, aber damit waren weder Jack noch sein Vater einverstanden. Jacks Eheschließung markierte eine bedeutende Stufe in seiner Laufbahn. Die Braut war schön, der Hintergrund alten Geldes genau das, was gebraucht wurde, und es würde ein Medienereignis werden, ob das den Auchincloss' gefiel oder nicht. In der relativ bescheidenen Kirche in Newport fanden nur siebenhundert Gäste Platz, aber Joe Kennedy sorgte dafür, dass etwa 1400 zum anschließenden Empfang in Hammersmith eingeladen wurden. Am 12. Juli flog er zum Sonntagsessen nach Hammersmith, um die letzten Arrangements zu treffen.

Jack hatte das Wochenende dort mit Jackie verbracht, ehe er im August zu der Reise aufbrach, die als sein letzter Junggesellenausflug gedacht war. Was Jackie von dieser Reise hielt, ist nicht bekannt. Sie war jedoch auffällig still bei jener vorhochzeitlichen Zusammenkunft in Hyannis Port. »Jackie hatte sich seit ihrer Verlobung verändert«, fiel es Charles Bartlett auf. »Sie war nicht mehr so amüsant. Es war richtig merkwürdig. Sie war verlobt, aber wie das Mädchen, das sich den Hauptpreis geschnappt hatte, benahm sie sich nicht. Ich vermute, inzwischen hatte sie herausgefunden, dass sie im Begriff stand, sich an einen Weiberhelden zu binden oder so ähnlich – ich weiß es nicht. Aber sie kam mir in diesen Tagen, oder besser gesagt in der Zeit um ihre Hochzeit, niemals glücklich vor …«[68] Nach einer anderen Quelle soll sie die Frau eines berüchtigten Newporter Schürzenjägers angerufen haben, um sie zu fragen, wie sie zurechtkam.[69] Während der viertägigen Hausparty für die Brautjungfern und das Gefolge des Bräutigams auf dem Cape ließ sie sich kaum blicken. »Ich glaube allerdings, dass Jackie sich wegen der Hochzeit Sorgen machte – wegen dieser Familie, in die sie einheiratete, und weil sie ihre Identität verlieren würde –, ich glaube, das war eine große Sorge«, sagte Aileen

Bowdoin, die eine der Brautjungfern sein sollte.[70] Jackies Gefühl für sich selbst, für ihre Einzigartigkeit war ihr jetzt, da sie fürchtete, von einer Flutwelle von Kennedys verschlungen zu werden, besonders wichtig.

Aileen fühlte sich von der gereizten Stimmung mitgerissen. »Wir mussten aufstehen und am Abend für Unterhaltung sorgen. Ich meine, ich kann keine einzige Note singen, aber trotzdem sollte ich ein Lied mit Martha (Bartlett) singen. Es brachte das Beste in einem zum Vorschein, weil man es eben tun musste. Ich werde nie vergessen, wie ich an einem Tag mit Eunice Tennis spielte. So gutes Tennis habe ich in meinem Leben nie wieder gespielt – und das lag nur daran, dass man wirklich Adrenalinstöße bekam. Das passierte einem einfach. Diese Familie machte das mit einem. Ich glaube, sie sind alle solche starken Charaktere geworden, weil sie die ganze Zeit in dieser Atmosphäre verbrachten. Wettkampf. Man musste ständig besser sein als der andere. Sie waren eine interessante Familie, weil sie derart miteinander wetteiferten und auf der anderen Seite einander gegenüber so loyal waren – die Kennedys gegen den Rest der Welt.« Rose beschrieb sie als »ein Rätsel, wirklich. Als wir dort waren, kam sie gerade aus Europa zurück, und die ganze Familie war versammelt und sang ›For She's a Jolly Good Fellow‹.« Mit Joe sah das vollkommen anders aus: »Mr. Kennedy hatte alles völlig unter Kontrolle. Mit seinen Kindern machte er Termine aus, die er von seiner Sekretärin planen ließ. Keine Fragen gestattet. Er sagte ihnen, was sie zu tun hatten, und sie taten es. Er war wirklich kein sehr netter Mensch ...«[71]

Der Hochzeitszug bewegte sich weiter nach Newport, wo vor der Trauung am 12. September weitere Feierlichkeiten stattfinden sollten. Es gab eine Cocktailparty für das Brautpaar und zwei Tage vor der Hochzeit ein Junggesellendinner für achtzehn Gäste, das Hughdie Auchincloss im Clambake Club ausrichtete. Hierbei reizte Jack Kennedy seinen zukünftigen Stief-Schwiegervater, indem er nach Art der russischen Zaristen-Garde nach jedem Trinkspruch sein Kristallglas in den Kamin warf. Bei dem Dinner für die Braut machte Jack Witze. Er heirate Jackie, um sie aus ihrem Presse-Etablissement herauszuholen, wo ihre Tätigkeiten als neugierige Reporterin womöglich seiner politischen Karriere schaden könnten. Jackie revanchierte sich, indem sie auf die Dürftigkeit seiner Brautwerbung hinwies und das einzige handgeschriebene Schriftstück in die Höhe hielt, das sie von ihm erhalten hatte: eine Postkarte von den Bermudas mit der Aufschrift: »Wünschte, du wärst hier, Jack«. Auf dem Brautdinner fehlte eine Person, die man dort ganz gewiss erwartet hätte: Black Jack hatte keine Einladung erhalten, auch wenn er bei einer Stellprobe der Hochzeitsgäste am Vormittag dabei gewesen war. Stilvoll mit steifem Kragen, karierter Weste und gelber Krawatte bekleidet, hatte er Zuschauer erschreckt, indem er Janet die Hand küsste. »Ich glaube, so nahe war sie einem Orgasmus nicht mehr gekommen, seit sie Hughdie Auchincloss geheiratet hatte«, lautete der Kommentar des Bräutigams.[72]

Ihr Hochzeitstag, welcher der glücklichste Tag in Jackies bisherigem Leben hätte sein sollen, erwies sich als einer der bittersten, und beim Verbergen der Qual, die jene Episode ihr verursacht hatte, zeigte sie Tapferkeit und Selbstdisziplin. Black Jack Bouvier hatte sich darauf gefreut, auf Jackies Hochzeit eine Show hinzulegen, wie er es bei Lee getan hatte. Er hatte sich ausgenüchtert und Zeit investiert, um sich perfekt in Form zu bringen, indem er in seinem speziellen Gummianzug um das Reservoir des Central Park joggte. Als Vater der Braut hatte er sich in Newports bestem Hotel, dem Viking, einquartiert, nicht weit von der Kirche St. Mary entfernt, in der Jackie getraut werden sollte. Laut Gore Vidal schickte Janet Lees Mann Michael Canfield zum Hotel, um »ihrem Exmann ausrichten zu lassen, dass er selbstverständlich zur Kirche kommen und die Braut zum Altar führen könne, dass er aber danach auf dem Empfang nicht willkommen sei«. Janet, so sagte er, habe Canfield jedoch nicht beauftragt, Black Jack Alkohol zu geben und ihn betrunken zu machen, wie es in einer anderen Erzählung heißt. »Mike Canfield war ein Gentleman, was sonst praktisch niemand in dieser Truppe war, ein wirklicher Gentleman … Mike führte seine Mission aus, wobei er sich ziemlich schuldig fühlte. Er sagte, er habe gedacht, der alte Jack habe die Nachricht ganz gut aufgenommen. Also ließ er ihn dort zurück und Jack ging natürlich geradewegs zur Bar …« Anscheinend hatte Janet Gores Mutter bei der Hochzeit seiner Halbschwester Nini dasselbe angetan. »Meiner Mutter wurde bestellt, sie könne in die Kirche kommen – jeder konnte in die Kirche kommen –, aber hinaus nach Merrywood dürfe sie nicht …«[73]

Lee hat diese Episode als schmerzliche Erfahrung in Erinnerung: »Ich hatte meinen Vater noch nie außer sich oder betrunken erlebt bis zu dem schlimmsten Tag, den es in seinem ganzen Leben überhaupt geben konnte, Jackies Hochzeit. Es war mehr als verständlich, aber ich glaube, ich war vielleicht die Einzige, die wirklich wusste, wie ihm zumute war, völlig ausgeliefert in Feindesland, völlig allein. Meine Mutter hatte ihm geschrieben, ihm sei hoffentlich klar, dass er alles andere als willkommen sei, dass er am besten seine Meinung ändern und gar nicht erst kommen solle. Ihrem Gefühl nach wäre das weit angemessener gewesen. Also wurde er dann am Abend zuvor nicht zum Dinner eingeladen, und dadurch fühlte er sich schrecklich niedergeschlagen, deprimiert. Verständlicherweise hat er sich in der Nacht zuvor einfach völlig betrunken und war nicht in der Lage, seine geliebte Tochter am nächsten Tag zum Altar zu führen. Sobald ich die Hochzeit überstanden hatte, mietete ich ein kleines Flugzeug, brachte ihn zurück nach New York und lieferte ihn dort für eine Weile in ein Krankenhaus ein. Besonders herzzerreißend war, dass er sich seit Monaten auf diesen Moment gefreut und sozusagen dafür trainiert hatte – ich denke, eine seiner größten Schwächen, viel schlimmer als der Alkohol, war seine Eitelkeit. Da er Jackie anbetete, war dies der größte, der allerwichtigste Moment seines Lebens …« Dies war die größte Grausamkeit, die Janet Black Jack und Jackie zufügen konnte, ein Hinweis auf die ungeheure Bitterkeit, die sie noch immer ihm gegenüber empfand. Warum verbot sie ihm, zu Jackies Hochzeitsempfang nach Hammersmith zu kommen, wenn sie nur fünf Monate vorher vergnügt auf Merrywood mit ihm getanzt hatte? »Meine Mutter …«, sagte Lee, »…die Rache einer Frau ist erbarmungslos. Sie hatte einfach das Gefühl, dass ihr extrem unwohl zumute sein würde, wenn er im Haus wäre, ich weiß nicht, warum. Meiner Meinung nach hätte es die Feierlichkeiten enorm bereichert und, was das Wichtigste ist, es hätte meiner Schwester die größte Freude bereitete …«[74]

So traf Jackie an einem klaren, hellen, windigen Tag in Newport am Arm von Hughdie Auchincloss zu der für elf Uhr angesetzten Trauung vor der Kirche ein. Die Lokalpresse setzte sich über das Problem hinweg und berichtete, sie habe die Kirche von St. Mary »geleitet von ihrem Vater John V. Bouvier III.« betreten, und versah das Foto mit einer entsprechenden Bildunterschrift (ein Irrtum, der am nächsten Tag hastig durch die Entschuldigung, Mr. Bouvier sei »krank geworden«, korrigiert wurde).[75] Unter diesen Umständen ist es kaum verwunderlich, dass Jackie beim Betreten der Kirche angespannt wirkte oder dass das Treuegelöbnis des Brautpaares »kaum hörbar« geriet. Die Lokalpresse widmete dem Ereignis, das sie »Newports glanzvollste Hochzeit seit vielen Jahren« nannte, die Titelseite und zahlreiche Spalten. Sondermaßnahmen mussten für den Verkehr getroffen werden. Menschenmassen versammelten sich vor der Kirche, um einen Blick auf die Berühmtheiten zu erhaschen, darunter den Sänger Morton Downey und den Filmstar Marion Davies, die von den Kennedys eingeladen worden waren. Die anwesenden Fotografen und Kameraleute waren beinahe in der Überzahl. Die Zeremonie wurde von einem Freund der Kennedys abgehalten, Erzbischof Cushing aus Boston, der einen speziellen Segen des Papstes verlas, ehe er mit der Trauungsmesse begann. Jackie trug den rosenbesetzten Spitzenschleier ihrer Großmutter mütterlicherseits und ein Kleid, das auf Drängen Janets in New York für sie angefertigt worden war und das sie hasste, wie sie später ihrer Freundin und Lieblingsdesignerin Carolina Herrera anvertraute. Es war aus elfenbeinfarbener Taftseide und schmeichelte ihr nicht. Die »Porträt-Halslinie« und das eng geschnürte Mieder betonten ihren flachen Brustkorb, und die Lagen gerafften Tafts am Rock wirkten unbeholfen. Von Eunices Dior-Kleid war es meilenweit entfernt und machte deutlich, wie unsicher Jackie sich noch ihres Geschmacks in Kleiderfragen war und wie sehr sie ihrer Mutter gestattete, sie zu beherrschen.

Lee war die Ehrendame und Nini Auchincloss die Ehrenjungfer, die kleine Janet Auchincloss das Blumenmädchen und der sechsjährige Jamie der Page. Es gab eine große Schar von Brautjungfern, um mit dem Heer des Kennedy-Gefolges mitzuhalten, darunter die Schwestern Helen und Aileen Bowdoin, Charlie Whitehouses Schwester Sylvia, Jean und Ethel Kennedy, Martha Bartlett, Shirley Oakes und Nancy Tuckerman. Robert Kennedy war der Trauzeuge seines Bruders, und zum Geleit gehörten Teddy Kennedy, Sarge Shriver, Jacks alte Freunde und Spießgesellen Torby Macdonald, Lem Billings, George Smathers, Chuck Spalding, James Reed und Ben Smith, dazu Yusha und Tommy Auchincloss und Charlie Bartlett.

Es gab eine spürbare soziale Trennung zwischen den WASPs aus Newport, New York und Washington, die auf der Seite der Braut saßen, und den extravaganteren Gästen der Kennedys. »Die gesamte Newport-Seite war einfach gekleidet«, erinnerte sich Marion Oates »Oatsie« Leiter, eine beliebte Washingtoner Gastgeberin und Freundin von Jack und Jackie, »während die Kennedy-Seite bis an die Zähne aufgedonnert war.«[76] »Es wird einfach grauenhaft sein«, hatte Janet einer Freundin anvertraut. »Der gesamte Staat Massachusetts wird da sein.«[77] »Die Kennedy-Sippe schwappte herein wie eine Armee … Marion Davies war betrunken«, erinnerte sich eine Freundin Janets.[78]

»Ich erinnere mich an all die Kennedy-Freunde auf der Tanzfläche, politische Freunde. Sie schienen alle hellblaue Anzüge anzuhaben, und sie alle wirkten kräftig und wohlgenährt. Sie traten in gewisser Weise auf die Bühne und nahmen alles in Beschlag. Man hatte definitiv das Gefühl, dass die Newport-Leute ein wenig die Nasen rümpften«, berichtete Cecilia Parker Geyelin.[79] Leute, die sich auskannten, wunderten sich über die Abwesenheit des Vaters. »Wie hätte man sich nicht wundern sollen?«, sagte Eilene Slocum aus der angesehenen Newporter Familie. »Er war nicht erschienen, um Jacqueline zum Altar zu führen … die Gedanken der Leute rotierten, vor allem hinterher auf dem Empfang … Auf dem Empfang waren mehr als 1300 Personen, eine seltsame Mischung aus irischstämmigen Politikern und einer Menge von Hughs und Janets Republikanerfreunden, und ein großer Prozentsatz beider Gruppen war sich der Abwesenheit von Jack Bouvier bewusst.«[80]

> Ansonsten war es eine dieser »perfekten« Hochzeiten – ein sonniger, windiger Tag, auf den Weiden grasten Pferde und Rinder. Jedermann sah strahlend und gesund aus. Mehrere riesige Zelte waren auf den hinteren Wiesen aufgeschlagen worden. Meyer Davis, der auf Janets erster Hochzeit gespielt hatte (und auf Jackies Debütantinnenparty), fiedelte wie verrückt. Die Kinder – meine, die von Noreen Drexel und die beiden kleinen Auchincloss' – führten zur Freude der Wochenschaukameras einen mexikanischen Huttanz auf.«[81]

Jackie gab sich heiter, ließ sich nichts anmerken. Sylvia Whitehouse war von ihrer Tapferkeit beeindruckt, von »der fabelhaften Art, in der sie sich zusammennahm, von ihrer Fähigkeit, sich über die Probleme des Tages hinwegzusetzen, namentlich über das erzwungene Fehlen ihres Vaters. Als Brautjungfer hatte ich überhaupt nichts davon mitbekommen, dass er betrunken im Viking-Hotel lag … sie hat gewiss nicht geweint oder sich etwas anmerken lassen …«[82] Jack und Jackie posierten »uneingeschränkt« für die Fotografen. Nur ein einziges Mal widersetzte sich Jackie, als sie aufgefordert wurde, mit ihrem Mann mit Champagnergläsern anzustoßen, was sie als »zu kitschig« bezeichnete.[83]

Kaum hatte die unwiderstehliche Woge der Kennedys und ihrer Freunde ihre Hochzeit in Newport überschwemmt, fühlte Jackie, wie sie selbst unwiderruflich in eine Kennedy-Zukunft mitgerissen wurde.

5
Aufnahme in den Clan

»Nemesis ist die Tochter der Nacht, die Göttin der Vergeltung, die alles unmäßige Glück zu Fall bringt und die Vermessenheit aufhält, die ihr begegnet.«
Übersetzung der altgriechischen Interpretation von Nemesis, aus ›Lemprière's Classical Dictionary‹

Bereits während ihrer Flitterwochen bekam Jackie einen Eindruck von der Achterbahnfahrt, die ihr Leben mit Jack sein würde, von der nervenzerreißenden Unfähigkeit, Ereignisse zu kontrollieren, wie sie dies gewohnt gewesen war, von der Zersplitterung im Leben und unter den Freunden ihres Mannes, von der Spanne der Erfahrungen, die er ohne sie gemacht hatte und an denen sie nicht teilhaben konnte, von den unendlichen Schichten seiner Vergangenheit und den Loyalitäten, die ihre Beziehung bedrohten.

Den ersten Teil der Hochzeitsreise verbrachten sie in Acapulco, auf einem Felsen, von dem aus man den Ozean überblicken konnte, in einem rosa getünchten Haus, das es Jackie bei einem früheren Besuch mit Hughdie und Janet angetan hatte. Romantik und Einsamkeit verloren für Jack jedoch bald ihren Reiz. Innerhalb weniger Tage befand sich das frisch vermählte Paar in Kalifornien, wo sie eine Woche in Beverley Hills verbringen wollten, einem der Lieblingsjagdgründe von Jack und seinem Vater. Dort wohnten sie in einem Haus, das Marion Davies gehörte, der Geliebten von William Randolph Hearst und einer alten Freundin von Joe Kennedy. Wie viel Jack Jackie von seinen früheren Ausflügen anvertraut hatte, die er mit Gene Tierney, Sonja Henie und Scharen anderer, laut Paul »Red« Fay »ins Bel Air gestopfter«[1] Frauen hierher unternommen hatte, bleibt fraglich. Von Beverley Hills aus trafen sie sich mit Jacks altem Marinekameraden Red und dessen Frau Anita, um ein paar Tage auf der Monterey-Halbinsel zu verbringen. Dann fuhren sie weiter nach San Francisco, wo die Fays wohnten.

Jackie lernte allmählich den harten Kern der treuen Freunde ihres Mannes kennen. Auf Fay, den Jack für gewöhnlich als »Rotschopf« bezeichnete, traf diese Charakterisierung zweifellos zu. Die beiden Männer hatten sich 1942 in der Melville Torpedo Boat Training School kennen gelernt und in derselben PT-Schiffsstaffel auf den Salomon-Inseln gedient, wo sie sich nahe kamen. Fay war groß, rothaarig, gut aussehend und sportlich. Mit Jack teilte er den irisch-katholischen Hintergrund. Auch er stammte aus einer großen Familie mit einem beherrschenden Vater. Jack aber hatte an ihm vor allem seine warme, vergnügte Lebenseinstellung gefallen. Der Briefwechsel mit Fay hatte Jack im Krankenhaus Mut gemacht, nachdem er als Invalide aus der Marine hatte ausscheiden müssen. Im September 1944, in jenen grauenvollen Tagen nach dem Tod von Joe jr., war er nach Hyannis Port und später im selben Jahr nach Palm Beach eingeladen worden. Während seines kurzen Intermezzos als Journalist in San Francisco, zur Zeit der Gründung der Vereinten Nationen im Jahre 1945, war er mit Jack zusammen gewesen. 1946 hatte er ihm bei seinem Wahlkampf für den Kongress geholfen, ehe er im Oktober 1946 Anita heiratete. Er war Jacks Waffengefährte. Sogar der alte Joe Kennedy fand Gefallen an ihm, und so war er praktisch zum Ehren-Kennedy geworden, der vor allem Bobby und dessen Frau Ethel nahe stand.

Zum ersten Mal hatte Jackie Red Fay vor der Hochzeit auf der Hammersmith-Farm getroffen, wo sie Fay weniger durch ihr Aussehen als vielmehr durch die Sanftheit ihrer Stimme beeindruckt hatte. »Bei Gott, sie ist eine fantastisch aussehende Frau«, sagte er später zu Jack, »(aber) solltest du irgendwann mal ein bisschen taub werden, dürftest du Schwierigkeiten haben, alle ihre Sendewellen zu empfangen.« Jack, so berichtete er, »warf den Kopf zurück und brüllte vor Lachen«. Red, so schrieb Jack ihm später mit einem Augenzwinkern, fiel die Rolle zu, sich für ihn bei Janet einzuschmeicheln – »ein feines Mädchen, das leider dazu neigt anzunehmen, ich sei nicht gut genug für ihre Tochter ...« Nicht eben überraschend scheiterte Fay beim ersten Test zu dieser Mission. Im Interesse der ehelichen Beziehungen weigerte sich Jack, mit ihm im Newport Club eine Runde Golf zu spielen. »Kannst du dir nicht vorstellen«, fragte er, »was für einen großartigen Eindruck es bei der hoffnungsvollen Braut und ihrer beschützenden Mutter machen wird, wenn der leidenschaftliche zukünftige Ehemann den ersten Tag in ihrem Heim damit zubringt, mit einem alten Kriegskumpel Golf zu spielen?« Jack setzte Fay und einen Freund aus Boston, John Galvin – »der irischer aussieht als Paddys Sau – beim Golfplatz ab. Als er sie am Ende der Runde in seinem Kabriolett wieder zurückkarrte, bemerkte er mit sarkastischer Freude: »Ich hoffe, ihr zwei habt euer Golfspiel genossen, denn es führte um ein Haar zu einem völligen Zusammenbruch der Beziehungen zwischen der Brautmutter und ihrem hinreißenden zukünftigen Schwiegersohn. Es sieht aus, als gebe es eine Regel, dass Nichtmitglieder hier nur spielen dürfen, wenn sie von einem Mitglied begleitet werden, das ihr Spiel absegnet. Die Invasion der irisch-katholischen Horden in eine der letzten Bastionen von Amerikas gesellschaftlicher Elite wurde angeführt von zwei fleischigen, rothaarigen Freunden des Bräutigams ...«[2]

Jackie begann zu begreifen, dass Jacks wichtigste Beziehungen zu Männern, nicht zu Frauen bestanden. Er zog die Gesellschaft von Männern vor. Er war ein geborener Anführer, der Mittelpunkt der Aufmerksamkeit, und das schon, seit er ein dürrer Schuljunge in Choate gewesen war. Schulkameraden, Studienfreunde, Militärkumpel, englische Aristokraten, politische Hilfskräfte, Männer des Geheimdienstes, die ihn während seiner Zeit im Weißen Haus abschirmten, sie alle waren ihm ergeben. Seine männlichen Freunde waren ihm absolut treu ergeben, und diese Loyalität schloss Jackie letzten Endes aus. Seine Treue gegenüber seinen Freunden war ebenso unverbrüchlich. Es gab eine Macho-, eine Sportsmann-Seite an Jack, die männliche Kameraderie genoss. Jackie bekam dies auf ihrer Hochzeitsreise an die Westküste zu spüren, die so romantisch hätte sein sollen. Fay nahm ihn mit zu einem Treffen mit Sergeant »Sarge« Tom Casey, der eine Art Legende der Stanford-Universität darstellte und den Jack zum ersten Mal 1945 in Kalifornien getroffen hatte. Sarges Begrüßung für Jack war übertrieben; die in Fays altem Verbindungshaus, wohin er den großen Senator stolz führte, konnte nicht mithalten. Während man dort konzentriert die World Series verfolgte, schenkte man Kennedy kaum Beachtung. »Ich muss schon sagen, das war eine muntere Gruppe«, bemerkte Jack, als sie aufbrachen. »Als Jack und Jacqueline in ihren Flitterwochen an die Westküste kamen, unterbrach der Druck des öffentlichen Lebens – ganz zu schweigen von dem eines alten Schiffskameraden und dessen Frau – viel zu oft die Art von Hochzeitsreise, die jede junge Braut sich wohl wünscht«, schrieb Fay[3]. »Am letzten Tag ihrer Hochzeitsreise gingen Jack und ich zum Beispiel zu einem Football-Spiel, während seine Frau seit ein paar Wochen die Nachmittage damit verbrachte, sich von der Frau des alten Schiffskameraden die Bucht zeigen zu lassen. Ich bin sicher, für Jack war das nicht einmal ein besonders unübliches Arrangement …«[4]

Ein ebenso wenig unübliches Arrangement für Jack schien es, dass er und Jackie nach ihrer Rückkehr von der Hochzeitsreise mehrere Wochen lang bei seinen Eltern wohnen sollten, wo sie ihre Zeit zwischen dem Haus der Kennedys in Hyannis Port und einigen Nächten in Boston aufteilen sollten, dort entweder im Ritz-Carlton-Hotel oder in der eher trübseligen Wohnung, die den Bostoner Sitz des Senators darstellte. Jackie war am tiefen Ende in den reißenden Strom der Kennedys geworfen worden und hatte die Realitäten des Lebens in einer Familie zu lernen, die sie als so überschäumend »wie Sodawasser« beschrieben, ihr Freund John White aber mit der kribbelnden Bevölkerung eines Ameisenhaufens verglichen hatte.

Die Kennedy-Familie war in einer Weise patriarchalisch-hierarchisch aufgebaut, die Jackie von ihrer angenommenen Familie, den Auchincloss', nicht kannte. Auf Merrywood und Hammersmith dominierte Janets Persönlichkeit, während Hughdie freundlich-still im Hintergrund blieb. Die Kennedys waren ein so eng verbundener Clan oder Stamm, wie es die Bouviers trotz der herrschenden Stellung des Majors nie gewesen waren. In

Hyannis Port und Palm Beach war der alte Joe – der von seinen Kindern abwechselnd »Daddy«, »Papa«, »JP« oder »der alte Herr« genannt wurde – der Kaiser an der Spitze der Pyramide. Er war groß, gut gebaut und besaß laut einem der Assistenten seines Sohnes Jack »einen unerhörten Charme, wenn er beschloss, ihn zu benutzen«.[5] Joe Kennedy war kaltherzig, brillant, ehrgeizig und stolz. Im privaten wie im Geschäftsleben war er selbstsüchtig, engstirnig, rücksichtslos und amoralisch. Er war der Enkel irischer Einwanderer aus der Grafschaft Wexford, die keinen Penny besessen hatten, und der Sohn von P. J. »Pat« Kennedy, einem zähen politischen Bezirksvorsteher. Dieser war fünfmal ins House of Representatives Massachusetts gewählt worden und hatte sich dann zur Ruhe gesetzt, um sich seinen Interessen im Trinkhallen- und Spirituosengeschäft widmen zu können. Dabei behielt er zugleich aus dem Hintergrund heraus die Kontrolle über die Parteimaschinerie der Bostoner Demokraten. PJs Einfluss auf seinen Enkel war minimal. Jack erinnerte sich seiner ohne Zuneigung. Wenn er und sein älterer Bruder Joe jr. auf Sonntagsbesuche zum Großvater mitgenommen wurden, »durften wir nicht unterbrechen, ja nicht mal zwinkern durften wir in seiner Gegenwart«.[6]

Joe Kennedy war entschlossen gewesen, aus der irisch-katholischen Immigranten-Ghettowelt im achten Bezirk am Nordende Bostons auszubrechen. Von hier aus hatte sein Vater operiert und hierher hatten ihn die unsichtbaren, aber deshalb nicht weniger vorhandenen Vorurteile gegen Iren seitens der Back-Bay-Brahmanen-Familien (der Adams, Cabots, Lowells, Saltonstalls und ihrem Netz von Verwandten) verbannt. Die Verachtung des protestantischen Establishments der Ostküste gegenüber irischen Katholiken, die seit der ersten Einwanderungsflut des Jahres 1847 bis in die sechziger Jahre des zwanzigsten Jahrhunderts anhielt, als die Wahl John F. Kennedys die Betrachtungsweise veränderte, ließe sich nur schwerlich übertreiben. Nirgendwo war die Wirkung der riesigen Massen von irischen Emigranten spürbarer als in Boston und nirgendwo wurde die Entschlossenheit, ihre Unterwanderung der gehobenen Schichten aufzuhalten, deutlicher beim Namen genannt.

Wie Stephen Birmingham ein Jahrzehnt nach der Ermordung von John Kennedy schrieb: »Ironisch ist, dass die Oberschicht Bostons, die sich sonst kulturell und intellektuell so liberal gab, an diesem Punkt eines nicht konnte – und noch immer nicht kann: die Iren aus sozialer Gleichberechtigung als Kandidaten zu akzeptieren.«[7] Im Alter von erst zwanzig Jahren hatte Joe Kennedy den Yankee-Weg in die gesellschaftliche Akzeptanz eingeschlagen und war auf eine soziale Barriere gestoßen. Er war hoch gewachsen und zäh genug, um für Harvard Football zu spielen, aber seiner Abstammung nach nicht fein genug, um in einen der Final Clubs aufgenommen zu werden – Clubs für Gentlemen, die für Schwarze, Frauen und Katholiken verschlossen blieben. Es war der erste seiner zahlreichen gesellschaftlichen Rückschläge.

> Als Joe nach Harvard kam [so ein Bericht der Historikerin und Kennedy-Biographin Doris Kearns Goodwin], nahm er als gesichert an, dass er dort von jedermann akzeptiert würde, wie dies an der Bostoner Lateinschule der Fall gewesen war. Er war das Lieblingskind seiner Familie. Und am Anfang war er auch beliebt. Er war ein sehr offener, großzügiger, quirliger Mann, und die Leute mochten ihn. Als er aber plötzlich anfing, sich für die Final Clubs zu bewerben, in denen alle seine Freunde waren, wurde ihm die Aufnahme verweigert. Es war eine niederschmetternde Erfahrung für ihn. Ich nehme an, er hatte wirklich zum ersten Mal begriffen, was es bedeutete, in Boston Katholik zu sein, nämlich dass er beständig ein Außenseiter bleiben würde. Später sagte er und erzählte dies auch Rose, dass er von dieser Nacht an, in der all seine Freunde in diesen schicken Final Club gingen und man ihn nicht hineinließ, sich selbst in einem anderen Licht sah. Von da an war ihm klar, dass er gegen diese Welt würde kämpfen müssen, dass er sich nicht einfach mit seinem Charme in diese Welt hineinarbeiten konnte. Er würde seinen Angriff vorbereiten müssen, und ich denke, von diesem Moment an waren seine gesamte Laufbahn, das Geld, die Kinder, die Präsidentschaft sein Angriff gegen die »Brahmanen«-Welt.[8]

Zu Beginn seines Erwachsenenlebens begriff Joe Kennedy, dass Geld die Quelle zur Macht war und dass er die Brahmanen übertölpeln konnte, indem er sie überbot: 1914 wurde er der jüngste Bankdirektor Bostons. Er hatte vor, seine eigene Dynastie zu gründen, um die alten Bostoner Familien herauszufordern, welche die finanziellen und gesellschaftlichen Hebel in den Händen hielten. Er war noch nicht einmal achtzehn, als seine Wahl einer geeigneten Braut auf die sechzehnjährige Rose Fitzgerald fiel.

In den Kreisen der Bostoner Iren galt Rose als eine Prinzessin. Sie war die Lieblingstochter von John »Honey Fitz« Fitzgerald, einem der beliebtesten und erfolgreichsten irischen Politiker Bostons als Staatssenator und Demokratischer Kongressabgeordneter für Massachusetts, doch noch besser bekannt als fünfmaliger Bürgermeister Bostons. Der lächelnde, witzelnde, charmante Schwerenöter Fitzgerald war Jack Kennedy unter seinen Großeltern der Liebste. Er glich ihm in vielerlei Hinsicht und hatte sein politisches Erbe angetreten. Als hochgradig energiegeladener, äußerst profilierter politischer Kämpfer (und erbitterter Gegner von P. J. Kennedy), dessen Einstellung zu Wahlbestechungen bei weitem nicht blitzsauber waren, hatte Fitzgerald 1916 den republikanischen »Brahmanen« Henry Cabot Lodge im Kampf um den Senatssitz herausgefordert. Fitzgerald unterlag, doch 1952, sechsunddreißig Jahre später, machte Jack die Schlappe wett, indem er gegen einen anderen Lodge den Sieg errang.

Fitzgeralds Tochter war schön, intelligent und ehrgeizig. Nach einer guten Ausbildung an der Dorchester Latin School hatte sie das angesehene WASP College Wellesley besuchen wollen, war jedoch von dem katholischen Erzbischof von Boston sowie der Furcht ihres Vaters davon abgehalten worden, seine katholische Wählerschaft zu verärgern. Der Sohn P. J. Kennedys erschien ihm nicht gut genug für seine vollkommene Tochter. Er schickte Rose als Internatsschülerin an zwei Klöster, um ihn von ihr fernzuhalten. Eines davon lag in Holland und das andere war das Sacred Heart in Manhattanville, New York. Nach einer gewaltigen Debütantinnenparty im Jahr 1911 begleitete Rose ihren Vater als Gastgeberin auf eine offizielle Reise durch Europa, auf der er Boston vertrat, und auf Parteiveranstaltungen der Demokraten überall in Amerika. Trotz aller Bemühungen ihres Vaters sie abzulenken, träumte Rose weiterhin von Joe Kennedy. Fälschlicherweise sah sie ihn als ihren Ritter an, der sie aus der Herrschaft ihres Vaters befreien würde.

1914 heiratete das Paar und zog gemäß Joes Entschluss, Boston zu verlassen, in ein Haus in Brookline, Massachusetts, ein vornehmlich von Protestanten bewohnter Vorort, wo für Rose ein Eheleben ununterbrochener Schwangerschaften begann. Joseph jr. wurde neun Monate nach der Hochzeitsreise, am 25. Juli 1915, geboren, gefolgt von John Fitzgerald Kennedy am 29. Mai 1917, Rosemary (geboren am 13. September 1918), Kathleen »Kick« (geboren am 20. Februar 1920), Eunice (geboren am 10. Juli 1921), Patricia (geboren am 6. Mai 1924), Robert »Bobby« (geboren am 20. November 1925), Jean (geboren am 20. Februar 1928) und Edward »Teddy« (geboren am 2. Februar 1932).

Für Rose war es eine Zeit emotionaler und gesellschaftlicher Entbehrungen. Aus der sprühenden Tochter des Bostoner Bürgermeisters wurde die einsame Ehefrau in Brookline, die mehr und mehr Zeit allein verbrachte, während ihr Mann seine geschäftlichen und sexuellen Interessen anderswo verfolgte. »Joes Zeit gehörte ihm, wie es immer gewesen war und immer sein würde«, schrieb sie wehmütig. »Einst hatten Schule und College einen großen Teil davon in Anspruch genommen, jetzt war es das Gleiche mit dem Geschäft.«[9] Ihre einzige Begegnung mit der Außenwelt war die Präsidentschaft des Ace of Clubs, den sie gegründet hatte und der sich Gesprächen über Ausbildungsfragen und natürlich Religion widmete. Da sie vor Sex, außer zu Fortpflanzungszwecken, zurückschreckte, musste sie bald entdecken, dass sie keinerlei Einfluss auf ihren Mann hatte und das gemeinsame kulturelle und gesellschaftliche Leben, das sie sich erträumt hatte, nie stattfinden würde. Als ihr zweitgeborener Sohn John Fitzgerald 1920 noch keine drei Jahre alt war, verließ sie Joe und kehrte nach Hause zurück, wo Honey Fitz ihr jedoch mehr oder weniger klar machte, dass man so, wie man sich bette, eben auch liegen müsse. Nachdem sie in das Haus in der Beals-Straße zurückgekehrt war, blieb ihr keine andere Möglichkeit, als sich in den Prototyp der stoischen irisch-katholischen Mutter zu verwandeln. Die Mutterschaft war ihr mehr Pflicht als Vergnügen. Später beschrieb sie sich und ihren Mann als Partner im Familienunternehmen – ein verblüffend vielsagender Begriff. Tatsächlich war sie zur Managerin einer Fließband-Babyproduktion und zur Aufseherin über Kinderfrauen, Dienstmädchen und Köchinnen geworden.

> Ich musste sicher sein, dass ich genug hochwertige Windeln zur Hand hatte … Außerdem musste der tägliche Vorrat an Flaschen und Saugern gereinigt und sterilisiert werden. Das meiste davon tat ich nicht selbst, aber ich hatte sicherzustellen, dass es getan wurde, und zwar nach einem Plan, der sich mit keinem anderen wichtigen Plan überschnitt. Nicht dass die Pflegerin in der Küche mit dem Abkochen der Flaschen und Sauger und der Zubereitung von Flaschenmilch und Gemüsebrei beschäftigt war, wenn die Köchin den Herd brauchte … Das hätte eine Küchenkrise ausgelöst, böse Worte und verletzte Gefühle und, vom Standpunkt eines Managers aus betrachtet, ein rapides Absinken von Moral und Effektivität.[10]

Die Managerin Rose fertigte Karteikarten mit sämtlichen Krankheiten, Behandlungen und Messwerten ihrer Kinder an, beaufsichtigte deren Bekleidung und tägliche Bewegung. Wenn sie ihre Aufgaben als Managerin erledigt hatte, ging sie für den restlichen Tag in ihre katholischen Gesellschaftsclubs aus, um gegen fünf Uhr abends zur Leitung des Betriebs zurückzukehren und mit Joe, falls dieser daheim war, über die Fortschritte der Kinder zu sprechen. »Wir waren Individuen mit höchst verantwortlichen Rollen in einer Partnerschaft, die Erträge hervorbrachte, welche wir teilten«, lautete ihr Urteil über die Elternschaft der Kennedys.

Als Amerika 1917 schließlich in den Ersten Weltkrieg eintrat, weigerte sich Joe hartnäckig, sich einziehen zu lassen, und wurde zum ersten, doch nicht zum letzten Mal in seinem Leben als körperlicher Feigling gebrandmarkt. Es war ein Flecken auf seinem Namen, den seine beiden ältesten Söhne mit ihrem außergewöhnlichen Heldentum versuchen würden auszuradieren.

Stattdessen verlegte er sich aufs Geldverdienen: Schwarzbrennerei während der Prohibition brachte ihn unvermeidlich in Berührung mit Gestalten der organisierten Kriminalität, und an der Börse lernte er die Geheimnisse des Insiderhandels und der Aktienbündelung. Als er Mitte der zwanziger Jahre aus seiner Börsenmaklerfirma ausgeschieden war und somit keine erkennbare Einkommensquelle mehr besaß, wurde sein Vermögen von der Zeitschrift *Fortune* auf 15 bis 20 Millionen Dollar in heutigem Geld geschätzt. 1926 orientierte er sich nach Hollywood, wobei er mit demselben rücksichtslosen Geschick noch viel mehr Geld machte und sich dadurch den Ruf eines Schwindlers und Betrügers verschaffte. Geld und vor allem die Methoden, mit denen er es erwarb, brachten Joe nicht die gesellschaftliche Anerkennung, nach der er sich sehnte. Vom Cohasset Country Club abgewiesen, zog er 1927 mit seiner Familie nach Riverdale, New York, um und behauptete, Boston sei kein Ort, »um katholische Kinder aufzuziehen«. Während Joe davon überzeugt war, die Zurückweisung durch die Mitglieder des Country Club beruhe auf puren Vorurteilen – »weil ich irischer Katholik und der Sohn eines Barkeepers war« –, erklärten andere, sein übler finanzieller Ruf habe ihm die Tür versperrt. Die Furcht vor Vorurteilen trieb ihn dazu, ein Sommerhaus in Cape Cod zu kaufen, einer Gegend, von der ihm versichert worden war, dass man ihn dort akzeptieren werde. »Der Hauptgrund, der Joe Kennedy nach Hyannis Port brachte«, sagte Roses Neffe Joseph F. Gargan, »war, dass er hier als irischer Katholik in den Country Club eintreten konnte.«[11] Die Kennedys mieteten zunächst Malcolm Cottage, wie es genannt wurde, und kauften es drei Jahre später.

Anfang 1929 zog die Familie in ein Haus im Kolonialstil in Bronxville, New York, das einundzwanzig Zimmer und sechs Morgen Land besaß. Die Stadt war anscheinend dafür berüchtigt, dass sie Juden ausschloss. Im selben Jahr hatte Joe eine öffentliche Affäre mit Gloria Swanson begonnen, die damals auf dem Höhepunkt ihres Ruhmes stand. Es gelang ihm, einen nicht unbeträchtlichen Teil ihres Geldes und einiges von seinem dazu mit einem teuren Flop-Film namens *Queen Kelly* zu verlieren. Rose reagierte auf die Affäre ihres Mannes, indem sie vorgab, von nichts zu wissen. Sie vermied jegliche Konfrontation, indem sie mehr reiste, und strafte ihren Mann mit häufigen verschwenderischen Einkaufsausflügen. Es war ein Verhaltensmuster – Leugnung und Flucht –, das auch Jackie später annahm, als sie sich mit Jacks ständigen Affären konfrontiert sah. (Jack hatte feindlich auf die Abwesenheit seiner Mutter reagiert. Im Alter von fünf Jahren rief er ihr hinterher: »Du bist ja vielleicht eine *tolle* Mutter, gehst weg und lässt deine Kinder hier ganz allein!«[12] Anfangs hatte er noch geweint, wenn sie ihre Taschen packte, doch gab er es auf, als ihm klar wurde, dass er sie damit nur reizte.)

Nachdem er den Börsenkrach von 1929 durch Unterwertverkäufe überlebt hatte, bereicherte Joe sich bald wieder durch räuberische Insider-Aktiengeschäfte und den Spirituosenhandel. Hier gelang es ihm durch die geschickte Vermittlung von Franklin D. Roosevelts Sohn James, die US-Vertretung von Haig & Haig zu erwerben. Angefeuert durch ein sich stetig vermehrendes Vermögen und Beziehungen zu dem neuen Präsidenten Roosevelt, kaufte Joe ein Haus am North Ocean Boulevard, Palm Beach, der Winterresidenz der Superreichen. 1934 erklärte Roosevelt, »um einen Dieb zu fangen, bedarf es eines Diebes«, und beauftragte ihn mit der Regulierung der Börse durch die Wertpapier- und Investitionskontrollbehörde, eine Organisation, die sowohl Jackies Vater als auch ihren Stiefvater in Rage versetzte.

Joe Kennedys Ehrgeiz strebte nun weit über die Wall Street hinaus. Mit seinem üblichen, eingleisigen Scharfsinn hatte er erkannt, dass sich durch den Krach von 1929 die wahre Machtbasis von der Wall Street nach Washington verschoben hatte, von der Geschäftswelt zur Regierung und dem höchsten Amt des Landes. Er hatte Roosevelt während der Präsidentschaftswahl von 1932 sowohl finanziell als auch hinter den Kulissen unterstützt und hegte die Hoffnung, 1940 selbst als demokratischer Kandidat nominiert zu werden. Zumindest aber hoffte er, mit einem Amt belohnt zu werden. Er erhielt den Vorsitz der US-Marinebehörde und das geheime Versprechen des gesellschaftlichen Aufstiegs, nach dem er und Rose sich sehnten: die Botschaft in London. Hier wurden Roosevelt die Hände durch Joes Verbündetem Arthur Krock (dem Joe 1937 $ 25 000 bezahlte, damit er dafür sorgt, dass der Name Kennedy in den Zeitungen blieb) gebunden. Krock ließ die Neuigkeit von der Ernennung durchsickern, bevor die Sache wirklich gesichert war. Joe hatte einen simplen Grund für seinen Wunsch nach dem Amt. »Geh bloß nicht los und kauf einen Haufen Gepäck«, erklärte er Harvey Klemmer, seinem Assistenten in der Marinebehörde, der ihn nach London begleitete. »Wir bringen lediglich die Familie ins Gesellschaftsregister, dann kommen wir zurück, fahren hinauf nach Hollywood und machen Filme und ein bisschen Geld.«[13]

Im Februar 1938 fuhr er nach England, als erster katholischer Botschafter der Vereinigten Staaten am St. James Court. Das Amt brachte die Familie tatsächlich in die heiß ersehnten Spalten des *Social Register* und hatte weitreichende Konsequenzen nicht nur für ihn selbst, sondern auch für seine drei ältesten Kinder Joe jr., Jack und Kathleen.

Jacks Interesse am Weltgeschehen war ein Jahr zuvor durch eine Reise nach Europa mit Lem Billings geweckt worden, wo er, abgesehen von anderen Erfahrungen, in Nürnberg von Nazis angespuckt worden war. Als er 1938 mit seiner Familie wieder nach London kam, begegnete er so ziemlich jedem, der im gesellschaftlichen und politischen Leben Englands eine Rolle spielte, von der königlichen Familie abwärts, und knüpfte enge Freundschaften mit Altersgenossen innerhalb der britischen Oberschicht. »Jack war im richtigen Alter, um sich von ihnen den nötigen Schliff zu holen«, sagte Gore Vidal. »Und er wurde einer von ihnen. Ich fand immer, er hatte mehr von einem jungen englischen Edelmann als von einem Amerikaner an sich. Er wusste weit mehr über englische Parlamentsgeschichte als über die Geschichte Amerikas. Er und ich sprachen oft über die Regierungen Palmerstons und Gladstones und über dies und das. In gewisser Weise war er sehr englisch geworden. Bobby war zu jung gewesen, um davon zu profitieren.«[14] Als Beobachter der politischen Lage im Europa des Jahres 1939 wohnte er bei Botschafter Biddle in Warschau und kam zu dem Schluss: »Die Polen werden kämpfen.« Er besuchte Osteuropa und Palästina. Am Vorabend des Krieges fuhr er mit seinem Studienfreund Byron »Whizzer« White noch einmal nach Europa, um Material für seine Harvard-Diplomarbeit zur Appeasement-Politik zu sammeln. Noch am 20. August 1939 hielt er sich in Berlin auf. Am 3. September 1939 befand er sich im Unterhaus und hörte, wie Chamberlain Deutschland den Krieg erklärte. Doch während sein Vater voller Sorge seine Hoffnungen auf eine Beschwichtigung Hitlers zerfallen sah, fühlte sich Jack von den kämpferischen Worten Churchills beflügelt, dessen sämtliche Bücher er gelesen hatte: »Es ist ein Krieg … um die Rechte des Einzelnen unverrückbar in Stein zu meißeln, und es ist ein Krieg, um die Größe der Menschheit zu bewahren und wiederzubeleben.«

Die britische Oberschicht im letzten Jahrzehnt ihrer Macht und ihres Einflusses faszinierte Jack. Er genoss den Geschichtssinn in den großen Landhäusern, den geschichtlichen Hintergrund bei Gesprächen über Literatur und Politik auf den dortigen Wochenendpartys. Er genoss die Witze, die Weigerung, Dinge zu ernst zu nehmen, die seinem eigenen kühlen Temperament entgegenkam. Und er wusste die Einstellung der englischen Aristokraten zu Frauen und Sex zu schätzen. Anders als in Amerika, wo Frauen auf Sockel gehoben wurden und im wahrsten Sinne des Wortes Macht besaßen, waren die Frauen der englischen Oberklasse Luxusgeschöpfe mit einer Begabung zu Verführung und Amüsement. Umgekehrt wurden Jack und Kathleen ihrerseits von der englischen Oberschicht mit offenen Armen aufgenommen. Tatsächlich kehrte Kathleen während des Krieges nach England zurück, um den Erben des Herzogs von Devonshire zu heiraten und eine Marchioness of Hartington zu werden. Nach seinem Tod auf dem Schlachtfeld im September 1944 verbrachte sie, was von ihrem kurzen Leben noch übrig war, in England, bis sie 1948 zusammen mit ihrem englischen adligen Liebhaber, dem Grafen Fitzwilliam, bei einem Flugzeugabsturz ums Leben kam.

Joe Kennedys Kurzauftritt als erster irischer, römisch-katholischer amerikanischer Botschafter am St. James Court nahm einen glanzvollen Anfang. Für Rose war dies womöglich die glücklichste Zeit ihres Lebens. Alle gesellschaftlichen Türen standen den Kennedys offen: Sie wurden überallhin eingeladen und verbrachten sogar ein Wochenende mit König George VI. und Königin Elizabeth auf Windsor Castle. Kaum ein Jahr später jedoch, als in Europa der Krieg ausbrach, machte sich Joe Kennedy durch sein vehementes Eintreten für die Beschwichtigung Hitlers äußerst unbeliebt. Seine feige Einstellung wurde offenbar, als er sogar noch vor der Bombardierung ein Landhaus außerhalb von London mietete, um möglichen nächtlichen Bombenangriffen zu entgehen, wobei er das Personal seiner Botschaft zurückließ, das der Gefahr allein ins Auge sehen sollte. Sein berechtigter Ruf, körperlich ein Feigling zu sein, verstärkte sich dadurch noch.

Im Oktober 1940, am Vorabend der Präsidentschaftswahl, bestach er Roosevelt förmlich, damit er ihn zurückrufe, und gab nach seiner Rückkehr ein Interview von solcher Indiskretion, dass seine politischen Hoffnungen sich damit erledigt hatten. Unter anderem erklärte er die Demokratie in England für »beendet« und verkündete, die Königin von England werde die Erste sein, die Frieden mit Hitler schlösse. Noch nachdem Amerika in den Krieg eingetreten war, vertrat er immer wieder isolationistische Standpunkte und machte sich damit praktisch zum gesellschaftlichen Paria und zu einem der unbeliebtesten Männer Amerikas. Nachdem er 1942 von Roosevelt, mit dem er sich zerstritten hatte, geächtet worden war und sich von weiten Teilen der amerikanischen Bevölkerung verachtet sah, begriff er, dass er jede Hoffnung auf eine Zukunft im öffentlichen Leben endgültig begraben musste. Frank Waldrop traf ihn im Frühling 1942 zum Lunch in Palm Beach und beschrieb den ehemaligen Botschafter als »emotional am Boden zerstört«. All seine Hoffnungen, seine Ambitionen, seine grandiose Energie und sein finanzielles Polster sollten sich nun auf seine Kinder, vor allem auf seine ältesten Söhne richten. Jacks Biograph schrieb: »Unter diesen Umständen konnten nur seine Söhne Joe jr. und Jack die Ehre der Familie wiederherstellen.«[15] Nachdem Joe jr.

im August 1944 auf dem Schlachtfeld gestorben war, lastete diese Verantwortung allein auf Jack.

Während des Krieges auf den Salomon-Inseln, wo Jack das Kommando über ein PT-(Patrouillen-Torpedo-)Schiff innehatte, sprach er oft mit seinen Kameraden über seinen Vater. »Er schämte sich sehr dafür, dass sein Vater nicht im Ersten Weltkrieg gedient hatte«, erinnerte sich einer. Das brachte beide, Joe und Jack dazu, im Krieg ihr Leben zu riskieren. Joe verlor das seine und Jack war nahe daran, während sie beide versuchten, durch ihr Heldentum die Feigheit ihres Vaters wettzumachen. Mit seinem erfolgreichen Einstieg in die Politik wischte Jack in gewisser Weise die Demütigung aus, die seinem Vater durch Roosevelt widerfahren war. Die gesellschaftliche Zurückweisung, die sein Vater in Harvard erleben musste, hing auch noch immer in der Luft, und Jack entging nur knapp einer ähnlichen Erfahrung.

Aber Jack besaß eine wichtige Stärke, die seinem Vater in so auffälliger Weise fehlte: eine magische Fähigkeit, Freunde zu gewinnen und sie, was vielleicht noch bemerkenswerter war, auch zu halten. In Harvard wie überall sonst hatte er Freunde, die das gesamte soziale und religiöse Spektrum abdeckten, Katholiken und Angehörige der Episkopalkirche, Rohdiamanten wie der irische Footballstar Torby MacDonald und WASPs aus der Oberschicht. Und mit der Hilfe seiner Freunde wurde er in den Spee Club aufgenommen, wo die Mitgliedschaft allerdings mehr dem liberalen New York als Bostoner Verhältnissen entsprach. Eben Pyne, der groß, reich, gut aussehend und von der Abstammung her der perfekte WASP war, freundete sich mit Jack während dessen kurzen Aufenthalts in Princeton an und blieb ihm, solange er in Harvard war, treu. Wenn er seine Mutter fragte, ob er Jack übers Wochenende mit aufs Land nehmen durfte, lautete ihre Antwort: »Du darfst ein katholisches Wochenende haben.« Pyne, den Jack liebevoll »Evil Eben« nannte, erinnerte sich an eine Tanzveranstaltung im Tuxedo Club, die er mit Jack besucht und auf der er dessen amüsierte Reaktion auf Vorurteile miterlebt hatte. Jack unterbrach einen

Sprössling der Ostküsten-Aristokratie beim Tanz mit Charlotte McDonnell, Mitglied der großen katholischen Familie McDonnell und Freundin seiner Schwester Kathleen. Der betreffende Mann war in die Farben des Clubs gewandet, während Jack ein einfaches Dinnerjackett trug. Er reagierte »ziemlich grob« und ließ einen Ausdruck wie »irischer Bauer« fallen. Als sie später nach draußen gingen, lag alles dick verschneit und das Auto des Mannes steckte im Schnee fest, Jacks gewaltige Limousine aber stand direkt davor. »Warum fragst du nicht Jack?«, schlug Pyne vor. »Kennedy kurbelte sein Fenster ein kleines Stück weit herunter«, erinnerte sich Pyne, »und dann fragte er: ›Hast du ein Problem?‹ Der andere wies auf seinen Wagen, woraufhin Jack anfährt und zurücksetzt, dass das kleine Auto seines Rivalen einen Sprung macht. Das Gesicht des Mannes nimmt die Farbe von Erdbeer- und Vanilleeiskrem an. Wieder fragt Jack ihn: ›Hast du ein Problem?‹, und er brüllt: ›Du gottverdammter Sohn eines irischen Bauern!‹«[16]

Jack besaß die Grazie, den Humor, die Schlagfertigkeit und den Intellekt, stereotypem irischen Verhalten zu entkommen und die Kennedys neu zu erfinden. Schließlich war er der erste irische Katholik, der in den Boston-Harvard-Klüngel einbrach, aber seine eigenen Erfahrungen wie die seines Vaters hatten großen Einfluss auf seine Karriere, wie sein Freund und Bewunderer, der brillante politische Kommentator Joseph Alsop, berichtete: »Der erste Abschnitt seiner politischen Laufbahn, der Ausschluss der Iren im altmodischen Boston … spielte wirklich eine Rolle in seiner politischen Vorgehensweise. Ich glaube, er sah sich gezwungen zu beweisen, dass er ganz anders war, als man sich im antiquierten Boston einen irischen Politiker vorstellte … Ich weiß noch, wie er zum Aufseher für Harvard nominiert wurde, während ich im Vorstand war, und als er das erste Mal kandidierte, wurde er nicht gewählt – das war kurz nach seiner Wahl in den Senat. Er war von dieser Wahlniederlage sehr betroffen und sah sie – nicht zu Unrecht, denke ich – als einen weiteren Akt, den die alten, kalten Bostoner und Harvard-Leute ganz im Stil des 19. Jahrhunderts vollzogen, um die Iren auszuschließen … Dementsprechend freute es ihn sehr, als er im folgenden Jahr wieder aufgestellt und von einer großen Mehrheit gewählt wurde. Ich glaube, er hatte die tiefe Sehnsucht … den Namen Kennedy in Massachusetts groß zu machen. Ich glaube, das spielte eine wichtige Rolle in seiner politischen Laufbahn.«[17]

Jack, so schrieb sein Freund Alastair Forbes in einem Artikel im *Spectator,* »liebte seinen Vater sehr«, während er in ihm zugleich »großes Missfallen« erregte. Zu seiner Mutter hatte er so gut wie überhaupt keine Beziehung. Wenn überhaupt, so war ihr Umgang miteinander von kaum verhüllter Feindseligkeit geprägt. Obwohl Joe kaltherzig erschien – und dies in seinen Beziehungen zu anderen Menschen größtenteils auch war –, lebte unter der Oberfläche ein emotionaler Mann, zumindest was seine Kinder betraf. Der Tod seines Sohnes Joe jr. traf ihn weit härter als Rose. Er liebte seine Kinder leidenschaftlich, mit einer fordernden Liebe, die zuweilen heftig und grausam sein konnte, aber stets besorgt und loyal blieb. Ihre Liebe zu ihm beruhte teilweise auf seiner Charakterstärke, der Klarheit seines Denkens und seinem Geld, aber ebenso auf seiner bedingungslosen Sorge und Liebe für sie, die sie spürten. Auch wenn sie der Meinung waren, dass er sich etwa im Fall von Joe jr. und Jack zu sehr einmischte und (vergeblich) an zu vielen Fäden zog, um sie aus gefahrvollen Kriegsgebieten fern zu halten, war ihnen doch klar, dass er dies aus Liebe für sie tat. Wenn Jack Probleme in der Schule hatte – als Anführer einer anarchistischen Gruppe mit Namen Muckers' Club war er einmal beinahe aus Choate ausgeschlossen worden –, trat Joe auf den Plan und brachte die Sache in Ordnung. Als Jack hingegen einen seiner endlosen Aufenthalte im Internatskrankenzimmer durchmachte, kam Rose ihn kein einziges Mal besuchen. Sie hielt sich vom Leben ihrer Kinder fern. Nie machte sie sich die Mühe, einem von ihnen individuelle Briefe zu schreiben, sondern beschränkte sich auf Rundbriefe, banale Zusammenfassungen familiärer Nachrichten, die sie mit Kohledurchschlägen kopierte und unter ihnen verteilte. Damit brachte sie Jack, den großen Briefschreiber, der eine regelmäßige, gewitzte, deftige Korrespondenz mit seinen Freunden aufrechterhielt, auf die Palme.

Sein Biograph zitierte aus einer sarkastischen Antwort, die er 1941 in Washington verfasste:

> Ich habe große Freude an deinen Rundbriefen. Ich hebe sie alle zur Veröffentlichung auf – dein Stil wird uns Millionen einbringen. Bei all dem Gerede über die Inflation und unser Geld, das verschwindet – denk nur, was du verdienen könntest –, du diktierst und Mrs. Walker [Roses Sekretärin] hämmert das Ganze in ihre Maschine. Das genügt, um einen Mann auf Knien seinem Schöpfer danken zu lassen für die Dorchester Latin High School, die dir eine solch solide grammatikalische Grundlage vermittelt hat, wie sie durch jede verdrehte Metapher und jeden irgendwie zerteilten Infinitiv hindurchscheint …[18]

Auf Versuche seiner Mutter, aus ihm das wohlerzogene, gut gekleidete Modell eines WASP zu machen, reagierte Jack mit Rebellion und Spott. Verlangte sie Pünktlichkeit, kam er konsequent zu spät. Erwartete sie Ordnung und die sorgsame Beachtung bestimmter Kleidervorschriften, so war er schlampig in seiner Erscheinung. Rose heftete sich Notizzettel an die Bluse, um Dinge, die sie zu tun hatte, in Erinnerung zu behalten. Die Kleidung betreffend gab sie strikte Regeln aus: »Zieh keine weißen Socken zum Anzug an. Zum grauen oder blauen Anzug gehören dunkle Schuhe, auf keinen Fall braune …« Genauso war es bei den Manieren: »Sag nicht ›Hi!‹, wenn du Leute ansprichst.« Es gab endlose Anleitungen über das Verhalten bei Tisch, die korrekte Benutzung von Messer und Gabel, die Sitzordnung und spezielle Vorschriften, wie man sich wann zu erheben hatte und dass man Damen den Vortritt beim Verlassen des Saales ließ. Weder in Hyannis Port noch in Palm Beach hatten die Kinder je eigene Zimmer. »Wir lebten in nebeneinander liegenden Zellen«, erzählte Jack Bill Walton. »Es war wie in einem Heim.«

Seine Mutter erwähnte er kaum jemals. Bill Walton berichtete: »Sie war eine eher schattenhafte Figur in seinem Leben.«[19] »Wenn ich zuweilen an die Beziehung zwischen Rose und Jack denke, kommt es mir vor, als sei die Wut zwischen ihnen beinahe chemischer Natur gewesen«, sagte Doris Kearns Goodwin.

»Von Anfang an schien er sie ständig aufzuregen, zu reizen. Und ich bin nicht sicher, ob er das mit Absicht tat. Aber nach einer Weile tat er das immer, es wurde sein *Modus operandi* in diesem Haus. Er war schlampig, ließ Handtücher auf dem Boden liegen, strengte sich in der Schule nicht an, kam zum Essen zu spät ... Sie war in diesem Haus die Disziplin in Person, und er kämpfte beständig gegen diese Disziplin an. Und ich glaube, sie fürchtete immer, wenn ihr ein Kind aus der Reihe tanzt, dann fangen die anderen auch an ... Ich glaube, sie empfand echten Zorn auf ihn, und er spürte das und spielte manchmal damit und provozierte sie. Aber dann wieder machte es ihn sehr traurig ...«[20]

Freunde von Jack wie Chuck Spalding vermuten, dass seine hemmungslose sexuelle Promiskuität ihre Wurzeln in dem Mangel an körperlicher Zärtlichkeit zwischen ihm und seiner Mutter hatte. Selbst wenn dies zu seinen Exzessen beigetragen haben mag, wäre es unfair, die gesamte Schuld Rose zuzusprechen, die durch die patriarchalische Haltung ihres Mannes wie ihres Vaters um ihre gesellschaftlichen und intellektuellen Ambitionen betrogen worden war. Ihre häufige, lange Abwesenheit und ihre Besessenheit von Kleidern waren ihre Form, gegen die Anforderungen ununterbrochener Mutterschaft, die Vernachlässigung und den ständigen Betrug durch ihren Ehemann zu protestieren und davor zu fliehen. Es war ein Muster, dem auch Jackie unter ähnlichen Umständen folgen sollte.

Was Frauen betraf, hatte Jack Kennedy die Gene seines Vaters geerbt und dessen Einstellung verinnerlicht. Das Verhalten der Kennedys gegenüber dem weiblichen Geschlecht war durch und durch frauenfeindlich. Zum Teil war dies der irischen Tradition geschuldet, die Frauen rigoros in zwei Gruppen einteilte: eine zur Vermehrung und eine zum Vergnügen. Ehefrauen gehörten fraglos in die erste Kategorie. Dieses Verhaltensmuster wurde durch das stille Sich-Fügen der Kennedy-Frauen wie Rose oder Bobbys Frau Ethel noch unterstützt, die Sex vorwiegend als Mittel der Fortpflanzung betrachteten. Rose mit ihren neun Kindern wurde von Ethel, die elf bekam, übertroffen. Noch bedeutender aber war der Einfluss von Joes primitiver

Ansicht über Frauen, die für ihn nicht mehr als Sexobjekte darstellten, die es zu erobern galt und deren einziger Daseinszweck in seiner sofortigen sexuellen Befriedigung bestand.

Joes Hemmungslosigkeit ging weit über das hinaus, was gemeinhin als akzeptabel gilt. Was ihn betraf, so war keine attraktive Frau für ihn tabu, und das schloss die Freundinnen seiner Söhne ein. Kamen solche Mädchen nach Hyannis Port oder Palm Beach, versuchte er sie auf den Mund zu küssen oder drängte sie, mit ihm zu schlafen. Auf dem Weg nach Chatsworth zu Kathleens Begräbnis konnte Joe 1948 in London dem Versuch nicht widerstehen, eine ihrer Schwägerinnen in einem Fahrstuhl zu verführen. Dabei hätte man annehmen mögen, er sei vor Kummer gebeugt. Was noch schlimmer war: Jack und sein Vater trugen miteinander einen Wettkampf um Frauen aus. Für jeden bedeutete es eine zusätzliche Erregung dort zu landen, wo der andere bereits gewesen war. Den Erinnerungen von Inga Arvads Sohn zufolge versuchte »der Botschafter« sie in dem Moment zu verführen, als Jack den Raum verließ. »Es war eine vollkommen amoralische Situation. Etwas Inzestuöses lag in der ganzen Familie.«[21] Joe gab Jack ein Schema vor, indem er leichte Mädchen nach Hyannis Port und Palm Beach mitbrachte, wenn Rose nicht da war. Bei einer Gelegenheit kam Jack von der Schule nach Hause und fand sein Bett bedeckt mit Sexmagazinen, »alle aufgeschlagen, um die weibliche Anatomie in denkbar offenster Weise zu zeigen«, die sein Vater dort hinterlassen hatte. Joe erwies keiner seiner Frauen irgendeine Form von Treue, nicht einmal Gloria Swanson. In einer Quelle hieß es, er habe Jack und Jackie gegenüber damit geprahlt, wie er mit der Swanson geschlafen habe, und ihnen unfeine Einzelheiten über deren Genitalien erzählt.

Jack hatte sexuell mehr Erfolg als sein Vater, da er unendlich attraktiver war. Frauen jeden Alters und jeder Klasse verfielen ihm, während Joe sich an die leichtere Beute hielt – Showgirls, Sekretärinnen und Callgirls. Auch war Jacks Sexualtrieb noch stärker, ja er artete beinahe ins Satyrhafte aus. Verschiedene Leute schrieben seine Promiskuität der fehlenden mütterlichen Liebe zu, andere erklärten seine sexuellen Begegnungen mit dem Empfinden seiner Sterblichkeit. Diese hinterließen in ihm den verzweifelten Drang, alles Vergnügen zu genießen, ehe der Tod ihn zu fassen bekam. Zweifellos nahm dies mit zunehmendem Alter zu, bis es schließlich Suchtcharakter annahm, was Jackie nie in vollem Ausmaß erfasste.

Zu Hause, was für die Kennedys vorwiegend Hyannis Port bedeutete, ehe Joe 1941 das Bronxville-Haus verkaufte, beherrschte Joe die Familie. Verglichen mit ihm war Rose im Leben ihrer Kinder nur eine Fußnote. »Der alte Joe machte alles, er hielt praktisch das Haus und die ganze damit zusammenhängende Arbeit am Laufen«, sagte Bill Walton. »Ganz plötzlich wurde mir klar, dass Joe in dieser Familie eine wesentlich stärkere Rolle einnahm als der konventionelle Vater. Er war öfter zu Hause als erwartet. Er führte das Haus. Er stellte die Dienstboten ein. Häufig plante er die Mahlzeiten. Mrs. Kennedy war ja oft nicht da. Und er spielte eine weit größere Rolle im Leben seiner Kinder als die Mutter.«[22] Hinter all dem steckte die Paranoia des alten Mannes vor der feindlichen Welt außerhalb seiner Familie. »Ich nehme an, die Welt außerhalb seines Hauses bedeutete Krieg für Mr. Kennedy«, lautete Chuck Spaldings Kommentar.[23]

In dem weiß gestrichenen Haus am Ufer des Cape Cod führte die Familie Kennedy ein hermetisch abgeschlossenes, nach innen gerichtetes, hierarchisches Leben, ganz wie ein uralter keltischer Clan, der sich in seinem Stammesgebiet um seinen Häuptling schart. Einander gegenüber legten sie fanatische Loyalität an den Tag, verbunden durch unsichtbare Bande, die kein Außenseiter zu zerreißen vermochte. »Du gehörst mit ganzem Herzen zum Clan der Kennedys«, hatte Inga Arvad Jack nach ihrer Trennung bekümmert geschrieben. »Die Kennedys waren eine Nation in sich«, sagte Rose. »Sie hatten ihre eigene private Sprache und Gebräuche. Sie luden Freunde in ihr Leben ein, aber bewahrten stets ihren Abstand zu ihnen.« Das Gleiche mag über die Beziehungen zu ihren Ehepartnern gesagt werden. »Wir hatten eine so wundervolle Zeit miteinander«, erinnerte sich Jean. »Die Mitglieder meiner Familie waren meine besten Freunde, und Bobby und Teddy stand ich sehr nahe. Ich meine, wir hatten eine so schöne Zeit, dass wir nicht wirklich Lust verspürten zu heiraten …«[24] Die einzige Ausnahme bildete bisher Bobby, der Ethel Skakel geheiratet hatte, die Schulfreundin seiner Schwester Pat vom Sacred Heart Convent in Manhattanville, das alle Kennedy-Mädchen besucht hatten. Und die raue, sprunghafte, hyperaktive und ehrgeizige Ethel war so sehr eine Kennedy, wie das nur möglich war.

Siegen um jeden Preis lautete die Maxime, die den Kennedy-Kindern eingehämmert wurde. Siegen, siegen, siegen, bei allem und jedem, sogar auf Segelregatten – unter Androhung des väterlichen Missfallens. Der Wunsch, dem Vater zu gefallen, um seine Zuneigung und Anerkennung zu wetteifern, beherrschte den Tageslauf. (Der Mutter zu gefallen besaß keinen wie auch immer gearteten Stellenwert.) Die Kennedy-Kinder wurden dazu erzogen, hinsichtlich des Weltgeschehens stets auf dem Laufenden zu sein. Während der Kriegsjahre zeigte eine Karte an der Wand des Speisezimmers, wie der Krieg voranschritt, und die Mahlzeiten wurden zu Schauplätzen hitziger Diskussionen. Charlie Bartlett erinnerte sich: »Botschafter Kennedy saß eher still dabei und hörte seinen Kindern zu, steuerte das Gespräch zwar in gewisser Weise, ließ es im Allgemeinen aber laufen. Er war ganz zweifellos die beherrschende Figur der Szene. Und sie waren offensichtlich darauf aus, seine Zustimmung zu erringen oder mit ihm zu streiten. Er hatte Präsenz, dieser Joseph Kennedy. Ich hatte immer das Gefühl, dass er ein Mann mit starken Überzeugungen war, aber die gab er auf diesen Familienzusammenkünften nicht immer zum Besten. Er ließ die Kinder gewissermaßen reden und ihre Meinungen ausdrücken, und ich nehme an, er war mehr daran interessiert, ihre Gedanken zu bestimmten Punkten kennen zu lernen, als das Gespräch zu beherrschen.«[25]

In dieser Stammeswelt, in der Joe der anerkannte König war und Männer mehr galten als Frauen, war Jack der angebetete Kronprinz. Nach dem Tod von Joe jr. 1944 und ganz besonders nach seinem Erfolg bei den Wahlen zum Kongress von 1946 bedachten seine Schwestern ihn mit einer Bewunderung, die an Heldenverehrung grenzte. Als eine Freundin Eunice bestätigte, sie sehe Jack ähnlich, geriet Eunice in Verzückung, Schwester Jean hingegen wurde zornig, als ihr gesagt wurde, sie gliche Bobby. »Sie führte einen äußerst bitteren Kampf deswegen. Sie wollte nicht aussehen wie Bobby, sie wollte aussehen wie Jack«, berichtete die Freundin.[26]

Dies war die Welt, in die Jackie zum ersten Mal geriet, als sie im Juni 1925 zu Gast in Hyannis Port gewesen war, während Jack sich leidenschaftlich im Kampf um Cabot Lodges Senatssitz engagierte. An dieser Schlacht beteiligten sich die Kennedy-Frauen mit viel Energie. Es war Jackies erster Eindruck von dem potenziell feindlichen Gebiet, mit dem zu leben sie lernen musste. Von Anfang an gewann sie die Männer der Kennedys für sich. Bei den Kennedy-Frauen hingegen stand die Sache anders. Die Mädchen machten sich über ihre eleganten Manieren und ihre sanfte Art zu sprechen lustig, nannten sie »die Debütantin« und äfften sie hinter ihrem Rücken nach.

Jackie jedoch war zäh genug, sich von ihnen nicht unterkriegen zu lassen. Trotz ihrer Schlankheit war sie mit ihren muskulösen, ein wenig krummen Beinen und großen Händen körperlich so stark und athletisch wie sie. In einem Interview mit ihrem Biographen C. David Heymann gab John White Enthüllendes über Jackie von sich. Sie waren für einen Tag aus Washington herausgefahren und blieben auf dem Rückweg im Verkehr stecken: »Mir war es ganz recht, ein bisschen spät dran zu sein, aber Jackie nicht. Zum ersten Mal sah ich ihre wirklich wilde Seite. Es war mein Auto und ich fuhr, aber sie übernahm das Kommando … sie fing an, mir alle möglichen Befehle zu erteilen: ›Bieg links ab, bieg rechts ab, bleib auf deiner Straßenseite.‹ Sie legte sogar ihre Hände über meine am Steuer, um sicherzugehen, dass ich abbog, wie sie es wollte, und ich dachte, was für eine große, starke, bäuerliche Hand – die Hand einer Dame ist das beileibe nicht. Und plötzlich wurde mir klar, dass ich es mit etwas zu tun bekam, das ich nicht erwartet hatte. Sie war ein zäher Vogel, wirklich zäh! Diese unverdünnte, aus der Art geschlagene Zähigkeit ruhte direkt auf dem Grund von Jackies Persönlichkeit …«[27]

Jackies Methode im Umgang mit den Kennedys bestand darin, still auf ihrer Unabhängigkeit zu beharren. Sie hielt sich aus den ununterbrochenen Aktivitäten – Tennis, Segeln, Touch Football – heraus, aber nicht, weil sie zu zart dafür gewesen wäre. Jacks Biograph William Manchester schrieb: »Sie spielte Touch Football wie eine Gazelle.« Intellektuell war sie in der Lage, die Kennedys bei einem ihrer Lieblingsspiele zu schlagen, einer Art von Scharade, die sie »das Spiel« nannten und bei dem die gegnerischen Mannschaften jeweils ein vorgegebenes Wort oder einen Ausdruck vor ihren Mannschaftskameraden szenisch darstellen mussten, um es in einem Rennen gegen die Zeit von diesen erraten zu lassen. Die bitterste Pille, die Jackie den Kennedy-Frauen jedoch zu schlucken gab, war die Geschwindigkeit, mit der sie die Spitze der Kennedy-Pyramide erobert hatte – Joe Kennedy und Jack.

Bei seiner Rückkehr aus London in die USA brachte Botschafter Kennedy (ein Titel, der ihm gefiel) einige englische Bräuche mit. Es gab einen englischen Butler, und Jack hatte einen Kammerdiener, George Thomas (was die Oppositionspresse in Boston zu einigem Spott während Jacks Kongresswahlkampf veranlasste: »Meine Güte, ein Kammerdiener …«, begann ein Artikel). Trotzdem lebten sie nicht gerade in dem Stil, an den Jackie sich auf Merrywood und Hammersmith gewöhnt hatte. Alastair Forbes, der ohne eigenes Vermögen gleichwohl mit dem Lebensstil der anglo-amerikanischen Oberschicht vertraut und daran gewöhnt war, fühlte sich von den Kennedys als Gastgeber abgestoßen. Den Freunden seiner Kinder gegenüber legte der Botschafter kaum Höflichkeit an den Tag, selbst als diese bereits erwachsen waren. Forbes wurde angewiesen, sich ein Zimmer mit Jack zu teilen. (Teddy, der jüngste, fand sich selbst häufig ausquartiert, wenn er sein Bett für einen Neuankömmling räumen musste.) Er beschrieb es als einen »schrecklichen Ort … abscheuliche Gerüche nach Abflüssen und wie nach verdorbenem Essen. Um an etwas zu trinken zu kommen, musste man sich irgendwie mit Rose gut stellen, die in ihrem Schrank eine Whiskyflasche aufbewahrte.«[28] Jack selbst beschreibt die Alkoholzufuhr in den Häusern der Kennedys als »strömend wie Melasse«. Gästen war es gestattet, sich vor dem Essen einen einzigen Drink zu genehmigen. Milch war das bevorzugte Getränk der meisten Kennedys. Sowohl Joe als auch Jack waren auffällig enthaltsam, aber Jack missfiel der diesbezügliche Mangel an Gastfreundschaft seinen Freunden gegenüber. Einmal erhob er sich daheim in aller Offenheit gegen seinen Vater und forderte für seine Freunde das Recht auf einen Drink ein. »Jack und Mr. Kennedy stritten sich über den Alkohol im Haus. Jack bestand darauf, er habe das Recht, seinen Freunden einen Drink anzubieten, und sie sprachen einen Tag lang nicht miteinander.«[29]

»Die Sache mit Mr. Kennedy war – er war so pünktlich«, erinnerte sich Nancy Tenney Coleman, die als Nachbarstochter seit ihrem neunten Lebensjahr regelmäßig im Haus der Kennedys zu Gast war. »Alle anderen kamen immer zu spät, Jack, Eunice, Pat, die ganze Horde, aber Mr. und Mrs. Kennedy lebten nach der Uhr, das taten sie wirklich. Ich erinnere mich, mein Vater und meine Mutter wohnten im Haus nebenan – wir teilten das Wassergrundstück –, und mein Vater sah nach draußen und sah Big Joe und Mrs. Kennedy schwimmen gehen, und er sagte zu ihr: ›Wir haben zehn Minuten bis zum Mittagessen.‹«

Auf Pünktlichkeit bestand vor allem Rose, deren Leben sich nach einem strengen Satz von Regeln gestaltete. Jackie, die von Natur aus unpünktlich war, weigerte sich, ihre Gewohnheiten zu ändern, eine subtile Rebellion gegen die Forderung ihrer Schwiegermutter nach Anpassung. Die Kennedy-Nation, wie Rose sagte, lebte nach ihren eigenen, durch den Patriarchen Joe verbindlich festgesetzten Regeln, und Jackie scheuerte sich daran wund. »Sie beklagte sich nur selten über Jack selbst, aber die Gebote und Vorschriften der Familie regten sie auf«, schrieb Gore Vidal über ein Gespräch, das er 1956 mit Jackie führte. »›Ich wollte dieses kleine Auto, einen Thunderbird, ich meine, was hätte wohl amerikanischer sein können?‹ Das verschmitzte Lächeln. ›Aber Mr. Kennedy sagte: ›Alle Kennedys fahren Buicks‹, also fuhr auch ich einen Buick …‹«[30]

Dennoch liebte Jackie ihren Schwiegervater. »Sie (Jackie) erzählte mir, dass sie sich anfangs mehr mit dem alten Joe identifizierte«, sagte Doris Kearns Goodwin. »Sie saß mit Joe zusammen und hörte klassische Musik, und er sagte zu ihr, sie solle sich keine Sorgen über Touch Football machen, er würde sich sowieso lieber mit ihr unterhalten. Er liebte klassische Musik wirklich, und er war ein interessanter Mann. In jener Zeit ihres Lebens war es für sie wahrscheinlich wesentlich interessanter, mit ihm zu reden als mit Rose. Er war weltgewandt, er hatte Abenteuer erlebt, er flirtete gern. Ich kann mir vorstellen, dass sie ihn mochte.«[31]

Schließlich war Jackie dazu erzogen worden, mit dominanten Männern umzugehen, und sie wandte dieselben Methoden an, um den Patriarchen der Kennedys für sich einzunehmen, die sie auch bei Großvater Bouvier benutzt hatte. Bobby und Teddy nahm sie spielend für sich ein, doch bei den Frauen versuchte sie es gar nicht erst. »Sie war einfach nicht auf derselben Wellenlänge wie die Kennedy-Frauen«, sagte eine Freundin. »Sie kamen nicht miteinander aus, aber es ging alles vollkommen zivilisiert zu.«[32] Die intelligenteste der Kennedy-Töchter war Eunice, eine Frau von tiefer Religiosität und furchtlosem Geist. Mit ihren Brüdern hatte sie die draufgängerische, körperliche Tapferkeit gemein, und als sie jung war, sagte ihr mancher voraus, sie würde eines Tages Nonne werden. Sie hätte mehr als eine Heilige sein müssen, um gegen Jackies Eindringen in ihre enge Beziehung zu ihrem Bruder nicht aufzubegehren. »Jack war die Welt für Eunice, ein heiterer, gescheiter Bestandteil ihres Lebens, den sie über jedes Maß hinaus bewunderte«, schreib Laurence Leamer, der Biograph der Kennedy-Frauen.[33]

Als Jackie in die Kennedy-Familie eintrat, hatte diese bereits Tragödien hinter sich. Im August 1944 war Joe jr. gestorben, von dem Sprengstoff, den sein Flugzeug geladen hatte, um französische Raketensilos zu bombardieren, in der Luft zerfetzt. Wie sich später herausstellte, waren die Silos nicht mehr in Gebrauch und seine Mission daher sinnlos gewesen. Keinen Monat nach seinem Tod folgte der von Kathleens Mann Billy Hartington, der im September 1944 auf dem französischen Schlachtfeld fiel. Sie hatte ihn im Mai gegen den Willen beider Elternpaare geheiratet, vor allem aber zum Ärger von Rose. Sie zog sich lieber in eine Klinik zurück, anstatt den Reportern zu begegnen, die ihr die Nachricht brachten, ihre katholische Tochter habe einen protestantischen Aristokraten geheiratet. Kathleen, die Charme und Sexappeal besaß und von jedem, der sie kannte, angebetet wurde, war Jacks Lieblingsschwester gewesen. »Kick war ein strahlendes Licht von Heiterkeit, Spaß und Begeisterung«, sagte eine ihrer Schwägerinnen. Als sie im Mai 1948 bei einem Flugzeugabsturz zusammen mit Peter Fitzwilliam, dem Mann, den sie liebte, ums Leben kam, trauerten Hunderte von Freunden, Männer und Frauen, um sie, und sie wurde in der Familiengrabstätte der Cavendish in Derbyshire beigesetzt. Ihr Foto aus Kriegszeiten, das sie strahlend lächelnd in Uniform zeigt, hängt in der Galerie in Chatsworth neben den förmlicheren Ölgemälden der Mitglieder der herzoglichen Familie. »Kein Amerikaner, der sich je in England niederließ, wurde mehr geliebt als sie, und kein Amerikaner hätte England mehr lieben können«, schrieb ein anonymer Freund an die *Times*, während ihre Schwiegermutter, die Herzogin von Devonshire, in ihren Grabstein meißeln ließ: »Freude gab sie, und Freude hat sie gefunden.«

Kathleen war die einzige Kennedy-Frau gewesen, die aus den Familienbanden ausbrach und ihr Leben und Schicksal selbst in die Hand nahm. Dafür und für die Verletzung der Gebote der Familienreligion hatte Rose ihr mit Verstoßung aus der Familie und Enterbung gedroht. Kathleen starb, ohne dass eine Versöhnung stattgefunden hätte. Rose begleitete Joe nicht zum Begräbnis. Inzwischen hatte sie bereits eine weitere Tochter so gut wie verloren, Rosemary, ihre Älteste, die ein Jahr nach Jack geboren worden war. Rosemary war mit einer Lernbehinderung und möglicherweise auch mit Epilepsie zur Welt gekommen, aber sie wurde von ihrer Mutter und den älteren Brüdern geschätzt und während der Botschafterzeit des Vaters sogar bei Hofe vorgestellt. Nach Joes Rückkehr aus England jedoch war sie in einem Kloster in Washington versteckt worden, wo ihr Verhalten den Nonnen wie ihrem Vater zunehmend Sorge bereitete. Anscheinend ohne sich vorher mit Rose zu beraten, ließ Joe an Rosemary eine präfrontale Lobotomie vornehmen, eine grauenhafte Operation, die ihre Persönlichkeit zerstörte. Von da an wurde sie in der Familie zur Unperson. Rose strich sie aus ihren Familienbulletins, und nach einer Odyssee durch die Institutionen endete sie schließlich an der St. Coletta School für verhaltensgestörte Kinder in Jefferson, Wisconsin, wo Joe ihr ein Privathaus errichten ließ. Nahezu zehn Jahre später schrieb er der leitenden Schwester von St. Coletta, um ihr in erschreckend praktischen Worten seine Dankbarkeit für ihre Hilfe auszusprechen: »...die Lösung von Rosemarys Problemen stellte einen bedeutenden Faktor für die Fähigkeit der Kennedys dar, ihr Lebenswerk zu verrichten und zu versuchen, dies so gut wie irgend möglich zu tun ...«[34]

Rose verriet niemals ihre Gefühle über das, was ihr Mann Rosemary angetan hatte, aber Jahre später, nach seinem Tod, drückte sie sich mit tiefster Bitterkeit über die Art aus, in der er seine Karriere weggeworfen hatte: »Wir hatten alles«, sagte sie. »Aber Joe besaß nicht ein Gramm Demut, und er weigerte sich, in London irgendetwas zu lernen. Nach einer Weile versuchte ich ihm zu sagen, was ich fühlte. Er hörte natürlich nicht zu – Joe hörte nie zu –, aber vielleicht hätte ich noch wesentlich mehr sagen sollen. Hinterher war ich sehr wütend auf ihn. Ich war der Meinung, er habe nicht erreicht, was wir als Paar hätten erreichen können. Er habe nicht erreicht, was er als Führungspersönlichkeit in der Welt hätte erreichen sollen, und ich musste darunter leiden. Ich verlor meine Freundschaften. Wir verloren unser Ansehen, und innerhalb weniger Jahre fingen wir an, unsere Kinder zu verlieren. Ich frage mich, ob er je geahnt hat, wie viel ich seinetwegen verloren habe.«[35]

Es war ein Aufschrei aus tiefstem Herzen, umso stärker und zorniger, weil er so viele Jahre lang unterdrückt worden war. Aber Rose war zäh. Nicht ein Wort fiel über Joes unverhohlene Ehebrüche, welche die meisten Frauen als unerträglich empfunden hätten. Ihr Bedauern galt dem Verlust des Ansehens, nach dem sie sich so leidenschaftlich sehnte – so sehr, dass sie sich sogar einem von Jacks Freunden in Harvard gegenüber entblößte: »Wann werden die netten Leute in Boston uns endlich akzeptieren?«, fragte sie ihn. Während der ersten, glorreichen

Jahre von Joes Tätigkeit als Botschafter in London hatte dieses Ansehen ihnen gehört, und es hätte ihnen womöglich noch immer gehören können, hätte Joe, in seinem verdrehten Starrsinn, sich Roosevelt nicht entfremdet. In Roses Augen – und wer hätte ihr widersprechen können? – mussten sie und ihre Kindern dafür bezahlen.

Ihren Memoiren zufolge warnte Rose Ethel, Jackie und später Teddys Frau Joan vor dem, was sie in ihren Ehen zu erwarten hatten: »Ich sorgte dafür, dass sie im Voraus wussten, auf was sie sich eingelassen hatten: Dass sie alle möglichen Formen von skandalösem Klatsch und Beschuldigungen über sich selbst und später über ihre Kinder hören und lesen würden und dass sie dies wissen und von Anfang an darauf vorbereitet sein müssten.«[36] Einzig die Ehefrauen der Kennedys bedurften Roses Warnungen. Die Schwestern waren an die Schamlosigkeit, mit der ihr Vater seine Frauen zur Schau stellte, so gewöhnt, dass sie sein Verhalten als etwas hinnahmen, mit dem man sich abzufinden hatte und über das man kein Wort verlor. In den Worten Laurence Leamers wurden sie zu Gehilfinnen im Doppelleben ihres Vaters: »Sie lernten, nicht hinzusehen ...«[37] Dieselbe Absolution wurde dem Sexualverhalten ihrer Brüder erteilt.

Joe Kennedy pflanzte seinen Kindern, und in erster Linie seinen Söhnen, eine Art Anspruchshaltung ein, die sich auf ihr Geld und ihre Berühmtheit gründete. 1952 wurde das Vermögen des in der 235 Park Avenue ansässigen Kennedy-Unternehmens auf 400 Millionen Dollar geschätzt. Sobald Jack seine politische Laufbahn begonnen hatte, entledigte Joe sich seiner Anteile im Spirituosen-Geschäft, die ihm so viel Geld eingebracht hatten, sich politisch jedoch als Achillesferse erweisen mochten. Ein Viertel des Chicago Merchandise Mart übertrug er auf Rose und ein weiteres Viertel auf seine noch lebenden Kinder, genug, um für deren Bedürfnisse aufzukommen. Ein drittes Viertel stiftete er dem Joseph-P.-Kennedy-jr.-Wohltätigkeitsfond und behielt das letzte Viertel für sich selbst. Sein Biograph James Landis behauptete, er sei einer der wenigen ihm bekannten reichen Männer gewesen, die einen Scheck über zehn Millionen Dollar ausstellen konnten, ohne etwas verkaufen zu müssen. Seine Söhne, die Begünstigten seines geschäftlichen Scharfsinns, sollten sich auf die Politik, nicht auf Geschäfte konzentrieren. »Lem Billings sagte einmal, die Kennedy-Jungs übers Geschäft reden zu hören war so, als höre man Nonnen im Gespräch über Sex«, berichtete der renommierte Kennedy-Historiker und ehemalige Assistent Arthur Schlesinger. »Sie verstanden nicht das Geringste davon.«[38] Zu Hause gab es immer Dienstboten, die hinter ihnen die Kleider aufsammelten, wegräumten und reinigten, die für sie einkauften und kochten. Rechnungen wurden zur Bezahlung einfach in die 235 Park Avenue geschickt. Besitztümer hatten wenig Bedeutung für sie. Ihre Häuser waren für gewöhnlich schäbig und unordentlich, das Essen karg und simpel. Geld spielte keine Rolle, aber das bedeutete nicht, dass sie etwa großzügig waren oder daran gewöhnt, es zu verschwenden. Wie die meisten reichen Männer trug Jack kaum je Bargeld bei sich und war bei seinen Freunden dafür berüchtigt, dass er Rechnungen für sie liegen ließ. Die Kennedy-Jungen waren immer die Anführer der Horde. Freunde, so vertraut sie auch sein mochten, wurden subtil auf die Stellungen von Höflingen verwiesen – was später in Kennedys Weißem Haus auch für wichtige leitende Mitarbeiter galt. Während der Kubakrise von 1962 zeigte sich ein Akademiker aus Harvard, der als Berater eingestellt worden war, völlig verblüfft, als er sah, wie Diener während einer Kabinettssitzung Jack und Bobby Schüsseln mit Suppe servierten. Keiner sonst bekam etwas angeboten.

In Jackies Augen hatten ihre Kennedy-Schwägerinnen, Eunice, Jean, Pat und Ethel, die sie gern die »bissigen Mädchen« oder die »Har-Har-Mädchen« nannte, miteinander alles, mit ihr selbst hingegen nicht das Geringste gemein. Anders als sie verfügten sie alle über einen soliden katholischen Hintergrund und kannten keine finanzielle Unsicherheit. Sie waren sämtlich auf dem Convent of Sacred Heart in Manhattanville ausgebildet worden, das auch Rose besucht hatte und das inzwischen College-Status besaß. Auf der Klosterschule wurden die Mädchen an weitreichende soziale Probleme herangeführt und verbrachten viel Zeit in Krankenhäusern und Wohlfahrtseinrichtungen.

Vor allem Eunice fühlte sich zu sozialen Aufgaben hingezogen. In Washington hatte sie 1947 und 1948 Jack damit verärgert, dass sie verhaltensauffällige Jugendliche mit nach Hause brachte und von der Haushälterin Mrs. Ambrose durchfüttern ließ. Außerdem hatten sie den gut-katholischen Grundsatz verinnerlicht, das Ziel ihres Lebens sei die Ehe und die Aufzucht von Kindern. In Manhattanville gab es sogar einen »Fröhlichen Männerjagdverein« (»Happy Husband Hunting Club«). Sowohl Bobby als auch Teddy fanden ihre Frauen durch die schulischen Beziehungen ihrer Schwestern. Religion, bis hin zu Fanatismus, spielte im Leben Eunices wie Ethels eine wichtige Rolle, die beide erwogen hatten, Nonnen zu werden. Eunice hatte sich im großen Familienstreit über Kathleens Wunsch, den nicht nur protestantischen, sondern darüber hinaus verheirateten Peter Fitzwilliam zu ehelichen, auf Roses Seite gestellt, obwohl ihr angehimmelter Bruder Jack ihre Schwester unterstützt hatte. Von Ethel hieß es, sie habe ein Bild des »Blutenden Herzen Jesu« im Schlafzimmer hängen, das sie mit Bobby teilte. So etwas taten angeblich nur »verlogene irische« Katholiken.

Als Jackie in die Familie kam, waren Bobby und Ethel seit drei Jahren verheiratet und hatten bereits zwei Kinder, Kathleen Hartington und Joseph Patrick Kennedy II. Ihr drittes Kind, Robert Francis Kennedy jr., kam 1954 zur Welt. Eunice, die im Mai 1953 geheiratet hatte, war 1954 mit Robert Sargent Shriver schwanger. Pat, die den britischen Schauspieler Peter Lawford kennen gelernt und ihn über Weihnachten 1953 nach Palm Beach eingeladen hatte, heiratete ihn trotz der ablehnenden Äußerungen ihres Vaters und seinem Hass auf Schauspieler – »und britische Schauspieler am allermeisten« – im April 1954. Zwei Jahre später heiratete Jean, die jüngste und hübscheste der Schwestern, am 19. Mai 1956 Stephen Edward »Steve« Smith, der genau wie Sargent Shriver völlig von der Kennedy-Familie aufgesaugt wurde. Als irischstämmiger Amerikaner und Absolvent der Georgetown-Universität gab er seine Arbeit im familiären Transportunternehmen auf, um sich ganz den Interessen der Kennedys zu widmen. Er spielte eine wichtige Rolle in Jacks Wahlkämpfen und wurde während dessen Präsidentschaft sein politischer Wahlkampfleiter. »Steve war ein Bandit ... Ich glaube nicht, dass ich Steve sehr viel anvertrauen würde«, berichtete Richard Goodwin, der Sonderbeauftragte für Lateinamerika im Weißen Haus. »Ich mochte ihn, wir kamen prima miteinander aus, aber er war der Mann fürs Grobe. Letzten Endes war er skrupellos ...« Er war gerissen, zäh, charmant, ein Frauenheld und starker Trinker und rücksichtslos effizient. Damit passte er haargenau ins Kennedy-Schema. »Nun ja, offensichtlich war [Jackies Verhältnis zur Kennedy-Familie] eine vielschichtige Angelegenheit«, fuhr Goodwin fort. »Sie unterhielt sicherlich korrekte Beziehungen mit ihnen ... [aber] dass sie sich je wohl mit den Schwestern fühlte, bezweifle ich. Ich meine, sie stand Bobby sehr nahe, und ihre Beziehung zu Teddy war in Ordnung, er war ja sowieso noch ein Kind, aber mit den Mädchen – sie liebte Joe, er war großartig zu ihr –, ich bezweifle einfach, dass sie sich mit den Schwestern je wohl fühlte. Sie waren Frauen, die ständig wetteifern mussten, und so war sie eben nicht – sie hatte keine Lust, Touch Football zu spielen ...«[39]

Wegen ihrer Beziehung zum König (Joe) und zum Kronprinzen (Jack) war Jackie für die Kennedy-Frauen sowohl ein Eindringling als auch eine Bedrohung für ihre eigenen Beziehungen zu Joe und Jack. Angeführt von Rose, hatten sie sich alle intensiv an Jacks kürzlich mit Erfolg beendetem Senats-Wahlkampf beteiligt und identifizierten sich zu Recht mit diesem Erfolg. »Diese verdammten Teepartys haben mich umgebracht«, beklagte sich der Verlierer Cabot Lodge. »Damit meinte er«, erklärte die Historikerin Doris Kearns Goodwin, »dass eine ganze Schar von Frauen, die zuvor nichts mit Politik zu tun gehabt hatten, sich einmischten, irisch-katholische Frauen, und ich weise darauf hin, dies war eine stille, keine politisch aktive Generation, aber irgendwie machte Rose es salonfähig für eine Hausfrau mit Handschuhen, sich in die Politik einzumischen. Tausende von Frauen wollten diese Teepartys besuchen, und was geschah dort? Rose sprach über die britische königliche Familie, im Stil von ... mein Wochenende mit dem König und der Königin. Und dann wollten all die jungen, unverheirateten Mädchen natürlich Jack kennen lernen, und so wurden diese Teepartys nicht nur gesellschaftliche Anlässe, sondern zu Treffpunkten berühmter Leute. Es war wahrscheinlich eine Epoche, in der sich die Macht von Ruhm, sozialer Klasse und Politik vereinte. Und während der Kampagnen wurde Rose fürchterlich aktiv. Es gibt Geschichten, wie Rose aus dem Pelzmantel in den anderen Mantel wechselt und von einer Sache zur nächsten rennt, wobei sie ihre verschiedenen Sprachen sprach …«

Die Braut Jackie hatte diese Erfahrungen nicht geteilt und hatte dennoch die Kennedy-Männer auf ihrer Seite. Rose und die Schwestern waren eifersüchtig. »Rose hatte den Wunsch, die Kinder in ihre Einflusssphäre zu ziehen«, sagte Doris Kearns Goodwin. »Ich erinnere mich, wie [Jackie davon sprach,] dass jeder Sonntag, an dem sie im Haupthaus zum Essen bestellt wurden, ein Sonntag war, an dem sie nicht mit Jack in ihrem Haus war. Dass sie also Rose verärgerte, indem sie zu spät kam, war nicht nur Unhöflichkeit oder Trödelei beim Anziehen, sondern es mag psychologisch betrachtet ein Aufbegehren dagegen gewesen sein, nach den Regeln eines anderen zu leben. Und was noch wichtiger war: Sie wusste, wenn sie ihn je für sich gewinnen wollte, musste sie ihn zu einem gewissen Maß aus diesem Dunstkreis herausziehen …

Jackie hatte ein gewaltiges Einfühlungsvermögen für Menschen und konnte in sie hineinsehen«, fuhr Doris Kearns Goodwin fort. Sie war zu intelligent und zu unabhängig, um sich vom Kennedy-Mythos blenden zu lassen. Sie konnte durch die glanzvolle, mächtige Oberfläche der riesigen, vereinten Familie hindurch auf die psychologischen Qualen darunter sehen. »Warum meinen Sie denn, es sei so großartig gewesen, zu einer großen Familie zu gehören?«, fragte sie Kearns Goodwin. »Und dann begann sie eine vernichtende Kritik über die Wirkung, die jedes Kind dieser Familie auf jedes andere hatte – dass Jack immer im Schatten von Joe jr. stand und Eunice immer im Schatten von Kathleen … dass sie zu viele Kinder waren, zu eng verbunden, zu wild auf Wettbewerb getrimmt, um sich zu eigenen Persönlichkeiten zu entwickeln. Mir wurde klar, dass sie ein kühnes Talent zur Analyse von Menschen besaß …«[40]

»Meinem Eindruck nach waren die Kennedys erschreckend unkultiviert«, berichtete ein Engländer, der 1954 zu Gast auf dem Palm-Beach-Sitz der Lowell Guinness' gewesen war. »Sie hatten etwas grässlich Provinzielles an sich – Jackie war die Orchidee unter ihnen …«[41] Jackie sollte die Leistung vollbringen, inmitten der Kennedys sie selbst zu bleiben, nicht indem sie mit ihnen wetteiferte, sondern indem sie sich weigerte, sich von ihnen vereinnahmen zu lassen. Irgendwann gewann sie den Respekt des Clans, doch zuerst musste sie ihren Ehemann für sich gewinnen.

6
Zwillings-Eisberge

»Sie war von Anfang an in ihn verliebt und liebte ihn weiter. Ihre Sorge um ihn zeigte eine enorme Tiefe der Gefühle, auf die er bis zu einem gewissen Grad reagierte, nie jedoch stark genug, um die anderen Frauen aufzugeben …«[1]
Wendy Morgan

»Seine Liebe kam unter gewissen Vorbehalten, ihre aber war absolut.«
Robin Biddle Duke[2]

Jackie war auf romantische Weise in ihren Mann verliebt. Noch während ihrer Hochzeitsreise schrieb sie ein Gedicht über ihn. Darin kam die Harvard-Schale, unter der sich der sensible junge Ire mit dem »zu stolzen Herzen« verbarg, ebenso zum Ausdruck wie die gegenwärtige Beherrschung durch seinen Vater und sein eigener, ruheloser Ehrgeiz, die ihn der Präsidentschaft entgegentrieben:

In Massachusetts träumte Jack Kennedy
An Cape Cods Küste, beim Spaziergang am Strand,
Von all dem, was für ihn in der Zukunft stand …

Sein Verstand war fest auf dem Boden geblieben,
Derweil seine Träume gen Himmel trieben.
Neuengland war sein Leben, sein Heimatort,
Doch ein Teil seiner Ahnen kam nicht von dort.
Von den Hügeln Irlands ihr Lachen klang,
Das auch ihm im zu stolzen Herzen sang.

Schneeweiß sein Haus auf dem Hügel steht,
Wo der Wind über Sand und Seegras weht,

Wo sein Vater als König sein Reich bestellt
Und schon bald wohl die Glocke zum Essen schellt.

Noch aber war er allein am Strand,
Mit all dem, was für ihn in der Zukunft stand,
Die ihm wohl Liebe,
Doch nie Frieden verhieß,
Denn sie schickt ihn auf die Suche
Nach dem Goldenen Vlies.[3]

Jack war beeindruckt. Er las ihr sein Lieblingsgedicht vor, Alan Seegers prophetisches »Rendezvous mit dem Tod«, welches Jackie mit ihrem enzyklopädischen Gedächtnis auswendig lernte und für ihn aufsagte.

Aber unter den Umständen ihres beginnenden Ehelebens ließ sich Romantik nur schwer bewahren. Sie waren zusammen mit den Schwiegereltern, entweder auf dem Cape mit den Kennedys oder auf Merrywood, wo Jack in den Senat ging, während Jackie nach einem Haus suchte. Erst Mitte Dezember fand Jackie in Georgetown am 3321 Dent Place ein Haus zur Miete. Thanksgiving war ein aufwendiges Kennedy-Festival in Hyannis Port. Anschließend wurde das Haus verschlossen, und Joe und Rose brachen gen Süden nach Palm Beach auf, wo Jack und Jackie an Weihnachten zu ihnen stießen. Jackie schenkte ihrem Mann eine Schachtel Malfarben, in der Hoffnung, ihn von seiner Ruhelosigkeit zu kurieren und ein gemeinsames Interesse zu schaffen. Tatsächlich aber drücken die Bilder der beiden ihre äußerst unterschiedlichen Naturen aus: Seine waren kühn und ausdrucksvoll, ihre bewusst naiv, beinahe kindlich, ohne Hinweis auf ihr wahres Selbst. In diesem Winter hatte sie ein Buch für die kleine Janet Auchincloss geschrieben, illustriert und mit folgendem Titel versehen: »Ein Buch für Janet: Für den Fall, dass du je daran denken solltest, dich zu verheiraten, erzählt dir diese Geschichte, wie das ist …« »Sie zeichnete einfach wundervolle Bilder von sich selbst, wie sie Jack zum Abschied winkte, wenn er am Morgen das Haus verließ, und natürlich waren sie alle sehr lustige Karikaturen«, erinnerte sich Janet Auchincloss. »Es gab eines von der Kuppel auf dem Kapitol in voller

Beleuchtung in dunkler Nacht, und darunter stand ein Vers: Sähe man das Licht dort brennen und er wäre noch nicht zu Hause, so wüsste man, das Land ist in Sicherheit, weil er arbeitete.«[4]

Das war Heldenverehrung. Im ersten Jahr ihrer Ehe mit einem Mann, der zwölf Jahre älter war als sie, erschien Jackie einigen von Jacks Freundinnen, die ihn seit seinen Marine-Tagen kannten, jung und naiv. »Ich fand sie sehr, sehr jung«, sagte Robin Biddle Duke über Jackie in Palm Beach. »Sogar für eine junge Braut, die ein bisschen in Washington gearbeitet hatte und so weiter ... Sie kam immer und saß an Flo [Pritchett] Smiths Pool, und wir unterhielten uns darüber, was wir zu dieser oder jener Party anziehen würden und so. Wir waren alle mit JFK befreundet, seit er im Krieg bei der Marine gewesen war. Und ich fand immer, sie wirkte jung und völlig unerfahren. Vielleicht hatte ich Unrecht und es war nur eine Fassade, vielleicht war sie schlauer als wir alle zusammen. Aber wir waren wesentlich älter und – man kennt das ja, wenn da ein Altersunterschied von fünf oder sechs Jahren ist: In dieser Zeit war das ganz schön viel. Sie war ein sehr, sehr junges, scheinbar unschuldiges Mädchen, und ich wusste, dass JFK in vielfacher Hinsicht ein sehr erfahrener Mann war, und deshalb glaube ich, dass sie schreckliche Enttäuschungen erlebt hat.«[5]

Eine dieser Enttäuschungen bestand in Jackies Unfähigkeit, sich in das von der Kennedy-Frau erwartete Schema zu fügen und noch im ersten Ehejahr schwanger zu werden. Ob die Schwierigkeiten, die sie sowohl bei der Zeugung als auch beim Austragen gesunder Kinder erleben sollte, auf ihrer Seite lagen oder durch die gesundheitlichen Probleme ihres Mannes verursacht wurden, ist ungeklärt. Noch in Harvard hatte sich Jack 1940 mit einer Geschlechtskrankheit infiziert, die von seinem damaligen Arzt, Vernon S. Dick von der urologischen Abteilung der Lahey-Klinik in Boston, als leichte, unspezifische Erkrankung der Harnröhre diagnostiziert wurde. Zehn Jahre später berichtete 1950 Dr. Dick, Jack leide an einem »leichten Brennen beim Wasserlassen« infolge einer »leichten, unspezifischen Prostataentzündung«, die mit verschiedenen Antibiotika, schmerzhaften Prostatamassagen und Sitzbädern behandelt wurde. Während des Winters 1951/52 litt er an »wiederkehrenden Symptomen« und wurde deshalb im August 1952 zu Untersuchungen stationär ins Krankenhaus eingeliefert. Obwohl kein abnormer Befund festgestellt wurde, litt er weiterhin an »unterschiedlichen Problemen beim Wasserlassen«. Als einzige Abnormität wurden »einige verbliebene Eiterzellen im Prostatasekret« genannt. Am 20. März 1953 hatte Dr. Dick seinen Patienten an den Washingtoner Urologen Dr. William P. Herbst überwiesen, den Jack am 27. März aufsuchte. Herbsts nahezu unleserlichen Notizen zufolge klagte Jack über ein »Brennen in der Prostatagegend« und vereinbarte bis zum 24. Juli vier Termine für die Behandlung. Am 17. Februar 1954 suchte er Dr. Herbst erneut auf und hatte einen weiteren Termin am 28. Juli.[6]

Richard Reeves, einer der neueren Kennedy-Biographen, vertritt die Ansicht, Jack sei so sehr in Sorge gewesen, er könne verantwortlich sein für Jackies Unfähigkeit, ein Kind zu empfangen, dass er während des ersten Ehejahres einen Experten aufsuchte, um eine Spermienzählung vornehmen zu lassen. Tatsächlich aber war Jackie während dieses Jahres schwanger geworden, hatte jedoch eine Fehlgeburt erlitten. Der Grund dafür wie für die weitere Schwangerschaftsanamnese – eine Totgeburt und zwei Frühgeburten – war mit fast völliger Sicherheit eine Chlamydia, mit der sie sich bei Jack infolge seiner Gonorrhöe angesteckt hatte. Eine unspezifische Urethritis, wie sie bei ihm 1950 festgestellt wurde, ist, wie man inzwischen weiß, das Ergebnis einer chlamydialen Infektion.[7] Es ist unwahrscheinlich, dass Jack seine diesbezüglichen gesundheitlichen Probleme Jackie anvertraute, zum einen, weil er es hasste, über seine verschiedenen Krankheiten zu sprechen, und zum anderen, weil sie die Letzte war, der er davon hätte berichten wollen, auch wenn sie fairerweise die Erste hätte sein sollen.

Als Frau des Kennedy-Kronprinzen musste sich Jackie angesichts der überschäumenden Fruchtbarkeit der anderen Kennedy-Frauen einfach gedemütigt fühlen. Für sie war es eine verborgene Tragödie: Wäre es ihr gelungen, in diesem ersten oder zumindest im nächsten Jahr ein Kind zu bekommen, hätte ihr dies den Kummer und die ehelichen Probleme erspart, die sie während der folgenden Jahre zu ertragen hatte. Jack hatte nur widerstrebend seinen Junggesellen-Status und seine Freiheit aufgegeben, und zu den vielschichtigen Gründen, die ihn dazu bewogen hatten, gehörte der Wunsch, »eine Familie zu haben«. Als reicher junger Mann war er von einer Reihe von treuen Hausangestellten rundum versorgt worden: von Mrs. Margaret Ambrose, der Haushälterin in dem Haus, das er in Georgetown mit Eunice bewohnt hatte, von Evelyn Lincoln, seiner Sekretärin, seinem Chauffeur und Mädchen für alles, dem Bostoner Polizisten Muggsy O'Leary, und seinem Kammerdiener George Thomas. Er besaß die Gesellschaft seiner Verwandten und Freunde und so viele Frauen, wie er nur wollte. Im Alter von sechsunddreißig fiel es ihm schwer, seine Gewohnheiten zu ändern, um eine unsichere junge Frau in sein Leben aufzunehmen. Er fing an, sich in der Falle zu fühlen.

Jackie tat ihr Bestes, um ihre Ehe zu einem Erfolg zu machen. »Sie hatte sich bereits so weit an den Senator angepasst, dass sie Flugzeuge pünktlich erwischte und sich mit Horden von Kennedys in geschlossenen Quartieren abfand«, schrieb Evelyn Lincoln 1954 über sie. »Jetzt würde sie lernen, bei der politischen Fachsimpelei mitzureden.«[8] Während Jack an Dienstagabenden mit Bobby und Lem Billings einen Kurs im Querlesen besuchte, um die Unmengen an Senatsarbeit zu bewältigen, studierte Jackie an der Universität von Georgetown politische Wissenschaften und Geschichte, um mit Jack mitzuhalten. Sonntags fuhren sie gelegentlich nach Washington, um Schlachtfelder des Bürgerkriegs zu besuchen. »Mein Bruder und Jackie wussten alles über den Bürgerkrieg«, erinnerte sich Teddy Kennedy. »Ihre Begierde nach geschichtlichem Wissen war fantastisch, und was sie einmal gelernt hatte, behielt sie wie ein Schwamm.« »Sie bekam jede Nuance mit«, berichtete Jackies alte Bekannte und Assistentin im Weißen Haus. »Und sie wollte sich in amerikanischer Geschichte auskennen, nicht nur ihrer selbst wegen, sondern auch für ihren Mann. Fast trugen sie mit diesem Wissen, das sie in sich aufnahmen, einen Wettbewerb aus ... einer versuchte den anderen mit historischen Fakten zu übertreffen, und so weiter …«[9] Sie besuchte die Eröffnung der zweiten Lesung des 83. Kongresses am 6. Januar 1954. »Diesmal«, so Evelyn Lincoln, »würde ihm dort statt einer Horde ehrfürchtiger Mädchen seine junge Frau zusehen.«

Ihre Sorge um ihn bewies sie, indem sie Evelyn Lincoln bat, auf ihn einzuwirken, damit er früher nach Hause käme und weniger arbeitete. Eine Zeit lang funktionierte das, dann aber kehrte er zu seiner Gewohnheit zurück, bis sieben oder acht Uhr abends zu arbeiten. Jackie schloss einen Kompromiss: Am Morgen vor jedem wichtigen abendlichen Termin rief sie Mrs. Lincoln an und bat sie, ihn zu einem früheren Aufbruch zu bewegen. Sie sorgte außerdem dafür, dass er mittags anständiges Essen bekam, indem sie es ihm entweder selbst brachte oder in zugedeckten Porzellanschüsseln durch Muggsy O'Leary schicken ließ. Sie besuchte einen Kurs in französischer Küche, auch wenn das Kochen nie zu ihren Stärken gehört hatte und Jack, der seit seiner Kindheit an einem schwachen Magen litt, das allereinfachste Essen bevorzugte. (Als er während seiner Krankheit Gewicht verlor und die besorgte Eunice ihn fragte, warum er so dünn sei, antwortete er mit einem Scherz: »Keine Sorge, es ist nichts Ernstes – nur Jackies Küche.«)

Der Bereich der Politik und Politiker aber blieb für Jackie ein im wesentlichen ungreifbares Gebiet, in das einzutauchen sie keinen Wunsch verspürte. Ted Sorensen, der Hauptverfasser von Jacks Ansprachen und sein wichtigster politischer Mitarbeiter, der seit 1953 für ihn arbeitete, schrieb:

> Nachdem sie geheiratet hatten, interessierte sie ihn ein bisschen für Kunst und er interessierte sie ein bisschen für Politik … Aufgewachsen in einer Welt gesellschaftlicher Nettigkeiten weit ab vom Getöse des politischen Kampfes, fand sie am Anfang weder den Beruf noch die, die ihn ausübten, besonders attraktiv. Die Politik hielt ihren Mann zu oft von ihr fern. Politiker drangen zu oft in ihr Privatleben ein. »Es war, als wäre man mit einem Wirbelwind verheiratet«, zitiert ein Reporter einen Satz von ihr über die Anfänge ihrer Ehe. »Wenn es darum ging, Zeit mit Jack zu verbringen, war die Politik sozusagen mein Feind.«[10]

Für die Kennedy-Frauen waren Politik und öffentliches Leben so selbstverständlich wie die Luft zum Atmen, und Jack war davon ausgegangen, dass dies auch bei Jackie der Fall sein würde. Dass dem nicht so war, beunruhigte ihn. Später sollte er lernen, diese Eigenschaft an ihr zu schätzen, in den ersten Jahren jedoch trug sie zu Missverständnissen zwischen den beiden bei.

Keine sechs Monate nach der Hochzeit begann Jack sich nach seinem alten Leben zurückzusehnen. Er hatte die schöne blonde Schwedin, die er auf seiner vorhochzeitlichen Reise im vergangenen August in Südfrankreich getroffen hatte, nicht vergessen. Am 2. März 1954 schrieb er von seinem Senatsbüro, Zimmer 326, aus an Gunilla von Post, dass er plane, im September wieder nach Frankreich zu fahren. Anschließend führte er eine Reihe von Telefongesprächen mit Stockholm, ohne je seine Nummer zu hinterlassen. Er schrieb ihr noch zweimal in der Hoffnung, für Ende August ein Rendezvous zu vereinbaren, und rief sie im August an, noch immer hoffend, sie könnten einander in Paris treffen. Am 3. September jedoch erhielt sie ein Telegramm aus Hyannis Port: »Reise verschoben …«[11]

Jacks Briefe an Gunilla basierten auf einem verzweifelten Optimismus: Er versuchte an einem Traum von jugendlicher Romantik und Vergnügen festzuhalten, während seine Realität aus ununterbrochenen Schmerzen und der Möglichkeit einer ernsthaften Invalidität bestand. Er war mit einem zu kurzen Bein geboren worden, eine Behinderung, die auch dann Probleme verursacht hätte, wenn er weder seinen Rücken beim Football in Harvard noch bei der Zerstörung der PT 109 eine Bandscheibe verletzt hätte. (Die Bandscheibe war von dem Neurochirurgen Dr. James Poppen 1944 entfernt worden.) Im Frühling 1954 bemerkte Evelyn Lincoln, dass sein Rücken ihm zunehmend Probleme bereitete. Wenn ihm etwas auf den Boden fiel, musste er sie bitten, es für ihn aufzuheben. Er hörte sogar auf, seinen Querlese-Kurs zu besuchen, weil er fürchtete, die Autofahrt wäre zu viel für ihn. Er und Jackie unternahmen eine kurze Reise nach Palm Beach, in der Hoffnung, dass er sich dort erholen würde. Anschließend aber fuhr er nach Chicago, um vor dem Zentralkomitee der Demokraten im Cook County zu sprechen, und danach reiste er am 24. April weiter nach New York zur Hochzeit seiner Schwester Pat mit Peter Lawford. Zum Gehen brauchte er Krücken, die er jedoch versteckte, wenn offizielle Besucher erwartet wurden, um seinen körperlichen Zustand vor den Wählern von Massachusetts geheim zu halten. »Bald stellten die Anstrengung, seine Schmerzen zu verbergen, im Verein mit seinem überladenen Zeitplan eine gewaltige Belastung für seine Nerven dar«, schrieb Lincoln. »Er wurde immer gereizter ...«[12] Den Sommer über verschlimmerten sich die Rückenschmerzen rapide. Statt in sein Büro zurückzukehren, blieb er auf seinem Platz im Senat sitzen und fing an, Verpflichtungen abzusagen – »Sag ihnen, ich hab ein bisschen Ärger mit meinem Rücken.« Aus Loyalität machte er eine Ausnahme für seinen Freund und alten Harvard-Zimmerkameraden Torby MacDonald, der für die Demokraten in der Republikaner-Hochburg bei Boston für einen Sitz im Kongress kandidierte und alle Unterstützung brauchte, die er nur bekommen konnte. Jack fuhr hinunter nach Malden, Massachusetts, um auf einem Dinner zu Torbys Ehren zu sprechen. Als der Senat am 20. August in die Sommerpause ging, fuhren er und Jackie für den September hinunter zum Cape. Sie hofften, dass die Erholung eine Besserung bringen und die angedrohte Rückenoperation nicht notwendig sein würde.

Stattdessen aber hatte sich der Zustand von Jacks Wirbelsäule so immens verschlechtert, dass ein drastischer chirurgischer Eingriff nötig wurde, um ihn vor einem Leben im Rollstuhl zu bewahren. Das Risiko der als Lumbalfusion bekannten Operation wurde durch die Addison-Krankheit unendlich vergrößert. Am 11. Oktober wurde er in das Krankenhaus für Spezialoperationen in Manhattan eingewiesen, wo Tests und Röntgenuntersuchungen vorgenommen wurden. Am 21. Oktober wurde die Operation von einem Team aus vier Chirurgen unter der Leitung von Dr. Philip Wilson durchgeführt. Jack überlebte, doch wie man ihn gewarnt hatte, trat nach vier Tagen eine Entzündung auf. Er fiel in ein Koma. Zweimal wurde seine Familie im Krankenhaus zusammengerufen, und er erhielt die Letzte

Ölung, derweil er zum dritten Mal in seinem relativ kurzen Leben auf ein Rendezvous mit dem Tod zusteuerte. Gegen alle Erwartungen gewann er den Kampf wie schon zuvor, als er halb bewusstlos im Pazifik abgetrieben war.

Mitte November, als er noch schwer krank war, besuchte ihn Charlie Bartlett. Er berichtete, Jackie sei »wundervoll zu ihm«: »Sie saß stundenlang bei ihm, hielt seine Hand, trocknete ihm die Stirn, fütterte ihn, half ihm aus dem Bett und wieder hinein, zog ihm Socken und Pantoffeln an, unterhielt ihn, indem sie ihm vorlas oder Gedichte aufsagte, die sie auswendig wusste, kaufte ihm verrückte kleine Apparate und Spielzeug, um ihn zum Lachen zu bringen, spielte Dame, Kategorie und Zwanzig Fragen mit ihm. Als seine Genesung genügend vorangeschritten war, forderte sie all seine Freunde auf, ihn so oft wie möglich zu besuchen. Sie tat alles, um ihn von den Schmerzen abzulenken.«[13] Eine enge Freundin war schockiert, als er sie nach dem Abendessen voll Verzweiflung anrief: »Komm her und lies mir eine Geschichte vor … ich halte die Schmerzen nicht aus. Ich halte das nicht aus.« Sie fuhr ins Krankenhaus, doch kaum war sie nach Hause zurückgekehrt, erreichte sie ein weiterer Anruf: »Setz dich einfach ans Telefon und lies, was immer du hast, altes Zeug, eine Zeitschrift, ganz egal, ich halte das nicht aus …«[14]

Während Jackies Sorge um Jack außer Frage steht, gehört die Geschichte, dass sie Grace Kelly bat, ihn aufzuheitern, ins Reich der Legende. »Ich glaube, Jackie lebte mit einer Menge Misstrauen«, berichtete Robin Biddle Duke. »Und es geschahen mit der Zeit auch die verschiedensten Dinge, die ihre Wirkung auf sie hatten. Zum Beispiel, als Flo [Pritchett Smith] Grace Kelly mit ins Krankenhaus nahm, das machte sie wahnsinnig … Flo dachte sich, es würde Jack aufheitern, also rief sie mich an und fragte: ›Was meinst du?‹, und ich sagte, es wäre sicherlich ein Spaß und er würde begeistert sein … Er hatte diese fürchterliche Rückenoperation hinter sich und lag flach wie eine Flunder …«[15]

Grace Kelly, einer der schönsten weiblichen Filmstars des Jahrhunderts, war im November 1929 in einer halb irischen, halb deutschen katholischen Familie in Philadelphia zur Welt gekommen.[16] 1954, im Jahr von Jacks Operation, hatte die Zeitschrift *Look* ihr unter der Überschrift »Hollywoods heißester Besitz« eine Titelstory gewidmet, und in dem Monat, den Jack im Krankenhaus verbrachte, brachte die *New York Times* einen Artikel über ihren »schwindelerregenden Aufstieg«. Sie stand kurz davor, für ihre Rolle in *Mädchen vom Lande* einen Oscar zu gewinnen. Die meisten Männer waren in sie verliebt, und die meisten Frauen eiferten ihrem kühlen, blonden Highsociety-Erscheinungsbild nach. Im wirklichen Leben war sie nicht nur schön, sondern auch warmherzig und humorvoll. Jack hatte nie ein Geheimnis aus seiner Bewunderung für sie gemacht. Gore Vidal berichtete von einer Szene, in der Jack und Jackie im Sommer 1956 Berichte von Graces Hochzeit mit Fürst Rainier lasen und Jack mit einem Stirnrunzeln ausrief: »Ich hätte sie heiraten können!« Diesem schreibt er Jackies wohl belegte Abneigung gegen Grace Kelly zu.[17] Laut Robin Biddle Duke aber war es Graces Besuch bei Jack im Krankenhaus, der Jackie gegen sie aufbrachte. »Grace Kelly wurde dann in Jackies Leben zu jemandem, den sie einfach nicht ausstehen konnte.«

Falls Jackie eifersüchtig war, war sie zu klug, es zu zeigen. Die Schriftstellerin Priscilla Johnson Macmillan, die als junges Mädchen der Gesellschaft kurz in Jacks Senatsbüro gearbeitet hatte und der er sporadisch nachstellte, erinnerte sich, wie sie an einem Samstagnachmittag ins Krankenhaus kam und Jackie dort antraf. »Sie sah ganz entzückend aus in ihrem schwarzen Kostüm, wie sie um Jack herumwirbelte, der im Bett lag und sein Krankenhausessen aß, Sie wissen ja, um fünf Uhr. Sie war auf dem Sprung zum Dinner mit ihrem alten Verehrer John Marquand, und Jack wusste das. Ich schloss daraus, dass sie ihn damals, in diesem Zimmer, wie sie da herumtänzelte und so attraktiv aussah, wirklich an die Angel bekam … Es schien bei Jack ein bisschen zu wirken. Und ich dachte, was für eine Schauspielerin sie doch ist. Ich habe das an diesem Tag gedacht, und ich habe es seither immer wieder gedacht. Sie war eine fantastische Schauspielerin …« Manchmal wohnte Jackies Neckerei allerdings eine gewisse Schärfe inne: »Jackie schwärmte mir von Teddy vor«, berichtete Priscilla Johnson Macmillan über den gleichen Krankenhausbesuch. »›Hast du Teddy kennen gelernt?‹, fragte sie mich mit ihrer atemlosen Stimme. ›Teddy ist der wirkliche Politiker in der Familie‹, und dabei sah sie bedeutungsvoll hinüber zu Jack, der die ganze Zeit zuhörte.«[18]

Abgesehen von Jacks Bewunderung für ihre Schönheit hatte Jackie keinen Grund, eifersüchtig auf Grace Kelly zu sein, die nie irgendetwas mit ihm hatte, das auch nur im Entferntesten einer Romanze glich. Aber sie war eifersüchtig auf gewisse Frauen aus seiner Vergangenheit, die ihm freundschaftlich eng verbunden blieben, lange nachdem alles Sexuelle zwischen ihnen vorüber war. Sie verbannte eine von Jacks alten Freundinnen und Vertrauten, eine schöne Blondine aus Boston. Diese Dame hatte Bobby kennen gelernt und sich mit ihm angefreundet, als er in Harvard gewesen war. Zusammen mit anderen Harvard-Studenten kam er auf Besuch nach Boston, zu ihrer Familie, zu der drei hübsche, quirlige Töchter gehörten. Der Kongressabgeordnete Jack Kennedy war nicht willkommen im Haus. »Sein Vater war bei den Leuten in der Gegend von Boston nicht gerade beliebt«, sagte sie. »Meine Familie war auch irisch und auch katholisch, aber meine Mutter konnte Joe Kennedy nicht ausstehen. Der bloße Gedanke an seine Kinder bereitete ihr Übelkeit ... Gegen Bobby hatte sie nichts, wie sich herausstellte, denn sie fand, er sei viel netter, als sie erwartet hätte. Sie hasste Jack ... sie mochte ihn überhaupt nicht, weil sie meinte, er bedeute *Gefahr*. Sie wusste, bei Bobby bestand, was mich betraf, nicht mehr Gefahr als in der Kirche, obwohl ich ihn als Kumpel gern mochte ... Joe Kennedy war wütend auf mich, weil ich Bobby nicht heiratete. Ich war aber überhaupt nicht in Bobby verliebt.« Mit Jack jedoch sah die Sache anders aus. »Ich hatte eine wundervolle, interessante Zeit mit ihm. Er war interessant, und man hatte Spaß mit ihm. Er war ein unterhaltsamer, lebhafter Mensch. Äußerst witzig. Und sah fantastisch aus. Und charmant, wirklich charmant. Obwohl er seine Grenzen hatte, aber von denen wusste man ja nichts ... ich habe nie gern gesagt, dass Jack zu meinen Liebhabern gehörte ... wer hatte ihn sonst noch ... ein Heer von Tausenden ...«

Sie kannte Jackie vom Sehen, von Partys in Newport, New

York und Long Island. Aus dieser Zeit erinnerte sie sich nur noch daran, dass sie gedacht hatte, wie kühl und analytisch Jackie doch war. »Ich weiß, dass ich auf einer Tanzparty in Southampton bei den Cuttings mit Serge Obolensky tanzte. Und von Jackie weiß ich nur noch, dass sie irgendwie dasaß, mit diesen Kuhaugen, das war, bevor sie dann schöner wurde, und alles beobachtete, so stechend, als versuche sie herauszufinden, was vor sich ging ...« Als Jack nach New York kam, um sie zum Essen einzuladen und ihr zu sagen, er werde Jackie heiraten, lautete ihre Reaktion: »Ich fand, das sei eine wirklich gute Idee, weil sie die geeignete, nicht zu emotionale Person dafür wäre ... Sie würde emotional nicht so beteiligt und so betroffen sein wie vielleicht jemand anders von den verschiedenen Dingen, der Zeit, die er nicht da war, oder was auch immer ...«

Jackies Gefühle jedoch waren tief. Jack konnte ihre Stimmungen nicht verstehen, ihren Rückzug und das ausgedehnte Schmollen, wenn sie verletzt war. »Er mochte sie einfach nicht. So sah es für mich aus. Ich meine, zu jener Zeit konnte er sie einfach überhaupt nicht verstehen oder gern haben«, sagte eine seiner Vertrauten. »Und dann fand er sich mit der Situation ab und machte sich klar, dass es besser sei, das weiterlaufen zu lassen. Aber er hatte auch andere Sachen laufen, die ihn da wegholten, das war gut für ihn, nehme ich an. Er hätte es nicht so machen müssen, aber er machte es eben.« Er beklagte sich über sie, nannte sie kalt, eine Primadonna, eine Verschwenderin, oft störte ihn ihre Stimme. Und trotzdem war er von ihr fasziniert und versuchte sie zu besänftigen, wobei er sogar so weit ging, dass er einer alten Freundin verbot, zur Hochzeit zu kommen, weil er Jackies Gefühle ihr gegenüber kannte. »Sie wollte einfach alles am rechten Fleck haben«, berichtete die Freundin. »Und Einmischungen konnte sie nicht brauchen, sie wollte keine Konkurrenz. Ich hatte eine Einladung zur Hochzeit und dann bekam ich einen Anruf vom Bräutigam, der zu mir sagte: ›Um Gottes willen, komm bloß nicht. Komm auf gar keinen Fall.‹ Da war er unnachgiebig.«[19]

Es war eine vielschichtige Beziehung. Priscilla Johnson Macmillan erinnerte sich an eine Gelegenheit in Washington, die

Geburtstagsparty von Jacks Assistenten Langdon »Don« Marvin. »Es war in irgendeinem Club, und ich saß rechts neben Jack, und Jackie saß uns gegenüber, und die ganze Zeit über erklärte er mir: ›Ich habe nur geheiratet, weil ich schon siebenunddreißig war, und wenn man in der Politik in dem Alter noch nicht verheiratet ist, denken die Leute, man ist andersrum.‹ Das waren seine Worte. Die ganze Zeit während des Dinners flüsterte er mir solche Sachen zu, und mir fiel auf, dass er nicht aß, was bedeutete, dass er Magenprobleme hatte. Gegenüber am Tisch saß Jackie, die perfekte Augenweide wie immer, und die ganze Zeit über sah er sie an ... Sie waren an dem Abend ein bisschen zu spät gekommen, und Jackie trug ein schwarzes Taftkleid mit geradem Kragen ... und sie hatte einen regelrechten Bühnenauftritt, hatten sie alle beide, und ich dachte, er war einfach unglaublich stolz auf sie. Ich glaube, an dem Abend – und ich denke, es war das erste Mal, dass er sich ganz offen an mich heranmachte – habe ich den Eindruck gewonnen, dass er, weil sie so extrem attraktiv war und er nicht mithalten konnte, ihre Wirkung in sich aufsaugte und dadurch mehr Glanz bekam. Er aß nichts, aber sie aß er mit seinen Blicken auf, und das machte ihn in seinen Augen noch mehr zum Sonnengott ...«

In einem kuriosen Verwirrspiel benutzte Jack seinen Schwiegervater Black Jack, damit der ihn bei seinen Flirts deckte, wie sich Priscilla Johnson Macmillan verwundert erinnert: »Jack Kennedy, das war wohl so im April 1957, lud mich ein, als seine Begleiterin zur American Society of Newspaper Editors zu gehen. Es war im Waldorf, glaube ich ... Er gab mir ziemlich komplizierte Anweisungen ... Ich sollte nach den Karten für Mr. Bouvier fragen und an seinem Tisch neben dem Podium sitzen. Ich wurde mit Black Jack, seiner damaligen Geliebten, deren Mann und noch einem anderen Paar platziert. Jack hielt eine extrem komische Rede ... Und nach der Rede sagte Mr. Bouvier zu mir: ›Bleiben Sie noch. Jack wird Sie sicher kennen lernen wollen.‹ Das amüsierte mich, denn was ging denn in seinem Gehirn vor? Wie hätte ich denn dazu kommen sollen, an Jacks Tisch zu sitzen, wenn ich ihn nicht längst kannte? Wie auch immer, ich nahm das als Stichwort, schlich mich sofort von dannen und fuhr zurück in die Wohnung in der East 80th Street, die ich mit einem anderen Mädchen teilte, und kaum kam ich nach Hause, sagte meine Mitbewohnerin, dass ein ziemlich erregter Anruf von jemandem gekommen sei, der sich als Mr. Bouvier ausgab. Er habe gesagt, sie seien in einem Nachtclub, im Keller irgendeines Hotels in der Nähe des Waldorf, und Jack sei reichlich wütend, weil ich noch nicht aufgetaucht war. Anscheinend benutzte er Mr. Bouviers Namen. Ich hatte keine Ahnung, was sie vorhatten. In diesem Winter gingen an der Ostküste Gerüchte herum, dass Jackie und Jack sich getrennt hätten und dass die Familien nicht mehr miteinander verkehrten, also hatte ich keine Ahnung, wieso Mr. Bouvier für Jack den »Kuppler« – wenn das das richtige Wort ist – spielte.«[20]

Jacks periodische Nachstellungen verwirrten Priscilla. »Woher nahm er die Zeit für diese jahrelange Werbung, eine sehr regelmäßig wiederholte Werbung, um eine Frau, die ihm als Antwort doch immer wieder nur ein Nein gab? Und darüber hinaus stellte er seine Frage ja in einer Weise, dass kein Mädchen mit Selbstachtung etwas anderes als Nein hätte sagen können. Er war aalglatt und machte Witze darüber. In seiner Gesellschaft hatte man wirklich Spaß, aber man musste ständig auf der Hut sein ... Ich kam zu dem Schluss, dass er irgendwie gern mit Frauen redete ... Sein Glück versuchte er immer, aber es war mehr oder weniger wie ein Ritual, das vollzogen werden musste ... Ich bilde mir nicht ein, dass er sich viel aus mir machte, und mit diesem Wissen habe ich mich gewappnet. Er war süß, aber er hatte etwas Kaltes an sich. Mir kam es vor, als ginge von ihm zwar Glanz aus, aber keine Hitze, keine Wärme. Und sein großer Charme bestand in seiner Losgelöstheit, anscheinend seiner Losgelöstheit von sich selbst.«[21]

Im Dezember wurde Jack aus dem Krankenhaus entlassen und im Krankenwagen nach Palm Beach gebracht. Im Januar fühlte er sich gesund genug, um mit Red Fay, der aus Kalifornien herbeordert worden war, um ihn zu unterhalten, ins Kino zu gehen. »Die Familie machte sich Sorgen um Jack«, schrieb Red Fay. »Sie wussten ja nicht, ob er überleben würde. Die Ärzte hatten das Gefühl, dass er gleichgültig würde. Ein Besuch von jemandem, den er mit glücklicheren Zeiten verband, sollte ihm helfen, seinen üblichen Optimismus und seine Lebensfreude zurückzugewinnen.« Fay sah, dass Jack starke Beschwerden hatte, sich aber zwang, stillzusitzen und jeden Morgen und Nachmittag zeitweise zu lesen, sich Notizen zu bestimmten Passagen zu machen und sie sich für spätere Ansprachen einzuprägen. Zwei Tage nach Fays Ankunft hatte sich seine Stimmung so weit gebessert, dass sie hinüber nach West Palm Beach fuhren, um den Piratenfilm *Vera Cruz* mit Burt Lancaster und Gary Cooper zu sehen. »Ich kannte niemanden, der so gern ins Kino ging wie Jack«, schrieb Fay. »Auch wenn man auf dem Sprung sitzen musste für den Fall, dass ihm der Film nicht gefiel, was nicht gerade selten vorkam. Wenn die Action abflaute oder der Dialog schleppend wurde, bereitete man sich am besten darauf vor gleich zu hören: ›In Ordnung, machen wir, dass wir hier rauskommen.‹«[22]

Die Operation war kein Erfolg, und im Februar musste er, da eine um ein Haar tödliche Infektion aufgetreten war, zu einem weiteren Eingriff zurück ins Krankenhaus. Eine Metallplatte, die in seinen Rücken eingesetzt worden war, sollte wieder entfernt werden. Wieder stand sein Leben auf dem Spiel, und wieder kam er durch. Zurück in Palm Beach beeindruckte Jackie jeden durch ihre Hingabe bei seiner Pflege und Unterhaltung. Er hatte eine offene, eiternde Wunde am Rücken, und sie ließ sich von der Pflegerin erklären, wie sie zu verbinden war. Als George Smathers ihn mit seinem Bruder besuchen kam, fand er Jack flach auf dem Bauch liegend und trotz Schmerzmitteln von schlimmen Schmerzen gequält. Aus der Wunde an seinem Rücken sickerte Eiter. »Mir wurde klar, dass ich Jackie falsch eingeschätzt hatte«, berichtete er ihrem Biographen David Heymann. »Eine Frau, die sich Tag für Tag diese eiternde Wunde ansehen und diese ganze Qual mit ihrem Mann durchstehen konnte, musste eine Menge Rückgrat besitzen.«[23]

Obwohl Jack vor seinen Freunden die Zähne zusammenbiss, machten seine körperlichen Beschwerden ihn Jackie gegenüber schwierig. Betty und Chuck Spalding kamen zu Besuch, um ihn aufzuheitern. »Wir waren alle unten in Palm Beach, nachdem

Jack seine gefährliche Rückenoperation hatte, die keine Besserung brachte. Es war grauenhaft, er hatte ein Loch in seinem Rücken. Und sie hatten einen Streit. Wir saßen alle am Pool und hörten Platten, und Jackie ging einfach rüber auf die andere Seite des Pools, in eine kleine Ecke, ganz allein. Also ging ich hinterher, um mit ihr zu sprechen in der Hoffnung, das in Ordnung, ins Reine zu bringen – es war das einzige Mal, dass ich sie verärgert sah. Es war einfach schwierig, mit Jack auszukommen. Es war für beide schwierig, wirklich, denn Jack hatte Angst vor Intimität, und ich vermute, die hatte Jackie auch ...«[24] Beide, so berichtete Betty, schienen voreinander emotional blockiert.

Wie immer fiel es ihnen leichter, auf intellektueller Ebene miteinander zu sprechen, auf der kaum eine Frau besser als Jackie dafür gerüstet war, seinen Erwartungen zu entsprechen. »Während seiner Genesungszeit tat Jackie was immer sie konnte, um ihn bei Laune zu halten und ihn zu beschäftigen«, schrieb Evelyn Lincoln. »Sie brachte ihm Arme voll Zeitungen und Zeitschriften ... Er hatte irgendwann beschlossen, dass er nicht einfach im Bett liegen und darauf warten konnte, dass die Zeit ihre heilende Wirkung entfaltete ...«[25] Mitte Januar 1955 hatte er begonnen, an dem Buch zu arbeiten, das unter dem Titel *Zivilcourage* Anfang 1956 veröffentlicht wurde, eine Studie über acht Senatoren, die außergewöhnliche politische Tapferkeit bewiesen hatten.

Anfang 1954 war Jack die Idee für einen Zeitschriftenartikel gekommen, doch ihm fehlte die Zeit, sie weiterzuentwickeln. Insbesondere nach seiner zweiten Operation erwachte erneut sein Interesse daran und er bestürmte Ted Sorensen in Washington, ihm Bücher aus der Kongressbibliothek zu schicken und die Entwürfe, die er ihm sandte, zu beurteilen. Er brachte geschichtliche Notizen in eine neue Form, die der Biograph seines Vaters, James Landis, Sorensen und Professor Jules Davies von der George-Washington-Universität ihm auf Empfehlung von Jackie geschickt hatten. In dem Buch, das am 1. Januar 1956 erschien, dankte er ihnen und vor allem Jackie für ihre Hilfe: »Dieses Buch wäre ohne die Ermutigung, Unterstützung und Kritik, die meine Frau Jacqueline mir von Anfang an zuteil werden ließ, nicht möglich geworden. Für ihre Hilfe während der langen Zeit meiner Rekonvaleszenz werde ich ihr niemals in angemessener Weise danken können.«

Zivilcourage gewann im folgenden Jahr den Pulitzerpreis, was eine Kontroverse auslöste. Der Kolumnist Drew Pearson behauptete öffentlich in der *Mike Wallace Show* im ABC-Fernsehen, dass in Wirklichkeit Sorensen, nicht Kennedy der Autor des Buches sei. Jack war außer sich und bestellte den Washingtoner Anwalt Clark Clifford zu sich. Sorensen sagte unter Eid aus, er sei nicht der Autor, und der Sender war gezwungen, die Behauptungen zurückzunehmen.

Anfang Mai kehrten Jack und Jackie nach Washington zurück. Sie waren von neuem heimatlos, denn der Mietvertrag für das Haus am Dent Place war abgelaufen. Somit hatten sie keine andere Alternative als Merrywood, wenngleich sie, als Jack in sein Senatsbüro zurückkehrte, einige Zimmer im Kongress-Hotel auf dem Capitol Hill mieteten. Jackie begab sich wieder auf Häusersuche, und für den Winter mieteten sie ein Haus in der P Street in Georgetown. Sie dachten daran, ein Haus auf dem Merrywood-Grundstück zu bauen, und die Pläne waren bereits so weit gediehen, dass Jackie mit dem beratenden Architekten George Howe Entwürfe zeichnete. »Sie wollte ein einstöckiges Haus mit einer Art Innenhof, an einen Hügel über dem Fluss geschmiegt«, berichtete Janet Auchincloss. »Es wurde alles ziemlich teuer und kompliziert mit dem Wasser- und Wärmeanschluss ...« Dann hörte Janet, dass oberhalb des Potomac Hickory Hill ein großes weißes, georgianisches Haus in McLean, zwei Meilen von Merrywood und umgeben von sechs Morgen Waldland, zum Verkauf stand. Das Paar verliebte sich in das Haus, Jackie, weil die hohen Bäume und der Fluss sie an Merrywood erinnerten und Stallungen für ihre Pferde vorhanden waren, und Jack wegen seiner historischen Verbindungen: Während des Bürgerkrieges hatte es als Kommandoposten gedient und war das Hauptquartier des Generals George B. McClellan gewesen. Im Oktober schloss er den Hauskauf für einen Preis von $ 125 000 Dollar ab, und Jackie machte sich daran, es als das Heim umzugestalten, in dem ihre Familie den Rest ihres Lebens verbringen sollte. »Mir ist noch all die Mühe in Erinnerung, die Jackie auf Jacks Bad und Ankleidezimmer verwendete«, berichtete Janet Auchincloss. »Ein Schuhschrank musste so gebaut sein, damit er sich nicht vorbeugen musste, um seine Schuhe zu öffnen – das hätte seinem Rücken geschadet. Ich weiß noch, was für endlose Schwierigkeiten sie in Kauf nahm ... Sie haben so viel Zeit in die Einrichtung dieses Hauses investiert ...«[26]

Obwohl sie Andeutungen über die unterschiedlichen Temperamente des Paares fallen ließ – »Ich glaube, er reagierte oft völlig anders auf Dinge als sie, weil er nicht so eine introvertierte Natur hatte. Manchmal sah er sie richtiggehend verwirrt an« –, verlor Janet Auchincloss verständlicherweise kein Wort über die wachsenden Schwierigkeiten dieser ersten Ehejahre, doch im Sommer 1955 brauchten Jack und Jackie Abstand voneinander. Jackies Ankunft an der englischen Küste in der ersten Juliwoche löste in ihren gesellschaftlichen Kreisen auf der anderen Seite des Atlantiks Gerüchte über den gefährdeten Zustand der Ehe aus.

Jackie suchte Zuflucht bei ihrer Schwester Lee und ihrem Schwager Michael Canfield in deren schicker, aber winzig kleiner Wohnung am Chesham Place in Belgravia. Lee und Michael waren in englischen Gesellschaftskreisen ein glanzvolles, beliebtes Paar. Sie hatten ihren Wohnsitz in London, während Michael seinen angenehmen, ruhigen Posten als Assistent für Spezialaufgaben des amerikanischen Botschafters Winthrop Aldrich versah, den Lee ihm verschafft hatte. Sein Terminkalender spiegelt ihr intensives gesellschaftliches Leben. Jackie und Lee standen sich in diesem Lebensabschnitt besonders nahe. Jackie hatte in ihrer Umgebung nur wenige Frauen, denen sie vertrauen konnte, und Lee unternahm nie irgendwelche Anstrengungen, um Frauen kennen zu lernen. Die beiden tauschten Klatsch aus und kicherten miteinander wie Schulmädchen. Intensive Gespräche, die Außenseiter für tiefgehende Erörterungen der persönlichsten Belange hielten, waren in Wahrheit dem Thema Handschuhe gewidmet. Doch die Schwestern hatten noch wichtigere Dinge gemeinsam: Beider Ehen steckten in Schwierigkeiten. Beide waren entschlossen, sich bis zum Äußersten zu amüsieren. Zu Jackies Begleitern gehörte der junge, adlige Tory-Abgeordnete Hugh Fraser, ein guter Freund von Jack, der ihm bei den Wahlen in Großbritannien 1954 bei seiner Kampagne geholfen hatte. »Während der Zeit, in der Jackie durch Europa zog, war Hugh einer ihrer Begleiter«, sagte eine Freundin von Jackie.[27] »Jackie und Hugh Fraser gingen miteinander aus, als JFK noch Senator war. Damals waren Lee und Michael Canfield hier und Jackie hatte in ihrer Ehe Probleme«, berichtete ein Freund. Am 6. Juli gaben die Canfields am Chesham Place eine Party für Jackie, am selben Abend, an dem Lady Hultons berühmte alljährliche Party stattfand. »Jeder kam auf einen Sprung vorbei, um die Frau des jungen Senators zu sehen«, sagte ein Gast dieses Abends. »Mit laufenden Motoren, um dann zu einer schickeren Party umzuziehen. Hugh Fraser führte Jackie zum Dinner aus.«[28]

Gesellige Wochenenden auf dem Lande und endlose Partys in London stellten ihre angeschlagenen Gefühle wieder her. Jackie, Lee und Michael verbrachten ein Wochenende mit Frankie More O'Ferrall und seiner schönen Frau Angela in Sussex, ein anderes mit dem Marquess of Blandford – bekannt unter dem Namen »Sunny« – in Blenheim Palace und ein weiteres in Hatley mit Jakie Astor und seiner Frau Chiquita, einer Freundin Jacks. Sie gingen auf einen Ball, den die Astors am 13. Juli gaben, und auf zahllose Cocktail- und Dinnerpartys, zu denen unter anderem Douglas Fairbanks einlud. Ende Juli brachen Jackie und Lee für ein paar Tage nach Paris auf und fuhren weiter nach Südfrankreich, wo Canfield zu ihnen stieß. Das Paar hatte eine Wohnung in der 10 bis, rue du Bateau in Antibes gemietet.[29]

Inzwischen ging Jack eigenen Plänen nach, die er seit dem Frühling verfolgt hatte, einem Wiedersehen mit Gunilla von Post, diesmal in Båstad, einem Landstrich in Südschweden. Er reiste mit Torby MacDonald, der inzwischen im Kongress saß und Jacks Spießgeselle bei sexuellen Abenteuern war. Am 11. August kamen sie in Schweden an, Jack ging noch immer an Krücken, hatte aber dennoch Erfolg und verbrachte eine romantische Woche mit Gunilla, offensichtlich mit Zustimmung von deren Mutter. Immer wenn Jack seine Frau erwähnte, ließ Torby

Gunilla gegenüber »ein paar Bemerkungen über Jacks unglückliche Ehe fallen« und beteuerte, »Jackie mache sich nicht besonders viel aus Jack«. Schenkt man Gunilla Glauben, so spielte Jack mit dem Gedanken, Jackie zu verlassen und sie zu heiraten. Dies erzählte er jedenfalls ihrer Mutter und später ihrem Cousin in der schwedischen Botschaft in Warschau, Erich von Post. Einzig Joe Kennedy stand der Sache im Weg: Vater und Sohn führten ein wütendes Telefongespräch, über das Jack hinterher sagte: »Er will sich meine Probleme mit meiner Frau nicht mal anhören, weil sie ihn mag und er darauf anspringt …«[30]

Jacks schwedisches Abenteuer blieb unter den gewitzten englischen Freunden der Kennedys kein Geheimnis. »Jack macht F…-Ferien in Schweden«[31], berichtete einer. Für Jackie hätte die Nachricht, dass ihr Mann in Begleitung von Torby MacDonald nach Schweden aufgebrochen war, wohl kaum etwas anderes bedeutet.

Von Schweden aus fuhr Jack nach Antibes, um sich dort mit Jackie und den Canfields zu treffen. »Dinner/JFK«, hielt Canfields Terminkalender am 18. August lakonisch fest. Sie waren umgeben von ihrer schicken Clique aus Engländern und Amerikanern, von denen viele mehr als nur eine leise Ahnung von der Situation hatten. Kurz vor Jacks Ankunft hatten Jackie und die Canfields am 4. August an Bord der Yacht des Hon. Peter Ward, die sie in Nizza bestiegen, zu Abend gegessen. Claire Baring, die auf dem Schiff ihres zukünftigen Ehemannes eine sommerliche Kreuzfahrt unternahm, erinnerte sich an Jackies Besuch mit ihrer Schwester und an die Gerüchte, Jackie habe ihren Mann verlassen, wenn nicht für immer, so zumindest für eine Trennung auf Probe. Sie erzählte, sie habe gedacht, »wie hübsch Jackie doch sei und wie schade das war …«[32] Peter Ward berichtete Lees Biographen: »Wir waren alle zusammen in Südfrankreich. Jackie hatte Jack Kennedy zu der Zeit verlassen. Jack hatte Probleme mit seinem Rücken, und Jackie hatte deswegen ein ziemlich schlechtes Gewissen, aber das war alles. In meiner Gegenwart sagte sie mehrere Male: ›Ich gehe nie mehr zurück.‹ Sie war überhaupt nicht bedrückt und amüsierte sich anscheinend prächtig.«[33]

Von der römisch-katholischen Kirche abgesehen stand einer Scheidung von Jackie und Jack zweierlei entgegen: Joe Kennedy und Jacks Ehrgeiz. Joe Kennedy weigerte sich, darüber auch nur zu sprechen, da ihm klar war, dass eine so rasche Scheidung Jacks politische Aussichten ruinieren konnte. Jack selbst hatte, wie er Jackie bereits in den Flitterwochen wissen ließ, die Präsidentschaft ins Auge gefasst, aber seine letzte Begegnung mit dem Tod, die Rekonvaleszenz und die Arbeit an *Zivilcourage* hatten ihn verändert. Er konzentrierte sich jetzt mehr auf sein Ziel für die Zukunft und war bereit, dafür persönliche Opfer zu bringen. Seine Romanze mit Gunilla und das Gerede über eine Scheidung von Jackie waren seine letzten Versuche, seinem Schicksal zu entrinnen.

Tatsächlich verbrachten Jackie und Jack die Zeit nach Jacks Ankunft in jenem August gemeinsam in Räumen des Château de l'Horizon, eines Hauses des jungen Karim Aga Khan östlich von Cannes mit Blick auf das Meer. Jack hatte seinen alten Freund, einen ehemaligen Verehrer von Kathleen, den Theaterschriftsteller William Douglas Home und dessen Frau Rachel eingeladen, eine Woche mit ihnen dort zu verbringen. In den fünfziger Jahren war Südfrankreich wahrhaftig der Mittelpunkt des Jet-Set-Lebens: Glanzvolle Namen versammelten sich in den Villen und Hotels entlang der Küste, andere VIPs, wie Stavros Niarchos und Aristoteles Onassis, kamen mit ihren riesigen Yachten. Vor Jacks Ankunft traf sich die Gruppe zu Drinks und Abendessen auf Niarchos' Yacht und fuhr am nächsten Tag weiter an den Comer See zu George Plimpton, der sich in der Villa Baldianello aufhielt. Zurück in Südfrankreich aßen sie zu Abend mit John Marquand und seiner neuen Frau Sue. William Douglas Home erinnerte sich daran, wie sie nach dem Frühstück im Garten von l'Horizon saßen und einem Motorboot zusahen, das durch die Wellen auf den Steg zu preschte, »gesteuert von einem hinreißenden jungen Italiener«. »›Der Kerl kommt nicht, um dich oder mich abzuholen, William‹, sagte Jack.« Es war Gianni Agnelli, der gut aussehende Erbe des Fiat-Vermögens, der kam, um Jackie und Rachel mit zum Wasserski zu nehmen.

Die Kennedys und Canfields verbrachten Tage mit Faulenzen am Meer von Eden Roc. »Ich weiß noch, ich lag mit Jack und Michael auf einem Floß«, schrieb Douglas Home. »In meinem Dämmerzustand hörte ich Michaels Stimme: ›Jack, ich kann einfach nicht begreifen, warum du Präsident werden willst.‹ Ein kurzes Schweigen entstand, dann erwiderte Jack: ›Nun ja, Mike, ich fürchte, es ist so ungefähr die einzige Sache, die ich tun kann.‹ Der alte Joe Kennedy wohnte in der Villa bei Cannes, die er sich immer dort mietete, und die Gruppe traf sich mit ihm zum Mittagessen. Als wir die Auffahrt hinauffuhren, stand dort unter jeder Palme an der Straßenseite eine Art von Lakai, der sich vor uns verbeugte«, erinnerte sich Douglas Home. »Jack sagte: ›Wie ich sehe, führt Dad dies Jahr wieder mal ein primitives Leben.‹«[34]

In dieser kultivierten Welt, in der das Leben an der Oberfläche geführt wurde und bei weitem nicht alle Dinge waren, was sie schienen, wirkten die Ehen der Canfields und Kennedys glücklich. Zu dieser Zeit bemerkte das Ehepaar Douglas Home gewiss keine Spannungen. Im Vergleich mit ihrer Schwester machte Jackie auf sie einen weniger kultivierten Eindruck: »Die Kultiviertere von beiden war Lee. Sie war besser angezogen und sah wesentlich besser aus«, bemerkte ein Mitglied der Gruppe. »Während Jackie ein außergewöhnliches Äußeres hatte, besaß Lee mehr klassische Schönheit. Von den beiden war Lee mehr eine Dame der Gesellschaft.«[35] Die Douglas Homes mochten Jackie sehr, schätzten ihre Intelligenz, auch wenn sie diese zu verbergen versuchte, und ihren Sinn für Humor. Mit Begeisterung sprach sie mit William über das Theater. Auf die Frage, wie sie und Jack zurecht kamen, antwortete ein Gast, das sei schwer zu sagen, da sie sich in ihrer Beziehung nicht demonstrativ verhielten. »So etwas gab es nicht bei Jack. Also sah man sie nicht zärtlich oder liebevoll miteinander, Hand in Hand oder so. Derartiges kam nicht vor.« Jackie aber wirkte auf sie vollkommen glücklich mit Jack. »Sie verhielt sich nicht demonstrativ, aber sie liebte ihn, und sie hatten diese Art von Beziehung, die Spaß machte, es machte Spaß mit ihnen zusammen zu sein. Es wurden dauernd Witze gerissen und sie neckte ihn ständig. Es war schön, mit ihnen zusammen zu sein. Es war ein Vergnügen.

Aber wie ich schon sagte, so ein Rosa-Wolke-Liebespaar waren sie nicht ...«[36]

Laut Canfields Terminkalender spulte sich das gesellige Leben ohne Atempause ab. Am 20. August fuhren die Kennedys, Canfields und Douglas Homes zum Casino Juan les Pins. Am 22. August aßen sie zu Mittag mit Charles und Jayne Wrightsman, den märchenhaft reichen Freunden der Kennedys aus Palm Beach. Am 24. waren sie wiederum bei den Wrightsmans, diesmal, um an einem Dinner zu Ehren der Kaiserin von Persien teilzunehmen. Am 25. fuhr Jayne Wrightsman für einen Tag mit Jackie und Lee nach Venedig. Am 26. buchte Joe Kennedy einen Tisch bei der Galanacht in Monte Carlo, und so ging es in einem fort, bis mit dem Ende des August auch der Urlaub zu Ende ging. Am 23. traf Black Jack Bouvier ein, und am 27. aßen sie mit ihm in Cannes. Jackie, so berichtete ein Gast, redete »unglaublich viel« über ihn. »Sie sagte, er sei ein wirklicher Schuft, aber er sei göttlich. Sie betete ihn an und [sagte], es mache so viel Spaß, mit ihm zusammen zu sein ... Sie war furchtbar gern mit ihm zusammen. Ich glaube, sie war der Meinung, sie sei ... nun, nicht gerade genau wie er, aber ihm gefiel das Leben als Kosmopolit, und Jackie gefiel es auch, das verband sie.«[37] Er blieb bis zum 30. August und reiste dann mit dem Zug nach Paris. Einen Tag zuvor verkündete ein mysteriöser Eintrag: »Jackie in die Lutetia-Klinik«. Dort scheint sie mehrere Tage geblieben zu sein, denn Canfield notierte am 31. ein Essen mit JFK, einem seiner Freunde und Lee, jedoch ohne Jackie.

Während dieser Zeit, und zwar noch während die Douglas Homes dort waren, traf Jackie Aristoteles Onassis zum ersten Mal. Sie gingen auf einen Drink auf die *Cristina*, sodass Jack seinen Helden Winston Churchill treffen konnte, der sich ebenfalls an Bord befand. Leider war die Begegnung kein Erfolg. Der achtzigjährige Churchill war am 5. April endgültig als Premierminister zurückgetreten, er war deprimiert, nicht auf der Höhe und von dem hoch gewachsenen jungen Amerikaner im weißen Smoking wenig beeindruckt. »Jack nahm es mit sehr viel Humor«, berichtete ein anderer Gast. »Als wir ihn fragten: ›Wie ist es gelaufen?‹, antwortete er: ›Nun, ich fürchte, er nahm an, ich sei der Kellner, er hat mich sozusagen aufgefordert zu gehen und ihm einen Drink zu holen ...‹«[38] Den Erfolg des Abends landete nicht Jack, sondern Jackie, die in ihrem schlichten, nicht ganz bis zum Knie reichenden, klassisch geschnittenen weißen Kleid zum kurzen, dunklen Haar Onassis unmittelbar in ihren Bann zog – und das nicht allein durch ihre Französischkenntnisse. Onassis' Biographen zufolge berichtete er anschließend seinem Freund und Mitarbeiter (Costa Gratsos, der zu Jackies erbittertem Feind werden sollte): »Diese Lady hat etwas verdammt *Mutwilliges,* etwas Provozierendes an sich. Sie hat eine fleischliche Seele.«[39]

Nachdem Jackie also nach Paris und in die Lutetia-Klinik abgereist war, nahm Jack ein Schiff hinüber nach Capri. Er sehnte sich noch immer nach Gunilla von Post und versuchte vergeblich, sie zu überreden, sich ihm anzuschließen. Zu Recherchezwecken im Zusammenhang mit seiner Tätigkeit im außenpolitischen Ausschuss des Senats flog er nach Polen und rief von dort aus wiederum Gunilla an, der er beteuerte, dass er sie liebe und dass er seinem Vater sagen werde, er sei in seiner Ehe unglücklich und könne unmöglich so weiterleben, »wie die Dinge standen«. Er wolle seine Ehe beenden und mit ihr zusammen sein. Wie zu erwarten war, tobte der alte Joe vor Zorn, wie Jack Gunilla berichtete. »Er schrie mich an: ›Du hast den Verstand verloren. Du wirst eines Tages Präsident sein. Das würde alles ruinieren. Eine Scheidung ist ausgeschlossen. Denk doch nur daran, was mir mit Gloria Swanson passiert ist!‹«[40] Er hatte vor, sich in Kopenhagen mit Gunilla zu treffen, dann aber kam Jackie nach Warschau, und der Plan wurde fallen gelassen. Mitte September folgte er Jackie und Lee nach Rom. Dort hatten sie eine Audienz bei Papst Pius XII., dem ehemaligen Kardinal Pacelli, der die Kennedys in ihrem Haus in Bronxville besucht hatte (seither hielt Rose den »Kardinalsstuhl« in Ehren und erlaubte keinem, darauf zu sitzen) und der ihnen seine Segenswünsche zur Hochzeit geschickt hatte. Bei einem förmlichen Abendessen, zu dem sie zusammen mit dem französischen Premierminister Georges Bidault eingeladen waren, versuchte Jack, dessen Begabung für Fremdsprachen minimal war, mit

Jackie als Dolmetscherin ein Gespräch mit Bidault zu führen. In der zynischsten Weise riefen ihm solche Episoden die unleugbaren Qualitäten seiner Frau als Gattin eines Spitzenpolitikers in Erinnerung. Schließlich hatte vor allem ihre Aura von »Klasse«, die sich von der provinziellen amerikanischen Direktheit der Kennedy-Frauen so deutlich abhob, seinen »stilistischen Snobismus« ursprünglich angesprochen, wie Joe Alsop es ausdrückte. Nach der Warschauer Zeit gab Jack seine Fantasien auf: Er und Jackie reisten von Rom aus nach Paris, Dublin und London weiter und kamen nach der Schiffsfahrt über den Atlantik am 12. Oktober in New York an. Für das Jahr 1956 standen Wahlen bevor. Die Würfel waren endgültig zu Gunsten der Ehe und der ernsthaften politischen Ambitionen gefallen. Zum Zeichen für seine Entscheidung schloss er im selben Monat den Vertrag für Hickory Hill ab. Zu Weihnachten war Jackie schwanger.

Im Frühling 1956 wurde Jacks Name in der Presse bereits als der des möglichen Kandidaten für das Amt des Vizepräsidenten in der Mannschaft Adlai Stevensons gehandelt, des Kandidaten für den liberalen Flügel der Demokratischen Partei. Im Hinblick auf seine Wiederwahl in den Senat 1958 hatte er seine Machtbasis in Massachusetts ausgebaut, hatte die Partei in Massachusetts von einigen ihrer weniger attraktiven, veralteten politischen Methoden und Politikern gereinigt und war somit in der Lage, die Massachusetts-Delegation für Stevenson zu stellen. »Während der Senator [Kennedy] dieses Thema weiterhin mit mehr Neugier als Sorge betrachtete«, schrieb sein Mitarbeiter Ted Sorensen, »tauchte eine überraschende Flut von Zeitungsberichten, Magazinbeiträgen und Leitartikeln auf, die seine Vorzüge in den höchsten Tönen priesen.«[41] Trotz seiner langen Krankheit und seiner nicht gerade brillanten Bilanz im Kongress hatte Jack in der Öffentlichkeit hohes Ansehen bewahrt. »Sein Bestseller [*Zivilcourage*] und eine wachsende Zahl von Ansprachen machten ihn bekannter als die meisten Demokratischen Amtsinhaber. Sein jugendlich frisches Auftreten, seine ehrliche, bescheidene Herangehensweise und seine heldenhafte Kriegsvergangenheit verliehen ihm eine besondere

Anziehungskraft auf neue wie unentschiedene Wähler. Seine Fernsehauftritte und die Eröffnungsansprache in Harvard erregten landesweite Aufmerksamkeit …«[42]

Jack war, nach Sorensens Worten, an der Nominierung »mehr des Wettbewerbs als der Überzeugung wegen« interessiert. Über Sorensen streckte er seine Fühler in Richtung einflussreicher Stevenson-Anhänger aus. Weder Jackie noch ihr Schwiegervater waren über die Aussicht auf die Vizepräsidentschaft glücklich, Joe, weil er keinen Sinn darin sah, in einer Mannschaft den zweiten Platz einzunehmen, die seiner Ansicht nach gegen den beliebten Präsidenten Eisenhower nur verlieren konnte, und Jackie, weil sie fürchtete, seine Gesundheit würde der Belastung nicht standhalten. Unter diesen Umständen wurde die Kennedy-Kampagne auf dem Konvent in Chicago im August zu einer kopflosen Affäre, die Verwandte und Freunde einschloss. Jack schrieb den Text zu dem Parteifilm *Die Jagd nach dem Glück* und erhielt die ehrenhafte Aufgabe, Stevensons Kandidatenrede zu halten. Aber richtig ernst wurde es erst, als Stevenson nach seiner Ernennung zum Kandidaten das Rennen um die Nominierung des Vizepräsidenten eröffnete. Die Kennedy-Familie stürzte sich in den Kampf. Überraschenderweise wurde es ein Kopf-an-Kopf-Rennen zwischen Jack und Senator Estes Kefauver, eine Schlacht, die Jack knapp verlor. Der Grund waren die Feindseligkeit der Staaten im protestantischen Westen gegenüber seiner Religion und seine im selben Jahr getroffene Entscheidung gegen Subventionen für Farmer. »Er ist keiner von uns«, erklärte der Gouverneur von Oklahoma, was sich getrost als Untertreibung des Jahres bezeichnen ließ. Jack war enttäuscht, nahm die Sache jedoch philosophisch und sah ein, dass die Einschätzung seines Vaters hinsichtlich einer Nominierung als Vizepräsident in jenem Jahr richtig gewesen war. Zwei Jahre später erklärte er vor Publikum: »Ich hätte gegen Senator Kefauver gewinnen können – und stünde jetzt vor dem Ende meiner politischen Laufbahn.« Dennoch hatte sein relativer Erfolg auf dem Demokratischen Konvent von 1956 ihm eines gezeigt: dass er im Rennen um die nächste Präsidentschaft durchaus eine Chance haben mochte.

Während er als Politiker eine Wandlung durchmachte, blieb er als Ehemann unverändert. Obgleich im siebten Monat schwanger, hatte sich Jackie, so gut sie konnte, an der Kampagne in Chicago beteiligt. Während Jack, Bobby und ihre Mitarbeiter ihr Quartier im Stockyards Inn hinter der Convention Hall aufschlugen, wohnte sie in der Wohnung von Eunice und Sargent Shriver. Jedoch übernahm sie verschiedene Funktionen auf dem Konvent und anderswo, was in der Hitze Chicagos eine erschöpfende Anstrengung bedeutete. Dazu gehörte eine »Champagnerparty für die Frauen der Kampagne«, veranstaltet von Perle Mesta, auf deren Krönungsball sie 1953 zu Gast gewesen war. Mrs. Mesta fand beide Kennedys schlecht angezogen, beklagte sich, Jack habe zum Smoking braune Halbschuhe getragen, und nannte Jackie eine »Gammlerin«, weil sie ohne Strümpfe erschienen war.[43] (Jackie, die ein Elefantengedächtnis für Kränkungen hatte, besann sich dessen, als sie am längeren Hebel saß: Mrs. Mesta wurde nicht ins Weiße Haus der Kennedys eingeladen.)

Jackie war erschöpft. Indem sie Jack trotz ihrer Schwangerschaft und der Fehlgeburt im Vorjahr in Chicago zur Seite stand, hatte sie mehr als nur ihre Pflicht getan. Trotzdem dachte das Gewohnheitstier Jack keine Sekunde daran, seine Pläne bezüglich des üblichen Mittelmeerurlaubs im August zu ändern. Da der Rest der Reisegruppe aus Teddy Kennedy und George Smathers bestand, konnte es wenig Zweifel über den Charakter dieser Ferien geben. Während Jackie sich zur Erholung auf Hammersmith Farm zurückzog, brach Jack mit Teddy nach Frankreich auf, wo sie zunächst mit Joe Kennedy in dessen gemieteter Villa wohnen und am 21. August ein Schiff chartern und eine Vergnügungskreuzfahrt vor der Riviera unternehmen wollten.

Laut Smathers fand die Reise mit Jackies Segen statt. Die Aussicht, einen ruhelosen, enttäuschten Jack zu bitten, auf seinen Urlaub zu verzichten und ihr mit Janet, Hughdie und dem Auchincloss-Clan in Newport Gesellschaft zu leisten, hielt sie zweifellos für unrealistisch und der ehelichen Harmonie abträglich. So oder so wurde die Geburt des Babys nicht vor September erwartet. Am 23. August jedoch erlitt sie einen Blutsturz, wurde in höchster Eile ins Newport Hospital gebracht und dort durch einen Kaiserschnitt von einem toten Mädchen entbunden. Als sie erwachte, sah sie statt Jack Bobby an ihrem Bett sitzen. Nachdem er in Hyannis Port von Janet telefonisch informiert worden war, hatte er ebenso verzweifelt wie vergeblich versucht, seinen Bruder zu erreichen. Drei Tage später sprach Joe Kennedy mit Jack, als sie vor Genua anlegten. »Ich nehme an, damit ist die Reise beendet«, bemerkte Jack düster.[44]

Um ein Haar wäre damit auch die Ehe beendet gewesen. Jackies Familie war außer sich über sein Verhalten, seine Abwesenheit in der Zeit, in der Jackie ihn brauchte, und seine offensichtliche Unbesorgtheit über das, was geschehen war. Einem Bericht zufolge befand er sich einen Tag nach seiner Ankunft in Newport, während Jackie noch im Krankenhaus lag, »als charmanter, leutseliger Gesprächspartner« auf einer Dinnerparty im Clambake-Club, als sei alles in schönster Ordnung. Beide Familien ergriffen Partei. Ein Sprecher des Krankenhauses schrieb die Totgeburt Jackies nervöser Anspannung und ihrer Erschöpfung infolge des Konvents der Demokraten zu. Rose Kennedy schob die Schuld auf Jackies Rauchen. Für Jackie war es eine weitere persönliche Niederlage, wobei ihre offensichtliche Unfähigkeit, ein Kind auszutragen, durch die glückliche Geburt von Pat Lawfords zweitem Kind, nur zwei Tage nachdem sie ihres verloren hatte, noch unterstrichen wurde. Am 9. September gebar Ethel ihr fünftes Kind. Die Leere des Kinderzimmers, das sie in Hickory Hill vorbereitet hatte, schien sie zu verhöhnen. All die Mühe, die sie auf die Einrichtung des Hauses verwendet hatte, die speziellen Schuhschränke für Jack, hatten offenbar zu nichts geführt. Jack verkaufte das Haus mit Verlust an Bobby, der für seine rasch wachsende Familie ein großes Heim brauchte. Für Jackie war dieser besondere Traum vorüber.

Jackie hat einmal gesagt, sie und Jack seien wie »zwei Eisberge« gewesen, von denen sich lediglich die Spitzen über der Wasseroberfläche zeigten, und diese jüngste Episode ihrer Ehe trieb sie noch weiter auseinander. »Die Unterschiede zwischen Jack und Jackie, was Einstellung, Interessen und Verhalten betraf, wurden auffälliger«, sagte Lem Billings. »Sie waren beide bitter, enttäuscht, zogen sich zurück, schwiegen, als fürchteten sie, ein Gespräch könnte ihre Wunden vertiefen. Ihrer Schwester Lee vertraute Jackie an, sie vermute, sie sei körperlich nicht in der Lage, ein Kind auszutragen. In Jacks Hörweite jedoch machte sie ihre zermürbende Teilnahme an dem Nationalkonvent der Demokraten von '56 verantwortlich. (Pat Lawford war klugerweise in ihrem Haus in Los Angeles geblieben und hatte sich von Chicago fern gehalten.) Jack reagierte auf solche Anwürfe, indem er sich abwandte und auf die Wahlkampftribüne für Stevenson und Kefauver zog.[45]

Jackie dagegen reagierte, wie sie es in ähnlich schwierigen Situationen immer tat: Sie fuhr weg. Anfang November 1956 flog sie nach London, um die Canfields in deren elegantem neuen Haus am 45 Chester Square zu besuchen und das Leben der englischen Gesellschaft zu genießen. Im September hatte ihr Verehrer Hugh Fraser die Hon. Antonia Pakenham geheiratet. Sie und die Frasers verbrachten das Wochenende mit den John Jacob Astors in Hatley, und die beiden Frauen, die sich beide für Bücher und Literatur interessierten – Antonia kam gerade von der Universität Oxford –, wurden Freundinnen. Es war eher eine Verbindung, die auf gegenseitiger Bewunderung beruhte, als eine intime Freundschaft. »Antonia Fraser ist der Beweis dafür, dass das Leben unfair ist«, äußerte Jackie gegenüber Gore Vidal.[46]

»Eines Tages läutete es in unserer Wohnung am Eaton Square an der Tür«, erinnerte sich Antonia Fraser. »Draußen stand Jackie mit einem Bild des Herzogs von Wellington. Ich hatte keine Ahnung, wer sie war. Und dann hörte ich diese flüsternde Stimme: ›Ach, ich finde, er sieht genauso aus wie Hughdie, die Nase und alles.‹ Ich mochte sie sehr gern, weil sie so nett zu mir war. Ich fühlte mich sehr unsicher unter all den großartigen Leuten, die Hughs Freunde waren. Und sie war so reizend zu mir, schmeichelte mir: ›Du bist ja so klug‹ und dergleichen, wofür ich ihr äußerst dankbar war, weil ich mich in dieser Welt eben nicht sofort zu Hause fühlte, und dann war da plötzlich jemand so nett zu mir, ganz anders als Lee. Soweit ich weiß, sprach Lee in ihrem ganzen Leben kein höfliches Wort mit einem weiblichen Wesen unter achtzig ...«[47]

Jackie und die Canfields verbrachten auch ein Wochenende mit den Lambtons auf der Jagd in Fenton in Northumberland, das wegen seiner hoch fliegenden, schwierig zu schießenden Vögel als eines der angesehensten Jagdgebiete galt. Obwohl das Wochenende erfüllt war von Scherzen und Vergnügen – man spielte Scharaden, und die Gastgeberin gewandete den extrem männlichen polnischen Prinzen Stanislaus Radziwill, Jackies späteren Schwager, in einen ihrer rosa Spitzenpetticoats –, war es für eine Amerikanerin eine seltsame Zeit, um sich in England aufzuhalten. Dieses Land war von der Kontroverse über das Vorgehen im Suezkanal, namentlich Präsident Eisenhowers Weigerung, die anglo-französisch-israelische Invasion Ägyptens zu unterstützen, gespalten und von aufgeheizten Gefühlen geprägt.

Lord Lambton, der parlamentarische Privatsekretär des Außenministers Selwyn Lloyd, gehörte der Regierung an, welche die Invasion angeordnet hatte. Lambton, der reiche, gut aussehende, intelligente und zynische Spross einer Familie mit radikalem politischen Erbe, war ein Konservativer. Er fand Jackies politische Ansichten »ein bisschen rosa eingefärbt«, also nach links neigend.

Besser verstand sich Jackie mit »Stas« Radziwill, möglicherweise, weil dessen schwere, dunkle Erscheinung, sein Hang zu Frauen und Alkohol sie an Black Jack erinnerten. Stas, der aus einer alten polnischen Adelsfamilie stammte, war zur Zeit der deutschen Invasion aus Polen geflüchtet. »Stas setzte sich ins Auto und schaffte es in die Schweiz, wo er die Grenze überquerte und in ein Grand Hotel ging, das er kannte«, berichtete sein Freund Michael Tree. »Dort hieß es nur, ›Eure Hoheit, welche Freude, Sie zu sehen, Hoheit‹, und so weiter – er war ein wahrhaft hochgeborener Pole –, und er sagte zu dem Hotelmanager: ›Hören Sie mal, da ist etwas, das mir Sorgen macht, ich besitze auf der ganzen Welt keinen Penny, keinen einzigen Penny.‹ Und das Verhalten des Managers änderte sich schlagartig. Er sagte: ›In dem Fall können wir Ihnen nicht helfen, fürchte ich. Sie können hier nicht bleiben.‹ Also verbrachte Stas etwa drei Wochen in der Schweiz in Suppenküchen. Und dann traf er Frau – er redete immer so: ›Dann traf ich Frau‹ –, die Geld hatte, die Schweizerin war und die er heiratete. Er sagte immer: ›Allerbeste Frau, die ich je hatte, die erste.‹«[48]

Bei Kriegsende war Stas nach London gekommen, wo er sich einer Gruppe von Polen anschloss, die ein Unternehmen für die Restaurierung und den Verkauf von Wohnungen gegründet hatten. Mit seinem exzentrischen Charme gewann er viele Freunde, die seiner geschäftlichen Laufbahn weiterhalfen. Der erste seiner Freunde mit guten Beziehungen war Tony Gandarillas, der von Opium lebte und ein enger Freund des Herzogs von Westminster war, des Eigentümers der begehrtesten Immobilien in ganz London. Durch Gandarillas' Freundschaft mit dem Herzog ergatterte Stas eine fantastische Immobilie, die er mit beachtlichem Gewinn verkaufte.

Im Übrigen wirkte er ungeheuer anziehend auf Frauen. Nach der Scheidung von seiner ersten Frau lernte er die schöne Reederei-Erbin Grace Kolin kennen und heiratete sie. Ihr Geld war im Immobiliengeschäft investiert und an Bauträger verliehen, unter anderem an einen der erfolgreichsten Männer der Branche, Felix Fenston. Sie wurden Partner. »Stas machte eine Menge Geld, was ziemlich außergewöhnlich war«, berichtete Tree. »Er konnte praktisch nicht schreiben, kein Mensch verstand ein Wort, das er sagte, er kannte niemanden, aber wenn er dann jemanden kennen lernte, waren es Leute wie [Charles] Clore und Fenston. Und sie alle hatten eine Schwäche für Stas und nahmen ihn in ihre Geschäfte auf.«[49]

Als Lee Stas kennen lernte, steuerte ihre Ehe rapide dem Ende zu. Michael Canfield war charmant und beliebt, aber er trank heftig und verlor seine Stellung in der Londoner Botschaft, als Aldrich nach Amerika zurückkehrte. Lee hatte Affären gehabt und sich keine Mühe gegeben, diese zu verbergen. Das hatte solche Ausmaße angenommen, dass Canfield einem Freund erzählte, er wisse, wenn er nach Hause komme, nicht, »wessen Hut im Flur am Ständer hinge«. Dennoch stürzte der Gedanke, Lee zu verlieren, ihn in Verzweiflung, und er wandte sich an Jackie um Rat. Dieser fiel laut Alastair Forbes zwar praktisch, aber wenig hilfreich aus. Ihre Antwort lautete: »Du musst mehr Geld machen, Michael.« Als er ihr erklärte, dass er mit seinem bescheidenen Treuhandfonds und seinem Gehalt in der Lage sei, mehr als einen anständigen Lebensstandard aufrechtzuerhalten, erwiderte Jackie: »O nein, Michael, ich rede von richtigem Geld.«[50] In Jackies und Lees Welt hatten Frauen keine Möglichkeit, »richtiges« Geld zu machen: Sie mussten es entweder erben oder heiraten. Michael Canfield mit seinem Charme, seiner Eleganz und seiner mysteriösen königlichen Abstammung hatte Lee gegeben, was sie brauchte: die Eintrittskarte in die englische und internationale Gesellschaft. Männer mochten sie um ihres exquisiten Aussehens, ihres Geschmacks und ihrer Intelligenz willen. Frauen, um die sie sich niemals bemühte, taten das nicht. Lees glanzvolles europäisches Leben machte sie nicht glücklich: War sie in England, so sehnte sie sich nach Amerika und umgekehrt. Für Lee war, wie einer ihrer Freunde bemerkte, »das Gras in Nachbars Garten immer grüner«.[51] Von ihrem Standpunkt aus hatte sie die Grenze dessen erreicht, was Canfield ihr bieten konnte. Es war Zeit, den nächsten Schritt zu gehen.

Am 25. November brachen Jackie und Lee auf, um vier Tage in Paris zu verbringen, ehe Jackie zurück in die Vereinigten Staaten flog. Sie war mehr als einen Monat lang von Jack getrennt gewesen, doch auch vor ihrer Abreise hatte sie ihn kaum zu Gesicht bekommen. »Der Herbst 1956 war eine Zeit des Wahlkampfs für das Stevenson-Kefauver-Team«, schrieb Ted Sorensen. »Der Senator von Massachusetts ging aus der spektakulären Nominierung des Vizepräsidenten-Kandidaten bei den Parteimitgliedern als begehrtester Demokrat hervor, abgesehen von den beiden Nominierten. Innerhalb von sechs Wochen legte er mehr als dreißigtausend Meilen in vierundzwanzig Staaten zurück und unterzog sich mehr als hundertfünfzig Reden und Auftritten.«[52] Am 18. September 1956 hatten Jack und Sorensen mit einer Reihe von Rundreisen begonnen, die sie im Laufe der folgenden Jahre in jeden einzelnen Staat führen sollten. 1956 warben sie um Stimmen für Stevenson, 1957, 1958 und 1959 um Stimmen für Kandidaten auf Senats-, Staats- und Bezirksebene, und auf jeder Station gewannen sie Freunde für Kennedy.

Im Herbst 1956 hatten Jack und Jackie kaum Zeit miteinander verbracht, was Gerüchten über eine bevorstehende Scheidung neue Nahrung gab. Besonders hartnäckig hielt sich die Geschichte, Joe Kennedy habe Jackie eine Million Dollar dafür angeboten, dass sie bei Jack bliebe. Das, so witzelte Jackie, sei ja wohl kaum ein üppiges Bestechungsgeld. »Warum nicht zehn Millionen?«, fragte sie Joe, als die Geschichte im *Time Magazine* erschien. Ohne Zweifel aber führte sie Gespräche mit Joe, von dem sie wusste, dass er in überwältigender Weise auf ihrer Seite stand. Realistisch betrachtet wurde die Macht, die sie in der Hand hielt, größer, je stärker die Ambitionen der Kennedys wuchsen, den Präsidenten zu stellen. Zu Thanksgiving 1956, während Jackie sich noch in Europa befand, hatten Jack und Joe auf Hyannis Port eine Diskussion, in deren Verlauf beschlossen wurde, dass Jack für die Präsidentenwahl des Jahres 1960 kandidieren sollte. Joe machte Jack deutlich, dass er alle Fantasien, die Beendigung seiner Ehe betreffend, aufzugeben hatte, wobei er zweifellos wiederholt auf eines seiner Lieblingsthemen hinwies, nämlich das persönliche Opfer, das er durch den Abbruch der Affäre mit Gloria Swanson gebracht hatte. Im bevorstehenden Wahlkampf würde Image alles bedeuten. »Nicht, was du bist, zählt, sondern, wofür die Leute dich halten«, lautete die Zauberformel der Kennedys. Durch seinen Auftritt als ernst zu nehmender Kandidat für das Amt des Vizepräsidenten in diesem Jahr hatte Jack bei der Bemühung, seinen Ruf als verantwortungsloses Leichtgewicht im Kongress abzuschütteln, entscheidend an Boden gewonnen. Mittels Image und Geld, das in Joes Fonds in großzügigen Mengen vorhanden waren, konnte er das Ruder herumreißen.

Als Jackie Anfang Dezember in Begleitung der Canfields nach Amerika zurückkehrte, war der Zustand ihrer Ehe alles andere als ideal. Das Paar war obdachlos: Nachdem Hickory Hill, in das zurückzukehren sich Jackie nicht hätte durchringen können, verkauft worden war, hatten sie kein Dach mehr über dem Kopf. Ein Versuch, Joe Alsops Haus in der 270 Dumbarton Avenue zu mieten, scheiterte, während sie mit den Canfields in Round Hill auf Jamaika Urlaub machten. Im Januar vermietete Joseph Bryan ihnen ein Haus in der 2808 P Street, derweil Jackie sich auf die Suche nach einem geeigneten Haus für eine Familie machte. Schließlich fand sie ein hübsches, frei stehendes Haus in der 3307 N Street, das für vier Jahre ihr Zuhause werden sollte. Joe Kennedy, dem ganz offensichtlich daran gelegen war, Jackie zu besänftigen und die Ehe zu festigen, stellte das Geld zur Verfügung.

Solange Jack seine außerehelichen Aktivitäten auf Wahlkampfreisen und in Washington auf ein Zimmer im Mayflower-Hotel beschränkte, störten sie Jackie weniger als sein Mangel an Aufmerksamkeit ihr gegenüber und ihr Status als weibliches Wesen zweiter Klasse innerhalb des Kennedy-Clans. Untreue à la Black Jack konnte sie hinnehmen. Dies war in den internationalen Kreisen, in denen sie sich inzwischen bewegte, gang und gäbe. Nicht umgehen konnte sie mit der Tatsache, dass sie in seinen Augen nicht die Nummer eins war, ein Platz, den sie praktisch seit ihrer Geburt bei den Männern ihrer Familie und des Freundeskreises innegehabt hatte.

Schon bald aber sollte sie den Mann verlieren, für den sie stets die Nummer eins gewesen war: ihren Vater. James »Jimmy« Rousmaniere, ein Freund Jacks aus Harvard-Tagen, erfuhr von Seiten der Kennedys von Black Jacks »langsamem, doch sichtbarem« Verfall: »Er war ziemlich schlecht beieinander. Seine Trinkerei war legendär. Ihn umgab die Aura von begrabenem Drama, von sich zusammenbrauenden Wolken.«[53] Neuerdings hatte Black Jack sich angewöhnt, nach Havanna zu fahren, wo er nächtelang mit kubanischen Freunden durch Casinos und Nachtclubs zog. Tagsüber ging er zum Wetten auf Pferderennen und zu *jai-alai*-Spielen, häufig begleitet von Stewardessen der Pan-Am-Fluglinie, nach Kuba. Hinter solchen Episoden verbarg er seine häusliche Einsamkeit: Über den Verkauf von Lasata hatte er sich mit seinen Schwestern Maude und Michelle zerstritten, während seine labile Schwester Edith, »die große Edie« Beale, ihn unberechtigterweise beschuldigte, er verwalte die

Wertpapiere, die der Major ihr hinterlassen hatte, nicht angemessen. Jackie und Lee sah er nur selten. Seit 1952 hatte er in seiner New Yorker Wohnung mit Esther Lindstrom, der bouvierschen Haushälterin, die seine Spielleidenschaft teilte, seine ewigen Abendessen aus Lammkoteletts und Limabohnen kochte und seine Frauen versorgte, mehr oder weniger das Leben eines Einsiedlers geführt.

Am 27. Januar 1955 verkaufte er seinen Sitz an der New Yorker Börse für $ 90 000, einem Bruchteil dessen, was er vor dem Börsenkrach wert gewesen war. Einen Tag später setzte er sein Testament auf. Er versöhnte sich mit seinen Schwestern und begrub die Bitterkeit der Kämpfe um den Nachlass seines Vaters. Doch er war ein enttäuschter, trauriger Mann mit einem tief sitzenden Gefühl persönlichen Versagens, das er zu beschwichtigen suchte, indem er sich bei seinen Schwestern beklagte, alles sei Janets Schuld gewesen. Der schlimme Zustand seiner Leber war nach lebenslangem starken Trinken nicht überraschend. Er klagte, dass seine Töchter ihn vernachlässigten, obwohl Lee in England lebte und Jackie in Washington mit ihren eigenen Problemen fertig werden musste. Im Alter von nahezu sechsundsechzig Jahren verstand er es in jenem April 1957 jedoch noch immer, wie Priscilla Johnson Macmillans Bericht beweist, Frauen anzuziehen, und er hatte gegen einen nächtlichen Ausflug mit seinem Schwiegersohn »als Jacks Kuppler« nichts einzuwenden.

Weder Jackie noch Lee war klar, dass Black Jack ernsthaft krank war, geschweige denn, dass er an Leberkrebs litt, als er sich am 27. Juli zu einer Reihe von Untersuchungen ins Lenox Hill Hospital begab, wo sich, wie es scheint, kein Befund ergab. Jackie, die den Sommer in Hyannis Port verbrachte, flog hinüber, um ihn zu besuchen, kam zu dem Schluss, mit ihm sei alles in Ordnung, und verlebte ihren Geburtstag mit ihrer Mutter in Hammersmith. Lee war mit Michael Canfield in der Toskana. »Man muss bedenken, er war ein gewaltiger Hypochonder«, erklärte Lee. »Immer hatte er einen schlimmen Rücken und Probleme mit der Stirnhöhle, und genau wie bei ›alle Männer sind Ratten‹ gewöhnte man sich nach einer Weile so sehr daran, das zu hören, dass man es nicht mehr beachtete. Als er dann wieder über seinen schlimmen Rücken klagte, war ich in England und Jackie war zwar hier, aber ich vermute, sie nahm das nicht allzu ernst …«[54] Am 3. August fiel er ins Koma und starb, offensichtlich zerfressen von dem sich rasant ausbreitenden Krebs. Jackie, diesmal in Begleitung von Jack, kam knapp zu spät, um ihm Lebewohl zu sagen.

Der Tod Black Jacks war für Jackie die schlimmste emotionale Erschütterung ihres bisherigen Lebens. Trockenen Auges kümmerte sie sich um den Nachruf ihres Vaters und die Vorbereitungen für sein Begräbnis. Am 5. August trafen Lee und Michael aus Italien zur Beerdigung ein, die am 6. stattfinden sollte. An diesem Abend aßen die Schwestern und ihre Ehemänner zusammen. Zu Black Jacks Trauerfeier in der St. Patrick's Cathedral waren nur Verwandte und einige seiner früheren Geschäftspartner gebeten worden. Sein Freundeskreis war bis auf einige wenige zusammengeschrumpft. Nicht mehr als zwei Dutzend Trauernde fanden sich ein, darunter ehemalige Geliebte, die sich verschleiert und schwarz gekleidet in die hinterste Bankreihe drängten. Jackie hatte dafür gesorgt, dass anstelle von Trauergestecken weiße, mit bunten Sommerblumen gefüllte Bastkörbe aufgestellt wurden. Ehe der Sarg geschlossen wurde, legte sie ihrem Vater ein Armband, das er ihr zum Schulabschluss geschenkt hatte, in die Hand. Der Sarg war bedeckt mit gelben Gänseblümchen und Kornblumen, Jackies Lieblingsblumen.

Die Familie fuhr weiter nach East Hampton, wo in der Nähe der bouvierschen Familienkirche St. Philomena die Bestattung stattfand. Hier war der Major den Sommer über jeden Sonntag in seinem roten Kabriolett zum Gottesdienst gebraust und hier hatten Black Jack und Janet kaum dreißig Jahre zuvor geheiratet. Black Jack wurde in der Familiengrabstätte unter zwei großen Kreuzen neben seinem Vater, seiner Mutter und seinem Bruder Bud beigesetzt. Jackie überhäufte sein Grab mit Kornblumen. »Ich will, dass alles aussieht wie ein Sommergarten, wie Lasata im August«, sagte sie.

7
Die Suche nach dem Goldenen Vlies

»… die ihm wohl Liebe,
Doch nie Frieden verhieß,
Denn sie schickt ihn auf die Suche
Nach dem Goldenen Vlies.«
Jacqueline Kennedy über JFK, September 1953[1]

Während der Tod Black Jacks das Ende einer Ära in Jackies Leben markierte, eröffnete vier Monate später die Geburt ihrer Tochter eine neue Phase in der Ehe der Kennedys. Das lang ersehnte Baby, das sieben Pfund und einhundertsechzig Gramm wog, kam am 27. November 1957 in der Stationsklinik des Cornell University Medical Center in New York durch Kaiserschnitt zur Welt. Die Geburt war für den Mittwoch vor Thanksgiving geplant worden und diesmal ging alles gut. Jacke nannte ihre Tochter Caroline Bouvier, zu Ehren Black Jacks und Lees. Jackie bekam ihre Tochter zum ersten Mal zu Gesicht, als Jack sie im Wagen ins Zimmer rollte. Er hatte mit Janet und Hughdie im Wartezimmer auf die Geburt gewartet. »Ich werde niemals Jacks Gesicht vergessen, als der Arzt hereinkam und ihm sagte, das Baby sei da und es sei ein Mädchen und Jackie und dem Baby ginge es gut«, berichtete Janet. »Diesen verzückten Ausdruck und dieses Lächeln auf seinem Gesicht werde ich für immer in Erinnerung behalten …«

Lem Billings kam ins Krankenhaus und Jack zeigte ihm die Neugeborenen durch die Glasscheibe. »Er zeigte ihm nicht, welches Baby es war«, fuhr Janet fort, »sondern fragte nur: ›Na, Lem, welches von den Babys ist das hübscheste?‹ Und als Lem auf das falsche tippte, sprach Jack drei Tage lang nicht mit ihm …«[2] (Jack hatte seine Lektion gelernt. Als er in diesem

Herbst seine Reisen antrat, wies er Evelyn Lincoln an, »mit Jackie in engster Verbindung zu bleiben, für den Fall, dass ich plötzlich gebraucht werde« ...)

Caroline wurde am 13. Dezember 1957 in der St. Patrick's Cathedral in New York City getauft. Sie trug das Kleid, das ihre Mutter bei ihrer eigenen Taufe getragen hatte. Ihre Taufpaten waren die beiden Familienmitglieder, die ihren Eltern am nächsten standen, Bobby Kennedy und Lee. Elf Tage nach ihrer Geburt war sie von ihrem Vater und der englischen Kinderpflegerin Maud Shaw nach Hause in die Wohnung der Kennedys an der Park Avenue gebracht worden. Sie wurde vier Monate alt, ehe sie zurück nach Washington zogen, in den sonnigen dritten Stock des Hauses in der N Street, in das Kinderzimmer, das Jackie für sie in Rosa und Weiß und mit einem Paneel roter Rosen eingerichtet hatte.

Maud Mercy Ellen Shaw war eine ausgebildete Kinderschwester. Als sie zu Caroline kam, war sie fünfundfünfzig Jahre alt, sehr klein, kaum einen Meter fünfzig groß, mit einer Brust, die ein Verwandter als »Plustertaubenbrust« beschrieb, und einer ruhigen, Sicherheit ausstrahlenden Persönlichkeit. »Miss Shaw«, wie die Kinder sie nennen würden, war weit gereist und hatte ein abenteuerliches Leben geführt. Sie legte großen Wert darauf, ihren Schützlingen nicht nur Manieren, sondern auch vieles über die Welt um sie herum beizubringen. Jackies Zurückhaltung und ihre Schüchternheit, ihre Sorge um andere und ihre guten Manieren sprangen ihr sofort ins Auge. Nach dem Kaiserschnitt war Jackie nicht besonders kräftig und konnte ihr Baby nicht stillen. Während sie Bettruhe halten musste, stellte sie kaum Forderungen. Maud Shaw notierte über sie:

> Dies tat sie nicht nur, weil sie so ein unabhängiger Mensch ist, sondern weil sie andere Menschen nicht gern belastet, nicht einmal das kleinste bisschen. Während der siebeneinhalb Jahre, die ich bei ihr und ihren Kindern war, hat sie mich wahrhaftig niemals auch nur gebeten, eine Nadel für sie aufzuheben ... Mrs. Kennedy war immer ein wenig reserviert und in sich gekehrt. Es brauchte seine Zeit, ehe sie sich mit mir anfreundete, obwohl

ich sie jeden Tag sah und mit der Pflege ihrer Kinder betraut war. Von Natur aus war sie nicht im Geringsten unfreundlich – nur schüchtern.[3]

Im September 1964 vertraute Jackie Joan Braden an, dass sie sich noch immer an den Tag von Carolines Geburt als »den glücklichsten Tag ihres Lebens« erinnerte. Zum ersten Mal während ihrer Ehe hatte sie das Gefühl, Gewinnerin zu sein. Sie hatte jetzt ein Baby, das Jack an sie band und der Häme der Kennedys über ihre Unfähigkeit, Kinder zu gebären, ein Ende setzte. Jack war ihr gegenüber geduldig und beherrscht und ertrug ihre Launen. Sie hatte ein Haus, das ihr Heim war, ein dreistöckiges Gebäude in der 3301 N Street in Georgetown, das Marion Oates Leiter gehört hatte.

Ihr Heim zu gestalten und umzugestalten bis alles stimmte, versetzte Jackie in Begeisterung. »Es war ein Haus, in dem eine Menge Gefühl steckte und sehr viel Charme«, erinnerte sich Janet Auchincloss an jene Zeit. »Aber dieses Doppel-Wohnzimmer im Erdgeschoss hat sie in den ersten vier Monaten, in denen sie dort wohnten, wenigstens dreimal neu eingerichtet. Ich erinnere mich, man kam herein, und da lagen zwei schöne handgearbeitete Läufer, einer im kleinen vorderen Salon und einer hinten, zum Garten hinaus. In der nächsten Woche waren alle beide verschwunden …

Eines Abends gingen wir zum Dinner zu ihr, und Jack kam erst ziemlich spät nach Hause, nachdem wir mit dem Essen fertig waren. Er bekam sein Essen auf einem Tablett. Zu der Zeit war der Raum ganz und gar in Beige: Die Wände waren vor einer Woche oder so frisch gestrichen worden, und die Möbel hatte sie alle in einem weichen Beige-Ton polstern lassen, und vor dem Sofa lag ein Lamaläufer, den Jackie immer noch hat … Läufer, Vorhänge, Polster, alles hatte sich plötzlich in hübsche, unterschiedlichste Beige-Töne verwandelt. Ich wusste, wie entsetzlich teuer Streich- und Polsterarbeiten und Vorhänge sind, aber ich weiß noch, dass Jack lediglich zu mir sagte: ›Mrs. Auchincloss, sind Sie der Ansicht, wir seien Sklaven der Farbe Beige?‹«[4]

Aber Jack bereitete Jackies Extravaganz Qualen. »Ich erinnere mich an eine Szene, als wir gerade geheiratet hatten und Jackie Geld ausgab«, berichtete Betty Spalding. »Jack, das wusste man, war so sparsam, trug nie einen Penny bei sich, borgte sich immer was von seinen Freunden – es machte ihn rasend, wie sie das Geld ausgab …«[5] Jackie überredete Mrs. Lincoln, die Schecks für ihre Renovierarbeiten durchzuschleusen, damit Jack sie nicht bemerkte.

Die beiden von Janet erwähnten Läufer waren ein Paradebeispiel: »Ich erinnere mich an zwei neue, teure Läufer, die sie in ihrem Haus in Georgetown hatte«, hieß es in einem Bericht von Bill Walton. »In ihrem Haushaltsplan versteckte sie das, indem sie Monat für Monat ein bisschen abzahlte. Um keinen Preis wollte sie, dass Jack erfuhr, was sie gekostet hatten, denn das war wilde Verschwendung. Er war natürlich rasend deswegen. Später hat er dann herausbekommen, was sie kosteten, und mochte sie …«[6] Von Lee ermuntert, fand Jackie Geschmack an bester Qualität in Kleider- und Einrichtungsdingen, und sie wusste, sie war mit einem reichen Mann verheiratet, der, wenngleich geizig, von Geld nichts verstand. Zu Recht betrachtete sie es als ihre Pflicht, den aufstrebenden Senator mit dem Hintergrund zu versehen, den ihre reichen Freunde für unabdingbar hielten, und ihrem Heim den Hauch von Klasse zu verleihen, der den Häusern der Kennedys so offensichtlich fehlte. Jetzt, da sie innerhalb der Familie mehr Macht besaß, wusste sie genau, was sie wollte, und war entschlossen, es auch durchzusetzen. »Ich vermute, nachdem sie Caroline hatte, besann sie sich in gewisser Weise auf ihre eigenen Rechte als Individuum«, sagte Betty Spalding. »Das war jetzt eine andere Szenerie als die am Pool, als sie davonlief und sich allein zurückzog …«

Jack lernte zu schätzen, was Jackie zu schaffen versuchte und wie sie sein Leben umgestaltete, ihn auf die Ebene hob, die seine Freunde in WASP-Kreisen und in Europa genossen und die ihn vom Fleisch-mit-Kartoffeln-Stil der Kennedys entfernte. »Er war immer ganz furchtbar stolz auf das Haus in Georgetown und das, was Jackie daraus gemacht hatte«, berichtete Bill Walton. »In den meisten Punkten war er kein visueller Typ, aber er lernte eine gewaltige Menge von ihr und war sich auch vollkommen darüber bewusst, dass er es von ihr gelernt hatte. In seinem früheren Leben war er Häusern gegenüber ziemlich blind gewesen, aber als er älter wurde, begann er Häuser zu mögen und sie zu vergleichen und auf die Häuser anderer Leute zu achten. Das ging so weit, dass er auf alles achtete. Was Frauenbekleidung betrifft, wurde er ein absoluter Experte …«

Es gelang Jackie auch, Jacks Einstellung zu seiner eigenen Kleidung zu ändern. Der unordentliche, saloppe Kongressabgeordnete verwandelte sich in einen kultivierten Senator. »Er wurde wesentlich eleganter, im besten Sinne des Wortes, ordentlicher, und mit der Zeit hatte er immer mehr anzuziehen«, berichtete Walton weiter. Ich glaube, er wurde der kleiderbewussteste Mann, den ich je gekannt habe. An meiner Kleidung hatte er immerzu etwas auszusetzen, gab mir ständig Ratschläge. Ich weiß noch, wie wir einmal mit ihnen zum Abendessen gingen – nicht fein gemacht, nur in Geschäftsanzügen –, und er sah an mir herunter. Ich trug sehr, sehr dunkle braune Schuhe, und auf die zeigte er und sagte: ›Braun am Abend? Nie im Leben …‹ Und auf seine eigene Kleidung achtete er wirklich immer, äußerst konservativ, außer auf dem Sportplatz …« Jackie, einst die schlampig gekleidete, mädchenhafte Reporterin, begriff die Aschenputtel-gleiche Verwandlung des öffentlichen Erscheinungsbildes: Der Kennedy-Junge wurde zum Präsidenten herausgeputzt.

Lord Harlech, ein enger Freund von Jack und Jackie, war der Ansicht, dass Jackie Jacks angeborenen guten Geschmack zum Leben erweckt hatte: »Ich nehme an, es lag immer in seiner Natur – er mochte das Beste, wo immer er es zu sehen bekam, aber in gewissen Bereichen bevorzugte seine Familie eben nicht gerade einen exzellenten Stil … Bevor er Jackie heiratete, hatte er keine Ahnung davon, wie man ein Zimmer einrichtete oder was der Unterschied zwischen einem hässlichen und einem hübschen Haus war, und er hatte ganz gewiss keine Ahnung von gutem Essen oder gutem Wein … Ich glaube, sie hatte am Anfang ziemlich harten Boden zu beackern, weil alle anderen, die bis dahin in die Familie eingeheiratet hatten, die Kennedy-

Atmosphäre mitmachten ... Sie machte die Kennedy-Atmosphäre nicht mit. Sie hatte gewisse eigene Maßstäbe, auf denen sie in ihrem Haus bestand. Diese Maßstäbe betrafen das Benehmen der Kinder, gutes Essen, schöne Möbel, eine gute Einrichtung. Am Anfang konnte sie dabei ganz schön ungeduldig werden. Sehen Sie, er war zufrieden, wenn er einfach ein Steak und Eiscreme bekam ... Erst recht machte er sich keine Gedanken über Möbel. Ich weiß noch, wie Jackie losgezogen war und ein paar französische Stühle aus dem achtzehnten Jahrhundert oder so gekauft hatte, und er zu ihr sagte: ›Wozu all diese Geldausgaben? Ich meine, ein Stuhl ist ein Stuhl, und der Stuhl, auf dem ich sitze, ist vollkommen in Ordnung. Welchen Sinn hat denn all dieses übertriebene Zeug?‹ Schön, so reagierte er am Anfang, aber mit der Zeit begann er guten Geschmack auf diesem und anderen Gebieten zu schätzen und am Ende bedeutete es ihm wirklich etwas. Ich glaube, dass durch die Ehe mit Jackie eine ganz neue Dimension in sein Leben kam, die ihm auf die unterschiedlichste Weise neue Lebensfreude verschaffte, wie er sie vorher nicht gekannt hatte.«[7]

Die Kennedys führten ein relativ ungezwungenes gesellschaftliches Leben in Georgetown, gingen ins Kino, trafen sich mit einem kleinen Kreis enger Freunde, gaben Dinnerpartys für acht bis zwölf Personen, wenn Jacks praller Zeitplan dies gestattete. Beide zogen Gespräche, Geist, Witze und – zumindest, was Jack betraf – ernsthafte politische Diskussionen dem pompösen Karussell der Washingtoner Diplomaten-Dinners und der Exklusiv-Gesellschaften vor. Zu diesen gehörten etwa die Dancing Class, ein Ball mit Frackzwang, der dreimal im Jahr im Sulgrave Club stattfand. Bill Walton erinnerte sich, dass er einmal Jack dort traf, »in ziemlich elender Stimmung – er mochte diese Art von Partys nicht«. Und was das Tanzen anging, »er marschierte irgendwie durch den Raum und schob jemanden mit sich herum. Fast immer sah man ihn in einer Ecke auf dem Sofa sitzen, wo er sich angeregt unterhielt.« Zu den Leuten, mit denen sie sich trafen, gehörten Charlie und Martha Bartlett. Jack spielte gern Backgammon mit Charlie, weil er ihn dabei schlagen konnte. Die meiste Freude aber hatte er an Gesprächen. »Er war großartig mit Wortspielen, und das ist ein Talent bei der Unterhaltung«, lautete Waltons Schilderung. »Dieser Schlagabtausch, hin und her fliegende Bälle – man macht eine Bemerkung, er greift sie auf, verbessert sie, man selbst greift sie auf, er greift sie auf, bis das Ganze komisch wird. Somit ist eine Dinnerrunde der beste Ort für sein Gesprächstalent, er fängt die Leute im Netz, stichelt, albert, lacht.« Lem Billings, den Jackie als ihren »ständigen Hausgast« bezeichnete, musste oft als Ziel für Jacks Neckereien herhalten.

Jack fand Vergnügen an dem raschen Geist von Ben Bradlee, der damals politischer Reporter im Washingtoner Büro der *Newsweek* war und später für die *Washington Post* arbeitete, und ebenso an dessen schöner Frau Tony Pinchot, beides Freunde und Nachbarn in der N Street. Jack mochte Journalisten so gern, wie Jackie ihnen misstraute. In Schnellfeuer-Debatten blühte er auf, in erdverbundener Sprache, dem Gefühl der Verbundenheit mit dem, was vor sich ging, und er liebte Klatsch, ob politischer, gesellschaftlicher oder sexueller Art.

Ein weiterer Journalist oder besser, ein politischer Kommentator, der ihrem Kreis angehörte, war Joseph »Joe« Alsop. Anders als der Macho Bradlee war Alsop kultiviert und besaß einen ausgezeichneten Geschmack für Antiquitäten und Einrichtungen. Als Freund großer Damen in der gesamten angelsächsischen Welt gab er Dinnerpartys, die für ihr vorzügliches Essen, ebensolchen Wein und ebensolche Gespräche berühmt waren. Daneben war er einer der einflussreichsten und am besten informierten Journalisten seiner Zeit. Bereits frühzeitig hatte Joe entdeckt, dass der talentierte Jack Kennedy das Zeug zum Präsidenten hatte, und vertraute dies 1958 der überraschten Katharine (Kay) Graham an. Kays Ehemann Phil Graham war ein Anhänger von Lyndon B. Johnson und als Verleger der *Washington Post* einer der einflussreichsten Gestalten der Washingtoner Szene. Als sie sich im Frühling 1956 auf einer von Alsop veranstalteten Dinnerparty kennen lernten, war er verblüfft und beeindruckt von Jacks politischem Instinkt und der kühlen, rationalen Art, in der dieser seine Zukunft geplant hatte. Als Graham ihn mit der Bemerkung herausforderte, er sei zu jung, um als

Präsident zu kandidieren, erwiderte Jack: »Nun gut, Phil, ich trete an und ich sage dir auch, warum. Erstens, weil ich denke, dass ich dafür genauso geeignet bin wie jeder andere, der antritt, mit Ausnahme von Lyndon Johnson. Zweitens, weil, wer immer auch gewinnt, wenn ich nicht antrete, dort für acht Jahre sitzt und Einfluss darauf hat, wer sein Nachfolger wird. Und drittens, wenn ich nicht antrete, muss ich noch wenigstens acht Jahre im Senat bleiben. Als potenzieller Kandidat im Senat muss ich politisch abstimmen, und am Ende macht das aus mir einen mittelmäßigen Senator und einen lausigen Kandidaten.« »Ich war davon zutiefst beeindruckt«, berichtete Kay Graham. »Und jedes Mal wenn ich den Senator Kennedy traf, beeindruckte er mich noch mehr.«[8]

Jackie und Joe Alsop waren seit 1956, als sie erwogen hatte, sein Haus in der Dumbarton Avenue zu mieten, eng befreundet. Das ging so weit, dass er die Anrede »Liebste Jackie« wählte, als er ihr im Dezember 1956 verlegen schrieb, dass aus dem Handel nichts werde. Die Aussicht auf eine Veränderung durch Umzug machte sein teures »Paar«, Jose und Maria, nervös.[9] Im Frühling 1958 hegte Alsop nicht die geringsten Illusionen mehr über die verknöcherte Eisenhower-Regierung und schrieb seiner zukünftigen Frau, Susan Mary Patten: »Ich sehe überhaupt keine Hoffnung mehr, welcher Art oder wo auch immer, solange Mr. Eisenhower Präsident bleibt.«[10] Kein Jahr später, nach einem Dinner bei den Kennedys, beschrieb er in einem Brief an Evangeline Bruce, die Frau des amerikanischen Botschafters in Westdeutschland David Bruce, Jack als den »perfekten Kandidaten«.[11]

Unter den engsten ihrer Freunde aus Politik und Gesellschaft befanden sich der kluge, liberale republikanische Senator von Kentucky, Richter John Sherman Cooper, und seine lebenslustige Frau Lorraine. Lorraine Cooper war bereits mit Jackie befreundet gewesen, ehe beide jeweils ihren Senator heirateten. »Sie lud mich zu Dinnerpartys ein, als ich entweder noch in meinem letzten Jahr in Washington am College war oder in dem Jahr, als ich für die Zeitung arbeitete oder wie auch immer«, erinnerte sich Jackie später.[12] Während ihre Männer um sie warben, hatten sie sich häufig bei den Bartletts getroffen.

»Wir pflegten zu Charlie Bartlett zum Dinner zu gehen ... Senator [Albert] Gore war oft dort. Wir waren immer zu sechst, vielleicht auch zu acht, und so entstanden Freundschaften ...«, fügte sie hinzu und sagte weiter über Lorraine: »Sie ist eine so kultivierte, elegante, dekorative Person.« Über John Sherman Cooper berichtete sie: »Man spürte immer eine immense Freundlichkeit, die von ihm ausging.«

Zwischen 1957 und 1960 waren die Coopers häufig zu Gast im Haus der Kennedys in der N Street. Jackie beschrieb ihr gesellschaftliches Leben folgendermaßen: »Es ist ja bekannt, was man immer so über Washington hört, über das häufige Ausgehen und eine Party nach der andern. Wir haben das nie gemacht. Es gefiel uns nicht. Damals war Jack oft auf Reisen, also blieben wir einfach gern zu Hause, und dann gab es ein paar Häuser, in denen man sich zum Abendessen traf, oder andersherum, man lud seine engsten Freunde eher zwanglos zu sich ein.« Ihre Philosophie als Gastgeberin beschrieb Jackie so: »Wenn man vielbeschäftigten Männern eine angenehme Atmosphäre gibt, eine gemütliche Umgebung, gutes Essen, Entspannung, Ablenkung, dann kommt eine angeregte Unterhaltung auf. Manchmal kann ja alles Mögliche vonstatten gehen. Man kann Kontakte knüpfen, über etwas diskutieren ... eine ganze Reihe von Dingen. Das gehört zur Kunst des Lebens in Washington ...« Das Leben der Sherman Coopers war mit dem der Kennedys auf kuriose Weise verwoben: Lorraine Cooper war in erster Ehe mit Thomas Shevlin verheiratet gewesen, der später Durie Malcolm Desloge heiratete, um die es wiederum Gerüchte gab, sie sei 1947 in einer kurzen, geheim gehaltenen ersten Ehe mit Jack Kennedy verheiratet gewesen. Berichten von Seymour Hersh zufolge erzählte Lorraine Cooper Maxine Cheshire, die damals Gesellschaftsreporterin für die *Washington Post* war, wie Jack einmal lachend auf einer Dinnerparty sagte: »›Lorraine und ich sind durch Heirat miteinander verwandt‹, und dann lachten die beiden sich halb tot und keiner außer ihnen wusste, wovon sie sprachen.«[13] Von 1963 bis 1964 gehörte John Sherman dem Warren-Ausschuss an, der die Umstände der Ermordung seines Freundes Jack Kennedy untersuchte.

Jackie war darauf vorbereitet, einen langen Kampf darum zu führen, in Jacks Leben die Nummer eins zu werden. Die Politik, die sie zunächst als den »Feind« betrachtet hatte, weil sie Jack von ihr entfernte, erwies sich in Wahrheit als starke Waffe für sie. Als Jack für die Präsidentschaft kandidierte, brauchte er ihre Mitarbeit an dem Image, das sie für sich aufbauten, und dies wurde zu einem wichtigen Faktor in ihrer Beziehung. Jackie hatte das Spiel um Macht in familiären Beziehungen vor langer Zeit gelernt, und in dieser Hinsicht war ihre Ehe ein Handelsabkommen.

Auch wenn sie noch nicht offiziell verkündet worden war, galt Jacks Kandidatur für die Präsidentennominierung von 1960 nun weithin als gesichert. Ein Artikel in *Time* vom 2. Dezember 1957 widmete ihm einen ausführlichen Abschnitt: »Mit seiner zwar noch nicht verkündeten, aber ebenso wenig schamhaft verborgenen Bewerbung um die Nominierung der Demokratischen Partei für 1960 hat Jack Kennedy in weiten Teilen der USA keuchende Männer und in Ohnmacht sinkende Frauen zurückgelassen.«

Auch abgesehen von der neuen Harmonie in seinem Privatleben war 1957 ein gutes Jahr für Jack Kennedy gewesen. Er hatte für *Zivilcourage* den Pulitzerpreis erhalten (und den Journalisten Drew Pearson gezwungen, seine Behauptung zurückzunehmen, andere hätten das Buch für ihn geschrieben), und er hatte Senator Estes Kefauver bei der Wahl um einen Sitz im renommierten Foreign Relations Committee geschlagen. Für Joe Kennedy jedoch bestand Jacks beeindruckendste Errungenschaft in seiner Wahl in den Aufsichtsrat von Harvard. »Jetzt weiß ich sicher, dass seine Religion ihn aus dem Weißen Haus nicht fernhalten wird«, erklärte er Dave Powers und Kenny O'Donnell, führenden Mitgliedern von Jacks politischem Kreis. »Wenn ein irischer Katholik in den Aufsichtsrat von Harvard gewählt werden kann, dann kann er in jedes Amt gewählt werden.«[14]

Jack würde nicht allein um die Präsidentschaft kandidieren. Als ersten Schritt musste er 1958 die Wiederwahl als Senator von Massachusetts gewinnen. Um Jack zu unterstützen, hatte

Jackie Anfang 1958 sogar der Zeitschrift *Life* Eintritt in Carolines Kinderzimmer gewährt, damit sie dort Fotos schießen konnten. Danach begleitete sie ihn auf eine Reise für das Foreign Relations Committee nach Europa und zog anschließend im Herbst mit ihm in den Wahlkampf. Ihren fünften Hochzeitstag im selben Jahr verbrachten sie in Omaha, Nebraska, und nach Massachusetts begleitete sie ihn ebenfalls. Ein wenig naiv schrieb Dave Power: »Sie war immer gut gelaunt und liebenswürdig. Für mich war sie eine erfrischende Abwechslung zu den üblichen Senatorenfrauen, weil sie sich nicht die Mühe machte, über alles, was sie sah, oder jeden Politiker, dem sie begegnete, in verlogene Begeisterung auszubrechen. Die Leute spürten das und es machte Eindruck auf sie. Wenn Jackie mit uns auf Reisen ging, war die Menschenmenge an jeder Station zweimal so groß als wenn Jack allein erschienen wäre.«[15]

Während der Wahlperiode im November nahm sie außerdem an einem theatralischen Fernsehauftritt der Kennedys teil, der von Rose in Szene gesetzt wurde, *Daheim bei den Kennedys*, bei dem die Zuschauer in Massachusetts die Frau ihres Senatorenkandidaten kennen lernen sollten. In der Hauptsache saß Jackie, ganz Bild der ergebenen Ehefrau und Schwiegertochter, im Wohnzimmer der Kennedys in Hyannis Port und sagte ihren Text auf, wobei ihre weiche, atemlose Stimme einen seltsamen Kontrast zu Roses rauem flachen Bostoner Tonfall bildete. »Der Wahlkampf hat mir so viel Freude gemacht, Mrs. Kennedy«, flunkerte sie als Antwort auf Roses einführende Sätze. »Seit dem 15. September sind Jack und ich durch den Staat gereist und haben versucht, so viele Menschen wie möglich zu treffen. Ihr Sohn Teddy ist, wie Sie wissen, unser Wahlkampfmanager und hat den Zeitplan im letzten Sommer für uns vorbereitet. Wir haben 184 Gemeinden besucht ...«

»Nun, dann gratuliere ich, Jackie«, krächzte Rose. »Und Gratulation auch an Jack, weil er eine Frau gefunden hat, die mit so viel Freude in den Wahlkampf zieht.«

Jackie warf sogar eine kurze Erwähnung Carolines ein: »Ich war überrascht, dass Jack nicht darauf bestanden hat, Caroline auf diese Reise mitzunehmen«, flötete sie. »Sie ist jetzt wieder in Boston, aber sie hatte großes Glück, dass sie mit Ihnen hier auf dem Cape bleiben durfte …«

Heimkino-Aufnahmen der Kennedy-Familien und ihrer jeweiligen Kinder folgten, kommentiert von Eunice und Jackie. Das große Finale bildete der Auftritt Jacks, ein hoch gewachsener, gut aussehender Mann, der hinter den Frauen Aufstellung nahm und das Publikum daran gemahnte, am 4. November für ihn zu stimmen. Das Programm, das an einem Werktag vormittags ausgestrahlt wurde, war bewusst auf Frauen ausgerichtet, aus denen sich der Großteil von Jacks Wählerschaft konstituierte.

Er gewann die Wiederwahl mit einer überwältigenden Mehrheit von mehr als 850 000 Stimmen, dem größten Wähleranteil, den je ein Politiker in Massachusetts errungen hatte. Es war ein entscheidender Schritt auf dem Weg ins Weiße Haus.

Familiäre Werte standen Ende des Monats erneut im Vordergrund, als das Magazin *Time* einen Beitrag über die Hoffnungsträger der Präsidentschaftswahlen brachte. Dunkel-exotisch, in einem Seidenkleid und dreireihiger Perlenkette, posiert Jackie mit der elf Monate alten Caroline auf den Knien neben ihrem gut aussehenden, braun gebrannten Gatten. Er trägt einen nüchternen Anzug, eine gepunktete Krawatte und ein weißes Hemd, sein einstmals wirres Haar ist glatt gekämmt und er blitzt mit dem Kennedy-Trumpfass: seiner Reihe von Filmstar-Zähnen. Dieses glanzvolle Paar, aufgenommen in ihrem Salon in Georgetown vor dem Hintergrund ledergebundener Bücher und teurer Ziergegenstände aus Porzellan, stellte den kompletten Gegensatz zu den hausbackenen Humphreys dar, die Hand in Hand mit ihren durchschnittlich wirkenden Kindern im Teenageralter vor einer einfachen, strohgedeckten Hütte fotografiert worden waren.

Soweit es um Jackie ging, war ihr Image von der Realität nicht weit entfernt. Mary Barelli Gallagher, die zuerst für Jack und dann für Janet Auchincloss gearbeitet hatte und inzwischen Jackies zwar inoffizielle, aber vollbeschäftigte Sekretärin war, fühlte sich wie vor den Kopf gestoßen von dem Graben, der Jackies Lebensstil von dem der durchschnittlichen amerikanischen Hausfrau und Mutter trennte. Gallagher hatte den Eindruck, dass Jackie daheim keinen Finger rührte. Die Dienstmädchen verrichteten die Hausarbeit. George Thomas, der Kammerdiener, kümmerte sich um Jacks Kleidung, während Jackies persönliches Mädchen Providencia »Provi« Paredes die ihren in Ordnung hielt. Maud Shaw führte das Zepter im Kinderzimmer, und Muggsy O'Leary übernahm Fahrten und im Notfall Einkaufsdienste. Es gab eine Köchin – oder, wie Gallagher es gehässig ausdrückt: bis zur Entdeckung von Pearl Nelson eine »Parade von Köchinnen« – für die Vorbereitung sämtlicher Mahlzeiten. Wie sie bereits in den Tagen von Farmington erklärt hatte, hegte Jackie nicht die Absicht, eine Hausfrau zu werden. Ihre Aufgabe war es, die richtige Bühne für Jacks geselliges Leben zu schaffen.

Glamour war ein Gut, das in der amerikanischen Politik jener Zeit und genau genommen im amerikanischen Leben östlich von Hollywood in einzigartiger Weise fehlte. Das Bild von Schönheit, Kultur, Geschmack und Intelligenz, das Jack und Jackie präsentierten, bot der Öffentlichkeit etwas Neues, etwas, das die amerikanische Sehnsucht nach Veränderung befriedigte. Da die Politik in eine visuelle Epoche eintrat, war ihr Image perfekt im Einklang mit der Zeit. Jackie versuchte nicht einmal, sich bescheiden oder gewöhnlich zu kleiden. Schulterklopfende Jovialität war nicht ihr Stil, und Mary Gallagher befand sich im Unrecht, als sie sie für ihre Weigerung, Hausarbeiten zu verrichten, kritisierte. Jackie war ein Star, eine amerikanische Prinzessin, und das entsprach genau dem Bild, nach dem das Publikum verlangte.

Manche Dinge jedoch blieben besser im Verborgenen: Englische Kindermädchen, Chauffeure und persönliche Sekretärinnen hielt Jackie bewusst vor dem öffentlichen Auge fern. Während der Wahlkampf nach der offiziellen Bekanntgabe von Jacks Kandidatur seinen Lauf nahm, wuchs Jackies Kontrolle über visuelle wie sprachliche Aspekte des Images. Ihr Missfallen am politischen Alltag, an Körperkontakt und drängelnden, johlenden Menschenmassen hörte nie auf. Mit ihrem Talent für Publicity, das zur Hälfte auf ihrem Instinkt, zur anderen auf Intelligenz beruhte, wusste sie, dass ihr Reiz zum Teil in ihrer Unerreichbarkeit lag. Distanz und Mystik waren die Hauptzutaten ihrer Anziehungskraft.

Jackies Mangel an Begeisterung für die vulgäre Seite der Politik war für das Personal in der N Street nur allzu offensichtlich. Um Jack zu gefallen, hielt sie Teepartys in ihrem Salon in Georgetown ab, privat aber machte sie keinen Hehl daraus, dass sie das alles entsetzlich langweilte und störte. Mit wenigen Ausnahmen mochte sie keine weiblichen Reporter, was sie seit dem Konvent von Chicago deutlich gemacht hatte. Damals hatte sie, obgleich in hochschwangerem Zustand, ihre Röcke gerafft und war so schnell sie konnte vor Maxine Cheshire geflüchtet, der ehrgeizigen, neugierigen Reporterin der *Washington Post*, die für sie zum Schreckgespenst erster Güte werden sollte.

Als Regel in Jackies Haushalt galt, dass sie Dinge selbst in die Hand nahm, wenn Fotografen zugegen waren. Auf den Teepartys schenkte Mary Gallagher den Reportern ein, bis es Zeit für die Fotos war. Dann verschwand sie, und Jackie ließ sich mit der Teekanne in der Hand ablichten. Ein Team von *Life* erschien im Oktober 1960 wegen eines Berichtes über die Frauen der Kandidaten für die Ausgabe vor der Wahl. Eine Szene wurde gestellt, in der Jackie mit Gallagher Briefe beantwortete. Als die Bilder erschienen, waren Gallaghers Bild und ihr Name daraus entfernt worden, und unter der Aufnahme las man: »Beim Lesen der 225 täglich eintreffenden Briefe: Jackie beantwortet jeden mit Hilfe einer Teilzeitsekretärin. ›Dieser Tage könnte ich jemanden als Vollzeitkraft brauchen‹, gesteht sie.« Die brauchte sie in der Tat: Ihre »Teilzeitsekretärin« arbeitete sechs bis sieben Tage in der Woche.[16] Dieselbe Kriegslist führte zu der berühmten Aufnahme von Jackie, die sich über Carolines Wiege beugt. Darunter ist zu lesen: »Jackie, die kein Kindermädchen für Caroline hat, bringt ihre Tochter für den Mittagsschlaf zu Bett ...« Maud Shaw, die vollbeschäftigte, im Haus lebende Kinderfrau, fand keine Erwähnung. »Maud Shaw und ich bekamen immer mehr Übung darin, uns auf Jackies guter Seite aufzuhalten, das heißt auf der Seite *weg* von den Kameras. Ich kam ganz gut klar, aber bei Miss Shaw, die sich von den Kindern losreißen musste, klappte das nicht immer, Kameras hin, Kameras her. Und dann war ihre Herrin verärgert. ›Ich frag mich, was sie von mir erwartet!‹ schimpfte Miss Shaw, wenn wir unter uns waren. ›Soll ich die Kinder stehen lassen und mich verstecken?‹«

»Wenn man mit ihr sprach, gewann man den Eindruck, dass sie ein sehr gutes Verhältnis zu Mr. Kennedy hatte«, berichtete Maud Shaws Neffe über seine Tante. »Ob das mit Mrs. Kennedy genauso gut lief, ist ein Punkt, über den man streiten könnte. Aber natürlich sprechen wir hier über eine Mutter, und zwar eine, die wollte, dass alles perfekt war und dass sie selbst – für Zuschauer – im perfekten Licht erschien, so als ob sie alles könnte …«[17]

Am 28. Oktober 1959 hielten Jack und Bobby in Bobbys Haus in Hyannis Port eine entscheidende Sitzung für Jacks inneren politischen Kreis ab, auf der die letzten Planungen für Jacks Angriff auf die Präsidentschaft im kommenden Jahr beschlossen werden sollten. Den ersten Schritt stellte der Sieg auf der Nominierungsversammlung der Demokraten in Los Angeles im folgenden Juli dar. Im Grunde genommen hatte Jack dafür seit drei Jahren kandidiert. Er arbeitete im Verein mit seinem politischen *alter ego,* seinem Berater und Redenverfasser, dem großen, dunkelhaarigen, neununddreißigjährigen Theodore C. »Ted« Sorensen aus Nebraska, den er als seine »intellektuelle Blutbank« bezeichnete. Sorensen, ein durch und durch liberaler Politiker, war verantwortlich für Jacks wichtigste Ansprachen und fungierte daneben als Filter bei allen bedeutenden politischen Entscheidungen. Bobby sollte in Vollzeit als Wahlkampfmanager arbeiten. Steve Smith war für Logistik, Finanzierung und Personal verantwortlich. Lou Harris, ein erstrangiger Meinungsforscher, sollte Analysen der öffentlichen Meinung durchführen, während Pierre Salinger für den Umgang mit der Presse hinzugezogen wurde. Wie Jackie ein Amerikaner französischer Abstammung, war Salinger ein Veteran, Lebenskünstler und begabter Pianist. Durch sein unumstößliches Wohlwollen, seine Gewitztheit und seinen scharfen Verstand war er allgemein beliebt und schaffte es, gleichzeitig mit dem neugierigen Pressecorps und der resolut auf ihr Privatleben pochenden Jackie auf gutem Fuß zu stehen. Daneben war Jack wie von einer Prätorianergarde umgeben von seinen ergebenen Politikerfreunden aus Boston, Kenny O'Donnell, Larry O'Brien und Dave Powers – Kennedys irische Mafia oder die »Murphia«, wie sie zuweilen genannt wurden. (Heimlich war Jackie eine Meisterin darin, sie nachzuäffen, auch wenn sie dies nie in Jacks Hörweite getan hätte.)

Ted Sorensen sah das Haupthindernis für Kennedy darin, dass die Amerikaner im 20. Jahrhundert noch nie einen Katholiken, geschweige denn einen erst Dreiundvierzigjährigen zum Präsidenten gewählt hatten. Hingegen betrachtete der Kennedy-Kreis die Französisch sprechende, in Haute Couture gekleidete, auf die Fuchsjagd gehende Jackie als ein weiteres Problem. Die Wahlkampfbeauftragten, darunter Kenny O'Donnell, Larry O'Brien und Jacks Schwager Steve Smith, erkannten nicht, dass Jackie einen wahlpolitischen Trumpf bedeuten konnte. »Es gab die bewusste Entscheidung, sie im Hintergrund zu halten«, erinnerte sich Richard Goodwin. »Sie wollten sie von der Kampagne fernhalten, weil sie politische Experten waren und als solche glaubten, das Ideal einer First Lady für das amerikanische Volk sei Bess Truman – eine nette, matronenhafte, biedere amerikanische Mutter aus dem Mittelwesten. Jemand wie Jackie dagegen würde ihrer Ansicht nach die Leute nur abschrecken, was deutlich machte, wie viel sie über das amerikanische Volk wussten!«[18]

Was immer die irische Mafia, die Kennedy-Familie und ihre Freunde über Jackies Potenzial als Wahlkämpferin auch denken mochten, Jack selbst war sich der Wirkung ihrer Sprachbegabung auf Wähler, deren Muttersprache nicht Englisch war, sehr wohl bewusst. Im Oktober 1959 bat er sie, ihm bei einer Kampagne in Louisiana zu helfen. Sie trafen sich in St. Louis. Dort merkte Edmund Reggie, der auch später die Kennedy-Kampagne in Louisiana leiten sollte, dass sie darauf brannten, einen Abend allein im französischen Viertel zu verbringen. Am folgenden Morgen stand Jackie zu spät auf, um Jack in die Knights of St. Claver Hall im Herzen des Schwarzen Viertels von New Orleans zu begleiten, wo man auf sie mit Rosen wartete. Danach flogen sie zusammen nach Lafayette. Hier wurde Jackie mit zwei Kamelien begrüßt und sah sich einer Kavalkade von zwölf weißen 58er Cadillacs gegenüber, welche die Gruppe zum Lunch in den Oakborn Country Club brachte. Jackie überraschte die anwesenden Gäste dort mit ein paar Worten auf Französisch. Am nächsten Tag, dem Festival zur Krönung der Reiskönigin, hatte sich eine gewaltige Menge von schätzungsweise hunderttausend Menschen versammelt, um sie zu sehen. Jack wollte, dass sie zu der Menge sprach. Als sie vortrat und mit ihrer sanften Stimme »Bonjour, mes amis« sagte, überschlug sich die Versammlung der französischsprachigen Cajuns vor Begeisterung. »Man hörte sie nur brüllen«, erinnerte sich Reggie, »ach, was sage ich, brüllen. Es war einfach nicht zu glauben, dieser Applaus, das Gejohle ... Sie fuhr fort, indem sie den Leuten auf Französisch erklärte, sie sei sehr glücklich, im Süden Louisianas zu sein, denn ihr Vater habe ihr als Kind erzählt, dass Louisiana ein kleines, herausgeschnittenes Stück Frankreichs sei, und dass sie aufgrund ihrer eigenen französischen Herkunft Frankreich liebe – und sie sei jetzt glücklich zu sehen, dass ihr Vater die Wahrheit gesagt habe und dies ein wunderschöner Teil Frankreichs sei ...« Als sie hinterher an der Spitze der Parade in einem weiteren Cadillac – dieses Mal dem neuesten Modell von 1959 – davonfuhr, wurde der Lärm der Menschenmassen ohrenbetäubend. Frauen lösten sich aus dem Gedränge, um auf Französisch mit Jackie zu sprechen, eine schenkte ihr hausgemachte Pralinen, die sie mitgebracht hatte. In dem Wagen, der sie später zum Flughafen brachte, hatten Jack und Jackie nur Augen füreinander. Laut Reggie »saßen [sie] auf dem Vordersitz, und ich schwöre, sie benahmen sich wie zwei kleine Turteltauben ... bis es mir fast peinlich wurde ... Ich meine, man kann ja nicht herumlaufen, mit seiner Frau flüstern, kichern und sie auf die Wange küssen ...«[19]

Bereits früher im Jahr, als die Pläne für den Präsidenten-Wahlkampf von 1960 an Tempo gewannen, hatte Jackie extreme Bedenken wegen des Einflusses auf ihrer beider Leben gehabt, die sie Joe Alsop anvertraute. Sie fragte sich, ob Jacks Kandidatur zum Präsidenten die Sache wert sei, wenn sie und

Caroline ihn nie an zwei aufeinander folgenden Tagen am gleichen Ort sahen und sie, wenn sie sich sahen, zu müde waren, um miteinander zu sprechen. »Es ist das einzige Spiel, das den Einsatz wert ist«, hatte Alsop ihr zur Antwort gegeben, Worte, über die sie wieder und wieder nachdachte. Allmählich sah sie die Dinge von seinem Standpunkt aus und fand Gefallen an der Situation.[20]

Jackie erfüllte Jacks politische Forderungen, jedoch nicht immer mit Begeisterung. Ihre angeborene Vorsicht und Reserviertheit machten sie Biographen gegenüber so misstrauisch, wie sie es bei Journalisten war. Dies galt sogar für ihnen wohl gesonnene Schriftsteller wie den Historiker und Politiker James McGregor Burns, der während der Kampagne von 1960 mit Einwilligung der Kennedys ein Porträt von Jack verfasste. Wie auch mit anderen Familienmitgliedern führte McGregor Burns ein Interview mit Jackie und fand, sie sei die am wenigsten Entgegenkommende. »Mir erschien sie als ein ziemlich schwer fassbarer Mensch«, sagte er. »Sie war sehr höflich. Sie ging angemessen mit der ganzen Sache um, aber ich hatte nie das Gefühl, eine Verbindung mit ihr herzustellen.«[21] Als Burns den Kennedys im Oktober 1959 das Manuskript für das Buch schickte, zeigten sie sich tief verstimmt über dieses Porträt von Jack, welches zwar verständnisvoll ausgefallen war, aber berechtigte Zweifel an der Tiefe seiner Hingabe an die Sache des Liberalismus erkennen ließ. Der Autor erhielt einen Brief von Jackie, den er als »reizend, aber unglücklich« beschrieb. Wo es um Jack ging, focht sie wie eine Löwin um sein Ansehen und seinen Ruf. Die geringste ihrer Beschwerden galt ihrer Erwähnung nicht als Jacqueline, sondern als Jackie, »ein Name, den ich verabscheue und nie mehr benutze«. Wichtiger war ihr der Protest gegen seinen Bericht über Jacks Addison-Krankheit, die Kennedys wohl gehütetes Geheimnis war, sowie die Reihe von Krankheiten, an denen er seit seiner Kindheit gelitten hatte. Ebenso missfiel ihr die Beschreibung von Jacks Bemühungen, die Zustimmung seines Vaters zu gewinnen. Ihrer Ansicht nach hatte Burns Jack als »armselig« und »für den Job nicht geeignet« dargestellt.

In seiner Antwort legte Burns die Vorteile dar, die Jacks Kampagne aus einem ehrlichen, informativen und wenngleich positiven, so doch nicht verherrlichenden Buch erwachsen konnten. Es mochte unentschlossenen Lesern aufzeigen, »was für eine wirklich fabelhafte Karriere er gemacht hatte und vor allem – dies ist mein wichtigster Punkt – wie er daran gewachsen ist und sich entwickelt hat«. Jackie zeigte Jack den Brief und schrieb in versöhnlichem Ton zurück, wobei sie all seinen Punkten zustimmte und betonte, »ich bin sicher, dies wird etwas, auf das wir alle stolz sein können«. Insgeheim jedoch blieben die Kennedys verletzt. Burns hatte versucht, neutral und objektiv zu bleiben, aber wie ein anderer Biograph kommentierte, der das Gewicht des Missfallens der Kennedys selbst zu spüren bekommen hatte: »In den Augen der Kennedys ist Neutralität eine Sünde.«[22]

Jackie war darauf bedacht, Jack vor den destruktivsten Anwürfen abzuschirmen, die damals die Runde machten, vor allem vor dem, er sei die Marionette eines beherrschenden Vaters. Jacks Vater war natürlich zu jener Zeit eine umstrittene Person. »Es gab Gerede darüber, dass in Wirklichkeit der alte Joe die ganze Schau abzog und seinem Sohn die Wahl kaufte und dass er eben einen großen Einfluss auf Jack hatte«, entsann sich Laura Bergquist, eine intelligente junge Journalistin des *Look*, die Jack auf seinem Wahlkampf begleitete. »Eine Menge wichtiger Leute, die ich in Washington kannte – Politiker ebenso wie Journalisten –, sahen ihn als eine Art ›Goldjungen‹, der von seinem mächtigen Papa beherrscht wird …«[23] Es war ein offenes Geheimnis, dass Joe dem Eigentümer der in finanziellen Schwierigkeiten steckenden *Boston Post* eine halbe Million Dollar »geliehen« hatte, damit er Jack im Rennen um den Senatorenposten von 1952 unterstützte. Jack selbst, in seiner charakteristischen Offenherzigkeit, gestand dem Reporter Fletcher Knebel freimütig, »dass wir die Zeitung kaufen mussten«.[24] In einem im November 1958 verfassten Artikel über die Präsidentschaftsanwärter führte *Time* als Kennedys Handikaps an erster Stelle seinen Katholizismus auf und danach »die Gerüchte über seinen millionenschweren Vater, den Bostoner Financier Joe Kennedy, der angeblich bereit sein soll, jeden beliebigen Betrag aufzuwenden, um ihm den Wahlsieg zu erkaufen – ein Gedanke, den Kennedy vehement abstreitet, den seine Gegner jedoch mit Bedacht verbreiten«. Jackie, so berichtete *Time* ein Jahr zuvor, »erginge sich in meisterhaften Vereinfachungen zur Verteidigung Vater Kennedys gegen den Vorwurf, dieser ruiniere die Karrieren seiner Kinder. ›Sie denken, er ist der geistige Urheber, der die Figuren auf dem Schachbrett bewegt … Dabei ist er in Wahrheit ein reizender alter Gentleman, den wir zu Weihnachten und zu Thanksgiving besuchen‹, erläuterte sie gelassen.«[25] Burns hatte sich einverstanden erklärt, Beweise für Jacks Addison-Krankheit für sich zu behalten. Dennoch tauchten Gerüchte darüber auf, welche die Anhänger Lyndon Johnsons auf der Versammlung der Demokraten von 1960 verbreiteten. 1959 stand Jackie in vorderster Reihe der Verteidigung. Es war die erste einer Folge noch weit bittererer Schlachten.

Auf die Frage, warum Jackie gegen sein Buch Einspruch erhoben hatte, antwortete James McGregor Burns: »Sie fand, dass ich den Ernst Jack Kennedys nicht genug betont hatte, dass ich aus ihm nicht nur einen Playboy, sondern eine Art von oberflächlichem Menschen machte, der nicht fähig sei, wahre Führung zu übernehmen. Ihrer Meinung nach war ich ihm nicht gerecht geworden und hatte die Rolle seines Vaters übertrieben, die Rolle der Familie im Allgemeinen, sodass ein Bild von jemandem entstand, der nicht die Standhaftigkeit, die Ausdauer oder die Entschlossenheit besaß, die für die Präsidentschaft erforderlich waren.«[26] Darüber hinaus war Jackie der Ansicht, dass Burns Zweifel am Ausmaß von Jacks emotionaler Hingabe an liberale Belange – trotz dessen während der Louisiana-Kampagne öffentlich abgegebener Verpflichtung auf die Bürgerrechtserklärung des Obersten Gerichtshofs – dem Stevenson-Flügel der Demokratischen Partei in die Hände spielte. Jacks verhältnismäßige Jugend und sein Ruf als »Playboy« waren in der Tat schwerwiegende Handikaps, insbesondere, wenn man sie mit dem Erfahrungsschatz von Stevenson und Lyndon Johnson verglich, der von Kennedy gern verächtlich als »dem Jungen« sprach.

Dann erfolgte am 1. Mai 1960, derweil Jack in West Virginia Wählerstimmen sammelte, der Abschuss von Francis Gary

Powers, dem Piloten des amerikanischen U-2 Spionageflugzeugs, während eines Spionageauftrags über der Sowjetunion. Sowjetische Kampfflieger nahmen den Piloten gefangen, was eine schwere Krise der amerikanisch-sowjetischen Beziehungen auslöste. Der Pariser Gipfel zwischen Eisenhower und Chruschtschow endete mit einem Eklat, womit auch die Abrüstungsverhandlungen zwischen Amerika und der UdSSR zum Stillstand kamen. Währenddessen hatten die sich ständig verschlechternden Beziehungen zum seit kurzem kommunistischen Kuba einen Zustand offener Feindseligkeit erreicht, als Fidel Castro die amerikanischen Interessen annullierte und sich um Unterstützung an den »säbelrasselnden« Chruschtschow wandte. Anarchie im gerade erst befreiten Belgisch-Kongo zwang die Vereinten Nationen zu einem Kriseneinsatz, der während des Sommers eskalierte. Es war eine gefährliche Welt – zu gefährlich, fanden manche Leute, um sie einem Dreiundvierzigjährigen ohne jede Regierungserfahrung anzuvertrauen.

»Loyalität war charakteristisch für das gesamte Kennedy-Gefolge«, sagte Laura Bergquist. Diskretion im Austausch für Freundschaft, doch im Privaten völlige Offenheit, so lautete die Bedingung. Jede Verletzung wurde von den Kennedys und ihrem Anhang mit Beschuldigungen, man habe »das Vertrauen gebrochen«, geahndet. 1957 hatte Bergquist an einem Aufsatz mit dem Titel »Der Aufstieg der Kennedy-Brüder« gearbeitet. Im Gespräch mit Ted Sorensen erwähnte sie die in Washington kursierenden Gerüchte, »der Senator und seine Frau kämen nicht miteinander aus und hätten sich getrennt«. Hitzig leugnete Sorensen jegliche Unstimmigkeit und beteuerte, Jackie begleite Jack nur deshalb nicht auf seinen Reisen, weil sie schwanger [mit Caroline] sei. »Das bleibt unter uns«, beharrte er. »Aber zwischen unserem Gespräch«, berichtete Bergquist, »und dem Zeitpunkt, als meine Story erschien, gab es alle mögliche Sachen [darüber] in den Zeitungen. Sogar mit zweispaltigen Schlagzeilen und einem Bild, wie der Senator Jackie auf dem Flughafen einen Abschiedskuss gibt … Ich schrieb, Mrs. Kennedy begleite ihren Mann nicht auf der Kampagne, weil sie schwanger sei. Ich denke, zu dem Zeitpunkt, als diese Zeile erschien, war das allgemein bekannt.« Trotzdem kam Sorensen noch im Sommer 1964 auf das Thema zurück – »dass ich sein Vertrauen in der Sache mit Jackies Schwangerschaft gebrochen hatte. Wegen dieser einen Zeile. Er verteidigte noch immer Kennedys Interessen.«[27] Ben Bradlee, der Jack zusammen mit Charlie Bartlett im Washingtoner Pressecorps am nächsten stand, bekam die Bestrafung durch Freundschaftsentzug ebenfalls zu spüren, als er der Übertretung der Gebote beschuldigt wurde. Ein Artikel, der im *Look* vom August 1962 unter der Überschrift »Kennedys gegen die Presse« erschien und von Laura Bergquists Mann Fletcher Knebel verfasst worden war, brachte Bradlee in Teufels Küche: »Es ist fast unmöglich, einen Artikel zu schreiben, der ihnen gefällt. Sogar wenn ein Bericht ihrer Seite eher wohlgesonnen ist, finden sie in irgendeinem Abschnitt etwas daran auszusetzen.«[28] Für drei Monate wurden die Bradlees vom üblichen Kontakt mit dem Weißen Haus, den ein- oder zweimal wöchentlich stattfindenden Abendessen und den regelmäßigen Telefongesprächen, ausgeschlossen. 1975 veröffentlichte Bradlee ein Buch über ihre Freundschaft, *Gespräche mit Kennedy.* Von da an schnitt Jackie ihn völlig.

Im Frühling 1960 erfuhr Jackie, dass sie wieder schwanger war, doch sie nahm weiterhin in begrenztem Maß teil an Jacks Wahlkampf für die Vorwahlen und begleitete ihn auf einen entmutigenden Besuch ins schneebedeckte Wisconsin. Sie war bei ihm im Hotel Pfister (»Pfistula«, wie Jackie es in einem Brief an Joe Alsop nannte) in Milwaukee, als das unbefriedigende Ergebnis der Vorwahlen eintraf. Jack hatte Humphrey mit seiner überlegenen Organisation übertrumpfen können, aber erhielt nur ein unklares Ergebnis von 56 Prozent der Stimmen, wobei sich die Wählerschaft in Protestanten und Katholiken teilte. Jack hatte versucht, das Thema Religion zu vermeiden, doch er würde es nun, da die nächsten wichtigen Vorwahlen nahten, ins Auge fassen müssen – in West Virginia, wo die Bevölkerung zu 95 Prozent protestantisch und nur zu fünf Prozent katholisch war. In West Virginia trat er gegen den Rat seines Vaters an: »Der Staat ist bedeutungslos und wegen der Katholiken-Sache bringen die ihn um«, lautete die Ansicht Joes. »Dad, ich muss in

West Virginia antreten«, hatte Jack geantwortet.[29] Meldungen, die Religionsfrage sei an die Oberfläche getreten und somit bestätige sich die Insider-Meinung in Washington, kein Katholik könne je zum Präsidenten gewählt werden, trieb Schwärme von Reportern nach West Virginia. Wie Joe Alsop berichtete, kamen mit ihnen, als Antwort auf verzweifelte Appelle aus dem Kennedy-Lager, »Kennedy-Mitarbeiter … mit Taschen, die sich vor grünen Lappen [Geldscheinen] beulten«.[30]

Während der alte Joe hinter den Kulissen die Fäden zog, den Staat mit Geld überschwemmte und als Überbringer seine dubiosen Mafiakontakte auf den Plan rief, gab Jackie selbst ihr Bestes für West Virginia. »Ich erinnere mich an Jackie im Wahlkampf in West Virginia«, berichtete Nuala Pell, die Frau von Claiborne Pell, der Senator von Rhode Island und ein enger Freund der Kennedys war. »Der Stab murrte ständig, sie zeige kein Interesse an den Kampagnen und tue nichts … und dass man sie dazu kriegen musste, etwas zu tun, aber ich muss sagen, wann immer sie auftrat und mit den Grubenarbeitern oder wem auch immer redete, war sie einfach fabelhaft und aus der Menge hörte man nur ›Oohs‹ und ›Aahs‹ … Sie schaffte das einfach in ihrer atemlosen Art …«[31] Jackie selbst erkannte durchaus die Komik der Situation und beschrieb Gore Vidal, wie sie in Supermärkte ging, um mit unwilligen Wählern zu sprechen: »Da stehe ich also an der Kasse eines Supermarktes und muss den Frauen, die herauskommen, die Hände schütteln. Nur tun die alles, um den Kontakt mit mir zu vermeiden: Sie verstecken sich hinter irgendwelchen Gegenständen, flüchten die Gänge entlang, kauern sich in Ecken.«[32] In West Virginia begegnete Jackie – genau wie Jack – wegen der hohen Arbeitslosigkeit unter den Bergarbeitern zum ersten Mal wirklicher, bitterster Armut. Abgeschirmt, wie die Kennedys im Kokon ihres begüterten Daseins an der Ostküste gelebt hatten, waren sie vom Elend und Hunger der Appalachen-Familien schockiert. Als Jackie ins Weiße Haus einzog, besann sie sich darauf und sorgte dafür, dass der erste Auftrag für Glaswaren zur Ausstattung des Präsidentenhaushalts nach West Virginia vergeben wurde.

Jackies Schwangerschaft setzte ihrer aktiven Teilnahme am Wahlkampf von 1960 ein Ende, was sie jedoch nicht hinderte, im privaten Bereich ihr Bestes zu Jacks Unterstützung zu tun. Persönlich beaufsichtigte sie in Jacks Kampagne den Einsatz von Teddys Frau Joan, der jüngsten und schönsten der Kennedy-Frauen. Joan erschien maßgeschneidert als Braut eines Kennedy. Sie war katholisch und Jungfrau, dazu im Kloster von Sacred Heart in Manhattanville erzogen worden. Im Alter von einundzwanzig war sie dem fünfundzwanzigjährigen Teddy in Manhattanville vorgestellt worden, wo sie auf Betreiben seiner Mutter das neue Sportzentrum eröffnete. Zu diesem Anlass marschierten nicht weniger als sieben Mitglieder der Kennedy-Familie auf. Jean Kennedy Smith, die auch Ethel als Braut für Bobby angeworben hatte, stellte Joan ihrem »kleinen Bruder« vor, dem 1,85 Meter großen, 200 Pfund schweren, gut aussehenden Teddy. Joan war in Bronxville aufgewachsen, wo auch die Kennedys in den Anfangsjahren gelebt hatten, und die Familie wusste alles über sie. Rose – die, wie sie Joan später gestand, Rosenkränze dafür gebetet hatte, dass Teddy ein nettes, katholisches Mädchen kennen lernen und heiraten würde – ergriff Vorsichtsmaßnahmen und ließ Joan, nachdem sie sie selbst auf Herz und Nieren befragt hatte, von Mutter Elizabeth O'Byrne überprüfen, der Präsidentin von Manhattanville. Die Ehe, so erinnerte Joan sich später bitter, war fast eine arrangierte Angelegenheit, weit mehr von einer unvermeidlichen Eigendynamik als von Leidenschaft getrieben. Auf Teds gemurmelten Heiratsantrag folgte eine längere Abwesenheit, während der er Kampagnen für Jacks Wiederwahl in den Senat führte und in Virginia Jura-Vorlesungen besuchte, ehe er schließlich mit Verspätung zur Verlobungsparty im Haus von Joans Eltern in Bronxville wieder auftauchte. Dennoch erklärte Joan: »Jeder ist der Meinung, diese Ehe sei im Himmel geschlossen worden … meine Schwiegereltern, meine Eltern und ich, all meine Freundinnen und Teddys Freunde.«[33]

Als Joan bei dem Gedanken, einen Mann zu heiraten, den sie kaum kannte, ins Zögern geriet, weigerte sich Joe Kennedy schlicht, die Hochzeitspläne abzusagen oder auch nur zu verschieben. Sie konnte der für sie vorgesehenen Rolle nicht entfliehen. Ebenso wenig war denkbar, dass ein Kennedy in aller Öffentlichkeit einen Korb bekam. Teddy hegte selbst Zweifel, die er am Vorabend seiner Hochzeit einem Freund anvertraute. Es war zu spät: Von den Erwartungen ihrer Familien wurde das Paar zum Altar getrieben. Berichten zufolge hielt Jack, der Trauzeuge, seinem jüngsten Bruder eine extrem freimütige Ansprache über die Ehe, die in merkwürdigem Widerspruch zu den öffentlichen Ermahnungen zum selben Thema stand. »Kardinal Spellman sprach über die Heiligkeit der ehelichen Schwüre«, schrieb Leamer, »und hinter dem Altar hielt Jack eine ganz anders geartete Predigt über das, was die Ehe für einen männlichen Kennedy bedeutete ...«[34] Auf ihre jeweilige Weise empfanden die Ehepartner wohl Liebe füreinander, doch Ted Kennedy konnte trotz all seines Charmes und seiner wirklich gutherzigen Natur seinem Erbe nicht entkommen, und die sanfte, kultivierte Joan war nicht zäh genug, den Anforderungen des Kennedy-Familienlebens standzuhalten. In Jackie, die verwundbaren jungen Menschen stets mit Einfühlungsvermögen begegnete, fand sie eine Freundin und Beschützerin.

Jackie schützte Joan ganz besonders, wenn es um das Leben in der Kennedy-Sippe ging. Joan, eine begabte Pianistin, konnte auf sportlichem Gebiet mit den Kennedys nicht mithalten, aber wie Jackie hinterhältig bemerkte: »Joan hatte nichts weiter zu tun, als in ihrem Leoparden-Badeanzug auf den Tennisplatz zu marschieren, und sie brauchte sich nicht um Eunices Vorhand oder Jeans Rückhand zu sorgen.«[35] Sie war Joans Verbündete gegen die Massensportschlacht. »Zusammen können wir anders sein«, bot sie ihr an. Joan erzählte: »Im Sommer machten alle anderen Familienmitglieder von morgens bis abends alles gemeinsam – Touch Football, Segeln, Tennis, Wasserski –, den ganzen Tag lang trieben sie in Massen zusammen Sport. Und Jackie ging hinüber zu ihrem Haus, um zu lesen oder zu malen, also ging ich in mein Haus und las oder spielte Klavier. Und manchmal gingen wir zusammen am Strand zwischen dem Lager und Squaw Island spazieren, wo Ted und ich unser Haus hatten. Sie war wundervoll, sie gab mir das Gefühl, dass ich in Ordnung war, so wie ich war.«[36]

Während der achtzehn Monate ihrer Ehe hatten Teddy und Joan bei seinen Eltern in Hyannis Port und Palm Beach oder aber aus Koffern gelebt, da Teddy in den westlichen Staaten umherreiste und vor den Delegierten für Jack die Trommeln rührte. Im Frühling 1960 stand Jackie Joan nach der Geburt ihrer Tochter Cara in Bronxville zur Seite. Sie mietete ein Haus für die jungen Kennedys in Georgetown, zwei Blocks von ihrem eigenen entfernt, stellte ein Paar als Hausgehilfen ein und fand eine irische Kinderfrau, eine gute Freundin von Maud Shaw. »Es war, als hätte ich eine große Schwester, die sich um mich kümmerte«, berichtete Joan Kennedy. »Als ich mit meinem neugeborenen kleinen Mädchen hinüber [nach Washington] kam, holte sie mich ab, führte mich durchs Haus und sorgte dafür, dass alles in Ordnung war, und dann zog sie los und kaufte Lebensmittel für mich ein.«

Es gefiel Jack, sich auf seinen Kampagnen von einer der fotogenen Kennedy-Frauen begleiten zu lassen, und zwei Wochen nach ihrer Ankunft in Washington wurde Joan für West Virginia ausersehen. Jackie lieh ihr Kleider für die Kampagne und gab ihr nach ihrer Rückkehr Ratschläge. »Wir schwatzten, sprachen über die Kampagne. Ich stellte ihr Fragen und sie sagte: ›Mir scheint, du tust genau das Richtige.‹ Oder sie machte Vorschläge, wie ich die Sache anpacken könnte.« Ohne dass sie sich dessen bewusst war, wurde Joan als Anstandsdame für Jack benutzt. »Ich erinnere mich, dass sie [Jackie] zu mir sagte: ›Halt dich immer nahe bei Jack auf, hefte dich einfach an seine Fersen. Lass nicht zu, dass jemand sich dazwischendrängelt, schon gar nicht, wenn sie ihre Fotos machen.‹« Jackie wollte die Gerüchte in Schach halten: Wenn überhaupt eine attraktive Frau mit Jack abgelichtet wurde, so sollte es ein Mitglied der Familie sein. Sie ermunterte Joan – »Sie werden sich freuen, dich kennen zu lernen, weil du den Namen Kennedy trägst«, erklärte sie ihr. »Jean Smith dagegen ist bloß Jean Smith, selbst wenn sie seine Schwester ist.« Joan mit ihrer hübschen Figur, ihrem langen, blonden Haar und den modischen, kurzen Röcken ließ die Bergarbeiter von West Virginia auf zwei Fingern pfeifen. »Jack hatte wirklich seinen Spaß an all diesen Männern, die mir hinterherpfiffen, [aber] er war nicht sicher, ob es seiner Kandidatur gut tat, wenn er mich an Orte mitnahm, wo ich diese Pfiffe erntete. Und am Ende der Kampagne schenkte er mir eine Zigarettenkiste. Sie war aus Silber und hatte eine Gravur: ›Zu schön, um sie zu solchen Anlässen zu verwenden. In Liebe, Jack.‹«[37]

Am 10. Mai, dem Tag der Vorwahlen in West Virginia, kehrte Jack niedergeschlagen nach Washington zurück, um mit Jackie, welche die Bradlees zum Dinner eingeladen hatte, auf das Ergebnis zu warten. Er war sich des Ausgangs alles andere als sicher. Nach dem Essen, als sich noch kein klares Ergebnis abgezeichnet hatte, rief Jack kurz bei Bobby an, der im Kanawha Hotel in Charleston die Stellung hielt, und dann gingen die Kennedys und die Bradleys ins Kino. Jacks Aufmerksamkeit galt beileibe nicht der Leinwand. Immer wieder schlich er sich hinaus, um Bobby anzurufen, kehrte auf seinen Platz zurück und begann mit dem Mittelfingernagel der rechten Hand an seine Zähne zu klopfen, ein untrügliches Zeichen seiner Anspannung. Kaum waren sie zurück in der N Street, rief Bobby an, um seinen unglaublichen Sieg zu verkünden. Es floss Champagner, und das Privatflugzeug der Kennedys wurde vorbereitet, sie zur Siegesfeier nach Charleston zu bringen. Es war ein auffällig unruhiger Flug. Bradlee erinnerte sich daran, dass Jean Smith den ganzen Weg lang nach ihrem Mann Steve rief.

Bei ihrer Ankunft wurden die Frauen in den Hintergrund gedrängt. Bradlee berichtete:

> Kennedy ignorierte Jackie und sie fühlte sich offenbar elend, weil sie ausgeschlossen wurde. Damals war sie noch weit entfernt von der nationalen Berühmtheit, die sie später unabhängig von ihm wurde. An jenem Abend standen sie und Tony [Bradlees Frau] auf einer Treppe, völlig links liegen gelassen, derweil JFK seine Siegesansprache vor den Fernsehkameras hielt. Als Kennedy später seinen bisher größten Triumph genoss und jeder in der Halle johlte und schrie, verschwand Jackie klammheimlich, setzte sich ins Auto und wartete dort, bis er bereit war, nach Washington zurückzukehren.[38]

Bradlee berichtete von Jackies Abneigung gegen Lärm und sinnlose politische Zusammenkünfte, als sie 1959 eine solche in der Versammlungshalle eines Motels in Maryland besucht hatte:

> Am besten erinnerte ich mich an den Anblick Jackies und das beinahe körperliche Unbehagen, das sie an den Tag legte, während sie langsam in diese überfüllte Halle ging, um sich anstarren zu lassen – nicht ansprechen, sondern sich schlicht anstarren zu lassen. Sie reagierte in der Art, die später so vertraut wurde, indem sie einfach einen unsichtbaren Schirm über ihr Gesicht zog und sich im Geiste absetzte. Körperlich war sie anwesend, aber ihr Inneres war schon lange weit weg …[39]

Jacks Gewohnheit, Jackie in Augenblicken des politischen Triumphs links liegen zu lassen, war symptomatisch für seine tiefsitzende Missachtung Frauen gegenüber, wenn es um das Geschäft der Politik ging. »Vielleicht war das der irische Schuft in ihm«, spekulierte Laura Bergquist. »Aber ich glaube nicht, dass er Frauen ernst nahm – als Menschen, mit denen man zusammenarbeitete. Er heiratete Jackie, die ihre eigene, besondere Form von Intelligenz besaß, [aber] es war, wie Bobby einst zu mir sagte: ›Sie ist gut für Jack, weil er weiß, sie ist nicht die Art von Frau, die bei seiner Heimkehr abends sagt: Was gibt's Neues in Laos?‹« Bergquist bewunderte Jackies innere Zähigkeit und ihr Selbstbewusstsein. »Sie war ein ungeheuer starker Mensch«, sagte sie. »Sie hatte ganz entschieden ihren eigenen Kopf. Ich denke, auf diese Weise überlebte sie in dieser Familie, einfach indem sie stur ganz für sich blieb und Nein sagte und sich ihr eigenes Leben schnitzte. Er [Jack] war meiner Meinung nach ein Charakter, mit dem sich nicht leicht auskommen ließ, so charmant er auch sein mochte. Aber sie ließ sich nicht überrollen. Es hätte ihr leicht geschehen können.«[40]

Auf die Frage, ob Jackie sich für Politik interessierte und je mit ihrem Mann darüber diskutierte, äußerte John Kenneth Galbraith die Behauptung: »Bei einigen zentralen Themen war Jackie sowohl informiert als auch redegewandt, aber am Alltagsgeschäft der Demokratischen Partei beteiligte sie sich nicht. Wenn sie sich Wahlreden anhörte, war sie mit ihren Gedanken fast immer ganz woanders.« Eines Morgens in Georgetown befanden sich die Kennedys auf dem Sprung zu einer Kampagne in der Umgebung von Washington. Galbraith erinnerte sich daran, wie sie nach dem Frühstück aufbrachen, »er mit seinen Wahlreden für den Tag und sie mit den Memoiren von Saint-Simon« – »die sie auf der Fahrt in der Wagenkolonne las«, ergänzte Kitty Galbraith. Galbraith zufolge hatte sie kein besonderes Interesse an Politik, doch auf einem Gebiet war sie »absolut unentbehrlich für Jack: Zuallererst, was ihr Urteilsvermögen über Menschen betraf, von dem JFK meiner Meinung nach abhängig war. Und das ist kaum je erwähnt worden. Er neigte dazu, Menschen nach ihrer äußeren Erscheinung zu beurteilen, während sie viel gründlicher hinsah um herauszufinden, worauf sie aus waren, um zwischen denen, die etwas für sich hatten, und denen, die sich nur selbst anpriesen, zu unterscheiden. Jackies kritischer Blick, manchmal zu Gunsten, manchmal zu Ungunsten des Betreffenden, spielte eine höchst wichtige Rolle. Von allen Menschen, die ich je gekannt habe, besaß sie das schärfste Auge für verlogene Menschen oder solche, die nur auf ihren Vorteil bedacht waren, und sie machte daraus keinen Hehl.«[41]

Im Mai und Juni, dem Vorfeld des Konvents der Demokraten in Los Angeles, auf dem der Präsidentschaftskandidat der Partei nominiert werden sollte, bekam Jackie ihren Mann, der durch die Lande reiste, kaum zu Gesicht. Ende Juni kam er zu einer zehntägigen Ruhepause nach Hause, ehe er im Juli nach Los Angeles aufbrach. Dreitausend Menschen warteten auf dem internationalen Flughafen, um ihn willkommen zu heißen. Banner wurden geschwungen, Bands spielten, Mädchen johlten. Am Freitag, dem 16. Juli, sprach er vor achtzigtausend Menschen in der Coliseum-Hall von Los Angeles, während die Kandidaten, die er besiegt hatte – Stevenson, Johnson, Humphrey und Symington –, neben ihm auf dem Podium saßen. Er erklärte, er nehme die Nominierung seiner Partei an. Es war die Ansprache eines jungen Mannes: »Unsere Sorge muss jetzt der Zukunft gelten. Denn die Welt verändert sich. Eine alte Ära geht zu Ende. Die alten Methoden werden uns nicht weiterbringen ... Wir stehen heute vor einer neuen Pioniergrenze – der New Frontier der sechziger Jahre –, einer Pioniergrenze voll unbekannter Möglichkeiten und Gefahren – einer Pioniergrenze unerfüllter Hoffnungen und Bedrohungen ... Die New Frontier, von der ich spreche, ist kein Bündel von Versprechungen – es ist ein Bündel von Herausforderungen. Darin ist zusammengefasst, nicht was ich dem amerikanischen Volk anbieten möchte, sondern was ich von ihm fordern will. Sein Stolz ist angesprochen, nicht seine Brieftasche – darin liegt das Versprechen größerer Opfer, nicht größerer Sicherheit ...«

Während seiner Ansprache stand Jack eine Phalanx von Kennedys zur Seite, aber zwei der wichtigsten Mitglieder fehlten. Joe Kennedy hatte sich in das Haus seiner Freundin Marion Davies in Beverly Hills zurückgezogen und ließ sich die ganze Woche über nicht blicken, wie er dies bereits während der langen Monate des Wahlkampfs getan hatte. Dabei arbeitete er weiter hinter den Kulissen, um in New York City, New Jersey, Illinois und anderswo Delegierte für Jack zu gewinnen. An diesem Morgen flog er nach New York, um den Triumph seines Sohnes vor dem Fernsehschirm zu verfolgen. Im verlassenen Lager von Hyannis Port saß eine sonnengebräunte Jackie, welche die Konventswoche mit Caroline und Maud Shaw allein verbracht hatte, mit Janet, Hughdie, Klein-Janet und Jamie Auchincloss, die aus Newport angereist waren, um bei ihr zu sein, vor einem gemieteten Zwölf-Zoll-Fernseher. Zwei Reporter von *Life* waren ebenfalls anwesend und sahen zu, wie sie Anrufe von Jack vor und nach seiner Nominierung entgegennahm. »Ist es nicht wundervoll?«, hatte Jack anscheinend gefragt und dann, wie um Bestätigung bittend: »Meinst du nicht auch?« Um 2 Uhr 45 in der Nacht trat sie hinaus ins gleißende Flutlicht und in das Gewitter der Fragen von Reportern und Fernsehleuten, die draußen auf eine kurze, improvisierte Pressekonferenz warteten. »Und ich dachte, ich sei ganz allein in diesem Land«, witzelte sie und gestand, sie sei »so ... aufgeregt«, ehe sie Jacks Antrittsansprache als Ausrede benutzte, um nach drinnen zu entwischen. Am folgenden Morgen gab sie vor vierzig Reportern und Kameraleuten eine Pressekonferenz in Joe Kennedys

Wohnzimmer und begegnete den Fragen mit ihrer üblichen schüchternen Zurückhaltung.[42]

Sie hatte an einem Gemälde gearbeitet, das als Geschenk für Jack zu seiner triumphalen Heimkehr gedacht war. Es zeigte ihn in Napoleonpose mit einem Dreizackhut mit der Aufschrift »El Senatore« auf ihrem kleinen Boot, der *Victura*, das vor Kennedys überquoll. In der Zwischenzeit befand sich das Quartier im Belagerungszustand. Drei Autos waren in Joe Kennedys Besitz eingedrungen. Ihre Insassen stürmten über den Rasen, ließen Kameras klicken und rissen Blüten als Souvenirs von den Sträuchern, ehe die Polizei sie anwies, das Grundstück zu verlassen. Andere Souvenirjäger hatten die Kletterrosen von Jacks und Jackies Zaun vor dem Haus gerissen, bevor zum Schutz eine Einfriedung errichtet werden konnte. Aus niedrig fliegenden Flugzeugen wurden Fotos von dem Anwesen geschossen, während andere Fotografen ihre Linsen vom Meer aus darauf richteten.

Jack wurde am Sonntagabend erwartet. Am Nachmittag trafen gleich zwei Friseure in Jackies Haus ein, um ihrem Haar für das Treffen mit Jack auf dem Flughafen den nötigen Schick zu verleihen. Chauffiert von Muggsy O'Leary und begleitet von Klein-Janet, fuhr sie in einem weißen Cadillac zum Flughafen, wo Woge um Woge die Kennedys in Begleitung einer ganzen Flugzeugladung von Presseleuten eintraf. Jack erschien als Letzter und wurde von Jackie im Flughafengebäude erwartet. Danach fuhren sie in einem offenen Kabriolett in der Kolonne durch die »undisziplinierten« Menschenmassen zum Quartier. Müde wandte Jack sich an die Menge und erklärte, er müsse ins Haus gelangen, ehe Caroline zu Bett ging. Doch fünf Minuten später tauchte er mit ihr im Arm wieder auf. Als er später Jackies Gemälde bewunderte, alberte Jack: »Ich frage mich, was sie auf den Gedanken gebracht hat, ich hätte einen Befehlshaber-Komplex.« Im Gegenzug schenkte er ihr zu ihrem einunddreißigsten Geburtstag am Ende des Monats ein Bild, das er von dem Lieblingszeitungsladen der Familie in Hyannis Port gemalt hatte. Am nächsten Morgen picknickten Jack und Jackie mit Bobby und Ethel an Bord der Familienyacht *Marlin*. Auch den ganzen folgenden Tag über gingen sie segeln, doch die versprochenen Ferien währten kaum zwei Wochen. Dann rief Jack sein Wahlkampfteam für die nächste Phase zusammen: den Kampf um die Präsidentschaft gegen den Kandidaten der Republikaner, Eisenhowers Vizepräsidenten Richard M. Nixon.

Anfang August wartete Norman Mailer, bekleidet mit einem schlecht gebügelten, waschbaren Anzug und »schwitzend wie ein Ziegenbock«, in einer Traube von Zeitungsleuten, Politikern und Polizisten auf Jack, um ihn für seinen Artikel im *Esquire* zu interviewen: »Supermann kommt auf den Supermarkt«. Abgesehen von den Menschenmassen auf dem Rasen und den Politikern, die ihren Besuch in Hyannis Port durch Blitzlichtaufnahmen auf der Terrasse des Hauses verewigen ließen, war Jackies gelbweißes Wohnzimmer voller Gäste – Arthur und Marian Schlesinger, der Redakteur der *Saturday Evening Post* Peter Mass, der Wahlkampffotograf Jacques Lowe und der Pressebeauftragte der Kennedys, Pierre Salinger. Mailer spürte Jackies kontrollierte Entrüstung über diese Invasion ihres Zuhauses. Während sie ihm ein kühles, alkoholfreies Getränk anbot, neckte sie ihn: »Wir haben natürlich auch härtere Sachen …« Dieser Versuch, den so oder so bereits nervösen Schriftsteller auf dem falschen Fuß zu erwischen, war typisch für Jackie. Sie spielte auf seinen Prozess im vergangenen Monat in Provincetown, Cape Cod, an, wo er wegen »Trunkenheit, ausfallenden und unangemessenen Verhaltens« angeklagt wurde, nachdem er aus einer Bar gestürmt war und mit »Taxi!«-Rufen einen Polizeiwagen angehalten hatte.[43]

Mailer bemerkte ihren provozierenden Blick und ihre »überraschend dünnen, aber nicht reizlosen« Schenkel. Jackie schien von Mailer und seiner intensiven Beobachtung aus der Ruhe gebracht. Seine bohrenden Fragen als Interviewer konnten nicht so einfach vom Tisch gewischt werden wie bei den »Kandidatenfrau-Befragungen« der für gewöhnlich unbegabten Reporterinnen. Um sich bedeckt zu halten, verfiel sie auf körperlichen Rückzug. Während sie beieinander saßen, stand sie mindestens ein halbes Dutzend Male auf, verschwand für zwei Minuten, um für drei wiederzukehren. »Da sie diese Aura von Selbstgefälligkeit an sich hatte, subtil, aber präzise«, schrieb Mailer, »kam man zu dem Schluss, dass sie sich gern Zeit nahm, sich zu sammeln.«[44] Jackie tat gut daran, misstrauisch zu sein. Die Beobachtungen, die Mailer an jenem Tag sammelte, waren die scharfsinnigsten, die je über sie geschrieben wurden. Wie die meisten Männer war er fasziniert von ihr, ihrer Ungreifbarkeit und ihrer »verstohlenen Grausamkeit«. Sein erster Eindruck als »nettem, sauberem, heiterem Schulmädchen« änderte sich, während er ihre Reaktionen auf die Masseninvasion in ihr Haus wahrnahm. »Jackie Kennedy war eine Katze, schmal und wild, und ihr Fell sträubte sich in alle Richtungen.« Als sie ihm mit dem Eisenkrauttee reizte, »trat etwas Amüsiertes, Hartes in ihre Augen, ganz wie bei einer ungezogenen Achtjährigen«. Hatte er diesen »provozierenden Blick« bereits zuvor auf Bildern von ihr entdeckt, so fühlte er sich von einer ihrer anderen Eigenschaften überrascht, »von ihrer auffälligen Schüchternheit. Es war etwas sehr Zurückgezogenes in ihr. Nicht bewusst, nicht kühl, nicht gegen jemanden speziell gerichtet, aber Abstand haltend, ohne Verbindung ...« Sie war offensichtlich der Mittelpunkt der Gruppe: »Man bemerkte eine natürliche Tendenz, nach ihr zu sehen und sicherzugehen, dass sie sich amüsierte ... Sie hatte einen wachen Sinn für Humor, aber er drehte sich um die Absurditäten der Welt. Vermutlich hatte sie nicht wenig mit einem Soldaten gemein, der zwei Wochen an der Front verbracht hat. Da war eine Spur von verklungenem Lachen.« Er schloss: »Ich mochte Jackie Kennedy, sie war kein bisschen spießig ... Sie hatte vielleicht einen Hauch jener raffinierten Verrücktheit, die zukünftige Dramen signalisiert ...«[45]

Mailers Eindrücke von dem Kandidaten, zu dessen Befragung er gekommen war, fielen nicht weniger scharfsinnig aus. Er bemerkte Kennedys »exzellente, sogar raffiniert« gute Manieren, »besser als die förmlichen guten Manieren, die man in Choate und Harvard lernt«. Hinter der höflichen Fassade aber bemerkte Mailer wie bei Jackie, worin Jacks charakteristischste Eigenschaft bestand: »in der zurückgezogenen und privaten Aura eines Mannes, der ein einsames Gebiet der Erfahrung, des Verlustes und Gewinns und der Todesnähe durchquert hat, das ihn von der Masse der Übrigen isoliert.« Er fuhr fort:

> Kennedy hatte ein Dutzend Gesichter. Seine Persönlichkeit hatte eine subtile, nicht leicht zu beschreibende Intensität, eine Ahnung von trockener, aufgestauter Hitze vielleicht. Seine Augen waren groß, seine Pupillen grau, das Weiße hervorstechend, fast erschreckend, sein auffallendster Zug: Er besaß die Augen eines Bergsteigers. Seine Erscheinung änderte sich mit seiner Stimmung frappierend, und das machte ihn selbst immer interessanter als das, was er sagte. In einem Moment erschien er älter, als er war, achtundvierzig oder fünfzig vielleicht, ein hoch gewachsener, schlanker, sonnengebräunter Professor mit einem angenehm verwitterten Gesicht, nicht ausgesprochen gut aussehend. Als er fünf Minuten später im Gespräch vor der Pressekonferenz auf seiner Wiese vor drei Mikrophonen und einer laufenden Fernsehkamera stand, machte seine Erscheinung eine Verwandlung durch, und er sah wieder aus wie ein Filmstar: mit lebhaften Farben, überschwänglichem Benehmen, ausladenden, raschen Gesten und pulsierend von dieser geballten Vitalität, die ein erfolgreicher Schauspieler beständig auszustrahlen scheint.«[46]

Ein stetiger Strom offizieller Besucher unterbrach Jacks Schiffsausflüge auf der *Marlin* und der *Victura*. Unter ihnen befanden sich auch zwei seiner schärfsten Gegner auf der Versammlung von Los Angeles, der Gouverneur Adlai Stevenson, seit langem der Held des liberalen Flügels der Demokratischen Partei, und Lyndon B. Johnson, auf den überraschend Jacks Wahl als sein Vizepräsident gefallen war, nachdem ihre jeweiligen Anhänger sich eine Runde erbitterter Kämpfe geliefert hatten. Kennedy war kein Fan von Stevenson, der zu Jackies speziellen Favoriten gehörte. Politisch betrachtete er den Gouverneur als so etwas wie einen Jammerlappen, während er als Mann die charismatische Wirkung nicht begreifen konnte, die Stevenson, obgleich dick und glatzköpfig, außer auf Jackie noch auf eine Reihe weiterer schöner Frauen ausübte.

Lyndon Baines Johnson, der große, schlaksige Senator aus Texas und Mehrheitsführer im Senat, war eine mächtige Figur in der Washingtoner Szene gewesen. Viele zeigten sich überrascht, dass er die politische Nichtigkeit einer Nominierung als Vizepräsident auf Geheiß von Jack akzeptiert hatte, der ihm sowohl an Jahren als auch an Status nachstand. Für Jack bedeutete Johnson wichtige Stimmen aus dem Süden. Daneben respektierte er Johnsons politische Fähigkeiten und amüsierte sich über das, was er seine »Flussfahrtspieler«-Qualitäten nannte. Jack war unabhängig genug, Bobbys Abneigung gegen Johnson zu ignorieren. Zwischen den beiden herrschte eine instinktive Feindschaft. Johnson war eine überlebensgroße Figur, unsicher, getrieben und unberechenbar: »ein Schauspieler, der eine Rolle spielt, abwechselnd höflich und grob, sanft und anmaßend, großzügig und nachtragend«, beschrieb ihn sein neuester Biograph.[47]

Johnson war in dem rauen Texaner Bergland von Austin in einer Familie geboren worden, die schwere Zeiten durchgemacht hatte. Anders als Jack kannte er Armut aus eigener Erfahrung und besaß Einblick in ein Amerika, das dem wohlhabenden Georgetown verborgen blieb. Er war hemmungslos ehrgeizig, brillant und ein Manipulator und hatte sich auf diese Weise seinen Weg an die Spitze des politischen Lebens von Amerika gebahnt. Seine Grobheit war sowohl Teil seiner Macho-Allüren als auch kalkuliert. Sein verächtlicher Ausspruch: »Adlai Stevenson geht zum Pinkeln in die Hocke«, amüsierte Jack und Jackie. Die Intellektuellen von Harvard, vor allem der Hickory-Hill-Kreis um Bobby, taten ihn als Hinterwäldler ab, aber Jack schätzte seine unübertroffenen politischen Fähigkeiten und seine Kenntnisse von den Vorgängen auf dem Capitol Hill.

Jackie hatte seine Frau, Claudia Taylor Johnson, die allgemein als Lady Bird bekannt war, bereits kennen gelernt, als sie an den Lunchpartys teilnahm, die Lady Bird für die Frauen neuer Senatoren zur Einführung gab. Lady Bird war eine bemerkenswerte Frau, fähig, beherrscht und stark. Jackies Bildung, Glamour und Schick fehlten ihr, aber sie verfügte über Gerissenheit, Klugheit und Verständnis für Menschen. Was ihren Hintergrund und ihre Aussichten betraf, trennten die beiden Frauen Welten, weshalb sie sich nie nahe stehen konnten, aber sie fühlten sich verbunden durch gegenseitigen Respekt und Sympathie. Fast das Einzige, was sie gemeinsam hatten, waren ihre Hingabe an ihre Männer und ihre Tapferkeit angesichts deren gewohnheitsmäßigen Treulosigkeit. Lady Bird war durch und durch die Frau eines Politikers, von deren Unterstützung Johnson völlig abhängig war, so harsch er sie dem Anschein nach auch behandeln mochte.

In Lady Birds Augen besaß Jackie trotz all ihrem Glanz eine anziehende Verletzbarkeit. »Am charmantesten wirkte auf mich ihre Kleinmädchenart: Sie sah verletzlich aus, sie sah so aus, dass man ihr helfen wollte, und so blieb sie die ganze Zeit hindurch, in der ich sie kannte.«[48] Später erinnerte sich Jackie daran, wie beeindruckt sie von Lady Birds ruhiger Effektivität gewesen war, mit der sie sich jede Kleinigkeit auf einem Spiralblock notierte: »Wenn sie einen Namen hörte, schrieb sie ihn sich auf. Manchmal, wenn Mr. Johnson etwas von ihr wollte, sagte er: ›Bird, weißt du die Nummer von Soundso?‹ Und sie wusste sie immer. Aber sie saß mit uns zusammen und wirkte so ruhig ...«[49] Jackie nahm Lady Bird für sich ein, indem sie sie um ihre Hilfe bat: »Ich weiß nicht, wie ich irgendetwas anpacken soll ...«, sagte sie mit ihrer Kleinmädchen-Stimme. Sowohl Jack als auch Jackie waren besorgt wegen der Belastung, welche die Endrunde der Präsidentschaftswahlen für ihre Schwangerschaft darstellte. Sie hatte entsetzliche Angst davor, eine weitere Fehlgeburt zu erleiden. Gleich nach dem Konvent von Los Angeles hatte Jack die Johnsons angerufen und gefragt, ob Lady Bird bereit sei, »die Last des Wahlkampfs für die Frauen allein zu tragen«.

Für Jackie hielt die Zukunft noch weitere Ängste bereit. In einem Gespräch mit Walter Reuther, dem Präsidenten der United Auto Workers, während seines Besuches in Hyannis Port gab Jackie ihren Sorgen bezüglich der Präsidentschaft im Allgemeinen und eines Attentats im Besonderen Ausdruck. (Bewaffnete Männer hatten 1948 versucht, Walter Reuther zu ermorden, ein gleicher Anschlag wurde 1949 auf seinen Bruder Victor Reuther verübt.) »Sie war wahrhaftig davon besessen«, erinnerte sich Reuthers Begleiter Jack Conway, »von dem Gedanken an die Veränderung in ihrem Leben, der Veränderung in Jacks Leben und der Frage, wie man sich vor einem Attentat schützen konnte. Sie fragte sich, welchen Einfluss die Vorsichtsmaßnahmen auf ihr Familienleben haben würden. ›Lassen Sie sich Ihr Leben nicht von Vorsicht ruinieren‹, sagte Reuther. ›Sie können nicht aufhören zu leben.‹«[50]

So extrem auf das Private bedacht wie sie war, beunruhigten sie die Anforderungen, die das öffentliche Leben an sie und ihre Familie stellen würde. Sie hatte Joe Alsop von diesen Ängsten erzählt, als dieser nach dem Konvent zu Besuch nach Hyannis Port kam. (Als Cousin von Eleanor Roosevelt kannte Alsop das Weiße Haus gut und wusste aus erster Hand von den Anforderungen der Rolle einer First Lady. Wie immer hatte Jackie sich die richtige Person als Berater ausgesucht.) Sie hatte eine Party für sechzig Mitglieder der Presse gegeben, die ihr einen unangenehmen Vorgeschmack auf das verschaffte, was da kommen mochte. Alsop hatte ihr geraten, das Problem emotionslos anzugehen und die geschmacklose Presseparty im gleichen Licht zu betrachten wie eine Wohltätigkeitsveranstaltung, die Geld einbringen sollte.[51] Jackie gestand ihm, dass sie sich von den persönlichen Fragen, die manche Reporterinnen ihr stellten, abgestoßen fühlte »und bereit, die arme kleine Caroline zu verteidigen, die sie mit ihren Blitzlichtern herumjagen und in eine grässliche kleine Shirley Temple verwandeln würden, wenn ich sie ließe«. Die Begeisterung der Kennedy-Mädchen für das öffentliche Leben trug noch zu ihrem Ärger bei, während Jack, wie sie sagte, »es [das Problem zwischen Privat- und öffentlichem Leben] nicht richtig erklären könne«.[52] Alsop hatte ihr geholfen, ihre gemischten Gefühle der Politik gegenüber zu überwinden und deren Macht zu respektieren. Das hatte sie nie zuvor getan, vielleicht weil sie ihr so plötzlich zugefallen war, ohne dass sie dafür hätte arbeiten müssen – durch Heirat. Doch wenn die Dinge sich wunschgemäß entwickelten, würde sie sie annehmen und für die Belange verwenden, die ihr etwas bedeuteten.

Die Presse, die eine Rivalität zwischen den Frauen der beiden Kandidaten schürte, machte Jackies Vorliebe für Pariser Mode zu einem Thema. Das fiel mitten in die Eröffnungsphase der letzten Schlacht um die Präsidentschaft zwischen Kennedy und Nixon, versetzte die Kennedys in Sorge, verletzte Jackie und trieb sie in die Defensive, wie sie Alsop berichtete. Ein Vorschlag der Kennedys lautete, sie solle eine Pressekonferenz abhalten und der Kritik widersprechen, die sie so wütend machte. Alsop riet ihr in einem Brief: »Es ist wohl bekannt, dass du bei Givenchy eine treue, bewundernde Kundin bist. Es mag helfen, wenn ein paar Artikel in der Zeitung darüber erscheinen, dass du deine Umstandskleider bei Bloomingdale's kaufst.«[53]

Jackie hatte seinen Rat befolgt und ein paar Modeberichterstatter eingeladen, sie zur Anprobe von Umstandskleidern zu begleiten. Sie ließ sie wissen, dass ein kürzlich erschienener Artikel im Sonntagsmagazin der *New York Times* sie verärgert hatte. Dem Artikel zufolge fühlten sich viele amerikanische Frauen durch ihren »Hol's-der-Teufel«-Schick gestört und fänden ihr Aussehen »zu verdammt unverschämt«. Zitiert wurde ein Bericht der *Women's Wear Daily*, in dem es hieß, Jackie gebe jährlich $ 30 000 für Pariser Haute Couture aus. Jackie beklagte sich: »Sie hacken deswegen allmählich auf mir genauso oft herum, wie sie Jack mit dem Katholizismus attackieren. Ich meine, das ist furchtbar unfair.« Und sie protestierte: »Ich kaufe nie mehr als ein Kostüm oder einen Mantel bei Balenciaga oder Givenchy. Ich könnte eine solche Summe gar nicht ausgeben, es sei denn, ich trüge Zobel-Unterwäsche.« Eher unklug fuhr sie fort: »Ich bin sicher, ich gebe weniger für Kleidung aus als Mrs. Nixon. Sie kauft ihre bei Elizabeth Arden, und da gibt es nichts, was unter zwei- oder dreihundert Dollar kostet.« Der Kommentar erwies sich als Bumerang: »Miss Arden«, so stellte sich heraus, war »sehr republikanisch eingestellt« und verkaufe Mrs. Nixon häufig Kleider mit Verlust. Pat Nixon, die in einem türkisfarbenen Wollkleid (Lord & Taylor, $ 49) in Atlantic City aufgespürt wurde, hatte es leicht, sich generös zu geben: »Ich habe zu Mrs. Kennedys Art, sich zu kleiden, nichts zu sagen. Es ist und war nie mein Stil, andere Frauen zu kritisieren. Ich kaufe meine Kleidung in verschiedenen Geschäften rund um Washington und manchmal in New York von der Stange. Kleidung ist für mich kein Thema.«[54]

Jackie versicherte sich der Hilfe von Diana Vreeland, die Redakteurin der *Vogue* gewesen, jetzt in gleicher Stellung für

Harper's Bazaar tätig war und als Doyenne der Modewelt galt. Sie erklärte ihr, um den Presseberichten über ihre Pariser Kleidung und dem Vergleich mit der hausbackenen Sparsamkeit von Mrs. Nixon entgegenzutreten, müsse sie von jetzt an amerikanische Kleider bestellen und die Namen der Geschäfte bekannt geben. Der Gewerkschaftsführer von International Garment Workers Union, David Dubinsky, hatte sich bereits bei Jack beklagt. Um ihre »amerikanische Kleidung«-Initiative ins Rollen zu bringen, brauchte Jackie amerikanische Kleider für eine Presseveröffentlichung am 1. Oktober. Dies war als Angriff auf die »Pat-Nixon-Woche« geplant, wo sie fürchtete, als Marie-Antoinette-ähnlicher Dämon nach dem Motto »Sollen sie doch Kuchen essen« in französischer Kleidung porträtiert zu werden.

Abgesehen von dem Modeproblem war Jackie entschlossen, trotz ihrer zunehmenden Unbeweglichkeit durch die Schwangerschaft »alles, was in meiner Macht steht, für den lieben Jack« zu tun. Dies erzählte sie ihrer Freundin Eve Fout und legte ein größeres Interesse an dem Vorlauf zu den Präsidentenwahlen im November an den Tag, als sie das zuvor während der Nominierungskampagne getan hatte. J. K. Galbraith hatte ihr Interesse am Wahlkampf unterschätzt. Seit Joe Alsop ihr versichert hatte, der Kampf um die Präsidentschaft sei »das einzige Spiel, das den Einsatz lohne«, fühlte sie sich Jacks Sieg verpflichtet. Im Vorfeld der allgemeinen Wahlen schrieb sie im Herbst 1960 Ted Sorensen ein Memorandum, das Memoranda einer Freundin einschloss, der ärztlichen Lobbyistin Florence Mahoney, für den Fall, diese könnten sich als nützlich beim Verfassen von Jacks Ansprachen erweisen. Sie betonte die besondere Bedeutung eines polnischen Memorandums von Michel Cieplinski für Jacks polnische Rede in Chicago und schlug eine Ansprache von einem anderen prominenten Polen vor. Die Polen, so schien es, waren nicht hundertprozentig auf der Kennedy-Seite. Ihre Abneigung gegen den irischen Klerus und die Popularität Nixons infolge seiner Polenreise beeinflussten sie.[55]

Joan Braden, eine führende Wahlkampfhelferin Kennedys in Kalifornien, die eng mit Bobby zusammenarbeitete, gab ihm eine Liste ihrer Vorschläge. »Beziehe Jackie soviel wie möglich in den Wahlkampf mit ein«, riet sie. Jack war dafür kritisiert worden, dass er seine Frau bei seiner Antrittsrede in Los Angeles nicht erwähnt hatte. Sie sollte eine wöchentliche »Wahlkampf-Ehefrauen«-Kolumne für die Zeitungen schreiben. Bobby rief Jackie an und Joan Braden, die ebenfalls hochschwanger war, zog nach Washington, um zwischen Jackie und dem Wahlkampf-Hauptquartier Verbindung zu halten und um sie vor zu schweren Anforderungen zu schützen. Zusammen verfassten Joan und Jackie die »Wahlkampf-Ehefrauen«-Kolumne und Jakkie rief die »Kaffee-für-Kennedy«-Kampagne ins Leben: Sie bat Frauen, zehn Freundinnen zum Kaffee einzuladen, der aus »Kaffee-für-Kennedy«-Pappbechern getrunken werden sollte, wobei jede Freundin aufgefordert wurde, zehn Dollar für die Kampagne zu stiften. Sie hielt in der N Street Versammlungen mit Experten für die gesundheitliche Versorgung alter Menschen und mit dem Women's Committee for New Frontiers ab, deren Vorsitz Joan Braden führte. Damit sollten Wählerinnen dazu bewegt werden, das Gespann Kennedy–Johnson zu unterstützen. Sie war auf dem Abschlusstreffen des Kennedy-Wahlkampfs in New York dabei, das vor dem Freedom Hotel in Spanish West Harlem abgehalten wurde. Eine bizarre Mischung von Sprechern trat auf: Eleanor Roosevelt, der liberale jüdische Senator Lehmann, der demagogische schwarze Kongressabgeordnete Reverend Adam Clayton Powell und Jack. »Optisch aber stahl Mrs. Kennedy, zugleich spröde und strahlend, ihnen allen die Schau«, berichtete ein Beobachter.[56] Zur Begeisterung der Menge sprach sie einige Sätze auf Spanisch und später auf Italienisch vor einer Gruppe von Italienern.

Probleme gab es jedoch, wie sich Joan Braden erinnerte, wann immer Jackies »Sinn für guten Geschmack« mit den Wünschen der Kennedys zusammenprallte. Es gab eine scharfe Meinungsverschiedenheit zwischen ihnen wegen des Sinatra Rat Pack. »Jackie mochte das Rat-Pack-Trio aus Frank Sinatra, Dean Martin und Peter Lawford nicht, dem die Kennedy-Familie eine fast anbetende Verehrung entgegenbrachte«, berichtete Braden. »Schließlich war Peter Lawford ein Mitglied der Familie und sie waren so berühmt, also musste man sie nutzen. Auf jede erdenkliche Weise nutzen. Jackie aber war sich sicher, dass das Rat Pack ein falsches Image vermittelte. Zumindest sie wollte nicht mit dem Rat Pack in Verbindung gebracht werden, wollte nicht mit ihnen zusammen auf Wahlkampfveranstaltungen erscheinen, wollte nicht mit ihnen im Fernsehen auftreten, und obwohl sie in diesem Punkt weniger hartnäckig war, wollte sie auch nicht, dass ihr Ehemann mit ihnen auftrat. Ich war Jackies Verbindung ins Hauptquartier und musste ihre Wünsche dorthin weiterleiten. Ich hatte Angst vor der Konfrontation, die daraus erwachsen mochte, aber es wurde erledigt. Das Rat Pack verschwand aus der Kampagne. Ich habe es Martin, Lawford und Sinatra seither immer hoch angerechnet, dass sie eine Eigenschaft besaßen, die ihnen nicht viele Leute zuschreiben würden: Sie bewiesen Verständnis. Sie wollten wirklich helfen. Und wenn sie damit am besten halfen, dass sie sich aus der Sache heraushielten, dann sollte es eben so sein.«[57]

Jackie hatte gute Gründe, Bobby zu raten, Sinatra vom Wahlkampf, und noch mehr von dem Kandidaten, fern zu halten. Die öffentliche Meinung verband den Sänger seit 1947 mit der Mafia, als in der Presse ein Bericht über eine Februar-Reise Sinatras nach Havanna erschienen war. Dabei war er in Begleitung von Joseph Fischetti und dessen Bruder Rocco gewesen, Mitgliedern von Al Capones Chicagoer Gang, sowie Lucky Luciano, dem Vater der modernen Mafia. Sinatra und Luciano wurden zusammen in einem Casino, auf der Rennbahn und auf Partys gesehen. Der Scripps-Howard-Kolumnist im Havanna jener Tage, Robert Ruark, schrieb dazu einen Artikel mit der Überschrift »Sinatra spielt derzeit in seltsamster Gesellschaft«. Andere Kolumnisten griffen ihn auf, unter ihnen Lee Mortimer vom *New York Daily Mirror*, was ihm vor dem Ciro in Hollywood einen Fausthieb Sinatras eintrug. 1951 behauptete Mortimer weiter, die Fischetti-Brüder hätten zwei Millionen Dollar auf jene Havanna-Reise mitgenommen, und zwar »im Handgepäck eines Entertainers«. Diese spezielle Behauptung wurde nie bewiesen, aber die Tatsache, dass New Yorks Presse die Gerüchte über Sinatras Beziehungen zur Mafia veröffentlichte, machte Jackie die Gefahren deutlich, die eine Verbindung mit ihm mit sich brachte. Jackie blieb Sinatra gegenüber argwöhnisch, sogar noch nach Jacks Wahl zum Präsidenten. Ihr Personal wies sie an, jegliche Spende zurückzuweisen, die der Sänger für die Restaurierung des Weißen Hauses anbieten mochte, da es sich um »schmutziges Geld« handle.[58]

Sie war klug genug, um zu wissen, dass die Spiele der Rat-Pack-Mitglieder im Allgemeinen und insbesondere Sinatras und Peter Lawfords alles andere als unschuldig waren. Zweifellos fürchtete sie, auch ihr Mann könne in Sinatras Gesellschaft daran Gefallen finden, sie zu spielen. Joe Kennedy hatte Sinatra im Winter 1959 um seine Teilnahme an Jacks Wahlkampf ersucht, als er den Sänger zum Lunch einlud und ihn bat, den Chicagoer Gangster Sam »Mooney« Giancana um Hilfe in Illinois und West Virginia anzugehen. Dort sollte er »die Massen mobilisieren, die Gewerkschaften zur Wahl bewegen«.[59] Sinatra, der Jack mochte und bewunderte und überzeugt war, er würde einen guten Präsidenten abgeben, war mehr als bereit zu helfen. Sein Lied »High Hopes« wurde von Jack als Leitmotiv für seinen Wahlkampf übernommen, und bevor Jackie den Bann über das Rat Pack verhängte, hatte er im Verlauf des Frühlings seine Wahlkampfreisen mehrmals unterbrochen, um mit Sinatra in Las Vegas oder in dessen Haus in Palm Springs Partys zu feiern. Eine der Attraktionen, die der Sänger den Kennedys bot, war seine Zufuhr an Mädchen. Am 7. Februar 1960 verließ Jack auf dem Weg von New Mexico nach Portland, Oregon, das Kampagnen-Flugzeug in Las Vegas, um eine Rat-Pack-Show in den Sands mitzuerleben. Laut Berichten von Blair Clark, Jacks altem Freund während seiner Zeit als Redakteur der *Harvard Crimson* und inzwischen als Reporter für CBS mit dem Wahlkampf-Team unterwegs, lernte Jack bei dieser Gelegenheit Judith Campbell kennen, eine Schönheit, die Elizabeth Taylor glich. »Sie tauchte, während Sinatra seine Schau hinlegte, an unserem Tisch auf«, berichtete Clark.[60] Innerhalb eines Monats hatte Jack eine Affäre mit ihr begonnen, die zwei Jahre dauern sollte und ihn in gefährliche Verbindungen der Mafia verwickelte, da Judith Campbell zugleich eine intime Freundin von Giancana war. Späteren Aussagen von Campbell zufolge schlief sie am 6. April mit Kennedy in dessen Haus in Georgetown, kurz nachdem Jackie nach Florida gefahren war. Auf Kennedys Bitte stellte sie ihn Giancana vor und fungierte darauf im April 1960 als Kurier zwischen Kennedy und dem Mafiaboss, indem sie eine Geldtasche für den Einsatz bei den Vorwahlen in Illinois transportierte. Am 22. März 1960 erhielt das FBI die Information, die Zeitschrift *Confidential* untersuche ein Gerücht über eine »indiskrete Party« in Sinatras Haus in Palm Springs, die von Jack Kennedy und Peter Lawford besucht worden war. Wie Sinatras Tochter Tina eingestand: »Es war ja nicht so, dass Dad und der Präsident sich zum Golfspielen trafen ...«[61]

Dennoch war die mächtigste Waffe in der Rüstkammer der Kennedys für den Wahlkampf von 1960 nicht die Überlegenheit ihrer politischen Maschinerie, die mit horrenden Summen aus Joes Vermögen gut geölt worden war, sondern das Fernsehen, das Jack als erster Politiker mit umwerfender Wirkung für sich einsetzte. 1960 besaßen 88 Prozent der amerikanischen Haushalte einen Fernseher, während es zehn Jahre zuvor lediglich elf Prozent gewesen waren. »Innerhalb eines einzigen Jahrzehnts«, schrieb Theodore E. White in seinem maßgeblichen Buch über den Wahlkampf von 1960, war der Einfluss dieses Mediums auf das amerikanische Denken in eine Dimension katapultiert worden, in der es Amerikas Schulen und Kirchen Konkurrenz machte.« Am 26. September wurde die erste von vier »großen Debatten« zwischen Kennedy und Nixon ausgestrahlt.

Es war ein Schlüsselmoment des Wahlkampfs, in dem der junge, unerprobte Senator sich mit Eisenhowers Vizepräsident maß. White schrieb:

> Bis die Kameras sich auf den Senator und den Vizepräsidenten richteten, war Kennedy der Junge gewesen, den der Vizepräsident als unreif, jung und unerfahren attackierte und beleidigte. Jetzt, in Fleisch und Blut, war er dem Vizepräsidenten offenbar gewachsen. Und mehr als das, der Unterschied zwischen den beiden Gesichtern war verblüffend. Normalerweise zitterten Kennedy im privaten Bereich unter Anspannung die Hände – er fing an, seine Krawatte zu richten, sich aufs Knie zu schlagen,

über sein Gesicht zu streichen. An diesem Abend aber erschien er ruhig und zeigte keine Spur von Nervosität. Im Gegensatz dazu war der Vizepräsident angespannt, blickte des öfteren finster drein und machte gelegentlich einen so verhärmten Eindruck, dass er fast krank wirkte. Vermutlich erzählt kein Bild in der amerikanischen Politik unmissverständlicher seine Geschichte von Krise und Umschwung, als jene berühmte Aufnahme des Vizepräsidenten, der halb in seinem Stuhl hängt, während sich dünne Schweißrinnen durch den Puder auf seiner »nachlässigen Rasur« graben, seine Augen sich in aufgerissene, schwarze Höhlen verwandeln und ihm Kiefer, Backen und Gesicht vor Anstrengung in die Tiefe sacken.[62]

Es war nicht fair: Nixon litt unter ungewöhnlich durchscheinender Haut, ein Minuspunkt im Fernsehen, sodass die Kamera jede Haarwurzel offenbarte, selbst wenn er sich gerade rasiert hätte. Er war angespannt, entnervt von den technischen Komplikationen während des Tages im Studio. Kennedy hingegen war nach einer kurzen, anonymen sexuellen Episode kurz vor der Debatte entspannt. Zuhörer am Radio kamen zu dem Schluss, die Kandidaten hätten sich als ebenbürtig erwiesen, Meinungsumfragen unter den Fernsehzuschauern aber zeigten ein schwaches oder sogar äußerst schwaches Ergebnis für Nixon. Alsop, der in Chicago im Publikum saß, war der Ansicht, Nixon habe gewonnen. Sein Glaube an Kennedys Chancen wurde erst wiederhergestellt, als er seine Cousine anrief, Theodore Roosevelts Tochter Alice Roosevelt Longworth, die eine Expertin für politische Voraussagen war und ihre Einschätzungen auf Beobachtung des Fernsehens gründete. Ihre Reaktion war eindeutig: »Also gut, Joe, dein Mann ist im Rennen und meiner ist draußen. Ich weiß nicht, warum die sich überhaupt noch die Mühe mit den Wahlen machen. Dick hat sich selbst den Todesstoß versetzt.«[63]

»Das Image der Fernsehbilder hatte das Werk vollbracht«, schrieb White. »Und 1960 machte das Fernsehen eine Nation von Hörern zu einer Nation von Zuschauern, und damit war die Sache besiegelt.« Er bemerkte außerdem einen »Quantensprung« bei den Massen, die Kennedy vom Morgen nach der Fernsehdebatte an begrüßten. »Über Nacht geriet ihre Begeisterung ins Brodeln, und ihre Zahl vervielfachte sich, als hätte sein Anblick in ihren Häusern auf ihren Bildschirmen ihm die Aura eines Stars verliehen, die allein Film- und Fernsehidolen vorbehalten bleibt.«[64] Die Sender schätzten die Einschaltzahlen in Amerika auf 115 bis 120 Millionen, die bis dahin höchsten der Geschichte. Meinungsforscher folgerten in der abschließenden Analyse, dass zwei Millionen Stimmen von Kennedys Endergebnis auf die Wirkung des Fernsehens zurückzuführen waren. Da er in der Endauszählung lediglich 112 000 Stimmen mehr als Nixon erzielt hatte, war diese Zahl von entscheidender Bedeutung. Jack Kennedys gekonnter Einsatz des Fernsehens hatte das Gewicht der religiösen Vorurteile gegen ihn ausgeglichen, und nach der Debatte von Chicago hatten sich seine Chancen immens erhöht, zum ersten katholischen Präsidenten der Vereinigten Staaten gewählt zu werden.

Am Morgen des Wahltags stand Jackie früh auf und ließ sich nach Boston fahren, um sich mit Jack zu treffen und ihre Stimme abzugeben, ehe sie gemeinsam nach Hause zurückkehrten, wo das lange Warten auf das Ergebnis begann. Jack war nervös, seine Reaktion auf die zu seiner Begrüßung versammelte Menge auf dem Flughafen von Hyannis Port wirkte gezwungen, sein Lächeln halbherzig und angespannt. Auf Fotografien, auf denen er mit Jackie posiert, wirkt er müde, sein Gesicht vor Erschöpfung gedunsen, die Augen im kalten, grellen Sonnenlicht verkniffen, und auf seinem »ewig jung erscheinenden Gesicht« zeigten sich unerwartet Falten. »Und«, bemerkte ein Beobachter, »obwohl er sich mit den gleichen langen, forschen Schritten wie immer bewegte, entdeckten einige Zuschauer ein Hinken.«[65]

Im Quartier begab er sich zum Frühstück mit der Familie ins Haus seines Vaters, wechselte außer Hörweite auf der Wiese ein paar diskrete Worte mit Joe und aß später mit Jackie gebackenen Schinken und Betty-Apfelkuchen. Im Verlauf des Tages besuchte er in Abständen immer wieder das Kommunikationszentrum, das im Erdgeschoss von Bobbys Haus eingerichtet worden war und von Kenny O'Donnell und Larry O'Brien beaufsichtigt wurde. In einem rosa-weißen Kinderzimmer im oberen Stockwerk war der Umfragenexperte Lou Harris einquartiert, der die Ergebnisse auswertete, die Peter Lawford per Depesche und über Fernschreiber einholte. In einem weiteren Kinderzimmer führten Teddy Kennedy und Steve Smith das Kommando über eine Batterie von Telefonen. Das Haus quoll vor Kennedys über, während der Dienstboten-Bungalow hinter Joes Haus von einer Gruppe ausgewählter Presseleute mit Beschlag belegt wurde, unter ihnen die allgegenwärtigen Vertreter von *Life*.

Die Hoffnungen stiegen und fielen mit den widersprüchlichen Berichten, die im Verlauf des Abends eintrafen. Verfrühte Begeisterung über die positiven Ergebnisse aus Connecticut schlug in Bedrückung um, als CBS um 19 Uhr 15 verkündete, die Computeranalyse der eingegangenen Stimmen sage einen Sieg Nixons mit 450 Stimmen voraus. Innerhalb einer Stunde hatte der CBS-Computer die Seiten gewechselt und prophezeite einen knappen Sieg Kennedys mit 51 Prozent der Stimmen. Strahlend steckte sich Kennedy eine dicke Zigarre an.

Bei Sandwichs mit Thunfisch, Huhn, Hummer und Eiersalat, dem einfachen Essen, das sie so schätzten und von einem örtlichen Service hatten anliefern lassen, schlugen die Wellen der Euphorie bei den Kennedys höher und höher. Jack schlich derweil zurück in sein eigenes Haus, um Caroline gute Nacht zu sagen und sich mit Jackie und ihrem Hausgast Bill Walton bei seinem Lieblings-Cocktail, einem Daiquiri, zu entspannen. Die drei aßen in dem geräumigen, förmlich eingerichteten Speisezimmer pünktlich um acht zu Abend und verzichteten für die Dauer der Mahlzeit heldenhaft auf die Präsenz des Fernsehens, kehrten aber sofort darauf vor den Schirm zurück, um die Ergebnisse zu verfolgen. Als um halb elf ein Erdrutsch für Kennedy prophezeit wurde, rief Jackie aus: »O Häschen, jetzt bist du Präsident!« Jack wusste es besser. »Nein«, sagte er, »dafür ist es noch zu früh.« Optimistisch gestimmt ging Jackie um halb zwölf zu Bett, Jack dagegen lief über den Rasen zurück zu Bobbys Haus, wo die Stimmung in Erwartung des Sieges inzwischen tumultartige Ausmaße erreicht hatte. Während die Nacht jedoch voranschritt, erstarb die Begeisterung. Frühe Resultate aus den Kennedy-Hochburgen im Nordosten gerieten durch die Nixon-Wähler im mittleren und äußeren Westen allmählich ins Hintertreffen. Um ein Uhr nachts gab das Weiße Haus irrtümlicherweise ein Glückwunschtelegramm Eisenhowers an Kennedy heraus, was die Kennedys zu der Annahme veranlasste, Eisenhower müsse über Vorabinformationen von einer Kapitulation Nixons verfügen, denn auch wenn sein Anteil an Stimmen zurückging, legte Kennedy bei der Gesamtzahl der errungenen Wahlkreise zu. Bei einem Stand von 262 benötigte er nur noch sieben weitere, um die erforderliche Zahl von 269 zu erreichen. Um halb vier Uhr früh erschien Nixon im Ambassador Hotel in Los Angeles, um eine Erklärung abzugeben, an seiner Seite, in Tränen aufgelöst, seine Frau Pat. Jedermann erwartete eine Kapitulation. Nixon aber war vorsichtig: Er beschränkte sich darauf, zuzugestehen, dass Kennedy, wenn der gegenwärtige Trend sich fortsetzte, der nächste Präsident der Vereinigten Staaten sein würde. »Warum sollte er aufgeben?«, lautete Jacks Kommentar. »Ich würde es nicht tun.« Dann ging er auf einen Sprung ins Haus seines Vaters und danach nach Hause, um Jackie zu wecken, ihr die neuesten Ergebnisse mitzuteilen und eine Weile zu lesen, ehe er um halb fünf Uhr früh selbst zu Bett ging.[66]

Kurz vor sechs, als Jack und Jackie noch schliefen, stießen Beamte des Sicherheitsdienstes zu der Postenkette der Polizisten rund um das Quartier – ein sicheres Zeichen dafür, dass ein Machtwechsel offiziell anerkannt worden war. Um halb zehn traf Ted Sorensen ein, um zu bestätigen, was die Sicherheitsleute bereits wussten: Jack war zum fünfunddreißigsten Präsidenten der Vereinigten Staaten gewählt worden.

Kurz darauf erschien Pierre Salinger zu einer Beratung und stimmte zu, dass es zu früh für eine öffentliche Siegesfeier war, da Nixon seine Niederlage noch nicht erklärt hatte. Jack frühstückte mit Jackie und Caroline und begab sich dann mit Caroline und Teddy auf einen Spaziergang am Strand, gefolgt von Familienmitgliedern und Ted Sorensen sowie den Sicherheitsleuten in gemessenem Abstand. Gegen Mittag kehrte er zum Lunch nach Hause zurück. Kurz nach halb eins gewann er offiziell den Wahlkreis Minnesota und hielt damit den Sieg in der Hand. Zwölf Minuten später erklärte Nixon sich in einer von seinem Pressesekretär verlesenen Erklärung für geschlagen. Jack missfiel, dass sein Kontrahent nicht persönlich erschien, um seinen Wählern zu danken. »Er ist abgetreten, wie er angetreten ist«, lautete sein Kommentar, »ohne Klasse.«[67]

Über den Rasen eilte er zu Bobbys Haus. »Jack war nicht länger Jack, als er den Raum betrat«, berichtete ein Mitarbeiter. »Er war der Präsident der Vereinigten Staaten. Wir standen alle auf – sogar sein Bruder Bobby. Es war einfach eine instinktive Reaktion.«[68] Benommen warf Jackie einen Regenmantel und ein Kopftuch über und brach zu einem einsamen Spaziergang am Strand auf, derweil die übrigen Familienmitglieder sich in Joes Haus für das Siegesfoto umzogen. Auf symbolische Weise zog sie ihre eigene, unabhängige Furche. »Wo ist Jackie?«, fragte Jack und lief dann hinunter, um sie zu holen.

Mit bewunderungswürdiger Selbstbeherrschung hatte Joe Kennedy zuvor bekannt gegeben, dass er nicht an der Siegesfeier im Hyannis Arsenal teilnehmen würde, bei der Jack seine Annahme der Wahl erklären würde. Mit seinem Geld wie mit seinem Schweigen hatte er zwei gewichtige Beiträge zum Erfolg seines Sohnes geleistet. Sogar in diesem Augenblick des Triumphes, der – wenngleich nur mittelbaren – Erfüllung seiner lebenslangen Träume von einem Kennedy-Präsidenten, war er entschlossen, sich aus dem Rampenlicht fern zu halten. Einzig weil Jack darauf bestand, ließ er sich in letzter Minute umstimmen und fuhr mit.

Im Arsenal erschien Jackie schließlich strahlend vor Glück, ganz im Gegensatz zu ihrem Schwiegervater, der als »irgendwie grimmig und blass«[69] beschrieben wurde. Nach seiner Ansprache präsentierte Jack seinen Vater als erstes Mitglied der Familie dem Publikum. Dort standen sie, die Arme einander um die Schultern gelegt. Jack mochte zwar im Wahlkampf mit allen Mitteln deutlich gemacht haben, dass die politischen Ansichten seines Vaters nicht die seinen waren, jetzt aber zog er ihn aus dem Schatten zu einer öffentlichen, wenngleich wortlosen Bezeugung von Liebe und tiefer Dankbarkeit.

Jack hatte seine Rede mit den Worten »Meine Frau und ich freuen uns auf eine neue Regierung und auf ein neues Baby« abgeschlossen, doch Geburten sollten für Jackie nie leicht sein, und die Geburt von John jr. bildete dabei keine Ausnahme. Jackie hatte geplant, verborgen in Georgetown zu bleiben, bis sie am 15. Dezember wie vorgesehen zur Geburt ins New York Hospital gehen würde, um bis zum Weihnachtsabend dort zu bleiben. Danach wollte sie zur Erholung hinunter nach Palm Beach fliegen und am 19. Januar zur Amtseinführung zurückkehren. Stattdessen musste kurz nach Thanksgiving und nur drei Stunden nachdem Jack das Haus verlassen hatte, um nach Palm Beach zu fliegen, am 25. November ein Notarztwagen in die 3307 N Street gerufen werden. Wieder einmal kam Jackies Kind zu früh. John F. Kennedy jr. kam mit einem Gewicht von sechs Pfund und dreihundert Gramm um ein Uhr nachts zur Welt, während sein Vater sich in höchster Eile auf dem Rückweg aus Florida befand. Seine Geburt bedeutete einen krönenden Abschluss für ein triumphales Jahr.

8
Zirkuskönigin

»Sie sagte: ›Das Leben im Weißen Haus gleicht dem am französischen Hof. Alle Leute um dich herum sind Speichellecker.‹ In vieler Hinsicht aber amüsierte es sie. Sie liebte es, bedient zu werden, und sie liebte ihre Bewunderer …«
Jacqueline Kennedy zu Betty Spalding[1]

Im Anschluss an ihren Kaiserschnitt verbrachte Jackie zwölf Tage im Krankenhaus. John jr., beinahe einen Monat zu früh und sehr klein auf die Welt gekommen, war, wie Maud Shaw sich ausdrückte, »ein schwarzhaariges Würmchen« und lag die ersten fünf Tage seines Lebens im Brutkasten mit einer leichten Infektion der Atemwege. Obwohl sie sich dem allgemeinen Eindruck nach rasch erholte und sofort wieder die Kontrolle übernahm, sich im Bett aufsetzte und umfangreiche Notizen auf den geliebten Kanzleipapierblöcken niederschrieb, war sie sowohl physisch als auch psychisch geschwächt. Jacks förmliche Amtseinführung als fünfunddreißigster Präsident am 20. Januar 1961 stand in kaum zwei Monaten bevor. Unter ihrer gewohnten, ruhigen Schale spürte Jackie den Druck unvermeidlicher Probleme sowohl öffentlicher als auch privater Art.

Am 9. Dezember kam Jack früh morgens ins Krankenhaus, um Jackie und John jr. nach Hause zu holen. An diesem Morgen war sie mit Mamie Eisenhower zu der lange erwarteten Führung durch das Weiße Haus verabredet. Ihr Arzt John Walsh hatte dies nur unter der Bedingung gestattet, dass sie in einem Rollstuhl umhergefahren wurde, doch bei ihrer Ankunft war kein solcher Stuhl zu sehen. Der Vorschlag hatte nicht die Zustimmung von Mrs. Eisenhower gefunden, die von ihrem obersten Bediensteten im Weißen Haus, J. B. West, als »die Größte aller First Ladys«[2] beschrieben worden war. Sie hatte Jackie eine private Führung geben wollen und war offenbar nicht bereit ihre Würde aufzugeben, indem sie ihren Gast im Rollstuhl umherschob. »Wir besorgen einen Rollstuhl, aber stellt ihn irgendwo hinter eine Tür, außer Sicht«, ordnete sie an. »Er steht ihr zur Verfügung, falls sie danach *fragen* sollte.« Auf West wirkte Jackie »sehr jung … dünn und ziemlich blass«. Während sie mit ihm zum Fahrstuhl ging, um Mrs. Eisenhower im zweiten Stock zu treffen, schien sie nervös. Ihre »großen, unruhigen Augen« nahmen jedes Detail ihrer Umgebung auf.

Anderthalb Stunden später kamen beide Frauen wieder herunter. Mamie Eisenhower entschwand königlich auf dem Rücksitz ihrer Limousine zu ihrem täglichen Kartenspiel. Jackie ging langsam zu ihrem drei Jahre alten Kombi. West lief ihr nach, um ihr Bilder und Pläne der Zimmer zu geben, und sah, dass ihr Gesicht schmerzverzerrt war. Zwei Monate später, auf einem zweiten Rundgang durchs Weiße Haus, fragte sie ihn, warum kein Rollstuhl bereitgestellt worden war. Er erklärte, dass der Stuhl ihr auf Anfrage zur Verfügung gestanden hätte. »Zu meiner Überraschung kicherte sie. ›Ich hatte viel zu viel Angst vor Mrs. Eisenhower, um zu fragen‹, flüsterte sie. Mrs. Eisenhowers Gefühle für die junge Mrs. Kennedy wurden nie ausgesprochen, nur angedeutet«, schrieb er. »Sie hat vor, jeden Raum im Haus neu einzurichten«, erzählte sie ihm. »Da haben Sie ein ganz hübsches Projekt vor sich.« Und dann fügte sie mit einer Stimme hinzu, die ihr Missfallen ausdrückte: »Es wird so manche Änderung hier geben, darauf können Sie sich gefasst machen.«[3]

Mrs. Eisenhowers Missbilligung wäre wohl noch schärfer ausgefallen, hätte sie gewusst, dass Jackie vorhatte, ihre Dekorateurin, »Schwester« Parish – Mrs. Henry Parish II. – mit einzuschmuggeln. Sie wollte Mrs. Eisenhower einreden, es sei ihre Tante. Mrs. Parish reagierte mit Vorsicht und wies das Vorhaben als zu unsicher zurück. »Zuallererst fürchte ich, muss ich dir sagen, dass es meiner Meinung nach falsch wäre, wenn ich als deine Tante auftreten würde. Ich habe solche Angst, dass du in Schwierigkeiten gerätst – ich nehme an, sie schreiben sich Namen auf und alles und gehen womöglich sogar so weit, das zu überprüfen …«[4] Also musste sich Jackie mit ihrem eigenen Gedächtnis sowie den Fotografien und Plänen behelfen, die sie mitnahm, um in Palm Beach damit zu arbeiten.

Später gestand Jackie Freunden gegenüber, sie habe nach der Führung durchs Weiße Haus »zwei Stunden lang bitterlich geweint«. Körperlich erschöpft und am Rande einer postnatalen Depression, fuhr sie nach Palm Beach, wo sie fast zwei Wochen im Bett verbrachte. Aus ihrer Sicht gab es in der Tat jede Menge Gründe zum Weinen. Die Umgestaltung des Weißen Hauses, die ihr vorschwebte, entpuppte sich als zermürbende Aufgabe. Ihre vor kurzem eingestellte Privatsekretärin Letitia »Tish« Baldrige sandte ihr nach einem Treffen mit Mrs. Eisenhowers Privatsekretärin Mary Jane McCaffree einen langen, entmutigenden Bericht mit schlechten Nachrichten. Als Hauptproblem erwiesen sich die fehlenden Mittel: »Das Budget des Weißen Hauses ist *zu* klein«, schrieb sie in einem Abschnitt unter der Überschrift ERSCHRECKENDE FAKTEN. Anständiges Leinen, Blumen, Kübel für Blumen und Pflanzen oder, »das Schlimmste vom Ganzen«, Champagner und Cocktails für große Empfänge und Dinnerpartys konnten somit daraus nicht bestritten werden. Auf den »großen Musikabenden« der Eisenhowers waren keine alkoholischen Getränke, sondern nur Punsch, Kaffee und belegte Brote serviert worden. Das Haus sei »während der letzten sechzehn Jahre wie ein Militärlager geführt worden und entbehrt (wirklichen) weiblichen Geschmacks«. Der einzige Behälter für Blumen oder Pflanzen, den die ein und aus gehende Öffentlichkeit beispielsweise im offiziellen Speisesaal zu sehen bekam, war eine billige $-2,98-Blumenbank aus schwerem, weißem Porzellan auf dem großen Marmor-Kaminsims, in der drei Efeupflanzen vor sich hin krankten. Sie berichtete, die Eisenhowers hätten abends regelmäßig in ihrem Wohnzimmer mit Tabletts vor dem Fernseher gegessen. »Das Essen muss reichlich kalt sein, wenn es bei ihnen ankommt, denn es wird zwei Stockwerke weiter unten in einem anderen Flügel des Hauses zubereitet.« Und sie fuhr fort: »Jeder, der auch nur das Geringste von guter Küche versteht, sagt, das Essen bei den offiziellen Dinnereinladungen sei nahezu *grauenhaft* gewesen …«

Strikte Regeln machten den Einzug zu einer Prozedur, die – in Tishs Worten – Alfred Hitchcocks würdig gewesen wäre. »Die Tradition schreibt vor, dass man nicht vor dem 20. Januar um zwölf Uhr mittags einziehen darf. Ich habe Mrs. McCaffree gefragt, ob wir nicht eine Menge Sachen einschmuggeln könnten, ohne dass die E[isenhower]s es mitbekämen, und sie sagte, ja, der oberste Hausdiener könne Kartons, Koffer und so weiter verstecken und sie dann Schlag zwölf Uhr mittags hervorzaubern …«[5]

Schon vor der Geburt von John jr. hatte Jackie mit den Planungen für ihre Weißes-Haus-Aktion begonnen. Bereits lange zuvor, eine Woche nach Jacks Sieg auf der Nominierungsversammlung von Los Angeles im Juli 1960, hatte sie sich auf die Besetzung einer der Schlüsselpositionen in ihrer potenziellen Mannschaft konzentriert: auf die der Privatsekretärin. Sie hatte Kontakt mit Tish Baldrige aufgenommen. Diese war zwar älter, aber wie sie selbst in Farmington und Vassar ausgebildet worden, und ihre Eltern waren Freunde der Auchincloss' aus Washington. Groß und distinguiert wie sie war, dazu ausgestattet mit viel Selbstbewusstsein, Energie und Humor, besaß Tish sämtliche Qualitäten, die für die Privatsekretärin einer First Lady erforderlich waren. Sie sprach fließend Italienisch und Französisch und hatte sowohl in Paris als auch in Rom in der Botschaft gearbeitet. Kurz vorher hatte sie eine Stellung in der Werbeabteilung von Tiffany's bekleidet und gerade einer Versetzung in die Mailänder Filiale der Firma zugestimmt, als Jackies Telefonanruf kam. Sie kannte alle und jeden und verfügte über enorme Antriebskraft und Entschlussfreudigkeit – zu viel, wie Jackie später feststellen sollte.

Am 23. November trat Tish im Sulgrave Club in Washington zum ersten Mal öffentlich in Erscheinung. Was ein Vortrag über die Juwelen Schlumbergers hatte werden sollen, verwandelte sich in eine Pressekonferenz für die Reporterinnen des Washingtoner Pressecorps, von denen die meisten mit ihr befreundet waren. Durch die Aufmerksamkeit, die ihr durch ihren neuen Posten zuteil wurde, in Hochstimmung versetzt, reagierte Tish schnodderig auf die Frage, was sie wirklich von Jacqueline Kennedy dachte: »Sie ist eine Frau, die alles hat, einschließlich des zukünftigen Präsidenten der Vereinigten Staaten.« Eine Reihe taktloser Bemerkungen folgten. Eine Anzahl weiblicher Clubmitglieder, die darauf brannten, Jackie kennen zu lernen, bezeichnete sie als »diese gewaltigen Horden von Weibern … eh, ich meine diese große Gruppe sehr interessanter Damen …«, und deutete an, Mrs. Eisenhower habe bisher nicht die Höflichkeit besessen, Mrs. Kennedy ins Weiße Haus einzuladen.

Der Eifer, mit dem sie versuchte, Jackies Vorhaben zu verbreiten, das Weiße Haus in ein »Schaufenster für große amerikanische Künstler und kreative Talente« zu verwandeln, wurde von der Presse dahingehend interpretiert, dass Jackie beabsichtige, die Wände mit modernen Gemälden zu bedecken. Damit stieß sie die amerikanischen Clubfrauen, Mrs. Eisenhower und die Fine Arts Commission vor den Kopf (welche eine Erklärung herausgab, in der es hieß, eine Genehmigung für ein solches Sakrileg in dem historischen Gebäude werde auf keinen Fall erteilt werden). Außerdem versetzte sie Jackie durch die Bekanntmachung in Rage, Mrs. Kennedy werde regelmäßig Pressekonferenzen abhalten. Noch bedeutsamer war vielleicht ihre leichtfertige Bemerkung über Jackie als »die Frau, die alles hat«, mit der sie die Ansicht der Kennedys »über die Würde des Präsidentenamtes« verletzt hatte. Am 23. November stürmte Jack, der mit derartigen Kolumnen in der Washingtoner Presse bombardiert worden war, aus seinem Büro und schwenkte die beleidigenden Zeitungen »und kommentierte sie mit ziemlich scharfen Worten«. Niemand war überrascht, als Tish später bekannt gab, Mrs. Kennedy habe gesagt, es werde keine Pressekonferenzen ihres Büros mehr geben.

Tishs Versicherungen, Jackie werde fortan amerikanische Kleidung tragen, dienten lediglich als Hinweis auf ein mögliches kontroverses Thema, an dem die Presse ja bereits zuvor reges Interesse bewiesen hatte. Nach Jacks Wahl zum Präsidenten spitzte sich das Problem um die Bezugsquelle von Jackies Kleidung zu. David Dubinsky und die amerikanische Weiblichkeit mussten beschwichtigt werden: Jackie werde keinesfalls ausländische Designer und in Europa hergestellte Kleider begünstigen. Wie es aussieht, war es Joe Kennedy, der in Oleg Cassini eine Lösung fand. Oleg und sein Bruder Igor, der den Spitznamen »Gighi« trug, doch von den Kennedys nur »Gigi« genannt wurde, waren eingebürgerte weißrussische Aristokraten und international bekannte Playboys. Igor, jener »Cholly Knickerbocker«, der Jacqueline Bouvier als Debütantin des Jahres 1947 ausersehen hatte, war zu jener Zeit mit Charlene Wrightsman verheiratet, der Tochter aus erster Ehe von Charles Wrightsman, einem Ölmillionär und Nachbarn der Kennedys in Palm Beach. Er behauptete, den Ausdruck »Jet-Set« geprägt zu haben, um den Glanz der neuen, düsenbetriebenen Flugzeuge zu beschreiben, mit denen sich die reichen und gesellschaftlich angesehenen Mitglieder der internationalen Szene an ihre rituellen Ferienziele begaben. Sowohl er selbst als auch Oleg gehörten zu Joes Golfpartnern in seinem Club in Palm Beach und zu seinen Gästen in New York, wo er im Le Pavillon Hof hielt, an dem er finanziell beteiligt war. »Der alte Patriarch … behandelte Oleg und mich wie seine Protegés und gab uns oft finanzielle Ratschläge«, schrieb Igor. »Botschafter Joseph Kennedy mochte hübsche Mädchen, und wir nicht weniger. Wenn er nach New York kam, zog er oft durch die Clubs und Restaurants, die gerade in Mode waren …«[6]

Igor gehörte dem Kennedy-Kreis von Palm Beach an, der Jacks liberalen Freunden und Anhängern einige Sorge bereitete. Der Kreis schloss Porfirio »Rubi« Rubirosa ein. Er war der erfolgreichste Playboy des 20. Jahrhunderts. Seine Karriere begann, indem er der Schwiegersohn des rechtsgerichteten dominikanischen Diktators Rafael Leónidas Trujillo wurde, und dann ehelichte er hintereinander zwei der reichsten amerikanischen Erbinnen, Doris Duke und Barbara Hutton. Ein weiteres Mitglied der Gruppe war Earl E.T. Smith, der ehemalige US-Botschafter in Kuba und leidenschaftlicher Anhänger Battistas, der mit Jacks Freundin und früheren Geliebten Florence »Flo« Pritchett Smith verheiratet war und mit ihr den Winter 1957/58 in Havanna verbracht hatte. Sowohl Igor als auch Rubirosa unterhielten finanzielle Verbindungen mit der Trujillo-Regierung, wobei diese uneingestandene Beziehung sich für Igor als katastrophal erweisen sollte. Oleg besaß Verbindungen nach Hollywood, welche die Kennedys teilten. Er war mit Jacks ehemaliger Geliebten Gene Tierney verheiratet und mit Grace Kelly verlobt gewesen.

Als sich das Kleiderproblem der zukünftigen First Lady im späten Winter 1960 zusammenbraute, stellte Oleg die Antwort dar. Er war Designer und als Freund Joe Kennedys außerdem vertrauenswürdig. Joe Kennedy war bereit, sich das Image der Präsidentschaft seines Sohnes etwas kosten zu lassen, ebenso wie er dies bei der Realisierung des Wahlkampfs getan hatte. Er erklärte Cassini: »Belästige sie überhaupt nicht wegen der Kosten, schick mir einfach am Ende des Jahres die Abrechnung. Ich erledige das.«[7] Er wies Cassini an, über die Beträge »Diskretion« zu bewahren, da anderenfalls dem Präsidenten politischer Schaden entstehen könnte. Kurz darauf erhielt Oleg einen Anruf von Evelyn Lincoln. Jackie befand sich nach der Geburt von John jr. noch im Krankenhaus von Georgetown, und dort besuchte er sie und fand sie umgeben von Entwürfen amerikanischer Top-Designer – Norell, Sarmi, Andreas of Bergdorf Goodman –, die Diana Vreeland ihr geschickt hatte.

Für die beherrschende, imagebewusste Jackie, die hinter den Kulissen gern ihre eigenen Wege ging, war Oleg die perfekte Wahl. Er war ein in Amerika ansässiger Designer, und sie bekam dennoch die Kleider, die sie wollte, bezahlt von Joe Kennedy, ohne Jack zu behelligen oder öffentliche Feindseligkeiten zu erregen. Es war ein faires Abkommen: Er würde als ihr offizieller Designer fungieren, und sie würde ihm zu Ruhm verhelfen. Am 8. Dezember, einen Tag, bevor sie mit John jr. das Krankenhaus verließ und nach Palm Beach aufbrach, setzte sie eine großzügige Anweisung für Oleg auf: Zum Dank für all die Hilfe, die Vreeland ihr hatte zuteil werden lassen, sollte der *Harper's Bazaar* die Exklusivrechte an dem ersten Foto von Jackie als designierter First Lady erhalten, in Kleidern von Cassini und aufgenommen von Avedon. Sie hatte gerade ihre gesamte von ihm entworfene Abendgarderobe ausgewählt. »Er weiß, was mir gefällt«, sagte sie zu Vreeland.

Später gab Cassini eine Pressekonferenz, um im Pierre Hotel

in New York seine Verpflichtung bekannt zu geben. John Fairchild von *Women's Wear Daily* bezeichnete die Veranstaltung als »hysterisch«, und Cassinis Behauptung, er sei Jackies Exklusivdesigner, wurde von der Modepresse skeptisch aufgenommen. »Ich bekam Briefe von ihr«, fuhr Fairchild fort, »in denen sie darauf beharrte, dass sie niemals französische Kleidung tragen würde und ihre gesamte Garderobe von Oleg Cassini stamme.«[8] Skeptisch blieb Fairchild trotzdem. »Sie wollte immer von allem das Beste.« Im Bereich der Mode aber bedeutete das Beste zu jener Zeit Paris, wo Jackies Lieblingsdesigner Givenchy und Balenciaga ansässig waren. Sie kannte Hubert Givenchy seit 1952, als sie der Eröffnung seines Modehauses beigewohnt hatte, und seit ihrer Eheschließung war sie seine Kundin.[9] Der Givenchy-Look, einfache, ärmellose Kleider mit klarer Linie, wie Givenchys damalige Muse Audrey Hepburn sie trug, sagte ihr am meisten zu. Die Kleider schmeichelten ihrer schlanken Figur, wobei sie mit ihren großen Augen und der faunhaften Erscheinung dem knabenhaften Star aus *Sabrina, Römische Ferien* und *Ariane* ähnlich sah. »Ihr gefiel dieser Look«, sagte Fairchild. »Er war sehr adrett, sehr konservativ und er stand ihr.« Er verwarf Behauptungen, Cassini habe ihr Image gestaltet. Jackie besaß eine klare Vorstellung von sich selbst und dem, was sie wollte – königliche Wirkung, ohne bieder zu sein, Modernität, aber ohne ins Extreme zu gehen, eine Erscheinung von unaufdringlichem Glamour, wie sie Amerikas First Lady zukam. »Niemand konnte ihr Image gestalten«, sagte Fairchild. »Sie gestaltete sich ihr Image selbst.«

Jackie verfolgte modische Entwicklungen mit Begeisterung. Sie las alle internationalen Modemagazine und wusste genau, wo man in Florenz die besten Schuhe bekam. Durch Lee – deren Geschmack untrüglich war und die 1960 zum ersten Mal auf der Liste der bestangezogenen Frauen landete – wie durch Diana Vreeland blieb sie hinsichtlich der neuesten Trends auf dem Laufenden. 1960 hatte sie heimlich ein Ensemble von Prinzessin Irene Galitzine in Rom bestellt, einer Designerin, deren Palast-Pyjamas aus schwerer, an Hals und Saum mit Juwelen besetzter Seide zur häuslichen Uniform der internationalen Schickeria geworden waren. Ihrer Sekretärin Mary Gallagher zufolge hatte sie ihre Modebeauftragten in New York, Paris und Rom. In der letztgenannten Stadt fiel dieses Amt Irene Galitzine zu. »Jackie informierte sich auch selbst über das, was die Modeschöpfer in Paris und London vorstellten«, schrieb Gallagher. »Und dann kontaktierte sie ihre Beauftragten, um die Stücke, die ihr gefielen, zu bestellen, ohne dass irgendwer ahnte, dass sie für sie waren. Manchmal verliebte sie sich in einen Stoff, den ein berühmter Designer benutzt hatte, und bestellte bei einem anderen Designer ein Stück aus demselben Material.«[10] Bei Hüten konsultierte sie Marita O'Connor, »Miss Marita« von der Hüteabteilung bei Bergdorf Goodman (oft entworfen von dem späteren Star Halston). Wie Jack fand Jackie Hüte grässlich, doch während er – zur Verzweiflung der amerikanischen Hutmacherindustrie – einfach ohne Hut ging, wusste sie, dass Hüte für sie bei bestimmten Gelegenheiten unerlässlich waren. »Hiermit erfolgt – eine Bestellung über eine Million Hüte«, schrieb sie nach Jacks Wahl an Marita. »Ach, meine Liebe, wie schön war es doch, als ich noch keine Hüte aufzusetzen brauchte«, jammerte sie. »Sie bringen mich noch an den Bettelstab, und dazu komme ich mir damit so lächerlich vor ... Kannst du in Zukunft ein paar Hüte aus der unteren Etage für mich finden – die leicht zu tragende, auf dem Hinterkopf sitzende Pillbox-Art?« Auf diese Weise entstand der Hut, der zu Jackies Markenzeichen wurde – der Hut, der ihrem großen Kopf und ihrer aufgetürmten Frisur stand. Miss Marita sollte auch zu Jackies »persönlicher Einkäuferin« für Handschuhe und Schuhe werden, die zu verschiedenen Ensembles passten, einschließlich dem so entscheidenden Kleid und Mantel für die Amtseinführung. »Bitte bestell mir ein Paar Alligator-Schuhe, Größe 39, Absatz mittlere Höhe, spitz zulaufend, aber nicht übertrieben – keine heikle Vamp-Ausstattung ... du weißt ja, was ich mag – elegant und zeitlos ...«[11]

Ihr Abkommen kam beiden gelegen, Jackie und Oleg Cassini, doch für Cassini ergaben sich Vorteile kommerzieller wie gesellschaftlicher Art. Jackie wusste, dass Jack ihn amüsant fand, und in ihrem nie endenden Bestreben, ihren Mann zu unterhalten, bezog sie ihn in den gesellschaftlichen Kreis des Weißen Hauses ein. Er war, ebenso wie die Agnellis, Stammgast auf den privaten Partys für Lee und Stas Radziwill, die am 19. März 1959 in Virginia standesamtlich geheiratet hatten, und brachte den gesellschaftlichen Insidern den Twist bei. »Richten Sie es so ein, dass Sie immer, wenn Sie mit Entwürfen nach Washington kommen, zum Dinner bleiben – und den armen Präsidenten und seine Frau in dieser grässlichen *Maison Blanche* aufheitern können«, schrieb sie ihm und fügte bedeutungsvoll hinzu: »& bewahren Sie Diskretion über uns – obwohl ich Ihnen das ja nicht zu sagen brauche –, um etwas anderes zu tun, besitzen Sie einfach zu viel Geschmack.« Sie entwarfen zusammen das Muster und Material, um den Stil zu schaffen, der ihr gefiel. Gelegentlich auftauchende Stücke aus anderen Modehäusern als dem seinen ignorierte er, und sie benutzte ihn als ihren Schutzschild, um Berichten über Einkäufe ausländischer Kleidung entgegenzutreten. »Ich weigere mich, Jacks Regierung mit Modegeschichten von sensationsgieriger Natur belästigen & mich selbst als die Marie Antoinette der 60er Jahre hinstellen zu lassen«, schrieb sie am 13. Dezember unter der Überschrift PUBLICITY in einem Brief mit Anweisungen für Cassini. »Also werde ich das Ganze mit Ihnen durchgehen müssen, ehe wir in Zukunft Dinge an die Öffentlichkeit geben – ich möchte nämlich nicht den Eindruck erwecken, ich kaufte zu viel. Sie können die Berichte liefern, aber nicht ohne meine vorherige Zustimmung. Es mag ja einfach immer ein paar Dinge geben, von denen wir denen besser nichts erzählen.«[12]

Von ihrer Entscheidung für Oleg als ihren offiziellen Modeausstatter fühlte sich mancher in New York auf den Schlips getreten, vor allem bei Bergdorf's, wo man unter Aufsicht von Diana Vreeland mit den Arbeiten für Jackies Kleid zum Amtseinführungsball begonnen hatte. Ben Zuckerman hatte bereits einen Mantel entworfen, den Jackie am Tag der Amtseinführung tragen sollte. Irgendwie glich Jackie mit vollendetem Takt die Dinge unverzüglich aus, wovon sie Oleg in einem Brief vom 13. Dezember schrieb: »Dem Himmel sei Dank, dass die Aufregung vorüber ist – und ohne dass ich Ihnen oder Bergdorf gegenüber mein Wort gebrochen habe. Jetzt weiß ich, wie dem armen Jack zumute ist, wenn er drei verschiedenen Leuten den Posten als Staatssekretär versprochen hat.« Ihre Lösung bestand darin, den Tag der Amtseinführung zwischen Cassini und Bergdorf aufzuteilen. Bergdorf sollte die Arbeit am Ballkleid beenden, und Cassini entwarf ein umwerfendes weißes Satinkleid, das sie bei der Gala tragen würde. Diana Vreeland half ihr auch weiterhin im Hintergrund als Einkäuferin und Beraterin.

Nach Tish stellte Jackie als nächste Mitarbeiterin eine Pressesekretärin ein, Pamela Turnure, eine kleine, zart gebaute Brünette mit blau-grünen Augen und einer Haut wie Milch und Honig, die Jackie in gewisser Weise ähnlich sah und ihre stille, reservierte Haltung teilte, was allerdings für eine Pressesekretärin ungewöhnlich ist. Sie war erst dreiundzwanzig Jahre alt und besaß keinerlei Erfahrung in einer solchen Position, abgesehen von den drei Jahren, die sie in Jacks Büro als Empfangsdame und Sekretärin von Timothy »Ted« Reardon verbracht hatte, dem Regierungsassistenten des Senators.

Jackie hatte Pierre Salingers Vorschlag abgelehnt, eine erfahrene Reporterin zu wählen. Ihre Vorstellung von der Rolle ihrer Pressesekretärin stand im genauen Gegensatz zu Salingers. »Sie werden als ein Puffer fungieren«, schrieb sie als Anweisung für Pam in einem ihrer klassischen Memoranda, »um unser Privatleben abzuschirmen, nicht um uns in die Zeitungen zu bringen … Meinem Eindruck nach sind Sie mir ziemlich ähnlich & werden Fragen deshalb so beantworten, wie ich es selbst täte. Ich habe sehr stark das Gefühl, dass die Publicity in dieser Ära völlig außer Kontrolle geraten ist – & Sie müssen wirklich mein Privatleben und das meiner Kinder schützen … Merken Sie sich einfach, dass Sie über uns nicht diskutieren können – über JFK, mich & die Kinder.« Sogar was Pams eigenes Privatleben betraf, erteilte Jackie ihr Anweisungen: Sie durfte unter keinen Umständen Fragen darüber beantworten, wie es war, für die Kennedys zu arbeiten – »jeder übertreibt ja so furchtbar –, und irgendeine unbedeutende Kleinigkeit, die Sie sagen, geht von einem zum andern & und endet eine Woche später schrecklich aufgebauscht in einer Klatschspalte«. Im Folgenden versicherte ihr

Jackie, »dass nichts davon etwa so klingen soll, als wolle ich Sie kritisieren – mir ist einfach plötzlich klar geworden, was es bedeutet, wenn man sein Privatleben so ganz und gar verliert ... Meine Beziehung zur Presse wird aus einem Minimum an Information bestehen, dargeboten mit einem Maximum an Höflichkeit – und darauf verstehen Sie sich ja sowieso ausgezeichnet. Ich werde keinerlei Interviews geben – noch für irgendwelche Fotos posieren, und das gilt für die kommenden vier Jahre. Pierre wird *Life* oder *Look* oder Stan Trewick [sic] zwei- bis dreimal im Jahr herbringen & das, wurde uns gesagt, reicht aus.«[13]

Pam verstand Jackies Haltung genau. »Ich muss sagen, ich habe es immer als meine Aufgabe angesehen, Mrs. Kennedy zu helfen, ihre Privatsphäre zu schützen, und nicht, für Publicity zu sorgen«, wurde sie zitiert.

Die in erster Linie betroffenen Opfer von Jackies resoluter, undurchdringlicher Einstellung zum Thema Publicity waren die Reporterinnen von Washington. Nachdem ihnen anfangs eine Pressekonferenz der First Lady versprochen worden war, erhielten sie lediglich eine Teeparty. Während Jacks Westflügel des Weißen Hauses durch den entgegenkommenden Pierre Salinger und die vom Präsidenten regelmäßig abgehaltenen Pressekonferenzen für die Presseleute leicht zugänglich war, erwies es sich als ebenso schwierig, ins Innere von Jackies Ostflügel einzudringen, wie in den Kreml. Unter den wenigen Bereichen, die Pamela Turnure als von legitimem Interesse für die Presse aufgelistet hatte, befanden sich die Restaurierung des Weißen Hauses und offizielle Einladungen. Das Familienleben, und ganz besonders die Kinder, blieben strikt tabu.

»Aus Journalistensicht waren die beiden so unterschiedlich wie Tag und Nacht«, bemerkte Laura Bergquist Knebel. »Wenn der Präsident einen erst einmal eine Weile lang kannte und als so etwas wie einen Freund betrachtete – besonders in den ersten ein oder zwei Jahren –, war er der zugänglichste Prominente, den ich in Washington gekannt habe. Jackie war die zurückgezogene Feenkönigin im anderen Flügel, die mit uns Journalistenpack nicht viel am Hut haben wollte. Während ihrer gesamten Zeit im Weißen Haus war ich ihr häufig ein Dorn im Auge, weil ich immer versuchte, an die Storys zu kommen, die sie am wenigsten mochte. Storys über ihre Kinder zum Beispiel ... Sie machte der Presse das Leben schwer, es gelang ihr, uns alle auszustechen. Besonders die für das Weiße Haus abgestellte Presse hegte einen ziemlichen Groll gegen Mrs. Kennedy. Zwei Reporterinnen zum Beispiel, Helen Thomas von der UPI [United Press International – Vereinigte Internationale Presse] und Frances Lewine von der AP [Associated Press – Presseverband], waren professionelle, kompetente Zeitungsleute. Ihre Aufgabe war es, über das zu berichten, was im Weißen Haus vor sich ging, vor allem in der Domäne der First Lady. Sie nahm ihre Existenz nicht einmal wahr, was meiner Meinung nach unnötig weit ging. Man braucht ja keine großen Exklusivinterviews zu geben, aber höflich kann man doch sein ...«[14]

»Sie führte einen drei Jahre dauernden Unabhängigkeitskrieg gegen die Presse«, erinnerte sich Helen Thomas. »Im Rückblick würde ich sagen, er endete mit einem Unentschieden. Ein paar Mal gewannen wir, ein paar Mal gewann sie, aber ihre Armee schloss den Geheimdienst mit ein.« Jackie, so sagte sie, »behandelte die Presse wie so manchen fremdländischen Eindringling«.[15] Als sie aus Hyannis Port mit ihrem neuen Hund, einem deutschen Schäferhundwelpen namens Clipper, den ihr Schwiegervater ihr zum Geburtstag geschenkt hatte, nach Washington zurückkehrte, erhielt sie eine Notiz, in der die Presse anfragte, was sie dem Hund zu fressen gebe. Jackie antwortete mit einem einzigen Wort: »Reporter.«

Jackie machte keinen Hehl daraus, dass sie stilvolle Journalisten denen vorzog, die Bergquist »das Fußvolk nannte«. »Elegante Ausländer, italienische oder französische Fotografen oder Schriftsteller wie Romain Gary, solche Leute interessierten sie. Die fanden die Tür sehr viel weiter offen. Sie wurden zum Dinner eingeladen, durften mit ihr sprechen ... Sie hatte ihre Lieblinge. Es gab Leute, die sie mochte und denen sie vertraute, eine andere Art von Leuten als die im Umkreis des Präsidenten.« Ein Jahr, nachdem Jackie das Weiße Haus verlassen hatte, trafen sie und Laura Bergquist sich zu einem langen Gespräch in Hyannis Port, das Laura Bergquist als »so etwas wie ein Versöhnungstreffen« bezeichnete. Jackie erzählte ihr: »Sie wissen, Sie gehörten immer zu *seinem* Flügel«, womit sie andeutete, dass sie sich in ihrer Domäne zuweilen mit Dingen beschäftigte, die den Absichten des Präsidenten zuwiderliefen. »Und man konnte nur dem einen oder dem anderen Lager angehören …« Sie war nicht immer so gewesen: Laura war ihr zum ersten Mal begegnet, als sie noch schlicht die Frau des Senators war und Bergquist gemeinsam mit ihrem Mann Fletcher Knebel an einem Buch *Kandidat 1960* arbeitete. »Ich mochte sie sehr, sehr gern«, erinnerte sich Laura Bergquist. »Sie war sehr witzig und ironisch und schlagfertig …« Im Weißen Haus gefror Jackie zu einer königlichen Statue aus Eis. Charlie Bartletts wundervoller freier Geist wurde hinter einer Fassade aus Argwohn, Misstrauen und tiefsitzendem Zorn über ihre Gefangenschaft begraben und zeigte sich in schwärzester Verachtung für menschliche Begierden und Schwächen. Laut Bergquist schmolz die Fassade, nachdem sie das Weiße Haus verlassen hatte. »Sie sagte zu Stanley (Tetrick, *Look*-Fotograf): ›Ach, Stanley, weißt du noch, wie ich dich im Weißen Haus immer so schrecklich gehasst habe? Und jetzt sind wir so gute Freunde …‹«

Jackies Sorge um das rechte Image äußerte sich auch in der Zusammenarbeit mit ihrer ersten – und letzten – offiziellen Biographin, Mary »Molly« Van Rensselaer Thayer, einer Freundin von Janet und ehemaligen Redakteurin der *Washington Post*. Janet hatte vorgeschlagen, sie solle Jackie kurz nach der Wahl anrufen und darum bitten, eine Reihe biographischer Artikel über die neue First Lady verfassen zu dürfen. Überraschenderweise war Jackie einverstanden, zeigte sich kooperativ und übergab Thayer ihre Notizbücher, Familienbriefe und Fotos. Sie stand sogar vom Georgetown Hospital aus mit Thayer in Verbindung und schickte ihr auf Fragen ausführliche, auf Blättern ihrer Kanzleipapierblöcke handgeschriebene Antworten. Mary Bass Gibson zufolge, welche die Rechte an der Serie für das *Ladies' Home Journal* erwarb, erledigte Jackie »eine Menge dieser Schreibarbeiten im Bett und dann bekam Molly sie zur Überarbeitung. Die Druckfahnen wurden in diesem Winter mit dem täglichen Kurierflugzeug der Kennedys zugestellt und von

Jackie und dem Präsidenten geprüft.«[16] Am Tag der Amtseinführung wurde die Serie im *Journal* gestartet. Später erschien *Jacqueline Bouvier Kennedy* als Buch.

Thayers Buch ist insofern interessant, als es Jackie so darstellt, wie sie gesehen werden wollte. Da gab es ihre frühen Gedichte, die sie im Alter von zehn und vierzehn Jahren geschrieben hatte, Briefe von Opi Jack, Berichte von ihren Erfolgen auf den Pferdeschauen in Long Island und ein Fotoalbum, die Lebensgeschichte von Danseuse, die Jackie nach dem Tod des Pferdes zusammengestellt hatte. Die Bouviers und Vernous wurden noch als »alte« und »edle« Geschlechter präsentiert – Opi Jacks genealogische Höhenflüge waren noch nicht bloßgestellt worden. Die Scheidung von Black Jack und Janet wurde glatt gebügelt – »der normale Alltag der Kinder geriet nicht über Gebühr aus dem Gleichgewicht …« Jack Bouvier wurde als die faszinierende, attraktive, überlebensgroße Figur geschildert, als die Jackie ihn gestaltet hatte. Weniger Aufmerksamkeit entfiel auf Janet. Die Lees wurden so gut wie überhaupt nicht erwähnt, und John Husted blieb überhaupt außen vor. Jackies Hochzeit war »wundervoll«, die Abwesenheit des Brautvaters fiel nicht auf. Die Kennedys waren alle »fantastisch« – »Die Liebe und Sicherheit, die der Zugehörigkeit zu einem so fest verbundenen Clan entsprang, war ein Segen für Jacqueline …«, schrieb Thayer. Zwei der Kennedys befand Jackie einer besonderen Erwähnung für würdig: den alten Joe, »den sie anbetet«, und Bobby, »für den ich meine Hand ins Feuer legen würde«.

Insgesamt ist der Ton des Buches rosig – die anfänglichen Streitigkeiten in Jack und Jackies Ehe, seine Gesundheit, ihre Schwierigkeiten beim Kinderkriegen wurden zu »geteilten Problemen, die sie einander nur noch näher brachten«. Laut Thayer war Jack »ohne Jackie verloren«. Caroline war ein Musterkind: Im Alter von drei Jahren »spricht sie über den Sonnenkönig, als ginge es um Peter Rabbit«. Dienstboten, Sekretärinnen, Kinderfrauen – mit Ausnahme des Kammerdieners George Thomas – erhalten keinen Auftritt, der den nahtlosen Reigen von Heiterkeit und Eleganz unterbrechen könnte. Jackie war mit dem Buch zufrieden, so sehr, dass sie, als Molly Thayer etwa achtzehn Monate später, nach dem Tod Jack Kennedys, anfragte, ob sie eine Chronik von Jackies Jahren im Weißen Haus als Fortsetzung schreiben dürfe, bereitwillig ihre Zustimmung erteilte.

Ihre Sorge wegen der Auswirkungen, welche die Präsidentschaft auf ihr privates Familienleben haben könnte, wurde unterstrichen durch einen Gratulationsbrief, den sie zu John jrs Geburt von Eleanor Roosevelt erhielt: »Ich weiß, Ihnen stehen in Ihrem Leben im Weißen Haus Schwierigkeiten bevor«, schrieb Mrs. Roosevelt. »Aber vielleicht finden Sie zugleich Entschädigung. Die meisten Dinge werden einem leichter gemacht, aber ich denke, insgesamt ist das Leben in diesem ›Goldfischglas‹, das Sie erwartet, für die beiden Kinder und ihre Eltern doch eher schwierig.«[17] Politik an sich war ein Lohn für Eleanor Roosevelt gewesen, die vier Amtszeiten im Weißen Haus überstanden hatte. Ihr hingebungsvolles öffentliches Leben hatte sie für eine unerträgliche Ehe entschädigt, aber sie muss sich darüber im Klaren gewesen sein, welchen Schaden beide Faktoren ihren Kindern zufügten.

Für Jackie selbst waren Fluchten aus dem »Goldfischglas« nicht erforderlich, um als Person zu überleben. Sie hatte nicht vor, sich von den Anforderungen des öffentlichen Lebens an die Wand drücken zu lassen, ebenso wenig wie dies der Politik oder den Kennedys gelungen war. Fluchten bedeuteten für sie das Leben auf dem Land und die Pferde, dazu die seelenverwandte Gesellschaft ihrer Reiterfreunde rund um Middleburg in Virginia. In vorderster Reihe unter diesen standen zu jener Zeit Eve Fout und ihr Mann Paul, der Rennpferde trainierte. Jackie kannte Eve seit den Tagen von Merrywood, als sie und Janet nach Virginia auf die Jagd und zu den Pferdeschauen der Umgebung gefahren waren. Im Frühsommer 1960 hatte sie Eve gebeten, für sie die Mitgliedschaft im örtlichen Orange County Hunt zu beantragen. Im September sickerte die Nachricht von ihrer Aufnahme durch. Da Jack damals der nominierte Präsidentschaftskandidat der Demokraten war, machte die Neuigkeit Furore in den Zeitungen von New York und Boston – sehr zur Besorgnis der Kennedys, die in Jackies Begeisterung für die Fuchsjagd immer ein Problem für die Wahl gesehen hatten. Jackie jedoch sorgte sich mehr um die Wirkung, die ihre Mitgliedschaft auf den Orange County Hunt haben mochte, als um Jacks Aussichten. Sie versicherte Eve, sie werde für den Fall, dass Jack gewählt würde, nie auf die Jagd gehen, sofern dies Aufregung und eine Veränderung des Orange County zur Folge hätte, der für ihre Freunde eine »vergnügliche Sache« bedeutete und den sie schätzten.[18] Sie hatte vor, im folgenden März auf ihrem Pferd Bit of Irish mit der Jagd zu beginnen, das im Stall der Fouts untergebracht war. Ihre Mutter redete ihr zu: Am 7. Dezember 1960, als Jackie noch im Georgetown Hospital lag, schrieb sie Eve Fout, ihrer Ansicht nach helfe der Gedanke ans Jagen Jackie, »eine Menge komplizierter Dinge« durchzustehen, und sie fügte hinzu, »ich habe das Gefühl, es kann für sie von Zeit zu Zeit eine wundervolle Möglichkeit zur Flucht bedeuten …«

Noch vor der Geburt von John jr. war sie mit Jack nach Middleburg gefahren, um zu mietende Landhäuser zu besichtigen. Den offiziellen Rückzugswinkel für den Präsidenten, Camp David, hatte sie verworfen, ohne ihn auch nur anzusehen, vermutlich weil sie wusste, wie sehr die Eisenhowers das Leben dort genossen hatten, und daher davon ausging, dass etwas damit nicht in Ordnung war. Jack ließ ihr ihren Willen, obwohl Camp David ihn nichts gekostet hätte und er sicher sein konnte, dass, woran auch immer Jackie sich beteiligte, ihn eine Menge kosten würde – was sich am Ende auch bestätigte. Zu spät fand er heraus, wie viel besser Camp David ihm gefallen hätte.

Bill Walton fand Glen Ora für sie, den Besitz seiner Freundin Gladys Tartière, ein vierhundert Morgen umfassendes Grundstück in der Nähe von Middleburg, im Herzen des Jagdgebietes von Virginia. Es bestand aus einem rechteckigen, im französischen Stil errichteten Haupthaus mit gelb-brauner Stuckatur und weißen Fensterläden, einem Farmgebäude, einem Gästehaus, Stallungen und einem großen Swimmingpool. Jackie lag noch im Krankenhaus, als Walton ihr Fotografien des Anwesens brachte. Sie mochte es und mietete es, ohne es gesehen zu haben.

Die Umgebung von Middleburg, Virginia, ist eine idyllische Landschaft mit Eichen, Gummibäumen und Kastanien, im Frühling umkränzt von Hornstrauchblüten. Dazwischen liegen grüne, von Lattenzäunen umgebene Weiden, auf den Feldern nehmen sich Pferde und braune Rinder wie Sprenkel aus, Bäche und Quellen durchziehen das Land, und am Horizont ragen blaue Berge auf. In den Wäldern wimmelt es von wilden Truthähnen, Gänsen, Füchsen, Stinktieren und Rehen. Die Straßen sind schlammig oder mit Steinen befestigt, und Hinweisschilder gibt es kaum, denn dies ist ein Land des Privatbesitztes, mit all der Schönheit und dem Frieden, die für Geld erhältlich sind. Zu jener Zeit befanden sich unter den Eigentümern die Superreichen, wie die Familien Averell Harrimans und Paul Mellons. Rachel Lambert Mellon, die allgemein als »Bunny« bekannt war, wurde eine von Jackies engsten Freundinnen und einer ihrer wichtigsten Mentorinnen von den ersten Tagen im Weißen Haus an. Das Gestüt Upperville der Mellons in Oak Spring, bei Middleburg, sollte in einer späteren Phase von Jackies Leben für sie zu einem Hafen innerhalb des Jagdlandes werden.

Die Anmietung von Glen Ora bedeutete von Jacks Seite ein enormes Zugeständnis: Er liebte das Meer, nicht das Landesinnere. Pferde langweilten ihn und Jackies pferdenärrische Freunde gehörten nicht in seine Welt, aber er verstand das Bedürfnis seiner Frau nach Rückzug und körperlicher Betätigung. Um sie bei Laune zu halten, war er bereit, die stattliche Miete zu entrichten. Aber der Betrag, den Jackie und ihre schicke Dekorateurin Schwester Parish auf die Umgestaltung dieses nur temporären Heims verwendeten, versetzte ihn in Wut. Die beiden wirbelten durch Glen Ora, erneuerten Tapeten, Anstriche, Teppiche, Vorhänge und Möbel und verprassten dabei $ 10 000. Zuerst versuchte Jackie, dies als offizielle Ausgabe zu deklarieren, und sandte Schwester Parish, um den Haushaltsvorstand West um das Geld zu bitten. Da jedoch die Regierung die »enormen Kosten« für den Erhalt von Camp David als perfekt geeignetes präsidiales Rückzugsgebiet bestritt, war die Antwort ein entschiedenes Nein. Das Ergebnis war eine präsidiale Explosion, wie Jackies offizielle Chronistin eingesteht: »Präsident Kennedy gab nicht gern Geld aus, solange er es nicht für notwendig hielt: Er war überrascht und verärgert.« Als er seiner Vermieterin Mrs. Tartière zum ersten Mal begegnete, brüskierte er sie, indem er ihr schroff erklärte: »Ihr Haus kostet mich einen Haufen Geld.«[19]

»Jackie war seit ihrer Heirat mit Jack nicht in Virginia auf die Jagd gegangen. Stets war sie entweder schwanger oder auf Reisen«, erinnerte sich ihr alter Freund Charlie Whitehouse. »Jack … interessierte sich dafür nicht die Bohne, und so erlangte sie kurioserweise erst, als sie ins Weiße Haus einzog, plötzlich die Freiheit hier herunterzukommen.«[20] Aber indem er Jackie bei Laune und vom Weißen Haus fern hielt, verschaffte sich Jack auch eigene Vorteile: Es gab ihm die Freiheit, sich mit seiner Clique aus gleich gesinnten Männern und entgegenkommenden Frauen zu amüsieren.

Der Gedanke an Jacks »Frauen« hing wie ein Schatten über Jackies Leben, und es gab Zeiten, da sie insgeheim quälende Zweifel an ihrer Fähigkeit hegte, die Realität hinter der Familienfassade zu ertragen. Im Februar 1958 hatte sie Walter Ridder, dem Zeitungsverleger und Nachbarn in Merrywood, ihr Herz ausgeschüttet. »Sie sagte zu Walter«, erinnerte sich seine Witwe, die Journalistin Marie Ridder, »›ich weiß nicht, ob ich bei ihm bleiben kann, er ist so treulos.‹ Und Walter sagte zu ihr: ›Das Schlimme an der Sache ist, Jackie, dass du diese Entscheidung nicht allein auf persönlicher Basis fällen kannst. Wenn du ihn verlässt und dich von ihm scheiden lässt, hat er nicht die geringste Chance, Präsident zu werden, und ich bezweifle, dass du dein Leben mit einem solchen Makel belasten möchtest.‹ Er sagte weiter: ›Lass es uns realistisch betrachten. Mein Mitgefühl ist dir sicher. Wir haben alle immer gewusst, dass Jack im Hinblick auf Frauen problematisch ist, aber a) hast du das auch von Anfang an gewusst und b) bin ich sicher, dass es viele Momente gibt, die dich dafür entschädigen.‹ Und sie antwortete: ›Ja die gibt es. Wenn er da ist, ist er in meinen Augen einfach bezaubernd.‹ Daraufhin sagte er: ›Aber jetzt stehst du in der Öffentlichkeit und die Entscheidung, die du triffst, betrifft wesentlich mehr als nur deine persönliche Beziehung zu Jack.‹ Und sie erwiderte: ›Ich weiß das, ich weiß es, und es macht mir Angst.‹«[21]

Jackie erfuhr von den Frauen in Jacks Vergangenheit – von Jack selbst. »Sehen Sie, am Ende wusste Jackie über alles Bescheid«, sagte William Walton. »Über jedes Mädchen. Sie kannte ihre Bewertung. Ihre Fähigkeiten … Ich meine, was immer sich zu wissen lohnte, wusste sie. Und sie hatte immer diese Art an sich … Sie würde es aus einem herausholen, also konnte man ihr genauso gut gleich nachgeben, da man das am Ende sowieso tun würde.« Jackie erfuhr, dass Jack, ebenso wie er seine männlichen Freunde in Gruppen einteilte, auch Kategorien für seine Frauen hatte. »Wie er seine Freunde in Schubladen sortierte, gab es auch Frauen, die in seiner Liebeshierarchie einen unterschiedlichen Status innehatten«, erklärte Walton.

Als Beispiel nannte Walton Frances Ann Cannon, eine Frau, die Jack 1939 um jeden Preis hatte heiraten wollen, die ihm jedoch einen Korb gab und stattdessen John Hersey erhörte. Gegen Ende der fünfziger Jahre ließen sich die Herseys scheiden und Frances Ann kam nach Washington, wo sie der Eröffnung einer Schau beiwohnte, an der sie beteiligt war. Walton fragte sie, wen sie gern zum Dinner treffen würde. »Sie antwortete: ›Die Entscheidung fällt mir furchtbar leicht: Es gibt nur einen Menschen, den ich gern treffen würde, und das ist Jack Kennedy.‹ Also rief ich Jackie an«, fuhr Walton fort. »Ich fragte sie, ob Jack sich gern mit Frances Ann Hersey treffen würde, und sie antwortete: ›Ob er gern würde, weiß ich nicht, aber ich bestimmt, das sage ich Ihnen. Ich habe diese Dame noch nie gesehen und habe alle ihre Briefe. Ich habe sie alle gelesen, und wir kommen, selbst wenn ich ihn an den Haaren zu dem Treffen schleifen muss.‹ Also dachte ich mir, dass die Situation für uns vier alleine vielleicht ein bisschen peinlich werden könnte, und fragte Jack, wen er sonst noch gern dabeihaben würde. Er fragte zurück, ob ich glaubte, ich könne Phil Graham [von der *Washington Post*] überreden, zum Abendessen zu kommen. Also waren wir zu sechst. Es war ein glorreicher Moment, als Frances Ann in einem kurzen schwarzen Kleid, das vorn alles bedeckte, aber hinten alles offen ließ, ihren Auftritt hatte. Und er widmete ihr ungefähr zehn Minuten und beachtete sie für den Rest des Abends nicht mehr … Jack konzentrierte sich auf Phil Graham. An diesem Abend verfielen die zwei einander wie eine Tonne Steine. Sie waren beide in Bestform, und für beide war es ein wirklich wichtiger Abend. Und Jackie war im siebten Himmel, weil sie miterlebte, wie ihre alte Rivalin eine Abfuhr erhielt.«[22]

Am heftigsten lehnte Jackie offenbar die Frauen ab, die, wie seine Bostoner Freundin, Jack in einer Weise nahe standen, die sie anscheinend nie erreichen konnte. Sie fand diese nahen, platonischen Freundschaften schwerer zu ertragen, verletzender und bedrohlicher für ihr Leben mit Jack als jede seiner sexuellen Affären. Jack hielt enge Verbindung zu der loyalen Evelyn Lincoln, die die Schnittstelle zu all seinen Freundinnen und Geliebten bildete. »Früher oder später würde er sich melden, egal von wo«, berichtete eine von ihnen. »Man bekam einen Anruf von ihr [Evelyn Lincoln] und hörte sie sagen: ›Könnten Sie bitte diese Nummer anrufen? Es ist in Chicago ...‹ ›Warum?‹ ›Hören Sie, er rechnet wirklich mit Ihnen. Bitte. Bitte. Ich kann Sie über diesen Apparat nicht durchstellen, aber wenn Sie dort anrufen könnten ...‹ Er rief sein Leben lang fast jede Woche an.«[23]

Genauso wie Jackie sie von ihrer Hochzeit verbannt hatte, wurden Evelyn und ihr Mann von der Gästeliste für Jacks Amtseinführung gestrichen. Zwei Tage vor der Amtseinführung läutete das Telefon. Es war Jack: »Ich habe eben erfahren, dass ihr nicht kommt und dass ihr nicht eingeladen seid, aber ich lasse mich nicht vereidigen, es sei denn, ihr kommt doch. Ihr setzt euch in ein Flugzeug, das ich bereits für euch nach La Guardia bestellt habe ...« Evelyn erfuhr später, dass es eine »Liste von Leuten gab, die nicht kamen, nicht von solchen, die nicht eingeladen waren, sondern die nicht kamen. Ich weiß nicht, ob Jackie dafür sorgte oder Jacks Vater ...« Der letzte Schlag erfolgte nach Jacks Tod. Fifi Fell und ihre Tochter Natasha, beides Freundinnen von Jack, mit denen er auch geflirtet hatte, riefen Evelyn an: »›Nein, es gibt keine bitteren Gefühle, natürlich können Sie mit uns zur Beerdigung kommen.‹ Und dann wurden sie aufgefordert, mich *nicht* mit zur Beerdigung zu bringen ... Fifi musste mich zurückrufen und mir sagen: ›Nun ja, vielleicht, ich weiß ja nicht ... du verstehst schon.‹ Ich antwortete: ›Ich gehe nicht hin.‹ So lief das ab«, fügte sie hinzu. »Etwas lag in der Luft. Da war eine Wolke, eine deutlich spürbare Barriere. Und ich habe nie einen vernünftigen Grund dafür finden können. Ich meine, ich redete mit ihm, wenn er anrief, aber das war alles.«[24] Jahre später, in den Achtzigern, wollte es der Zufall, dass sie im gleichen Apartmenthaus wohnte wie Jackie, in der 1040 Fifth Avenue. Als Bill Walton einmal zum Abendessen zu ihr kam, traf er Jackie in der Eingangshalle. Sie fragte ihn, wohin er wolle. Als er es ihr gesagt hatte, fauchte sie ihn an: »Du *Verräter,* läufst einfach zum Feind über.«

»Sie konnte mit dem Gedanken nicht umgehen, dass er die Mädchen in New York anrief«, erzählte Robin Biddle Duke. Unter denen, die sie am heftigsten ablehnte, war auch Flo Pritchett Smith, die sie anfangs noch als alte Freundin Jacks aus Marine-Tagen akzeptiert hatte. Die Romanze der beiden war ernst gewesen, aber sie war seit langem beendet. »Aber … als sie herausbekam, dass Flo eins von Jacks Mädchen gewesen war … fing Jackie an, dagegen anzugehen, denn Flo war immer noch ziemlich gut im Bilde, weil sie den ganzen Haufen aus New York immer zum Tanzen bei sich hatte … Jackie wurde Flo gegenüber immer steifer, denn als sie herausbekommen hatte, dass ihr Mann es ein bisschen ›hinter den Ohren‹ hat, fing sie an sich zu fragen, ob vielleicht immer noch etwas mit Flo lief – aber er war nicht im Geringsten an Flo interessiert. Er hatte Spaß mit Flo, weil sie einfach den allerunglaublichsten Humor besaß. Jack rief sie oft an und fragte sie nach den neuesten Witzen aus New York, und sie fingen an zu klatschen, und er hatte eben diese Seite an sich, ihm machte das Spaß. Es war Erholung für ihn – Flo erzählte ihm komische Geschichten und wer mit wem schlief und wer dies tat oder das oder sonst was, und JFK brüllte vor Lachen. Aber Jackie wurde immer steifer zu ihr und irgendwann sagte sie zu Jack, sie sei im Weißen Haus nicht willkommen …«[25]

Jackies Eifersucht auf Frauen, mit denen Jack enge, platonische Freundschaften pflegte, spielte sich weit mehr auf geistiger als auf sexueller Ebene ab. Diese Frauen existierten in einem Bereich von Jacks Leben, zu dem sie keinen Zugang hatte. Das Licht, das solche Beziehungen auf sie selbst warfen, verletzte ihren Stolz. Jack *hatte es nötig,* mit seinen Freundinnen über sein Leben zu sprechen. Er bekam etwas von ihnen, das sie ihm nicht geben konnte.

In ihrem Stolz nahm sie gehässige Vergleiche übel und verspürte Eifersucht auf die völlig unschuldige Grace Kelly und sogar auf Ethel. »Sie war eifersüchtig auf Ethel«, berichtete einer von Jacks engsten Freunden, »weil Ethel so offen war und der Präsident so viel Spaß hatte, wenn Ethel dabei war. Der Präsident war liebend gern mit ihr zusammen, er liebte ihre Begeisterung, ihre Witze und ihre Geschichten …« Einmal, als derselbe Freund in Jackies Gegenwart von Ethels Qualitäten »schwärmte«, nahm Jack ihn beiseite und schärfte ihm ein, damit aufzuhören.

Was Jacks sexuelle Affären betraf, so verschloss sie die Augen vor dem, was sie nicht sehen musste. Von beiläufigen sexuellen Abenteuern abgesehen, schlief Jack vor seinem Einzug ins Weiße Haus mit mindestens drei Frauen regelmäßig – mit Judith Campbell (später Exner), mit einer namentlich nicht bekannten Studentin aus Radcliffe und mit der Frau, die Jackie zu ihrer Pressesekretärin ernennen sollte, Pamela Turnure.

Pam war Jack auf der Hochzeit von Nini Auchincloss und Newton Steers im Sommer 1957 vorgestellt worden und bekam ab Herbst desselben Jahres eine Stellung in seinem Büro angeboten. Einige Zeit danach begannen sie ihre Affäre, die gewagte spätnächtliche oder frühmorgendliche Aufbrüche und Ankünfte einschloss. Diese fielen Pamela Turnures Vermieterin Florence Kater auf, der Besitzerin des Hauses in Georgetown. Sie war sich der Identität Jacks sehr wohl bewusst, da er die Wohnung an Pam untervermietet hatte. Für die Katholikin Florence Kater wurde der Ehebruch des verheirateten, katholischen Senators zur Obsession. Als Pam schließlich in eine andere Wohnung umzog, lauerte Florences Mann in einem Hinterhalt und schoss ein Foto von Jack beim Verlassen der Wohnung in den frühen Morgenstunden des 11. Juli 1958. Im Mai 1959 verschickte Mrs. Kater das Foto – es zeigt einen ertappten Kennedy, der versucht, sein Gesicht hinter einem Taschentuch zu verbergen – zusammen mit einem Brief, in dem die Episode beschrieben wurde, an fünfzig einflussreiche Leute in New York und Washington. Schließlich landete das Schreiben im Juni in den Büros des FBI. Mrs. Katers Briefe wurden ignoriert, doch vier Tage nachdem Kennedy die Vorwahl von West Virginia gewonnen hatte, tauchte sie am 14. Mai 1960 auf einer politischen Versammlung an der Universität von Maryland mit einem Plakat des Fotos auf. Ein Bild von Mrs. Kater und ihrem Plakat erschien am folgenden Nachmittag im *Washington Star.* Die Geschichte verschwand in der Schublade, obwohl mehrere Reporter Mrs. Kater interviewten und ihr Glauben schenkten. Sogar als Mrs. Kater sich nach der Amtseinführung mit ihrem Plakat vor dem Weißen Haus aufbaute, sah das loyale Washingtoner Pressecorps davon ab, die Sache zu erwähnen.[26]

Die Möglichkeit, dass Jackie von Mrs. Katers Geschichte weder etwas gesehen noch gehört hatte, erscheint unglaubhaft, doch wie es ihrem Charakter entsprach, ließ sie sich nicht anmerken, dass ihr die Sache bekannt war. »Ich bin mir gar nicht so sicher, ob Jackie bis kurz vor Schluss von dem Spiel überhaupt etwas wusste«, sagte Robin Biddle Duke, die Frau des Protokollchefs im Weißen Haus. Laut einer anderen Angehörigen des Weißen Hauses, die eng mit Jackie zusammenarbeitete, der als »Linky« bekannten Haushälterin Anne Lincoln, wusste Jackie jedoch sehr wohl Bescheid. »Linky war fasziniert«, erinnerte sich eine ihrer Freundinnen. »Sie sagte: ›Mrs. Kennedy weiß ganz genau, um was für eine Art von Beziehung es da geht, aber sie [Turnure] wurde Mrs. Kennedys Pressesekretärin und hat verdammt gute Arbeit geleistet.‹ Und Linky gehörte nicht zu denen, die sich eine bissige Bemerkung verkniff, wenn's eine zu machen gab, aber sie mochte Pam Turnure. Sie sagte, sie sei eine gute Freundin, jemand mit dem man reden und auf dessen Diskretion man sich verlassen konnte. Sie sagte einfach: ›Sie leistet verdammt gute Arbeit.‹ Und sie war verblüfft, weil diese Beziehung im Weißen Haus einfach weiterlaufen durfte, wo doch so viele Leute davon wussten … Ich denke, es hörte eine ganze Zeit lang auf und fing wieder an. Und sie [Turnure] benahm sich mit solcher Würde, dass es in ihrer Gegenwart nie peinlich wurde. Sie war einfach ein sehr hübsches junges Mädchen. Zu Mrs. Kennedys Zeit im Weißen Haus hat sie eine Menge beigesteuert, und die Leute wussten, dass sie sie repräsentierte. Sie meisterte ein paar wirklich heikle Situationen äußerst gekonnt und korrekt … Sie hat eine Menge getan, um Mrs. Kennedy zu helfen, und dafür gesorgt, dass ihr Einzug ins Weiße Haus schließlich auch so glatt verlief.«[27]

Jacks hemmungslose Affären stellten eine Bombe unter dem Weißen Haus der Kennedys dar, die jeden Moment explodieren konnte. Obwohl er zu Beginn seiner Präsidentschaft an einem gewissen Punkt offenbar erwog, seine Abenteuer einzuschränken – »Ich fürchte, meine flotten [Schürzenjäger-]Tage sind vorüber«, hatte er auf einem Flug mit dem Kampagne-Flugzeug müßig notiert –, nahmen die Ausmaße der sexuellen Risiken, die er einging, während der Jahre im Weißen Haus sogar noch zu. Letztlich stellten Jackies Loyalität und ihre Charakterstärke sowie ihr Sinn für die Würde des amerikanischen Präsidentenamtes die einzige wirkliche Versicherung dar, die Jack vor der Katastrophe bewahrte.

Der zweite Arm seiner Verteidigung war Bobby, den er auf Geheiß seines Vaters als Justizminister eingesetzt hatte. Anfangs hatte er sich gegen diesen Akt reinster Vetternwirtschaft zur Wehr gesetzt, und nicht nur Jack, sondern mehr noch Bobby selbst sträubte sich gegen diese Ernennung, vor allem wegen der zu erwartenden Vorwürfe: Vetternwirtschaft, Jugend und Unerfahrenheit. Joe jedoch erklärte: »Da unten braucht Jack alle guten Männer um sich herum, die er nur kriegen kann.« Auf der einsamen Höhe seiner Position würde er jemanden nötig haben, dem er sich anvertrauen konnte, jemand, der keinen Groll hegte und dem er rückhaltlos vertraute. Diesen Anforderungen entsprach einzig Bobby. Bobby war zäh, rücksichtslos und nachtragend – bewundernd sagte sein Vater von ihm: »Bobby ist ein noch besserer Hasser als ich« –, unnachgiebig in der Verfolgung seiner Ziele und seinem Bruder gegenüber durch und durch loyal. Er konnte Jack nicht nur den Rücken vor politischen Bedrohungen freihalten, sondern würde als Justizminister der USA auch den Oberbefehl über das FBI erhalten. Joe wusste nur zu gut, dass dort gefährliche Informationen über Jacks sexuelle Eskapaden in speziellen Ordnern in zwei gewöhnlichen Metallschränken hinter dem Schreibtisch von Helen Gandy aufbewahrt wurden. Letztere war die Sekretärin von J. Edgar Hoover, dem Leiter des FBI.[28] Als Bruder des Präsidenten war der Justizminister nicht nur in der bürokratischen Hierarchie höher gestellt als Hoover, sondern betrug sich in der Tat wie sein Vorgesetzter, weit mehr als je ein Justizminister vor ihm. Er besaß eine Direktverbindung zu einem Telefon auf Hoovers Schreibtisch und einen Summer, mit dem er Hoover kraft seines höheren Rangs herbeizitieren konnte, was dem dreißig Jahre älteren Hoover zutiefst zuwider war.[29]

Hoovers Assistentin zufolge gab es nicht weniger als sechs Akten, die Jack Kennedys »sexuelles Fehlverhalten« betrafen und die bis zu seiner Affäre mit Inga Arvad zurückreichten. Als Kennedy 1956 als demokratischer Kandidat für das Amt des Vizepräsidenten im Gespräch war, hatte Hoover um eine Überprüfung seines Namens gebeten. Was er in den Akten fand, »schockierte« ihn, berichtete seine Assistentin Cartha »Deke« DeLoach. »Hoover war ein guter Freund von Botschafter Kennedy und ... er wollte nicht für einen Bericht verantwortlich sein, der der politischen Karriere des vielversprechenden Sohnes des alten Joe schaden konnte.« Hoover und Joe Kennedy nannten einander beim Vornamen. Seit September 1943 war Joe als »Special Service Contact« für die Behörde tätig. 1953 wurde berichtet, er habe Informationen für eine FBI-Untersuchung über Henry Luce III. beschafft und sei »sehr überschwänglich in seiner Bewunderung für das FBI und dessen Leiter«. Joe hatte Hoover zu Eunices Hochzeit eingeladen, während der Bostoner Special Agent William Carpenter auf der Hochzeit von Jack und Jackie gewesen war. Ein Foto von Joe und Carpenter war zusammen mit einem lobenden Bericht sogar in der Hauszeitschrift der Behörde, dem *Investigator*, erschienen. Nach Joes Überzeugung bedeutete Information Macht und es gefiel ihm, mit dem Leiter einer der mächtigsten und geheimsten Organisationen der Vereinigten Staaten auf vertrautem Fuß zu stehen. »Lieber Edgar«, hatte Joe Kennedy 1958 an Hoover geschrieben, »wie ich schon so viele Male zuvor gesagt habe: Dies ist die großartigste Organisation der Regierung, und du hast der Öffentlichkeit den großartigsten Dienst erwiesen, den ich je bei einem Mann erlebt habe.«[30]

Die Kennedys hatten allen Grund, sich mit Hoover gut zu stellen. Bis 1960 hatte seine Dienststelle so viel explosives Material über Jack zusammengetragen, dass sie seine Präsidentschaft aus heiterem Himmel in die Luft hätte sprengen können. In einem biographischen Bericht vom 13. Juli 1960, als es wahrscheinlich schien, dass Jack als demokratischer Kandidat für das Präsidentenamt nominiert werden würde, hieß es über ihn unter anderem:

> Behauptungen über unmoralische Aktivitäten ... über Jahre hinweg berichtet ... darin enthalten sind Daten (vermutlich aus dem Januar 1960) über eine »Kompromittierung« Kennedys mit einer Frau in Las Vegas; zudem Berichte über Teilnahme Kennedys und Frank Sinatras an kürzlich abgehaltenen Partys in Palm Springs, Las Vegas und New York. Bezüglich der Information zu Kennedy–Sinatra wird behauptet, das »Confidential«-Magazin besitze Aussagen zweier Mulatten-Prostituierten in New York. Andere eingegangene Informationen nehmen Stellung zu angeblichen Verbindungen Senator Kennedys zu Kriminellenkreisen.[31]

Ein weiterer Abschnitt befasst sich mit den Beschuldigungen wegen Wahlbetruges während der Kennedy-Kampagne in West Virginia, die sich nicht nur auf eine Bestechung von Wählern beschränken, sondern darüber hinaus von Umstellung der Wahlbezirke und sogar von einer Bedienung der Wahlmaschinen durch örtliche Beauftragte anstatt durch die Wähler selbst sprechen.

Ein vom 4. Januar 1960 datierter Bericht, der Hoover aus der Dienststelle in Los Angeles erreichte, gab das Gespräch wieder, das einer der eingesetzten Agenten in Las Vegas mit »Senator Kennedys Wahlkampfmanager« führte, an dessen Namen er sich nicht erinnerte, sowie dem Boxer Rocky Marciano und Belden Katelman, der als »prominenter Investor aus Las Vegas« bezeichnet wird:

> Der Wahlkampfmanager beklagte KENNEDYS Beziehung zu SINATRA und sagte ungefähr, der Senator sei schlechter Publicity al-

> lein durch seine Verbindung mit Sinatra ausgesetzt. [Er] … fügte hinzu, es habe gewisse sexuelle Aktivitäten von KENNEDY gegeben, von denen er hoffe, dass sie nie publik würden. CI [der Beauftragte des FBI in Los Angeles] sagte, er habe erfahren, dass die Partys, an denen der Senator und Sinatra beteiligt gewesen waren, in Palm Springs, Las Vegas und New York City stattfanden.
>
> BELDEN KATELMAN … führte aus, dass KENNEDY während seines Aufenthalts in Las Vegas mit Sinatra im Sands gewohnt habe. KATELMAN sagte, es sei eine bekannte Tatsache, dass das Sands von Kriminellen kontrolliert werde, und während der Senator, Sinatra und [Peter] Lawford sich dort aufhielten, seien Showgirls aus der gesamten Stadt in der Suite des Senators ein und aus gegangen.[32]

So wie sich Jack mit Bobby einen verschworenen Verbündeten ins Weiße Haus holte, verließ sich Jackie, die als First Lady isoliert war und sich davor fürchtete, Frauen zu vertrauen, auf Lee. »Am glücklichsten war Jackie, wenn ihre Schwester da war«, schrieb Mary Gallagher, »denn Lee war der einzige Mensch, bei dem sie sich entspannen und ihren Gefühlen freien Lauf lassen konnte. Sie waren miteinander wie Schulmädchen, vertrauten sich Geheimnisse an und erzählten sich, wie eine frustrierende oder törichte Person ›mich die Wände hinaufgetrieben hat – schreiend und mit Gegenständen um mich werfend‹. Oder wie jemand ›sich allen Ernstes für die ödesten Einzelheiten interessiert und sie sich merkt‹.« Die Jahre im Weißen Haus war die Zeit in ihrem Erwachsenenleben, in der sie sich am nächsten standen. Jackie brauchte Lee und lohnte ihr ihre Hilfe mit den höchsten Ehren an ihrem Hof. Ihrerseits fühlte Lee sich glücklich, als Hofdame zu fungieren, und genoss es.

Die Beziehung zwischen Jackie und Lee war dabei so sehr von Wettbewerb geprägt wie eh und je. Zu der Zeit ihrer Verlobung mit Jack hatten Freunde berichtet, Lee sei eifersüchtig, weil ihre Schwester sich den gut aussehenden, reichen, jungen Senator geangelt habe. Lee und Jack fanden einander attraktiv, und während seiner anfänglichen Schwierigkeiten mit Jackie hörte man von Jack die Klage, er habe »die falsche Schwester geheiratet«.[33] Dass sie zumindest einmal miteinander im Bett landeten, schien unumgänglich. Michael Canfield erzählte Gore Vidal, das erste Mal sei dies in Südfrankreich geschehen und Lee habe sich keine Mühe gegeben, es vor ihm zu verbergen.[34] Wann Jackie davon erfahren hatte, wusste niemand, doch gegen Ende der siebziger Jahre vertraute sie in langen Gesprächen ihrer Schwägerin Joan Kennedy an, dass sie davon gewusst hatte.

1960 war Canfield, was Lee betraf, von der Bildfläche verschwunden. Sie hatte ihn im Februar 1958 zu Gunsten von Stas Radziwill verlassen, mit dem sie eine Affäre hatte. Stas verließ ihretwegen seine Frau Grace und zwei Kinder. Die Londoner Gesellschaft, in der Grace beliebt war, schlug sich auf ihre Seite, und Lee wurde auf Partys von ihren Freundinnen geschnitten. Stas war neunzehn Jahre älter als Lee und stellte damit – auch abgesehen von seiner Ähnlichkeit mit Black Jack – die Vaterfigur dar, nach der Lee in ihrer Sehnsucht nach Sicherheit suchte. Dass er zudem reich, ein Prinz und in der internationalen Schickeria beliebt war, machte ihn zu einem begehrenswerten Kandidaten. Stas war eine kuriose Mischung aus Zynismus und Edelmut. Er benutzte seine gesellschaftlichen Verbindungen, wie er später Lee benutzen sollte, für Geld, aber er hatte dabei seinen eigenen Kodex. »Stas' gesellschaftliches Leben war die eine Sache, aber er besaß Tiefe und eine Menge Gespür für Menschen und Werte«, berichtete seine Nichte Isabel, die Gräfin von Ornano, Stas' Biographen. »Er wusste genau, was richtig und was falsch war, er hatte wirklich Werte, die ihn in der Welt, in der er lebte – einer Welt, die äußerst oberflächlich sein kann –, zu einem Original machten.«[35] Vor allem schätzte Stas seine Familie in Polen, seinen aufrechten, tapferen Vater Prinz Janusz, dessen Frau, Prinzessin Anna, gestorben war, während sie in einem Konzentrationslager in der Sowjetunion inhaftiert waren. Nachdem er sich geweigert hatte, nach dem Krieg einer polnischen Marionetten-Regierung vorzustehen, hatte er all seine Besitztümer verloren und lebte in Warschau in einer kleinen Wohnung. Stas unterstützte ihn, obwohl ihm schmerzlich bewusst war, dass sein Vater ihn als das schwarze Schaf der Familie betrachtete.

Lee hatte versucht, ihre Ehe mit Michael Canfield, von dem sie im Schnellverfahren geschieden worden war, annullieren zu lassen. Den ersten Versuch unternahm sie über den Freund der Kennedys, Kardinal Spellman. Später im selben Jahr jedoch wurde Lees Fall vor dem Westminster Tribunal in London gehört, nachdem Befragungen diverser Zeugen, darunter Jackie, in New York durchgeführt worden waren. Während das Verfahren in Gang war, begingen Lee und Stas in den Augen der Kirche einen unverzeihlichen Fauxpas: Sie heirateten am 19. März 1959 auf dem Standesamt in Virginia, weil Lee schwanger war. Die Hochzeit wurde mit einem Dinner gefeiert, das Jackie in ihrem Haus in der N Street für sie gab. Außer sich vor Zorn setzten die kirchlichen Behörden in London das Urteil aus und verwiesen den Fall zur geheimen Verhandlung an das Oberste Tribunal des Heiligen Stuhls nach Rom. Dort wurde Lees Antrag im Frühling 1961 ohne Recht auf Berufung abgewiesen. Zu der Zeit jedoch eröffnete Jacks Wahl zum ersten katholischen Präsidenten der Vereinigten Staaten Lee und Stas in Rom neue Möglichkeiten.

»Stas war schlau genug«, sagte ein Freund, »zu erkennen, was für ein wichtiger Mann Kennedy war, lange bevor irgendwer sonst daran dachte. Er ließ sich von Grace scheiden, gab ihr all ihr Geld mit Zinsen zurück und heiratete Lee. Und das war schlau von ihm, denn es verschaffte ihm die richtigen Verbindungen, und sie [die Kennedys] beteten ihn an.«[36] Auch Jackie liebte ihren exzentrischen Schwager und wurde von ihm wiedergeliebt. »Er mochte Jackie, weil Jackie, glaube ich, ein Gefühl für ihn hatte«, erklärte ein Freund. »Ich meine nicht körperlich, aber sie mochte ihn wirklich gern.«[37]

»Stas pflegte von den Bouvier-Schwestern zu sagen: ›Diese Mädchen sind erschreckend gierig‹, aber von Jackie war er fasziniert«, erinnerte sich einer seiner intimen Freunde.[38]

Stas und Lee waren während des Wahlkampfs von 1960 stark in Erscheinung getreten. Stas spielte eine aktive Rolle bei dem Versuch, die polnischen Wähler zu gewinnen, besonders in Chicago, das einen hohen polnischen Bevölkerungsanteil hatte. Später schenkte Jackie ihm eine Karte, auf der seine Reisen kreuz und quer durchs Land verzeichnet waren. »Das hast du wirklich gemacht, Stas.« Lee war mit ihrem zweiten Kind schwanger, dessen Geburt, wie die von John jr., für den Winter bevorstand. Sie hatte bereits einen Sohn, Anthony, der im August des Vorjahres geboren worden war, dieses Mal aber gab es Komplikationen. Genau wie Jackie hatte auch Lee keine leichten Geburten. Trotz ihrer Schwangerschaften hielten beide Frauen rigorose Diätpläne ein. Janet machte sich vor allem um Lee Sorgen, die als Teenager magersüchtig gewesen war. Dennoch fuhr Lee mit Stas zum Juli-Konvent nach Los Angeles und rief Jackie täglich mit Neuigkeiten aus dem Beverly Hilton an.

Nach der Versammlung waren die Radziwills in den Osten zurückgekehrt, wo sie sich mit Jackie in Hyannis Port niederließen. Lee befand sich auf einem Besuch in New York, als sie am 18. August in rasender Eile ins Krankenhaus gebracht werden musste, wo drei Monate zu früh und mit einem Geburtsgewicht von nicht mehr als zweieinhalb Pfund ihre Tochter Christina zur Welt kam. Anschließend wurde sie von postnatalen Depressionen gequält, an denen sie mehrere Monate lang in schlimmer Weise litt. Bis September suchte sie Zuflucht bei Jackie und reiste dann in Begleitung der Masseuse der Kennedys nach England. Die Ehe der Radziwills, die bis dahin glücklich und erfolgreich verlaufen war, verschlechterte sich zu Stas' großem Kummer abrupt infolge der traumatischen Erlebnisse, die Lee während der Geburt durchgemacht hatte. »Lee war für Stas die Liebe seines Lebens«, sagte einer seiner Freunde. »Körperlich ließ sie Stas nach der Geburt ihrer Tochter nicht mehr an sich heran. Sie durchlief eine schlimme Phase und verschloss sich vor ihm – dadurch verliebte er sich nur noch heftiger in sie.«[39]

Wie Lee litt auch Jackie an postnatalen Problemen, die bis weit in den Frühling 1961 andauerten, als Jack dem Arzt Dr. Max Jacobson anvertraute, er sei »sehr besorgt über Jackies Zustand nach ihrer letzten Entbindung. Sie litt an chronischen Depressionen und Kopfschmerzen.« Die Kopfschmerzen behinderten sie so sehr, dass Jackie selbst sie als »schwere Migräne« bezeichnete.[40] Wie Jack versuchte auch Jackie in stoischer Weise das, was sie als Schwäche ansah, vor jedermann zu verbergen, mit

Ausnahme derer, die ihr am nächsten standen, wie Lee und Jack. Trotz ihres heiteren Auftretens war sie aufs Höchste angespannt, knabberte an den Fingernägeln und rauchte ihr gesamtes Erwachsenenleben hindurch in schwierigen Situationen Kette, obwohl sie Jack versprochen hatte, sich auf fünf Zigaretten pro Tag zu beschränken. Des Hangs zum Alkoholismus, der den Bouviers im Blut lag, war sie sich ständig bewusst. Ihr Onkel Bud war an Trunksucht gestorben. Das Leben ihres Vaters war dadurch verkürzt worden. Sie trank wohl am späten Abend Champagner, ließ den Alkohol jedoch nie zum gewohnheitsmäßigen Tröster werden. Einzig in ihren privaten Augenblicken mit Jack offenbarte sie ihre verborgene Verwundbarkeit und die Vertrauenskrisen, die sie von Zeit zu Zeit befielen. Die Rolle des kleinen Mädchens, die sie benutzte, um Menschen zu entwaffnen und ihre Unterstützung zu gewinnen, hatte reale Wurzeln in ihrer Seele. Sie hing mit ihrer Sehnsucht nach starken, älteren Männern zusammen, an die sie sich anlehnen könnte.

Nach der Geburt von John jr. zog Jackie sich in Palm Beach in ihr Zimmer zurück, hielt sich fern von dem Trubel im Haus und erschien nur zu offiziellen Terminen, so zu einem Interview mit *Time*. Rose Kennedy war verärgert über die Absonderung ihrer Schwiegertochter. »Ich hatte die Vermutung, dass die beiden Frauen sich nicht allzu gut verstanden«, erinnerte sich Mary Gallagher, die eine bedeutende Stellung einnahm, indem sie Jackie inkognito mit ihrer Korrespondenz half. Rose sah ihre Schwiegertochter von Helfern umringt: Luella Hennessy, die Wöchnerinnen-Pflegerin der Kennedys, versorgte sie, und Elsie Phillips, eine Freundin von Maud Shaw, kümmerte sich um John, sodass Maud Shaw sich auf Caroline konzentrieren konnte. Rose kam zu dem Schluss, Jackie sei eine verwöhnte Simulantin. Den Tiefpunkt erreichte ihre ohnehin schon angespannte Beziehung, als Rose eines Tages Gallagher fragte, ob Jackie heute aus dem Bett aufstehen werde. Als Gallagher erwiderte, das wisse sie nicht, konterte Rose mit gemessener Schärfe: »Nun gut, dann erinnern Sie sie vielleicht daran, dass wir wichtige Gäste zum Lunch erwarten. Es wäre nett, wenn sie sich uns anschließen könnte.« Jackie äffte Rose lediglich nach und erschien nicht zum Lunch. Sie befolgte die Anweisungen ihres Arztes und spürte, dass ihre Schwiegermutter für ihre Schwäche infolge der Geburt wenig Geduld aufbrachte. Auf Gallagher wirkte sie bedrückt und in sich zurückgezogen. Nicht einmal als das Bergdorf-Ballkleid für die Amtseinführung ihr zur Anprobe gesandt wurde, zeigte sie Interesse oder gar Erregung, sondern bemerkte lediglich, das Kleid, das Cassini für die Gala entworfen habe, gefalle ihr besser.[41]

Einzig Jack scheint von der Schwere ihrer Depression gewusst zu haben. Wie Evelyn Lincoln berichtete, zeigte er sich ungewöhnlich besorgt um sie:

> Während er frühstückte, kam Jackie heraus und sagte, sie würde gern in ihrem Schlafzimmer mit ihm sprechen. Sobald er fertig war, ging er durchs Wohnzimmer in ihr Zimmer. Nach kurzer Zeit musste ich ihm die Nachricht bringen, dass Douglas Dillon ihn sprechen wollte. Er kam zur Tür und erklärte, er werde mit Dillon sprechen, wolle vorläufig aber nicht gestört werden. Er verlangte von Jackie nicht gern, dass sie ihre gemeinsamen Augenblicke mit seinen öffentlichen Aufgaben und Anforderungen teilte.[42]

Insgeheim jedoch war auch Jacks eigener Gesundheitszustand ein Anlass zur Sorge, den er mit bemerkenswertem Aufwand vor den Menschen in seiner Umgebung verbarg. Er wies seine Ärzte an, nicht mit seiner Frau über seine gesundheitlichen Probleme zu sprechen: »Ich möchte nicht, dass sie denkt, sie habe einen alten Mann oder einen Krüppel geheiratet.« Nicht vor ihr verbergen konnte er jedoch seine Beschwerden im Rücken und deren äußerlich sichtbare Anzeichen: die Leinenbandage für den unteren Rücken, die er außer beim Schwimmen ständig trug, den Schaukelstuhl, den er seit 1955 benutzte, die harte Matratze aus gewebtem Rindshaar (Rosshaar konnte nicht benutzt werden, da er dagegen allergisch war), das untergelegte Bettgitter und die Achtelzoll-Hebesohle, die er stets im linken Schuh trug. (Seiner persönlichen Ärztin Dr. Janet Travell zufolge war Kennedys linke Körperhälfte bei der Geburt kleiner gewesen als die rechte: »Die linke Gesichtshälfte war kleiner, die linke Schulter niedriger … und das linke Bein war auffällig kürzer …«[43] Er litt an wiederholt auftretenden, hartnäckigen Skelettmuskelkrämpfen, die schmerzhaft waren und ihn schwächten. Dr. Travell, die er im Mai 1955 in New York erstmalig aufsuchte, behandelte die Krämpfe mit Prokain [Novokain] am Schmerzpunkt. Zuweilen waren die Schmerzen so heftig, dass er sich nur an Krücken fortbewegen konnte. Er hasste es, wenn er damit gesehen wurde, selbst von Evelyn Lincoln.)

Als er im Herbst 1960 während des Wahlkampfs an extremen Erschöpfungszuständen litt, hatte Chuck Spalding ihm Dr. Max Jacobson vorgestellt, der bei seinen Patienten als »Dr. Wohlgefühl« bekannt war. Jacobson wurde von mehreren Leuten aus Jacks Kreisen gefördert, darunter Chuck Spalding, Stas Radziwill und Alan Jay Lerner. Sie verließen sich ganz auf Jacobsons Zaubertrank, der offensichtlich auf Amphetaminen basierte, gemischt mit anderen Zutaten – Gerüchten zufolge unter anderem Schafs-Plazenta. Kurz vor den Debatten zwischen Nixon und Kennedy, so notierte Jacobson in seinen unveröffentlichten Memoiren, habe er einen Anruf von Chuck Spalding erhalten, der um eine private, vertrauliche Konsultation für Senator Kennedy bat. Jack erschien ohne seinen Geheimdienst-Trupp. Laut Jacobson litt er unter Stress und zunehmenden Schmerzen im Rücken. »Nach der Behandlung sagte er [Kennedy], seine Muskelschwäche sei völlig verschwunden und er fühle sich ruhig, sicher und hellwach.« Offenbar verspürte Jack das Bedürfnis nach einem zusätzlichen Antrieb, über das Novokain und Kortison hinaus, die er bereits nahm. Jacobsons Injektionen putschten ihn gerade rechtzeitig für die Debatten mit Nixon auf. Zu jener Zeit waren sich weite Teile der Bevölkerung nicht der süchtig machenden Eigenschaften von Amphetaminen bewusst, die sie für eine Art Wundermittel hielten. Im Gegensatz zu vielen anderen Patienten Jacobsons (einschließlich Truman Capote, der eine Zeit lang schlimm abhängig war), wurde Jack nicht süchtig, jedoch war er – und auch Jackie – in Perioden von Stress bald auf Jacobsons »Behandlungen« angewiesen.

Um seiner Adrenalin-Insuffizienz entgegenzuwirken, injizierte sich Jack täglich fünfunddreißig Milligramm Kortison. Er tat dies mit einer so augenscheinlichen Gelassenheit, dass Paul Fay ihn einmal fragte, ob es nicht wehtue, und einen schmerzhaften Stich in den Oberschenkel zur Antwort erhielt. Daneben hatte er DOCA-(Desoxycorticosteron-Azetat-)Tabletten zu 150 Milligramm in seinem Oberschenkel implantiert, die mehrmals im Jahr ausgewechselt wurden. Gerüchten zufolge bewahrten die Kennedys überall im Land Vorräte an DOCA und Kortison in Sicherheitsdepots für einen Notfall während Jacks Reisen auf.

Jackie war sich der Komplikationen und Gefahren, die mit der regelmäßigen Verabreichung von Steroiden zusammenhingen, nicht bewusst, da diese Risiken damals größtenteils unbekannt waren. Es besteht die Gefahr einer sogenannten Hypomanie mit psychotischen Symptomen – paranoide Wahnvorstellungen, Halluzinationen und wirre Gedanken. Von Kennedy wird berichtet, er habe vor seiner Ehe eine solche »psychotische Phase« durchgemacht. In weniger drastischer Form wird dies mit hoher Energie, Selbstbewusstsein und »übergebührlicher sozialer Funktionalität« assoziiert. Aus Jackies Sicht war eher die mögliche Wirkung der Droge auf den ohnehin bereits überstarken Sexualtrieb ihres Mannes ein Anlass zur Sorge. Steroide verstärken im Normalzustand vorhandene Charaktereigenschaften: In Jacks Fall mögen sie zu dem beigetragen haben, was in medizinischer Fachterminologie als seine »Hypersexualität« bezeichnet wurde.

Auf dem Konvent in Los Angeles von 1960 hatten Verbündete Johnsons das Gerücht verbreitet, Jack leide an der Addison-Krankheit. India Edwards, eine Demokratin aus dem Süden, ging so weit zu behaupten, Kennedy habe »eine so schlimme Form von Addison, dass er aussieht wie ein spatkranker Buckliger«[44], und werde nur durch Kortison am Leben erhalten. Johnsons Wahlkampfmanager behauptete, Kennedy würde keine Amtsperiode durchhalten, da er »im Sterben liege«. Obwohl das Kennedy-Lager dies konsequent abstritt und diese Position durch eine verbindliche Aussage der Doktoren Travell und

Cohen bestätigen ließ, eine Untersuchung im Dezember 1958 habe ergeben, dass Kennedys Adrenalindrüsen funktionierten, rumorte das Thema Addison weiter unter der Oberfläche des nachfolgenden Wahlkampfs. Es gab den Versuch, seine Krankenblätter zu stehlen, und ein prominenter Republikaner forderte die Kennedys auf, entweder zuzugeben oder abzustreiten, dass ein Artikel über eine Operation an einem anonymen Patienten mit Addison in den *Archives of Surgery*, Band 71, der amerikanischen Mediziner-Vereinigung, sich auf Jack bezog.

Es überraschte daher nicht, dass die loyale amerikanische Mediziner-Vereinigung in der Woche der Amtseinführung dem zukünftigen Präsidenten in ihrer Zeitschrift *Today's Health* einen Artikel widmete. Der Artikel befasste sich mit seiner medizinischen Vorgeschichte und begegnete den Addison-Gerüchten mit der folgenden Sophisterei: Kennedy leide nicht an der klassischen Form von Addison, sondern an einer »nicht tuberkulären, nicht tödlichen Adrenalin-Insuffizienz«. Dem Bericht zufolge, den *Time* am 27. Januar 1961 nachdruckte, gehörten Kennedys Gesundheitsprobleme – Rückenschmerzen und Adrenalin-Insuffizienz – sämtlich der Vergangenheit an. Er nahm noch immer Corticosteroide oral ein, berichtete die Zeitschrift, »obwohl jüngste Untersuchungen ergeben haben, dass seine Adrenalinfunktion normal ist«. Sein Krankenblatt für 1960 zeige »ein paar Erkältungen, eine leichte Kehlkopfentzündung und einen kurzen Anfall von Nebenhöhlenentzündung«. Im Alter von dreiundvierzig Jahren war der Präsident »schlank und braungebrannt, bei einer Größe von 1,82 Meter, obwohl sich eine kürzlich erfolgte Gewichtszunahme von zehn Pfund (zu bisher 175) in seinen fülligen Wangen [eine Nebenwirkung des Kortisons] bemerkbar macht. Sein Blutdruck liegt bei Normalwerten um 112 zu 80.« Die Ärzte bereiteten Präsident Kennedy einen herzlichen Empfang im Weißen Haus: »Ihr Gesundheitszustand ist exzellent. Ihre Vitalität, Ausdauer und Widerstandsfähigkeit gegen Infektionen liegen über dem Durchschnitt. Ihre Fähigkeiten, mit Ihrer enormen Arbeitsbelastung fertig zu werden, sind zweifellos überragend.«

Nur dieser letzte Teil entsprach der Wahrheit, dennoch bot

Jack Kennedy ein Bild blühender Gesundheit. In reiferem Alter besaß er die Figur eines Athleten, breite Schultern, einen flachen Brustkorb (auch wenn er zu dem neigte, was er »die Fitzgerald-Brüste« nannte), schmale Hüften und lange, gut geformte Beine. Den Bronzeteint, den ihm die Addison-Krankheit verlieh, verstärkte er durch regelmäßige Nackt-Sonnenbäder in dem von einer Mauer umgebenen »Bullenpferch« auf dem Palm-Beach-Anwesen der Kennedys, und seine Muskeln waren durch häufiges Schwimmen im Meer oder im Pool trainiert. Sein Haar war so voll wie eh und je und seine Zähne waren, trotz seiner Vorliebe für Zigarren, noch immer weiß. Ehrgeiz, Willenskraft und die Gene der Kennedys statteten ihn mit einer Vitalität aus, die andere Menschen im Vergleich blass wirken ließ. Schmerz war sein ständiger Begleiter, aber daran war er gewöhnt. Er sorgte sich sehr um seine äußere Erscheinung und hatte einen starken Hang zur Eitelkeit, für den Jackie ihn gnadenlos und in aller Öffentlichkeit neckte. Durch die Wirkung des Kortisons schien sein Gesicht von Zeit zu Zeit aufgedunsen, was er zutiefst verabscheute. Eines Tages betrachtete er sich vor den Augen seines ihn anbetenden Fanclubs, darunter Evelyn Lincoln und Mary Gallagher, in einem Spiegel, klatschte sich auf die Wangen und bemerkte: »Wenn ich vor der Amtseinführung nicht ein bisschen von diesem Gewicht verliere, müssen wir eben die ganze Sache absagen.«[45]

Während der Monate November und Dezember stellte Jack seine Regierung zusammen. Er wählte dafür die »besten und intelligentesten« Spitzen-Geschäftsmänner und -Finanziers, darunter Robert S. McNamara als Verteidigungsminister und Douglas C. Dillon als Finanzminister, dazu brillante Akademiker wie McGeorge Bundy, den ehemaligen Vorstand der Harvard-Fakultät, und Sonderberater wie Walter W. Rostow, Burke Marshall, den Historiker Arthur M. Schlesinger und den kommenden Stern am Himmel der Justiz, Richard N. Goodwin. Während die Amtseinführung näher rückte, symbolisierten sie das Heraufziehen einer jugendlichen, selbstbewussten Ära, der »New Frontier«.

9
Krönung

»Lassen Sie uns von diesem Ort und dieser Stunde aus die Nachricht an Freund und Feind zugleich verbreiten, dass die Fackel übergeben wurde an eine neue Generation …«
John F. Kennedy, Ansprache zur Amtseinführung

In Washington fiel Schnee in großen, weichen Flocken, als Jackie in ihrem schimmernden weißen Satinkleid von Cassini, mit dem Glanz geliehener Tiffany-Smaragde und Diamanten an Hals und Ohren aus ihrem Haus in der N Street trat und zu Konzert und Gala der Amtseinführung aufbrach, die am Abend des 20. Januar 1961 stattfanden. Die Ereignisse der kommenden beiden Tage würden sie als die Frau des fünfunddreißigsten Präsidenten der Vereinigten Staaten auf die Bühne der Welt erheben und im Alter von einunddreißig Jahren zur internationalen Berühmtheit machen. »Schalte die Scheinwerfer ein, damit sie Jackie sehen können«, befahl der Präsident Bill Walton auf der Fahrt von der Konzerthalle zur Gala. Von jetzt an würden die Scheinwerfer ständig auf ihr ruhen.

Vom offiziellen Programm abgesehen, war die Gala von Frank Sinatra und Peter Lawford organisiert worden. Technisch gesehen handelte es sich um eine Spendenaktion zur Begleichung der Wahlkampfschulden des nationalen Demokratischen Komitees, bei der pro Kopf einhundert Dollar anfielen. Die Stars traten ohne Gage auf, doch die Nebenkosten, zum Beispiel für chauffierte Limousinen und Suiten in Luxushotels, verschlangen Gerüchten zufolge das Geld, das durch den Verkauf der Eintrittskarten im Arsenal eingenommen worden war. In der Praxis aber war das Ereignis ein gewaltiger persönlicher

Festakt für die Kennedys und ihre Freunde, abgehalten in dem beschwingten Stil, den sie so sehr genossen: mit Stars aus dem Showgeschäft und hübschen Serviermädchen, die geschmückt mit Rheinkiesel-Krönchen in den Pausen Getränke kredenzten. Frank Sinatra trat hinter dem von ihm selbst beigesteuerten Purdah hervor (ein Vorhang, der Männer von islamischen Frauengemächern fern hält) und führte eine strahlende Jackie in den Saal. Mahalia Jackson sang die Nationalhymne. Sinatra dichtete sein »That Old Black Magic« in »That Old Jack Magic« um. Laurence Olivier, Jimmy Durante, Harry Belafonte und Bette Davis traten auf. Sogar Eleanor Roosevelt beteiligte sich durch eine gemeinsam mit Frederic March und Helen Traubel vorgetragene Lesung aus »Ein Augenblick mit Lincoln«. Der Text beruhte auf Lincolns Abschiedsrede an dem Tag, als er Springfield verließ und nach Washington aufbrach.

Nach der Gala fuhr Jackie nach Hause, um ihre letzte Nacht in der N Street zu verbringen. Die Kennedy-Party aber setzte sich mit Verwandten, Stargästen und Freunden in einem »privaten Abendessen mit Tanz« fort, zu dem Joe und Rose dreihundert Personen in Paul Youngs Restaurant einluden. Paul »Red« Fay, der zur Amtseinführung nach Washington gekommen war, wohnte bei Bobby und Ethel in Hickory Hill. Auf dem Weg zur Gala wandte sich Ethel mit folgenden Worten an Fay: »Ich hoffe, du denkst ununterbrochen über Dinge nach, die du für die alte Eth tun kannst. Ich habe nämlich, wenn wir auf der Gala sind, einen echten Preis für dich ...«

Der »Preis« entpuppte sich als der Filmstar Angie Dickinson. »Wenn sie dich nimmt«, erklärte Ethel, »hast du hier deine Begleiterin für den Abend.« Autoren haben behauptet, dass Fay an diesem Abend und in der folgenden Nacht als Deckung für Jacks sexuelle Abenteuer mit Angie Dickinson diente, was Fay vehement abstritt.[1] Mary Van Rensselaer Thayers autorisierter Bericht von der Gala besagt lediglich: »Jack amüsierte sich prächtig, und es wurde 3 Uhr 28 in der Frühe, ehe die Sicherheitsbeamten seine Heimkehr verbuchten.«[2]

Am Morgen der Amtseinführung, einem schneidend kalten Tag mit kristallklarem blauen Himmel und blendender Sonne über den Schneewehen, frühstückten Jack und Jackie zum letzten Mal miteinander in der Bibliothek ihres Hauses in der N Street. Wie üblich aß er von einem Tablett, das auf einem Ständer vor seinem Stuhl stand – Orangensaft, mageren Schinken mit zwei gestockten Eiern, Toast mit Marmelade und Kaffee. Ihm gegenüber saß Jackie vor Orangensaft, Toast mit Honig und Kaffee mit fettfreier Milch. Jack verschlang die Zeitungen, wie er es immer tat, ehe er in der nahen Holy Trinity Church um 8 Uhr 55 zur Messe ging. Später zogen sich beide für die Zeremonie der Amtseinführung um. Angewiesen durch den ehrwürdigen, vierundachtzigjährigen Senator Carl H. Hayden aus Arizona – »Sag dem jungen Spund, er muss Cut und Seidenhut tragen«[3] –, kämpfte Jack mit dem steifen Stehkragen, der um seinen fülligeren Hals nicht mehr recht passen wollte. Jackie zog ein einfaches, beigefarbenes Wollkleid an, das sie bei Oleg Cassini bestellt hatte, und setzte einen dazu passenden Pillbox-Hut auf. Der Mantel, dessen runder Zobelkragen zu ihrem Muff passte, war in aller Eile mit einem wärmeren Futter versehen worden, um sie vor der Kälte zu schützen. Mit ihrem instinktiven Sinn für Bühnenwirkung hatte sie diese blasse Bekleidung mit ihrem schlichten Schnitt gewählt, um sich von den Reihen der in ihre Pelze gehüllten Frauen abzuheben.

Um genau 11 Uhr 03 fuhren die Kennedys zum Weißen Haus, um sich mit den ausziehenden Eisenhowers zu treffen. Jack war mit seinen dreiundvierzig Jahren der jüngste der fünfunddreißig amerikanischen Präsidenten, der je vereidigt worden war, der erste römisch-katholische Präsident und der erste, der im zwanzigsten Jahrhundert geboren worden war. Ike hingegen war mit siebzig der älteste Mann, der je als Präsident der Vereinigten Staaten gedient hatte. Jack, der Eisenhower als alten Mann verspottet hatte, dessen Zeit vorbei war und der nichts tat, als Golf zu spielen, hatte während der Einführungssitzungen zu Beginn der Woche seine Meinung über den vierunddreißigsten Präsidenten geändert. Er war beeindruckt von Eisenhowers Klugheit und geistiger Zähigkeit. Eisenhower seinerseits fand, Kennedy sei mehr als der junge Windhund, den er erwartet hatte. Somit empfing er seinen Nachfolger in der Tür des North Portico des Weißen Hauses mit einer Herzlichkeit, von der zwischen den beiden Frauen nichts zu spüren war. Die Atmosphäre war qualvoll angespannt, während Jackie und Mamie Eisenhower einander bei Kaffee und Kuchen die Hände schüttelten. Und Pat Nixon ignorierte Jackie völlig, derweil sie sich neben sie auf das Sofa setzte. Als sie später die Pennsylvania Avenue hinunter zum Kapitol fuhren, fragte Jack den ehemaligen Obersten Kommandanten der Alliierten Streitkräfte in Europa, ob er *Der längste Tag*, Cornelius Ryans Bestseller über die Invasion in der Normandie, gelesen habe. Eisenhower erwiderte wegwerfend, das habe er nicht, und zu spät wurde Jack bewusst, dass Eisenhower, der den Befehl über den gesamten Einsatz geführt hatte, dies ja auch nicht brauchte. Im zweiten Wagen hatte sich Mamie Eisenhower, die mit Jackie und Senator Styles Bridges vom gemeinsamen Einführungskomitee des Kongresses fuhr, sich kaum hingesetzt, als sie in heiterem Ton zu dem Senator sagte: »Sieht Ike mit seinem Zylinder nicht aus wie der Ire Paddy?«[4] Senator Bridges wirkte »sichtbar peinlich berührt« von dieser freudschen Fehlleistung der offenherzigen First Lady. Jackie sagte kein Wort.

Die Tatsache, dass es sich um die Amtseinführung des ersten römisch-katholischen Präsidenten handelte, wurde unterstrichen durch Kardinal Cushing, der eine ausgedehnte Invokation abhielt. Dabei bemerkte er offenbar nicht, dass durch einen Kurzschluss ausgelöste Rauchschwaden aus dem Boden seines Rednerpults aufstiegen, während Geheimdienstleute und Arbeiter zu seinen Füßen verzweifelt nach der Ursache suchten. »Meiner Meinung nach«, schrieb Paul Fay, »wurde die Chance für den katholischen Klerus, bei der breiten amerikanischen Bevölkerung durch die Wahl des ersten katholischen Präsidenten einen positiven Eindruck zu hinterlassen, durch Kardinal Cushing zunichte gemacht. Sein endloses, monotones Gerede dauerte und dauerte, als hätte man ihn an eine Steckdose in der Wand angeschlossen und als würde er nicht aufhören, bevor jemand ihn wieder herauszog.«[5] Ihm folgte der achtzigjährige Dichter Robert Frost, der sich, von der Sonne geblendet, entschied, nicht das Weihegedicht, welches er für die Einführung verfasst hatte, sondern stattdessen seine beliebte Hymne an Amerika »The Gift Outright« zu rezitieren. Mit einundfünfzig Minuten Verspätung wurde Jack Kennedy zum fünfunddreißigsten Präsidenten der Vereinigten Staaten, als er seine Hand symbolisch auf eine katholische Douai-Ausgabe der Bibel legte, die seinem Großvater Honey Fitz gehört hatte, und dabei den Eid des Präsidenten leistete.

Ohne Hut und Mantel trat Jack hinaus in die klare Kälte, um seine Einführungsrede zu halten, und wirkte gegen die Reihen in Mäntel gehüllter älterer Männer und Frauen in mittleren Jahren, die hinter ihm auf dem Präsidentenpodium standen, wie ein Sinnbild jugendlicher Lebenskraft. Seine Eloquenz überraschte die Leute, die nicht wissen konnten, dass er Stunden mit dem Studium der Reden Churchills verbracht, seine rhetorischen Fähigkeiten in vier langen Jahren präsidialen Wahlkampfs beständig geschliffen und erst kürzlich allmorgendliche Stimmübungen mit einem Theaterlehrer absolviert hatte. Er zeigte sich als ein beflügelnder Führer, während seine Sprachkadenzen vor der Kuppel des Kapitols durch die kalte, klare Luft drangen. Millionen von Amerikanern erschien dies als der Beginn einer neuen Ära. »Lassen Sie uns von diesem Ort und dieser Stunde aus die Nachricht an Freund und Feind zugleich verbreiten, dass die Fackel übergeben wurde an eine neue Generation von Amerikanern. Lasst es jede Nation erfahren, ob sie uns wohl oder übel will, dass wir bereit sind, jeden Preis zu zahlen, jede Last zu tragen, jedes Leid hinzunehmen, jedem Freund beizustehen, doch auch jedem Feind entgegenzutreten, um den Fortbestand und den Sieg der Freiheit zu sichern ... Jetzt ruft uns wiederum die Fanfare – nicht zu den Waffen, obgleich wir Waffen brauchen werden – nicht in die Schlacht, obgleich wir zur Schlacht bereit sind –, sondern zu einem langen Marsch durch die Dämmerung, dessen Last wir jahrein, jahraus zu tragen haben ... Und daher, meine amerikanischen Mitbürger – fragen Sie nicht, was Ihr Land für Sie tun kann – fragen Sie, was Sie für Ihr Land tun können ...« Hinterher berührte Jackie mit einem Finger seine Wange und flüsterte: »Du warst so wundervoll, Jack.«

Es war Kennedy-Tag in Washington. Die Familie hatte es endlich an die Spitze geschafft. Der Traum des alten Patriarchen Joe, der mit dem Tod von Joe jr. zerbrochen schien, war durch Jack in Erfüllung gegangen. Nicht weniger als sechzehn Kennedys drängten sich auf dem Vereidigungs-Podium. Während der Amtseinführungsparade am Nachmittag gab es einen symbolischen Augenblick, der für jeden mit Ausnahme der Kennedys unbemerkt vorüberstrich. Als der Wagen des Präsidenten an der Pressetribüne vorbeifuhr, lüftete Botschafter Kennedy seinen Zylinder vor seinem Sohn. Eunice, die hinter ihm saß, war überwältigt. Zum ersten Mal hatte sie gesehen, wie ihr Vater sich vor einem seiner Kinder beugte. Jack war bereits dabei, die Ehre zu erwidern. Er stand im Wagen auf und zog seinen Hut vor seinem Vater, dem Mann, der nach seinen Worten »all das möglich gemacht hatte«. Später sprang Eunice im Weißen Haus auf Lincolns Bett auf und nieder und rief: »Leute, wir haben es geschafft!«

Jackie war jetzt ganz und gar eine Kennedy. Die Bouviers nahmen bei jenem Ereignis, das auch für sie ein Tag des Triumphs hätte sein sollen, im übertragenen Sinn die hinteren Plätze ein. Bei dem Mittagessen, das Joe Kennedy im Mayflower-Hotel gab, traten Rose und Janet Auchincloss gemeinsam als Gastgeberinnen auf, aber von Vorstellungen abgesehen gab es zwischen den Familien wenig Kontakt. Die Kennedys saßen miteinander auf einer Seite des Saales, die Bouviers, Lees und Auchincloss' auf der anderen. Auf dem Empfang für die Familien, der am Nachmittag um fünf im Weißen Haus stattfand, war es in etwa das Gleiche. Der Botschafter zeigte keine Spur seines legendären Charmes, schon gar nicht, als »die kleine Edie« herüberstolzierte und ihn daran erinnerte, dass sie einst »so gut wie verlobt« mit Joe jr. gewesen war und dass, wäre Joe nicht ums Leben gekommen, jetzt Joe und nicht Jack Präsident wäre. Joe Kennedy, so wurde berichtet, murmelte verächtlich: »Jesus im Himmel, ich wusste gar nicht, dass Jackie so viele gottverdammte Verwandte hat.«[6]

Der neue Präsident schien vor Energie und Charisma zu strotzen. Es war, als hätte er durch die Amtseinführung ein Gefühl dafür bekommen, Präsident zu sein, das Oberhaupt des mächtigsten Staates der Welt, so wie auch die Krönung eines Königs oder einer Königin einem gewöhnlichen Menschenwesen das beinahe mystische Gefühl für die Tugenden des Königtums verleiht. Jackie jedoch war nach oben gegangen. Sie hatte die Tribüne frühzeitig verlassen, weil sie durch emotionale und körperliche Erschöpfung einem Zusammenbruch nahe war. Ihr Kaiserschnitt bei der Geburt von John jr. lag keine zwei Monate zurück. In dem Schlafzimmer der Königin lag sie auf dem gewaltigen Bett und fühlte sich nicht in der Lage aufzustehen. Jacks Ärztin Janet Travell wurde von der Tribüne herbeigerufen, gab ihr eine Dexedrin-Tablette und wies sie an, im Bett zu bleiben. Jackie fühlte sich nicht fähig, ihren Verwandten zu begegnen, mit Ausnahme ihres Lieblingscousins und Taufpaten Miche Bouvier, den sie bat, sich eine halbe Stunde lang mit ihr zu unterhalten.

Mental immer noch nicht wieder auf der Höhe, hatte sie eine Panikattacke erlitten. Es schien, als wären ihre Bouvier-Verwandten Gespenster aus einer weniger glanzvollen Vergangenheit, die zurückgekehrt waren, um sie an ihrem glorreichsten Tag heimzusuchen. Für das Publikum und die Kameras musste sie ihre königliche Rolle spielen, die Zirkuskönigin sein, ihre Unsicherheiten und Selbstzweifel hinter dem sorgfältig aufgetragenen Make-up verbergen, hinter der großartigen Frisur von Kenneth, dem weißen Chiffonkleid von Bergdorf, dessen Mieder mit Silber und Brillanten besetzt war. Während sie im Bett ihr Dinner aß und sich für den Abend vorbereitete, ging Jack zu einem Dinner des »New Frontier«, der »Neuen Pioniergrenze«, das Mr. und Mrs. George Wheeler für die Mitglieder der »Kennedy-Karawane« veranstalteten. Dort versammelten sich Ethel und Joan Kennedy, Arthur Schlesinger jr., der Schauspieler Jeff Chandler, Angie Dickinson, Stan Musial, James Michener und Byron »Whizzer« White, ein alter Freund Jacks und ehemaliger Footballstar von Harvard. Danach kehrte Jack zum Weißen Haus zurück, um Jackie abzuholen. Er spürte, dass sie Zuspruch nötig hatte. »Liebling, ich habe dich noch nie so hübsch gesehen«, sagte er. »Dein Kleid ist schön.«[7] Er bestellte Champagner und hob sein Glas auf Jackie, ehe er Arm in Arm mit ihr zum Reigen der fünf Amtseinführungsbälle aufbrach.

Auf dem ersten saß Jackie kerzengerade neben Lady Bird Johnson und ertrug die Blicke der übrigen Gäste. Niemand tanzte. Die Menge blieb stehen, wobei die hinteren Reihen drängelten und schubsten, um bessere Plätze zu ergattern, und starrte die Ehrengäste an. Jack, der in Hochstimmung war und sich vergnügte wie nie in seinem Leben, ließ Jackie zurück, um für einen zeitlich unbefristeten Sprung auf eine Party nach seinem Geschmack zu entweichen, eine Dinnereinladung mit Frank Sinatra als Gastgeber. Danach fuhr er zurück, um seine Begleiterin zum zweiten Ball im Arsenal von Washington abzuholen. Auf den dritten, vierten und fünften Ball gelangte Jackie nicht mehr. Erschöpft kehrte sie zurück ins Weiße Haus und ließ Jack den Rest der Nacht ohne sie genießen. Gerissen sorgte dieser auf dem letzten Ball dafür, dass nicht er selbst, sondern Red Fay mit Angie Dickinson fotografiert wurde. Fay befand sich in einer Gruppe zusammen mit Angie, Kim Novak und dem Freund der Kennedys aus Acapulco, dem Architekten Fernando Parra. Kaum hatte Jack sich von der Gruppe gelöst, rief er Fay hinüber zu seinem Auto: »Warum springst du nicht rein und fährst mit mir zu Joe Alsop?«

»Mit dem größten Vergnügen«, antwortete Fay. »Aber ist es okay, wenn Angie auch mitkommt?«

»Klar, aber lass uns machen, dass wir hier wegkommen«, erwiderte Jack ungeduldig. Auf Fays Frage, ob auch Kim Novak und Fernando Parra mitkommen könnten, regte sich Jacks Selbstschutzinstinkt. »Die Zeitungen morgen kann ich mir lebhaft vorstellen«, sagte er. »Der neue Präsident beendete seinen ersten Tag im Amt, indem er mit Kim Novak, Angie Dickinson, dem Architekten Fernando Parra und seinem alten Schiffskameraden in die Nacht verschwand.« Mit einem resignierten, einsamen Unterton fuhr er fort: »Alles klar, Rotschopf. Einen Moment lang hatte ich fast vergessen, dass ich Präsident der Vereinigten Staaten bin. Es hat seine Vorteile und seine Schattenseiten, und dies hier gehört zu den letzteren. Gute Nacht ...«[8]

Den letzten Ball verließen auch Peter Duchin und Pamela

Turnure. Duchin erinnerte sich: »Pam war meine Begleiterin und sie hatte ein Auto, und es schneite, sie hatte Winterreifen, also konnten wir fahren. Wir fuhren los und sahen plötzlich diese Gestalt im Schnee, die sich umdrehte, uns ansah und erkannte. Es war Joe Alsop, der sagte: ›O mein Gott, könnt ihr mich vielleicht nach Hause fahren?‹ Wir sagten: ›Natürlich‹, denn es war wirklich schwer wegzukommen, man kann sich nicht vorstellen, wie so eine ganze Stadt im Schnee stecken bleibt, auf den sie nicht vorbereitet ist … Also fuhren wir Joe Alsop zu seinem Haus, und er sagte in seiner typischen, ziemlich obskuren, exotischen Art: ›Warum kommt ihr nicht noch auf eine Schildkrötensuppe mit nach oben? Ich habe ein paar Leute da.‹ Wir sagten okay und gingen mit ihm hinein. Ich wusste, das bedeutete, ich würde als Barkeeper enden, also gingen wir hoch zu Onkel Joe, auf eine Schildkrötensuppe und was weiß ich noch. Es waren ungefähr fünfundzwanzig, dreißig Leute dort. Urplötzlich klingelte es an der Tür und der Präsident spazierte herein. Es war das Allerverrückteste, ich konnte es einfach nicht fassen. Da stand Jack, er sah absolut umwerfend aus, und dann setzte er sich hin, und natürlich standen wir alle auf und applaudierten. Und er saß da und fing an uns Geschichten von der Übernahme und dem Ganzen zu erzählen, und es war einfach fantastisch.«[9]

Joe Alsop beschrieb Peter Duchin als »ein Geschenk des Himmels«. An seine Ankunft in seinem Haus in der Dumbarton Street erinnerte er sich so: »Ich erschrak fürchterlich und erinnerte mich augenblicklich daran, dass ich so dumm gewesen war, überall Einladungen auszustreuen, denn da standen Flo Smith und Afdera Fonda in voller Ballmontur und hämmerten wild entschlossen mit dem Klopfer an meine Tür. In der Tat wurde mir sehr bald klar, dass Flo und Afdera allen möglichen Leuten, einschließlich des designierten Präsidenten, erzählt hatten, wenn das Licht an wäre, gebe es in meinem Haus Champagner. Infolgedessen entströmte den Autos ein in meinen Augen nicht abreißender Strom von Gästen. Peter schlüpfte augenblicklich in die Rolle des zweiten Gastgebers und fing an, sich wegen des Champagners Sorgen zu machen, als ich ein lautes

Pochen an der Tür hörte und hinunterrannte, um zu öffnen. Die Szene in der offenen Tür war unvergesslich. Die Dumbarton Street war völlig blockiert von einer gewaltigen Flotte des Sicherheitsdienstes aus schwarzen Autos und Limousinen. In den Häusern meiner sämtlichen Nachbarn waren die Lichter an und die Fenster offen, und in jedem Fenster sah man Leute in Morgenmänteln, die klatschten und jubelten.

Im Geiste sehe ich noch immer vor mir, wie der neue Präsident in meiner Tür stand. Er sah aus, als sei er noch weit unter vierzig, und in seinem dichten, rötlichen Haar glänzten Schneeflocken. Hochstimmung verjüngte ihn immer, und seine Amtseinführung und das ganze Drumherum hatten ihn wahrhaft in Hochstimmung versetzt. Die Last seines Amtes hatte sich ihm noch nicht mit ihrer ganzen Schwere auf die Schultern gelegt. Er hatte einen Schwung im Verhalten, einen Glanz in den Augen, die später nie mehr so auffällig waren. Jackie, so erklärte er, sei so müde gewesen nach ihrem letzten Besuch auf einem dieser zahllosen Amtseinführungsbälle, dass sie im Weißen Haus einfach ins Bett gefallen sei. Er dagegen habe Hunger bekommen, aber im ganzen Weißen Haus sei niemand zu finden gewesen, der ihm etwas zu essen gab.«[10]

Als er in den Morgenstunden ins Weiße Haus zurückkehrte, wo Jackie erschöpft im Schlafzimmer der Königin schlief, stieg Kennedy in das riesige Bett Abraham Lincolns und fiel, in den Armen der amerikanischen Geschichte, in Schlaf. Am nächsten Morgen fragte ihn Charlie Bartlett, ob er Lincolns Bett benutzt habe. »Ja«, antwortete Jack. »Ich bin hineingesprungen und einfach dringeblieben!«

10
Das Haus des Sonnenkönigs

»Ich möchte dies zu einem großen Haus machen.«
JBK zu Haushaltsvorstand J. B. West über ihren Einzug ins Weiße Haus im Januar 1961[1]

Jackie liebte John F. Kennedy. Er war der Mittelpunkt ihres Lebens, wie er es – vielleicht zu ihrem Kummer – noch für so viele andere Menschen war. Er war die Sonne, um die sich all die Planeten politischer, gesellschaftlicher und persönlicher Art drehten. Die Präsidentschaft verlieh ihrer Liebe zu ihm eine andere Dimension. Sie war entschlossen, dem Weißen Haus der Kennedys eine Aura und einen Glanz zu verleihen, den die Welt noch nicht gesehen hatte. Auf der privaten Ebene bestand ihre vielleicht schwierigste Aufgabe darin, diesen ruhelosen, unglaublich schnell gelangweilten Mann bei Laune zu halten. Das Weiße Haus der Kennedys musste nicht allein schön und würdevoll als angemessene Umgebung eines Staatsoberhaupts sein, sondern auch ein gepriesenes Privathaus, zwanglos, erfüllt von gutem Essen, Wein und geistreichen, eleganten Menschen, eine amerikanische Version von Louise de Vilmorins Château de Verrières.

Leicht würde die Aufgabe nicht werden. Zu Beginn der Kennedy-Präsidentschaft war das Weiße Haus ein vernachlässigtes, ungeliebtes Gebäude, auf das seit den Truman-Jahren, als strukturelle Unsicherheiten entdeckt worden waren, kaum Geld verwendet worden war. Die Bauarbeiten hatten über das Allernötigste hinaus keine Mittel zur Neugestaltung übrig gelassen. Mrs. Eisenhower war als Frau eines Armeeoffiziers an ein Leben aus Koffern gewöhnt und hatte in einem Militärumfeld eine

Reihe von Haushalten geführt, in denen auf Effizienz und Ordnung, nicht aber auf Schönheit Wert gelegt wurde. Ein Haushalt, dem sie vorstand, lief wie ein Uhrwerk und in streng festgelegten Grenzen ab: Dienstmädchen im Weißen Haus war es nicht gestattet, auf die Teppiche zu treten. Sie verbrachten einen gut Teil ihrer Zeit auf Knien, damit beschäftigt, achtlos hinterlassene Fußabdrücke zu entfernen. Hohe Spucknäpfe aus Messing, wie man sie überall im Land in Bars und Casinos fand, säumten die Wände der Empfangszimmer im Weißen Haus. Mickrige Palmen fristeten in den Ecken ihr Leben. Die Möblierung war von einem Stil, den Jack Kennedy an seinem ersten Tag angewidert als »Sears-Roebuck« bezeichnete und den der Kenner Joe Alsop als »Statler Hilton« abtat. »Im dritten Stock, in dem Gäste schlafen sollten, hatten sie öffentliche Trinkbecken in die Wände eingelassen, und das Ganze glich einfach einer Institution«, erinnerte sich William V. Elder III., der während Jackies Regime der Kustos des Weißen Hauses war.[2]

Joe Alsop, der mit Bill Walton, Franklin und Sue Roosevelt, Leonard Bernstein und dessen Frau auf der ersten Dinnereinladung war, die Jackie am Sonntag nach der Amtseinführung gab, kannte das Weiße Haus noch aus den Tagen von Franklin D. Roosevelt und erinnerte sich daran als ein

> sehr großes, altmodisches amerikanisches Gentleman-Haus. Die Einrichtung war von der Art, die die Franzosen *»digne«* nennen – voll mit passenden, hübschen und sehr merkwürdigen Dingen, alles zusammengewürfelt auf gemütliche, zeitlose Weise, als hätte eine glückliche und ein bisschen merkwürdige Familie dort seit vielen Jahre gelebt. Kurz gesagt, weder die schnelle Hand der Mode noch die verstiegene Hand der Innenarchitekten war irgendwo in der Atmosphäre oder der Einrichtung des Hauses spürbar, und altmodisch, wie ich bin, hatte ich das immer entzückend gefunden.
>
> Das Weiße Haus der Eisenhowers bildete nach dem Auszug seiner Bewohner einen starken Kontrast zu dem Weißen Haus, das ich aus den Roosevelt-Jahren in Erinnerung hatte. Tatsächlich wirkte das Haus wie eine enorm vergrößerte Version der Präsidentensuite im Muehlebach-Hotel in Kansas City und nicht

mehr ganz so attraktiv … Ich erinnere mich noch an die eigenartige Kombination von Kotzgrün und Rosenrot, die Mrs. Eisenhower sich für ihr Schlafzimmer und ihr Bad ausgesucht hatte … Bis zum Sonntag war Jackie durch das ganze Haus gewirbelt und auf eine Menge Überraschungen gestoßen. »Wissen Sie was«, rief sie aus, das weiß ich noch, »ich habe im Keller einen ganzen Raum voller Schönschreiber gefunden, die da eifrig an der Arbeit waren.« Dies waren die … talentierten Leute, die ihre Tage damit verbrachten, die Einladungen und Tischkarten des Weißen Hauses in perfekter Handschrift auszuschreiben … Andere, eher zeitgemäße Dinge erwiesen sich als nicht weniger überraschend. So zum Beispiel ein Paar gewaltiger, bullaugenartiger Apparate, die auf beiden Seiten der Tür des ovalen Wohnzimmers im oberen Hauptkorridor in die Wand eingelassen waren. Ich hatte nie zuvor etwas Ähnliches gesehen und erkundigte mich, was zum Teufel das sein mochte. Der Präsident läutete und wie durch Zauber erschien einer der Bediensteten. Der Präsident sprach ihn beim Namen an – er hatte bereits die Namen des gesamten Personals im Weißen Haus auswendig gelernt – und fragte, was sich hinter diesen Bullaugen verbarg. Der Bedienstete öffnete eines, und zum Vorschein kam ein Fernsehschirm. Er erklärte, während der letzten Jahre hätten Präsident Eisenhower und seine Frau gern vor dem Fernseher zu Abend gegessen, wobei sie jeder ein anderes Programm sahen. Also waren zwei Bullaugen nötig, denn der Präsident bevorzugte Western, während Mrs. Eisenhower lieber Seifenopern sah. Jackie hatte einen riesigen goldenen Behälter ausgesucht, groß wie ein Milcheimer und fast bis zum Rand mit zehn Pfund frischem Kaviar gefüllt, der uns im ovalen Wohnzimmer erwartete. Ein flüchtiger Bekannter der Kennedys hatte ihn geschickt, ohne Anlass, einfach weil er über ihren Einzug ins Weiße Haus begeistert war. Ich hatte nie zuvor zehn Pfund Kaviar, geschweige denn frischen Kaviar, in einem einzigen Behälter gesehen und sah so etwas auch später nie mehr … Aber da der Kaviar von einer Flasche Dom Perignon nach der anderen begleitet wurde, genossen wir ihn, solange er reichte, und die Party verlief in der Tat vergnüglich …[3]

Privat aßen die Kennedys wie die Eisenhowers von Tabletts, wobei um jeden der beiden zwei Butler wirbelten. Als Jack sich über das Essen beschwerte, brachte Jackie ihre Köchin Pearl Nelson aus der N Street ins Haus, die das Essen – darunter besonders die Muschelsuppe –, das der Präsident gern mochte, zubereiten sollte. Hatten sie Gäste, so mussten sie jedoch das Familienspeisezimmer mit seiner hohen Decke, den düsteren, burgunderroten Teppichen und Vorhängen und nichts sagenden Tapeten benutzen. Zudem war es extrem kalt: Das Zentralheizungssystem des Weißen Hauses war antiquiert und die Kamine wurden nicht benutzt. Als Jackie bei jener ersten Abendeinladung ihre beiden weiblichen Gäste nach dem Essen zum Kaffee ins Grüne Zimmer führte, fanden sie dort drei Stühle mit geraden Lehnen im Halbkreis um den leeren Kamin aufgestellt. In der Zwischenzeit zogen der Präsident und seine Gäste durch den Hauptkorridor des Weißen Hauses auf der Suche nach einem Badezimmer – es gab keines. Schwester Parish und ihr junger Assistent Richard Nelson hatten am Morgen bei der Arbeit im Grünen Zimmer auf einem Beistelltisch eine Notiz in der Handschrift des Präsidenten entdeckt. Sie lautete: »Jackie, lass uns dem Toilettenpapier den Krieg erklären. Wo zum Teufel hält es sich versteckt?«[4]

Jackie war entschlossen, ihr persönliches Leben im Weißen Haus so weit wie möglich so zu gestalten, wie es zuvor gewesen war. Also kamen am nächsten Abend Charlie und Martha Bartlett zum Essen und fanden Jack und Jackie schon sprudelnd vor Plänen für die Verschönerung des Weißen Hauses und die Rettung der föderalen Bauwerke am nahe gelegenen Lafayette Square, die nach Plänen der Eisenhower-Regierung abgerissen werden sollten. Bill Walton, der bei dem Square-Projekt zu einer Schlüsselfigur werden sollte, tauchte prompt am folgenden Abend auf und brachte die Schriftstellerin und Kriegsberichterstatterin Martha Gellhorn mit. Am Samstag gaben John und Lorraine Sherman Cooper ein Dinner für die Kennedys und zwanzig weitere Gäste. Als Jack und Jackie von der verschneiten Straße in das romantisch mit Kerzen erleuchtete Haus traten, hielten selbst diejenigen, die sie bereits kannten, den Atem an, so großartig schien die Verwandlung des Paares. »Jeder fand, sie sahen aus wie nicht von dieser Welt«, erinnerte sich Lorraine

Cooper. »Sie waren beide so schön und umgeben von einem Strahlen, das sich fast greifen ließ.«[5] Wie Joe Alsop später schreiben sollte: »Die erste Zeit der Kennedy-Ära war schlichtweg großartig …«

Lem Billings kam, um übers Wochenende zu bleiben, wie er es an beinahe jedem Wochenende ihres gemeinsamen Lebens getan hatte. »Als die Kennedys gerade ins Weiße Haus gezogen waren«, erinnerte sich der Haushaltsvorstand J. B. West, »kam Lem jedes Wochenende herüber und bezog einfach sein Zimmer, ohne dass überhaupt jemand wusste, dass er kam.« Billings war, gemeinsam mit Dave Porter, »der Hofnarr in der Großen Halle«, sagte West. Lem, der in New York in der Werbebranche tätig war, gehörte zu den wenigen Leuten, die die Kennedys einluden, mit ihnen das Wochenende auf dem Land zu verbringen. Jackies Familie jedoch wurde auf Armeslänge fern gehalten. Janet Auchincloss kam nur zu speziellen Anlässen ins Weiße Haus. In der ersten Woche nach dem Einzug der Kennedys war sie mit Hughdie zum Tee eingeladen. »Ich hatte den Eindruck, dass Mrs. Kennedy ziemlich förmlich mit ihrer Mutter umging«, schrieb West.[6] Ebenso wenig nahe stand sie Rose, die sie verärgerte, indem sie dem Präsidenten und seiner Familie ostentativ Gebete, Rosenkränze und religiöse Reliquien schickte. Es fiel auf, dass Rose im Weißen Haus weit häufiger gesichtet wurde, wenn Jackie nicht dort war und sie die Rolle der Gastgeberin für den Präsidenten genießen durfte. »Es gab von Roses Seite schon etwas Eifersucht während der [Zeit im] Weißen Haus«, berichtete Doris Kearns Goodwin. »Ich weiß noch, was Lem Billings dazu sagte: Rose hatte erwartet, die Königsmutter zu werden, wurde aber von Jackie auf Abstand gehalten.«[7] Ihre Kennedy-Schwägerinnen wurden nie eingeladen, zum Lunch vorbeizukommen. Wie Rose wurden auch sie als Gastgeberinnen ins Haus geholt, wenn Jackie nicht da war. »Die einzige Ausnahme von dem armlangen Abstand zwischen Jacqueline Kennedy und ihrer Familie war ihr Gefühl für den ›Botschafter‹ Joseph P. Kennedy«, erinnerte sich West. »Wenn der Vater des Präsidenten zu Besuch kam, tanzte sie Arm in Arm mit ihm durch die Gänge und brüllte vor Lachen über seine Neckereien. Ihr Gesicht wirkte angeregt und glücklich, so wie es aussah, wenn sie mit ihren Kindern spielte.«[8]

Weitere Ausnahmen der Keine-Familie-Regel bildeten Lee und Stas. Lee, die inzwischen wie Jackie selbst einen Dauerplatz auf der Liste der bestangezogenen Frauen innehatte, und Stas mit seinem Adelstitel und seinen internationalen Beziehungen passten perfekt ins Weiße Haus der Kennedys. Um den Unterschied zwischen ihren Stellungen auszugleichen, war Jackie offenbar entschlossen, Lee und Stas aus ihrer neuerworbenen Größe so viel Kapital wie nur möglich schlagen zu lassen. »Wenn sie ihre Schwester zu Besuch hatte«, schrieb West, »wurde immer etwas in Szene gesetzt, als bewirte sie eine Würdenträgerin auf der Durchreise. Prinzessin Radziwill übernachtete im Schlafzimmer der Königin, ihr Mann im Lincoln-Schlafzimmer.«[9] Die Partys, die Jackie Lee und Stas zu Ehren gab, waren glamourös und so beliebt, dass internationale Berühmtheiten aus Europa und Angehörige der Schickeria aus New York dafür extra herüberflogen. »Ich habe kistenweise Briefe von Jackie«, sagte Lee Radziwill. »Die meisten von 1960 und später. Darin steckt ihr Leben von damals, wie sie mich anflehte, ich solle rüberkommen, was Jack mochte oder was er nicht mochte, was ihn glücklich machte, viel über unsere Kinder und dass wir versuchen sollten, sie zusammenzuhalten, und dass sie sich jeden Sommer sehen müssten. Diese Briefe zeigen ein großes Verlangen, uns und die Kinder so oft wie möglich zusammenzubringen. Die ersten drei Weihnachtsfeste in den sechziger Jahren verbrachten wir zusammen mit unseren Kindern in Palm Beach und einen großen Teil der Sommer auch.«[10]

Bei Jack erreichte Jackie in zunehmendem Maße, was sie wollte, selbst wenn dies bedeutete, dass er einen alten Freund aus seinem Leben strich. Alastair Forbes hatte sich ernsthaft mit Stas »über einige Angelegenheiten, die ich für berechtigt und ausreichend hielt«, gestritten, ein Streit, der zum Ende seiner alten Freundschaft mit Jack führte. »Auf mich machte es den Eindruck«, sagte Forbes, »dass seine Annäherung an seine Frau teilweise aus einer sehr starken Annäherung an ihre Familie bestand. Zwei Dinge spielten eine Rolle. Zum einen zeigte sich, dass Jackie sich vorbildlich verhielt und als ein echter Gewinn erwies, dass sie seiner politischen Karriere in keiner Weise im Weg gestanden hatte und dass er somit sowohl im Kopf als auch im Herzen wusste, dass er ihr Dank schuldete. Und zu den Dingen, die sie glücklich machten, gehörte eben, dass er ihrer Schwester gestattete, die Vorteile ihrer Beziehungen zum Weißen Haus so weit wie irgend möglich zu genießen.«[11] Für die Radziwills waren diese »Vorteile« nicht allein gesellschaftlicher Natur. Durch die Nähe zu den Kennedys ließen sich gute Geschäfte machen.[12]

Am Sonntag, dem 29. Januar 1961, gaben die Kennedys einen Empfang für das Kabinett und das Unterkabinett, die fünfzehn Mitglieder der Regierung. Ehefrauen und Kinder waren ebenfalls eingeladen und dazu das Pressecorps des Weißen Hauses. Die Reporter, die an die strikten Richtlinien und die steifen, rauch- und alkoholfreien Empfänge in den kalten Staatsräumen der Eisenhower-Ära gewöhnt waren, vermochten den Unterschied kaum zu fassen. »Jetzt ist das Weiße Haus ein Zuhause«, lautete eine Schlagzeile am folgenden Tag. Es gab eine Bar im offiziellen Speisesaal, und den Gästen war es erlaubt zu rauchen – an strategisch günstigen Stellen waren Aschenbecher aufgestellt. Es gab flackernde Kaminfeuer und herrliche Blumen-Arrangements – voll erblühte Tulpen in Silberschalen, Tulpen und rote Nelken im Roten Zimmer, weiße Tulpen und gelbe Nelken im Blauen Zimmer. Die zwanglose, einladende Atmosphäre war das Ergebnis einer Woche emsiger Arbeit, die Mrs. Paul »Bunny« Mellon, Jackies neue Freundin und Mentorin, Schwester Parish und Tish Baldrige investiert hatten. Um das verödete Haus aufzuhellen, zog Schwester Parish während dieser Woche täglich durch alle Räume und prüfte, ob die Feuer ordentlich geschürt waren und die neu erworbenen Lowestoft-Aschenbecher sich am richtigen Platz befanden. Rachel Lambert »Bunny« Mellon, eine geniale und ausgebildete Gärtnerin, brachte nicht nur Blumen von ihrem Anwesen in Oak Springs bei Upperville, Virginia, mit, sondern außerdem ihren Gartenaufseher und eine Angestellte, um die lockeren Arrangements im Stil flämischer Stillleben zu gestalten, die mit den vorherigen steifen Floristengestecken nichts gemein hatten. Die traurigen Palmen wurden verbannt. Aber neben den Komplimenten gab es auch Ärger darüber, dass im Haus des Staatsoberhauptes an einem Sonntag Alkohol ausgeschenkt worden war. Kennedy, der stets empfindlich auf sein Image bedacht war, ließ seine Wut an Tish aus, der er die Schuld an der Errichtung der Bar gab. »Am ersten Tag bringen Sie mich schon in Schwierigkeiten«, beschwerte er sich.

Jackies wichtigstes Werkzeug bei der Führung des Weißen Hauses war der Haushaltsvorstand J. B. West, praktisch der Direktor des Hauses, der bereits drei früheren Präsidenten gedient hatte – Roosevelt, Truman und Eisenhower. Seine Arbeit mit Jackie während der vierunddreißigmonatigen Periode, in der sie das Haus umgestaltete, war eine vollkommen neue Erfahrung für ihn, über die er Folgendes schrieb:

> Ich musste das Weiße Haus von einer reglementierten, stilisierten Geschäftsordnung auf einen zwanglos geführten Haushalt umstellen. Plötzlich hatte ich mit Empire-Tischen und Kaninchenkäfigen zurechtzukommen, Maharadschas und Ponys unterzubringen, den Potomac herunterzudampfen und in Kostümen aufzutreten. Und ich genoss in vollen Zügen die kreativste und anregendste Arbeit, die je einem Haushaltsvorstand aufgetragen wurde.
> Die neue First Lady krempelte das Weiße Haus von Grund auf um und drückte dem Gebäude ihren eigenen, exklusiven Lebensstil als Stempel auf. Die größte Veränderung im Weißen Haus aber entstand durch die Gegenwart von Jacqueline Bouvier Kennedy selbst. Sie war dreißig Jahre jünger als alle First Ladys, denen ich zuvor gedient hatte, und wie ich herausfinden sollte, besaß sie von allen die vielschichtigste Persönlichkeit. In der Öffentlichkeit war sie elegant, zurückhaltend, würdevoll und königlich. Privat war sie lässig, schelmisch und respektlos. Sie besaß einen eisernen Willen und mehr Entschlossenheit als irgendein Mensch, den ich je gekannt habe. Und dabei sprach sie so sanft, so gewählt und subtil, dass sie Menschen diesen Willen aufzwingen konnte, ohne dass diese es jemals bemerkten ...«[13]

Während sie sich in Palm Beach erholte, hatte Jackie ihre Hausaufgaben gründlich gemacht: Als sie ins Weiße Haus einzog, kannte sie bereits jeden Quadratzentimeter, wusste genau, welche Möbel sie mitbringen würde und wie sie die sieben Familienzimmer im zweiten Stock in allen Einzelheiten gestalten wollte. Ein Heer von Malern, Klempnern, Zimmerleuten und Elektrikern zog am Tag der Amtseinführung in den Familienflügel des Hauses. Sobald ein Raum fertig war, wurden Möbel aufgestellt, Teppiche ausgerollt und Bilder aufgehängt. In der Zwischenzeit zog Jackie durchs Haus, entdeckte »Schätze« und verbannte »Schreckgespenster«. Das »Mamie-Rosa« verschwand von den Wänden der oberen Räume, das »Hotelzimmer-Dekor« der trumanschen Gästezimmer wich Carolines rosa Rosenknospen-Tapete, dem weißen Baldachinbett und den Schaukelpferden sowie dem blau-weißen Kinderzimmer für John jr. Ein Ankleidezimmer wurde Maud Shaws Schlafzimmer. »Viel wird sie nicht brauchen«, lautete Jackies Kommentar. »Nur einen Weidenkorb für ihre Bananenschalen und einen kleinen Tisch, auf den sie nachts ihre falschen Zähne legen kann.« Ein neues Familien-Speisezimmer mit angrenzender Küche wurde nach dem Entwurf des französischen Kochs René Verdon und Schwester Parish eingerichtet. Der Raum war zuvor von Präsident Eisenhowers Schwiegermutter benutzt worden. »Ich möchte, dass meine Kinder in einer persönlicheren Umgebung aufwachsen«, sagte Jackie. »Dieser ›Familien‹-Speisesaal erinnert einfach zu sehr an eine Höhle.«[14]

Die Schlafgewohnheiten der Kennedys unterschieden sich von denen der Eisenhowers. Letztere hatten sich das größte Schlafzimmer geteilt, welches Jackie als hauptsächlich ihres erklärte. Das erste Design, das mit Blick auf einen Präsidenten entstanden war, verwarf sie als »zu streng, denn es ist ja vor allem mein Zimmer«. Sie brachte ein Baldachinbett mit vier Pfosten aus einem der alten Gästezimmer herüber und ließ die spezielle Rindshaarmatratze für den Rücken des Präsidenten einpassen. Eine weitere bestellte sie, die er auf seine Reisen mitnehmen sollte, und eine für das große Bett in ihrem Zimmer. Nach Ablauf von zwei Wochen hatte Jackie die gesamte für die

Renovierung des Weißen Hauses bestimmte Zuwendung von $ 50 000 allein für die Unterkunft der Familie verwendet. Für die Staatsräume war kein Geld übrig. »Ich weiß, uns ist das Geld ausgegangen, Mr. West«, sagte Jackie. »Aber keine Sorge! Wir finden schon einen Weg, um richtige Antiquitäten in dieses Haus zu bekommen.«[15]

»Ich möchte das Weiße Haus zur ersten Adresse des Landes machen«, erklärte sie Clark Clifford, einem Anwalt und präsidialen Organisator, den sie am 6. Februar einlud, mit ihnen zu Mittag zu essen und über die Pläne zu diskutieren. »Was denken Sie, wie viele Menschen gehen tagtäglich im Weißen Haus ein und aus? Wir müssen aus diesem Gebäude etwas machen, auf das sie alle stolz sein können.«[16]

Clifford warnte Jack und Jackie, die Realisierung ihrer Träume dürfe nur unter äußerster Vorsicht verfolgt werden, um die amerikanische Bevölkerung nicht zu verletzen, für die das Weiße Haus so etwas wie eine »heilige Kuh« darstelle. Er erinnerte sie daran, dass das Weiße Haus Eigentum der Regierung war und von gleich welchem Präsidenten nur vorübergehend genutzt wurde. Die gesetzlichen Voraussetzungen, so erklärte er ihnen, müssten sorgfältig vorbereitet werden, um politische Probleme zu vermeiden. Diese Warnung traf Jacks empfindlichen politischen Nerv. Er beauftragte Clifford, einen »wasserdichten gesetzlichen Rahmen« für Jackies Arbeit im Weißen Haus zu schaffen. »Am 23. Februar 1961, nur einen Monat nach dem Amtsantritt«, schrieb Clifford, »stellte Jackie das erste Ergebnis ihrer Bemühungen vor, das Fine Arts Committee für das Weiße Haus, zur Auffindung ›authentischer Möbelstücke aus der Entstehungszeit des Weißen Hauses sowie zur Beschaffung von Mitteln für den Erwerb dieser Stücke als Geschenke an das Weiße Haus‹«.[17]

Da alles, was mit dem Weißen Haus zu tun hatte, von Natur aus politisch war, musste Jackies Projekt nicht nur auf unangreifbar legalem Boden stehen, sondern bedurfte darüber hinaus der allgemein sichtbaren Unterstützung der renommiertesten Namen in der amerikanischen Kunst- und Antiquitätenwelt. Henry du Pont war ein solcher Name, den jedermann Jackie förmlich aufzwang. Er war Multimillionär, Besitzer und Schöpfer des Winterthur-Museums bei Wilmington, Delaware, und die überragende Kapazität auf dem Gebiet amerikanischer Möbel und Dekorationsobjekte aus der Periode von 1640 bis 1840. Bei seiner Rekrutierung war Jayne Wrightsman, Jackies Mentorin für antike, französische Möbel und Einrichtung, eine der treibenden Kräfte. Ihre Kontakte in die Welt der Museen und Händler waren unerreicht. Onkel Lefty Lewis hatte die gleiche Idee. Am 4. Februar schrieb Jackie ihm, sie habe von »Mama« von seiner Idee, du Pont einzubeziehen, gehört, und witzelte, inzwischen hätten ihr bereits so viele Leute gesagt, sie würden du Pont in ihrem Interesse ansprechen, sobald er von seiner Kreuzfahrt in der Karibik zurückkäme, dass der »arme Mann« in dem Moment, in dem er von Bord ginge, von einer Horde platt getreten würde.

Als du Pont aus der Karibik in sein Winterhaus in Boca Grande, Florida, zurückkam, flog Jackie mit Jayne Wrightsman aus Palm Beach hinüber, um sich mit ihm in der Hoffnung zu treffen, er würde einer Ernennung zum Vorsitzenden des Fine Arts Committee zustimmen. Obwohl Jackie und Jayne lässig in Hosen gekleidet eintrafen, während die zum Lunch eingeladenen Damen schicke Kleider und Hüte trugen, war du Pont von Jackie »bezaubert« und beeindruckt von der Organisation, mit der sie das Projekt anging. Sie hatte ihre Akten sowie Bücher aus der Kongressbibliothek mitgebracht, die sie den ganzen Winter über studiert hatte. Gemeinsam berieten sie über Möglichkeiten der Restauration und Pläne für das Fine Arts Committee, das diese beaufsichtigen sollte. Jackie sagte darüber: »Ich war nicht der Meinung, dass wir ohne ihn im Commitee viel erreichen würden – und mit ihm, das wusste ich, würde es keine Kritik geben. Der Tag, an dem er sich mit der Übernahme des Vorsitzes einverstanden erklärte, war drei Kreuze im Kalender wert.«[18]

Janet Felton Cooper, die Jackie als Sekretärin in das Fine Arts Committee bat, verlieh Jackies Worten Nachdruck. Die du Ponts bewegten sich auf schwindelerregender Höhe in der republikanischen WASP-Gesellschaft des alten Geldes, die nicht einmal Jackie völlig vertraut war. Janet Felton, so ihr damaliger Name, erinnerte sich, wie sie am 29. April 1961, lange bevor sie später im Jahr den Posten übernahm, ins Weiße Haus kam und miterlebte, wie Mr. du Pont seinen ersten Rundgang – oder »Durchmarsch«, wie er sich ausdrückte – durch das Weiße Haus unternahm. »Wir gingen durch das Weiße Haus und wahrhaftig gab es etwa drei bis vier antike Stücke, und eines davon war ein Satz Kartentische im Grünen Zimmer. Jackie sagte: ›Das ist eine der wenigen Antiquitäten, und sie wurden von Mrs. Crowninshield gestiftet‹, woraufhin er sagte: ›Das ist meine Schwester.‹ Die Schenkung hatte ja in Roosevelts Ära stattgefunden und Jackie hatte nicht gewusst, dass Mrs. Crowninshield seine Schwester war. Es war ziemlich herzig … Aber ich versichere Ihnen«, fügte Janet Felton Cooper hinzu, »seine Unterstützung verlieh der ganzen Sache Legalität – andernfalls wäre sie innerhalb von Sekunden geplatzt, denn ich glaube, Jackie wurde ein wenig als flatterhaftes, junges Ding betrachtet – als Frau eines Demokraten und als Schwiegertochter von Joe Kennedy.«[19] »So war es für das Establishment«, sagte William Elder III., der spätere Kustos des Weißen Hauses. »All diese Leute hätten die Kennedys als eine Art von Feinden betrachtet, als politische Feinde, falsche Partei, falscher Ort.«[20]

»Falsche Klasse«, fügte James Roe Ketchum hinzu, der später Elders Nachfolger als Kustos wurde.[21] Henry du Pont galt nicht nur als der größte Sammler amerikanischer Objekte, sondern außerdem als die qualifizierteste Autorität auf dem Gebiet amerikanischer historischer Einrichtung. Mit seiner Beteiligung am Weißen-Haus-Projekt hatte Jacqueline Kennedy zwei entscheidende Bedingungen für den Erfolg erfüllt: die historische und künstlerische Legitimität in den Augen der Öffentlichkeit und die Unterstützung eines mächtigen Netzwerks von Händlern und Sammlern amerikanischer Antiquitäten.[22]

Ein Bestandteil von Jackies Begabung und eine wichtige Eigenschaft für ihre Rolle bei der Restauration des Weißen Hauses war ein instinktives Gefühl dafür, was für das Haus das Richtige war. Darüber hinaus wusste sie genau, wen sie um Rat fragen und an wen sie sich um Hilfe wenden musste. Mr. du

Pont mochte der Doyen der amerikanischen Kunstkenner sein, aber zwei ihrer wichtigsten Mentorinnen waren Frauen: Bunny Mellon und Jayne Wrightsman. Beide hatten Zugang zu unbegrenzten Geldsummern – Bunny durch eigenes Einkommen als Listerine-Erbin sowie durch ihren Mann, den Milliardär Paul Mellon, Jane dagegen allein durch ihren Mann, den groben, jähzornigen, autokratischen Charles Wrightsman. Bunny wurde allgemein als Hüterin des guten Geschmacks in allem betrachtet, was Häuser und Gärten anging, als Perfektionistin mit einem untrüglichen Blick für Schönheit. Jayne, die selbst aus bescheidenen Verhältnissen stammte, hatte sich zu einer anerkannten Expertin auf dem Gebiet französischer Möbel des 18. Jahrhunderts entwickelt. Ihr Haus in Palm Beach und ihre Wohnung in New York bildeten den Hintergrund für ihre erstaunliche, weltberühmte Sammlung. Bunny Mellon kümmerte sich im Weißen Haus um alles, was mit Blumen und Pflanzen zu tun hatte. Sie gestaltete auf Geheiß des Präsidenten den Rosengarten neu und schuf das, was einmal als der Jacqueline-Kennedy-Garten bekannt werden sollte, und sie revolutionierte den Stil der Blumenarrangements im Haus. Jayne Wrightsman widmete sich mit unermüdlicher Kraft der Organisation der Inneneinrichtung des Weißen Hauses.

Die Ernannten brachten ein Komitee aus wohlhabenden und fachmännischen Leuten zusammen. Neben Bunny Mellon, Schwester Parish und Jayne Wrightsman gehörten Charles Francis Adams, Mrs. C. Douglas Dillon, Mrs. Charles W. Engelhard, David E. Finley, Mrs. Albert D. Lasker, John S. Loeb, Gerald Shea, John Walker III. und Mrs. George Henry Warren dazu. Es war anzunehmen, dass diese zwölf einflussreichen Menschen in ihrem Netzwerk begüterter Freunde Spender von Geld und Möbelstücken für das Projekt finden würden, sodass eine Petition an den Kongress um weitere Zuwendungen vermieden werden könnte. Ihre Arbeit bei der Beschaffung von Mitteln sollte durch die Expertise eines Beratungskomitees aus Kuratoren und Akademikern ergänzt werden, die auch mit Sammlern und Händlern im ganzen Land in Verbindung standen. In einem Brief an Jackie schildert du Pont seine Hoffnungen, dass diese zwei Komitees »Ihre Sehnsucht erfüllen und das Weiße Haus zu einem Symbol der kulturellen wie der politischen Führerschaft machen werden ... Da wir davon überzeugt sind, dass ein Verständnis für Amerikas kulturelle Vergangenheit eine Vorbedingung für jedes echte Verständnis für unser heutiges Land darstellt, werden wir danach streben, diese greifbaren Beweisstücke für die Meisterschaft des frühen Handwerkers und den Geschmack seines Herrn zu erringen, die das Weiße Haus ... zu einem historischen Dokument des kulturellen Lebens in den Vereinigten Staaten machen werden.«[23]

In einem *Life*-Interview, das Hugh Sidey im September mit Jackie führte, war diese darum bemüht, den Ernst ihres Vorhabens zu unterstreichen. »Nichts im Weißen Haus darf ohne einen Grund dort sein. Es wäre ein Sakrileg, dort einfach umzudekorieren – ein Wort, das ich hasse. Es muss restauriert werden, und das hat mit Dekoration nichts zu tun. Hier geht es um Fachwissen.«[24] Man wollte sich nicht auf eine einzelne Periode beschränken, sondern die gesamte Vergangenheit der amerikanischen Präsidentschaft abdecken. Im September erhielt das Gesamtprojekt gesetzliche Rückendeckung durch den Kongress. Das Gesetz, Artikel 87-826, erklärte das Weiße Haus zum Museum und seinen Inhalt für unveräußerlich. Das Inkrafttreten dieses Gesetzes ermöglichte es dem Fine Arts Committee, potenziellen Spendern zu versichern, dass ihre Gabe für das Weiße Haus nicht auf einer öffentlichen Auktion landen oder der privaten Sammlung eines zukünftigen Präsidenten einverleibt werden würde. Ebenso wenig würde es einer zukünftigen First Lady möglich sein, den Charakter des Weißen Hauses, so wie er jetzt als Vorstellung Gestalt annahm, radikal zu verändern. »Das Hauptaugenmerk soll auf den Erhalt und die Interpretation des Museumscharakters des Hauptkorridors im Erdgeschoss und der wichtigsten öffentlichen Räume im ersten Stock des Weißen Hauses gelegt werden.«[25]

Ein Büro für den Kustos des Weißen Hauses wurde eingerichtet, wobei du Pont den ersten Kustos ernannte. Ende März wurde die Verpflichtung von Lorraine Waxman Pearce, einer Diplomandin des Winterthur-Programms, für die Position bekannt gegeben. William Voss Elder III. wurde mit dem Amt des Archivars für die wachsende Sammlung der Möbelstücke betraut. Die sorgfältig gesteuerte Publicity für das Weiße-Haus-Projekt resultierte in einer Flut von Spenden, die geprüft und angenommen oder aber höflich zurückgegeben wurden. Jackie hatte einen Nerv patriotischer Großzügigkeit berührt. Indem sie an reiche Leute appellierte, vermied sie geschickt den politischen Fallstrick, das Geld der Steuerzahler zu verschwenden. Durch ihr Vorgehen innerhalb eines Rahmens aus Fachwissen und Professionalität wurden ihre Pläne als nationales Projekt und nicht als Laune einer reichen Frau betrachtet.

Hinter den Kulissen brachen bald schon Kriege unter den Innenarchitekten aus. Schwester Parish, die unverblümte WASP-Schöpferin des anglo-amerikanischen Stils, hatte 1958 das Haus in der N Street mit Dingen aus schlichter, bedruckter Baumwolle und Segeltuch renoviert, die sie gern mochte, und war anfangs für die Arbeiten in Glen Ora und dem Weißen Haus eingestellt worden. Sie sah sich jedoch als Innenarchitektin der Staatsräume – und später auch der privaten Räume – verdrängt von Stéphane Boudin vom berühmten Pariser Haus Jansen, den Jayne Wrightsman eingeführt hatte. Auf Boudins Kundenliste fanden sich so illustre Namen wie die Herzogin von Windsor, der Schah von Persien, Lady Mendl, Babe Paley, C. Z. Guest, Jayne Wrightsman selbst und Lady Olive Baillie auf Leeds Castle in England. Er war verantwortlich für die Restauration verschiedener großer europäischer Häuser und Paläste, darunter das Malmaison der Kaiserin Josephine, das Jackie auf ihrer Frankreichreise im Juni 1961 besichtigen sollte. Vor allem aber hatte er Jayne Wrightsmans Haus in Palm Beach in ein französisches Château umgestaltet, hatte ihre Wohnung in der Fifth Avenue entworfen und das Konzept für die Wrightsman-Galerien und zeitgenössischen Räume im Metropolitan Museum formuliert. Jackie war Boudins Zauber verfallen, als Jayne sie ihm 1955 vorgestellt hatte. Jack war zu der Zeit noch Senator gewesen und hatte sich wie immer, wenn es um Ausgaben für Innenausstattung ging, als Geizhals erwiesen. (In jenen Tagen hatten New Yorker Antiquitätenhändler es häufig abgelehnt, mit Jackie zu verhandeln, da alles, was sie ihr zur Begutachtung schickten, unvermeidlich zurückgesandt wurde, weil sie es sich nicht leisten konnte.)

Mit der Unterstützung ihrer reichen Freunde konnte sie sich jetzt aber Monsieur Boudin leisten. Jackie war tief beeindruckt von seinen Ideen für das Weiße Haus, in die Entwürfe europäischer Einrichtungen einflossen, und von seinem Wissen über Architektur, die schon immer zu ihren Hauptinteressen gehört hatte. Sie war auch beeindruckt von den historischen Archiven bei Jansen und den sachverständigen Handwerkern. Nur wenige Wochen nach dem Amtsantritt besuchte Boudin Jackie am 9. Februar 1961 im Weißen Haus.

Jackies Vorliebe für französische Einrichtung war politisch so heikel wie ihre Leidenschaft für französische Mode. Boudin würde ebenso wie Givenchy vor der amerikanischen Öffentlichkeit versteckt werden müssen. Das Ausmaß seines Einflusses wurde auch vor Henry du Pont besser verborgen: Die Ansichten des Innenarchitekten und die des Kunstkenners prallten des öfteren aufeinander. Boudin sah in einem Raum nicht gern zu viele Beine an Möbeln und zog es vor, sie mit Überwürfen zu verdecken – »wie in einem Bordell«, murrte sein Kontrahent. Er besaß die Dreistigkeit zu fordern, der ehrwürdigen Anrichte von Daniel Webster sollten die Beine gekürzt werden, um die Proportionen zu verbessern. Solche Ansichten kamen überhaupt nicht gut bei du Pont an. »Sie mussten Mr. Boudin in der Speisekammer verstecken, wenn Mr. du Pont vorbeikam«, erinnerte sich ein Mitglied aus Jackies Fine Arts Committee.[26] Janet Felton berichtete: »Mr. du Pont wusste von Monsieur Boudin, und ich denke, er verabscheute es.« Zu Recht hielt du Pont Boudin auf dem Gebiet amerikanischer Objekte für einen Ignoranten. »Mich schaudert, wenn ich daran denke, was Mr. Boudin mit amerikanischen Möbeln anstellen würde«, bekannte er gegenüber Lorraine Pearce verächtlich nach einer Sitzung mit dem Franzosen.

Jackies Takt und Charme waren wichtige Faktoren, als es darum ging, sich der fortgesetzten Mitarbeit du Ponts trotz dessen Argwohn wegen Boudin zu versichern. Susan Mary Alsop, Joes Frau und Mitglied des Gemäldekomitees des Weißen Hauses, erinnerte sich: »Wir hatten Sitzungen, und von Zeit zu Zeit kam Mr. du Pont so ungefähr wie Zeus persönlich aus Washington herüber. Wir hatten zwei kleine Bilder als Spende erhalten, die uns sehr gefielen. Vor einem von Mr. du Ponts Besuchen hatten wir sie im Roten Zimmer aufgehängt und fanden, sie sahen absolut fantastisch aus. Es waren winzig kleine Stillleben, und sie waren reizend. Und dann kam Mr. du Pont in den Raum, wir standen alle auf, er sah sich um und Jackie sagte: ›Das ist unser neuester Zugang, Mr. du Pont.‹ Er warf einen Blick auf die Bilder, drehte sich zu uns um und sagte in eisigem Ton: ›Sie sind sich doch sicher darüber bewusst, dass Stillleben ausschließlich für Speisezimmer taugen.‹ Und Jackie sagte: ›Ach, Mr. du Pont, wie furchtbar, dass wir das nicht gewusst haben, und wie schwer Sie es haben, wir sind ja derart ahnungslos. Gott sei Dank, dass Sie es uns *gesagt* haben. Wir nehmen sie sofort wieder ab.‹ Und sie bat jemanden, sie von der Wand zu nehmen. Einen Monat später ging ich zu einem gesellschaftlichen Anlass mit Joe ins Weiße Haus. Zufällig ging ich ins Rote Zimmer und da sah ich Mr. du Pont, der an die Wand starrte, wo die zwei kleinen Blumenbilder an genau der Stelle hingen, wo sie vorher gewesen waren. Ich sagte nichts, aber er sagte: ›Susan Mary, ich denke, wir haben unsere Sache gut gemacht. Das Rote Zimmer hat noch nie so gut ausgesehen. Alles ist perfekt.‹«[27]

Der neue Kustos Lorraine Pearce war von du Pont verpflichtet worden, den sie als ihren Winterthur-Mentor verehrte. Historikern zufolge, welche die Restauration im Weißen festhielten, tauschten die beiden sich regelmäßig über erfolgte und zu erwartende Neuzugänge, deren Platzierung und andere Ideen aus. Dies erwies sich rasch als problematisch, da Pearce widersprüchliche Anweisungen von Jackie und du Pont erhielt. Natürlich stimmte sie insgeheim du Pont zu, was zum Ende ihrer Karriere im Weißen Haus beitrug. Nach Ansicht von Abbott und Rice sah sie Boudin als eine Bedrohung für die historische Akkuratesse der Räume an, an deren Gestaltung sie und du Pont arbeiteten. In einem Brief schrieb sie du Pont kurz nach einem seiner Besuche Ende 1961:

> Nach all unserer guten Arbeit an jenem berühmten Dienstag erschien am nächsten Tag frisch und kraftstrotzend Mr. Boudin und machte prompt die Arbeit an der Eingangshalle zunichte. Die beiden französischen Pfeilertische wurden hinüber in die Kreuzhalle verbracht, Mrs. [Cornelia] Guests Sofa für die Eingangshalle vorgeschlagen, Mrs. [Catherine] Bohlens Kartentisch wurde genau wie die Lannuier-Tische überhaupt ganz entfernt, sodass die Halle jetzt grauenhaft kahl und schlimmer als je zuvor aussieht ... Die Halle ist somit von allem geleert, mit Ausnahme der beiden Pfeilertische, die für den eintretenden Besucher nicht zu sehen sind. Ich denke, dies sollten wir besser für uns behalten und sehen, ob wir bei Ihrem nächsten Besuch die Dinge nicht doch noch ein wenig verbessern können.[28]

Tatsächlich wurde aber überhaupt nichts verändert. William Elder erinnerte sich, dass Jackie ihn nach einem von du Ponts Möbelverrück-Besuchen bat, durchs Haus zu gehen und alle Dinge an den Platz zurückzustellen, an dem sie vor du Ponts Besuch gestanden hatten. Jackie war bereit, du Pont das Gefühl zu geben, er sei für das Arrangement der Möbel im Weißen Haus verantwortlich, letzten Endes aber behielt sie die Kontrolle. Lorraine Pearce jedoch sah sie als ein Hindernis an. »Lorraine Pearce kam nicht besonders gut mit Jackie Kennedy aus, vermute ich«, sagte Bill Elder. »Aber sie war äußerst fähig und hat am Anfang exzellente Arbeit geleistet. Meiner Ansicht nach war es einfach der Zusammenstoß zweier Persönlichkeiten.«[29]

Der Zusammenstoß der Persönlichkeiten verschärfte sich in Jackies Augen durch das, was sie zu Unrecht als Gier nach Publicity ansah. Wie der Kustos jedes anderen Museums nahm Lorraine Pearce Nachfragen um Vorträge an und schrieb Artikel über die historische Möblierung des Weißen Hauses für Antiquitätenmagazine. Für Jackie war dies eine Kardinalsünde. Jeder, der mit dem Projekt zu tun hatte, von den Mitgliedern der Komitees bis zu Antiquitätenhändlern und Handwerkern, war zur Diskretion verpflichtet. Sie geriet über Gebühr in Zorn, als die hartnäckig neugierige Maxine Cheshire von der *Washington Post* Einzelheiten über die Restauration des Weißen Hauses herausfand und in einer Artikelserie im September 1962 veröffentlichte. Cheshire deckte auf, dass ein Baltimore-Schreibtisch, den Jackie in einer vom Fernsehen übertragenen Führung durch das Weiße Haus als »eines unserer schönsten Stücke« präsentiert hatte, eine Fälschung war, und sie enthüllte zu Jackies noch weit größerer Bestürzung die verborgene Existenz von Monsieur Boudin. Lorraine Pearce wurde mit den Worten zitiert: »Wir stellen Mr. Boudin GRUNDSÄTZLICH NICHT vor ...« Jackies zornige Tränen trieben Jack dazu, Phil Graham, einen Redakteur der *Post*, anzurufen und zu beschimpfen, weil er seine Frau verstimmt hatte.

Jackie wurde mit zornigen Briefen ihres Personals bombardiert, die sich über die Forderungen Lorraine Pearces beklagten. Als sie nachfragte, was nicht in Ordnung sei, erhielt sie ein zwölfseitiges Memorandum des Kustos, welches sie davon überzeugte, Lorraine Pearce sei an »Weißes-Hauseritis erkrankt«. Schrittweise wurde Lorraine Pearce hinausgedrängt: Ihr wurde die wichtige Aufgabe übertragen, den Text für den Führer des Weißen Hauses zu verfassen. Nachdem dieses Schriftstück im August 1962 veröffentlicht worden war, trat sie von ihrem Posten zurück und wurde durch William Elder ersetzt. James Roe Ketchum, ein junger Angestellter des National Park Service, kam als neuer Archivar hinzu. Pearce schilderte du Pont brieflich ihre Erleichterung, vom Druck im Weißen Haus befreit zu sein, und ihre Frustration über ihre nahezu völlig fruchtlosen Versuche, in einer »derart verwirrenden Atmosphäre«[30] die hohen Maßstäbe aufrechtzuerhalten, die für das Projekt gesetzt worden waren.

Die einfache Wahrheit bestand darin, dass Jackie selbst die Feder führte und das öffentliche Bild von der Restauration als professionellem Projekt unter der Kontrolle eines Komitees eine Fassade war. Sie war mehr als bereit, du Pont und Schwester Parish um den Bart zu gehen, damit diese Fassade erhalten blieb und sie hinter dem, was Maxine Cheshire ihren »Samtvorhang« nannte, weiterhin tun konnte, was sie wollte. In einem Artikel für *Newsweek* vom 17. September 1962 beschreibt Cheshire das Restaurationsprojekt scharfsinnig als »ein Märchen, in dem Gelehrsamkeit, Feilschen um Preise, diskreter

21. Der Kennedy-Clan in Hyannis Port, 10. November 1960. Stehend, von links: Ethel Kennedy, Stephen Smith, Jean Kennedy Smith, John Fitzgerald Kennedy, Bobby Kennedy, Pat Lawford Kennedy, Sargent Shriver, Joan Kennedy, Peter Lawford. Im Vordergrund: Eunice Shriver Kennedy, Rose Kennedy, Joseph P. Kennedy, Jackie, Ted Kennedy

22. Letitia »Tish« Baldridge im Weißen Haus, 25. Oktober 1961

23. Pamela Turnure, Winter 1960

24. Nancy Tuckerman kurz nach ihrer Aufnahme in Jackies Team, Washington, Juni 1963

25. Glitzernd im Schnee: Jackie beim Aufbruch zur Amtseinführungs-Gala, 3308 N Street, 19. Januar 1961

26. Der Tag der Amtseinführung: Präsident Kennedy und die First Lady vor dem Weißen Haus, 20. Januar 1961

27. Jack mit Caroline und John jr. im Oval Office, November 1962

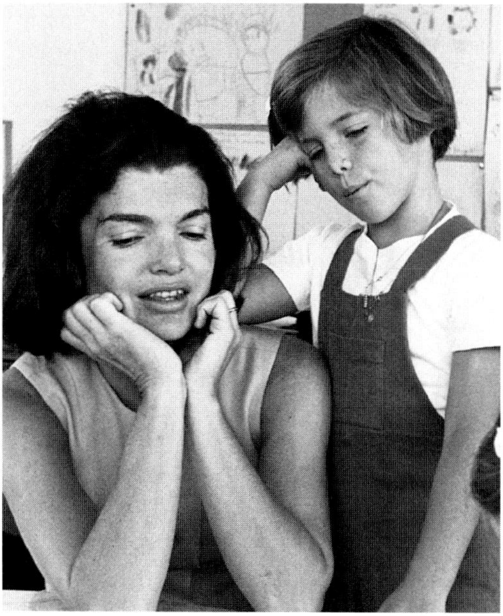

28. Jackie mit Caroline in der Schule des Weißen Hauses, 24. Mai 1961

29. Jackie mit Präsident Nikita Chruschtschow in Wien, Juni 1961

30. Jackie und Jack mit der britischen Königin und Prinz Phillip vor einem Dinner im Buckingham-Palast, Juni 1961

31. Gebannt vor dem Bildschirm während Alan Shephards erstem US-Weltraumflug am 5. Mai 1961. Von links nach rechts: Tazewell Shepard, Lyndon B. Johnson, Bobby Kennedy, Richard Goodwin, Paul Nitze, Arthur M. Schlesinger, Jack

32. Veränderungen im Weißen Haus: Im Blauen Zimmer entfernt Jackie einen alten Kerzenhalter, Bestandteil der in Paris erworbenen Monroe-Einrichtung, 1. Juli 1961

33. Während ihrer Reise durch Indien und Pakistan reiten Jackie und Lee in Jaipur auf einem Elefanten, März 1962

34. Ravello 1962. Von links nach rechts: Gianni Agnelli, Benno Graziani, Prinz Stanislaus »Stas« Radziwill, Jackie

35. Frank Sinatra, Peter Lawford und Bobby Kennedy, Los Angeles, Juli 1961

36. Marilyn Monroe in Jackie-Pose, 1962

37. Judith Campbell-Exner, um 1962

Druck, schäbige Eifersüchteleien und ein Stab aus einflussreichen Persönlichkeiten vereint sind, die sich hinter dem Samtvorhang, den Jackie um die innerste Kammer ihres Programms gezogen hat, gut verborgen halten«. Drei Tage später schrieb eine empörte Jackie an Deck eines Zerstörers vor Newport, auf dem sie den Start des America's-Cup-Rennens erwartete, einen Brief an du Pont, in dem sie Cheshires Artikel und Lorraine Pearces Gier nach Publicity anprangerte.[31]

Die Verpflichtung von Monsieur Boudin für die spektakuläreren Räume des Weißen Hauses missfiel Schwester Parish. Sie war zwar bereit, sich der Autorität du Ponts zu fügen, bei Boudin aber sah die Sache völlig anders aus. Als Jayne Wrightsman Boudin im Sommer 1961 bat, zeitgenössische Stoffmuster für das Rote Zimmer zu beschaffen, das Schwester Parish als ihr wichtigstes Projekt betrachtete, erwog die Schwester ihren Rücktritt und wurde lediglich durch einen zehnseitigen Brief besänftigt, den Jayne Wrightsman ihr aus dem Ritz in Paris schrieb: »Sie dürfen nie auch nur daran denken, aus dem Komitee zurückzutreten. Das würde Jackie das Herz brechen + mir selbst auch … Das Weiße Haus hat ein solches Glück, dass es Sie hat …«[32] Die Stärken der Schwester lagen in ihren gesellschaftlichen Verbindungen und der Liste ihrer eigenen ergebenen Kunden. Sowohl Jackie als Jayne erkannten dies, und besonders Jackie war sich bewusst, wie wichtig es war, ihre Beteiligung als amerikanische Innenausstatterin zu betonen und so den Einfluss Boudins geheim zu halten. Schwester Parish und ihr neuer Partner Albert Hadley hatten freie Hand im Familienspeisezimmer, da die Kosten dafür von Charles und Jane Engelhard übernommen wurden, die ihre Freunde und Kunden waren. Jack Kennedy, der den Raum für zahllose Frühstückstreffen mit Kongressangehörigen nutzte, war von der Umgestaltung angetan, Jackie eher weniger. »Für Jacqueline Kennedy«, schrieb Mary Van Rensselaer Thayer, »hatte die Fernhaltung Boudins zur Folge, dass sie sich für den vorgeschlagenen Entwurf nicht begeisterte, und das trug dazu bei, dass das vollendete Werk zu dem Raum im Weißen Haus wurde, den sie am wenigsten mochte.«[33]

Schwester Parish gewann die meisten Züge im Spiel um das

ovale Gelbe Zimmer im zweiten Stock, den halboffiziellen Salon der Kennedys innerhalb ihres privaten Quartiers. Ärger über die Einmischung Boudins bei den Entwürfen für den Raum war teilweise dafür verantwortlich, dass sie im Juni 1961 ihren Rücktritt androhte. Schließlich hatte sie bereits am Tag der Wahl mit der Arbeit am Konzept für diesen Raum begonnen. Ihre Trumpfkarte aber war die Zusicherung ihrer Freunde im Fine Arts Committee, des New Yorker Bankiers John Loeb und seiner Frau Frances, die Kosten für die Fertigstellung des Zimmers zu übernehmen. Die stets taktvolle Jayne Wrightsman schrieb voller Begeisterung aus der Schweiz, als sie die Neuigkeiten hörte: »Sie sind wirklich ein Wunder! Bravo!« Jackie lenkte die Schwester von ihrem Ärger ab, indem sie ihr am 30. Juni einen höchst versöhnlichen Brief schrieb. Hierin erklärte sie das ovale Gelbe Zimmer zu ihrem ausschließlichen Terrain und sicherte zu, die Wünsche der Loebs würden respektiert werden, ungeachtet ihrer persönlichen Vorliebe für die Stoffvorschläge Boudins für das Zimmer.

Wenn Jackie aber etwas war, dann hartnäckig. Achtzehn Tage nach diesem Brief griff sie das Thema wieder auf und teilte Schwester Parish mit, Jayne Wrightsman habe Boudins Genehmigung eingeholt, dass das Team Parish/Hadley seine Entwürfe für die Fenster als ihre eigenen benutzen könnte. Klugerweise entschied sich Mrs. Parish, nicht um diesen Punkt zu kämpfen. Der spätere Raum war in erster Linie ihr Werk und wurde als solches anerkannt, obwohl Möbel und Objekte, die nach Boudins Vorschlägen dort aufgestellt worden waren, als Ideen Jackies oder Jaynes präsentiert wurden.

Der Wechsel von Parish zu Boudin, was Jackies persönlichen Lebensraum betraf, war ein Symbol für die Entwicklung ihres ästhetischen Empfindens. Am Anfang hatte Mrs. Parish mit Jackie daran gearbeitet, die grundlegende Atmosphäre ihres Schlafzimmers in Georgetown auf die weit größeren und formelleren Gegebenheiten in der 1600 Pennsylvania Avenue zu übertragen. 1962 begann Boudin mit den Plänen für eine Neuinterpretation von Jackies Schlafzimmer: Die Stoffe im Landhausstil wurden durch Pariser Seide ersetzt, die von Mrs.

Parish stammende gepolsterte Kopfstütze durch eine im Stil von Louis XVI aus bemaltem Holz. James A. Abbott und Elaine M. Rice beschreiben dies folgendermaßen:

> Das Zimmer stand im Begriff, sich zu einem anderen Beispiel von Boudins weltlichem Stil zu entwickeln – der ja Leuten wie Jayne Wrightsman, C. Z. Guest und der Herzogin von Windsor vertraut ist … In Reinkultur drückte sich der Boudin-Stil im angrenzenden Ankleidezimmer aus. Aus diesem kleinen Eckzimmer hatte der Franzose sämtliche Spuren des lässigen Southampton-Vokabulars von Parish entfernt und durch Pariser Seide und *trompe-l'œil*-Kultur ersetzt …[34]

Die Türen von Jackies Kleiderschrank wurden von dem in Paris ansässigen Künstler Pierre Marie Rudelle bemalt und spiegelten die wichtigsten Ereignisse ihres Lebens wider – darunter bedeutsamerweise ein Bild von Jackie mit ihrem Vater von 1935, nachdem sie eine Rosette bei der Pferdeschau von Long Island gewonnen hatte, außerdem *Zivilcourage* und ein Bild des *Look*, auf dem Jackie in Virginia von ihrem Pferd Bit of Irish stürzt. Drucke und bemalte Teller an den Wänden illustrierten die Größe der französischen Vergangenheit, die Jackie und Boudin im Weißen Haus nachgestalteten. Unter Jackies Lieblingsstücken befand sich ein Stahlstich der Kaiserin Josephine, deren französisch-kreolisches Blut und Liebe zur Schönheit ebenso wie ihr treuloser, brillanter, mächtiger Ehemann womöglich Widerhall in Jackies eigenen Erfahrungen fanden.

Das Oval Office, das Herz des Präsidententeils des Weißen Hauses, wurde anfangs, 1961, nach Ideen von Jackie und Mrs. Parish ausgestattet. Die grünen Vorhänge und Teppiche der Truman-Ära wurden beibehalten, und hinzu kam der historische »Hayes-Schreibtisch«, der beinahe so etwas wie ein Symbol für die Kennedy-Präsidentschaft werden sollte. Der Tisch, den Jackie im Erdgeschoss des Weißen Hauses entdeckt hatte, war aus Hölzern der HMS *Resolute* hergestellt worden und war ein Geschenk Königin Victorias an Präsident Rutherford Hayes, ein anrührendes Zeichen anglo-amerikanischer Freundschaft und somit für den anglophilsten der amerikanischen Präsidenten im 20. Jahrhundert bestens geeignet.[35] Mitte 1962 waren die Parish-Entwürfe durch Pläne für eine Neugestaltung ersetzt worden, ein Gemeinschaftswerk von Jack, Jackie und Boudin, welches die zunehmende Kultiviertheit und den wachsenden Internationalismus des Kennedy-Standpunkts verkörperte – die »Imperiale Präsidentschaft«.

Der allmähliche Aufstieg Boudins fiel zusammen mit Jackies eigener Entwicklung von der relativ unbekannten Ehefrau aus Georgetown zur glanzvollen First Lady, Frau des mächtigsten Mannes der Welt und auch für sich allein eine Berühmtheit. Schwester Parishs Chintz für die reichen Leute Amerikas musste der eigens gesponnenen Seide und dem Moiré weichen, die Versailles und des Sonnenkönigs würdig waren.

Jackies Zorn über Maxine Cheshires Artikel – von denen einer die Überschrift »Mr. Boudin stellen sie grundsätzlich nicht vor« trug – beruhte zweifellos auf dem »Outing« Boudins: Es schürte die Furcht, ihr Einsatz eines ausländischen Designers könne Jack politisch schaden und ein schlechtes Licht auf ihr gesamtes Projekt werfen. Die Spießruten der Presse wegen ihrer Pariser Garderobe hatten sie empfindlich gemacht für den Zorn, den die amerikanische Öffentlichkeit über die Einstellung eines Ausländers bei der Hauseinrichtung des amerikanischen Staatsoberhauptes empfinden mochte. Du Pont und Schwester Parish waren talentierte Fachleute, doch in Jackies Augen lieferte deren profilierte Verbindung mit dem Restaurationsprojekt des Weißen Hauses vor allem eine geeignete Deckung für den wachsenden Einfluss von Stéphane Boudin. Die Affäre Boudin war typisch für die subtile, geheime Art, in der Jackie gern vorging, und für ihr beinahe machiavellistisches Talent, zu bekommen, was sie wollte, und dabei einen politischen Konflikt zu vermeiden.

Nicht einmal Maxine Cheshire fand jemals heraus, dass Stoffe für das Blaue Zimmer, das nach Boudins Umgestaltung im Grunde auch nicht mehr blau war, eigens von einer Pariser Firma und nicht von Scalamandré in New York hergestellt worden waren. Bei dem fraglichen Stoff handelte es sich um eine Seide mit Adlermuster für die vergoldeten Stühle der Monroe-Periode. Die Stühle stellten ein Problem dar: Der einzige Hinweis auf das ursprüngliche Aussehen der Polsterung für die Bellanger-Sitzbank, die Präsident Monroe in Paris bestellt hatte, war ein Porträt Monroes. Die Sitzbank war im Hintergrund sichtbar. Scalamandré studierte das Porträt in der City Hall in New York und entwarf eine Reproduktion des Motivs: einen Adler mit einem Bündel Pfeile in den Krallen inmitten eines Lorbeerkranzes. Es war kein Erfolg, wie William Elder schrieb, der Jackie das Scalamandré-Muster in den Urlaub nachsandte. Sie verbrachte ihn im August 1962 mit den Radziwills in Ravello. »Wie Sie sehen, wirkt der Adler für den Stuhlrücken eher wie ein gerupftes Huhn, und das Gewebe ist sehr rau …«[36] Jackie lehnte es ab und schilderte du Pont nach ihrer Rückkehr im September in einem Brief ihre Enttäuschung über die Muster amerikanischer Hersteller. Dann wies sie Boudin an, einen anderen Hersteller für sie zu suchen.

Boudin wählte das Pariser Unternehmen von Tassinari und Chatel, mit dem er häufig zusammenarbeitete. Jackie unternahm jede Anstrengung, um zu verbergen, dass ein ausländischer Hersteller die Stoffe für einen der bedeutendsten Räume des Weißen Hauses produzieren würde. Jansen, nicht das Weiße Haus, gab die Stoffe bei Tassinari und Chatel in Auftrag. Als sie fertig waren, wurden sie in die amerikanische Botschaft in Paris geliefert, von dort unter diplomatischer Deckung ins Außenministerium und darauf schließlich ins Weiße Haus gebracht. Das Pariser Unternehmen stellte ebenso unentdeckt die grüne Moiré-Seide für das Grüne Zimmer her. Bis in die achtziger Jahre hinein wurde allgemein angenommen, Scalamandré habe diese Stoffe der Kennedy-Ära geliefert. Die Wrightsmans finanzierten die Ausstattung des Blauen Zimmers, daher hatte Boudin in diesem Zimmer größere freie Hand als irgendwo sonst im Gebäude, wo auf die Gefühle du Ponts und Schwester Parishs Rücksicht genommen werden musste. (Schwester Parish hatte die Oberhand im Speisezimmer des Präsidenten und im Familien-Speisezimmer, die von ihren Freunden, den Loebs, den Engelhards und Mrs. Vincent Astor, finanziert wurden.)

Das Prestige des Weißen Hauses in Kombination mit dem Glanz der First Lady stellte einen unwiderstehlichen Reiz für wohlhabende Spender dar. Der Financier André Meyer zeichnete, als er von Boudin und Paul Manno, dem Direktor von Jansens New Yorker Filiale, angesprochen wurde, bereitwillig für den Erwerb eines außergewöhnlichen und extrem teuren Aubusson-Teppichs für das Rote Zimmer, wofür er im Gegenzug Mrs. Kennedy vorgestellt werden wollte. Das American Institute of American Designers bezahlte für die Bibliothek im Erdgeschoss, deren Gestaltung allein der fachmännischen Führung du Ponts unterlag. Die Wände wurden durch fünf seltene Porträts amerikanischer Ureinwohner belebt, die 1821 anlässlich deren Besuchs bei Präsident Monroe im Weißen Haus gemalt worden waren. Die Bilder waren von Vincent Price entdeckt worden, einem Kunstkenner und Mitglied des Gemälde-Komitees des Weißen Hauses, und das Geld für ihren Erwerb stammte von Sears, Roebuck & Company. Die Bücher für die Bibliothek wurden von einem Komitee von Gelehrten ausgewählt, denen Harvards Lyman H. Butterfield, Redakteur der Adam Papers in der Massachusetts Historical Society, Princetons Julian Boyd, James T. Babb, Bibliothekar in Yale, und Jackies Lieblings-Kennedy-Berater Arthur Schlesinger jr. angehörten. »Nach den derzeitigen Vorstellungen«, schrieb Schlesinger, »wird die Bibliothek etwa 2000 Bände umfassen, die für ein Verständnis amerikanischer Erfahrung als bedeutend angesehen werden.«[37] Jackie schrieb, sie wünsche sich »eine Bibliothek von bedeutendem amerikanischen Schriftgut … & Schriftgut, welches das amerikanische Denken beeinflusst hat – Locke usw. & alle Bücher von Präsidenten … –, genau die Bibliothek, die ein Gentleman haben sollte«.[38]

Am 3. November 1961 wurde Jackies permanente Dachorganisation für das Weiße Haus ins Leben gerufen, eine gemeinnützige Körperschaft mit dem Namen White House Historical Association, der David Finley, John Walker und Clark Clifford als Gründungs- und Vorstandsmitglieder angehörten. Um Mittel dafür aufzutreiben, verfiel Jackie auf die brillante Idee, einen Führer für das Weiße Haus herauszugeben. Jackie beaufsichtigte persönlich jede Phase der Produktion, die Texte, Bilder und das Layout. Das Buch wurde umgehend zum Erfolg und über die Jahre finanzierten die Verkäufe von etwa acht Millionen Exemplaren die Historical Association, den Erwerb von Möbeln und Kunstgegenständen für das Weiße Haus sowie die offiziellen Porträts der Präsidenten und First Ladys, die dort aufgehängt sind.

Bei der Jagd nach Objekten, die sie haben wollte, ging Jackie rücksichtslos vor. Walter Annenberg, der wohlhabende Verleger aus Philadelphia und spätere Botschafter in London, war der glückliche Besitzer eines Benjamin-Franklin-Porträts von David Martin, das er kurz zuvor für $ 250 000 erworben hatte, eine zu jener Zeit beachtliche Summe. Eines Tages vernahm er die sanfte Stimmer von Jacqueline Kennedy, die er nie zuvor gehört hatte und die mit ausschweifendsten Schmeicheleien um einen Gefallen bat: »Mr. Annenberg, Sie sind heute der erste Bürger von Philadelphia«, hauchte sie. »Und Benjamin Franklin war der erste Bürger von Philadelphia zu seiner Zeit. Aus diesem Grund, Mr. Annenberg, habe ich an Sie gedacht. Meinen Sie, ein großer Bürger Philadelphias würde dem Weißen Haus das Porträt eines anderen großen Bürgers von Philadelphia stiften?«[39] Annenberg, der Republikaner war, dachte ein paar Tage lang nach, dann verabschiedete er sich von seiner Viertelmillion. Das Franklin-Porträt war auf dem Weg ins Weiße Haus.

Leute, die Jackie mit einem Nein abzuspeisen versuchten, mussten entdecken, dass sie äußerst weit ging, um sie auszutricksen. Anfang Dezember wurde David Finley zum Kapitol entsandt, um dem Architekten des Kapitols, George Stewart, von »Mrs. Kennedys Wunsch« zu berichten, »sich einen der Kronleuchter zu sichern, die im Weißen Haus gehangen hatten, doch zur Zeit der Theodore-Roosevelt-Restauration von 1902 verkauft worden waren«.[40] Einen Monat später unterrichtete Stewart Finley, dass es Schwierigkeiten geben könne und ein Kongresserlass erforderlich sein mochte. Er fügte hinzu: »Diese Dienststelle vertritt die Ansicht, dass die drei bekannten Kronleuchter aus dem Weißen Haus im Kapitol bleiben sollen, da sie der Periode der Flügel, nicht aber der Periode des restaurierten

Weißen Hauses angehören.«[41] Jackie hasste Belehrungen darüber, was oder was nicht in das »restaurierte Weiße Haus« passte, aber sie wartete ab, bis ihre hoch gelobte Fernsehführung durch das restaurierte Weiße Haus und ihr erfolgreicher Besuch in Indien und Pakistan, den sie allein unternahm, hinter ihr lagen. Dann wandte sie sich in der Kronleuchter-Frage mit einem sechsseitigen Brief an den Mann, von dem sie wusste, dass er sich wirklich im Kapitol auskannte: an den Vizepräsidenten Lyndon B. Johnson. Sie bitte lediglich, so schrieb sie, um einen von Hunderten von Kronleuchtern im Kapitol für das Weiße Haus, aber sogar diese bescheidene Bitte werde ihr von den zuständigen Bürokraten verwehrt, namentlich von Mr. Stewart. Zudem habe Mr. Stewart die Senatoren abgewiesen, deren Hilfe sie sich vergewissert hatte. Ob wohl der »liebe Lyndon« mit seiner legendären Überredungskunst für sie etwas erreichen könne?[42]

Johnson wandte sich mit Jackies Anliegen an den Mehrheitsführer im Senat, Mike Mansfield, von dem er am 8. März jedoch lediglich eine entmutigende Notiz erhielt. Diese war allzu offensichtlich von dem unnachgiebigen Mr. Stewart diktiert worden. Wie es hieß, konnte der lediglich drei Leuchter als definitiv aus dem Weißen Haus stammend ausmachen und wies auf Faktoren hin, »die eine Übertragung nicht ratsam erscheinen lassen«. Johnson leitete dies am 22. Mai an Jackie weiter und versprach, mit ihr darüber zu reden. Am 5. Juni erhielt er einen resoluten, sogar unterschwellig drohenden Brief von Jackie. Sie sei bereit, ihre Forderung auf nur einen Kronleuchter für den Unterzeichnungssaal zu beschränken, diesen aber sei sie entschlossen zu bekommen, selbst wenn dies bedeutete, die Presse hineinzuziehen. Diese wollte den Unterzeichnungssaal am 29. Juni besichtigen und würde gewiss unangenehme Fragen stellen, wenn sie den Kronleuchter dort nicht vorfände. Sie schlug vor, Johnson solle Mr. Stewart überreden, ihn für einen Tag auszuleihen und es ihr zu überlassen, dass er ihn nicht mehr wiederbekäme.[43] Das Ergebnis von Jackies Mischung aus Schmeichelei und verhüllter Drohung war ein Brief von Mansfield an Stewart am 15. Juni: »Sie werden hiermit autorisiert und angewiesen, dem Weißen Haus auf temporärer Basis den Kristall-Kronleuchter, der derzeitig auf dem Verbindungskorridor, Hauptgeschoss, Senatsflügel des Kapitols der Vereinigten Staaten, hängt, als Leihgabe zur Verfügung zu stellen ...«

James Biddle, Spross einer berühmten Familie aus Philadelphia und Kustos-Assistent für den amerikanischen Flügel des Metropolitan-Museums, war ein weiteres Opfer von Jackies Hartnäckigkeit. Jackie wollte einen bedeutenden frühamerikanischen silbernen Tafelaufsatz für das Familien-Speisezimmer. Biddle wies sie mit der Begründung ab, das Stück sei zu wertvoll für einen solchen Zweck. Dann fuhr er in den Urlaub – um bei seiner Rückkehr den Aufsatz nicht mehr, stattdessen aber eine Notiz von Jackie in unverblümter angelsächsischer Deutlichkeit vorzufinden: »Liebster Jimmy, ich hab's. Geh zum Teufel.«[44]

Von ihren Mitarbeitern aber wurde Jackie angebetet. »Sie war ein so fantastischer, interessanter, amüsanter Mensch, dass man nie wusste, was am nächsten Tag geschehen würde«, berichtete Janet Felton Cooper. »Ich kann mich an keine einzige unangenehme Situation zwischen uns erinnern. Manchmal machte sie einem die Hölle heiß, weil man ihre Anfragen nicht beantwortet hatte, aber unschöne Vorfälle gab es wirklich nicht. Ich denke, sie nahm die Dienststelle auch sehr stark in Schutz. Ich erinnere mich an Leute, die kamen und uns attackierten, und dazu sagte sie nur: ›Kümmern Sie sich nicht um Soundso ...‹ Und zu der Zeit hatten wir Zugang zum gesamten Weißen Haus, wir konnten gehen, wann und wohin wir wollten, nach oben, nach unten .... – und sie sagte: ›Janet, Sie können die Leute in den zweiten Stock führen, nur nicht gerade, wenn Jack seinen Mittagsschlaf hält.‹«[45]

James Ketchum sagte: »Ich weiß noch, wie sie zu mir sagte: ›Sind Ihre Eltern hier gewesen? Sind sie oben gewesen?‹ Und hinterher habe ich bei mir gedacht: Sie erlaubte Ethel nicht, nach oben zu gehen, aber meiner Mutter erlaubte sie es!«[46] William Elder erinnerte sich an eine Cocktailparty in Janet Auchincloss' Haus in Georgetown, auf der Jackie nicht dabei war: »Sie fragte mich, ob ich sie, wenn sie ins Weiße Haus käme, in die

Privaträume im zweiten Stock führen würde. Sie war noch nie dort gewesen.«[47] Ketchums Erinnerungen nach kam Mrs. Auchincloss ins Büro und kaufte die Führer, »was mir immer merkwürdig vorkam. Außerdem weiß ich noch, wie wir angewiesen wurden, dafür zu sorgen, dass eine gewisse Frau namens Ethel mehr für die Führer bezahlte als andere Leute, wenn sie kam …« Er fuhr fort: »Ich weiß nicht, wie ich ausdrücken soll, dass ihr Sinn für Humor einfach der köstlichste, wundervollste Teil ihres ganzen Wesens war, der uns alle mit ihr versöhnte. Sie konnte einfach jede Situation herumreißen und etwas zum Lachen finden, ganz egal, was los war … und ihre Sprache konnte sehr drastisch sein …«

J. B. West war beeindruckt von Jackies Fähigkeit, einen großen, kultivierten Haushalt zu führen. Sie hatte eine Menge davon mitbekommen, wie ihre Mutter mit Merrywood und Hammersmith fertig wurde, aber auch von dem Luxus und der Schönheit in Häusern wie dem Château de l'Horizon des Aga Khan, Gianni Agnellis La Leopolda und Lulu de Vilmorins Verrières. Sie wusste, wie man mit einem großen Stab von Hausangestellten umging – was man von ihnen erwarten konnte, wie man sie einschätzte und wie man sie zu besseren Leistungen anhielt. Am Morgen nach dem Amtseintritt bat sie West, ein Treffen mit den Hausangestellten zu arrangieren. In Reithosen, Hemd, Stiefeln und mit wirrem Haar saß die First Lady lässig auf der Kante eines Schreibtischs, während die verschiedenen Angestellten vor sie traten – die drei Hausdiener, die Haushälterin Mabel Walker, Charles, der Chefkoch, der Essenszubereitung und Bedienung überwachte, vier Butler, das Küchenpersonal, drei Köchinnen und ihre Assistenten (die beim Anblick einer First Lady in Hosen schlicht sprachlos waren), die fünf Dienstmädchen für den zweiten und dritten Stock und zwei Hausbesorger für die oberen Stockwerke, philippinische Marinestewards. Jackie merkte sich alle ihre Namen. »Sind das alle«, flüsterte sie, als die Hausbesorger gegangen waren. »Nun ja«, erwiderte West, »es gibt noch drei Männer im Blumengeschäft, zwei Frauen in der Wäscherei, fünf Hausbesorger für unten, drei Klempner, drei Maler, zwei Lagerverwalter, zwölf Ingenieure, sieben Zimmerleute und acht Gärtner.« »Wie hoch ist Ihr Betriebsbudget?«, fragte Jackie. »Fünfhunderttausend Dollar im Jahr, ohne Ihre persönlichen Ausgaben«, lautete die Antwort. Jackies mitgebrachtes Personal musste den Gehaltslisten des Weißen Hauses hinzugefügt werden. Unter ihnen konnte nur die alte Mrs. Shaw keine offizielle Position erhalten. »Denken Sie daran«, sagte Jackie zu West. »Ich will, dass Sie dieses Haus führen, wie Sie es für den knickerigsten Präsidenten tun würden, der je gewählt worden ist. Wir haben nicht einmal halb so viel Geld, wie die Zeitungen behaupten.«[48]

Die Erste, die Jackies neuem Regime weichen musste, war die Haushälterin des Weißen Hauses, die nach der ersten Begegnung verschnupft dem übrigen Personal gegenüber bemerkt hatte: »Woher wusste sie [Jackie] überhaupt, wen sie vor sich hatte, mit all diesem Haar, das ihr übers Gesicht fiel?« Jackie hatte die Gewohnheit, West Notizen mit ihren neuesten Ideen zur Personalfrage zu hinterlassen. Auf vielen stand: »Würden Sie bitte Mrs. Walker auf Touren bringen?« Sie beschloss, Anne »Linky« Lincoln aus ihrem Büro als Ersatz für Mrs. Walker ins Haus zu holen. Letztere wurde ins Lager versetzt, wo sie das Inventar auflisten sollte. Jackie neigte dazu, sich mit Frauen ihres eigenen Hintergrunds zu umgeben, die instinktiv begreifen würden, wie sie die Dinge erledigt haben wollte. Über Anne Lincoln sagte Jackie: »Sie weiß, wo ich Zigarettenkisten stehen haben will und was für eine Art von Haus das hier sein sollte ...«[49]

Veränderungen gab es vor allem in der Küche. Jackie hatte den französischen Koch René Verdon, der zuvor im Le Pavillon gearbeitet hatte, und seinen Assistenten Julius Spessot angeheuert. Sie beschloss, dass Spessot, dessen Spezialität Skulpturen aus Eis waren – die Tischdekoration, die sie am wenigsten mochte –, zu Gunsten des Konditors Ferdinand Louvat zu gehen habe.

Der Präsident, der bei allem, was Presse und Ansehen betraf, stets hoch empfindlich war, wurde nervös, als er von den Entlassungen hörte. »Haben Sie keine Angst, dass er [Julius] etwas schreiben könnte?«, fragte er West. Einige Tage später rief Jackie West an und erklärte ihm, der Kennedy-Anwalt James McInerney (der sich um private Belange und heikle Fälle wie Pamela Turnures Vermieterin Florence Kater kümmerte) habe eine Vertraulichkeitserklärung aufgesetzt, die vom Personal des Weißen Hauses unterzeichnet werden solle. Als Pierre Salinger die Existenz dieser Erklärung bekannt gab, entstand Aufruhr. Er musste sie auf Jackie schieben: »Wir hatten schlicht das Gefühl, ein solcher Schritt würde sicherstellen können, dass die Frau des Präsidenten ihr Privatleben führen könne«, erklärte er. Jack, der in Wahrheit der Verfasser der Erklärung war, befand, diese Begründung lenke nicht genug von den wahren Gründen ab. Weder er noch seine Frau sollten mit der Sache in Zusammenhang gebracht werden. Er verließ sein Büro im Westflügel und stattete West einen privaten Besuch ab. »Ich brauche Ihre Hilfe, Mr. West«, sagte er. »Die Sache mit dieser ›Erklärung‹ bringt mich in eine üble Lage. Wären Sie bereit, die Verantwortung dafür zu übernehmen? Wir bereiten eine Aussage vor, die bestätigt, es sei Ihre Idee gewesen und Sie hätten sie auch umgesetzt. Wenn es von Ihnen kommt, wirkt es offizieller und nicht mehr wie eine persönliche Angelegenheit.«[50]

Für Jackie war das Privatleben des Paares genauso wichtig – wenn nicht noch wichtiger – wie das öffentliche Drum und Dran der fünfunddreißigsten Präsidentschaft. Sie war entschlossen, ihre Kinder im Weißen Haus mit seinen imposanten Sälen und den Lakaien auf allen Etagen so weit wie irgend möglich ein normales Leben führen zu lassen. »Ich möchte nicht, dass sie sich als ›offizielle‹ Kinder fühlen«, erklärte sie West. »Wenn ich mit ihnen nach draußen gehe oder wenn ihre Kinderfrau mit ihnen ausgeht, sagen Sie bitte dem Türsteher, er soll nicht herumlungern, um ihnen die Türen zu öffnen.«[51] An dem Tag, als die Kinder im Weißen Haus eintrafen, bat sie den Gärtner, einen Schneemann mit Karottenaugen und einem Apfelmund zu bauen, damit sie unterhalten und von der Fremdheit des großen, neuen Hauses abgelenkt würden. Caroline jedoch fühlte sich von den gewaltigen Räumen mit den hohen Decken ein wenig eingeschüchtert und ließ ihre Schlafzimmertür immer angelehnt, um sich näher bei Mrs. Shaw zu fühlen.

Die Aufmerksamkeit von Presse und Sicherheitsbeamten

machten es schwierig für Caroline, ihr Spielgruppe in Georgetown zu besuchen. Also machte Jackie das Weiße Haus zum Treffpunkt der Gruppe, damit sie ihre Freunde sehen konnte. »Im ersten Jahr war es eine Kindergarten-Kooperative, bei der die Mütter, einschließlich Mrs. Kennedy, sich in der Betreuung jede Woche abwechselten«, berichtete Pamela Turnure. »Und im nächsten Jahr bekamen sie dann mehr reguläre Vorschullehrer und Kindergärtner. Während die Gruppe dort stattfand, wurden zwei Klassen daraus ...«[52] Im Solarium des dritten Stocks gestaltete Jackie das Klassenzimmer der Spielschule, mit Sandkiste, Kaninchenkäfigen, Meerschweinchen, Goldfischen und Pflanzen. Aus einer Liste, die eine Lehrerin vorbereitet hatte, wählte sie hundert Schulbücher aus. Schon bald entwickelte sich daraus eine voll funktionsfähige Vorschule mit zehn Schülern, deren Eltern sich die Kosten für die Lehrer mit den Kennedys teilten. »Es sah aus wie eine reizende, kleine Vorschule«, berichtete Susan Neuberger Wilson, eine Mutter, die Jackie um die Organisation der Schule und die Einstellung der Lehrer gebeten hatte. »Es gab Tafeln, Malerkittel, Kostüme zum Verkleiden, Sandkisten, die ganze vorgeschriebene Ausstattung.«[53] Nelson Pierce, der im Büro des Haushaltsvorstands arbeitete, war überrascht, als er eines Tages von Jackie den Auftrag erhielt, ein trächtiges Kaninchen zu besorgen. »Sie dachte, es wäre doch schön für die Kinder, die Kaninchenmutter und ihre Kinder zu beobachten.« Ein weißes Kaninchen mit roten Augen und dem Namen Annabelle traf als Gabe von dem Präsidenten des örtlichen Kaninchenzüchterverbandes ein und brachte prompt vier Junge zur Welt. Daneben gab es einen selbst gebauten Brutplatz für Küken. Versteckt hinter Bäumen, hatten die Kinder beim Büro des Präsidenten im Westflügel einen Spielplatz mit Baumhaus, Schaukel, Rutsche und sogar ein Trampolin. Hier wurde die Kennedy-Menagerie gehalten: die Ponys Macaroni und Tex, Hunde, Lämmer und Meerschweinchen.

»Über die Schule dachte sie ziemlich viel nach«, erzählte Susan Wilson. »Das war nicht einfach nur etwas, das von irgendwem organisiert und von zwei höchst kompetenten Leuten betrieben wurde. Sie dachte ständig darüber nach, wie sie den

Lehrplan ergänzen könnte … Wenn Gäste kamen oder ein Hubschrauber auf der Südwiese landete, liefen die Kinder alle hinüber, um sich die Berühmtheit, die dort ankam, anzusehen … Ich weiß noch, wie einmal eine Delegation von Indianern eintraf, die in ihrer vollen Stammeskleidung das Weiße Haus besuchten, und Jackie richtete es so ein, dass sie herüberkamen und sich mit den Kindern trafen.«[54]

Die Kinder standen bei ihren Eltern, sofern sie sich im Weißen Haus aufhielten, immer an erster Stelle. Als John älter wurde, liefen beide regelmäßig ins Zimmer ihres Vaters, während er frühstückte. Hinterher ging Caroline mit ihm in sein Büro, wobei sie ihr Lunchpaket in braunem Papier bei sich trug. Anschließend nahm sie den Fahrstuhl hinauf in den dritten Stock zu ihrer Schule. In ruhigen Momenten konnte Jack die Kinder von seinem Büro aus draußen auf der Wiese hören. Dann klatschte er in die Hände und sie kamen wegen der Süßigkeiten angelaufen, die er immer für sie hatte. Am Abend ging er nach der Arbeit mit John und Caroline im Schwimmbecken des Weißen Hauses schwimmen. John lernte es erst noch, doch der Kinderfrau zufolge war Caroline »eine wundervolle Schwimmerin«. Ihr Vater »war sehr stolz auf sie, wenn sie mit Schwimmtrophäen nach Hause kam. Besonders wenn sie jemanden geschlagen hatte, der ein bisschen älter war als sie, was oft vorkam …«[55] Jackie aß oft mit den Kindern zu Mittag und wenn sie und Jack Zeit für ein ruhiges Abendessen fanden, hatten sie die Kinder bei sich. Jeden Abend um halb sieben hielt Jackie sich eine Stunde für sie frei, und Jack sorgte dafür, dass er sie sah, und sei es auch nur flüchtig. »Ganz egal was für große oder kleine Termine der Präsident hatte«, erinnerte sich Maud Shaw, »er nahm sich immer Zeit, seinen Kindern gute Nacht zu sagen und wenn möglich mit ihnen zu beten. Das ließ er sich nie nehmen.«[56]

Genauso heilig war für Jackie die »Mittagsruhe«, wenn Jack nach seinem gewohnheitsmäßigen Schwimmen um 13 Uhr 30 nach oben kam, um sich auszuruhen. »Mrs. Kennedy ließ alles stehen und liegen, ganz egal, wie wichtig es war, um bei ihrem Mann zu sein«, schrieb West. Die Schlafzimmertüren wurden geschlossen, Telefonanrufe nicht mehr durchgestellt. Dann hatte Jackie ihren Mann für sich allein. Da sie immer weniger Zeit im Weißen Haus verbrachte, wurden auch diese Gelegenheiten immer seltener.

Jackie revolutionierte die Unterhaltung im Weißen Haus, reduzierte die offiziellen Dinnereinladungen der Eisenhower-Jahre und beschränkte sie auf die Besuche von Staatsoberhäuptern und anderen bedeutenden ausländischen Besuchern. Der große, offizielle Esstisch in der Form eines E wurde durch runde Tische mit Organdy-Decken und schönem Tafelsilber ersetzt. Dazu kamen zwanglose Blumenarrangements und schlichte »Stielgläser«, die sie eigens von der Morgantown Glassware Guild in West Virginia bestellt hatte. (Angesichts der Armut in West Virginia wies Jackie sogar das Angebot eines großen Herstellers an der Ostküste zurück, sie umsonst mit Gläsern zu beliefern.) Statt weißer Krawatten trug man nun schwarze, Pomp und Umständlichkeit wichen einer Atmosphäre von Ungezwungenheit und – sorgfältig geplanter – Spontaneität. Offizielle Anlässe waren nicht länger steife Angelegenheiten, sondern glanzvoll und fantasievoll, wie jenes Dinner unter freiem Himmel, das am 11. Juli 1961 zu Ehren des pakistanischen Präsidenten Ayub Khan in der Heimat George Washingtons, Mount Vernon, in romantischer Lage mit Blick über dem Potomac stattfand.

Jackies Fantasie war von der Idee beflügelt worden, ein Sommerfest im Haus des Gründervaters abzuhalten. Sie fuhr mit einem Trupp zur Erkundung hinüber und stieß auf scheinbar unüberwindliche Schwierigkeiten: Das Haus war zwar tagsüber für das Publikum geöffnet, aber seit einer kleinen Lunchparty für Königin Marie von Rumänien im Jahre 1926 war keine offizielle Veranstaltung mehr dort abgehalten worden. Küche und sanitäre Anlagen waren rudimentär, Beleuchtungs- und Kühlmöglichkeiten so gut wie nicht vorhanden. Die Abordnung des Weißen Hauses – mit Ausnahme von Jackie – war bereit, die Sache fallen zu lassen. Aber, wie Tish in ihrem Bericht über diesen Anlass schrieb: »Ein Blick auf Jackies erregtes Gesicht, und ich wusste – uns allen blieb nichts anderes übrig …«[57] Das Essen sollte im Weißen Haus zubereitet und mit Armeelastwagen über den

Memorial Parkway hinübergebracht werden. Jackie und ihr Koch erdachten eine schlichte Mahlzeit mit einem Hauptgang, der durch Aufbewahrung gewinnen würde, sowie andere Gänge und Beilagen, die sich unter primitiven Umständen leicht arrangieren ließen. Generatoren, Tische, Stühle, Porzellan, Leinen, Kristall und Personal, einschließlich zweiundzwanzig Butlern, sollten vom Weißen Haus nach Mount Vernon transportiert werden. Die Gäste würden per Boot über den Potomac eintreffen. Eine zehn mal zwölf Meter große, an den Seiten offene Markise sollte für den Fall, dass es regnete, auf dem Rasen errichtet werden. Dazu mussten transportierbare Toiletten bereitgestellt und das Laub gegen Insekten besprüht werden. »Während alle um sie herum sicher waren, dass wir das nicht schaffen würden, blieb Jackie heiter und voller Vertrauen in die Fähigkeiten ihres Personals. Das ihr angeborene Talent für die Kontrolle über endlose Einzelheiten und ihr überragender Sinn für Organisation wurden begleitet von jenem leisen, kleinen, eisernen Grundsatz: ›*Selbstverständlich* ist das möglich …‹«, schrieb Tish. Sogar der Präsident nahm Anteil und schrieb eine Notiz über den Blumenschmuck: »Sehen Sie zu, dass all die Lowestoft-Kübel im Haus mit Blumen gefüllt werden – sehr niedrig …«[58]

Bei der Ankunft wurde den Gästen Pfefferminzlikör in Silberbechern (den anwesenden Muslimen Orangensaft) serviert, und anschließend bot man ihnen eine Darstellung des Exerzierens aus dem Revolutionskrieg einschließlich einer Schreckschusssalve, die auf ein nichts ahnendes Pressecorps abgefeuert wurde. (Der Korrespondent der *New York Times* spielte Kapitulation, indem er ein weißes Taschentuch schwenkte.) Dann wurde in dem blau-gelben Zelt, das der Schaufensterdesigner von Tiffany's mit Smilax-Girlanden und weißen und gelben Bändern dekoriert hatte, an gelb eingedeckten Tischen mit Blumenschmuck aus Rittersporn, gelben Nelken, Zitronenlilien und Kornblumen aus Bunny Mellons Garten das Dinner serviert. Nach dem Essen trat im Konzertbereich das National Symphony Orchestra auf, womit im Schein von Zitronell-Kerzen ein zauberhafter Abend zu Ende ging.

Es gab noch andere unvergessliche Dinnerpartys, darunter

die, welche in jenem Winter für den Gouverneur von Costa Rica stattfand und bei der der große Pablo Casals im Weißen Haus spielte. Unter den Gästen befand sich Leonard Bernstein. Er stellte einen Vergleich mit einem Dinner während der Amtsperiode des Vorgängers an:

> Damals war das Essen primitiv, die Weine waren minderwertig, und Rauchen durfte man nicht ... [Auf] dem Casals-Dinner im November 1961 wurden zuerst gute Getränke serviert ... Überall standen Aschenbecher ... Wenn man sich anstellt, ist man nicht mehr so streitbar gestimmt, weil man schon einen Drink und eine Zigarette hat. Und dann kommt der Moment, wo man den Präsidenten und die First Lady begrüßen soll, und zwei umwerfende Leute erscheinen in der Tür, die unmöglich noch charmanter sein könnten, selbst wenn sie es versuchten, die dafür sorgen, dass man sich wirklich willkommen fühlt, sogar in so einer großen Menschenansammlung ... Das Essen ist himmlisch, die Weine sind köstlich, die Leute lachen, lachen aus vollem Hals, tauschen Geschichten aus, Witze, amüsieren sich, sind froh, hier zu sein ... Wissen Sie, ich habe noch nie in meinem Leben so viele vergnügte Künstler gesehen. Es war eine Freude, dabei zuzusehen ...«[59]

Keinem außer den Kennedys wäre es gelungen, Casals, der wegen der amerikanischen Unterstützung für Franco seit 1928 nicht mehr in Amerika aufgetreten war, und Charles Lindbergh, der seit seiner Unterstützung der totalitären Regime im Zweiten Weltkrieg als geächtet galt, unter einem Dach zu versammeln. Ein ebenso außergewöhnlicher Anlass war das Dinner für alle lebenden Nobelpreisträger, das – als erstes seiner Art im Weißen Haus – am 29. April 1962 stattfand. Der Schauspieler Frederic March las aus Werken von Hemingway, General George Marshall und Sinclair Lewis. Unter den Gästen befand sich der Schriftsteller William Styron, ein Freund der Kennedys, der sich überwältigt an den Moment erinnerte, in dem zu einer Trompetenfanfare und den Klängen von »Hail To the Chief« das Paar erschien. »Man sah Jack und Jackie wahrhaftig schimmern.«[60]

Jackie gewährte der breiten amerikanischen Öffentlichkeit Zugang zu ihrem Projekt, aber zu ihren eigenen Bedingungen – und zu ihrem Preis. Im Sommer 1961 arbeitete sie mit Hugh Sidey, einem der Lieblingsjournalisten ihres Mannes, an einem umfangreichen, ihre Pläne erläuternden Beitrag für das Magazin *Life*, das sich am Restaurationsprojekt beteiligte. Möglicherweise auf eine Anregung von *Life* hin schlug der CBS-Produzent Perry Wolff eine Fernsehführung durch das Weiße Haus vor, auf welcher der Nation gezeigt werden sollte, was bereits erreicht worden war. »Perry Wolff kam mit der Idee zu mir«, berichtete Blair Clark, der damalige Generaldirektor und Vizepräsident von CBS und ein Freund von Jack aus Harvard. »Er sagte, er sei auf ein Hindernis gestoßen, denn sie [Jackie] wolle es nicht machen. Er wusste, dass ich Jackie und JFK kannte – wir waren auf dem College in derselben Klasse gewesen und hatten beide dem viel geschmähten Spee Club angehört. (Weder er noch Jack, so sagte er, seien verrückt nach ihren Kameraden im Spee gewesen, die Torby MacDonald ausgeschlossen hatten, weil er Ire war.) Ich fuhr zu ihr nach Washington, sprach mit ihr und dann auch mit JFK, der Zweifel hatte, ob sie es machen sollte oder nicht. Ich sagte, sie würde es gut machen und es wäre gut für sie beide … Ich fand, sie hat es ausgezeichnet gemacht. Wir mussten ihre Stimme verstärken, damit die Leute verstehen konnten, was sie sagte. JFK tauchte auf, während wir drehten. Er war zufrieden damit und es war ein Riesenerfolg.«[61]

Nach heutigen Maßstäben war Jackies Auftritt amateurhaft. Ihr Verhalten war spröde, und ihre Stimme klang von Minute zu Minute mehr nach einem kleinem Mädchen. Norman Mailer schrieb einen extrem kritischen Artikel für den *Esquire*. So abschätzig dieser jedoch klang, war er, wie Diana Vreeland Cecil Beaton erzählte, in Wahrheit doch »ein heftiger Liebesbrief« an Jackie. Mailer gab selbst zu, dass er sich durch eine Reihe von Zurückweisungen, die sie ihm in seinen Augen erteilt hatte, in seinem Stolz verletzt fühlte. Sein positiver Artikel über Jack drei Wochen vor der Präsidentenwahl hatte ihr gefallen, und sie hatte ihm geschrieben, um ihm dies mitzuteilen. »Einen netten Brief, großzügig in seinem Lob, akkurat in den Details.« Mailer schrieb ihr »in Napoleonstimmung« zurück und berichtete von seinen Hoffnungen, eine Biographie über den Marquis des Sade »und die seltsame, einzigartige Ehre dieses Mannes« zu verfassen.[62] Jackie erkannte, welche Gefahren drohten, wenn sie sich von Mailer in Diskussionen über de Sade verwickeln ließ, und war klug genug, nicht zu antworten.

Zu Neujahr 1961/62 schlug der *Esquire* vor, Mailer solle einen Beitrag über Jackie schreiben. Seine Bitte um ein Interview wurde abgelehnt. Mailer reagierte wie ein abgewiesener Liebhaber. Er bewunderte sie, sah eine potenzielle Verbündete gegen reaktionäres Philistertum und Prüderie in ihr: »Ich mochte sie und dachte, sie würde verstehen, worum es ging, denn als First Lady war sie die Königin der Künste, sie war unsere Muse, wenn sie nur wollte.« Er war bereits zu der Ansicht gelangt, sie habe eine »merkwürdige öffentliche Stimme«, ganz anders als die, die er in ihrem Wohnzimmer in Hyannis Port gehört hatte und die »klar, fröhlich und exzellent« gewesen war. »Aber die Stimme, die ich jetzt hörte«, schrieb er, »ihre öffentliche Stimme, hatte sich nach einem Jahr im Weißen Haus unleugbar zu ihrem Nachteil verändert …« Er nannte sie »selbstbewusste Parodie«. (Sieht man Wochenschauen über Jackie aus dem Weißen Haus und hört ihre Stimme, die mehr und mehr dem Kleinen-Mädchen-Geflüster von Marilyn Monroe gleicht, ist man versucht laut auszurufen: »Lass den Unsinn, Jackie.«) »… Sie war ein Scharlatan … ein königlicher Scharlatan. Da war etwas Schwieriges, Gefährliches, das sie tief aus sich selbst heraus zu tun versuchte, gefährlich nicht für ihre Sicherheit, sondern für ihre Seele. Sie versuchte, so vermute ich, eine anständige First Lady zu sein, und das war ihr Fehler.«[63]

»Er hatte Recht wegen der Stimme«, gestand Jackie später ein.[64] Mailer hatte aber auch Recht, was ihre Scharlatanerie als First Lady betraf. Er hatte Recht mit seinen Worten über die Gefahr, die das Schauspiel im Weißen Haus für ihre Seele darstellte. Die Figur, die sie der Öffentlichkeit präsentierte, hatte wenig zu tun mit ihrem wirklichen Selbst. Charlie Bartletts wundervolle, eifrige, intellektuelle, mädchenhafte Reporterin erstickte unter den Insignien einer Königin.

11
Amerikas Königin

»Sie war schön, sie war das wertvollste Gut, das er je hätte bekommen können, und auf dieser Paris-Reise sagte mein Mann: ›Das Blatt hat sich gewendet. Wir hören jetzt auf die andere Seite, denn die Gewichte haben sich verlagert.‹ Ich meine, es war eine andere Art von Spiel – de Gaulle und die Franzosen, wirklich, das machte den Unterschied. Und dann, denke ich, haben sich ganz allmählich eine Menge Dinge verändert …«

Robin Biddle Duke, Frau von Angier Biddle Duke, dem Protokollchef des Weißen Hauses in der Kennedy-Ära[1]

»Wir im Weißen Haus brauchten ungefähr drei Wochen [schrieb Tish Baldrige], bis wir bemerkten, dass wir mit Jacqueline Kennedy einen gewaltigen Star bekommen hatten. Frauen schrieben ans Weiße Haus und fragten nach ihrer Shampoomarke oder wie viele Lockenwickler genau sie benutzte, wenn sie ins Bett ging, und ob der Präsident etwas dagegen hatte … Briefe und Geschenke trafen lastwagenweise im Ostflügel ein, neuntausend pro Woche … Aber in welchem Ausmaß Jackie ein aufsteigender Star war, wurde uns erst mit dem Staatsbesuch in Kanada im Mai 1961 klar. Es war der erste offizielle Auslandsbesuch der Kennedys …«[2]

Nur einen Monat zuvor hatte John F. Kennedy Mitte April 1961 die erste schwere Niederlage seiner politischen Laufbahn hinnehmen müssen, die Katastrophe in der Schweinebucht, der Tiefpunkt, doch vielleicht auch der richtungsweisende Moment seiner Präsidentschaft. Seit den Anfängen von Fidel Castros sozialistischer Revolution zu Neujahr 1959 hatte das Schreckgespenst einer kommunistisch regierten Insel so nah bei

Amerikas Küste mehr und mehr Einfluss auf das amerikanische Verteidigungsdenken genommen. Eisenhower hatte einem vom CIA initiierten Plan einer Invasionstruppe aus kubanischen Emigranten zur Entmachtung Castros zugestimmt. Kennedy war der Plan als Erbe zugefallen und mit Vorsicht stimmte er ihm zu. Da er die Eisenhower-Regierung im Wahlkampf wiederholt wegen ihres offenbaren Versagens beim Thema Castro attackiert hatte, sah er sich jetzt durch eigene Schuld in die Ecke gedrängt. Er sorgte sich wegen der möglichen Ausbreitung einer linksgerichteten Revolution nach kubanischem Vorbild in Lateinamerika und der Gefahr für seine geschätzte Allianz für Fortschritt mit den Regierungen dieser Gebiete. Nur wenige Wochen vor Kennedys Amtsantritt hatte Chruschtschow der Kuba-Frage eine neue, an den Kalten Krieg erinnernde Dimension verliehen, als er in einer Rede am 6. Januar 1961 signalisierte, Castro sei als neues Mitglied des Sowjetblocks willkommen.

Die Kennedys hatten das Wochenende vom 15. zum 16. April in Glen Ora verbracht. Am Montag, dem 16. April 1961, kehrten sie ins Weiße Haus zurück, wo zur Begrüßung des griechischen Premierministers ein Mittagessen geplant war. Um 4 Uhr 45 desselben Morgens landeten 1400 vom CIA ausgebildete Exil-Kubaner an der Südküste Kubas, einem Gebiet, das als Schweinebucht bekannt ist. Am nächsten Tag trafen verheerende Nachrichten von dort ein. Am Abend fand wie geplant ein Empfang des Kongresses im Weißen Haus statt. Jack und Jackie erschienen um kurz nach zehn, wobei die Band »Mr. Wonderful« spielte. Kurz vor Mitternacht stahl sich der Präsident davon, um an einer bedrückten Sitzung des engsten Kreises im Kabinettsaal teilzunehmen. Der Einsatz war von Anfang bis Ende verpatzt worden. Kürzlich freigegebene Dokumente beweisen, dass die Sowjets seit »etwa dem 9. April«[3] davon wussten. Dem CIA war die undichte Stelle bekannt, die Invasion aber hatte man dennoch nicht gestoppt. Am 19. April gegen ein Uhr mittags waren die US-Staatsoberen zu dem Schluss gekommen, dass nichts weiter zu tun blieb, als so viele Invasoren wie möglich zu retten. Sogar dieser Versuch scheiterte. Es gelang lediglich, vierzehn Männer herauszuholen, 1189 ergaben sich Castros Truppen.

Kennedy gab sich selbst die Schuld an dem Fiasko und nahm einige Tage später auf einer Pressekonferenz tapfer die Verantwortung auf sich. »Es gibt ein altes Sprichwort«, sagte er, »das besagt, der Sieg habe hundert Väter, die Niederlage dagegen sei eine Waise. Ich bin der verantwortliche Offizier dieser Regierung.« Privat beschuldigte er nicht nur sich selbst, sondern auch diejenigen, die ihn so schlecht beraten hatten. Die beiden führenden CIA-Funktionäre Allen Dulles und Richard Bissell wurden stillschweigend ihrer Posten enthoben. Von jener Zeit an misstraute Kennedy hochrangigen Militärangehörigen – mit Ausnahme von General Maxwell Taylor. »Diese Hundesöhne mit all ihrem Christbaumschmuck saßen da, nickten und erklärten, es würde funktionieren«, beklagte er sich. Von nun an sollte der Mann, von dem er wusste, dass er sich auf seine Loyalität und sein Urteil verlassen konnte, sein Bruder Bobby, auf allen bedeutenden Sitzungen anwesend sein. Die Demütigung in der Schweinebucht machte Kuba und Castro für die Kennedy-Brüder zu einer Obsession.

Jack und Jackies Besuch in Kanada war für den 17. Mai geplant. Am 11. Mai flogen sie nach Palm Beach, wo Jack Max Jacobson kommen ließ, um ihm von seiner Sorge um Jackies körperliche und geistige Verfassung – »chronische Depression und Kopfschmerzen« – zu berichten. Er fragte sich, ob sie der Belastung durch die bevorstehende Kanadareise gewachsen war, der im Juni Besuche in Paris und Wien zum Gipfel mit Chruschtschow sowie in London folgen sollten. Jacobson unterzog sie derselben Behandlung, die er auch Jack angedeihen ließ, und beschrieb sie als »äußerst unglücklich« und über schwere Migräne klagend.

Ihre Stimmungen wie ihre Gesundheit scheinen sprunghaft gewesen zu sein. Im Februar und März hatte sie einen Großteil ihrer Zeit in Glen Ora verbracht und war offensichtlich gesund genug zu jagen. Nach dem ersten Wochenende, das die Kennedys dort verbrachten, hatte sie über eine Erkältung geklagt, die sie daran hindere, nach Washington zurückzukehren, aber am

Samstag war sie beim Reiten und am Montag auf der Jagd mit dem Orange County Hunt gesehen worden. Am Dienstag kehrte sie ohne Anzeichen einer Erkältung nach Washington zurück, um an einem Dinner in Joe Alsops Haus teilzunehmen, mit dem dieser seine bevorstehende Hochzeit mit Susan Mary Patten feierte, der schicken, hochgeborenen Witwe von Bill Patten. Im Februar bemerkte *Time*, dass sie neun Tage in Virginia verbracht hatte, die nur unterbrochen wurden von einer Kurzreise nach Washington, wo sie John jr. abholte. Im März war sie jedes Wochenende in Glen Ora, mit Ausnahme des einen, an dem sie mit den Wrightsmans nach Florida fuhr und mit Henry du Pont zu Mittag aß. Die Radziwills trafen am 12. März ein und fuhren nach Glen Ora. Am 15. gab Jackie zu ihren Ehren ein glanzvolles Dinner mit achtundsiebzig Gästen, und in der folgenden Woche unternahmen sie und Lee einen Drei-Tage-Ausflug nach New York, wo Diana Vreeland eine Party für sie gab und eine strahlend lächelnde Jackie in Begleitung von Adlai Stevenson auf dem Weg zum City Center Ballett fotografiert wurde. Ostern wurde in Palm Beach gefeiert. Am 4. April war Jackie wieder in Washington, um den britischen Premierminister Harold Macmillan und seine Frau Lady Dorothy zu treffen, sowie zu einer Beratung mit Clark Clifford, bei der es ohne Zweifel um ihre Restaurationspläne für das Weiße Haus ging. Anschließend brach sie für ein langes Wochenende nach Glen Ora auf. Zum Besuch des Kanzlers Adenauer aus der Bundesrepublik Deutschland und einem privaten Dinner kehrte sie nach Washington zurück, ehe sie wiederum nach Virginia entfloh.

Dann kam die Krise in der Schweinebucht dazwischen. Jackie musste nicht nur privat ihren Mann unterstützen, den die ungewohnte Niederlage schwer getroffen hatte, sondern auch in der Öffentlichkeit die Fassade aufrechterhalten – bei einem Dinner in der griechischen Botschaft am schicksalhaften 19. April sowie anschließend bei einem Anlass, den Jackie am meisten fürchtete: einer Teeparty im Weißen Haus für mehr als dreihundert Frauen, die Ehefrauen der American Society of Newspaper Editors. Die Schweinebuchtkrise machte die Veranstaltung noch unangenehmer. Wieder einmal zog sich Jackie mit Caroline am Wochenende nach Glen Ora zurück, während ihr Mann im Hubschrauber nach Camp David zu einer Konferenz mit dem ehemaligen Präsidenten Eisenhower flog.

In der folgenden Woche gab es ein Staatsdinner für den Präsidenten von Tunesien und Madame Bourguiba. Jackie sah umwerfend aus in einem Chiffonkleid, das über einer Schulter gerafft war. Danach kam das übliche Wochenende in Glen Ora mit einem privaten Dinner. Oberflächlich betrachtet gab es nichts in Jackies Zeitplan, das auf eine Periode ungewöhnlicher Belastungen hinwies.

Jackies königliche Maske verbarg eine Persönlichkeit, die großem Druck und immer wieder auftretenden Zusammenbrüchen ausgesetzt war. Ihr Knabbern an den Fingernägeln und ihr (nur privates) Rauchen waren Zeichen ihrer Anspannung. Es gab Zeiten, in denen sie sich unzulänglich fühlte, nicht zurechtzukommen glaubte und sich schwer auf Jack stützte. Wie Arthur Schlesinger berichtete, weinte sie: »O Jack, es tut mir so Leid für dich, dass ich so eine Versagerin bin«, und er antwortete: »Ich liebe dich so, wie du bist.«[4] Robin Douglas-Home, der Neffe von Kennedys Freund William, ein junger Mann, der Frauen gegenüber ungeheuer einfühlsam und unter anderem der Geliebte von Prinzessin Margaret war, führte während der Jahre im Weißen Haus und auch später lange, intime Gespräche mit Jackie. Er lernte sie auf einer kleinen Dinnerparty kennen. Der Unterschied zwischen Jackies Verhalten und dem ihres Mannes war auffällig. »Er mischte sich mit Leichtigkeit unter die Gäste, als genieße er jede Minute. Er sprühte, warf jedermann bohrende Fragen zu, aggressiv und gut aussehend, während seine Frau in erster Linie im Schatten blieb, nicht viel Kontakt aufnahm, sondern es vorzog, sitzen zu bleiben und ausführlich mit einer Person zu sprechen, anstatt sich unter ihre Gäste zu mischen.« Jackie erschien ihm als eine rätselhafte, leicht reservierte, zurückhaltende, höflich aufmerksame Gestalt, fast wie ein Abziehbild. Erst einige Monate später entdeckte er in einem stundenlangen nächtlichen Gespräch die Spannungen und Frustrationen, die unter dieser glatten Oberfläche tobten. Er beschrieb diese Stunden, in denen Jackie ihm ihr Herz ausschüttete, als die »emotional verstörendsten, die ich je erlebt habe ...« Ihm schien es, als sei sie »im Sinne des Wortes in eine Position projiziert worden, in der sie nur selten, wenn überhaupt jemals, ganz sie selbst sein oder etwas tun konnte – irgendwo hingehen, irgendetwas sagen, lachen, weinen, trinken oder wenigstens reden, wie sie wollte –, ohne Angst zu haben, zum Thema von öffentlichen Kommentaren, politischen Gerüchten oder gesellschaftlichem Klatsch und Tratsch zu werden ... Und obwohl sie das alles krank machte, war sie aus Loyalität zu ihrem Mann gezwungen, sich damit abzufinden. Sie schien wie das Urbild des ›Vogels im goldenen Käfig‹, zu intelligent, zu stolz und zu stur, um ihre Gefangenschaft als einen Teil des Preises zu akzeptieren, den sie zu bezahlen hatte.

Im einen Moment fühlte sie sich missverstanden, enttäuscht und hilflos. Im nächsten Moment war sie ohne jede Warnung die königliche, loyale First Lady, vor der man sich beinahe verneigen und der man mittelalterlichen Gehorsam schwören musste. Und dann, wiederum ohne Warnung, verpasste sie irgendwem mit ihren stechenden Spitzen einen Dämpfer, weil er ein solcher Idiot sei und sie als First Lady behandle, wobei sie den ganzen Pomp der Politik und den Snobismus der sozialen Aufsteiger niedermachte ...«[5]

Er spürte ihren inneren Konflikt, ihre komplizierten Versuche, ihren tief sitzenden, persönlichen Widerwillen gegen ihre öffentliche Rolle als »First Lady und First Mother« auszusöhnen mit ihrer überwältigenden privaten Hingabe an ihren Mann und ihre Kinder und ihrer Entschlossenheit, sie nicht zu enttäuschen. Einen Tag zuvor hatte Jack aus Washington angerufen: Douglas-Home hatte alle Gerüchte über die Schwierigkeiten in der Ehe gehört, aber er glaubte, »die Freude, mit der sie dieses Gespräch schilderte, war nicht gespielt. Es war die rührende, fast kindliche Demonstration einer großartigen Leidenschaft, von der sie, wie mir schien, mir leichter erzählen konnte als ihrem Mann ...«[6]

Emotional blieben Jack und Jackie die Zwillings-Eisberge, als die Jackie sie anfangs beschrieben hatte. Ihre Hemmungen in ihren engsten Beziehungen führten dazu, dass ihre beiden

Ehemänner sich über ihre »Kälte« beklagten. Es fiel ihr leichter, sich auf dem Papier auszudrücken, wie ein Liebesbrief deutlich macht, den sie Jack während der letzten Wochen seines Lebens im Oktober 1963 schrieb. Dass weder sie mit ihm noch er mit ihr so einfach kommunizieren konnte, wie ihm das anscheinend mit anderen Frauen gelang, war eine Quelle echter Frustration, ebenso wie die Tatsache, dass er sie unbewusst auf eine häusliche Ebene herabsetzte, obwohl sie intellektuell eindeutig zu sehr viel mehr in der Lage gewesen wäre. Er behandelte sie, wie sie später schrieb, als »eine viktorianische Ehefrau«. Und dazu kam der Schmerz, den seine Untreue ihr verursachte und den sie tapfer verbarg. Erst im letzten Jahrzehnt ihres Lebens vertraute sie die Verletzung ihrem Freund Carly Simon an.[7] Doch in ihrem endlosen Kampf, im Leben ihres Mannes die Nummer eins zu sein, wurde sie ironischerweise von ihrer gewaltigen Berühmtheit unterstützt, die sie zugleich verabscheute und genoss.

Den ersten Hinweis darauf, dass Jackie sich zu einem Star ersten Ranges über die Grenzen ihres eigenen Landes hinaus entwickeln würde, gab jener Besuch in Kanada, auf den Jack und Jacobson sie so besorgt vorbereitet hatten. Der kanadische Botschafter in Washington hatte gewarnt, die Kanadier seien kein offenherziges Volk. Sogar Königin Elisabeth sei regelmäßig von dem kühlen Empfang in Ottawa enttäuscht. Aber die Straße, welche die Kennedy-Wagenkolonne vom Flughafen Ottawa hinunter nach Rideau Hall, der Residenz des Generalgouverneurs, in der sie wohnen sollten, entlangfuhr, war gesäumt von jubelnden, klatschenden Menschenmassen, die rhythmisch »Jack-ie, Jack-ie« skandierten. Auf einem förmlichen Staatsdinner für hundert Gäste »flogen alle Köpfe herum wie auf ein Kommando bei der Parade, um den Auftritt von Jackie Kennedy in ihrem blütenweißen Seidenkleid zu bewundern«, berichtete die *Time*. Am folgenden Tag schlugen die versammelten Mitglieder des kanadischen Parlaments zu einer traditionellen Begrüßung auf die Tische, als sie eintrat. Bedenkt man den empfindlichen Unterton in den normalen Beziehungen zwischen den USA und Kanada, so war der Empfang der Kennedys überwältigend.

Dies fand nur einen Monat nach der Katastrophe in der Schweinebucht statt. Jack, der unbedingt seine Energie unter Beweis stellen wollte, überanstrengte sich bei der zeremoniellen Pflanzung eines Baumes und verletzte seinen Rücken. Auf dem Heimweg konnte er sich kaum noch bewegen, und über Funk wurden Krücken zum Flughafen bestellt. Neuerliche Behandlungen durch Dr. Jacobson waren nötig, um den Präsidenten und seine Frau auf die Anforderungen der bevorstehenden Europareise nach Paris, Wien und London vorzubereiten. Er wurde am 23. Mai nach Washington beordert und flog am Abend desselben Tages mit Jackies Freund Mark Shaw dorthin. Um elf Uhr vormittags fuhr er mit seiner in einem Attaché-Koffer versteckten Arzttasche zum Weißen Haus. Zuerst sah er nach Jackie in ihren Privaträumen. Sie war in vergleichsweise guter Stimmung, aber »ängstlich wegen der nahen Europareise mit ihrem anstrengenden Terminplan«. Jacobson verabreichte »ihre Medizin«, vermutlich die gewohnte Dosis Amphetamine, gemischt mit Vitaminen und anderen mysteriösen Substanzen. Dann suchte er den Präsidenten auf, den er auf seinem Bett liegend vorfand. Er ruhte seinen Rücken aus und sorgte sich darum, wie er das stundenlange Stehen und Sitzen, das ihn in Europa erwartete, überstehen sollte. Dr. Travell hatte ihm den Rücken mit Chloräthyl betäubt, was Jacobson als veraltet und unwirksam verwarf. »Ich zeigte ihm eine Übung, mit der er seine Rückenmuskeln stärken konnte«, schrieb er. »Dann verabreichte ich das Medikament, nicht nur um ihm seine örtlichen Beschwerden zu erleichtern, sondern um ihn zusätzlich für den Umgang mit dem Stress zu stärken.« Der Präsident stand auf und behauptete, er fühle sich augenblicklich besser. Dann erklärte er Jacobson, er wolle, dass dieser sie in der nächsten Woche nach Europa begleite.[8]

Von Schmerzen und den Anforderungen seines Lebens getrieben, wurde Jack Kennedy leichtsinnig im Umgang mit Medikamenten. Er benutzte Betäubungsspray und Novocain, das Dr. Travell ihm gab, spritzte sich selbst Kortison, benutzte Jacobsons Injektionen »gegen Stress« und beschaffte sich insgeheim darüber hinaus noch weitere Medikamente. Besorgt zeigte

Jackie Jacobson eine Ampulle Demerol, die sie im Badezimmer ihres Mannes gefunden hatte. Bei Demerol, einem hochwirksamen Schmerzmittel, das Pethidin und Paracetamol enthält, bestehe höchste Suchtgefahr, erklärte ihr Jacobson und fragte, wer das Medikament verschrieben habe. Es stellte sich heraus, dass Jack es sich hinter dem Rücken seines Ärzteteams durch einen Mann vom Sicherheitsdienst besorgt hatte. Jacobson blieb vier Tage in Washington und behandelte Jack und Jackie »mehrere Male«, ehe er nach New York zurückkehrte.

Gestärkt durch die Behandlung von Dr. Wohlgefühl, brachen der erste Präsident des Düsenflug-Zeitalters und seine First Lady am 31. Mai in ihrem schnittigen neuen Flugzeug Air Force One auf. Es war von dem berühmten Raymond Loewy für die Kennedys entworfen worden, für die nur das Beste gut genug war. Als einzige Passagiere auf einen Flug der Air France gebucht und der offiziellen Kennedy-Mannschaft gegenüber nicht erwähnt, reisten Dr. Jacobson und seine Frau, im Gepäck seine Tasche voller Geheimnisse. Noch vor der Abreise war er zum Präsidenten gerufen worden, der während des Fluges von Washington nach New York schwere Krämpfe im Rücken verspürt hatte. Am Samstag, dem Tag ihrer Ankunft, wurde er nach der abendlichen Gala in Versailles zu Jackie gerufen. Die gesamte Kennedy-Clique befand sich nach dem großartigen Empfang durch Charles de Gaulle in Hochstimmung. Über Jackie, die einen triumphalen Erfolg errungen hatte, sagte Jacobson: »Es war höchst ungewöhnlich, sie entgegen ihrer sonstigen Zurückhaltung mir gegenüber so redselig zu finden.« Nachdem er sie behandelt hatte, besuchte er den Präsidenten, der ihm sagte, er wolle ihn früh am nächsten Morgen sehen.

Wie Angier Biddle Duke sagte, der die Kennedys nach Paris begleitet hatte, machte diese Reise Jack Kennedy die Starqualitäten seiner Frau und den enormen Wert, den er in ihr besaß, wirklich deutlich. Er war ein unbeholfener Fremdsprachler, umso mehr bewunderte er Jackies Fähigkeiten in der französischen Sprache und ihre Mischung aus geschichtlichen Kenntnissen und Charme, mit der sie ihre europäischen Gastgeber für sich einnahm. Dass Jackie französischer Herkunft war und ein

Jahr an der Sorbonne verbracht hatte, wärmte die Herzen der einfachen Pariser, während die Oberschichten, die für ihre Verachtung gegenüber Amerikanern berüchtigt waren, sie als die amüsante Jacqueline Bouvier kannten. Unter den Gästen auf dem Galadinner in Versailles befand sich Jackies »Flirt« aus Jugendtagen, Paul de Ganay, der auf ihren besonderen Wunsch hin eingeladen worden war.

Jacqueline Vicomtesse de Ribe, die eleganteste Frau von Paris, arrangierte für Jackie einen Termin bei Alexandre, dem besten Friseur der Welt. Unter sorgfältiger Geheimhaltung hatte Jackie ihre Kleidung geplant, um die Franzosen zu blenden. Laut Berichten von Givenchy hatte sie ihm über Mary Gallagher den Auftrag erteilt, »eine vollständige Garderobe für diese besondere Reise vorzubereiten. Und dies müsse geheim gehalten werden … Erst in der letzten Minute, das bedeutete eine Stunde, bevor Mrs. Kennedy nach Versailles aufbrach, war es uns gestattet zu verraten, dass wir Mrs. Kennedys Kleidung gemacht hatten.« Givenchy hatte einen Mantel und ein Kleid aus rosa Wolle hergestellt, dazu das wunderschöne Abendkleid, das de Gaulle, wie Jackie ihm später erzählt hatte, mit den Worten kommentiert hatte: »Madame, heute Abend sehen Sie aus wie ein Gemälde von Watteau …«[9] Bei dieser Gelegenheit war ihre französische Kleidung als »Kompliment an ihre französischen Gastgeber« entschuldbar. Das umwerfende rosafarbene Spitzenkleid, in dem sie auf dem offiziellen Empfang im Elysée-Palast erschien, war ebenso klammheimlich einer französischen Inspiration entsprungen. Als die Presse eine Zeichnung dieses offiziellen, von Cassini entworfenen Kleides veröffentlichte, entdeckte die Frau eines französischen Regierungsbeamten, dass sie ein identisches Kleid aus Pierre Cardins Frühjahrskollektion bestellt hatte, »so identisch, dass die französischen Modemacher ihren Augen nicht trauen mochten«, bemerkte die aufmerksame *Women's Wear Daily.* Aber die Zeit der Kritik war vorbei. Das *Time-Magazin* verlieh ihr den Beinamen »First Lady der Mode«. In den hundert Tagen seit Jacks Amtsantritt hatte Jackie die Welt im Sturm erobert. Sie hatte ihr gezeigt, dass die Frau eines amerikanischen Präsidenten schön, stilvoll, intelligent, kosmopolitisch und elegant sein konnte. Nicht zum letzten Mal gab sie Amerika Anlass, stolz auf sie zu sein.

Für den jungen amerikanischen Präsidenten war der Besuch bei dem überragenden General de Gaulle auf dessen heimatlichen Boden so etwas wie Daniels Sprung in die Löwengrube. Die Franzosen waren von allen Völkern am stärksten antiamerikanisch eingestellt: Der vom CIA initiierte Schweinebucht-Angriff auf Ikonen der Linken wie Fidel Castro und Che Guevara hatte die Intellektuellen und die französischen Linken in Wut versetzt. Auf der anderen Seite musste dem Eindruck von Schwäche und Unentschiedenheit des Präsidenten, den die Katastrophe hinterlassen hatte, entgegengewirkt werden, um die westliche Allianz im Angesicht der sowjetischen Bedrohung, vor allem gegenüber Berlin, zu stärken. Chruschtschow hatte die Stadt als eine »offene Wunde« beschrieben. Umgeben vom kommunistischen Ostdeutschland, war die Stadt in Ost und West geteilt worden. Der Westen wurde von den drei Westmächten Amerika, Großbritannien und Frankreich besetzt gehalten, der Osten dagegen von den Sowjets. Aus dem Ostsektor flüchteten ständig Menschen in den kapitalistischen Westen. Um dem entgegenzuwirken, drohte Chruschtschow, mit Ostdeutschland einen Friedensvertrag zu unterzeichnen und den Westmächten den Zugang zu der Stadt abzuschneiden. Eine bewaffnete Konfrontation, mit dem ihr innewohnenden Schreckgespenst eines nuklearen Krieges, schloss er nicht aus. Die Verteidigung Kubas gegen eine US-amerikanische Invasion stand ebenfalls ganz oben auf seiner Prioritätenliste.

Aus der britischen Botschaft berichtete Sir Piers Dixon dem britischen Außenminister Graf von Home über den ersten Tag des Besuchs:

> Präsident Kennedys Besuch in Paris nahm einen guten Anfang. Seine Rede bei seiner Ankunft auf dem Flughafen, auch wenn sie für englischen Geschmack vielleicht ein wenig zu viel übertriebene Schmeichelei enthielt, wurde von der französischen Presse wohlwollend aufgenommen. Es gab eine ehrliche Welle öffentlichen Interesses. Die meisten Menschen zeigten sich trotz

der verbreiteten Tendenz, Amerika und die amerikanische Art zu kritisieren, beeindruckt von dem Charme und der Spontaneität des jungen Präsidenten und seiner Frau. Mrs. Kennedy genießt selbstverständlich die volle Aufmerksamkeit der Presse, und des öfteren wird auf ihre Studententage am Boulevard St. Michel hingewiesen.[10]

Politisch kam nicht viel dabei heraus, doch auf der persönlichen Ebene war der Besuch ein Erfolg. »Es spricht sich in offiziellen Kreisen wie in der Gesellschaft sehr schnell herum«, berichtete der britische Minister Anthony Rumbold dem Außenministerium, »dass General de Gaulle von der Intelligenz, der Offenheit und dem Verständnis für internationale Affären, die Mr. Kennedy an den Tag legte, beeindruckt war ... Sein [de Gaulles] strenges Urteil über Charaktere ist allgemein bekannt, somit ist es keine geringe Leistung, auf ihn Eindruck gemacht zu haben.«[11]

»Es ist in weiten Teilen Jackie Kennedy, die hübsch ist wie nie zuvor, zu danken«, schrieb der politische Redakteur von *Time*, »dass Kennedy dem alten Soldaten beispiellos schmeichelhafte Trinksprüche und warme Gesten der Freundschaft entlockte.« Den Triumph seiner Frau anerkennend, stellte Jack sich selbst der französischen Presse gegenüber als »der Mann, der Jacqueline Kennedy nach Paris begleitet hat«, vor.[12]

Für Jackie war der krönende Moment dieses Besuchs der zauberhafte Abend in Versailles, ein Bankett im Spiegelsaal, gefolgt von einem Ballett, das für Ludwig XV. zum ersten Mal aufgeführt worden war. Dies wurde im restaurierten Theater des Palastes aufgeführt, wo flackernde Fackeln die Bühne beleuchteten – ganz wie es in den Tagen des Königs gewesen sein musste. Als die Wagenkolonne durch die Gärten von Versailles nach Hause fuhr, hielt der vorderste Wagen bei einem wundervoll beleuchteten Brunnen an. Jack und Jackie stiegen aus und gingen hinüber, wo sie ganz romantisch Hand in Hand stehen blieben und ihr Abstand haltendes Gefolge vergaßen.

Am 3. Juni reisten die Kennedys von Paris nach Wien, wo die Zukunft, nicht die Vergangenheit im Vordergrund stand. Kennedy erschien zum Gipfel mit Chruschtschow in der großen Hoffnung, eine Entspannung der Beziehungen mit der Sowjetunion im Bereich nuklearer Waffen und der Berlin-Frage zu erreichen. Durch Bobby hatte er dies über einen privaten Kanal nach Moskau übermitteln lassen. Er wollte dem Sowjetführer beweisen, dass er sein eigener Herr war, keine Beute in den Krallen der Pentagon-Raubvögel, dass er aber ebenso entschlossen war, für Berlin einzustehen. Daneben wollte er vor dem amerikanischen Volk sein Image als Weltführer verbessern, das durch das Scheitern in der Schweinebucht gelitten hatte.

Somit »stürmte« Kennedy, aufgeputscht von Jacobsons jüngster Behandlung und getrieben von hochfliegenden Hoffnungen, am 3. Juni um 12 Uhr 45 aus der Tür der amerikanischen Botschaft in Wien, um Nikita Chruschtschow zu begrüßen. Die Gespräche am ersten Tag verliefen nicht wunschgemäß. Chruschtschow blieb fest bei seinen Plänen für Berlin und hatte nicht vor zurückzuweichen, auch nicht als Kennedy die amerikanische Verpflichtung gegenüber der besetzten Stadt deutlich machte. »Wenn Sie Krieg wollen«, lautete Chruschtschows Kommentar, »dann ist das Ihr Problem.«[13]

Jackie hingegen traf weder bei Herrn noch bei Frau Chruschtschow auf irgendwelche Schwierigkeiten. Nach einer Rundfahrt durch Wien mit der hausbackenen Frau Chruschtschow bezauberte sie den russischen Führer auf dem Staatsbankett in Schloss Schönbrunn, während draußen begeisterte Menschenmassen ihren Namen riefen. Chruschtschow machte ihr ein Kompliment über ihr weißes, mit rosa Perlen besetztes Abendkleid und zog seinen Stuhl merklich näher heran, als sie über Pferde, ukrainische Volkstänze und russische Hunde im All sprachen. Chruschtschow versprach ihr, einen Welpen zu schicken (was er auch tat).

Bei dem Treffen am folgenden Morgen erschütterte die herrische, aggressive Haltung Chruschtschows Kennedy bis ins Mark. Der sowjetische Generalsekretär drohte dem amerikanischen Präsidenten wegen Berlin, ohne einen Gedanken an eine mögliche Entspannung zu verschwenden, die Kennedy sich von dem Besuch in Wien erhofft hatte. Die Möglichkeit eines

Krieges um Berlin tat sich auf, ohne dass eine der beiden Seiten nachgab.[14] Nicht nur sah Kennedy sich jetzt der Aussicht auf einen apokalyptischen Atomkrieg gegenüber, sondern er fühlte sich auch persönlich gedemütigt und war sicher, dass der sowjetische Führer ihn für schwach, unentschieden und unerfahren hielt. Zehn Minuten später erzählte er James »Scotty« Reston von der *New York Times*: »Er hat mich geschlachtet.«[15] Er war noch immer mitgenommen von dieser Erfahrung, als er am nächsten Tag in London Harold Macmillan traf: »Der Präsident war von der Skrupellosigkeit und Barbarei des russischen Generalsekretärs wie erschlagen«, berichtete der britische Premierminister der Königin. »In gewisser Weise fühlte ich mich daran erinnert, wie Lord Halifax oder Neville Chamberlain versuchten, ein Gespräch mit Herrn Hitler zu führen. Zum ersten Mal in seinem Leben ist Kennedy einem Mann begegnet, der gegen seinen Charme resistent ist.«[16] Bobby war der Ansicht, dass dies ein aufschlussreicher Moment in der politischen Ausbildung seines Bruders gewesen sei: Er habe jetzt jemanden getroffen, mit dem sich nicht in sinnvoller Weise Ideen austauschen ließen, und das sei ein heilsamer Schock gewesen.

Joe Alsop sprach in London, wo der Präsident mit Gefolge am 5. Juni von Wien aus eintraf, mit Kennedy und dachte genauso. So sehr er Kennedy bewunderte und dessen Kampf um die Präsidentschaft unterstützt hatte, bereitete ihm doch eines Sorge, wie er Elspeth Rostow anvertraute, der brillanten Frau des Kennedy-Sonderberaters Walt W. Rostow: Kennedy war es sichtbar nicht gelungen, »vor seiner Wahl die realen Dimensionen der Last einzuschätzen, nach der er strebte. Ich glaube nicht, dass er der erschreckenden moralischen Last, die ein amerikanischer Präsident heutzutage zu tragen hat, vor Wien wirklich ins Auge sah, nicht bevor er Chruschtschow begegnete, der Kapitulation forderte und mit Krieg drohte.«[17] Auf der Party zur Taufe von Christina Radziwill in London »stieß mich der Präsident, der gerade erst aus Wien kam, nahezu in eine Ecke und sprach fünfzehn Minuten lang in einer angespannten, neuen Weise über das, was er gerade durchgemacht hatte … Ich denke, erst danach ist er wirklich und im wahrsten Sinne des Wortes zum Präsidenten geworden.«[18]

Susan Mary Alsop, die ihrem Mann zufolge in ihrem gerade erst in Paris erworbenen hellrosa Seidenkleid von Dior hinreißend aussah, erinnerte sich, dass weder Jack noch Jackie auf der Party durch das geringste Zeichen zu erkennen gaben, dass etwas schief gelaufen war. »Sie hatten so viel Stil.«[19] Auf dem Flug nach London aber hatte Jackie wie alle andern in der Kennedy-Gruppe einen äußerst niedergeschlagenen Eindruck gemacht. Die Dosen, die Jacobson beiden Kennedys im Haus der Radziwills am Buckingham Place verabreichte, ermöglichten es ihnen, vor den britischen Funktionären und der Londoner Gesellschaft, die nach der Taufe in das Haus der Radziwills strömten, die Zähne zusammenzubeißen.

Der Plan für diesen London-Besuch war während Macmillans Besuch im Weißen Haus im April vom Präsidenten und vom Premierminister gefasst worden. Ein privater Aspekt sollte mit einbezogen werden, um Amerikas europäische Partner – insbesondere de Gaulle – nicht zu verärgern, die der anglo-amerikanischen Beziehung immer mit Argwohn begegnet waren. Als Kernstück hatte die Taufe und anschließende Party bei den Radziwills zu gelten. Der Premierminister würde einen zwanglosen Lunch geben und die Königin ein Dinner im Buckingham-Palast. Der Macmillan-Lunch für zwanzig Gäste im Haus der Admiralität war eine beinahe familiäre Angelegenheit. Es wimmelte von Cousins, mit denen Jack verschwägert gewesen wäre, wenn Billy und Kathleen Hartington nicht ums Leben gekommen wären: der Herzog von Devonshire und seine Frau Deborah, Kathleens Schwiegermutter, die Witwe des alten Herzogs von Devonshire und die Ormsby-Gores, David und Sissie (David, auch ein Cousin, sollte bald darauf zum britischen Botschafter in Washington ernannt werden). Macmillan war mit ihnen allen durch seine Frau Dorothy verwandt, die Schwester des Herzogs von Devonshire. Der Außenminister Graf von Home war der ältere Bruder von William Douglas-Home.

Das Dinner im Buckingham-Palast an jenem Abend war, wie

Macmillan in seinem Tagebuch notierte, »eine sehr angenehme Party« mit seinen königlichen Verwandten: Prinzessin Margerita von Hohenlohe-Langenburg, die Schwester des Herzogs von Edinburgh, und ihr Mann, der Graf Mountbatten aus Burma mit seiner Tochter und seinem Schwiegersohn, Lord und Lady Brabourne. Dazu kamen Freunde der Kennedys, die Ormsby-Gores, die Homes, der amerikanische Botschafter David Bruce und seine Frau Evangeline und Eunice, die die Kennedy-Seite repräsentierte. Lee und Stas waren ebenfalls eingeladen – nach einigem Schnaufen und Stöhnen wegen des Protokolls, wie Macmillan festhielt, der darauf bestand, die beiden »die Radzinskis« zu nennen.

> Nach langem Zögern entschied die Königin, von ihrer Regel in Bezug auf Scheidung Abstand zu nehmen. Prinz und Prinzessin Radzinski wurden eingeladen, obwohl sie beide bis dato bereits zwei oder drei Partner gehabt hatten. Sie tat dies sehr unwillig und mochte auch die Namen der beiden nicht gern in den Rundbrief des Hofes setzen. Ich denke, wenn die Kennedys in der amerikanischen Botschaft gewohnt hätten, hätte ich der Königin wohl raten können, die Radzinskis außen vor zu lassen. Da der Präsident und Mrs. K. aber tatsächlich bei dem Prinzen und der Prinzessin wohnten, schien dies unmöglich zu sein …«[20]

Laut Gore Vidal waren Jack und Jackie sich des beabsichtigten Vetos der Königin gegen Stas und Lee bewusst. Sie waren zuvor vom Palast gefragt worden, wen sie gern eingeladen sehen würden. Jackie hatte die Radziwills genannt, Prinzessin Margaret, die sie gern kennen lernen wollte, und Prinzessin Marina von Kent, an die Jack sich aus den Botschaftertagen seines Vaters erinnerte. Der Palast hatte darauf hingewiesen, dass »Mr.« und »Mrs.« Radziwill als Geschiedene nicht eingeladen werden könnten, hatte aber dann – vermutlich auf Drängen Macmillans – nachgegeben. »In jedem Fall«, witzelte Jackie, »bekam die Königin ihre Rache. Keine Margaret, keine Marina, überhaupt niemand mit Ausnahme von jedem Landwirtschaftsminister, den sie im ganzen Commonwealth auftreiben konnten. Die Königin selbst war ganz schön schwer zu nehmen.« Jackie glaubte, dass die Königin sie »ablehne« – wahrscheinlicher ist, dass Ihre Majestät sich durch Jackies berühmte Kultiviertheit eingeschüchtert fühlte – und dass Prinz Philip »nett, aber nervös« sei. »Menschlich war die Königin nur einmal«, sagte Jackie. Sie hatte der Königin vom Staatsbesuch der Kennedys in Kanada und der Strapaze erzählt, rund um die Uhr Blicken ausgesetzt zu sein: »Die Königin sah fast schon verschwörerisch aus und sagte: ›Mit der Zeit entwickelt man Geschick und lernt sich zu schützen.‹ Dann fragte sie: ›Mögen Sie Bilder?‹« Und sie marschierte mit Jackie eine lange Galerie entlang, wobei sie einmal vor einem van Dyck stehen blieb, um zu bemerken: »Das ist ein gutes Pferd.«[21]

Der Zeremonienmeister der Königin, Lord Scarbrough, der damals noch das Recht der Theaterzensur innehatte, legte ein Veto gegen eine Szene in einer in Vorbereitung befindlichen Revue ein, in der eine junge Schauspielerin mit Pillbox-Hut und aufgetürmtem Haar Jackie darstellt und singt:

Ja, ich tue mein Bestes, um jedermann zu gefallen,
Spiele Carolines Mutter und kann wie Monroe lallen.

Nach dem Dinner im Buckingham-Palast kehrte Jack in die USA zurück. Jackie blieb noch zwei Tage in London und brach dann mit Stas und Lee zu einer privaten Reise nach Griechenland auf, wo sie in der Villa des Reederei-Magnaten Markos Nomikos wohnten und an Bord seiner Yacht Kreuzfahrten zu den Ägäischen Inseln unternahmen. Am 15. Juni war sie wieder in Washington. Jack war inzwischen an Krücken von einem Wochenende bei den Wrightsmans in Palm Beach zurückgekehrt.

Jackies Staatsbesuch in Paris machte sie zum internationalen Superstar. Sie war, wie ein UPI-Reporter sich ausdrückte, »rund um die Uhr in den Nachrichten« und *Women's Wear Daily* hätte in *What Jackie Wears Daily (Jackies tägliche Kleidung)* umbenannt werden können. In den drei Jahren, die sie im Weißen Haus verbrachte, verging kaum ein Tag, an dem diese amerikanische Bibel für Frauen keinen Bericht über ihre Kleider, ihre

Accessoires, ja sogar über ihre Schuhe brachte. Der »Jackie-Look« wurde zu einem beständigen Markt in der Seventh Avenue, wo jedes Stück, in dem sie fotografiert worden war, als billigere Nachahmung angeboten wurde. Sogar hinter dem Eisernen Vorhang fand man in einem Leningrader Modemagazin Anzeigen für Kleider im »Jackie-Look«, und die polnische Zeitschrift *Swait* schrieb, sie sei »in die Reihen der wenigen Frauen dieser Welt getreten, die auch heute noch wie in vergangenen Zeiten den Stil und den Ton ihrer Epoche prägen … Niemals zuvor aber hat sich ein Einfluss so weit und so rasch verbreitet. Das Gesicht und die Figur Jackies sind allen Menschen in der gesamten zivilisierten Welt bekannt.«

An dieser Stelle fiel die bereits zitierte Äußerung des weltgewandten, kultivierten Kennedy-Protokollchefs Angier Biddle Duke gegenüber seiner zukünftigen Frau Robin: »Das Blatt hat sich gewendet.«[22] Das Gleichgewicht der Macht innerhalb des Weißen Hauses und der Kennedy-Familie hatte sich subtil zu Jackies Gunsten verschoben – sowohl in den Augen ihres Mannes (was für sie am wichtigsten war) als auch bei der Kennedy-Clique. Wenn Jack der Sonnenkönig war, so war sie nun unbestritten Amerikas Königin.

Gore Vidal erinnerte sich an Jackies Worte: »Bevor wir ins Weiße Haus kamen, habe ich Jack nie gesehen. Er war immer unterwegs.« »Ich glaube nicht einmal, dass er überhaupt an sie dachte, bis sie dort einzogen und er anfing, Bilder von ihr in der Zeitung zu finden, von dieser glanzvollen Frau, die zufällig mit ihm verheiratet war. Und da fing er an – ich weiß noch, das war oben in Hyannis Port – sie ›das Sexsymbol‹ zu nennen. ›Würdest du bitte dem Sexsymbol sagen, das Essen ist fertig?‹ und so weiter. Er fand das ziemlich komisch und ich denke, es erregte sein Interesse.«[23]

Interesse – aber keine Leidenschaft. Durch ihre eigene Leistung bei der Neugestaltung ihres Images als königliche, glamouröse Frau hatte Jackie in den Augen ihres Mannes eine neue Bedeutung und Respekt erlangt. Einmal hatte sie kurz nach der Hochzeit mit angehört, wie der alte Joe, Jack und Bobby über Jacks Karriere diskutierten. »Sie sprachen über mich«, erzählte sie später George McGovern, »als wäre ich kein Mensch, sondern nur ein Ding, eine Art Besitztum wie Rhode Island ...«[24] Das Besitztum Jackie hatte sich als wertvoller erwiesen, als sie es sich hätten vorstellen können.

Die Beziehung aber blieb komplex. Jack wurde dem von Jackie idealisierten Black Jack ähnlicher – dem schneidigen Schürzenjäger, der trotzdem nach Hause kommt, um seine Familie mit seiner Liebe einzuhüllen. Die Geburten seiner Kinder hatten eine starke väterliche Seite in ihm geweckt, die nicht nur Caroline und John vorbehalten blieb, sondern seine Kennedy-Nichten und -Neffen, seine Patenkinder und überhaupt alle Kinder einschloss. Er verwöhnte Jackie, unterstützte sie, wenn sie sich schwach fühlte, und gewährte ihr die Freiheit, zu tun, was sie wollte. Aber seine sexuellen Gewohnheiten gab er nicht auf, konnte sie nicht aufgeben. Und er fühlte sich deshalb auch nicht im Geringsten schuldig. Nachdem im Juni 1968 die Nachricht, Bobby sei in Los Angeles erschossen worden, London erreicht hatte, erzählte Lee Cecil Beaton: »Jack spielte immer herum & ich wusste genau, auf was er aus war & das sagte ich ihm auch. Und er hatte absolut kein schlechtes Gewissen deswegen & sagte: ›Ich liebe sie innig & ich habe alles für sie getan. Ich habe nicht das Gefühl, sie zu enttäuschen, weil ich sie bei allem an die erste Stelle gesetzt habe.‹«[25]

Jack hatte erwartet, dass er seine sexuellen Abenteuer als Präsident würde einschränken müssen, doch geschützt von seinem loyalen Stab, von seiner Frau und der Presse, trug sein Amt lediglich zu seiner Attraktivität bei, sodass er nun praktisch jede Frau bekommen konnte, die er wollte. Jackies häufige Abwesenheit verschaffte ihm jede Menge Gelegenheiten. Eine Studie des Geheimdienstes über die Periode der Kennedy-Präsidentschaft zeigt, dass Jackie mehr Zeit fern des Weißen Hauses verbrachte, als sie dort anwesend war. Sie war meistens allein oder mit den Kindern in Hyannis Port oder Glen Ora oder unternahm Europareisen mit Lee. Wie Lee berichtete, verließ Jackie das Weiße Haus regelmäßig am Freitagnachmittag, fuhr nach Virginia und kehrte erst am Montag oder noch später zurück. Jack verließ das Weiße Haus nie vor Samstag. Jackie verbrachte die stickigen Sommermonate beinahe vollständig außerhalb von Washington. 1961 zum Beispiel war sie in der ersten Juniwoche durch den Staatsbesuch in Frankreich, Wien und London und die anschließenden Ferien in Griechenland. Ins Weiße Haus kehrte sie für eine einzige Nacht zurück, ehe sie mit Jack nach Glen Ora fuhr, um dort den Debütantinnenball zu besuchen, den Bunny Mellon am 16. Juni für ihre Tochter in Upperville gab. Während der folgenden Woche war sie wieder in Washington, um mit Henry du Pont über die Restauration des Weißen Hauses zu sprechen und weil der japanische Premierminister Ikeda zu Besuch gekommen war. Die ersten zehn Tage im Juli verbrachte sie in Glen Ora und kehrte rechtzeitig zum Dinner zu Ehren von Präsident Ayub Khan am 11. Juli in Mount Vernon zurück. Am 12. folgte ein privates Dinner im Weißen Haus für alte Freunde – Senator und Mrs. Gore, Bill Walton und Charlie Bartlett – und dann am 13. ein Dinner im Mayflower-Hotel. Für den Rest des Monats war sie nicht da, feierte ihren zweiunddreißigsten Geburtstag mit Jack auf Hyannis Port und blieb Washington den August und mehr als die erste Hälfte des Septembers hindurch fern, ehe sie für eine Woche zurückkehrte. Im Anschluss daran fuhr sie mit dem Präsidenten bis Anfang Oktober nach Newport.[26]

Jackie war aus tiefstem Herzen ein Rebell, ein Freigeist, und nach längeren Perioden im Weißen Haus bekam sie Klaustrophobie. »Du bist nie allein dort«, berichtete sie Gore Vidal. »Du sitzt in einem Zimmer und versuchst einen Brief zu schreiben, und schon kommt jemand herein.«[27] Geschult durch das Beispiel Black Jacks, vermochte sie die Augen vor dem zu verschließen, was Jack in ihrer Abwesenheit trieb, doch seine unverfrorene Jagd auf Frauen innerhalb ihres eigenen Kreises oder auf ihren privaten Partys stand auf einem anderen Blatt. »Er tat es einfach. Es ist unglaublich, aber er tat es vor ihren Augen«, erzählte eine wohl bekannte New Yorker Debütantin, die mehrere Jahre jünger war als Jackie. »In New York organisierte seine enge Freundin, eine von seinen gleichaltrigen Exgeliebten, eine Party nach dem Theater für ihn. Und offenbar hatte er zu dieser Flo Smith gesagt: ›Kannst du mir einen Haufen hübscher Mädchen besorgen?‹ Keine Flittchen, sondern nette Mädchen. Also rief mich diese Flo Smith an. Ich war völlig verblüfft, ich hatte die Grippe. Sie rief mich an und sagte: ›Der Präsident und Mrs. Kennedy kommen. Haben Sie Lust zu der Party zu kommen?‹ Ich dachte: Das ist merkwürdig, aber warum eigentlich nicht? Sie wird schon ihren Grund haben, also dachte ich mir, Grippe hin oder her, ich gehe. Und eine andere gute Freundin von mir wurde auch eingeladen, wir waren beide neugierig, also gingen wir hin. Und da waren noch ungefähr vier oder fünf andere Freundinnen, allein stehende Mädchen, die wir auch kannten. Und dann kamen Jack und Jackie herein, und Flo kam zu jeder von uns herüber – ich weiß das noch, als wär's gestern gewesen – und dann sagte sie: ›Der Präsident würde gerne mit Ihnen sprechen.‹ Neben ihm war einer von diesen Puffsitzen, er saß in einem Stuhl und Jackie war da, und Flo sagte: ›Möchten Sie nicht hinübergehen und mit dem Präsidenten sprechen?‹ Also wurde jede von uns für ungefähr zehn Minuten dort hinübergeführt ... Ich war nicht so verschossen in ihn wie andere Leute. Ich meine, es war nicht so, dass ich ihn nicht mochte, aber dass er nun so ein großartiges Sexsymbol war, fand ich auch nicht. Er hat mir kein Zeichen gegeben, aber ich muss sagen, er hat auch von mir absolut kein Zeichen bekommen. Es war also gegenseitig. Aber wir kamen klar, und er fing an mich zu necken: ›Ich verstehe nicht, warum Sie noch bei der *Vogue* herumhängen, das ist doch so ein Flitterkram.‹ Darauf sagte ich: ›Nun ja, ich habe bemerkt, dass Sie vor kurzem einen Artikel für uns geschrieben haben, und dafür sind Sie bezahlt worden, also kann es so geschmacklos ja nicht sein.‹ Damit war mein Gesprächstermin natürlich beendet und ich wurde von Flo wieder beiseite geräumt. Und er fragte nach ... ich weiß noch genau, wer das Rennen gemacht hat, nur soll sie ungenannt bleiben. Aber uns alle faszinierte, dass Jackie dabei saß und er tatsächlich zu Flo sagte: ›Ich nehme die.‹ Es war völlig offensichtlich und das war ein sehr schüchternes, prächtiges Mädchen, wirklich, ein himmlisches Mädchen, sehr schüchtern, sehr hübsch, sehr groß, ein Mädchen, das wir alle kannten.

Das nächste Mal habe ich Jackie dann auf einer Party im Weißen Haus gesehen, als sie mich wieder einluden – das verblüffte mich nun vollkommen, weil ich dachte, ich hätte keinen besonders guten Eindruck gemacht. Das war so ziemlich die letzte Party, bevor er ermordet wurde. Ich ging damals mit einem guten Freund, der immer noch in Washington wohnt, einem wesentlich älteren Mann, dorthin. Wir saßen einfach nur da und waren fasziniert von der ganzen Sache, denn wieder tanzte sie herum, und er tanzte mit irgendwem – mit mir tanzte er nicht, ich kriegte Lyndon Johnson – und er tanzte fünf Minuten mit diesem Mädchen, er konnte ja wegen seinem Rücken nicht tanzen, und dann verschwanden sie beide im Fahrstuhl, und nach zwanzig Minuten kamen sie zurück. Wir saßen einfach da, mein Freund und ich, und sahen uns das eine Weile lang an. Ich war platt. Und sie beachtete es gar nicht …

Meiner Meinung nach muss das Leben mit Kennedy absolut die Hölle gewesen sein, weil er nie damit aufhörte. Diese [Kennedy-]Jungs hören nie auf. Und sie müssen einfach jede Frau im Saal bekommen. Ich weiß noch, als Kennedy ermordet wurde – ich hatte eine winzige Wohnung, direkt hinter der Fifth Avenue und der 80th Street. Und am Tag, nachdem er ermordet wurde und jeder vor dem Fernseher saß und die Beerdigung sah, hatte ich, so könnte man sagen, in meinem winzigen Wohnzimmer vier ›Witwen‹ – alle verheiratet – sitzen, denn vor ihren Ehemännern konnten sie sich ja nicht die Augen ausweinen, und jede von ihnen dachte, sie sei die Einzige gewesen. Ich schwöre, und das ist die absolute Wahrheit, zu der Zeit war es schicker, wenn man nicht mit dem Präsidenten geschlafen hatte, als wenn man's getan hatte … Also muss sie [Jackie] jedes Mal, wenn sie in einen Raum kam, gewusst haben, dass die Hälfte der Frauen da mit ihm geschlafen hatte …

Eine von den ›Witwen‹ in meiner Wohnung redete die ganze Zeit mit jedem, der sich das anhören wollte. Sie war ins Weiße Haus geschmuggelt worden – ich weiß nicht, ob das das richtige Wort ist – hinten im Auto auf der Ladefläche, und sie wurde zum Schwimmbecken gebracht, und dann kam er und traf sich mit ihr zum Schwimmen … und dann war da noch die berühmte Angie Dickinson, die fuhr im Carlyle mit dem Fahrstuhl rauf und runter, Sie wissen schon, hinten mit dem Dienstfahrstuhl, und Marilyn Monroe ... Und wissen Sie, was ich bei all diesen Frauen nicht begreife: Die müssen doch gewusst haben, dass sie sein Bonbon für den Tag sind, und wer will denn schon gern ein Bonbon sein?«[28]

Demi Gates erinnerte sich daran, dass Jack Kennedy sich keinerlei Mühe gab, seine Jagd auf Frauen in seinen gesellschaftlichen Kreisen zu verbergen. »Eines Abends war ich dort [im Weißen Haus]«, sagte er. »Es war eine Party für Eugene Black. Ich glaube, er [Jack] spielte ein Doppel – also wenn man die Mutter und die Tochter aufs Kreuz legt. Jedenfalls verlässt er mit der Mutter das Zimmer und dann verlässt er das Zimmer mit der Tochter, vielleicht zwanzig Minuten später ... Und dann auf einer Party bei Peggy Bancroft in New York – sie hatte so ein kleines Foyer, das in diese Doppelwohnung führte, und mein Freund kommt aus dem Fahrstuhl –, und da steht Jack Kennedy und küsst völlig versunken eine italienische Prinzessin.«[29] Die fragliche Frau bewegte sich in der höchsten Stratosphäre des internationalen Jet-Sets, die Jack und Jackie so anzog. Eine andere von Jacks Geliebten aus der internationalen feinsten Gesellschaft, ebenfalls eine italienische Prinzessin, besuchte ihn am Wochenende im Weißen Haus, wenn Jackie nicht da war.

Die Leute nahmen an, dass Jackie sich an Jacks Untreue nicht störte, weil sie sich nichts davon anmerken ließ. In der Tat machte sie sich wegen der berüchtigten Swimmingpool-Tollereien des Präsidenten mit den beiden Sekretärinnen, die »Fiddle« und »Faddle« genannt wurden, keine Sorgen. Wohl aber wegen ihrer Freundinnen und der Frauen aus ihrem Kreis, mit denen er schlief. Robin Biddle Duke, die im Mai 1962 Angier heiratete, sagte: »Sie hatte allen Grund so zerbrechlich zu sein und sich zerbrechlich zu fühlen, denn es tut weh ... Sie heiratet Jack, und er ist die Liebe ihres Lebens, und er spielt wirklich gerne, nun ja, mit anderen Mädchen herum. Sie hat mir wirklich Leid getan. Weil die Demütigung in aller Öffentlichkeit sowieso schon scheußlich ist. Jeder wusste ja, dass Jack ein Schuft war. Ich meine, darüber sprach man nicht, aber ich denke, dieser Frau ist wirklich eine Menge zugemutet worden. Ich glaube, sie hat JFK geliebt, und sie hat immer gedacht, er liebt sie. Auf seine Weise tat er das auch, doch seine Liebe kam unter gewissen Vorbehalten, ihre aber war absolut.«[30]

An diesem Punkt ihres Lebens, auf ihrem königlichen Zenit im Weißen Haus, hatte Jackie außer Lee niemanden, dem sie ihre Sorgen anvertrauen konnte. Von Zeit zu Zeit erhielt die sphinxhafte Fassade Risse. Anne Lincoln berichtete: »Mrs. Kennedys Laune schlug schneller und extremer um, als irgendwer das hätte erwarten können. Manchmal wurde sie richtig vertrauensselig und erzählte Sachen, von denen sie in anderem Geisteszustand nicht mal zugegeben hätte, dass sie davon wusste. Sagen will ich, sie hatte irgendwie zwei Gesichter …«[31]

Mit Frauen im Allgemeinen und mit Funktionärinnen und Journalistinnen im Besonderen hatte sie wenig Geduld. »Sie sprach auf die anderen Frauen der Kabinettsmitglieder nicht an«, erinnerte sich Robin Biddle Duke. »Und sie machte es mir ziemlich schwer, weil ich ja die Frau des Protokollchefs war, und auf Empfängen waren vor den großen Dinners nur die Frauen der Kabinettsminister und der Staatsoberhäupter anwesend, die auf Besuch waren. Und wenn das ein Staatsoberhaupt war, das sie interessierte, wie zum Beispiel Haile Selassie, drängte sich alles auf einer Seite des Raums und sie saß mit dem hohen Tier auf der anderen. Mit etwas Glück sprach sie dann Französisch, denn sie sprach ja so furchtbar gern Französisch, und dann musste ich also Mrs. Ball nehmen und zu ihr rübergehen und sagen: ›Mrs. Kennedy, Mrs. Ball hatte noch keine Gelegenheit, mit Majestät zu sprechen‹, und ich versuchte ja noch, das so höflich wie möglich zu machen, aber ich wusste, sie spießte mich schon mit ihren Blicken auf. Es war also in gewisser Weise heikel, und an manchen Tagen fand ich es sehr schwierig, und zwar deshalb, weil sie wirklich glaubte, die wären alle ein Haufen biederer Damen.«[32]

Jackie war nicht begeistert von dem, was Tish Baldrige als »Horden von Frauen« bezeichnete, und deren aufdringliches Interesse an ihr stieß sie ab. Auf dem Weg zu einem Damenlunch des Senats zu ihren Ehren, zu dem sie Puffin D'Oench eingeladen hatte, erzählte sie Puffin von ihren Erfahrungen, die sie als Senatorenfrau auf solchen Veranstaltungen gemacht hatte. Damals wurde traditionell von ihr und den Frauen der anderen Senatoren erwartet, dass sie sich umzogen und Uniformen des Roten Kreuzes anlegten. »Sie verabscheute diese Anlässe wirklich«, sagte Puffin. »Weil es in diesen Zimmern, in denen sie ihre Kleider ausziehen sollten, überhaupt keine Privatsphäre gab. Einige Frauen versammelten sich um sie, um den Stoff mit ihren Fingern zu befühlen oder um einen Blick zu erhaschen und ihre Unterwäsche zu inspizieren. Sie sahen sich ihren Slip an, die Spitze und alles andere, und für sie war das einfach unaussprechlich widerlich ... Ein Anblick muss das schon gewesen sein«, fügte Puffin hinzu. »Weil ich mir vorstellen kann, dass Jackie besonders schicke Sachen anzog. Sie wusste ja, dass sie teilweise entkleidet gesehen würde. In der Schule und im College war sie immer schamhaft, ganz anders als viele andere, auch wenn ich sie oft im Slip gesehen habe. Wir ärgerten sie immer damit, dass sie von allen Frauen, die wir kannten, den flachsten Busen hatte.«

Wieder im Weißen Haus erlebte Puffin einen anrührenden Beweis von Jacks Freude an der Erscheinung seiner Frau und von seinem Interesse an ihrer Kleidung. »Wir kamen zurück, und Jack Kennedy kam aus dem Oval Office nach oben, weil er immer gern sah, wie sie angezogen war. Er sagte: ›Aber du hast ja deinen Hut abgenommen, geh, hol deinen Hut und setz ihn auf.‹ Das tat sie, sie setzte ihren kleinen Pillbox-Hut auf, und er war hingerissen ...«[33]

Tief im Innern wäre Jack Kennedy vermutlich gern ein so guter Ehemann für Jackie gewesen, wie er ein guter Vater für Caroline und John war, und auf seine Weise versuchte er es auch. Als ein Freund ihn einmal fragte, warum er ihr untreu war, antwortete er in vollem Ernst: »Ich kann nicht anders.« Er schockierte den extrem respektablen, selbstbeherrschten britischen Premierminister Harold Macmillan, indem er ihm gestand, er bekomme Kopfschmerzen, wenn er nicht wenigstens einmal am Tag Sex habe.[34] Nach einem Bericht des weit weniger respektablen Bobby Baker, der Sekretär der Demokraten im Senat war und Senatoren des öfteren Vorteile verschaffte, sagte er zu ihm: »Ich bekomme Migräne, wenn ich nicht jeden Tag ein frisches Stück Fleisch zu fassen kriege.«[35] Für Jack, der sich auch auf diesem Gebiet wie auf allen anderen rasch langweilte, bestand die Würze des Lebens in Abwechslung. Gefallen fand er nicht nur an wechselnden Frauen, sondern auch an Orgien zu dritt, manchmal mit Prostituierten, an deren Beschaffung »Dave [Powers] beteiligt war. Dave brachte die Mädchen mit«, erinnerte sich ein Berater Kennedys im Weißen Haus.[36] Laut Aufzeichnungen des Sicherheitsdienstes wurden Verabredungen mit Frauen über Jacks alten Freund und engsten persönlichen Berater getroffen, dessen Name in den offiziellen Berichten genannt wurde. Als Teddy Kennedy in aller Öffentlichkeit seiner Frau untreu wurde, erklärte Jackie der untröstlichen Joan: »Alle Kennedy-Männer sind so.«

Jackie aber hoffte weiter gegen jede Wahrscheinlichkeit, dass er eines Tages ruhiger werden würde. Ihrem Freund Adlai Stevenson gestand sie auf dem Dinner, das sie im März 1963 für Eugene Black im Weißen Haus gab: »Es ist mir egal, mit wie vielen Mädchen [Jack schläft], solange ich weiß, dass er weiß, es ist falsch, und ich glaube, das tut er inzwischen.« Optimistischer als der Verlauf desselben Abends es erlaubte, fügte sie hinzu: »So oder so, für den Moment ist das ja alles vorbei …«[37]

Jackie enthüllte außerdem, wie konservativ ihr Mann sich verhielt. »Abends erlaubt er mir nicht, irgendwelche Fragen zu stellen – die wischt er beiseite und wird gereizt, wenn ich nur mit Tish am Telefon spreche, und versuche ein bisschen Arbeit einzuschmuggeln. – Er schickt mich ans andere Ende des Flurs zum anderen Telefon.« Wie die kleine Ehefrau behandelt zu werden gefiel ihr absolut nicht. Wie Stevenson sagte, sprach sie »ununterbrochen« über diesen Aspekt ihres Lebens.

Jackie hatte Spaß daran, Jack in der Öffentlichkeit zu piesacken. Ihre Anfälle von Groll und Mutwilligkeit, ihre Weigerung, nett zu den Ehefrauen von Senatoren und den Reporterinnen im Weißen Haus zu sein, ihre Rebellion dagegen, »ihre Pflicht zu tun«, wie andere Leute es betrachteten, all das war ihre Art, sich an ihm zu rächen. Während der schwierigen Anfangsjahre ihrer Ehe hatte sie kurze Affären – laut Gore Vidal unter anderem eine mit dem Schauspieler William Holden –, zu denen sie von Rachegedanken ebenso getrieben wurde wie von »simplem Briefmarkensammlerinstinkt. Prominente sind samt und sonders verrückt nach anderen Prominenten.« Vidal und andere Freunde von Jackie sagten aus, sie sei »an Sex sehr interessiert«[38] gewesen. »Von Klatsch über Sex war Jackie immer fasziniert«, erinnerte sich Puffin D'Oench.[39] Sie flirtete gern. »Es gefiel ihr, Männer in ihren Bann zu ziehen«, sagte eine New Yorkerin, die nicht zu ihren Freundinnen zählte. Wie sie Nini Gore Auchincloss aus Anlass von Ninis erster Hochzeit in den von Tabus beherrschten fünfziger Jahren erklärte: »Das Beste an der Ehe ist, dass du mit Männern zu Mittag essen darfst.«

Sie übte jedoch keine sexuelle Rache an ihrem Mann während ihrer Zeit im Weißen Haus, wie manche Gerüchte behaupten. »Ich kann inzwischen beschwören, dass sie es nicht tat«, sagte Benno Graziani, ein enger Freund von Jackie und Lee, der bei ihren hoch stehenden internationalen Freunden beliebt war, obwohl er für *Paris-Match* arbeitete. »Sie hatte zu viel Angst. Sie hatte sehr viel Würde, nahm ihren Job sehr ernst und wollte keinen Skandal verursachen … Nein, auf keinen Fall, sie verhielt sich sehr seriös, solange sie im Weißen Haus war.« Auf die Frage, wie Jack und Jackie während der Jahre im Weißen Haus miteinander auskamen, erwiderte Graziani: »Gut. Sie liebten einander, das muss ich sagen … sie mochten … sie schätzten einander. Sexuell, glaube ich allerdings, stimmte etwas nicht …«[40]

Jacks wenig zufrieden stellendes Sexualleben mit Jackie wurde auch von einem anderen Intimus bestätigt, mit dem sie nach Jacks Tod eine Affäre hatte. »Ich glaube nicht, dass sie darüber je sehr glücklich war.« Dann fuhr er, sich auf das Verhältnis zwischen Jack und Jackie beziehend, fort: »Ich glaube, es war nie wirklich intensiv und intim … Für sie besserte sich eine Menge, denke ich, weil sie eine Rolle im Leben hatte und er das bewunderte. Sie leistete ihren Beitrag, während sie um die Welt reisten, aber ich glaube, auf der persönlichen Ebene … Ich meine, wie wäre das möglich gewesen, wenn er jedes Wochenende andere Frauen fickte? Was soll da das Gerede von einer engen Beziehung? Der Kerl hatte einen zu großen sexuellen Appetit, als dass das je hätte funktionieren können …«[41]

Jack ermunterte auch seine Angestellten zu sexuellen Beziehungen, ob sie verheiratet waren oder nicht. »Alle und jeder hatten eine Affäre im Weißen Haus«, erinnerte sich Marian Schlesinger, eine Künstlerin und die erste Frau von Arthur Schlesinger.[42] Als ein Freund von Jackie die Frau eines Beraters von Jack in den Saal geleitete, in dem auf einer Party des Weißen Hauses das Dinner serviert werden sollte, hörte er, wie sie scharf den Atem einzog. Sie sah, dass die Frau, mit der ihr Mann eine Affäre hatte, neben den Präsidenten gesetzt worden war, wobei der betreffende Berater auf der anderen Seite saß. Jackies Freundin fragte sie später: »Wie war das möglich?« Jackie überlegte einen Augenblick und gab dann zur Antwort: »Ach, ich glaube, das hat Jack für ihn arrangiert.« Pierre Salinger sagte: »Zu der Zeit, als ich Pressesekretär war, konzentrierte ich mich auf unsere politische Arbeit, für sein Privatleben habe ich mich nicht interessiert. Trotzdem passierten Dinge, die mir das Gefühl gaben, dass er Geliebte hatte. Er wirkte auf mich so wie jemand, der Geliebte hat. Okay? Aber ich kannte keine von ihnen, ich wusste nicht, mit wem er Affären hatte.«[43]

Jackie stand außerhalb dieses sexuell aufgeladenen Kreises, gleichzeitig aber gehörte sie zur Deckung des Präsidenten. Sie versuchte nie, ihn auf frischer Tat bei seinen Ehebrüchen zu ertappen, telegrafierte stets das Datum ihrer Ankunft nach Europareisen und legte Wert darauf, es ihn wissen zu lassen, wenn sie möglicherweise einen Tag früher kam. Im Gegenzug gab Jack sich seinen eher ausschweifenden Aktivitäten hin, wenn sie nicht da war. Hätte sie jene heldenhaft selbstbeherrschte Rolle, die sie spielte, aufgegeben, hätte sie emotional auf den permanenten Betrug reagiert, wären die Trümmer der Präsidentschaft den Kennedys um die Ohren geflogen. Ihre Einstellung Jack und seinem politischen Leben gegenüber hatte sich während des Wahlkamps von 1960 verändert. Sie war ihm und seiner Karriere völlig ergeben. Sie glaubte inzwischen, die Fähigkeit zu Größe in ihm zu erkennen. Der Erfolg seiner Präsidentschaft war ihr ungeheuer wichtig und nichts durfte diesen gefährden. Trotz all ihrer europäischen Politur war sie äußerst patriotisch. »Das Land bedeutete ihr etwas«, so drückte Richard

Goodwin sich aus. »Dieses Gefühl bildete in gewisser Weise den Mittelpunkt ihres Lebens und das war wichtig für sie.«[44] Sie sah Kennedys inspirative Seite und stellte sich ihn inmitten ihrer Helden de Gaulle und Churchill vor. Sie war die kämpferische Hüterin seines Images als Präsident im Leben wie nach seinem Tod.

Dennoch forderte die Selbstbeherrschung, die sie sich auferlegte, wie die Anforderungen, die an sie als First Lady, Ehefrau und Mutter gestellt wurden, ihren Tribut und förderte die dunklen Seiten ihres Charakters. Robin Douglas-Home sprach über die »nagende Angst, dieser messerscharfe Verstand könnte sich plötzlich, aus nichtigstem Anlass, gegen mich richten … die Angst, dieser erbarmungslose Spott, mit dem sie andere Leute, Gebräuche, Protokolle, Institutionen bedachte, könnte mir auf einmal selbst in die Augen schießen wie das Ammoniak von Gangstern …« Er sprach von ihren »Stimmungsschwankungen«, dem »beißenden Witz« und »Anfällen von Aggression«.[45] Von Zeit zu Zeit richtete sich jener »erbarmungslose Spott« gegen Jack. »Er hatte sie in der Öffentlichkeit oft brutal behandelt«, berichtete Bill Walton im Spätsommer 1961. »Aber jetzt ist es andersherum. Sie stichelt zu viel gegen ihn. Ich ertappe mich selbst dabei, dass ich sage: ›Also komm, so kannst du nicht mit ihm reden. Schließlich ist er der Präsident, lass ihn in Ruhe.‹«[46]

Jackies Gegenreaktion auf den Druck, dem sie ausgesetzt war, bestand darin, dass sie Jacks Geld ausgab. Dies war vielleicht das einzige Gebiet, auf dem sie weder seinen Gefühlen noch seinem Protest Beachtung schenkte, abgesehen davon, dass sie sich große Mühe gab, das Ausmaß ihrer Verschwendung zu verbergen. Der unglücklichen Mary Gallagher war die Aufgabe zugefallen, für Jackie die Bücher zu führen und dem Präsidenten ihre Ausgaben vorzulegen. »Meine Schlacht mit dem Budget des Präsidenten – oder besser mit dem seiner Frau – nahm so ernste Formen an, dass ich anfing, den langen Weg ums Weiße Haus herumzugehen, um ihm nicht zu begegnen. Ich konnte diesen tadelnden Ausdruck in seinem Gesicht einfach nicht ertragen«, schrieb sie.[47] Im Juli 1961 ergab ihr Bericht, dass Jackies persönliche Ausgaben für das zweite Quartal des

Jahres sich auf eine Gesamtsumme von $ 35 000 beliefen, von denen beinahe die Hälfte auf Kleider entfiel. Allein die Rechnung von Givenchy belief sich auf insgesamt $ 4000. Noch im März hatte der Präsident Tom Walsh beauftragt, Mary Gallagher ein neues System der Buchführung beizubringen, und Jackie hatte gehorsam versucht zu sparen – aber nur, was die Kosten für den Haushalt betraf. Das Personal wurde angewiesen, Kosten zu sparen, wo immer das möglich war, und über Ausgaben für Essen und Getränke einzeln Buch zu führen, einschließlich der Geschäfte, in denen eingekauft worden war. Immer mehr Rechnungen wurden Evelyn Lincoln ins Büro des Präsidenten gesandt, damit sie diese unter seinen Ausgaben verbergen konnte und sie in Jackies nicht auftauchten. Jackie, so bemerkte Gallagher, »schien zwanghaft einzukaufen«.

Sie prüfte gern die Anzeigen der feinsten New Yorker Kaufhäuser in den Zeitungen und riss heraus, was ihr Interesse weckte. Dann beauftragte sie Gallagher, die Dinge über das »Mary-B.-Gallagher-Sonderkonto« zu bestellen. Eine Zeit lang war sie verrückt nach Stiefeln und bestellte ein Paar nach dem anderen. Wenn sie Mary Gallagher gelegentlich fragte, wo all das Geld hin sei, und diese antwortete: »›In Kleidung‹, schien sie mir nicht zuzuhören und dachte weiter darüber nach, wo sie etwas einsparen könnte, wobei sie dann immer auf so etwas wie Essen oder Alkohol verfiel und für gewöhnlich bei den kleinen Dingen unter ›Vermischtes‹ landete.«

Was Sparmaßnahmen betraf, war Kleidung ein Tabuthema, doch das galt ebenso für Gemälde und Einrichtungsgegenstände, vor allem Antiquitäten. Wenn Jackie etwas gefiel, bestellte sie es und kümmerte sich um die Rechnungen später. Tiere – und besonders die Kosten für Jackies Jagden in Virginia – stellten einen weiteren bedeutsamen Posten dar. In einem Jahr war die Gesamtsumme, die sie auf Tierarztrechnungen, Futter und Zubehör (darunter ein Pferde-Staubsauger) verwendet hatte, dreimal so hoch wie die Ausgaben für ihre Kinder. Jackie versuchte die Kosten für die Tierhaltung in Glen Ora zu senken, indem sie sich bei Tom Walsh erkundigte, ob sie für die dort lebenden Texas-Rinder, die sie und der Präsident als Geschenk von Lyndon Johnson erhalten hatten, nicht eine Steuerreduzierung auf Glen Ora als Farm erreichen könnte. Lyndon hatte ihnen außerdem in seiner freundlichen, aber ein wenig peinlichen Art ein Texaner-Pony geschenkt, das den Spitznamen »Tex« erhielt. Die Kinder sollten auf ihm reiten, allerdings erwies es sich dafür als ungeeignet. Ihre Kosten für Kunsteinkäufe versuchte sie auszugleichen, indem sie früher erworbene Stücke wieder verkaufte.

Im Oktober 1961 bestellte Jackie Ted Kahn von Kahn-Pelze mit einer Auswahl von Mänteln ins Weiße Haus. Ihre ursprüngliche Idee bestand darin, einen ihrer alten Nerzmäntel in Zahlung zu geben. Kahn, ein alter Studienkamerad von Jack aus Harvard, würde ihr einen guten Preis dafür zahlen. Jackie war hin und her gerissen zwischen einem neuen Nerz und einem seltenen Somali-Leopardenmantel. Jack wurde aus seinem Büro gerufen, um ihr bei der Auswahl zu helfen. Er stimmte für den Nerz, aber Jackie gefiel der weit teurere Leopard. Sie nahm den Leoparden und löste laut Kahn einen wahnsinnigen Ansturm auf Leopardenmäntel und einen steilen Abfall der Nachfrage nach den leichter erhältlichen Nerzen aus. Versuche des Präsidenten, sie zur Annahme der kostenlos gelieferten Hüte zu bewegen, die ein Hersteller ihr im Interesse der Hutmacherindustrie angeboten hatte, schlugen fehl. Jackie blieb Marita bei Bergdorf treu.

Mitte November 1962 hatte der »Budget-Krieg« seinen Höhepunkt erreicht. Am Abend des 15. November hatte der Präsident einen Blick ins »Schwarze Buch« geworfen, Mary Gallaghers sorgfältig mit Kommentaren versehene Aufstellung von Jackies persönlichen Ausgaben. Am folgenden Morgen kam er hinunter in Gallaghers Büro und wirkte so »ernst«, wie sie ihn noch nie gesehen hatte. »Der Präsident war wieder einmal auf dem finanziellen Kriegspfad – aber richtig!«, erinnerte sich Gallagher. Carmine Bellino, so wurde ihr in unheilsverkündendem Ton erklärt, der »Summen-Experte« des Präsidenten werde sich mit Jackies Ausgaben befassen. Gallagher hatte den Präsidenten »noch nie so außer sich« erlebt. Als die Familie eine Woche später am 28. November 1962 von der Thanksgiving-

Feier in Hyannis Port zurückkehrte, »brach der Budget-Sturm los«. Jackie war eindeutig eine tüchtige Lektion in Sparsamkeit von ihrem Mann erteilt worden. Wie gewöhnlich hörte sie, was ihre Kleiderausgaben betraf, nur mit halbem Ohr zu. Alle anderen Gebiete aber sollten gründlich bereinigt werden und die gelben Notizzettel trafen stapelweise ein: Tish wurde in Worten, die keinen Zweifel offen ließen, mitgeteilt, im Weißen Haus fließe der Alkohol wie in den letzten Tagen des Römischen Imperiums. Die Drinks seien zu stark und Nachschub werde zu unbegrenzt ausgeschenkt. Niemand solle auf offiziellen Anlässen zu viel zu trinken bekommen. Auf privaten Partys wurde keine Grenze gesetzt, aber Jackie verfiel auf die unhygienische Idee, nicht ganz geleerte Gläser wieder aufzufüllen. Solange sich keine auffälligen Lippenstiftspuren daran befanden, sollten sie wieder ausgegeben werden, ordnete Jackie an, »auch wenn ein paar Leute sich Hepatitis holen«. Von jetzt an war Anne Lincoln für das gesamte Essen und die Getränke verantwortlich. Sie allein sollte einen Schlüssel zum Getränkeschrank erhalten. Noch am selben Tag ließ der Präsident durch Evelyn Lincoln eine Notiz überbringen: Er wollte ab sofort alle monatlichen Rechnungen zu sehen bekommen, ehe Gallagher die Schecks ausschrieb.[48]

Am 11. Dezember, Weihnachten stand vor der Tür, kam Jackie eine neue geniale Idee für Einsparungen. Geschenke, die aus der Bevölkerung für die Kinder eintrafen, sollten rechtzeitig nach Palm Beach gesandt werden, sodass sie diese auf ihre Eignung als Geschenke für John, Caroline und die Radziwill-Kinder prüfen konnte, die wie gewöhnlich Weihnachten mit ihnen feiern würden. »Das«, so berichtete Gallagher, »war an sich unüblich, da Geschenke ans Weiße Haus normalerweise an Wohltätigkeitsorganisationen weitergeleitet wurden. Ich sah ein, dass dies die Belastungen ihres Budgets in der Spalte ›Vermischtes‹ vermindern würde.« Auf ihren Wunsch sollte Kenny O'Donnell Spirituosen als Geschenk für den Präsidenten empfehlen, da Ausgaben in diesem Bereich am schwersten ins Gewicht fielen. Als Geschenke im Weißen Haus eintreffende Lebensmittel sollten verwendet, nicht wie bisher an Waisenhäuser weiterverschickt werden. Dann stieß Jackie auf eine weitere wundervolle Idee, die vollkommen neu für sie war – Rabattmarken. »Diesen Tag werde ich nie vergessen«, schrieb Gallagher. »Ich kam in Jackies Schlafzimmer und fand sie auf dem Bett, vertieft in einen Bilderkatalog für Rabattmarken ›O Mary, wissen Sie, was ich gerade von Anne Lincoln erfahren habe?‹, rief sie aus. ›Sie wissen doch, all diese Lebensmittel, die wir für das Weiße Haus kaufen? Nun, sie hat mir erklärt, dass wir diese Marken, die uns die Geschäfte dafür geben, gegen fantastische Geschenke eintauschen können!‹« Die Wirkung all dieser Sparmaßnahmen wurde jedoch zunichte gemacht durch einen langen Brief mit ausführlichen Beschreibungen an ihre Lieblings-Modeberaterin in Paris, Mrs. John Mowinckel. Mary Gallagher sah sich gezwungen, dem Präsidenten in ihrer jährlichen Bilanz der Ausgaben für 1962 zu erklären, dass sich Jackies persönliche und familiäre Ausgaben während des vergangenen Jahres nicht verringert hatten. 1962 kam sie auf eine Gesamtsumme von $ 121 461,61 gegenüber $ 105 446,14 in ihrem ersten Jahr im Weißen Haus.[49]

Zur Zeit des Budgetkrieges im November 1962 schrieb Fletcher Knebel eine Serie von sieben Artikeln für das *De Moines Register* und die *Minneapolis Tribune*, in der Jack Kennedys Vermögen auf zehn Millionen Dollar geschätzt wurde, welche zum größten Teil in einem von seinem Vater gegründeten Treuhandfonds angelegt seien. Kennedy, so schrieb er, habe nie eine Kreditkarte besessen, trug nur selten Bargeld bei sich und führte weiterhin getrennte Konten für sich selbst und Jackie. Seit er als Abgeordneter in den Kongress gewählt worden war, habe er stets all seine Regierungsbezüge für wohltätige Zwecke gestiftet, einen Betrag, der sich zwischen 1947 und Oktober 1962 auf insgesamt $ 400 000 summiert hatte. Da er durch sein Vermögen in der Neunzig-Prozent-Steuerklasse eingestuft wurde, beliefen sich seine Steuern für diese Summe auf $ 360 000. Somit bezahlte Kennedy, wenn man davon ausging, dass er Steuerreduzierungen in Anspruch nahm, für seine Spenden $ 40 000 aus der eigenen Tasche. 1962 wurde erwartet, dass sein steuerpflichtiges Einkommen die $-450 000-Grenze überschritt. Von seinem Präsidentengehalt von $ 100 000 und dem Spesenbetrag von

$ 50 000 abgesehen, standen ihm mindestens $ 250 000 aus einem Treuhandfonds über $ 500 000 zu sowie weitere $ 160 000 von den etwa fünf Millionen Dollar, die er in diesem Jahr zu seinem fünfundvierzigsten Geburtstag erhalten und in kommunalen und föderalen Schatzbriefen angelegt hatte. Lediglich ein Drittel davon war steuerpflichtig, hinzu kamen persönliche Investitionen, Tantiemen etc.

Ben Bradlee notierte am 15. November 1962 in seinem Tagebuch:

> Heute Abend dienten wir als Puffer bei einem Familienstreit über Finanzen. Jackie hatte (ziemlich bemerkenswert) gerade erst erfahren, dass ihr Mann sein Gehalt für wohltätige Zwecke stiftete und hatte ihm an diesem Tag erklärt, dass sie dieses Geld mit Sicherheit selbst gut brauchen konnte. Das hatte offenbar eine Fülle von Fragen aufgeworfen, die zu der Forderung des Präsidenten führten, er wolle über die Familienfinanzen informiert werden. Er hatte diese Information in einem Brief [erhalten], den er bei sich trug und der ihn zum Kochen brachte, wobei er eher verblüfft und empört als wütend war. Der Posten, der ihm wirklich zusetzte, war »Kaufhäuser … $ 40 000«. Niemand hatte eine Erklärung dafür, am allerwenigsten Jackie. Keine Möbel für das Weiße Haus und, wie Jackie betonte, »kein Zobelmantel oder so etwas …«[50]

Jack sagte, er habe Carmine Bellino damit betraut, die Dinge im Weißen Haus unter Kontrolle zu bringen. Er war ein langjähriger Freund der Kennedys und ein Experte, der Mafia-Finanzberichte für die Senatskomitees entzifferte. Kurz zuvor war Bellino von Bobby beauftragt worden, Ethels Verschwendungen in Hickory Hill zu untersuchen. Jack behauptete weiter, sein Kammerdiener George Thomas und Jackies Dienstmädchen Provi seien auf die Gehaltsliste für Beamte gesetzt worden, was Jackie jedoch abstritt. Vermutlich um Jack zu reizen und ihren Trotz in der Ausgabenschlacht zu beweisen, stellte Jackie ihre tragbare Victrola-Truhe auf volle Lautstärke, während der Präsident ein wichtiges Gespräch mit Adlai Stevenson über eine Sitzung führte, die der Botschafter der Vereinten Nationen gerade mit dem stellvertretenden sowjetischen Außenminister gehabt hatte. Außerdem versetzte sie ihrem Mann einen, wie Bradlee es ausdrückte, unfairen Hieb. Jack erklärte, wie sehr er Adenauers Energie bewundere, der im Alter von sechsundachtzig den kleinen John jr. in die Luft geworfen habe, und Jackie »konnte sich nicht verkneifen zu bemerken, dies sei das erste Mal gewesen, dass irgendwer den kleinen John in die Luft geworfen habe«.[51]

Ganz gewiss keine Kosten wurden auf den Kennedy-Partys gespart, ob privater oder offizieller Natur. Die Kennedys machten Washington, das bis dato bei der amerikanischen und internationalen feinen Gesellschaft als spießig, langweilig und zu politisch verschrieen war, zum gesellschaftlichen Mittelpunkt der Welt. Um mit Bradlee zu sprechen:

> Die Kennedys veränderten das Gesicht und den Charakter von Washington. Nichts symbolisierte diese Veränderung stärker als ihre Partys, denn die Kennedys waren Party-Menschen. Er liebte die Ausgelassenheit und die Stimmung und Festlichkeit einer Versammlung von Freunden, besonders von schönen Frauen in schönen Kleidern. Sie mischten gern Jet-Setter mit Politikern, Reporter mit den Leuten, über die sie berichteten, Intellektuelle mit Entertainern und Freunde mit flüchtigen Bekannten. Jackie war die Produzentin dieser Partys. Jack war der Konsument. Während ihrer Zeit im Weißen Haus gaben sie fünf oder sechs Bälle, und dort kam dann alles zusammen. Die Gäste waren immer jung. Die Frauen hatten immer Stil. Und man musste sich kneifen, um zu begreifen, dass man sich im Grünen Zimmer des Weißen Hauses befand und dass dieser Kerl, der da gerade über den Tanzboden stolperte [oder genauer gesagt, beim Tanzen mit Helen Chavchavadze vornüberfiel, worauf Jackie in heilloses Gekicher ausbrach], kein anderer war als … der Vizepräsident der Vereinigten Staaten, Lyndon Baines Johnson.
>
> Auf der Gästeliste standen nur selten Mitglieder der irischen Mafia, die irischen, katholischen, politischen Freunde und Angehörigen, die zumeist aus Boston stammten und die Kennedy in vielerlei Hinsicht, persönlich und politisch, näher standen als die Reichen und Schönen oder die Intellektuellen. Es gab da eine fundamentale Spaltung in Kennedys Charakter: Auf der

> einen Seite war er der »bauernschlaue« Politiker: zäh, bodenständig, derb und sentimental, auf der anderen Seite der urbane, elegante, intellektuelle »Playboy der westlichen Welt« ...[52]

In einem Artikel unter dem Titel »Neue Pioniergrenze – neues Komando« betonte *Time* Jackies gesellschaftliche Dominanz in der Hauptstadt. Die übrigen Kennedys besetzten die Ränge darunter, allen voran Bobby und Ethel, bei deren Pool-Partys in Hickory Hill es hoch herging. Bei einem Tanz im Freien, den die Kennedys im Juni 1962 zu Ehren von Pat und Peter Lawford gaben und auf dem die Ormsby-Gores und eine Abordnung weiterer Größen der Frontier erschienen, landeten Arthur Schlesinger und Ethel vollständig angekleidet im Schwimmbecken. Auf einer früheren Veranstaltung war Teddy mit voller Absicht hineingesprungen und Pierre Salinger wurde im Becken wippend gesichtet, wobei er darauf bedacht war, die Zigarre über Wasser zu halten. Der Astronaut John Glenn, »der seit seiner Rückkehr aus dem Weltall bei den Mittagessen in Hickory Hall zu so etwas wie einer festen Einrichtung geworden war«, verkehrte dort und Harry Belafonte tanzte Twist, die gesellschaftliche Signatur der New Frontier.

Als zum inneren Washingtoner Kreis gehörig nannte *Time* die Bartletts, die Spaldings, den Journalisten Rowland Evans jr. und seine Frau (Ben Bradlee und seine Frau wurden als Vertreter des Konkurrenzblattes *Newsweek* nicht genannt), die Ormsby-Gores, die Sherman Coopers, die Alsops, Bill Walton, die Paul Fays, Stas und Lee, Mrs. John R. »Fifi« Fell, Flo Pritchett Smith und ihren Mann. Bevorzugte Mitglieder der Regierung, die zu Veranstaltungen des inneren Kreises ins Weiße Haus eingeladen wurden, waren die Bob McNamaras, Marian und Arthur Schlesinger, Walt und Elspeth Rostow und die McGeorge Bundys. Sogar bezogen auf Washington allein war diese Liste zu eng gefasst. Der Handelsminister Franklin D. Roosevelt jr. und seine Frau Sue sowie Oatsie Leiter hätten ebenso darauf zu finden sein müssen. Lem Billings war Stammgast an Wochenenden und auf den besten Partys. Oleg Cassini, Mitbegründer von Le Club, dem New Yorker Twist-Tempel, war eine wichtige gesellschaftliche Zutat. Arkady Gerney, Jacks Freund aus Harvard-Zeiten und von Zeit zu Zeit ein Geschäftspartner von Stas, gehörte ebenfalls zu den Insidern. Zu Jackies privaten Partys für internationale Freunde wie die Radziwills und die Agnellis rückte das schicke, moderne New York in Bestbesetzung an. Für gewöhnlich luden die Kennedys hinterher einige wenige Auserwählte noch nach oben in ihre Wohnung ein, wo die Party weiterging: Hier führte Cassini mit Benno Graziani den Twist oder die neueste Tanzverrücktheit aus Paris, den Hully Gully, vor oder forderte Howard Oxenberg zu einem Wettbewerb in Liegestützen heraus.

Das Essen, das René Verdon zubereitete, war köstlich, und die Musik, die oft von Peter Duchin und seiner Band kam, war das Beste vom Besten. Der Alkohol floss in Strömen, was mehr als nur einen Zwischenfall verursachte. Jackies Tanzdinner für achtundsiebzig Gäste, das sie am 15. März zu Ehren der Radziwills gab, war die erste ihrer glanzvollen, privaten Partyeinladungen, die in der internationalen Gesellschaft heiß begehrt waren. Auf einem Dinner für Lee verwechselte Franklin Roosevelt, vom Alkohol übermannt, wie man ihn von Zeit zu Zeit sah, einen Ausländer mit Schnurrbart, Oleg Cassini, mit einem anderen, dem abwesenden Stas, und erhob sein Glas auf Cassini statt auf den Ehrengast. Daraufhin ließ Jack den Trinkspruch »Auf Stas, wo immer du auch bist« folgen. Am 11. November 1961 gab Jackie eine Party für achtzig Gäste zu Ehren von Gianni und Marella Agnelli, auf der sich Gore Vidals viel diskutierter Streit mit Bobby ereignete. Erinnerungen an den Zusammenstoß variieren, umwölkt von Champagner und der späten Stunde. Seinem eigenen Bericht nach war Vidal bereits geladen, als er auf Bobby traf. Schon vorher war er gegenüber Janet Auchincloss und Lem Billings, »dem Hofschranzen«, aggressiv geworden. Vidal zufolge kniete er neben Jackie, die in einem Stuhl ohne Armlehnen saß, und stützte beim Aufstehen seine Hand auf ihre Schulter. Jemand zerrte ihn weg. Es war Bobby. Erzürnt folgte ihm Vidal, und sie lieferten sich, was er später einen »Schwatz unter Machos« nannte, nach etwa folgendem Schema: »Was zum Teufel glaubst du, wer du bist?« – Vidal. »Was ist los, Kumpel?« – Bobby. Blair Clark beobachtete das »Schubsen und Stoßen« aus etwa zehn Metern Entfernung. »Gore, der eine ganze Menge getrunken hatte, kam zu mir und fragte: ›Meinst du, ich sollte dem Bastard (Lem Billings) eins verpassen?‹ Daraus schloss er, Billings habe sich zwischen Gore und Bobby gedrängt und Gore bedroht.«[53] Gore brach mit Arthur Schlesinger und George Plimpton auf. Es war sein letzter Abend im Weißen Haus.[54]

Ehe der Streit mit Bobby seiner gesellschaftlichen Karriere im Weißen Haus ein Ende setzte, hatte Gore, dessen sarkastischen Humor sowohl Jack als auch Jackie teilten, während des Sommers und Herbstes 1961 in hohem Ansehen gestanden. Während die Berlin-Krise noch immer am Köcheln war, hatte er am 27. August 1961 mit den Kennedys in Hyannis Port zu Abend gegessen. Jackie, die nach dem Wasserski noch in Caprihose und Windjacke steckte, mixte Daiquiris an der Bar. Jack trug eine Khakihose und ein blaues Hemd, wirkte schlank und prahlte mit seinem Gewicht: »172 Pfund, bevor ich herkam und angefangen habe, Jackies Küche zu genießen.« Ein paar Tage später hörte Vidal von Bill Walton, dass »Jack jetzt streng Diät halte, weil er sich über Zeitungsberichte aufregt, er sei im Amt gealtert. Ihm fehlt einfach Bewegung seit seiner letzten Rückenverletzung.«[55]

Die Gespräche drehten sich ganz um Politik und Politiker, um die Geschicke der Welt. Jack las Betty Spalding einen Brief von de Gaulle über die jüngste Berlin-Krise und ein mögliches Treffen mit Chruschtschow zur Diskussion der Lage vor (die Berliner Mauer war gerade errichtet worden und entschärfte paradoxerweise die Gefahr eines Zusammenstoßes). Vietnam wurde nicht erwähnt. Das große Thema der sechziger Jahre stand noch nicht auf Kennedys Agenda, auch wenn es sehr bald dort landen sollte: Später im selben Herbst erwog er die möglichen Konsequenzen einer direkten militärischen Beteiligung der USA in Vietnam zur Unterstützung des katholischen Ngo-Dinh-Diem-Regimes gegen den kommunistischen Vietkong. Hin und her gerissen zwischen der Furcht, seinem Ruf als kaltblütiger, harter Krieger Schaden zuzufügen, was er durch ein völliges Heraushalten zweifellos tun würde, und der Gefahr, sich tiefer in diesen augenscheinlichen Schlamassel zu begeben, reagierte er zögerlich und unternahm nur sehr vorsichtige Schritte. Druck kam von Seiten des Expräsidenten Eisenhower, der als noch immer einflussreiche Figur die »Domino-Theorie« proklamierte: Ohne Intervention der USA würde das gesamte Südostasien dem Kommunismus anheim fallen. Kennedy schloss einen Kompromiss, indem er die Zahl der »militärischen Berater« dort erhöhte. Ende Dezember erhielten mehr als zweitausend von ihnen die Genehmigung, zur »Selbstverteidigung« von ihren Waffen Gebrauch zu machen. Am 21. Dezember 1961 wurde der erste Amerikaner im Dschungel getötet. Dennoch hätten sich im Sommer 1961 nur wenige Menschen vorstellen können, dass sich das entlegene Land zum Schauplatz eines bedeutenden amerikanischen Krieges entwickeln sollte, der das Leben von fast sechzigtausend Amerikanern und drei Millionen Vietnamesen fordern würde.

Bobby erschien schlank und agil in orangefarbenem Hemd und entbot Vidal einen kühlen Gruß. Caroline reichte pflichtbewusst Kanapees herum. Ihr Vater schnippte mit den Fingern und wackelte mit den Hüften. »Knöpfchen, willst du uns nicht einen Tanz vorführen?« Sie kicherte und schüttelte den Kopf. Pat und Peter Lawford kamen vorbei, ehe sie nach Südfrankreich flogen. Ihr jüngstes Kind, den sechs Wochen alten Robin, ließen sie in Los Angeles zurück. (Um die Ehe der Lawfords stand es nicht zum Besten, was in erster Linie den außerehelichen Affären Peters zuzuschreiben war. Dieser übte, seit Kennedy Sinatra verbannt hatte, eine Funktion aus, die Vidal als »Jacks Generalbevollmächtigter bei den Mädchen von Hollywood« bezeichnete.) Über geeister spanischer Suppe, Hummer und Mousse bewies Jack wie immer Interesse an Theater und Film. Jackie drängte ihn, Vidal von einem Plot zu erzählen, den er für einen Film erdacht hatte: Darin ging es um eine Verschwörung aus Texas, die ihn des Präsidentenamts entheben sollte. Er sprach, wie er es oft tat, von der Möglichkeit eines Attentats. Fatalistisch äußerte er: »Wenn der Attentäter bereit ist, zu sterben, gibt es gar nichts Einfacheres ...«[56]

Jackies wichtigste Gelegenheiten, politisch für ihren Mann einen Beitrag zu leisten, ergaben sich durch die Auslandsreisen. Genau wie einst, als sie, noch um den Senator werbend, die zehn Bücher über Französisch-Indochina für ihn übersetzt hatte, betrachtete er sie auch nun als eine Trumpfkarte besonders in Bezug auf Lateinamerika. Richard Goodwin, Kennedys Sonderbeauftragter für Lateinamerika, erinnerte sich: »Kennedy reiste dreimal nach Lateinamerika, ich begleitete ihn und sie auch. Und sie las im Flugzeug immer die Bücher zur Vorbereitung, saß da und diskutierte darüber. Ich wusste das, weil er bestimmte Sätze erwähnte, die ich in die Vorbereitungsdokumente geschrieben hatte, und dann darüber sprach und so weiter. Sie war beteiligt, sie wusste, was vor sich ging. Ihr Aussehen, ihr Katholizismus und ihr Spanisch waren eine ganz schön mächtige Kombination – äußerst mächtig für alle beide. Er sprach kein Spanisch, er übte immer diese Worte: ›Ich bin sehr glücklich‹ und ›*Viva*‹. Wir versuchten es richtig hinzukriegen, sodass er aus dem Flugzeug steigen und ein paar Worte auf Spanisch rufen konnte. Unter uns gesagt, es war grässlich! Er hatte kein Talent für die Aussprache, aber er arbeitete daran und gebrauchte sie …«[57]

Am 15. Dezember 1961 brachen die Kennedys in Washington zu einer Reise mit drei Stationen auf, Puerto Rico, Venezuela und Kolumbien, und kehrten zurück, um Weihnachten mit den Radziwills in Palm Beach zu feiern, wo ihnen C. Michael Paul und seine Frau Josephine ein Haus geliehen hatten. Am Morgen des 19. Dezember fuhr Jack nach Washington, auf dem Weg zu einer Konferenz mit Macmillan in Nassau. Joe Kennedy fuhr zum Flughafen, um sich von ihm zu verabschieden, und kehrte mit Caroline zurück, die mit ihrem Vater mitgekommen war. Dann fuhr er zum Golfplatz von Palm Beach, um seine gewohnte Partie mit seiner Nichte Ann Gargan zu spielen. Am sechzehnten Loch verspürte er eine plötzliche Schwäche und ließ sich nach Hause fahren, wo Jackie und Caroline sich beim Schwimmen amüsierten. Er sprach kurz mit ihnen und begab sich nach oben in sein Zimmer. Dort erlitt er, ganz allein, einen schweren Schlaganfall.

Um zwei Uhr nachmittags wurde er ins Krankenhaus gebracht, wo ein Arteriogramm ergab, dass die Thrombose sich in der linken zerebralen Hemisphäre befand und inoperabel war. Auf der gesamten rechten Seite war er praktisch gelähmt, unfähig, Arm oder Bein zu bewegen. Die Gesichtsmuskeln der rechten Gesichtshälfte waren erstarrt und verliehen ihm ein schiefes, verzerrtes Aussehen. Er sabberte. Doch das Schlimmste war, dass er nicht sprechen konnte. Von allen Schlägen, die Joe Kennedy erlitten hatte – und noch erleiden sollte –, war dieser der schwerste. Der einstige König des Clans, der übermächtige Botschafter, der durch den Einzug seines Sohnes ins Weiße Haus bereits zur Seite gedrängt worden war, wurde zum Gefangenen seines eigenen Körpers, eingeschlossen mit seinen Gedanken und Ängsten, unfähig zur Kommunikation. Der Mann, der »alles möglich gemacht hatte«, war hilflos und unfähig, sich dem Griff eines grausamen Schicksals zu entziehen.

Drei Jahre später erzählte Jackie Dorothy Schiff, der Eigentümerin der *New York Post*, sie habe sich vorgestellt, wenn das Gehirn geschädigt würde, so gestatte die Natur es dem Betroffenen, nur noch dahinzuvegetieren, ohne zu begreifen, was geschah. Einen Teil der Funktionen aber zu behalten war entsetzlich.[58] Jackie, die so oft hart und nüchtern erschien, ging zärtlich, einfühlsam und liebevoll mit dem alten Mann in seiner Hülle um, wischte ihm den Speichel vom Kinn, kniete neben seinem Stuhl und legte ihm von Zeit zu Zeit den Kopf in den Schoß. Schwieriger war es für Jack, der seinen Vater täglich anrufen und versuchen musste, ein normales Gespräch aufrechtzuerhalten, obwohl Joe nur noch Grunzlaute produzieren konnte. Damit hatte Jackie eine weitere Säule ihres Lebens verloren, sodass sie einsamer denn je zurückblieb. Für den Clan der Kennedys begann mit dem Schlaganfall des Patriarchen die nächste Phase der griechischen Tragödie: Nemesis machte Jagd auf die goldene Familie.

In Venedig bemerkte an Bord seiner Yacht *Christina* Aristoteles Onassis, der abergläubisch und ein Kenner der griechischen Mythen war, über Jack und Jackie: »Diesen beiden steht Unglück bevor.«[59]

12
Salattage

»Die paar-und-dreißig Monate im Weißen Haus waren tatsächlich ihre Salattage, und sie beschrieb jede Gala mit proustscher Verzückung. Proust hätte sie mit Sicherheit beobachtet, bewundert und in seinen Büchern verarbeitet.«
Edna O'Brien[1]

Helen Thomas, eine der führenden Reporterinnen des Pressecorps im Weißen Haus, erntete von Jackie regelmäßig das, was ihre Freunde ihre »PBO« (Polite Brush Off – höfliche Abfuhr) nannten. Auf der Schau des Women's Press Club von 1962 erhielt sie die Gelegenheit, sich an der First Lady zu rächen: Gehüllt in ein rosafarbenes Abendkleid, das Haar in Jackies aufgetürmtem Stil frisiert, spielte sie einen Sketch und sang dabei mit jener »atemlosen Klein-Mädchen-Stimme, mit der die Ohren der Amerikaner so oft strapaziert wurden«:

Ich will einen Ball, jawohl,
Nur für mich und Charles de Gaulle.
Nehmen lass ich mir das nie.
Ich bin … Jahh-kee!

Wasserski, das mag ich gern,
Halt mich von der Presse fern.
Hab ich kein Recht dazu?
Was tätest denn du,
Hätt'st du meine Partie – ?
Ich bin Jahhh-keeee !

Fliege gern nach hier und da,
Gerne ohne JFK.

Und wenn ich Pariser Schampus mag
Und lieber Nein zum Wahlkampf sag –
Ich bin eben »die« … Jahh-keeee!

Laut Thomas kam Jack Kennedy am folgenden Tag mit einem breiten Grinsen im Gesicht zu ihr in den Rosengarten und sagte: »Ich habe alles über Sie gelesen. Das war ein Fest, was?«[2]

1962 sollte für Jackie ein Jahr der Fluchten werden: Während Jack eifrig auf Wahlkampf für die Kongresswahlen in diesem Jahr ging, unternahm sie allein einen triumphalen Besuch in Indien und Pakistan, nahm sozusagen unterwegs Rom und London mit und anschließend einen verlängerten Urlaub mit dem internationalen Jet-Set in Italien, weit weg vom Touch Football und den primitiven Muschelessen in Hyannis Port.

Der gefeierte Harvard-Ökonom John Kenneth Galbraith, vor kurzem von Kennedy ernannter Botschafter in Indien und einer von Jackies Favoriten, hatte die Möglichkeit eines Indienbesuchs für Jackie zum ersten Mal während eines Treffens mit dem Präsidenten am 13. September 1961 aufgebracht. Später rief er Jackie in Hyannis Port an. Sie war von dem Gedanken an die Reise »hingerissen« und wollte im Oktober oder November fahren. Galbraith riet ihr zu warten, bis die Lage in Berlin sich beruhigt hatte. Am 5. November besuchte er Jack und Jackie auf der Hammersmith Farm. Die Reise war inzwischen offiziell angekündigt worden. An diesem Abend aß er mit den beiden. Während Jack mit Lem Billings Backgammon spielte, sahen sie sich den kurz zuvor eingetroffenen Premierminister Indiens, Jawaharlal al Nehru, in der Fernsehsendung *Meet the Press* an. Am nächsten Morgen flog Nehru mit seiner Tochter Indira Ghandi und B. K. Nehru nach Newport, von wo aus sie auf der *Honey Fitz* zur Hammersmith Farm weiterreisten. Nehru zeigte sich amüsiert, als Kennedy auf die Strandhäuser der amerikanischen Reichen mit der Bemerkung hinwies: »Ich möchte Ihnen gern vorführen, wie der durchschnittliche Amerikaner lebt.«[3] Nach einem langen Mittagessen im Zeichen ernsthafter politischer Gespräche gestand Jackie Galbraith, sie habe »neue Zweifel wegen ihrer Reise nach Indien«. Auf dem Air-Force-One-

Flug nach Washington fiel Galbraith auf, dass der Präsident pro Minute eine Zeitung durchblätterte. Nehru las den *National Geographic*, Indira betrachtete die *Vogue*. Jackie war vertieft in Malraux.[4]

An diesem Abend fand für Nehru ein Dinner im Weißen Haus statt, bei dem der indische Premierminister, der sich zuvor bei dem Treffen mit Jack eher einsilbig und unempfänglich gezeigt hatte, zwischen Jackie und Lee saß – »und mit dem Licht der Liebe in den Augen ganz offensichtlich hoch erfreut war«.[5] Gegen Mitternacht fand die Veranstaltung ihr Ende. Zwei Stunden später rief der Präsident Galbraith an, um ihm zu sagen, Jackie habe sich entschlossen, ihre Reise bis Januar zu verschieben. Einen Grund nannte er nicht. Am folgenden Abend gaben sie ein Dinner zu Ehren von Galbraith und David Ormsby-Gore, der kürzlich als Botschafter Großbritanniens eingetroffen war. Jack nannte Ormsby-Gore und den ebenfalls anwesenden McGeorge »Mac« Bundy »die beiden intelligentesten Männer, die er kenne«.[6] Auf einem Empfang in der indischen Botschaft am folgenden Abend, zu dem die Kennedys in voller Mannschaft erschienen, fragte Eunice Nehru, warum er nicht wie auf Fotos Tränensäcke unter den Augen habe und ob er die Friedenstruppe verstärken werde. Später rief ihr Bruder Galbraith an, um ihm zu sagen, er »sei der Ansicht, sie habe die amerikanisch-indischen Beziehungen vermutlich um fünf Jahre zurückgeworfen«.[7]

Galbraith arbeitete einen Terminplan für Jackies Besuch in Indien aus. »Es verspricht ein Spaß zu werden«, schrieb er. »Die Inder machen sich Sorgen wegen eines Besuchs in Kanarak. Sie fürchten, sie könnte inmitten von höchst pornographischen Statuen fotografiert werden.« Am 20. Dezember besetzten die Inder das portugiesische Gebiet von Goa. Am 26. Februar erhielt Galbraith, möglicherweise aufgrund der internationalen Reaktionen auf den Einmarsch, vielleicht aber auch aufrichtig gemeint, ein Telegramm von Tish Baldrige, in dem sie »vage auf gesundheitliche Gründe« hinwies und Jackies Ankunft um eine Woche verschob. Galbraith eilte zu Nehru, der »heftig in Jackie verliebt« war. Eigenhändig hatte er ein Foto, auf dem er mit ihr spazieren ging, voll Stolz in seiner Eingangshalle aufgehängt. Er zeigte sich »durch und durch einsichtig«.[8]

Begleitet von Lee traf Jackie am 13. März in Delhi ein. Ihr Anblick »in einem Kostüm in schockfarbenem Rosa war eine Million Dollar wert«. Es folgten offizielle Veranstaltungen, die Galbraith organisiert hatte, mit exzellenten Gelegenheiten für Fotos. Zu seiner Verärgerung aber konzentrierte sich eine Presseanweisung fast ausschließlich auf Jackies Kleidung. »Viel zu viel Aufmerksamkeit auf Garderobe, Designer, Kleid, Handtasche und so weiter.« Wieder einmal war dies ein heikles Thema für Jackie. Ihre Cassini-Garderobe war heimlich um einige Stücke aufgestockt worden, welche die beliebte, in Rom ansässige Designerin Prinzessin Irene Galitzine für sie angefertigt hatte. Trotz des Versuchs, die der Kleidung geschenkte Beachtung zu dämpfen, war Jackies Kleid aus einem blass türkisfarbenen, das Licht reflektierenden Stoff, das sie auf der abendlichen Party des Premierministers trug, eine Sensation unter den weiblichen Gästen. Am nächsten Tag folgte eine gemächliche Reise mit dem herrlichen Zug des ehemaligen Vizekönigs: Er war außen scharlachrot, innen rehbraun und ausgestattet mit Salon, Speisewagen und Schlafzimmern. Am Ende der Fahrt stand ein Besuch in Fatehpur Sikri, der großartigen, in rotem Sandstein errichteten Stadt, die 1569 von Akbar dem Großen erbaut und nur fünfzehn Jahre später verlassen worden war. Dann reiste die Gruppe weiter nach Agra, wo Jackie einen Tumult unter den Fotografen auslöste, als sie vor dem Tadsch Mahal posierte. Ein weiterer kleiner Tumult ereignete sich vor einer Seidenfabrik in Benares: »Mit ihrem ausgezeichneten Sinn für Bühnenwirkung«, berichtete Galbraith, »hatte J.B.K. ein lavendelfarbenes Kleid angezogen, das noch im Umkreis von fünf Meilen sichtbar war.«[9]

Für Galbraith war Jackies Besuch in Udaipur und Jaipur reich an Fallstricken. Die indische Regierung, welche die Maharadschas als politische Feinde betrachtete, wollte er nicht verärgern. In Udaipur war »das Boot bis zum Rand mit Prinzen beladen, also bewegte ich [auf dem abendlichen Empfang] J.B.K. zu Gesprächen mit verschiedenen modernen Funktionären. Jackie war höflich, aber gelangweilt. ›Wie hoch ist Ihr jährlicher Niederschlag?‹ war alles, was ihr bei der Unterhaltung mit dem Dekan eines Landwirtschaftskollegs einfiel.«[10] Jaipur erwies sich sogar als noch heikler. Der Maharadscha und seine Frau, die schöne Ayesha, waren beide in der Politik aktiv sowie persönliche Freunde von Lee und wurden von der indischen Regierung des Versuchs verdächtigt, aus Jackies Besuch politisches Kapital zu schlagen. Diverse Strategien waren von der bürgerlichen Regierung ausgeheckt, doch vom Maharadscha samt und sonders außer Kraft gesetzt worden. Zu Galbraiths Verzweiflung erwiesen sich die mit prachtvollen Schabracken geschmückten königlichen Elefanten beim Amber-Palast als unübertreffliche Gelegenheit für Fotos. Jackie und Lee stiegen auf, und die Kameraleute hatten ihren großen Tag. Das Maharadscha-Paar von Jaipur hatte eine Party für Jackie im Palast geplant. Jackie hatte zweifellos bereits vorher davon gewusst, Galbraith war aber nicht informiert, bis sie ihn telefonisch um Erlaubnis für ihre Teilnahme bat. Delhi musste konsultiert werden, ehe die Party ihren Lauf nehmen durfte.

Jackie und Lee waren in ihrem Element, was man von dem intellektuellen Galbraith nicht behaupten konnte. »Das Gespräch drehte sich um Pferde, gemeinsame Freunde, gesellschaftliche Ereignisse und Polo«, lautete sein Kommentar. »Nicht gerade meine Spezialität.«

»Beim Dinner war eine ganze Gruppe Polospieler anwesend. Dann schalteten sie das Grammophon ein und Jackie fragte: ›Können Sie Twist tanzen?‹ Und dann brachte sie es ihnen bei«, erinnerte sich der Radschmata von Jaipur. »Man hatte großen Spaß mit ihr.«[11] Um Mitternacht fuhr die Gruppe in den Stadtpalast und verbrachte Stunden mit der Erkundung der Höfe, Audienzzimmer und Gärten mit ihren angestrahlten Brunnen. »Es war alles höchst romantisch, und es war nur allzu offensichtlich, dass Mrs. Kennedy es enorm genoss.«

Jackie auf ihren Auslandsreisen zu begleiten, war nicht gerade ein ruhiger Job. Bereits früher hatte Galbraith geschrieben: »Der Präsident hatte mich auf sehr humorvolle Weise gewarnt, dass ich bisher ja noch keine Erfahrungen beim Reisen mit Mrs.

Kennedy gemacht hatte ...« Selbst auf offiziellen Reisen wie dieser tat Jackie mehr oder weniger, was sie wollte, und wenn sie – innerhalb bestimmter Grenzen – keine Lust hatte etwas zu tun, dann ließ sie es bleiben. Nach der Party bei den Jaipurs war sie müde und blieb bis zum Mittag im Bett. An ihrem letzten Tag drückte sie sich nach einem letzten Besuch bei Nehru um die Aufzeichnung einer Abschiedsbotschaft, die Galbraith an ihrer Stelle produzieren musste. Der Präsident, so entschied er, hatte mit seiner Warnung nicht übertrieben: »Es verlangt eine Menge Aufmerksamkeit, sich um Mrs. Kennedy zu kümmern und sie zu managen. Ich war ununterbrochen damit beschäftigt, mich um die Reaktionen der indischen Presse, der amerikanischen Presse oder der Leute, die sie besuchte, und dazu noch um ihre eigene Zufriedenheit zu sorgen. Letzteres war vielleicht am allerwichtigsten, denn hätte sie sich müde und unglücklich gefühlt, so wäre die weitere Wirkung sicherlich schlecht ausgefallen.«[12]

Jackies Indienreise hatte eine bemerkenswerte Reaktion sowohl auf sie selbst als auch auf ihre Gastgeber. »Jackies Wirkung auf die Inder war einfach wundervoll«, erinnerte sich Galbraith. »[Und] sie begann, sich für indische Kunst und Architektur zu interessieren ... [und ihr] Besuch war der Höhepunkt der indisch-amerikanischen Beziehungen. Nehru war unter allen Umständen die mächtigste Figur in Indien, und er war hingerissen von Jacqueline Kennedy ...«[13] Kitty Galbraith erinnerte sich daran, wie sie nach dem letzten Dinner in der Residenz hinunter in den Garten der Botschaft gingen: »Ich sah Jackie und Nehru auf den Stufen sitzen und sie lachten miteinander, er trug sein weißes Jackett mit einer roten Rose im Knopfloch und sie ein rot-weißes Kleid ... und sie betrugen sich wie Schulkinder, sie redeten einfach hin und her und lachten.«[14]

»Ich bin der Meinung, Nehru war einfach erfreut, der Gastgeber einer Amerikanerin zu sein, die sich nicht verpflichtet fühlte, bei jeder erdenklichen Gelegenheit über Politik zu sprechen, und die ein so offenkundiges Interesse an indischer Kunst zeigte«, sagte Galbraith. Auf die Frage, ob Jackies Besuch sich als nützlich für die indisch-amerikanischen Beziehungen erwiesen habe, antwortete er: »Oh, mit Sicherheit. Er hat Nehrus Stellung gefestigt – wie ich schon sagte, Indien hatte zu der Zeit eine starke Regierung, und das Sinnbild dieser Stärke war Nehru. [Er] fühlte sich sehr von Jackie angezogen, und das führte zweifellos dazu, dass er die Vereinigten Staaten in einem freundschaftlicheren Licht sah.«[15]

Bei ihrer Ankunft in Pakistan ließen Jackies Kräfte sichtlich nach. Nach einer spektakulären Pferdeschau, auf der tanzende Pferde auftraten und ein Kamel Rock 'n' Roll darbot, schenkte Präsident Ayub Khan Jackie zu ihrem Entzücken einen zehnjährigen dunkelbraunen Wallach namens Sardar. Sie besichtigte die berühmten Gärten von Shalimar, die Schah Jehan gestaltet hatte, und den Khaiberpass, sagte eine Besichtigungsfahrt nach Lahore und ein Mittagessen bei den Ruinen von Taxila allerdings ab. An einem Tag verschlief sie, und Tausende von pakistanischen Kindern warteten drei Stunden lang, um sie zu sehen.

Für die sie anbetenden Massen war Jackie »Ameriki Rani« – die Königin von Amerika –, und wie es sich für eine Königin ziemte, hatte sie in Gestalt von Lee eine Kammerzofe bei sich. Nach außen hin biss Lee angesichts des überwältigenden Erfolges ihrer Schwester die Zähne zusammen. Jackie besaß nicht allein den Mann, für den Lee immer eine Schwäche gehabt hatte, sondern dieser Mann war darüber hinaus zum bedeutendsten Mann der Welt geworden und Jackie ein Star von internationaler Größe. Nie hatte sich die Waagschale ihrer Rivalität so stark auf Jackies Seite gesenkt. Seit dem Tag, an dem Jack Präsident geworden war, wurde es mehr und mehr zu einem Kampf, den Lee niemals gewinnen konnte, so sehr sie sich auch bemühte. Zum Ausgleich für den Glanz und die Privilegien, in deren Genuss sie durch die Verbindung mit dem Weißen Haus kam, musste sie Jackies Kammerzofe spielen, Jackie bei Laune halten, sie auf Stippvisiten nach New York, zu Einkäufen, Partys und ins Ballett begleiten. Als Lees Ehe mit Stas in Schwierigkeiten geriet, verbrachte sie immer mehr Zeit in Jackies Gesellschaft, und nur eine Heilige oder eine Närrin hätte ein solches Ungleichgewicht ohne Bitterkeit ertragen. Lee war keines von beiden. »Aß heute zu Mittag mit deiner neuen Freundin Prinzessin Lee«, schrieb Truman Capote aus Verbier am 9. Februar 1962 an Cecil Beaton. »(Mein Gott, ich wusste ja gar nicht, wie eifersüchtig sie auf Jackie ist), ihre Ehe, so hab ich verstanden, ist ganz und gar finito.«[16]

Den Schmerz, den Jackie ihr durch ihre bloße Existenz zufügte, ließ Lee an Stas aus. Seit sie ihre Schlafzimmertür vor ihm verschlossen hatte, hatte Stas andere Frauen, aber er war noch immer verliebt in Lee und bewunderte beinahe ihre maßlose Verschwendungssucht, vor allem, was Kleider betraf. »Ihr macht euch keine Vorstellung davon, was dieser winzig kleine Körper mich kostet«, erzählte er seinen Freunden. Lee war innerlich angespannt wie eine Bogensehne, Stas hingegen besaß das explosive Temperament eines polnischen Aristokraten, trank heftig und war abhängig von Dr. Jacobsons Spritzen. Das Ergebnis beschrieben Freunde als ein »Kasperletheater« aus Streitszenen und Beleidigungen. Während die Kennedy-Präsidentschaft andauerte, blieb auch die Radziwill-Show im Programm, solange es allen Beteiligten gefiel, sie dort zu belassen.

Durch die außergewöhnliche Fähigkeit der Bouvier-Schwestern, die Fassade zu wahren, blieb ihre Rivalität beinahe allen Beobachtern verborgen. Benno Graziani, der beiden ein vertrauter Freund war, begleitete die Indienreise für *Paris-Match*. »Ich habe sie fünfundzwanzig Jahre lang erlebt«, berichtete er. »Manchmal kamen sie gut miteinander aus. Ich war mit ihnen in Indien und Pakistan … Zu der Zeit gingen sie miteinander sehr freundschaftlich um.«[17]

Kenneth Galbraith, der ebenfalls mit beiden Schwestern eng befreundet war, erinnerte sich daran, wie hilfsbereit und zurückhaltend Lee auf der Reise nach Indien und Pakistan gewesen war. »Lee war wundervoll, Lee machte das sehr, sehr gut«, berichtete er. »Sie war die ideale Schwester.« Kitty Galbraith fügte hinzu: »Es gab ein paar Sachen, die sie allein machen wollte, aber das war in Ordnung. Sie hielt Jackie [bei Laune]. [Wenn] Leute Autogramme wollten, Hunderte und Hunderte von Autogrammen – Lees Handschrift ist ja ganz genauso wie Jackies, also sah ich ihnen [beim Unterschreiben] zu.« Galbraith sagte: »Die Frage, ob Lee die Sache auch genoss, kam gar nicht ernsthaft auf, aber sie war auch eine sehr wichtige Person auf dieser Reise, denn sie kam nicht nur selbst wundervoll zur Geltung, sondern sie stellte für Jackie eine Möglichkeit zum Rückzug dar ... wenn sie dies brauchte.«[18]

»Ich war so stolz auf sie«, erzählte Jackie Joan Braden. »Nichts konnte je zwischen uns kommen ...«[19] Sie war sorgsam darauf bedacht, Lee dafür zu entschädigen, dass ihre Stellung so offensichtlich untergeordnet war, dass sie ans Ende der Wagenkolonne verwiesen, übersehen und gelegentlich sogar zurückgelassen wurde. Als Lee in Fatehpur Sikri nicht rechtzeitig zu einer Vorführung erschien, bei der Jungen aus über vierzig Meter Höhe in einen Kessel sprangen, bat sie diese, ihr Kunststück für Lee zu wiederholen.

Auf dem Weg nach Indien hatte Jackie ihr Bestes getan, um ihrer Schwester in der wichtigen Angelegenheit ihrer Ehe-Annullierung zu helfen, indem sie selbst an den Papst appellierte. Im Juli 1961 hatte Lee eine Petition an Johannes XXIII. aufgesetzt, die ihm im November 1961 persönlich durch Philippe Etter, einen ehemaligen Staatspräsidenten der Schweiz, überbracht wurde. Erzürnt lehnte der Papst es ab, die Sache auch nur zu erwägen, und erklärte Etter, es sei nicht seine Aufgabe, sich in die Entscheidungen kompetenter Behörden einzumischen. Die Kennedys und Radziwills hatten trotzdem noch nicht aufgegeben. Kardinal Cicognani, der Außenminister des Vatikan, den die Familie seit seinen Tagen als apostolischer Gesandter in Washington kannte, besuchte am Ende des Monats das Weiße Haus, wo er ein »langes und freundschaftliches Gespräch« über Lees Fall führte und über den Plan informiert wurde, den Jackie und Lee gefasst hatten: Sie wollten auf dem Weg nach Indien in Rom Station machen und dem Papst einen Besuch abstatten. Nach einigem Druck durch Kardinäle, die den Kennedys wohlgesonnen waren, erklärte der Papst sich nur zwei Tage bevor Jackie am 10. März 1962 in Rom eintraf damit einverstanden, Lees Fall zur Wiedereröffnung zuzulassen. Am folgenden Tag hatte Jackie, mit Lee im Schlepptau, eine Privataudienz beim Papst. Am 24. November 1962 wurde Lees Ehe mit Michael Canfield nach langwierigen geheimen Verhandlungen für annulliert erklärt. In den Augen der Kirche, die keine Scheidung anerkannte, war sie jetzt frei, Stas zu heiraten und die Ehesakramente zu erhalten. Standesamtlich war sie bereits seit vier Jahren verehelicht. Sie heirateten in einer kirchlichen Zeremonie am 3. Juli 1963, kurz nach dem Tod von Papst Johannes XXIII., den diese Affäre persönlich abgestoßen hatte. Für Stas, einen gläubigen Katholiken, war die kirchliche Anerkennung seiner Ehe mit Lee von Bedeutung, um seinen Vater Prinz Janusz zu besänftigen, der einem Heiligen ähnlich war.[20]

Auf der Rückreise von Pakistan machte die erschöpfte Jackie drei Tage lang in London Station, wo sie sich bei Lee und Stas erholte. Ein Lunch mit der Queen im Buckingham-Palast bildete ihren einzigen offiziellen Termin. Sie hatte Jack darum gebeten, Galbraith früher nach Washington zurückzubeordern, um ihr eine Ausrede für einen vorzeitigen Abbruch der Reise auf dem Subkontinent zu verschaffen.

Bei Watski in London verliebte sie sich in eine antike Sonnenrad-Diamantennadel aus dem 18. Jahrhundert. Eines der wichtigsten Ereignisse dieses Frühlings würde der Besuch des Schahs von Persien und seiner schönen, jungen dritten Frau Farah Diba sein. Die Kaiserin war zweifellos mit Juwelen beladen, ein Wettbewerb, den Jackie unmöglich gewinnen konnte. Daher plante sie, diese schlichte, schöne Nadel im Haar zu tragen, die gewiss keinem Stück glich, das die kaiserliche Schmuckschatulle zu bieten hatte. Anstatt Jack um das Geld zu bitten, beschloss sie, einige ihrer Schmuckstücke dafür in Zahlung zu geben. Der Preis der Nadel betrug mehr als sechstausend Dollar. Mary Gallagher listete die Schmuckstücke zur Schätzung auf: ein großer Aquamarin, den Jackie als Geschenk der brasilianischen Regierung erhalten hatte, eine Diamantennadel, die ein Hochzeitsgeschenk ihres Schwiegervaters gewesen war, ein goldenes Armband mit Saphiren von Cleef und Arpels, eine goldene Smaragdnadel, die sie 1961 bei dem Besuch in Griechenland erhalten hatte, und mehrere Goldschmuckstücke. Nach einer Nachfrage im New Yorker Kennedy-Büro übergab sie die Stücke zusammen mit £ 2000 und erhielt dafür das Diamant-Sonnenrad.

Von Zeit zu Zeit gingen ihre Schläue und Habgier zu weit. In diesem Frühling hatte sie den Präsidenten überredet, ihr ein mit Diamanten besetztes Schwert zu überlassen, das er als Geschenk von Ibn Saud von Saudi-Arabien erhalten hatte. Dahinter steckte die Absicht, die Diamanten entfernen zu lassen und durch Fälschungen zu ersetzen. Dem mit der Aufgabe betrauten Juwelier sollte erzählt werden, das Schwert sei ein altes Stück aus dem Besitz von Botschafter Kennedy, das sie umgestalten wolle. Tom Walsh vom New Yorker Büro wurde herbeizitiert, um sich der Affäre anzunehmen, erklärte aber Jackie, dass die Kosten für das Herausnehmen und Ersetzen der Diamanten die Kriegslist zu einer ungeheuer teuren Angelegenheit machen würden.

Einer Woche der Erholung in Glen Ora folgte eine erschöpfende Reihe von Ereignissen in Washington: ein Kongressempfang für etwa achthundert Gäste am 10. April, am 11. ein Dinner für den Schah und die Kaiserin von Persien, ein Dinner in der persischen Botschaft am 12. Am 18. brach die Kennedy-Familie für die Osterfeiertage nach Palm Beach auf. Jackie blieb dort bis zum 28., dann flog sie zurück, weil ein Besuch von Harold Macmillan erwartet wurde und am 29. das Dinner für die Nobelpreisträger stattfand.

Mitte Mai war das wichtigste Ereignis der Besuch des französischen Kultusministers André Malraux. Sein Besuch erfolgte auf Anregung von Jackie, die Jack dazu gedrängt hatte, eine förmliche Einladung auszusprechen. Das Dinner zu seinen Ehren sollte ihren Wünschen nach das Augenmerk auf die Bedeutung der Künste richten und subtil darauf hinweisen, dass in Frankreich ein ganzes Ministerium kulturellen Interessen gewidmet war. Insgeheim hegte sie die Hoffnung, in Amerika könne ein Ministerium für Künste eingerichtet werden. Bei ihrem Besuch in Paris war Malraux von Jackie fasziniert gewesen. Sie ihrerseits war bereits ein Fan seiner Romane und bewunderte ihn als Helden der französischen Widerstandsbewegung während des Zweiten Weltkriegs. Nach dem Essen versprach er mit gallischem Schwung, ihr zu Gefallen die *Mona Lisa* aus dem Louvre der Nationalgalerie in Washington als Leihgabe zu überlassen. Im Gegenzug überredete Jackie das Smithsonian Institute, den berühmten Hope-Diamanten aus seiner Schmucksammlung für eine Ausstellung historischer französischer Schmuckstücke in Paris auszuleihen – eine Leihgabe, die das Smithsonian bis dahin verweigert hatte. Im folgenden Jahr reiste Malraux zur Enthüllung der *Mona Lisa* erneut nach Washington.

Am selben Tag, an dem auch das Dinner mit Malraux stattfand, hatten Jack und Jackie noch eine eher persönliche Feier besucht, den Hochzeitsempfang von Angier Biddle Duke und der schönen Robin Chandler, aber selbst dieses private Ereignis hatte politische Untertöne.

Im Hintergrund tobte die Schlacht am McLean-Flussufer. Janet und Hughdie hatten Merrywood an einen Stadtentwickler verkauft, was ihre Nachbarn auf den Kriegspfad trieb. Die Nachbarn bekämpften die Entwicklungspläne und trugen am Ende den Sieg davon, doch in der Zwischenzeit herrschte eine vergiftete Atmosphäre. Janet Auchincloss wurde extrem reizbar und Jackie ergriff loyal für sie Partei. »Wir haben es heftig genug durchgefochten«, berichtete Marie Ridder, Janets Nachbarin in McLean, »sodass Mrs. Auchincloss, und einen Moment lang dachte ich, auch Jackie, [verletzt war]. Ich ging während dieses Kampfes zu dem Dinner für Malraux und dachte einen Moment lang, Jackie würde nicht mit mir sprechen, aber der Präsident sagte: ›Jackie, in Wirklichkeit bist du doch Maries und nicht Hughdies Meinung‹, und dann sagte er noch zu mir: ›Nur behalten Sie das bitte für sich.‹ Und mitten in diesem Kampf«, fuhr sie fort, »mussten wir eine Hochzeitsparty für Robin Duke und Angier geben und die Party sollte hier stattfinden, und der Präsident wurde erwartet. Und [mein Mann, ein Journalist] Walter Ridder rief ihn [Kennedy] an und sagte: ›Weißt du, ich glaube, das wäre wirklich unklug. Ich bin Journalist und ich bin dein Freund, und ich kann mir die Schlagzeile lebhaft vorstellen: Präsident und Mrs. Kennedy besuchen Freunde, die gegen [die Schwiegereltern] vor Gericht gehen, und solche hässlichen Geschichten.‹ Aber der Präsident sagte: ›Ich kann gehen, wohin ich will, Janet und Hughdie haben mir gar nichts zu sagen.‹ Das war vormittags um elf. Um 11 Uhr 05 muss er das bei jemandem getestet haben, denn er rief zurück, und wir verlegten den Empfang zu den Pells [Senator Claiborne und seine Frau Nuala] … Und als der Präsident hereinkam, sagte er zu Walter: ›Hör zu, Walter, erinnere mich daran, dass ich mich auch in anderen Fragen von dir beraten lasse‹, was wirklich reizend von ihm war.«[21]

Die Einwohner von McLean, Virginia, waren empört und protestierten. Sie forderten, ihre ländliche Nachbarschaft müsse erhalten bleiben. Von Küste zu Küste schlossen sich Umweltschützer an, die darauf drängten, das Gebiet wegen seines landschaftlichen und historischen Wertes zu bewahren. Zornige Nachbarn klebten Schilder an das Haus, auf denen stand: »Ihre Tochter verschönt das Weiße Haus, aber sie verschandelt unsere Nachbarschaft.«

Trotz der Proteste trafen Bulldozer ein, um Baugruben auszuheben – und an diesem Punkt trat der Justizminister Bobby Kennedy, der selbst zu den Merrywood-Nachbarn gehörte, in Aktion. Er hatte eine alte landschaftliche Verordnung ausgegraben, die selten, wenn überhaupt, benutzt worden war, und ließ sie ans Tor von Merrywood kleben. Die Bauarbeiten wurden unterbrochen und ein Rechtsstreit entbrannte. Am Ende stellte der Kongress mehr als £ 750 000 zur Verfügung und erwarb die ständigen Luftraum-Schutzrechte für Merrywood. Dies bedeutete, dass dort niemals etwas gebaut werden durfte, das mehr als fünfzehn Meter hoch war, und dass Bäume von einem bestimmten Umfang an nicht gefällt werden durften. Die Stadtentwickler blieben auf einem großen Landhaus und fünfzig Morgen Land sitzen, auf dem keine Appartement-Hochhäuser, sondern nur Häuser mit Gärten von einem Morgen entstehen durften. Der Besitz wurde schließlich von C. Wyatt Dickerson erworben, dessen Frau Nancy als profilierte Reporterin für den CBS arbeitete.[22]

Bedenkt man Jacks Vorliebe für Hollywood-Stars, so war es nur mehr eine Frage der Zeit, bevor er Marilyn Monroe kennen lernte, das größte Sexsymbol der Welt. Marilyn war von Joe DiMaggio geschieden und von ihrem zweiten Mann, dem Schriftsteller Arthur Miller, verlassen worden. Sie stand, während sich ihre Karriere auf einem absteigenden Ast befand, in enger Verbindung mit der wilden Clique um Frank Sinatra und Peter Lawford (»Brother in Lawford«, »Schwager Lawford«, wie Sinatra ihn zu nennen pflegte). Sinatra führte sie in Peter Lawfords Haus an der Küste von Santa Monica ein, in dem Pool-Partys und allnächtliche Kartenspiele stattfanden und das ihr Biograph als »alkoholdurchtränkte Szene« bezeichnete. Wenn der Präsident nach Westen reiste, wohnte er unweigerlich bei seiner Schwester Pat und deren Mann. Sinatra, der verrückt nach den Kennedys war, war entschlossen, sein Haus in Palm Springs zu einem inoffiziellen Weißen Haus des Westens zu machen. Die Lawfords waren dort so regelmäßig zu Gast, dass sie in seinem Haus Kleider für ihre Wochenendbesuche aufbewahrten. In Erwartung eines Besuchs des Präsidenten hatte Sinatra einen Hubschrauber-Landeplatz und andere Vorkehrungen für »Chicky Boy« errichten lassen, wie er Jack gern nannte.

Am Sonntag, dem 19. November 1961, hatte Marilyn Jack im Haus der Lawfords in Santa Monica zum ersten Mal getroffen. Der Präsident, der am Abend zuvor eine Ansprache vor dem Hollywood Palladium gehalten hatte und später Konrad Adenauer treffen sollte, zog Jeans an und entspannte sich mit den Gästen der Lawfords. Leicht passte er sich einer Umgebung an, die er aus früheren Tagen noch gut kannte. Nach Berichten von Lawfords zweiter Frau, die ebenfalls Pat hieß, lebte Marilyn zu der Zeit praktisch im Haus der Lawfords. »Es gab Zeiten, in denen Jack da war und nur durch eine Wand von den Lawfords getrennt mit Marilyn Sex hatte. Aber das wurde toleriert und offenbar sogar gefördert. Peter fungierte als offizieller Chronist dieser Vorgänge. Es gab ein schönes Badezimmer in Marmor und Onyx, das an das freie Schlafzimmer angrenzte. Jack setzte sich gern in die Wanne und forderte dann Marilyn auf, auf ihn zu steigen, und dann hatten sie im Wasser Sex. Peter wurde gebeten, Fotos zu machen, der Präsident genoss es, seine Aktivitäten dokumentiert zu wissen. Diese halb voyeuristischen Neigungen von Jack Kennedy waren ein offenes Geheimnis unter den Familienmitgliedern. Nach dem Tod des Präsidenten wurden alle Fotos, die sich nur finden ließen, vernichtet ...«[23]

Jackie befand sich in Glen Ora, als die erste Begegnung zwischen Jack und der Monroe im Haus der Lawfords an der Westküste stattfand. Am 5. Dezember desselben Jahres war sie im Weißen Haus, als Lawford Marilyn ins Carlyle schmuggelte, wo ein New Yorker Stelldichein mit Jack geplant war. »Peter erzählte mir, wie er Marilyn mit einer braunen Perücke, biederen Kleidern und einer Brille verkleidete. Dann gab er ihr Schreibblock und Stift. Sie sollte als Peters persönliche Sekretärin ins Carlyle geschmuggelt werden«, schrieb Pat Lawford. Mehrere Jahre später behauptete ein Bericht, der Hoover im FBI durch einen Special Agent zugegangen war, dass »im Hotel Carlyle in New York Sexpartys stattfinden, an denen zu wechselnden Zeiten eine Reihe von Personen teilnahm. Unter den erwähnten Personen befanden sich die folgenden Individuen: Robert F. Kennedy, John F. Kennedy … [zwei Namen geschwärzt], Marilyn Monroe.«[24]

Die Monroe begann über ihre Beziehung zu Jack zu fantasieren. Weit davon entfernt, sich selbst schlicht als ein weiteres »Bonbon« zu betrachten, glaubte sie sogar, er werde Jackie verlassen und sie heiraten. Zu Beginn des Frühlings 1962 hatte sie sich, tief verletzt durch die Heirat ihres Exmannes Arthur Miller, wiederum Tabletten und Alkohol zugewandt und war in einer furchtbaren Verfassung: Betrunken erschien sie auf der Golden-Globe-Verleihung in Los Angeles, nicht sicher auf den Beinen und mit einem mexikanischen Liebhaber im Schlepptau. Als sie an der Reihe war, als beliebtester weiblicher Star der Welt die goldene Statuette in Empfang zu nehmen, schaffte sie es kaum bis zum Podium, und ihre gelallte Dankesrede auf diesem bedeutenden Ereignis der Filmwelt führte zu Gerüchten, sie sei am Ende. Später im selben Monat, am 25. März 1962, traf Jackie auf der letzten Station nach ihrer Indienreise in London ein – zu gleicher Zeit holte Lawford Marilyn nach Palm Springs zu einem Wochenend-Rendezvous mit Jack.

Sie wohnten nicht bei Sinatra, der in Nachahmung des Kennedy-Lagers in Hyannis Port sogar einen Fahnenmast für den erwarteten Besuch des Präsidenten errichtet hatte, sondern in einem Haus, das sie von Bing Crosby gemietet hatten. Dieser war Sinatras langjähriger Rivale als Sänger und zudem republikanisch bis auf die Knochen. Als Sinatra davon erfuhr, ergriff er einen Vorschlaghammer, um den Beton-Landeplatz für den Helikopter eigenhändig zu zerstören. Außerdem warf er die Kleider der Lawfords in den Swimmingpool und strich Lawford aus seinem Leben. Lawford jedoch trug beileibe keine Schuld daran.

Der Grund für die Änderung von Kennedys Plänen beruhte auf einer Notiz vom 27. Februar 1962, die dem Außenminister im Vormonat in Washington durch den Leiter des FBI Edgar Hoover zugestellt worden war. Darin wurde Kennedy offiziell darüber informiert, dass Judith Campbell Exner, von der bekannt war, dass sie Kontakte zu Gangstern unterhielt, darunter Sam Giancana, innerhalb einer Woche zwei Telefonate mit Evelyn Lincoln geführt hatte (was Bobby bereits wusste). »Die Beziehung zwischen Campbell und Mrs. Lincoln sowie der Zweck der Anrufe sind unbekannt«, schrieb Hoover mit Bedacht. Kopien des Memorandums ergingen an zwei von Bobbys Assistenten im Justizministerium. Anscheinend wagte Bobby nicht, seinem Bruder davon zu erzählen, Hoover selbst aber hatte keine solche Bedenken. Am 22. März 1962 hatte er eine Verabredung zum Lunch mit dem Präsidenten, bei der er ihn angeblich davon unterrichtete, dass Judith Campbell, mit der Kennedy noch immer eine Affäre unterhielt, Beziehungen mit bekannten Kriminellen pflegte. Sie sei außerdem mit Sinatra befreundet sowie mit Sam Giancana, dem Kopf der Chicagoer Mafia, und Johnny Roselli, welche beide in die Mordpläne gegen Castro verwickelt gewesen waren. Nach Berichten von Judith Campbell über ein darauf folgendes Telefonat war Kennedy empört über Hoovers Frechheit und sprach von Erpressung. »Es war ihm sehr wohl bewusst, dass Hoover über jede seiner Bewegungen Bescheid wusste, und es kümmerte ihn nicht. Das ist die leichtfertige Seite von Jack – dass er sich überhaupt in eine solche Lage bringen ließ. Ich meine, er hätte sich niemals mit mir einlassen dürfen. Sie wollten Hoover loswerden, und das konnten sie nicht wegen der Informationen, die Hoover über die Kennedys hatte, nicht nur über Jack.«[25]

Bobby jedoch war weniger leichtfertig als Jack und wie eh und je darauf bedacht, seinem Bruder Rückendeckung zu verschaffen. Er machte Jack klar, dass er als Präsident Sinatras Haus nicht betreten und schon gar nicht unter demselben Dach schlafen konnte, womöglich in dem selben Bett, in dem auch Giancana geschlafen hatte. Als vordergründige Ausrede, so entschied Bobby, sollte gelten, dass Sinatras Haus ein Sicherheitsrisiko darstellte. Lawford fiel die unerquickliche Aufgabe zu, Sinatra diese Nachricht zu übermitteln. Der Präsident rief Sinatra erst nach seiner Ankunft im Haus von Crosby mit derselben Ausrede an. In Lawfords Augen war dies ein Fehler und ruinierte seine Beziehung zu Sinatra und in gewisser Weise seine Karriere. Es sollte für ihn keine Filme mehr mit dem Rat Pack geben und auch keine Shows im Sands mit Sinatra, Dean Martin und Sammy Davis.

Am 11. Mai war Marilyns Exmann Arthur Miller Jackies Gast auf dem Dinner zu Ehren von André Malraux im Weißen Haus. Miller war überrascht, sich selbst mit Malraux an Jackies Tisch platziert zu finden. Es war ein Symbol für Kennedys liberale Politik gegenüber den Künsten, dass Miller, der während der Eisenhower-Regierung und in den Tagen McCarthys als kommunistischer Sympathisant diffamiert worden war, jetzt von Jackie einen Ehrenplatz erhielt. Es scheinen kaum Zweifel daran zu bestehen, dass sie sich über Monroes Besessenheit von ihrem Mann bewusst war. Einem Biographen zufolge besaß die Monroe die Nummer der Privatwohnung im Weißen Haus, und bei einer Gelegenheit hatte sie, zweifellos umnebelt von Alkohol und Drogen, Jackie von ihrem Wunsch erzählt, den Präsidenten zu heiraten. Es war somit kaum verwunderlich, dass Jackie der New Yorker Gala im Madison Square Garden zu Ehren des bevorstehenden fünfundvierzigsten Geburtstags des Präsidenten ostentativ fernblieb – Marilyn sollte dort die Hauptattraktion sein und »Happy Birthday, Mr. President« singen. Jackie war auf Glen Ora und besuchte mit Caroline die Loudon County Horse Show.

In einem hautengen, fleischfarbenen, mit Rheinkieseln besetzten Kleid tänzelte Marilyn in Hochstimmung auf die Bühne im Madison Square Garden, wo sie von dem Zeremonienmeister Peter Lawford vorgestellt werden sollte. Ihre Vorstellung war so provokativ, dass die Broadway-Kolumnistin Dorothy Kilgallen sie als »im Liebesakt mit dem Präsidenten vor den Augen von vierzig Millionen Amerikanern« beschrieb. Kennedy grinste, als er öffentlich erklärte, er könne sich nun aus der Politik zurückziehen, nachdem »Happy Birthday« für ihn auf so »süße, allumfassende« Weise gesungen worden war. Privat aber sollte dieser Abend das Ende seiner Beziehung zur Monroe sein. Aufgrund ihrer übertriebenen Vorstellung sprach jetzt jedermann über den Präsidenten und den Filmstar. Es war lediglich eine Frage der Zeit, wann die Gerüchte auch gedruckt erscheinen würden. Seine Berater wurden angewiesen, alles abzustreiten und die Geschichte zu beenden.

Marilyn machte der Gedanke, er könne sie verlassen, rasend, und sie bombardierte ihn mit Anrufen im Weißen Haus. Bald darauf weigerte er sich, sie entgegenzunehmen. In ihrem verzweifelten Wunsch, Verbindung mit den Kennedys zu halten, rief sie stattdessen Bobby an. Im Juni setzte sie auf einem Fototermin für *Vogue* eine brünette Jackie-Perücke auf, legte Perlen an, ein weißes Seidenoberteil und schwarze Palasthosen und posierte als die First Lady. Das unterstrich offensichtlich ihre Sehnsucht, Jackie zu sein, mit Jack verheiratet zu sein. Marilyn sah Jack nie wieder, aber sie sah Bobby am 26. Juni auf einer Dinnerparty bei den Lawfords und dann am folgenden Tag allein in ihrem Haus. Unter seiner skrupellosen, rauen Oberfläche besaß Bobby ein mitfühlendes Herz. Nach Marilyns Biographen rief ein weiterer verstörter Hollywoodstar, Judy Garland, ihn ebenfalls häufig an, um sich bei ihm auszuweinen.

In der Nacht des 4. August 1962 nahm Marilyn eine Überdosis Schlaftabletten, Nembutal und Chloralhydrat. Der letzte Mensch, der mit ihr gesprochen hatte, war Peter Lawford, der sich Sorgen machte, weil sie nicht in seinem Haus zum Dinner erschienen war. Sie klang betrunken oder mit Drogen vollgepumpt, was nicht ungewöhnlich war. Er schrie ins Telefon in der Hoffnung sie zu wecken und dazu zu bewegen, noch herüberzukommen. Seiner Erinnerung nach sagte sie: »Sag auf

Wiedersehen zu Pat von mir. Sag auf Wiedersehen zu Jack. Und zu dir selbst sag auch auf Wiedersehen, denn du bist ein feiner Kerl ...« Besorgt rief Peter noch einmal an und vernahm das Besetztzeichen. Sein Manager verständigte ihren Anwalt Milt Ebbins, der anrief und die Information erhielt, es sei alles in Ordnung. Etwa gegen drei Uhr in der Nacht fand Marilyns Haushälterin Eunice Murray sie mit dem Gesicht nach unten auf dem Bett ausgestreckt. Sie war nackt, eine Hand ruhte auf dem Telefonhörer. Nach einer »psychologischen Autopsie« erklärte der Untersuchungsrichter ihre Todesursache für »mutmaßlichen Selbstmord«. Es war nicht ihre erste Überdosis gewesen, diesmal aber konnten nur noch Vermutungen darüber angestellt werden, ob es sich um einen fehlgeschlagenen Schrei nach Hilfe handelte oder um einen ernsthaften Versuch, ihr von immer mehr Verzweiflung gequältes Leben zu beenden.[26]

Jackie, die Arthur Miller genug bewundert hatte, um ihn bei dem Dinner für Malraux an ihrem Tisch zu platzieren, wendete sich gegen ihn wegen des Verrats, den er mit seinem Stück *Nach dem Sündenfall,* das am 23. Januar 1964 in New York uraufgeführt wurde, an Marilyn begangen hatte. Für sie war Loyalität die Feuerprobe, an der sich der wahre Charakter erwies, und indem er Marilyn als selbstzerstörerische Schlampe porträtierte, die er zu ihrem eigenen Wohl verlassen hatte, war Miller kläglich durchgefallen. »Gene Black jr. erzählte mir diese wundervolle Geschichte«, berichtete Demi Gates. »Er rief sie an und fragte sie, ob sie das amerikanische Theater unterstützen würde, und dass er ein Treffen mit Elia Kazan und Arthur Miller und allen möglichen anderen Leuten organisiere. Sie träfen sich zum Lunch, und nehmen wir mal an, es war ein Donnerstag – er ruft sie am Dienstag an, um sicherzugehen, dass alles glatt lief, und da sagt sie: ›Sagen Sie mal, Sie geben doch derzeit ein Stück von Arthur Miller, ist das richtig?‹ Und er antwortete: ›Ja.‹ Darauf sagte sie: ›Ich möchte mit diesem Theater nichts zu tun haben wegen der Art, wie er Marilyn Monroe behandelt hat ...‹«[27]

Marilyn war schlicht das größte Prominenten-»Bonbon«, das Jack Kennedy je genossen hatte. Als achtundvierzig Stunden später, am Abend des 6. August, ihr Tod noch immer in den

Schlagzeilen der Zeitungen stand und Jackie sich in New York kurz vor der Abreise nach Italien befand, hatte er bereits eine andere Frau bei sich im Weißen Haus. Im Januar 1962 hatte er eine Affäre mit Mary Pinchot Meyer begonnen, der schönen, künstlerischen Schwester von Ben Bradlees Frau Tony und Exfrau des CIA-Mannes Cord Meyer. Jack kannte Mary bereits viele Jahre, seit er ihr 1945 auf der Konferenz in San Francisco begegnet war, auf der er für Hearst berichtete. Die Meyers waren dort auf der Hochzeitsreise gewesen. Vor nicht gar so langer Zeit war Mary Meyer in den Kennedy-Kreis in Georgetown aufgenommen worden. Sie hatte außerdem eine Wohnung für Pamela Turnure beschafft, in der diese ihre Affäre mit Jack fortsetzen konnte, nachdem ihre frühere Wohnung durch Florence Katers Spionage zu riskant geworden war. In jenen Tagen in Georgetown ging Mary manchmal mit Jackie den Treidelpfad am Chesapeake-Ohio-Kanal entlang spazieren, wo sie am 12. Oktober 1964 auf mysteriöse, noch immer ungeklärte Weise ums Leben kam.

Marys Hintergrund unterschied sich völlig sowohl von Judith Campbells, die der Mittelschicht entstammte, als auch von Marilyn Monroes Background, die in Pflegefamilien und dem Waisenhaus von Los Angeles aufgewachsen war. Die Pinchots gehörten zur Aristokratie der Ostküste, sie besaßen ein gewaltiges Anwesen, Grey Towers, in Milford, Pennsylvania, und Mary war wie Jackie eine Vassar-Studentin. Für eine Frau ihrer Zeit und Herkunft war Mary vergleichsweise frei in ihrem Denken und – wie Jack – abenteuerlustig und neugierig darauf, die Grenzen ihres Lebens auszutesten. Sie liebte das Risiko. Seit dem Frühling 1962 hatte sie regelmäßig Sitzungen bei Timothy Leary, dem Hohepriester des LSD, von dem sie lernen wollte, wie man eine »LSD-Sitzung abhielt«. Sie erzählte ihm, sie gehöre einer Gruppe von Frauen an, die planten, Männer durch LSD zu beeinflussen, und sie wolle es bei einem Freund anwenden, der »ein sehr wichtiger Mann ist«. Leary war von dieser zähen, kühlen Dame fasziniert, die er als die Mata Hari der Drogen ansah: »Üppige Augenbrauen, stechende blaugrüne Augen, zartknochiges Gesicht. Amüsiert, arrogant, aristokratisch ...«[28]

Kennedy fühlte sich zu beiden Pinchot-Schwestern hingezogen. Phil Geyelin von der *Washington Post*, verheiratet mit Sherry, erinnerte sich an ihn von einer Party im Weißen Haus, wo er zwischen Mary und Tony platziert war: »Wir gingen zweimal ins Weiße Haus, einmal für Eugene Black und einmal für Lee. Bei welchem Anlass das jetzt auch war, die Frau – oder wer immer von dem, der geehrt wurde – sollte rechts neben ihm sitzen. Am Ende aber kam es so, dass die Pinchot-Mädchen neben ihm saßen, und ich weiß noch, dass ich das ein bisschen merkwürdig fand.« Jack unternahm einen Versuch, bei Tony zu landen, die laut Sherry Geyelin »außer sich vor Wut war, weil er so etwas mit der Frau seines besten Freundes machte«.[29] Mary, die ihn zunächst abgewiesen hatte, ergab sich am 22. Januar 1962, während Jackie in Glen Ora war. Die Affäre setzte sich über den Sommer 1962 fort, wann immer Jackie nicht in Washington war. Am 6. August rief Jackie um 19 Uhr 50 aus New York an, zu einem vermutlich letzten Gespräch vor ihrer Abreise nach Italien, während sich Mary Meyer im Weißen Haus befand. Ihr wurde gesagt, der Präsident sei nicht da. Judith Campbell hatte ebenfalls an diesem Tag angerufen und war von Evelyn Lincoln abgewimmelt worden. Ihre Affäre war vorüber.[30]

Von Mary wurde später berichtet, sie habe Marihuana mit dem Präsidenten geraucht und ihn sogar an LSD herangeführt. Niemand, nicht einmal ihre Schwester, scheint von ihrer Affäre gewusst zu haben, abgesehen von Dave Powers und Kennedys Schürzenjäger-Clique, ehe im Januar 1963 der brillante Phil Graham, der an damals noch unbehandelbaren manischen Depressionen litt, offenbar den Namen der »neuen Favoritin des Präsidenten« auf einer Zusammenkunft von Zeitungsredakteuren in Phoenix, Arizona, enthüllte. Den ungeschriebenen Gesetzen jener Zeit gemäß erschien nichts Gedrucktes darüber, doch für Kennedy, der sich in Gedanken bereits mit den Präsidentschaftswahlen von 1964 beschäftigte, war jegliches öffentliche Risiko unannehmbar. Die Beziehung wurde beendet, aber die beiden blieben Freunde. Mary wurde weiterhin als Mitglied des inneren Kreises betrachtet. Jackie lud sie zu der Geburtstagsparty ein, die sie für Jack am 29. Mai 1963 gab, auch wenn Mary einer Freundin erzählte, Jackie sei »nicht gerade glücklich darüber, dass ihr Mann sich gleichermaßen so gut mit Mary und Tony verstand«. Mary beschrieb Jackie als »undurchdringlich« und ihr Verhältnis zu ihr als »nicht herzlich«[31], was vielleicht beweist, dass Jackie, selbst wenn sie es nicht mit Sicherheit wusste, von der Beziehung mit Jack etwas ahnte.

Auch weiterhin war Jackie im Ausland ein erheblicher Pluspunkt für Jack. Jedes Jahr unternahm er eine Reise nach Lateinamerika, um die »demokratische« – im Gegensatz zur kommunistischen – Revolution zu predigen und die Allianz für den Fortschritt zu preisen. Im Juni 1962 fuhr er für einen als wichtig eingestuften dreitägigen Besuch nach Mexiko, für den Jackie ihr Spanisch mit Hilfe von Linguaphone-Platten aufpolierte. Bei ihrer Ankunft in Mexiko begrüßte Kennedy die mexikanische Revolution und fügte hinzu, »die Revolution dieser Hemisphäre« sei nicht vollständig, ehe nicht »jedes Kind eine Mahlzeit hat und jeder Schüler eine Möglichkeit zum Studium, ehe nicht jeder, der arbeiten will, eine Anstellung finden kann, und jeder, der ein Heim braucht, eines bekommt, und jeder, der alt ist, in Sicherheit lebt …«

Zu Hause hatte es kurz zuvor eine Erschütterung gegeben, als die Vereinigung der US-Geschäftsleute, die nach einem Angriff Kennedys auf US Steel wegen der unilateralen, inflationären Preissteigerungen nervös geworden war, ihm vorwarf, eine wirtschaftsfeindliche Regierung zu führen. Zugleich hatten die American Medical Association und ein aufsässiger Kongress sich gegen seine Pläne zur Gesundheitsfürsorge zur Wehr gesetzt. Somit war der Präsident entzückt, festzustellen, dass er sich südlich der Grenze solcher Beliebtheit erfreute. »Ungezählte Millionen von Mexikanern«, berichtete *Time*, »boten ihm und seiner hübschen Frau die herzlichste *abrazo* (Umarmung) und die heftigste Bekundung guten Willens, die er bisher auf seinen Reisen erlebt hat.«

Niemand wusste vorher genau, welche Begrüßung die Kennedys von ihren kratzbürstigen und oft antiamerikanisch eingestellten Nachbarn zu erwarten hatten, aber sie fiel »tumultartig« aus und überraschte durch die intensiven Emotionen sowohl die mexikanische Regierung als auch das Weiße Haus. Jackie sah schön aus und gewann die Herzen mit ihrer Fähigkeit, die Fragen der Fernsehreporter auf Spanisch zu beantworten. Auf einem von den Kennedys veranstalteten Bankett hielt sie eine zehnminütige Rede ohne Notizen und mit exzellenter Aussprache. Eine bravouröse Leistung.

Jackie war hingerissen von dem Empfang ihres Mannes, wie sie Arthur Schlesinger in einem begeisterten Brief schrieb, in dem sie ihm für die Zusendung von mexikanischen Zeitungsberichten über die Reise dankte. Sie war gerührt von der Liebe der Mexikaner zu JFK und erbittert gegen jeden, der diese Menschen über Jahre wie Dienstboten behandelt hatte, was sie nicht verdient hatten.

Doch während sie bereit war, im Ausland das Äußerste für ihren Mann und ihr Land zu tun, hatte sie an Kampagnen daheim noch immer kein Interesse. Kennedy jedoch nahm die Kongresswahlen in der Mitte seiner Amtsperiode sehr ernst. Sollte er bei dem Versuch, die Demokratische Mehrheit im Kongress für sich zu gewinnen, scheitern, würde dies seine Präsidentschaft und seine Glaubwürdigkeit beschädigen. Laut Schlesinger bereiste er bei der Kampagne von 1962 mehr Meilen als Eisenhower 1954 und 1958 zusammen. Sein zentrales Anliegen war es, den Unterschied in der Innenpolitik der beiden Parteien deutlich zu machen. »Wir haben gewonnen, und dann haben wir Stimme um Stimme verloren, durch eine oder zwei oder drei Neinstimmen im Senat und drei, vier oder fünf Neinstimmen im Repräsentantenhaus«, sagte er, »und ich glaube nicht, dass wir Arbeitsplätze für unser Volk schaffen können, ich glaube nicht, dass wir unsere Jugend ausbilden können, ich glaube nicht, dass wir unseren älteren Mitbürgern Sicherheit bieten können, wenn wir eine Partei haben, die mit ›Nein‹ stimmt.« Er schloss in schärferem Ton und mit niedersausender Hand: »Und aus diesem Grund ist diese Wahl so bedeutend.«[32]

Kennedys innenpolitische Probleme lagen im Repräsentantenhaus, wo die Demokraten aus dem Süden sich beinahe einstimmig dem Programm der liberalen Demokraten aus dem Norden widersetzten, der gemeinsamen, nationalen Demokratischen Plattform, welche mehr Auslandshilfe, Bürgerrechte, bundesweite Ausbildungsförderung und eine bessere Gesundheitsfürsorge für ältere Menschen vorsah. Schwierigkeiten verursachte die radikale Rechte, die unter der Oberfläche des amerikanischen Lebens immer mächtig war. »Die zornige Reaktion des rechten Flügels auf Kennedy war eine Messlatte für das Ausmaß seiner Wirkung auf die Nation«, schrieb Schlesinger. »Die Intellektuellen mochten nicht immer erkennen, wer ihr Freund war, aber die reaktionären unter ihnen verloren keine Zeit, ihren Feind auszumachen.«[33] Im Frühling 1961 war Generalmajor Edwin A. Walker seines Divisionskommandos in Westdeutschland enthoben worden, weil er ultrarechtes Material unter den ihm unterstellten Einheiten verbreitet hatte. Er zog sich später nach Dallas zurück, wo er die John Birch Society unterstützte, eine Organisation von Isolationisten, Nationalisten und Rassisten, die laut Schlesinger »in einer Traumwelt ohne Kommunismus, ohne internationale Verflechtungen, ohne Vereinte Nationen, ohne Bundesregierung, ohne Gewerkschaften, ohne Schwarze oder Ausländer lebten …«[34] In einem für ihn typischen Ausbruch erklärte E. M. Dealey, der Vorstandsvorsitzende der *Dallas Morning News*, dem Präsidenten: »Wir brauchen einen Mann auf dem Pferderücken, um diese Nation zu führen, und viele Menschen in Texas und im Südwesten sind der Ansicht, Sie reiten auf Carolines Fahrrad.«[35] Bezeichnenderweise wurde in diesem Frühling der Bestseller *Sieben Tage im Mai* der Washingtoner Journalisten Fletcher Knebel und Charles Bailey veröffentlicht, ein Thriller über einen versuchten Militärputsch gegen den Präsidenten. »Könnte das hier passieren?«, fragte Paul Fay Kennedy während einer Kreuzfahrt vor Hyannis Port. Die Antwort des Präsidenten lautete: »Möglich ist es …«[36]

Alles an Kennedy schürte die Vorurteile der Rechten: Er war jung, reich, gut aussehend, katholisch, intelligent, kam von einer Eliteuniversität, war ein Yankee aus einer großen, ehrgeizigen irisch-katholischen Familie und hatte eine schöne Frau, die ausländische Kleidung trug und fremde Sprachen sprach. (In Georgia soll der Film *PT-109* mit der Zeile angekündigt worden sein: »Erleben Sie, wie die Japsen Kennedy um ein Haar erwischt hätten.«) In den zwei Jahren nach dem November 1961 untersuchte der Geheimdienst vierunddreißig Morddrohungen gegen Kennedy allein im Staat Texas. In diesem Herbst vertraute Bobby seinem russischen Kontaktmann Georgi Bolschakow an, dass er um das Leben seines Bruders fürchte. »In einem Anfall von Hass ist ›denen‹ vielleicht jedes Mittel recht ...« Bolschakow nahm an, dass der Justitzminister über die amerikanischen Rechten sprach.[37]

Im Juli wurde die für gewöhnlich kamerascheue Jackie in Hyannis Port darauf vorbereitet – und schien dies sogar zu genießen –, an einer Propaganda-Show der Kennedys teilzunehmen, deren Attraktion der wunderbar vorzeigbare Astronaut John Glenn sein sollte. Glenn hatte den ersten echten Erfolg für Kennedys Weltraumprogramm errungen, welches darauf abzielte, sein Versprechen zu halten und noch vor Ablauf des Jahrzehnts einen Mann auf den Mond zu schicken. Am 20. Februar 1962 war es Glenn gelungen, die Welt dreimal zu umrunden. Dabei entging er nur knapp dem Tod, als der Hitzeschild seiner Kapsel zu brechen begann, noch ehe er auf manuelle Steuerung umschalten konnte. Im Rennen um den Weltraum lagen die Amerikaner deutlich hinter den Russen zurück – Jurij Gagarin hatte die Erde im April 1961 umrundet – und nach zehn Versuchen symbolisierte Glenn ihren ersten Erfolg. Glenn war der ideale Mann für diesen Durchbruch: ein wagemutiger Pilot und Kriegsheld, der typische amerikanische Junge und ein gläubiger Familienvater aus einer kleinen Stadt in Ohio. Lyndon Johnson hatte die Stimmen, die sein Erfolg einbringen würde, praktisch gezählt. »Wenn er bloß noch ein Schwarzer wäre«, sagte er hintergründig.

Am 22. Juli lautete die Darstellung der *New York Daily News*:

> Die Spitzensportler des Kennedy-Clans und der Familie John H. Glenns vereinten sich heute als Mannschaft zu einer mitreißen-

den dreistündigen Wassershow in Lewis Bay. Der unbestrittene Star war Jacqueline Kennedy, die zunächst in einem hautengen, schwarzweißen Badeanzug und sodann in einem flammend rosafarbenen erschien. »Jackie« war in Rosa, als sie ein Wasserski-Tandem mit dem grinsenden Weltraummann Col. John Glenn vorführte. Beide benutzten Mono-Skier und präsentierten ihre Show vor einer Flottille von Booten, darunter die *Marlin* mit dem Präsidenten, seinem Vater und dem Senatskandidaten Ted an Bord, zwei Presseboote und eine Horde von Zuschauern, ein Schiff der Küstenwache mit Agenten des Geheimdienstes und Schnellboote mit örtlichen Polizeibeamten. Jackie drehte sogar eine Runde mit Caroline in einer orangefarbenen Schwimmweste vor ihr auf den Skiern.

Die *New-York-Daily-News*-Reporterin Gwen Gibson war sehr verblüfft von Jackies »offensichtlichem Vergnügen an ihrem Auftritt vor den Kameras«. Sie fügte hinzu: »Es ist höchst ungewöhnlich für die Kennedys, ein Presseboot so nahe heranzulassen, wie sie das heute taten ...« Die Familie war auch zusammengekommen, um Ted zu helfen, der für Jacks ehemaligen Senatssitz in Massachusetts kandidierte. Dieser war von Jacks altem Freund Ben Smith für ihn warm gehalten worden. Politik in Wahlkampfzeiten war eine Sache, obskure lateinamerikanische Präsidenten waren eine andere. Jackie weigerte sich, den Strand zu verlassen und zur Begrüßung des auf Staatsbesuch befindlichen Präsidenten von Ecuador nach Washington zurückzukehren. Also nahm Jack Rose mit, die im Weißen Haus seine Gastgeberin spielen würde – »ein ungewöhnliches Arrangement« lautete der Pressekommentar.

Für Jackie war der August ein Monat schieren Vergnügens, den sie fernab von heimatlicher Politik mit Lee und Stas in Italien verbrachte. Die Radziwills hatten die aus dem 12. Jahrhundert stammende Villa Episcopio vom Duca Riccardo di Sangro gemietet, dem Gründer des Corviglia-Clubs in St. Moritz. Die Villa war in der bezaubernden Hügelstadt Ravello gelegen und stand am Rand eines Kliffs, vierhundert Meter über dem Meer mit spektakulärem Blick über den Golf von Salerno. Jackie brach am 7. August mit Caroline über Rom nach Neapel auf und kam am 8. in Ravello an. Die Gruppe setzte sich aus internationalen Freunden zusammen – alle kannten einander und waren eingeladen worden, weil ihre Gesellschaft Spaß versprach. Im Laufe des Monats trafen sie zu unterschiedlichen Zeiten ein und reisten wieder ab: Gianni und Marella Agnelli, Benno Graziani und seine Frau Nicole, Robin Douglas-Home und seine Frau, das ehemalige Model Sandra Paul, Frankie More O'Ferrall, Harry Hambleden, Arkady Gerney und Stas' Partner Felix Fenston, um nur einige zu nennen. Ein größerer Unterschied zu der rauen, frenetisch sportlichen Atmosphäre des Kennedy-Lagers ließ sich schwerlich vorstellen. Die Tage verbrachte man am Strand, wo Agnellis Freund und Anwalt Sandro d'Urso eine Strandhütte hatte, am Abend fuhr man mit Booten zum Dinner nach Positano oder zu den *Palazzi* in Neapel und den Villen auf Capri.

Harry Hambleden, ein enger Freund von Stas, dessen Landhaus Turville Grange im Themse-Tal zehn Meilen von Harrys Anwesen entfernt war, verbrachte zwei Wochenenden dort: »Es war eine amüsante Gruppe. Gianni Agnelli hatte spezielle kleine, offene Autos besorgt, in denen wir in schrecklich gefährlichem Tempo den Hügel hinunter nach Amalfi (eine äußerst gefährliche, steile und enge Straße mit Haarnadelkurven) jagten, um in die Boote zu steigen. Felix Fenston hatte ein Gewehr dabei, das feuerte er ab, und der gesamte Geheimdienst geriet in Aktion und in Panik.

Jackie war sehr, sehr gut darin. Ich meine, wenn sie eine Tour durch Ravello machen musste, hörte man: [er imitierte Jackies atemlose Stimme]: ›Ach, Herr Bürgermeister …‹, unterbrochen von amüsierten Seitenblicken, falls ich zufällig neben ihr saß. Es hieß: ›Ach, Herr Bürgermeister …‹, und in dem Stil weiter, bis ich plötzlich hörte: ›O Harry, was für einen süßen, kleinen Hintern du hast …‹, und das alles *sotto voce* …

An diesem Wochenende stürzten wir von einer Farce in die andere«, berichtete Hambleden. Über Gianni Agnelli waren sie zu einem Dinner bei einem neapolitanischen Grafen in den Garten seines *Palazzo* eingeladen, wo ein berühmter neapolitanischer Sänger Serenaden darbieten sollte. »Dann gingen wir ins Haus und der Graf hatte, denke ich, nach guter neapolitanischer Art seine Mätresse da, nicht seine Frau. Ich trödelte ein wenig hinterdrein – wie ich mich erinnere, gab es da ein paar Glasvitrinen mit seltenen alten Gewehren – Musketen und dergleichen. Und plötzlich gab es einen Knall, einen lauten Knall, und dann stürzte plötzlich die Mätresse heraus und kreischte: ›O *la moglie del Presidente è mort, è mort*. (Die Frau des Präsidenten ist tot, sie ist tot.)‹ Geschehen war, denke ich, Folgendes: Gianni Agnelli hatte sein Gewehr herausgeholt und gesagt: ›Ach, das ist langweilig‹, und dann legte er es wieder weg, und Benno Graziani nahm es, und es ging los. Diese Patronen, oder was immer man da reintut, gingen in die Wand, an der Jackie stand, einen Meter neben ihr. Zuerst herrschte Verwirrung, dann lachten alle und machten einen Witz daraus. Am nächsten Tag sah ich Mr. [Clint] Hill [Geheimdienstmann, der für Jackie abgestellt war] und er wirkte blass. Ich sagte: ›Wie geht es Ihnen heute Morgen, Mr. Hill?‹ Und er antwortete: ›Ich fühle mich nicht gut, Lord Hambleden.‹ Es stand ihm bis zum Hals, dem armen Kerl.«[38]

Jackie wollte sich mit Prinzessin Irene Galitzine treffen, der Schöpferin der Palast-Pyjamas, die inzwischen zur Uniform der internationalen Schickeria avanciert waren. Galitzine, eine schöne Russin, die in Rom und Florenz arbeitete, war die Modedesignerin der Stunde und hatte verschiedene Stücke für Jackies Reise nach Indien und Pakistan entworfen. Sie und ihr Mann Silvio Medici hatten eine Villa auf Capri. Jackie verabredete über Gianni Agnelli ein Treffen. Um der Presse aus dem Weg zu gehen, kurvte Agnellis Boot unter Gerüchten, Jackie werde im Hafen von Capri anlegen, vor und zurück. Stattdessen ging die Gruppe in Badekleidung und mit der Abendgarderobe in Tragetaschen unentdeckt vor der Villa der Medicis vor Anker. Irene Galitzine führte Jackie in einen Raum, den sie ihr »winziges« Badezimmer nannte, und Jackie bat, völlig entspannt auf der Toilette sitzend, um einen Wodka, ehe sie in ihren Palast-Pyjama aus grüner Thaiseide schlüpfte.[39]

Nach dem Essen, das von drei Sängern mit Gitarren begleitet wurde, äußerte Jackie den Wunsch, durch die Straßen von Capri zu spazieren. Die Gruppe fuhr einschließlich Mario d'Urso (damals Bankier, heute italienischer Senator und ein lebenslanger Freund Jackies) hinunter zur Piazza, wo es die gewohnten Reibereien zwischen Polizisten und Fotografen gab, derweil die erfreuten Anwohner vorsorglich ihre Geschäfte öffneten. Jackie bummelte die Via Quisiana hinunter und kaufte zwei Paar Sandalen, ehe sie in den Nachtclub Number Two ging. Dort tanzte sie Twist und Cha-Cha-Cha und brach schließlich auf, um auf der Yacht der Agnellis im Mondlicht, begleitet von den Serenaden des gefeierten lokalen Sängers und Gitarristen Scarola, nach Amalfi zurückzufahren. Kurz vor ihrer Abreise stattete sie Capri am 29. August einen zweiten Besuch ab und kaufte zwölf Seidenkrawatten für Jack, einen goldenen Armreifen und eine Hose für sich selbst. Am folgenden Abend waren Irene Galitzine und ihr Mann zu einem Abschiedsdinner in die Villa Episcopio eingeladen. Am nächsten Tag flogen Jackie und Caroline dann zurück in die Vereinigten Staaten, zu Jack und John jr. auf die Hammersmith Farm.

Mittlerweile landete alles, was Jackie unternahm, in den internationalen Nachrichten. Fotos und Berichte in Zeitungen und Zeitschriften in der gesamten westlichen Welt kündeten von ihrem Leben im Jet-Set. Eine beliebte englische Sonntagszeitung beklagte die Gefahren ihrer Wasserski-Fahrten mit Caroline, während in den Vereinigten Staaten eine Debatte darüber geführt wurde, ob sie sich überhaupt im Badeanzug fotografieren lassen durfte oder nicht.

Der Präsident, der seinen, wie *Time* es nannte, »Junggesellen-Sommer« genossen hatte – wobei das Magazin sich über das Ausmaß vermutlich nicht bewusst war –, machte sich zunehmend Sorgen über die Wirkung, welche die immer kritischere Berichterstattung über Jackies Italienurlaub auf die Wähler haben könnte. »Mehr Caroline, weniger Agnelli«, lautete das kryptische und dennoch deutliche Telegramm, das er Jackie nach Ravello sandte, wobei er nicht von sexueller Eifersucht, sondern von politischen Bedenken getrieben war. Er befahl Jackie, noch vor Ablauf des Monats zurückzukommen. Freunde erlebten seine Verärgerung, »als Jackie nach Italien fuhr und nicht zurückkam, als sie hätte kommen sollen«. Jackie gab der Mitte und dem rechten Flügel Amerikas reichlich Munition, die sich auf die Kennedy-Präsidentschaft abfeuern ließ. Die Pressezentrale *New York News* brachte einen Bericht über ihre Streifzüge durch Nightclubs unter der Schlagzeile »Jackies große Nacht im Piratenloch«. Er beschrieb ihre Ankunft auf Capri »nach einer mondbeschienenen, vier Meilen langen Bootspartie vor Amalfi« in einer »als Piratenloch aufgemachten Strandhöhle«. Diese habe sie mit Lee und vier anderen aufgesucht, »darunter ein italienischer Herzog und zwei Grafen«, mit denen sie sich zu Calypso-Musik die Seele aus dem Leib tanzte.

Beim Lesen der Berichte machte sich der Kolumnist Drew Pearson wutentbrannt Notizen: »Wie kann ein Mann die Probleme einer Nation managen, wenn er nicht einmal seine Frau zu führen weiß? Frau zum Tanz in roter Bluse, roter Hose und roten Schuhen mit irgendeinem Adligen bis vier Uhr früh. Hat sie nicht genug Respekt vor ihrem Mann, um ihm eine gute Frau zu sein?«[40]

Am 31. August waren Jack, Jackie und Caroline wieder vereint und fuhren über das Labour-Day-Wochenende nach Newport, wo John jr. und Mrs. Shaw den Sommer mit den Auchincloss' verbracht hatten. Immer wenn Jack da war, zogen Hughdie und Janet in ein Haus aus dem 18. Jahrhundert am Fuß des Hügels von Hammersmith um, das als das Schloss bekannt war, damit er genug Platz für sein unvermeidliches Gefolge hatte. Davon abgesehen war es in der Hauptsache ein Familienfest. Die jüngeren Auchincloss' waren da, also ging man schwimmen oder unternahm auf der *Honey Fitz* Fahrten um die Narragansett-Bucht. Jackie und die Kinder verbrachten den gesamten September auf der Hammersmith Farm. Der Aufenthalt wurde nur von einem kurzen Besuch unterbrochen, den Jackie und Jack am 8. September in Hyannis Port machten, um Joe zu sehen. Er war im Juli aus dem New York University's Institute of Physical Medicine and Rehabilitation entlassen worden.

Zuvor war die gesamte Familie bei seiner Einlieferung in das Heim Horizon House mit lärmendem Tumult dabei gewesen.

Der Krach und die Aufregungen hatten dem alten Mann so zugesetzt, dass er in ein Kreischen ausbrach und mit den Füßen auf den Boden stampfte. Ethel und seine Töchter ergriffen die Flucht. Ein paar Stunden später kam Jackie leise ins Zimmer.

> Zuweilen war die First Lady die mutwilligste Manipulantin, egozentrisch und selbstsüchtig. Aber es gab auch eine andere Jackie, eine Frau mit außergewöhnlichem Einfühlungsvermögen und Gespür für andere. Diese Frau kniete sich auf eine Fußbank vor Joe hin und flüsterte: »Ich bete jeden Tag für dich, also streng dich an, solange du hier bist.« Sie wusste, wie Joe die Welt um ihn herum beherrscht hatte, und sie legte ihren Kopf in seinen Schoß, als brauche sie seinen Trost. Dann küsste sie seine verkrüppelte Hand und sein verkrüppeltes Gesicht. Unter ihrem Flüstern wurde er friedlich und entspannte sich, bis sein Gesicht überhaupt nicht mehr verzerrt wirkte. Die Rehabilitation war eine schmerzliche Erfahrung für Joe und ein schmerzlicher Anblick für die Familie. In seiner Frustration schlug er mit den Armen um sich und kreischte Unverständliches. Wieder einmal brachte Jackie die Fähigkeit auf, ihn zu beruhigen, die seine Familie nicht besaß. Sie brachte ihm einen hübschen Gehstock mit, auf den gestützt er zum ersten Mal wieder ging. Als er sich erschöpft von der Anstrengung setzte, nahm Jackie seine Hände, küsste sie und sagte: »Großvater, weißt du noch, wie du uns erklärt hast, dass du an zweite Plätze nicht glaubst? Du bist heute Erster geworden, Großvater. Du hast einen Sieg errungen …«[41]

Jack flog von Washington zurück nach Newport, um an ihrem neunten Hochzeitstag bei Jackie zu sein. Ausgerechnet als das Paar diesen Anlass feierte, wurden ironischerweise seit langem umgehende Gerüchte über eine frühere, 1947 geschlossene Ehe Jacks mit einer schönen Frau aus Chicago publik – Durie Malcolm, spätere Bersbach, Desloge, Shevlin, Appleton. Die Quelle der Gerüchte war ein obskures Traktat, die *Blauvelt Family Genealogy,* zusammengestellt über den Zeitraum von 1926 bis 1956 von Louis Blauvelt und 1957 von der Association of Blauvelt Descendants veröffentlicht. Der Genealogie zufolge heiratete Duries Mutter Isabel Cooper ihren Vater Fred Kerr und ließ sich von ihm scheiden, woraufhin sie 1929 George H. Malcolm heiratete und nach Palm Beach umzog. Dort heiratete Durie, die den Namen ihres Stiefvaters angenommen hatte, ihren dritten Ehemann John F. Kennedy. Blauvelts Information war in verschiedener Hinsicht ungenau und beruhte offensichtlich auf einem Ausschnitt aus einer Zeitung aus Miami, die berichtete, dass Kennedy mit Durie Malcolm in einem Nachtclub in Miami gesehen worden war. Daraufhin begann die Presse tiefer zu bohren und stieß auf einen Artikel von Charles Ventura aus dem *New York World Telegram* vom 20. Januar 1947:

> Jack (John F.) Kennedy, der die höchste Marineauszeichnung für Heldentum erhielt, nachdem er durch ein Flammenmeer geschwommen war, um zwei Mitgliedern seiner PT-Crew das Leben zu retten, hat soeben eine neue Ehrung errungen. Die Landhaussiedlung von Palm Beach will ihm den jährlichen Oscar für seine Leistungen auf dem Feld der Romantik verleihen ... Durie Malcolm Desloge präsentierte er sich als der herausragende Verehrer der Saison. Die beiden waren auf sämtlichen gesellschaftlichen Anlässen und Sportveranstaltungen unzertrennlich. Sie fuhren sogar hinüber nach Miami, um bei Footballspielen Händchen zu halten und ihr Glück beim Pferderennen zu versuchen.

Am 22. November hatte Hoover ein Memorandum für seine persönlichen Akten diktiert, das besagte, er habe Robert Kennedy in einem Telefonat auf die Affäre angesprochen und ihn gefragt, ob er davon wisse. Bobby antwortete, das tue er und eine Anzahl von Journalisten hätten sich deswegen an ihn gewandt:

> Der Justizminister erklärte, der Mann, der die Sache verfasst habe, sei tot, und der Nachlassverwalter habe das Material durchgesehen, um herauszufinden, woher die Information stamme. Er habe aber nichts als einen Zeitungsausschnitt gefunden, in dem es hieß, der Präsident sei mit diesem Mädchen ausgegangen. Der Justizminister äußerte dazu, dass das Mädchen früher mit seinem Bruder Joe ausgegangen sei und dass der Präsident, Jack, sie auch einmal ausgeführt habe. Er erklärte weiter, die Journalisten hätten mit dem Mädchen Kontakt aufgenommen

und festgestellt, dass tatsächlich eine Reihe von Fakten über sie nicht korrekt waren ... Ich sagte ihm, mich verwundere vor allem, dass diese Geschichte so plötzlich in Umlauf geraten sei. Der Justizminister erwiderte, die Journalisten kämen herein und er würde ihnen sagen, er hoffe, sie würden die Sache drucken, denn dann bräuchten wir mit dem, was »wir« dafür bekommen, im Leben nicht mehr zu arbeiten.[42]

Damit war die Sache, soweit sie Hoover und das FBI betraf, jedoch nicht abgetan. Einer Washingtoner Hostess und Freundin der Familie zufolge hatten Durie und der Mann, mit dem sie zu der Zeit verheiratet war, während des ersten Sommers der Kennedy-Präsidentschaft ein Haus in Newport gemietet. »Durie Desloge [Shevlin] rief mich eines Morgens an und sagte: ›Was soll ich machen?‹ Der Geheimdienst, irgendjemand Offizielles, habe sie angerufen und gefragt, ob sie mit ihm verheiratet gewesen sei oder nicht. Und sie fragte mich: ›Was soll ich machen?‹ Ich sagte: ›Du kannst nur eines tun, den Mund halten.‹ Sie platzte nicht heraus und sagte: ›Ich war eine Nacht lang mit Jack verheiratet‹, [aber] ich bezweifle keine Minute lang, dass es da irgendeine Beziehung gab ... Sie war sehr verstimmt über diesen Anruf ... Vielleicht waren sie betrunken, ich weiß es nicht. Es gab nur diese gewaltigen Gerüchte.«[43]

Am 15. Januar 1962 schrieb Jackie dem Staatsanwalt von Washington und dankte ihm für seine Hilfe: »Sie erscheinen immer zu unserer Rettung, ob es um *Zivilcourage* geht oder um den Blaufeld-[*sic*]Fall ...« Bereits früher im selben Monat hatte der Präsident sich an Clifford gewandt und ihm erklärt, dass die Geschichte im Umlauf sei. Er hatte bestätigt, dass Durie Malcolm ihm in der Tat bekannt sei und er sich zweimal mit ihr verabredet habe. »Einmal vielleicht zu einem Dinner, bei dem auch getanzt wurde. Das andere Mal war, soweit ich mich erinnere, zu einem Footballspiel.« Er wiederholte die Geschichte, die Bobby Hoover erzählt hatte, dass sie einige Jahre zuvor eine Freundin seines Bruders Joe gewesen sei. Clifford, der Durie Malcolm in St. Louis während ihrer Ehe mit Desloge gekannt hatte, rief sie an und befragte sie wegen der Blauvelt-Story.

»Großer Gott«, rief sie aus. »Verheiratet mit Präsident Kennedy. Das ist ein guter Witz.«[44] Ihre Geschichte stimmte mit der des Präsidenten überein – ein gemeinsames Dinner und ein Footballspiel. Sie bestritt, dass es je etwas Ernstes zwischen ihnen gegeben hätte, und unterzeichnete eine Aussage, in der sie versicherte, sie sei nie mit John F. Kennedy verheiratet gewesen.

Die Story aber machte weiter die Runde und tauchte im Mai 1962 im *Thunderbolt* auf, einem rechtsgerichteten Organ, das später auch Florence Katers Anschuldigungen wegen Pamela Turnure veröffentlichte. Vier Monate später druckte *Parade*, die landesweit verbreitete Beilage einer Sonntagszeitung, am 2. September 1962 einen Brief, in dem angefragt wurde, ob die Gerüchte der Wahrheit entsprachen. Am selben Tag erschien er auch in der britischen Presse. Der Präsident befand, es sei Zeit zu handeln. Er beauftragte Ben Bradlee, einen Beitrag für *Newsweek* zu verfassen, der am 24. September veröffentlicht werden, die Gerüchte ansprechen und verwerfen sollte. Nachforschungen durch *Newsweek* ergaben, dass Blauvelts Aufzeichnungen in verschiedenen Punkten nicht der Wahrheit entsprachen: Durie Malcolms erster Mann war nicht Desloge, sondern Bersbach gewesen, von dem sie im Sommer 1938 geschieden worden war. Darauf hatte sie im Januar 1939 Desloge geheiratet. Am 24. Januar 1947 wurde sie geschieden und am 12. Juli 1947 heiratete sie Thomas Shevlin, der vormals mit Lorraine Cooper verheiratet gewesen war. Die Ehe bestand seit vierzehn Jahren. Nach Bradlees Berechnung war Durie lediglich zwischen dem Sommer 1938 und dem Januar 1939 vor dem Gesetz frei gewesen, Jack zu heiraten, und zu dieser Zeit war er als Student in Harvard. Außerdem von Ende Januar bis Juli 1947, während der ersten sechs Monate seiner Amtsperiode im Kongress. Als Bradlee die Frage aufwarf, erklärte ihm der Präsident: »Sie war eine Freundin meines Bruders Joe, und ich habe sie, glaube ich, ein paar Mal ausgeführt. Das ist alles. Du verstehst nicht, Benjy«, fügte er hinzu. »Ihr versucht alle, mir irgendein Mädchen anzuhängen, aber keiner von euch schafft es, weil ihr einfach nichts in der Hand habt.« Jackie hörte »mit einem Lächeln auf den Lippen« zu.[45]

Jackie konnte es sich leisten, mit einem Lächeln auf den Lippen dazusitzen, während Jack Bradlee erklärte, dass es keine Beweise gegen ihn gab. Er wusste, dass sie vernichtet worden waren. Seine Freunde, die Spaldings, waren 1947, zur Zeit des Zeitungsberichts von Charles Ventura, in Palm Beach gewesen, nachdem Durie am 24. Januar von Firmin Desloge geschieden worden war und bevor sie am 12. Juli 1947 Shevlin heiratete. Betty Spalding erinnerte sich, dass es »eine Art Hochzeitszeremonie um zwei Uhr in der Nacht gegeben hatte«.[46] Sie erinnerte sich auch, dass der »alte Herr« rasend vor Wut darüber war. Ihr Exmann Chuck berichtete Seymour Hersh, dass sie auf Jacks Wunsch hin losgezogen sei und mit Hilfe eines Anwalts aus Palm Beach die Heiratspapiere »besorgt« habe. Abgesehen davon, dass Durie Malcolm keine Katholikin war, war sie auch bereits zweimal geschieden. Joe Kennedy war sich nur allzu bewusst, dass eine solche Ehe die Karriere seines Sohnes hätte ruinieren können. Es scheint also, dass eine solche Eheschließung tatsächlich existiert hat, aber geleugnet werden konnte, nachdem das Beweismaterial erst einmal vernichtet worden war. Da Jack nicht in einer katholischen Kirche getraut worden war, wäre es für Joe ein Leichtes gewesen, über seine hochrangigen Kirchenkontakte wie Kardinal Cushing eine Annullierung zu erreichen. Als Clark Clifford die Aussage Duries eingeholt hatte, wusste Jack – und Jackie vermutlich ebenfalls –, dass er in Sicherheit war.

In jenem September verfolgten Jack und Jackie mit dem alten Joe im Rollstuhl und dreihundert Gästen, darunter Bill Walton, die Spaldings und die Fays, vom Deck des Zerstörers *Joseph P. Kennedy jr.* aus die Yachtrennen des America's Cup. Oatsie Leiter war ebenfalls dort: »Es war, soweit ich gehört habe, das erste Mal in der Geschichte der US-Marine, dass es eine voll ausgestattete Bar an Bord gab, denn an Bord eines Marineschiffes darf man keinen Alkohol trinken. Tische und Stühle waren auf dem Deck aufgestellt worden, und dort saßen wir alle – es war absolut göttlich. Und Jack war im siebten Himmel, weil er die Marine wirklich liebte. Und das Meer liebte er …«[47]

Jackie verließ Newport für kurze Zeit, nachdem sie den pakistanischen Präsidenten Ayub Khan dort zu einem Lunch auf der Hammersmith Farm empfangen hatte, und fuhr mit ihm nach Glen Ora, um Sardar zu sehen. Am 25. September besuchten sie mit einer Gruppe im National Theater die Vorpremiere von *Mr. President*, ein Galaabend, der von Ethel und Jean zu Gunsten der psychiatrischen Wohltätigkeitsorganisationen der Familie organisiert worden war. Das Stück selbst wurde als »armseliges, triefendes Irving-Berlin-Musical« beschrieben, der Abend aber war »der spritzigste, eleganteste, begehrteste gesellschaftliche Anlass, den die Hauptstadt der Nation seit Jahren erlebt hat«. Auf die Theatervorstellung folgte ein Abendessen mit Tanz für sechshundert Gäste in der britischen Botschaft. Am Abend des folgenden Tages war Jackie wieder in Newport, um ihren Urlaub fortzusetzen. Erst am 9. Oktober fuhr sie mit den Kindern nach Washington zurück.

»Jackie macht, was sie will«, kritzelte Drew Pearson und fügte mit journalistischer Freiheit hinzu: »Hat die letzten drei Monate nicht in Washington verbracht. Frau des Präs. darf so was nicht machen. Niemand darf das, schon gar nicht Frau des Präs. Twist-Partys – Peppermint Lounge [der New Yorker Nachtclub, der als Heimat des Twist galt]. Skilaufen, als Ecuador-Präs. hier – weigerte sich, russische Friedensdelegation zu treffen.«[48] Jackie versuchte sich sogar vor der Teilnahme an Eleanor Roosevelts Begräbnis im November zu drücken und stattdessen ein Jagd-Wochenende in Glen Ora zu verbringen. Ein Eintrag in Mary Gallaghers Tagebuch am 8. November lautet: »JBK wünscht nicht, an Eleanor Roosevelts Begräbnis teilzunehmen.« Bei dieser Gelegenheit sprach der Präsident jedoch ein Machtwort. Am folgenden Tag schrieb Gallagher in ihr Buch; »JBK *wird* am Begräbnis teilnehmen!«[49] Ungeniert veranstaltete Jackie am Vorabend von Mrs. Roosevelts Begräbnis ein Dinner für fünfzig Personen und flog am nächsten Tag mit der offiziellen Abordnung hinüber, um den Trauergottesdienst am Samstag, dem 10. November, auf dem Anwesen der Roosevelts am Hudson River, Hyde Park, zu besuchen. Anschließend flogen sie und Jack sofort nach Washington zurück und von dort aus nahm sie den Hubschrauber nach Glen Ora.

Pearsons Kritik an Jackie war unfair. Auch wenn sie in jenem Jahr verhältnismäßig wenig Zeit in Washington verbrachte, hatte sie sich doch, wann immer sie dort war, auf das konzentriert, was sie interessierte, vor allem auf ihren Entschluss, nicht allein das Weiße Haus, sondern Washington selbst zu einem Schaufenster der Kunst zu machen. »Ich glaube, vielen Leuten ist nicht klar, was für eine ernste, arbeitsame Seite sie an sich hatte«, sagte Lady Bird Johnson. »Ich denke, sie suchte sich einfach aus, was sie tun wollte, und wich von diesem Pfad nicht mehr ab. Man erhält in dieser Position ja so viele Anfragen … Aber man hat wirklich nicht viel Zeit und muss sich für das entscheiden, wo man richtig mit dem Herzen dabei ist.«[50]

Liz Carpenter, Lyndon Johnsons Pressesekretärin, deren Bewunderung für Jackie nicht ohne Einschränkungen war, sagte: »Ich weiß das, was sie für die Kunst getan hat, enorm zu schätzen. Sie begann diese Vorführungsreihe im Weißen Haus und dazu gehörte *Unsere kleine Stadt*, ein Klassiker von Thornton Wilder. Er lebte damals noch und kam herüber, aber nicht einmal dann kam sie selbst. Das ist eine Sache, die Lady Bird niemals tun würde – sie wäre da gewesen, in der ersten Reihe. Thornton Wilder sagte, Mrs. Kennedy habe für die Kunst eine Fackel entzündet, und das ist wahr. Wir waren nämlich kein Land, in dem Kunst unterstützt wurde, und Jackie trug in ganz erheblicher Weise dazu bei, dass das geschah …«[51]

Auf Jackies Initiative hin war August Heckscher 1961 zum »Sonderbeauftragten des Präsidenten für Kunst« ernannt worden. Heckschers Anwesenheit im Weißen Haus verschaffte seinen Kunstprojekten offizielle Unterstützung, und das galt nicht einfach nur für Malerei, Ballett, Oper und Theater, sondern »für die gesamte Umweltsituation des nationalen Lebens, und Architektur und Stadtplanung waren äußerst wichtig«.[52]

Jackie aber war, wie Heckscher sich erinnerte, »eine irgendwie ambivalente Figur bei dem Ganzen. Sie legte enormen Wert auf das Privatleben, das sie für sich und ihre Kinder bewahren konnte, auf der anderen Seite aber stellte sie fest, wie sie mehr und mehr zur Vertreterin einer lodernden Flamme von kulturellen Interessen in diesem Land wurde. Von Zeit zu Zeit schien sie sich zurückzuziehen, als wolle sie sich nicht zu tief in alles hineinziehen lassen. Die Öffentlichkeit hatte zum Beispiel den Eindruck, dass Mrs. Kennedy unglaublich viel für die Künste tat und ununterbrochen damit beschäftigt war. Mrs. Kennedy selbst aber war viel zu klug, um sich ausschließlich mit der Kunstförderung zu beschäftigen. Sie setzte sich für eine Sache mit meisterhaftem Stil ein und erzielte eine enorme Wirkung ... Wir – ich arbeitete sehr eng mit Tish Baldrige zusammen – versuchten ständig, Mrs. Kennedy zu Dingen zu bewegen, die sie einfach nicht tat: Leute im Weißen Haus zu empfangen oder bestimmte Leute zum Dinner einzuladen. Und sie behauptete dann, sie habe keine Zeit oder sie veranstalte im Moment keine Staatsdinners oder etwas in der Art. Ich weiß noch, dass ich zum Beispiel enttäuscht war, als ich Mrs. Kennedy zu überreden versuchte, einige Dichter, die zu einer Versammlung der Library of Congress in Washington waren, auf einen Sherry ins Weiße Haus einzuladen, und endlich stimmte sie zu. Aber das fiel gerade in die Zeit der Kubakrise und sie sagte es wieder ab. Ich habe das immer bedauert, denn es wäre meiner Meinung nach großartig gewesen, wenn wir hätten sagen können: Gerade jetzt in dem Moment, da der Präsident dieser gewaltigen Krise im Leben der Nation gegenübersteht, ist das Weiße Haus gefüllt mit einer großen Abordnung der führenden amerikanischen Dichter ... Genau in dem Augenblick, als Mrs. Kennedy den Besuch der Dichtergruppe im Weißen Haus absagte, erschienen in den Zeitungen Bilder von Chruschtschow hinter den Kulissen der Moskauer Oper, wo er amerikanische Sänger begrüßte, die dort ein Gastspiel gaben ...«

In ihrer typischen Art hatte Jackie zu Heckscher gesagt: »Mr. Heckscher, ich werde für die Kunst tun, was immer Sie wollen.« Dann aber schränkte sie es auf ebenso typische Weise wieder ein: »Aber ich kann natürlich nicht allzu oft von den Kindern weg, und ich kann nicht an zu vielen kulturellen Ereignissen teilnehmen.« Und dann sagte sie mit der Spur eines Lächelns: »Schließlich bin ich nicht Mrs. Roosevelt.« Tish, so berichtete Heckscher, war stets voller Begeisterung. »Aber sie wurde immer ein bisschen zurechtgestutzt ... Tish schickte Mrs. Kennedy irgendeine Idee, und Mrs. Kennedy schrieb schlicht ›Nein!‹ darunter.« Wie Jackie der tonangebenden Washingtoner Bürgerin Kay Halle gestand, hasste sie Komitees und öffentliche Einflussnahme, sogar wenn es um Kunst ging.

Von Anfang an waren Jack und Jackie gemeinsam mit Bill Walton an der Bewahrung und Restauration des Lafayette Square beteiligt. In seiner allerersten Woche im Amt beauftragte Jack Walton mit der Überprüfung eines Projektes, das noch aus der Zeit der Eisenhower-Regierung auf eine Entscheidung wartete. Dazu gehörten Pläne, die alten Reihenhäuser des Lafayette Square nahe dem Weißen Haus durch moderne Regierungsbürogebäude zu ersetzen. »Ich hielt diese Pläne für fürchterlich unattraktiv«, berichtete Walton, »und ich zeigte sie Jackie, die mir zustimmte. Das war nicht die Architektur, die wir gegenüber vom Weißen Haus sehen wollten.« Jackie, so sagte Walton, spielte bei der Rettung des Squares eine Schlüsselrolle: »Sie sagte: ›Bis die Bulldozer einrücken, ist noch nichts verloren, und Sie dürfen nicht aufgeben.‹ Und sie meinte es ernst, also gaben wir nicht auf. Sie hat uns wirklich bei der Stange gehalten.« Der Präsident entwickelte großes Interesse: »Es war sein Leib- und Magenprojekt«, sagte Walton. »Im Sommer brachte ich ein kleines Modell des Squares nach Hyannis, zusammen mit einem Satz Papierfassaden in verschiedenen Stilrichtungen, die man darauf stecken konnte. Er setzte sich auf den Boden und war einfach begeistert ... Er spielte damit. Dann kam Jackie herein und sagte: ›Ach, ihr beiden ...‹ Und ein anderes Mal erwischte sie uns auf dem Boden in seinem Schlafzimmer [im Weißen Haus]. Er sollte sich kurz hinlegen, was bedeutete, dass er nur eine Unterhose anhatte, und es war ungefähr halb drei Uhr nachmittags. Ich war eingelassen worden, weil ich in einer kritischen Angelegenheit gekommen war, die an diesem Nachmittag entschieden werden musste. Wir sitzen also mit einem anderen Modell auf dem Boden, da steht sie auf, holt ihre Kamera und macht ein Bild. Sie hat mir einen Abzug geschickt, darauf stand: ›Der Präsident und der Zar‹, denn die Zeitungen hatten angefangen, mich den Zaren vom Lafayette Square zu nennen.«

Wie bei allem in Washington gab es politische Komplikationen. »Es war klar, dass es ein äußerst schwieriges Problem sein würde«, erinnerte sich Walton. »Wir hatten gewisse Vorgaben vom Kongress über die Nutzungsfläche, die in diesem Gebiet entstehen musste. Und die Architekten erklärten die Aufgabe für unlösbar, wenn wir die Gebäude gegenüber dem Park erhalten wollten. Aber Jackie beharrte: ›Nein. Bis die Bulldozer einrücken, werde ich das zu verhindern suchen.‹ Also schickten wir die Architekten wieder und wieder dorthin und am Ende beauftragte der Präsident selbst Jack Warnecke, sich die Sache anzusehen.«[53]

J. C. »Jack« Warnecke, der in San Francisco ansässige Sohn des ebenfalls berühmten Architekten John Carl Warnecke, hatte anfangs als Footballspieler im All-American-Turnier in Stanford die Aufmerksamkeit des dort anwesenden Jack erregt. »Wir waren ein Team, das jedermann in Erstaunen versetzte«, erzählte Warnecke. »Im Vorjahr hatten wir nämlich jedes Spiel verloren … Zu seiner [Jacks] völligen Verwunderung schafften wir es, das Ruder herumzureißen und von da an jedes Spiel zu gewinnen, einschließlich der berühmten Rose Bowl, was uns die nationale Meisterschaft einbrachte.« 1956 waren sie sich zum ersten Mal begegnet, als Jack sich an der Westküste auf Wahlkampfkampagne für Adlai Stevenson befand. Paul Fay organisierte ein Rendezvous mit Warnecke als Alibi für Jack. »Ich sollte eine sehr schöne Dame begleiten, die als Blind Date für Jack gedacht war und mit irgendwem dort hingehen musste. Also wurde ich ins Spiel gebracht.«

Im März 1962 hielt sich Warnecke zufällig in Washington auf. »Ich rief Red [Fay] an«, berichtete Warnecke, »der war zu der Zeit Staatssekretär für die Marine und er sagte, er würde eine Party geben und ob ich Jack gerne treffen würde. ›Aber sicher, mit Vergnügen‹, sagte ich, und somit ging ich ins Weiße Haus. Red und die Jungs vom PT-Boot waren im Oval Office und erzählten sich Geschichten aus der Umkleidekabine, und da stehe ich also mit all diesen Damen in diesem riesigen Saal und dann kommt Jack herein, an der Spitze der Meute, sieht sich all die Damen an. Dann schaut er herüber und kommt geradewegs zu mir. Er sagte: ›Rosebowl, was zum Teufel machen Sie denn hier?‹«

Sie unterhielten sich ein paar Minuten lang, und am nächsten Abend fragte Jack Fay beim Dinner: »Sag mal, was macht Rosebowl eigentlich?«

»Er ist ein sehr erfolgreicher Architekt«, antwortete Fay.

Nach kurzer Überlegung erwiderte der Präsident: »Sag ihm, er soll mich morgen früh um halb zehn anrufen. Jackie ist sehr verstimmt wegen dieses neuen Gebäudes, das sie auf den Lafayette Square stellen wollen. Sie hat das Gefühl, diese Pläne würden die Schönheit und den historischen Charme des Gebietes zerstören, und ich stimme ihr zu.«

»Jackie war nach Indien gefahren«, berichtete Warnecke. »Die beiden hatten, seit er Präsident geworden war, ständig an dieser Sache gearbeitet … Jackie war also abgereist und sie hatte einen Brief an die GSA [General Services Administration] geschrieben, was ich erst zwanzig Jahre später herausfinden sollte, deutliche Worte, in denen sie dem Vorstand der GSA erklärte, der Präsident der Vereinigten Staaten habe einen Fehler gemacht, sein Freund Bill Walton habe seine Pläne gebilligt, und sie seien falsch. Sie hatte einen Rettungsversuch in letzter Minute unternommen.«[54]

»Ich habe ein fantastisches architektonisches Problem«, sagte Jack zu Warnecke. »Rufen sie Bill Walton an und lassen Sie es sich erklären.«

»Und das tat er«, erinnerte sich Walton. »Und ich verbrachte zwei oder drei Tage damit, ihm all die Punkte zu erklären, die wir durchgegangen waren. Dann zog er sich zurück und zwei Tage später kam er mit der Idee, die der Ursprung dessen war, was wir jetzt machen. Der Präsident war einfach begeistert davon. Es erfüllte schlicht alles, was er wollte. Wir hatten die Nutzungsfläche, und die alten Gebäude blieben erhalten.«[55] Warnecke nannte seine Idee ein »neues Konzept für kontextuelles Bauen«. Sein Entwurf für den Lafayette Square beruhte auf den Londoner Plätzen mit ihren zentralen Gartenanlagen. Um die erforderliche Fläche zu erhalten, stellte er die neuen Gebäude hinter die alten, anstatt diese zu ersetzen. Warnecke war im Begriff, ein Flugzeug für den Rückflug an die Westküste zu besteigen, als ein Freund ihn anrief, der Architekt bei der GSA war. »›Was zum Teufel war da heute [auf dem Treffen] im Weißen Haus los?‹ ›Nun, der Präsident hat mich um meinen Rat gebeten, und den habe ich ihm gegeben.‹ ›Jetzt will er nicht mehr deinen Rat. Er will, dass du die Sache machst.‹ Also machte ich, dass ich aus diesem Flugzeug kam.«[56]

Jackie bildete eine starke Allianz mit Bernard L. Boutin, dem von Kennedy eingesetzten Vorstand der GSA, der somit als Aufseher über öffentliche Arbeiten eine Schlüsselfigur bei ihren Plänen für Washington spielte. »Ich bin so sehr davon überzeugt, dass das Weiße Haus bei der Bewahrung der Vergangenheit unseres Landes ein Beispiel setzen sollte«, erklärte sie ihm. »Jetzt denken wir daran, alte Gebäude wie Mont Vernon zu bewahren, derweil wir alles aus dem 19. Jahrhundert niederreißen, aber im kommenden Jahrhundert wird davon dann nichts mehr übrig sein, nur noch schlichte Glas-Wolkenkratzer ...«[57] Sie machte Boutin nicht nur unmissverständlich klar, dass die Zustimmung des Präsidenten zu Bill Waltons Plänen für den Lafayette Square ein Fehler gewesen war, sondern beschrieb auch ihre eigene Vorstellung von dem Square und seiner Umgebung. Auch einen alten Gegner hatte sie nicht vergessen, George Stewart, den Architekten des Kapitols, dessen Vertrag zur Verlängerung anstand und den zu ersetzen sie entschlossen war. Er hatte bereits so viele schöne, alte Gebäude in der Umgebung des Kapitols abreißen lassen, und sie hoffte, Boutin würde ihn daran hindern, die verbliebenen alten Häuser im Gebäudekomplex der Kongressbibliothek auch noch zu zerstören. Der neue Architekt des Kapitols, so betonte sie, solle fundierte Kenntnisse der Architektur besitzen und auf der Seite der Bewahrer stehen, und sie könne im Geheimen ein paar Vorschläge einholen.

Später im selben Jahr trafen sich Warnecke und Jackie. Auf einem Tanzdinner in der britischen Botschaft unterbrach er sie beim Tanz, tippte ihr auf die Schulter und sagte: »›Ich bin der Mann, mit dem Sie morgen verabredet sind. Möchten Sie tanzen?‹ Am nächsten Tag kam sie auf dem Weg nach New York vorbei und sah sich all unsere Modelle an. Praktisch übernahm sie also die Sache – zusammen mit dem Präsidenten. Sobald wir für alles die endgültige Genehmigung bekommen hatten, gab sie eine nette Dinnerparty oben in den Familienräumen für mich. Das war Ende '62. Ich ging auf all diese Partys. Ich wurde mitten ins Herz von Camelot gespült.«

Als der September 1962 zu Ende ging, steuerten die Vereinigten Staaten und die Sowjetunion Kubas wegen auf eine militärische Konfrontation in der Karibik zu. Im Laufe des folgenden Monats entwickelte sich eine Krise, die die Welt an den Rand eines Atomkriegs brachte. Kennedy hatte geglaubt, sich Castros ohne militärische Gewalt entledigen zu können. Er und Bobby hatten den CIA gedrängt, jedes nötige Mittel in Betracht zu ziehen – möglicherweise sogar ein Attentat –, um Castro und Che Guevara zu entmachten. Inzwischen zog er eine Militärinvasion mit konventionellen Waffen in Erwägung, ohne zu ahnen, dass Chruschtschow zu gleicher Zeit den Einsatz von Atomwaffen zur Verteidigung von Kuba in den Bereich des Möglichen rückte. Am 29. August hatte ein von Texas aus startendes U-2-Spionageflugzeug acht Boden-Luft-Raketenstationen auf der Insel entdeckt, die ein oder zwei Wochen vor Inbetriebnahme standen. Am 4. September gab Kennedy eine warnende Erklärung heraus, die am nächsten Tag durch die Einberufung von 15 000 Reservisten bekräftigt wurde. Noch immer glaubte er nicht an die Angriffsabsicht der Russen, doch am 14. Oktober machte ein weiteres U-2-Flugzeug Aufnahmen von Raketen, die weit länger waren als die Boden-Luft-Raketen. Es handelte sich um Mittelstrecken-Raketen, die mit Atomsprengköpfen ausgerüstet werden und die Vereinigten Staaten erreichen konnten.

Am Dienstag, dem 16. Oktober, um neun Uhr früh brachte McGeorge Bundy ihm die Nachricht. »Es war höllisch geheim.« Der Präsident hielt zwei geheime Krisensitzungen ab, ehe er mit Jackie auf ein Abschiedsdinner für Charles »Chip« Bohlen ging, der am nächsten Tag in die Botschaft nach Paris aufbrechen sollte.[58] Laut Alsop befand sich Kennedy in »der düstersten Verfassung, in der ich ihn je gesehen habe«. Nachdem er seine Gastgeber fast wortlos begrüßt hatte, nahm er Chip Bohlen als einen der wichtigsten Sowjet-Experten der Regierung mit in den Garten, wo sie eine hitzige Diskussion führten. Beim Essen sprach er so gut wie überhaupt nicht. Hinterher führte Alsop die Männer auf einen Drink in den Garten. Der Präsident war noch immer sichtlich beunruhigt. »Unser Gespräch wandte sich der Geschichte und ihren unvorhergesehenen Wendungen zu. Plötzlich blickte Kennedy auf und sagte in ruhigem Ton: ›Natürlich, wenn du einfach an *mögliche* Veränderungen in der Geschichte denkst, dann kannst du mit nahezu hundertprozentiger Sicherheit darauf wetten, dass wir innerhalb der nächsten zehn Jahre einen Krieg mit H-Bomben erleben werden.‹« Während der folgenden Tage fanden ununterbrochen Sitzungen des Sonderkommandos statt, während der Präsident ansonsten aus Sicherheitsgründen seinen normalen Terminplan einhielt. Nach einer frühmorgendlichen Sitzung am Freitag, dem 19. Oktober, brach er um 10 Uhr 35 zu einer lange geplanten Wahlkampfreise nach Cleveland, Springfield, Illinois und Chicago auf. An diesem Nachmittag fuhr Jackie mit den Kindern und Joe Kennedy nach Glen Ora.

Am Samstag, dem 20. Oktober, war Kennedy gegen Mittag wieder im Weißen Haus. Bobby hatte ihn zu einer neuerlichen angespannten Sitzung dringend zurückberufen lassen, auf der über Handlungsperspektiven und eine Erklärung des Präsidenten zur Krise beraten wurde. Als Mittelweg zwischen Tatenlosigkeit und entschlossener Schärfe entschied sich Kennedy, eine Seeblockade über Kuba zu verhängen, verbunden mit der Aufforderung an Chruschtschow, die Raketen zu entfernen. Außerdem drohte er einen Luftangriff für den Fall an, dass Chruschtschow nicht nachgab. Obwohl am Sonntag, dem 21. Oktober, der chinesische Angriff auf Indien noch für die Schlagzeilen der wichtigsten Zeitungen sorgte, wies Salinger Kennedy darauf hin, dass die Presse bald Wind von der Krise bekommen würde.

An diesem Tag wurden Jackie und die Kinder vom Land zurückgerufen. David Ormsby-Gore erinnerte sich: »Er wollte sie und die Kinder bei sich haben, während er diese furchtbaren Entscheidungen treffen musste.«[59] Jack hatte auch ihn an diesem Sonntagmorgen zu sich gebeten, und nachdem eine außerprotokollarische Kabinettssitzung abgehalten worden war, setzten sich die beiden Männer zu einem Gespräch über die Krise zusammen und warteten auf Jackie, die um halb zwei Uhr nachmittags eintraf. Am Abend dieses Sonntags waren die Ormsby-Gores wiederum im Weißen Haus, diesmal zum Dinner zusammen mit ihren Gästen, der Herzogin von Devonshire und Robin Douglas-Home. Bei dem Dinner wurde die Krise nicht erwähnt. Mit ihrer unglaublichen Selbstbeherrschung ließ sich keiner der Kennedys ein Zeichen der Anspannung anmerken. Kennedy führte, wenngleich zappelig und unterbrochen von ständigen Rufen zum Telefon, ein normales Gespräch und stellte seine üblichen »Salven von Fragen über Leute, die ihn interessierten ... ihr Verhalten, ihre Motive und ihre geheimen Absichten. All die winzigen Details über Menschen, die er im Geist zu einem Puzzlespiel zusammensetzte.« Jackie, so bemerkte Douglas-Home, »war eher in sich gekehrt«. Wie sie ihm am folgenden Tag erklärte, war sie »sich der Belastung, unter welcher der Präsident stand, äußerst bewusst, konnte aber in dieser Situation nichts sagen«.[60]

Am Montagabend um 19 Uhr enthüllte der Präsident den Ernst der Lage dem amerikanischen Volk, das sich bis dahin noch nicht darüber im Klaren gewesen war, dass es sich wahrhaftig am Rand eines Atomkriegs befand. Er appellierte an die Sowjetunion, »die Welt vor diesem Abgrund der Zerstörung zu bewahren«. Eine Flotte sowjetischer Raketenträger bewegte sich auf Kuba zu, während die US-Marine in See stach, um die Blockade um Kuba durchzusetzen, die sie aufhalten sollte. Zu keiner Zeit war das Kriegsrisiko größer gewesen.

Jack besprach die Mechanismen der Krise nicht mit Jackie. »Sie muss in der Woche Entsetzliches durchgemacht haben«, sagte Susan Mary Alsop. »Unter den weniger hochrangigen Mitarbeitern im Weißen Haus befand sich zu der Zeit ein junger Mann namens Mike Forrestal, ein enger Freund von uns ... Nachdem die Krise vorüber war, traf ich Mike und fragte ihn: ›Wie habt ihr diese Woche überstanden?‹ Und er antwortete: ›Ach, es ging schon, aber Jackie hat mir furchtbar Leid getan.‹

›Warum denn das?‹, fragte ich. ›Weil niemand ihr irgendetwas erzählte. Ich sah sie immer bedrückt durch die Gänge wandern, und dann fragte sie mich: ›Mike, was gibt es Neues?‹ Ich konnte ihr natürlich Auskunft geben. Aber sonst machte sich niemand die Mühe, sie einzuweihen.‹ Ich vermute, der Präsident wollte nicht darüber sprechen. Das wäre das Letzte gewesen, was er gewollt hätte. Wahrscheinlich wollte er einen steifen Martini, etwas zu essen und ein belangloses Gespräch. Darüber, was die Kinder den Tag über gemacht hatten, und so …«[61]

Am Dienstag, dem 23. Oktober, musste Jackie ein Dinner für fünfundzwanzig Gäste absagen, mit dem die Ankunft des Maharadschas von Jaipur und seiner Frau hätte gefeiert werden sollen. Laut Aufzeichnungen des Geheimdienstes aßen jedoch trotzdem vierzehn Personen im Weißen Haus zu Abend. Unter ihnen befanden sich die Jaipurs, Benno und Nicole Graziani, David Ormsby-Gore und Charlie Bartlett. Um Mitternacht briet Nicole Graziani für die Gesellschaft Rühreier. »Er [Jack] nahm ihre Hand«, berichtete Graziani, »und er sagte: ›Du weißt, vielleicht stehen wir morgen schon im Krieg …‹«[62]

Kaum vierundzwanzig Stunden später erhielt Kennedy am Donnerstag um zwei Uhr nachts einen zornigen, vierseitigen Brief von Chruschtschow. Die sowjetischen Schiffe setzten ihren Weg fort. Im Verlauf der folgenden Tage erhöhte sich die Spannung weiter, bis Chruschtschow sich am Sonntag, dem 28. Oktober, bereit erklärte, die Raketen abzuziehen. Im Austausch forderte er die amerikanische Zusicherung, nicht in Kuba einzumarschieren. Ormsby-Gore, der Kennedy in dieser Situation aus nächster Nähe scharf beobachtete, kam zu der Ansicht, dass sein Umgang mit der Krise seine größte Leistung darstellte: »Er war bemerkenswert während dieser Woche. Ich denke, dass jeder, der in der Woche mit ihm gearbeitet hat, danach tiefe Bewunderung für ihn empfand. Dafür, wie er seinen Humor bewahrte, wie er Entscheidungen genau dann treffen konnte, wenn sie gebraucht wurden, und wie er sich Unmengen von widersprüchlichen Ratschlägen anhören konnte und dann zu einem Schluss kam, den letztendlich alle für genau die richtige Entscheidung hielten.«[63]

Als sei die fortgesetzte Raketenkrise nicht schlimm genug, erkrankte auch noch John jr. und hatte nahezu vierzig Grad Fieber. Jackie bewahrte die Ruhe, um Jack nicht noch mehr Sorgen zu bereiten. Am Donnerstag, dem 25. Oktober, einem der schlimmsten Tage, absolvierte sie ihre gesellschaftlichen Termine wie geplant. An diesem Morgen kamen die Jaipurs auf einen Drink und für den Nachmittag hatte sie Robin Douglas-Home eingeladen. Bei dieser Gelegenheit sollte sie von NBC für eine Sendung des neuen National Culture Centre gefilmt werden, ein Projekt, das sie wie auch Jack besonders interessierte und für das Janet Auchincloss sich an Spendenaktionen beteiligte. Douglas-Home fand sie umringt von Fernsehausrüstungen – eingeschalteten Scheinwerfern, Schaltkästen, Kabeln und Scharen von Technikern. »Äußerlich war sie die ruhige, würdevolle First Lady, eine Oase des beherrschten, glanzvollen Gleichgewichts in einem Dschungel aus technischem Chaos«, schrieb er. »Innerlich aber spottete sie darüber … Was sie mir während der Dreharbeiten zumurmelte, machte es mir fast unmöglich, mir das Lachen zu verkneifen … Genau wie ihr Mann ließ sie jeden Versuch der Verherrlichung unweigerlich platzen.« Nach dem Tee hüpfte Caroline mit einem riesigen ausgehöhlten Kürbis ins Zimmer und bat Douglas-Home, ihr für die Halloween-Partys der kommenden Woche ein Gesicht hineinzuschnitzen. Als Jackie das am Boden kniende Gespann gerade fotografierte, kam Jack herein und beteiligte sich augenblicklich an den Aktivitäten. Douglas-Home wurde eingeladen, zum Abendessen zu bleiben. Zuvor wies Jackie ihn an: »Erwähne nur um Gottes willen in seiner Gegenwart nicht Kuba.« Nach dem Essen bei einer Zigarre sprach Kennedy in den Pausen zwischen dringenden Telefonaten »über Themen, die von Lord Beaverbrooks Art, eine Zeitung zu führen, über Frank Sinatras Umgang mit Frauen bis zu der Frage reichten, warum die Zeitschrift *Queen* ein Modefoto von einem Model (Celia Hammond) veröffentlicht habe, das auf einem weißen Bärenfell lag und am Daumen lutschte«. Mit keinem Wort erwähnte er die Krise, abgesehen von einer nachdenklichen Bemerkung über die russische Haltung bei den Gesprächen in Wien: »Es ist so, als versuche man mit Menschen zu reden, die ihr ganzes Leben in einem Keller verbracht haben …« Etwa gegen 22 Uhr ging er zur Bett, erschien aber später noch einmal im Morgenmantel, um gute Nacht zu wünschen.[64]

Am ersten Novemberwochenende fuhr Jackie mit Lee, die ursprünglich zum Dinner mit den Jaipurs ins Weiße Haus gekommen war, nach Glen Ora. Janet Auchincloss und Robin Douglas-Home fuhren mit ihnen. Das vordringlichste Thema dieses besonderen Wochenendes war Jackies neuestes Projekt: ein eigenes Haus in Virginia, da Mrs. Tartière sich nicht bereit erklärt hatte, den Mietvertrag für Glen Ora zu verlängern. Paul Fout hatte das Gebiet um Rattlesnake Mountain ausgesucht. Jack zum Gefallen taufte Jackie das Haus, das zuvor den Namen Atoka getragen hatte, in »Wexford« um. Doch umsonst: Jack mochte Atoka/Wexford nicht und fühlte sich dort nie zu Hause. »Was mache ich bloß an einem Ort wie diesem?«, fragte er Ben Bradlee in verzweifeltem Ton. Im August 1962, als das Akota-Projekt auf den Weg gebracht war, entbrannte die schlimmste Schlacht des Budget-Krieges. Die Kosten für Bauarbeiten, Möblierung und Ausstattung erwärmten Jack nicht gerade für das Haus in Virginia. Ohnehin kamen sie zu den Kosten für die Wiederherstellung des ursprünglichen Zustands von Glen Ora noch dazu, auf die Mrs. Tartière verständlicherweise bestanden hatte. Er zog Camp David mit seiner spektakulären Aussicht über die Cactoctin Mountains bei weitem vor, und er selbst, Jackie und die Kinder hatten dort in diesem Jahr den 4. Juli verbracht. Wexford, das von Wäldern umgeben in der lieblichen Landschaft von Virginia lag, hatte nicht denselben Reiz für ihn.

Jackie aber liebte es. Das Haus war dem von Charlie Whitehouse nachempfunden, ein einstöckiges Blockhaus mit zwei Flügeln nach hinten und einer Terrasse nach vorn heraus. Es hatte drei Schlafzimmer, zwei Kinderzimmer, einen Raum für die Kinderfrau und zwei für Dienstmädchen. Außerdem besaß es einen drei Morgen umfassenden See, in dem die Kinder schwimmen und fischen konnten, und Jackie hatte einen mit Bedacht unkultivierten Garten geplant. Das Haus stand mit seiner Terrasse an einem Felsvorsprung, kein Rasen brauchte gemäht zu werden, nur ein einziges, großes Feld erstreckte sich davor. Es würde im Mai fertig sein, erzählte sie den Pells am 8. April 1963, und am 24. April, nach ihrer Rückkehr aus Florida, würde sie ihre Möbel hinbringen. Mit Jack im Nacken suchte sie verständlicherweise ständig nach Möglichkeiten zu sparen und fragte daher Claiborne, ob er jemanden finden könne, der es ab Juni mieten würde. »Im letzten Sommer haben wir $ 400 für die Vermietung von Glen Ora bekommen«, erklärte sie ihnen.[65]

Das Jahr 1962 ging für Jackie genauso unter dem Zeichen von Mode und Vergnügen zu Ende, wie es für sie verlaufen war. Wie immer feierte sie Silvester in Palm Beach im Haus der Wrightsmans, wo sich nicht weniger als sechs der bestgekleideten Frauen der Welt versammelten: sie selbst und Lee und dazu vier weitere Mitglieder ihres internationalen Kreises – Jayne Wrightsman, Gloria Guiness, Marella Agnelli und Nicole Alphand, die Frau des französischen Botschafters in Washington.

13
Rendezvous mit dem Tod

»Ich hab ein Rendezvous mit dem Tod,
Um Mitternacht, in einer Höllenstadt im Süden …«
John F. Kennedys Lieblingsgedicht von Alan Seeger[1]

Für Jackie, die lange Tage mit Faulenzen am Strand von Palm Beach verbrachte, versprach 1963 das bisher beste Jahr zu werden. Am 1. Januar unternahm sie eine Kreuzfahrt mit Jack und Lee die Küste von Florida entlang bis zum Yachthafen von Forth Worth, wo sie zum Lunch im Vanderbilt von Bord gingen. Die übrige Woche verbrachte sie vor allem mit Fahrten aufs Meer auf der *Honey Fitz*, gemeinsam mit Lee, Peter Lawford und anderen. Daneben besuchte sie Freunde in Palm Beach, wie die Earl T. Smiths. Sie hatte allen Grund zufrieden zu sein. Die Restauration des Weißen Hauses war im vollen Gange und würde bis Ende des Jahres so gut wie abgeschlossen sein. Sie hatte den Lafayette Square gerettet und damit ein leuchtendes Beispiel für die Restauration alter Stadtkerne gesetzt, das über die folgenden Jahre zahlreiche Nachahmer finden sollte. Das neue Haus in Virginia würde im Mai fertig sein. Noch wichtiger aber – sie wusste, dass sie schwanger war.

Sie schien ihr derzeitiges Leben unter Kontrolle zu haben. Das Weiße Haus bereitete ihr keine Sorgen mehr. Sie hatte vor, sich zu erholen und zu vergnügen, während sie die Geburt des Babys erwartete. Am 8. Januar kehrte sie mit John und Caroline im Hubschrauber nach Washington zurück. Als sie zwei Tage später mit Mary Gallagher in ihrem Wohnzimmer im Weißen Haus beim Diktat saß, fragte sie diese beiläufig: »Mary, würden Sie sagen, ich habe als First Lady bisher genug getan?« Es war eine rhetorische Frage, und ihre Sekretärin, die vermutete, dass Jackie schwanger war, antwortete erwartungsgemäß, sie habe mehr als genug geleistet und solle nur tun, was der Präsident für notwendig hielt. Dann rief sie Tish an, um ihr zu verkünden: »Ich nehme den Schleier.« Tish sollte alle Aktivitäten im Freien absagen und ihre Termine auf das Allernötigste reduzieren. Sie habe nicht genug Zeit für ihre Kinder, erklärte sie, und sie sei der Ansicht, als First Lady habe sie genug getan. Sie konzentrierte sich auf die Familie, Haushaltsangelegenheiten, brachte Abwechslung in den Speiseplan der Kinder, lehrte die Haushaltshilfe, perfekte Daiquiris für den Drink vor dem Essen zuzubereiten, den sie immer mit Jack gemeinsam einnahm – zwei Teile Rum, drei Teile gefrorene Limonade, ein Teil frischer Limonensaft und ein paar Tropfen Falernum zum Süßen. Außerdem erweiterte sie das Repertoire der Köchin um ein paar Rezepte. Seit dem vergangenen Herbst hatte Jack wieder des öfteren unter Magenproblemen gelitten und war angewiesen, die fadeste Diät zu halten.

Gemeinsam mit Lee nahm sie an einigen unvermeidlichen offiziellen Veranstaltungen teil – der Ansprache des Präsidenten zur Lage der Nation, einem zweiten Amtsantritts-Dinner mit Empfang, das pro Kopf $ 1000 kostete, einem Dinner für den Vizepräsidenten und andere Würdenträger im Weißen Haus – und ein paar private Dinnereinlandungen bei den Douglas Dillons und den Franklin Roosevelts. Dann flogen die Schwestern mit Jack für eine Woche nach New York, um Einkäufe zu machen, in Galerien zu stöbern und Theater zu besuchen. Die drei aßen im Le Pavillon zu Abend, ehe sie in eine Vorstellung der britischen Satire *Beyond the Fringe* und dann weiter auf eine von den Steve Smiths veranstaltete Wohltätigkeitsparty gingen. Stas Radziwill und Chuck Spalding schlossen sich ihnen zu einem ungezwungenen Sonntagslunch im Voisin an, und anschließend flogen Jackie, Jack und Caroline am 11. Februar zurück nach Washington. Es gab Dinner und Empfänge für den Präsidenten von Venezuela und den belgischen König sowie ein letztes Wochenende in Glen Ora, um von da aus die Fortschritte auf Wexford in Augenschein zu nehmen.

Jackie fuhr mit gemischten Gefühlen nach Glen Ora: Es war eine komplette Geldverschwendung gewesen, das Anwesen für die zweijährige Dauer des Mietvertrages renovieren zu lassen. Der Präsident hatte einigen Grund, sich über ihren Umgang mit Geld zu ärgern, doch er fuhr fort, sie zu verwöhnen, und bezahlte sogar für zwei Gemälde, die sie als verspätetes Weihnachtsgeschenk in New York erstand. Ende März wies der Präsident Mary Gallagher an, Jackie die »neueste Kleiderkosten-Aufstellung« zu zeigen. Jackie sah sich die Bücher an und verschwand noch am selben Abend zu einer weiteren Spritztour nach New York. »Ich wusste, diese kleine Szene würden wir in absehbarer Zeit noch einmal aufführen …«, seufzte Mary Gallagher.[2]

»Wir stecken bis über die Ohren in Arbeit mit der Wiedereröffnung des Kongresses, der Enthüllung der Mona Lisa und Staatsbesuchen, die aus allen der Menschheit bekannten Ländern – und einigen unbekannten dazu – hereinschneien«, schrieb Tish Baldrige ihrer Freundin Claire Boothe Luce am 8. Januar 1963.[3] Sie verließ das Weiße Haus am 4. Juni. Die Kennedys, so erzählte sie Mrs. Luce, hatten Verständnis für ihre Kündigungsgründe gezeigt, einschließlich »meines Wunsches, NICHT LÄNGER ARM zu sein. Ich werde jeden Augenblick dieser fantastischen Erfahrung in Ehren halten … Ich fühle mich gerührt und ein wenig demütig, weil ich zur Gestaltung der Ereignisse einen Beitrag geleistet habe. Einen winzigen Beitrag nur, aber trotzdem, die Befriedigung ist gigantisch. Und ich habe die Kennedys von ganzem Herzen geliebt – von Monat zu Monat mit mehr Respekt und Bewunderung.«

Tishs Briefe an Clare Boothe Luce zeihen Gerüchte, dass Jackie sie gefeuert habe, der Lüge. Sie gesteht ein, dass Jackie zuweilen ihre Art missfiel, sie mit Notizzetteln zu bombardieren und zu Dingen zu drängen, die sie nicht tun wollte, aber sie bewunderte Jackie als First Lady immens: »Sie hatte wirklich Klasse, wie sie mit dem Haus umging, mit den Dienstmädchen, dem Geheimdienst, ihrer Zofe – sie war immer der Boss, machte Komplimente, wenn jemand das Richtige tat, war freundlich und besorgt.«[4] Tishs Abschiedsparty fand am 27. Mai im Chinesischen Zimmer statt, die Marine-Band spielte und Jackie, die auf »Arrivederci Roma« eine Parodie mit dem Titel »Arrivederci Letitia« gedichtet hatte, sang gemeinsam mit dem Personal. Tish, die Jackie als »unschätzbar« pries, blieb Begünstigte der Kennedys: Sie erhielt eine Stellung bei einem Handelsunternehmen der Familie in Chicago.

Als Privatsekretärin wurde Tish von Nancy Tuckerman ersetzt, Jackies alter Freundin aus New Yorker Kindertagen und Zimmerkameradin in Farmington. Nancy war Jackies Prätorianergarde, ihr völlig ergeben und durch und durch loyal, ein selbstloser Puffer gegen die Außenwelt. Ihr ruhiges Auftreten bildete einen kompletten Gegensatz zu den Wirbelsturm-Methoden, mit denen Tish vorgegangen war. Jackie, so sagte Tish, »hat Nancy anästhesiert«. »Einen Vorteil besaß Nancy«, schrieb J. B. West, der Haushaltsvorstand des Weißen Hauses. »Und das war ihre persönliche Freundschaft mit Mrs. Kennedy. Sie kannte alle Eigenheiten der First Lady und wusste, wie sie Dinge erledigt haben wollte. Sie wusste genau, was sie nach oben zu senden hatte, wann es gesendet werden sollte, was sie mit ihr besprechen musste und welche Themen sie besser vermied. Wenn Nancy sich mit einer Idee an sie wandte, sagte sie gelegentlich: ›Ach Nancy, ich will das nicht machen‹, und damit war die Sache erledigt.«[5]

»Sie ist ganz und gar Jackies Sklavin«, sagte eine Cousine von Jackie, und Nancy widmete Jackie ihr Leben, blieb bei ihr bis zum Schluss und hat nie geheiratet. »Einmal sagte ich zu ihr«, erinnerte sich John Fairchild, »›warum gehen Sie nicht und bauen sich selbst ein Leben auf? Warum verbringen Sie ihr Leben als Sklavin? Was haben Sie denn für eine Zukunft?‹ Sie gab keine Antwort.«[6]

Als Jackie ihr die Stellung im Weißen Haus anbot, wandte Nancy ein, sie sei dafür nicht ausgebildet. Für Jackie spielte das keine Rolle. »Es ist eine ganz einfache Arbeit«, erwiderte sie. »Zum größten Teil ist es Spaß.«

»Zwar habe ich die Arbeit nie als einfach empfunden«, sagte Tuckerman, »aber Jackie tat alles, damit sie Spaß machte. Spaß hatten wir, wenn sie sich verkleidete und wir ohne Geleitschutz aus dem Weißen Haus loszogen. Oder als das Goodyear-Kleinluftschiff nach Washington kam und wir spontan und ohne jede Vorwarnung mit Caroline und John eine Spritztour durch die Landschaft Virginias unternahmen. Der Geheimdienst war gezwungen, dem Luftschiff im Auto zu folgen und in rasendem Tempo durch die Straßen zu fegen.«

Nancys erste große Aufgabe bestand darin, einen Abend zu Ehren des Königs von Afghanistan vorzubereiten. Jackie sorgte dafür, dass Nancys Pressedebüt als Organisatorin von offiziellen Veranstaltungen spektakulär mit einem Feuerwerk auf der Südwiese verlief. Am Abend des Dinners gab Jack Kennedy Anweisungen, die Zeit für das Feuerwerk zu verkürzen. Daraufhin entzündete der Hersteller Feuerwerkskörper, die für acht Minuten gedacht waren, innerhalb von vier Minuten – mit atemberaubendem Ergebnis. Die erste Explosion war so gewaltig, dass der Geheimdienstagent des Präsidenten und der Leibwächter des afghanischen Königs hinzusprangen, um ihre Dienstherren zu schützen. Anschließend wurde die Zentrale des Weißen Hauses mit Anrufen von Washingtoner Bürgern bestürmt, die fürchteten, eine Bombe sei hochgegangen oder ein Flugzeug abgestürzt. Nancy erntete begeisterte Zeitungsberichte, der König hingegen nur eine beiläufige Erwähnung. »›Siehst du, Nancy?‹, sagte Jackie. ›Du hast dem König von Afghanistan die Schau gestohlen.‹ Sie gab mir die Lorbeeren, die ihr gebührten, was typisch für ihre Art von Freundschaft war«, lautete Tuckermans Kommentar.

Nancy, eine New Yorkerin mit ansehnlichem Familienstammbaum, hatte in einem New Yorker Reisebüro gearbeitet. Zu ihren Kunden gehörten Janet und Hughdie Auchincloss. Daneben half sie von Zeit zu Zeit ihrer Mutter bei deren Party-Service aus, bevor sie die Stellung im Weißen Haus antrat. Für Jackie war sie die ideale Gehilfin, zurückhaltend, effizient und diskret. Ihrer überschwänglichen Mutter zufolge war sie der Ruhepol der Familie, die Mittlere zwischen einer extrovertierten älteren Schwester und einem übermütigen jüngeren Bruder. »Ihr Takt ist großartig«, beschrieb ihre Mutter sie. »Sie kümmert sich mit einmaliger Effizienz um Details. Und sie kann den Mund halten!«[7] Mit der Ankunft von Nancy bekam

Jackie den Felsen, den sie in ihrem turbulenten Leben nötig hatte.

Nach der offiziellen Bekanntgabe von Jackies Schwangerschaft am 18. April in Palm Beach begannen beide Kennedys sich mit Gedanken an die Zeit nach dem Weißen Haus zu beschäftigen. Insgeheim machte Jackie sich Sorgen um Jacks Zukunft und hatte ihre Befürchtungen in nächtelangen Gesprächen während der Indienreise vom März 1962 Benno Graziani anvertraut. »Jackie schien ein wenig in Sorge, denn sie sagte: ›In zwei Jahren ist er vielleicht nicht mehr Präsident, und was macht er dann? Und er ist ein Krüppel …‹ Ich erinnere mich genau an die Worte, die sie benutzte, denn er hatte ja ständig Schmerzen. Sie sagte: ›Was macht er dann?‹«[8] Der Präsident sprach ebenfalls über seine Zukunft nach der Ära im Weißen Haus, allerdings nicht allzu ernsthaft.

Beide beschäftigten sich besonders mit dem Ort und dem Entwurf für die John F. Kennedy Presidential Library. Auf eine Nachricht zu diesem Thema, die Jackie ihm im Januar sandte, schrieb ihr Boutin, um zu versichern, in aller Stille seien »in Harvard bereits Arbeiten wegen der Örtlichkeit und der ersten Planungen für die Bibliothek des Präsidenten in Cambridge im Gange … Bei der Entwicklung dieser Pläne würden wir gewiss jede Idee von Ihnen, die uns helfen kann, zu schätzen wissen.«[9] In einem Dankesbrief vom 30. Januar schrieb ihm Jackie zurück: »Was mir wirklich am Herzen liegt, ist die Bibliothek des Präsidenten. Er sagte mir, Sie hätten einige brillante Änderungsvorschläge gemacht, die ich mir, ehe wir uns für einen Entwurf entscheiden, unbedingt ansehen müsse.«[10] Jackie, Warnecke und Boutin hatten bei der Planung des Lafayette Square eng zusammengearbeitet. Bereits »lange zuvor« hatte sie Warnecke gebeten, »ein bisschen Recherche zu betreiben und uns zu ein paar Ideen für die Präs.-Bibliothek in Boston zu verhelfen«.

Beide Kennedys betrachteten die Restauration des Lafayette Square und der Pennsylvania Avenue als zukünftige Denkmäler der JFK-Präsidentschaft in Washington. Im Sommer 1963 kam Jackie auf die ausgefallene Idee, einen alten ägyptischen Tempel, den Tempel von Dendur, am Potomac aufzustellen. Dort würde seine Lage am Flussufer dem ursprünglichen Standort am oberen Nil widerspiegeln, dem die Überflutung durch den Assuan-Staudamm drohte. An einem Sonntagabend hatte Dick Goodwin einen Loseblatt-Ordner mit ins Weiße Haus gebracht, in dem Gebäude aufgelistet waren, die das ägyptische Amt für Baudenkmäler der Bewahrung für die Nachwelt für würdig befand. Sie und Goodwin hatten die Mappe durchgesehen, und sie hatte den Tempel von Dendur ausgewählt.

Die Initiative war in der Tat von Jackie ausgegangen, wie sich Dick Goodwin erinnerte. Gianni Agnelli hatte mit ihr darüber gesprochen, und sie gewann das Interesse des Präsidenten. Die Vereinten Nationen hatten eine große Kampagne gestartet, mit der Geld für die Baudenkmäler gesammelt werden sollte, die durch den Assuan-Staudamm zerstört werden würden. »Wenn man den größten Beitrag leistete, bekam man einen Tempel, das war der Preis«, erklärte Goodwin. »Also habe ich eine Mappe zusammengestellt. Ich musste eine Menge Bilder von diesen Bauwerken besorgen, mit Zitaten von Malraux über die Rettung der Pyramiden, und ich sah mir verschiedene Pläne dafür an, wie sie zu retten seien. Kennedy hatte ein Problem, er musste sich vor den Kongress stellen und fünfundsechzig Millionen Dollar verlangen. Das ist ein Haufen Geld – und der Bostoner Ire Rooney, Leiter des Appropriations Committee, an dem man nicht vorbeikam, war der Ansicht, das sei doch nichts als ein Haufen Steine. Er [JFK] wollte es offensichtlich gern machen, aber es gab auch die politische Seite, die Beziehungen innerhalb des Kongresses. Und als ich bemerkte, wie er schwankte, sagte ich schließlich zu ihm: ›Mr. President, Napoleon hat nur einen Obelisken mit nach Paris gebracht, Sie aber könnten einen Tempel nach Washington bringen.‹ Daraufhin sagte er: ›Also machen wir das.‹«[11]

1963 sollte zu dem Jahr werden, in dem die Bürgerrechtsbewegung an Bedeutung gewann. Am Nachmittag des 12. Februar, Lincolns Geburtstag, hatte Kennedy einen 246-seitigen Bericht über den Kampf der Schwarzen um ihre Bürgerrechte seit der Befreiungserklärung von 1863 entgegengenommen. Es war keine angenehme Lektüre. »Eine Freiheit, die mehr in der Vorstellung als in der Wirklichkeit existiert«, war die Erbschaft des modernen Schwarzen nach den Worten des Berichts. »Dem vor dem Gesetz freien schwarzen Bürger wurde das Wahlrecht verweigert, er blieb von öffentlichen Ämtern ausgeschlossen, wurde auf schlechte und separate Schulen verwiesen, in Ghettos gesperrt, in die hinteren Reihen der Busse verbannt, vor Gericht nicht mit gleichen Maßstäben behandelt und ausgesondert in Krankheit, Religionsausübung und sogar im Tod …«

Am selben Tag hielt der Präsident im Weißen Haus einen Empfang für schwarze Führungspersönlichkeiten ab. Unter den Gästen befand sich Sammy Davis jr., der ihm als Mitglied von Sinatras Rat Pack bekannt war. Davis war aufgrund seiner Ehe mit der schwedischen Schauspielerin Mai Britt eine umstrittene Gestalt. In einer Epoche, in der Eheschließungen zwischen den Angehörigen verschiedener Rassen äußerst selten waren, wurden sie als schockierend empfunden. Jack wollte den politischen Fallstrick vermeiden, den ein Foto des Paares im Weißen Haus bedeutet hätte. Er beauftragte einen seiner Assistenten, Jackie zu sagen, sie solle Mai Britt beiseite nehmen, sodass sie nicht gemeinsam mit Davis fotografiert würde. Jackie weigerte sich wütend, bei diesem Vorhaben mitzuspielen oder überhaupt nach unten zu kommen. Es kostete Jack all seine Überredungskünste, sie nach unten auf den Empfang zu holen. Nachdem sie mit den Johnsons, Ethel und elf führenden Schwarzen fotografiert worden war, verließ sie den Saal in Tränen aufgelöst. Sie war außer sich über das, wie sie es empfand, politische Täuschungsmanöver.

Burke Marshall, der renommierte Juraprofessor aus Yale, der innerhalb der Kennedy-Regierung in vorderster Reihe mit den Bürgerrechten befasst war, erklärte, dass Jackie »wie die meisten ihrer politischen und dazu viele ihrer privaten Freunde mit der Bürgerrechtsbewegung der sechziger Jahre sympathisierte«.[12] Jackies persönlicher Beitrag bestand darin, sicherzustellen, dass im Weißen Haus keinerlei Ausgrenzung stattfand. Sie änderte das gesellschaftliche Verhaltensmuster, indem sie dafür sorgte, dass Schwarze zu allen offiziellen Veranstaltungen eingeladen wurden.[13] Schwarze Schriftsteller wie James Baldwin sowie Sängerinnen wie Marian Anderson und Grace Bumbry waren Ehrengäste. Der Sohn von Jack Kennedys Presseassistenten Andrew Hatcher besuchte die Vorschule im Weißen Haus. Zeitgenössischen Quellen zufolge betrachteten die Schwarzen sie als durch und durch vorurteilsfrei in ihrer Entschlossenheit, das Weiße Haus zu einem Symbol für Rassenintegration und gesellschaftliche Eingliederung zu machen, und brachten ihr höchste Anerkennung entgegen. Sie war »tough«, unnachgiebig. 1964 erschien im *Ebony* ein Artikel mit dem Titel »Die Lady in Schwarz – Schwarze US-Bürger gedenken mit Wehmut der Regentschaft der früheren First Lady im Weißen Haus«.

Am 9. April leitete Kennedy die Zeremonie, mit der Winston Churchill die Würde eines Ehrenbürgers der Vereinigten Staaten verliehen wurde. Sein Held war der Feind seines Vaters gewesen, und der alte Joe befand sich an diesem Abend zufällig im Weißen Haus. Jack neckte ihn: »Alle deine Freunde sind erschienen, oder etwa nicht, Dad? Bernard Baruch ... Dean Acheson ...« Es gab ein Familiendinner zu Ehren des alten Mannes, bei dem die drei Kennedy-Brüder, Eunice, Ann Gargan und die Bradlees zugegen waren. Später schrieb Bradlee:

> Der alte Mann ist völlig aus der Form geraten, seine rechte Seite von Kopf bis Fuß gelähmt, und er ist unfähig, etwas anderes als bedeutungslose Laute und immer wieder »Nein nein nein nein« von sich zu geben. Aber der Abend verlief in anrührender Weise heiter, denn die Tapferkeit des alten Mannes zeigt sich in seinen Augen und in seinem schiefen Lächeln ... Und seine Kinder beziehen ihn in all ihre Gedanken und Taten mit ein. Sie sprechen die ganze Zeit mit ihm. Sie fragen ihn: »Meinst du nicht auch, Dad?« und »Habe ich nicht Recht, Dad?« Und noch ehe er Gelegenheit hat, sich oder die Gäste in Verlegenheit zu bringen, weil er nicht in der Lage ist zu antworten, sind sie schon beim nächsten Thema. Bobby und Teddy sangen ein zweistrophiges Duett für ihn. Es war absichtlich scheußlich und falsch, aber der Botschafter beugte sich in seinem Sessel vor, legte den Kopf zurück, um sie besser sehen zu können, und war sichtlich entzückt von ihrer Vorführung.[14]

Caroline und John jr. tollten durch den Saal, und irgendwann stieß John seinem Großvater den Drink in den Schoß. Als man zum Essen ging, stützte Jackie ihren humpelnden Schwiegervater. Beim Essen wischte sie ihm den Sabber ab, der ihm aus der gelähmten rechten Mundwinkel rann. Und sie redete und redete, erwähnte zahllose Themen und erinnerte ihn besonders daran, wie er und Richter Morrissey auf JFK eingewirkt hatten, damit er sie heiratete.[15] Bradlee fand diese Szenen zwischen den Kennedys und ihrem schwerbehinderten Vater »anrührend, schlicht und bewegend«. In solchen einfachen, familiären Situationen kam die beste Seite der Kennedys zum Vorschein, ganz besonders, so befand Bradlee, bei den Kennedy-Brüdern. »Es war allgemein bekannt, wie abhängig die Männer der Kennedys voneinander waren, ganz besonders, wie abhängig der Präsident von Bobby war. Privat aber erschien mir ihr Verhalten wie ein jugendlich-übermütiges Spiel, beinahe wie eine Balgerei … voller Schlagfertigkeit, Sarkasmus und Liebe. Wann immer ich sie zusammen erlebte, wirkten sie entspannt, neckten einander, flachsten, brachten sich gegenseitig zum Lachen …«[16]

Was jedoch Jackie betraf, so dehnte sich diese Nähe zwischen den Brüdern nicht automatisch auf die Schwestern, Schwager und Schwägerinnen aus. Eines Abends, als die Bradlees oben darauf warteten, dass Jack und Jackie von einer Cocktailparty heraufkämen, betraten Steve und Jean Smith das Zimmer. Sie erklärten, dass sie nicht wagten, in die Astronautenparty zu platzen. Zum Abendessen, bei dem die Kennedys und Bradlees zu viert waren, hatte man sie offenbar nicht eingeladen. »Am Ende«, lautete Bradlees verwunderter Kommentar, »nahmen sie einen Drink mit uns und gingen wieder.«[17] Sogar in Hyannis Port hatte Jackie darauf bestanden, aus dem gemeinsamen Quartier auszuziehen, und zuerst das Haus Morton Downeys und später das Louis-Thun-Haus auf Squaw Island gemietet, das etwa eine halbe Meile entfernt an einem engen Dammweg lag. Sie traf sich mit den Kennedys unter ihren eigenen Bedingungen.

Caroline und John waren immer mit von der Partie, sie stürmten hinein und hinaus, als handle es sich um ein ganz gewöhnliches Zuhause und nicht um das Weiße Haus. Einmal, als die Bradlees gerade dem privaten Fahrstuhl entstiegen, um mit Jack und Jackie zu Abend zu essen, stießen sie auf Caroline, die lachend und »nackt wie ein Eichelhäher« von der peinlich berührten Maud Shaw verfolgt wurde. Ständig bedrängte Jack Ben, John jr. hochzuheben und in die Luft zu werfen, weil der Junge es so genoss und Jacks Rücken ihn daran hinderte, es selbst zu tun. »Er weiß es noch nicht«, sagte Jack wehmütig, »aber eher wird er mich tragen, als dass ich ihn trage.«[18] Jack hatte eine enge Beziehung zu seinen beiden Kindern. »Für Caroline war ihr Vater ein Gott«, berichtete Maud Shaw. »Sie hatte ein solches Vertrauen zu ihm. Sie betete ihn genauso an, wie er sie anbetete.« Wenn Caroline nicht im Weißen Haus, sondern in Hammersmith oder Palm Beach war, rief Jack sie jeden Abend an. Als John jr. älter wurde, entwickelte er sich Maud Shaw zufolge zu »einem Jungen, auf den jeder Mann stolz gewesen wäre. John ist ein hundertprozentiger Junge. Er ist sehr intelligent und sehr wissbegierig, und der Präsident fing an, sich mächtig stolz auf ihn zu fühlen, weil er ein kleiner Mann war, dem er die Welt zeigen konnte. Diesen dummen Unsinn, den man sonst mit Kindern hat, den gab es nicht ... Er war ein großartiger Gefährte für seinen Vater, und für sein Alter – etwa zweieinhalb – sprach er fantastisch ... Sie hatten herrliche Zeiten miteinander.« John, so sagte sie weiter, »war wirklich fasziniert von allen mechanischen Dingen und Flugzeugen«.[19] Oft saß sein Vater mit ihm im Hubschrauber, setzte ihm den Helm auf und erklärte ihm, wie alles funktionierte.

Kurz bevor der Präsident im Juni 1963 nach Europa aufbrach, erhielt Evelyn Lincoln eines Morgens Kopien der Ansprachen, die sie ihm zur Durchsicht gegeben hatte, verziert mit den Worten »Daddy« und »CBK« in Rot und Blau zurück. Caroline hatte beim Durchlesen auf seinem Schoß gesessen und sie für ihn mit ihren Initialen versehen. Jacks Beziehung zu seinem kontaktfreudigen Sohn war eher robuster Natur – »John-John und JFK lachen sich einfach tot miteinander. Kennedy lacht gerne und liebt es, Leute zum Lachen zu bringen, und sein Sohn ist hierfür wunderbar empfänglich.«[20] Sowohl Jackie als auch Jack waren darauf bedacht, die Kinder gleich zu behandeln. Jack hatte sich angewöhnt, eine Anzahl Flugzeugmodelle in seinem Schrank aufzubewahren, um John jr. ab und zu eine besondere Freude zu machen. Eiligst wurde eine Reihe Spielzeugpferde bestellt, sodass er das Gleiche auch für Caroline tun konnte. Wenn sie auf offizielle Reisen gingen, war es dem Präsidenten wichtig, den Kindern, besonders Caroline, alles genau zu erklären. »Er erzählte ihr, wohin sie fuhren, was sie dort tun würden und welchem Zweck sie [die Reisen] dienten«, erinnerte sich Maud Shaw. »Und durch diese Gespräche lernte Caroline mehr über die Geschichte der Vereinigten Staaten als jedes andere Kind ihres Alters. Sie schien jeden einzelnen US-Staat zu kennen.«[21]

In jenem Jahr schien Jackie sich besonders anzustrengen, um Jack zu gefallen. Für das Staatsdinner zu Ehren des Großherzogs und der Großherzogin von Luxemburg bat sie den englischen Schauspieler Basil Rathbone, Shakespeare unter der Begleitung elisabethanischer Musik zu rezitieren. Bei Rathbornes hinterlassener Korrespondenz mit Jackie gibt es eine erklärende Notiz: »Ich muss mich fragen, ob je zuvor eine First Lady im Weißen Haus mit einem vergleichsweise Fremden handgeschriebene Briefe von einer solchen Einfachheit und Aufrichtigkeit gewechselt hat. Für mich werden sie bis ans Ende meiner Tage ein in Ehren gehaltenes Andenken bleiben …«[22] Über das endgültige Programm gab es einige Verwirrung: Tish Baldrige erklärte Rathbone, der Präsident lege besonderen Wert darauf, dass die Rede zum St.-Crispins-Tag aus *Heinrich V.* mit einbezogen werde. Jackie schrieb einen taktvollen Brief: »Ist es nicht komisch, wie die Dinge überkompliziert werden?«, schrieb sie. »Es tut mir Leid, dass Sie annehmen mussten, der Präsident würde ›keine andere Rede als St. Crispin akzeptieren‹. Es ist einfach eine seiner liebsten, was für süße Träume über das zum Sieg Führen oder Geführtwerden da auch immer in seiner Seele schlummern mögen. Er kennt sie sogar auswendig, und ich denke, er hat aus den gleichen egoistischen Gründen darum gebeten wie ich um all die Texte von Donne und andere, die ich so liebe. Er liebt auch Heinrich V. (und er erinnert *mich* an ihn –

auch wenn ich nicht annehme, dass er das weiß!) …«[23] Als Rathbone die St.-Crispin-Rede schließlich in der »samtbezogenen Schmuckschatullen«-Kulisse vortrug, die Lincoln Kirstein speziell für diesen Abend im Ostsaal des Weißen Hauses entworfen hatte, fand er bei den Männern der New Frontier ganz besondere Resonanz. Für sie spiegelte sich in den Worten der Rede »Uns wen'ge, uns beglücktes Häuflein Brüder« ihr Gefühl der Gemeinschaft wider, ihre Verbundenheit für ihre Sache.

Am 29. Mai war Jack Kennedys sechsundvierzigster Geburtstag. Jackie hatte für ihn eine Party auf der Präsidenten-Yacht *Sequoia* vorbereitet, da die *Honey Fitz* für nicht mehr sicher erklärt worden war (»verrottet bis aufs Mark, genau wie wir«[24], sagte Jack). Wie üblich, wenn die Kennedys und ihr engster Kreis zusammenkamen, gab Paul Fay unter Pfiffen, Buhrufen und Jubel der Kennedys seinen Vortrag von »Hurra für Hollywood« zum Besten. Ein politischer Veteran aus Boston, den Teddy mitgebracht hatte, betrank sich und trat mit einem Fuß durch einen seltenen Druck des Krieges von 1812, der Jackies Geschenk für Jack gewesen war. In tosendem Sturm war bald jedermann durchnässt und Teddy verlor auf mysteriöse Weise ein Hosenbein. Jack, dem offenbar nicht bewusst war, dass der Twist 1963 aus der Mode gekommen war, bestellte Chubby-Checker-Stücke, wann immer die Band versuchte, etwas anderes zu spielen. Wie gewöhnlich verhielt Jackie sich kühl und untadelig und reagierte, beobachtet von Ben Bradlee, auf die Zerstörung ihres mit Sorgfalt ausgewählten Geschenks mit jenem »verschleierten Gesichtsausdruck, den sie in solchen Fällen bekommt«, und mit den Worten: »Oh, das macht nichts. Ich kann es reparieren lassen.«[25] An dem wilden Lärmen der Kennedys beteiligte sie sich nicht. Als Jack am nächsten Tag in Camp David das ruinierte Geschenk sah, hatte er offenbar vergessen, was geschehen war, stellte es beiseite und sagte: »Das ist ein Pech, was Jackie?« »Jackie verhielt sich beinahe völlig ungerührt in dieser Angelegenheit, die, so fanden wir, für die meisten Leute eine Katastrophe gewesen wäre«, berichtete Ben Bradlee. »Sie zeigen beide so selten Gefühle, es sei denn durch Gelächter …«[26]

Der Sommer 1963 bildete den Anfang einer außergewöhnlich gewalttätigen Zeit in Amerika. NBX strahlte eine Fernsehserie mit dem Titel *Die amerikanische Revolution von 1963* aus, die den Kampf um die Bürgerrechte dokumentierte. Bilder von Polizeibeamten, die ihre Hunde auf schwarze Schulkinder in Birmingham, Alabama, hetzten, schockierten die Welt. Im Juni wurde der Bürgerrechtler Medgar Evers in Jackson, Mississippi, erschossen. Tausende von Meilen weit entfernt, in Saigon, verbrannte ein buddhistischer Mönch sich selbst. Zweifellos nicht frei von Gefühlen der Erleichterung verabschiedete sich Jack am 22. Juni in Camp David von Jackie und den Kindern, um begleitet von Eunice und Lee nach Europa zu fliegen, wo er seine berühmte Rede an der Berliner Mauer hielt. (Die jubelnden Menschenmassen störten sich nicht daran, dass sein Satz »Ich bin ein Berliner« in Deutschland auch bedeutete, er sei ein mit Konfitüre gefüllter Krapfen.) Anschließend stattete er der Grafschaft Wexford einen Besuch ab, beinahe eine Art von Heimkehr, fuhr nach England zu einer Konferenz mit Macmillan, der tief besorgt über den jüngst ausgebrochenen Profumo-Sex- und Spionage-Skandal war, und nach Rom zu einem Treffen mit dem Papst. Er machte außerdem Station in der Villa Serbelloni am Comer See, wo er ein privates Rendezvous mit einer italienischen Freundin hatte.

Jackie befand sich auf Squaw Island, als Jack zurückkehrte, um den 4. Juli mit seiner Familie zu verbringen. Sie beide liebten die Abgeschiedenheit des großen Hauses am Ende der Straße, direkt über dem Meer. Hinter dem Haus führte eine Wiese zu einer Klippe, die sieben Meter tief geradewegs bis zum Wasser abfiel. »Es war ein großes, weiträumiges Haus mit dem typischen New-England-Charme«, erinnerte sich Paul Fay, »mit grauen, Patina ansetzenden Schindeln. Es waren Holzschindeln, aber bespritzt vom Meerwasser waren sie fast ganz grau geworden – ein wirklich schönes, altes Haus.« Jack erwog es zu kaufen, doch wieder einmal schreckten der Preis und die Angst vor schlechter Publicity ihn ab.

Jackie verbrachte die Tage damit, zu lesen, zu malen und für die Geburt ihres Babys Kräfte zu sammeln. Wie sie dies vor der

Geburt von John jr. getan hatte, schmiedete sie zudem Pläne, entweder in ihrem Schlafzimmer oder in der angrenzenden ummauerten Veranda, die ihr als Büro diente. Sie dachte an den kommenden Sommer, stellte Speisepläne für Staatsdinners zusammen und achtete dabei als Reaktion auf Kritik von der Presse darauf, diese mehr englisch und weniger französisch zu gestalten. Also gäbe es zum Beispiel Eggs Mollet anstelle von Œufs Mollet. Sie entwarf sogar schon Listen mit Weihnachtsgeschenken – J. B. West sollte ein Kissen mit dem eingestickten Sinnspruch »Man muss nicht verrückt sein, um hier zu arbeiten, aber es hilft« erhalten. Jackie selbst wünschte sich einen Bettüberwurf aus Pelz als Geschenk von der gesamten Familie – wobei diese die Auswahl zwischen Kaninchen für $ 350 bis zu Chinchilla für $ 4000 hatten. Caroline sollte in der Zeit um Jackies Geburtstag herum eine Party für ihre Cousins und Cousinen bekommen – allein in Carolines Alter gab es zehn und weitere zehn im Alter von John jr. Gemeinsam mit Oleg Cassini arbeitete Jackie bereits an einer Garderobe für die Zeit nach der Geburt. Sie hatte vor, ein Trainingsgerät in Morton Downeys Keller zu benutzen, um ihre Figur rasch wieder in Form zu bringen.

Am 19. Juli wurde wieder einmal ein Kennedy-Kind getauft, das achte Kind von Bobby und Ethel, Christopher George Kennedy. Jack und Jackie waren mit Lem Billings dort. Über das Wochenende des 2. August waren die Fays zu Besuch bei den Kennedys auf Squaw Island. Auf eine Aufforderung von Jack hin betrat Paul Fay dessen Schlafzimmer und fand Jack und Jackie miteinander im Bett vor. »Sie lag dort mit ihm und ich nehme an, es war ihr peinlich, aber sie wollte einfach bei ihm sein, also lagen sie da einander in den Armen und redeten ...«

Doch der August, dem Jackie als einen Monat der Freude entgegengesehen hatte, wartete stattdessen mit Tragödien auf. Am Samstag, dem 3. August, erschoss sich ihr Freund, der brillante Phil Graham, Verleger von *Washington Post* und *Newsweek*, der noch immer an Depressionen gelitten hatte. Es war der erste Tag nach seiner Entlassung aus dem Krankenhaus. Sein Begräbnis fand am Dienstag, dem 6. August, in der Washington

National Cathedral statt. Jack besuchte den Trauergottesdienst, ging, nachdem jedermann sich gesetzt hatte, allein in einen Seitengang und nahm dort Platz. »Die Sonne schien durch das bemalte Glas des Fensters und beleuchtete ihn irgendwie«, erinnerte sich Phils Witwe Kay. Jackie hatte ihr einen achtseitigen Brief geschrieben – »einen der mitfühlendsten und tröstlichsten, die ich bekam …«[27]

Phil Grahams Tod war der zweite Selbstmord, der sich innerhalb dieses Jahres in ihrem Kreis ereignete. Im April hatte sich Charlene Cassini, die Tochter von Charles Wrightsman aus erster Ehe sowie die Frau von Igor, mit einer Überdosis Schlaftabletten im Alter von achtunddreißig Jahren das Leben genommen. Ihr Tod berührte die Kennedys nicht so sehr, weil sie sich nahe gestanden hatten, sondern weil sie indirekt daran beteiligt waren. Im Februar hatten Igor seine dominikanischen Verbindungen heimgesucht, und er war von Bobby wegen des Verstoßes gegen die Meldepflicht als ausländischer Agent sowie anderer damit verbundener Vorwürfe unter Anklage gestellt worden. Am 31. März hatte Charlene Jack einen langen verzweifelten Brief geschrieben und ihn angefleht, Bobby zurückzuhalten. Der Präsident antwortete nicht, doch als ein paar Tage nach Charlenes Tod darüber gesprochen wurde, wirkte er »sichtbar bedrückt und dachte laut über den Wert einer Strafverfolgung Cassinis nach«.[28] Im Herbst teilte er Cassinis Anwalt mit, dass Igor, wenn er auf *nolo contendere* (kein Widerspruch) plädierte, nicht bestraft werden würde.[29]

Am folgenden Tag, Mittwoch, dem 7. August, wurde Jackie nach einem Anruf beim Notdienst um elf Uhr vormittags auf dem schnellsten Weg ins Krankenhaus der Otis Air Force Base gebracht. Ihr Baby, das Ende des Monats erwartet worden war, befand sich offensichtlich auf dem Weg. Patrick Bouvier Kennedy kam mit einem Geburtsgewicht von nur vier Pfund und dreihundert Gramm um 12 Uhr 52 durch Kaiserschnitt zur Welt. Der Präsident wurde aus einer Sitzung im Kabinettsaal zur Ratifizierung des Vertrages über die Einstellung von Atomtests gerufen und über die Geburt informiert. In aller Eile brach er auf nach Cape Cod und traf um halb zwei Uhr nachmittags im

Krankenhaus ein. Elspeth Rostow kam ins Weiße Haus, um ihn an diesem Vormittag zu treffen, und fand alles in Auflösung vor. »Ich habe noch nie ein solches Durcheinander gesehen«, erinnerte sie sich. »Evelyn Lincoln war nicht da und der Mann vom Geheimdienst sagte, als ich die Kontrolle passierte: ›Wir wissen nicht, was vorgefallen ist.‹ Aber dann sahen wir plötzlich den Hubschrauber abheben, in dem der Präsident, wie sich herausstellte, zu Patricks Tod flog. Es war der Anfang vom Ende. Ein ominöses Vorzeichen für das, was später in jenem Jahr geschehen sollte.«[30]

Auf dem Flug nach Otis herrschten Anspannung und Schweigen, wie sich Nancy Tuckerman und Pam Turnure erinnerten. »Während des Flugs, als er nicht einmal genau wusste, ob Lebensgefahr bestand, war er völlig in sich gekehrt«, berichtete Tuckerman. »Er saß nur da und starrte aus dem Fenster. Seine Gedanken waren offenbar ganz bei ihr und nur darauf konzentriert, so schnell wie möglich dorthin zu kommen, ins Krankenhaus«, lautete Pam Turnures Bericht. »Ich hatte ihn mit diesem Ausdruck schon einmal gesehen. Es war genauso wie bei der Geburt von John. Ich erinnere mich an seinen Gesichtsausdruck, als wir die Nachricht ›Sofort zurückkommen‹ erhielten. Sie hatten schreckliche, schreckliche Zeiten miteinander durchgestanden.«[31] Im Krankenhaus kämpfte Baby Patrick um Sauerstoff, denn er war mit einem Atemnotsyndrom auf die Welt gekommen. Später am Nachmittag wurde er, begleitet von seinem verzweifelten Vater, in das Boston Children's Hospital überführt.

Unterdessen wusste Jackie nichts davon, wie krank ihr Baby tatsächlich war, und blieb ahnungslos bis einige Zeit nach seinem Tod am Morgen des 9. August, um 4 Uhr 40. Die Nachricht von Patricks Tod wurde ihr von Dr. Walsh überbracht. Jack kehrte später am selben Morgen zu ihr zurück und brachte Bobby mit. Im Boston Hospital hatte der Präsident über den Tod seines Sohnes geweint. Wenngleich Jack und Jackie voreinander die Zähne zusammenbissen, herrschte nun in Otis eine Trauer, für die es keine Worte gab. Am folgenden Tag hielt Kardinal Cushing in der privaten Kapelle in Boston einen Trauergottesdienst ab. Der vor Schmerz rasende Jack musste von dem kleinen weißen Sarg weggerissen werden, in dem der Körper seines Sohnes lag, ehe er zu Jackie zurückkehrte. Am Sonntag und Montag brachte er die Kinder mit ins Krankenhaus, damit sie sie sehen konnte.

Später sprachen weder Jack noch Jackie viel über Patricks Tod, der einen tiefen Einfluss auf ihre Beziehung hatte. Anders als die Totgeburt von 1956 brachte er sie einander näher. Obwohl Jackie Paul Fay gegenüber einmal eingestand: »Es wäre so schön gewesen, noch einen Sohn zu haben, aber ich kann nichts daran ändern«, und dann nicht mehr darüber sprach, galt seine Sorge Jackie. »Für Jackie ist es viel schwerer als für mich«, sagte er.[32]

Am 12. August notierte Mary Gallagher: »JBK reißt sich zusammen.«[33] Ihr erster Gedanke galt Jack und ihrem zehnten Hochzeitstag, den sie in nur einem Monat in Newport feiern würden. Sie wollte ihm eine St.-Christopherus-Medaille schenken, die er als Geldscheinklammer verwenden konnte, fertigte eine Zeichnung von ihrem Entwurf und ließ ihn von einem New Yorker Juwelier ausführen. Es war ein merkwürdiges Geschenk für einen Mann, der so ungern Geld bei sich trug.

Nach ihrer Entlassung aus dem Krankenhaus brach Jackie mit Jack am 14. August nach Squaw Island auf. Völlig unüblich für die sich so selten berührenden Kennedys gingen sie Hand in Hand aus der Tür. Jede Woche flog er mehrere Male von Washington herüber, um bei ihr auf dem Cape zu sein. Laut Evelyn Lincoln »wollte er ihr jedes Mal etwas mitnehmen, das ihr zeigen sollte, dass er an sie gedacht hatte. Damit wollte er ein Stück seines Lebens in Washington mit ihr teilen. Manchmal erteilte er den Auftrag, von den Blumen, die im Garten blühten, einen Strauß zu pflücken …«[34] Das irische Volk hatte dem Präsidenten zwei Hunde, ein Pony und einige Rehe geschenkt. Jack entschied sich, einen der Hunde sofort bei dessen Ankunft mit zu Jackie zu nehmen. Es war ein Cockerspaniel mit Hängeohren und kummervollen Augen. »Gott, sieht der traurig aus, oder etwa nicht?«, rief er aus. Aber am nächsten Tag reiste der Spaniel, der den Namen Shannon trug, mit ihm zum Cape.

Der Präsident flog nach Hammersmith, um ihren Hochzeitstag mit Jackie zu verbringen, und brachte die Bradlees mit. Ben Bradlee fühlte sich durch die Szene an *Sturmhöhe* erinnert: »Es herrschte dieses dunkle, gelbe Licht eines Spätsommerabends in New England, und diese riesige Scheune von einem Haus hätte direkt aus einem Moor der Brontës herübergebracht worden sein können.« Doch nach zehn Jahren Ehe war die Beziehung der Kennedys nun erfüllt von Wärme und offensichtlich in ihrer Blüte. Es war das erste Mal, dass die Bradlees Jackie nach Patricks Tod zu Gesicht bekamen, und die Veränderung im Umgang des Paares miteinander überraschte sie. Jackie »begrüßte JFK mit der bei weitem liebevollsten Umarmung, die wir je zwischen den beiden gesehen hatten. Sie sind für gewöhnlich keine demonstrativen Menschen, Punktum.«[35]

In der Halle ärgerte Jack seine Schwiegermutter, indem er ihr den »geschmacklosen« Blumentopf schenkte, den er selbst gerade als Geschenk zum Hochzeitstag von John Chafee erhalten hatte, dem republikanischen Gouverneur von Rhode Island. Dabei beteuerte er, er habe ihr seit langem etwas zum Beweis seiner »unverbrüchlichen Zuneigung« schenken wollen. Besiegt von Jacks trockenem Humor, »turtelte Janet wie eine Taube«, obwohl sie über den abscheulichen Topf in Entsetzen ausbrach. Dann gab es Cocktails – Daiquiris – im Terrassenzimmer mit Aussicht auf die Narraganset-Bucht, genau wie zehn Jahre zuvor, als Jackie und Jack geheiratet hatten. Yusha und die kleine Janet waren da, außerdem Sylvia Blake, Charlie Whitehouses Schwester, die eine von Jackies Brautjungfern gewesen war. Geschenke wurden ausgetauscht. Die Kennedys hatten sie für einander mit Liebe und Sorgfalt ausgesucht. Für Jackie verlas Jack eine Liste begehrenswerter Objekte des New Yorker Antiquitätenhändlers Klejman, von der sie sich etwas aussuchen sollte. Er begleitete den Vortrag mit humorvollen Bemerkungen – »von dem Ding muss ich sie abbringen« – zu den teuersten Stücken, auch wenn er die Preise nicht mit vorlas. Jackie wählte ein einfaches, geschlungenes Schlangenhalsband.

Jackies Hauptgeschenk war in typischer Weise originell und entsprach ihrem Geschmack für sorgsam zusammengestellte,

Vergangenes heraufbeschwörende und oft amüsante historische Dokumente. Es war ein Vorher-nachher-Album mit Bildern des Rosengartens im Weißen Haus, den Bunny Mellon für Jack gestaltet hatte. Für jeden Tag gab es ein Bild, dazu eine Kopie seines Terminplans für den entsprechenden Tag und ein Zitat in ihrer eigenen Handschrift. Viele der Zitate stammten aus Joe Alsops gefeierter Gartenkolumne. Jack las sie alle laut vor und unterbrach sich dabei immer wieder, um »Joes üppige Prosa zu feiern«.

»Das Dinner barg einige Risiken«, schrieb Bradlee. »Jackies Stiefvater war nicht gerade ein lockerer Typ und die Trinksprüche fielen dementsprechend aus.« Es gab eine Menge Wein, Kaviar und Champagner, und alle gingen früh zu Bett. Jackie hatte einen ihrer seltenen gefühlvollen Momente, was in Anbetracht des Anlasses, des Weines und dessen, was sie kürzlich durchgemacht hatte, nicht verwunderlich war. »Kurz bevor wir uns zurückzogen, nahm Jackie mich beiseite«, erinnerte sich Bradlee. »In ihren Augen glänzten Tränen, als sie mir sagte: ›Ihr beiden seid wirklich unsere besten Freunde.‹ Es war eine so hilflose Bemerkung«, lautete sein Kommentar. »Fast wie von einem einsamen, verirrten Kind, das einfach irgendeine Art von Freund braucht.«[36] Für gewöhnlich hätte sie so etwas nie gesagt. (Tatsächlich waren die Bradlees eher Jacks Freunde als die ihren. Wie sie an einem unangenehmen Wochenende nach seinem Tod herausfinden sollten, hatten sie von ihm abgesehen mit Jackie nichts gemein, und als Ben endlich seine Erinnerungen an die Zeit mit Kennedy veröffentlichte, betrachtete Jackie dies als einen Vertrauensbruch und ihn selbst als für sie gestorben.) Jetzt aber umarmte sie die Bradlees, wie sie alles und jeden zu umarmen bereit war, was Jack gefiel. Und mehr als je zuvor war sie, wie sie Adlai Stevenson im März anvertraut hatte, nach zehn Jahren der Missverständnisse, des Kummers und einer die Persönlichkeit einschnürenden Selbstkontrolle davon überzeugt, die Schlacht um Jack zu gewinnen. Seine Zärtlichkeit nach Patricks Tod erschien ihr als eine bedeutende Veränderung in seinem Herzen. Sie nahm an, sie sei endlich die Nummer eins für ihn geworden.

Wie auch nach der Geburt von John litt Jackie an postnatalen Depressionen. Als Lee von Patricks Tod erfuhr, befand sie sich mit der Ballerina Dame Margot Fonteyn und mehreren anderen an Bord der Yacht von Aristoteles Onassis. Augenblicklich flog sie nach Boston, um am Begräbnis des Babys teilzunehmen und Jackie im Krankenhaus zu trösten. Später verbrachte sie eine Woche mit ihrer Schwester auf Squaw Island. Als sie gegen Ende August zu Onassis zurückkehrte, erzählte sie ihm von Jackies Trauer und schlug vor, sie solle sich ihnen zu einer Kreuzfahrt auf der *Christina* anschließen.

Onassis hatte mehrere Zusammenstöße mit der US-Regierung hinter sich und war von seiner ersten Frau Athina »Tina« Livanos aufgrund seines unverhohlenen Verhältnisses mit Maria Callas geschieden worden, wenngleich Tina die Callas in ihrer Scheidungsklage nicht nannte, sondern betonte: »Diese Genugtuung gebe ich der Schlampe nicht.« Die Callas hatte ihren Mann für Onassis verlassen und ihre Affäre war während der vergangenen vier Jahre durch die Weltpresse gegangen. Aber Onassis stand in dem Ruf, seiner Frauen rasch müde zu werden, und im Frühling 1963 hatte er eine Affäre mit Lee begonnen, wobei er Stas als Trostpflaster einen Posten als Direktor seiner Olympic Airways verschaffte. In diesem Sommer hatten die Nachrichten von der Beziehung zwischen Lee und Ari Amerika erreicht, wie ein Bericht von Drew Pearson in der *Washington Post* zeigt. »Hofft der ehrgeizige griechische Tycoon, der Schwager des Präsidenten zu werden?«, fragte er. Ein solcher Abenteurer aus der Schickeria würde von Amerikas Mitte alles andere als gut aufgenommen werden.

Dass Jack, der sich ständig in Angst vor übler Publicity befand und dem ein Wahljahr bevorstand, dennoch bereit war, Jackie reisen zu lassen, zeigt das Ausmaß seiner Sorge um sie. Er war sich der politischen Fallstricke bewusst, die sich möglicherweise ergaben, wenn Jackie die Gastfreundschaft des griechischen Piraten in Anspruch nahm, und seine Berater nicht weniger. Pam Turnure brachte den Mut auf, ihm ihre Bedenken mitzuteilen. Er antwortete ihr: »Nun gut, aber ich denke, es wird Jackie gut tun, und das allein zählt. Ich bin sicher, es wird ihr helfen.« Pierre Salinger und Kenny O'Donnell unterstützten Pam: »Du weißt, du hast das Wahljahr vor dir, und eine solche Reise mag den falschen Eindruck hinterlassen.« Jack zeigte sich ungerührt. »Mit dem Problem können wir uns befassen, wenn es so weit ist, und dabei bleibt es. Ich will, dass sie diese Reise macht. Es wird ihr gut tun und sie hat sich darauf gefreut.«[37]

Es wurde bekannt gegeben, dass Jackie bis Ende des Jahres keine öffentlichen Verpflichtungen wahrnehmen würde, mit Ausnahme der Begrüßung des Kaisers Haile Selassie von Äthiopien am Vorabend ihrer Reise nach Griechenland. Onassis' Name wurde unter Verschluss gehalten und Jackies bevorstehender Urlaub laut UPI als »ein Besuch in Griechenland mit ihrem Schwager und ihrer Schwester, Prinz und Prinzessin Radziwill«, präsentiert.

Jack hatte jedoch seinen Handelsminister Franklin D. Roosevelt und dessen Frau Sue überredet, Jackie als Anstandswächter zu begleiten, während Jackie selbst Prinzessin Irene Galitzine aufgefordert hatte, sich ihnen anzuschließen. Wie es für sie charakteristisch war, hatte sie den Namen Onassis in ihrer Einladung an Irene Galitzine nicht erwähnt. Diese sollte die Wahrheit erst erfahren, als sie Stavros Niarchos traf, Onassis' großen Rivalen im Geschäftsleben wie bei den Frauen. Er war mit Eugenie Livanos verheiratet, der Schwester von Onassis' erster Frau. »Weißt du, auf wessen Yacht du dich da einschiffst?«, fragte er sie. »Auf der von Ari, so viel ist sicher.«[38]

Jackie und die Radziwills verbrachten mehrere Tage bei ihrem früheren griechischen Gastgeber Markos Nomikos in dessen Villa bei Athen, ehe sie sich an Bord der *Christina* begaben. Um dem Ganzen einen respektablen Anstrich zu verleihen, befanden sich außerdem Onassis' Schwester Artemis Garofalidis und ihr Mann an Bord. Arkady Gerney war ebenfalls dort. Die Roosevelts machten sich über ihre Rolle keinerlei Illusionen. »Wir waren dort, um die Sache salonfähig zu machen«, sagte Suzanne. »Also musste er [Kennedy] sich etwas ausdenken, das Franklin dort zu tun hätte. Er fantasierte von einer Handelsmesse in Somalia, die er besuchen sollte.«[39] Wie so oft, wenn sie zusammen waren, benahmen Lee und Jackie sich wie Schulmädchen. »Es herrschte eine Menge Leichtlebigkeit – ich fand, Jackie und Lee hatten zuweilen etwas geradezu Schulmädchenhaftes an sich«, berichtete Suzanne. »Sie waren richtig kindisch miteinander und kicherten in Ecken herum.«

Es wird verschiedentlich behauptet, die Bitternis zwischen Jackie und Lee habe ihre Wurzeln darin, dass in jenem Oktober 1963 Onassis und Jackie miteinander geschlafen hätten und von Onassis der Satz »Ich werde sie kriegen ...« vernommen worden sei. Suzanne Roosevelt, die heutige Mrs. Ernest Klomant, streitet vehement ab, dass dem so war. »Er [Onassis] schenkte ihr [Jackie] keine besondere Aufmerksamkeit. Er war ein ausgezeichneter Gastgeber, aber den Hof machte er ihr nicht.« Auf die Frage, ob er und Jackie sich von der Gruppe abgesondert hätten, antwortete sie: »Nein ... soweit ich weiß, waren die Einzigen, mit denen Ari sich einmal absonderte, Franklin und ich.« Am Ende der Reise überreichte Onassis allen seinen Gästen Geschenke, in der Reihenfolge ihrer Wichtigkeit: eine goldene Minaudière (Abendhandtasche) für Suzanne, diamantenbesetzte Armreifen für Lee und ein Rubinhalsband für Jackie. Später sagte Lee zu Jack, Onassis habe Jackie mit Rubinen überschüttet, während er ihr nur »putzige, kleine Armreifen« gegeben habe, wie sie selbst sie vielleicht Caroline geschenkt hätte. Dass sie in dieser Weise darüber witzeln konnte, zeigt, dass sie die Beziehung zwischen Jackie und Ari nicht als bedeutsame Romanze ansah. Sie hatte sich wohl nur inzwischen daran gewöhnt, dass Staatsoberhäupter der Frau des Präsidenten der Vereinigten Staaten Geschenke machten und daneben die Objekte für deren Begleiterin weniger glanzvoll waren.

Doch Onassis war darauf ausgewesen, zu umgarnen und zu beeindrucken, und er hatte Erfolg. Ein großer Teil seiner spektakulären Fortüne im Geschäftsleben beruhte auf seiner Fähigkeit, einen kühlen Kopf zu bewahren. »Wie Richard Nixon tat er nie etwas aus einem Impuls heraus«, berichtete ein angeheirateter Verwandter. »Er setzte sich hin und überlegte und stellte sich vor, was geschehen würde und warum. Er war äußerst voraussichtig.«[40] Durch Lee und nun auch Jackie besaß er eine Verbindung zur mächtigsten Familie der Welt, zu den Kennedys, den Drahtziehern der politischen Macht. Onassis liebte Publicity und die Anwesenheit der Frau des amerikanischen Präsidenten auf seiner Yacht bedeutete mehr Publicity, als er durch Geld je hätte kaufen können. In seinem ununterbrochenen Kampf darum, die Oberhand über Stavros Niarchos zu gewinnen, war dies ein Coup. Lees Verbindung mit den Kennedys war einer der Gründe dafür gewesen, weshalb er sich zu ihr hingezogen fühlte, und es begann sich auszuzahlen.

An seinem Geburtsort Smyrna (dem heutigen Izmir) ging die Gesellschaft vor Anker. Dort erzählte Onassis Jackie einige Einzelheiten aus seinem erstaunlichen Leben. Aristoteles Sokrates Onassis war am 20. Januar 1904 in Karatass, einem Vorort von Smyrna, geboren worden. Er war der Sohn eines wohlhabenden griechischen Händlers türkischer Staatsangehörigkeit mit Namen Sokrates Onassis. Seine Begabung für Geschäfte erbte er von seinem Vater, seine typisch griechische Neigung zu Leidenschaft, Liebe, Treue und Rachsucht jedoch stammten von seinem Onkel Alexander. »Ganz egal, wie kultiviert und zivilisiert er noch werden sollte«, schrieb sein Biograph, »in ihm lebte ein Atavismus fort, der nie gezähmt werden konnte.«[41]

Onassis überlebte die Besetzung von Smyrna durch die türkische Armee von 1922, indem er vorgab, erst sechzehn zu sein, und der Liebhaber eines türkischen Offiziers wurde, der die Familienvilla beschlagnahmt hatte. Es gelang ihm zu fliehen, und nachdem er sich in Konstantinopel, Athen und Neapel mit Hilfe seiner Schläue durchs Leben geschlagen hatte, emigrierte er nach Südamerika. Während das Schiff westwärts davonfuhr, sah der junge Emigrant die Lichter von Monte Carlo, dem Spielplatz der internationalen Schickeria, das eines Tages ein Teil seines Imperiums werden sollte. In Buenos Aires machte er ein Vermögen in der Tabakindustrie, stieg zu gleicher Zeit in das Reedereigeschäft ein und reiste zwischen London, Athen, Buenos Aires und Paris hin und her. Er war der Erste, der den Bedarf nach noch größeren Tankern erkannte, um den blühenden Handel mit Öl voranzubringen. 1940 lebte er in New York, war bereits Millionär und zog dann nach Kalifornien um, wo er das

Leben eines Hollywood-Playboys führte, seinen Ruf als großer Liebhaber schürte und eine kurze Affäre mit Gloria Swanson hatte, der Geliebten Joe Kennedys. In New York dann sprang ihm Athina ins Auge, die Tochter von Stavros Livanos. Er war der größte Reeder von allen, ein Aristokrat der Geschäftswelt, mit dem verglichen Onassis ein Emporkömmling war.

Tina war siebzehn Jahre alt, als Onassis sie heiratete (er war sechsundvierzig), und sie bedeutete sexuelle wie kommerzielle Vorteile. Aus traditioneller griechischer Sicht bot sie außerdem eine gute Aussicht auf Nachkommenschaft. (Niarchos hatte ebenfalls um sie geworben, heiratete aber ihre ältere Schwester Eugenie. Um diese Zeit, als sie zu Schwägern wurden, begann die Rivalität zwischen Onassis und ihm.) Die Heirat mit Tina stellte für Onassis darüber hinaus einen Akt der Rache dar, Rache an Livanos und der exklusiven Gemeinschaft der griechischen Schiffseigentümer, die ihn nicht in ein profitables Geschäft mit der US-Regierung über Liberty Ships mit aufgenommen hatten. »Deine Rache hast du jetzt bekommen«, sagte ihm sein alter Freund und Partner Costa Gratsos auf dem Hochzeitsempfang, auf dem sämtliche Rivalen Onassis' aus dem Reedereigeschäft anwesend waren. »Das genügt nicht, Costa«, lautete Onassis' Antwort. »Ich will diesen Hundesöhnen die Seele aus dem Leib prügeln. Ich stehe im Krieg mit diesen *Gorillas.*«[42] Es war die Art von Sprache, die Jack Kennedy selbst benutzt hätte, und wie Kennedy wusste Onassis mit der Presse umzugehen, die bald begann, ihn den »goldenen Griechen« zu nennen. 1952 stieg er ins Walfanggeschäft ein und lud Gäste auf sein Schiff *Olympic Challenger* ein, ein Leben in Luxus zu genießen, den Abschlachtungen zuzusehen und sogar selbst die Harpune abzufeuern. Genau dreißig Jahre nachdem er vom Deck des Auswandererschiffes die Lichter von Monte Carlo gesehen hatte, erlangte er 1953 die Kontrolle über das Unternehmen SBM (Société des Bains de Mer et Cercle des Étrangers – Gesellschaft der Seebäder im Fremdenverkehr), das Monaco praktisch beherrschte, da ihm das Casino, das Hôtel de Paris, der Yachtclub und etwa ein Viertel der Immobilien gehörte.

Die Übernahme der SBM brachte ihm weltweite Berühmtheit ein. Jetzt war er mehr als nur ein weiterer reicher Grieche: Er hatte sich als bedeutender Prominenter im Bewusstsein der Öffentlichkeit etabliert, ein Multimillionär mit sowohl mysteriösem als auch extravagantem Flair. Damit war er jedoch noch nicht zufrieden, und so bestand sein nächster Coup darin, dass er sich in das Exklusivgeschäft der Aramco mit den Saudis über die Nutzung und den Transport ihres Öls einmischte. Als Niarchos durch einen Privatdetektiv davon erfuhr, vereitelte er die Pläne, indem er die Amerikaner warnte. Als sei dies nicht schlimm genug, wurde Onassis in New York zu einer nahezu fantastischen Geldstrafe wegen Verschwörung zum Betrug verurteilt, was einen unerfreulichen Schatten auf seinem Ruf in den Vereinigten Staaten warf. Gesellschaftlich hingegen stürmte er von einem Sieg zum anderen. Von seiner Basis in Monte Carlo aus fing er den größten Fisch von allen, Winston Churchill. 1956 dann vergrößerte er sein Vermögen in der Suezkrise in unvorstellbarem Ausmaß: Als der Krieg die Schließung des Suezkanals erzwang, war er der einzige große unabhängige Reeder, dem eine Flotte zur Verfügung stand, mit der er beim Ansturm auf Schiffe zum Öltransport um das Kap absahnen konnte. Ein Jahr zuvor hatte er Jack und Jackie auf seiner *Christina* empfangen. Es war eine Begegnung gewesen, die weder Onassis noch Jackie je vergessen hatten.

Bilder der First Lady, die an der Seite eines aufmerksamen Onassis durch die Straßen von Smyrna spazierte, wurden in der ganzen Welt veröffentlicht, zum Leidwesen von Maria Callas, die in Paris zurückgelassen worden war. »Vor vier Jahren«, so erzählte sie einer Freundin, »war ich dort an seiner Seite, verzaubert von der Geschichte seines Lebens …«[43] Jackie war beeindruckt, fasziniert von der Kraft der griechischen Mythologie, nach der sie Onassis als einen Odysseus sah: den Kapitän, der seinen Weg über eben diese selben Meere erzwang. Er war gefährlich, ein Pirat nach dem Bilde Black Jacks. Die Erfahrung säte in ihr vielleicht den Keim einer Idee, die sie im Hinterkopf behielt. Die Bilder zogen die Aufmerksamkeit der amerikanischen Öffentlichkeit auf Onassis – zu sehr, wie Jack Kennedy befand. Er rief Jackie an und erzählte ihr von den Presseberichten – »strahlend erleuchtete Luxusyacht, Heiterkeit der Gäste, gutes Essen und Trinken«, »üppige Dinner an Bord«, »Tanzmusik«, »eine Crew von sechzig Mann, zwei Friseuren und einer Tanzkapelle«.[44] Er befahl ihr nicht, nach Hause zu kommen, doch an das vereinbarte Datum, den 17. Oktober, würde sie sich halten müssen.

Auf jeden Fall sagte er Bradlee, er habe darauf bestanden, Onassis dürfe vor Ablauf des Jahres 1964 nicht in die Vereinigten Staaten kommen, was »der beste Beweis dafür ist, dass die Reise potenziellen politischen Schaden für ihn bedeutete«[45], wie Bradlee in einem Kommentar dazu sagte. Laut Taki Theodoracopoulos gab es andere Gründe dafür, dass Kennedy Onassis aus Amerika fern halten wollte, Gründe, die mit dem – wenn man dies denn so nennen konnte – verwickelten Liebesleben der internationalen Schickeria zusammenhingen: »Es gab eine Zeit, in der Stas Radziwill vorhatte, Charlotte Ford zu heiraten, während Lee Onassis bekommen sollte. JFK hatte ihnen gesagt: ›Damit müsst ihr warten bis nach den Wahlen von 1964.‹« Auf die Frage, woher er das wisse, erwiderte Theodoracopoulos: »Nun, Lee hat es mir erzählt. Lee ließ immer wieder Andeutungen und Hinweise auf Charlotte Ford fallen, weil ich zu der Zeit selbst einen kleinen Flirt laufen hatte. Und dann passierte, wie man weiß, die Sache von Dallas und Onassis ging auf die Jagd nach dem größeren Fisch … Ich dachte mir, dass der Ehe von Lee und Stas komplett die Luft ausgegangen war. Ob Onassis Lee geheiratet hätte, weiß ich nicht, aber Lee hätte mit Sicherheit Onassis geheiratet.«[46]

Dass Jackie wegen des politischen Schadens, den ihre Vergnügungsreise ihrem Mann zufügen mochte, an Schuldgefühlen litt, wurde von Irene Galitzine bestätigt. Sie berichtete, »sie [Jackie] quälte sich deshalb«. Eines Nachts traf sie Jackie, welche die Kabine der ihren gegenüber bewohnte. Sie kam mit einem Champagnerglas in der Hand vom Deck herunter und war auf dem Weg in ihre Kabine. »Ich gehe nicht schlafen. Ich schreibe Jack einen Brief«, erklärte sie. Jeden Abend, so berichtete Galitzine, schrieb sie an ihren Mann. Ihre Briefe waren keine bloßen Reiseberichte, sondern Liebesbriefe, in denen sie Jack ihre innersten Gefühle offenbarte, die sie im Gespräch mit ihm nicht äußern konnte. Sie zeigten die Verletzlichkeit des kleinen Mädchens, die ein Teil ihrer Beziehung zu ihm war. Sie sprach von ihrer Schüchternheit und ihrer Unsicherheit, über ihre Abhängigkeit von ihm und ihre Sorge um ihr Leben nach der Zeit im Weißen Haus.[47]

»Der Brief zeugt von der ungeheuren Liebe, die Jackie Kennedy für John Kennedy empfand«, sagte Robert White, ein Sammler von Kennedy-Souvenirs.[48] In einem weiteren Brief schrieb sie ihm, wie sehr sie ihn vermisse, und fantasierte über den perfekten Zustand ihrer Ehe: »Ich schätze mich glücklich, weil ich dich vermisse – ich weiß, ich übertreibe immer –, aber ich fühle Mitleid mit allen anderen verheirateten Menschen … Mir war nie der enorme Stress bewusst, dem du ausgesetzt bist – aber dabei kann ich dir nicht helfen, also gebe ich dir das Einzige, was ich dir geben kann: Ich denke an dich …«[49]

Jack erwartete Jackie mit John jr. und Caroline auf dem Stützpunkt der Luftwaffe, als sie an Bord des Privatflugzeugs der Kennedys, der *Caroline*, landete. Coates Redmon, deren Mann im Pentagon tätig war, befand sich an diesem Abend auf einer Militärparty auf dem Stützpunkt und schloss sich der Zuschauermenge an. Ihr fiel auf, dass Kennedy sich seine Rückenschiene richtete, als er aus dem Auto stieg, und mit steifen Schritten zum Flugzeug ging. »Man sah, wie sie sich umarmten, eine sehr steife, förmliche Umarmung … Die Kinder sprangen natürlich um sie herum. Sie trug ihr Haar gerade geschnitten, schlicht, all das Aufgebauschte war weg, das war also ihr neuer Stil. Am nächsten Tag rannte alle Welt zum Friseur und ließ sich das Haar auch so schneiden.«[50]

Jack brauchte Jackie und seine Familie mehr als je zuvor. Hinter der glänzenden Fassade des Kennedy-Lebensstils, den Partys, den Kreuzfahrten in Hyannis Port und Newport, den Scherzen mit Freunden, geriet der Sand in seinem öffentlichen wie in seinem Privatleben gefährlich unter seinen Füßen ins Rutschen. Seine verborgene Welt drohte an die Oberfläche zu gelangen. Der angesehene Diplomat George Kennan begegnete ihm in diesem Herbst und fand ihn »entsetzlich einsam, diese Einsamkeit, die nur Menschen in überragenden Positionen bekannt ist …«[51] An der politischen Front gab es beinahe durchgängig schlechte Nachrichten, die so kurz vor dem Wahljahr 1964 Gefahren bargen. Sein großer außenpolitischer Triumph, der Vertrag über die Einstellung von Atomtests, drohte von innenpolitischen Problemen verschlungen zu werden. Sein ergreifender Appell für die Bürgerrechte an der Vanderbilt University am 18. Mai 1963 war mit dem Mord an Medgar Evers beantwortet worden. Der Kongress blieb unregierbar und demütigte ihn mit drastischen Kürzungen seines Auslandshilfe-Programms. In Vietnam drohte eine Krise, derweil seine Berater untereinander Kämpfe austrugen, zerstritten über die Haltung gegenüber dem derzeitigen unbeliebten Regime. »Gott im Himmel, meine Regierung fällt auseinander«, platzte er Charlie Bartlett gegenüber heraus.[52] Ende August versetzte der Marsch der Bürgerrechtler auf Washington weiße Wähler im ganzen Land in Alarmbereitschaft. Sein Rücken bereitete ihm ununterbrochene, quälende Schmerzen. Und seit dem Frühling 1963 drang ein ständig wachsender Strom von Berichten über seine Beziehungen zu Frauen an die Öffentlichkeit, der drohte, ihn in einen Sex- und Spionage-Skandal zu verwickeln, welcher der Profumo-Affäre in England nahe kam.

Seit dem Frühling hatten Jack und Jackie sich an den erregenden Berichten über den Profumo-Skandal geweidet, die dem Präsidenten von Davie Bruce, dem US-Botschafter, aus London gesandt wurden. Bruce nannte den Vorfall »einen der saftigsten Skandale in der modernen politischen Geschichte«.[53] John Profumo, der Verteidigungsminister der Macmillan-Regierung, war in eine Affäre mit dem neunzehnjährigen Callgirl Christine Keeler verwickelt, die zugleich auch mit Eugenij Iwanow schlief, einem Spionageoffizier aus dem Umfeld der sowjetischen Botschaft in London. Profumo leugnete die Affäre, erklärte jedoch im März seinen Rücktritt, nachdem er seine Lüge vor dem Unterhaus zugegeben hatte. Damit brach der Skandal offen aus. Auf seiner Europareise im Juni, in der dritten Woche der Profumo-Krise, hatte Jack ein paar Tage in Birch Grove, dem Landhaus Macmillans, zugebracht. Jackie berichtete, ihr Mann sei »sehr deprimiert über die Aussicht, dass jemand, der für ihn ein großer Held war, zu Fall gebracht werden würde. Deshalb wollte Jack etwas wirklich Nettes tun und ihm ein schönes Geschenk machen und zur Hölle mit dem Budget des Außenministeriums. Also schenkte er Lady Dorothy ein goldenes Frisiertisch-Set …« Trotz seiner eigenen Probleme und der gefassten Miene, die Kennedy in der Öffentlichkeit aufsetzte, war Macmillan über seinen Anblick besorgt: Kortison hatte seine Spuren in seinem Gesicht hinterlassen, das »sehr aufgedunsen, sehr ungesund aussah. Er litt furchtbare Schmerzen, er war ein unglaublich tapferer Mann. Ich hatte keine Ahnung, wie sehr er litt. Er konnte nicht lange sitzen, ohne aufstehen zu müssen.«[54]

Der Profumo-Skandal streckte seine Krakenarme über den Atlantik und Edgar Hoover war sich dessen bewusst. Am 29. Juni berichtete das *New York Journal American* unter der Schlagzeile »Hoher US-Mitarbeiter in Prostituierten-Skandal«, von Beschuldigungen, das Callgirl Susy Chang, »ein schönes chinesisch-amerikanisches Mädchen«, und Maria Novotny, »ein Londoner Partygirl«, seien 1961 in New York in einen von Harry Alan Towers gegründeten Prostituierten-Ring verwickelt gewesen und mit Christine Keeler und Mandy Rice-Davies »in einem Netz internationaler Prostitution« verbunden. Keeler und Rice-Davies hatten anscheinend im Juli 1962 acht Tage in New York verbracht, angeblich in Zusammenhang mit einem »internationalen Ring von Callgirls, der vom Gelände der Vereinten Nationen aus operierte«. »Wie unser Mr. Profumo, so besitzt auch Ihr Mann Zugang zu Regierungsgeheimnissen«, erzählte Miss Novotny amerikanischen Reportern in einem Telefoninterview.[55] Außerdem kursierten Gerüchte, Jack Kennedy habe Keeler in New York zwischen dem 11. und dem 18. Juli getroffen, doch schlagkräftige Beweise dafür gibt es nicht, obwohl er sich laut Aufzeichnungen des Geheimdienstes und anderer Quellen am 17. Juli nicht im Weißen Haus – und auch nicht bei seiner Familie in Hyannis Port – befand. Keeler und Rice-Davies flogen am folgenden Tag, dem 18. Juli, nach London zurück. Am 1. Juli, zwei Tage nach der Veröffentlichung des Artikels im *Journal American*, hatte Bobby eine Zusammenkunft mit den beiden verantwortlichen Journalisten Dom Frasca und James Horan. Einen Kurzbericht über dieses Treffen stellte er Hoover zu: »… der Justizminister erwähnte den vom *New York Journal American* am 29. Juni 1963 veröffentlichten Artikel, in dem behauptet wird, der Inhaber eines hohen US-Amtes sei in die Profumo-Sache verwickelt. Als Antwort auf die Frage nach der Identität des Amtsinhabers äußerte der Reporter, es handle sich um den Präsidenten der Vereinigten Staaten. Die Aktivität habe vor seiner Wahl in das Amt stattgefunden …«[56] Eine Aufnahme des Gesprächs zwischen Frasca und Peter Earle von der Londoner *News of the World*, an dem sich auch Maria Novotny kurz beteiligte, wurde abgespielt, und anschließend erkundigte sich Bobby bei Frasca, ob dies die einzige Quelle seiner Anschuldigungen gegen den Präsidenten sei. Frasca »widersprach und sagte, er habe andere Quellen vertraulicher Natur«, aber »war zu weiterer Mitarbeit nicht bereit«.

Im Sommer 1963 drohte die Ellen-Rometsch-Affäre Washington einen eigenen Profumo-Skandal zu liefern, der auch die Präsidentschaft berührte.[57]

Den Sommer 1963 hindurch, derweil das Wahljahr 1964 näher rückte, wurde die Behörde des Justizministers mit Beschuldigungen über Jack Kennedys Umgang mit Frauen überflutet. Die meisten davon betrafen noch tätige oder ehemalige Callgirls. Nichts davon erhärtete sich. Das FBI schnappte die Geschichte einer Callgirl-Informantin mit Namen Gloria auf, in der es um Liebesspiele zu dritt zwischen ihr selbst, einem weiteren Mädchen und dem Präsidenten in den Waldorf Towers ging.[58]

Zwei Tage nach seinem unbefriedigenden Interview mit Frasca und Horan wurde Bobby am 3. Juli durch Hoover über eine weitere Beschuldigung informiert. Dieses Mal ging es um Ellen Rometsch, die in Ostdeutschland geboren war und »illegale Beziehungen mit hoch stehenden Regierungsfunktionären unterhalte«. In einem Brief an Hoover, in dem er dem FBI für dessen diskrete Handhabung der Angelegenheit dankte, verwarf Bobby die Rometsch-Geschichte als eine der üblichen Anschuldigungen gegen prominente Persönlichkeiten. Am 21. August aber wurde die Rometsch auf Anweisung des Justizministers unter Geleit eines früheren Mitarbeiters von Bobby nach Deutschland ausgewiesen.

Damit war die Sache jedoch noch nicht abgehakt. Im September tauchten in der Presse Berichte über finanzielle und sexuelle Korruption im Senat auf, die sich auf Bobby Baker konzentrierten, einen Protegé von Lyndon Johnson und leutseligen Betreiber des Quorum-Clubs auf dem Kapitol. Das Senate Rules Committee veranlasste Untersuchungen über jeden Aspekt von Bakers Handlungen, und am 26. Oktober deckte der Reporter Clark Mollenhof auf, dass das Komitee beabsichtige, Zeugen betreffs Ellen Rometsch und ihrer Ausweisung aus den Vereinigten Staaten zu vernehmen. Dem Enthüllungsbiographen Seymour Hersh zufolge wandte Bobby sich um Hilfe an Hoover, der das Komitee von Rometsch abbringen sollte, vor allem aber von ihrer Rückführung in die Vereinigten Staaten. Einige Tage später aß Hoover mit dem Präsidenten zu Mittag, wobei über den Quorum-Club und Rometsch diskutiert wurde. Darüber hinaus stellten die beiden Spekulationen an, »wer der Profumo innerhalb der Kennedy-Regierung sein mochte …«[59]

Laut Seymour Hershs Darstellung in *Die dunkle Seite von Camelot* hatte einer von Jack Kennedys alten Freunden Rometsch über Baker für den Präsidenten besorgt, dies jedenfalls hatte Baker Hersh gegenüber behauptet. Baker erzählte Hersh weiter, Rometsch habe ihm von Nacktbade-Poolpartys erzählt und versichert, sie habe den Präsidenten während dieses Sommers mindestens zehnmal besucht. Falls Baker die Wahrheit sagte, so hatte sich Kennedy der gefährlichsten, risikoreichsten Affäre seiner Karriere hingegeben.

Jackie war mit frischen Kräften aus ihrem Urlaub in Griechenland zurückgekehrt. Wenige Tage nach ihrer Heimkehr nutzte der Präsident am 22. Oktober bei einem Dinner im Weißen Haus mit den Bradlees Jackies »Schuldgefühle« aus, wie er es nannte. »Vielleicht kommst du jetzt ja doch nächsten Monat mit uns zum Wahlkampf nach Texas«, sagte er mit einem Lächeln. Jackie antwortete: »Natürlich komme ich, Jack.« Sie war bereit, alles zu tun, um zu helfen, sogar nach Thanksgiving das Footballspiel zwischen Armee und Marine zu besuchen. »Wir machen einfach Wahlkampf«, sagte sie zu ihm. »Ich mache Wahlkampf mit dir, wo immer du willst.«[60] Und damit schlug sie ihren Terminkalender aus rotem Leder auf und kritzelte »Texas« über die Daten des 21., 22. und 23. November.

Die folgenden Wochenenden, vom 27. bis 28. Oktober sowie vom 2. bis 3. November, waren die ersten, an denen sie Jack dazu bewegt hatte, mit ihr nach Wexford zu kommen. Zudem überredete sie Irene Galitzine, die sich auf einer Stippvisite bei ihren Kunden in den USA befand, sich ihnen am 27. Oktober anzuschließen. »Du weißt ja«, sagte sie zu ihr, »Jack hasst das Land, er liebt das Meer und möchte nicht mitkommen.«[61]

Während des Wochenendes sahen sie sich einen Film über ihre Kreuzfahrt mit Onassis und dann eine Aufzeichnung der Debatten zwischen Kennedy und Nixon an. Kennedy hatte eine Verwandlung durchgemacht. »Er war nicht mehr der faszinierende, witzelnde Playboy«, erinnerte sich Galitzine. »Er erschien wie ein Kämpfer vor Eintritt in den Ring – das Gesicht angespannt, der Blick konzentriert. In Gedanken versunken, behielt er mein Champagnerglas in der Hand und trank daraus, ohne zu bemerken, was er tat.«[62] Die Bradlees kamen am 10. November auf ein zwangloses Wochenende herüber. Jackie ritt das Pferd Sadar, das Ayub Khan ihr geschenkt hatte, und der Präsident mixte die Bloody Marys. Beim Dinner sprachen sie über die bevorstehenden Wahlkampfreisen, die der Präsident zu absolvieren hatte – nach Florida und in der Woche darauf nach Texas. Am 15. flog Robin Douglas-Home auf Jackies Einladung aus New York herüber und verbrachte den Nachmittag mit ihr. Er fand sie sehr verändert. Sie wirkte entspannter, äußerlich gesammelter und glücklicher als bei ihren früheren Treffen. »Verschwunden war ein Großteil der Verwirrung, der unterdrückten Frustration, der Bitterkeit und … der Gehässigkeit … sie war ohne Zweifel ›wesentlich erwachsener geworden‹ in diesem Jahr … auch ein Teil ihrer Arroganz war verschwunden, stattdessen war eine neue Demut zu bemerken. Ihre Laune schlug nicht mehr so schnell um. Ihr Humor war nicht mehr so bissig, die Anflüge von Aggression waren gedämpft und weniger heftig …« Er schrieb die Veränderung ihrer neuen Beziehung mit Jack zu: Die Geburt und der Tod von Patrick hatten als Katalysator gewirkt und sie einander näher gebracht als je zuvor. Ihre Ehe war verwandelt. »Sie war nie glücklicher gewesen«, schrieb er.[63]

Im Gegensatz dazu umgab Jack Kennedy in diesem Herbst ein Ernst, ja sogar eine Düsternis, die scharfen Beobachtern ins Auge sprang. »Ich denke«, sagte Charlie Bartlett, »man merkte ihm, während sein Leben sich dem Ende näherte, eine wachsende politische Anspannung im Hinblick auf die Wahlen an. Ich glaube nicht, dass er erwartete, es würde leicht werden, auf keinen Fall.«[64] Laura Bergquist hatte einen Monat oder sechs Wochen zuvor ein Interview für einen *Look*-Bericht über John jr. mit ihm geführt. »Er erschien sehr ernst, sehr nüchtern«, berichtete sie. »Da war in der Tat etwas, eine Dunkelheit umgab ihn. Am Rand von Trauer, in gewisser Weise.« Als sie neun Monate später mit Jackie über die Erinnerungsausgabe für Jack sprach, an der sie gemeinsam arbeiteten, erwähnte sie dies. »Ach, das haben Sie bemerkt?«, sagte Jackie. »Das war nämlich wirklich so bei ihm.«[65]

Vietnam war zu einer Hauptsorge für den Präsidenten geworden. Trotz der Verpflichtung von 16 000 »militärischen Beratern« in Vietnam hatte der US-Botschafter in Saigon, Henry Cabot Lodge, Kennedy am 14. Oktober berichtet, dass die USA im Kampf mit dem Vietcong wenig mehr taten, als »an dem, was uns gehört, festzuhalten«. Kennedy und seine Berater waren zu dem Schluss gekommen, dass die korrupte, unbeliebte, militärisch ineffektive und inzwischen Washington gegenüber sogar feindliche Regierung Ngo Dinh Diem abgesetzt werden musste, und hatten insgeheim einen Militärputsch gegen sie gefördert. Gleichwohl war er von der Ermordung Diems und seines Bruders Ngo Dinh Nhu im Anschluss an den Putsch in Saigon am 1. November schockiert. Seine Gedanken beschäftigten sich mit Attentaten und dem Tod. Am 11. November, dem Veteran's Day, besuchte Kennedy die alljährliche Zeremonie am Grab des Unbekannten Soldaten auf dem Nationalfriedhof von Arlington. Hinterher, während sie zwischen den Soldatengräbern auf dem Hügel über dem Potomac entlanggingen, sagte er zu Verteidigungsminister Robert McNamara: »Dies ist einer der schönsten Flecken der Erde. Ich denke, hier würde ich eines Tages gern liegen ...« Später erzählte Bobby Kennedy William Manchester, dem Autor von *Tod eines Präsidenten*, er habe am 19. November sieben Telefongespräche mit seinem Bruder geführt. Jacks Stimmung sei wie bereits in den vergangenen zehn Tagen »ziemlich düster« gewesen. Zu Pierre Salinger, der mit Dean Rusk und McGeorge Bundy zu einem Kriegsrat über Vietnam nach Honolulu aufbrach, sagte er schlicht: »Ich wünschte, ich müsste nicht nach Texas fahren.« Auf dem Justizempfang an jenem Abend bemerkte die aufmerksame Ethel Kennedy,

> dass ihm etwas auf der Seele lasten musste. Er lehnte sich in seinem Schaukelstuhl zurück, stützte das Kinn in die Hand und starrte mit verhangenen, grauen Augen vor sich hin. Der oberste Richter, Douglas, rief ihm scherzhaft zu, dass es in Texas rau zugehen werde. Er erhielt keine Antwort. Kennedy hatte sich in das private Heiligtum seiner Gedanken zurückgezogen. *Worüber,* fragte sich Ethel, *ist Jack so besorgt?* Kurz bevor die Gruppe zum Aufbruch rüstete, ging sie hinüber und sprach ihn selbst an. In der Vergangenheit hatte der Präsident, so komplex seine Probleme auch sein mochten, doch immer reagiert. Zum ersten Mal in dreizehn Jahren sah er geradewegs durch sie hindurch.[66]

Direkt vor seiner Abreise nach Dallas rief Jack seine Freundin in Boston an. »Er sagte etwas sehr Merkwürdiges zu mir, kurz bevor er fuhr«, berichtete sie. »Er sagte: ›Du weißt, ich muss immer mit dir über alles sprechen, weil du immer so interessiert an dem bist, was morgen sein wird und dann übermorgen, und immer hast du diese kleinen Pläne und Dinge. Du glaubst vielleicht nicht, dass mich das interessiert, aber das tut es, weil ich so etwas nicht habe. Ich empfinde überhaupt nicht so.‹ Ich sagte: ›Jack, das ist doch lächerlich, du hast noch so viel von deinem Leben vor dir ...‹ ›Das sehe ich nicht‹, sagte er, ›ich sehe es einfach nicht ...‹«[67]

Dallas würde sich gewiss nicht als Freundesland erweisen.

Eine Woche vor der Wahl im November 1960 waren Lyndon Johnson und seine Frau ernsthaft mit einer Gruppe Republikaner, darunter Angehörige höchster Gesellschaftskreise, aneinandergeraten, und Lady Bird war angespuckt worden. Erst im vergangenen Monat, im Oktober 1963, war Adlai Stevenson, der am Tag der Vereinten Nationen eine Rede hatte halten wollen, von einer Menschenmenge verhöhnt und von einer Frau mit einem Plakat auf den Kopf geschlagen worden. Sowohl Stevenson als auch sein Gastgeber, Stanley Marcus von Neiman Marcus, hatten Kennedy geraten, die Reise nicht zu machen. Entgegen anderslautenden Gerüchten hatte Johnson Kennedy nicht zu dem Besuch ermuntert. Er wünschte nämlich nicht, dass der Präsident sah, wie wenig Einfluss er auf die rivalisierenden Demokratenfraktionen in Texas hatte. Diese wurden jeweils von erbitterten Feinden repräsentiert, dem konservativen Gouverneur John Connally (einem persönlichen Freund der Johnsons) und dem liberalen Senator Ralph Yarborough. Drei Tage vor der planmäßigen Ankunft des Präsidenten argumentierte Connally, der nicht gewillt war, den Kennedys so viel Öffentlichkeitswirkung zuzugestehen, lautstark gegen eine Wagenkolonne. Stattdessen sollte das Paar vom Flughafen aus direkt zu der Halle gefahren werden, in der das Mittagessen stattfinden würde. »Der Präsident kommt nicht nach da unten, um unter einem Weidenkorb versteckt zu werden«, erklärte Kenny O'Donnell Bill Moyers, einem Mitglied der Vorhut. »Sonst könnten wir es auch von hier aus über das Fernsehen machen.« Die endgültige Route der Wagenkolonne wurde am selben Tag bekannt gegeben. Obwohl die Nachricht bereits am 15. November von der Washingtoner Korrespondentin des *Dallas Times-Herald*, Elizabeth Harris, gebracht worden war, sorgte ein Mitarbeiter des Friedenscorps, der für die politische Vorhut tätig war und eine Höchstzahl an Zuschauern zusammenbringen wollte, dafür, dass zwei Zeitungen in Dallas die geplante Route am Nachmittag des Donnerstags, dem 21. November, und am Morgen des Freitags, dem 22. November, veröffentlichten.[68]

Beim Dinner mit den Alphands, den Franklin Roosevelts und Irene Galitzine am 23. Oktober im Weißen Haus hatte Jackie nicht besorgt gewirkt, als über die Reise nach Dallas gesprochen wurde, obwohl Stevenson sie davor gewarnt hatte. Sie und Jack hatten eine beachtliche Zeit mit Überlegungen zu ihrer Garderobe für Texas verbracht. Er wollte, dass sie etwas Schlichtes, Elegantes wählte, vor allem für Dallas, wo, wie er ihr erzählte, »all die reichen Republikanerfrauen mit ihren Nerzmänteln und Diamantarmreifen bei diesem Mittagessen sitzen werden ... Zeig diesen Texanern mal, was wirklich guter Geschmack ist.«[69] Sie hatten sich für ihr schockfarben-rosa Chanel-Kostüm mit marineblauen Besätzen und Bluse und einem passenden rosa Pillbox-Hut entschieden.

Am Morgen des Donnerstags, dem 21. November, dem Tag der Abreise, schien Jack nach Evelyn Lincolns Bericht »nervös, als er ins Büro kam«. Seine erste Frage lautete, wie die Temperatur in Houston sei, wofür am Vortag kühles Wetter vorausgesagt worden war. Evelyn Lincoln rief das Air-Force-Büro an. Es würde warm werden. Völlig untypisch ging Kennedys Temperament mit ihm durch. »Er war rasend – er wütete und tobte sonst nie«, erinnerte sic sich, und schrie den Mann von der Marine am anderen Ende der Leitung an. »Das war alles vollkommen ungewöhnlich – zuerst, dass er so wütend wurde, und dann, dass er diesen Marinemann anbrüllte.« Er fluchte vor Kenny O'Donnell. »Heiß. *Heiß*. Jackies Kleider sind alle gepackt, aber es sind die *falschen* Kleider.«[70] In den Stunden vor Dallas war er empfindlich, wenn es um Jackies Bequemlichkeit ging. Als sie an diesem Abend im Hotel in Fort Worth ankamen, war er wütend auf Mary Gallagher, die Provi vertrat und sich der Wagenkolonne angeschlossen hatte, somit später eintraf als Jackie, anstatt vor ihr da zu sein und ihre Kleider auszupacken. Wie üblich ließ Jackie die Gruppe warten und kämmte sich die Haare, ehe sie in einem weißen Bouclé-Mantel und -Kleid an Bord des Hubschraubers One kletterte. Es hatte leicht geregnet, und der Himmel war verhangen, als der Hubschrauber in Richtung des Luftwaffenstützpunkts Andrews davonflog.

Jacks Stimmung hellte sich auf, als sie in der Air Force One abhoben. Er begann, an Papieren aus seinem abgenutzten schwarzen Krokodillederkoffer zu arbeiten, während Jackie auf der anderen Seite des Gangs mit Pam Turnure ihre spanische Ansprache für die League of United Latin-American Citizens in Houston probte. Beide Kennedys trugen ihre Brillen, die sie vor der Öffentlichkeit stets verborgen hielten. Jackie brauchte die ihre seit ihren Teenagerjahren zum Lesen, Jack hingegen seine erst seit kurzem, seit er allmählich in die mittleren Jahre gekommen war. (Als Irene Galitzine einen Monat zuvor in Wexford versucht hatte, ein Abschiedsfoto zu machen, derweil er die Brille trug, hatte er sie gutmütig gescholten: »Um Himmels willen, Irene, ersparen Sie mir das. Sie verscheuchen ja alle meine Frauen [Wählerinnen] ...«)[71]

Es würde heiß werden in San Antonio. Jackie ging in die Schlafkabine, um sich umzuziehen und mit Hilfe Mary Gallaghers, in ihrer neuen Rolle als Kammerzofe, ein weißes Kleid mit einem schwarzen Gürtel anzuziehen. Eilig hatte Gallagher die Haarklemmen aus der geplanten Nerzmütze in ein schwarzes Barett umgesteckt. Da klopfte es an der Tür. Es war Jack, der womöglich besorgt nachsehen wollte, ob Jackie auch pünktlich fertig würde. Jackie bürstete ihr Haar. »Ja, Jack, was gibt es?«, rief sie. »Ach, Jackie«, sagte er ohne einzutreten. »Ich dachte mir nur, ich schaue mal nach, ob du in Ordnung bist.« Unter dem Zeitdruck und mit der Haarbürste in der Luft erwiderte sie ungeduldig: »Ja, Jack, mir geht es gut. Würdest du dann jetzt bitte gehen?«[72]

An diesem Abend im Rice Hotel in Houston zog sie sich für das Dinner zu Ehren des Kongressabgeordneten Albert Thomas um und diktierte dabei Pam Turnure ihre Antworten auf Fragen der Presse. Wie üblich eilten ihre Gedanken voraus. Als Jack kam, fragte sie ihn, was er gern am Sonntag zum Mittag essen würde, wenn Botschafter Lodge – ohne Zweifel mit Berichten über die sich zuspitzende Situation in Vietnam – zu ihnen aufs Cape käme. »Wachteln«, lautete seine Antwort. Augenblicklich diktierte Jackie Mary Gallagher einen auf der Wahl ihres Mannes basierenden Speiseplan und wies sie an, diesen an Anne Lincoln weiterzuleiten: »Mousse von Krabbenfleisch – in einem Ring – mit Sauce, Wachtelterrine, Wildreis, grünes Gemüse – Erbsenpüree – oder sonst Johannisbeergelee. Etwas Leichtes zum Dessert

– mir fällt im Augenblick nichts ein, aber mach etwas Nettes.« Sie würden fünf Personen zum Lunch sein, erklärte sie, und könnte Mr. Rodham, ihr Geheimdienstbeauftragter in Wexford, »bitte genügend Wachteln in Virginia besorgen?«[73].

Ehe sie hinunter in den großen Ballsaal des Hotels zum Treffen der LULACS ging, wo sie ihre Ansprache halten sollte, hörte Jackie laute Stimmen aus dem Nachbarzimmer. Jack machte dem Vizepräsidenten offensichtlich in deutlichen Worten seinen Standpunkt zu der Fehde zwischen Gouverneur Connally und dem Mit-Demokraten Yarborough klar, die einen Schatten auf die Tour des Präsidenten zu werfen drohte. »Was war denn los?«, fragte Jackie, nachdem Lyndon Johnson wutschnaubend gegangen war.

Der Präsident wirkte amüsiert. »Das ist eben Lyndon«, sagte er. »Er hat Probleme.« Jackie platzte mit einer vehementen Attacke gegen Connally heraus: »Ich kann ihn einfach nicht ertragen, wie er dasitzt und all diese großartigen Dinge über sich selber sagt. Und auf *dir* scheint er den ganzen Tag herumzuhakken.« Jack blieb ruhig. »Was er im Auto wirklich hat sagen wollen, ist, dass er in Texas besser abschneiden wird als ich. Das ist in Ordnung, lass ihn. Aber um Himmels willen, sag kein Wort gegen ihn, denn um das zu heilen, bin ich hergekommen. Anfangen werde ich damit, indem ich zwei Leute in dasselbe Auto setze. Wenn sie mit Hasstiraden anfangen, fährt niemand mehr mit irgendwem.«[74] Sie gingen nach unten, und Jackie, die extrem nervös war, ließ Jacks Ansprache ihre eigenen Worte auf Spanisch folgen. »Sie liebten sie und jubelten ihr zu«, schrieb Dave Powers. Die Kennedys wechselten Blicke, als sie den Ballsaal verließen. Lady Bird hatte den Eindruck, der Präsident wirke »bezaubert« von seiner Frau. Er bahnte sich seinen Weg nach draußen, fing einen zweisprachigen Zuschauer ab und richtete hinterher Jackie aus, der Mann habe gesagt, sie sei wundervoll gewesen. Was hätte der arme Mann auch sonst sagen sollen, dachte sie. »Aber«, so erzählte sie später William Manchester, »sie freute sich über die Geste und war gerührt darüber, dass er noch immer seine gesamte Kennedy-Kampagne führte, um ihr Texas zu Füßen zu legen.«[75]

Danach ging es zum Coliseum zum Dinner für Albert Thomas und dann zum Flughafen für den Flug nach Fort Worth. Es war kurz nach 23 Uhr, als sie landeten. Bevor Jackie in ihrem eigenen Zimmer zu Bett ging, ging sie noch einmal zum Präsidenten. »Du warst großartig heute«, sagte sie. »Wie fühlst du dich?«

»O Mann, ich bin völlig erledigt«, antwortete er. Als sie später ging, rief er ihr nach: »Steh morgen nicht mit mir auf. Ich muss vor dem Frühstück unten auf dem Platz sprechen, aber du kannst im Bett bleiben. Komm einfach um viertel nach neun zum Frühstück.« Sie sagte gute Nacht. Bevor sie ihr Licht ausschaltete, legte sie sorgfältig die marineblaue Bluse, marineblaue Handtasche, Schuhe mit flachen Absätzen, das rosafarbene Kostüm und den Pillbox-Hut für den kommenden Tag bereit.[76]

Ab fünf Uhr früh versammelten sich mehr und mehr Menschen im Regen vor dem Hotel. George Thomas weckte den Präsidenten und legte ihm, während Jack sich duschte und rasierte, die Kleidung für den Tag bereit: einen blaugrauen, zweireihigen Anzug, eine dunkelblaue Krawatte, ein weißes Hemd mit feinen grauen Streifen, das extra bei Cardin in Paris bestellt worden war. Mit großen Schritten ging er hinunter auf die Straße, wo er auf einen Tieflader stieg, um zu der Menschenmenge zu sprechen. Vereinzelt ertönten Rufe: »Wo ist Jackie?« Er wies hinauf in den achten Stock: »Mrs. Kennedy bereitet sich für den Tag vor.« Er grinste. »Sie braucht ein bisschen länger dazu, aber dafür sieht sie hinterher besser aus als wir.«[77]

Jackie schien das Frühstück vergessen zu haben oder, anders ausgedrückt, sie bereitete sich mit Bedacht auf einen ihrer schüchternen, verspäteten Auftritte vor. Kritisch prüfte sie ihre Erscheinung im Spiegel. »O Mary«, sagte sie. »An einem einzigen Tag im Wahlkampf kann ein Mensch um dreißig Jahre altern.« Sie streckte Mary Gallagher ihre Handgelenke hin, damit sie ihr die Knöpfe an den kurzen weißen Lederhandschuhen schließen konnte.[78]

Unten wurde Kennedy bereits ungeduldig. »Wo ist Mrs. Kennedy?«, fragte er einen Beauftragten. »Rufen Sie Mr. Hill. Ich will, dass sie zum Frühstück herunterkommt.« Er ging ohne sie ins Speisezimmer. Auch in den folgenden zwanzig Minuten tauchte Jackie nicht auf, dann stand sie da, durch die Küchentüren in ein Chaos aus Kamerablitzen und jubelnden Texanern gedrängt, erschrocken, halb geblendet, überwältigt vom Lärm, einem Rehkitz ähnlich. Ihre Anwesenheit entschärfte die aggressive politische Atmosphäre. Sie war so offensichtlich unpolitisch, nichts als ein Star, den jedermann sehen wollte. Nur die Zeitungsleute interessierten sich für das giftsprühende Dreieck Connally–Yarborough–Johnson. Das Publikum wollte einfach Jackie sehen. Als Kennedy seine Frühstücksansprache beendet hatte, fand sich Dave Powers drei New Yorker Reportern gegenüber. »War Jackie nicht sensationell?«, fragte er sie. »Haben Sie je einen so stürmischen Beifall gehört?« »Wann lassen Sie sie denn aus einer Torte springen?«, fragte der Reporter des *Wall Street Journal* sarkastisch. »Sie ist keines von diesen Häschen«, blaffte Powers zurück.

Aber selbst wenn Jackie vielleicht aus keiner Torte für Jack gestiegen wäre, so war sie doch bereit, ihn noch weiter im Wahlkampf zu unterstützen. Es gab eine einstündige Ruhepause, ehe sie sich auf den Weg nach Dallas machen mussten. »Willst du sagen, wir haben eine ganze Stunde Zeit, nur um hier herumzusitzen?«, fragte sie ungläubig. »Ach Jack, der Wahlkampf ist leicht, wenn man erst Präsident ist. Hör zu, ich kann in diesem Jahr überall mit dir hinfahren.« »Wie wär's mit Kalifornien in zwei Wochen?«, fragte Jack. »Einverstanden, ich bin dabei«, versprach Jackie.[79]

Weniger glücklich war der Moment, in dem O'Donnell beim Durchblättern der *Dallas Morning News* auf eine große, schwarz umrandete Anzeige stieß, die auf grausige Weise einer Todesanzeige nachempfunden war. Über eine ganze Seite erstreckte sich die sarkastische Zeile: »WILLKOMMEN IN DALLAS, MR. KENNEDY.« Der Herausgeber der *News*, E. M. »Ted« Dealey, war der Mann, der Kennedy ins Gesicht gesagt hatte, er sei eine »schwache Schwester« und das Volk von Texas nehme an, dass er, anstatt wie ein Mann auf dem Pferderücken eine Nation zu führen, »Carolines Fahrrad reite«. Die Statue seines Vaters beherrschte eine kleine Grünfläche in der Innenstadt von Dallas, die unter dem Namen Dealey Plaza bekannt war. (Die fragliche Anzeige war von einem Ortsverband der extrem rechts gerichteten Anhänger John Birchs aufgegeben worden.)

O'Donnell zeigte die Anzeige Jack, der mit grimmigem Gesicht jedes der hasserfüllten Worte las und sie dann an Jackie weiterreichte. Ihr wurde übel. Ein wenig schleppend sagte Jack zu ihr: »Ach, du weißt doch, wir fahren heute ins Land der Verrückten ...« Sie sah ihm zu, derweil er in Gedanken versunken auf und ab ging. »Ich sage dir, gestern Abend wäre eine höllische Gelegenheit gewesen, um einen Präsidenten zu ermorden«, sagte er beiläufig. Sie nahm es leicht, hielt es für seine Art, Gedanken an die Anzeige abzuschütteln und das vorzuführen, was er seine Walter-Mitty-Ader nannte, indem er wieder einmal ein Attentats-Szenario zusammenfantasierte. »Ich meine es ernst«, sagte er. »Es hat geregnet, es war dunkel und wir steckten alle im Gedränge. Einmal angenommen, ein Mann hätte eine Pistole in der Aktentasche gehabt.« Lebhaft gestikulierte er, zielte mit dem Zeigefinger auf die Wand und ließ seinen Daumen zweimal zurückschnellen, einen Abzug imitierend. »Dann hätte er die Waffe und die Aktentasche fallen lassen können« – in seiner Pantomime warf er beides nieder und kauerte sich blitzschnell in angespannter Stellung auf den Boden – »und dann wäre er in der Menge verschwunden ...«[80]

Es war ein sonniger Morgen in Dallas, als die Air Force One um 11 Uhr 38 auf dem Love Field landete. Lächelnd erschienen Jack und Jackie auf der Gangway, stiegen hinunter und liefen zum Zaun, um die Hände der begeisterten, jubelnden Menschenmenge zu schütteln. Sie bekam einen Strauß langstieliger roter Rosen überreicht, die einen Kontrast zu den gelben Rosen von Texas bildeten, mit denen sie zuvor begrüßt worden war. Auf die Frage eines Reporters von *Newsweek*, wie ihr der Wahlkampf gefalle, antwortete sie enthusiastisch: »Es ist wundervoll!« Ihr unerfahrener Blick bemerkte nicht den bösartigen Anstrich hinter dem organisierten Willkommensempfang, nicht die feindseligen, verfälschenden Plakate oder die Gruppe Oberschüler, die sich den Tag freigenommen hatten, um den Präsidenten auszupfeifen. Sie und Jack stiegen in den vertrauten Lincoln SS 100 X des Präsidenten. Sie nahmen ihre Plätze auf dem Rücksitz ein und legten die roten Rosen zwischen sich, derweil John und Nellie Connally sich ihnen gegenüber auf die Klappsitze setzten. Dave Powers tauchte mit einer seiner typischen Instruktionen in letzter Minute für Jackie auf: »Achten Sie darauf, nach links zu sehen, weg vom Präsidenten. Winken Sie den Leuten auf Ihrer Seite zu. Wenn Sie beide demselben Wähler winken, ist das Verschwendung.«[81]

Die Massen am Straßenrand brüllten: »Jack, Jackie!« Im mexikanischen Streckenabschnitt hatte jede Bewegung ihrer weiß behandschuhten Hand ein hysterisches Kreischen zur Folge: »Jack-eee!« Es war heiß, unerträglich heiß, dachte Jackie. Sie setzte ihre Sonnenbrille auf, doch umgehend forderte Jack sie auf, sie wieder abzusetzen. Sie hielt sie in ihrem Schoß fest und setzte sie klammheimlich während der leeren Streckenabschnitte wieder auf, wo es nichts als Reklametafeln zum Zuwinken gab. Noch einmal sagte Jack: »Nimm die Brille ab, Jackie.«[82] Es waren die letzten Worte, die er je zu ihr sprechen sollte. Um 12 Uhr 30 bog der Lincoln von der Houston Street in die Elm Street ein. Sie waren von ihrem Bestimmungsort, dem Mittagessen im Trade Mart, noch fünf Minuten entfernt. Langsam, in einem Tempo von kaum zwanzig Stundenkilometern, rollten sie auf die dunkle Unterführung jenseits der Rasenfläche von Dealey Plaza zu. Nellie Connally zeigte dorthin und sagte zu Jackie: »Wir sind gleich da. Es ist gleich dahinter.«[83] Dankbar dachte Jackie an die kühle Dunkelheit der Unterführung, die vor ihnen lag. Neben ihr lächelte Jack und hob seine Hand, wie um einem kleinen Jungen zuzuwinken.

Und dann geschah es, ein scharfer, verheerender Knall.

Jackies Zeugenaussage vor der Warren-Kommission:

> ... Und in der Wagenkolonne winkte ich meistens der linken Seite zu und er meist der rechten, das ist einer der Gründe dafür, warum man voneinander nicht viel sieht. Und es war furchtbar heiß. Wir waren alle geblendet.

F: Erinnern Sie sich daran, wie Sie von der Hauptstraße in die Houston Street einbogen?
Mrs. Kennedy: Ich kenne den Namen der Straße nicht.
F: Das ist ein Block vor dem Treuhandgebäude.
Mrs. Kennedy: Na schön, wann immer das war, ich erinnere mich daran, dass Mrs. Connally sagte: »Wir sind gleich da.« Wir konnten vor uns einen Tunnel sehen. Alles ging dann wirklich langsam. Und ich erinnere mich daran, dass ich dachte, es würde sicher kühl sein in diesem Tunnel.
F: Und erinnern Sie sich dann, wie Sie aus der Houston Street direkt beim Treuhandgebäude in die Elm Street einbogen?
Mrs. Kennedy: Ich weiß die Namen der Straßen nicht, aber ich vermute ... direkt am Treuhandgebäude, meinen Sie?
F: Ja, das ist die Straße, die sich krümmt, wenn man hinunter in die Unterführung fährt.
Mrs. Kennedy: Ja genau, das war, als sie zu Präsident Kennedy sagte: »Sie können aber gewiss nicht behaupten, die Bevölkerung von Dallas habe Ihnen keinen herzlichen Empfang bereitet.«
F: Was sagte er daraufhin?
Mrs. Kennedy: Ich glaube, er sagte – ich weiß nicht, ob ich mich daran erinnere oder ob ich das gelesen habe: »Nein, das kann ich ganz sicher nicht«, oder so ähnlich. Und dann, wissen Sie, das Auto fuhr sehr langsam, und es standen nicht besonders viele Menschen herum. Und dann – wollen Sie, dass ich Ihnen erzähle, was passiert ist?
F: Ja, wenn Sie das bitte tun könnten.
Mrs. Kennedy: Sie wissen ja, da ist immer eine Menge Lärm in einer Wagenkolonne und immer fahren Motorräder neben uns her, es gibt eine Menge Fehlzündungen. Ich habe nach links gesehen. Ich nehme an, da war ein Geräusch, aber es kam mir nicht wie irgendein besonderes Geräusch vor, wirklich nicht, weil da so viele Geräusche sind, von den Motorrädern und allem. Aber dann schrie Gouverneur Connelly plötzlich: »O nein, nein, nein!«
F: Hat er sich Ihnen zugewandt?
Mrs. Kennedy: Nein, ich sah in diese Richtung, nach links, und da hörte ich diese schrecklichen Geräusche. Sie wissen ja. Und mein Mann gab überhaupt keinen Laut von sich. Also habe ich mich nach rechts umgedreht. Ich weiß nur noch, dass ich mei-

nen Mann sah, und er hatte diesen fragenden Ausdruck im Gesicht und hielt die Hand erhoben, die linke Hand muss das gewesen sein. Und in dem Moment, in dem ich mich umdrehte und ihn ansah, konnte ich ein Stück von seinem Schädel sehen, ich erinnere mich, es war fleischfarben. Ich weiß noch, dass ich dachte, er sah aus, als hätte er einfach leichte Kopfschmerzen. Nur daran erinnere ich mich, dass ich das sah. Kein Blut oder so etwas.

Und dann bewegte er sich irgendwie so [führt vor], berührte mit der Hand seine Stirn und fiel in meinen Schoß. Und dann weiß ich nur noch, dass ich über ihn fiel und schrie: »O nein, nein, nein.« Ich meine: »O mein Gott, sie haben meinen Mann erschossen.« Und: »Ich liebe dich, Jack.« Ich weiß, dass ich schrie. Und einfach in diesem Auto war, mit seinem Kopf in meinem Schoß. Und es kam mir vor wie eine Ewigkeit.

Sie wissen ja, es gibt diese Bilder von mir, wie ich hinten aus dem Auto klettere. Daran erinnere ich mich einfach überhaupt nicht mehr.

F: Erinnern Sie sich daran, dass Mr. Hill zum Auto kam und versuchte zu helfen?

Mrs. Kennedy: Ich erinnere mich an gar nichts mehr. Ich war einfach nicht bei mir. Und endlich, weiß ich, hörte ich eine Stimme hinter mir oder so, und dann weiß ich, bemerkten die Leute auf den Vordersitzen oder irgendwer endlich, dass etwas nicht stimmte, und eine Stimme schrie, das muss Mr. Hill gewesen sein: »Fahren Sie ins Krankenhaus« … irgendwer schrie. Ich saß nur da und hielt ihm [Hinweis auf Verletzungen gelöscht].

F: Können Sie uns noch sagen, ob nur einer oder mehrere Schüsse fielen?

Mrs. Kennedy: Nun, es müssen ja zwei gewesen sein, denn was mich dazu gebracht hat, mich umzudrehen, war der Schrei von Gouverneur Connally. Und das hat mich verwirrt, weil ich mich zuerst erinnerte, dass drei Schüsse gefallen waren, und ich glaubte, dass mein Mann keinen Laut von sich gegeben hat, als er getroffen wurde. Und Gouverneur Connally schrie. Aber dann habe ich am nächsten Tag gelesen, dass sie beide von dem selben Schuss getroffen worden sind. Aber ich dachte zuvor, hätte ich bloß nach rechts geschaut, dann hätte ich gesehen, wie die erste Kugel ihn traf, und hätte ihn nach unten ziehen können, und die zweite Kugel hätte ihn nicht getroffen. Aber ich hörte Gouver-

> neur Connally schreien, und daraufhin drehte ich mich um und als ich mich nach rechts umdrehte, machte mein Mann so eine Bewegung [führt mit Hand am Hals vor]. Er wurde von einer Kugel getroffen. Und das sind die einzigen beiden, an die ich mich erinnere.
> Ich habe gelesen, dass ein dritter Schuss fiel. Aber davon weiß ich nichts.
> Nur von diesen beiden.[84]

Der erste Schuss hatte Kennedy im Nacken getroffen, hatte seinen rechten Lungenflügel verletzt, seine Luftröhre zerfetzt und war dann aus der Kehle ausgetreten, wobei sie seinen Krawattenknoten zerriss. Die Kugel flog weiter und Connally durch Rücken, Brust, rechtes Handgelenk und Schenkel. Durch eine verzögerte Reaktion bemerkte er davon zunächst nichts. Er erkannte das Geräusch als einen Gewehrschuss und sah über seine rechte Schulter, um festzustellen, woher er kam. Kennedys Verletzung war nicht tödlich, aber das Verhalten der Geheimdienstbeamten auf den Vordersitzen des Lincoln sorgte dafür, dass sie es wurde. Weder der Fahrer noch der Beamte auf dem Beifahrersitz reagierten. Der Fahrer verlangsamte sogar die Fahrt, als er sah, was geschehen war, und gab einem geübten Schützen, wie Lee Harvey Oswald einer war, damit unvermeidlich eine zweite Chance. Er befand sich in nur achtzig Metern Entfernung, als er den zweiten Schuss abfeuerte. Jackie beugte sich über ihren Mann:

> Sein Gesicht hatte einen fragenden Ausdruck. Sie hatte ihn mit dieser Miene so oft gesehen, wenn er auf einer Pressekonferenz über eine schwierige Frage nachdachte. Jetzt hob er mit einer Geste von unendlicher Anmut seine rechte Hand, wie um sich sein verwirrtes kastanienbraunes Haar zurückzustreichen. Dann aber stockte die Bewegung. Schlaff fiel die Hand herunter. Er hatte nach seiner Schädeldecke greifen wollen. Die jedoch war nicht mehr vorhanden.[85]

William Manchesters Beschreibung der Szene ist reißerisch und schrill:

Der Lincoln verlangsamt die Fahrt noch weiter. Sein Inneres ist ein Ort des Grauens. Die letzte Kugel hatte sich durch Kennedys Kleinhirn, den unteren Teil seines Gehirns, gebohrt. Als sie sich über ihren Mann beugte, sah Jacqueline Kennedy, wie ein abgesplittertes Stück seines Schädels – fleischfarben, nicht weiß – sich löste. Zunächst fließt kein Blut. Dann aber, in der nächsten Sekunde, sieht man nichts mehr als Blut, das über sie, die Connallys, Kellerman, Greer, die Polster, Clint [Hill], der hinterherläuft, und die Absperrung spritzt. Blutklumpen von der Größe einer Männerhand durchnässen den Boden unter dem Rücksitz. Die Kleider des Präsidenten sind davon durchtränkt, die Rosen überschwemmt. Lautlos sinkt Kennedys Körper seiner Frau entgegen, und den Polizeibeamten Hargis, auf dem Motorrad einen halben Meter entfernt, trifft eine Woge von Rot im Gesicht … [Die Connallys] sind überwältigt von den Ereignissen, getränkt in Kennedys hellem Blut. Und ein Bruchstück, größer als die übrigen, wird über den niedersinkenden Schultern des Präsidenten sichtbar, scheint dort hängen zu bleiben und fällt dann auf das Heck zu. Und Jackie erhebt sich auf ihre befleckten Knie, in Richtung des Gehsteigs, und schreit: »Mein Gott, was machen sie denn? Mein Gott, sie haben Jack umgebracht, sie haben meinen Mann umgebracht, Jack! Jack!« Sie schreit und streckt sich nach dem abfallenden Heck des Autos, geschlagen, stolpert hinunter auf die Straße …[86]

Was Jackie als Nächstes tat, ist eine strittige Frage. Abraham Zapruders Film der Szene zeigt, wie sie auf den Kofferraum des Wagens springt und ihre Hand ausstreckt. Versuchte sie in einem Anflug von Selbstschutzinstinkt zu entfliehen? Der Warren-Kommission erklärte sie, sie besitze keine Erinnerung mehr daran, irgendetwas in der Art getan zu haben. Einigen Leuten erzählte sie später, sie habe versucht, ein Stück von Jacks Schädel zu retten. William Manchester, der durch seine ausführlichen, zu dieser Zeit geführten Interviews, das genaueste Bild von den tatsächlichen Geschehnissen hätte haben müssen, beschränkte sich auf die dramatische Beschreibung, wobei er hinzufügte, Hill habe versucht, auf den beschleunigenden Lincoln aufzuspringen, habe Jackies Hand ergriffen, sei hochgesprungen und habe sie wieder hinunter in den Wagen gedrängt. »Es ist unmöglich zu sagen, wer wen rettete«, schrieb er. »Niemand erinnert sich, und Zapruders Film lässt keine Schlüsse zu.«[87]

Im Schockzustand kauerte Jackie sich über den Körper ihres Mannes, versuchte verzweifelt, seinen Kopf zusammenzuhalten, derweil sein Blut und die graue Gehirnmasse ihr an den weißen Handschuhen klebte. Sie wusste, dass er tot war. Ein Mann war gestorben. Eine Legende war geboren worden.

14
Zivilcourage

»Sie gab der Welt ein Beispiel dafür, wie man sich verhält.«
General de Gaulle

Inmitten des Durcheinanders vor dem Parkland Hospital saß Jackie teilnahmslos, über Jack gebeugt und barg seinen Kopf an ihrer Brust, als wolle sie das Spektakel vor der Außenwelt verbergen. Sie gab sachte, »kleine, weinende Laute« von sich. Lady Bird, die bei der Ankunft von Geheimdienstbeamten aus dem dritten Wagen gezerrt worden war, erhaschte einen Blick auf das Auto des Präsidenten, auf ein »Bündel in Rosa, wie eine Wolke verwehter Blüten, auf dem Rücksitz. Es war Mrs. Kennedy, die über dem Körper des Präsidenten lag …«[1]

Ihr Geheimdienstagent Clint Hill berührte ihre Schulter. »Bitte, Mrs. Kennedy«, sagte er. Mit einem einzigen, gewaltsamen Zucken unterdrückte Jackie ihr Schluchzen und hob den Kopf. »Bitte«, wiederholte Hill. »Wir müssen den Präsidenten zu einem Arzt bringen.«

»Ich lasse ihn nicht los, Mr. Hill.«

»Wir müssen ihn hineinbringen, Mrs. Kennedy.«

»Nein, Mr. Hill. Sie wissen, dass er tot ist.« Laut William Manchester, der nicht nur Jackie, sondern jeden erdenklichen Augenzeugen interviewte, setzte in diesem Moment ihre Erinnerung vollständig ein.[2]

Hill bemerkte ihre Bemühungen, den zerschmetterten Kopf des Präsidenten zu verbergen. Er riss sich das Jackett vom Leib und sie breitete es über Jacks Kopf, während sie seinen Körper auf die Bahre legten, hielt es umklammert, um ganz sicherzugehen, dass es nicht herunterrutschte. Sie lief neben der Bahre her und hielt daran fest, als könne sie Jack so dem Tod vorenthalten. Auf der Schwelle der Notaufnahme Nr. 1 ließ sie ihn los. Es gab nichts mehr, das sie hätte tun können.

Sie saß auf einem Klappstuhl vor der Tür des Raumes. Godfrey McHugh und Betty Harris holten Stühle für die drei weiblichen Mitglieder des Kennedy-Stabs, Evelyn Lincoln, Mary Gallagher und Pam Turnure, die gerade erst aus dem Trade Mart eingetroffen waren. »Mrs. Kennedy saß dort, das Sinnbild, das absolute Sinnbild der Verlorenheit, sie war vollkommen traumatisiert … sie war gelähmt … Ich finde einfach nicht das richtige Wort. Es herrschte ein totales Durcheinander, niemand wusste genau, was eigentlich geschehen war … Und die ganze Zeit über saß Jackie nur so da. Menschen versuchten mit ihr zu sprechen, aber sie wollte mit niemandem sprechen – sie gab einfach keine Antwort. Und ich sah sie an und sie saß da, hielt die Hände so … Und sie trug kurze, weiße Handschuhe, ich sah die Handschuhe an und sie sahen aus, als hätten sie ein Tupfenmuster, und ich weiß noch, dass ich dachte: Sie würde doch keine getupften weißen Handschuhe zum rosafarbenen Kostüm tragen – in solchen Augenblicken denkt man die lächerlichsten Dinge. Und plötzlich wurde mir klar, dass diese Tupfen und die Flecken auf ihrem Kostüm von seinem Gehirn stammten … Und sie erlaubte niemandem, sie zu berühren, sie erlaubte niemandem, sie sauber zu machen … die Handschuhe zog sie nicht ab.«[3]

Die Türen der Notaufnahme Nr. 1 öffneten sich, und ein großer Mann trat heraus. Es war Dr. Kemp Clark, der Chefarzt der Neurologie am Parkland Hospital. »Er beugte sich über Jackie«, berichtete Betty Harris, »und sagte etwas zu ihr und sie wurde, wenn überhaupt etwas, ein bisschen kleiner … Er war ein großer Mann und er riss sich los und kam in meine Richtung. Da trat ich auf ihn zu und fragte: ›Wie schlimm war es?‹ Er antwortete: ›Es war tödlich …‹«[4]

Manchesters Berichte weichen in Einzelheiten sowohl von denen von Betty Harris als auch von der mündlichen Darstellung ab, die Kennedys Arzt Admiral Burkley für die Kennedy-Bibliothek abgab. In dem Durcheinander und dem Schock, der im Parkland herrschte, erinnerten sich die meisten Zeugen auf geringfügig unterschiedliche Weise an die Dinge, andere vermischten ihre Erinnerungen mit dem, was sie zu einem späteren Zeitpunkt gelesen hatten. Laut Manchester hegte Jackie, als sie Stimmen und Bewegungen aus der Notaufnahme hörte, flüchtig die Hoffnung, Jack sei noch am Leben. Sie stand auf und versuchte in den Raum zu gelangen, doch eine Krankenschwester hinderte sie daran. Sie kämpfte mit der Schwester. »Ich muss hinein.« Wiederum Manchester zufolge kam Admiral Burkley herüber zu ihr und bot ihr ein Beruhigungsmittel an. Zu ihm sagte Jackie: »Ich will bei ihm sein, wenn er stirbt.« Burkley führte sie hinein. Kurz kniete sie sich in eine Ecke und betete, da sie nicht durch die Reihen der Ärzte dringen konnte, die sich um ihren Mann kümmerten.[5]

Jack war bis auf die Unterhose nackt, bleich durch den Blutverlust. Burkley, der bereits zuvor in der Notaufnahme gewesen war, berichtete, ihm sei sofort, als er den Präsidenten sah, klar geworden, »dass trotz aller Versuche und Bemühungen kein Leben mehr in ihm war oder bewahrt werden konnte. Ich sprach mit den Ärzten, die eifrig damit beschäftigt waren zu tun, was angezeigt war oder angezeigt gewesen wäre, hätte irgendeine Hoffnung bestanden, den Präsidenten zu retten. Ich gab ihnen Hydrokortison (für Kennedys Adrenalin-Unterfunktion), damit sie es über den gelegten Tropf verabreichten, und teilte ihnen seine Blutgruppe mit. Meiner Einschätzung nach war es nicht mehr nötig, irgendetwas davon zu tun ... Im Grunde genommen war er nicht mehr am Leben.« Dann trat Burkley beiseite und sah Jackie. Sie standen beieinander, während die Ärzte ihren hoffnungslosen Versuch der Wiederbelebung unternahmen, bis schließlich einer von ihnen herüberkam »und sagte, er glaube, der Präsident sei tot. Ich ging hin und untersuchte ihn selbst. Dann erklärte ich ihn für tot und ging zurück zu Mrs. Kennedy und sagte zu ihr: ›Der Präsident ist tot.‹ Wir gingen hinüber zum Präsidenten und sprachen die Totengebete ...«[6] Offiziell starb John F. Kennedy um 13 Uhr im Parkland Hospital. In Wirklichkeit war er tot, seit Oswalds zweite Kugel sich eine halbe Stunde zuvor auf der Dealey Plaza durch seinen Schädel in sein Gehirn gebohrt hatte.

Jacks Körper war zu lang für die fahrbare Bahre der Notaufnahme. Weiß wie aus Marmor ragten seine Füße unter dem Laken hervor. Jackie küsste sie, sie küsste seine Lippen – sein Mund habe »schön« ausgesehen, sagte sie später. Seine grauenhafte Wunde war durch Verbände vor ihr verborgen. Sein Gesicht war unverletzt, trug kein Zeichen der Qualen, die er durchgemacht hatte, nur seine Augen waren starr, die Pupillen erweitert, mit einem Ausdruck »von Mitleid«, wie Jackie Manchester erzählte. Sie zog ihren Ehering ab und steckte ihn auf seinen kleinen Finger. Dann nahm sie seine Hand, stand bei seiner Schulter und sah voll Liebe hinunter auf sein Gesicht. Vater Huber, ein Priester von der Holy Trinity Church, erschien, um dem toten Präsidenten die Letzte Ölung zu erteilen. Als der beim örtlichen Bestattungsunternehmer bestellte Bronzesarg eintraf, ging sie hinaus, um zu warten.

Lady Bird Johnson traf ein, um Jackie zu sehen, ehe sie das Krankenhaus verließ, und fand sie vor der verschlossenen Tür, hinter der ihr Mann für seinen Sarg vorbereitet wurde. »Man stellt sich jemanden wie sie immer irgendwie abgeschirmt und beschützt vor«, berichtete Lady Bird. »Aber sie war allein. Ich glaube nicht, dass ich in meinem Leben noch einmal jemanden gesehen habe, der so allein war. Ich ging zu ihr, legte die Arme um sie und sagte irgendetwas. Ich bin sicher, es war etwas wie ›Gott steh uns allen bei‹, denn meine Gefühle für sie waren zu aufgewühlt, um sie in Worte zu fassen.«[7]

»Hysterie hing von der Decke dieses Kellerraums [im Parkland Hospital] wie Spanisches Moos«, sagte Jack Valentini, der dem Kennedy-Stab erst kurz zuvor beigetreten war.[8] Wilde Verschwörungstheorien verbreiteten sich – es waren die Kommunisten, es waren die John-Birch-Anhänger. Johnsons Geheimdienstleute schafften ihn und Lady Bird aus Furcht vor einem weiteren Mordanschlag so schnell wie möglich zum Flughafen. In der Zwischenzeit bemühte sich die Bürokratie von Dallas darum, den Leichnam des Präsidenten in der Stadt zu behalten, bis alles Nötige nach Vorschrift ausgeführt worden war. Jackie ahnte nicht, dass sich von demselben Augenblick an, als der Körper ihres Mannes im Parkland Hospital eingetroffen war, zwei

Lager gebildet hatten und Feindseligkeiten ausgebrochen waren, die bis in die neue Amtsperiode hinein andauern würden. »Im Hospital war mir klar, dass den Kennedy-Leuten nicht nur der Gedanke zuwider war, dass ihr geliebter Jack in der Heimat des verhassten LBJ [Lyndon B. Johnson] getötet worden war – sondern dass sie Johnson buchstäblich für seinen Tod verantwortlich machten«, versicherte Betty Harris. »Die Emotionen waren erregt, irrational, hasserfüllt ...«[9]

Sie beobachtete weiter: »Gott weiß, was ihr [Jackie] durch den Sinn ging. Darüber möchte ich nicht einmal spekulieren und doch war es so, dass sie sich viel besser hielt und sich mehr unter Kontrolle hatte als Larry [O'Brien] und Kenny [O'Donnell]. So traumatisiert wie sie war, benutzte sie zumindest doch noch ihren Kopf – das mit dem Ehering war so ein Beispiel –, und als dann der Sarg hereingebracht wurde, bewegte sie sich endlich, und sobald er aus diesem kleinen Raum herauskam, stand sie auf und legte ihre Hand darauf und nahm sie nicht mehr weg. Als sie durch die Tür gingen, ging sie mit ihnen und ließ den Sarg nicht los. In diesem Moment hätte sie sich nicht von ihm trennen lassen. Man bekam das Gefühl, dass sie fast daran befestigt sei, an ihn gebunden, gebunden an den Sarg ...« Jackie begleitete den Sarg in den Leichenwagen, eingeschlossen in ihre eigene Welt mit Jack und des Tohuwabohus um sie herum nicht gewahr.[10]

Admiral Burkley, Clint Hill und ein weiterer Mitarbeiter wurden hinter ihr hineingedrängt und zudem quetschten sich drei Geheimdienstleute vorn hinein. Unterwegs gab Burkley ihr zwei welkende rote Rosen aus ihrem Willkommensstrauß, die er aus dem Müllbehälter der Notaufnahme gerettet hatte. Sie nahm sie und steckte sie in ihre Tasche. Bei der Air Force One angekommen, die in einem verborgenen Winkel des Love Field stand, beschädigten die Kennedy-Leute den Sarg, der nahezu eine halbe Tonne wog, während sie ihn aus dem Ambulanzwagen und die Hintertreppe des Flugzeugs hinaufschleppten.

Später in der Schlafkabine wusch Jackie ihr Gesicht und kämmte sich das Haar. Die frischen Kleider, die jemand fürsorglich auf dem Doppelbett für sie bereitgelegt hatte, ignorierte sie. Noch immer in dem rosafarbenen, blutbefleckten Kostüm stand sie neben Präsident Johnson, der mit der Hand auf der kleinen schwarzen Bibel den Eid leistete, die Jack in seinem Schlafzimmer aufbewahrt hatte. Jack Valentini, der dabei war, beschrieb ihren Zustand als »eine fast katatonische Trance ... Sie trat vor für das historische Foto. Es zeigt ihre Augen zu Boden gerichtet, glasig, blind. Es war eine tragische Szene, aber sie stand da neben dem Präsidenten und somit spiegelte sich diese historische Aufnahme, die in Windeseile um die Welt ging, in den Worten wider, die Präsident Johnson vier Tage später sprach. Sie lauteten: ›Präsident Kennedy hat gesagt: Lassen Sie uns beginnen. Ich sage: Lassen Sie uns das Werk fortsetzen.‹ Das Foto war ganz und gar Teil dieser Umarmung der Vergangenheit und der Zukunft.«[11]

Nicht jeder aber war bereit, die Zukunft zu umarmen.[12] Auch wenn es keine offenen Feindseligkeiten gab, ließ die Spaltung in zwei Lager sich eindeutig spüren: das Lager des neuen Anführers in der Hauptkabine des Flugzeugs und das des gefallenen Anführers im Hinterabteil. Jackie saß hinten, neben Jacks Sarg, zwischen den Mitgliedern seiner irischen Mafia, Powers, O'Brien und O'Donnell. Wie auf einer irischen Trauerfeier tranken sie Whisky und sprachen von der Vergangenheit. »In Trance hörte Jackie zu, wie Dave ihr Jacks letzten Besuch bei seinem Vater in Hyannis Port am Sonntag, dem 20. Oktober, schilderte. Am Abend zuvor hatte er das als Spendenaktion gedachte Dinner der Demokraten in Boston besucht. Der Präsident hatte den ganzen Tag mit seinem Vater verbracht.«

Früh am nächsten Morgen, als der Hubschrauber bereitstand, der ihn zur Air Force One auf den Otis-Stützpunkt fliegen sollte, saß der Botschafter in seinem Rollstuhl auf der Terrasse, um sich von ihm zu verabschieden. Der Präsident ging zu seinem Vater, legte die Arme um die Schultern des alten Mannes und küsste ihn auf die Stirn. Dann fiel er in Schritt, drehte sich um, sah seinen Vater einen Augenblick lang an, kehrte um und küsste ihn noch einmal, etwas, das Dave nie zuvor von ihm gesehen hatte. Fast schien es, so sagte Dave an diesem Abend auf dem Heimflug aus Dallas zu Jackie, als hätte der Präsident gespürt, dass er seinen Vater zum letzten Mal sah. Als der Präsident mit Dave im Hubschrauber saß und auf den Abflug wartete, sah er aus dem Fenster nach der Gestalt im Rollstuhl und zum ersten Mal in all den Jahren, seit denen Dave Jack Kennedy kannte, bemerkte er, wie seine Augen sich mit Tränen füllten. Traurig sagte der Präsident zu ihm: »Er ist derjenige, der all dies möglich gemacht hat, und sieh ihn dir doch jetzt an.« Powers und O'Donnell erzählten Jackie, dass sie am Samstagnachmittag desselben Wochenendes Patricks Grab in Brookline besucht hatten und wie der Präsident beim Anblick der Grabstätte seines kleinen Sohnes zu ihnen gesagt hatte: »Er kommt mir so allein dort vor.« Jackie hörte zu, nickte langsam und sagte: »Ich werde sie beide zusammenbringen.«

Während sie dort saß, erdachte Jackie Einzelheiten für Jacks Beerdigung. Sie erinnerte sich daran, wie er ihr von seinem Besuch in Irland in diesem Sommer erzählt hatte – »die beglückendste Erfahrung seines ganzen Lebens« – und wie die irischen Kadetten ihn bei einer Kranzniederlegung beeindruckt hatten. »Ich muss diese irischen Kadetten für sein Begräbnis bekommen«, sagte sie. Nur neun Tage vor seinem Tod hatte Jack die Vorführung einer Gruppe von Black-Watch-Dudelsackpfeifern im Weißen Haus genossen. »Und er liebte die Black-Watch-Pfeifer«, fügte sie hinzu. »Die müssen auch auf dem Begräbnis sein.«[13]

Es gab weitere Entscheidungen, die sie getroffen hatte oder noch würde treffen müssen. Die erste bestand darin, dass sie sämtliche Hinweise, sie solle den mit Jacks Blut und Hirnmasse befleckten Rock wechseln, zurückwies. »*Nein*«, sagte sie heftig. »Lasst sie sehen, was sie getan haben.« Eine geheime Ankunft, bei der Jacks Leichnam fern von den Augen der Presse und den Fernsehkameras aus dem Flugzeug getragen werden sollte, lehnte sie mit der gleichen Begründung ab. »Wir steigen aus wie immer«, bestimmte sie. »Ich will, dass man sieht, was sie getan haben.«

Im Flugzeug hatte Admiral Burkley ihr erklärt, dass es eine Autopsie geben müsse und er völlig bereit sei, diese durchzuführen, wo immer sie wollte. »Das muss nicht gemacht werden«, erwiderte sie. Er sagte ihr, dass es Vorschrift war. Daraufhin hatte sie sich für das Marinehospital in Bethesda, Maryland, entschieden, weil Jack in der Marine gedient hatte.

Sobald die Air Force One im Novembermondlicht zum Stillstand kam, stürmte Bobby Kennedy die Gangway zum Haupteingang hinauf. Mit angespanntem Gesicht drängte er sich an den Johnsons und ihren Begleitern vorbei. »Ich will Jackie sehen«, murmelte er. Er legte ihr den Arm um die Schultern. »Hallo, Jackie. Ich bin da.« »O Bobby«, entfuhr es ihr atemlos. Bobby war immer da, wenn sie ihn brauchte. Zusammen, Hand in Hand, standen sie im gleißenden Flutlicht oben auf der Gangway. Vor ihnen fiel das Licht auf Jacks bronzenen Sarg und beleuchtete die hässlichen Flecken auf Jackies Rock und auf ihren Beinen. Unter den dreitausend versammelten Menschen herrschte Totenstille. Sie hatte die Wirkung erzielt, die sie haben wollte.[14]

Der Augenblick gehörte den Kennedys und der neue Präsident Lyndon Johnson wurde, wie er später einem Kollegen erzählte, ignoriert. »Als das Flugzeug landete … schenkte ihm niemand die geringste Aufmerksamkeit, sie trugen den Sarg aus dem Flugzeug, brachten ihn in den Wagen, nahmen Mrs. Kennedy mit und fuhren ab. Und erst dann stieg er aus dem Flugzeug, ohne dass ihm irgendeine Aufmerksamkeit oder Höflichkeit zuteil wurde. Aber er sagte, er habe schlicht die andere Wange hingehalten … Er sagte: ›Was soll ich denn machen? Ich will nicht in Streit mit der Familie geraten, und Kennedys Aura ist wichtig für uns alle.‹«[15]

Mit Bobby und dem Sarg zwischen ihnen saß sie hinten im Krankenwagen auf dem Weg ins Bethesda-Marinehospital, wo die Autopsie vorgenommen werden sollte, und redete zwanzig Minuten lang ohne Unterlass, beschrieb alles, von der Wagenkolonne bis zu den Stunden nach Jacks Tod. Auf ihren ausdrücklichen Wunsch hin saß Bill Greer am Steuer, der den Lincoln in Dallas gefahren hatte. Sie wollte ihm zeigen, dass sie ihm an dem, was geschehen war, keine Schuld zusprach. In Bethesda wurden sie und Bobby in die Suite im siebzehnten Stock geleitet, wo sie sich Verwandten und Freunden zur Totenwache anschlossen. Zu gleicher Zeit führten Burkley und das Marineteam in der Leichenkammer unter ihnen die Autopsie durch. Als Jackie erschien, herrschte entsetzte Stille, wie Ben Bradlee berichtete: »Dieses völlig verlassene Kind, in diesem grauenhaften Rock, das kein Wort sagte und aussah, als sei sie lebendig verbrannt worden.«[16] Bobby war gefordert: »Er war das stärkste Wesen, das man sich vorstellen konnte. Er war ergeben, hielt Jackie aufrecht, stützte Jackie, sorgte sich um jedermanns Verfassung, wo doch seine eigene nicht schlimmer hätte sein können.« Bobby brachte Jackie die Nachricht, dass der Attentäter gefunden worden war. »Er sagt, er sei Kommunist.« O Gott, das ist absurd, dachte Jackie. Es raubt sogar noch seinem Tod den Sinn. Sie wandte sich an Janet Auchincloss: »Ihm war nicht einmal die Genugtuung vergönnt, für die Bürgerrechte getötet zu werden – es musste ein törichter kleiner Kommunist sein.«[17] Ethel traf ein. Ihr fester katholischer Glaube trieb sie dazu, Jackie zu beteuern, sie sei sicher, Jack sei geradewegs in den Himmel aufgefahren. »Ach, Ethel«, sagte Jackie. »Ich wünschte, ich hätte so einen Glauben wie du.« Dann erzählte sie ihr: »Bobby war wundervoll.« »Er wird jederzeit für dich da sein«, sagte Ethel mit einer Großzügigkeit, die sie nicht immer an den Tag legte.[18] Wieder und wieder schilderte Jackie vor Tony Bradlee und vor Robert McNamara die schrecklichen letzten Ereignisse von Dallas, als könne sie selbst sich aus dem Alptraum befreien, indem sie ihn offenlegte.

Janet Auchincloss übernahm die Verantwortung für Caroline und John, die mit Miss Shaw in ihr Haus in Georgetown gebracht worden waren, als die Nachricht eintraf. Sie erfuhr, dass Jackie sie zurück im Weißen Haus haben wollte, damit ihr Alltag so wenig wie möglich gestört würde. Janet traf die Entscheidung, dass Maud Shaw Caroline noch an diesem Abend erklären sollte, was mit ihrem Vater geschehen war. John konnte bis zum Morgen warten.[19] Maud Shaw schrieb:

> Mit einem überwältigenden Gefühl der Trauer brachte ich John ins Bett, sprach seine Gebete mit ihm, deckte ihn zu und ging hinüber zu Caroline. Ich setzte mich auf die Bettkante und fühl-

te, wie mir die Tränen in die Augen stiegen. Ich begann ihr aus einem ihrer Bücher vorzulesen – sie liebte diesen Augenblick des Tages –, doch nach ein paar Abschnitten konnte ich die Worte nicht mehr erkennen. Caroline sah zu mir auf und verzog vor Sorge ihr kleines Gesicht.

»Was ist denn los, Miss Shaw? Warum weinen Sie denn?«

Ich nahm sie zärtlich in die Arme. »Ich kann nicht aufhören zu weinen, Caroline, weil ich dir etwas sehr Trauriges erzählen muss.«

Dann erzählte ich ihr, was geschehen war. Es war grauenhaft für uns beide.[20]

So weit Maud Shaws kurzer Bericht. Nach dem, was sie William Manchester erzählte, sagte sie zu Caroline: »Auf deinen Vater ist geschossen worden. Sie haben ihn ins Krankenhaus gebracht, aber die Ärzte konnten ihn nicht wieder gesund machen.« Sie machte eine Pause. »Deshalb ist dein Vater gegangen, um sich um Patrick zu kümmern. Patrick war so einsam im Himmel. Er kannte ja niemanden dort. Jetzt hat er den besten Freund, den man nur haben kann.«

Maud Shaw blieb am Bett sitzen, während Caroline sich in den Schlaf weinte. Als Caroline sie später fragte, ob Gott ihrem Vater im Himmel eine Aufgabe zuteilen werde, antwortete sie: »Gott macht deinen Vater zum Schutzengel über dich und John und Mami. Sein Licht wird auf euch herunterscheinen und er wacht über euch und hat euch lieb, und das wird er immer tun.«[21]

In Bethesda traf Bobby alle Entscheidungen. Jackie war zu sehr mit ihren Marathonberichten vom Attentat beschäftigt, um in diesem Augenblick vorauszudenken. Als er sie fragte, was getan werden sollte, wenn sie mit Jacks Leichnam aufbrechen würden, antwortete sie schlicht: »Das steht im Führer«, in dem sich ein Bild von dem auf einem Katafalk aufgebahrten Leichnam Lincolns befand.[22] Befehle wurden von Bobby an Arthur Schlesinger, Richard Goodwin und dann an William Walton weitergegeben. Illustrierte Berichte von Lincolns Begräbnis fanden sich, die Walton studieren sollte. Die Aufbahrung sollte am

Samstag im Ostsaal stattfinden, gefolgt von der Überführung in den Rundbau des Kapitols am Sonntag, dem Trauergottesdienst und der Beisetzung am Montag. Zusammen mit Sargent Shriver und einer Schar Helfer, darunter dem Hundeführer des Präsidenten, arbeitete Walton die Nacht durch, um den Ostsaal vorzubereiten. Sie verhängten den Kronleuchter mit schwarzem Crêpe und schnitten mächtige Zweige von Andrew Jacksons Magnolienbüschen als Blumenschmuck.

Als die Autopsie in Bethesda abgeschlossen war, zog Burkley dem Präsidenten Jackies Ehering vom Finger und gab ihn ihr zurück. Während Kosmetiker sich an seinem Leichnam zu schaffen machten, begab sich die irische Mafia hinunter zu Gawler's, um einen neuen, teuren Sarg aus fünfhundert Jahre altem afrikanischen Mahagoni zu kaufen, der den beschädigten ersetzen sollte. Oben stritt Jackie mit Bobby und McNamara darüber, ob der Sarg offen bleiben oder geschlossen werden sollte. Sie konnte den Gedanken an einen offenen Sarg nicht ertragen. Die anderen dagegen beharrten darauf, dass dies dem Brauch für ein Staatsoberhaupt entsprach. Als der Sarg später im Ostsaal des Weißen Hauses eintraf, gab eine Abordnung von Freunden ihre Meinung ab, nachdem sie den Leichnam begutachtet hatten. Die meisten fanden ihn »abstoßend«, »Eine Wachsfigur« ohne »jede Ähnlichkeit mit dem Präsidenten«.[23] Zu Jackies Erleichterung wurde beschlossen, den Sarg zu schließen. »Es war nicht Jack«, sagte sie. »Es war ein Ding, wie man es in Madame Tussauds Wachsfigurenkabinett finden würde.«[24] Sie kniete neben dem Sarg nieder und begrub ihr Gesicht in der Flagge der Veteranen, die darüber gebreitet war.

Auf Jackies Wunsch hin verbrachten Janet und Hughdie Auchincloss die restliche Nacht im Schlafzimmer des Präsidenten. Am nächsten Morgen um sieben Uhr kam Caroline herein. Sie schob eine große Spielzeuggiraffe, die ihr Vater ihr geschenkt hatte, vor sich her, und ihr auf den Fersen folgte John, der ein Spielzeug hinter sich herzog. »Sie kam zum Bett«, erinnerte sich Janet Auchincloss, »und wies auf ein Bild ihres Vaters, das die Titelseite der Zeitung ausfüllte. ›Wer ist das?‹ fragte sie. Ich antwortete: ›O Caroline, das weißt du doch, das ist dein Daddy.‹

Und da sagte sie zu mir: ›Er ist tot, nicht wahr? Ein Mann hat ihn erschossen, stimmt's?‹ Und ihr kleines Gesicht sah so ganz und gar ungewöhnlich aus. Sie ist ein sehr, sehr liebevolles kleines Mädchen und ein äußerst nachdenkliches Kind …«[25]

In Jackies Schlafzimmer spritzte Dr. Walsh ihr zum zweiten Mal in jener Nacht ein Beruhigungsmittel. Das erste hatte keinerlei Wirkung gezeigt. Diesmal verabreichte er eine volle Dosis von einem halben Gramm Amytal. Sie weinte noch eine Zeit lang, ehe das Mittel sie betäubte. Aber nicht für lange: Um acht Uhr früh war sie wach und bereits mit Gedanken an die bevorstehenden Ereignisse beschäftigt. Kurz vor zehn holte sie die Kinder, um sie mit hinunter zu einem Gebet am Sarg ihres Vaters zu nehmen. Dann wurde eine Messe gelesen, an der weinende Verwandte und Freunde teilnahmen, die Bradlees und die Bartletts, die Spaldings, Sissie und David Ormsby-Gore und viele andere. Die Messe wurde gehalten von Joe Kennedys altem Freund Vater Cavanaugh. Hinterher fiel Sargent Shriver Carolines Einfühlungsvermögen auf: »Jackie und Caroline knieten nebeneinander, und als sie ihr Gebet beendet hatten, stand Jackie auf und drehte sich um. Ihr Gesicht war eine Maske der Qual. Caroline nahm Jackies linke Hand in ihre rechte und streichelte die Hand ihrer Mutter, derweil sie in dem Versuch, die Mutter zu trösten, mit einem Ausdruck von Intelligenz, Mitgefühl und Liebe zu ihr aufsah.« Hinterher brachte Jackie die unglaubliche Selbstbeherrschung auf, sich bei jedem Einzelnen mit einem persönlichen Wort zu bedanken. Sissie Ormsby-Gore erzählte sie, dass sie und Jack vorgehabt hatten, sie zu bitten, Taufpatin für Patrick zu sein. Dann führte sie mechanisch, als sei sie noch immer dafür zuständig, den Haushaltsvorstand J. B. West durch die neu restaurierten Räume, vor allem in das Oval Office. Dessen Fertigstellung war als wundervolle Überraschung für Jack bei seiner Rückkehr aus Dallas gedacht gewesen.

Jetzt aber war die drängendste Entscheidung, die getroffen werden musste, die Wahl des Ortes für sein Grab. Die Kennedys und die irische Mafia stimmten für die Familiengrabstätte in Brookline, Massachusetts. »Wir werden alle um Daddy herum in Boston begraben«, verkündete Eunice, die mit ihrem Vater und Teddy auf dem Cape war.[26] Eingedenk dessen, was Kennedy auf der Feier zum letzten Veteran's Day in Arlington zu ihm gesagt hatte, erhob Bob McNamara die Stimme für den Nationalfriedhof. Jackie stimmte ihm zu, vielleicht bewegt von der Erinnerung an ihren ersten Besuch dort mit Yusha vor mehr als zwanzig Jahren. Scharen von Kennedys besuchten den Friedhof in strömendem Regen und wurden von der Großartigkeit des Ortes, direkt unterhalb des Custis-Lee-Gebäudes mit dem Blick über ganz Washington, umgestimmt. Jackie selbst fuhr für fünfzehn Minuten dorthin. Die Entscheidung wurde gefällt: Arlington sollte es sein.

Das Wetter an jenem Tag war abscheulich: kalter Regen, Wind, Donner und Blitze. Bunny Mellon flog in einem Mellon-Flugzeug von Antigua nach New York und dann weiter nach Washington. Durchs Fenster sah sie »die aufleuchtenden Blitze, den peitschenden Regen und die beängstigenden Böen – der Sturm war dem Grauen des Anlasses angemessen«, erinnerte sie sich. Sie besuchte den Katafalk im Ostsaal. »Tränen flossen ohne Unterlass. Es war wie der Niedergang aller Hoffnung der Jugend – als hätte die Jugend einen Versuch gewagt, der vereitelt worden war. Mir kam es vor, als hätte dieses Land symbolisch etwas ums Leben gebracht.« J. B. West überbrachte ihr Jackies Wunsch, sie sollte den Blumenschmuck für die Aufbahrung in der St. Matthews Cathedral auf dem Kapitol, wo der Trauergottesdienst stattfand, und auch den für das Grab in Arlington gestalten.

Am Abend des Samstags, dem 23. November, gab Dr. Walsh Jackie eine weitere Spritze Amytal. Bevor sie einschlief, verlangte sie nach Bobby, der im Lincoln-Zimmer übernachtete. »Ich muss Jack morgen früh sehen«, sagte sie ihm. »Ich will ihm Lebwohl sagen – und ich möchte etwas in den Sarg legen.« Bobby versprach, sie am Sonntagmorgen abzuholen, sodass sie zusammen hinuntergehen konnten. Bevor sie zu Bett ging, setzte Jackie sich hin und schrieb ihren letzten Liebesbrief an Jack, Seite um Seite voll leidenschaftlicher Worte, ehe sie den Umschlag versiegelte. Ungeachtet des Amytal hatte sie, wie Bobby es ausdrückte, eine »weitere schlimme Nacht«, warf und wälzte sich im Bett hin und her und rief nach Jack. Bobby rief die Ormsby-Gores an und bat sie herüberzukommen und die Nacht bei ihr zu verbringen. Der Sonntag, an dem Jacks Körper das Weiße Haus zum letzten Mal verließ, stellte einen weiteren furchtbaren Schritt ihres Abschieds von ihm dar. Ehe der Sarg fortgebracht wurde, forderte Jackie Caroline auf, ihren eigenen Brief an ihren Vater zu schreiben. Dann führte Caroline John jr. die Hand, sodass er seine unleserliche Notiz niederschreiben konnte. Die Briefe der Kinder wurden einzeln in Umschlägen verschlossen, damit Jackie sie mit hinunter zum Sarg nehmen konnte. Außerdem nahm sie ein Paar teurer Manschettenknöpfe mit, die sie Jack geschenkt hatte, sowie einen seiner liebsten Gegenstände, ein Stück Elfenbein mit dem eingeschnitzten Siegel des Präsidenten, ihr Geschenk zum letzten Weihnachtsfest, 1962.[27]

Unten im Ostsaal, am offenen Sarg, legte Jackie ihre Geschenke hinein. Bobby fügte seine PT-Krawattennadel und einen silbernen Rosenkranz hinzu, den Ethel ihm bei ihrer Hochzeit geschenkt hatte. Jackie schnitt eine Strähne von Jacks Haar ab und trat zurück, um dem Abtransport des Sarges zuzusehen. Mary Gallagher fand, sie habe nie zuvor so schlecht ausgesehen. »Bobby führte sie am Arm und stützte sie. Ihre Glieder waren schlaff, sie hielt den Kopf gesenkt und weinte. Sie sah aus, als würde sie jeden Moment stürzen.«[28]

Zu der Zeit wusste Jackie noch nicht, dass auf den »törichten kleinen Kommunisten« Lee Harvey Oswald in der Garage des Gefängnisses von Dallas geschossen worden war, während sie sich darauf vorbereitet hatte, vor den Sarg ihres Mannes zu treten. Der Schütze hieß Jack Ruby, und Oswald wurde zum Sterben in die Notaufnahme Nr. 2 im Parkland Hospital gebracht. Die Schießerei wurde von NBC-Fernsehkameras gefilmt. Der grimmig wirkende Präsident Johnson erklärte Bobby, als sie sich vor dem Aufbruch zum Kapitol im Blauen Zimmer trafen: »Das gibt den Vereinigten Staaten einen schlechten Namen in der ganzen Welt.«[29]

Im Weißen Haus erschien Jackie auf den Stufen des Nord-

Portikus und hielt John und Caroline bei den Händen. Ihr Sinn für Bühnenwirkung hielt sie aufrecht. Obwohl sie für gewöhnlich alles tat, um Publicity für die Kinder zu vermeiden, brauchte sie die beiden jetzt für ihr tragisches Triptychon: die verwitwete Mutter und die zwei vaterlosen Kinder, welche die ganze Welt sehen sollte. Unter den Augen der Öffentlichkeit stand Jackie, wie ihr Freund Joe Alsop es ausdrückte, »im grellen Licht der Geschichte«.[30] Im Kapitol nahm Jackie, nachdem die Elogen vorüber waren, wiederum Carolines Hand und sagte zu ihr: »Wir sagen Daddy Lebwohl und küssen ihn zum Abschied, und wir sagen Daddy, wie sehr wir ihn lieb haben und wie sehr wir ihn immer vermissen werden.«[31] Caroline tat nach, was ihre Mutter tat, sie knieten nieder und küssten die Flagge, die den Sarg bedeckte, wobei sich ihre Hand darunter stahl, als wolle sie ihren Vater ein letztes Mal berühren.

Wieder im Weißen Haus, das Stas Radziwill später ein »Versailles nach dem Tod des Königs« nennen sollte, hatte Jackie sich so weit erholt, dass sie alle wichtigen Entscheidungen für die Beisetzung am nächsten Tag und für die nächste Zukunft ihrer Familie treffen konnte. Nach dem Weißen Haus hatte sie kein Zuhause mehr. Freunde sprangen hilfreich ein. David Ormsby-Gore erklärte sich bereit, Carolines Schule in der britischen Botschaft unterzubringen. Kenneth Galbraith sprach über ein Haus für Jackie mit Averell Harriman, der erklärte, er werde sein eigenes Heim für sie aufgeben und mit seiner Frau Marie ins Georgetown Hotel ziehen. In der Zwischenzeit musste Jackie Beschlüsse über das Programm der Messe, die Ansprachen am Grab und die – von Bobby und Teddy zu verlesenden – Bibelstellen treffen. McGeorge Bundy, der zur Beratung hinzugezogen wurde, sagte: »Es geriet genau richtig – wie beinahe alles, was Jackie in diesen Tagen anfasste – und sie fasste ja so gut wie alles an.« Die Entscheidung, eine ewige Flamme am Grab brennen zu lassen, war ebenfalls von Jackie getroffen worden. Über die Blumen für die Kathedrale und das Grab sprach sie mit Bunny Mellon. Bunny hatte St. Matthews bereits mit zwei schlichten blauen Sockelvasen aus dem Weißen Haus ausgestattet, gefüllt mit Gänseblümchen, weißen Chrysanthemen und Stephanotis. Bei der Frage, was mit den unzähligen Kränzen aus der Öffentlichkeit geschehen sollte, die auf dem Friedhof eintrafen, hatte sie Jackies Wunsch vorausgeahnt. »Bitte sorge dafür, dass sie weit, weit weg vom Grab ausgelegt werden«, sagte Jackie. »Als Patrick starb, hast du einen so schönen, schlichten Korb geschickt. Diese eine Sache möchte ich am Grab. Einen Strohkorb, nur mit den Blumen, die er im Rosengarten hatte, und sonst nichts am Grab.«[32]

Lee Radziwill flog von London herüber. Am nächsten Tag traf Stas in Washington ein. Als weiterer ausländischer Gast erschien Aristoteles Onassis, den Lee eingeladen hatte, sich ihnen anzuschließen. Er war am Tag des Attentats zur Jungfernfahrt eines Tankers in Hamburg gewesen und hatte Lee unverzüglich angerufen. Als sie ihn einlud, erinnerte er sie daran, dass er angewiesen worden war, sich bis nach den Wahlen von 1964 aus den Vereinigten Staaten fernzuhalten. Aber das, so machte Lee ihm klar, war jetzt wohl kaum noch von Bedeutung. Am folgenden Tag erhielt er von Angier Biddle Duke eine offizielle Einladung zur Trauerfeier. Während seines Aufenthalts in Washington sollte er Gast im Weißen Haus sein. An diesem Wochenende sah Mary Gallagher verwundert, wie Jackie am Arm eines Herrn, den sie nicht erkannte, durch die Mittelhalle ging. Später erklärte Provi ihr, das sei Onassis. In den allgemeinen Stürmen der Trauer ging seine Anwesenheit im Herzen der Kennedy-Familie beinahe unbemerkt vorüber. Immerhin aber wird ihm eine kurze Erwähnung des peniblen William Manchester zuteil.

An jenem Sonntagabend, dem 24. November, nachdem Jacks Leichnam zur Aufbahrung ins Kapitol gebracht worden war, aßen Verwandte und Freunde im Weißen Haus. Rose Kennedy aß oben mit Stas Radziwill. Jackie, Lee und Bobby aßen in Jackies Wohnzimmer, während die übrigen Kennedys ihr Dinner gemeinsam mit den Hausgästen McNamara, Phyllis Dillon, Dave Powers und Onassis im Speisezimmer der Familie einnahmen. Das Familienessen entwickelte sich rasch zum irischen Leichenschmaus: Große Mengen Alkohol wurden getrunken, dumme Witze erzählt und Scherze gemacht. Onassis wurde zur

Zielscheibe für Witze über seine Yacht, auf der die Barhocker mit Material aus den Hodensäcken von Walen gepolstert worden waren. Sogar Bobby stieß später dazu. Er setzte ein förmliches Dokument auf, das Onassis dazu verpflichtete, sein halbes Vermögen den Armen in Lateinamerika zu spenden. Onassis unterzeichnete auf Griechisch.

Sonntagnacht bekam Jackie nach einem privaten Besuch auf dem Kapitol eine weitere Amytal-Injektion und fiel auf der Hälfte ihres Mannes, auf der harten Bettunterlage, für vier Stunden in einen unruhigen Schlaf.

Am Montagmorgen, dem 25. November, zog scharf und klar der Tag der Bestattung herauf. Jackie hatte den bedeutsamen Entschluss gefasst, hinter dem Kanonenwagen herzugehen, der den Sarg ihres Mannes trug. Der Tradition nach gingen nur Männer auf Bestattungen zu Fuß, während Frauen in Autos hinterher gefahren wurden. Jackies Entscheidung bedeutete einen Alptraum für die Sicherheitskräfte. Nicht nur sie selbst und die Kennedys würden ein leichtes Ziel für die Kugel eines weiteren Attentäters bilden, sondern ebenso die Staats- und Regierungsoberhäupter aus aller Welt, die zur Trauerfeier eingetroffen waren: General de Gaulle, Kaiser Haile Selassie von Äthiopien, Prinz Philip, der Herzog von Edinburgh, und der sowjetische Außenminister Mikojan, um nur einige zu nennen. Der neue Präsident Lyndon Johnson hatte sich konsequent geweigert, sich von seinen Beratern von dem Gang zu Fuß abhalten zu lassen. Es hatte zahlreiche Morddrohungen gegeben, doch wenn die Witwe den Zug anführte, würde niemand zurückstehen. Ebenso in der Prozession mitgeführt wurde ein schimmernder, schwitzender schwarzer Wallach, der das in der Scheide steckende Schwert und die umgedrehten Stiefel eines toten obersten Kommandanten trug. Kurioserweise, auch wenn Jackie davon nichts wusste, trug das Pferd den Namen Black Jack.

Wieder einmal fiel Jackie ins Auge, die verschleierte Witwe in Schwarz, flankiert von ihren beiden Schwägern, während die Schar der Würdenträger ihr in sechzehn Zwölferreihen folgte. »Jacqueline Kennedy schritt mit einer Haltung und einer Würde einher, die sich mit Worten nicht beschreiben lassen – so königlich wie jeder der Kaiser, Königinnen oder Prinzen, die ihr folgten«, schrieb ein Reporter. Lady Jean Campbell telegraphierte dem *Evening Standard* in London, Jackie habe »dem amerikanischen Volk an diesem Tag verliehen, was ihm immer gefehlt hatte – Majestät«.

In der Kathedrale hörte man, wie der kleine John, der an diesem Tag seinen dritten Geburtstag erlebte, schrie: »Wo ist mein Daddy?« Zweimal während der Messe wurde Jackie von krampfhaftem, unkontrollierbarem Schluchzen geschüttelt. Beide Male versuchte Caroline, sie zu trösten: »Es ist ja gut, Mami. Weine nicht. Ich passe auf dich auf.« Selbst Kardinal Cushing war in Tränen aufgelöst, als er gegen Ende vom rituellen Latein ins Englische überwechselte: »Lieber Jack, mögen die Engel dich ins Paradies geleiten …« Jackie rang um Beherrschung. Draußen dann, während sie zusah, wie der Sarg für seine letzte Reise auf dem Kanonenwagen festgeschnürt wurde, brachte man John zu ihr. Sie besann sich darauf, wie gern er mit seinem Vater Soldat gespielt hatte, was so weit gegangen war, dass er marschierend und salutierend die Zeremonie zum Veteran's Day in Arlington zu Beginn des Monats unterbrochen hatte. »John«, sagte sie, »du kannst Daddy jetzt salutieren und ihm Lebewohl wünschen.« Das Bild des dreijährigen Jungen, der in Habtachtstellung einen perfekten Salut ausführte, grub sich ins Gedächtnis eines jeden, der es sah.[33]

Während der Präsident zu Grabe getragen wurde, kreiste die Air Force One über Arlington und der Pilot senkte Tribut zollend die Flügel. Am Grab umklammerte Jackie die Flagge, die den Sarg bedeckt hatte. »Das Ende der Trauerfeier in Arlington«, schrieb Mac Bundy, »war wie der Fall eines Vorhangs oder wie das Kappen straff gespannter Seile.«[34]

15
Die Ritter von Camelot

»Selten, wenn überhaupt je, ist Heiligenverehrung in einer Demokratie so gekonnt gehandhabt worden, durch die Hand und im Auftrag einer dreiunddreißigjährigen Witwe.«[1]
Nigel Hamilton

Am Morgen nach Jacks Begräbnis schrieb Jackie an Lyndon Johnson:

Lieber Mr. President,
Haben Sie Dank dafür, dass Sie gestern – in Jacks Geleit – mitgegangen sind. Sie hätten das nicht tun müssen – ich bin sicher, eine Menge Leute haben Ihnen untersagt, ein solches Risiko auf sich zu nehmen – Sie aber haben es dennoch getan.
Haben Sie Dank für Ihre Briefe an meine Kinder. [In der Nacht von Freitag, nach dem Mord an JFK, hatte der neue Präsident sich hingesetzt, um zwei handschriftliche Briefe für John und Caroline zu verfassen, in denen er ihren Vater pries.]
Und vor allem, Mr. President, haben Sie Dank für die Art und Weise, in der Sie mir stets begegnet sind – wie Sie und Lady Bird sich mir gegenüber immer verhalten haben –, solange Jack lebte und jetzt, da Sie Präsident sind.
Ich nehme an, die Beziehung zwischen der Familie des Präsidenten und der des Vizepräsidenten kann sich sehr leicht belastend gestalten. Aus den historischen Berichten zu schließen, die ich seit meinem Einzug ins Weiße Haus gelesen habe, war dies in der Vergangenheit eher häufig der Fall.
Sie aber waren Jacks rechte Hand – und ich habe es oft für die größte Tat eines Gentlemans, die ich auf Erden gesehen habe, gehalten, wie Sie – der Mehrheitsführer, als Jack in den Senat kam, er seinerseits ein weiterer kleiner Frischling, der zu Ihnen

aufsah und Befehle von Ihnen entgegennahm – wie also Sie sich in der Lage sahen, unter einem Mann als Vizepräsident zu dienen, der unter Ihnen gedient hatte und von Ihnen ausgebildet worden war.
Noch mehr aber zählt, dass wir Freunde waren, wir alle vier. Was haben Sie nicht alles getan für mich als ein Freund und was hatten wir doch für glückliche Zeiten gemeinsam. Vor der Nominierung habe ich immer gedacht, dass Lady Bird First Lady werden sollte – aber Ihnen brauche ich hier ja nicht zu sagen, wie hoch ich ihre Qualitäten schätze – ihre Bereitschaft, sich jede Bürde aufzuladen. Sie hat mir so viel abgenommen, und ich liebe sie sehr …[2]

Die Beziehungen zwischen Jackie und den Johnsons waren nie enger als zu jener Zeit. Jackie teilte nicht die Gefühle der Abneigung, die Bobby und die um ihn, den Thronerben, in Hickory Hill versammelte Kennedy-Schar gegen Lyndon hegten. Jacks Freund Hugh Sidey, der *Time-Life*-Korrespondent in Washington, der Hickory Hill häufig Besuche abstattete, war schockiert von der Art, wie die Gruppe Johnson lächerlich machte, und nannte sie »einfach abscheulich« und »unentschuldbar«. Im Oktober 1963 hatten Freunde Bobby unter größter Ausgelassenheit eine Voodoo-Puppe mit Johnsons Zügen geschenkt.[3] Sowohl Jackie als Jack waren sich der Frustration und der Demütigung bewusst, die mit der Vizepräsidentschaft verbunden war und die ein Inhaber des Amtes als »einen Eimer warmer Spucke« beschrieben hatte.

Während Jack explizit versucht hatte, Johnson so weit wie möglich in die Regierung mit einzubeziehen, hatte Jackie sich selbst übertroffen, um sicherzustellen, dass er und Lady Bird an sämtlichen gesellschaftlichen Anlässen beteiligt waren und dass auch ihre drei Töchter zu geeigneten Abenden eingeladen wurden. Jackie hatte Lyndon persönlich in einem Brief darum gebeten, die Begrüßungsrede auf dem Dinner zu Ehren von André Malraux am 10. Mai zu halten. Arthur Schlesinger zufolge betrachteten Jack und Jackie Johnson mit einer »gewissen Zuneigung« als ein »amerikanisches Original, eine Figur aus einem Buch von Mark Twain«, und Lady Bird hatte, ohne sich zu beklagen, alles getan, um Jackie auf Anlässen zu vertreten, welche die First Lady ihrer Teilnahme nicht für würdig erachtete.

Jackie mochte zwar über Lady Birds völlige Unterordnung ihrer eigenen Wünsche zu Gunsten ihres anspruchsvollen und oft schwierigen Mannes gespöttelt haben (»Lady Bird würde auf allen vieren Gras essend durch die Pennsylvania Avenue kriechen, wenn Lyndon es von ihr verlangte«, soll Jackie Berichten nach gesagt haben), aber sie respektierte und mochte sie um ihrer Integrität und ihrer Stärke willen. Zudem schätzte sie die großzügige Geste der Johnsons, sie im Weißen Haus bleiben zu lassen, so lange sie wollte. Reporter, die The Elms belagerten, das Washingtoner Haus der Johnsons, erzürnten Lady Bird mit ihren ununterbrochenen Fragen, wann Jackie ausziehen würde. »Gebe Gott, dass ich etwas zu Mrs. Kennedys Trost tun könnte«, verwies sie sie. »Zumindest kann ich aber etwas für ihre praktische Lage tun.«[4] Lyndon Johnson beschrieb Jackies Verhalten als »würdevoll«.

In Bobbys Augen hatte Johnson Jackie »missbraucht« und »misshandelt«, indem er sie an Bord des Flugzeugs auf dem Boden des Love Field während der Vereidigung hatte warten lassen, ja, sie sogar »gezwungen« hatte, daran teilzunehmen, und das goss Öl ins Feuer seines Hasses auf den »Thronräuber« seines Bruders. Jackie selbst beklagte sich nie darüber und Beweise sprechen dafür, dass sie die Bedeutung ihrer bestätigenden Gegenwart bei Johnsons Vereidigung verstand. Sowohl die Johnsons als auch Jackie bemühten sich darum, ihre Beziehung so herzlich wie möglich zu erhalten. Sie fand die Kraft, Johnson am 28. November mit guten Wünschen zum Thanksgiving-Fest anzurufen, eine Geste, auf die der Präsident mit einer handgeschriebenen Botschaft aus dem Weißen Haus reagierte: »Sie waren großartig und haben sich einen Platz voll Wärme im Herzen der Geschichte erobert«, schrieb er ihr. »Ich wünschte nur, die Dinge wären nicht, wie sie sind, und ich bräuchte nicht hier zu sein. Der Allmächtige aber hat anders entschieden und jetzt benötigen Lady Bird und ich Ihre Hilfe. Unsere herzliche, herzliche Liebe gehört Ihnen für *immer* …«[5]

»Jackie liebte Lyndon«, sagte Charlie Bartlett. »Er war ganz reizend zu ihr ... Wie sie sagte, er hätte netter, besorgter und einfühlsamer nicht sein können ... Bobby hatte eine fortlaufende Fehde, eine schlimme, schlimme, schlimme Fehde ... Sie sprach immer sehr scherzhaft über Bobby. ›Bobby ließ mich meine Witwenkleider anlegen und Johnson auffordern, Cap Canaveral umzubenennen.‹ Die Kennedys versuchten, aus der Situation so viele Vorteile wie nur möglich zu ziehen. Jackie war ihre Grundlage dafür. Sie sprach mit sehr viel Humor darüber.«[6] (Am 27. November, fünf Tage nach dem Attentat, hatte Jackie Johnson im Oval Office einen halbstündigen Besuch abgestattet und ihn gebeten, etwas zum Andenken an Jacks Unterstützung für das Weltraumprogramm zu tun. Das Ergebnis war seine Entscheidung, Cap Canaveral umzubenennen. Später sagte Jackie, sie bereue, ihn gebeten zu haben, dass er dem Ort den neuen Namen Cap Kennedy gebe – »Wenn ich gewusst hätte, dass er seit den Zeiten Kolumbus' so geheißen hat, hätte ich es nie getan.«[7] Für die politisch denkenden Kennedys aber war die Umbenennung von Cap Canaveral im Hinblick auf Jacks Versprechen von Bedeutung, vor Ablauf des Jahrzehnts einen Mann auf den Mond zu schicken.)

Jackie hatte sich für seine Bibliothek eine Nachbildung seines Büros im Weißen Haus gewünscht, dessen Blickfang der kunstvoll geschnitzte Hayes-Schreibtisch war. (Der Schreibtisch wurde ein Teil der Kennedy-Ikonenverehrung durch ein Foto, auf dem der zweijährige John darunter hervorkrabbelt, während sein Vater im Oval Office bei der Arbeit sitzt.) »Am Tag des Attentats«, erinnerte sich der Kustos des Weißen Hauses, James Ketchum, »tat ich etwas, um das Mrs. Kennedy mich drei Wochen zuvor gebeten hatte. Ich hatte ein paar Leute vom Smithsonian erwischt und kam mit einem Hersteller her, damit man über eine Methode der Reproduktion des Schreibtischs für die Kennedy-Bibliothek sprechen konnte.« Jetzt bemühten sich die Kennedys unermüdlich darum, das Original für die Bibliothek zu bekommen. Ketchum erinnerte sich: »Am 22. November hat man plötzlich keinen Präsidenten Kennedy mehr, sondern einen Präsidenten Johnson, der in der ersten Stunde seiner Regierung zu Mrs. Kennedy sagt: ›Meine liebe Dame, was immer Ihr Euch wünscht in diesem Raum, gehört Euch.‹ Und sie sagte: ›Oh, ich glaube, ich wünsche mir nichts.‹ Und dann kommt etwa sechs Wochen später ein Anruf, in dem ich über die Pläne für eine Kennedy-Wanderausstellung informiert wurde. Der Schreibtisch würde angefordert werden, ich solle mich darauf einrichten, dass er nicht mehr ins Weiße Haus zurückkäme.« Außer sich vor Zorn ließ Ketchum in Dokumenten festhalten, dass es sich lediglich um eine Leihgabe handle. Als jedoch der Tisch zerkratzt und restaurationsbedürftig von der weltweiten Ausstellung zurückkam, entbrannte eine neue Schlacht. »Archive hatten davon Besitz ergriffen«, berichtete Ketchum. »Und da habe ich den Archivar angerufen und ihm nicht etwa gesagt, dass ich den Tisch zurückhaben wolle, sondern dass ich einen Transporter dafür herüberschicken würde, so nahmen wir ihn wieder in Besitz. In der Zwischenzeit trat Bobby Kennedy auf den Plan und Bill Moyers trat auf den Plan, und ich bekam Telefonanrufe, in denen ziemlich heftig und bitter über das, was vor sich ging, gesprochen wurde. Ich sah lediglich, dass der Tisch wieder in seinen ursprünglichen Zustand versetzt werden musste und dass er dem Weißen Haus gehörte. Als der Tisch zurückkam, hatte ich mit Mrs. Johnson darüber gesprochen und sie sprach mit dem Präsidenten darüber, und dann wurde vorgeschlagen, ich solle mit Clark Clifford reden … Clifford brauchte etwa fünfundvierzig Minuten, bevor er äußerte: ›Vielleicht sollten wir die Sache mit der Nachbildung wieder ins Rennen bringen und uns den ganzen Prozess mal ansehen.‹ Ich aber war an diesem Punkt ziemlich zuversichtlich, dass Besitzrechte neun Zehntel des Gesetzes ausmachen würden. Wir hatten den Tisch, außerdem hatte Präsident Johnson von Anfang an kein Recht gehabt, den Tisch zu verschenken, noch hatte Mrs. Kennedy eines, ihn sich zu erbitten. Aber wer konnte schon nein sagen zu der Witwe unseres zum Märtyrer gemachten Präsidenten? Es war eine äußerst unangenehme Position.«

Dieses Mal gewann der beharrliche junge Kustos die Schlacht: Der Schreibtisch wurde restauriert und zurück ins Oval Office verbracht, wo er seit Kennedy jedem Präsidenten gedient hat, ganz wie Königin Victoria es gewünscht hatte.

Jackie war besessen von der Sorge, dass Lady Bird ihre Hinterlassenschaft bewahrte, das restaurierte Weiße Haus, und wollte ihr in jeder erdenklichen Weise dabei helfen. Aus Hyannis Port, wo sie Thanksgiving verbracht hatte, schrieb sie Lady Bird am 1. Dezember einen langen Brief auf ihrem üblichen Kanzleipapier. Sie hatte immer Angst gehabt, dass die nächste First Lady sich um die Erhaltung des Weißen Hauses nicht scheren würde, und dankte Lady Bird für ihre Bemühung darum, dass für das Haus immer gesorgt sein würde.

Am selben Tag schrieb sie ein zehnseitiges Memorandum über die Führung des Weißen Hauses und wies West an, es an Lady Bird weiterzuleiten. Als sie ins Weiße Haus zurückkehrte, hatte sie zwei letzte Aufträge für West. Der erste bestand darin, eine Tafel für den Kaminsims in ihrem Schlafzimmer fertigen zu lassen: »In diesem Zimmer lebte John Fitzgerald Kennedy mit seiner Frau Jacqueline während der zwei Jahre, zehn Monate und zwei Tage, die er Präsident der Vereinigten Staaten war: 20. Januar 1961 – 22. November 1963.« Sie sollte neben der Messingtafel angebracht werden, die daran erinnerte, dass Abraham Lincoln in diesem Raum geschlafen hatte. Der zweite betraf die Aufhängung des Geschenks, das die Kennedy-Familie dem Weißen Haus zum Gedenken an JFK gemacht hatte, einen Monet mit dem Titel *Morgen an der Seine*. »Können Sie es im Grünen Zimmer aufhängen lassen?«, bat sie. »Das war sein Lieblingszimmer …«

Lyndon Johnsons Werbung um Jackie dauerte unvermindert an. Er und Jackie turtelten am Telefon, wobei der texanische Tonfall des Präsidenten warm wie Honig und Jackies Stimme weich und kurzatmig klang. »Ich möchte nur, dass Sie wissen, dass Sie von so vielen so sehr geliebt werden«, erklärte Johnson ihr am 2. Dezember. »Und einer dieser vielen bin ich.« Atemlos dankte Jackie ihm für den Brief, den er ihr am Vortag geschrieben hatte. »Ich habe mich nicht getraut, Sie noch einmal zu belästigen«, gestand sie ihm. »Hören Sie, meine Süße«, lautete Johnsons Antwort. »Eine Sache müssen Sie lernen: Sie belästigen mich nie. Sie geben mir Kraft. Einfach indem Sie herüberkommen und Ihren Arm um mich legen. Das ist alles, was Sie dazu tun müssen. Wenn Sie nichts anderes zu tun haben, lassen Sie uns einen Spaziergang im hinteren Garten machen ... Dieser Präsident hier verlässt sich ganz auf Sie ...«[8] Mit den Worten »Ich liebe Sie« begann Johnson am 21. Dezember ein anderes Gespräch mit Jackie. »Sie haben sich einfach von dieser Stadt fern gehalten, ich hätte Sie verhaften lassen sollen. Fast haben Sie mich wütend gemacht, weil Sie einfach so wegfahren, ohne vorbeizukommen, mich zu umarmen und sich von mir zu verabschieden ...«[9] Zwei Tage später vertraute er Pierre Salinger an, dass er mit dem Gedanken spiele, Jackie zur Botschafterin in Mexiko zu ernennen, und verlieh seiner Zuneigung für sie Ausdruck: »Ich habe vor einer Weile mit ihr gesprochen«, sagte er, »und sie sagte nur ›ooh‹ und ›aah‹ am Telefon und war einfach ein zu süßes Ding. Sie war immer netter zu mir als irgendein anderes Mitglied der Kennedy-Familie. Immer lud sie meine Kinder ein und gab mir das Gefühl, ein menschliches Wesen zu sein ...«[10]

Beinahe mit der Sorge einer Ehefrau reagierte Jackie auf die Appelle Johnsons: »Würden Sie sich bitte angewöhnen, sich nach dem Mittagessen hinzulegen?«, wies sie ihn an. »Das hat Jacks ganzes Leben verändert. Er fühlte sich immer elend, aber als wir ins Weiße Haus kamen, hat er es jeden Tag getan ...« – »Sie kommen her und besuchen mich, und wenn Sie das nicht tun, komme ich und besuche Sie«, gab Johnson zurück. »Ach, Mr. President«, war Jackies atemlose Antwort. Aber es gab etwas, das sie nicht über sich bringen konnte: »Ich kann nicht dorthin kommen, das wollte ich Ihnen sagen. Ich habe mich wirklich gerade in die Gewalt bekommen. Sie wissen, ich würde alles für Sie tun. Ich spreche am Telefon mit Ihnen. Aber ich hätte einfach Angst, ich würde wieder anfangen zu weinen ...«[11]

Unter der Herzlichkeit von Jackies Beziehung mit den Johnsons aber lauerte die besessene Angst, die Errungenschaften des neuen Präsidenten könnten Jacks Ruf in den Schatten stellen. »Bereits jetzt bricht ohne ihn alles auseinander«, schrieb sie Harold Macmillan am 31. Januar 1964. Sie war entschlossen, dafür zu sorgen, dass Jack nicht nur unvergessen bleiben, sondern dass seiner in dem heldenhaften Licht gedacht werden sollte, in dem sie selbst ihn nun sah. Sie hatte gehört, dass Teddy White im Begriff stand, für *Life* einen Beitrag über das Attentat zu schreiben. Er war der Autor von *The Making of the President* und ein Schriftsteller, den Jack bewundert hatte. Sie wollte, dass White sich anhörte, was sie dazu zu sagen hatte, dass er Jack sah, wie sie ihn sah, und dass er es so für die Millionen von Lesern zu Papier brachte. Sie war dabei, einen Mythos zu erschaffen: den Mythos von Camelot.

White wurde für Freitag, den 29. November, dem Tag nach Thanksgiving, nach Hyannis Port bestellt. Es war ein stürmischer Abend, als er zum Kap gefahren wurde, wo er um halb neun eintraf. Er blieb bis zwei Uhr in der Früh, während Jackie sprach und sprach und sprach. Sie war nicht allein: Chuck Spalding und Franklin Roosevelt jr. waren ebenfalls anwesend, zusammen mit Dave Porters und Pat Lawford. »In der Hauptsache erinnere ich mich an ihre Selbstbeherrschung«, berichtete White, »an ihre Schönheit (gekleidet in eine schwarze, schmal geschnittene Hose und einen beigefarbenen Pullover), an ihre Augen, die größer als Teiche waren, an ihre ruhige Stimme und ihr perfektes Gedächtnis.«[12] Sie erzählte ihm, sie wisse, dass Arthur Krock und Merriman Smith über Jack als historische Gestalt schreiben würden, und das war nicht die Art, in der sie sich sein Andenken wünschte. An den zahllosen Theorien darüber, wer hinter dem Mord an Jack stecken mochte, war sie nicht interessiert. »Was machte es für einen Unterschied, ob der CIA, das FBI, die Mafia oder schlicht ein halb wahnsinniger Menschenhasser ihn getötet hatte?«, lautete Whites Wiedergabe. »Er war tot, und für sie zählte lediglich, dass sein Tod in eine Art von gesellschaftlichen Zusammenhang gestellt würde.«[13]

»Aber eine Sache gibt es, die ich gern erwähnt hätte«, sagte sie. »... eines geht mir immer wieder durch den Sinn, eine Zeile aus einem Musical. Ich habe immer wieder zu Bobby gesagt, ich muss mit jemandem sprechen, ich muss mich mit jemandem zusammensetzen. Es ist mir schon fast zur Besessenheit geworden ... In der Nacht, bevor wir zu Bett gingen ... wir hatten eine alte Victrola-Truhe, auf der spielte er immer ein paar Platten. Ich stand aus dem Bett auf und spielte das Lied für ihn, auch wenn es so kalt war, aus dem Bett aufzustehen. Er liebte dieses Lied, er liebte Camelot. Am Ende war es das Lied, das er am meisten liebte … auf einer zehn Jahre alten Victrola-Truhe … Es ist die letzte Platte, die letzte Seite von Camelot. ›Lass nicht vergessen sein, dass es Camelot gab, für einen einzigen, strahlenden Augenblick …‹ Als ich nach Hause kam, habe ich wieder danach gesucht. Ich wollte sagen: ›Es wird nie ein anderes Camelot geben …‹

Jack liebte Geschichte, aber Geschichte wird nicht von verbitterten alten Männern geschrieben. Geschichte hat Jack zu dem Mann gemacht, der er war. Sie müssen an ihn als den kleinen Jungen denken, der ständig krank war und Geschichtsbücher las, Bücher über die Ritter der Tafelrunde, Marlborough. Für Jack war Geschichte voller Helden … Wenn sie das für ihn bewirkt hat, wenn sie ihn Helden entdecken ließ, vielleicht tut sie dann das Gleiche für andere kleine Jungen … Jack hatte diese Heldenvorstellung von Geschichte, die idealistische Sicht, und dann die andere Seite, die pragmatische Seite.‹ Sie wollte nicht, dass John F. Kennedy vergessen wurde oder dass Menschen Dinge über ihn in verstaubten oder langweiligen Geschichtsbüchern lasen. ›Für einen einzigen strahlenden Moment … war dies Camelot.‹ Und sie wollte [fügte Jackie hinzu] den Leuten nur sagen, dass sie dieses Camelot nie wieder haben würden.«[14]

»Sie trug dies so leidenschaftlich vor, dass es in einem bestimmten Licht betrachtet beinahe einen Sinn ergab«, erinnerte sich White. »Mir war klar, dass es sich um eine Fehlinterpretation von Geschichte handelte, aber ich war ergriffen von Jackies Fähigkeit, die Tragödie in einen so romantischen, menschlichen Rahmen zu stellen. Sie hatte etwas extrem Bezwingendes an sich. Und sie wollte, dass ich diese Camelot-Fantasie als Aufhänger für den *Life*-Epilog benutzte. Das schien mir nicht besonders viel verlangt. Also sagte ich zu mir: Warum nicht? Wenn das alles ist, was sie will, soll sie es haben. Und so wurde Camelot die Grabinschrift der Kennedy-Regierung – ein magischer Augenblick in der amerikanischen Geschichte, als tapfere Männer mit schönen Frauen tanzten, als große Taten vollbracht wurden und das Weiße Haus zum Mittelpunkt des Universums wurde.«[15]

Die gesamte Vorstellung war ein Beweis für Jackies Macht als Schöpferin von Bildern. Wie immer in Mythen, war dies eine Entstellung der Realität und die Realität würde ihn eines Tages einholen. Alan Jay Lerner, der das Libretto des Musicals *Camelot* schrieb, war nicht weniger verwundert als Teddy White. »Er verstand nicht, was all dieses Camelot-Gerede sollte. Er war mit John F. Kennedy aufs Internat und in Harvard auf die Universität gegangen, also kannte er ihn schon aus frühen Jahren und er kannte auch Jackie gut. Er sagte, weder Präsident Kennedy noch Jackie hätten ihm gegenüber je etwas von ihrer großen Liebe für *Camelot* verlauten lassen«, berichtete seine Frau Karen Lerner. »Was mich zu der Vermutung bringt«, fügte sie hinzu, »dass Jackie sich das möglicherweise ausgedacht hat, als sie während des ersten *Life*-Interviews nach dem Attentat mit Teddy White sprach.«[16] Niemand aber hätte die Camelot-Idee wohl mehr verachtet als Jack selbst.

Von nun an hatte Jackie zwei Ziele: die Glorifizierung von Jacks Präsidentschaft und die Absicherung der Zukunft ihrer Kinder. »Zwei Tage nachdem Kennedy ermordet worden war«, berichtete Pierre Salinger, »kam sie in mein Büro und sagte etwas, das meiner Meinung nach in dem Moment ihre gesamte Zukunft betraf: ›Hören Sie, mir bleibt jetzt nur eines zu tun – ich muss mich um die Kinder kümmern. Ich muss dafür sorgen, dass sie unter guten Bedingungen heranwachsen, sie sollen intelligent werden, sie müssen vorankommen, um gute Stellungen zu finden, sie müssen ein erfülltes, bedeutsames Leben bekommen. Wenn ich das jetzt nicht für sie tue, werden sie ihr ganzes Leben lang auf den Tod ihres Vaters zurückschauen, und das sollten sie nicht tun.‹«[17] »Aber sie war entschlossen, dass sie ihn nicht vergessen sollten«, erinnerte sich Maud Shaw. »Für sie stand ganz fest, dass die Kinder, wo sie einen so wundervollen Mann zum Vater gehabt hatten, alles über ihn erfahren sollten, während sie heranwuchsen ... Mrs. Kennedy wollte erreichen, dass die Kinder stolz auf ihren Vater waren, sodass sie sich immer darüber bewusst waren, wer er gewesen war und wer sie waren. Und ich glaube, es ist ihr sehr gut gelungen, bleibenden Schmerz über seinen Tod durch Stolz auf seine Errungenschaften und sein Andenken zu ersetzen.«[18]

In jener stürmischen Nacht auf Cape Cod erzählte Jackie Teddy White von ihren Kindern, von Carolines wundervollem, tröstlichen Verhalten auf dem Begräbnis – »Sie hat meine Hand gehalten wie ein Soldat, sie ist meine Helferin, sie gehört jetzt mir ...« Über John jr. sagte sie: »Ich möchte, dass John zu einem anständigen Jungen heranwächst. Er liebt Flugzeuge, wissen Sie. Vielleicht wird er einmal Astronaut werden, wenn er erwachsen ist, oder er wird schlicht John F. Kennedy sein, der hier auf dem Boden jemandes Flugzeug repariert ...«[19]

Am 5. Dezember gab Jackie eine verspätete Party für John jr. zu seinem dritten Geburtstag, um ihren letzten Tag im Weißen Haus ein wenig aufzuhellen. Am nächsten Tag verließ sie das Haus mit ihren Kindern an den Händen, gekleidet in dasselbe schwarze Kostüm, das sie auf Jacks Begräbnis getragen hatte, und zog, begleitet von Lee, Ethel und Bobby, in das Harriman-Haus in Georgetown. »Ich hatte einen Kloß im Hals, als ich den Korridor hinunterging«, schrieb Maud Shaw. »Ich wusste, dass wir in diese Fußspuren nie wieder treten würden. Am Fahrstuhl drehte ich mich noch einmal nach den Kinderzimmern um, wo ich drei so glückliche Jahre mit den Kindern verbracht hatte. Die Zimmer schienen jetzt ziemlich still. Ein Schleier von Traurigkeit hing wie eine Staubschicht über allem ... Es war ein sehr trauriger Anlass für sie.«[20]

Im Harriman-Haus in der 3036 N Street angekommen, ließ ihre Selbstbeherrschung Jackie im Stich. Spiralförmig stürzte sie in eine Depression und verließ kaum ihr Schlafzimmer im zweiten Stock. Am darauf folgenden Montag kam Mary Gallagher, ging hinauf in ihr Schlafzimmer, um ein Diktat aufzunehmen, und fand sie in »einer einsamen, deprimierten Stimmung ... Sie weinte, erzählte mir, wie einsam sie sich fühlte. ›Warum musste Jack so jung sterben?‹, klagte sie. ›Selbst wenn man schon sechzig ist, möchte man wissen, man hat seinen Mann bei sich. Es ist so hart für die Kinder ...‹ Ihr Leid erfüllte das Haus. Sie verbrachte viel Zeit mit Besuchen an Jacks Grab auf dem Arlington-Friedhof und mit Gebeten, allein in der St. Matthew's Chathedral.«[21]

Zur selben Zeit taten Jackie und Miss Shaw alles, um das Leben für die Kinder normal zu gestalten. Ihre Lieblingsspielsachen wurden zuerst ausgepackt – für Caroline ein Puppenwagen, eine Anziehpuppe mit Namen Mary, ihre geliebten Lumpenpuppen Ann und Tinkerbelle, ihr Spielzeugpudel. John hatte sein übliches Arsenal von Gewehren und Schwertern und die Marineuniform, die er zum Geburtstag bekommen hatte und die er beinahe ständig trug. Dave Porters erschien, um mit John zu exerzieren, wie er es auch im Weißen Haus getan hatte. Caroline besuchte noch immer die Schule im Weißen Haus, die dank der freundlichen Erlaubnis der Johnsons bis Weihnachten dort weitergeführt werden durfte. »John und ich führten unser Leben mehr oder weniger normal weiter«, schrieb Maud Shaw. »Er spielte, tobte und schwatzte so viel wie immer, aber ich kam nicht umhin zu bemerken, dass sich sein kluges kleines Gesicht von Zeit zu Zeit umwölkte, wenn er zu begreifen versuchte, was ihm zugestoßen war. Häufig fragte er mich, warum wir nicht mehr in dem ›anderen Haus‹ wohnten, und stellte ähnliche Fragen, und ich war einigermaßen erleichtert, als wir schließlich nach Palm Beach fuhren, weg von Washington.«[22] Dort trafen sie sich mit den Radziwills in dem Haus, das Jack und Jackie immer gemietet hatten.

»Mrs. Kennedy tat wirklich alles in diesen Weihnachtstagen, um es den Kindern schön zu machen«, erinnerte sich Maud Shaw. »Sie war eine traurige Gestalt und ich empfand ungeheures Mitleid mit ihr und bewunderte sie gewaltig für die Mühe, die sie sich um Johns und Carolines willen gab. Das Haus aber war für uns alle so voller Erinnerungen, dass es sich abends, wenn die Kinder im Bett waren, kaum vermeiden ließ, dass sich erneut Traurigkeit ausbreitete.«[23]

Ihre Kinder, das war Jackie bewusst, brauchten ein Zuhause, und von den Harrimans konnte nicht erwartet werden, dass sie noch viel länger im Georgetown Inn blieben (wo sich Marie darüber beklagte, dass die Badewanne zu kurz war). Also kaufte sie ein Haus in derselben Strasse, Nummer 3017, und plante, im

Februar dort einzuziehen. Für den Anfang hielt sie an vertrauten Orten fest. Sie würde niemals in Europa leben, hatte sie Teddy White erklärt. »Das käme einer Entweihung gleich.« Sie würde an den Orten leben, an denen sie mit Jack gelebt hatte – zuerst hatte sie gehofft, wie sie Bob McNamara in einem Gespräch anvertraute, ihr ursprüngliches Haus in Georgetown wieder zu bekommen, aber es stand nicht zum Verkauf. Zudem würde sie die Kennedys auf dem Cape besuchen – »Sie sind jetzt meine Familie«, sagte sie zu White.[24]

Im Januar kehrte Jackie mit Lee, die ihr Gesellschaft leisten sollte, nach Washington zurück. Auch wenn sie für ihre Kinder die Zähne zusammenbiss, war sie noch immer am Boden zerstört. Der Innenausstatter Billy Baldwin kam nach New York, um Pläne für das neue Haus durchzusprechen. Als sie ihm die griechischen und römischen Antiquitäten zeigte, die Jack zu sammeln begonnen hatte, brach sie zusammen. »Es ist so traurig, das hier zu tun. Wie ein junges Paar, das sich sein erstes gemeinsames Heim einrichtet …« Sie weinte. Dann riss sie sich zusammen und erzählte ihm: »Ich weiß, dass mein Mann mir ergeben war. Ich weiß, er war stolz auf mich. Wir haben sehr lange gebraucht, um Dinge zwischen uns zu klären, aber wir haben es geschafft, und wir waren dabei, unser Leben wirklich miteinander zu teilen. Ich wollte mit ihm in den Wahlkampf ziehen. Ich weiß, ich hatte einen ganz besonderen Platz in seinem Leben – einen einzigartigen Platz.« Verfolgt von dem, was hätte sein können, sprach sie weiter und weiter, über Jack, über ihr gemeinsames Leben, über das, was hätte sein können und hätte sein sollen. »Kann irgendjemand verstehen, wie es ist, im Weißen Haus gelebt zu haben, und dann plötzlich allein dazustehen, als die Witwe des Präsidenten? Das hat etwas so Endgültiges. Und die Kinder. Die Welt schüttet diese schreckliche Anbetung zu Füßen meiner Kinder aus und ich habe Angst um sie, Angst vor dieser grauenhaften Publicity. Wie kann ich sie auf normale Weise aufwachsen lassen?«[25]

Das neue Haus, in das sie am 27. Januar einzogen, wurde kein Erfolg. Jackie hatte Hoffnungen darauf als auf einen Neuanfang gesetzt, doch Mary Gallagher beschrieb es als »einsam und still«.[26] Die schwierigsten Momente kamen für Jackie, als sie die Kisten auspackte, die seit ihrem Auszug aus dem Weißen Haus ungeöffnet geblieben waren – Fotos, Schallplatten, Notizbücher, die persönliche Bibliothek des Paares, jedes einzelne Stück eine Erinnerung an ihr Leben mit Jack, die sie nicht losließ. Eine Zeit lang ertrug sie es nicht einmal, sein Bild aufzustellen. Eines Morgens, als sie eine Mappe mit Zeitungsausschnitten über Jack durchging, bat sie Gallagher, sich zu ihr zu setzen. »Es ist sehr viel leichter dies zu tun, solange Sie hier sind, als in der Nacht, wenn ich alleine bin. Dann ertränke ich meinen Kummer einfach in Wodka …«[27]

In ihrer Depression begann Jackie, sich panikartige Sorgen um Geld zu machen, auch wenn sie über eine Regierungsanweisung $ 50 000 für ihre Ausgaben zur Verfügung hatte und darüber hinaus etwa $ 150 000 aus einem Kennedy-Treuhandfonds. Außerdem steuerte Bobby $ 50 000 aus dem Kennedy-Vermögen bei. Sie begann, sich ihrem Personal gegenüber geizig zu verhalten, was nicht ihrer Art entsprach. »Ich kann mir wirklich von den $ 50 000 nicht all meine Helfer *leisten*«, klagte sie. »Nicht mit dem, was für das neue Haus zu bezahlen ist und Provi und all den anderen Kosten.«[28] Der Kammerdiener George Thomas befand sich noch immer auf der Gehaltsliste, doch bekam er endlich von Jacks ehemaligem Assistenten Ted Reardon eine andere Stellung angeboten. Die beiden Marinestewards, die ihr vom Weißen Haus zur Verfügung gestellt worden waren, verlangten, wieder ihren normalen Pflichten im Weißen Haus nachzukommen. Jackie war außer sich. »Ihr schien nicht im Geringsten klar zu sein, dass es ihrem kleinen Stab nicht gefiel, für all die Dienste, Bequemlichkeiten, Gefälligkeiten und Annehmlichkeiten zuständig zu sein, an die sie sich in den Jahren im Weißen Haus mit einem weit größeren Stab so sehr gewöhnt hatte …«, schrieb Gallagher.[29]

Sie schaffte es sogar, die treue Evelyn Lincoln zu verstimmen, die im Executive Office Building mit Ensign George Dalton die Papiere des verstorbenen Präsidenten ordnete und die Wanderausstellung vorbereitete. In trotzigem Ton sagte Jackie zu ihr: »So schwer kann es für Sie ja nicht sein, schließlich haben Sie ja noch Ihren Mann. Aber was habe ich jetzt noch? Nur die Bibliothek …« Sie wollte wissen, wozu Lincoln ein so großes Büro brauchte. Als Evelyn ihr zur Antwort erklärte, es sei notwendig, Andenken für Menschen zur Besichtigung auszustellen, platzte Jackie heraus: »Aber diese Dinge gehören alle mir!« Sie verbot ihr, irgendetwas irgendjemandem als Souvenir zu überlassen. Dann befragte sie Evelyn peinlich genau über das, was sie während der letzten Wochen getan hatte, und sagte schließlich: »Aber warum, Mrs. Lincoln? Ich könnte mich hinsetzen und all diese Dinge in einem halben Tag selbst auflisten!« Sogar noch schärfer wurde sie, als sie mit Gallagher die Haushaltskonten durchging. Sie beschuldigte das Personal, Lebensmittel mit nach Hause zu nehmen, und weigerte sich, Provi für Überstunden zu bezahlen, wenn diese spät am Abend oder am Wochenende arbeitete. »Sind Sie der Meinung, ich müsse für jede Kleinigkeit, die jemand hier zusätzlich tut, bezahlen?« Sie weigerte sich auch, Provi für die Sommermonate, in denen sie und die Kinder nicht zu Hause waren, ihr volles Gehalt auszuzahlen, und wies Gallagher an, über die Personalagentur zusätzliche Arbeit für Provi zu finden, sodass diese sich den fehlenden Betrag verdienen konnte.

Jackie war emotional verstört, gewaltsamen Stimmungsschwankungen, irrationalem Verhalten und Schuldgefühlen Jack gegenüber ausgesetzt – sie hatte ihm nicht genug geholfen, sie hätte sein Leben retten müssen und so weiter. Lee berichtete Cecil Beaton, sie sei »durch die Hölle« gegangen bei dem Versuch, ihre Schwester in ihren Anfällen von Hysterie zu beruhigen. »Du weißt nicht, wie es ist, mit Jackie zusammen zu sein. Sie war da wirklich schon halb verrückt. Nachts kann sie nicht schlafen – sie kann einfach nicht aufhören, an sich selbst zu denken, und fühlt einfach nie etwas anderes als Mitleid mit sich selbst! ›Ich bin so schutzlos‹, sagte sie. Aber sie ist umringt von Freunden, Helfern, FBI [Beamten des Geheimdienstes] … Sie geht so weit, dass sie mir ins Gesicht schlägt, obwohl ich überhaupt nichts gemacht habe.«[30] Lee ihrerseits wurde von Onassis getröstet, wie Diana Vreeland Beaton berichtete: »Jackie Kennedy zieht in das Haus, das Rex & Leslie während des Krieges in Washington hatten & Billy Baldwin hilft ihr. Lee ist bei ihr & Onassis im Schlepptau …«[31]

Wie Lee betont hatte, war Jackie tatsächlich kaum je allein. Geführt von Bobby, scharten sich die Ritter von Camelot um ihre verwitwete Königin. Alte Freunde, gemeinsame Freunde von ihr und Jack, wurden nicht in diesen eng geknüpften Bund aus Brüdern einbezogen, der die ewige Flamme nährte. Die Bradlees verbrachten in den Wochen nach dem Attentat »ein paar emotionale Wochenenden« in Wexford und versuchten »ohne Erfolg, über etwas oder jemanden anderes zu sprechen. Für Heilung war es zu früh, zu emotionsgeladen, und so bewiesen wir drei zusammen lediglich, dass wir ohne den entscheidenden Vierten wenig gemeinsam hatten.« Am 20. Dezember, nur vier Wochen nach Dallas, schrieb Jackie den beiden einen emotionalen, beinahe zornigen und verletzenden Brief:

> Liebe Tony und Ben,
> etwas, das Ihr auf dem Land gesagt habt, hat mich so vor den Kopf gestoßen – dass Ihr hofft, ich würde wieder heiraten.
> Ihr habt uns so oft so nahe gestanden. Es gibt nur eines, das Ihr wissen müsst. Ich betrachte mein Leben als beendet und werde den Rest davon mit dem Warten darauf verbringen, dass es wirklich zu Ende geht.[32]

»Jackie sprach davon, in Washington zu bleiben«, berichtete Ben Bradlee. »Sie beauftragte sogar Tony, für sie nach Häusern in Georgetown Ausschau zu halten, und später kaufte sie eines. Aber als sie schließlich einzog, hatten wir das Gefühl, dass sie in der Stadt, in der ihr Leben ruiniert worden war, nicht lange bleiben würde.«[33]

Auch wenn Jackie zu Anfang instinktiv an der Vergangenheit, an ihrem Leben mit Jack, hatte festhalten wollen, trieb sie dieser Instinkt psychologisch betrachtet bereits an, nach vorn zu schauen und die Vergangenheit hinter sich zu lassen. Charlie Bartlett machte die gleiche Erfahrung: »Nachdem sie Washington verlassen hatte, bekamen wir sie nur noch sehr selten zu Gesicht. Wir begleiteten sie 1967 auf eine Reise nach Kambodscha, aber ansonsten trafen wir sie nur noch in der Far-Hills-Peapack-Bernardsville-Gegend, wo sie ihr Wochenendhaus hatte und meine Schwiegereltern ihres hatten. Ich hatte das Gefühl, sie wollte nicht an die Vergangenheit erinnert werden.«[34]

»Washington war nichts für sie«, sagte ihr Freund William vanden Heuvel. »Washington ist die Stadt des Präsidenten und das wusste sie.«[35]

Jackies Vorliebe für verheiratete Männer – ohne deren Frauen – befremdete alte Freunde wie die Bartletts. »Es ärgerte Martha, dass sie Ehemänner zu sich holte – Franklin Roosevelt und wen auch immer – und in gewisser Weise mit Beschlag belegte. Martha war nicht bereit, das zuzulassen«, berichtete Charlie Bartlett mit einem Lachen. »Also sah ich sie [Jackie] nicht oft, denn ich wollte zu Hause keinen Ärger bekommen. Aber Martha sah sie auch weiterhin, weil sie die Patin des kleinen John war und sich da sehr bemühte. Sie tat alles, um den Kontakt zu halten, aber Jackie veränderte sich sehr. Martha fand es am Ende nicht mehr besonders vergnüglich bei ihr. Sie war ziemlich besessen von sich selbst. Jackie veränderte sich. Jack veränderte sich nie ...«[36] In der Tat kamen alte Freunde wie die Bartletts und Bradlees zu dem Schluss, dass sie ins Weiße Haus eingeladen worden waren, weil Jack sie dort haben wollte, und nicht auf Jackies Wunsch hin.

Später hatte Tony Bradlee Jackie gegenüber gemischte Gefühle: »Von ihrer Seite her gab es da eine gewisse Zusammenhanglosigkeit mit dem, was eine beste Freundin sein sollte. Ich halte es für nicht sehr wahrscheinlich, dass sie je eine wirklich enge Freundin hatte ... Ich bin nicht einmal sicher, dass sie je das Bedürfnis nach einer intimen Freundin verspürte. Sie hatte Freundinnen für Geselligkeiten – Bunny Mellon, Jayne Wrightsman, Nancy Tuckerman –, aber es gibt eben solche und solche Freundschaften ...«[37]

»Enge Freunde hatte Jackie nicht«, sagte auch Robin Biddle Duke. »Das war eine der Tragödien, als er starb. Angie sagte zu mir: ›Es gibt niemanden, den wir schicken können [um sie zu trösten]‹, und so war es. Lee aus London war unterwegs hierher, aber ... also ging Chuck Spaldings Frau, glaube ich. Aber Jackie

38. Jackie, hochschwanger und strahlend, auf einer Kreuzfahrt vor Cape Cod, drei Tage vor der Geburt von Patrick, 4. August 1963

39. Das Attentat, 22. November 1963

40. Jackie an der Seite von Präsident Lyndon B. Johnson während dessen Vereidigung an Bord der Air Force One, 22. November 1963; rechts vom Präsidenten: seine Frau Lady Bird Johnson

41. Abschiedsgruß: John jr. salutiert am Sarg seines Vaters. Hinter ihm: Jackie mit Caroline, flankiert von Ted und Bobby Kennedy. Dahinter, teilweise verdeckt: Peter und Pat Lawford, 25. November 1963

42. Ein letzter Blick von Jackie und Bobby nach Jacks Beisetzung am 25. November 1963

43. Ethel und Bobby Kennedy beim Abschied von Jackie vor dem Harriman-Haus in Georgetown, nachdem die beiden sie vom Weißen Haus hierher begleitet haben, 6. Dezember 1963

44. Jackie, gefolgt von Joan Kennedy und Sargent Shriver, beim Verlassen des Flugzeugs, das die sterblichen Überreste Bobby Kennedys aus Los Angeles zurückbringt, Juni 1968

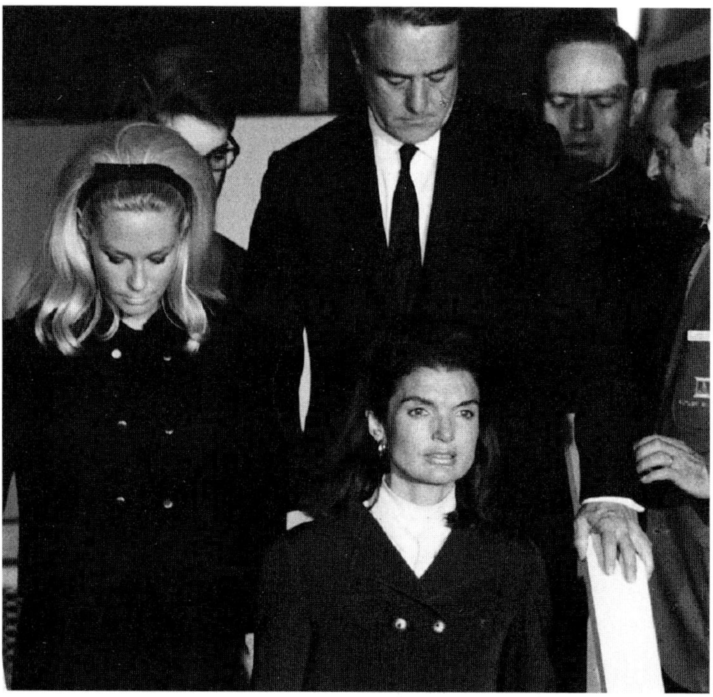

45. Jackie holt Caroline und ihre Nichte Sydney Lawford von der Schule ab, 17. September 1964

46. Prinz Stanislaus »Stas« Radziwill besucht Lee in ihrer Garderobe nach ihrem Chicagoer Debüt in »The Philadelphia Story„«, Juni 1967

47. Jackie mit Caroline und John jr. beim Ausritt in der Grafschaft Waterford, Irland, 1967

48. Mit Lord Harlech

49. Mit Roswell »Ros« Gilpatric

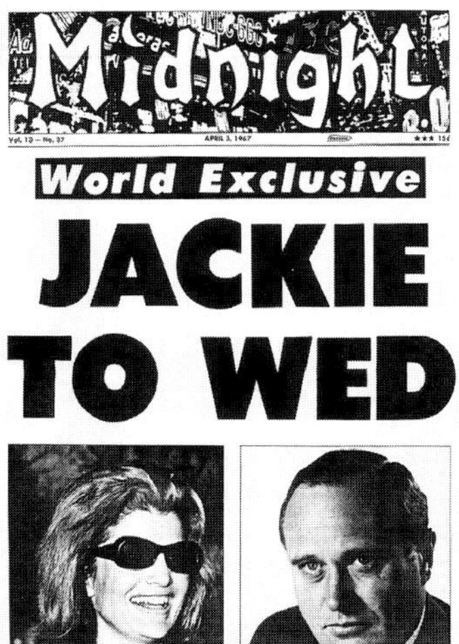

Midnight

Vol. 13 — No. 37 APRIL 3, 1967 15¢

World Exclusive

JACKIE TO WED

50. John Carl Warnecke: Als dieser Bericht über die bevorstehende Verlobung erschien, war Jackies Romanze mit Warnecke bereits beendet

51. Aristoteles Onassis mit
Maria Callas, 1961

52. Aristoteles Onassis mit Jackie

53. Jackie und Aristoteles Onassis nach ihrer Trauung auf Skorpios am 20. Oktober 1968. Caroline drängt sich eng an ihre Mutter. Nach griechischer Überlieferung ist Regen am Hochzeitstag ein glückliches Omen – was für ein trauriger Irrtum in diesem Fall

54. Die Onassis-Kinder auf der Hochzeit ihres Vaters

stand ihr nicht nahe, sie hatte gar keine Freundinnen, die ihr nahe standen, und sie mochte keine Frauen. Vielleicht lag das an den Erfahrungen, die sie mit ihrem Mann gemacht hatte …«[38]

Zum Zeitpunkt des Attentats hatten sich die Wege von Betty Spalding und ihrem Mann Chuck getrennt. Jackie aber lud Betty auf ein paar Wochenenden nach Wexford ein, vermutlich weil Bettys Zwillingstöchter Caroline und John Gesellschaft leisten konnten. Auf Betty wirkte Jackie getrieben, unsicher, wie oder wo sie ihr Leben neu verankern sollte. »Ich erlebte sie dort. Sie wusste einfach nicht, wohin sie gehen sollte, oder … sie war hin und her getrieben, wirklich. Mit Mrs. Kennedy kam sie nicht aus. Und der alte Mann war zu dieser Zeit natürlich schon behindert, also wollte sie da nicht hin, sie wusste nicht, ob sie die Kinder in der Nähe aufziehen sollte – damit sie im Sommer aufs Kap fahren konnte –, denn sie wollten nicht einbezogen werden, nicht in Mrs. Kennedys Haus wohnen. Sie wollte sie alle so weit wie möglich von Ethels Kindern fernhalten – die waren wirklich ziemlich gefährlich. Eins von denen warf eine Mistgabel nach einem meiner Zwillinge. Können Sie sich das vorstellen?«[39]

Ehefrauen erhielten keinen Zugang zu Jackies Kreis in Georgetown. Robin Biddle Duke erinnerte sich daran, dass ihr Mann, als er von Johnson zum spanischen Botschafter ernannt wurde, »Jackie anrief und sagte: ›Ich würde so gern vorbeikommen und auf Wiedersehen sagen. Wir sind auf dem Sprung nach Spanien.‹ Und sie antwortete ausdrücklich: ›Komm zum Tee und bring Robin mit.‹ Und eine Menge von den Mädels haben ihre Wut nie so richtig zum Ausdruck gebracht«, fuhr sie fort. »Ich weiß, Ros Bilpatrics Frau Madelin tat es – aber Phyllis Dillon nicht, sie war sehr höflich, und Marg McNamara hat es auch nicht gemacht, sie war auch sehr höflich. Aber hinter den Kulissen haben wir ja alle zusammen Tennis gespielt und kannten uns, und die mochten das überhaupt nicht, dass ihre Männer mit Jackie Kennedy ausgingen. Aber sie rief die Männer immer an und sagte: ›Du musst mir helfen, ich bin so verzweifelt über dieses oder jenes.‹ Es war ein bisschen kindisch, aber auf der anderen Seite habe ich ihr alles vergeben, weil das, was diese Frau durchgemacht hat, die Erfahrung, lässt sich mit nichts, was ich kenne, vergleichen …«[40]

»Sie hatte diese *ius-primae-noctis*-Haltung den Männern gegenüber«, berichtete eine Freundin. »Ich glaube nicht, dass es für sie einen Unterschied machte, ob die Männer verheiratet waren oder nicht. Und außerdem war es, denke ich, vielleicht sicherer für sie, falls sie romantische oder sogar sexuelle Gefühle entwickelte, mit einem verheirateten Mann zusammen zu sein …«[41]

»Jackie hatte schwere Depressionen, sogar Selbstmordgedanken«, sagte eine Frau, die sie seit ihrer Debütantinnenzeit kannte. »Ein paar Dinge, die unerklärlich schienen, ließen sich darauf zurückführen.«[42] In der Zeit nach Jacks Tod war Jackie zu Dingen fähig, die kaum ihrem Charakter entsprachen. Sie trank, gelegentlich auch zu viel, und die plötzlichen sexuellen Entbehrungen, unter denen sie seit dem Verlust von Jack litt, führten zu einigen merkwürdigen Episoden, von denen die merkwürdigste wohl ihre Begegnung mit Marlon Brando im Januar und Februar 1964 zu nennen ist. Das Treffen wurde von Lee über ihren Freund arrangiert, den Filmregisseur George Englund, der Brandos bester Freund war. Die vier aßen zusammen im Jockey Club zu Abend, tranken Martinis und amüsierten sich bestens, bis Fotografen in dem Restaurant auftauchten. Englund, Brando, Lee und Jackie entflohen durch die Hintertür, um den Abend in Jackies Haus fortzusetzen. Während sie mit Brando tanzte, machte Jackie deutlich, dass sie sich körperlich zu ihm hingezogen fühlte, schmiegte sich eng an ihn und flüsterte ihm Dinge ins Ohr. »Ich glaube, sie wollten es beide, aber trotzdem passierte nichts«, erinnerte sich ein Freund von Englund, »weil Marlon so betrunken war.«[43] Als ihm klar wurde, dass der Abend gute Chancen hatte, in einem Fiasko zu enden, suchte der Schauspieler sein Heil in der Flucht.

Ursprünglich gründete Jackies Bund mit den Rittern von Camelot auf der gemeinsamen Trauer um Jack, die sie mit den Männern teilte, nicht mit deren Frauen. Joe Alsop schrieb:

> Tatsache ist, dass Jack Kennedy ein außergewöhnliches Talent dafür hatte, Menschen für sich einzunehmen und sie zu verändern ... Eine Zeit lang nach Kennedys Tod war das Gefühl des emotionalen Verlusts bei denen, die ihn gekannt und mit ihm gearbeitet hatten, so groß, dass mir Washington mit männlichen Witwen übersät schien. McNamaras Stellvertreter Roswell L. Gilpatric, ein Mann, der jede Menge Erfahrungen in der ganzen Welt gesammelt hatte und sich nicht leicht seinen Gefühlen hingab, gestand mir Tage nach dem Ereignis: ›Wissen Sie, Joe, als der Präsident starb, ist mir plötzlich klar geworden, dass ich für ihn etwas empfand, das ich noch nie in meinem Leben für einen anderen Mann empfunden habe.‹ Mac Bundy gab zu, dass der Tod Präsident Kennedys ihn schlimmer traf als der Tod seines eigenen Vaters, der ein paar Monate zuvor gestorben war. Ich empfand ganz ähnlich ... Nach diesem hellen, stürmischen Novembertag würde nichts mehr so sein wie vorher in meinem Leben ... oder im Leben dieser Nation.[44]

Der zweiundsiebzigjährige Averell Harriman erzählte Susan Mary Alsop Ende 1963: »Ich habe mich zum letzten Mal jung gefühlt, als Kennedy noch lebte...«[45]

All diese aufgepeitschten Emotionen innerhalb des Kennedy-Kreises (ganz zu schweigen von den Tausenden von Beileidsbriefen, die in das Büro strömten, das Jackie im Executive Office Building zugewiesen worden war) konzentrierten sich auf die vierunddreißigjährige Witwe. Dies verursachte eine anormale Atmosphäre von unterdrückter Hysterie, Emotion und katatonischem Schmerz, die Jackie für ihr Leben zeichnen sollte. Selbst in ihrem Privatleben wurde sie zu jemandem, der aus der Masse herausragte, gestreift von Schicksal und Ruhm. Niemand würde je wieder in der Lage sein, normal auf sie zu reagieren. Und ebenso wenig war sie, so sehr sie es auch versuchte – und sie versuchte es in der Tat –, je in der Lage, ihrem goldenen Käfig zu entrinnen.

Von allen Camelot-Rittern, die sich um ihre Königswitwe scharten, stand ihr Bobby am nächsten. In einer verzerrten Version des Mythos spielte er den Lancelot für Jackie als Ginevra. In ihrem Schmerz klammerten sie sich aneinander, Bobby fungierte als Ersatz-Ehemann für Jackie und als Ersatz-Vater für ihre Kinder. Er war immer das Mitglied der Kennedy-Familie gewesen, das jederzeit für sie da war – an ihrem Bett nach der Totgeburt ihrer Tochter 1956, während Jack in Europa Urlaub machte, zusammen mit Jack nach dem Tod von Patrick und schließlich als Erster im Flugzeug, als sie mit Jacks Leichnam aus Dallas kam. Bobby war ständig bei ihr in der N Street, kam augenblicklich, wenn sie ihn rief, und schaute abends vorbei. Um Aufmerksamkeit zu vermeiden, parkte er seinen Wagen in einigem Abstand von ihrem Haus in einer anderen Straße. Aber Washington, und Georgetown ganz besonders, ist eine kleine Stadt, und es dauerte nicht lange, ehe Gerüchte über Bobby laut wurden, der, wie Eunice es ausgedrückt haben soll, »eine Menge Zeit mit der Witwe verbrachte«. Das Gerede machte die Runde durch die Salons der Spitzen-Friseure. »Ja, es gab viel Klatsch in den Tagen, nachdem Jack erschossen worden und Bobby oft bei ihr war und sich um sie kümmerte«, gestand ein Mitarbeiter von Kenneth ein. »Als das angeblich vor sich ging, das war in den Kenneth-Tagen, und das war in den späten sechziger Jahren.«

Bobby hatte seinem Bruder näher gestanden als jedem anderen Menschen und litt demzufolge am meisten. Weit religiöser eingestellt als Jackie, fiel es ihm schwerer, diesen sinnlosen Tod mit seinem Glauben zu vereinbaren. In der Nacht nach Jacks Tod hörte Chuck Spalding ihn im Lincoln-Schlafzimmer weinen und von Schmerz gepeinigt ausrufen: »Warum, Gott?«[47]

Jackie und Bobby hatten Bill Walton angewiesen, seine zuvor arrangierte Reise nach Moskau, die er angeblich unternahm, um (in seiner Position als Vorstand der Fine Arts Commission) sowjetische Künstler zu treffen, wie vorgesehen anzutreten. Er brach am 29. November auf. Kurz nach seiner Ankunft traf er den inoffiziellen sowjetischen Kennedy-Kontaktmann Georgij Bolschakow in einem Moskauer Restaurant. Dort setzte er ihm auseinander, die Kennedys gingen davon aus, dass sich hinter Oswalds Gewehr eine mächtige politische Verschwörung verberge. Trotz Oswalds Verbindungen zur kommunistischen Welt waren die Kennedys davon überzeugt, dass der Präsident von Gegnern in der Heimat zu Fall gebracht worden war. Eine KGB-Analyse bestätigte diese Theorie. Ihren Informanten zufolge war Kennedy von einer Verschwörergruppe aus drei wohlhabenden Texanern getötet waren, die im Ölgeschäft tätig waren, seine Haltung zu den Bürgerrechten und sein Verhältnis zur Sowjetunion ablehnten und erzürnt über die jüngsten Steuerreformen waren. Laut Informationen des angesehenen diplomatischen Korrespondenten der *Baltimore Sun* hatte diese Gruppe unter Harold Lafayette Hunts Führung Jack Ruby (der Oswald in der Polizeigarage in Dallas ermordet hatte) beauftragt, Oswald eine große Summe Geldes für die Ermordung Kennedys zu übergeben. Als die Verschwörer hinterher durch ihre Quellen innerhalb der Polizei erfuhren, Oswald habe im Verhör gesagt, er werde all dies im Prozess gestehen, erhielt Ruby die Anweisung, ihn zum Schweigen zu bringen.[48] Walton hasste Johnson, wie die meisten Angehörigen von Bobbys Kreis. Ein primäres Ziel seiner Mission bestand darin, Johnson in den Augen der Sowjets zu diffamieren und Kennedys Ansehen zu stärken. Dies tat er, indem er Johnson als einen Gegner von Jacks Entspannungspolitik darstellte und Bobby als den Mann, der diese mit der größten Wahrscheinlichkeit fortsetzen würde.

Jackie – und Bobby umso mehr – hatten ihre eigenen Gründe für ihren Wunsch, an die Theorie einer rechtsgerichteten Verschwörung zu glauben. Jackie hatte vor Bestürzung aufgeschrien, als sie erfuhr, dass Jack von einem »törichten kleinen Kommunisten« getötet worden war. Wenn dies zutraf, dann hatte Jacks Tod für sie keinen Sinn. Sie und Bobby – und auch der Kennedy-Kreis – wollten mit Leidenschaft daran glauben, dass der Präsident für seine liberale Politik zum Märtyrer geworden sei. Als Jackie trotzig ihr mit dem Blut und der Hirnmasse ihres Mannes beflecktes Kostüm zur Schau stellte, um »sie sehen zu lassen, was sie getan haben«, zielte sie auf die rechtsgerichteten Politiker in Dallas ab, die sie für die Mörder hielt.

Bobby seinerseits wurde von Ängsten verfolgt, er selbst sei für den Tod seines Bruders verantwortlich. »Gesetzt den Fall, Oswald war kein Einzeltäter«, erklärte Richard Goodwin, Bobbys Freund und politischer Berater, »die Einzigen, die es dann getan haben könnten, wären die kriminellen Kreise gewesen. Denn das war damals die einzige Organisation, die es hätte geheim halten können. Bobby hat das immer geglaubt, und zum Teil lag das daran, dass er … sich schuldig fühlte. So wie er die Kriminellen verfolgte, mussten sie ihn loswerden. Von einem dieser Mafialeute heißt es, er habe zu seinen Jungs gesagt: ›Wir haben den Falschen erschossen.‹ Aber ich habe das immer geglaubt und er hat es immer geglaubt, und zu mir sagte er: ›Wenn irgendwer sonst da drinsteckt, dann ist es die Mafia.‹«[49] Als Justitzminister hatte Bobby die Mafia unermüdlich gejagt, trotz seiner angeblichen Verbindung zu ihnen als Instrumente beim CIA-Einsatz zur Absetzung Fidel Castros. Es wurde auch behauptet, die Kriminellen seien erzürnt, weil sie für ihre Unterstützung während der Wahlen von 1960 mit Verfolgung durch die Kennedys belohnt worden waren.

Alle Experten in Bezug auf Oswald und das Attentat haben dem späteren Urteil der Warren-Kommission, die Kennedys Tod untersuchte, dahingehend zugestimmt, dass der Präsident von Oswald als Einzeltäter erschossen worden war. Dies bedeutet, wie Goodwin bestätigt, jedoch nicht, dass Bobby von seinem Glauben abwich, es habe sich um einen Racheakt der Mafia für seine Verfolgungen gehandelt. Sein Vertreter im Justizministerium, Nicholas Katzenbach, der die Angelegenheiten im Zusammenhang mit der Warren-Kommission an seiner Stelle handhabte, sagte über Bobby: »Er wollte nie wirklich irgendeine Untersuchung.«

In den Tagen und Monaten, die auf Jacks Tod folgten, wirkte Bobby Kennedy wie eine leere Hülle seines früheren Selbst. »Ihn traf es viel härter als irgendwen anders«, erklärte Lem Billings. »Er hatte die Karriere seines Bruders absolut an erste Stelle gesetzt … und ich glaube, der Verlust dieses Mittelpunkts, um den herum er alles aufgebaut hatte … ganz abgesehen von dem Verlust dieser geliebten Gestalt … war einfach völlig [niederschmetternd] – er wusste nicht mehr, wo er sich befand … Ihm wurde der Boden unter den Füßen weggezogen.«[50] Pierre Salinger erinnerte sich: »Er war derart erledigt, wie ich keinen anderen Mann in meinem Leben gesehen habe. Er war buchstäblich nicht funktionsfähig. Stundenlang ging er allein spazieren.« Ein anderer Freund sagte, Bobby habe sich »in einem Schleier von Schmerz« bewegt.[51] Kaum mehr als drei Monate nach dem Attentat traf William Manchester Bobby in Washington und war »schockiert von seinem Aussehen. Ich habe noch nie einen Mann mit so wenig Widerstandskraft gesehen. Die meiste Zeit über schien er sich in Trance zu befinden, starrte ins Leere, und sein Gesicht war ein Bild des Leidens.«[52]

Jackie und Bobby hatten die Hauptlast der Entscheidungen zu tragen, die mit dem Architekten Jack Warnecke über die Gestaltung von Jacks Grab in Arlington gefällt werden mussten. »Etwa zwei Tage nach dem Begräbnis«, berichtete Warnecke, »erhielt ich diesen Anruf. Mir wurde gesagt, Jackie und Bobby würden gern mit mir hinüber nach Arlington fahren. Zu der Zeit war da ein kleiner weißer Palisadenzaun und eine Flamme brannte am Grab … Jackie und Bobby fielen auf die Knie und bekreuzigten sich, und als sie wieder aufstanden, sah ich, dass sie fix und fertig waren, also sagte ich: ›Gehen wir ein bisschen herum, machen wir einen Spaziergang zusammen.‹ Wir gingen den Hügel hinauf zum Lee-Gebäude und sahen hinunter. Und dann Jackie – sie war sehr still gewesen, während wir hinaufstiegen, und Bobby nicht anders, aber als wir fast oben waren und die Achse sahen – da sieht man wirklich den Geist des Ganzen, man sieht hinunter auf das Grab und spürt …

Im Design-Team hatten wir es schwer – Jackie erschien zu den Treffen und ich fand, sie machte das sehr gut. Sie musste einfach damit fertig werden … Wenn dagegen zum Beispiel Bobby bei einem Treffen erschien, kam er einfach herein und sah die Modelle und Zeichnungen. Jackie war dabei, und er stand einfach nur da. Er war wie betäubt, leblos, und bald darauf ging er – später kam Teddy und entschuldigte sich für seinen Bruder …«[53]

Am 26. März flogen Jackie und Bobby zusammen in den Skiurlaub nach Sun Valley, Idaho. Zu Ostern 1964 besuchte Jackie mit Bobby, den Radziwills und Chuck Spalding Bunny Mellons Haus auf dem Mill-Reef-Anwesen auf Antigua. Hier veränderte sie sein Leben, indem sie ihn mit den griechischen Philosophen vertraut machte. Sie gab ihm *The Greek Way* von Edith Hamilton, einer ehemaligen Schülerin an Miss Porters Schule. »Ich hatte es zuvor ziemlich oft gelesen und brachte es mit«, erzählte sie Arthur Schlesinger. »Ich gab es ihm und ich weiß noch, wie er damit verschwand. Er blieb für eine furchtbar lange Zeit in seinem Zimmer, las und strich sich Dinge an.«[54] Für sie wie für Bobby verlieh Aischylos' Definition der Tragödie der Willkür und Sinnlosigkeit von Jacks Tod Bedeutung und Würde.[55]

Jackie hatte immer Zärtlichkeit für Bobby empfunden und er für sie ebenso. So berechnend er auch war, spürte sie doch die Güte, Menschlichkeit und Empfindsamkeit, die unter seiner rauen, kompromisslosen, oft rücksichtslosen Oberfläche ruhten. Bobby besaß ein unnachahmliches Talent, sich ebenso viele Feinde zu schaffen, wie er ergebene Anhänger besaß. »Bobby war die Nervensäge«, formulierte George Smathers seinen Eindruck von dem jüngeren Bruder seines Freundes, eine Ansicht, die von vielen geteilt wurde, darunter von Gore Vidal, dessen Freundschaft mit Jack und Jackie durch den berühmten Streit mit Bobby ihr Ende fand. Jahre später sagte Vidal im Rückblick auf seine Zeit mit den Kennedys: »Wenn ich das Drama vor meinem geistigen Auge ablaufen lasse, kommt mir der Verdacht, dass der einzige Mensch, den sie je geliebt hat … Bobby Kennedy war … Da war immer eine so merkwürdige Intensität in ihrer Stimme, wenn sie ihn mir gegenüber erwähnte …«[56]

Während jenes Frühlings und Sommers 1964 waren Jackie und Bobby so gut wie unzertrennlich. Beide planten, Washington den Rücken zu kehren und nach New York zu ziehen. Bobbys Biograph David Heymann zufolge weihte Bobby Jackie (jedoch niemand anderen) frühzeitig in seine Pläne ein, für das Amt des Senators von New York zu kandidieren. Keiner der beiden wollte in einer Stadt bleiben, die sie in jedem Augenblick an Jack erinnerte und, was noch schlimmer war, in der Jacks Platz von Lyndon Johnson eingenommen worden war. Im Juni zog Jackie aus der N Street aus. Sie hatte auf den Tag genau vier Monate dort gelebt. Das Haus hatte sich zu einer Touristenattraktion entwickelt und die ruhige, dreispurige Straße war zu einem Durchgang für Gaffer geworden. Vor neun oder zehn Uhr abends schwoll der Verkehr nie ab, berichtete Joe Kraft, ein Washingtoner Reporter und Freund der Kennedys, der zwei Häuser weiter wohnte. Touristenbusse machten die enge Straße zu einem regelmäßigen Haltepunkt. Die Leute gingen sogar so weit, vor dem Haus, das dem von Jackie gegenüber lag, Picknicktische aufzustellen und mit Ferngläsern ausgerüstet darauf zu lauern, einen Blick auf sie oder die Kinder zu erhaschen. Jemand stahl die Tafel mit der Hausnummer als Souvenir. Trotz der Anwesenheit eines wachhabenden Polizisten rissen die Leute ständig Zweige von den Sträuchern in Reichweite. »Wenn Sie hier keinen Polizisten hätten«, sagte der diensthabende Beamte, »hätten Sie auch bald kein Haus mehr hier.«

Jackies letzter öffentlicher Auftritt in Washington fand am 29. Mai mit den Kindern in Arlington statt. An diesem Tag, der Jacks siebenundvierzigster Geburtstag gewesen wäre, legten sie Blumen auf sein Grab und besuchten einen Gedenkgottesdienst in der St. Matthew's Cathedral. Sie befand sich in Hyannis Port, als am 19. Juni Teddy Kennedy auf dem Flug zu einem politischen Dinner in Springfield, Massachusetts, in Gewitterstürmen über dem Connecticut Valley abstürzte. Der Pilot und ein weiterer Passagier kamen ums Leben. Teddy überlebte mit Verletzungen an den Rückenwirbeln, gebrochenen Rippen und einer durchlöcherten Lunge. »Irgendwer da oben mag mich nicht«, sagte Bobby nach einem Besuch bei seinem Bruder im Krankenhaus.[57]

Lyndon Johnsons Paranoia in Bezug auf Bobby weitete sich zu einer Obsession in Bezug auf Jackie aus. Für Johnson war Bobby hinter dem Potomac, umgeben von seinem Hofstaat in Hickory Hill, wie der König hinter den Meeren, der legitime Erbe seines Throns. Er verdächtigte Bobby des brennenden politischen Ehrgeizes, seine Stelle einzunehmen. Darin hatte er Recht. Vor seinem Tod hatte Jack Kennedy Charlie Bartlett anvertraut, dass Bobby beabsichtige, 1968 gegen Johnson anzutreten. Da Johnson niemals hoffen durfte, über Bobby zu siegen, brauchte er Jackies Unterstützung, um die Legitimierung zu erlangen, nach der er sich sehnte. Er rief sie ständig an und führte anbetende, flirtende Gespräche mit ihr. Er machte Spenden für den Fonds der Kennedy-Bibliothek. Nicht nur der Umbenennung von Cape Canaveral stimmte er zu, sondern auch der des Idlewild-Flughafens in New York und der des National Cultural Centers in Washington, eines von Jacks Lieblingsprojekten. Wiederholt unternahm er Versuche, sie ins Weiße Haus zurückzulocken, aber ohne Erfolg.[58] Jackie kam nur einmal, um am 17. Dezember die Weihnachtsaufführung von Carolines Schule zu sehen. Sie hatte vorgehabt, Johnson anzurufen, musste aber feststellen, dass er sich bei den Vereinten Nationen befand. Sie versprach, ihn nach Weihnachten zu besuchen, tat es aber nie, sondern schlug all seine Einladungen aus. (Später besuchte sie auf Einladung der Nixons mit ihren Kindern 1971 das Weiße Haus, um die offiziellen Porträts von ihr und ihrem Mann zu besichtigen.)

Dies versetzte Johnson in Wut und er beklagte sich darüber in eindeutigen Worten bei Pierre Salinger, als die beiden Männer im Swimmingpool des Weißen Hauses ihre Runden drehten. Bei einem Anlass versuchte Johnson, Jackie für seine eigenen Publicity-Zwecke zu benutzen. Er machte am 23. Dezember einen Weihnachtsanruf bei ihr, während sich diverse Journalisten im Raum befanden. Frances Lewine von UPI berichtete über den Anruf. Daraufhin griff Pierre Salinger deswegen ein. Alarmiert rief Johnson Lewine zehn Minuten später an und beteuerte ihr: »Ich möchte einfach keine privaten Gespräche in der Öffentlichkeit mehr führen und möglicherweise erreichen, dass sie [Jackie] sich am Ende von mir benutzt fühlt oder so etwas. Ich will nichts weiter, als so nett [wie möglich] zu ihr zu sein und ihr frohe Weihnachten zu wünschen, und ich hoffe nur, Sie haben nichts anderes geschrieben …«[59]

Er war besessen von der Furcht, Jackies Verhalten könnte Wirkung zeigen und zur Unterstützung seines verhassten Rivalen Bobby führen, vor allem auf dem Nationalkonvent der Demokraten, der in Atlantic City stattfinden sollte. Er war entschlossen, Bobby nicht als Teamgefährten für das Amt des Vizepräsidenten zuzulassen. Nach der Verabschiedung des Kennedy-Gesetzes über die Bürgerrechte äußerte er bereits im Juli in einem Telefongespräch mit seinem Freund Gouverneur John Connally seine Befürchtungen. »Ich glaube, wir müssen uns mal ein paar Gedanken zu unserem Vizepräsidenten machen«, sagte er zu Connally. »Sie wissen ja, wer sich darum bewirbt [d.h. Bobby], und das könnte womöglich wie eine Bombe einschlagen. Wo ihn doch Miz Kennedy [Jackie] nominiert und mit all diesen Emotionen ... da lässt sich nicht sagen, was passieren wird ...«[60] Am nächsten Tag aber, als sei Furcht vor ihrer Unterstützung für Bobby das Letzte, das ihm in den Sinn gekommen wäre, rief er Jackie voll Überschwang, Gelächter und Heiterkeit an, um ihr einen schönen 4. Juli zu wünschen.

Dennoch war er entschlossen, jeden Versuch Bobbys, sich als Kandidat für die Vizepräsidentschaft zu bewerben, im Vorfeld zu vereiteln, indem er ihm auf einer Sitzung im Weißen Haus am 29. Juli mitteilte, er werde ihn nicht als seinen Partner in die Mannschaft wählen. Der Ausschluss von Bobby wurde trickreich maskiert durch seine Erklärung, sämtliche Mitglieder des Kabinetts – und sogar »die, die sich regelmäßig mit dem Kabinett treffen« – kämen für eine Nominierung als Kandidat für die Vizepräsidentschaft nicht in Frage. Extrem beunruhigt war er durch eine Fernsehnachricht von Nancy Dickinson, die am 30. Juli bekannt gab, Jackie werde dem Konvent beiwohnen, angeblich um Delegierte zu drängen, damit sie Bobby die Kandidatur für das Vizepräsidentenamt übertrugen. Am 1. August sprach er mit McNamara, einem seiner wichtigsten Verbindungsleute ins Bobby-Lager, und erfuhr zu seiner Erleichterung von Bobbys Absicht, als Senator für New York zu kandidieren. Zwei Tage später, am 3. August, führte er mit McNamara ein weiteres Gespräch über Jackie und den Konvent. McNamara versuchte ihm zu versichern, dass die Kennedy-Partisanen sie nicht »zu fassen« bekämen. »Sie fährt übermorgen ab [in Urlaub mit den Wrightsmans] und bleibt über die kritische Zeit weg«, erzählte er Johnson. »Und ich hoffe, sie bleibt noch ein bisschen länger als geplant ... und damit ist sie aus dem Weg.« Eine Woche später telefonierten Johnson und McNamara wiederum miteinander, diesmal wegen Bobbys Kandidatur für den

New Yorker Sitz. McNamara berichtete dem Präsidenten, er habe Bobby zu der Bewerbung ermutigt. »Und ich habe mit Jackie darüber gesprochen, bevor sie abgefahren ist, und sie gebeten, ihn zu drängen ... Ich, also ich glaube nicht, dass es auf dem Konvent mit irgendeinem von ihnen Schwierigkeiten geben wird.«[61]

Das Problem um Jackie und den Konvent hörte nicht auf, den Präsidenten zu beunruhigen. Die Kennedy-Familie wollte den Anlass in eine massive Feier der Kennedy-Präsidentschaft verwandeln, Bobby sollte einen Gedenkfilm vorstellen, was seine Chancen in New York zweifellos verbessern würde. Averell Harriman, ein eifriger Anhänger Bobbys, war überredet worden, einem Empfang vorzustehen, auf dem Jackie den Anziehungspunkt bilden würde. Das Rampenlicht würde offensichtlich nicht auf Johnson gerichtet sein. Nervös rief Teddy Kennedy den Präsidenten an, um ihn über die Pläne auszuhorchen. »Mr. President, wir haben eine ganz reizende Einladung von Gouverneur Harriman erhalten, auf dem Konvent einen Empfang für Mrs. Kennedy abzuhalten, und zwar am Donnerstag nach der Wahl der ... ääh ... der Kandidaten für die Präsidentschaft und die Vizepräsidentschaft, also am Donnerstagnachmittag. Und ... ääh ... sie würde für diesen Nachmittag zum Konvent kommen. Und der Empfang wäre für Mrs. Kennedy und die Familienmitglieder und die ... ääh ... und natürlich die Kandidaten für die Präsidentschaft und die Vizepräsidentschaft. Und sie hat ... ääh ääh ... Jackie hat zu verstehen gegeben, dass sie hocherfreut wäre, dies anzunehmen, aber natürlich wollten wir ... ääh ... natürlich wollten wir dies im völligen Einklang mit Ihren Wünschen tun, was den Ablauf betrifft ...«[62]

Johnson ließ sich natürlich nicht täuschen. Er rief Harriman an und erfuhr, dass die Kennedys ihn gebeten hatten, als Gastgeber für diesen Empfang zu fungieren und dass die Initiative definitiv nicht von ihm ausgegangen war. Sowohl er als auch der Außenminister Dean Rusk waren nach Rusks Worten überzeugt, dass der Harriman-Empfang mit Jackie als Zierde »als Starthilfe für Bobby in New York« gedacht war. Johnson fasste Jackie weiterhin mit Samthandschuhen an. Er ließ Einladungen an sie über Kenny O'Donnell aussprechen, sodass es nicht aussah, als setze er sie unter Druck oder versuche, sie zu seinem Vorteil auszunutzen.

Jackie mochte es zwar Lyndon Johnson trotz all seiner Schmeicheleien verweigern, sich im spiegelnden Glanz ihrer politischen Aura zu sonnen, Bobby aber stand auf einem anderen Blatt. Vermutlich zu Johnsons Erleichterung erschien sie nicht in der Konventshalle und saß auch nicht in seiner Loge. Johnsons Absicht bestand darin, die Kennedys aus dem Licht der Scheinwerfer fern zu halten. Er bestand darauf, dass der Kennedy-Gedenkfilm *Tausend Tage*, den Bobby vorstellen sollte, am Donnerstag gezeigt würde, nachdem die Schlacht um die Nominierung für Präsidentschaft und Vizepräsidentschaft vorüber war.

»Ich glaube nicht, dass Jackie überhaupt zu diesem Konvent gegangen wäre, hätte nicht Bobby für den Senat kandidiert«, erklärte William vanden Heuvel. »Es gab eine Kontroverse darüber, ihrer Position wegen. Aber sie kam nach Atlantic City und stellte für die Delegierten eine außerordentliche Attraktion dar. Sie war der Ehrengast auf dem Empfang für die New Yorker Demokraten. Und das war der Mittelpunkt des Konvents.«[63]

Jackie traf mit Eunice, Jean und Pat an Bord der *Caroline* rechtzeitig zu Harrimans Empfang am Donnerstagabend in Atlantic City ein. Menschenmassen umringten sie im Hotel, viele brachen bei ihrem Anblick in Tränen aus. Die Wellen der Emotionen schlugen hoch an jenem Abend. Auf dem Empfang lasen Frederic March und seine Frau Florence Eldridge Abschnitte aus Jack Kennedys Lieblingsgedichten und einigen seiner bekanntesten Reden vor. Kaum ein Auge im Saal blieb trocken, als March Seegers »Ich hab' ein Rendezvous mit dem Tod« rezitierte. Bobby und Jackie hatten sich vor allem auf die Delegationen konzentriert, die Jack 1960 geholfen hatten, die Nominierung zu gewinnen. Jackies Beitrag zu dem Abend bestand in einer kurzen, geflüsterten Rede: »Ich danke Ihnen allen dafür, dass Sie gekommen sind – Ihnen allen, die Sie Präsident Kennedy 1960 geholfen haben. Möge sein Licht für immer scheinen, in allen Teilen dieser Welt.«

Einen weiteren bedeutsamen Beitrag leistete sie, indem sie Bobby für seine Vorstellungsrede als Resümee ein Zitat von Shakespeare lieferte. Wilder Jubel und rauschender Beifall, der dreizehn Minuten lang andauerte, begrüßten Bobby, als er vor das Rednerpult trat. »Diese völlig spontane Demonstration«, berichtete die *Time*, »war ein Beweis … für den Zauber, den der Name und das Andenken Kennedys besitzen.« Nachdem er den Delegierten gedankt hatte »für den Zuspruch und die Kraft, die Sie ihm gaben, nachdem er zum Präsidenten der Vereinigten Staaten gewählt wurde«, fuhr er fort: »Wenn ich an Präsident Kennedy denke, denke ich an das, was Shakespeare in *Romeo und Julia* schrieb:

Wenn er einst stirbt,
Nimm ihn und teile ihn in Sterne auf.
Und das Gesicht des Himmels wird so schön durch ihn,
Dass alle Welt sich an ihm in die Nacht verliebt,
Und keiner mehr der grellen Sonne Blicke schenkt.«

Die »grelle Sonne« konnte natürlich nur als Anspielung auf Johnson verstanden werden. Der Kennedy-Anhänger Arthur Schlesinger fragte sich, »ob Jackie oder Bobby der Seitenhieb in der letzten Zeile bewusst war«, und fügte hinzu, er habe es nie erfahren. Im besten Fall ließe sich annehmen, dass Jackie, die den Vorschlag gemacht hatte, so überwältigt von der Schönheit der Worte war, dass sie die Andeutungen darin ignorierte. Kurioserweise nahm Johnson, der sonst Stichen von der Kennedy-Seite gegenüber so empfindlich war, den Vortrag nicht übel, vermutlich, weil er ihn nicht gehört hatte. Er war während Bobbys Ansprache und der Filmvorführung abwesend und erschien erst wieder, als sich die Wellen der Emotionen gelegt hatten, sodass er und sein Kandidat für die Vizepräsidentschaft Hubert Humphrey in triumphalen Ansprachen ihre Nominierung annehmen konnten.

Jackie kehrte ihrem früheren Leben zur selben Zeit den Rücken zu, als Bobby sich nach New York aufmachte. Mitte Juni verließ sie Washington und fuhr zu einem Dinner ins St. Regis

Hotel, einer Spendenaktion für die Kennedy-Bibliothek. Vom Cape aus rief sie am 2. Juli Mary Gallagher an, um ihr und Evelyn Lincoln mitzuteilen, dass sie auf Dauer nach New York umziehen werde. Die Nachricht wurde am 7. Juli bekannt gegeben, zusammen mit der Ankündigung, dass Pam Turnure und Nancy Tuckerman dort ihr Büro leiten würden (wofür die Regierung die Kosten, einschließlich für Porto, trug). Am nächsten Tag rief Jackie wiederum Mary Gallagher an und erklärte ihr, dass sie weder sie noch Provi – die ihre Familie in Washington ohnehin nicht verlassen konnte – in Zukunft brauchen werde. Anfang August und noch einmal am 10. September kehrte sie kurz zurück, um zu packen, dann verließ sie das Haus für immer. Ihr Leben in Washington war unzweifelhaft vorüber.[64] Sie bot sowohl das Haus in der N Street als auch Wexford zum Verkauf an, und nach einer Stippvisite in Hammersmith im September zog sie nach New York, wo sie zunächst im Carlyle Hotel wohnte, während ihre Fünfzehn-Zimmer-Wohnung in der 1040 Fifth Avenue renoviert wurde. Bobby kaufte eine Wohnung an der United Nations Plaza und mietete ein großes Haus in Glen Cove an der Nordküste von Long Island, Scott Fitzgeralds Goldküste. Etwa zehn Minuten entfernt mietete Jackie ein Landhaus auf dem Anwesen von Louise Converse Morgan, der Schwiegertochter von J. P. Morgan.

Das erste Trauerjahr war für Jackie eine emotionale Achterbahnfahrt gewesen. Sie war in tiefe Depressionen gestürzt, toll vor Schmerz über den Verlust von Jack und gequält von Schuldgefühlen, wenn sie sich vorwarf, sie hätte ihn retten können oder ihn während seiner Präsidentschaft mehr unterstützen müssen. Am 31. Januar, ihrer letzten Nacht im Harriman-Haus, hatte sie ihr Herz in einem Brief an Harold Macmillan ausgeschüttet, den britischen Premierminister, für den Jack trotz des großen Altersunterschiedes eine so herzliche Zuneigung empfunden hatte. Sie schrieb ihm von den Qualen ihrer Seele, während sie versuche, mit dem Tod ihres Mannes fertig zu werden, und darüber, wie verloren sie sich ohne ihn fühle.[65]

Dem Schmerz ließ sich nicht entkommen. Im März war sie

gezwungen, den Schrecken von Dallas noch einmal zu durchleben, als sie vor der Warren-Kommission ihre Aussage machte. Als sie mit Kitty Carlisle Hart einmal allein war, mit der sie etwa um dieselbe Zeit bei deren Freunden James und Minnie Fosburgh wohnte, »begann sie über diese letzten drei Minuten von Dallas zu sprechen. Hätte sie – wenn sie zur Seite gesehen hätte – die Kugel ablenken können? Wenn sie sich in diese Richtung bewegt hätte, was wäre geschehen? Wieder und wieder ging sie diese drei Minuten durch. Es war qualvoll, einfach qualvoll …«[66]

Innerhalb eines Monats, nachdem der Historiker Teddy White sich seine hastig gekritzelten Notizen geschnappt und das sturmumtoste Hyannis Port verlassen hatte, unternahm Jackie einen weiteren Schritt, um dem Andenken ihres geliebten Jack einen Schrein zu bauen und gleichzeitig unerlaubte Eindringlinge aus ihrem heiligen Gebiet zu vertreiben. Jim Bishop, der Autor von *The Day Lincoln Was Shot*, hatte Gerüchten nach sein Augenmerk auf die Ermordung Kennedys gerichtet. Bishop hatte Jackies Missfallen erregt, als er in jenem Herbst zu einem eintägigen Besuch ins Weiße Haus gekommen war. Er wollte einen Artikel für *Reader's Digest* schreiben und hatte ihrer Ansicht nach zu viele persönliche Fragen gestellt. Er hatte sich bei Provi über die Schlafgewohnheiten des Präsidenten und bei George Thomas über den Inhalt seines Kleiderschranks erkundigt. Der Präsident hatte Jackies Widerspruch lachend beiseite gewischt und ihr erklärt, Bishop mit seinem Zugang zu Millionen von *Reader's-Digest*-Lesern werde dringend benötigte Publicity liefern. Jackie aber hatte die Sache nicht vergessen. Sollte irgendetwas über die grauenhaften Ereignisse von Dallas geschrieben werden, so würde sie die Kontrolle darüber behalten.

William Manchester, renommierter Geschichtsprofessor der Wesleyan University und uneingeschränkter Bewunderer Kennedys, hatte ein Buch über John F. Kennedy herausgebracht. Kennedy war laut ihm »klüger als ich, tapferer, belesener, attraktiver, humorvoller und scharfsinniger. Das Einzige, was ich besser kann, ist schreiben.« Er hatte Jack sogar Fahnenabzüge des Buches zur Überprüfung zugestellt. »Anschließend erzählte mir sein Bruder Bob Kennedy, der Präsident habe seiner Frau nach einem jener Abende, die ich allein mit ihm im Weißen Haus verbrachte, gesagt, wie sehr er mich schätze, und sie habe sich dessen in den Tagen nach seinem Begräbnis erinnert.« Dennoch hegte Manchester keinerlei Illusionen über die Gründe für Jackies Entscheidung für ihn: »Es ist eine hübsche Geschichte, aber glauben kann ich sie nicht. So sehr hatte Präsident Kennedy mich nicht gemocht. Ich denke, Jackie suchte mich aus, weil sie zu der Ansicht gelangte, ich würde mich als lenkbar erweisen.«[67]

»›Mr. Manchester‹, rief sie mit dieser unnachahmlichen, atemlosen Stimme, als sie ins Wohnzimmer trat, die Schiebetüren hinter sich mit einer schwungvollen Bewegung schloss und sich in der Taille leicht vornüberbeugte. Es war wenige Minuten vor zwölf Uhr mittags, am 7. April 1964, dem Datum unserer ersten Begegnung. Sie trug eine schwarze Bluse und eine gelbe Stretchhose, strahlte mich an und ich fand, dass sie mit ihrer Kamelienschönheit im Alter von vierunddreißig noch leicht als eine Frau von Mitte zwanzig durchgehen könnte. Mein erster Eindruck – und der sollte sich nie ändern – war, dass ich mich in Gesellschaft einer großen, tragischen Schauspielerin befand. Ich meine das im besten Sinne des Wortes. In der amerikanischen Geschichte gab es dieses Wochenende, an dem wir danach verlangten, uns in unserer Trauer vereint zu fühlen durch das überragende Beispiel einer verwitweten First Lady, und Jacqueline Kennedy – anders als Eleanor Roosevelt, die in anderer Hinsicht eine noch außergewöhnlichere Frau war – lieferte uns diese unvergessliche Vorstellung als Heldin der Nation. Ein Grund für diesen Triumph besteht darin, dass ihre Instinkte durch und durch weiblich waren. Wenn sie jemanden am Flughafen in Hyannis abholte, gab sie ihm automatisch die Schlüssel für ihr Kabriolett. Männer fahren, Frauen werden gefahren. So sah die Logik der Dinge für sie aus und es ist unmöglich, sie sich beim Verbrennen eines Büstenhalters vorzustellen oder dabei, wie sie romantische Liebe als konterrevolutionär denunziert.« Manchester bekam eine volle Dosis von Jackies unwiderstehlicher weiblicher Hilflosigkeit, implizierter Verletzlichkeit und Unterwürfigkeit verabreicht.

Beinahe die Hälfte der Interviews, von denen Manchester Hunderte für sein Buch führte, waren emotional zutiefst aufwühlend, keines aber wirkte so stark auf ihn wie die Stunden, die er mit Jackie verbrachte. Im Hintergrund der Tonbandaufnahme hört man das Klicken von Eiswürfeln und das Anzünden von Streichhölzern. (Manchester, der das Rauchen zwei Jahre zuvor aufgegeben hatte, konnte die Erfahrung nur als Kettenraucher durchstehen, und es sollte acht Jahre dauern, ehe er von neuem damit aufhören konnte.) Krüge voll Daiquiris und schachtelweise Zigaretten wurden konsumiert, während er seine Fragen stellte und die Witwe ihm Stunde um Stunde, auf Tonband aufgenommen, ihre Seele offenbarte. Die Bänder liegen heute versiegelt in der JFK-Bibliothek in Columbus Port und dürfen vor dem Jahr 2067 nicht abgehört werden. Die Arbeiten für Manchesters Buch begannen in Tränen und sollten in Tränen enden.[68]

In den Monaten, die auf Dallas folgten, gab es vor emotionsgeladenen Anlässen kein Entrinnen. Öffentliche Gedenkveranstaltungen waren eine besondere Belastung. Am 25. Mai flog Jackie nach New York zur Eröffnung der JFK-Bibliotheks-Ausstellung. Am 29. Mai wäre sein Geburtstag gewesen, und in einer internationalen Fernsehsendung via Telestar wurde seiner gedacht. In der Sendung wurde ein Gedenkgottesdienst in der St. Matthew's Cathedral übertragen, an dem prominente Staatslenker aus aller Welt teilnahmen und der, wie David Ormsby-Gore (heute Lord Harlech) Macmillan gegenüber äußerte, »eine Qual für sie war. Sie hat das Gefühl, mit dem Geschehenen jetzt nicht besser zurechtzukommen als im letzten November.«[69]

Es gab keine Pause für Jackie. Im Sommer 1964 war sie zusammen mit Laura Bergquist und dem Fotografen Stanley Tetrick in Hyannis Port mit der Arbeit an einer Erinnerungsausgabe von *Look* beschäftigt, die zum ersten Todestag des Präsidenten herausgegeben werden sollte. »Wir fuhren nach Hyannis hinauf, um Bilder von ihr und den Kindern zu machen«, erinnerte sich Bergquist. »Und ich überredete sie außerdem, die Danksagung an JFK für die Erinnerungsausgabe zu schreiben. Sie hat daran wirklich gearbeitet. Sie schrieb es wieder und wieder um ...«[70]

> Es ist beinahe ein Jahr her, seit er gegangen ist.
> An so vielen Tagen – an seinem Geburtstag, einem Jahrestag oder wenn ich seine Kinder hinunter zum Meer laufen sah – habe ich gedacht: »An diesem Tag vor einem Jahr hat er das zum letzten Mal erlebt.« Er war so voller Liebe und Leben an all diesen Tagen. Und wie verletzlich scheint er mir jetzt, wenn ich daran denke, dass jeder von ihnen ein letzter Tag war ...
> Jetzt denke ich, ich hätte die ganze Zeit über wissen müssen, dass er zauberhaft war. Das habe ich gewusst – doch ich hätte ahnen sollen, dass der Zauber nicht von Dauer sein konnte.
> Er ist jetzt eine Legende, wo er so viel lieber ein Mann gewesen wäre ...

Für die Erinnerungsausgabe wählte sie Zitate seiner Lieblingsschriftsteller aus – so wie sie auch die Abschnitte bestimmt hatte, die von Frederic March und Florence Elridge auf dem JFK-Bibliotheks-Dinner und dann noch einmal auf dem Konvent der Demokraten vorgetragen werden sollten: Tennysons *Ulysses* – den Abschnitt, den sie für ihn auswendig gelernt und oft rezitiert hatte, Zeilen aus Shakespeares *Richard III.* und *Heinrich IV.*, Perikles' Totenrede, Robert Frosts *Stopping by Woods on a Snowy Evening*, Stephen Vincent Benets *John Browns Leiche*, Thomas J. Davis' Totenklage für den irischen Patrioten Owen Roe O'Neill. Sie schrieb die Zeilen aus John Buchans *Pilgrim's Way* ab, in denen dieser den Tod seines brillanten, im Ersten Weltkrieg gefallenen Freundes Raymond Asquith beklagt, die Jack so geliebt hatte und die in Jackies Augen Jack selbst zu gelten schienen:

> ... für die wenigen Auserwählten, wie Raymond, gibt es kein Ende der Illusionen. Sie ziehen mit jungenhafter Anmut in das Leben hinaus, und ihr Mittag bewahrt all die Frische ihres Morgens. Gewiss haben die guten Feen alle edlen Gaben in seine

> Wiege gelegt. Sie gaben ihm große persönliche Schönheit. Das Geschenk bezwingender Sprache. Einen Verstand, der augenblicklich meisterte, was immer ihm zu meistern wert erschien. Poesie und Liebe zum Schönen. Einen Zauber, der Freunde an ihn band. Ein Herz, das so zärtlich wie tapfer war. Nur ein einziges Geschenk blieb ihm vorenthalten – die Vielzahl der Jahre.

Am Layout arbeitete sie eng mit den *Look*-Redakteuren zusammen, schlug spezielle Fotos ihres Mannes vor, die zu speziellen Zitaten passten, und betonte die »Zeilen, die ihm – und inzwischen auch mir – am meisten bedeuteten«. – Über Seegers »Ich hab ein Rendezvous mit dem Tod« schrieb sie: »Von allen Gedichten, die er liebte, ist dieses das erschütterndste.«[71]

Bergquist beschrieb Jackies Stimmung in jenem Herbst als »erfüllt von trauriger Sehnsucht«: »Sie erzählte, sie wache am Morgen auf und könne nicht fassen, dass ihr Mann nicht da sei. Sie sei nicht fähig zu glauben, dass sie ihn niemals wiedersehen würde, und habe das Gefühl, es müsse einfach ein Leben nach dem Tod geben. Sie fragte sich, wie sie weiterleben sollte, und sagte, über ihn zu sprechen wie bei den Tonbandaufnahmen für die Kennedy-Bibliothek … sei ein entsetzliches Erlebnis für sie gewesen.«[72]

In Wahrheit war Jackie in dem Jahr nach dem Attentat auf einen Nervenzusammenbruch zugesteuert. Nur Bobby hielt sie aufrecht. Anfälle schwarzer Verzweiflung quälten sie, die ihr das Gefühl gaben, ihr Leben sei vorüber und ihr bleibe nichts weiter zu tun, als einen Tag nach dem anderen zu überstehen, bis ihre Kinder erwachsen waren. Einmal spielte sie mit dem Gedanken, sie Bobby zu überlassen, weil sie meinte, sie würden angesteckt von ihrer Qual. Sie beschrieb sich selbst als eine »lebende Wunde«. Alles schien sie an Jack zu erinnern – ganz besonders in Hyannis Port. Sie weinte und Caroline versuchte, sie zu trösten: »Du weinst wegen Daddy, nicht wahr?« Caroline zog sich selbst immer mehr zurück und wurde launisch. Vom Tod ihres Vaters war sie viel stärker getroffen als der kleine John. Einzig bei Bobby entspannte sie sich und flüsterte ihm Geheimnisse ins Ohr, wie sie es bei ihrem Vater getan hatte.

Jackie und Bobby hatten sich immer nahe gestanden. Nach Jacks Tod wuchsen sie emotional und geistig zusammen. Jackies alte Freundin aus Pariser Tagen Solange Batsell, die gerade von dem Comte de la Bruyère geschieden worden war, lebte in New York in der Nachbarschaft und traf Jackie nach deren Umzug nach New York häufig. Sie beschrieb sie als »sehr traurig«: »Sie hatte sich wirklich in ihre Schale zurückgezogen, aber Bobby brachte sie dazu, Dinnerpartys zu geben. Und sie trug dasselbe alte gelbe Kleid – es löste sich praktisch schon auf – für jede einzelne Party, die sie in der 1040 Fifth gab. Ich glaube nicht, dass sie auf sich selbst viel Wert legte in diesen Tagen, zum Beispiel darauf, ein hübsches Kleid zu tragen oder zumindest ein neues.«[73]

Selbst in ihrer Depression war Jackie bereit, Bobby, so gut sie es vermochte, zu unterstützen. Ein Gefallen, um den er sie bat, war ein Treffen mit Dorothy Schiff. Als einflussreiche Verlegerin der *New York Post* war sie eine Schlüsselfigur, die Bobby für seinen Wahlkampf um den New Yorker Senatorenposten gewinnen musste. Am 10. Oktober, einem Samstag, traf sie Jackie in deren Apartment im Carlyle, 18 E. Jackie, schlicht gekleidet und »schön«, wirkte unbewusst königlich. Als Schiff, obwohl sie der Gast und die Ältere war, beim Hinübergehen in ein anderes Zimmer zögerte, »um sie [Jackie] vorausgehen zu lassen, wie man dies im Weißen Haus für die First Lady tut«, ging Jackie ihr voran. Dorothy Schiff bemerkte, dass sie »sehr häufig in der dritten Person spricht«: »Wenn sie von Jack sprach, traten ihr Tränen in die Augen«, erinnerte sich Schiff. »›Die Leute sagen mir, die Zeit heile alle Wunden. Aber wie viel Zeit? Letzte Woche habe ich vergessen, die Zeitungen abzubestellen [dies bezieht sich auf die Veröffentlichung des Warren-Berichts], also holte ich sie ab, und da war es. Also habe ich sie für den Rest der Woche abbestellt. Aber ich bin zum Friseur gegangen und nahm ein *Life*-Magazin in die Hand und es war grauenhaft. Jetzt muss der November überstanden werden ... Man erwartet jedes Wochenende, dass jemand nach Hause kommt, aber niemand kommt ...‹

Das Telefon läutete«, schrieb Schiff weiter. »Ich hatte das Gefühl, dass es Bobby war.«[74]

16
La Dolce Vita

»Sie sagte einmal zu mir, dass einigen von uns vergeben werden müsse für Dinge, die wir in den Jahren direkt nach dem Tod des Präsidenten getan hatten. Ich glaube, sie entschuldigte damit nicht nur mich, sondern zugleich sich selbst.«[1]
Theodore C. Sorensen

Jackies Rückkehr ins Leben begann im Frühsommer 1965. »Ich weiß nicht, ob sie je wirklich so besonders glücklich war«, sagte ein Kennedy-Helfer und Freund von Bobby, der in Jackie verliebt gewesen war. »Aber ich denke, ein paar Jahre nachdem er [Jack] gestorben war, so zwischen '65 und '68, wurde es besser für sie, gefühlsmäßig besser. Ihr Leben war zur Ruhe gekommen und Bobby war bei ihr. Ich glaube, das war eine ziemlich gute Zeit.«[2] Chuck Spalding, der der Familie verbunden blieb, erzählte dem Kennedy-Biographen Nigel Hamilton, Bobby sei Jackies Geliebter gewesen und habe ihr gut getan.

»Sie litt an einer richtigen Depression, nachdem Kennedy starb«, berichtete Richard Goodwin. »Es dauerte eine ganze Weile, bis sie das überwunden hatte. Richtig darüber hinweg kam sie, als sie anfing auszugehen, Leute zu treffen, ein bisschen zu arbeiten und solche Dinge zu tun.« Einige Leute haben angedeutet, Bobbys und Jackies Liebe zueinander sei morbid gewesen, als könnten sie, indem sie zusammen waren, ein Stück von Jack miteinander teilen. »Von Jackies Seite her war es ehrliche, wirkliche Leidenschaft«, sagte ein anderer Freund. »Für ihn war es komplizierter. Möglich ist, dass es so war – ich weiß es nicht. Er hätte es natürlich abgestritten, hätte gesagt, das sei der Gedanke eines kranken Hirns. Das heißt aber nicht, dass es nicht doch zutraf, nur weil er sich dessen nicht bewusst war ...« Auf die Frage, wie lange die Beziehung bestanden habe, antwortete er: »Bis kurz vor seinem Tod.«[3]

Bobby war Jackies große Liebe. Ein verborgener Felsen im Mittelpunkt ihres Lebens. Ihre Romanze gewann dadurch, dass sie unmöglich war, nur noch an Stärke. Bobby hätte sich niemals von Ethel scheiden lassen, die unendlich loyal zu ihm stand und die Mutter seiner neun Kinder war. (Das zehnte, Matthew Maxwell Taylor Kennedy, wurde am 11. Januar 1965 geboren.) Selbst wenn er gewollt hätte, stellten sein Glaube und seine politische Karriere unüberwindliche Hindernisse dar. Jackie hingegen hätte das gleiche Gebiet, die Politik, die Untreue nicht noch einmal durchschreiten wollen. Sie gab sich nicht der Illusion hin, dass Bobby zu körperlicher Treue fähig sei. Als sie Joan Kennedy zum Zeitpunkt von Teddys öffentlich bekanntester Affäre sagte: »Alle Kennedy-Männer sind so«, meinte sie es ernst. Bobby war in seiner Einstellung zu Frauen weniger chauvinistisch als die anderen Kennedy-Männer. Er sprach gern mit ihnen und war in dieser Hinsicht kein bloßer Benutzer wie seine Brüder (und sein Vater). In New York hatte er eine lang andauernde Beziehung mit einer Frau, die aus Boston stammte, aber er hatte auch einige von Jacks Frauen geteilt und zahlreiche Affären während der Wahlkampfreisen unterhalten.

Jackie und Bobby waren nicht diskret, sondern trafen sich häufig allein in aller Öffentlichkeit, als biete die Unglaubhaftigkeit ihrer Beziehung ihnen ein Schutzschild gegen die Realität. Peter Lawford, der seit dem Tod seines Patrons Jack und seiner Scheidung von Pat Anfang 1966 bei den Kennedys als Paria galt, hasste Bobby besonders. Er hielt ihn für den Hauptschuldigen des Bruchs mit Sinatra wegen Jacks Besuchs im Jahr 1962. Als er mit Taki Theodoracopoulos und einer Freundin das Sherry Netherland Hotel betrat (wo beide Wohnungen hatten), sahen sie Bobby und Jackie dicht beieinander an der Bar sitzen. »Zwischen ihnen [Lawford und Bobby] herrschte Eiszeit«, erinnerte sich Taki. »Und er drehte sich um und sagte zu dem Mädchen – ich habe es gehört –, also, er sagte: ›Siehst du, das habe ich dir doch gesagt. Der Hundesohn treibt's mit ihr ...‹«[4]

Während der letzten Jahre ihrer Ehe mit Jack war Jackies Leben, abgesehen von flüchtigen ehelichen Zusammenkünften, sexfrei verlaufen. Jetzt tat sie, verborgen hinter ihrem Markenzeichen, der dunklen Sonnenbrille, und ihrem unantastbaren Ruf, mehr oder weniger, was sie wollte. Als Königin von Amerika wurde sie von den Zeitungen beschützt – nie wurde ein wenig schmeichelhaftes Foto oder eine unziemliche Spekulation über ihr Privatleben gedruckt. Nie wurde sie beim Rauchen einer Zigarette gezeigt, obwohl sie praktisch Kette rauchte. Wurde darüber berichtet, wie sie Twist oder Frug tanzte, hieß es sogleich, sie habe dies »in würdiger Weise« getan. Sie war sich dessen mehr als bewusst. Etwas überheblich drückte sie einmal William Manchester gegenüber aus, dass niemand irgendetwas von ihr denken würde, »selbst wenn sie mit Eddie Fisher durchbrennen würde«.[5] Sie war der Meinung, sie habe sich, nach all der Selbstbeherrschung im Weißen Haus und all dem Leid, das sie nach dem Attentat stoisch hatte ertragen müssen, das Recht verdient, sich zu amüsieren. Die langweiligen Damen-Komitees und Wohltätigkeitsveranstaltungen, die zum Leben der New Yorker Oberschicht gehörten, waren nichts für sie. Lediglich zwei gute Zwecke fanden ihr Interesse: die Rettung des zum Untergang verurteilten alten Metropolitan Opera House und Bobbys Bedford-Stuyvesant-Entwicklungsprojekt in einer der ärmsten Gegenden von Brooklyn. Davon abgesehen engagierte sie sich noch immer leidenschaftlich für die Finanzierung und den Bau der Kennedy-Bibliothek und die Fertigstellung von Jacks Grab in Arlington.

Wie *Women's Wear Daily* es ausdrückte, war sie ohne Frage »die eleganteste Bürgerin New Yorks« und die »bemerkenswerteste Frau der Welt«. Bemerkenswert wodurch? – mag man sich fragen. Abgesehen von ihrer Vorstellung nach dem Attentat, als sie »die Herzen der Nation brach und das Land zusammenhielt«, tat sie nichts Substanzielles. Und dennoch, durch ihr Aussehen, ihren Stil, ihre mysteriöse Persönlichkeit hielt sie die Vorstellungskraft der Welt in einer Weise in ihrem Bann, wie es niemand sonst vermochte. »Kulturell spielte sich etwas ab zwischen ihr und dem Jahrzehnt, in dem sie lebte«, sagte Doris

Kearns Goodwin. »Und der Versuch herauszufinden, was das war, ist wirklich interessant.«[6]

Es gab eine Reihe von Begleitern, die ihr in der Öffentlichkeit als Schutz für privatere Affären dienten. Ihre erste sexuelle Affäre dauerte achtzehn Monate und war vorüber, ehe die Presse auch nur Wind davon bekam. Jackie hatte Jack Warnecke durch die Planungen für den Lafayette Square kennen gelernt. Im Jahr nach Jacks Tod hatte sie eng mit ihm zusammen an der Gestaltung von Jacks Grab gearbeitet. Mit siebenundvierzig war Warnecke ein sehr attraktiver Mann – 1,87 Meter groß, mit dem athletischen Körperbau eines ehemaligen Football-Stars –, ein brillanter, erfolgreicher Architekt und, seit seiner 1961 ausgesprochenen Scheidung, der Liebhaber einer Reihe von schönen Frauen. In jenem Herbst hatte Janet Auchincloss ihn nach Hammersmith zur Besichtigung der Arbeit eines berühmten Steinmetzen eingeladen, der die Inschrift für Jacks Grab herstellen sollte. Jackie war da. »Ich kann mich erinnern, nach diesem ganzen Jahr, in dem ich mit Jackie gearbeitet hatte, Jackie angesehen hatte, Jackie mich angesehen hatte … nach all den Dingen, durch die wir uns gemeinsam gekämpft hatten … Ich weiß noch, dass ich sagte: ›Warum fahre ich dich nicht zurück nach Hyannis Port? Lass mich mal dein Geheimdienst sein.‹ Und sie sagte, sie würde sich freuen. Wir hängten den Geheimdienst ab. Sie fuhr ein schönes, offenes Auto, also hatten wir eine sehr angenehme Fahrt nach Hyannis Port, und dann … Dann fing alles an, dort, in diesem Moment, nach all dem einander Ansehen, einander Ansehen, miteinander die Trauer und die Spannung und den Schmerz Durchstehen … da fing es an. Ich verbrachte das Wochenende mit ihr. Ich kann mich um nichts in der Welt erinnern, wo die Kinder waren, ich erinnere mich nur an uns. So also fing es an, und danach sah ich sie ständig, jedes Wochenende …«[7]

»Bunny Mellon hatte eine kleine Überraschung für uns, ein kleines Landhaus, fertig herausgeputzt für Halloween, und zu Thanksgiving war ich in Hammersmith mit meinen Kindern, ihren Kindern … Wir verbrachten das ganze Wochenende mit der Familie.«

Warnecke erging sich in Erinnerungen: »Sie war klug, sie war charmant, sie war amüsant, sie war schön, sie war leidenschaftlich, sie war alles, was man sich nur träumen lassen kann. Wir unterhielten uns über intime Dinge, darüber wie sie beinahe ihre Jungfräulichkeit an John Marquand verloren hätte.«

Jackie sprach auch zärtlich über Bobby, aber als sie ihn anrief, um ihm von der neuen Liebe in ihrem Leben zu erzählen, warnte Bobby, der bis in die Haarwurzeln ein Kennedy-Politiker war, sie, das komme »zu schnell« nach Jacks Tod. Im Hinblick auf seine politische Karriere in New York sowie darüber hinaus auf die unvermeidliche Bewerbung um die Präsidentschaft erforderte das öffentliche Interesse, dass Jackie die unbezahlbare Trumpfkarte der Kennedys blieb. Jack Warnecke musste unter der Bettdecke verborgen werden und durfte vor dem Herbst 1965 nicht als ihr Begleiter in der Öffentlichkeit gesehen werden. Zu der Zeit wurde berichtet, er habe sie nach einer Party, die sie in New York für Kenneth Galbraith gab, nach Hause gebracht.

Wie Jack es getan hatte, teilte auch Jackie ihr Leben und ihre Liebesgeschichten in Abteilungen ein. Warnecke mochte nicht glauben, dass sie und Bobby im Herbst 1964, als er ihr Liebhaber wurde, eng verbunden waren, aber sie sah Bobby zweifellos häufig, während sie ihre Beziehung zu Warnecke und anderen Männern weiterführte. Weihnachten 1964 verbrachte sie in Aspen mit Bobby, Pat, Jean und den Kindern, jedoch ohne Ethel, die im Januar ihr zehntes Kind erwartete. In der ersten Februarwoche 1965 war sie zusammen mit den Radziwills in Puerto Marques bei Acapulco zu Gast bei ihrem alten Freund, dem Architekten Fernando Parra Hernandez. Doch am 13. Februar fuhr sie mit Bobby und den Kindern zum Skilaufen nach Lake Placid und dann sahen sie sich wieder in Vermont, am 20. April. Zur selben Zeit ritt sie mit einem gut aussehenden italienischen Grafen, den sie durch den Kennedy-Freund Arkady Gerney kennen gelernt hatte, durch den Central Park. Der Mann, der für US Steel arbeitete, verbrachte eine Menge Zeit in New York. Seine Beziehung mit seiner Frau war nicht gut, und später wurde er geschieden. Mit der Diskretion des Gentlemans weigerte er sich, mehr über Jackie preiszugeben, als dass sie »an Sex nicht so interessiert« war. Ein anderer Bewunderer und ständiger Begleiter des Jahres 1965 war Mike Nichols, der brillante Theater- und Filmregisseur. Er war mehrere Jahre jünger als Jackie und von ihr fasziniert. Er blieb ihr ein beständiger Freund und eine Stütze in schwierigen Zeiten. »Sie waren Freunde und sie teilten ein paar intime Augenblicke«, sagte ein Freund. Jackie war nicht promisk – Sex war für sie einfach etwas, das im Laufe einer Freundschaft eben passierte. »Sie erweckte eindeutig sehr romantische Gefühle in vielen Männern«, sagte ihre Freundin Antonia Fraser. »Ich neige zu der Annahme, dass all diese Leute ein- oder zweimal miteinander schlafen, wenn sie das passende Geschlecht haben …«[8]

Im Mai gab Lee in ihrer umwerfend ausgestatteten, zweistöckigen Wohnung in der 969 Fifth Avenue eine Party (»eine winzig kleine Tanzveranstaltung für weniger als tausend«), um Jackie aufzuheitern. Diese erschien in einem weißen Seidencrêpekleid von Yves St. Laurent am unverfänglichen Arm von Averell Harriman. Unter den Gästen waren Mike Nichols, Sam Spiegel, Leonard Bernstein und Bobby mit seinem Camelot-Gefolge Kenneth Galbraith, Pierre Salinger und Franklin Roosevelt jr. Doch unter der glanzvollen Oberfläche litt Jackie noch immer Schmerzen, empfand noch immer Selbstmitleid und war auf der Suche nach einem anderen Mann, der ihr einen Status verleihen würde, wie Jack das getan hatte. Bei der Einweihung der Runnymede-Gedenkstätte in London im Mai 1965 schüttete sie ihren alten Freuden Hugh und Antonia Fraser, die eine große Party für sie gaben, ihr Herz aus. Allein mit den Frasers (Jackie hatte sich angewöhnt, spät in der Nacht noch Whisky zu trinken), war sie anschließend in Stimmung für Geständnisse. »Sie sprach darüber, wie es war, eine Witwe zu sein, und dass man als Witwe einem Krüppel glich und [jedermann annahm,] mit einem stimme etwas nicht«, erinnerte sich Antonia Fraser. »Ich dachte nur, das sei eine außergewöhnliche Reaktion – sie fühlte sich so entsetzlich, als hätte sie selbst etwas falsch gemacht. Dieser Status vergällte ihr das Leben.«

Doch selbst mitten auf der Dinnerparty war Jackie aufmerksam genug, der alten schottischen Köchin der Frasers zu danken, die sich halb zur Erholung mit ihnen in London befand und es am Tag zuvor auf sich genommen hatte, Tee und Sandwiches für John und Caroline zu machen. »Sie steckte mitten in so etwas wie einem Staatsbesuch«, sagte Antonia Fraser, »aber sie bestand darauf, mit dieser Dame, Mrs. Hepburn, zu sprechen, und verwandelte so ein eher trauriges Leben in ein glanzvolles. Denn Mrs. Hepburn fuhr nach Schottland zurück und hörte nie mehr auf, damit zu prahlen … Engländer, glaube ich, gingen zu jener Zeit nicht umher und dankten ihren Köchinnen … Mir erschien das extrem charakteristisch für Jackie. Ich denke, sie hatte – vielleicht hatte sie das tatsächlich als eine Art Verteidigungsmechanismus entwickelt – eine ganz außergewöhnliche Art von geistigen guten Manieren. Denn Leute mit guten Manieren schützen sich ja im Grunde vor vielem …«[9]

Harold Macmillan hielt eine Ansprache bei der Zeremonie in Runnymede, während die Königin das schlichte weiße Steinmonument auf einem Morgen britischer Erde, die das britische Volk den Vereinigten Staaten geschenkt hatte, John F. Kennedy zueignete. Runnymede war ein Ort von besonderer Bedeutung und hätte dem historisch interessierten Jack gefallen: der »Geburtsort der konstitutionellen Regierung«, an dem König John im Jahr 1215 die Magna Carta unterzeichnet hatte. Am folgenden Sonntag fielen die Kennedys in Birch Grove ein, dem Landhaus der Macmillans. Später, am 17. Mai, schrieb Jackie einen Dankesbrief, in dem sie sich mit ironischem Ton auf die Kennedys bezog und das unvermeidliche Durcheinander, das sie stets auf ihren Reisen verbreiteten. Macmillans Ansprache, so schrieb sie ihm, sei emotional für sie der schwierigste Teil der Zeremonie in Runnymede gewesen: »Für alle anderen ist Jack bereits verschwunden und es war eine schöne Gedenkfeier – für Sie und mich aber ist er nicht verschwunden …«[10]

Diese Tage im Mai waren, auch wenn die Kinder davon noch nichts ahnten, die letzten, die sie mit Maud Shaw verbringen sollten. Jackie und Miss Shaw waren übereingekommen, ihnen vorläufig nichts zu sagen, um ihnen die Reise nicht zu verderben. Abgesehen von Miss Shaws Alter – sie war neunundfünfzig

– und den Bedürfnissen ihrer eigenen Familie, waren beide Kennedy-Kinder inzwischen in der Schule angemeldet. Die Reise war ein großes Abenteuer für sie. Sie flogen mit der Air Force One – »Daddys Flugzeug« – und sahen all die Dinge, von denen Miss Shaw ihnen erzählt hatte: die Wachablösung und eine Schimpansen-Teeparty im Zoo im Regent's Park (»O Miss Shaw, was für Tischmanieren!«, rief Caroline fassungslos und schlug sich in einer für sie typischen Geste die Hand vor den Mund). Im Tower von London überraschte John den Beefeater, der mit ihrer Führung beauftragt war, durch sein blutrünstiges Interesse an den Hinrichtungen, die dort stattgefunden hatten, und die Geschicklichkeit, mit der er sich durch eine alte Kanone schlängelte.

Sorgsam von Miss Shaw vorbereitet, schafften sie die Verbeugung beziehungsweise den Hofknicks, als sie der Königin vorgestellt wurden, und fuhren im Anschluss an die Zeremonie in Runnymede zum Tee nach Windsor Castle. Dann nahm Miss Shaw sie mit in ihr schlichtes Reihenhaus in Sheerness, Kent, wo ihr Bruder und ihre Schwester lebten. »Mir gefällt dieses knubbelige, kleine Haus, Miss Shaw«, sagte John. »Ich bin froh, dass ihr nur eine Treppe habt. Ich hab' Treppen satt.« (Im Londoner Haus der Radziwills hatte er vier Treppen zu seinem Zimmer hinaufsteigen müssen.) »Wo sind denn die Köchin und der Butler?«, fragte er Hetty Shaw. »Hier bin ich die Köchin und der Butler«, antwortete ihm Hettie. »Der Butler können Sie nicht sein«, protestierte John. »Sie sind doch kein Mann.«

»Natürlich«, schrieb Miss Shaw, »benahm er sich ganz wie zu Hause, von dem Moment an, in dem er durch die Tür marschierte. Caroline war ein bisschen schüchterner, aber sie kam blendend mit Hettie und Jack zurecht und erzählte ihnen stolz, dass sie meine Blutsschwester fürs Leben sei.« Caroline, die argwöhnte, dass etwas nicht stimmte, war besonders durcheinander. Am letzten Tag folgte sie ihrer Kinderfrau den ganzen Vormittag lang überallhin und hielt ihren Arm um sie gelegt. Dies brachte Jackie dazu, Miss Shaw zu bitten, mit ihnen zurückzukommen. Zwischen ihrer eigenen Familie und den Kindern, die sie liebte, hin und her gerissen, konnte Maud nur traurig den

Kopf schütteln. In ihrem Buch, das von Jackie verdammt wurde, schrieb sie: »Kein Wort könnte je wirklich ausdrücken, wie sehr ich mich diesen beiden und ihren Eltern verbunden fühlte.« Sie sollte sie nie wiedersehen.[11]

Jackie betrachtete Maud Shaws liebevolles Buch *White House Nannie – My years with Caroline and John Kennedy jr.*, das später in jenem Jahr erscheinen sollte – als einen gewaltigen Verrat. Obwohl Miss Shaw keine Vertraulichkeitsverpflichtung unterzeichnet hatte, reagierte Jackie mit der gleichen kalten Wut, wie die Königinmutter Elisabeth auf die süßlichen Erinnerungen von Marion Crawford, der früheren Kinderfrau der Prinzessinnen Elisabeth und Margaret. Sie bezahlte ihr weiterhin ihre Pension, brach jedoch die Beziehung ab. (»Sie wird sich an ihre Zusagen halten, auch wenn Sie das Vertrauen gebrochen haben, das sie und Präsident Kennedy in Sie gesetzt hatten«, schrieb Nancy Tuckerman Maud Shaw am 19. November 1965 in einem kalten Brief.) Caroline jedoch schrieb weiterhin liebevolle Briefe an ihre ehemalige Kinderfrau. »Ich vermisse Sie sehr sehr sehr«, endete sie ihren Weihnachtsbrief an Miss Shaw. Im folgenden Jahr hieß es noch: »ICH VERMISSE SIE!« Zwei Jahre später, im März 1967, sandte sie immer noch dieselbe Nachricht.

Evelyn Lincoln, die ihr Buch *Zwölf Jahre mit John F. Kennedy* im September 1965 veröffentlichte, kam ungeschoren davon, möglicherweise weil sie als Bewahrerin der Kennedy-Geheimnisse unantastbar war. Jacks wahrer Freund und Marinekamerad Paul Fay aber bekam das Gewicht des Kennedy-Missfallens wegen seiner Memoiren *The Pleasure of His Company* zu spüren, die er im September 1963 auf Jacks Wunsch hin zu schreiben begonnen hatte. (»Weißt du, Rotschopf«, hatte er zu Fay gesagt, »du hast einen Einblick in die Präsidentschaft gehabt, wie ihn nur wenige Leute je gehabt haben. Du hast die Pflicht, darüber zu schreiben.«) Fay begann mit den Memoiren, legte sie aber beiseite, als sein Freund ermordet wurde. Sechs Monate später nahm er die Arbeit daran mit Bobby Kennedys Einverständnis wieder auf. Bobby schlug jedoch vor, das Buch solle eine Geschichte der »wichtigsten Punkte, die die Marine und den Präsidenten betreffen«, werden. Darauf erwiderte Fay, er sei kein Historiker, sondern »bei mir geht's eher um die menschliche Seite des Ganzen«. Ihm war nicht klar, dass seine Erinnerungen an seinen schlagfertigen, macho- und kumpelhaften Freund – dessen Sprache mit den Schimpfworten durchsetzt war, die jeder ehemalige Marineangehörige benutzte – nicht dem Image von Jack entsprach, das die Kennedys der Öffentlichkeit vermitteln wollten. Ihm war auch nicht klar, in welchem Maße die Kennedys annahmen, das Copyright auf John Kennedys Image innezuhaben. Somit hatte er den Preis in Gestalt des Zorns der Familie zu zahlen, als sein Manuskript im Sommer 1966 fertig war.

Es wurde Bobby zugestellt, der es völlig verriss, wenigstens ein Drittel herausnahm und den Text mit bitteren Kommentaren versah. »Er griff mich deshalb heftig an«, berichtete Fay einem Interviewer. Er wurde dann darüber informiert, dass »Jackie sich der Sache annehmen wolle« und dass sie, nicht Bobby, das letzte Wort darüber haben würde. Jackie jedoch weigerte sich, das Manuskript selbst zu lesen, und erklärte Fay, Kenneth Galbraith solle es sich ansehen, denn »er ist der offizielle Zensor für die Familie«. Galbraith machte einige geringfügige Kommentare, doch ansonsten hörte Fay von keinem Kennedy mehr darüber, bis er Bobby ein Telegramm schickte, um ihn darüber zu informieren, dass er McCall's die Genehmigung erteilt hatte, mit der Magazin-Veröffentlichung des Buches in Fortsetzungen zu beginnen.

»Junge, er geriet völlig außer sich«, berichtete Fay. »Dann mischte Jackie sich ein und ich verbrachte eine Stunde und vierzig Minuten mit Jackie am Telefon. Sie rief mich an und tja, dann gingen wir dieses Buch Schritt für Schritt durch. Ihre Kommentare waren faszinierend, einfach faszinierend im Hinblick auf das, was sie herausgestrichen haben wollte.« Unter anderem erlaubte sie ihm nicht, den Ärger des Präsidenten über ein Interview zu erwähnen, das Arthur Schlesinger gegeben hatte und in dem er andeutete, sein Rat in Bezug auf die Schweinebucht habe sich durchgesetzt. Um ihr gefällig zu sein, strich Fay die Stelle heraus. »Sie forderte, dass sie stets Jacqueline, nicht

Jackie genannt würde, und John-John sollte John sein. Sie sagte: ›Der Präsident hat ihn nie John-John genannt.‹ Ich sagte: ›Jackie, du machst wohl Witze. Er hat ihn immer John-John genannt.‹ Und sie sagte: ›Er hat ihn nicht John-John genannt. Er nannte ihn John.‹ Tja, wie soll man gegen so etwas ankommen?«, fragte sich der verzweifelte Fay.

»Mir war nicht klar, was für eine Schlüsselloch-Beziehung du zu Jack hattest«, erklärte ihm Jackie mit kaum verhohlener Verachtung.[12] Fays Porträt des menschlichen Jack in all seiner Profanität ärgerte sie. Seine Weigerung, sich sein Buch völlig entkräften zu lassen, versetzte sie in Rage, ebenso wie Bobby und Ethel. Jackie widersprach sogar aus purer Rachsucht einer der vorgeschlagenen Änderungen: Sie verlangte, die betreffende Anekdote solle stehen bleiben, weil sie glaubte, sie werfe ein schlechtes Licht auf Fay. Den Scheck über $ 3000, den er dem Fonds der Kennedy-Bibliothek zustellte, schickte sie ihm zurück, einige Jahre später aber wurde ihm vergeben.

Sogar Jackies kultureller Mentor, der ergebenste Höfling und loyale Kennedy-Historiker Arthur Schlesinger, Autor des Buches *Die tausend Tage Kennedys*, entging ihrer Zensur nicht. Er und Ted Sorensen hatten sich zu gleicher Zeit an Berichte über Camelot gewagt. Der Intellektuelle Sorensen aus Nebraska, der Verfasser von Kennedys Ansprachen und sein politisches *Alter Ego* gewesen war, schrieb eine persönliche Darlegung, begründet auf elf Jahre politischer Intimität mit dem verstorbenen Präsidenten, ein Manuskript, mit dem er Kennedy wohl geholfen hätte, seine politischen Memoiren selbst zu schreiben. Sorensen hatte wegen *Kennedy* nie Probleme mit Jackie – »zum Teil wohl, weil ich ihr das Manuskript gezeigt habe und sie mir einige Vorschläge machte«, wie er der Autorin dieses Buches gegenüber erklärte. Als er sein Buch im Sommer 1965 auf Cape Cod schrieb, erhielt er einen, wie er es nannte, »traurigen Anruf« von Jackie. Es war ihr Geburtstag, also fuhr er hinüber nach Hyannis Port, um sie zu besuchen, und nahm ihr als Geburtstagsgeschenk einige Kritzeleien mit, die Jack während der Kubakrise gemacht und die er zwischen seinen Papieren gefunden hatte. »Chruschtschow«, »Unterseeboote. Sowjetische Unterseeboote«, »Ernst«, »Guantanamo«, »Raketen 16–2–32« hatte Kennedy gekritzelt. Laut Sorensen war sie sehr bewegt von dem Geschenk, das sie ihm eingerahmt zu Weihnachten 1966 zurückschenkte, zusammen mit einer Notiz zum Dank »für alles, was Sie für ihn waren«.[13] Sorensens Buch erschien im Herbst 1965 mit einem enthusiastischen Vorwort von David Harlech, der seinen historischen Wert als Bericht über die Kennedy-Präsidentschaft pries. Im *Look* wurde es in Fortsetzungen veröffentlicht und führte die gesamte Weihnachtssaison hindurch die Bestsellerlisten der *New York Times* an.

Schlesinger jedoch, dessen Geschichte der Kennedy-Präsidentschaft *Die tausend Tage Kennedys* mehr persönliche Einzelheiten enthielt, hatte sich bei Jackie in rauere Gewässer gewagt. Am 2. April 1965 sandte er ihr und Bobby die ersten zwölf Kapitel seines Buches. »Bitte versuchen Sie bei Ihrer Kritik nicht, meine Gefühle zu schonen«, schrieb er. »Denn ich wäre Ihnen auf ewig für jede Hilfe dankbar, die Sie mir dabei geben könnten, dieses Buch zu einem wahrhaften Bericht über den größten Mann zu machen, den ich je kennen werde.« Jackie schickte es mit pingeligen und – in vielen Fällen – verräterischen Kommentaren zurück. Sie mochte sein Porträt von Jack als archetypischem römischen, kühlen und gefühllosen Senator nicht. Ihm stand die Darstellung seines früheren Mentors Adlai Stevenson gegenüber, der sich auf die klassisch griechische Empfindung bezog. Für sie war Jack mit seiner leidenschaftlichen Verteidigung des Glaubens wahrhaftig ein klassischer Grieche.

Sie widersprach Schlesingers Behauptung, Kennedy habe, als er Präsident wurde, »mehr über innenpolitische als über internationale Beziehungen gewusst«. Leidenschaftlich führte sie als Argumente sein Buch *Warum England schlief*, seine Senatsansprachen über Indochina und Algerien und seine Reisen nach Polen, in die Tschechoslowakei, in den Nahen und Fernen Osten an, die ihrer Ansicht nach bewiesen, dass er über Außen- und Innenpolitik gleichermaßen und sicherlich besser Bescheid wusste als jeder andere amerikanische Präsident bei seinem Amtsantritt.

Ebenfalls auf Jackies Wunsch änderte Schlesinger den Satz,

Joe Kennedy sei »entschlossen« gewesen, dafür zu sorgen, dass Jack Bobby zu seinem Justizminister machte, folgendermaßen um: »Der Vater des designierten Präsidenten hoffte, dass Robert Kennedy Justizminister werden würde.«

Sie legte Wert darauf, dass er alle Erwähnungen ihrer selbst und ihres Ehelebens mit Jacks kürzte, die Schlesinger offensichtlich auf ihre eigenen, mündlich für die Kennedy-Bibliothek festgehaltenen Erinnerungen (die sich noch unter Verschluss befinden) gegründet hatte. Jackie war zornig, als Schlesinger einen Vorabdruck des Buches als Serie im *Life* genehmigte, da es Stellen enthielt, die sie als unentschuldbares Eindringen in ihr Privatleben mit Jack empfand. Schlesinger beugte sich ihren Wünschen. Als er das endgültige Manuskript für das Buch den Kennedys zur Durchsicht übergab, hatte er »Jackie praktisch aus dem Buch herausgeschnitten«.[14]

Am 23. November erhielt er seinen Lohn in Form eines überschwänglichen Briefes der Dankbarkeit und des Lobes von Jackie.

Zum ersten Mal seit Jacks Tod hatte Jackie zu ihrer eigenen Überraschung einen glücklichen Sommer in Hyannis Port und auf der Hammersmith Farm verbracht. Am Tag bevor sie mit ihren Kindern abreiste, die in New York mit der Schule beginnen sollte, schrieb sie von Hammersmith aus einen langen Brief an Macmillan, in dem sie ihm die Freude an der Rückkehr zu den geliebten, vertrauten Häusern schilderte, die Lagerfeuer an Stränden mit amerikanischen Sommermahlzeiten – Hummer und Mais, Blaubeeren und Pfirsichen – und das Vergnügen, die ganze Zeit barfuß zu gehen. Es war wie in so vielen anderen Sommern gewesen, »nur dass Jack nicht am Wochenende kam«.

Sie hatte Kazantzakis' *Rechenschaft vor El Greco* gelesen. Seit Jacks Tod fühlte sie sich in zunehmendem Maße zu Griechenland und dem mediterranen Leben der Sonne und des körperlichen Erlebens hingezogen. Sie spürte, dass sie ihre Kraft und ihre Entschlossenheit zu überleben zurückgewonnen hatte, die Entschlossenheit, weiterzugehen, auf eine höhere Ebene von Frieden oder Verzicht, und sie hatte es für ihre Kinder getan, die ihr einen Grund zum Leben gegeben hatten. Und dennoch lebte noch immer ein tiefer Zorn in ihr, Zorn auf die Welt, die Jack getötet hatte. Ihre Kinder in seinem Sinn aufzuziehen würde ihre Rebellion gegen diese Welt sein.

»Und da ist Bobby, mit seiner mitfühlenden, uneinnehmbaren Seele …«, hatte sie geschrieben. 1965 war auch Bobby, wie Jackie, im Begriff, sich aus den Schleiern der Trauer zu befreien. Jeder bemerkte die Veränderung, die der Tod seines Bruders in ihm bewirkt hatte. Der raue, drakonische, kompromisslose Justizminister, John F. Kennedys Kriegsbeilbote, hatte sich entwickelt. Unter Jackies Anleitung und den Fußstapfen seines Bruders folgend las er Geschichtsbücher und Biographien, doch am meisten liebte er Gedichte. Eines seiner liebsten war Tennysons *Ulysses,* das auch zu Jacks Favoriten gehört hatte. Doch während in Jacks Lieblingsstrophe die Zeile stand: »Zu segeln, weiter als des Westens Sterne reichen, bis ich sterb' …«, enthielt Bobbys einen Abschnitt mit der Schlusszeile: »Kommt, Freunde, noch nicht zu spät ist's für die neue Welt«. Er liebte es, Gedichte mit Richard Burton oder mit dem Russen Jewgeni Jewtuschenko zu rezitieren. Er diskutierte mit dem Dichter Robert Lowell, einem besessenen Bewunderer Jackies, der ihr einen Band Plutarch geschenkt und ein Gedicht über sie geschrieben hatte. Er schrieb auch Verse über Bobby nach dessen Tod, die Arthur Schlesinger das beste Gedicht nannte, das über Robert Kennedy geschrieben wurde – »Verhängnis war dir in dein Blut gewebt …« Menschen bemerkten eine Nachdenklichkeit an ihm, eine traurige Ader oder eine »ihm innewohnende Melancholie«, die zuvor nicht an ihm aufgefallen war. Norman Mailer, der scharfsinnigste und wortgewandteste der Kennedy-Beobachter, schrieb über ihn: »Er war, derweil er älter wurde, bescheidener geworden und sein Verstand war mit ihm gewachsen.« Auch er entdeckte eine »subtile Traurigkeit, die sich in seinem selbstbewussten Tonfall eingenistet hatte. Er war in der Welt angekommen, in der Menschen mit dem Wissen um die Tragik leben und sich vor dem Glück deshalb so häufig fürchten.«[15]

Der Gedanke an die Hinterlassenschaft seines Bruders verfolgte ihn, trieb ihn auf seiner politischen Laufbahn voran, um den Armen und Unterprivilegierten zu Hilfe zu kommen. Er begann Erkundungsreisen ins Ausland zu unternehmen, bereitete sich darauf vor, diese Hinterlassenschaft anzutreten. Im November 1965 reiste er mit Ethel, Richard Goodwin und William vanden Heuvel durch Südamerika, stellte sich linksgerichteten Studenten, die ihn als Vertreter des Yankee-Imperialismus anspuckten, und stieg in stockdunkle Minen hinab, um mit kommunistischen Arbeitern zu sprechen. Ein Foto, das während dieser Zeit von ihm aufgenommen wurde, zeigt ihn sonnenverbrannt, mit bis zur Taille offenem Hemd, das einen muskulösen Oberkörper freigibt, und legt Zeugnis ab von der Entwicklung des »kleinen Gnoms« zu einem charismatischen, körperlich attraktiven Mann.

Wie sein Bruder ging er mit Leidenschaft große Risiken ein, erprobte die Grenzen seines Mutes beim Bergsteigen, Wildwasserfahren, Tauchen in stürmischer See. Für Bobby wie für Jack bedeutete Mut die wichtigste Tugend, die ein Mann besitzen konnte.

Die Veränderung in ihm war sogar noch verblüffender für Außenstehende, die ihn vor 1963 gekannt hatten. »Bobby war bösartig, hinterhältig«, sagte Sam Peabody, der Bruder von Endicott Peabody, dem Gouverneur von Massachusetts. Bobby und seine Spießgesellen hatten ihn angegriffen, um ihren Plan durchzusetzen, den WASP-Liberalismus in ihrer heimatlichen Arena auszulöschen und durch ihr eigenes System zu ersetzen. »Aber später veränderte er sich völlig, er hatte wirklich *Gefühle* für Menschen …« Joseph Alsop sagte: »So viele Leute verstehen ihn [Bobby] vollkommen falsch. Sie halten ihn für kalt, berechnend, skrupellos. In Wahrheit ist er heißblütig, romantisch und mitfühlend.« Averell Harrimans Eindruck lautete: »Es war ihm unmöglich, nicht die Wahrheit zu sagen, wie er sie sah. Ich glaube, deshalb hielten viele Leute ihn für rücksichtslos. Die Wahrheit ist zuweilen rücksichtslos.«[16]

Kurz nach ihrer Rückkehr nach New York gab Jackie gemeinsam mit William vanden Heuvel in einem Restaurant namens Sign of the Dove eine Party für Kenneth Galbraith, der in die

Vereinigten Staaten zurückkehrte. Jackie hatte dies als ein Dankeschön geplant für alles, was die Galbraiths auf ihrer Indienreise für sie getan hatten. Einen Teil der Dekorationen für die Party gestaltete sie selbst. »Sie hatte eine Papierpuppe, eine Art aufgeblasener Fotografie von ihm in einem weißen Jackett – man trat ein, und da stand er«, erinnerte sich Kitty Galbraith. »Und es gab wundervolle indische Malereien (im Stil der Mogul-Miniaturen), die sie selbst gemacht hatte, mit Kenneth' Gesicht, er als Maharadscha auf einem Elefanten und solche Szenen, aufgehängt in alten, vergoldeten Rahmen.«[17] Die Galbraith-Party war ein Beispiel dafür, wie viel Liebe und Gedanken Jackie aufbrachte, um Menschen, die sie liebte, eine Freude zu machen. Die Galbraiths bewahren die Gemälde noch immer in ihrem Heim in Cambridge, Massachusetts, auf und verbinden sie mit den herzlichsten Erinnerungen an Jackie als an »einen der intelligentesten, elegantesten Menschen, die ich je gekannt habe, mit einer solchen kreativen Fantasie und einer Gabe, genau den richtigen Ausdruck zu finden. Und dabei war sie sehr gütig und aufmerksam und ihren Freunden treu.«

Das Ereignis löste eine Sensation in der Presse aus, schlicht weil es die erste öffentliche Party war, die sie seit dem Attentat gegeben hatte. Jackie hatte »Killer Joe« Piro angeheuert, um die Gäste den neuesten Tanz zu lehren, den Frug. Unter den Gästen waren Andy Warhol und Edie Sedgwick. Die Party dauerte so lange und war so laut, dass die Nachbarn die Polizei riefen. Es gab ein gewisses Maß an Kritik: Ein solches Benehmen erwartete man nicht von einer trauernden Königin.

Als ein Zeichen dafür, dass ihr Leben in der Tat allmählich zur Normalität zurückkehrte, begann Jackie im Herbst 1965 wieder zu jagen. Sie mietete ein Haus in Far Hills, dem Reiterland New Jerseys, bei Bernardsville. Pleasant Valley, wo Jackie eine umgebaute Schafscheune zunächst mietete und später kaufte. Es war – und ist – eine abgelegene grüne Enklave, selbst wenn es nur etwas über eine Stunde Fahrt von New York City entfernt liegt. Wie das Reiterland bei Middleburg in Virginia ist es eine Gegend der wohlhabenden privaten Anwesen und der unbefestigten Straßen. Pleasant Valley selbst ist verblüffend schwer zu finden, was Jackie besonders gut gefiel. Ihr Schindelhaus auf einer Hügelkuppe stand nicht weit vom Haus der Murray McDonnells, einer wohl bekannten, irischstämmigen New Yorker Familie, deren acht Kinder sofort Gesellschaft für John und Caroline bedeuteten. Jackie verbrachte ihre Zeit mit Ausruhen, Lesen und Reiten. Sie hielt ihre Pferde dort, bewegte sie und trainierte sie im Springparcours. Caroline entwickelte sich zu einer guten Reiterin wie ihre Mutter, aber John war trotz seines Mutes »ein hoffnungsloser Fall«, wie eine Nachbarin berichtete. »Er klammerte sich so fest, als ginge es ums Leben.« Jackie beantragte die Mitgliedschaft im örtlichen Essex Hunt, doch wie auch anfangs in Virginia, zu ihrer Zeit als First Lady, wandten einige Leute ein, ihre Berühmtheit könne die Privatsphäre des Clubs gefährden. Douglas Dillon, Jacks früherer Finanzminister, drohte einfach, sein Land dem Club nicht mehr zur Jagd zur Verfügung zu stellen, wenn Jackie abgewiesen würde. Die Gegner gaben nach.

»Am Thanksgiving-Tag jagte sie immer«, sagte John Pierrepont, ein Freund und Reiterkamerad, dessen Familie ein großes Anwesen im Far-Hill-Gebiet besaß. »Ich erinnere mich, ihr Sohn mochte überhaupt nicht reiten, und einmal im Jahr setzte sie ihn auf ein Pferd, sie hatte diesen winzig kleinen Sattel für ihn. Und ich fand ihn so müde, wie er in diesem fürchterlichen Sattel saß und den ganzen Tag ritt. Es war sehr unbequem, aber ihm schien es nichts auszumachen. Sie hatte so viel Vergnügen dabei. Ihre Kinder machten ihr wirklich Spaß ... Ich empfinde enormen Respekt dafür, wie sie ihre zwei Kinder aufgezogen hat, außerhalb des Lichts der Öffentlichkeit. Ich meine, das war ein richtiges Wunder. Ich weiß noch, wie sie ihr Hubschrauber nach New Jersey hinterherschickten, als die Kinder klein waren und sie auf ihrem Pferd saß, und da spielten dann die Kinder. Aber sie wohnten gegenüber von einer wundervollen Familie mit Namen McDonnell, und die Kennedy-Kinder verschwanden einfach in der Menge der übrigen Kinder. Und Peggy McDonnell sagte: ›Ach, du weißt ja, meine Kinder waren schreckliche kleine Banditen, die konnten gar nicht schnell genug nach draußen vor die Kameras kommen.‹ Mit anderen Worten, es war das perfekte Versteck für sie.« Jackie, so sagte er, war »einzigartig auf einem Pferd. Je größer das Hindernis, je höher der Sprung, desto besser gefiel es ihr. Es hat ihr eine gewaltige Freude gemacht.«[18]

Jackies wichtigster finanzieller Mentor war ein in Frankreich geborener New Yorker Investment-Banker, André Meyer, einer der erfolgreichsten Unternehmenskapitalisten der Nachkriegszeit. Meyer, der Vertrauensmann von Spitzenpolitikern und Tycoonen in aller Welt, wohnte in einer Zweizimmerwohnung im dreiunddreißigsten Stock des Carlyle, umgeben von seiner Sammlung französischer Möbel und Gemälde. Er liebte die Reichen und Mächtigen, die ihrerseits seinen Scharfsinn schätzten und sich um Rat an ihn wandten. Katharine Graham beschreibt ihn als ein »fantastisch begabtes Klatschmaul auf höchster Ebene, er war äußerst interessiert an Menschen: Wer macht was mit wem? Ist er gut oder ist er nicht gut? Er *quetschte* mich aus über solche Sachen. Er war interessant, amüsant, warmherzig, gesellig, interessiert. Er war sein Geld wirklich mehr als wert.« Seinem Biographen zufolge hatte Meyer ein besonderes Interesse an reichen Frauen in Schwierigkeiten, und die bedeutendste unter diesen war Jackie, für die er eines seiner speziellen »AM«-Konten bei Lazard Freres verwaltete.[19]

Meyer stand auch Bobby nahe. Es ist gut möglich, dass Bobby (der wie sein Bruder nicht das Geringste von Finanzen verstand) sich auf Jackies Vorschlag hin Anfang 1964 an Meyer wandte und ihn bat, als Treuhänder für die riesigen, von Joseph P. Kennedy eingerichteten Familien-Treuhandfonds zu agieren, die sich auf eine Gesamtsumme von hundert Millionen Dollar beliefen und jährlich $ 500 000 für Rose und die überlebenden Kennedy-Kinder abwarfen. Meyer wurde außerdem Vorstandsmitglied der Kennedy-Bibliothek, wo er als Leiter der Spendenaktionen und Verwalter des Baufonds über sechzig Millionen Dollar tätig war. Laut Gianni Agnelli mochte Meyer Bobby *»wirklich«* und Bobby fühlte sich im Gegenzug dem alten Mann verbunden und wandte sich um Rat an ihn, wie er das bei seinem Vater getan hätte.[20] »André gehörte zu der relativ kleinen Gruppe von Menschen, deren Urteil Robert Kennedy traute«, sagte ein Kennedy-

Mitarbeiter. Nicht nur was geschäftliche Dinge betraf, sondern ganz allgemein. Es war eine sehr enge Beziehung.«[21]

Auch für Jackie stellte André Meyer die Vaterfigur dar, die der alte Joe für sie gewesen war. Ihr Leben lang brauchte sie trotz all ihrer äußeren Unabhängigkeit einen Menschen, auf den sie sich stützen konnte, und Meyer erfüllte diese Rolle perfekt. »Er war hoch angesehen und ein bewunderter vertrauter Freund und persönlicher Berater«, sagte Robert McNamara, der beiden nahe stand, »in finanziellen Fragen und noch weitgehender in anderen Bereichen. Sie empfand höchste Bewunderung und Respekt für ihn.« Eugene Black, der frühere Präsident der Weltbank und ein alter Familienfreund von Jackie, drückte es drastischer aus: »Jackie hatte Geld und Jackie mochte Geld, und sie hatte den Eindruck, André wäre ein verdammt guter Mann, um dieses Geld für sie zu verwalten. So einfach war das.« Darüber hinaus hasste Jackie ihre finanzielle Abhängigkeit von den Kennedys und das Familienbüro in der Park Avenue, das von ihrem Schwager Steve Smith geleitete wurde. »Ich kann mich nicht erinnern, dass sie sich jemals um Rat an Steve Smith wandte«, sagte ein Freund. »Es war immer André.«[22]

Meyer war mit beinahe völliger Sicherheit in sie verliebt, bezaubert von ihrer Schönheit und ihrer Verletzlichkeit, der atemlosen Klein-Mädchen-Manier, in welcher sie ihn um seinen Rat bat. »Er fand sie *großartig*«, sagte ein Angehöriger seines Kreises. Jackies Schönheit und Koketterie zogen ihn in ihren Bann. Er war verletzt und wütend, als sie Onassis heiratete – eine Verbindung, der er sich erbittert widersetzte –, aber Jackie war schlau genug, ihn sich später wieder zu erobern und das enge Verhältnis zu ihm zu bewahren.

1966 unternahm Jackie in frenetischer Weise Reisen und besuchte »die Reichen und Schönen« auf beiden Kontinenten. Nach Weihnachten fuhr sie mit Bobby und den Kindern zum Skilaufen ins Sun Valley und kehrte dann nach New York zurück, um mit Mike Nichols durch Nachtclubs zu ziehen, ehe sie nach Gstaad flog, wo sie einige Zeit mit den Galbraiths verbrachte. Am 28. Januar flog sie nach Rom, wo sie bei ihrem alten Freund Antonio Garrigues y Diaz Cannabate wohnte, der während der Kennedy-Präsidentschaft spanischer Botschafter in Washington gewesen war und Spanien jetzt im Vatikanstaat vertrat. Ihre Ankunft war eine Gelegenheit für ununterbrochene Einkaufsbummel und Partys mit der römischen Aristokratie. Von Paparazzi verfolgt, besuchte sie Irene Galitzines Ausstellungsraum und kaufte Stücke aus ihrer neuen Kollektion. Galitzines Näherinnen legten Nachtschichten ein, um Jackie ein schwarzes Kleid für einen ungeplanten Besuch beim Papst anzufertigen. Diese Audienz provozierte Gerüchte, sie wolle den gut aussehenden Witwer Garrigues heiraten. Sie ging mit Dino Pecci Blunt auf die Jagd und besuchte das Atelier ihres Freundes, des Bildhauers Pericle Fasini, wo sie und Lee während ihres Rom-Besuchs 1951 so viele Stunden verbracht hatten. Nach einem weiteren Schickeria-Dinner, diesmal gegeben von Prinz Aspreno Colonna, flog sie zurück nach New York, machte unterwegs aber in Lissabon Station, wo sich ein kurzer Besichtigungsbesuch zu einem längeren ausdehnte. Um Jackie gefällig zu sein, verschob Swissair den Abflug der Maschine.

In Gstaad hatte Robin Biddle Duke, deren Mann Angier inzwischen US-Botschafter in Madrid war, vorgeschlagen, sie müsse sich die *feria* in Sevilla anschauen, eine Idee, die Jackies Gastgeber in Rom, Antonio Garrigues, begeistert aufgegriffen hatte. Zuvor aber hatte sie Chiquita Astor versprochen, mit den Kindern in deren Osterferien San Francisco de Vittoria zu besuchen, die herrliche Ranch der Cárcano-Familie in Argentinien. Für Jackie war der Besuch eine familiäre Pilgerfahrt. Jack hatte dort im Mai 1941 gewohnt und war mit den Cárcano-Kindern Miguel, »Baby« (Stella) und »Chiquita« (Anna) in der Sierra zum Reiten und auf die Jagd gegangen. »Als er [Jack] starb«, berichtete Miguels Witwe Teresa, »wollte sie an den entlegensten Ort fliehen, den es nur gab. Wir haben diesen Brauch: Wenn du in die Berge reitest, lege einen Stein auf den Gipfel des schönsten Bergs, als ein Zeichen, dass du wiederkommst. Dort ist nun schon ein ziemlicher Steinhügel von all unseren Freunden.«[23] Jackie und die Kinder fügten ihre Steine dem Hügel hinzu, auf den Jack vor nicht ganz fünfundzwanzig Jahren den seinen gelegt hatte.

Später im selben Monat fuhr Jackie nach Spanien, wo sie bei Angier und Robin Biddle Duke in der US-Botschaft in Madrid wohnte. Sie kam am Sonntag, dem 17. April, an und wollte nach Sevilla weiterfliegen. Dort würde sie beim Herzog und der Herzogin von Alba im Duenas-Palast untergebracht sein. Sie nahm am alljährlichen Rotkreuz-Ball in der zauberhaften Casa de Pilatos aus dem 15. Jahrhundert teil, dem Palast der Herzöge von Medinaceli. Verleidet wurde ihr der Abend durch die Gerüchte, sie habe vor, Antonio Garrigues zu heiraten, und dadurch, dass Fürst Rainier und Fürstin Gracia von Monaco über den Ball präsidierten. Als Grace nach Jacks Ermordung ins Weiße Haus gekommen war, war Jackie im Bett geblieben und hatte sich geweigert, sie zu empfangen. Zwischen ihnen herrschte aufgrund von Jackies unbegründeter Eifersucht eisige Kälte. Gracias um vierzig Minuten verspätete Ankunft auf dem Ball machte die Dinge nicht besser. Die beiden berühmten Amerikanerinnen saßen mit versteinerten Gesichtern zu beiden Seiten des Herzogs von Medinaceli, was Berichte über die Feindseligkeit zwischen ihnen in der internationalen Presse herausforderte. Auf dem anschließenden Stierkampf ließen drei der führenden Stierkämpfer Spaniens, El Cordobes, Paco Camino und El Viti, Gracia unbeachtet, um stattdessen Jackie ihre Hüte darzubieten und ihre Stiere zu widmen, was amerikanische Tierfreunde in Rage versetzte. An einem anderen Tag ritt Jackie in andalusischer Reitertracht durch die jubelnde Menge. Die Gerüchte über eine Verlobung zwischen Jackie und Garrigues hielten sich so hartnäckig, dass Angier Biddle Duke sich veranlasst sah, eine Erklärung zu veröffentlichen, in der die Behauptungen zurückgewiesen und daran erinnert wurde, dass Garrigues ein Bekannter der Kennedys war, seit Joe jr. während des Spanischen Bürgerkriegs Madrid besucht hatte.

Im Juni brach sie zu einer sorgfältig geplanten siebenwöchigen Reise nach Hawaii auf, die den Höhepunkt ihrer Romanze mit Jack Warnecke darstellte. Das Paar hatte begonnen an Heirat zu denken, und als Warnecke Jackie gestand, er sei nie getauft worden, rief sie erfreut aus: »›Vielleicht kann ich dich zum Katholiken machen‹, worauf ich sagte: ›Von mir aus, das bedeutet mir überhaupt nichts.‹ Also sagte ich, ich würde es herausfinden, wir mussten uns sicher sein.« Bobby aber widersetzte sich dem Plan vehement. »Ich stand einmal mitten auf einem Flughafen, als er sie wegen Warnecke anrief. Er verlor keine Zeit«, erinnerte sich Richard Goodwin. »Er stand an der verdammten Flughafen-Gebührenstelle, und niemand wusste, wovon er redete, aber ich wusste es. Ich meine, er war höflich, nett, sprach in ziemlich freundlichem Ton, aber die Aussage war klar ... Man darf nicht vergessen, dass sie, von ihren Gefühlen abgesehen, immer ein gemeinsames Interesse hatten, nämlich Jacks guten Namen zu schützen. John F. Kennedys Ruf und Namen und historische Stellung. Und deshalb nehme ich an, dass Bobby, wenn er der Meinung war, eine Heirat könnte das gefährden, anrief, ehe man sich's versah.« Laut Warnecke erklärte ihm Jackie: »Bobby hat gesagt, es ist noch zu früh.«

Warnecke hatte in Hawaii einen wichtigen architektonischen Auftrag zu erfüllen: Das schöne neue State Capitol mit seinen Säulen und dem spiegelnden See sowie dem riesigen, vier Stockwerke hohen Innenhof sollte bis 1968 fertig gestellt werden. Er hatte in Diamond Head ein Haus gekauft und verbrachte Teile des Sommers dort, während er an dem Capitol arbeitete. »Sie [Jackie] wollte nach Hawaii kommen«, sagte Warnecke. »Also kümmerte ich mich darum, dass eine Dame namens Cecily Johnston, eine gesellschaftlich sehr angesehene Dame in Hawaii, die Person sein würde, die Jackie einlud. Cecily mietete unten am Strand, in der Nähe von mir, ein Haus für sie und so kam Jackie nach Hawaii.«[24]

Zusätzliche Deckung verschaffte ihnen Peter Lawford, der mit seinen Kindern, dem elfjährigen Christopher und der neunjährigen Sydney, die Caroline unter ihren Kennedy-Cousins und Cousinen eine der liebsten war, nach Hawaii kam, und außerdem ein Freund aus Honolulu, der Junggeselle John Spierling. Cecily Johnston veranstaltete eine große Party für die Kinder, in deren Verlauf Don Ho, der beliebte hawaiische Sänger, Jackie in den Pool stieß und Jackie sich revanchierte, indem sie ihn hineinzog. Jackie sah sich die King-Kamehameha-Day-Parade an, flog zu Laurence Rockefellers Manua Kea Beach Hotel, das hundertfünfzig Meilen von Honolulu entfernt lag, kaufte sich Pareos und lief im Bikini umher, etwas, das man sie bis dato auf dem Festland noch nicht hatte tun sehen.

Anfangs hatte Jackie vorgehabt, lediglich vier Wochen in Hawaii zu verbringen, aber Henry Kaiser, für den Warnecke einen umfassenden Entwicklungsplan für den Hawaii-Kai entwarf, bot ihr sein Gästehaus an. »Wir besuchten alle möglichen Orte auf Hawaii«, erzählte Warnecke. »Eine Woche oder zehn Tage verbrachten wir auf der Insel Kauai, das kam durch Freunde zustande. Sie gaben uns ein wunderschönes Stück naturbelassenes Land mit einem Privatstrand und einem kleinen Haus, das Jackie und ich mit Beschlag belegten. Wir hatten meine beiden jüngeren Söhne Fred und Rodger bei uns, dazu meine Tochter Margo und ihre beste Freundin Nina Nichols, die mit Caroline und John zu uns nach Kauai kam. Es gab ein Zeltlager. Der Geheimdienst organisierte Zelte für sich selbst und die Kinder, Kochstellen unter den Palmen und wir hatten unser kleines Haus mit Blick über ihr Lager.« Jackie begann davon zu träumen, ein Haus auf Hawaii zu kaufen, wo sie sich rundherum wohl und zu Hause fühlte. »Wir könnten gehen, wohin wir wollten, und niemand würde uns belästigen«, sagte Warnecke. Ehe sie abreisten, dankte Jackie der hawaiischen Presse für ihre Zurückhaltung. »Ich hatte vergessen und meine Kinder haben noch nie erlebt, wie es ist, einen neuen Ort zu entdecken, unbeobachtet und unbemerkt«, sagte sie.

Jackies hawaiischer Traum aber sollte ein Traum bleiben. Bobbys Veto gegen die Ehe mit Jack Warnecke hatte seine Wirkung getan. Und letztendlich besaß Warnecke, obgleich erfolgreich und wohlhabend, nicht das Vermögen, das ihn in den Augen von Jackies Freundinnen wie Pamela Harriman zu einem großen Fisch gemacht hätte – keine Privatflugzeuge, Yachten und Privilegien eines Milliardärs. Sosehr sie sich auch nach Privatsphäre sehnte, vermochte Jackie es doch nicht, von ihrem Sockel herab ins gewöhnliche Leben zu steigen. Sie musste in die Stratosphäre der Superreichen zurückkehren, auf die schwindelnde Höhe, an die sie sich gewöhnt hatte. Auch Warnecke landete mit einem unsanften Aufprall wieder in der Wirklichkeit, als sein Buchhalter ihm mitteilte, dass er der Bank eine Million Dollar schuldete. »Ich hatte große Büros und eine Menge Personal, aber ich vermute, ich hatte nicht gerade viele neue Aufträge. Mein Buchhalter sprach davon, dass ich mich inzwischen insgesamt zwei Jahre lang von meinem Büro fern gehalten hatte. In dieser Zeit hatte ich das [Kennedy-]Grab entworfen und mich von dieser Romanze hinreißen lassen oder ihr zumindest erlaubt, die beherrschende Rolle zu spielen. Ich erklärte Jackie, mir sei klar geworden, dass ich mich um meine Kinder, meinen Ruf und mein Büro kümmern müsse und sie nicht mehr so oft sehen könne. Fast zwei Jahre lang arbeitete ich sieben Tage in der Woche. Ich sah Jackie noch, aber richtig mit ihr zusammen sein konnte ich nicht.«[25]

Am 28. Juli war Jackie wieder auf dem Kap, wo Bunny Mellon ihr im Mellon-Haus in Osterville eine Party zu ihrem siebenunddreißigsten Geburtstag gab. Am nächsten Tag fuhr sie nach Newport zu dem vorhochzeitlichen Dinner im Clambake Club, das Janet Hughdie als Auftakt zur Hochzeit der kleinen Janet mit Lewis Polk Rutherfurd am 30. Juli veranstaltete. Janet, Jackies hübsche und sehr geliebte einundzwanzigjährige Halbschwester, hatte seit ihrem Debüt von 1963 bei Sotheby's in London gearbeitet, wo sie sich um ein Haar mit einem Engländer verlobt hätte. Doch dann entschied sie sich, Rutherfurd zu heiraten, den sie bereits seit neun Jahren kannte. Rutherfurd hatte kurz zuvor sein Diplom in Orientalistik in Princeton erworben und wollte nun einem Ruf ans Chung Chi College an der chinesischen Universität in Hongkong folgen, wo das Paar leben würde. Ihre Verlobung war im Mai, vor Jackies Abreise nach Hawaii, mit einer »ruhigen Familienparty« gefeiert worden, wie Janets Mutter sie beschrieb. Ihre Hochzeit aber verlief dank der Anwesenheit von Jackie und den Kindern alles andere als ruhig.

»Zwar hätte die einundzwanzigjährige Brünette der Star der Veranstaltung sein sollen«, schrieb das *Providence Sunday Journal* am nächsten Tag, »ihre berühmte Verwandte aber stahl ihr die Schau.« Bereits zwei Stunden zuvor versammelte sich eine Menge von fünftausend Menschen vor der St. Mary's Church in

Newport, wo vor nicht ganz dreizehn Jahren Jackie und Jack geheiratet hatten. Als die schwarze Limousine mit den Brautjungfern und Pagen eintraf, wurde sie von der johlenden Menge belagert. Frauen mittleren Alters sprangen hysterisch in die Höhe, um einen Blick auf Caroline und John zu erhaschen, wie sie dies einst bei dem Vater der Kinder getan hatten. Caroline wirkte verängstigt, als sie sich durch die kreischenden Massen ihren Weg in die Kirche bahnte. John und die übrigen Pagen sprangen aus dem Auto und stürmten die Stufen hinauf, um der Menge zu entkommen, aus der sich Hände streckten, die versuchten ihn zu berühren. Jackies Ankunft verursachte Raserei und Geschrei: »Jackie, Jackie!« Ein Polizist musste sich durch die Ansammlung zwängen, um die Autotür zu öffnen und ihr einen schmalen Gang in die Kirche zu öffnen. Jackie wirkte gelassen in ihrem gelben Zweiteiler, blieb kurz stehen, lächelte, wie um die Menge zu grüßen, und verschwand dann in der Kirche. »Hilfe, jemand muss mir helfen!«, hörte man die entsetzte Braut, die versuchte, sich einen Weg zur Kirchentür zu erkämpfen.

Der Lärm von draußen war so gewaltig, dass die Hochzeitsgäste den Gottesdienst kaum hören konnten. Zwanzig Menschen brachen in die Kirche ein und mussten vor die Tür gesetzt werden, andere kletterten an den Mauern hoch, um durch die Fenster, die trotz der Hitze geschlossen werden mussten, Fotos zu machen. Hinterher wurde in der Kette, die dem Brautpaar beim Auszug einen Weg aus der Kirche freihielt, ein Polizist verletzt, und einige aus der Menge stürmten in die Kirche, um Blumen als Souvenirs zu stehlen. Dies war Jackiemania auf ihrem Höhepunkt. Keine Königin und kein Filmstar – möglicherweise mit Ausnahme von Rodolfo Valentino – war je mit einer solchen Hysterie begrüßt worden, wie sie die siebenunddreißigjährige Witwe umgab. Kein Wunder, dass sie sich im Besitz übermenschlicher Kräfte dünkte, als sie später in jenem Sommer in Hyannis Port William Manchester gegenübertrat.

Jackies leichter Sieg im Fall von Arthur Schlesingers Buch mochte sie zu einer strikten Haltung William Manchester gegenüber ermutigt haben, den sie als Historiker von Dallas ausersehen hatte. Jackies Versuche, das Buch *Der Tod des Präsidenten* ihrer Zensur zu unterwerfen, sollte sich im Hinblick auf Öffentlichkeitswirkung als einer ihrer schlimmsten Fehler erweisen. Wie bereits erwähnt, war Manchester ein glühender Bewunderer Jack Kennedys und sein Buch war eine enorme lange 20.-Jahrhundert-Version der Artus-Sage, in der Kennedy die Rolle des verlorenen Führers spielte, des toten Königs von Camelot, während dem unglücklichen Johnson beinahe der Part des Mordred zufiel.

Am 25. März 1966 hatte Manchester, ächzend unter der Last eines siebenundsiebzig Pfund schweren Koffers, der fünf Exemplare des 1201 Seiten langen Manuskripts enthielt, den Bus der Linie Middletown–New York bestiegen. Sowohl Bobby als auch Jackie waren zu beschäftigt gewesen, um es zu lesen – Bobby mit politischer Profilierung, Reisen und Kampagnen, und Jackie, die der Trauer nun ganz und gar entronnen war, mit einem Leben puren Vergnügens. Vermutlich konnte darüber hinaus keiner der beiden sich überwinden, den Schmerz von Dallas noch einmal aufleben zu lassen. Stattdessen übernahmen Freunde und Helfer der Kennedys die kritische Begutachtung des Buches: Edwin Guthman und John Seigenthaler, Arthur Schlesinger und Richard Goodwin. Evan Thomas, der stets getreue Redakteur der Kennedys bei Harper & Row, hielt Manchesters feindselige Darstellung Lyndon Johnsons für potenziell schädlich für Bobbys politische Position, da das Buch ursprünglich von ihm autorisiert worden war. Nach sechzehn Wochen des Text-Redigierens einigte man sich auf eine endgültige Version. Am 29. Juli traf ein Telegramm von Bobby ein, in dem es hieß, die Kennedy-Familie werde der Veröffentlichung des Buches keine Steine in den Weg legen. Jedoch machte er deutlich, dass dies nicht den Serienabdruck betraf. Er schien jedoch keinen Widerspruch zu erheben, als er von der gewaltigen Summe – $ 655 000 – erfuhr, die *Look* für die Serienrechte geboten hatte.

Und dann trat Jackie auf den Plan. Die Nachricht vom Abdruck als Serie und die daraus folgende Publicity, die dem Buch zuteil werden würde, schreckten sie. Sie hatte erwartet, einen schlichten, historischen Bericht zu erhalten, wie sie Manchester später erklärte, »gebunden in Schwarz und in dunkle Bibliotheksregale verbannt«. Sie wollte keine Erinnerung an diese – für sie – extrem privaten und traumatischen Ereignisse vor den Augen der Öffentlichkeit. Der Druck, den sie auf Bobby ausübte, er solle sogar die Veröffentlichung des Buches aufhalten, nahm zu und resultierte in einem schockierenden Telegramm von ihm an Evans Thomas, das besagte, eine Herausgabe des Buches dürfe nur unter der Bedingung erfolgen, dass »Mrs. Kennedy und ich unsere Einwilligung für die Herausgabe des Buches erteilen, und eine solche ist nicht erteilt worden«. Im Verlauf der folgenden angespannten Wochen versuchte Richard Goodwin, dem Jackie traute und den Manchester als hervorragend qualifiziert in Bezug auf redaktionelle Probleme betrachtete, eine Lösung zu erzielen. Ein Treffen zwischen den beiden und Jackie wurde für den September in Hyannis Port vereinbart.

Von umwerfendem Aussehen in einem grünen Minirock, erwartete Jackie sie auf dem Flughafen. Nach einem Eistee auf der Terrasse genoss sie den Hauch eines Machtspiels mit Manchester und führte ihren sportlichen Körper und ihre Gelenkigkeit beim Wasserski vor, während der besorgte Autor vorn im Boot saß. Kurz darauf hatte sie genug davon, doch anstatt das Boot zurück ans Ufer zu lenken, tauchte sie kurzerhand ins Meer. Als gute Schwimmerin, die dazu Schwimmflossen trug, ließ sie Manchester, der außer Atem geriet, bald weit hinter sich. »Für einen Augenblick fragte ich mich, ob ich das überstehen würde«, erinnerte er sich.[26]

Als sie wieder beim Haus waren, gesellte sich Goodwin zu ihnen und Jackie begann sie erbittert zu tyrannisieren. Sie befand sich in einem, wie Manchester sagte, »geistig völlig realitätsfernen« Zustand: »Feindselig gegen das *Look*, bitter gegen [Mike] Cowles [Herausgeber des *Look*] und voll Hass auf alle Bücher über Präsident Kennedy, einschließlich jenem von Schlesinger ... Sie würde kämpfen, sagte sie rigoros, und sie würde gewinnen: ›Jeder, der sich gegen mich stellt, wird als Ratte dastehen, solange ich nicht mit Eddie Fisher durchbrenne.‹« Die Atmosphäre war geladen mit hysterischen Emotionen. Jeder Versuch, die Diskussion auf eine sachliche Ebene zu heben, stieß auf »Tränen, Grimassen und geflüsterte Schreie: ›Jesus im Himmel‹. Sie zog sich jäh ins Haus zurück, um sich zu sammeln, und kehrte mit Kartons voll Kleenex-Tüchern zurück.« Nach Berichten des *Look*-Redakteurs William Attwood erging es in Hyannis Port Mike Cowles sogar noch schlimmer. »Sie nannte Mike einen Hundesohn und einen Bastard ... Und sie wurde ziemlich hysterisch und gewalttätig, verbal gewalttätig. Das ging so weit, dass Mike ganz schön verblüfft darüber zurückkam, dass die große Dame der Beerdigung und von alldem solche Worte in den Mund nehmen konnte ...«[27]

Um Jackie gerecht zu werden, muss man bedenken, dass sie diese Angelegenheit nicht rational abwägen konnte. Sie war sich nur allzu bewusst darüber, wie weit sie sich vor Manchester auf jenen Daiquiri-inspirierten Tonbändern entblößt hatte und wie viel sie gesagt hatte, was sie niemals im Licht der Öffentlichkeit sehen wollte. Sie hatte ihm zwei Briefe gezeigt, die sie Jack geschrieben hatte: Einer stammte von ihrer Kreuzfahrt in Griechenland im Oktober, der andere war die Kopie des Briefes, den sie ihm in den Sarg gelegt hatte. Offensichtlich hatte Manchester die Briefe paraphrasiert. Auch wenn er später behauptete, er habe von den Tonbändern keinen Gebrauch gemacht, lässt sich schwer vorstellen, wie er auf andere Weise an die Informationen über den letzten gemeinsamen Abend der Kennedys gekommen sein könnte oder woher er wusste, dass Jackie den Finger ihres Mannes in Vaseline getaucht hatte, ehe sie ihm den Ehering überstreifte, wenn sie es ihm nicht erzählt hatte. Wie er selbst sagte, hatte sie »während unserer Interviews nichts zurückgehalten ...«[28]

Anfang Dezember entschied sich Jackie, vor Gericht zu gehen. Sie verklagte Manchester und seinen Verleger wegen Missachtung von »allgemein anerkannten Richtlinien über Eigentum und guten Glauben«, wegen Verletzung der »Würde und Privatsphäre, die zu erhalten meine Kinder und ich uns mit Anstand bemüht haben«, und wegen »unwahrer und ungerechter Bezugnahme auf andere Individuen [Lyndon Johnson]«. Richard Goodwin, der von Bobby zur Klärung der Situation hinzugezogen worden war, hatte Verständnis für Jackies Sicht: »Sie hatte erwartet, sie werde es [das Buch] begutachten und alles, was ihr nicht gefiel, herausstreichen können. Und unter dieser Bedingung hatte sie sich hingesetzt und ihm diese erschreckend emotionalen Interviews gegeben. Ich meine, sie war sogar dann noch in einem wirklich aufgewühlten Zustand. Und sie machte weiter, nahm ein paar Drinks und alles strömte aus ihr heraus. Und wie viel davon stimmte, wird man nie erfahren, das wusste nicht einmal sie selbst. Als dann also das Buch schließlich herauskam und sie dieses Interview gegeben hatte und nun nichts daran ändern durfte, spielte es keine Rolle mehr, um welche Inhalte es ging … Selbst vom politischen Standpunkt aus war es [die Klage gegen Manchester] eine törichte Aktion. Aber ihr Standpunkt war ja nicht politisch. Sie versuchte nicht Geschichte zu zensieren, denn am meisten besorgt war sie vermutlich über das, was er über die Reaktionen der Kinder geschrieben hatte – über die schrieb er ja auch unaufhörlich. Ich glaube nicht, dass irgendetwas, das sie gesagt hat … sie setzte sich ja nicht hin und dachte: Richtet das Schaden an oder nicht? – Sie sagte einfach, dieser Mann hatte sie betrogen, und sie hatte ihm das Innerste ihres Herzens ausgeschüttet, also sagte sie, sie müsse einfach etwas tun. Es war traurig. Ich erinnere mich an den Abend, als die Entscheidung getroffen wurde, in der Wohnung in der Fifth Avenue. Sie wollte es einfach tun, und ich denke, ich konnte das verstehen. Natürlich wollte Bobby es nicht tun … ich steckte tief in der Sache, dort oben in Nummer 1040, an dem Abend, als sie sich entschied, und Bobby ging hin und her, zum Schlafzimmer, und sagte: ›Ich denke, etwas werden wir tun müssen.‹ Er war absolut dagegen. Jeder mit ein bisschen Verstand war absolut dagegen. Ich sagte nur: ›Wenn sie es machen will, dann lasst es uns machen.‹ Bobby war wirklich dagegen … und er war von der Johnson-Sache am meisten betroffen. Aber ihre Gefühle waren derart irrational und emotional und haltlos, dass die Leute es vorzogen, einen rationalen Grund dafür zu finden, warum sie das Buch zensieren wollte. Sie dachte überhaupt nicht an die Wirkung auf Johnson. Wenn Lyndon Johnson mit zementierten Füßen in der Mitte des Atlantischen Ozeans ausgesetzt worden wäre, hätte sie das nicht geschert!«[29]

Gelesen hatte sie das Buch noch immer nicht. Mittlerweile begann *Look* mit dem Abdruck der Serie. Mitte Januar las Jackie schließlich *Der Tod des Präsidenten* und fand es nach Aussagen seines Autors fantastisch. Im Bewusstsein des enormen Schadens, den die Streitigkeiten dem öffentlichen Ansehen von Bobby und Jackie zufügten, hatten die Kennedys inzwischen beschlossen, einer Einigung zuzustimmen. Das Buch erschien endlich am 7. April 1967 mit einer Erklärung der Herausgeber, in der es hieß, Harper & Row lege Wert darauf, deutlich zu machen, dass »weder Mrs. John F. Kennedy noch Senator Robert F. Kennedy das in diesem Buch aufgeführte Material in irgendeiner Weise begutachtet oder bestätigt haben …« Kaum mehr als ein Jahr später versöhnten sich Jackie und William Manchester, als der Autor nicht nur großzügig anbot, Bobbys Wahlkampf zu unterstützen, sondern zudem die Tantiemen für *Der Tod des Präsidenten* der Kennedy-Bibliothek überschrieb.[30]

Die Schlagzeilen nach der Einigung proklamierten Jackie als Siegerin, aber sie hatte einen Pyrrhussieg errungen. Ihren Willen hatte sie in Bezug auf bestimmte Passagen durchgesetzt, die den meisten Leuten als Eingriffe in ihr Privatleben erschienen wären und deren Streichung die Herausgeber somit gewiss ohnehin zugestimmt hätten. Aber, wie *Newsweek* betonte, ihr Kreuzzug gegen die Sensationslust hatte bereits genug über Manchesters Geschichte in Umlauf gebracht, um sein Buch zum sensationellsten Bericht des Jahres zu machen. Jackie selbst war zu intelligent, um sich der Fruchtlosigkeit ihrer Aktion nicht bewusst zu sein. In einer Antwort auf einen freundlichen Brief, den Lyndon Johnson ihr geschrieben hatte, bat sie ihn, sich wegen der »Manchester-Verleumdung« auf seine Kosten keine Sorgen zu machen. Ihren Sieg bezeichnete sie als »hohl«, da alles, wogegen sie Widerspruch eingelegt habe, nun doch im Druck erschienen sei. Später, am 9. Januar 1967, schrieb sie Johnson aus Antigua in emotional aufgewühltem Zustand noch einmal, diesmal über ihr Entsetzen darüber, dass sie in einer Zeitschrift gelesen habe, sie hätte sich dagegen gewehrt, dass er sie »Honey« nenne. »All der Zorn, den ich hier versucht habe zu vergessen, kocht von neuem auf«, ließ sie ihn wissen.

Zum Jahreswechsel 1967 zog Jackie, während sie mit den Kindern unter dem Schutz von Bunny Mellon vor Antigua schwimmen ging, Bilanz über den Manchester-Sturm und seine Konsequenzen. Zum ersten Mal erhielt sie schlechte Publicity, die ihrem öffentlichen Ansehen Schaden zufügte, und nicht nur ihrem, sondern – ebenso wichtig – dem von Bobby. Was sie als mutige Verteidigung ihrer Rechte im Angesicht eines Vertrauensbruchs ansah, empfand die amerikanische Öffentlichkeit als arroganten Machtmissbrauch und als Versuch, die heilige Redefreiheit zu beschränken.

17
Odysseus

»Onassis' Held war der mächtige Odysseus, dessen sagenhafte Reisen ihm als Inspiration für sein eigenes Leben dienten.«
Onassis' Sekretärin, Kiki Feroudi Moutsatsos[1]

»Jackie steigt von ihrem Sockel«, verkündete die Gesellschaftskolumnistin Liz Smith in einer Reihe von Artikeln, die sie Anfang 1967 als Nachspiel der Manchester-Affäre veröffentlichte. Am 29. Dezember 1966 hatte das Meinungsforschungsinstitut Gallup bekannt gegeben, dass Jacqueline Kennedy zum fünften Mal hintereinander vom amerikanischen Volk zur bewundernswertesten Frau der Welt gewählt worden war. Eine nach der Manchester-Schlichtung von John Kennedys Lieblings-Meinungsforscher Lou Harris durchgeführte und am 31. Januar 1967 veröffentlichte Umfrage ergab jedoch, dass Jackies Beliebtheit beim Volk gesunken war. 33 Prozent der Befragten sagten aus, sie hielten infolge des Streits »weniger« von ihr, und 20 Prozent hielten auch weniger von Bobby. Zwei von drei Befragten wiesen den Gedanken von sich, ein Bericht über die Ermordung des Präsidenten verletze Jackies Recht auf Privatsphäre.

Wie Liz Smith betonte, erlebte Jackie die bisher steinigsten Tage der »langen, einem Götzendienst gleichen Affäre, welche die Öffentlichkeit mit ihr seit 1961 hartnäckig aufrechterhält«. Jeder Aspekt ihres Lebens erschien in einem kritischen Licht: die Kosten, die sie dem Steuerzahler verursachte ($ 50 000 jährlich für ihr privates Büro, lebenslange Befreiung von Portokosten, Bewachung durch den Geheimdienst für sie selbst und ihre Kinder), ihre Männerbekanntschaften, ihre Miniröcke, die Reisen an exotische Orte. Anstatt die reine, weiße, trauernde

Marmorstatue zu bleiben, als die das amerikanische Volk sie für immer zu sehen wünschte, hatte Jackie beschlossen, sich ins wirkliche Leben zu stürzen. Ihre Wahl war, wie eine Kolumnistin mit Bezug auf Fellinis berühmten Film über römische Dekadenz hämisch bemerkte, »auf *la dolce vita* gefallen«. »Von der Trauer in den Tanz«, lautete die grelle Schlagzeile eines ausführlichen Artikels im *National Enquirer*, der sich mit Jackies Leben in den Jahren 1963 bis 1966 befasste.

Jackie war über die schlechte Presse, die sie erhalten hatte, derart beunruhigt, dass sie zwei ihr wohlgesonnenen Journalisten eines ihrer seltenen Interviews gab: Frank Conniff, dem Kennedy-Freund und Herausgeber der *New York World Journal Tribune*, und Bob Considine, seinem Chef-Kolumnisten. Ziel des Interviews war es, die Bewunderung der Öffentlichkeit für »die als Jacqueline bekannte Schönheit, die Elfe namens Jackie, die Witwe eines hingemordeten Präsidenten und die liebende Mutter seiner Tochter und seines Sohnes« wiederherzustellen. Es war schlichtweg verherrlichend: Die Verfasser forderten die Öffentlichkeit auf, Mitleid zu zeigen für »die junge Frau, die eine solche Bürde von Lasten zu tragen hat wie die Bekanntmachung von Gallup, sie sei die am meisten bewunderte Person ihres Geschlechts weltweit ... eine Frau, die beinahe ihr ganzes Erwachsenenleben lang auf der Liste der bestangezogenen Frauen stand ... das Lächeln, das von den Titelseiten von tausend Zeitschriften strahlte ...« Taktvoll umgingen die Journalisten Jackies leidenschaftliche Unterstützung für Bobby: »Ich würde für ihn aus dem Fenster springen.« Sie selbst hatte ihre Haltung auf der diesjährigen Parade am St. Patrick's Day deutlich gemacht. Mit John und Caroline stand sie auf der Straße, als Bobby heranfuhr, und war hinzugesprungen, um ihn vor aller Augen begeistert zu umarmen.

Im selben März aber wurde unter das Leben von Jackie Kennedy ein Strich gezogen, als sie nach Washington zurückkehrte, wo Jack vereint mit Patrick und ihrer tot geborenen Tochter in der fertig gestellten Grabstätte in Arlington zum zweiten Mal beigesetzt werden sollte. Am Abend zuvor war sie nicht fähig gewesen, den Anblick der drei Särge, die in ihre Gräber hinabgelassen wurden, zu ertragen. Stattdessen standen Bobby und Teddy dabei, beide in Tränen aufgelöst. Am nächsten Morgen aber war sie um sieben Uhr mit einem Strauß Schwertlilien in den Händen dort, um zusammen mit zehn weiteren Kennedys und Lyndon Johnson Kardinal Cushings Segen zu hören: »Ruhe in Frieden, lieber Jack, mit deinen kleinen Kindern dir zur Seite, bis wir uns alle über diesem Hügel, jenseits der Sterne, wiedersehen …«

Das Grab war die erste Kennedy-Gedenkstätte, die fertig gestellt wurde. Jack Warneckes Aufgabe war beendet und mit ihr seine Beziehung zu Jackie. Zu seinem Ärger hatte Bunny Mellon die letzte Landschaftsgestaltung der Grabstätte übernommen. Drei Jahre zuvor erlitt er eine herbe Enttäuschung, als der Architekt I. M. Pei den Auftrag erhielt, die Kennedy Library and School of Government zu entwerfen. Jackie, so sagte er, habe ihm später erklärt, nach Ratschluss von Bill Walton und anderen stehe er »der Familie einfach zu nahe, und das würde nicht gut aussehen«.[2] Walton und Jackie arbeiteten eng zusammen an dem Bibliotheks-Projekt. Auf die Frage, ob beide gleiche Anteile geliefert hätten, antwortete I. M. Pei: »Nein, die Entscheidungen traf sie und über ihre Entscheidungen sprach sie mit Bobby Kennedy. Ich meine, Bobby war wichtig, [aber] Bobby war keiner, der viel von Architektur verstand, also sagte er vermutlich, aber wie gesagt, nur vermutlich: ›Jackie, entscheide du das.‹«[3]

In diesem Sommer wurde der Freundeskreis, den Jackie mit Jack geteilt hatte, noch weiter reduziert. Am 30. Mai kam David Harlechs reizende, geliebte Frau Sissie bei einem Autounfall ums Leben. Jackie und Bobby flogen zur Beerdigung nach England. Wie es schien, hielten gewaltsame Todesfälle sich nie lange von ihnen fern. Im Juni mietete Jackie zusammen mit ihren angenehmen Nachbarn aus Pleasant Valley, den Murray McDonnells, ein großes georgianisches Haus im irischen Woodstown bei Waterford. Jackiemania griff auf die Iren über, bei ihrer Ankunft auf dem Flughafen in Shannon stürzte sich die Menge auf sie, und in dem Handgemenge wurde Peggy McDonnell über einen Sitz geschleudert. Die Gruppe aus drei Erwachsenen und zehn Kindern fuhr im gemieteten Bus nach

Woodstown: Die Straßen waren gesäumt mit Menschen, die sich einen Blick auf Jackie erhofften. »Du stehst auf und winkst«, befahl Jackie Peggy. Als sie das Haus erreichten, stand das gesamten Personal in Reih und Glied wie für einen königlichen Empfang und war völlig verdutzt, als zuerst eine Horde lärmender Kinder aus dem Bus quoll. Woodstown, so berichtete Peggy, war typisch irisch: »49 Schlafzimmer und ein Bad.«[4] Jackie war eine Freundin und Kundin der irischen Designerin und Dubliner Grande Dame Sybil Connolly, die sie überredete, die von Desmond Guinness gegründete junge Irish Georgian Society zu unterstützen. »Ihr [Sybil Connolly] war klar, dass dies der Sache der Irish Georgian Society und der Eröffnung von Castletown, seinem großen Haus bei Dublin, helfen würde«, sagte Desmond Guinness. »Es war das erste Haus, das in der Provinz von Leinster für Publikum geöffnet werden würde, falls Mrs. Kennedy es besuchte. Wir waren nämlich sehr, sehr knapp an Besuchern, weil die Leute in der irischen Republik schon fast Angst hatten, die Auffahrt zu einem solchen Haus hinaufzugehen. Also ließen wir an die Presse durchsickern, dass sie kommen würde, und etwa siebenhundert Menschen erschienen, um Mrs. Kennedy zu sehen. Wir fotografierten sie in jedem denkbaren Raum, durch den sie geführt wurde ....«[5]

Jackie nutzte die Gelegenheit, die der Aufenthalt in Irland bot, außerdem zu einem Besuch in der Glasfabrik von Waterford, wo sie Kronleuchter für das Kennedy-Center bestellte. Sie traf sich mit Präsident de Valera und machte mit den Kindern einen Ausflug in das Dorf Dunganstown, aus dem die Vorfahren der Kennedys stammten und das Jack vor vier Jahren im letzten Sommers seines Lebens besucht hatte. Ansonsten entspannte sie sich und ging mit den Kindern reiten und schwimmen. Eines Nachmittags kostete ihre Leidenschaft, allein weit aufs Meer hinauszuschwimmen, sie fast das Leben. Sie hatte die McDonnells und die Kinder bei einem Picknick zurückgelassen und war hinter den Dünen eine halbe Meile weit den Strand hinunter zu einer Flussmündung gelaufen, die sie für gewöhnlich bei Ebbe durchschwamm. Jetzt aber herrschte Flut, und inmitten der Mündung geriet sie plötzlich in eine reißende

Strömung, die sie über die letzte Landzunge hinaus in die weite Bucht hinaustrieb. Hinterher schrieb sie:

> Das Wasser war so kalt, dass man seine Finger nicht zusammenhalten konnte. Ich bin eine sehr gute Schwimmerin und kann über Meilen und Stunden schwimmen, aber ich hatte noch nie etwas erlebt, das dieser Strömung zusammen mit der Kälte glich. Weit und breit war kein Mensch, nach dem ich hätte schreien können.
> Meine Kräfte ließen nach, ich schluckte Wasser und trieb über die Landzunge hinaus, als ich plötzlich einen großen Tümmler an meiner Seite zu spüren glaubte. Es war Mr. Walsh [von ihrer Geheimdienst-Abordnung]. Er stemmte seine Schulter gegen meine und gemeinsam schafften wir es bis zur Landzunge. Dann saß ich eine halbe Stunde lang am Strand und spuckte Meerwasser, während er einen armen Wanderer auftrieb, der ihm eine Decke für mich borgte.[6]

Mr. Walsh, so berichtete sie, hatte John jr. vor dem Verbrennen gerettet, als der Junge im vergangenen Jahr in ein Lagerfeuer gestürzt war. Jetzt hatte er ihr das Leben gerettet. Sie empfahl ihn für die höchste Auszeichnung, die das FBI zu vergeben hatte. Walsh war unter den Geheimdienstleuten den Kindern der Liebste. Der Personenschutz für Jackie und die Kinder war im Sommer 1967 erneut für zwei Jahre beschlossen worden, nachdem eine geisteskranke Frau sich auf Caroline gestürzt und geschrien hatte, ihre Mutter habe drei Menschen auf dem Gewissen. John jr. hingegen war nach der Schule von Kindern verfolgt worden, die ihn mit dem Tod seines Vaters verhöhnt hatten. Jackies Akten beim FBI waren gefüllt mit Untersuchungsberichten über besessene Verrückte, die Drohungen gegen sie aussprachen. Die Bedrohung ihrer Kinder und die Kombination aus Götzenverehrung und Zorn, die die Bevölkerung für sie empfand, erschwerten Jackie in zunehmendem Maße das Leben in Amerika.

Böswillige Menschen bemerkten, dass Jackie aufgrund ihrer Auslandsreise die gesamte vierwöchige Spielzeit des Schauspiel-Debüts ihrer Schwester als Tracey Lord in der *Philadel-*

phia Story versäumte. Die Premiere fand am 20. Juni im Ivanhoe Theater in Chicago statt, wo Lee in einer Suite im Ambassador East Hotel wohnte, die offensichtlich Aristoteles Onassis für sie gemietet hatte. Auf ihrer ewigen Jagd nach Erfüllung war Lee von ihrem neuen besten Freund Truman Capote dazu ermuntert worden, sich als Schauspielerin zu versuchen. Nach der Veröffentlichung seines sensationellen Buches *Kaltblütig* im Jahr zuvor – gefolgt von seinem Black-and-White-Ball, dem Höhepunkt der New Yorker Wintersaison – befand sich Truman auf dem Gipfel seines gesellschaftlichen Einflusses und seines literarischen Ruhmes. (Jackie war zu dem Ball eingeladen worden und hatte sich sogar schon eine raffinierte Verkleidung dafür bestellt, als Bobby ihr aus politischen Gründen von der Teilnahme abriet, da der Vietnamkrieg eskalierte.) Lee, die anscheinend eine Schwäche für schwule Männer hatte, und Truman, der schöne Frauen mit gesellschaftlichem Glanz liebte, waren zu Seelenverwandten geworden.

Die Qualifikationen, die Lee für ihre Rolle als flatterhaftes, konsumsüchtiges Schickeria-Mädchen Tracey Lord – ein Part, der durch den Film mit Katherine Hepburn berühmt wurde – mitbrachte, waren in erster Linie ihr Oberschicht-Akzent, ihr umwerfendes Aussehen und ihr Talent, Kleider zu tragen (von Yves Saint-Laurent in diesem Fall). Das Stück war ausverkauft, auch wenn Lees »hölzerne« Darstellung von der Presse verrissen wurde. Ihrer Kollegin zufolge kamen die Frauen, um Lee Radziwill, die Prominente, nicht um die Schauspielerin Lee Bouvier zu sehen. »Sie gaben Lee für jedes Mal, das sie auf die Bühne ging, ein neues Kostüm und die Frauen im Publikum begannen lautstark darüber zu diskutieren …« Lees zweiter Versuch, ein Star zu werden, erfolgte mit einer Fernsehadaption von *Laura*, einer Rolle, die zuerst von Gene Tierney gespielt worden war. Wiederum trat Capote als ihr enthusiastischer Anhänger und Förderer auf. Er schrieb die Adaption für sie und drängte ihre Talente dem Präsidenten von ABC-TV Tom Moore und seinem Produzenten David Susskind auf. *Laura* wurde am 28. Januar 1968 im amerikanischen Fernsehen ausgestrahlt. Es wurde ebenfalls weithin gesehen und vernichtend kritisiert.

Dieses Mal war Jackie in der Wohnung der Radziwills, die eine Party gaben, bei der die Sendung gezeigt wurde. Capote, der Lee in David Susskinds Talkshow verteidigte, machte zu großen Teilen den Jackie-Faktor für ihr Scheitern verantwortlich: »Wir hatten nicht mit dem Ausmaß gerechnet, in dem die Presse sich wie Geier auf Lee stürzte, ganz egal was sie tat … In Wahrheit nämlich wollten sie hässliche Dinge über Mrs. Kennedy sagen, aber das war ihnen zu der Zeit nicht gestattet, denn Jackie war noch immer die verwitwete Dame, die kleine Heilige. Unter all der Vergötterung brodelte eine enorme Wut und Neid auf dieses schöne Mädchen, das alles hatte. Und dann war da dieses andere Mädchen, das die Rolle ja nicht bekommen hätte, wenn sie nicht Mrs. Kennedys Schwester wäre …«[7]

Im Herbst 1967 sagte die *Women's Wear Daily* voraus, Jackie würde demnächst ihre Verlobung mit David Harlech bekannt geben. Dies entsprang vielleicht Harlechs Anwesenheit in Washington während einer Vortragsreise, wobei er zum Dinner bei den Alsops und über das Wochenende bei Bobby in Hickory Hill gewesen war. Außerdem hatte er zugegeben, dass Jackie ihn eingeladen hatte, sie auf ihrer bevorstehenden Reise nach Kambodscha zu begleiten. Der damals neunundvierzigjährige Harlech war groß, selbstsicher, elegant und besaß einen brillanten Verstand. »Er war klug, charmant und ein höchst attraktiver Mann«, erinnerte sich eine Freundin. Harlech war der Sohn des 4. Baron Harlech und von Lady Beatrice Cecil, der Tochter des 4. Marquis von Salisbury, und somit ein Mitglied des großen und einflussreichen Cecil-Clans. Kathleen Kennedys Mann Billy Hartington war sein Cousin ersten Grades gewesen, und Kathleen selbst war eine gute Freundin seiner Frau Sissie. David Harlech war nicht im Geringsten spießig (anderenfalls wäre er nie und nimmer ein Freund von Jack geworden). In seiner Jugend hatte er den Ruf eines Playboys genossen und einer Leidenschaft für Pferderennen, Jazz und schnelle Autos gefrönt. Mit extremer Nachgiebigkeit behandelte er seine fünf Kinder, die für ihren Hippie-Lebensstil und die Kommune bekannt waren, die sie auf dem Erbsitz der Familie in Shropshire gegründet hatten.

David Harlech hatte seine Frau angebetet und war nach ihrem Tod am Boden zerstört. Joe Alsop schrieb er: »Natürlich fällt es schwer, dem Leben jetzt noch viel Sinn oder Vergnügen abzugewinnen, aber wir hatten 27 wundervolle Jahre miteinander, und vielleicht die glücklichsten davon haben wir in Washington verbracht …«[8] Zwischen ihm, als einem der ältesten und engsten Freunde von Jack, und Jackie bestand eine tiefe Verbindung. Als Treuhänder der Kennedy School of Government in Harvard flog Harlech zu den jährlichen Sitzungen hinüber. Während des Monats vor dem Tod seiner Frau war er dort gewesen. Sie hatten einander gesehen, als Jackie zu Sissies Begräbnis Anfang Juni einflog, und er hatte sie in Irland besucht. Am 22. Oktober kam er nach Hyannis Port und dort hatte vermutlich Jackie ihn gebeten, sie auf ihre halboffizielle Reise nach Kambodscha und Thailand zu begleiten, die sie im November mit Mike Forrestal, der inzwischen als Anwalt in New York arbeitete, und den Bartletts unternehmen wollte.

Auch wenn beide den Gedanken an eine Verlobung abstritten, lagen Romantik und Heiratsträume in der Luft, und unter Druck gestand Harlech ein, dass sie miteinander geschlafen hatten. Während einer Treuhandsitzung der Kennedy School of Government at Harvard hatten sie in Boston im Ritz-Carlton-Hotel angrenzende Zimmer geteilt.[9] Gewaltige Spekulationen der Presse folgten Jackie und Harlech auf ihre halboffizielle Reise nach Kambodscha und Thailand. Jackies Aufgabe bestand – wie bereits 1962 in Indien und Pakistan – darin, ihre immense internationale Beliebtheit zu nutzen, um antiamerikanische Gefühle zu besänftigen, die der US-Einsatz in Vietnam in dem Gebiet hervorgerufen hatte. Tatsächlich eroberte sie den Fürsten Sihanouk von Kambodscha, wie sie auch Nehru bezaubert hatte. Die Reise war sorgfältig vorbereitet worden: Jackie hatte eine komplette Garderobe von ihrem neuen Lieblingsdesigner Valentino bestellt, den sie seit 1964 förderte. Sie sagte sogar Stanley Tetrick, er solle sie am Angkor Wat fotografieren und das Bild auf der Titelseite des *Look* bringen. Die Presse war natürlich mehr an Harlechs Gegenwart an ihrer Seite interessiert als an Sihanouk, den mit Schabracken geschmückten Elefanten,

Tempeln oder sogar einem Besuch ihrer inoffiziellen Königin beim König und der Königin von Thailand.

Kambodscha aber bedeutete eher das Ende als den Beginn einer Beziehung, den Moment, in dem die Realität die Romantik einholte, auch wenn die Presse davon natürlich nichts mitbekam. »Ich denke, in Wirklichkeit [nach Jacks und später nach Sissies Tod] stürzten sie [David und Jackie] sich einfach aufeinander, um sich gegenseitig zu bemitleiden. Sie fühlten sich beide verlassen und so, wie ich David verstanden habe, schien es, denke ich, einfach eine hübsche Idee«, sagte Pamela Harlech, Davids in New York geborene zweite Frau. »Weil sie einander furchtbar gut kannten, und sie waren Freunde und David und Sissie und Jackie und Jack hatten so viel miteinander erlebt. Es war alles so angenehm. Und ich glaube, sie dachten beide, es sei eine hübsche Idee. Als sie nach Angkor Wat fuhren, das ist ja bekannt, hatte sie noch einen Flirt mit Ros Gilpatric. Ich glaube, sie wollte sich nicht auf irgendetwas festnageln lassen, aber sie fand David attraktiv. David war einer von Jacks besten Freunden, er war höchst vorzeigbar und sie brauchte ihm nichts vorzumachen. Und er war verzweifelt, als Sissie starb, vollkommen verzweifelt, und dem wollte er irgendwie entkommen … die Kinder, er kam einfach nicht zurecht. Als sie also sagte: ›Komm, mach diese Reise mit mir‹, antwortete er einfach: ›Ja.‹ Aber ich denke, er hatte genug. Bis sie in Angkor Wat ankamen, stand es ihm bis zum Hals … Sie tat eben all diese Sachen, das ist ja bekannt, kam zu spät, war nicht in der Lage, sich zusammenzureißen – nicht weil es ihr nicht gut ging, nein, sie war einfach nie pünktlich – und all das Theater, das damit verbunden war … Ich glaube, er mochte sie sehr gern, aber ihm wurde klar, dass sie nicht in Oswestry, wo er lebte, leben würde … trotzdem, wenn Jackie David gewollt hätte, hätte sie ihn haben können …«[10]

Die meisten Freunde des Paares vertraten die Ansicht, dass die beiden zwar vielleicht einer Ehe nahe kamen, dass die Möglichkeit aber von keiner Seite aus ernsthaft erwogen wurde. »So wie ich sie beide kannte, lautet meine Meinung«, berichtete Lord Jenkins of Hillhead, »dass David vermutlich nicht hätte widerstehen können, wenn Jackie ihn gebeten hätte, sie zu heiraten. Aber ich bezweifle, dass er ... Er hatte einen sehr ausgeprägten Selbstschutzinstinkt und ein ausgezeichnetes hedonistisches Kalkül ... Meiner Meinung nach wäre er klug genug gewesen zu erkennen, dass ein Eheleben mit Jackie jede Menge Nachteile mit sich gebracht hätte und für ihn nicht das Richtige gewesen wäre ...«[11] Harlech selbst gestand einem guten Freund gegenüber einmal ein, dass eine Ehe mit Jackie aus zwei Gründen für keinen von beiden funktioniert hätte: »(A) Ich bin nicht reich genug für sie und (B) es wäre so gewesen, als hätte ich ein sechstes Kind, denn sie brauchte die Art von Anbetung, die ein Kind von einem fordert, und ununterbrochene Aufmerksamkeit ...«[12]

Harlech sprach rückblickend darüber. Aussagen von Leuten, die Jackie nahe standen, weisen darauf hin, dass er sie heiraten wollte, sogar noch nach der kambodschanischen Reise. »Natürlich heiratet sie nicht diesen Idioten David, auch wenn er noch so viel darüber schwatzt«, sagte Lee im Juni zu Cecil Beaton und fügte mysteriös hinzu: »Aber sie macht vielleicht Schluss und fängt ein neues Leben an.«[13] Harlech und Jackie blieben ihr Leben lang Freunde und tauschten Briefe, wie sie es mit allen Mitgliedern ihres »Fanclubs« tat. »Er mochte sie sehr gern«, gibt Pamela Harlech zu. Harlech war attraktiv, ein angenehmer Gesellschafter und ein willkommener Blitzableiter, der die Aufmerksamkeit der Presse von ihren anderen romantischen Verbindungen ablenkte – und von einer Idee, die sich in ihrem Hinterkopf zu formen begann.

Die amerikanische Presse folgte bis Ende 1967 noch immer der Harlech-Spur, reiste dafür sogar bis in dessen abgelegenen Besitz Woodhill in Shropshire und interviewte seine exzentrischen Kinder.[14] Dabei hatte Roswell Gilpatric, der frühere Verteidigungsminister der Kennedy-Regierung, die Rolle des wichtigsten Verehrers Jackies übernommen. (Die Möglichkeit, Jackie könne Jack Warnecke heiraten, war Presseleuten erst im April 1968 gekommen, ein Jahr nach dem Ende der Affäre.) »Ros war ein sehr netter, gut aussehender Mann«, sagte eine alte Freundin. »Er war ziemlich glamourös, aber so besonders interessant fand ich ihn nie. Er, als Mann, machte sich ständig Sorgen um seine Frisur. Da kann der Trieb ja nicht besonders stark gewesen sein. Ich glaube, deshalb war sie so glücklich mit ihm, weil ich mir nicht vorstellen kann, dass er dauernd versucht hat, sie ins Bett zu kriegen …«[15] Ros Gilpatric lebte noch nicht von seiner Frau Madelin getrennt, die sich später von ihm scheiden ließ. (Als sie gefragt wurde, ob die beiden miteinander ins Bett gegangen seien, soll sie schnippisch geantwortet haben: »Einmal.«) »Was Ros und Jackie wirklich gemeinsam hatten«, sagte Gilpatrics Witwe Mimi, »das war ihr Intellekt, abgesehen davon, dass sie sich aufrichtig mochten. Sie waren beide sehr intellektuell. Ich habe ein paar Briefe gesehen, die sie sich geschrieben haben, und das sind wirklich reizende Briefe.«[16]

Die Presse wurde auf Gilpatrics Anwesenheit in Jackies Leben aufmerksam, als die beiden im März 1968 eine Reise nach Mexiko unternahmen, um sich die Maya-Ruinen anzusehen. Agnes Ash von *Women's Wear Daily* war weniger an der antiken Zivilisation als an den Bildern von Jackie und Gilpatric interessiert, die Hand in Hand gingen und offen miteinander flirteten. Wie so oft bekam die Presse von der Affäre Wind, als sie bereits so gut wie vorüber war. Ihre Beziehung verlief nach dem gleichen Muster wie Jackies Erfahrung mit Harlech. Gilpatric berichtete Jackies Biographen C. David Heymann: »Merkwürdigerweise wurde mir auf der Reise nach Yucatan allmählich klar, dass es mit uns nicht klappen würde. Während wir unterwegs waren, machte Jackie des öfteren Anspielungen auf Onassis und verriet mir ihre Absichten. Ich fand sie äußerst direkt. Sie hatte sich noch nicht ganz [für Onassis] entschieden, aber schien doch in diese Richtung zu tendieren.«[17] Wie David Harlech gehörte auch Ros Gilpatric nicht zu den »großen Fischen«. Und ebenfalls wie Harlech umgab ihn bei all seinem Charme nicht jene Aura von Gefahr, die Jackie wirklich anzog. Keiner von ihnen besaß das überwältigende Selbstbewusstsein und die tierhafte, körperliche Anziehungskraft, die sie faszinierte. Ein Mann jedoch besaß all diese Eigenschaften im Überfluss: Aristoteles Onassis.

Im Hochsommer 1967 segelten Taki Theodoracopoulos und Gianni Agnelli auf Agnellis Yacht von Griechenland nach Italien. Sie beschlossen, Onassis auf seiner privaten Insel Skorpios im Ionischen Meer einen Besuch abzustatten. »Wir gingen von Bord«, berichtete Taki, »und auf einmal schien Onassis alles andere als gastfreundlich. Er fuhr uns in seinem Auto, einem kleinen Buggy, über die Insel – ich weiß noch, um ein Haar fuhr er über ein Kliff. Er zeigte uns alles, und als wir zurück in den kleinen Hafen kamen, sahen wir eine Frau, die gerade aufbrach. Ich erkannte sie nicht, aber Gianni sagte zu mir: ›Weißt du, wer das war? Das war Jackie.‹ Ich erwiderte: ›Nein, das ist mir nicht aufgefallen.‹ Sie fuhr auf Wasserskiern los und blieb die ganze Stunde – oder auch zwei Stunden –, die Gianni und ich da waren, weg. Und dann bekamen wir das Gefühl, das war der Grund, weshalb er uns loswerden wollte, es war ihm unangenehm. Ich habe nie begriffen, warum, ob er wütend auf uns war oder auf Jackie, denn offenbar wollte er ja, dass wir ihre Anwesenheit auf der Insel bemerkten – das war anderthalb Jahre, bevor es passierte. Da war sie also schon da …«[18]

Onassis hatte Jackie seit jener berühmten Kreuzfahrt auf der *Christina* im Oktober 1963 nicht vergessen. An dem Wochenende nach Jacks Ermordung war er zu ihr ins Weiße Haus geflogen, um sie zu trösten, und seitdem waren sie telefonisch in Kontakt geblieben. Onassis liebte es, schöne und berühmte Frauen für sich einzunehmen: Seit seiner Scheidung von seiner ersten Frau Tina war die international gefeierte, in Griechenland geborene Diva Maria Callas seine Geliebte. »Mein Bruder liebte es sein Leben lang, berühmte Frauen kennen zu lernen und mit ihnen zu schlafen«, sagte seine Schwester Artemis. »Je wichtiger oder bekannter die Frau war, desto mehr liebte er sie.«[19] Die Bedeutung der Callas aber verblasste zum Nichts neben Jackie, der berühmtesten, am meisten bewunderten Frau der Welt, und Onassis war sogar bereit, seine Leidenschaft für Maria zu opfern, um sie zu besitzen.

1967 waren er und Maria seit acht Jahren zusammen, während denen er ihr nicht immer treu gewesen war. Pikanterweise hatte seine Affäre mit Lee die Callas am meisten in Wut versetzt. Als Onassis Lee auf die *Christina* einlud, befahl die Callas ihm, sie fortzuschicken, und als er sich weigerte, packte sie ihre

Sachen zusammen und eilte zurück nach Paris, wo sie lebte. Lee reiste ab und die Callas kam wieder. Monate später aber sah die Callas ein Foto, das die beiden in einem Nachtclub zeigte, und rief Onassis in seinem Büro an, kreischte hysterisch und drohte, sich von der Yacht zu stürzen. Onassis fuhr mit einer Halskette für eine Million Dollar auf schnellstem Wege nach Skorpios, um sie zu besänftigen. In jenem Jahr, demselben, in dem Taki und Agnelli Jackie auf Skorpios erspäht hatten, begannen sich die Dinge zwischen Onassis und der Callas zu verschlechtern, begleitet von lautstarken Kämpfen und häufigen Trennungen. Anfang 1968 scheint sich die Callas über das Interesse ihres Geliebten an Jackie bewusst gewesen zu sein. Der junge George Loudon, dessen Eltern häufig zu Gast auf der *Christina*, in Monte Carlo und auf Skorpios waren, erinnert sich daran, dass Maria normalerweise »viel Spaß machte und sehr nett zu jungen Leuten war«, dass sie aber bei jenem letzten Anlass, bei dem er sie und Onassis zusammen sah, einem Dinner im Frühling 1968 in Monte Carlo, »sehr niedergeschlagen wirkte«.[20]

Dazu hatte sie allen Grund, denn Onassis' Jagd auf Jackie gewann endlich an Tempo. Als cleverer Geschäftsmann und geduldiger Langzeit-Spieler besaß er ein untrügliches Gespür für den richtigen Zeitpunkt und Anfang 1968 spürte er, dass Jackie bereit war, ihr Leben zu verändern. Jackies Gedanken waren schon seit einiger Zeit in Richtung Mittelmeer gewandert, als Fantasieziel einer Flucht aus Amerika. Harold Macmillan hatte sie von der Anziehungskraft geschrieben, die der mediterrane Raum und besonders der griechische Lebensstil auf sie ausübten, und da sie und Bobby beide die griechischen Klassiker verschlangen, gewann diese antike Kultur mit ihren Mythen mehr und mehr an Bedeutung für sie. Michael Cacoyannis' Film *Alexis Sorbas* mit Anthony Quinn nach dem Roman von Nikos Kazantzakis und mit der unvergesslichen Busuki-Musik von Theodorakis war 1964 in die Kinos gekommen. Später sah Jackie ihn mit Jack Warnecke: »Ich erinnere mich, kurz vor dem Ende [der Affäre] war ich mit ihr in einem Film, *Alexis Sorbas*, und sie sagte: ›Ich weiß, was ich tun will‹, also muss Onassis ja um sie geworben haben …«

Onassis nährte Jackies Fantasie mit seiner eigenen, in der er selbst als Odysseus erschien, der Held aus Homers Epos, der als Prinz auf der felsigen Insel Ithaka in Sichtweite von Skorpios geboren worden war. Als junger Mann verlässt Odysseus Ithaka, um im Trojanischen Krieg zu kämpfen. Er hat viele Jahre voller Schwierigkeiten und Prüfungen zu bestehen, die Götter und Giganten ihm auferlegen, ehe er heimkehrt, seine Feinde erschlägt und seine Frau und seinen Thron wieder in Besitz nimmt. Als Kapitän seines Schiffes *Christina* bereiste Onassis die Meere, traf auf zahlreiche Feinde und besiegte sie, doch kehrte er stets in seine griechische Heimat zurück. Jackie war in der Lage, die romantische Gestalt in ihm zu sehen statt des rauen, gedrungenen, hinterlistigen, skrupellosen Geschäftsmannes, als der er anderen erschien. Onassis war ein Pirat, ein Typus, der sie immer gereizt hatte. »Wenn es zum Geschäft kommt, gelten keine Regeln«, erklärte er seinen Partnern. Wie der alte Joe Kennedy hatte er immer schon den nächsten Abschluss im Auge, häufte mehr und mehr an und siegte um jeden Preis. Die Kennedys aber sahen Onassis nicht auf diese Weise: Für sie war er eine Bedrohung, der ihre schöne Helena entführen, sich ihren wertvollsten politischen Besitz aneignen und damit ihren eigenen Kennedy-Mythos untergraben wollte.

Onassis war mit seinem Piraten-Image und seinem Schickeria-Hintergrund keine politisch wünschenswerte Verbindung für die Kennedys. Es sollte jedoch noch schlimmer kommen. Im April 1967 wurde die demokratisch gewählte griechische Regierung durch einen Militärputsch gestürzt. Kurz darauf wurde der junge König Konstantin ins Exil geschickt. Griechenland wurde jetzt von einer Militärdiktatur regiert und war infolgedessen ein politischer Paria. Politik bedeutete nichts für Onassis, der alles tat, um sich bei der Junta beliebt zu machen, und mit Stavros Niarchos in einen Wettstreit um Pläne für ein gigantisches Ölprojekt mit dem Spitznamen »Projekt Omega« trat. Das liberale Amerika war empört über die Regierung der »Obristen« und der politische Fallstrick einer familiären Verbindung mit Onassis konnte für Bobby, falls er als liberaler Kandidat zur Wahl von 1968 antrat, katastrophale Folgen haben.

Welche Richtung ihre eigenen, privaten Ambitionen auch einschlagen mochten, Jackie fühlte sich Bobby und seinen Plänen doch immer noch politisch verpflichtet. Als er 1966 Südafrika bereist und dort den von der Regierung unter Hausarrest gestellten Apartheid-Gegner Ian Robertson besucht hatte, schickte sie Robertson über Bobby ein signiertes Exemplar von Jacks *Zivilcourage*. Jetzt war sie auf der Seite der Gegner des Vietnamkrieges. Bei einer Gelegenheit wurde sie gesehen, wie sie McNamara mit den Fäusten auf die Brust trommelte und ihn anflehte: »Sie müssen diesen Krieg beenden!«

Anfang 1968 hielt sich Bobby im Hintergrund. Er konnte sich nicht entscheiden, ob er sich selbst zum Kandidaten gegen Johnson im bevorstehenden Rennen um die Präsidentschaft erklären sollte. Die Tet-Offensive Ende Januar, bei welcher der Vietkong von US-Truppen besetzte Stützpunkte und Gebiete überrannte, verschaffte der Antikriegsbewegung enormen Auftrieb. Während Ethel und seine Schwestern ihn drängten, seine Kandidatur bekannt zu geben, schrieb Jackie Ausschnitte aus einem antiimperialistischen Aufsatz ab, in dem die Haltung der Amerikaner in Vietnam als »zivilisierende Mission« gegen den Kommunismus lächerlich gemacht wurde, und schickte sie ihm am 29. Februar. »Es gibt keine zivilisierte Nation auf der Welt, die nicht ebenso wie wir großartig daherredet von ihrer zivilisierenden Mission … sie sind alle lächerlich … und wir sind darin eingeschlossen«, erklärte sie ihm.[21] Sie hatte dies vermutlich als Material für Antikriegsreden gedacht. Es gibt keinen Grund anzunehmen, dass sie seine Kandidatur mit all den körperlichen Risiken, die damit verbunden waren, wirklich wünschte. Am 16. März gab Bobby bekannt, dass er zu dem Rennen antreten würde. Am 31. März zog Lyndon Johnson seine eigene Kandidatur zurück. Er hatte während des Vietnamkriegs Angst um seine eigene Gesundheit und wurde verfolgt von dem wiederkehrenden Alptraum von Bobby, der im Namen seines toten Bruders den Thron forderte: »Ich werde die Nominierung meiner Partei für eine weitere Amtsperiode als ihr Präsident nicht anstreben, noch würde ich eine solche annehmen.«

Einige Tage später nahm Jackie auf einer Dinnerparty in New York am 2. April Arthur Schlesinger beiseite und gestand ihm ihre Angst um Bobby: »Wissen Sie, was ich denke, was Bobby geschehen wird?«, fragte sie. »Dasselbe, das Jack geschehen ist … Dieses Land steckt so voller Hass und Bobby wird von mehr Menschen gehasst als Jack. Ich habe Bobby das gesagt, aber er ist nicht so fatalistisch wie ich.«[22] Nur zwei Tage später, als Bobby seine Kampagne für die Vorwahl in Indiana begann, wurde Martin Luther King in Memphis erschossen. Als Bobby die Nachricht hörte, schrak er zurück. »O Gott, wann nimmt diese Gewalt ein Ende?«, schrie er.[23] In dieser Nacht tobte, so Arthur Schlesingers Worte, die Wut durch Amerikas Ghettos. In 110 Städten kam es zu Krawallen. 39 Menschen, vorwiegend Schwarze, wurden getötet und mehr als 2500 verletzt, ein Echo der Gewalttaten von Watts im Jahr davor. Jackie flog nach Atlanta zu Kings Begräbnis am 7. April. Voller Verzweiflung über den Zustand ihres Landes kehrte sie zurück und erklärte Arthur Schlesinger: »Natürlich fühlen sich die Leute im Augenblick schuldig. Aber sie hassen es, sich schuldig zu fühlen. Sie halten es nicht sehr lange aus. Dann schlagen sie die andere Richtung ein.«[24] Für Jackie beschwor das Erlebnis Dallas wieder herauf, sie hatte nicht nur Angst um Bobby, sondern auch um sich selbst und ihre Kinder. Amerika schien ein unsicherer Ort, um sie aufzuziehen, ein Ort, so glaubte sie immer stärker, dem sie entfliehen musste.

Aufgrund ihrer schwindelerregenden Berühmtheit verursachte ihr inzwischen sogar New York Klaustrophobie. Ein Theaterbesuch mit ihr war ein nervenaufreibendes Erlebnis, wie Joan Thring, die persönliche Assistentin von Rudolf Nurejew, sich erinnerte: »Eines Abends gingen wir ins Theater, wir saßen ungefähr in der fünften Reihe, und als die Pause kam, sagte ich: ›Gehen wir etwas trinken.‹ Aber sie sagte: ›Ich kann nicht, ich kann das nicht tun.‹ Und plötzlich, alle Leute waren nach draußen gegangen, plötzlich rief jemand: ›Da ist Jackie Kennedy‹, und dann hörten wir diesen donnernden Lärm von Füßen, die auf beiden Seiten die Gänge herunterrasten, und dann standen sie einfach in Reihen da und starrten uns an. Es war erschreckend. Ich fragte sie: ›Jackie, passiert das …?‹ Und sie sagte: ›Ja, das passiert jedes Mal. Lass uns einfach so tun, als passiere es nicht.‹[25] Unter der Oberfläche aber waren Jackies Nerven aufgerieben. Bei einer Vorstellung des Balanchine-Balletts, die sie im Februar 1968 mit Cecil Beaton besuchte, wurden auf der Bühne zwei Revolverschüsse abgefeuert. »Jackie sprang fast aus ihrem Sitz und über die Absperrung zum ersten Rang«, erinnerte sich Beaton. »Sie tat mir Leid, so mit den Nerven am Ende …«[26]

Es gab auch noch andere Überlegungen, die ihr Freund und Vertrauter Robin Douglas-Home in einer Artikelserie festhielt durch die ihre Freundschaft ein Ende fand:

> Sollte Robert Kennedy jemals das Weiße Haus zurückerobern, so wäre es Ethel (zu der sie [Jackie] wenig Affinität verspürt), nicht sie, die im Mittelpunkt der Bühne stünde. Dafür wird Ethel mit Sicherheit sorgen.
> Robert Kennedy braucht Jacqueline Kennedys Unterstützung, um dort hinzugelangen. Ist er erst einmal dort, muss er sich ihrer entledigen. Er würde dann vorzuführen haben, wie er sich auf seine Zukunft konzentriert, nicht wie er Kapital aus der Vergangenheit schlägt … Der politische Nutzen von Jacqueline Kennedy wird sich dann erübrigt haben – ja vielleicht sogar peinlich geworden sein. Jedes Anzeichen einer Abhängigkeit von Jacqueline Kennedy als emotionalem Magneten oder als Stütze würde seine Position mit Sicherheit unterminieren.[27]

Die schwer verdaulichen Fakten des politischen Lebens wurden ihr durch eine Szene in Hyannis Port im Frühling 1968 serviert, als Bobby in den Meinungsumfragen als Präsidentschaftskandidat vorn lag. Einem Zeugen zufolge war Jackie »erregter, als ich sie seit Jahren gesehen habe. ›Wird es nicht wundervoll sein, wenn wir ins Weiße Haus zurückkehren?‹, rief sie vor dem versammelten Clan aus. Ethel, die vor dem Verhältnis zwischen ihrem Mann und ihrer Schwägerin tapfer die Augen verschloss, verwies sie auf ihren Platz: ›Was meinst du mit *wir*?‹ Jackie floh ins Haus, aber Bobby ging ihr nicht hinterher.«[28]

Inzwischen dachte Jackie ernstlich über Onassis als einen möglichen Ehemann nach. Die Kennedys waren entsetzt. »An einem bestimmten Punkt erklärte ihr Bobby, dies werde höchstens über seine Leiche geschehen«, berichtete ein enger Freund von Onassis. Die Kennedys waren extrem besorgt wegen der Auswirkungen, die ihre Heirat auf Bobbys Wahlkampf haben konnte. Laut Joan Kennedy wurde Teddy beordert, sie zu beschwören, nichts vor den Wahlen im November zu tun. Am 6. Mai, dem Abend, an dem die Ergebnisse der Vorwahlen in Indiana ausstanden, gaben Rudolf Nurejew und Joan Thring in der Wohnung, die Lee ihnen vermietet hatte, eine Dinnerparty für Jackie und Onassis, Bobby und Ethel und Janet Auchincloss. »Es war irgendwie am Brodeln damals«, erinnerte sich Joan Thring. »Es war in Gegenwart der Mutter und Bobby erwähnt worden. Man redete darüber und Bobby hatte einen Anfall deswegen, und Jackie hatte mir das auch schon irgendwann gesagt, dass sie … daran dachte, sich mit Ari einzulassen und dass Bobby dagegen war …« Auf die Frage, wie die Stimmung war, als sie alle dort zusammensaßen, antwortete Joan Thring: »Wie in einer Familie. Das war in Ordnung und vor anderen Leuten kamen sie mit Ari zurecht, aber Bobby … es war ein bisschen angespannt wegen ihm und Ari. Was würde passieren, wenn jemand etwas sagte, das ihnen nicht passte? Aber es war ihr sehr wichtig, dass Bobby einverstanden war, ich meine, sie wollte verzweifelt, dass Bobby einverstanden war, sie wollte ihn nicht verlieren. Aber ich denke, früher oder später musste es eben so kommen …«[29]

Während Bobby später im selben Monat an der Westküste Amerikas für die Vorwahlen in Oregon auf Kampagne ging, verbrachte Jackie fünf entscheidende Tage mit Onassis auf der *Christina*, auf einer Kreuzfahrt um die Virgin Islands. Joan Thring war von ihm eingeladen worden, nach Beendigung der Amerikatournee des Balletts mit ihm zurück nach Europa zu fahren. »Mir war augenblicklich klar, dass ich als Deckung diente«, sagte sie, »um Jackie vor Maria Callas zu verstecken, die ihn auf der Stelle ermorden würde.« Joan und Onassis bestiegen die *Christina* in Miami am 21. Mai. Gemeinsam mit Cary Grant, Kirk Kerkorian und seiner Frau und Johnny Meyer, Onassis' Freund und Anwalt, brachen sie zu einer Kreuzfahrt um die

Virgin Islands auf. Als sie am 25. St. Thomas erreichten, ging der Rest der Gesellschaft von Bord. »Plötzlich verschwanden all die Abdeckungen von den Sofas im Salon und so weiter«, berichtete Joan. »Und lauter Bilder von Jackie und Jack Kennedy tauchten auf einmal aus dem Nichts auf und wir alle haben darüber gelacht. Denn Ari erzählte einem ja nie was, alles war sehr geheim. Er machte einfach weiter mit dem, was er tat. Er sagte nie: ›Hört mal, Jackie kommt heute Abend‹, oder so etwas. Also sagte ich zu den anderen: ›Ratet mal, wer zum Dinner kommt – es muss Jackie sein.‹ Sie gingen alle an diesem Tag von Bord, also ging ich, um mich von ihnen zu verabschieden. Dann kam ich wieder und eine Stunde später blickte ich aus meinem Fenster und sah, wie Jackie gerade ankam …«

Joan Thring war sicher, dass sich zu der Zeit nichts Sexuelles zwischen Jackie und Onassis abspielte. »Sie war die ganze Zeit mit mir zusammen. Und in seinem Zimmer schlief sie bestimmt nicht, denn morgens rief sie mich immer als Erstes an. Es gab zwei Küchen auf der Yacht, eine französische und eine griechische, und sie sagte: ›Du musst unbedingt heute die Rühreier von den Griechen probieren – sie sind köstlich!‹ … Sie benahmen sich nie, als wenn da irgendetwas liefe. Es gab keine Kosenamen oder Berührungen oder irgendetwas in der Art … Ich war völlig überzeugt, dass nichts passiert war, solange wir da waren … Ich glaube an den Nachmittagen verbrachten sie eine Stunde oder zwei zusammen und setzten eine Art von Übereinkommen auf … Gespräche drehten sich immer um Geschäfte, und so viele gab es gar nicht … Solange wir da waren, aß er meistens nicht einmal zu Mittag mit uns.[30]

Am 28. Mai ging Jackie in St. Thomas von Bord. Am selben Tag verlor Bobby die Vorwahlen in Oregon gegen den ersten demokratischen Kandidaten im Feld, Eugene McCarthy. Kein Kennedy hatte je eine politische Wahl verloren. Am nächsten Tag flog er südwärts nach Kalifornien zur wichtigsten Vorwahl. Nachdem er in der Nacht des 5. Juni seinen Wahlsieg bekannt gegeben hatte, ging er um 0 Uhr 15 durch die Küche des Ambassador-Hotels in Los Angeles, als ein weiterer einsamer Schütze, Sirhan Sirhan, ihm eine Kugel in den Kopf schoss. In diesem

Moment lag Jackie in ihrer New Yorker Wohnung im Bett und schlief, nachdem sie zuvor am Abend mit Ros Gilpatric eine Kundgebung für Bobby besucht hatte. Um vier Uhr wurde sie von Stas Radziwill geweckt, der aus London anrief. »Ist es nicht wundervoll?«, fragte sie Stas. »Er hat gewonnen – er hat Kalifornien geholt!« »Aber wie geht es ihm?«, fragte Stas. »Oh, gut, er hat ja gewonnen!« »Aber wie geht es ihm?« »Wie meinst du das?« »Wieso? Auf ihn ist doch geschossen worden.«[31]

Fast zeitgleich hörte Ros Gilpatric die Nachricht im Radio. Er rief Jackie an, die ihn bat, zu ihr zu kommen. Stas Radziwill nahm das nächste Flugzeug nach New York. Gilpatric rief Tom Watson von IBM an und bat ihn, ihm sein Privatflugzeug zu leihen. Die beiden brachten Jackie zum Flughafen, wo sie auf Stas warteten. Jackie murmelte verzweifelt vor sich hin: »Nein! Das kann nicht wahr sein. Das kann nicht wahr sein. Sag mir, dass es nicht wahr ist.« Chuck Spalding holte sie in Los Angeles ab. »Was ist los?«, fragte Jackie. »Ich will die Wahrheit wissen.« »Er stirbt.«[32]

Zwei Angehörige von Bobbys engstem Kreis, Richard Goodwin und Ted Sorensen, befanden sich oben im Hotel in einer Suite, als der Schuss fiel. »In der Nacht, als Bobby getötet wurde, waren wir beide im Ambassador-Hotel in LA«, erinnerte sich Goodwin. »Ich wollte mit Bobby nach unten gehen, aber ich war noch am Telefon oder so und dann hörte ich all dies Geschrei im Korridor. Ich rannte in ein Zimmer, setzte mich hin und sah es auf dem Fernsehschirm, in dem Moment, als es sich unten abspielte, und sie sprachen darüber, dass der Senator vielleicht … ich hatte sofort das Gefühl, dass Bobby tot war. Ich sah durch das Zimmer, und auf der anderen Seite des Bettes war Ted Sorensen. Ich dachte, das war die unheimlichste Sache der Welt, denn wir wussten beide, dass Bobby tot war, wussten, dass er tot sein musste, obwohl es noch nicht gesagt worden war. Und wir hatten beide das andere Mal miterlebt …«[33]

Bobbys Herz aber schlug noch immer, auch wenn keine Hoffnung bestand, dass er als menschliches Wesen überleben konnte. An lebenserhaltende Maschinen angeschlossen, blieb er bis zum nächsten Tag, dem 6. Juni, um 1 Uhr 44 in der Frühe klinisch am Leben. »Jackie schaltete die Maschinen ab«, berichtete Richard Goodwin. »Sie stürmte herein und niemand sonst brachte den Mumm auf. Der arme Kerl lag da, sein Brustkorb hob und senkte sich – Sie wissen ja, sie haben da diese Geräte, mit denen der Körper auf ewig weitermacht. Er war hirntot, aber die Ärzte wagten nicht den Stecker herauszuziehen. Ethel war nicht in der Verfassung irgendwas zu tun, sie lag auf dem Bett und stöhnte. Teddy kniete am Fußende und betete und endlich kam Jackie und sagte den Ärzten, sie müssten es tun. Es war das letzte Siegel für sie.«[34]

An Bord der Air Force One, die Bobbys Leiche über das Land trug, erschien Jackie gefasst und sprach ruhig mit Ethel über Pläne für das Begräbnis. Die Trauerfeier sollte in der St. Patrick's Cathedral stattfinden. Lady Bird Johnson hat die Straßen von New York als seltsamen Anblick in Erinnerung, gesäumt von Menschen, die schweigend stillstanden, bewegungslos. In der Kathedrale ragte Jackie, in Schwarz und dicht verschleiert wie sie zu Jacks Begräbnis erschienen war, aus der Menge heraus, als sei sie die Witwe. Erhaben schritt sie mit ihren Kindern durch den Gang, um ihren Platz in der vorderen rechten Reihe bei den Kennedys einzunehmen. Präsident Johnson entdeckte sie und stand auf, gefolgt von der gesamten Trauergemeinde. Im Gegensatz dazu schlüpften Ethel und ihre Kinder, wie Lady Bird beobachtete, unbemerkt hinein. Nach dem Gottesdienst fand Lady Bird sich vor Jackie wieder. »Ich rief ihren Namen und streckte meine Hand aus«, schrieb sie. »Sie sah mich aus weiter Entfernung an, als sei ich eine Erscheinung. Ich murmelte ein Wort des Beileids und ging weiter … es war irgendwie befremdend.«[35] Als sie sich später an den Vorfall erinnerte, sagte sie: »Ich hatte das Gefühl, sie musste ein Beruhigungsmittel bekommen haben …«[36]

Später, im Trauerzug herunter nach Arlington, schien Jackie wiederum die Rolle der zu Marmor erstarrten Witwe zu spielen, wie 1963 auf Jacks Begräbnis. Der Journalist Pete Hamill beschrieb sie wie folgt: »Irgendwie eisig sah sie aus.« Seine Begleiterin Shirley MacLaine berichtete: »Die beiden Frauen Mrs. Ethel Kennedy und Mrs. Jackie Kennedy kamen durch [im Trauerzug], Jackie zuerst, sehr königlich, so wie nur sie das kann, mit diesem fantastischen Sinn, dieser in gewisser Weise vorausahnenden Würde. Irgendwie wusste sie immer, wann der Zug ins Stocken geraten würde oder wann ein Stoß kam, und wie eine Königin hielt sie sich an etwas fest, sodass sie beim Stoß nicht aus dem Schritt oder aus der Reihe geriet.«[37] Erst nach neun Uhr am Abend erreichte die Prozession die Ruhestätte auf dem Arlington-Hügel, nahe bei Jacks Grab. Kerzen, gehalten von Hunderten von Trauergästen, erhellten die Dunkelheit, als zuerst Ethel und ihre Kinder, dann die Kennedy-Schwestern mit ihren Kindern und dann Jackie, allein, gefolgt von John und Caroline, niederknieten und den Sarg küssten. Alles beschwor in furchtbarer Weise jenen anderen Tag in Arlington nur viereinhalb Jahre zuvor herauf, nur dass diesmal der große Mond einer Mittsommernacht sein Licht auf die Szene warf.

Kein Beruhigungsmittel aber konnte Jackies Schmerz lange ausschalten. War es ihr nach Jacks Tod gelungen, während der vier Tage, die folgten, ihre Selbstbeherrschung zu bewahren, so überwältigte sie dieses neuerliche Grauen mit Panikzuständen und Verlassenheitsängsten. Bobby war für sie da gewesen, als Jack starb, jetzt aber würde er nie mehr da sein. Ros Gilpatric sah sie kurz nach ihrer Rückkehr nach New York und war entsetzt. »Nach Bobbys Tod wurde Jackie in alarmierender Weise von Verzweiflung ergriffen«, sagte er. »[Sie] wirkte höchst erregt, sogar aus dem Gleichgewicht. Neben anderem sprach sie wieder und wieder von Bobby als von ihrem Mann. Sie wurde äußerst herrisch, bellte Befehle, als sei sie noch immer die First Lady. Es war, als könne Jackie mit einer solchen Tragödie fertig werden, zwei aber waren zu viel.«[38] Während Ethel, die mit Bobbys letztem Kind schwanger war, sich mit der katholischen Überzeugung tröstete, dass der Ehemann, den sie verehrt hatte, zusammen mit Jack, Joe jr. und Kathleen im Paradies auf sie warten würde, raste Jackie gegen das Schicksal an.

Es gab jedoch eine starke Figur, an die sie sich wenden konnte: Aristoteles Onassis. Bobbys Tod bedeutete, wie Richard Goodwin beobachtet hatte, das letzte Siegel auf ihrem Leben in Amerika. »Bobbys Tod hinterließ eine schreckliche Leere«, erklärte William vanden Heuvel, Bobbys enger Freund und politischer Mitarbeiter. »Diese Endgültigkeit hatte es nach Jacks Tod so nicht gegeben. Nach dem Tod des Präsidenten war Robert Kennedy da, um weiterzuleben, die Generationen zu führen, die Rolle des *Pater familias* zu übernehmen und Jackie und ihren Kindern in ganz außergewöhnlicher Weise zur Seite zu stehen. Sein Tod riss einen so ungeheuer wichtigen Teil aus jedermanns Leben. Und dann die Gewalt im Amerika von 1968, die Ermordung von Martin Luther King, dann Bobbys Ermordung zwei Monate später, die Straßenkämpfe, das alles ... Es war ein solches Jahr der Gewalt, und ich denke, sie hatte einfach Angst und wollte ihre Kinder schützen. Onassis war eine starke Figur, wenn man bedenkt, dass er ein Mann mit einem enormen Vermögen war, der einem verschaffen konnte, was beinahe keine Regierung verschaffen könnte, nämlich Privatsphäre. Ob auf der Yacht oder auf der Insel, es war alles privat – und außerdem weit weg von den Vereinigten Staaten.«[39] Nach Bobbys Tod in Los Angeles war ihr Selbstschutzinstinkt im Unterbewusstsein so stark wie in den Sekunden nach Jacks Erschießung in Dallas, als sie die Hand nach Clint Hill ausgestreckt hatte. Wie sie es immer in Schlüsselmomenten ihres Lebens tat, hatte sie bereits erwogen, auf eine andere Ebene weiterzuziehen. Jetzt bereitete sie sich darauf vor, ebenso wie sie es bei den Bouviers getan hatte (aber nicht ebenso rigoros), die Kennedys mit ihrem zerschlagenen Traum und ihrer gefährlichen Erbschaft hinter sich zu lassen.

Onassis ergriff natürlich augenblicklich die Gelegenheit, die sich ihm durch den Tod von Bobby bot, hatte dieser doch das schwerwiegendste Hindernis für eine Heirat mit Jackie dargestellt. Er flog in die Vereinigten Staaten, um bei ihr zu sein. Sie nahm ihn im Juni mit nach Hyannis Port. Rose, die Matriarchin, hatte ihn bereits einige Male während ihrer Auslandsreisen in Paris oder Südfrankreich getroffen. Auch wenn sie noch keine Ahnung von seinen Absichten bezüglich Jackie hatte, teilte sie Bobbys Abneigung gegen ihn nicht. »Ich mochte ihn«, schrieb sie. »Er war angenehm, interessant und, um einen griechischen Ausdruck zu verwenden, charismatisch.« Als Jackie sie nur drei

Monate später anrief, um ihr zu sagen, sie wolle Onassis heiraten, ermunterte Rose sie: »Ich sagte ihr, sie solle ihre Pläne so umsetzen, wie es ihr beliebte, mit meinen liebevollen, guten Wünschen.«[40] Als ihre Tochter Kathleen einen Protestanten geheiratet und später den Wunsch geäußert hatte, einen geschiedenen Mann zu heiraten, hatte die tief religiöse Rose gedroht, nicht mehr mit ihr zu verkehren. Onassis war ebenfalls Nichtkatholik (er war griechisch-orthodox) und geschieden. Rose zuckte nicht mit der Wimper.

Damit war sie so ziemlich die Einzige. Jackie hatte Onassis mit nach Hammersmith genommen, um ihn den Auchincloss' vorzustellen. Im vornehmen Newport fiel er auf wie ein Paradiesvogel. Janet fand ihn vulgär, nicht zuletzt wegen der Art, in der er sie Berichten zufolge während seiner Affäre mit Lee behandelt hatte. Janet war berichtet worden, Lee halte sich in einer bestimmten Suite in einem Pariser Hotel auf, und wurde rasch nach oben gebracht. Sie trat ein und stand vor Onassis, der einen Morgenmantel trug. »Wo ist meine Tochter?«, fragte sie steif. »Madame, sie ist gerade gegangen«, erwiderte Onassis.[41]

»Ich glaube, [Jackies] Ehe mit Onassis brach ihr das Herz«, berichtete eine Freundin und Mittreuhänderin von Stratford Hall. »Wir waren in Stratford und hörten nach dem Essen einen Vortrag, als plötzlich jemand aus dem Büro kam und zu Janet sagte, da sei ein Anruf für sie. Sie war eine ganze Zeit lang weg und als sie wiederkam, war sie aschgrau im Gesicht. Der Anruf war von Jackie gewesen, sie hatte ihr gesagt, sie würde in zwei Tagen Onassis heiraten und wolle, dass ihre Mutter herüber auf diese Insel – oder was es war – zur Hochzeit kam. Wir fragten sie: ›Janet, was ist denn los?‹ Und Janet antwortete: ›Es ist schlimm, aber es ist keine Tragödie.‹ Sie war verzweifelt über diese Ehe mit Onassis, wie es, glaube ich, jede Mutter in ihren Umständen gewesen wäre, denn es war ja offensichtlich keine große Liebesgeschichte.«[42]

Ein anderer Mensch, der Jackie liebte, war ebenso erschüttert: André Meyer. Janets Eindruck von Onassis war mit ziemlicher Sicherheit durch seine Unverschämtheit bei ihrer ersten Begegnung beeinflusst worden, Meyer aber kannte Onassis wesentlich besser. »Er besaß großen Charme und große Intelligenz. *Große* Intelligenz. Aber er war ungehobelt, ob er eine Yacht hatte oder nicht. Und dann war da sein Ruf – mit der Callas und allem.« Onassis wandte sich an Meyer als Jackies finanziellem Berater: »Sie wissen, Sie ist verliebt in mich«, soll er geprahlt haben. Meyer, wenngleich verletzt und verstimmt, war noch immer besorgt um das Wohlergehen seines »kleinen Mädchens« und versuchte Jackie zu überreden, ihn eine finanzielle Übereinkunft für sie aushandeln zu lassen.[43] Zu seinem Verdruss lehnte sie ab. Jackie selbst beteuerte gegenüber Truman Capote, das Gerede über einen vorehelichen Vertrag mit Onassis sei »eine Lüge« gewesen. »Ich habe keinerlei voreheliche Abkommen mit Ari geschlossen«, sagte sie. »Ich weiß, es ist ein alter griechischer Brauch, aber ich konnte es nicht. Ich wollte mich nicht zu einem Handelsobjekt machen.«[44]

Als traurige Tatsache bleibt bestehen, dass die Geschichte sich wiederholte. Sie war in Onassis verliebt, wie sie es in Kennedy gewesen war, und brannte darauf, ihn zu heiraten. Wie zuvor gab sie sich einem Mann hin, der sie in erster Linie als einen Besitz, nicht als Frau betrachtete. Aber Geld war wichtig für Jackie. Sie konnte sich eine Zukunft, in der sie kein »großer Fisch« war, nicht vorstellen, und jetzt bekäme sie mehr, als die Kennedys mit ihren $ 200 000 plus Kleidergeld ihr finanzieren würden. Für sie jedoch musste Materialismus in Leidenschaft gewandet daherkommen, bei Onassis nicht weniger als bei Jack. Auch Sexappeal sollte im Paket enthalten sein und Onassis, auch wenn er im Gegensatz zu dem gut aussehenden Jack körperlich hässlich war, besaß diesen Sexappeal mit Sicherheit. Hässliche Männer mussten sich mehr einfallen lassen, um Frauen zu erobern, und Onassis war ein Liebhaber von internationalem Ruf. Gina Lollobrigida sagte von ihm, er sei »toll im Bett«.[45] Jack, der keine Einfälle brauchte, bemühte sich auch nie darum – Angie Dickinson soll gesagt haben, Sex mit ihm dauere »sieben und eine halbe Minute«.

Ein Jahr später gestand Meyer Dorothy Schiff, er habe »zwei Wochen damit verbracht, Jackie zu beschwören, Onassis nicht zu heiraten. Er hatte versucht, eine Übereinkunft für sie zu erreichen, war aber gescheitert, weil sie abflog und ganz plötzlich heiratete. Er sagte, sie habe Onassis heiraten wollen, mehr als Onassis Jackie heiraten wollte. Ich glaube, sie tat es«, fügte Schiff hinzu, »als Reaktion auf den Tod von Bobby. Sie hatte einen Schock und war verzweifelt. Bei der Art von Unterstützung, nach der sie suchte, ging es nicht um das, was manche behaupten – um Geld.«[46]

Es gab einen weiteren Faktor in der Gleichung: Jackies Sehnsucht nach Freiheit – ihr Traum, ein Vogel zu sein und fliegen zu können, wohin immer sie wollte. Sie wollte emotional und finanziell frei sein von den hartnäckigen Kennedys, frei (zumindest zeitweise) von der Last, die Witwe des hingemordeten Helden zu sein, die Hohepriesterin des Kults, deren Verhalten sich den Forderungen ihrer Anbeter anpassen musste. Und sie wollte, dass ihre Kinder ebenfalls davon frei waren: Frei von dem finanziellen Band, das die Erben des Kennedy-Vermögens fesselte, und frei von der politischen Hinterlassenschaft, die dem Traum des alten Joe entstammte, die Präsidentschaft der Vereinigten Staaten.

Die Kennedys aber waren nicht bereit, sich Onassis zu entfremden, dessen großzügige Spenden für Bobbys Kampagne nicht unbemerkt geblieben waren. Im August verließ Teddy als Repräsentant der Familie und vermutlich auch als »Tugendwächter« vor der Presse mit Jackie New York, um Skorpios zu besuchen und auf eine Kreuzfahrt auf der *Christina* zu gehen. Onassis hatte die Einladung in diesem Sommer bei einem zweiten Besuch in Hyannis Port ausgesprochen. Er war nach Griechenland und zu Maria Callas zurückgekehrt, nur um sie von seiner Yacht zu weisen. »Ich will, dass du nach Paris fährst und dort auf mich wartest«, sagte er zu ihr.

»Im August nach Paris? Bist du verrückt?«

»Ich habe Leute hier, da kannst du nicht an Bord sein.« Unter Schmerzen teilte Maria ihm mit, dass sie ihn nach neun Jahren der Leidenschaft verlassen würde.[47]

Zwar hatte Onassis Maria nichts gesagt, war weiterhin von Jackie in den Vereinigten Staaten zu ihr nach Paris geflogen und versprach auch noch, sie im September zu treffen, aber die Callas war höchst argwöhnisch dem gegenüber, was zwischen ihm und Jackie vorging. Ihr war von ihren häufigen Telefongesprächen berichtet worden. Sie wusste, dass es George und Eleni, dem Paar in Onassis' Wohnung in Paris, eines Abends verboten worden war, ihr Quartier zu verlassen, weil Onassis einem mysteriösen Gast eigenhändig das Dinner servierte. Hätte Jackie gewusst, auf welch brutale Weise Onassis die Callas behandelt hatte, hätte sie womöglich innegehalten, ehe sie sich an ihn band. In seinem Büro in Athen war er bekannt als »Megalo«, der große Boss. Maria selbst sprach von ihm als von »meinem Boss«. Auch wenn ihr Gesang ihr den Ruhm eingetragen hatte, der sie ursprünglich so begehrenswert für ihn gemacht hatte, hasste er Opern und demütigte sie mit Aussprüchen wie: »Was bist du denn? Nichts. Du hast nur eine Pfeife in deiner Kehle, die nicht mehr funktioniert.«[48] Joan Thring, die sich mit Onassis während ihrer Rückfahrt über den Atlantik auf eine beiläufige Affäre eingelassen hatte, berichtete, wie sie zusammen am Pool saßen und Marias Schallplatten ins Meer warfen. »Er sagte nie etwa Nettes über die Callas. Er sagte, sie habe ihn mit ihren Übungen auf dem Klavier, mit Tonleitern und alldem zum Wahnsinn getrieben. Es war abscheulich, hat er gesagt, er hasste es.«[49] In Onassis' Welt nahmen, wie in der Welt der Kennedys, Frauen eine untergeordnete Stellung ein. »Das Geschäft zuerst, die Familie kommt danach«, pflegte er zu sagen. Jackie mochte die Callas als abgelegte Geliebte von der Rechnung gestrichen haben, aber sie unterschätzte den Reiz, den sie noch immer auf ihn ausübte. Onassis hätte Maria nicht geheiratet, aber verlassen konnte er sie auch nicht. Von Anfang an warf diese Beziehung einen Schatten über Jackies Ehe.

Eine wichtige Verbündete gegen die Callas besaß Jackie in Onassis' älterer Schwester Artemis Garofalidis. Wie sie erkannt hatte, dass sie den alten Joe für sich gewinnen musste, als es um Jack gegangen war, so nahm sie es jetzt auf sich, ihren Charme bei Artemis einzusetzen, der sie zum ersten Mal 1963 auf der *Christina* begegnet war. Artemis hatte die Callas nie als angemessene Partnerin für ihren vergötterten Bruder betrachtet, sondern stets mit Sorge daran gedacht, dass er sie heiraten könne. Von Jackie aber, deren Berühmtheit Onassis noch größeren Ruhm verleihen würde, war sie begeistert. Sie war außerdem bezaubert von ihr. Jackie fand Artemis, und in geringerem Maße auch Onassis' Halbschwestern Merope und Kalliroi, warmherzig, offen und hilfsbereit. Anfang August besuchte sie Artemis in ihre Villa in Glyfada in der Nähe des Athener Flughafens, wo sie zu Abend essen und die Nacht verbringen sollte. Artemis' Haus in der Vassileo Georgiou 35 war durch einen Garten mit einer ähnlichen Villa verbunden, die sich in Onassis' Besitz befand. Er und seine beiden Kinder Alexander und Christina nahmen all ihre Mahlzeiten dort ein und Christina hatte oben im Haus eine Wohnung. Damit war Artemis' Haus praktisch das Heim der Familie in Athen. Das Röhren der Flugzeuge beim Starten und Landen ließ den Boden rund ums Haus erzittern, aber kein Mitglied der Familie schien sich daran zu stören. Onassis war der Eigentümer von Olympic Airways und der grauenhafte Lärm war lediglich eine Erinnerung an seine Macht.

Artemis Garofalidis war eine kleine, zierliche Frau, die von Mode besessen war. An jenem Abend, als außer Jackie nur noch Onassis' junge Sekretärin Kiki Feroudi beim Dinner anwesend war, trug sie ein langes Abendkleid, Massen von teurem Schmuck und jede Menge Make-up. Sie war siebzig Jahre alt, zwei Jahre älter als ihr Bruder, und nahm enorme Mühen auf sich, um ihr Alter zu verbergen. Jackie selbst trug ein kurzes, ärmelloses Kleid, eine einreihige Perlenkette und schlichte Goldohrringe. Am Finger trug sie einen »schönen« Ring, der Kiki Feroudi der teure Ring zu sein schien, den Onassis kürzlich in Spanien bestellt hatte. »Meinem ersten Eindruck nach war sie kindlich, unschuldig und sanft«, schrieb Feroudi. »Aber sogar in diesem ersten Moment bemerkte ich einen Hauch von Klugheit, von Schläue, die unter ihrer Einfachheit kaum verborgen war.«[50]

In Amerika stieß Jackie, wenn auch nur hinter den Kulissen, bei den Kennedys noch immer auf Widerstand gegen ihre Pläne. Auf den »Familien«-Kardinal Cushing war Druck ausgeübt worden, er solle sie von der Idee, Onassis zu heiraten, abbringen.

Immerhin war Onassis geschieden, und mit aller Wahrscheinlichkeit durfte man nicht mit einer Zustimmung zu der Ehe aus dem Vatikan rechnen. Cushing aber, der an einem schlimmen Emphysem litt – während Bobbys Trauerprozession hatte er einen schweren Anfall erlitten – und seiner Pensionierung entgegensah, empfing sie mit Menschlichkeit und Verständnis und versicherte ihr, er werde sie öffentlich unterstützen, eine Entscheidung, für die er später allgemein verdammt wurde.

Es dauerte nicht lange, ehe Gerüchte laut wurden. Truman Capote wusste bereits Bescheid. Lee hatte ihn völlig aufgelöst angerufen. »Wie kann sie mir das antun?«, lautete ihr Tenor. Sie fühlte sich durch und durch betrogen. Schließlich hatte sie Jackie vor nahezu fünf Jahren zu jener Kreuzfahrt auf der *Christina* eingeladen und trotz all ihrer anderen Affären war Onassis für sie eine Möglichkeit am Horizont geblieben. Jetzt hatte ihre Schwester ihr sogar das genommen. »Sie weint und heult und schluchzt«, erstattete Capote Freunden Bericht. »Ich kann euch nicht erzählen, was sie gesagt hat, aber ihr werdet es aus den Nachrichten erfahren. Es ist die saftigste Klatschgeschichte, die man sich denken kann, und sie weint sich darüber die Augen aus.« Wiederum nach Berichten von Truman versuchte Onassis Lee mit einer äußerst begehrten Immobilie in der Nähe von Athen zu besänftigen.[51] Es war kein Trost für sie und sie verkaufte den Besitz, sobald sie konnte. An der Oberfläche war Lee zu stolz, sich von der Verzweiflung, die sie verspürte, etwas anmerken zu lassen, und gab eine wohlwollende Erklärung heraus. In Wahrheit aber stellte Jackies Eheschließung mit Onassis den Anfang vom Ende der Nähe zwischen den Schwestern dar.

Jackie hatte die Sache nur deshalb so lange geheim halten können, weil den meisten Leuten eine Ehe zwischen der geheiligten Witwe und dem griechischen Tycoon undenkbar schien. Als Doris Lilly, die Klatschkolumnistin der *New York Post*, in einer New Yorker Unterhaltungsshow eine dem entsprechende Voraussage machte, wurde sie ausgebuht und von Jackie-Fans angegriffen, die sie als »Müll« beschimpften. Christinas Freundin Marina Dodero hatte einen Onkel und eine Tante, die im gleichen Wohnblock wie Jackie lebten. »Jeden Tag sahen sie, wie für Jackie ein Geschenk von van Cleef oder Cartier eintraf, oder Blumensträuße, und sie wussten, die kamen von Mr. Onassis. Also sagte ich: ›Da spielt sich was ab zwischen Jackie und Ari‹, aber jeder lachte darüber ...«[52] Erst am 15. Oktober gab der *Boston Herald Traveller* bekannt, dass die Witwe John F. Kennedys und Aristoteles Onassis beabsichtigten, demnächst die Ehe einzugehen.

Die Kennedys sahen ihre schlimmsten Befürchtungen bestätigt und bemühten sich um Schadensbegrenzung. Pierre Salinger, der sich in England aufhielt, wurde von Stas darüber unterrichtet, dass Jackie Onassis heiraten würde, doch sollte noch niemand etwas davon wissen. »Und dann kam ich zurück in die USA«, erinnerte sich Salinger, »und ungefähr vier Tage später erhielt ich einen Anruf von Steve Smith, dem Mann von Jean Kennedy Smith, der sagte: ›Sie müssen sofort zu mir nach New York kommen, wir haben nämlich gerade herausgefunden, dass Jackie Ari Onassis heiratet, und das ist eine Katastrophe für die Kennedys.‹ Ohnehin sei die Kennedy-Familie sehr, sehr unglücklich darüber, sagte er, als er mit mir sprach, dass sie Ari Onassis heiraten wollte. Ihrer Ansicht nach hätte sie die Witwe John F. Kennedys bleiben sollen, und dann sagte er noch zu mir: ›Vielleicht kannst du ja aber noch etwas für mich tun. Wir wollen nicht, dass die Hochzeit in den Vereinigten Staaten stattfindet, wir wollen, dass sie es in Griechenland machen.‹

Also unternahm ich etwas, und zwar schrieb ich Jackie einen langen Brief, in dem ich ihr sagte, ich stünde völlig auf ihrer Seite und sie habe das Recht, mit ihrem Leben zu tun, was sie wollte, einschließlich einer Hochzeit mit Ari Onassis ... Aber am Ende schrieb ich dann: ›Nur eines, Jackie, ich glaube, es wäre klug, wenn Sie das mit der Hochzeit in Griechenland machen würden.‹ Jackie schrieb mir in ihrem Antwortbrief: ›Ich weiß Ihren Brief wirklich zu schätzen und Sie haben Recht, wir werden in Griechenland heiraten.‹«[53]

Onassis' Berater arbeiteten rasch Pläne für eine Zeremonie auf Skorpios aus. Am 17. Oktober gab Nancy Tuckerman eine offizielle Erklärung heraus: »Mrs. Hugh D. Auchincloss hat mich beauftragt, Ihnen mitzuteilen, dass ihre Tochter, Mrs. John F.

Kennedy, beabsichtigt, während der kommenden Woche Aristoteles Onassis zu ehelichen. Zu diesem Zeitpunkt ist noch kein Ort oder Datum festgesetzt worden.« Zwei Stunden später brach eine Olympic-Airways-Maschine, aus der die gebuchten Passagiere im letzten Augenblick ausquartiert worden waren, mit einer großen Gesellschaft zu einem griechischen Luftwaffenstützpunkt auf. An Bord befanden sich Jackie und ihre Kinder, ihre Mutter, ihr Stiefvater, die kleine Janet und ihr Mann Lewis Rutherfurd, ein Kindermädchen, Beamte des Sicherheitsdienstes, Jean Smith und Pat Lawford mit ihrer Tochter Sydney.

Die Reaktionen der Öffentlichkeit fielen weltweit gleichermaßen feindlich aus, von der obersten bis zur untersten gesellschaftlichen Stufe. Jedermann hatte das Gefühl, Jackie betrüge das Andenken ihres Mannes und erniedrige sich selbst durch diese Ehe mit einem vulgären, ausländischen Tycoon. Sogar Leute, die Onassis kannten, fanden es schwierig, dies hinzunehmen. Die Königin hatte abgedankt. Die Prinzessin heiratete eine Kröte. Der Vatikan denunzierte sie als Sünderin, die vom Empfang der Sakramente ausgeschlossen sei. Die Worte von General de Gaulle, der sie einst als »Beispiel dafür, wie man sich verhält« hochgehalten hatte, verbreiteten sich über die gesamte Beau Monde hinweg. Während er Jackies Aktivitäten in der Schickeria während des Jahres 1966 beobachtete, hatte der frühere Staatsmann verkündet: »Letzten Endes ist sie eben ein Star [was nicht nett gemeint war], der auf der Yacht irgendeines Millionärs enden wird.«[54] Die Ehe forderte sogar Mao Tse-tung zu einem seltenen Scherz heraus: »Wäre Chruschtschow gestorben«, lautete sein Kommentar, »so bezweifle ich, dass Mr. Onassis Mrs. Chruschtschow geheiratet hätte.« Onassis' Reaktion auf diese letztgenannte Bemerkung war bedeutsam: »Kannst du dir das vorstellen?«, fragte er Marina Dodero, die Freundin seiner Tochter Christina. »In China kannte mich niemand vor dieser Heirat mit Jackie. Sie ist der letzte Diamant in meiner Krone.«[55]

Die Gefühle der meisten Menschen wurden durch die Schlagzeile einer Stockholmer Zeitung ausgedrückt: »JACKIE, WIE KONNTEST DU NUR?« Ein Mann war besonders außer sich, genau wie es Onassis' beabsichtigt hatte: Stavros Niarchos. »Was immer er behauptete, es brachte Niarchos fast um, als Onassis Jackie heiratete, denn das war der Sieg«, berichtete ein Freund von Niarchos. »Was hätte er tun sollen? Es war einfach ein Haupttreffer.«[56]

Am meisten angewidert aber zeigten sich Alexander und Christina Onassis, seine Kinder aus der Ehe mit Tina. Sie hassten Maria Callas als die Schuldige an der Scheidung ihrer Eltern und wie die meisten Kinder geschiedener Eltern hatten sie davon geträumt, Ari und Tina würden noch einmal heiraten. Schließlich machte Onassis kein Geheimnis daraus, dass er Tina noch immer liebte und in vielerlei Hinsicht noch immer als seine Frau betrachtete. Die Verkündung der bevorstehenden Hochzeit ihres Vaters mit Jackie traf sie wie ein Donnerschlag.

Weder Alexander noch Christina standen ihrem Vater nahe, der wenig Zeit für sie hatte – »erst das Geschäft, dann die Familie«. Sein massives Ego und seine einzigartigen Wutanfälle machten ihn zu einer Gestalt, die so viel Furcht wie Liebe einflößte. Er war auf intensive, griechische Weise stolz auf den zwanzigjährigen Alexander, seinen Sohn und Erstgeborenen, doch er scheute sich nie, seine Wut oder sein Missfallen an ihm auszulassen. In einem Moment lachte er mit ihm und schloss ihn in die Arme, im nächsten warf er mit Gegenständen nach ihm oder schlug ihm sogar ins Gesicht. Noch schlimmer war vielleicht, dass er ihn vor anderen Menschen herabsetzte. Alexanders Mutter Tina stand ihm, so sehr er sie liebte, nicht nahe. Bei ihrer Hochzeit war sie selbst noch ein Kind gewesen, hübsch, verwöhnt, egoistisch, vergnügungssüchtig und zu beschäftigt damit, ihr eigenes hastiges Leben zu führen, um ihrem Sohn viel Aufmerksamkeit zu widmen. Er wuchs zu einem stillen, zurückhaltenden, schüchternen Jungen heran, den eine Aura von Traurigkeit umgab. Er arbeitete für seinen Vater bei Olympic Airways, aber sein eigentliches Interesse galt Olympic Aviation, dem Lufttaxi- und Charterdienst, den sein Vater ihm geschenkt hatte. Ein Intellektueller war er nicht, vielmehr liebte er schnelle Autos, Boote und Kleinflugzeuge, die er selbst steuerte. Seine große Liebe aber brachte er einer Frau entgegen, die sechzehn Jahre älter war als er: Fiona Thyssen (geborene Campbell-Walter, Tochter eines britischen Admirals), eine der großen Schönheiten ihrer Zeit, einstige Debütantin und Model sowie die geschiedene Frau des Barons Heinrich Thyssen, von dem sie zwei Kinder im Teenageralter hatte. Onassis sträubte sich heftig gegen die Beziehung, aber Alexander beachtete ihn nicht. Ebenso wenig beachtete er die Bitten seines Vaters, sich mit Jackie anzufreunden, von der er nur als von »der Amerikanerin« sprach.

Ihre gemeinsame Abneigung gegen Jackie brachte die Onassis-Kinder einander näher. Christina, zwei Jahre jünger als Alexander, war eine traurige Gestalt. Sie sehnte sich nach der Anerkennung ihres Vaters, der sie jedoch weitgehend ignorierte. Als Tina mit ihrer Tochter schwanger war, hatte Onassis sie so heftig verprügelt, dass der Teppich mit Blut befleckt war. Er hatte gehofft, Tina würde das Kind verlieren. Christina war somit unerwünscht zur Welt gekommen. Während Alexander auf seine Art gut aussah und auf Frauen anziehend wirkte, glich Christina eher ihrem Vater als ihrer hübschen, schlanken, jugendlichen Mutter. Sie hatte schöne, dunkle Augen, und ob sie attraktiv aussah oder nicht, hing von ihren Stimmungsschwankungen ab. Sie litt an Depressionen und dem tief sitzenden Gefühl, ungeliebt zu sein, was sie mit Gelagen von Schokolade und Diät-Cola kompensierte.

Einige Tage vor der Hochzeit unternahmen sowohl Onassis als auch Artemis große Anstrengungen, die Kinder umzustimmen, jedoch ohne Erfolg. Onassis erklärte Alexander und Christina, wie wichtig es ihm war, dass sie Jackie mochten. Mit ihren weit auseinander stehenden, dunklen Augen gleiche sie seiner verstorbenen Mutter Penelope, erzählte er, sie sei »nett und höflich und ehrlich« und die Kinder »würden sie mögen, wenn sie ihr eine Chance gäben«. Nachdem er sich geschlagen aus Artemis' Haus zurückgezogen hatte, fuhr sie selbst die ganze Nacht lang fort, auf die beiden einzureden, damit sie ihre Einstellung zu Jackie überdachten. Sie weigerten sich zuzuhören, beschuldigten Artemis mit groben Worten, sie »interessiere sich nur für diese fremde Frau und ihre Kinder … Sie sagten, wenn ich sie wirklich lieb hätte, würde ich diese Frau nicht lieben ... Ich weiß nicht, was ich tun soll, um die Kinder meines Bruders dazu zu bewegen, seine Frau zu lieben.«[57]

So war es also eine wenig harmonische Gesellschaft, die sich am Abend des 20. Oktober in der kleinen Kapelle der Panayitsa auf Skorpios zur Hochzeit von Jackie und Aristoteles Onassis zusammenfand. Offenbar gilt Regen auf einer griechischen Hochzeit als glückliches Omen, den ausländischen Gästen aber, von denen niemand besonders glücklich über die Verbindung war, kam es ganz und gar nicht so vor. Alexander und Christina wurden mit unglücklichen, »zornigen« Gesichtern gesehen. Sie standen dicht beieinander und tuschelten miteinander. Hughdie Auchincloss geleitete Jackie in die Kirche, wie bei ihrer ersten Hochzeit mit Jack Kennedy. Jackie wirkte strahlend in ihrem elfenbeinfarbenen Spitzenkleid von Valentino und trug Bänder im langen dunklen Haar. Ihr Bräutigam, der einen Zentimeter kleiner war als sie, trug einen dunkelblauen Anzug mit einer roten Rose im Knopfloch. Artemis trat während des fünfundvierzigminütigen griechisch-orthodoxen Gottesdienstes mit seinen sorgsam einstudierten Ritualen als Trauzeugin auf. John und Caroline standen links und rechts neben dem Brautpaar, hielten weiße Kerzen und machten nervöse, ernste Gesichter. Ihr neuer Stiefvater hatte sich große Mühe gegeben, sich mit ihnen anzufreunden, doch so kurz nach dem Tod ihres geliebten Onkels Bobby war es für sie wohl ein eher quälendes Erlebnis, sich an einem unbekannten Ort wiederzufinden, eine unverständliche Sprache zu hören und dabei zuzusehen, wie ihre Mutter einen neuen Ehemann nahm.

18
»Ein verrückter Traum«

»Diese Ehe enthielt zahlreiche Augenblicke voller Liebe und Zuneigung. Damit will ich nicht sagen, die Liebe sei stark genug gewesen, die katastrophalen Hindernisse zu überwinden, die ihr später von dem traurigen Schicksal, das beider Leben regierte, in den Weg gestellt wurden …«
Kiki Feroudi Moutsatos[1]

Wie immer die Gefühle der versammelten Hochzeitsgäste auch gewesen sein mochten, das frisch verheiratete Paar zeigte alle Anzeichen von Verliebtheit. Zum Ende ihrer Flitterwochen-Kreuzfahrt auf der *Christina* hatten Artemis und Kiki eine besondere Überraschung für sie vorbereitet: Sie hatten dafür gesorgt, dass sämtliche Sitze der ersten Klasse aus der Maschine nach New York entfernt und durch ein gewaltiges Bett ersetzt wurden. Kurz nach dem Start öffnete ein Kabinensteward versehentlich die Vorhänge, die das Abteil abtrennten. Hinter ihm waren Jackie und Ari, ohne irgendetwas anderes wahrzunehmen, leidenschaftlich damit beschäftigt, sich zu lieben.

Die beiden gaben sich keine Mühe, die körperliche Anziehungskraft zwischen ihnen zu verbergen. Michael Bentley, der Manager von Claridge's Hotel, in dem sie häufig übernachteten, erinnerte sich, dass sie während der ersten Jahre sehr verliebt wirkten, Hand in Hand in einem Winkel des Restaurants saßen, dann zu einem Spaziergang um den Grosvenor Square aufbrachen und ihm bei ihrer Rückkehr erklärten, wie glücklich es sie mache, dass »uns in London jedermann in Ruhe lässt«.[2] Zuweilen, so berichtete Feroudi, betrugen sie sich »wie Teenager, unfähig, die Hände oder die Lippen voneinander zu lassen. Artemis lächelte immer zu mir herüber, wenn sie das in ihrer Gegenwart machten ...«[3] Sie schliefen an allen erdenklichen unkonventionellen Orten miteinander, in Flugzeugen, kleinen Booten, am Strand, gleichgültig, wer dabei zusehen – oder fotografieren mochte. Der Bruder eines Washingtoner Freundes von Jackie war schockiert, als er erlebte, wie Onassis Jackie auf der *Christina* plötzlich in eine der Kabinen zog und mit ihr schlief, ohne sich die Mühe zu machen, die Tür zu schließen. Diese Art von Exhibitionismus befriedigte sein Ego – in peinlicher Weise prahlte er vor Jackies Freunden, zum Beispiel vor Pierre Salinger, mit ihren sexuellen Gelüsten und seiner eigenen Potenz im Bett mit ihr. Jackie spielte dabei mit und ließ ein besonders großes Bett im Schlafzimmer in Glyfada installieren. Auf der *Christina* in dem Bett zu schlafen, das er neun Jahre lang mit Maria Callas geteilt hatte, scheint sie nicht gestört zu haben. Das riesige Porträt von Tina, das an beherrschender Stelle im Treppenhaus hing, ließ sie jedoch vor der Hochzeit entfernen. Später gestand sie Artemis, ihr sei klar gewesen, dass Ari seine erste Frau in vielerlei Hinsicht noch immer liebte und dass es sie gequält habe, »dieses schöne Gesicht« zu sehen.

Doch nicht Tina, sondern Maria stellte die Bedrohung dar. »Herr Onassis fuhr direkt zu ihr zurück«, berichtete Marina Dodero. »Ein paar Tage nach der Hochzeit war er wieder in Paris und pfiff unter Marias Fenster«, schrieb Marias Freund Robert Sutherland. »›Ich habe einen großen Fehler gemacht‹, sagte er [Onassis] zu ihr.«[4] Maria kam nie wieder nach Skorpios, doch ihre Pariser Wohnung in der Avenue Georges Mandel 36 lag in willkommener Nähe zu Onassis' Wohnung in der Avenue Foch 88. Nach Berichten des Personals in beiden Wohnungen schienen Onassis und Maria jetzt enger verbunden und glücklicher als vor seiner Hochzeit mit Jackie, doch Onassis tat dieses Mal, was er konnte, um seine häufigen Rendezvous mit Maria geheim zu halten. Er mahnte sie, das Licht am Eingang ihrer Wohnung auszuschalten, wenn er erwartet wurde, sodass niemand seine Ankunft beobachten konnte. Treffen mit ihr arrangierte er durch seinen Mitarbeiter Miltos Yiannacopoulos, und zumindest während jener ersten Jahre rief er sie nie direkt an. Artemis war davon überzeugt, dass er sein Bestes tat, um Jackie nicht zu beschämen oder zu verärgern: »Er mag vielleicht nicht treu sein«, sagte sie, »aber er ist fürsorglich und diskret.«[5]

Jackie jedoch, so argwöhnte Artemis, war sich der fortgesetzten Affäre ihres Mannes mit der Callas bewusst und deswegen verletzt. Wieder einmal war sie nicht die Nummer eins im Leben ihres Mannes. Wieder einmal war es ihr nicht möglich, von einem Mann, den sie liebte, jene völlige Hingabe und Liebe zu erlangen, die Black Jack ihr gegeben hatte. Trotz all der Befriedigung, des häufigen Sex, der Küsse und Zärtlichkeiten, der kleinen Kosenamen – »Süße«, »mein Liebling« –, der Überraschungsgeschenke und romantischen Briefchen haftete ihrer Ehe ein Element von Irrealität an. »Aristo«, wie sie und seine griechischen Verwandten und Freunde ihn nannten, behandelte sie wie eine Prinzessin, eine schöne, zerbrechliche Porzellanpuppe. Aus seinen geschäftlichen Belangen wurde sie herausgehalten, sah man einmal ab von einem einzigen Anlass, einem Dinner etwa einen Monat nach der Hochzeit. Ihre Anwesenheit hier sollte den Diktator Papadopoulos beeindrucken, eine Schlüsselfigur in Onassis' »Projekt Omega«. »Es würde dich langweilen, Süße«, sagte er, genauso wie Jack aktuelle politische Themen nicht mit ihr hatte besprechen wollen. Mit Maria sah das anders aus. Niemand, der sie während dieser Zeit miteinander sah, nahm an, Onassis besuche sie nur um des Sex willen. »Ihre Beziehung wuchs über Sex hinaus«, berichtete Feroudi. »Er brauchte sie, um über seine Probleme zu sprechen, seine innersten Gedanken und Gefühle. Wäre Jackie in der Lage gewesen, diese Rolle zu übernehmen, hätte er sich nicht nach Maria gesehnt. Ich weiß nicht, warum er so oft zu Maria ging. Aber dass er dorthin ging, weiß ich mit Sicherheit.«[6]

In Wahrheit war Jackie seelisch tief verletzt durch die Traumata der vergangenen fünf Jahre und den Tod von Jack und Bobby. Das Attentat von Dallas war ein wiederkehrender, allgegenwärtiger Alptraum für sie, von dem sie Menschen erzählte, als könne sie die grauenhaften Einzelheiten in gewisser Weise austreiben, indem sie darüber sprach. Als nicht lange nach der Hochzeit der fünfte Jahrestag des Attentats herankam, war sie allein mit Artemis auf Skorpios und »auffällig traurig«. Als Artemis sie fragte, was nicht in Ordnung sei, brach sie in Tränen aus und antwortete ihr: »Ich habe einen sehr schlimmen Tag. Ich weiß, ich sollte jetzt glücklich sein, aber ich kann an nichts anderes denken als an meinen ersten Mann und an das, was ihm in Texas geschehen ist. Manchmal denke ich, ich werde nie mehr in der Lage sein, wirklich glücklich zu sein.«[7]

»Sie war«, so berichtete die Tochter eines engen Freundes von Onassis, die ihr zum ersten Mal kurz nach der Hochzeit begegnete, »wahrhaftig ein zutiefst zerrütteter Mensch. Und ich denke, dass jeder, der sie sah und einen scharfen Blick hinter all die Schlagfertigkeiten und den Charme warf – denn sie hatte zweifellos Charisma und Glanz und all das –, einen Menschen fand, der einen absoluten Schock erlitten hatte. Wie hätte es auch anders sein können? Sie sprach mit mir über das Attentat, wie sie sich dabei gefühlt hatte und in der Zeit gleich danach, und wie es war, in diesem Zustand ins Weiße Haus zurückzukehren. Ich weiß noch, dass mir, als ich sie das erste Mal sah, zwei Dinge ins Auge sprangen: Rein körperlich entsprach das, was einem auf Fotos gezeigt wurde, ganz und gar dem, was man sah. Auf den Fotos sah man aber nicht, dass ihr ganzes Gesicht von diesen feinen Sprüngen durchzogen war. Sie war wie ein Stück Glas, das zerbrochen und wieder zusammengeklebt worden war. Wie Glasurschäden in Porzellan. Ich weiß nicht, ob sie sich in jedem Fall so entwickelt hätte – ich bin ja keine Dermatologin –, aber es fiel mir auf, weil es einen so starken Gegensatz zu diesem großäugigen, strahlenden, makellosen Äußeren bildete. Und das, ich weiß nicht, aber für mich hatte es eine Bedeutung. Es war beinahe wie das einzige Zeichen, das einzige äußere Zeichen für das, was sie durchgemacht hatte.

Die zweite Sache war die extreme Zärtlichkeit, mit der sie … also, wir saßen beim Dinner und mein Sohn war damals noch ein ganz kleiner Junge, jünger als ihr eigener Sohn, und plötzlich sagte sie: ›Wollen wir nicht zu ihm gehen?‹ Und ich sagte: ›Ach wissen Sie, er ist ja schon im Bett und schläft.‹ Wir gingen hinunter und ich weiß noch, wie sie sich vor dem Bett hinkniete und dort sitzen blieb, mit der Hand auf seinem kleinen, schlafenden Körper. Und in diesem Moment war sie wirklich ganz und gar echt. Spielte nichts vor.«[8]

In Griechenland, und besonders auf Skorpios, besaß Jackie endlich die Freiheit, sie selbst zu sein – so weit, wie sie das überhaupt je vermochte. Ganz konnte sie dem Image und der Figur »Jackie« nie entfliehen: »Sie war sich der öffentlichen Person bewusst, des öffentlichen Bildes, zu dem sie geworden war«, sagte ein griechischer Freund. Aber sie versuchte alles, um in ihrem neuen Leben in Griechenland und ihrer neuen Rolle als griechischer Ehefrau aufzugehen. Sie lernte Griechisch und bestand darauf, dass John und Caroline es ebenfalls lernten. Von dem griechischen Antiquitätenhändler Costas Haritakis kaufte sie alte griechische Silberobjekte und ließ sich von ihm das Sirtaki-Tanzen beibringen. Sie studierte griechische Geschichte und Kunst und verbrachte Stunden in Gesprächen über griechische Literatur mit Professor Yiannis Georgakis, einem von Onassis' engsten Freunden und Partnern, der auch Bücher für sie besorgte. Sie besuchte Museen und antike Stätten mit ihrer neuen Freundin Niki Goulandris, der Direktorin des Naturkundemuseums, und kaufte mit ihr Antiquitäten im Monastiraki, dem alten Viertel von Athen. Ihre Kenntnisse der archäologischen Fundstätten Griechenlands waren so fundiert, dass selbst Robert Pounder, Professor für klassisches Altertum in Vassar, sich beeindruckt zeigte. Als er sie zwanzig Jahre später auf einer von den Schlesingers veranstalteten Party traf, war er verblüfft von »dem, was sie über Griechenland wusste, über das gegenwärtige Griechenland und über griechische Archäologie. Wir sprachen über die Ausgrabungen auf Samothraki. Sie hatte die gesamte Landschaft und die Ausgrabungsorte im Kopf …«[9]

Sie genoss die Geschenke, mit denen Onassis sie überschüttete, die in ihre Frühstücksserviette gewickelten Diamantenarmbänder, die romantischen Botschaften, mit denen er sie zum Dinner einlud, die Nächte, in denen sie auf dem Tanzparkett über dem Swimmingpool miteinander Tango tanzten. Sie wusste nicht – Maria jedoch sehr wohl –, dass Onassis viele dieser Gegenstände einst Maria geschenkt hatte, welche sie im Safe in Glyfada zurückgelassen hatte, als sie zum letzten Mal von der

Christina stürmte. Gore Vidal erinnert sich an ein Gespräch, das er in Rom mit Maria führte, kurz nachdem Jackie und Onassis geheiratet hatten: »Sie bereitete sich darauf vor, *Medea* zu drehen. Pasolini war da, [aber] sie wollte über nichts anderes als Jackie sprechen. War sehr witzig dabei. Es ging um diese Schmuckstücke, die Jackie bekommen hatte: ›Den Schmuck kenne ich, der ist nichts wert, alles zweiter Klasse. Nur die Rubinohrringe sind ganz gut. An die erinnere ich mich, die hätte ich fast mitgenommen, aber sie haben mir nicht so richtig gestanden.‹ Der Rest davon, meinte sie, sei nur Plunder. Dann sagte sie: ›Aber sie würde den Unterschied natürlich gar nicht merken, oder?‹«[10]

Jackies wichtigstes Anliegen während der ersten Monate ihrer Ehe war die Einrichtung des Rosa Hauses auf Skorpios, zu der Onassis sie ermunterte. »Skorpios ist eine schöne Insel«, sagte eine griechische Freundin, die ihr mit dem Rosa Haus half. »Sehr, sehr schön. Sehr üppig, sehr grün, sehr idyllisch. Wirklich eine Ionische Insel, ganz anders als die Ägäischen. Es gab ein altes Haus aus dem 19. Jahrhundert, das mehr oder weniger verlassen war, nicht heruntergekommen, sondern verlassen. Ari hatte sich sein Haus aus leicht ersichtlichen Gründen oben auf dem Hügel bauen lassen, aber eigentlich wohnte er da gar nicht, sein Zuhause war das Boot, die *Christina* … Also beschloss Jackie, als er sie heiratete, mit Fug und Recht das alte Haus zu ihrem Haus zu machen.«[11] Jackie stellte mehrere Inneneinrichter ein, darunter ihren alten Bekannten aus New York, Billy Baldwin, dessen Arbeit in Onassis' Augen für eine griechische Insel offenbar zu sehr nach New York aussah, den brillanten Mailänder Designer Renzo Mongiardino, der Lees Landhaus eingerichtet hatte, Turville Grange und Bunny Mellons Innenarchitekten Paul J. Leonard, der ihr half, die Insel »aufzuschütteln«, wie er sich ausdrückte. Jackie änderte die Einrichtung ständig und stellte die Möbel um, genau wie sie es in Georgetown getan hatte. Sie nahm die Gärten rund ums Haus und die Landschaftsgestaltung von Skorpios selbst in Angriff und fuhr in ihrem roten Jeep umher, um den Fortgang der Arbeiten zu inspizieren.

Einige der Arbeiter auf der Insel widersetzten sich Jackies Veränderungen und warfen ihr vor, sie wolle alle Spuren der Vergangenheit ihres Mannes vernichten. »Sehen Sie sich diese Steine an«, protestierte ein Gärtner, während er sie aushob. »Ich erinnere mich noch an den Tag, an dem Winston Churchill seinen Fuß auf diese Steine setzte. Soll ich sie nehmen und ins Meer werfen, weil Mrs. Jackie denkt, sie sind nicht gut genug zum Anfassen? Nichts ist gut genug für sie. Bald wird Mr. Onassis auch nicht mehr gut genug für sie sein.«[12] Andere Angestellte von Onassis, die sie als neue Frau ablehnten, wurden entweder entlassen oder kündigten freiwillig. Im Großen und Ganzen aber war Jackie beliebt bei ihrem griechischen Personal, das sie mit einer Fürsorge behandelte, welche die Leute nicht gewohnt waren.

Was das Rosa Haus betraf, gab Onassis Jackie mit Freuden nach und zahlte bereitwillig die hohen Rechnungen für importierte Möbel und einheimische Kunstgegenstände, aber er erlaubte ihr nicht, Hand an die *Christina* zu legen, die er als sein Reich betrachtete. Er nahm seine Mahlzeiten lieber auf der Yacht ein als im Haus und schlief auch lieber dort.

Jackie dagegen zog die Schlichtheit des Rosa Hauses dem Prunk der Yacht vor, die sie ein wenig vulgär fand. Besonders zuwider war es ihr, auf den mit Hodensäcken von Walen gepolsterten Barhockern zu sitzen (und dazu Onassis' derber Witz: Er pflegte Frauen zu fragen, ob sie es genossen, auf den größten Eiern der Welt zu sitzen) oder ihre Füße auf die aus polierten Walzähnen hergestellten Fußbänke zu stellen. Wann immer sie jedoch eine neue Polsterung vorschlug, erntete sie einen Zornausbruch und Jackie, die Konfrontationen so weit als möglich vermied, gab augenblicklich nach. Artemis warnte sie, dass Onassis jedes einzelne Stück auf der *Christina* liebe und persönlich ausgewählt habe, sodass es nicht klug sei, daran Kritik zu äußern. Also lernte sie, mit den protzigen Marmorbalustraden im Treppenhaus zu leben, dem Wohnzimmer mit seinem gewaltigen Kamin aus Lapislazuli und Vertès' Wandbild der vier Jahreszeiten, das Tina, Christina und Alexander zeigte, den beiden El Grecos und dem wertvollen Jade-Buddha. Die Wände in der Hauptbar mit den berüchtigten Walhaut-Hockern waren mit Szenen aus der *Odyssee* geschmückt. Es gab ein Spielzimmer, in dem Wandteppiche mit Märchenbildern hingen, ein Krankenzimmer, ein Kino und einen mit Mosaiken ausgestatteten Swimmingpool, dessen Boden sich in ein Tanzparkett umwandeln ließ – Jackie nannte den Pool unbeirrbar »die Badewanne«. Die neun Gästezimmer waren nach griechischen Inseln benannt: Ithaka, Mykonos, Lesbos, Andros, Kos, Santorini, Kreta, Rhodos und Korfu. Jedes besaß ein Marmorbad und goldene Armaturen. Die Hauptsuite bestand aus vier Zimmern auf dem Deck mit der Kommandobrücke. Jackie und Onassis schliefen stets gemeinsam im Hauptschlafzimmer. Sein Badezimmer hatte eine in den Boden eingelassene Badewanne aus blauem Marmor, gesäumt von Reproduktionen der Fischmosaiken im Palast von Knossos und venezianischen Spiegeln aus dem 18. Jahrhundert. Es gab zwei Köche, einen Spezialisten für griechische und einen für französische Küche. Die Speisepläne wurden immer von Onassis, nie von Jackie bestimmt. Die *Christina* war sein Königreich. Am Pool sitzend, in kurzärmeligem Hemd und ausgebeulter Hose, bei einer dicken Zigarre und einem Glas Ouzo leitete er sein Imperium. Über Telefone, die von einem speziellen Experten für Kommunikation gehandhabt wurden, konnte er sich an jeden Ort der Welt verbinden lassen.

Es war ein seltsam entwurzeltes Leben für Jackie, die oft allein auf Skorpios zurückblieb, während Onassis zu Geschäften nach Monte Carlo oder Paris flog, wo er das Geschäftliche mit Besuchen bei Maria verband. Oder sie verbrachte ein paar Tage in Artemis' Villa in Glyfada. Außer Artemis, Niki Goulandris sowie Professor Georgakis und seiner Tochter Chloe hatte sie nur wenige griechische Freunde. Einer davon berichtete: »Sie hatte kein richtiges Leben in Griechenland und keinen Freundeskreis, also wandte sie sich natürlich interessanten Dingen zu, Ausflügen, Besichtigungen, Archäologie, Kunst, was immer ein Mensch mit Verstand eben tun würde. Am ›gesellschaftlichen Leben‹ von Athen war sie nicht interessiert, und wer wollte ihr das verdenken? Onassis' Kreis war streng geschäftlich. Genau genommen hatte er, Aristo, selber kein gesellschaftliches Leben in Griechenland. Er hatte seine Geschäftsverbindungen, und er ging abends aus, um sich zu entspannen … Diese Hochzeit kam für Aristo zu einer komischen Zeit, denn er hatte all diese Jahre in einer Langzeitbeziehung mit Maria Callas gelebt, und sie hatten zweifellos ihren Freundeskreis, er und Maria, Costa Gratsos zum Beispiel, ein alter Freund von Ari, nicht so sehr von Maria, aber sie hatte ihn kennen gelernt und sich mit ihm angefreundet. Es gab das Leben an Bord. Als er Jackie heiratete, denke ich, änderte sich das in gewisser Weise. Große Partys fanden nicht mehr statt, nur noch Aristo, Jackie und ich, es war sehr ruhig. Unsere Tage verliefen sehr, sehr still. Wir lasen, gingen spazieren, gingen schwimmen, fuhren hinüber nach Korfu, um Sachen für das Haus aufzutreiben. Das Beste, was man tun konnte, war, ihr Sachen zu zeigen, die im Verschwinden begriffen waren. Also zeigte ich ihr Orte in Attika, die, wie ich fand, noch unzerstört waren, oder wir fuhren zu den verschiedenen Inseln. Nach Rhodos fuhren wir und nach Lindos und sahen uns dort alle möglichen Gebäude an, gingen zum alten Tempel oder aufs Land oder nach Patmos, wo Freunde wie Teddy Millington-Drake wohnten.«[13]

Der Künstler Teddy Millington-Drake und sein Freund, der Designer John Stefanidis, hatten ein Haus in Patmos, das oft in schicken Designermagazinen abgebildet war. Jackie und Lee, die zufällig bei ihr war, wollten es unbedingt besichtigen und wurden zum Lunch eingeladen. Der Besuch wurde ein wenig beeinträchtigt durch die verspätete Ankunft von Jackies Hubschrauber. Sie hatten mit heftigem Gegenwind zu kämpfen, und als sie schließlich eintrafen, hatten Teddy und seine Gesellschaft, darunter Lulu de la Falaise und Bruce Chatwin, »alles gegessen, was es zu essen gab, und alles getrunken, was es zu trinken gab. Und wir kamen in ein Haus voller Leichen«, erinnert sich ein Mitglied aus Jackies Gruppe.[14] Um Jackies Privatsphäre zu wahren, hatte Teddy alle Dienstmädchen ins Haus verbannt, damit sie den Dorfbewohnern nichts erzählten. »Sie [Jackie und Lee] gingen hinauf zu dem verlassenen Kloster, und während sie sich dort umsahen, kam ein Kreuzer voller amerikanischer Touristen an, die brüllten: ›Ist sie das?‹ ›Nein, das kann sie nicht sein.‹ Dann ertönte plötzlich ein Schrei: ›Es ist Jackie!‹ Sie rannten in die Kirche und sie jagten sie den Hügel hinunter, machten Fotos und johlten: ›Aber wir lieben dich doch, Jackie!‹«[15]

Das Onassis-Quartier in Glyfada war nicht gerade die Art von Umgebung, an die Jackie gewöhnt war. Die Athener Villen entsprachen laut einer Freundin »dem typischen Geschmack der Athener Bourgeoisie. Es gab zwei davon, denn es war so etwas wie ein Familiensitz, und seine Schwester kümmerte sich um ihn, seine richtige Schwester, Artemis, die anderen sind Halbschwestern … Er mochte sie alle sehr gern, aber ich meine, sie war seine leibliche Schwester und älter als Ari und ihm gegenüber sehr beschützend, sie hätte ihr Leben für ihn gegeben. Sie stand immer bereit, rund um die Uhr, und sie hatte diese ungeheuer herzliche, gastfreundliche Seite. Aber – davon mal abgesehen – eine Intellektuelle war Artemis nicht, man konnte sich nicht mit ihr unterhalten. Sie war da als die große Familienmutter, die alles zusammenhielt und sich um sein Haus kümmerte, das direkt daneben stand. Zu Jackie war Artemis sehr herzlich, sehr liebevoll und sehr offen, denn sie wollte vor allem, dass ihr Bruder glücklich war, und natürlich, dieser Glamour von Jackie, so was beeindruckte Artemis. Und Jackie, denke ich, fand das alles ein bisschen … na ja, nicht so, wie sie es gewohnt war …«[16]

Damaris, Lady Stewart, die Frau des britischen Botschafters in Athen, Sir Michael Stewart, beschrieb die Onassis-Villen in Glyfada als »abscheulich, ohne jedweden Geschmack oder Reiz. Als ich bei ihr zum Lunch war, nahm er [Onassis] seinen Lunch wohl im Nachbarhaus ein, denn das Essen wurde über den Rasen hin und her getragen. Als wir beim Dessert angelangt waren – es war irgendein gekaufter Schokoladenkuchen –, bekamen wir die Hälfte, die andere Hälfte war vermutlich nach drüben gegangen … Meinem oberflächlichen Eindruck nach«, fuhr Lady Stewart fort, »langweilte sie sich und fühlte sich nicht im Geringsten zu Hause. Ich glaube nicht, dass sie so besonders glücklich in Athen war. Sie hat nie gesagt, dass sie es nicht war – weder zu mir noch zu irgendwem, den ich kannte –, ich fand einfach, sie wirkte wie ausgeknipst. Es war mir ein Rätsel, warum sie ihn geheiratet hatte – sie hatten nichts gemeinsam. Er war eine sehr mächtige Gestalt, nicht attraktiv in einem Sinn, den Sie oder ich attraktiv nennen würden, aber gleichwohl attraktiv durch seine magnetische Persönlichkeit. Michael [der Botschafter] sah ihn weit öfter als ich, zusammen mit Yiannis Georgakis, seiner rechten Hand. Sie kamen zum Essen, und dann sagten sie, sie gingen in einen Nachtclub, und dann ging er und machte einen drauf, obwohl die Obristen [die griechische Junta] das verboten hatten. Er durfte es trotzdem … Er blieb auf bis drei oder vier und dann wurde mir gesagt, um halb sieben oder sieben sei er schon wieder auf und bei der Arbeit gewesen.«[17]

Bei einer Gelegenheit gingen Jackie und Onassis zu einem zwanglosen Dinner in der britischen Botschaft. Der Schriftsteller Patrick Leigh Fermor war dort und außerdem Yiannis Georgakis, den Leigh Fermor als »Onassis' ziemlich brillante und gar nicht so graue Eminenz« beschreibt:

> Ich saß neben Jackie und war fasziniert von ihr. Ihr Gesicht war irgendwie eher gewagt zusammengesetzt, die Augen weit auseinander, aber fesselnd und ungewöhnlich. Ihre Stimme war so leise, es war beinahe ein Gurren: ›O ja-haa …‹ Sie erinnerte mich vage an eines dieser leisen intelligenten und wohlerzogenen kleinen Mädchen, die jedem gefallen und alle Herzen gewinnen wollen … Onassis hingegen wirkte wie das Sinnbild überschäumender Lebenskraft und viel netter, als ich ihn mir vorgestellt hatte … Es herrschte eine großartige Atmosphäre, man sprach durcheinander und lachte. Später, nach dem Kaffee und noch mehr köstlichen Getränken, das weiß ich noch, sangen Onassis, Yiannis und ich ein paar völlig veraltete Athener Schunkellieder, je älter desto besser, und erklärten Tanzschritte durch Demonstration, wir legten einander sogar die Hände auf die Schultern und bewiesen unser Können und unsere Eintracht durch ungewöhnlich raffiniertes Zögern und plötzliches Beschleunigen, wie es angeblich erstmals im Zwielicht der haschverqualmten Lasterhöhlen von Smyrna gesehen worden war … Jackie schrieb Damaris [Stewart] später, sie habe noch nie zuvor gesehen, wie eine Botschaft sich in eine wilde, albanische Räuberhöhle verwandelte …«[18]

Nicht der gesamte Onassis-Kreis jedoch nahm sie herzlich und mit offenen Armen auf. Abgesehen von Alexander und Christina, die Jackie weiterhin mit erbitterter Feindseligkeit begegneten, gab es Costa Gratsos, einen der ältesten Freunde Onassis' und ein treuer Anhänger von Maria und Christina. Gratsos hatte unmissverständlich zum Ausdruck gebracht, dass er Onassis' beabsichtigte Heirat mit Jackie verurteilte: »Für ihn war Jackie nur eine Abenteurerin, die ihn wegen seines Geldes nahm, und deshalb mochte er sie nicht und machte daraus auch keinen Hehl«, sagte ein Mitglied des Onassis-Kreises. »Ich glaube, in seinen Augen konnte sie Ari nichts als Schwierigkeiten bereiten. Und in gewisser Weise stellte sie sich zwischen die beiden – nicht absichtlich, aber es war eben eine alte Freundschaft. Und während er vorher eine Menge Zeit mit Ari verbracht hat, sprachen sie hinterher eine Weile nicht miteinander. Costa selber kam aus einer alten Reeder-Familie.«[19] Als Jackies Reiz für Onassis zu schwinden begann, nahm Costas Einfluss zu, da dieser sich der in atavistischer Weise abergläubischen Natur seines Freundes bediente.

Alexander und Christina waren unversöhnlich und Jackie unternahm wenig Anstrengungen, sie für sich einzunehmen. »Ich werde nie im selben Haus mit dieser Amerikanerin schlafen«, ließ Alexander die Sekretärin seines Vaters sogar noch vor der Hochzeit wissen. Sobald sie eintraf, ließ er sein Hab und Gut ins Hilton schicken, wo er in der Folgezeit eine Suite mietete. »Seit mein Vater geheiratet hat, habe ich kein Zuhause mehr«[20], sagte er. Wenn Jackie nach Glyfada oder Skorpios kam, reiste Alexander für gewöhnlich sofort ab. Die wenigen Male, die er blieb, machte er seine Gefühle mehr als deutlich. Einmal, als Jackie in Glyfada mit Onassis, Artemis und Kiki Feroudi zu Mittag aß, lehnte er es ab, sich ihnen anzuschließen. Onassis stand mehrere Male vom Tisch auf, um ihn zu bewegen, herunterzukommen und mit ihnen zu essen, kam jedoch immer wieder ohne ihn und noch zorniger als zuvor zurück. Endlich erschien Alexander, setzte sich an den Tisch, stocherte in seinem Essen und sprach kein Wort. Jackie benahm sich weiterhin normal, lächelte und genoss ihre Mahlzeit, als bemerke sie das feindselige Verhalten ihres Stiefsohns nicht.[21] Onassis' Bemühungen, die Beziehungen zu verbessern, schienen die Situation nur noch schlimmer zu machen: Einmal, als er im Begriff stand, mit Jackie nach New York aufzubrechen, befahl er ihr zu warten, während er Alexander suchte, der kommen und sich von ihr verabschieden sollte. Nach fünfzehn Minuten, während deren Jackie immer nervöser wurde, schickte sie schließlich Kiki Feroudi nach ihm, da sie anderenfalls ihren Flug verpassen würden. Feroudi hörte mit an, wie Alexander sich rundheraus weigerte zu tun, was sein Vater von ihm verlangte. Jackie war wütend, und ihre übliche Selbstbeherrschung ließ sie im Stich. »Ich war überrascht, als Mrs. Jackie sagte: ›Ich weiß nicht, warum deine Kinder so unhöflich zu mir sind.‹ Normalerweise war sie so vorsichtig im Umgang mit ihrem Mann. ›Ich habe nichts getan, um eine derart unhöfliche Behandlung zu verdienen.‹

›Kümmere dich nur um deine Kinder, meine Liebe, nicht um meine‹, sagte er in gehässigem Ton zu ihr und dann marschierte er so schnell auf das Flugzeug zu, dass sie keine Chance hatte, mit ihm Schritt zu halten.«[22]

Alexander untersagte sogar seinem Fahrer, sie sein Auto benutzen zu lassen. Jackie machte sich keine Illusionen über das Ausmaß seiner Feindseligkeit und wurde wütend und besorgt, als sie ein Gespräch zwischen ihrem Mann und Miltos Yiannacopoulos mit anhörte, in dem es darum ging, wer seinen Besitz im Fall seines Todes verwalten sollte. Der Vorschlag lautete, Alexander solle sich um alles kümmern. »Jackie sah unverwandt zu ihrem Mann auf und versuchte, seine Aufmerksamkeit zu erringen, aber er weigerte sich, sie anzusehen. Jedem, der ihr Gesicht sah, wurde klar, dass ihr das, was er sagte, nicht gefiel. Trotzdem machte ihr Mann einfach weiter und redete so, als wäre sie gar nicht vorhanden … Schließlich stand Jackie von ihrem Stuhl auf, sah jetzt ziemlich wütend aus und verließ das Deck …«[23]

Alexanders Reaktion auf Jackie aber war noch vergleichsweise harmlos gegen die von Christina. »Christina lehnte sie so schrecklich ab, weil Christina selber eine unmögliche Kindheit hatte«, erklärte eine Freundin der Familie. »Deshalb bedeutete ihr Vater ihr so viel … Sie war ein völlig neurotisches Mädchen, das sich an alles hängte, was ihr irgendeine Art von Sicherheit geben konnte … Sie hätte jeden abgelehnt, weil sie sich ihrer selbst so unsicher war. Sie war viel jünger als ich, Christina meine ich, aber ich erinnere mich, einmal fragte mich Ari, ob ich nicht versuchen könnte, sie zum Lunch auszuführen, sodass sie jüngere Leute kennen lernte und irgendeine Art von Leben in Athen hätte. Denn sie war ja nicht in Griechenland aufgewachsen … Also habe ich eine kleine Lunchparty organisiert, und sie kam, um mich von zu Hause abzuholen – sie war in ihrem Auto, aber ich konnte sie nicht sehen. Der Fahrer öffnete die Tür und da lag sie, völlig in Panik, dass irgendwer sie sehen könnte. Bei einem jungen Mädchen von achtzehn ist das ja wohl ein Zeichen dafür, dass sie sich permanent in einem Zustand von gewaltiger Verzweiflung befand. Ich meine, das Mädchen war nicht in Ordnung. Ari war alles andere als ein guter Vater, aber sie war doppelt geschlagen, denn traditionell ist es ja so, dass der Vater sich ums Geschäft kümmert und das Geld nach Hause bringt, der Versorger ist und die Mutter die Kinder aufzieht. Nur war ihre Mutter in gewisser Weise nicht in der Lage, ihre Kinder aufzuziehen. Tina war für ihre Kinder nie das, was Jackie für ihre Kinder war.«[24] Christina hatte panische Angst vor ihrem Vater, während sie sich gleichzeitig nach seiner Anerkennung sehnte. »Er war derart furchteinflößend«, sagte Marina Dodero. »Eines Tages sagte er: ›Christina, komm und setz dich hierhin.‹ Und dann schrie er sie so lange an, bis er schließlich sagte: ›Du kannst gehen.‹ Und sie war erwachsen, aber sie sagte: ›Nein, Daddy, ich kann nicht aufstehen.‹ Er schrie sie an: ›Steh endlich auf!‹ Aber sie hatte sich nass gemacht, weil sie solche Angst vor ihm hatte.«[25] Wenn sie schlank war, war Christina ein hübsches Mädchen mit großen, dunklen Augen und zarten Hand- und Fußgelenken. Sobald sie aber besonders deprimiert war, begann ihr Gewicht wie ein Jojo zu schwanken. Jackie mit ihrer schlanken Eleganz wäre auch dann noch ein ständiger Vorwurf für sie gewesen, wenn sie sie nicht als Bedrohung betrachtet hätte, die ihr ihren Vater wegnahm. Und während Onassis Jackie anfangs mit seiner Großzügigkeit überschüttete, war er zu Christina immer geizig gewesen. Als einmal im Athener Büro ein Telex eintraf, das die bevorstehende Ankunft eines Pelzmantels für Jackie aus New York ankündigte, sprang Christina auf, schrie und schimpfte über Jackie und zerriss das Telex in Fetzen. Sie machte aus ihrem Hass auf ihre Stiefmutter kein Geheimnis, sondern nannte sie beständig sarkastisch »Kyria« (Herrin) oder »Madame« und machte sich hinter ihrem Rücken über sie lustig.

Kiki Feroudi Moutsatsos schrieb:

> Wenn Christina anrief, um mit Alexander zu sprechen, oder in seinem Büro mit ihm sprach, redeten sie immer über ihren Vater, besprachen seine Stimmungen und seine Pläne. Sie wollten gern ganz genau wissen, mit wem er zusammen war und für wie lange. Aber wenn die beiden über Jackie sprachen, veränderten sich ihre Stimmen. Sie waren dann keine besorgten, liebevollen Kinder mehr, sie waren durchtriebene, unglückliche Stiefkinder. Wenn überhaupt noch möglich, so schweißte ihre Abneigung gegen Jackie sie noch enger zusammen, denn sie war der gemeinsame Feind, den sie beide besiegen wollten. Häufig sprachen sie von der Zeit, wenn ihr Vater und Jackie sich trennen würden, und hielten so einer im anderen diese Hoffnung am Leben.«[26]

Es ärgerte Artemis, dass Jackie sich weder um diese Situation noch um eines ihrer Stiefkinder zu scheren schien. Onassis seinerseits gab sich beachtliche Mühe, mit Caroline und John auszukommen und dafür zu sorgen, dass sie sich amüsierten. Er schien erfreut, wenn sie eintrafen, um ihre Ferien auf Skorpios zu verbringen, sagte geschäftliche Termine ab, damit er Zeit für sie hatte, nahm sie auf Spaziergänge und auf Fahrten in seinem Schnellboot mit. Er kaufte Caroline ein weißes Pony und nahm John mit nach Athen, wo sie ins Kino gingen. Trotz ihrer Abneigung gegen Jackie mochten auch Alexander und Christina die Kinder gern, spielten und fuhren Schnellboot mit ihnen. Wenn Caroline und John auf Skorpios waren, brachen sie sogar ihre Regel und aßen mit der Familie zu Abend, wobei sie Jackie gezielt ignorierten. »Ari war sehr nett zu den Kindern, als sie klein waren«, erinnerte sich Marina Dodero. »Vor allem zu John. Caroline hielt sich mehr abseits und mochte ihn nicht. Ich hatte das Gefühl, sie schmollte ein bisschen. Sie hatten einen sehr gut aussehenden Vater, der Präsident der Vereinigten Staaten war, und dann kam plötzlich dieser kleine, laute Grieche ...«[27]

Caroline und John blieben Jackies wichtigstes Anliegen. »Sie machte sich immer furchtbar viele Gedanken um die Kinder«, berichtete ein griechischer Freund. »Ich erinnere mich, immer sah sie sich Dinge an, die die Kinder interessieren würden oder interessieren könnten, wählte aus, schnitt aus und ließ das für die Kinder zurechtmachen.«[28] Jackies geteilte Loyalität wurde für ihre Ehe zu einer immer größeren Belastung. Für sie standen die Kinder stets an erster Stelle.

Kurz vor ihrer Hochzeit hatte Jackie endlich jemanden gefunden, der für die Kinder sein konnte, was Maud Shaw für sie gewesen war, ein Felsen, der immer bei ihnen und für sie da sein würde. Die Entdeckerin des Talents war Janet Auchincloss, die auch Maud Shaw entdeckt hatte. In Washington war Janet Marta Sgubin begegnet, einer jungen Italienerin, die sich um die Kinder eines französischen Diplomatenpaares mit Namen Gaussens kümmerte und fließend Französisch sprach. Marta half auch bei der Ausrichtung von Empfängen, die das Paar im Rahmen seiner diplomatischen Karriere geben musste. Als die Gaussens nach Paris zurückkehrten, erhielt Marta einen Brief mit der Anfrage, ob sie gern für die Kennedy-Familie arbeiten würde. Später, einen Monat vor ihrer Hochzeit mit Onassis, schrieb Jackie noch einmal und schlug ein Treffen vor. Zunächst führte Onassis mit Marta ein Bewerbungsgespräch in Paris und im Juli 1969 sprach Jackie noch einmal mit ihr. Sie erklärte sich einverstanden, im Spätsommer zu den Kindern nach Newport zu fahren, wo sie bei ihrer Großmutter wohnten. John F. Kennedy jr. schrieb:

> Als ich acht Jahre und meine Schwester elf Jahre alt war, wurden wir, während wir im Sommer bei meiner Großmutter waren, unserer neuen Gouvernante vorgestellt. Sie hieß Marta und uns wurde gesagt, sie spreche kein Englisch. Das machte mich augenblicklich misstrauisch, denn ich kannte das schon von den

> anderen zweisprachigen Au-pair-Mädchen, die geholfen hatten, sich um uns zu kümmern. Es war Teil der unermüdlichen Anstrengungen meiner Mutter, uns Französisch beizubringen. Aber nach ein paar Wochen gaben sie alle auf … und wir sagten tränenreich auf Wiedersehen (auf Englisch) und warteten darauf, dass die Nächste erschien. Marta gab nach etwa vierundzwanzig Stunden auf und fing an Englisch zu sprechen, und heute, dreißig Jahre später, gehört sie noch immer zu unserer Familie.[29]

Von ihrer Stellung als Gouvernante der Kinder wurde Marta zur Gesellschafterin, Köchin und Haushälterin für Jackie befördert und blieb bei ihr bis zum Schluss.

In jenem ersten Jahr, 1969, war Jackie mit ihrem Leben mit dem neuen Ehemann so beschäftigt, dass sie John und Caroline unter der Obhut von Janet und Marta zurückließ. Marta musste John an seinem ersten Schultag in die neue Schule, Collegiate, begleiten und beide Kinder bei außerschulischen Aktivitäten betreuen, zum Beispiel beim Spielen im Central Park. Die Wochenenden wurden bei ihrer Großmutter in Newport verbracht. Erst mehrere Wochenenden später traf Jackie ein. Für die Kinder und Marta begann ein Schickeria-Leben. Die *Christina* lag vor Puerto Rico und am Wochenende flogen sie zu Kreuzfahrten durch die Karibik hinüber, ehe es zurück nach New York und zur Schule ging. Die Osterferien verbrachten sie auf der *Christina* in Palm Beach oder auf Skorpios. Immer verbrachten sie anderthalb Monate ihrer Sommerferien auf Skorpios, und das zentrale Ereignis dieser Zeit stellte Jackies Geburtstag am 28. Juli dar. Zu ihrem vierzigsten Geburtstag, im ersten Jahr ihrer Ehe, gab Onassis ihr eine Party in seiner Lieblings-*Bouzoukia*, dem Neraida, und überhäufte sie mit Schmuckstücken. Darunter befanden sich die berühmten Mond-Ohrringe, die bei dem Athener Juwelier Ilias Lalounis für sie entworfen und hergestellt worden waren, an die Landung der Apollo auf dem Mond erinnerten und ihn mehr als $ 500 000 kosteten. Außerdem ein riesiger vierzigkarätiger Diamantring von Cartier für $ 740 000 (mit Onassis' üblichen dreißig Prozent Rabatt) und ein goldener Gürtel mit einer Schnalle in Form eines Löwenkopfes, da der Löwe ihr Sternzeichen war. Der Ring war ausgesprochen protzig und unangenehm zu tragen, da er über den Knöchel reichte und es Jackie so erschwerte, ihren Finger zu biegen. Sie trug ihn nicht oft. Ihre großen Hände gehörten nicht zu ihren schönsten Merkmalen und dieser Ring schien wie geschaffen dafür, die Aufmerksamkeit darauf zu lenken.

Um Jackie eine Freude zu machen, lud Onassis des öfteren Rose ein, sie auf der *Christina* zu besuchen – dreimal innerhalb des ersten Jahres ihrer Ehe. Jacks Tod hatte jeglicher Eifersucht zwischen Jackie und ihrer früheren Schwiegermutter den Boden entzogen, und die gemeinsame Erfahrung der Ehe mit einem Kennedy-Mann hatte die beiden Frauen dazu gebracht, einander schätzen zu lernen. »Viel später sagte Jackie einmal zu mir«, berichtete Doris Kearns Goodwin, »und ich bin sicher, das gab bis zu einem gewissen Punkt auch ihre eigene Erfahrung mit Jack wieder, dass sie gelernt habe, großen Respekt für das zu empfinden, was Rose durchgemacht habe. Und nicht nur wegen der Todesfälle, sondern wegen des gesamten Lebens mit Joe. Letztlich, so sagte sie, empfinde sie mehr Verständnis für Rose als für Joe … Sie sprach darüber, wie sich dieses Gleichgewicht mit der Zeit verschob.«[30] Teddy Kennedy erschien auch häufig, als Begleiter seiner Mutter. Die Kennedy-Schwestern wurden nie eingeladen.

In der Zwischenzeit hatte in den Vereinigten Staaten die Kennedy-Legende zu bröckeln begonnen. Jackies Heirat mit Onassis war ein schwerer Schlag gewesen, doch was in der Nacht des 18. Juli 1969, zehn Tage vor Jackies vierzigstem Geburtstag, geschah, war bei weitem schlimmer. Früher im selben Jahr hatte ein Journalist, nachdem er einer bizarren Flugzeug-Vorführung des betrunkenen Teddy Kennedy beigewohnt hatte, ihn als »einen Unfall« beschrieben, »der nur darauf wartet, zu geschehen«. Am 18. Juli kehrte Teddy auf der winzigen Insel Chappaquiddick, vor Martha's Vineyard, von einer Party zurück und stürzte mit seinem 1967er Oldtimer von der Dike Bridge, wobei seine Beifahrerin ertrank, ein Kennedy-»Kesselraum-Mädchen« (also eine beiläufige Affäre) namens Mary Jo Kopechne. So schlimm der ganze Vorfall auch war, sein unerklärliches Verhalten machte ihn noch schlimmer. Er stolperte zurück zu dem Landhaus, in dem die Party stattgefunden hatte, doch anstatt den Rettungsdienst zu verständigen, brachte er seinen Cousin Joe Gargan dazu, mit ihm zu dem versunkenen Wagen zu tauchen. Als es ihnen nicht gelang, Miss Kopechne zu bergen, schwamm er durch die schmale Bucht zwischen Chappaquiddick und Martha's Vineyard, kehrte in sein Hotel zurück, wo er um 2 Uhr 30 in der Halle erschien, zog sich dann in sein Zimmer zurück und führte siebzehn Telefongespräche, jedoch keines davon mit der Polizei.

Am Morgen nahm er, nachdem er sich mit anderen Gästen lässig über die für diesen Tag geplante Regatta unterhalten hatte, die Fähre zurück nach Chappaquiddick, wo er erfuhr, dass die Leiche gefunden worden war. Erst dann machte er seine Meldung. In Hyannis Port begab er sich mit den alten Helfern der Kennedys in Klausur, darunter McNamara, Burke Marshall, Richard Goodwin und Ted Sorensen. Er setzte eine Aussage auf, die er der Polizei eine Woche nach dem Unfall übergab. Versuche, ihn als Helden darzustellen, der »in der Finsternis in die starke Strömung sprang, um das Mädchen zu retten«, und Spekulationen über den »entsetzlichen Fluch«, der auf den Kennedys laste (später eine häufig benutzte Ausrede für leichtfertiges Verhalten), erzielten das Gegenteil der beabsichtigten Wirkung. Die Umstände des Unfalls wurden nie völlig geklärt, doch Beweise zeigten, dass der Kopf der armen Mary Jo sich in einer Luftblase befunden hatte, sodass sie womöglich hätte gerettet werden können, wenn sofort gehandelt worden wäre. Die Worte »Panik«, »Feigheit« und »Vertuschung« machten die Runde. In einer hässlichen Umkehrung der Ereignisse auf der PT-109 hatten Teddy Kennedys Taten beziehungsweise ihr Ausbleiben das Leben seiner Freundin gekostet, anstatt es zu retten. Kurz darauf erlitt seine Frau Joan eine Fehlgeburt. Im Kennedy-Lager gerieten inzwischen die jüngeren Kinder außer Rand und Band und rotteten sich als »Schrecken von Hyannis Port«, angeführt von Bobby jr., zu einer Bande zusammen.

Im Haus der alten Kennedys lag der Patriarch, Großvater Joe, im Sterben. Der einstige Kopf der Familie, das unumstößliche Symbol der Autorität, dämmerte halb blind und mit nicht mehr funktionsfähigen Stimmbändern in seinem Bett vor sich hin. Kurz vor dem sechsten Jahrestag von Jacks Ermordung erhielt Jackie die Nachricht, dass das Ende nicht mehr weit sein könne, und flog von Griechenland herüber. Sie verbrachte Stunden im Zimmer des alten Mannes, beruhigte ihn mit einem sanften Monolog und blieb über Nacht bei ihm, unruhig in einem Stuhl schlafend, derweil Teddy in einem Schlafsack auf dem Boden lag. Am Morgen des 18. November starb er. Hätten sie im Griechenland der Antike gelebt, so hätten die Kennedys seinen langen, allmählichen Tod der Hybris zugeschrieben, der Sünde übertriebenen menschlichen Stolzes, die von den Göttern unweigerlich bestraft wurde. Sein Enkel Chris Lawford äußerte: »Ich stellte mir die Frage, was mein Großvater wohl getan haben konnte, dass Gott ihm das antat.«[31] Nicht allzu viele Jahre später sollte Jackies neuer Ehemann Aristoteles Onassis für die gleiche Sünde auf fast gleiche Weise bestraft werden.

19
Der Fluch des Hauses Onassis

*»Was für ein Haus, in das du mich gebracht! Das Haus des Atreus …
Gott verhasst …!«*
Aischylos: ›Agamemnon‹

Am 10. Februar 1970 berichtete Jackies altes Washingtoner Schreckgespenst Maxine Cheshire, vier Briefe, die Jackie in den Jahren zwischen 1963 und 1968 an Ros Gilpatric geschrieben hatte, seien auf mysteriöse Weise aufgetaucht und würden in den Hamilton Galleries verkauft werden. Ausschnitte der Texte wurden veröffentlicht. Bei zwei der früheren Briefe handelte es sich lediglich um kurze Danksagungen, die übrigen aber waren lang und liebevoll. Einer, der vom 13. Juni 1963 stammte und in dem sie Ros für ein »schmales Buch« dankte, war in dem intimen, flirtenden Stil abgefasst, den Jackie in Briefen an ihre männlichen Freunde zu benutzen pflegte. Der letzte war während ihrer Hochzeitsreise mit Onassis wiederum mit äußerst liebevollen Worten geschrieben worden:

> Liebster Ros, ich hätte es [ihre bevorstehende Heirat mit Onassis] dir ja erzählt, bevor ich abgefahren bin, aber alles geschah so viel schneller, als ich es geplant hatte.
> Ich habe irgendwo gelesen, was du gesagt hast [dass er ihr Glück wünsche], und war sehr berührt. Lieber Ros, ich hoffe, du weißt, was du mir bedeutest und immer bedeuten wirst. In Liebe, Jackie.[1]

Die Umstände, unter denen die Nachricht bekannt wurde, sowie der Zeitpunkt lösten eine Sensation aus. Der Autographen-Händler Charles Hamilton enthüllte: »Als Mr. Gilpatric anrief, sprach er in einem Ton, als weine er. Seine Stimme zitterte und er war in großer Sorge, dass der Verkauf, wenn er denn abgeschlossen würde, seine Freundschaft mit Mrs. Onassis ruinieren könnte.« Zufällig wählte Gilpatrics von ihm getrennt lebende Frau Madelin just diesen Tag, um eine Scheidung zu beantragen, stritt aber ab, dass die Briefe irgendetwas damit zu tun hätten. Nancy Tuckerman sah sich gezwungen, eine Presseerklärung herauszugeben, in der betont wurde, dass Jackie an dem Scheitern der Ehe der Gilpatrics keinen Anteil habe. Mrs. Gilpatric aber machte die Wirkung der Erklärung zunichte, indem sie Zitaten in der *Chicago Daily News* zufolge erklärte, ihr Mann und Jackie stünden sich »sehr, sehr nahe«. Sie fügte hinzu: »Ich habe diesbezüglich meine eigenen Gefühle, die ich hier aber nicht ausbreiten möchte. Lassen Sie uns einfach sagen, es war eine besonders herzliche, enge, lang andauernde Beziehung.«[2]

Onassis konnte diese Darstellungen der Freundschaft Jackies mit Gilpatric als übertrieben abtun, zumal er auch nicht zum ersten Mal davon hörte (über die Reise der beiden nach Yucatan im März 1968 war in der Presse ausführlich berichtet worden). Aber sein griechischer, männlicher Stolz war verletzt bei dem Gedanken, dass seine ihm frisch angetraute Frau sich während ihrer Hochzeitsreise hingesetzt und einem anderen Mann herzliche Briefe geschrieben hatte. Außerdem gefiel ihm die Publicity nicht, die seiner Meinung nach ein schlechtes Licht auf ihn warf. Zu Costa Gratsos soll er gesagt haben: »Mein Gott, wie habe ich mich zum Narren halten lassen!«[3]

In der Absicht Gleiches mit Gleichem zu vergelten, ließ er seine Diskretion, die Callas betreffend, fallen. Im Mai verbrachte er hintereinander vier Abende mit ihr und wurde um ein Uhr in der Nacht beim Verlassen ihrer Wohnung gesichtet. Am 21. Mai wurde er beim Dinner mit ihr und ihrer Freundin Maggie van Zuylen im Maxim's fotografiert. Von Artemis alarmiert, flog Jackie nach Paris, um Marias Platz einzunehmen. Johnny Meyer, ein Mann, der Spezialprobleme für Onassis regelte, erhielt den Auftrag, dafür zu sorgen, dass Fotografen die Szene festhielten. Vom Maxim's begaben sich Jackie und Onassis in den Régine's

Nachtclub. Die Botschaft von Jackie an Maria war deutlich: Ich bin seine Frau, ich bin die Nummer eins. Verzweifelt darüber, dass sie erneut benutzt worden war, verbrachte die Callas drei schlaflose Nächte und nahm dann versehentlich eine Überdosis Schlaftabletten. Mit Erfolg verklagte sie einen Radiosender und ein Pariser Wochenmagazin, die behauptet hatten, sie habe versucht, sich das Leben zu nehmen. Für Jackie war es nun nicht länger möglich, sich vorzumachen, ihr Mann sei nicht bei seiner Geliebten, sobald sie ihm den Rücken zuwandte, oder er benutze die Callas nur, um sie bei der Stange zu halten. Am 15. August, Marias Namenstag und ein bedeutender Feiertag in Griechenland, flog Onassis mit dem Hubschrauber nach Tragonisi, die private Insel der Embiricos', wo Maria zu Gast war, um ihr ein Paar antike Ohrringe zu schenken. Der lange Kuss auf den Mund, den er ihr dazu gab, wurde von einem Paparazzo aufgenommen, den er zweifellos zuvor verständigt hatte. Wieder erfolgte Jackies Reaktion prompt und in aller Öffentlichkeit und landete damit auf den Seiten von *Time:* »Schnell wie die Feuerwehr«, schrieb das Magazin, »flog Jackie nach Griechenland zu Onassis, zur Yacht *Christina* und zu den Gerüchten, die sie zum Platzen bringen wollte.«

Jackies Ehe mit Onassis steckte nicht in Schwierigkeiten – noch nicht –, aber sie war Belastungen ausgesetzt. Onassis war noch immer bezaubert von Jackie, die bereit war, die griechische Ehefrau zu spielen, solange sie sich in Griechenland aufhielt. Einige ihrer Gewohnheiten störten ihn – so ihre ständigen L&M-Zigaretten und ihre chronische Unpünktlichkeit. Anders als Jack Kennedy wartete er jedoch nicht auf sie: Onassis brach auf, wenn er planmäßig aufzubrechen hatte – mit oder ohne Jackie und auch, wenn dies bedeutete, dass sie bis zum folgenden Tag auf Skorpios bleiben musste und Termine verpasste. Sie ergab sich seinen Tiraden wie ein gehorsames Kind: »Ja, Ari«, war alles, was sie sagte.

»Erstaunlich war, dass sie ganz genau wusste, wie sie sich bei ihrem Mann zu verhalten hatte«, sagte Kiki Feroudi Moutsatsos. »Hatte er die Verantwortung, so behandelte sie ihn mit so viel Respekt und Bewunderung. Und wenn sie an der Reihe war, die

Kontrolle zu übernehmen, veranstaltete sie einen solchen Wirbel um ihn und kümmerte sich um nichts als sein Vergnügen …«[4] Sie passte sich seinen Stimmungen an, wartete, bis sein Wutgeschrei abebbte, ließ ihn in Ruhe und sprach ihn nie an, wenn er still war und offenbar nicht sprechen wollte. Es war ein heikler Balanceakt, der sich immer weniger auszuzahlen schien.

Onassis war stolz auf sie, auf ihre Schönheit und ihren Geschmack, ihre über jede Kritik erhabene Art, ihren Haushalt zu führen, doch für die zierlichen Menuette, die Jackie mit ihm tanzen wollte, war er nicht gemacht. Im Herzen war er ein Nachtschwärmer, ein Trinker, ein Radaumacher, der sich auf Gelagen in seinen Stammlokalen, dem El Morocco oder dem Régine's, wohl fühlte, am wohlsten jedoch in einer *Bouzoukia* in Piräus mit einem alten griechischen Freund. Sie war ein Mensch des Rokoko-Überflusses, gleich der Ludwig-XV.-*Boiserie,* die sie in einem New Yorker Antiquitätengeschäft für die Wohnung in der Avenue Foch gekauft, aber nie aufgehängt hatte. Onassis erlaubte ihr nicht, mehr als einen einzigen kleinen Raum in der düster-grandiosen Pariser Wohnung zu verändern. Ihre Wundergläubigkeit und Fantasie begannen ihn zu langweilen, ebenso wie ihr Bedürfnis nach Bestätigung und Bewunderung, das in so krassem Gegensatz zu Marias rückhaltloser Leidenschaft stand. »Es war nicht so, dass er Jackie nicht mochte«, sagte Marina Dodero. »Wie soll ich es ausdrücken? Sie waren so verschieden, da war einfach nichts, es war nichts da … Aber Maria Callas, in Maria Callas war er verliebt, sie hatten diese Sache gemeinsam, das hat Christina mir erzählt, sie hatten sich beide aus eigener Kraft hochgearbeitet … Sie gingen am Freitag in ein Zimmer und kamen vor Montag nicht wieder heraus, denn sie hatten da auch eine kleine Kochnische. Sie sang, kochte, warf Spaghetti nach ihm, sie stritten sich wie die Irren, sie waren beide sehr temperamentvoll …«[5]

Zumindest während der ersten zwei Jahre ging die Onassis-Ehe trotz Maria gut. Als aber in seinem geschäftlichen und privaten Leben einiges anfing schief zu laufen, senkten sich dunklere Schatten als der seiner Geliebten über ihr Glück. Seit Anfang 1969 war Onassis in ein tödliches Duell mit seinem verhassten Rivalen Stavros Niarchos verwickelt. Der drohte, das Projekt Omega zu zerschlagen, indem er der griechischen Junta ein größeres Investitionspaket anbot, und plante, falls er und nicht Onassis den Zuschlag erhielt, eine dritte Ölraffinerie für die Regierung zu bauen. Seit seiner Heirat mit Jackie schien Onassis sein phänomenales Talent verloren zu haben, ein Geschäft abzuwickeln und ein Ziel unbeirrbar zu verfolgen. Er versuchte das amerikanische Aluminium-Unternehmen Alcoa ins Spiel zu bringen, um die Raffinerie zu finanzieren. Die Verhandlungen führte er selbst – und er tat es schlecht. »Nach seiner Heirat hat er schlicht jeden Sinn für Verhältnismäßigkeit verloren«, berichtete ein Mitarbeiter von Alcoa Onassis' Biographen Peter Evans. »Seine Siegermentalität schnappte über in puren Größenwahn. Seine Bedingungen waren keine Bedingungen, es waren Gebote. Vernünftig reden konnte man nicht mit dem Mann. Er schien zu glauben, wir würden so ungefähr zu allem Ja und Amen sagen für eine Einladung zum Dinner mit ihm und Jackie auf der *Christina*.«[6] Am Ende teilten die Diktatoren die Beute zwischen beiden, aber sogar bei Onassis' Patron Papadopoulos hatte eine Desillusionierung eingesetzt, was diesen betraf. »Es war irgendwie traurig«, sagte ein am Projekt Omega beteiligter Funktionär. »Er war zum Dinosaurier geworden. Für ihn war alles vorbei. Sogar Papadopoulos dämmerte allmählich die Erkenntnis, das alles, was Ari von jetzt an anfasste, verkorkst sein würde, katastrophal …«[7]

Am 3. Mai 1970 ereignete sich der erste einer Serie von Todesfällen innerhalb seiner Familie, die Onassis' restliches Leben verdunkeln sollten. Seine frühere Schwägerin Eugenie Niarchos nahm sich auf Spetsopoula, der Privatinsel ihres Mannes, das Leben. Der angebliche Auslöser dafür war ihre Verzweiflung darüber, dass Stavros seine frühere Frau Charlotte Ford (von der er 1967 geschieden worden war) und die gemeinsame Tochter eingeladen hatte, ihn in diesem Sommer zu besuchen. (In einer anderen Version hatte Niarchos Charlotte und Henry Ford zum Lunch eingeladen.) Eugenie, eine sanftmütige, bei jedermann beliebte Frau, hatte eine Überdosis genommen. Geheimnisse umrankten ihren Tod. Ihre Leiche war mit blauen Flecken übersät gefunden worden, die laut Niarchos von den erfolglosen Wiederbelebungsversuchen herrührten, die er und sein Kammerdiener unternommen hatten. »Ich bin sicher, er hat sie nicht getötet«, sagte ein Vertrauter Niarchos'. »Er hätte es vielleicht getan, wenn er allein gewesen wäre, aber da sein Kammerdiener bei ihm war, hat er es mit Sicherheit nicht getan. Ich glaube, er hat versucht, sie wieder hinzukriegen …«[8] Onassis hatte vermutlich seine eigenen Gründe dafür anzunehmen, dass Niarchos sie getötet hatte. Zu seiner Enttäuschung wurde die Angelegenheit fallen gelassen.

Seine geschäftliche Position bei den Obristen verschlechterte sich zusehends: Nachdem es ihm nicht gelungen war, Alcoa zu einer Investition in Omega zu bewegen, umwarb er die Russen und versetzte damit die US-Regierung in Zorn, die ihm dies im folgenden Jahr heimzahlte. Zur gleichen Zeit schien er die Kontrolle über seine Familie zu verlieren. Die einundzwanzigjährige Christina, für die er eine angemessene Ehe mit dem griechischen Reederei-Erben Peter Goulandris geplant hatte, heiratete im Juli 1971 den achtundvierzigjährigen, in Kalifornien ansässigen Immobilienhändler Joseph Bolker, ohne ihren Vater davon zu informieren. Onassis feierte mit Jackie auf Skorpios ihren zweiundvierzigsten Geburtstag, als ihn die Nachricht von der Eheschließung in Las Vegas erreichte. Peter Beard, der reiche, gut aussehende Forscher und Tierfotograf, den Jackie 1967 kennen gelernt hatte, befand sich auf Skorpios, als Onassis von der Neuigkeit erfuhr: »Ich kann dir sagen, die Kacke ist hier am Dampfen wegen Christinas meisterhaftem Versuch, die Aufmerksamkeit von Las Vegas auf sich zu ziehen. (Jawort mit einem Bar-Pianisten …?) Ari ist derart geladen & geharnischt, das ist schon nicht mehr wahr – Lee Radziwills Gäste ergriffen die Flucht, zwei andere wurden ausgeladen & Belagerungszustand verhängt. Ich bleibe als Hofnarr an Bord und unterhalte seine Majestät mit solchen Streichen wie (gestern) zum Beispiel: Gewinnen einer Wette um $ 2000 für länger als vier Minuten unter Wasser bleiben, meinen Knöchel auf olympischem Trampolin brechen, das er hat einbetonieren lassen, & Stiche in meine Lippe nähen …«[9]

Christinas Heirat versetzte Onassis in Rage, weil er sie als eine Rebellion gegen seine väterlichen Rechte auf sie betrachtete. (Im Februar 1972 wurden Christina und Bolker nach monatelangem Druck einverständlich geschieden.) Für ihn war dies ein Symptom für seinen Kontrollverlust auf anderen Gebieten. Im Oktober ließen die Obristen nach einem Besuch von Vizepräsident Spiro T. Agnew, der griechischer Herkunft war, Onassis und sein Projekt Omega endgültig fallen. Im selben Monat wurde ihm ein Schlag versetzt, der ihn persönlich traf und ins Taumeln brachte: Achtzehn Monate nach dem Tod von Eugenie heiratete Niarchos am 22. Oktober in Paris Onassis' frühere Frau Tina. Auch wenn dies jeder Logik entbehrte und seine Scheidung von Tina das direkte Resultat seines offenen Ehebruchs mit Maria Callas war, hatte das Scheitern seiner Ehe ihn geschmerzt. Für ihn war Tina seine wahre Ehefrau und die Mutter seiner Kinder geblieben. Er war verletzt gewesen, als sie »Sunny«, Marquess of Blandford, den Erben des Herzogs von Marlborough, heiratete, aber ihre jetzige Hochzeit mit Niarchos sah er, wahrscheinlich zu Unrecht, als ihren letzten Akt der Rache für seine eigene Hochzeit mit Jackie an.

Die ganze Geschichte war verwickelt, halb inzestuös und höchst griechisch. Tinas Mutter Arietta Livanos betete Stavros Niarchos an und war über die Ehe zwischen ihm und ihrer jüngsten Tochter Tina wahrhaftig begeistert – auch wenn er durch sein Verhalten den Tod ihrer älteren Tochter Eugenie, wenn nicht verursacht, so doch daran mitgewirkt hatte. Noch komplizierter war die Tatsache, dass Tina und Stavros vor Eugenies Tod eine Affäre miteinander hatten. »Jeder wusste, dass sie da eine Geschichte am Laufen hatten, als die Schwester noch lebte«, berichtete Marina Dodero. »Nicht offen. Aber als Eugenie starb, gingen wir [Christina und Marina] nach Blenheim [eigentlich Lee Place, in der Nähe] und Tina war ganz in Schwarz, schwarze Spitze, und sie trug eine zweireihige Halskette mit Rubinen und Diamanten und sagte: ›Guckt mal, was Stavros mir geschenkt hat ...‹« War Onassis schockiert, so waren Christina und Alexander es umso mehr. Nun gab es keine Hoffnung auf eine Wiederheirat ihrer Eltern mehr, stattdessen hatte ihre

Mutter mit dem größten Feind ihres Vaters die Ehe geschlossen. Laut Marina sagte Tina zu Alexander, als sie Niarchos heiratete: »Mich siehst du nicht wieder, höchstens wenn ich tot bin …« Und sie sah ihn nie wieder, nicht lebend …[10]

Anfang des nächsten Jahres folgten weitere Todesfälle: Die Brüder Kouris, zwei der Lieblingspiloten der Onassis-Familie, kamen bei einem mysteriösen Absturz in Onassis' Lear-Jet vor Nizza ums Leben. Die Piloten hatten von Athen nach Nizza fliegen, dort Alexander an Bord nehmen und ihn nach Paris bringen sollen. Fünf Minuten vor ihrer planmäßigen Landung in Nizza stürzte das Flugzeug ins Meer. Weder die Leichen der beiden Piloten noch ein einziges Teil des Flugzeugwracks sind je gefunden worden. Die Onassis-Clique nahm an, an Bord des Flugzeugs sei ein Sprengkörper explodiert und das ausersehene Opfer sei Alexander gewesen. Eine Suchaktion mit Hilfe des Unterwasser-Experten Jacques Cousteau sollte durchgeführt werden, wurde aber aus mysteriösen Gründen von Onassis abgeblasen. Als Onassis' Freund und Anwalt Stelio Papadimitriou ihn fragte, ob die möglicherweise entstehenden Kosten ihn schreckten, explodierte Onassis: »Natürlich nicht! Bist du wahnsinnig, so etwas von mir zu denken? Um nichts in der Welt würde ich das Leben meines Sohnes riskieren. Frag mich nicht weiter. Diese Sache ist abgeschlossen.«[11] Alexander und seine Freunde kamen zu der Überzeugung, dass Onassis sich vor etwas fürchte, dass er Morddrohungen gegen Alexander erhalten habe für den Fall, dass er zu tief in die Umstände des Unfalls eindringe. Er hatte sich im Laufe seiner geschäftlichen Karriere zahlreiche Feinde gemacht, zuletzt bei seinem Umgang mit gewissen Angehörigen der griechischen Junta. In dem Dschungel, der unter der Oberfläche von Onassis' Millionärsgehabe verborgen lag, gab es nur eine Regel: töten oder getötet werden. Erst im vergangenen Jahr hatte Fiona Thyssen durch Zufall entdeckt, dass Ari in seinen Bemühungen, Christina von Bolker zu trennen, erwogen hatte, Schläger zu bezahlen, die Bolker »bearbeiten« und in die Flucht jagen sollten. Für Onassis war nichts und niemand tabu.

Jackies Ehe zerbrach allmählich. Nachdem sie das Rosa Haus

fertig gestellt hatte, gab es für sie in Griechenland immer weniger zu tun. Skorpios war nun nicht länger ihre Fantasie-Insel, wo sie ihren Traum mit Onassis auslebte, sondern ein Ort, den sie aus Pflichtgründen aufsuchte und als Ferienziel für ihre Kinder nutzte. Als die grauenhaften Ereignisse der sechziger Jahre zu verblassen begannen, gewannen New York und das wirkliche Leben wieder die Oberhand.

Während der ersten Jahre mit Onassis hatte Jackie ihre alten Freunde nur selten gesehen. Ihnen kam es vor, als schäme sie sich ihrer Ehe ein wenig. Die Radziwills und vor allem Lee sah sie trotz der im Hintergrund schwelenden Rivalität häufiger als alle anderen. Schließlich war Onassis Stas' Arbeitgeber, trotz oder vielleicht gerade wegen der Affäre der »Prinzessin« mit ihm. »Es machte ihm nichts aus«, sagte ein Freund von Stas. »Er war ein beinahe professioneller Schwager.«[12] Weihnachten mit den Radziwills blieb eine Familientradition, auch wenn das Fest jetzt für gewöhnlich in Turville Grange verbracht wurde, ihrem Landhaus in England. Die Kinder führten ein Krippenspiel vor, wie sie das immer getan hatten, nur sah ihnen jetzt kein verspielter, gut aussehender Jack, sondern ihr düsterer Stiefvater zu. Harry Ashcombe, einem weiteren Gast, erschien Jackie »leicht nervös mit Onassis. In dieser speziellen Zeit war sie, glaube ich, nervös … und ich glaube, in einer Nacht hätte sie gern ihre Probleme bei mir abgeladen, weil ich immer ein mitleidiges Gesicht gezeigt hatte, aber ich ließ es nicht zu, weil es mir peinlich gewesen wäre …«

Im Winter 1970 sah Ashcombe sie wieder. Als die *Christina* in diesem Winter aus Barbados kam, wohnten Jackie und die Kinder bei ihm. Stas, Lee und ihre Kinder waren ebenfalls da. »Er [Onassis] und Jackie kamen auf der *Christina* und fuhren dann wieder los mit diesem verdammten Boot. Ihm war es verhasst, an Land zu sein, er wollte nur auf das Boot. Jackie, glaube ich, war gern an Land.« Im Schnellboot fuhr Ashcombe mit Jackie und Onassis auf einen Besuch zum Club Mediterranée in Guadeloupe. »Das war das einzige Mal, dass ich sie gesehen habe, ohne dass sie Onassis absichtlich ärgerte. Aber es reizte ihn, denn sie ließ sich gern überall sehen und eine Menge Leute kamen und begrüßten sie und so weiter.« Auf die Frage, welchen Eindruck die Beziehung zu der Zeit gemacht habe, antwortete Ashcombe: »Ein bisschen angespannt ... aber ich mochte Ari – viel mehr als Niarchos, wenn ich zwischen den beiden entscheiden müsste. Er war ein Bauer, wirklich. Er hatte Spaß daran, sich mit den Matrosen nach Strich und Faden zu besaufen. In Bars zu sitzen und enorme Massen von Ouzo oder so was zu trinken. In dieser Hinsicht war er eher anziehend, aber wahrscheinlich war er ein richtiger Scheißkerl.« Jackie, so sagte er, »war sehr gut zu den Kindern«.[13] Der Fotograf Peter Beard war vor allem nach Skorpios eingeladen worden, um sie zu amüsieren. »Sie war eine begeisterte Mutter, eine sehr begeisterte Mutter«, erinnerte sich Beard. »Das habe ich an ihr am meisten bewundert. Im Leben dreht sich alles um Prioritäten. Und sie hatten die erste, höchste Priorität für sie.«[14] Caroline und John, sagte er, waren »ideale kleine Kinder, kleine Rebellen, fantasievoll, künstlerisch, lustig. Wir hatten eine Menge Spaß.« Jackie war nie eine überbehütende Mutter. Sie redete Peter Beard zu, mit den Kindern vom höchsten Punkt der *Christina* aus ins Wasser zu springen. »Das geht ganz schön tief runter, das kann ich dir sagen«, erklärte er. »Aber sie fand, sie waren in guten Händen. Sie ließ sie ihr Glück versuchen.« Sie gestattete ihm auch, die Kinder ohne ihre Begleitung auf Abenteuerexpeditionen mitzunehmen. »John war so ein großartiger Imitator und so ein guter kleiner Schauspieler, ich konnte es nicht fassen«, erinnerte sich Peter Bradley. »Mick Jagger war seine Spezialität – singen, tanzen, sprechen. Das Beste, was ich je gesehen habe. In einem Winter fuhr ich mit John und Caroline zu den Everglades und Reporter verfolgten uns praktisch bis in den Sumpf hinein. Als wir einmal früh am Morgen das Hotel verließen, um auf Schlangenjagd zu gehen, kamen wir an diesem Reporter vorbei, der uns seit Tagen auf den Fersen saß, ohne auch nur ein einziges Bild zu erwischen, und der schließlich frustriert in der Hotelhalle eingeschlafen war. John fing einfach spontan an, »Jumpin' Jack Flash« vorzuführen. Bei dieser erstaunlichen Vorstellung wachte der Reporter auf, und noch während er nach seiner Kamera griff, drehte John sich um, machte seinen

Mick-Jagger-Abgang, und das war's. Der arme Kerl hat seinen Schnappschuss nie bekommen.«[15]

Auf Skorpios wie auf der *Christina* beobachtete Beard: »Jackie tat eine Menge für Ari und Ari beklagte sich ununterbrochen ... Ich habe die schlimmsten Kämpfe zwischen ihnen miterlebt. Er explodierte ständig – Wutanfälle über alles und jedes. Schimpfte und schrie sie an ... am meisten hasste Ari jegliche Art von Unordnung. Ich weiß noch, einmal hatten wir uns alle auf der *Christina* von Marta, der sehr netten Gouvernante, die Haare schneiden lassen. Und Ari stampfte an Deck und platzte vor Wut, weil diese kleinen Härchen im Badezimmer lagen – John und ich haben uns in der Duschwanne versteckt. Wenn er wütend auf Jackie war, ließ er sich immer darüber aus, dass er einen ›künstlerischen, kulturellen internationalen Hintergrund‹ für ›diese Amerikanerin‹ aufgegeben habe. Sie [Jackie] rebellierte im Stillen gegen Ari.«[16] Jackie, so befand Beard, war »ein Mensch, der sich vor tiefen Erfahrungen des Lebens versteckte«, und auch ihm fiel ihr stark von Falten durchzogenes Gesicht auf. Sie weigerte sich, unter die Oberfläche des Lebens zu sehen, weil es zu schmerzlich war, dies zu erwägen – die Realität ihres Lebens in der Vergangenheit und die Realität ihrer Gegenwart. »Sie schwamm auf der Oberfläche des Lebens und da versuchte sie zu bleiben.«[17]

Eine Realität, die Jackie nicht zu bemerken schien, bestand darin, dass Lee und Peter dort auf Skorpios, unter Stas' Augen, eine Affäre miteinander begannen. Nach der Beziehung zwischen Lee und Jackie befragt, sagte Beard: »Das gesamte ›große Schwester–kleine Schwester‹-Klischee ... Jackie die klassische, vernünftige ältere Schwester, Lee die rebellische kleine. Jede Menge Loyalität und jede Menge schlimmer Dinge.«[18] Peter Beard schlief mit Lee, aber mit Jackie hatte er vieles gemeinsam, etwa das Interesse an Kunst und Fotografie. Er war berühmt für seine umfangreichen Alben mit Collagen, die Jackie viel Freude machten. Jackie war selbst eine eifrige Fotografin. »Wir haben so viele Fotos auf Skorpios gemacht, dass Onassis überhaupt nicht mehr aufhörte, sich über die ›Foto-Rechnungen‹ zu beklagen«, sagte Beard. »Sie hat auch fantastische Alben angelegt – riesengroße.«[19] Daneben diskutierten sie über ein Buch, an dem Peter arbeiten sollte, *Longing for Darkness,* das auf Erzählungen aus Tania Blixens *Jenseits von Afrika* basierte und von Kamante, Blixens Kikuyu-Köchin, nacherzählt wurde, die seit deren Tod auf Beards Hog Ranch in Kenia lebte.

Beard hoffte, *Longing for Darkness* bei seinem alten Freund Steven M. L. Aronson, dem Mitherausgeber von Harcourt Brace Jovanovich, zu veröffentlichen. Aronson aber zögerte, die Sache ohne die längere Einleitung von Jackie in Angriff zu nehmen, die Peter in Aussicht gestellt hatte. Um »die Sache festzunageln«, bewegte er Aronson dazu, ihm einen begeisterten Brief über das Projekt zu schreiben, mit dem er Jackie unter Druck setzen wollte. »Ihr ging das runter wie Honig«, erstattete Peter Bericht. Das ging so weit, dass sie auch Aronson einlud, zu Gesprächen über Einzelheiten zu ihnen auf die *Christina* zu kommen – aufgrund der Bolker-Explosion wurde der Besuch jedoch abgeblasen.

Achtzehn Monate später – inzwischen lebte Beard mit Lee in Andy Warhols Haus in Montauk, Long Island – setzte Jackie sich hin und schrieb das Vorwort, das sie versprochen hatte: »Was für ein wundervolles Geschenk war es, als Peter Beard mir zum ersten Mal die Geschichten und Zeichnungen von Isak Dinesens geliebter Kamante zeigte … Diese Zeichnungen in der Hand zu halten war, als berühre man einen Talisman, der einen zurücktrug in eine Welt, die man längst schon auf immer verschwunden geglaubt hatte …«[20] Sie schrieb in einer ordentlichen, schönen, beinahe kindlichen Handschrift am 1. Juni 1972 in Montauk. Damit setzte sie den ersten Schritt in eine neue, realistischere und befriedigendere Zukunft, in Richtung Amerika, wo ihr Leben in Griechenland wie ein fantastischer Traum verblassen sollte.

Onassis seinerseits war bekannt dafür, dass seine Frauen ihn rasch langweilten, und allmählich langweilte ihn Jackie, die ihm zunehmend auf die Nerven ging. Er war wütend über ihre immer häufigeren und längeren Reisen nach Amerika, um ihre Kinder zu besuchen oder Funktionen für die Kennedys zu übernehmen, wo sie doch als griechische Ehefrau, als seine treue Penelope, daheim sitzen und auf ihn hätte warten sollen. Sogar Artemis klagte über ihr Verhalten: »Ich wünschte, sie wäre mehr wie eine griechische Ehefrau«, sagte sie. »Jackie tut nicht gut daran, Aristo allein zu lassen und wochenlang nach Amerika zu fahren. Für eine griechische Familie ist es nicht gut, so lange getrennt zu sein. Dass der eine hierhin und der andere dorthin geht, das sollte nicht sein. Ein griechischer Mann und seine Frau sollten so viel wie möglich zusammen sein.«[21]

Onassis selbst begann sich vor seinen griechischen Freunden und natürlich vor Maria Callas über Jackie zu beklagen. Sie war nie bei ihm, sie war kalt, sie gab zu viel Geld aus. Sogar sexuell fand er sie jetzt langweilig. »Er rief die Callas an und erzählte ihr: ›Für diese Frau bin ich bloß ein Babysitter. Ich muss sitzen und sitzen und auf diese Frau warten.‹ Außerdem sagte er, mit ihr ins Bett zu gehen sei, als ginge man mit einer Leiche ins Bett«, berichtete Gore Vidal von einem Gespräch, das er mit Maria Callas über die »Goldgräberin« führte, wie sie Jackie stets nannte.[22] Onassis beklagte sich auch bei alten Freunden wie Benno Graziani über Jackie. »Er beschwerte sich sehr oft über sie«, erzählte Graziani. »Über das Geld und alles beschwerte er sich bei mir. Und über die Kälte, mit der sie ihn behandelte … sie war kalt zu ihm. Nicht am Anfang, aber nachdem sie begriffen hatte, dass er nichts mit ihr gemeinsam hatte …«[23]

Es waren die gleichen Klagen, die Jackie während der schlechten Jahre mit Jack zu hören bekommen hatte, Kälte und Verschwendung – in erster Linie Verschwendung. »Die beiden Schwestern wurden erzogen wie Geishas«, sagte Gore Vidal, »um Geld aus Männern herauszuschlagen.«[24]

Wie er es bei der Callas getan hatte, begann Onassis, Jackie in der Öffentlichkeit zu demütigen. Ihre Fähigkeit »abzuschalten« reizte ihn ebenso, wie sie Jack Kennedy gereizt hatte. An einem regnerischen Abend in Glyfada beobachtete Kiki Feroudi eine typische Szene. Onassis und seine Freunde Miltos Yiannacopoulos und Yiannis Georgakis hatten den ganzen Abend über miteinander gesprochen, während Jackie ihnen schweigend gegenübersaß und ein Buch über Sokrates las. Endlich ließ sie das

Buch sinken und fragte Yiannis Georgakis, ob er glaube, dass Sokrates wirklich gelebt habe, oder ob er ihn für eine Erfindung von Plato halte, mit deren Hilfe die Athener Philosophen repräsentiert werden sollten. Während Georgakis zu einer ernsthaften Antwort ansetzte, sprang Onassis vom Sofa auf und schrie Jackie an: »Was ist los mit dir? Wieso musst du über so dummes Zeug reden? Versuchst du jemals zu denken, ehe du den Mund aufmachst? Ist dir schon mal die Statue von einem Mann mit Schnurrbart mitten in Athen aufgefallen? Bist du zu dumm, um zu wissen, dass das eine Statue von Sokrates ist?«[25]

Mit Tränen in den Augen flüsterte Jackie sich selbst Worte auf Französisch zu, sodass diese, wenn auch mit angehört, so doch nicht verstanden würden. Dann ging sie nach oben, kam im Regenmantel wieder nach unten und verließ das Haus. Onassis weigerte sich sogar, Jackie selbst aus dem Regen zurück nach drinnen zu holen, sondern wies Yiannacopoulos an, dies zu übernehmen. Ohne ein Wort kam Jackie herein, ging mit ausdruckslosem Gesicht nach oben, kam zurück und setzte sich schweigend neben Georgakis. Onassis sprach kein Wort der Entschuldigung, sondern lehnte sich zurück, murmelte etwas über »idiotische Konversationen« und schloss die Augen. Seine Form der Entschuldigung war ein teures Goldarmband von dem Athener Juwelier Zolotas, das er ihr einige Tage später überreichte. In Kikis Augen benahm er sich »wie ein wahrer Grieche, der sich darin gefiel, zu schreien und zu sagen, was er wollte. Mrs. Onassis ihrerseits benahm sich wie eine wahre griechische Frau …«[26] In Wahrheit aber hatte Jackie die Schlacht gewonnen, ohne ein Wort zu sagen, allein mit enormer Selbstbeherrschung und dem Gespür der Schauspielerin dafür, wie man sich eine Szene stahl. Stiller Rückzug, wie sie ihn bei Jack gelernt hatte, war eine ihrer stärksten Waffen. Weit entfernt davon, eine »wahre griechische Frau« zu sein, führte sie ihre stille Rebellion.

Onassis wusste einfach nicht, wie er mit ihr umgehen sollte, und der große Publicity-Coup, den er mit seiner Hochzeit mit ihr gelandet hatte, stieß ihm inzwischen sauer auf. Seit jedermann davon ausging, dass sie ihn nur seines Geldes wegen geheiratet hatte, ließen ihn die – wahren wie übertriebenen – Berichte über ihre Ausgaben wie einen Trottel erscheinen. Ihre Hingabe galt ihren Kindern, ihr wahres Leben fand in Amerika statt, nicht in Griechenland und auch nicht in Paris mit ihm. »Der kleine Vogel, der seine Freiheit fordert«, wie er sie einst der Presse gegenüber beschrieben hatte, war jetzt, da der gebrochene Flügel geheilt war, zu einer willensstarken Frau geworden. Er plante seine Autorität wiederzuerlangen, indem er sich von ihr scheiden lassen und sicherstellen würde, dass sie sich keine große Scheibe des Onassis-Vermögens unter den Nagel reißen konnte. Im Oktober 1972 beging Jackie ihren vierten Hochzeitstag mit einer üppigen Party in New York. Zur selben Zeit hatte ihr Mann seine Pläne bereits gefasst und im November ließ er seine erste Falle für Jackie zuschnappen. In diesem Monat legte er ihr ein Dokument zur Unterschrift vor. Es trug den Titel »Gegenseitige Verzichts- und Abtretungserklärung«, war von seinem Anwalt aufgesetzt worden und wurde Jackie von den Notaren der Anwaltskanzlei in die Wohnung gebracht, die auch als Zeugen der Unterzeichnung auftraten. Gemäß den Bedingungen der Verzichtserklärung, so hieß es in dem Dokument, verzichtete Jackie im Ausgleich für die zwei Millionen Dollar in Obligationenen, die er ihr zur Hochzeit geschenkt hatte, sowie für andere Geschenke, die er ihr seither gemacht hatte, auf sämtliche Ansprüche, die sie über Erbrechte an seinem Besitz haben mochte. Das Dokument besagte weiter: »Beide Parteien erklären, dass sie bei der Verhandlung und Inkraftsetzung dieses Übereinkommens von unabhängigen Beratern vertreten wurden«, was nicht der Wahrheit entsprach. Einzig Onassis' Anwälte waren an der Sache beteiligt. Jackie war von niemandem beraten worden. Zwar nahm sie an, sie habe auf jedes gesetzliche Erbrecht durch das Dokument verzichtet, doch glaubte sie gleichzeitig Onassis' Beteuerungen, es handle sich schlicht um eine geschäftliche Angelegenheit und er werde auf angemessene Weise für sie Vorsorge treffen. Wie auch immer, das Dokument besaß keine gesetzliche Gültigkeit und konnte Jackies Anrecht auf ein Achtel des Onassis-Besitzes als Erbe nach griechischem Recht nicht beeinträchtigen. Wie sich herausstellen sollte, war das Dokument jedoch lediglich die erste Stufe der Saga: Ihr Mann beabsichtigte, seinen Einfluss bei der Junta dazu zu benutzen, eine Änderung des Gesetzes und eine Legitimierung der Verzichtserklärung zu erwirken und sie auf diese Weise ihrer gesetzlich verbrieften Rechte zu berauben. Jackies Anwälte bekamen das Dokument, das sie durch Onassis' Täuschung unterzeichnet hatte, erst fast drei Jahre später zu Gesicht und waren entsetzt.[27]

Zwei Monate darauf zog Ari den berüchtigten Roy Cohn zu Rate, einen skrupellosen Anwalt, der allen Grund hatte, die Kennedys zu hassen. Er sollte Beweise für eine Scheidungsklage gegen Jackie sammeln. Cohn berichtete Onassis' Biographen, dass »Onassis definitiv beschlossen hatte, diese Ehe zu beenden, und bereits bei seinen griechischen Anwälten deshalb vorgesprochen hatte … und dort drüben gab es eine Menge Komplikationen und nun wollte er wissen, ob ich bereit sei, mich um die amerikanische Seite zu kümmern, denn er hatte ja Vermögenswerte hier, und ob ich mich also an der Gesamtstrategie beteiligen würde …« Er beklagte sich über ihre Ausgaben und darüber, dass sie sich immer an Orten befand, an denen sie nicht sein sollte. Die Ehe, so sagte er, »war zu einer monatlichen Vorlage von Rechnungen geworden«.[28]

Onassis hatte bereits daran gedacht, in der Wohnung Nummer 1040 Wanzen anbringen zu lassen, und hatte Johnny Meyer mit der Durchführung beauftragt, aber die fortgesetzte Gegenwart der Geheimdienstagenten zum Schutz der Kinder machte die Abhörung von Jackies Telefongesprächen offenbar zu schwierig. Zudem wies er Meyer an, seine Frau rund um die Uhr durch Privatdetektive überwachen zu lassen, um Beweise zu sammeln. Es war fruchtlos: Trotz seiner Provokationen und seiner Besuche bei Maria hatte Jackie keine Affäre. Der Gedanke, sich von Jackie scheiden zu lassen, ihr und der Welt zu zeigen, wer der Herr im Haus war, und ihr jeglichen Zugang zu seinem Vermögen zu entziehen, wurde für Onassis zur Besessenheit. Er war über siebzig und begann zu altern. Für Jackie sah es aus, als breche Onassis vor ihren Augen zusammen. Sein Sohn Alexander, mit dem er sich entweder wegen dessen Plänen für Olympic oder wegen seiner Beziehungen zu Fiona

Thyssen fortwährend auf dem Kriegspfad befand, nahm seine Telefongespräche mit seinem Vater auf Tonband auf. Auf einem der Bänder hört man Onassis betrunken während eines Anrufs aus New York »Singin' in the Rain« krächzen, unterbrochen von einer Abfolge von Flüchen, Unflätigkeiten, Befehlen und Klagen. »Dort drüben ist es zwei Uhr Nachmittag«, lautete Alexanders Kommentar dazu. »Und er ist vor Suff nicht mehr bei Verstand.«[29] Auch sexuell war er nicht mehr der Mann, der er einmal gewesen war. »Er [Onassis] war grauenhaft zu Tina. Er war grauenhaft zur Callas«, sagte Reinaldo Herrera, ein gemeinsamer Freund von Jackie und Onassis, der vor Tinas Scheidung ihr Geliebter gewesen war. »Ich glaube, das war ein Zeichen seiner zunehmenden Impotenz. Dass er bei Tina impotent war, weiß ich. Ich bin sicher, sie [Jackie] war sehr unglücklich, so wie auch Tina sehr unglücklich war, so wie die Frau, die er vorher hatte [Ingeborg Dedichen], unglücklich war, und so wie die Callas, die verzweifelt unglücklich war. Und ich denke, das alles geschah, weil da eine sexuelle Sache war, die nicht richtig funktionierte. Für einen Mann, denke ich, ist das äußerst frustrierend, also will er die Schuld daran einem anderen geben, nicht sich selbst.«[30] Wiederum genau wie bei Jack begann Jackie Onassis zu reizen und machte bissige Bemerkungen in der ihr eigenen, unnachahmlichen Weise, wenn dies auch selten in der Öffentlichkeit geschah.

Als das neue Jahr 1973 anbrach, war Ari so weit, Alexander die Neuigkeit zu unterbreiten, nach der sein Sohn sich so sehr sehnte. Er plante, sich von Jackie scheiden zu lassen. Am 3. Januar aßen die beiden Männer zusammen zu Abend. Später, noch im selben Monat, flog Onassis nach New York zu Jackie. Diese wusste, wie sich bald darauf herausstellen sollte, von den Scheidungsgesprächen, auch wenn ihr noch keine konkreten Zahlen genannt worden waren. Ihr Erlebnis mit der Verzichtserklärung hatte zweifellos an ihren Nerven gezerrt. Onassis ließ sie im Unklaren.

Alexander seinerseits hatte seinem Vater von seinen Plänen für eine Hochzeit mit Fiona Thyssen nichts erzählt, sondern kehrte hocherfreut nach Athen zurück, wo er ihr von der Absicht seines Vaters berichtete, sich von »der Witwe« scheiden zu lassen. Am 22. Januar begab er sich am Steuer der älteren Piaggio, von der er seinem Vater erzählt hatte, sie sei eine »Todesfalle«, auf einen Flug, der für den Piloten ein Trainingsflug sein sollte, um die Maschine zum Verkauf nach Miami zu bringen. Sekunden nach dem Start schlug das Flugzeug auf der Startbahn auf. Alexander erlitt inoperable Hirnverletzungen. Jackie und Onassis befanden sich in New York, als sie die Nachricht erhielten. Augenblicklich bestellte Onassis die zwei weltbesten Neurochirurgen zu sich, einen Arzt aus Boston und einen aus London, und flog mit Jackie nach Athen. Fiona war in London auf der Hochzeit ihres Bruders, die Alexander ursprünglich auch hätte besuchen sollen. Christina war in Brasilien, Tina und Stavros Niarchos in St. Moritz.

Verwandte und Freunde versammelten sich in dem Athener Krankenhaus, wo Alexander mit zerschmettertem Gesicht und zu Brei zerquetschter rechter Gehirnhälfte in einem tiefen Koma lag. In dieser Situation tat Jackie nach Berichten eines Anwesendens »etwas so Schockierendes, das ich nicht darüber sprechen kann. Es zeigte Jackies Gefühllosigkeit, ihre harte Seite. Sie ging auf Fiona Thyssen zu, die erstarrt vor Schmerz dort saß. Fiona Thyssen nahm an, Jackie wolle ihr ihr Beileid aussprechen. Stattdessen erkundigte sich Jackie, die wusste, dass Alexander Fiona alles erzählte, ob sie wisse, was für Scheidungsvereinbarungen Ari ihr anbieten wolle.«[31] Vor den Kopf gestoßen erwiderte die Baronin Thyssen, dass sie das doch wohl besser ihren Mann fragen sollte.[32]

Geld war nicht der einzige Grund für Jackies Heirat mit Onassis gewesen, doch das Wissen, dass er ihr und ihren Kindern finanzielle Freiheit und Unabhängigkeit im Allgemeinen und von den Kennedys im Besonderen geben konnte, hatte eine entscheidende Rolle gespielt. Nun da der Reiz ihrer Beziehung verflogen war und Jackie wusste, dass er sie – ohne Zweifel so billig wie möglich – loswerden wollte, war sie verzweifelt darum bemüht herauszufinden, was er im Schilde führte. Dies ist die einzige Erklärung für ihre brutale Frage an Fiona Thyssen in einem so schmerzlichen Moment. Jackie konnte den Schmerz natürlich nur mittelbar nachvollziehen: Alexander hatte sie gehasst und war ihr mit hartnäckiger Unverschämtheit begegnet. Sein Tod aber erwies sich auch für sie als Tragödie: Er zerstörte Onassis als Mann und damit jeden Rest einer Beziehung zwischen ihnen.

»Er war ein völlig gebrochener Mann«, berichtete die Tochter eines seiner Freunde. »Nach Alexanders Begräbnis fuhr ich zum Flughafen, um ihn zu treffen. Ich erinnere mich, wir konnten nichts weiter tun, als uns irgendwie umarmen.«[33] Onassis wollte Alexander nicht begraben, als sei dies ein zu endgültiger Schritt. Beinahe ein Monat war seit dem Unfall vergangen, ehe er sich dazu durchringen konnte. Alexander wurde neben der winzigen Kirche auf Skorpios begraben, in der sein Vater Jackie geheiratet hatte.

Onassis blieb untröstlich. Kurz nach Alexanders Begräbnis kamen Christina und Marina Dodero nach Skorpios, um bei ihm zu sein. »Er brachte uns aufs Boot, auf die *Christina*«, erinnerte sich Marina. »Und in jeder Nacht sah ich ein Licht und ich sagte zu Christina: ›Da ist Licht, ich bin sicher, es ist dein Vater.‹ Sie antwortete: ›Nicht doch, du kennst doch meinen Vater.‹ Ich sagte: ›Komm mit‹, und wir stiegen in eines dieser kleinen Autos, und im Licht des Autos gingen wir die drei Stufen hinauf und in die kleine Kirche – und da saß er und weinte. Also erzählte ich ihm, dass ich sehr fest an Gott und an das, was danach kommt, glaube und sagte: ›Weine nicht, sei ganz ruhig. Du wirst ihn wiedersehen, ihr werdet einander irgendwo begegnen.‹ Er aber sagte: ›Nein, mein Sohn ist hier, er ist tot, ich glaube nicht an das, was du sagst …‹«[34]

20
Griechisches Labyrinth

»Welch verwirrtes Netz wir weben, wenn erstmals im Betrug uns üben!«
Sir Walter Scott: ›Marmion‹

In der Zeit, die direkt auf Alexanders Tod folgte, waren Jackie und ihr Mann sich noch einmal nahe, denn sein Schmerz erweckte ihr Mitleid. Achtundvierzig Stunden nach der Katastrophe rief Jackie Pierre Salinger, der gerade eine Stellung beim *L'Express* angetreten hatte, in Paris an. »›Junge‹, sagte sie, ›ich brauche unbedingt Hilfe, Peter, jetzt sofort.‹ Ich fragte: ›Was gibt es?‹, und sie antwortete: ›Hör zu, Aris Sohn ist gerade bei einem Flugzeugabsturz umgekommen und Ari geht es sehr schlecht. Wir gehen auf eine Kreuzfahrt über den Atlantik und ich hätte es sehr gern, dass du mitkommst, denn ich weiß, du kannst mit Ari reden und dafür sorgen, dass es ihm besser geht.‹«[1] Das andere Mitglied des alten Freundeskreises, das Jackie verständigte, war Solange de la Bruyère: »Ari war in entsetzlicher Verfassung und Jackie rief mich an und sagte: ›Ich glaube, das Einzige, was man tun kann, ist, ihn auf ein Boot zu bekommen, denn das liebt er, und er trinkt zu viel. Würdest du mit uns auf eine Kreuzfahrt kommen, von Dakar nach Guadeloupe?‹ Es hörte sich wirklich an, als ob sie mich brauche. Ich hatte ziemlich viel zu tun zu der Zeit, aber ich ließ alles stehen und liegen und fuhr mit … An Bord der Olympic-Airways-Maschine, die sie für uns freigemacht hatten, waren die Salingers – Pierre und [seine dritte Frau] Nicole – und Felix Mirando, der ein enger Freund von Bobby gewesen war.«[2]

Die elftägige Kreuzfahrt war hart. Während Jackie einen Berg von Büchern mitgenommen hatte und diese las, erinnerte sich Solange: »Ari war in sehr schlimmer Verfassung. Er trank ungeheure Mengen. Er hatte gerade seinen Sohn verloren und nun ging er auf Deck hin und her und murmelte vor sich hin – es war grauenhaft.« Das Einzige, womit die Passagiere ihn aufheitern konnten, waren Pokerspiele und Schach. Er verbrachte die Nächte mit Pierre Salinger in Diskussionen über amerikanische Geschichte und Politik. »Der Sinn der Reise war, ihn aufzumuntern, und ich denke, das haben wir getan«, sagte Nicole Salinger. »Seine Stimmung besserte sich. Natürlich war er ein tief verwundeter Mann. Das konnte man *spüren* … Die Reise war eine Ablenkung für ihn und es tat ihm gut, jemanden wie Pierre dabeizuhaben … Sie verbrachten Stunden miteinander, gingen auf dem Deck hin und her, redeten und argumentierten. Jackie war sehr fürsorglich und besorgt um Ari und ihre Idee, Pierre einzuladen, war einfach perfekt.«[3] Bei einer Gelegenheit aßen die Gäste an Land zu Abend, weil Jackie und Onassis zum Ausdruck gebracht hatten, dass sie allein sein wollten. »Als wir zurückkamen«, berichtete Solange, »fanden wir sie unten bei einem sehr romantischen Dinner, das war wundervoll, eine äußerst rührende Szene. Aber hinterher veränderte er sich …«

Nach der Kreuzfahrt kehrten Jackie und Onassis nach Skorpios zurück, wo Christina und Marina sich ihnen anschlossen. »Während wir da waren, verbrachte Jackie drei Tage auf der Insel«, erinnerte sich Marina. »Man kann sie mögen oder nicht, aber ich denke, sie war eine sehr eindrucksvolle Frau.« Dann nahm Onassis die Mädchen mit nach Paris, in seine Wohnung in der Avenue Foch. »Er ging jeden Abend mit uns ins Maxim's, immer an den gleichen Tisch, immer das gleiche Menü, und er tanzte abwechselnd mit uns beiden.«

Versunken in seinen jähen Schmerz, holte Onassis nicht zum Schlag gegen Jackie aus, aber als Jackie für Ostern 1973 eine weitere Kreuzfahrt in der Karibik organisierte, zu der sie Lee und ihre Kinder, Alan Jay Lerners Frau Karen und Jay Mellon einlud, einen Freund von Peter Beard und Lee, waren die Spannungen zwischen ihnen längst wieder zum Vorschein gekommen. »An Bord herrschte ständig dicke Luft, als ich da war«, erinnerte sich Jay Mellon. »Der eine wollte dies tun und der andere wollte das tun. Und dann kamen wir eines Tages nach Harbor Island in den Bahamas. Die Mädchen wollten an Land und einkaufen gehen und sich die Stadt anschauen, und das Boot war etwa, na sagen wir, vierhundert Meter vor dem Ufer verankert. Näher konnten wir nicht heran: Das Boot lag ungefähr acht Meter tief im Wasser, und um die Bahamas ist es flach – Ari sagte: ›Nein, nein, wir gehen nicht an Land, wir bleiben auf dem Schiff.‹ Und Jackie sagte: ›Ach komm, lass uns doch bitte an Land gehen.‹ Und er wurde immer ärgerlicher, dann und – ohne Scherz jetzt – passierte Folgendes: Sie zog ihren Badeanzug an, und plötzlich hörte man ein Platschen und sie war über Bord gesprungen und schwamm einfach ans Ufer, und damit hatte sich das … Und vor den Augen von fünfzig griechischen Seeleuten stand er da mit dieser Frau, die als der beste Fang der Welt galt. Er konnte sich doch vor den Augen dieser Leute nicht von dieser Frau unterkriegen lassen – damit hätte er sein Gesicht verloren. Er gab ja immer die Befehle – zum Beispiel sagte er: ›Wir machen jetzt das und das‹, und dann sagte sie irgendetwas und er legte los: ›Nein, nein, nein, jetzt nicht.‹ Er versuchte immer auf die Art die Oberhand [zu behalten], denn er hatte das Gefühl, wenn er das nicht täte, würden alle Leute auf dem Boot über ihn herziehen nach dem Motto: ›Ari ist jetzt unter dem Pantoffel von dieser Amerikanerin.‹ Er war daran gewöhnt, in jedem einzelnen Bereich ihres Lebens der Boss zu sein, und hinzu kommt, dass sie eine Amerikanerin war, also eine viel freiere Persönlichkeit als eine Griechin … Nein, sie verstanden sich wirklich nicht gut, es gab die ganze Zeit Krach …«[4]

»Wenn er sich wirklich abscheulich benahm, beklagte sie sich nie über ihn«, sagte Karen Lerner. »Er nannte sie Mami und sie machte dieses große Album über Odysseus für ihn, aber in Gestalt von Ari. Das war etwas ganz Tolles. Als sie es ihm gab – so hat jemand berichtet – diese unglaubliche Arbeit mit all den Zeichnungen, selbst gemachten Gedichten und griechischen Zitaten, sagte er: ›Ach, das ist aber nett, Mami‹, und legte es gleich unter den Tisch …«

Trotz der stillen Akte der Rebellion biss Jackie auch weiterhin vor der Welt die Zähne zusammen. Sie konnte nicht öffentlich eingestehen, dass ihre Ehe im Begriff war zu scheitern. Lieber ließ sie sich eine Menge von Onassis gefallen und gab vor, dass alles in Ordnung sei. Auf der Osterkreuzfahrt von 1973 hatten Jackie und Karen Lerner, bevor sie an Bord der Yacht gingen, mit den Wrightsmans zu Mittag gegessen. Jackie befragte die Wrightsmans über den New Yorker Arzt, den Onassis aufsuchen sollte. »Während der nächsten Tage schloss Ari sich uns an«, berichtete Karen Lerner. »Von der *Christina* aus flog er ein paar Tage nach New York, aber mehr oder weniger war er eine Woche lang bei uns. Er erzählte richtig obszöne Witze am Abendbrottisch, ich meine schmutzige Witze, Lastwagenfahrer-Witze ... Aber sie sagte immer nur: ›Ach, Ari!‹«[5]

In seinen schlimmsten Phasen legte Onassis Jackie gegenüber offene Feindseligkeit an den Tag. Aileen Mehle, die Gesellschaftskolumnistin »Suzy«, erinnerte sich an eine Szene in Gemini, dem Haus der Loel Guinness' in Florida. Jackie, Ari und die Kinder kamen von der *Christina* zum Lunch. Gloria Guinness, die einen Stammplatz auf der Liste der bestangezogenen Frauen innehatte, erschien als »umwerfende Zigeunerin«, während ihr Mann tadellos in marineblauen Blazer und Krawatte gekleidet war. Dass Onassis zerknittert wie immer erschien, verwunderte niemanden, Jackie aber hatte dem Anschein nach »die Hölle hinter sich«: »Sie trug kein Make-up, ein Baumwollkleid, das ihr nicht stand, und ein merkwürdiges Baumwollkopftuch, das, an vier Enden geknotet, ihr Haar ganz und gar bedeckte. Sich seines Publikums bewusst, drehte Onassis sich zu ihr um und schrie: ›Wie siehst du denn aus? Wie kannst du es wagen, dich so sehen zu lassen? Siehst du vielleicht Aileen und Gloria in solchem Aufzug? Was ist denn los mit dir?‹ Einen Augenblick lang huschte ein Ausdruck von Verletztheit und Traurigkeit über Jackies Gesicht, dann aber überspielte sie schnell die Situation mit einem strahlenden Lächeln. ›Ja, sehen die beiden nicht fantastisch aus?‹ Und dann fragte sie Loel ganz gelassen, ob er John am Nachmittag in seinem Hubschrauber mitnehmen würde. Beim Essen betrug Ari sich ausgelassen und trank

Rotwein in rauen Mengen, und danach stolperte er an den Strand, rollte sich wie ein Kind im Mutterleib zusammen und schlief ein.«[6]

In der Zwischenzeit zerbrach auch die Ehe der Radziwills. Lee hatte sich in Peter Beard verliebt und beschloss Anfang 1973, Stas und England den Rücken zuzukehren, zurück in die Vereinigten Staaten zu gehen und ein neues Leben zu beginnen. Im März 1973 begann Stas, der darunter litt, dass Lee ihn verlassen und Peter Beard ihn aus seiner Sicht hintergangen hatte, mit den Formalitäten für die Scheidung. »Warum ist die Prinzessin gegangen?«, fragte er wehleidig. Im selben Jahr starb sein Freund und Geschäftspartner Felix Fenston, und der Immobilienmarkt, auf dem Stas stark engagiert war, brach zusammen. Dies und der verschwenderische Lebensstil der Radziwills zwangen ihn zu einem gefährlichen Balanceakt am Rande des Bankrotts, und darüber hinaus kam eine teure Scheidung auf ihn zu. Der Zusammenbruch seiner Familie, der 1974 endgültig sein sollte, bedeutete den Anfang vom Ende für ihn. Turville Grange, sein geliebtes Landhaus, das von Lee und Mongiardino mit einem Höchstmaß an teurem Geschmack eingerichtet worden war, musste verkauft werden. Die Kinder wurden aufgeteilt: Tina sollte bei ihrer Mutter in Amerika leben, während Stas das Sorgerecht für den gemeinsamen Sohn Anthony behielt. Jackie liebte Stas und verhielt sich weiterhin loyal zu ihm. Lees Biographen zufolge nahm sie, was ihre Meinung über Lees Verhalten betraf, kein Blatt vor den Mund.

Jackies eigene Position wurde zunehmend unhaltbarer. Ihr zutiefst abergläubischer Mann begann dem Gewisper zu glauben, das sich besonders durch Christina und ihren Hauptverbündeten Costa Gratsos in seiner Clique ausbreitete: Jackie bringe Unglück über ihn. Sogar Angestellte von Olympic Airways sprachen auf einmal von Jackie als der Ursache von Alexanders Tod, »*atyhya*«, »dem Fluch«. Wenn Onassis' Sekretärin Glauben geschenkt werden kann, so erzählte ihr Christina in dramatischen Worten: »Ich habe immer gewusst, dass Jackie verflucht ist. Bevor sie in unsere Familie kam, waren wir stark und gesund. Jetzt sind die Brüder Kouris tot, meine Tante Eugenie ist tot, mein Bruder ist tot, Olympic Airways entgleitet uns und mein Vater genauso. Bevor sie zu uns kam, war sie bei ihrem amerikanischen Mann, als er starb ... jetzt ist die Verfluchte ein Teil von unserer Familie und binnen kurzem wird sie uns alle umgebracht haben ...«[7] Regelmäßig wiederholte sie diese Worte vor ihrem Vater, der ihr zu Anfang den Mund verbot, damit jedoch bald aufhörte.

Gratsos, der inzwischen wieder in enger Beziehung zu Onassis stand und sich stets als Jackies Feind betrachtet hatte, war unverhohlen obszön und benutzte, um sie zu beschreiben, einen abscheulichen griechischen Ausdruck, der mit »Schwarze Witwe« noch am freundlichsten übersetzt ist. Ari selbst begann verächtlich von ihr als »der Witwe« zu sprechen. Wenn er sie sarkastisch »Mami« nannte, bezog er sich damit auf ihre Liebe zu ihren Kindern und tat es in der Absicht, sie zu verletzen. Nichts, was Jackie oder jemand anders hätte tun können, tröstete ihn über den Tod von Alexander hinweg. Sein Schmerz wurde noch verstärkt durch die Schuldgefühle, weil er als Vater versagt hatte, oder durch das klassisch griechische Gefühl, vom Schicksal gestraft worden zu sein. Dies höhlte sein Selbstvertrauen und seinen Lebenswillen aus. Er verhielt sich zunehmend morbider. Auf Skorpios zog er Nacht für Nacht mit einer Flasche Ouzo und zwei Gläsern zu Alexanders Grab, schenkte eines für sich und eines für seinen Sohn ein und saß dort, weinend und ins Gespräch mit Alexander vertieft. Von Zeit zu Zeit lud er entweder Jackie oder Artemis und ihren Mann ein, beim Mausoleum mit ihm zu Mittag zu essen, setzte sich an den mit Leinentischtuch, Silber und Glas gedeckten Tisch und trank auf das Wohl seines Sohnes.

Im Herzen empfand Onassis keinen Hass auf Jackie. Im volltrunkenen Zustand ließ er seinen Zorn an ihr aus, nicht nur über das, was geschehen war, sondern auch über das, was nie geschehen konnte. Er wollte, dass sie seine griechische Ehefrau war und ihm wie die Callas auf Abruf zur Verfügung stand. Er hasste ihre Hingabe an ihre Kinder, bei der seine eigenen Wünsche außen vor blieben. Er hasste den Kennedy-Teil ihres Lebens, die ständige Erinnerung an ihren ersten Mann, die Jahrestage und Gedenkstätten, womöglich sogar, dass sie, wenn sie spät in der Nacht mit engen Freundinnen auf der *Christina* Rosé-Champagner trank, das Attentat wieder und wieder durchging und dabei mit der Hand den Bogen beschrieb, in dem das Bruchstück von Jacks Schädel geflogen war.

Auch wenn er und seine Clique von Jackie gern als von der »Goldgräberin« sprachen, war er, sieht man von den üppigen Geschenken während der ersten Jahre einmal ab, gemessen an seinem Reichtum ihr gegenüber finanziell nicht großzügig gewesen. Jackie hatte Meyers Anerbieten, eine voreheliche Übereinkunft aufzusetzen, zurückgewiesen. Durch ihre Heirat mit Onassis hatte sie Ansprüche auf die Kennedy-Fonds verwirkt und war somit finanziell von ihm abhängig, abgesehen von den zwei Millionen Dollar in Obligationen, die er ihr zur Hochzeit geschenkt hatte – nach seinen Maßstäben wohl kaum ein Vermögen. Die Schmuckstücke, die sie trug, hatte er ihr in prahlerischer Weise geschenkt, um sein Ansehen zu verbessern. Über die Wohnung in der Fifth Avenue hinaus besaß sie keine eigenen Immobilien, und er hatte sich geweigert, ihr das Landhaus zu kaufen, um das sie ihn dringend gebeten hatte. Er behielt in Gelddingen die Macht über sie in der Hand, indem er ihre monatlichen Rechnungen für Kleider und Einrichtung bezahlte und sich dann über ihre Verschwendung beklagte. Dass sie wie alle reichen oder auch weniger reichen Frauen Kleider, die sie nicht mehr mochte, verkaufte, um sich jenseits seiner finanziellen Kontrolle Geld für neue zu beschaffen, bezeichnete er als »Betrug«. Für Onassis war Geld die Quelle seiner Kraft wie für Samson sein Haar, und niemand als er selbst durfte daran rühren. Gern prahlte er, er werde mit nichts als den Kleidern am Leib sterben: Durch das komplizierte Netz aus Begünstigten, Investmentfonds in Steueroasen und anderen Steuertricks, das er ausgeheckt und dessen Einzelheiten er im Kopf bewahrte, könne nichts bis zu ihm zurückverfolgt werden.

Zeichen der Sterblichkeit hatten ihn bereits umgeben, bevor Alexanders Tod ihm den endgültigen, fatalen Schlag versetzte. Sein unmäßiges Trinken beeinträchtigte seine Fähigkeit als Geschäftsmann und erst recht die als Ehemann. Er war ein kranker Mann. Immer fester wurde er in seinem Entschluss, Jackie, wenn sie sich im Leben nicht seinem Willen fügte, von seinem Tod nicht profitieren zu lassen. Nicht einmal das, was ihr nach griechischem Gesetz zustand, sollte sie bekommen.

Um sein Ziel zu erreichen, unternahm Onassis zwei definitive Schritte: Er setzte – um dem griechischen Gesetz zu entsprechen – ein handgeschriebenes Testament auf. Es war lediglich das letzte einer ganzen Reihe, die sein Anwalt Stelio Papadimitriou im Laufe des Vorjahres in seinem Auftrag aufgesetzt hatte, und es war alles andere als großzügig, wenn man bedachte, dass er ein schwerreicher Mann war, dass die Ehe fünf Jahre lang gedauert hatte, dass er seine Frau von Anfang an mit der Callas betrogen und dass Jackie ihm das nie mit gleicher Münze heimgezahlt hatte. Nach den Bedingungen des Testaments sollte Jackie ein lebenslanges Einkommen von jährlich $ 100 000 Dollar erhalten, wobei $ 25 000 Dollar jährlich bis zu deren einundzwanzigsten Geburtstagen John und Caroline zugedacht waren, Summen, die danach Jackies Einkommen hinzugefügt werden sollten. Zusätzlich würden Jackie in Partnerschaft mit Christina fünfundzwanzig Prozent der Yacht und der Insel Skorpios gehören, vorausgesetzt, sie trüge den entsprechenden Anteil an den nicht unerheblichen Unterhaltskosten. Sollte sie das Testament anfechten, so hätte sie ihr jährliches Einkommen damit unverzüglich verwirkt, und Onassis' Testamentsvollstrecker und Erben waren angewiesen, ihr »durch alle gesetzlich möglichen Instanzen« Widerstand zu leisten.[8] Laut Papadimitriou hatte Onassis ein Spiel gespielt, indem er ihn während der vergangenen zwei Jahre wieder und wieder Scheidungsverträge hatte aufsetzen lassen, und Jackie war sich dessen bewusst. Nicht bewusst war sie sich jedoch der Existenz des Testaments, das Onassis noch nicht unterzeichnet hatte, sowie der weiteren Schritte, die er unternehmen würde, um ihr nach griechischem Gesetz bestehendes Anrecht auf 12,5 Prozent seines Vermögens zu annullieren und die Verzichtserklärung in Kraft zu setzen, die sie so gutgläubig unterzeichnet hatte.

Onassis steckte das noch nicht unterzeichnete Testament ein und flog zu Neujahr 1974 zu Jackie nach Acapulco, wo sie und Jack vor etwas mehr als zwanzig Jahren ihre Hochzeitsreise begonnen hatten. Falls Jackie dies als romantischen Urlaub geplant hatte, so endete es in einer Katastrophe. Auf dem Rückflug in ihrem Privatflugzeug, nach einem Streit über Jackies Pläne, in Acapulco ein Haus zu bauen, in dessen Verlauf sie ihm ein paar unangenehme Wahrheiten sagte, unterschrieb er das Testament. Artikel 14 des Dokuments führte speziell aus: »Jede vorausgehende von mir aufgesetzte Willenserklärung wird durch die vorliegende außer Kraft gesetzt, welche ich persönlich von Anfang bis Ende in New York, oder genauer im Privatflugzeug Lear auf dem Weg von Acapulco, Mexiko, nach New York, am Donnerstag laufender Woche, in den Stunden zwischen 16 Uhr und 22 Uhr, am dritten Tag des Monats Januar im Jahre 1974 verfasst habe.«

Am 14. Januar 1974 schrieb er Christina einen Brief, in dem er ihr mitteilte, er habe ein Testament unterzeichnet, und sie aufforderte, die Verfügungen desselben zu vollstrecken. In für ihn typischer Weise riet er ihr außerdem, es nicht zu veröffentlichen, da dies Steuerprobleme zur Folge haben könnte. Sollten die hinzuzuziehenden Onassis-Berater, die er namentlich nannte, jedoch bestätigen, dass sie sich darüber im Klaren seien, so habe sie, falls sie es vorziehe, das Testament beglaubigen zu lassen, seine Einwilligung für eine Veröffentlichung.[9]

Im Juni desselben Jahres nahm er den zweiten Schritt in Angriff, den Ausschluss Jackies von ihren gesetzlichen Ansprüchen. Auf seinen Wunsch hin erließen seine Freunde, die Regierung der griechischen »Obristen«, ein spezielles Gesetz. Von Jackies Rechtsberatern mit dem Beinamen »Lex Onassis« belegt, trug es offiziell den Titel »Regulierung gewisser Angelegenheiten griechischer Staatsangehöriger mit Wohnsitz im Ausland«. Die Absicht, die Onassis mit der »Lex Onassis« verfolgte, war die Gültigkeit der Verzichtserklärung zu erreichen, zu deren Unterzeichnung er Jackie 1972 bewegt hatte und deren Rechtskraft zweifelhaft war. Die Verzichtserklärung würde ihm das Recht geben, ihr zu hinterlassen, was ihm gefiel und was er jetzt im

Testament festgelegt hatte. Das Gesetz von Juni 1974 besagte, dass im Ausland geschlossene Vereinbarungen auf privater oder notarieller Basis (d. h. die Verzichtserklärung vom November 1972) zwischen Personen, welche die Absicht hatten, miteinander eine Ehe einzugehen, oder zwischen denen eine solche Ehe bereits bestand und von denen der eine griechischer Staatsbürger (d. h. Onassis), der andere aber Staatsbürger einer anderen Nation (d. h. Jackie) war, die jedoch beide zum Zeitpunkt der Vereinbarung ihren Wohnsitz im Ausland hatten (beide befanden sich in New York), Rechtsgültigkeit erlangten, sofern durch die betreffende Vereinbarung der ausländische Partner Erbansprüche am Besitz des griechischen Partners abtritt. Dieses Gesetz, so hoffte Onassis, würde es Jackie unmöglich machen, die Verfügungen seines Testaments vom Januar anzufechten.

Erbarmungslos schien sich für ihn eine Katastrophe an die nächste zu reihen. Der vierte arabisch-israelische Krieg und die Entscheidung der arabischen Ölproduzenten im Herbst 1973, ihre Ölpreise zu erhöhen, hatten das Geschäft mit Tankern empfindlich getroffen, und die darauf folgende schwere Rezession sollte Stas' Immobiliengeschäft zerstören. In ähnlicher Weise ging es mit Olympic Airways bergab. Was das Privatleben der Onassis-Familie betraf, so verschlimmerten sich die Dinge zusehends. Im August nahm Christina, anstatt nach Skorpios zu fahren, in London eine Überdosis Schlaftabletten, wurde aber noch rechtzeitig ins Middlesex Hospital eingeliefert. Tina flog hin, um bei ihr zu sein. Onassis wurde nicht informiert, ehe sie sich erholt hatte. Keine zwei Monate später wurde Tina selbst in ihrem Schlafzimmer in Niarchos' Haus in Paris tot aufgefunden. Ihr Körper wies keine Spuren von Gewaltanwendung auf. Nach einer Autopsie, welche die argwöhnische Christina verlangt hatte, wurde ein »akutes Lungenödem« als Todesursache angegeben. Das Elend, das Tina in ihrer Ehe durchgemacht hatte, mochte jedoch zu ihrem Tod beigetragen haben: Sie hatte zu viel geraucht und getrunken. »Ihr Leben mit Mr. Niarchos war am Ende ein einziges Elend«, sagte Christinas beste Freundin. »Sie war am Ende alles andere als glücklich mit Niarchos.«[10]

Einige Wochen nach Tinas Tod verschlechterte sich Onassis' eigener Gesundheitszustand abrupt und er musste in ein New Yorker Krankenhaus eingeliefert werden. Die dort erstellte Diagnose ergab, dass er an Myasthenie gravis pseudoparalytica litt, einer unheilbaren Krankheit, die man sich offenbar durch Stress, Alkohol und Erschöpfung zuzog. Die Callas befand sich auf einer Tournee durch Japan, als sie die Nachricht erhielt. »Er hat Angst, ins Krankenhaus zu gehen, weil er fürchtet, sie lassen ihn nie wieder hinaus«, erzählte sie ihrem Begleiter John Sutherland. »Er muss wissen, dass ich an ihn denke, aber ich kann ihn nicht anrufen oder wenigstens ein Telegramm schicken, weil das sofort in allen Zeitungen stehen würde ... Zwischen uns herrscht ein grundlegendes Einverständnis«, fuhr sie fort. »Er kann mit mir über seine geschäftlichen Probleme sprechen und weiß, in meinem Haus steht immer sein Lieblingschampagner bereit.« Eine Zeit lang hing sie ihren Erinnerungen nach, berichtete Sutherland, und erwähnte sogar die »Goldgräberin«: »Sie versteht ihn nicht, sie war nie die Richtige für ihn. Einen Mann glücklich zu machen ist harte Arbeit. Sie ist zu oft weg. Sie hat versucht, seine ganze Lebensweise zu ändern, versucht alles neu einzurichten. Es ist, als nehme sie ihm seine Vergangenheit. Ich habe das nie getan ...«[11] Kurz darauf trat die Callas am 11. November 1974 zum letzten Mal öffentlich auf.

Auch Onassis' Karriere stand vor ihrem Ende. Sein Gesicht war von der Kortisonbehandlung geschwollen, die der abnehmenden Adrenalinproduktion entgegenwirken sollte, seine herabhängenden Lider wurden hinter dunklen Brillengläsern mit Pflastern gehalten, als er auf eigenen Wunsch aus dem Krankenhaus entlassen wurde. Am selben Tag erhielt er die Nachricht, der Cashflow der Olympic Airways sei auf ein Niveau gesunken, auf dem die Linienflüge nicht mehr in gleicher Stärke aufrechterhalten werden konnten. Bereits zuvor hatte er erfahren, dass seine Pläne zum Bau einer Ölraffinerie in New Hampshire abgelehnt worden waren. In Griechenland waren seine Freunde von der Junta durch eine demokratisch gewählte Regierung unter der Führung eines alten Bekannten, Konstantin Karamanlis, abgelöst worden. Gegen den Rat seines Arztes flog Onassis im Dezember nach Athen, um über Regierungsunterstützung für Olympic zu verhandeln. Ihm schien nicht klar zu sein, dass er als enger Verbündeter der nun geächteten Junta bei der neuen Regierung aus dem Rennen war. »Er hatte jegliches Gespür verloren«, erinnerte sich ein Mitarbeiter. »Er hatte ausgespielt. Sein Name hatte einst in Athen wie eine Zauberformel gewirkt, jetzt aber war seine Welt auf den Kopf gestellt worden.«[12] Am 15. Januar 1975 wurde Olympic, die sich beinahe zwanzig Jahre lang in Onassis' Besitz befunden hatte, an die Regierung zurückverkauft. Der Schlag, den dies seinem Sinn für Prestige versetzte, war unermesslich. Es schien ihm, als habe er nichts mehr zu verlieren.

Jackies Beziehung zu ihrem Mann befand sich ebenfalls in einem Dauertief, das so weit reichte, dass sie ihn diesmal nicht nach Athen begleitete, sondern stattdessen mit John zum Skilaufen nach Crans-sur-Sierre fuhr. Sie nahm zu Onassis' geschäftlichen Operationen die gleiche Haltung ein, die sie auch Jacks ununterbrochenen Kampagnen gegenüber an den Tag gelegt hatte. Doch an diesem kritischen Punkt bei seinen Geschäften hätte ihre Anwesenheit ihm sowohl persönlich als auch in Hinblick auf die Öffentlichkeitswirkung möglicherweise helfen können. Es schien ihr egal zu sein. Sie kehrte nicht zu ihm zurück, bis sie von Christina aus Glyfada die Nachricht erhielt, er sei am 3. Februar mit heftigen Unterleibsschmerzen zusammengebrochen. Christina hatte außerdem Professor Jean Caroli verständigt, einen Gastroenterologen in Paris, sowie den New Yorker Herzspezialisten Dr. Isadore Rosenfeld, der mit Jackie nach Athen flog. In Glyfada herrschte erhebliche Uneinigkeit unter den Spezialisten darüber, wie und wo Onassis behandelt werden sollte. Caroli wollte ihm im amerikanischen Krankenhaus von Paris die Gallenblase entfernen lassen, Rosenfeld hielt ihn für zu schwach für eine große Operation und empfahl, ihn zur Behandlung nach New York zu fliegen. Christina, die offenbar in der Hauptsache das Sagen hatte, was die Behandlung ihres Vaters betraf, entschied sich schließlich gemeinsam mit Artemis für Caroli und Paris.

Am 6. Februar flog Jackie mit Onassis nach Paris. Er war

nicht einmal kräftig genug gewesen, bis zu dem Wagen zu gehen, der sie zum Flughafen fuhr. Stattdessen wurde er von seinem loyalen Butler hinuntergetragen und in den wartenden Cadillac gesetzt. In Paris unternahm er, flankiert von Christina und Jackie, die ungeheure Anstrengung, an den Reihen der Fotografen vorbei selbst bis in die Avenue Foch 88 zu gehen, um, wie sich herausstellte, zum letzten Mal eine Nacht dort zu verbringen.

Obwohl Jackie und Christina in der Öffentlichkeit gemeinsam auftraten, hielten sie privat Abstand. Während Jackie die Nacht in der Avenue Foch verbrachte, zog Christina ins Hotel Plaza Atheneé. Am folgenden Tag begleiteten sie Onassis, wiederum umringt von Journalisten und sogar Fernsehkameraleuten, ins amerikanische Krankenhaus. Dort entschieden sich die Ärzte, ihm die Gallenblase zu entfernen.

Nach der Operation am 10. Februar ließen seine Kräfte dramatisch nach. Für die nächsten fünf Tage musste er künstlich beatmet und intravenös ernährt werden, derweil er allmählich starb. Jackie flog zwischen New York und Paris hin und her, um bei ihm zu sein. Artemis, deren Mann daheim in Griechenland erkrankt war, flog zwischen Athen und Paris hin und her. Seine zwei Halbschwestern Merope und Kalliroi trafen ein und wurden in der Avenue Foch einquartiert. In dem Wissen, dass dies ihrem Vater Freude machen würde, hatte Christina eingewilligt, Peter John Goulandris, seinen alten Freund aus einer wohl bekannten griechischen Reeder-Familie, zu heiraten. In einem klaren Moment erteilte Onassis ihrer Verlobung seinen Segen.

Während Jackie sich im Februar in Paris aufhielt, stieß Caroline zu ihr, die für Karen Lerner an einer NBC-Dokumentation über Adnan Kashoggi arbeitete. »Ich führte ohne Kamera ein Interview mit Kashoggi in einem Haus nahe der Plaza Athenée«, berichtete Karen. »Jackie traf Kashoggi und sofort behaupteten Berichte in der Boulevardpresse, sie hätte etwas mit ihm … Christina lud uns zum Dinner in L'Orangerie ein, Caroline, mich und Jackie. Die Crew kam auch mit – der Toningenieur, der Kameramann und Caroline war in unserer Crew für die Elektronik zuständig!« Zu jener Zeit spürte Karen von Christinas Seite aus keine Feindseligkeit gegen Jackie: »Sie wusste sowieso, wie man sich als gute Gastgeberin benahm.«[13]

Einer Frau war es nicht gestattet, an Onassis' Krankenbett zu eilen: Maria Callas. Die griechische Mittelschicht-Moral schob dem einen Riegel vor: Artemis, die sowieso nie eine Freundin der Callas gewesen war, befürchtete, dass ein Besuch der Callas zu Presseberichten führen und als Affront gegen Jackie aufgefasst werden würde. Die Callas erhielt jedoch tägliche Berichte durch einen Freund, Vasso Devetzi, dessen Mutter auf der gleichen Station wie Onassis behandelt wurde. Nur ein einziges Mal gelang es ihr, sich unerkannt ins Krankenhaus zu schmuggeln. Am 10. März konnte sie die Situation nicht länger ertragen und floh nach Palm Beach.

In derselben Woche entschloss sich auch Jackie, nach New York abzureisen. Ihr war klar, dass Onassis nicht wieder genesen würde. Sie hatte jedoch von den Ärzten die Auskunft erhalten, sein Zustand habe sich stabilisiert und es sei unwahrscheinlich, dass er in naher Zukunft sterben werde. Die Ausstrahlung von Carolines NBC-Sendung war für den 16. März angesetzt. Am Abend wollte Jackie eine kleine Dinnerparty für die Beteiligten geben. Beim Eintreffen in New York rief sie Artemis an und erhielt die Auskunft, Aris Zustand sei unverändert.

Christina wich während der gesamten Dauer seines Krankenhausaufenthalts nicht von der Seite ihres Vaters. Endlich hatte sie ihn ganz für sich und sie war nicht bereit, ihn mit Jackie zu teilen. Einer Quelle nach wies sie die Ärzte an, niemandem zu sagen, dass er im Sterben lag, sodass Jackie sich noch in New York befand, als Artemis sie anrief und drängte, nach Paris zurückzukommen. Am nächsten Morgen rief Artemis, derweil Jackie sich für die Abreise vorbereitete, erneut an, um ihr mitzuteilen, dass er gestorben war. Aristoteles Onassis starb am 15. März 1975. Von der gesamten Familie war am Ende nur Christina bei ihm. Nachdem er gestorben war, unternahm sie einen Versuch, sich die Pulsadern aufzuschneiden, wurde aber von einem aufmerksamen Arzt gerettet.

Karen Lerner wohnte für eine Woche in Jackies Wohnung in

der 1040 und schlief in Onassis' Bett in dem Zimmer neben Jackies. »Am Morgen des 15. März kam sie herein und sagte: ›Ari ist gestorben.‹ Bekanntermaßen erntete sie scharfe Kritik dafür, dass sie in New York und nicht an seinem Totenbett war, aber in New York war sie, weil sie an dem Tag, an dem dieses kleine Programm ausgestrahlt wurde, eine Party für Caroline geben wollte. Deshalb hatte sie den NBC-Produzenten meiner Sendung, den Cutter und meinen Chef, den Leiter einer Dokumentarabteilung, eingeladen. Zu diesem kleinen Dinner waren nur acht oder neun Leute eingeladen und sie sagte: ›Ich fahre nach Paris, bitte bleib du hier und spiel die Gastgeberin, ich möchte nicht, dass dies durch irgendetwas gestört wird – es ist für Caroline und ich will, dass es stattfindet.‹«[14]

Jackies Abwesenheit vom Totenbett ihres Mannes hinterließ den denkbar schlechtesten Eindruck in der Öffentlichkeit und verschaffte ihren Feinden im Onassis-Lager neue Munition. Im Widerspruch zu den meisten Berichten gehörten Artemis, Merope und Kalliroi nicht dazu. Artemis war stets Jackies loyalster Beistand gewesen und blieb es auch. Geschichten, Jackie sei von den Onassis-Frauen verbannt worden, sind schlicht unzutreffend. Jetzt aber war sie mehr als je zuvor eine Außenseiterin in Griechenland. Am nächsten Tag traf sie auf dem Flughafen von Aktion bei Skorpios ein und wartete, mit einem schwarzen Rollkragenpullover, einem Lederrock und einem schweren Trenchcoat aus Leder bekleidet, gemeinsam mit Teddy Kennedy und ihren drei Schwägerinnen auf den Leichnam ihres Mannes, der von Christina begleitet wurde. Nun war sie das Familienoberhaupt und die Herrin über das Onassis-Imperium. Als sie vortrat, um Christina zu begrüßen, klickten die Kameras der Fotografen. Hinter ihrem Markenzeichen, der riesigen, dunklen Sonnenbrille, war nur ein breites, erstarrtes Lächeln sichtbar, das beinahe zum automatischen Reflex geworden war. Dieses Lächeln und ihre auf forsche Art modischen, doch zwanglosen Kleider übermittelten prompt ein falsches Signal an die Menge der Zuschauer. Sie erschien grimmig, eisig, unnahbar, lieblos und von dem Bild der würdevollen, trauernden Witwe auf John F. Kennedys Begräbnis so weit entfernt wie nur irgend möglich. Trotz ihrer Berühmtheit war sie nicht länger die erste Dame. Diese Rolle kam jetzt Christina zu.

Und wie am Totenbett Alexanders zeigte sich auch auf Onassis' Begräbnis Jackies harte Seite auf unangemessene Weise. Von Teddy geleitet, gelangte sie in den vordersten Wagen, der sie in das Fischerdorf Nidri bringen sollte, von wo aus Onassis' Leichnam auf dem Seeweg nach Skorpios gebracht wurde. Mit ihr im Wagen saß die schmerzerfüllte Christina. Plötzlich hielt der Wagen an, Christina sprang heraus und rannte zum Wagen ihrer Tanten direkt dahinter. Den Grund für diese Überraschungsaktion erklärte sie Marina Dodero nach dem Begräbnis: Teddy hatte sich zu ihr nach vorn gebeugt und gefragt: »Und was ist jetzt mit dem Geld?« Teddy war damit herausgeplatzt, aber er hätte es wohl kaum ohne Jackies vorheriges Einverständnis getan.[15]

An einem grauen, stürmischen Wintertag wurde Onassis' Sarg auf Skorpios neben dem von Alexander in die Erde gesenkt. Von den fünf Onassis-Frauen war Jackie die Einzige, die nicht weinte, als ihr Mann, mit dem sie beinahe sieben Jahre lang verheiratet gewesen war, in der Kirche bestattet wurde, in der ihre Hochzeit stattgefunden hatte. Gemurmel von *atyhya*, dem Fluch, wurden unter den Trauergästen laut. Jackie dachte voll Bitterkeit an den Verlauf ihrer Ehe und stand dort in dem Wissen, dass er die Pläne für die Scheidung von ihr bereits fertig vorbereitet hatte. Ihr Gefühl der Traurigkeit und des Versagens war überwältigend.[16] Aber trotz der Art und Weise, in der er sie in den späteren gemeinsamen Jahren behandelt hatte, hörte man später von ihr nie ein Wort der Kritik über ihn, sondern ausschließlich Äußerungen großer Zuneigung. Am Tag der Beerdigung schwor sie Christina, dass sie den Namen Onassis für immer tragen werde. Zweimal innerhalb dieses Jahres kehrte sie nach Skorpios zurück, einmal zum Gedenkgottesdienst, der das Ende der vierzigtägigen Trauerperiode nach Aris Tod markierte, doch im Grunde war ihr Leben in Griechenland vorüber.

Nahezu einen Monat nach der Bestattung brachte die *New York Times* am 18. April die Nachricht heraus, Onassis habe geplant, sich von Jackie scheiden lassen, und Christina hege, so der Bericht, »Gefühle bitterer Feindschaft gegen Mrs. Onassis«.

Jackie war sehr erschüttert, rief Christina an und bat sie, dies öffentlich zurückzuweisen. Um des Friedens willen kam Christina dem nach, aber der Bericht entsprach der Wahrheit. Ein Scheidungsantrag war aufgesetzt worden, und sie hegte in der Tat »Gefühle bitterer Feindschaft« gegen ihre frühere Stiefmutter. »Der Scheidungsantrag hat definitiv existiert, dafür verbürge ich mich«[17], hieß es aus einer Christina nahe stehenden Quelle. »Er wurde gerade in die Wege geleitet, war so gut wie fertig, aber ich glaube, er war ihr noch nicht zugestellt worden, und dadurch kam es zu all den Verwicklungen später bei den Verhandlungen ... Man könnte sagen, es war *de facto* eine Scheidung, aber *de jure* war es eben noch keine ...« Christinas Gefühle Jackie gegenüber waren, wenn dies überhaupt möglich war, noch bitterer geworden. Aus ihrer Sicht war ihr Vater von Jackie »benutzt, ausgenutzt« und schlecht behandelt worden, und nichts vermochte sie vom Gegenteil zu überzeugen. Dennoch wurde eine Fassade der Gemeinsamkeit aufrechterhalten, als Christina auf Druck von Artemis hin Jackie zu ihrer Hochzeit mit Alexander Andreadis nach Skorpios einlud (kurz nach Onassis' Tod hatte sich Christina gegen die Heirat mit Goulandris entschieden, den sie als vertrauten Freund, aber nicht als Ehemann betrachtete). Jackie erschien mit John jr. und bedachte Christina mit Bezeugungen von Zuneigung, doch hinter den Kulissen liefen die Verhandlungen über eine finanzielle Einigung ab.

Christina hatte durch den Tod ihres Vaters eine Verwandlung durchgemacht. Einige ihrer Neurosen schienen mit ihm begraben worden zu sein. Einer ihrer Ehemänner beschrieb sie als »sehr nett, einfühlsam und geschäftstüchtig, mit einer gutmütigen, herzlichen, typisch griechischen Persönlichkeit. Sie war ganz die Tochter ihres Vaters, doch daneben hatte sie eine weibliche Saite in sich, und das ergab die unglaublichste Mischung aus den Talenten ihres Vaters und weiblicher Intuition ... Es ist beinahe unmöglich zu begreifen, wie das Leben sein musste für dieses Mädchen, das alles zu meistern hatte, das den Bruder, den Vater und die Mutter verloren hatte und nun allein für alles verantwortlich war. Das ist ein bisschen viel Last auf einmal, um es mild auszudrücken ...«[18] Christina hatte Flair, Zähigkeit und Unsentimentalität ihres Vaters geerbt, wenn es um Geschäfte ging. Sie hatte außerdem seine Hinterlist und Geheimnistuerei geerbt sowie die Entschlossenheit, Jackie so wenig wie irgend möglich von seinem Besitz zu überlassen.

Christina und ihre Anwälte leugneten die Existenz eines Testaments und eröffneten das Verfahren, indem sie Jackie eine Abfindung von lediglich zwei bis drei Millionen Dollar anboten. Zähe Verhandlungen führten im Mai zu einer Übereinkunft, in der es unter anderem heißt: »Die Tochter und die Ehefrau erklären hiermit beide, dass nach ihrem besten Wissen und Gewissen der Vater ohne Hinterlassung eines letzten Willens verstorben ist und keine testamentarische Verfügung jedweder Art existiert, durch die der Ehefrau oder deren Kindern irgendwelche Rechte oder Wünsche zugesprochen werden.« »Ich fand es äußerst merkwürdig, dass er kein Testament hinterlassen haben sollte«, erklärte einer von Jackies Rechtsberatern. »Wir führten ziemlich intensive Verhandlungen über einen Zeitraum von vier bis fünf Wochen und kamen zu einer Einigung. Bevor die Obristen auf den Plan traten, hätte ihr [Jackie] ein Achtel von einer bestimmten Summe zugestanden. Und um die Höhe dieser Summe herauszufinden, hätten drei Generationen ihr Leben lang jeden Stein auf der Erde umdrehen müssen. Er besaß nichts, alles war in Stiftungen oder in Fonds in Steueroasen oder im Namen von Begünstigten oder was weiß ich angelegt …«[19] Die Onassis-Seite behauptete, Jackie habe eine Verzichtserklärung unterzeichnet, »die rechtsgültig sei«, worauf Jackies Seite konterte, diese sei »unter betrügerischen Umständen erstellt worden und in der Durchführung ungültig« nach New Yorker Gesetz. Dieses forderte, dass bei Abschluss einer solchen Übereinkunft »unabhängige Beratung und Kenntnis über die Fakten nachweisbar sein muss, was beides in diesem Fall nicht vorliegt«. Sie drohten, eine Klage wegen Betruges einzureichen und die Verzichtserklärung für null und nichtig erklären lassen. Jackies Anwälte durchforsteten Europa nach Onassis' Besitztümern und fanden, wie er es vorausgesagt hatte, keine sichtbaren Spuren zu seinem verborgenen Vermögen. Trotzdem übten sie weiter Druck aus, um zu einer Einigung zu gelangen.

Im Onassis-Hauptquartier in Monte Carlo fanden Sitzungen statt zwischen Jackies Vertretern Alexander Forger und William Jackson von Millbank, Tweed, Hadley und McCloy sowie für Christina Stelio Papadimitriou, assistiert von Nicolas Cokkinis, dem Geschäftsführer der Onassis-Unternehmen. Laut Papadimitriou war Christina »höllisch wütend. Sie fand, Jackie benahm sich schlecht, indem sie um einen größeren Anteil des Vermögens bat. Costa Gratsos hetzte Christina auf, drängte sie, sich Jackies Forderungen zu widersetzten. Ich aber war der Ansicht, Jackie stünde ein Stück vom Kuchen zu. Ich hatte ziemliche Kämpfe mit Christina auszustehen, die Jackie nichts geben wollte …«[20]

In Christinas Freundeskreis schlugen die Wellen der Gefühle hoch. »Im Grunde ging es um äußerst habgierige Verhandlungen auf dem Grab von Christinas Vater«, sagte einer der Freunde. Sie drängten sie, sich gegen Jackie durchzusetzen. »Wir sahen Christina ziemlich häufig, nachdem sie zur Waise geworden war«, berichtete Taki Theodoracopoulos. »Sie spielte ihre Karten höchst verdeckt aus – sie überschüttete uns nicht gerade mit Informationen – aber wir sagten zu ihr: ›Lass dir von dieser Frau keinen Mist einreden, es ist dein Geld, du schaffst das.‹ Sie [Jackie] war sieben Jahre lang mit Onassis verheiratet gewesen, er hatte eine Menge Geld für sie ausgegeben. Am Ende war er eindeutig extrem bitter ihretwegen. Roy Cohn hatte die Sache völlig versaut und sie sprachen nicht mehr miteinander, sie wollten sich scheiden lassen. Und dann natürlich, als er im Krankenhaus lag, flog sie ständig nach New York – sie kam kaum je herüber und tat es überhaupt nur, um in den Augen der Welt gut dazustehen. Deshalb haben wir alle zu ihr gesagt: ›Sag ihr, sie soll zum Teufel gehen.‹ Ich weiß nicht, was dann passierte. Irgendwie gab sie nach. Christina wollte keinen Streit in der Öffentlichkeit.«[21] Laut Papadimitriou geschah Folgendes: Er kämpfte darum, Christina davon zu überzeugen, dass Jackies Forderungen unter den gegebenen Umständen berechtigt waren: »Wir einigten uns schließlich auf eine vernünftige Summe, einen Bruchteil dessen, was Jackie zugesprochen worden wäre, wenn die das Pflichtteil betreffenden Bestimmungen des griechischen Erbrechts vor der Gesetzesänderung zur Anwendung gekommen wären ...«[22]

Nach den Bestimmungen des Übereinkommens erhielt Jackie mehr als zwanzig Millionen Dollar (worauf Vermögenssteuern entfielen), von denen $ 500 000 an ihre Anwälte gingen. Das Übereinkommen wurde am 7. Mai 1975 unterzeichnet. Doch wo es um die Geschäfte Onassis' ging, war nichts so einfach, wie es schien. Vier Wochen später tauchte zur Überraschung von Jackies Seite Onassis' Testament auf und wurde beglaubigt. Einige Leute vermuteten eine Intrige oder eine Erbschaftsstreitigkeit, an der Christina und ein weiteres Mitglied des Onassis-Kreises beteiligt waren, und dies führte schließlich zur Veröffentlichung. Jackies Anwälte nahmen sofort telefonisch Kontakt mit Christinas Vertretern auf: »Man stelle sich das mal vor, wir alle sind davon ausgegangen, dass kein Testament existiert, und wo ist das nun auf einmal hergekommen?« Die griechische Antwort lautete in ihrer Kernaussage: »Sie haben doch Ihre Einigung. Jetzt ziehen Sie Leine.«

Jackies Anwälte aber zogen nicht Leine. Gestärkt durch die Ansicht eines griechischen Beraters, die Lex Onassis könne als »verfassungswidrig« angefochten werden, und in der Überzeugung, das vorhergehende Übereinkommen sei durch krasse Fehlinterpretation beeinflusst worden, befanden sie sich in einer guten Ausgangsposition. Das mysteriöse Auftauchen des Testaments verlieh ihnen sogar noch ein weiteres Druckmittel. »Ich sagte«, erinnerte sich einer der Anwälte, »wenn ich gewusst hätte, dass das Testament ihr $ 200 000 pro Jahr etc. zuspricht, hätte ich mich noch nachdrücklicher darum bemüht, die Verzichtserklärung anzufechten und einen größeren Anteil des Besitzes auszuhandeln. Daher schäme ich mich nicht, diese Forderung zu stellen, und wenn Sie sich dem widersetzen möchten, können wir es gerne über die Presse tun ...«[23]

Zwei weitere Jahre waren nötig, um ein neues Übereinkommen auszuhandeln, das am 5. Oktober 1977 endlich abgeschlossen wurde. Jackie sollte das für sie vorgesehene Einkommen, ungeachtet ihres Verzichts auf alle Forderungen in dem Übereinkommen von 1975, für den Rest ihres Lebens erhalten.

Caroline und John würden ihre Zahlungen über $ 25 000 jährlich bekommen, bis diese nach ihrem einundzwanzigsten Geburtstag an Jackie übergingen. Alle Zahlungen sollten an die Inflationsrate gekoppelt werden. Jackie verzichtete auf ihren fünfundzwanzigprozentigen Anteil an Skorpios und der Yacht *Christina* sowie auf ihren Platz im Vorstand der Onassis-Stiftung, mit dem eine prozentuale Gewinnbeteiligung, eine Renten- und Krankenversicherung verbunden waren. Christina berichtete ihren Vertrauten, die Verhandlungen seien »gierig, gierig, gierig« verlaufen, »schlechte Publicity gegen Bargeld auf die Hand«.[24]

Christina stellte Jackie als »gierig« dar – die Anwälte aber, die auf beiden Seiten an den Verhandlungen beteiligt gewesen waren, schlossen sich dem nicht an. Sie hatte Onassis ohne jede Bedingung geheiratet und sich geweigert, sich »zu verkaufen«. Sein »Hochzeitsgeschenk« über zwei Millionen Dollar als Entschädigung für das, was sie an Ansprüchen aus den Kennedy-Fonds verloren hatte, war nur ein Klacks gemessen an einem Vermögen, das sich nach Schätzungen, sofern solche überhaupt möglich waren, auf mehr als fünfhundert Millionen Dollar belief. Dank ihm hatte sie die Privatsphäre und angeblich auch die Freiheit gewonnen, nach der sie sich sehnte, aber dies bedeutete in keiner Weise finanzielle Unabhängigkeit. Seine Gründe für die Heirat mit ihr waren zynischer als die ihren gewesen. Er sah in ihr als Ehefrau die ultimative Trophäe, den krönenden Sieg in seinem Trojanischen Krieg gegen Niarchos. Für sie war er nicht nur eine sichere Zuflucht aus einem gewalttätigen Amerika in eine mediterrane Fantasie gewesen, sondern, was noch weit wichtiger war, der ideale väterliche Liebhaber, der sie beschützen und körperlich befriedigen würde. Am Ende waren beide desillusioniert. Onassis, der nach einer Kleinmädchen-Ehefrau wie Tina mit dem leidenschaftlichen, doch fügsamen Charakter der Maria Callas suchte, hatte verborgen hinter einer Kleinmädchen-Fassade einen wahrhaft unabhängigen Geist gefunden. Obgleich Jackie sich – sogar bis zur Heldenhaftigkeit – in der Öffentlichkeit gut benahm, fand sie sich mehr und mehr allein und ihre Sexualität wie ihre intellektuellen Fähigkeiten verunglimpft oder ignoriert. In erster Linie war sie für ihre Kennedy-Kinder verantwortlich gewesen, doch Onassis, der seine eigenen Kinder nie in einem solchen Licht gesehen hatte, war nicht in der Lage, ihre geteilte Loyalität zu akzeptieren.

Nach Aris Tod hatte Jackie bei ihrer Ankunft aus Amerika auf dem Flughafen Orly vor der versammelten Presse ein zwar bereinigtes, aber großzügiges Epitaph für ihre Ehe verlesen: »Aristoteles Onassis kam in einem Augenblick zu meiner Rettung, in dem mein Leben von Schatten verdunkelt war. Er hat mir viel bedeutet. Er brachte mich in eine Welt, in der sich sowohl Glück als auch Liebe finden lassen. Wir teilten zahlreiche schöne Erlebnisse miteinander, die unvergesslich bleiben und für die ich auf ewig dankbar sein werde.«

Emotional hatte Jackies zweite Ehe eine Menge gekostet. Psychisch und finanziell aber hatte sie ihr die Kraft – und die Mittel – verliehen, in ihre geistige Heimat New York zurückzukehren.

21
New York – ein neues Leben

»Sie wurde eine echte New Yorkerin. Sie verließ das Haus, in dem sie wohnte, und winkte einem gelben Taxi. Sie wollte einfach ein gewöhnlicher Mensch sein. Klatsch liebte sie, all die Neuigkeiten, die im Umlauf waren, besonders über eine bestimmte Gruppe von Menschen …«
John Fairchild[1]

Trotz ihrer europäischen Politur war Jackie durch und durch eine New Yorkerin. Die Stadt war ihr Zuhause. Sie hatte den größten Teil ihres Lebens dort verbracht, und die Wohnung in der 1040 war seit 1964 ihre Basis gewesen. Sie genoss das temporeiche Leben in dieser Stadt, die relative Anonymität, die sie bieten konnte, und auf der anderen Seite die Gelegenheiten, eine führende Rolle zu spielen. Sie war ihre natürliche Bühne, die Kulisse ihres Lebens. Hier konnte sie ihre wahre Persönlichkeit entwickeln, ihre eigene sorgsam geschmiedete Erfindung, nicht länger nur eine Kennedy oder Onassis, sondern ihr ureigenes Selbst.

»Sie war eine Schauspielerin und sie liebte es aufzutreten«, sagte Jay Mellon. »Fast alles, was sie tat, geschah mit irgendeinem Vorsatz. Mit einem leicht dramatischen, theatralischen Vorsatz, den sie enorm genoss. Ich begegnete ihr zum ersten Mal im Spanischen Institut … Es waren etwa hundert Leute da, die was weiß ich wie viel bezahlt hatten, und plötzlich war sie da und ich sah hinüber zum Ende des Saales. Sie erschien in der Mitte des Torbogens, der in den Saal führte, und blieb bewegungslos dort stehen, schön angezogen und einfach absolut stockstill. Für eine lange Zeit sah sie sich nur um und dann – es war alles in Szene gesetzt, alles durchstilisiert – ging sie ein paar

Schritte vor. Sie genoss jede Minute davon – sie sah sich selbst zu, während sie es tat ... Es weckte in mir eine gewisse Neugier, ich wollte wissen, wie sie funkionierte.«[2]

Für Menschen, die Wert auf Publicity legen, ist New York der Mittelpunkt der Welt und der Mittelpunkt New Yorks war Jackie. Publicity kann eine Selbstbestätigung sein, wie der Blick in den Spiegel, der einem das Bild vor Augen führt, das man von sich selbst hat, und für Jackie – wie für alle Prominenten – war es ein sorgsam kultiviertes Bild, das zu kontrollieren sie entschlossen war – wie der New Yorker Fotograf Ron Galella auf seine eigenen Kosten hatte entdecken müssen. Nichts an ihr war so widersprüchlich wie ihre Einstellung zu Publicity, die sie zu fliehen schien, um dann wieder darum zu werben. Sie gab gern vor, sie habe nie gelesen, was über sie geschrieben wurde, aber sie bat Freunde darum, Boulevardzeitungen zu kaufen, und blätterte sie durch, um zu sehen, was man über sie schrieb. »Sie mochte Publicity wirklich«, sagte John Fairchild, der Redakteur von *Women's Wear Daily.* »Und in sehr berechnender Weise. Ich erinnere mich, wie wir einmal Fotos von ihr vor dem Fitnesscenter machten, und plötzlich rief Nancy Tuckerman, ihre Sekretärin: ›O John, bitte bring diese Fotos nicht. Sie sieht heute nicht hundertprozentig aus. Pass auf, ich sage dir, morgen ist sie dort und dort, und da bekommst du dann deine Bilder.‹ So war es immer mit ihr. Und wenn ich etwas falsch gemacht oder etwas geschrieben hatte, das ihr nicht gefiel, bedachte sie mich mit dem eisigsten Blick, den man sich vorstellen kann ... Ich beobachtete sie oft«, fuhr er fort. »Es fiel auf, dass ihr Gesicht, ihre Augen ... in dem Moment, in dem sie eine Linse sah, wurden ihre Augen selbst zur Linse einer Kamera ... Es war, als wenn eine Linse mit einer Linse schlief, von dem Augenblick an, in dem die Kamera dazukam. Sie zeigte Haltung, sobald sie eine Kamera sah.«[3]

Hätte Jackie sich wirklich verstecken wollen, so hätte sie keine Wohnung am Central Park gewählt und wäre nicht mit ihrem Markenzeichen, der großen Sonnenbrille, ausgegangen. (Ein Korb mit Dutzenden von Brillen stand stets im Flur der Wohnung, sodass sie, wenn sie aus der Tür ging, eine davon greifen konnte.) Ebenso wenig hätte sie jedes Mal, wenn sie das

Haus verließ, umwerfend ausgesehen, sogar in Pullover und verfärbten Jeans wie auf Galellas liebstem Foto von ihr. Wenn Jackie deprimiert oder fernab vom Blickfeld der Öffentlichkeit war, konnte sie überraschend verlottert, ja sogar ungepflegt aussehen. Einer ihrer Bewunderer beklagte sich einmal, sie habe auf gemeinsamen Reisen ein und dasselbe T-Shirt und dieselben Jeans mehrere Tage hintereinander getragen. Die Jackie, die die Öffentlichkeit zu sehen erwartete, trug Designergarderobe. Das Bild, das sie zu sehen wünschte, bestand, wie Galella es einmal ausdrückte, aus »Schönheit, Reichtum und Glanz, und Jackie war ein Symbol für alle drei … aber Jackie besitzt auch eine ruhige, ästhetische Schönheit. Sie ist sensibel, poetisch und unabhängig. Millionen von Menschen können nie genug von ihr bekommen.«[4]

Jackie jedoch bekam recht bald genug von Galella und seinen unermüdlichen Verfolgungsjagden. Zwischen 1967 und 1973, als sie schließlich eine Verfügung gegen ihn erwirkte, die es ihm verbot, sich ihr auf Fotografierabstand zu nähern, hatte er es sich zum Lebensinhalt gemacht, Bilder von ihr zu schießen. Er versenkte sich in Klatschspalten, um herauszufinden, wo sie sich aufhalten würde, begann einen Flirt mit ihrem Dienstmädchen und benutzte eine ganze Palette von Verkleidungen – Sonnenbrille, Pfeife, Hippie-Perücke, schwarz-graue Perücke, Afro-Perücke und verschiedene Schnurrbärte –, sodass sie ihn nicht sofort erkannte. Er fror vor teuren Restaurants, lauerte ihr auf Capri auf, schmorte in der Sonne in einem Boot vor Skorpios und brachte ein chinesisches Restaurant durch Bestechung dazu, ihm zu erlauben, sich unter den Garderobeständern zu verstecken und Bilder von Jackie und Onassis zu machen. Wie die meisten Jackie-Beobachter war er in sie verliebt – »Ich werde nie vergessen, wie ich an Herbstnachmittagen durch den Central Park spazierte und sie plötzlich wie einen Diamanten im Gras liegen sah … Ich frage mich, ob Jackie wohl noch jemals an mich denkt …«, schrieb er, nachdem er vom US Court of Appeals angewiesen worden war, mindestens acht Meter Abstand von Jackie und zehn Meter Abstand von ihren Kindern zu halten.[5]

Die Verfügung bildete den Höhepunkt eines drei Jahre währenden Rechtsstreits zwischen Jackie und dem Fotografen. Angefangen hatte er, als Galella die Geheimdienstbeamten, die Jackie und ihre Kinder bewachten, wegen Behinderung der rechtmäßigen Ausübung seines Berufes sowie wegen böswilliger Verfolgung, ungerechtfertigter Festnahme und Belästigung verklagte. Jackie hatte die Beamten angewiesen, Galella die Sicht zu verstellen, als er versuchte, Bilder zu machen, und ein anderes Mal ließ sie ihn verhaften. Er forderte 1,3 Millionen Dollar Schadenersatz. Jackie antwortete mit einer Gegenklage, machte Belästigung und Verletzung ihrer Privatsphäre geltend und forderte sechs Millionen Dollar Schadenersatz. Die *New York Times* nannte den darauf folgenden sechswöchigen Prozess »die beste Show in der Stadt außerhalb des Broadway«.

Jackie behauptete, Galella »mache ihr Angst«, aber seine schmeichelhaften Fotos ließen sich wohl kaum als Belästigung bezeichnen, zumindest nicht im Vergleich mit den Bildern der Mittelmeer-Paparazzi, die vor Skorpios stationiert waren und sie beim Nacktbaden (»Der Eine-Milliarde-Dollar-Busch«, lautete die Schlagzeile im *Hustler* über den Fotos) und sogar beim Liebesakt mit Onassis ablichteten. (Später gestand Onassis offenbar ein, dass er die italienischen Paparazzi dafür bezahlt hatte, dass sie sich mit Schnorcheln vor dem Strand versteckten.) Die atemberaubende Belanglosigkeit des Prozesses, wie das Magazin *Life* es ausdrückte, bildete lediglich den Hintergrund für die Jackie-O.-Show. An den Tagen, an denen sie im Zeugenstand erschien, war der Saal gerammelt voll. Sobald sie mit ihrer Aussage fertig war, gingen die meisten Zuschauer wieder. Onassis war wütend auf Jackie gewesen, weil Jackie den Prozess begonnen habe. Sie beschere Galella lediglich eine riesige kostenfreie Publicity, erklärte er ihr. Noch wütender wurde er, als die Rechnungen für die Verfahrenskosten auf dem Schreibtisch seines New Yorker Büros landeten. Sein eigener Umgang mit Fotografen, die der Onassis-Familie lästig fielen, bestand schlicht darin, sie zu kaufen.

Jackie gierte seit ihrer frühesten Kindheit nach Ruhm und Bewunderung, jedoch zu ihren eigenen Bedingungen. Sie wurde gern erkannt, nahm dies als Zeichen ihrer Berühmtheit, aber hielt ihren Abstand. Wenn ein Fremder ihr zur nahe kam, sie ansprach oder gar berührte, erstarrte sie oder ergriff die Flucht. Richard de Combray, der Schriftsteller, mit dem sie zu Beginn der achtziger Jahre arbeitete, verglich sie mit der Garbo, die er ebenfalls kannte und die Jackie, wie er sagte, »faszinierte«. »Die Garbo wollte natürlich zwei verschiedene Leben haben, das der anonymen, unbeobachteten Frau, die zugleich der große Star ist. Also verlangte sie, dass man sie ansah, wenn man sie auf der Straße entdeckte, doch sobald sie sich erkannt fühlte, scheute sie zurück, als hätte man ihr etwas Schockierendes getan. Jackie war ganz ähnlich. Wie die Garbo wollte sie gern diese beiden Leben haben. Ich erinnere mich daran, dass ich mit ihr vor der eigentlichen Eröffnung zu einer Show im Whitney ging und ein paar Bauarbeiter sie bemerkten. Sie genoss das offensichtlich, aber als jemand, den sie nicht kannte, ihr auf die Schulter tippte, machte sie sich vor Angst und Wut fast verrückt.«[6]

Manche Dinge entzogen sich ihrer Kontrolle. Als sie nach Amerika zurückkehrte, stiegen Geister der Vergangenheit aus einer Tiefe, um deren Auslotung sie sich nie bemüht hatte, an die Oberfläche und drängten sich in die Gegenwart, wo sie ihnen lieber nicht begegnen wollte. 1975 begann der Mythos von Camelot, den sie ein Jahrzehnt zuvor so unvorsichtig aufgebaut hatte, zu bröckeln. Sie fuhr fort, Jack Kennedys Image mit Vehemenz zu schützen, nicht nur um ihrer selbst, sondern vor allem um der Kinder willen. Sie hatte sich unendliche Mühe gegeben, den Vater in Johns und Carolines Gedächtnis zu verankern. Zwar war in den Wohnräumen in der 1040 lediglich ein kleines Foto von JFK zu sehen, in den Zimmern der Kinder aber, und besonders in dem von Caroline, waren die Wände mit Bildern aus ihrem gemeinsamen Leben gepflastert. Ein großes Porträt beherrschte eines der Zimmer. Nach ihrer Kreuzfahrt auf der *Christina* im Jahr 1973 hatte Jackie Pierre Salinger extra nach Skorpios eingeladen, damit er mit den Kindern über ihren Vater sprach. »Ich möchte, dass du eine oder anderthalb Stunden pro Tag mit den Kindern redest und sie in alles einführst, was ihr Vater getan hat. Sie wissen nämlich nicht wirklich darüber Bescheid – sie haben sich noch nicht wirklich mit dem beschäftigt, was ihr Vater tat …«[7] Salingers gedruckten Erinnerungen nach sprach er mit den Kindern über die Liebe ihres Vaters zur Geschichte und seine Leseleidenschaft. »Sie lachten, als ich ihnen erzählte, dass man nichts, das irgendwie interessant aussah, auf seinem Schreibtisch im Weißen Haus liegen lassen durfte, weil man fürchten musste, dass ihr Vater vorbeikam und es sich unter den Nagel riss.« Er habe versucht, sagte er, dem entgegenzuwirken, was er die »Camelotisierung« von JFK und den Kennedy-Jahren nannte. Dazu erklärte er: »Ich sah, wie Caroline und John zu interessanten, verantwortungsbewussten Erwachsenen heranwuchsen, und war immer froh, dass ihr Bild von ihrem geschichtlich bedeutenden Vater in einem gesunden Gleichgewicht gehalten wurde. Sie hatten die Perspektive von liebenden Kindern und wussten, dass er ein Mensch und kein Mythos gewesen war.«[8]

Pierre Salinger nahm in Jackies Leben den Platz eines treuen Freundes ein. Ben Bradlee, so sollte sich in jenem Jahr herausstellen, tat dies nicht. Jackie hatte die Freundschaft ihres Mannes mit einem Mann, welcher der Journalistenzunft angehörte und über ihre gemeinsam verbrachten Zeiten ein Tagebuch führte, stets beunruhigt. In einem Tagebucheintrag vom 21. März schrieb Bradlee, er glaube, der Präsident habe von seiner Buchführung gewusst und keine Einwände dagegen erhoben, aber »bei Jackie war ich mir da nicht so sicher. Sie ist viel nervöser und regt sich viel schneller über solche Sachen auf …«[9] Bradlee einigte sich mit Kennedy und Jackie darauf, noch für mindestens fünf Jahre nach ihrem Verlassen des Weißen Hauses nichts davon ohne Kennedys Einwilligung zu veröffentlichen. Niemand hatte ahnen können, dass dieser das Weiße Haus fast auf den Tag genau acht Monate später in einem Sarg verlassen würde.

Gegen Ende des Jahres 1974 bekam Jackie Wind davon, dass Ben Bradlee ein Buch über seine Freundschaft mit Jack in Vorbereitung hatte, das auf dem Tagebuch basierte, und ihre Nackenhaare sträubten sich. »Ich bekam einen Anruf von Jackie. Seit dem Trauerzug, der den Leichnam Bobby Kennedys auf den Friedhof von Arlington geleitet hatte, war es das erste Mal, dass ich mit ihr sprach. Sie wollte wissen, wann ich sie das Manuskript lesen lassen würde, und erwähnte, sie habe gehört, ich hätte es Joe Kraft und ein paar anderen gezeigt. Ich erwiderte, ich würde es nur noch in die richtige Form bringen, um es ihr zu zeigen, und eine Woche später schickte ich es ihr.« Jackies Reaktion auf Bradlees Text glich im Wesentlichen der, die sie auf die Erinnerungen von Fay gezeigt hatte: Sie war hochmütig, verächtlich und verletzt. »Es gefiel ihr nicht, so viel stand fest, als sie eine Woche später anrief. ›Es erzählt mehr von dir als vom Präsidenten‹, sagte sie. Und sie mochte die ordinäre Sprache nicht. Ihre Kinder, sagte sie, würden sich ihrer Meinung nach verletzt fühlen. Ich war nicht sicher, ob sie mir ehrlich gesagt hatte, warum es ihr nicht gefiel.«[10]

Die »ordinäre Sprache« war, wie Bradlee vermutet hatte, nur vorgeschoben. Jeder, der im Zweiten Weltkrieg, in Jacks Ära, in den Streitkräften gedient hatte, hatte dieselbe Sprache beinahe wie eine Plakette männlichen Stolzes, zumindest aber aus Gewohnheit, in sein Zivilleben mitgenommen. In Wahrheit hasste Jackie die Offenlegung von Details aus ihrem Privatleben mit Jack, auch wenn diese nicht aus dem Schlafzimmer stammten. Sowohl Arthur Schlesinger als auch William Manchester hatten die Kraft ihrer Missbilligung auf der persönlichen Ebene gespürt. Sie hatte eine unverrückbare, fast irrationale Abneigung gegen Menschen, von denen sie wusste, dass sie aus ihrem persönlichen Leben Kapital schlugen. Davon abgesehen missfielen ihr das Wiederaufrühren der Durie-Malcolm-Affäre, soweit sie und die Kinder betroffen waren und, was vielleicht am wichtigsten war, Bradlees Enthüllungen über Jacks Reaktion auf ihre Kreuzfahrt mit Onassis auf der *Christina* von 1963. Berichtet wurde dabei von den Dinnergesprächen zwischen Bradlee und Kennedy, bei denen Jackie auffällig in der Defensive erscheint.

Dass jemand drucken lassen würde, Jack habe gewusst, dass ihre Onassis-Kreuzfahrt ihm politischen Schaden zugefügt habe, erschien Jackie unerträglich, ebenso wie die Aufdeckung der Tatsache, dass er Onassis verboten hatte, vor Abschluss des Wahljahres 1964 einen Fuß in die Vereinigten Staaten zu setzen. Onassis war nicht allein einen Monat und einen Tag später, an dem Wochenende von Jacks Ermordung, ein Ehrengast des Weißen Hauses gewesen, sondern er hatte Jackie trotz der feindseligen Haltung der Kennedys, vor allem der von Bobby, auch weiterhin den Hof gemacht, noch nachdem Bobby selbst das Opfer eines Mordanschlags geworden war.

Ihre Reaktion ließ sich voraussehen. Bradlee wurde, wie andere vor ihm, in den hintersten Winkel verbannt. »Ich sah Jackie [hinterher] noch zweimal«, berichtete Bradlee. »Einmal waren Sally [seine derzeitige Frau] und ich auf einer Party, die Arthur Schlesinger während des Konvents der Demokraten von 1976 in New York gab ... Gerade als sie im Begriff war zu gehen, streckte ich meine Hand aus und sagte: ›Hallo, Jackie.‹ Sie rauschte ohne ein Wort an uns vorbei. Etwas später hatten Jackie und ihre Kinder eine Strandhütte neben unserer in La Samanna in St. Maarten gemietet. Eine Woche lang schienen wir einander am Strand anzustarren, aber begegneten uns nie, bis wir eines Abends fast ineinander rannten, als wir unsere Hütte verließen, um oben im Restaurant zum Dinner zu gehen. Aus etwa fünf Zentimeter Entfernung sah sie starr geradeaus, ohne ein Wort, und danach sah ich sie nie wieder.«[11]

»Jackie war der Ansicht, Ben habe Jack die Treue gebrochen«, berichtete ein Freund. Treuebruch aber war nach Jackies Maßstäben eine unverzeihliche Sünde.

Von 1974 an drangen mehr und mehr Behauptungen über Jack Kennedy an die Öffentlichkeit. Earl Wilson, der Zeitungskolumnist, veröffentlichte ein Buch, in dem es hieß, Jack habe, wie Jackie vermutete, eine Affäre mit Marilyn Monroe gehabt. Viel schlimmer war aus Jackies Sicht, was vom Bericht des Church Committee durchsickerte. Dieses war ursprünglich gegründet worden, um die Beteiligung des amerikanischen Geheimdienstes an geplanten oder versuchten Attentaten gegen ausländische Staatsmänner zu untersuchen. Dadurch kamen die Affären, die Judith Campbell Exner gleichzeitig mit dem Präsidenten und Sam Giancana unterhielt, ans Licht und damit erstmalig die gesamte Frage der Beziehungen zwischen Kennedy und der Mafia. Die erste undichte Stelle zeigte sich in der

Washington Post vom 16. November 1975. Dort wurde berichtet, Ermittler hätten Beweise für etwa siebzig Telefonanrufe der Campbell über einen Zeitraum von elf Monaten in den Aufzeichnungen der früheren Präsidenten-Sekretärin Evelyn Lincoln gefunden. Beginnend am 29. März 1961 waren sie in der Kennedy-Bibliothek archiviert. Zahlreiche Anrufe der Campbell waren vom Wohnort Sam Giancanas in Oak Park, Illinois, aus getätigt worden.

Am 17. Dezember trat Judith Campbell, die inzwischen mit dem Golfprofi Dan Exner verheiratet war, mit einer Pressekonferenz in San Diego an die Öffentlichkeit. Dort erklärte sie, sie habe eine »Beziehung von engem, persönlichem Charakter« mit John Kennedy genossen, dem sie im Februar 1960 durch einen »engen, persönlichen Freund« vorgestellt worden sei. Allgemein nahm man an, es handele sich um Frank Sinatra. Die Kennedys schlossen unverzüglich ihre Reihen gegen Exner. Dave Powers, der inzwischen Kustos der Kennedy-Bibliothek und damit Hüter der Geheimnisse um Jack und seine Frauen war, beteuerte: »Der Name sagt mir überhaupt nichts.« Außerdem wiesen die Akten des Geheimdienstes in der Bibliothek keinerlei Aufzeichnungen über Besuche »der Frau« im Weißen Haus nach. Steve Smith, der glücklicherweise an willkommenem Gedächtnisschwund litt, konnte sich an »Besuche mit dem Präsidenten in Las Vegas« zu der Zeit nicht erinnern, und was Exner betraf, so »besinne er sich auf diesen Namen nicht«. Evelyn Lincoln wiederholte, was sie vor dem Committee ausgesagt hatte, nämlich dass Judith Campbell eine Wahlkampfhelferin gewesen sei und deshalb im Weißen Haus angerufen habe, dass sie aber niemals Anrufe zum Präsidenten durchgestellt habe. Kennedys politischer Berater Hyman Raskin und sein alter Freund aus Harvard Blair Clark, der zu der Zeit für CBS arbeitete, waren beide mit Kennedy und Sinatra am 8. Februar in Las Vegas gewesen, erinnerten sich aber nicht, dort jemanden gesehen zu haben, der einer Beschreibung von Campbell Exner entsprach.[12]

Über Weihnachten gab es eine kurze Ruhepause, aber Jackie stand noch Schlimmeres bevor. Am 15. Januar 1976 gab die

New York Times bekannt, dass Judith Exner dabei war, über ihre Beziehung zu Kennedy ein Buch zu schreiben, das Daten und Orte benennen und zudem mit Enthüllungen über ihre sexuelle Beziehung mit Frank Sinatra gewürzt sein würde sowie über Teddy Kennedys »kindische Versuche«, eine Affäre mit ihr anzufangen. Am schmerzlichsten war für Jackie der Bericht, in dem es hieß, Campbell Exner habe Kennedy Mitte 1961 zwanzigmal im Weißen Haus besucht und Kennedy habe ihr erzählt, »seine Ehe sei in einem traurigen Zustand und seine Frau Jacqueline habe ihre Absicht, sich von ihm scheiden zu lassen, deutlich gemacht«. Ebenso habe er ihr erzählt, dass es »der Kennedy-Familie gelungen sei, die Ehe zusammenzuhalten, indem sie ihr klar erklärten, ein geschiedener Katholik aus Boston habe kaum Chancen, als demokratischer Präsidentschaftskandidat nominiert zu werden oder gar die allgemeinen Wahlen zu gewinnen«. Exner berührte auch ihre Affäre mit Giancana und berichtete, sie hätten zusammen über ihre Affäre mit dem Präsidenten »Witze gemacht«. Darüber hinaus ließ sie Hinweise darauf fallen, dass Giancanas Einfluss sich 1960 in Chicago zu Gunsten von Kennedy ausgewirkt habe. Ihre letzte unwillkommene Enthüllung besagte, dass sie selbst, Kennedy und Jackie von Max Jacobson behandelt worden seien, »einem in Manhattan praktizierenden Arzt, der darauf spezialisiert sei, seine Patienten mit Amphetaminspritzen zu versorgen, und über dessen Beziehung zu dem verstorbenen Präsidenten es zwar Gerüchte, doch bisher keine Beweise gegeben habe«.

Zu der Zeit, als Judith Exner ihre Jacobson-Behauptungen »enthüllte«, war die Beziehung zwischen Jacobson und den Kennedys definitiv vorüber. Am 25. April 1975 hatte das New York Board of Regents Jacobson nach einer mehr als zweijährigen Anhörung die Zulassung entzogen. Unter anderem wurde er der Verabreichung von Amphetaminen ohne fundierte medizinische Berechtigung und der Verletzung der Buchführungspflicht im Fall von Substanzen beschuldigt, die der Kontrolle unterlagen. Zwei Jahre später starb er und hinterließ eine unveröffentlichte Autobiographie sowie seine Witwe Ruth. Sie war der Ansicht, seine prominenten Patienten, darunter die

Kennedys und besonders Jackie, hätten ihn im Stich gelassen. Nach der Autographie und der Aussage der Witwe hatte Jacobson zwei Tage vor der Anhörung durch den medizinischen Untersuchungsausschuss am 30. Mai 1973 ein zweistündiges Treffen mit Jackie. Es war über Chuck Spalding telefonisch vereinbart worden und man hatte dabei über die jüngsten Medienenthüllungen in Bezug auf seine Behandlung des verstorbenen Präsidenten gesprochen, vor allem über einen Artikel von Ben Reisenberger in der *New York Times*. »Jackie fragte mich, was ich sagen würde, falls in der Anhörung das Weiße Haus zur Sprache käme«, schrieb Jacobson. »Ich versicherte ihr, sie habe keinerlei Grund zur Sorge ...« Er erzählte ihr, dass er Geld brauche, um seine Verfahrenskosten zu bezahlen, und erhielt später durch Chuck Spalding die Bestätigung, dass »Hilfe unterwegs« sei. Ein finanzieller Beitrag aber traf nicht ein.[13]

Als sei dies alles nicht genug, brachte der *National Enquirer* in seiner während der letzten Februarwoche veröffentlichten Märzausgabe in reißerischsten Worten Kennedys Affäre mit Mary Meyer ans Licht. »Kennedy hatte zwei Jahre lang eine Weiße-Haus-Affäre« hieß es, worauf Schlagzeilen an allen Ecken und Enden auftauchten: »JFK hatte Affäre mit Washingtoner Künstlerin, rauchte ›Gras‹ ...« Die Enthüllungen beruhten auf einem Interview mit James Truitt, dem ehemaligen Vizepräsidenten der *Washington Post*, der gemeinsam mit seiner Frau Ann mit Mary Meyer befreundet war.

»Jackie zeigte der Welt auf so wundervolle Weise ein tapferes Gesicht«, sagte Karen Lerner, Alan Jay Lerners Exfrau und zu der Zeit eine enge Freundin von Jackie. »Aber ich weiß, dass sie unter einer Depression litt, seit Judith Campbell Exners Name zum ersten Mal in den New Yorker Zeitungen aufgetaucht war. Sie stand plötzlich vor meiner Wohnungstür, was mich völlig überraschte, ließ sich dann nur so aufs Sofa fallen und schien nichts um sich wahrzunehmen – ganz gewiss wollte sie nicht darüber sprechen. Sie war einfach furchtbar hoffnungslos und deprimiert.«[14] Während der Neujahrswoche, die Jackie mit Teddy und einer Gruppe von Kennedys in Utah als Gäste von Dick Bass in Snowbird verbrachte, lächelte sie nur auf die Fragen der

Reporter nach den angeblichen Liebesaffären Präsident Kennedys.

Die öffentliche Befragung über Jacks Untreue aber schmerzte sie und schmerzte sogar noch mehr als ein Jahrzehnt später, ein Jahr vor ihrem Tod. Karen Lerner erinnerte sich an ein Dinner zur Feier von Pierre Salingers Pensionierung bei ABC News am 28. September 1993, als sie Vizepräsidentin des Museums für Fernsehen und Radio war: »Vor diesem Dinner fand eine Fragestunde statt, und Richard Wald, ein Angestellter beim Fernsehen, fragte Pierre aus dem Publikum: ›Wie sind Sie, als Sie im Weißen Haus tätig waren, mit Fragen nach den Ehebrüchen Präsident Kennedys umgegangen?‹ Und ausgerechnet in diesem Moment kam Jackie herein! ... Sie setzte sich direkt hinter Dick Wald und Pierre hielt sich immer noch bei der Frage auf. Er hatte sie nicht gesehen. Er sagte: ›Nun gut, auch wenn wir wussten, dass da etwas vor sich ging, es war eine andere Zeit und ...‹ Nach der Frage-und-Antwort-Sitzung ging ich mit Jackie zu dem Dinner und sie lehnte sich irgendwie haltsuchend gegen die Wand, sie sah einfach erschöpft aus. Ich sagte: ›Weißt du, ich fühle mich so schlecht, weil ... nun, weil ich dafür verantwortlich bin und dich zu diesem Abend eingeladen habe, der jetzt so scheußlich angefangen hat.‹ Sie antwortete: ›Ach, das ist doch nicht deine Schuld, das hat nichts mit dir zu tun, du kannst ja nichts dafür.‹ Es ging ihr sehr, sehr übel ... es war eine gespenstische Szene.«[15]

Nach ihren beiden Erfahrungen als Frau eines reichen Mannes war Jackie entschlossen, diese kein drittes Mal zu wiederholen. Einmal fragte sie ihre Freundin Aileen Mehle, »Suzy: ›Warum schreibst du kein Buch über all die prominenten Frauen der Gesellschaft, die riesige Vermögen geheiratet haben und von jedermann, ob arm oder reich, beneidet werden? Darüber, wie wundervoll das alles doch an der Oberfläche aussieht, aber dass unten drunter das Leben die Hölle ist, einfach die Hölle ...‹ Und ich dachte«, berichtete Suzy, »*et tu*, Jackie?«[16] Sie hatte genug Geld – in der Obhut von André Meyer, der wusste, wie es zu mehren sein würde – und war somit unabhängig. Sie hatte die 1040, wo sie von Marta, jetzt in der Rolle der Köchin und Haushälterin, und dem Butler Efigénio umsorgt wurde. Am Wochenende fuhr sie selbst hinunter nach Far Hills, um zu reiten, zu jagen und sich Bewegung zu verschaffen. Dort kümmerte sich ein portugiesisches Ehepaar liebevoll um sie.

»Jackie veränderte sich in dem Jahr nach Aris Tod mehr als in jeder anderen Zeit, in der ich sie kannte«, sagte Karen Lerner.[17] Sie suchte ein neues Leben für sich selbst, und diesmal hatte ein neuer Mann dabei keine Priorität.

»Ich glaube, von Anfang an stützte ihre Identität sich nicht ausschließlich auf Männer«, sagte Gloria Steinem. »Sie hatte eine eher europäische – zumindest halten Amerikaner das für eher europäisch – Vorstellung von der Ehe. Damit meine ich, sie hatte immer auch ein eigenes Leben. Und ich bin sicher, sie wusste, dass die Männer auch ihr eigenes Leben hatten. Daraus schienen Frauen sich wirklich nicht so besonders viel zu machen, solange die Männer diskret waren und so weiter.«[18] Jackie war nie so von Leidenschaft getrieben oder von Männern besessen gewesen wie andere Frauen. »Sie war von Anfang an nicht so auf Männer ausgerichtet wie wir oder so süchtig nach Männern wie wir anderen, die wir einer ähnlichen Generation entstammen«, sagte Steinem.

In den Jahren, die unmittelbar auf Onassis' Tod folgten, war Jackies Name wie üblich mit einer Reihe von Männern in Verbindung gebracht worden, von denen einige Liebhaber, andere schlicht Freunde und manche sogar nur Abenteuer für eine Nacht waren. Jackie ging mit der Zeit und machte sexuell genau das, was ihr gefiel. Sex als irrationaler Aspekt menschlichen Verhaltens amüsierte sie, ganz besonders die Paarungen der Leute, die sie kannte. »Sex ist schmutzige Wäsche«, witzelte sie einem Freund gegenüber, dem sie das eher keusche Wochenende beschrieb, das sie mit einer engen Freundin und ihrem Liebhaber verbracht hatte. Es war kein Thema, über das sie häufig mit Freundinnen sprach.[19] Truman Capote aber brüstete sich vor Cecil Beaton, auf einem Dinner bei den Fosburghs hätten »Jackie *et moi* den ganzen Abend über Sex geredet«. Die Fosburghs waren wütend auf ihn, wozu er erklärte: »Die dachten, das sei meine Schuld gewesen. Ha ha!«[20] Sie amüsierte sich über die Beschreibung des bedeutsamen, aber saft- und kraftlosen Liebhabers einer Freundin von ihr, der von seiner eigenen Wichtigkeit derart überzeugt war, dass er einfach wie ein Pascha dalag und die Frau die Arbeit tun ließ. »Jackie war fasziniert und wollte wissen, wie er im Bett war!«, erinnerte sich die Freundin. »›Nun ja‹, sagte ich. ›Er hat keinen einzigen Muskel in seinem Körper.‹ Und sie konnte einfach nicht mehr aufhören zu lachen …«[21]

Ungewöhnlich für jemanden, der den Medien gegenüber so argwöhnisch ist, fühlte Jackie sich stark zu Schriftstellern und Künstlern hingezogen. Pete Hamill, »ein irischer Gentleman«, wie sein verstorbener Freund Brendan Gill ihn beschrieb, war ein aktiver Journalist, Romanautor und Maler sowie nach Meinung zahlreicher New Yorker Frauen »zum Anbeißen«. Pete Hamill sprach nicht über seine Beziehung mit Jackie, abgesehen von einem einzigen Mal, als er bemerkte, mit ihr auszugehen sei wie »ein Strandspaziergang mit King Kong«. Ihre Freundschaft endete anscheinend weniger, weil Jackie sich an einer alten Kolumne über ihre »geldgierige« Ehe mit Onassis störte, die Hamills alte Zeitung, die *New York Post*, wieder ausgrub und druckte, um ihn in Verlegenheit zu bringen, sondern vielmehr wegen der Art, wie er seine beiden in Schwierigkeiten steckenden Töchter behandelte. Er ließ sie einfach fallen, als er davonging, um mit Shirley MacLaine zusammenzuleben. Anschließend hatte Jackie eine Beziehung mit einem weiteren Medienmann, dem Fernsehproduzenten Peter Davis. »Jackie war sehr, sehr romantisch, aber nicht sexy«, sagte Peter Duchin, der Jackie ebenso wie seine erste Frau Cheray nahe stand. Peter Duchin, der Lieblings-Bandleader der Gesellschaft und Pianist, spielte oft auf den Partys der Kennedys im Weißen Haus. Nach Jacks Tod hielten er und Cheray während Jackies Ehe mit Onassis und auch nachher noch engen Kontakt mit ihr. Manchmal jedoch folgte Jackie wie jede frei denkende Frau einfach ihren Impulsen. Eine Bekannte und Bewunderin von Jackie war überrascht, als ein Fernsehproduzent, der gerade geschieden worden war und sich daher des in New York seltenen Status eines Junggesellen erfreute, sich beklagte, er sei schockiert über »all diese Frauen, die sich, wenn es um Sex ging, so verhielten, wie er geglaubt hatte, dass nur er selbst sich benahm. Und dann beklagte er sich insbesondere über eine Frau, die ihn zum Lunch eingeladen hatte und dann vorschlug: ›Vielleicht würdest du gern baden …‹ So oder so landeten sie im Bett, und danach hörte er nie wieder von ihr. Das gab mir immer zu denken. Ich kann mich völlig im Irrtum befinden, aber er beschrieb ganz genau Jackies Wohnung. Er wusste nicht, dass ich je dort war, und er hat mir nicht ihren Namen genannt, also prahlte er ja nicht damit.«[22]

Gerüchte tauchten auf, nach denen Frank Sinatra während der siebziger Jahre eine Affäre mit Jackie gehabt haben soll. Peter Duchin, der sie am 16. März 1974 noch einmal einander vorstellte, verwirft dies als absolute Erfindung. Während der Jahre im Weißen Haus war Sinatra, den Jackie als gefährliches Element in Jacks anderem Leben betrachtete, von Jackie auf Abstand gehalten worden, er aber verehrte sie trotzdem aus der Ferne. »Tatsächlich passierte Folgendes«, sagte Peter Duchin. »Sinatra, der ein Freund von mir war, sagte zu mir: ›Gott, ich muss einfach Jackie treffen.‹ Also sagte ich: ›Warum nicht, ich bin sicher, sie würde dich furchtbar gern treffen.‹ Dazu sagte er: ›Sieh mal zu, ob sie an dem und dem Abend Zeit hat, da gebe ich nämlich ein Konzert in Providence, Rhode Island. Ich schicke das Flugzeug runter, um dich und Cheray und Jackie abzuholen, ihr fliegt nach Providence, und nach dem Konzert fliegen wir alle zum Dinner nach New York.‹ Als Nächstes habe ich Jackie gefragt: ›Hättest du Lust zu einem Treffen mit Sinatra nächste Woche? Er gibt ein Konzert in Providence, Rhode Island, er will ein Flugzeug schicken, essen gehen und so weiter.‹ Sie antwortete: ›Das wäre ganz lustig, oder?‹ Also setzten wir uns in dieses Flugzeug, sie, meine Frau und ich, wir flogen hinüber, gingen in das Konzert und kamen wieder zurück. Limousinen kutschierten uns herum, und wir gingen irgendwo essen, und am Ende sagte sie: ›Weißt du, ich glaube wirklich nicht, dass er mein Typ ist.‹ Und wir lachten. In dieser Nacht passierte meines Wissens nichts, und ich denke, sie hätte es mir erzählt oder Frank hätte es mir erzählt. Es ist wirklich erstaunlich, man kann Sachen schreiben, die nicht im mindesten zutreffen, aber die Leute glauben sie.«[23]

Jackie mochte die Gesellschaft alter Freunde, von denen viele geschieden waren und Kinder hatten, wie zum Beispiel Tom Guinzburg und William vanden Heuvel, mit denen sie Familienurlaub in der Karibik oder in Florida machte. Einmal hatte vanden Heuvel sie zu einer Wohltätigkeitsveranstaltung in Los Angeles begleitet, die von Norman Chandler von der *Los Angeles Times* im Anschluss an die Watts-Krawalle veranstaltet worden war. »Sie war daran interessiert, im Zusammenhang mit den Rassenproblemen in Los Angeles zu helfen«, berichtete er. »Sie ging extra zu dieser Veranstaltung. Wir machten zusammen eine Tour durch Watts – um zu sehen, wie es während der Krawalle gewesen und wie es neu aufgebaut worden war. Dann gab es ein Benefizkonzert von Ray Charles, und als das Konzert schon im Gang war, stand im Publikum ein Mann auf – ein großer, starker Schwarzer –, ging auf die Bühne und fing an, Ray Charles zu würgen.«[24]

Jackie war sehr nüchtern in ihrer Ansicht über Männer. »Männer sind wie Hunde, die sich gegenseitig im Park beschnüffeln«, sagte sie zu Karen Lerner. »Und Frauen sind viel zu vertrauensselig.«[25]

»Jackie war keine Feministin«, sagte Gloria Steinem. »Sie war hilfsbereit. Sie war freundlich und großzügig zu ihren Freundinnen. Ich hatte immer das Gefühl, dass sie wirklich Interesse zeigte und alle Themen unterstützte, aber das öffentliche Leben einfach hasste. Sosehr ich mich auch bemühte, sie zur Teilnahme an den Treffen der Gleichberechtigungs-Bewegung oder Ähnlichem zu veranlassen, sie tat es nicht. Sie machte ein paar kleine Spenden für die *Ms*-Stiftung zum Beispiel … Sie feuerte uns an, sie feuerte jeden an. Soweit ich das beurteilen konnte, fand sie es wundervoll. Aber sie befand sich in ihrer eigenen Lebensbahn, die nicht anders, sondern einmalig für sie war. Sie war nicht dagegen oder traditionell eingestellt. Sie mochte einfach keine öffentlichen Veranstaltungen. Das war nicht sie selbst. Sie wollte das nicht machen und ich bewunderte sie. Aber sie blieb den

Anliegen, mit denen sie einmal angefangen hatte, den architektonischen Restaurationen und so weiter, immer treu.«[26]

Aber die »Damen, die das Leben zum Mittag essen«, wie es Truman Capote in *La Côte Basque* ausdrückte – welches, als es im Mai 1975 im *Esquire* veröffentlicht wurde, seiner gesellschaftlichen Laufbahn ein Ende setzte –, waren ihr nicht genug. Sie betrachtete sich als einen ernsthaften Menschen. (Trumans gezielte Beleidigungen und Skandalgeschichten über seine engsten Freunde richteten sich auch gegen Jackie. So schrieb er nach dem Besuch eines Transvestiten-Wettbewerbs, in dem eine Darstellung Jackies sich bei weitem der größten Beliebtheit erfreut hatte: »Und so kam sie mir auch im Leben vor – nicht als tatsächliche Frau, sondern als raffinierter Frauenimitator, der Mrs. Kennedy imitiert.«)[27]

Zu ihrer persönlichen Entwicklung gehörte, dass Jackie zum ersten Mal seit ihrer kurzen Laufbahn als Journalistin bei *Times-Herald* eine Stellung annahm. Thomas Guinzburg zufolge, der zu jener Zeit Präsident und Cheflektor von Viking war, seinem Familien-Verlagsunternehmen, stammte von Tish Baldrige die Idee, Jackie solle dort als Lektorin arbeiten. Tish unterbreitete den Vorschlag erst Jackie und rief dann ihn an. »Ich war mir augenblicklich der Werbevorteile bewusst, die wir aus jeder Vereinbarung ziehen würden, die wir mit Jackie erzielen könnten«, erinnerte er sich. Tom kannte sie und Lee seit den Tagen mit Canfield, als er Mitglied eines literarischen Kreises gewesen war, zu dem auch George Plimpton und John P. Marquand jr. gehörten. In Hinblick auf die Zugkraft für Autoren würde Jackies Name einfach unwiderstehlich sein. Er verabredete eilig ein Mittagessen mit Jackie in ihrer Wohnung. Caroline tauchte auf und legte den Zynismus von Teenagern an den Tag. »Hallo«, begrüßte sie Tom. »Wird meine Mutter wirklich für Sie arbeiten?« Als er dies bestätigte, fragte Caroline: »Aber was soll sie denn *machen?*«[28]

Das war eine entscheidende Frage und in der Tat die erste, die Jackie Guinzburg bei ihrem Treffen stellte. Natürlich bestand das Hauptanliegen darin, sie als Anreiz für prominente Autoren zu gewinnen, doch sollte ihr dabei genug geboten werden, damit sie sich in ihrer Arbeit geschätzt fühlte. »Sie sind für die Tätigkeit einer Lektorin wirklich nicht ausgerüstet«, erklärte ihr Guinzburg. »Nicht dass Sie kein Talent, keine Fähigkeiten dafür hätten, aber Ihnen fehlen der Hintergrund und die Ausbildung. Außerdem würden Sie meiner Meinung nach in einem Verlag leiden, weil dadurch eine Art Konkurrenzkampf mit den anderen Lektoren entstehen würde. Aber als beratende Lektorin könnten Sie auftreten …«

»Ich erklärte ihr, dass man darunter verstehen konnte, was immer man wollte … Es ist jemand, der keine, wie wir es nennen, festgelegten Zuständigkeiten hat, keine Bücher betreut, ja nicht einmal unbedingt vom Büro aus arbeiten muss. Seine Hauptaufgabe besteht darin, Bücher zu akquirieren«, sagte Guinzburg. »Ich erklärte ihr dann, dass sie, wenn sie erst mal vertrauter mit den Vorgängen in einem Verlag wäre, in dem Ausmaß an den Büchern arbeiten könne, der ihr gefiel, mit den Schriftstellern oder was immer sie reizte. Sie könne Bücher gestalten und so weiter … Sie war weltweit in einer einzigartigen Position. Es spielte kaum eine Rolle, mit wem sie zu Abend aß – mit größter Wahrscheinlichkeit war es jemand, der andere Leute interessierte, und eine gewisse Anzahl solcher Menschen möchte gern Bücher schreiben.« Sie einigten sich auf ein Gehalt von $ 10 000 im Jahr, nicht genug, um den Neid von Berufslektoren zu wecken, aber dennoch genug, um nicht als bloße Geste zu erscheinen.

Der Gedanke, Jackie Kennedy Onassis könne tatsächlich eine Stellung in einem Büro antreten, verwandelte das Gebäude in der Madison Avenue bei ihrer Ankunft in ein Raritätenkabinett. Um Probleme zu vermeiden, weigerte sich Viking, ein genaues Datum zu nennen. Er gab lediglich bekannt, sie würde in der letzten Septemberwoche anfangen. (Tatsächlich nahm sie ihre Arbeit dort am 22. September auf.) »Die Belagerung begann wohl am Freitag zuvor«, berichtete Guinzburg. »Am Montag stand ein Haufen Leute draußen. Ich sagte ihr, sie solle am ersten Tag der Woche zu Hause bleiben. Am zweiten Tag kam sie und die ganzen Paparazzi waren da. Es war natürlich ein Zirkus, weil sie eben war, wer sie war, und man sich fragte, wie sie mit dem normalen Leben zurechtkommen würde. Es gab Bombendrohungen, Sicherheitsleute, Presseleute, als Boten verkleidet. Plötzlich waren Freunde aus der Film- und Fernsehbranche, von denen ich nicht mal wusste, dass ich sie hatte, unglaublich freundlich ebenso wie Kolumnisten, die mich bis dahin durchaus nicht für den aufregendsten Typen in der Stadt gehalten hatten.« Ein Reporter des TV-Netzwerks schlich sich unter dem Vorwand ein, er komme zum Bewerbungsgespräch. Jackies Büro wurde nach Wanzen abgesucht, um ihre Privatsphäre zu schützen.

Bei all dem Tohuwabohu war es, wie Guinzburg sich erinnerte, »unangenehm«, Jackie ihren Kollegen bei Viking vorzustellen. »Es gab gewisse Gefühle der Ablehnung gegen dieses reiche Mädchen, das hier antanzen würde und nichts weiter als ein Dekorationsstück war. Die ersten paar Tage waren sehr schwierig für sie, weil die Paparazzi in Scharen draußen standen. Und wir machten es sogar noch schwieriger, indem wir keine Interviews gaben. Die Leute bei Viking hielten Abstand. Sie waren höflich, freundlich ... korrekt. Aber sie gingen nicht ungezwungen mit ihr um, sie wussten nicht mal, was sie anziehen sollten. Die ersten paar Wochen kam die gesamte Belegschaft in den besten Kleidern ... Und sie setzte sich in ihrem Büro an den Tisch und wartete vermutlich, dass etwas geschah.«[29]

Alan Lang, einem Verlegerkollegen bei Viking, war die Aufgabe zugewiesen, Jackie zwei Monate lang jede Woche zwanglos in das Verlagsgeschäft einzuführen. »Sie wurde vom ersten Tag an ins kalte Wasser geworfen«, erinnerte er sich. »Und benahm sich sehr professionell. Sie war in ihrem Verhalten sehr zurückhaltend und sehr klug. Wir gingen immer nur zum Lunch ins Restaurant gegenüber, um Zeit zu sparen und uns so viel wie möglich mit Gesprächen über den redaktionellen Prozess zu befassen – die satzfertige Bearbeitung, das Design, den Verkauf und das Marketing. So sollte ihr klar gemacht werden, was mit ihrem Manuskript geschehen würde, wenn sie es erst einmal eingekauft hatte. [Wir besprachen,] wo sie selbst bei der Herstellung des Buches nützlich sein könnte, Kontakte, die sie vielleicht hatte, wie sie behandelt werden wollte angesichts der Frage, wer als Lektor des Buches genannt werden würde. Denn in vielen Fällen stand ja auf der Copyright-Seite der Bücher, die sie besorgt hatte, nicht »Jackie Onassis, Lektorin«, aber für die Bekanntmachung von Büchern waren ihre Kontakte einfach unschätzbar. Ihre Hilfe beim Einkauf von Büchern und beim Umgang mit Autoren – auch wenn sie nicht der tatsächliche akquirierende Lektor war –, machte ihre Zeit bei Viking meiner Ansicht nach unschätzbar … Ich habe sie sowieso immer nur als sehr gute Kollegin, nie irgendwie anders erlebt. Ich fand, sie hat sich sehr viel Mühe gegeben und auch Erfolg gehabt, sie hat ihre Position nie ausgenutzt …«[30] Über Hühnersalat im Edwardian Room des Plaza-Hotels erörterten Tom und Jackie potenzielle Fänge: »Wir saßen da, kicherten und fragten – wie kriegen wir jetzt Sinatra dran?«, erinnerte er sich. »Ich sagte: ›Frank Sinatra würde für Sie einen Mord begehen‹, und sie witzelte: ›Ja schon, aber er hat da diesen Anwalt …‹«[31]

Während ihrer Zeit bei Viking hatte Jackie vor allem mit der Illustration von Büchern zu tun. Auf diesem Gebiet erwies sich der Kreativdirektor der Studio Books, Bryan Holme, ihr gegenüber sehr stark als Vaterfigur. »Er war wirklich ihr Mentor«, sagte Tom Guinzburg. Einer ihrer wichtigsten Titel war *In the Russian Style*, das in Verbindung mit der Ausstellung im Metropolitan Museum of Art erscheinen sollte. Im Sommer 1976 fuhr sie mit ihrer Freundin Diana Vreeland und Thomas Hoving, damals Direktor im Metropolitan Museum, nach Russland.

1972 hatte Jackie sich mit Spenden an einem Fonds beteiligt, durch den das Gehalt für Diana Vreeland als Sonderberaterin des Metropolitan Museums finanziert wurde. Sie organisierte dort Ausstellungen. Jackie bekam eine enge Verbindung zu dem Museum, das sie über Diana Vreeland und Ashton Hawkins, einen neuen Freund, der dort als Rechtsberater tätig war, unterstützte. »Ihre Spenden sollten bei der Finanzierung von Mrs. Vreelands Ausgaben helfen, die offenbar höher ausfielen, als wir das gewohnt waren, und sie wollte lieber dafür als für Gehaltskosten spenden«, sagte Hawkins. »Zu der Zeit war Mrs. Vreeland hier bereits sehr etabliert, aber dass solche Summen eingingen, war eine große Hilfe. Und immer ohne Gegenleistung, nur ein persönlicher Dank von mir, sie wollte nicht mal, dass es bekannt wurde. Irgendwann – ich glaube, das war Mitte der siebziger Jahre – übernahm sie auch den Vorsitz bei einer Benefizveranstaltung für das Costume Institute, das war die erste irgendwie geartete öffentliche Sache, die sie machte, seit sie wieder in New York war. Sie hat für das Met viel getan, indem sie den Projekten des Costume Institutes zu mehr Bedeutung verhalf, als Diana das gekonnt hätte – dadurch, dass sie diese Bücher veröffentlichte und all die Dinge zusammentrug.«[32]

Jackie fühlte sich symbolisch mit dem Metropolitan Museum verbunden durch den ägyptischen Tempel von Dendur, den sie vom Fenster ihrer Wohnung aus sehen konnte.[33] Anfangs war sie alles andere als hilfsbereit gewesen, als der Direktor Thomas Hoving den Antrag stellte, den Dendur-Tempel beim Museum aufstellen zu lassen und nicht, wie sie sich das ursprünglich vorgestellt hatte, am Potomac. Sie war in Zorn geraten, als Hoving zum ersten Mal an sie herantrat, um sich der Hilfe Bobbys in seiner Funktion als Senator von New York für die Vorlage seines Antrags zur Entscheidung durch die von Präsident Johnson eingesetzte Kommission zu versichern.

»Ich weiß, der Senator hat Verpflichtungen und Wähler in New York, aber die sind mir egal«, erklärte sie Hoving resolut. »Ich werde ihm nicht erlauben, einen Brief zu schreiben, damit dieser Tempel in einem staubigen Museum in New York landet. Jack hat diesen Tempel für die Vereinigten Staaten bekommen. Wenn Jack Ägypten in jenem kritischen Augenblick nicht zu Hilfe gekommen wäre, hätte man uns den Tempel nie gegeben. Ich will nicht, dass er in irgendein Museum kommt. Es ist mir egal, ob Sie ihn zum Schutz unter eine Glasglocke stellen. Mir gefällt nicht, wie Johnson ihn überall im Land feilbietet. Mir ist auch egal, ob der Tempel zu Staub zerfällt. Ich will, dass er mitten in Washington zum Andenken an Jack aufgestellt wird. Das Met ist mir egal. New York ist mir egal. Und seine Wähler auch. Oder sein Expertenwissen. Oder seine Konservierungsvorhaben. Oder Präsident Johnson. Der Tempel wird in Washington aufgestellt.«

Verdattert saß Hoving da, doch innerhalb von Minuten rief

Jackie noch einmal an. Diesmal klang ihre Stimme sanft und versöhnlich. »Ich möchte betonen, dass Präsident Johnson meiner Meinung nach großartige Arbeit geleistet hat, als er verschiedenen Städten im ganzen Land gestattete, sich um den Tempel zu bewerben. Ich lege Wert darauf, deutlich zu machen, dass ich keinerlei persönliche Interessen an der Frage seiner Aufstellung habe. Ich bin der Meinung, Bobby muss zum Wohle seiner Wähler handeln. Ich würde nie versuchen, ihn in irgendeiner anderen Richtung zu beeinflussen. Ich empfinde tiefe Bewunderung für Präsident Johnsons Kommission. Ich möchte, dass Bobby den Tempel dort hinbekommt, wo er ihn haben will.«

Hovings Ansicht nach war Jackies plötzliche Kehrtwendung von Bobby veranlasst, der vorhersah, dass es für politische Furore sorgen mochte, wenn die Kennedys die Interessen Washingtons gegen die New Yorks unterstützten. Letztendlich halfen weder Jackie noch Bobby Hoving in irgendeiner Weise dabei, den Dendur-Tempel ins Metropolitan zu bringen, aber ebenso wenig widersetzten sie sich. Heute steht er in einem gläsernen Flügel des Museums, wird bei Nacht zauberhaft angestrahlt und ist von Jackies Wohnung aus direkt zu sehen. Die Beleuchtung wurde bei einer Gelegenheit, als sie eine Dinnerparty gab, sogar extra für sie eingeschaltet.[34]

Jackie war begeistert von ihrer Arbeit an *In the Russian Style*, das gelesen werden musste, um Anfang September 1976 in Druck zu gehen. Sie schrieb Vreeland, legte eine »großartige« Einführung von Audrey Kennett bei und beschrieb den Einband, den Bryan Holme sich für das Buch vorstellte: ein Stück russischen Brokats mit runden, eingeschnittenen Öffnungen, in denen Trachten oder Stiche der Herrscher sichtbar wurden. Sie fragte, ob sie ins Museum kommen könne, um ein bestimmtes Stück Brokat abzuholen, das sie dort gesehen hatte.

In the Russian Style erschien im Frühling 1977. Es sollte Jackies letzte große Produktion für Viking werden. In diesem Jahr flog Guinzburg auf einen Hinweis seiner Freundin Deborah Owen, Jeffrey Archers Londoner Literaturagentin, nach London, um das Manuskript von Archers zweitem Buch *Shall we tell the President?* zu begutachten, dem Nachfolger seines Bestsellers *Not a Penny More Not a Penny Less*. Der Plot, nach dem Schema von Frederick Forsyths Thriller *Tag des Schakals* über den versuchten Mordanschlag an Charles de Gaulle, war auf den amerikanischen Markt abgestimmt: Es drehte sich um die Ermordung eines zukünftigen Präsidenten, der unverkennbar Teddy Kennedy nachempfunden war, welcher 1976 auf eine Bewerbung um die demokratische Nominierung verzichtet hatte. Sowohl Guinzburg und Deborah Owen als auch der renommierte Lektor Cork Smith waren der Auffassung, das Buch sei kommerziell wirklich vielversprechend. Die Schlüsselfrage lautete, wie Smith es ausdrückte: »Wie wird sich das mit Jackie Onassis vertragen?« Guinzburg versprach sich darum zu kümmern. Zu Jackie sagte er: »›Ich habe ein Problem mit einem Manuskript, über das ich gern sprechen würde.‹ Dann erklärte ich ihr ziemlich kurz und bündig, worum es bei dem Plot ging, und ich weiß noch, wie sie zusammenzuckte. ›Hören die denn niemals auf?‹ Dann riss sie sich zusammen und fragte: ›Ist das eher kommerziell? Muss ich es lesen?‹ Ich antwortete: ›Sie brauchen überhaupt nichts darüber zu wissen.‹ Jackie fragte: ›Wenn wir es nicht bringen, bringt es dann jemand anders?‹ ›In der Tat. Random House‹, erwiderte ich ihr. Jackie sagte: ›Glauben Sie, ich weiß nichts von den Büchern, die Sie aus Rücksicht auf mich oder auf Mitglieder der Familie abgelehnt haben, Tom? Solange ich es nicht lesen muss und Sie es können, bringen Sie all dieses Zeug [Kennedy] so gut wie möglich an den Mann.‹«[35] Deborah Owen sagte: »Ich weiß, dass er ein Gespräch mit ihr hatte. Bis dahin saßen wir wie auf heißen Kohlen … Ich bin mir da sehr, sehr sicher, so sicher wie nur irgendwas, denn Tom hätte die Sache nicht weiter vorangetrieben, ohne mit ihr zu sprechen – dazu schätzte er sie zu sehr.«[36]

Wie sie es schon bei dem Manchester-Buch getan hatte, verdrängte Jackie die Sache. Guinzburg wäre vielleicht besser beraten gewesen, dafür zu sorgen, dass sie das Buch las. Im Rückblick scheint es merkwürdig, dass niemand den Skandal vorhersah, den der Plot auslösen würde. Guinzburg und Jackie sprachen nicht wieder über das Buch bis zu dem Tag, den er den

»Tag der Hysterie« nannte. Eine üble Kritik des einflussreichen John Leonard in der *New York Times* endete mit einer sorgsam aufs Ziel gerichteten Spitze: »Es gibt ein Wort für so ein Buch. Das Wort lautet Müll. Über jeden, der an dieser Veröffentlichung beteiligt ist, kann ich nur sagen: Sie sollte sich schämen.«

»Damit war die Kacke am Dampfen«, erinnerte sich Guinzburg. »Sie geriet einfach in Panik und Anrufe von sämtlichen Mitgliedern des Kennedy-Stammes gingen ein. Sie erklärte immer wieder, sie wisse nichts davon.« Tom Guinzburg erzählte dem *Boston Globe*, sie habe zwar davon gewusst, habe aber nichts damit zu tun. Die Zeitung ließ den letzten Teil seiner Aussage weg. Jackie weigerte sich, Guinzburg zu sehen oder auf seine Anrufe zu reagieren.[37]

Guinzburg war verzweifelt. Sogar heute noch ist das Thema schmerzlich für ihn (und trug letztendlich zu seiner Entlassung aus der von seiner Familie gegründeten Firma bei, welche die damaligen Besitzer Pearsons aussprachen): »Die Kennedys haben es aufgerührt – von denen kamen ja all diese Anrufe. John Leonard hat die absichtliche Grausamkeit seiner Bemerkung niemals eingestanden. Es war nicht nur überflüssig, es war ein grundloser persönlicher Angriff.«[38]

Auch wenn es sich bei der ganzen Affäre um eine Fehleinschätzung aller Beteiligten handelte, hatte Guinzburg vermutlich Recht damit, dass Jackie »in Panik« geriet. Die Hinweise auf ein Attentat gegen einen Kennedy wühlten Gefühle in ihr auf, mit denen sie rational nicht umgehen konnte. Jackie kündigte und der Vorfall setzte ihrer herzlichen Freundschaft mit Guinzburg ein Ende. »Das Fallgitter wurde heruntergelassen«, sagte er mit Bedauern. Erst im Jahr davor waren sie zusammen nach Round Hill auf Jamaika in Urlaub gefahren. »Die Boulevardpresse machte eine romantische Eskapade daraus, weil meine Ehe ein paar Monate zuvor auseinander gegangen war«, erinnerte er sich. Die Schlagzeilen verkündeten: »Jackie heiratet ihren Boss.« »Aber meine Kinder waren dabei und Jackies Kinder. Wir haben einiges zusammen unternommen, aber romantisch war es nicht. Wir haben meinen fünfzigsten Geburtstag gefeiert. Sie war so warmherzig, aufrichtig und rührend. Ich wünschte, sie hätte mehr solcher unschuldiger Tage erleben können …«[39]

Unschuldige Tage und Kennedy-Politik vertrugen sich jedoch kaum miteinander. Seit Bobbys Tod schien der Clan in alle Winde verstreut. Nur Rose und Ethel hatten noch immer ihr Sommerquartier in Hyannis Port. Pat Lawford verbrachte nach ihrer Scheidung von Peter einen Großteil ihrer Zeit in Frankreich. Peter selbst lebte an der Westküste, umnebelt von Drogen, Alkohol und voyeuristischem Sex. Die Smiths, deren Ehe eine schwere Zeit durchmachte, hatten sich aus Hyannis Port nach Bridgehampton auf Long Island zurückgezogen. Mindestens drei Angehörige der jüngeren Generation nahmen Heroin, wobei sich ihnen Jacks alter Freund Lem Billings anschloss. Die Familie Teddy Kennedys besaß noch immer ein Haus auf Squaw Island, aber Teddys Privatleben war ein Chaos, seine Frauengeschichten berüchtigt, und seine Frau Joan kämpfte währenddessen gegen die Alkoholsucht. Aus diesen Gründen und aus Furcht vor dem jüngsten Revisionismus in Bezug auf die Kennedy-Hinterlassenschaft hatte Teddy beschlossen, sich 1976 nicht um die Präsidenten-Nominierung zu bewerben, sondern sich stattdessen auf seine Wiederwahl als Senator in Massachusetts zu konzentrieren.

Die Shrivers stellten nun den moralischen Mittelpunkt der Familie dar. Eunice, die immer die gläubigste und geradlinigste der Schwestern gewesen war, kümmerte sich um ihre vom Weg abgekommenen Neffen, veranstaltete Sommerlager für behinderte Kinder und holte Rosemary aus ihrem Pflegeheim zu Besuchen ab. Ihr besonderes Interesse galt der Behinderten-Olympiade, bei deren Finanzierung sie geholfen hatte. Als einziges Mitglied der älteren Familiengeneration führte sie ein tadelloses Privatleben. Sargent Shriver, der nicht erkannt hatte, dass der Glanz verblichen war, sprang in die politische Bresche, die Teddy hinterlassen hatte, beschwor den Geist von Jacks Regierungszeit und verkündete: »Ich bin entschlossen, diese Erbschaft einzufordern.«

Loyal hatte Jackie $ 25 000 für Sargent Shrivers Kampagne

gespendet und um die politische Präsenz der Kennedys zu verstärken, besuchte sie im Juli den Konvent der Demokraten in New York, auf dem Jimmy Carter die Nominierung gewann. (Begleitet wurde sie zu dieser Veranstaltung von ihrem alten Freund Hugh Fraser, dessen Frau Antonia ihn 1975 wegen Harold Pinter verlassen hatte. Einigen Quellen zufolge hegte Fraser die Hoffnung, Jackie zu heiraten.) Lee, die sich 1974 von Peter Beard getrennt hatte, erschien mit ihrem neuen Geliebten, dem Anwalt Peter Tufo. Jackie tat, was sie konnte, um Joan Kennedy zu helfen, die vom Rest der Familie, mit Ausnahme von Eunice, zumeist ignoriert wurde. Eunice hatte Joan auch dazu überredet, sich wegen ihrer Alkoholsucht in Behandlung zu begeben.

Jackie tat ihr Bestes, um Joan aus ihrer Einsamkeit und ihrer Verzweiflung herauszuholen. »Ich erinnere mich, irgendwann war ich einfach so am Ende«, sagte Joan, »und da rief ich Jackie in New York an. Zu der Zeit lebte ich in Washington, D.C. Sie sagte: ›Komm sofort her.‹ Also setzte ich mich ins nächste Flugzeug und hinterließ Ted einen Zettel am Badezimmerspiegel … Ich blieb fast die ganze Woche und Jackie war fabelhaft. Sie hörte sich meine Geschichte an. Und dann erzählte sie mir *ihre* Geschichte, die mich richtig umhaute, denn ich hatte ja keine Ahnung gehabt. Man darf nicht vergessen, dass es in der Presse der Vereinigten Staaten bis Mitte der siebziger Jahre absolut nichts über Jack und seine Frauengeschichten gab. Und in der Familie hätte mir keiner davon erzählt. Aber mit meinem eigenen Mann passierte genau das Gleiche.

Sie hat mir alles anvertraut. Wie sie sich fühlte und wie sich das auf ihre Moral und ihr Selbstwertgefühl ausgewirkt hat. Dann sagte sie zu mir: ›Joan, es hat nichts mit dir zu tun. Teddy liebt dich … Er liebt dich innig und er ist dir ergeben, aber er kann nicht anders, er muss diese Sachen einfach machen.‹ Sie sagte: ›Lass es gar nicht an dich herankommen, du darfst es nicht persönlich nehmen …‹

Also ging alles so weiter, und etwa ein Jahr später rief ich Jackie wieder an und fuhr wieder hin, um sie zu besuchen. Diesmal redete sie mir aus, mich von Teddy scheiden zu lassen.

Sie ist also sehr loyal zu Teddy und der Familie – und auch loyal zu mir. Sie war der Meinung, ich sollte bleiben, aber sie bestärkte mich darin, meine eigenen Sachen zu machen, mich mehr mit meiner Musik zu beschäftigen, meine Freundinnen öfter zu sehen und mein eigenes Leben zu führen. Nicht mehr so abhängig zu sein. Eine Menge schwesterlicher Ratschläge zum Überleben …

Ich denke, in gewissem Sinne war ich ihre Schwester, ihre jüngere Schwester, und einmal sagte sie zu mir, was ich sehr traurig fand: ›Weißt du, ich beneide dich um deine Freundinnen.‹ Sie sagte: ›Ich habe keine Freundinnen außer Bunny Mellon oder Frauen, die alt genug sind, um meine Mutter zu sein.‹ Und zum Schluss sagte sie: ›Ich mag noch nicht einmal meine Schwester.‹«[40]

1974 war *Ein besonderer Sommer* veröffentlicht worden, das Tagebuch, das Jackie und Lee 1951 auf ihrer ersten gemeinsamen Europareise verfasst hatten und das Jackie illustriert hatte. Sein Erscheinen war das Ergebnis einer Durchforstung von Janets Dachboden: Jackie und Lee hatten Briefe, Tagebücher und alte Fotos begutachtet, da Lee ein Buch mit Erinnerungen plante, das sie jedoch nie fertig stellte. Es stellte einen Bericht von glücklicher Schwesternschaft dar, die nicht mehr existierte.

Die Ursache für die nahezu proustsche Reminiszenz der Bouvier-Schwestern an Long Island war das plötzliche Erscheinen ihrer Tante und Cousine im Licht der Öffentlichkeit. Der großen und der kleinen Edie Beale drohte im Sommer 1971 die Ausweisung aus ihrem von Katzen bevölkerten, schmutzstarrenden und von Kletterpflanzen bewachsenen Haus Grey Garden in East Hampton. Durch die Schlagzeilen aufgeschreckt, hatte Jackie, die seit dem »Familien«-Empfang von 1961 keinen Kontakt mehr mit den Bouviers hatte, ihren bewährten Freund William vanden Heuvel gebeten, sich mit der Situation zu befassen. »Zum ersten Mal fuhr ich mit Lee Radziwill hinunter, um Mrs. Beales Haus in Augenschein zu nehmen«, berichtete er. »Auf den ersten Blick hätte man dort nicht einmal ein Haus vermutet, so wild war alles von Gras überwuchert. Hier, mitten in der sehr gepflegten Gegend von East Hampton, lagen diese paar Morgen Dschungel. Für das Haus, das etwa zwölf bis fünfzehn Zimmer hatte, kam praktisch jede Rettung zu spät ... Es sah aus wie Miss Havishams Haus in *Große Erwartungen*. Man kam ins Wohnzimmer und stolperte sozusagen über einen mindestens drei Meter hohen Berg von Katzenfutterdosen, im Speisezimmer hingen so dicke Spinnenweben, und Katzen waren überall. Das Dach existierte im Grunde nicht mehr, die Küche war nicht benutzbar. In Mrs. Beales Schlafzimmer lag eine tote Katze ... Und dann kam ich zurück«, fuhr er fort, »und beschrieb Jackie und Ari, was ich gesehen hatte. Ari hängte sich ans Telefon, man hörte ihn singen, als Antwort auf ein Lied, das die große Edie sang, und dann sagte er: ›Passen Sie auf, was auch gemacht werden muss, ich bezahle es ...‹«[41]

Zwei Jahre später zog Lee mit Peter Beard in Andy Warhols Haus in Montauk auf Long Island. Peter gewann den Filmemacher Jonas Mekas dafür, einen Film zu drehen, der ihn an die Blütezeit Long Islands erinnern sollte. Sie nahmen eine Reihe von Szenen auf Long Island auf – Jackie und Lee beim Schwimmen, Jackie und Caroline auf Wasserskiern und John jr. und Anthony Radziwill bei einer Fahrt auf dem Dach eines Kombiwagens. »Wir benutzten eine Reihe von Fotos aus Jackies Kinderalben und eine Menge Hintergrundmusik. Zum Beispiel gab es eine Standaufnahme von Black Jack Bouvier, begleitet von einer Aufnahme von ›My Heart Belongs To Daddy‹«, erinnerte sich Mekas.[42]

Der Sommer 1974 scheint ein Wendepunkt in der quälenden Beziehung zwischen Jackie und Lee gewesen zu sein. Der Riss hatte bereits mit Lees Entscheidung begonnen, Stas zu verlassen und mit Peter Beard zu leben. Jackie war mit Lees Verhalten nicht einverstanden und brachte dies auch zum Ausdruck. Sie liebte Stas und die Kinder der Radziwills und ergriff eindeutig für Stas Partei. In Montauk, wo Lee und Peter den Sommer verbrachten, erhielten sie häufig Besuche von Truman Capote. Dessen Klage über Jackies leichtfertigen Umgang mit Freunden war Musik in Lees Ohren. Laut Lees Biographin Diana Du Bois fühlte Truman sich von Jackie an »ein kleines Mädchen erinnert, das ein Zimmer voller Spielsachen hat, und eines Tages spielt sie mit dem roten Ball, der rollt ihr unter das Bett, aber sie bemerkt es nicht oder schert sich nicht darum, bis sie ihn ein paar Jahre später plötzlich zufällig findet und wieder damit zu spielen beginnt.«[43] Jackie ihrerseits erzählte Freunden, sie sei schockiert von Lees Verschwendungssucht. »Wozu um alles in der Welt braucht sie zwölf Sätze Porthault-Bettwäsche?«, rief sie aus.[44]

Jackie hatte Lee verboten, an Onassis' Begräbnis teilzunehmen, womöglich weil sie vermeiden wollte, dass die Presse die Asche vergangener Beziehungen wieder ausgrub: Geschichten von Lees Affäre mit ihm, die ihrer eigenen Ehe vorausgegangen war, und von den zwei Schwestern, die gemeinsam um den Mann, den sie geteilt hatten, trauerten. Lees Reaktion darauf war hasserfüllt und bitter: »Jackie hat endlich bekommen, was sie wollte«, sagte sie zu einem gemeinsamen Freund. »Sie kann wieder in Schwarz hinter einem Sarg hergehen.«[45]

Lees Zorn war verständlich. Sie begann, sich aus Jackies neuem Leben ausgeschlossen zu fühlen, nahm an, ihre Schwester habe sie jetzt, da sie sie nicht länger als Trösterin brauchte wie in den Tagen ihrer Ehen, fallen gelassen. Während Lee von einem Projekt zum anderen trieb, schien Jackie ihr Leben im Griff zu haben. Lee raste, als Jackies Einstellung bei Viking bekannt gegeben wurde, und attackierte Tom Guinzburg deshalb, als sie zufällig bei einem Dinner neben ihm saß. Die Beziehung war äußerst heikel geworden: Auf Lees Seite gab es Schmerz, auf der von Jackie Ärger, sogar Ablehnung. Etwa zehn Jahre später verbrachte eine italienische Freundin zwei Wochen auf einer Kreuzfahrt von der türkischen Küste hinüber zu den griechischen Inseln. Sie waren nur zu viert an Bord, darunter Lee, die, wie sich die Freundin erinnerte, nicht aufhörte über ihre Schwester – und über Onassis – zu sprechen. »Was sie erzählte, als wir auf den griechischen Inseln ankamen, war so erschütternd, man bekam mit, wie viel sie gelitten hatte – ich war entsetzt. Es war wirklich und wahrhaftig erschütternd ...«[46] Cecil Beaton gegenüber war Lee eines Nachts mit ihrem Zorn auf Jackie herausgeplatzt: »Sie reizt mich so sehr, dass ich zurückschreie und ihr sage: ›Dem Himmel sei Dank, dass ich mich wenigstens von meinen Eltern & von dir & von meinem ganzen früheren Leben befreit habe …‹«[47]

Die Beziehungen der Familie änderten sich. Was sich als vertrautes Lebensmuster eingespielt hatte, zerbrach, als ein Angehöriger der älteren Generation von der Bühne abtrat: Am 27. Juni 1976 starb Stas Radziwill plötzlich an einem Herzanfall, der ihn im Schlaf ereilt hatte. Jackie und Caroline flogen hin und nahmen an dem Begräbnis in der Kapelle teil, die Stas in der Nähe von Turville zum Gedenken an seine Mutter hatte errichten lassen. Sein Sarg war mit der Fahne der Radziwills verhüllt, die ein Warschauer Museum leihweise zur Verfügung gestellt hatte. Für Jackie war der Tod von Stas, den sie immer geliebt und geschätzt hatte, ein weiterer Nagel im Sarg der Kennedy-Ära. Am 20. November desselben Jahres starb Hughdie Auchincloss im Alter von siebenundsiebzig Jahren in Georgetown. Er war so gut wie bankrott, da er es als Ehrenmann auf sich genommen hatte, die Schulden seiner Firma zurückzuzahlen. Janet hatte ihm loyal mit Geld aus der Erbschaft ihres Vaters James T. Lee geholfen, mit dem sie sich ausgesöhnt hatte. (James Lee hatte alle Enkelkinder mit Ausnahme von Jackie und Lee in seinem Testament bedacht, sogar die Auchincloss-Kinder, die mit Treuhandfonds wohl versorgt waren.) Mindestens achtzehn Monate vor Hughdies Tod war bereits mit Verhandlungen über den Verkauf der Hammersmith Farm begonnen worden, die jedoch noch immer nicht abgeschlossen waren. Kurzzeitig war der Gedanke aufgekommen, der Staat könne das Anwesen kaufen und als Nationalpark, ja sogar als Kennedy-Gedenkstätte nutzen. Diese Pläne waren jedoch im Sand verlaufen. Schließlich wurde Hammersmith im August 1977 für $ 825 000 an eine Gruppe privater Investoren verkauft, die dort einen Touristen-Park eröffnen wollten. Hughdies Begräbnis fand am 26. November in der Trinity Church in Newport statt. Jackie und Lee trafen, wie die Zeitungen bemerkten, in getrennten Autos ein und betraten mit einem Abstand von mehreren Minuten die Kirche.

Janet zog in das »Schloss«, ein hübsches, gelb gestrichenes

Stein- und Schindelhaus aus dem 18. Jahrhundert, das auf dem Hammersmith-Land stand. Ihre Fürsorge für Hughdie, der seit einigen Jahren an einem Emphysem gelitten hatte, beeindruckte alle ihre Freunde, berichtete Mary Tyler McClenahan: »Als er immer kränker wurde, entwickelte sie sich zu einem unendlich fürsorglichen Menschen. Sie tat alles, um ihm das Leben angenehmer zu machen. Sie kaufte Betttücher, die so weich waren, dass man sie nicht spürte, und ging wunderbar fantasie- und liebevoll mit diesem Mann um. Einer unserer Direktoren [von Stratford Hall] war ein Lungenspezialist und er war so beeindruckt von der Pflege, die sie ihrem Mann angedeihen ließ, dass er sie bat, auf die Jahresversammlung der Lung Association in Atlanta zu kommen und dort zu sprechen. Er sagte, sie sei auf ihre eigene stille Weise die beste Rednerin gewesen, die sie je hatten. Sie bekam rauschenden Beifall dafür, dass sie einfach nur auf ihre eigene, natürliche Art darüber sprach, wie sie ihn gepflegt hatte.«[48]

Janets Witwenzeit dauerte nicht lange. Am 25. November 1979 heiratete sie den Witwer J. Bingham Morris, einen pensionierten Investmentbanker aus Southampton, den sie seit ihrer Kindheit kannte und dessen erste Frau auf ihrer Hochzeit mit Black Jack Brautjungfer gewesen war. Jackie fuhr im August allein zum Lunch im Bailey's Beach nach Newport, um ihren neuen Stiefvater kennen zu lernen und die Hammersmith Farm zum ersten Mal seit ihrem Verkauf im Jahr 1977 zu besichtigen. Sie und Lee hatten versucht, ihrer Mutter diese neue Heirat auszureden, doch nahmen sie gemeinsam mit John und Caroline und der restlichen näheren Auchincloss-Verwandtschaft an der Hochzeit im Schloss teil, die Lee als eine »fröhliche Familienparty« beschrieb.

Bereits früher im selben Jahr wäre Lee ihrer Mutter um ein Haar auf dem Gang zum Traualtar zuvorgekommen. Der vorgesehene Bräutigam war Newton Cope, der Besitzer des angesehenen Huntington Hotels in San Francisco, ein Freund von Jack Warnecke. Lee hatte ein Einrichtungsgeschäft eröffnet und nutzte dazu Räume, die Warnecke ihr in seinen Bürogebäuden in der Fifth Avenue und der 58th Street zur Verfügung gestellt hatte. Einer ihrer Aufträge bestand in der Neueinrichtung einiger Suiten in Copes Huntington Hotel. Newton und Lee hatten seit Lees Trennung von Peter Tufo, einem New Yorker Anwalt und späterem US-Botschafter in Budapest, eine innige Romanze miteinander. Ende April wurde Lees Verlobung mit Cope bekannt gegeben und die Hochzeit sollte am 3. Mai in San Francisco stattfinden. Nur zwei Stunden vor der Zeremonie jedoch sagte das Paar das Ganze ab. Es sollte eher ein Aufschub als eine endgültige Absage sein und wie geplant fuhren die beiden in die Flitterwochen.

Cope glaubte die Hand Jackies im Hintergrund zu sehen. Nicht lange vor der geplanten Hochzeit hatte sie, um ihn kennen zu lernen, eine kleine Dinnerparty gegeben, zu der sie gemeinsame Freunde einlud, den Dekorateur Mark Hampton und seine Frau. Cope fiel es schwer, mit Jackie zurechtzukommen. »Es war eine eher mühselige Angelegenheit. Ganz gewiss nicht mein Ding«, bekannte er. »Allein die Stimme hätte mich nach einer Woche verrückt gemacht. Es war wie Babygeplapper, als ob sie absichtlich so sprach, aber nachweislich redete sie ja eben so. Trotzdem, für jemanden aus dem Wilden Westen hatte das hier überhaupt keinen Reiz.« Bei dieser einen Gelegenheit, bei der er die beiden miteinander erlebte, kam er zum dem Schluss, Lee wirke von Jackie »eingeschüchtert«. »Diese Einschüchterung war einfach übermächtig, soweit ich das beurteilen kann«, sagte er. »Es lässt sich schwer in Worte fassen. Jedes Mal, wenn sie [Jackie] etwas zu ihr sagte, wurde sie plötzlich ganz steif und wie – nun, es ist schwer zu beschreiben, aber körperlich war da etwas, das einfach auffiel, wie ein kleines Mädchen, das mit seiner Mutter spricht oder so etwas …«[49]

Als springender Punkt sollte sich Jackies Beharren darauf erweisen, dass für ihre verschwenderische, ständig verschuldete Schwester endlich gesorgt würde. »Lee war in gewisser Weise immer pleite«, sagte Cope. »Sie war nie mehr als einen Schritt vom Gerichtsvollzieher entfernt. Deshalb hat sie auch die schöne Wohnung, die sie in der Park Avenue hatte, verkauft, was schade war, weil kurz danach der Markt wie verrückt in die Höhe ging. Es war eine schöne Wohnung, über zwei Stockwerke. Aber sie war furchtbar knapp bei Kasse, und dann musste sie Wohnungen mieten – ich glaube, sie war zu der Zeit ziemlich verzweifelt, denn als wir unsere vorehelichen Verträge aufsetzten, war sie im Grunde pleite.«[50]

Jackie brachte ihren Anwalt Alexander Forger dazu, Cope anzurufen und über einen vorehelichen Vertrag mit ihm zu sprechen. Weiter wurde die Angelegenheit nicht besprochen, bis Lee zwei Stunden vor der Hochzeit ihren zukünftigen Bräutigam vom Friseur aus anrief und sagte: »Ich habe gerade einen Anruf von Alexander Forger bekommen, der meinte, du hast nichts unterzeichnet. Was hat das zu bedeuten?« Sie versuchte in letzter Minute Druck auf ihn auszuüben: »Warum unterschreibst du nicht? Warum unterschreibst du nicht das mit den fünfzehntausend im Monat?« Cope wurde misstrauisch. Verfolgte jetzt Lee die gleiche Absicht wie Jackie oder war es gar eine von beiden gemeinsam ausgeheckte Falle? »Ich werde verdammt noch mal überhaupt nichts tun«, sagte er zu Lee. »Diese ganze Sache ist ärgerlich, das passt nicht zu einem Hochzeitstag.« »Und sie fragte«, so erinnerte sich Cope, »›Was willst du unternehmen?‹ Ich fragte zurück: ›Wollen wir die ganze Sache bis zum Herbst verschieben und es dann richtig, mit unseren Familien, machen? Und all dieses Zeug abklären und hinter uns bringen?‹ ›Dazu ist es zu spät‹, sagte sie. Und ich gab zurück: ›Lass mich das machen.‹ Also rief ich den Friedensrichter und alle anderen Leute an und bekam den Aufschub. Ich rief sie wieder an und sagte: ›Alles erledigt.‹ Sie sagte: ›Du kannst ja Wunder bewirken. Wir machen es im Herbst, wenn wir es richtig organisieren können, mit unseren Familien, unseren Kindern ...‹«[51]

Das Paar heiratete nie und die Freundschaft der beiden geriet durch Truman Capotes rachsüchtige Enthüllungen über Lee ins Wanken, die er in der am 5. Juni 1979 ausgestrahlten *Stanley-Siegel*-Fernsehshow machte. Truman war wütend über das, was Lee Liz Smith über ihre Weigerung anvertraut hatte, für Capote in dessen Dauerstreit mit Gore Vidal auszusagen. (»Ich habe es satt, dass Truman in meinem Windschatten zum Ruhm reitet. Was ist denn der Unterschied zwischen ihnen? Sie sind doch beide nichts als zwei Schwule.«[52]) Er zitierte daher einige unangenehme Dinge aus Lees Vergangenheit: Dass sie gesagt hatte, Peter Tufo sei genauso wie Newton Cope ein Publicity-verrückter Niemand, der in ihrem Windschatten mitlaufe. Auch verkündete er öffentlich, wie eifersüchtig sie auf Jackie sei. Lees Ausbrüche mochten, wie die, von denen Truman berichtet hatte, durch Alkohol angeheizt worden sein, Cope aber, der sie noch nie betrunken oder als heimliche Trinkerin erlebt hatte, war von ihren Äußerungen verstört. Dennoch überlebte die Freundschaft, und als sie 1981 zum letzten Mal zu ihm kam, beteuerte sie: »Ich möchte mich nur für all die seltsamen Dinge entschuldigen, die ich während des letzten Jahres oder so gesagt habe … das war sehr falsch von mir.«

Für Lee war Jackie noch immer die große Schwester und hatte jetzt als Multimillionärin mehr denn je Oberwasser. Jackie trat von dem, was sie als ihre Verantwortung für ihre Schwester ansah, nicht zurück, sondern griff ihr finanziell unter die Arme, aber emotional gab es keine Verbindung mehr. Jackies erfolgreiches Leben war wie ein Vorwurf für Lee. Auch die Beziehung zwischen Lee und ihrer Tochter Christina war belastet. »Lee war mit ihren beiden Kindern sehr streng. Anthony schien das nichts auszumachen, aber Tina war rebellisch«, sagte Cope.[53] Nach einem bitteren Streit floh Christina zu Tante Jackie und blieb eine Zeit lang dort, was einen unerfreulichen Riss zwischen den Schwestern verursachte.

Am 21. Oktober wurde die John-F.-Kennedy-Bibliothek offiziell eröffnet, nachdem mehr als ein Jahrzehnt mit kostenreichen Änderungen des Ortes und der Pläne verstrichen war. »Es forderte jedes letzte bisschen von mir«, erinnerte sich der Architekt I. M. Pei. »Und am Ende gab Jackie auf, bevor ich es tat … Die Verhandlungen mit der Harvard-Universität waren sehr kompliziert.« Harvard war interessiert daran, die Kennedy School of Government und ihre Stiftung zu beherbergen, nicht aber die Kennedy-Bibliothek. »Harvard geht aus allem immer als Sieger hervor und sie haben die School of Government bekommen und die … Kennedy-Bibliothek haben sie sich vom Hals geschafft … Ich war sehr unglücklich über diesen Ausgang, denn der Ort meiner Wahl war definitiv Harvard Square und das war der Ort, den Präsident Kennedy selbst gewollt hätte ... Uns wurden zahlreiche andere Orte angeboten, und ich habe ich weiß nicht wie viele Jahre nur damit zugebracht, Grundstücke zu besichtigen – einmal waren wir sogar in Springfield, Massachusetts ... Wir, die Architekten, erschöpften unsere Kräfte, um für jedes dieser Grundstücke einen Entwurf vorzulegen. Und die Kennedy Library Foundation erschöpfte ihre finanziellen Mittel zwischen 1964 und 1970. In diesen Jahren entstanden ihnen enorm hohe Kosten ... Als uns dann also Dorchester angeboten wurde, seufzten wir alle vor Erleichterung. Über diesen Ort gab es keinen Streit, denn schließlich kam er von dort. Er war Kongressabgeordneter aus Dorchester, und dies war der Schlussstein seiner Karriere ...

Zu der Zeit war nur noch sehr wenig Geld übrig. Wir hatten mit sieben Millionen Dollar angefangen ... Davon war wohl noch ein Drittel übrig, eindeutig nicht genug, um eine Bibliothek zu bauen, und Geld zu sammeln kam nicht in Frage, denn der Name Kennedy war verblichen, der Vietnamkrieg war gekommen und gegangen – es folgte ein Schlag nach dem andern, Bobbys Ermordung, Jackies Wiederheirat und dann Chappaquiddick ... Also rückte die Familie mit etwas Geld heraus, um zumindest einen Anfang zu machen. Es war eine große Enttäuschung. Als wir so weit gekommen waren und endlich etwas hätten tun können, hatten wir sehr wenig, um damit zu arbeiten. Wir versuchten das Beste aus dem angebotenen Grundstück zu machen, das damals eine Müllkippe war. Mit Jackies Hilfe haben wir mit allen Kräften darum gekämpft, das Gebäude auf diese Müllkippe [auf dem Columbus Point] zu stellen.«[54]

Die Bibliothek ist ein schöner, glitzernder Glasturm, der allein auf einem ziemlich verlassenen Grundstück steht, dafür jedoch direkt am Ufer des Wassers, umtost von Wind und Salz, ganz wie Jack Kennedy es gewollt hätte. Ironischerweise hatte Harvard die Kennedy-Bibliothek abgelehnt, wie es den alten Joe – und um ein Haar auch den jungen Jack – abgelehnt hatte. Fern von der WASP-Grenze steht Jacks Bibliothek sehr angemessen auf irischem Emigrantenland. Zu ihrem ersten Bibliothekar wurde Dave Powers ernannt, der die Kennedy-Geheimnisse innerhalb der Mauern hütete, wie er die Geheimnisse in Jacks Privatleben gehütet hatte.

Auf der Einweihungszeremonie sprach erst Caroline, dann verlas John jr. Stephen Spenders Gedicht »Ich denke stets an die, die wahre Größe zeigten«, und darauf folgte Bobbys Sohn Joseph P. Kennedy II., wie er sich selbst inzwischen großspurig betitelt hatte, mit einer Rede unter dem Motto »Das unvollendete Werk des Robert Kennedy«. Es war fast schon eine Brandmarkung des unglücklichen Präsidenten Carter, gegen den Teddy Kennedy im Handumdrehen seine eigene Bewerbung um die demokratische Nominierung erklären sollte und der Jackie verärgerte, indem er versuchte, sie zu küssen. (»Als hätte er ein *Ius primae noctis*«, beklagte sich Jackie bei Arthur Schlesinger.) Es gab einen gewissen Groll unter den politischer eingestellten Erben Bobbys wegen der Vormachtstellung, die ihrem Onkel Jack und seinen weit entspannteren Kindern Caroline und John eingeräumt wurde, sowie wegen der Länge des Films über Jack, der vierzig Minuten dauerte, im Vergleich zu den zehn Minuten, die Bobby gewidmet waren. Die leidenschaftliche Rede von Joe jr. über moralische Courage riss sie von den Stühlen, sie johlten und applaudierten. Ein Zuschauer kommentierte später: »Robert, nicht Jack ist in dieser Familie der Kennedy die Vergangenheit und Zukunft.«[55] Die gesamte Veranstaltung und der gewählte Zeitpunkt gaben der Welt zu verstehen, dass sich die Kennedys im Herbst 1979 wieder im Anmarsch befanden. Im November, zwei Wochen nach der Einweihung der JFK-Bibliothek, gab Teddy in der Faneuil Hall in Boston seine Kandidatur bekannt.

Aber dies war ein anderer Marsch in einer anderen Epoche. Obwohl Meinungsumfragen von 1980 Carter als so gut wie unwählbar auswiesen und in Panik geratene Demokraten Teddy zum Antritt drängten, sprachen alte Kennedy-Getreue wie Ted Sorensen und Richard Goodwin sich dagegen aus. »Ich war eher am Rande beteiligt, als er anfing«, erinnerte sich Ted Sorensen. »An den Gesprächen, die dazu führten, dass er sich entschied, war ich stark beteiligt – ehrlich gesagt, war ich dagegen, dass er sich da hineinbegab … Aber wenn man sagen würde, Jackie war ›widerstrebend dafür‹, dann trifft das sicherlich zu … Natürlich war Chappaquiddick ein ungelöstes Problem. So was wirft einen Schatten auf einen Wahlkampf. Aber ich hatte außerdem das Gefühl, dass es nicht der beste Zug war, gegen einen amtierenden demokratischen Präsidenten anzutreten, und mehr als einen Zug hatte er nicht.«[56]

»Ich war beteiligt, aber das war eine hoffnungslose Kampagne – hoffnungslos, schlecht geleitet und schlecht aufgenommen«, sagte Richard Goodwin. »Ich war am Anfang bei Teddy, wohnte in seinem Haus, während er sich auf die Kandidatur vorbereitete, aber die war von Anfang an zum Scheitern verurteilt … Teddy steckte vom ersten Tag an in solchen Schwierigkeiten, dass es keinen Sinn hatte.«[57] Am Ende hatte Teddy mit wenigen Ausnahmen eine Vorwahl nach der anderen verloren und war im Fernsehen und in der Presse gedemütigt worden. Gleichwohl waren seine Ansprache in der Georgetown University und das mitreißende Schlusswort auf der Nationalversammlung der Demokraten im August, auf der Präsident Carter die Nominierung gewann, Beispiele herausragender Redekunst, die das demokratische Banner hochhielten. Die Präsidentschaft jedoch, welche die Kennedys mittlerweile beinahe als ihren rechtmäßigen Besitz betrachtet hatten, war dem Zugriff der Generation von Jack und Bobby endgültig entglitten.

Jackie hatte ihre Rolle gespielt, das starke Symbol für das Recht der Kennedys, als königliche Familie Amerikas betrachtet zu werden. Leicht beklommen stand sie während Teddys Erklärung auf dem Podium, derweil die Kennedys vortraten und fast wie am Ende einer Varietéaufführung einer nach dem anderen vorgestellt wurden. Sie und ihre Kinder hielten sich größtenteils von der Kampagne fern, an der die anderen Kennedy-Frauen und ihre Kinder teilnahmen, bis Teddy, offenbar am Vorabend der Katastrophe, im März 1980 New York erreichte. Meinungsumfragen sagten ihm eine vernichtende Niederlage in New York voraus, welches die Kennedys bis dato als ihren zweiten »Heimatstaat« nach Massachusetts betrachtet hatten. Jackie hielt in der 1040 einen Kriegsrat unter alten Kennedy-

Beratern ab. Sie suchten nach Wegen, ihn dazu zu bewegen, den Rückzug anzutreten und eine endgültige Demütigung zu vermeiden. Zum Schluss rettete ihn ein Glücksfall: Carters UN-Botschafter verdarb es sich mit der jüdischen Bevölkerungsgruppe, indem er die israelische Siedlungspolitik kritisierte und Israel die Herrschaft über Jerusalem absprach. Inflation und Kreditzinsen stiegen, Börsenkurse fielen und alles zusammen trug zur Unzufriedenheit mit der Carter-Regierung bei. Dadurch ermutigt, unternahm das Kennedy-Lager Anstrengungen in letzter Minute: Jackie trat in Spanish Harlem und auf einer großen griechisch-amerikanischen Versammlung in Queens auf, wo sie mit Begeisterung begrüßt wurde. Teddy gewann die Vorwahl in New York. Am 21. Juni feierten die Kennedys den neunzigsten Geburtstag ihrer Matriarchin Rose mit einem gewaltigen familiären Benefiz und »Rose«-Paraden in Boston. Der Erfolg aber blieb ihnen versagt: Teddy gewann ein paar Schlachten, doch verlor er unter enormen politischen und finanziellen Kosten den Krieg. »Für mich ist dieser Wahlkampf vor einigen Stunden zu Ende gegangen«, sagte er in seinem Schlusswort. »Für all die, deren Wohl uns am Herzen lag, geht die Arbeit weiter, bleibt das Anliegen bestehen, die Hoffnung lebt noch immer und der Traum wird niemals sterben.«

Jackie jedoch wollte daran weder für sich selbst noch für ihre Kinder einen Anteil haben. Sie wollte sie nicht mit dem Gewicht des Kennedy-Traums beladen sehen, mit jener furchteinflößenden »Erbschaft«. Jackies scharfer Selbstschutzinstinkt und ihre Fähigkeit, einen verlorenen Posten zu verlassen und aufwärts zu streben, sollte sie und vor allem ihre Kinder vor den noch ausstehenden Familienkatastrophen der Kennedys bewahren.

22
Privatleben

»… die echte Jackie, ganz echt war sie mit ihren Kindern, um die Kinder drehte sich alles. Sie lebte für ihre Kinder, sie hätte alles für sie getan.«
Peter Beard[1]

Jackie blieb den Kennedys gegenüber immer loyal, doch bis 1979 war es ihr bereits gelungen, sowohl für sich selbst als auch für ihre Kinder ein von ihnen unabhängiges Leben aufzubauen. Wie sie Pierre Salinger in den Tagen gleich nach Jacks Ermordung erzählt hatte, war es stets ihr vordringlichstes Ziel gewesen, Caroline und John zu fähigen, erfolgreichen Menschen zu erziehen. 1968 bestätigte ein alter Freund Jackies Entschlossenheit, von Anfang an nicht zuzulassen, dass die Kennedys sich ihre Kinder einverleibten: »Jackie hat vor, die Kinder selbst aufzuziehen. Sie hat durchaus nicht die Absicht, Caroline und John zum elften und zwölften Kind von Bobby und Ethel werden zu lassen. Ihren Kindern, so will sie es, soll klar sein, dass die Familie, auch wenn sie nun auf drei Mitglieder reduziert ist, noch immer eine Einheit darstellt, dass sie noch immer zum Präsidenten und zu ihr gehören.«[2] Sie hatte auch während ihrer Ehejahre mit Onassis dafür gesorgt und erhebliche Belastungen für ihre Beziehung zu ihrem griechischen Mann in Kauf genommen.

Caroline war einundzwanzig Jahre alt, als sie als Erste der jüngeren Generation aufstand, um die Einweihung der Bibliothek ihres Vaters zu feiern. Sie war knapp sechs Jahre alt, als ihr Vater fast sechzehn Jahre zuvor ermordet worden war, somit alt genug gewesen, sich an ihn und den Schrecken seines Todes zu erinnern, an die allumfassende Trauer und den heiligen Ernst seiner Begräbniszeremonie, an die Tage, an denen ihre Mutter weinte, die Veränderungen ihrer Lebensumstände vom Weißen Haus zu der Zeit danach. Sie war sieben gewesen, als sie mit ihrer Familie nach England flog, um die Königin zu besuchen und in Windsor Castle Tee zu trinken, ein Ereignis, dem die Trennung von ihrer Kinderfrau Maud Shaw folgte, dem einzigen Menschen, der seit ihrer Babyzeit immer bei ihr gewesen war. Sie war zehn, als ihr geliebter Onkel und väterlicher Freund Bobby in Los Angeles ermordet wurde und sie ein weiteres unfassbares, tränenüberströmtes Begräbnis und schmerzliches Gefühl des Verlustes durchlebte. Vier Monate später stand sie, umringt von Fremden in einem fremden Land, als ernste, verwirrte Zeugin dabei, als ihre Mutter einen Griechen heiratete, der alt genug war, ihr Großvater zu sein. Sie war aufgewachsen in einer Welt von Butlern, Dienstmädchen, Chauffeuren und Geheimdienstagenten, die eine gaffende Horde von Menschen sowie die Fotografen von ihr fern halten sollten, die im Central Park hinter Büschen hervorsprangen. Während ihrer Teenagerjahre hatte sie sich an ein Leben mit Privatjets und Yachten gewöhnt und an das Gefühl, anders als die breite Masse zu sein. Trotz all der Bemühungen ihrer Mutter, Carolines Privatsphäre abzuschirmen und es ihr zu ermöglichen, ein normales Leben zu führen, waren ihre Lebenserfahrungen bisher alles andere als normal gewesen und würden es auch niemals sein können.

Jackie hatte es sich zum Ziel gesetzt, dass Caroline sich ihres Vaters mit Stolz erinnern könne, trotz der unangenehmen Enthüllungen, die seit 1975 überall um sie herum zu Tage traten. Eine Wand in Carolines Zimmer war mit Fotos von ihm und von Caroline mit ihrem Vater gepflastert. Sie führte Alben mit Briefmarken, die sein Porträt schmückte. Stolz hatte sie den neuen Flugzeugträger, die *John F. Kennedy*, auf seine Jungfernfahrt geschickt. Doch auch wenn Caroline und John jr. immer in dem Bewusstsein lebten, die Kinder ihres Vaters zu sein, war Jackie ängstlich darum bemüht, sie nicht in die gefährlicheren Aspekte des Kennedy-Kults hineingeraten zu lassen, wie er von ihren Cousins praktiziert wurde. »Es war eine ganz hübsch wilde Szene dort in Hyannis Port, nach Bobbys Tod«, berichtete Richard Goodwin. »Mit Drogen und Alkohol. Sie [Jackie] wollte, dass ihre Kinder Abstand hielten, daher stand sie mit dieser Generation nie wirklich in enger Verbindung. Ein paar Jahre lang war sie oft in Hyannis selbst, ehe sie zum Vineyard umzog. Ich denke einfach, sie waren eine andere Art von Menschen … Die Hälfte von dem Haufen wurde völlig destruktiv«, fuhr Goodwin fort. »Sie hatten eine problematische Kindheit, diese Kinder. Ethel war eine schwierige Mutter. Sie brüllte sie erst an und gab dann nach, die schlimmste denkbare Mischung. Aber warum sie Probleme hatte, kann man schon verstehen.«[3]

Jackies Heirat mit Onassis hatte John und Caroline aus dieser Umgebung entfernt, gerade als die jüngere Generation nach Bobbys Tod anfing, aus dem Ruder zu laufen. Die Sommer wurden größtenteils auf Skorpios verbracht, unterbrochen nur von kurzen Stippvisiten in Hyannis Port und bei Janet in Newport. In den Osterferien gab es oft Kreuzfahrten auf der *Christina*, Weihnachten und Neujahr wurden für gewöhnlich mit den Radziwills in Turville oder in der Karibik gefeiert. Insgesamt sahen sie Anthony und Christina Radziwill, die von einer Freundin von Lee als »wirklich nette, gut erzogene Kinder mit Klasse«[4] beschrieben wurden, häufiger als ihre Kennedy-Cousins und Cousinen. Vor allem Caroline liebte es, im Winter und Frühling in Far Hills zu reiten und auf Fuchsjagd zu gehen. Somit brauchten sie an der klaustrophobischen, von Wettkampf geprägten problematischen Atmosphäre nicht teilzuhaben, welche die Söhne von Bobby Kennedy und Peter Lawford umgab. Hier spielten Drogen eine große Rolle, die Hinterlassenschaft der Kennedys lastete schwer auf ihnen.

Und dann gab es Marta, ihre »Gouvernante« und ständige Begleiterin seit 1969, bis Caroline aufs Internat ging. Laut Marta hielten sie sich nach Beginn der Schulferien im Sommer nie in New York auf. Solange Onassis lebte, fuhren sie nach Skorpios und kehrten im August nach Hyannis Port zurück, wo sie bis September blieben. Die Zeit war angefüllt mit Schwimmen, Segeln, Wasserski, Toben am Strand und in Hyannis Port mit Touch Football und Baseball. An Winterwochenenden fuhren sie nach New Jersey oder zum Skilaufen nach Hunter Mountain im Norden des Staates New York. Die *Christina* legte in den Vereinigten Staaten an und die Kinder unternahmen mit Onassis aufregende Kreuzfahrten in Schönwetterzonen. 1975, in Jackies letztem Sommer auf Skorpios, während die finanzielle Einigung für sie ausgehandelt wurde, brachte sie die Kinder nach Hyannis Port, aber sie plante bereits einen Zufluchtsort für sie und sich selbst, das Haus in Martha's Vineyard, das 1980 fertig gestellt wurde.

Nach der Schule ging Marta mit den Kindern zum Spielen in den Central Park und bis zum Einbruch der kalten Jahreszeit brachte sie sie einmal in der Woche zum Tennisunterricht, wo sie vom Geheimdienst bewacht und dennoch gelegentlich von Ron Galella verfolgt wurden. Zu Hause bekamen sie zur Teezeit heiße Schokolade mit Schlagsahne, Marshmallows und Zimttoast. Jackie bevorzugte das, was John ihre »Diätnahrung« nannte, aber »Madame«, wie Marta sie stets nannte, aß trotzdem, was die Kinder mochten, wenn sie sich alle zusammen zum Essen setzten – Hühnchen in Sahnesoße oder Bœuf Stroganoff. Dem Beispiel von Großvater Joe Kennedy folgend, hängte Jackie eine Landkarte an der Wand des Speisezimmers auf, sodass sie den Kindern die Routen zeigen konnte, die sie und ihr Vater auf ihren Reisen zurückgelegt hatten. John hatte am 25., Caroline am 27. November Geburtstag. Sie feierten immer jeden Geburtstag extra, am Thanksgiving-Wochenende in New Jersey. Bereits am Mittwoch fuhren sie hinunter, und Jackie ging unverzüglich reiten.

Ihre Kindheit in New York und New Jersey, in der sie durch Reichtum und Privilegien isoliert waren, verlief ziemlich genau wie die in jeder anderen wohlhabenden Familie an der Ostküste, mit einer Ausnahme: Das Bild, das die amerikanische Bevölkerung von ihnen hatte, war das ihrer eigenen Königsfamilie. »Ihnen stoßen Dinge zu, die andere Kinder nicht unbedingt erleben«, erzählte Jackie. »Caroline wurde von einem Haufen Fotografen umgerannt, als ich versuchte, ihr das Skilaufen beizubringen. Wie erklärt man so etwas einem Kind? Und all das Anstarren und Fingerzeigen ...«

Carolines erste Schule war das Convent of the Sacred Heart, das in der 91st Street und der Fifth Avenue von französischen Nonnen betrieben wurde. Es war im Jahr 1800 speziell für die Ausbildung von Töchtern aus der Oberschicht gegründet worden. John ging zu St. Davids, einer Schule für Jungen, gegründet für die »schulische und moralische Vorbereitung junger Männer auf ein Leben als christliche Gentlemen«, die nach den gleichen Prinzipien von katholischen Laien betrieben wurde. Im Alter von zehn Jahren war Caroline mit ihrer Mähne dichten dunkelblonden Haars, hellblauen Augen, der auffälligen Kennedy-Nase und blitzenden Zähnen äußerlich ganz eine Kennedy. Sie besaß die Sportlichkeit der Kennedys, doch vom Temperament her glich sie eher ihrer Mutter. Sie war schüchtern, verfügte aber über eine gnadenlose Beobachtungsgabe und eine wache, rasche Intelligenz. In der Schule waren die anderen Kinder sich nur allzu sehr darüber bewusst, wer sie war, und vor allem, wer ihre Mutter war. Sie schloss sich eng an ihre beiden Lawford-Cousinen an, die dieselbe Schule besuchten, und eine Zeit lang fiel es ihr schwer, Freundschaften zu schließen, weil die anderen Mütter nicht wagten, sie einzuladen. Als besondere Weihnachtsfreude durfte sie sechs Freundinnen zum Lunch ins Caravelle, eines der feinsten Restaurants von Manhattan, einladen, was kaum zu den Erlebnissen einer gewöhnlichen Zehnjährigen gehörte.

John, ein überschwänglicher, offener Junge, mit dem dichten Haar, den braunen Augen und den regelmäßigen Zügen seiner Mutter, besaß die Fähigkeit, rasch Freundschaften zu schließen und mit jedem, dem er begegnete, in Kontakt zu kommen. Er stieß in der Schule auf weniger Probleme als seine Schwester. Er war erst vier Jahre alt, als er in St. Davids eingeschult wurde, und seine Klassenkameraden hatten nicht die leiseste Ahnung, wer er war. Zum Zeitpunkt der Einweihung von Runnymede, als er noch nicht ganz fünf war, wurde seine Abwesenheit bei der morgendlichen Namensaufrufung mit den Worten erklärt: »John ist die Königin besuchen gefahren.« Im September 1968 ließ Jackie ihn auf die Collegiate School umschulen. Caroline wechselte später vom Sacred Heart Convent auf die Brearley, die feinste Mädchenschule New Yorks. Im Herbst 1972 begann Caroline ihr erstes Jahr im Internat an der Concord Academy in Massachusetts. Jackie bemühte sich, Carolines Kindheitsjahre in New York ihren eigenen so ähnlich wie möglich zu gestalten. In Erinnerung daran, wie sehr sie selbst das Ballett geliebt hatte, versuchte sie, ihre Begeisterung auf Caroline zu übertragen. Zu halben Sachen neigte sie nie, somit ließ sie Caroline von der Primaballerina Maria Tallchief Privatstunden erteilen und meldete sie in der American Ballet Theater School an. Caroline aber gab nach der Hälfte des Kurses auf. »Ich liebe das Ballett und sie nicht«, sagte Jackie. »Sie hatte einfach kein Interesse daran. Sie liebt Pferde.«[5]

Um die Privatsphäre der Kinder zu schützen und ihnen die größtmöglichen Chancen auf ein normales Leben zu bieten, beharrte Jackie noch strenger auf ihrem Verbot jeglicher Publicity, als sie dies während der Jahre im Weißen Haus getan hatte. Damals hatte sie, um Jack gefällig zu sein, gelegentlich sorgsam beaufsichtigte, schön fotografierte Aufnahmen von glücklichen Familienszenen zugelassen. Um Fotografen und Reporter fern zu halten, begleiteten Geheimdienstbeamte Caroline zur Brearley-Schule und nahmen vor der Tür ihres Klassenraums Aufstellung. Der Schulbus der Collegiate School hielt zwar für ein Nachbarskind, John aber benutzte ihn nie, sondern verließ die 1040 in Begleitung von Marta, Muggsy O'Leary und dem Spaniel Shannon durch einen Hintereingang. Er kletterte in einen verbeulten, beigebraunen Oldtimer, in dem ein Geheimdienstbeamter ihn quer durch die Stadt zur Schule in der 231 West 77th Street in der damals als schick geltenden Upper West Side fuhr.

Die Geheimdienstbeamten waren eine Notwendigkeit. Die Akten des FBI enthalten zahlreiche Entführungsdrohungen gegen die Kinder, aber Jackie war darauf bedacht, dass sie so viel wie möglich am Leben teilnehmen konnten und nicht in Watte gepackt wurden. Wie Peter Beard sagte, war sie eine »begeisterte« Mutter und entschlossen, den Kindern keine Angst vor dem Leben einzuimpfen. 1968 beschwor sie den Direktor des Geheimdienstes James Rowley, er solle seine Männer anweisen, ihre enge Überwachung zu »lockern«: »Die Beamten trampeln die ganze Nacht lang unter den Fenstern der Kinder herum und sprechen in ihre Funkgeräte«, schrieb sie. »Autos drängen sich in der Auffahrt, sodass unser kleines Landhaus aussieht wie ein Gebrauchtwagenmarkt.« Als John im Alter von dreizehn Jahren im Central Park ausgeraubt wurde, erklärte sie ihren Leibwächtern offenbar, dies sei eine nützliche Erfahrung für ihn und »man muss im Leben Erfahrungen machen dürfen ... und wenn er keinerlei Freiheit hat, wird er bewegungsunfähig werden«.

Caroline mochte die Begeisterung ihrer Mutter für das Ballett nicht teilen, doch wie Jackie interessierte sie sich für Fotografie und wurde darin von Peter Beard bestärkt. Im Sommer 1973 lebte sie vier Wochen lang in einer ortsansässigen Familie und half bei der Herstellung eines von der Regierung geförderten Dokumentarfilms über den Alltag der Familien von Kohlebergarbeitern in der kleinen Appalachen-Stadt Clairfield im Osten von Tennessee. Im folgenden Sommer arbeitete sie mit sechzehn als unbezahlte Assistentin im Senatsbüro ihres Onkels Teddy auf dem Capitol Hill und wohnte bei ihrer Tante Ethel in Hickory Hill. Anfang 1975 arbeiteten sie und Karen Lerner an dem Kashoggi-Projekt des NBC und reisten später nach Schweden.

Nach ihrem Abschluss in Concord im Sommer 1975 sollte Caroline, ganz in der Tradition der Kennedys, im Ratcliffe College in Harvard eingeschrieben werden. Jackie war stets darum bemüht, Caroline in ihre eigenen Interessen mit einzubeziehen und ihr vor allem die Möglichkeit zu geben, sich selbst einen Lebensweg zu wählen. Im Herbst schickte sie ihre Tochter nach London zu einem Kunstkurs bei Sotheby's. Sie sollte bei Hugh Fraser im Campden Hill Square in Notting Hill wohnen. Die Töchter der Frasers, Flora und Rebecca, waren ungefähr in Carolines Alter und in der Lage, sie in ihren großen Freundeskreis einzuführen. Die Idee, Caroline zu dem Kurs anzumelden, entstammte offensichtlich der Freundschaft der Familie mit Mark Shand, dem feschen, blonden Neffen von Harry Ashcombe, einem Freund der Kennedys (und Bruder von Camilla Parker Bowles). Jackie und Caroline waren ihm 1972 auf den Bahamas

55. Jackie, verfolgt von dem Fotografen Ronald Galella, New York, Oktober 1971

56. Ronald Galellas persönliches Lieblingsbild von Jackie, 7. Oktober 1971

57. Jackie und Aristoteles Onassis mit Pierre und Nicole Salinger sowie Solange de la Bruyère auf der Yacht *Christina*, während ihrer Kreuzfahrt über den Atlantik Anfang 1973, nach Alexanders Tod

58. Jackie und Aristoteles Onassis in Ägypten, 28. März 1974

59. Jackie mit Christina Onassis bei der Ankunft in Athen, auf dem Weg zu Onassis' Beerdigung, März 1975

60. John jr., Jackie, Caroline und Ted Kennedy während des Trauegottesdienstes für Onassis auf Skorpios, März 1975

61. Jackie bei Viking, mit ihrem Mentor, dem Designer Bryan Holme (sitzend) und Kollegen, 17. Januar 1977

62. Caroline Kennedys Hochzeit mit Edwin F. Schlossberg: sie und ihr Onkel Ted ermahnen vor dem Eintreten in die Kirche die Presse, sich ruhiger zu verhalten, 19. Juli 1986

63. Rachel »Bunny« Melon, Juni 1982

64. Charles Whitehouse
und Jackie auf dem Rücken
von Frank, in Virginia

66. Caroline mit Edwin F. Schlossberg

65. John jr. und Caroline bei der Einweihung der J.F. Kennedy School of Government an der Universität Harvard, 27. Oktober 1978

67. Die Red Gate Farm in Martha's Vineyard: Solange Herter vor Jackies Haus, August 1993

68. Jackie mit Maurice Tempelsman

69. Jackie mit Maurice Tempelsman bei einem Spaziergang durch den Central Park, 24. April 1994

70. Mit ihren Enkelinnen Tatiana und Rose im Central Park. Ins Auge springt Roses verblüffende Ähnlichkeit mit Jackie als Kind.

71. John jr. auf Jackies Begräbnis, 23. Mai 1994

begegnet. Shand hatte den ersten dieser Kunstkurse absolviert und war inzwischen Kunsthändler. Zu seinem Kreis gehörten die amüsanten, schicken Leute seiner Altersgruppe – Lord Hesketh und sein Bruder Bobby, Nicholas Soames und Adam Carr.

Vor allem in der Begleitung von Mark Shand wurde Caroline rasch beliebt und entwickelte ein reges gesellschaftliches Leben, besuchte die Nachtclubs Annabel's und Tramp, ging zum Essen ins Morton's und Meridiana, die Lieblingsrestaurants ihrer Clique, nahm an Tanzveranstaltungen für Debütantinnen und Wochenendausflügen aufs Land teil, vor allem in das herrliche Haus der Herkeths in Northamptonshire, das von Nicholas Hawksmoor entworfen worden war. In London besuchte sie eine Vernissage-Party für Andy Warhol, auf der sich Prominente in ausgefallener Londoner Garderobe drängten (»Originale – alles Originale«, jubelte der begeisterte Warhol). Patrick Lichfield, der gefeierte Fotograf und Cousin der Königin, begegnete Caroline zum ersten Mal: »Sie sieht viel besser aus, als Bilder von ihr vermuten lassen«, sagte er. »Ein kraftvolles, interessantes Gesicht. Ein Gesicht, das Persönlichkeit verrät.«[6]

In London genoss Caroline eine Freiheit, die ihr in New York oder in Cambridge, Massachusetts, unmöglich gewesen wäre. Dort hatte ihr Name Kennedy zur Folge, dass man sie nie in Ruhe ließ. Zum ersten Mal war sie von ihrer Mutter getrennt und konnte mehr oder weniger tun und lassen, was ihr gefiel, und das Leben ihrer Altersgenossen teilen – tanzen, ein wenig trinken, ab und zu einen Joint rauchen. Die Paparazzi waren jedoch noch immer lästig und Caroline hasste sie. »Warum muss ich eine Figur des öffentlichen Lebens sein?«, fragte sie eine Freundin.[7] Sie zog sich am Abend einfach und nicht gerade modisch an und trug kaum Make-up, da sie nicht auffallen wollte. In der stürmischen Gesellschaft ihrer Freunde war sie bei weitem die ruhigste Person am Tisch.

So sehr Jackie sich auch bemühte, Caroline hatte dennoch unvermeidlich unter Berühmtheit und Glamour ihrer Mutter zu leiden. Im Alter von fast achtzehn rebellierte sie gegen die ständige Besorgtheit ihrer Mutter und die Versuche, sie zu leiten. In der Royal Geography Society, die Jackie mit ihr in der

Hoffnung besuchte, in ihr ein Interesse an Geographie zu wecken, bemerkte der Direktor einigermaßen amüsiert, dass Jackie die interessanten Fragen stellte, während Caroline nur dastand »und völlig abwesend wirkte«. Trotz ihrer Beliebtheit war das Leben nicht einfach für sie: Nie konnte sie sicher sein, dass Menschen sie um ihrer selbst willen und nicht ihrer ungewollten Berühmtheit wegen mochten. Sie machte eine schwierige Zeit durch und Jackie hatte Probleme mit ihr. Im Claridge's, wo Jackie immer übernachtete, wenn sie in London war, entdeckte der Manager eine rührende Nachricht, die sie für ihre Tochter mit Lippenstift an den Spiegel über dem Waschbecken geschrieben hatte: »Liebling, vergiss nie, dass Mami dich liebt.«[8]

Während ihres Aufenthalts in London wäre aus Caroline um ein Haar ein weiteres Kennedy-Todesopfer geworden. Kurz vor neun Uhr morgens stand Hugh Fraser gerade im Begriff, mit ihr das Haus zu verlassen, um sie bei Sotheby's abzusetzen, ehe er als Parlamentsmitglied ins Unterhaus fuhr, als ein Telefonanruf ihn zurückrief. Minuten später wurde das Haus von einer gewaltigen Explosion erschüttert. Frasers grüner Jaguar, der vor der Tür geparkt stand, war ein Wrack. Der angesehene Krebsspezialist Gordon Hamilton Fairley, der in diesem Moment auf einem Spaziergang mit seinen Hunden dort vorbeigekommen war, wurde getötet, seine Leiche in den Garten der Frasers geschleudert. Die Bombe war von der IRA installiert worden und sollte hochgehen, sobald der Wagen sich in Bewegung setzte. Fraser und Caroline waren durch einen Telefonanruf gerettet worden.

Augenblicklich rief Fraser Pamela Harlech an und fragte: »Können Sie herkommen und sie abholen? Kann sie bei Ihnen bleiben? Bei uns hier wimmelt es nämlich von Journalisten. Und dann, falls es eine weitere Bombe gibt …« Die Harlechs lebten nur ein paar hundert Meter von den Frasers entfernt. »Also stimmte ich zu«, erinnerte sich Pamela Harlech. »Ich holte sie zu mir, und sie blieb ungefähr eine Woche lang bei uns, weil wir dann nämlich nach New York fuhren. Jeden Tag sprach ich zweimal mit Jackie, denn sie wollte wissen, wie es lief …«

Nicht zum letzten Mal sollte Pamela Harlech die alte Freundin ihres Mannes als nicht eben herzlich empfinden. Bei ihrer Ankunft in New York, wo David Harlech einige Vorträge zu halten hatte, wurde ihr die Behandlung der »königlichen Jackie« zuteil. »Jean Smith veranstaltete einen Umtrunk für uns. Wir standen herum und Jackie kam herein. Ich wollte sie, wie es üblich war, auf beide Wangen küssen, aber sie sagte ›Hallo‹ und streckte königlich ihre Hand aus. Ich bin nicht die Einzige, mit der sie so umgegangen ist, denn Betty Whitney, die jeden liebt – sie ist wundervoll –, sagte einmal zu mir: ›Es gibt auf der Welt nur wenige Leute, die ich nicht mag, und zu diesen wenigen gehört Jackie.‹ Denn mit ihr hat sie genau das Gleiche gemacht. Sie fuhr da hin und wohnte bei Jock und Betsy, und als sie die beiden das nächste Mal sah, sagte sie ›Hallo‹ wie die Königin …«[9]

Jackies kapriziöse Art, ihre Fähigkeit, sich zurückzuziehen und Kälte an den Tag zu legen, waren merkwürdige Aspekte ihres Charakters. Viele Leute, die sie kannten, bekamen sie zu spüren, nicht aber die, die ihr am nächsten standen. Sie vermochte Menschen mit Absicht zu reizen, manchmal leichtfertig, doch zuweilen auch so ausdauernd wie eine Katze, die mit einer Maus spielte. Eine Freundin erinnerte sich an eine Einladung zum Lunch in der 1040, wo sie zur Unterhaltung von Rose Kennedy und der Herzogin von Windsor beitragen sollte: »Beide ziemlich alt und ein bisschen verkalkt. Also ging es um Kleider, Kleider und nochmals Kleider, Kleider bewundern, Kleider ansehen. Ich hatte die Herzogin in ihrer Glanzzeit kennen gelernt und sie war eindeutig jenseits von Gut und Böse, und Mrs. Kennedy war, glaube ich, sowieso keine besonders interessante Frau. Ich weiß noch, wir gingen ins Speisezimmer, und da lag dieser schöne Goldgürtel mit diesem schönen türkisfarbenen Muster und mit Edelsteinen besetzt. ›Oh‹, sagte Mrs. Kennedy, ›was für ein schöner Gürtel, Jackie – den solltest du tragen – damit würde jedes Kleid aufgewertet.‹ ›Oh‹, sagte Jackie, ein ›*petit rien du tout*‹. Ich glaube, sie hatte ihn vom Schah von Persien bekommen. Und dann passierte das Gleiche noch mal: Auf dem Tisch lag eine große goldene Handtasche mit einer Juwelenschnalle. Mrs. Kennedy und die Herzogin vertieften sich beide in die Einzelheiten. Ich sah, dass Jackie das ein bisschen peinlich war, aber ich sah auch, dass sie sich ein bisschen amüsierte …«[10] Während ihrer Ehe mit Onassis spielte Jackie Frauen, die sie dabei beobachtete, wie sie ihren Mann umschmeichelten, gern einen Streich, indem sie ihnen am nächsten Tag Blumen mit der Grußbotschaft »von Ari« schickte.

Zuweilen schien sie Spaß an ausgeklügelten Scharaden und Spielen zu haben, für gewöhnlich mit ehemaligen Bewunderern und deren Frauen. Bei einer Gelegenheit lud sie ein Paar, das sich bei Freunden auf Cape Cod aufhielt, in ihr Haus in Martha's Vineyard zum Lunch ein. »Es wird dir nicht gefallen«, sagte der Ehemann zu seiner Frau, »aber Jackie möchte, dass wir für einen Tag nach Martha's Vineyard kommen … Wir müssen hingehen.« Jackie bot an, sie mit einem Privatflugzeug abholen zu lassen, und als sie Einwände erhoben, sagte sie: »Betrachtet es einfach als ein üppiges Dessert …« Sie kamen an und keine Jackie war da: »Es war unglaublich heiß draußen. Einen richtigen Flughafen gab es nicht, nur eine Art Halle und nirgendwo einen Platz zum Sitzen. Also hockten wir in dieser glühenden Hitze auf der Bordsteinkante. Eine halbe Stunde später erschien eine Art Range Rover mit Jackie am Steuer und wir alle quetschten uns hinein. Ich weiß, ich hatte meine Tochter auf dem Schoß und Jackie fuhr wie eine Verrückte. Als wir beim Haus ankamen, fragte sie: ›Was wollt ihr machen?‹ Es war etwa zwischen halb eins und eins, und ich sagte: ›Eine Bloody Mary wäre schön‹, und von ihr kam: ›Nun gut, aber zuerst gehen wir zum Strand.‹«

Die Gesellschaft schmorte in der Hitze am Strand und sah zu, wie Jackie die ihr verordneten Runden drehte und dann schwimmen ging. »Mein Mann – er hat nämlich bessere Manieren als der Rest von uns – ging mit ihr schwimmen … Okay, schließlich gingen wir zurück, und wir fragten gleich: ›Können wir jetzt eine Bloody Mary bekommen?‹ Man bedenke, das ist die Gastgeberin des Weißen Hauses. Und da sagt sie mit ihrer Kleinmädchen-Stimme ›Aber ich weiß nicht, wie man Bloody Mary macht.‹ Ich sagte: ›Na schön, Jackie, ich kann dir genau sagen, wie man Bloody Mary macht, und ich mache sie selbst.‹

Ich konnte das nicht ausstehen, ich bat um Worcester-Sauce und Zitrone, und von ihr kam: ›Ach wirklich?‹ Und dann fragte sie meinen Mann: ›Ich weiß nicht, wie man den Film in die Kamera tut, das ist so kompliziert.‹ Also legte er den Film ein, spulte ihn auf, klappte den Deckel zu und fertig. Und sie hauchte: ›Oh, das war geschickt. Ich komme mit diesen Zahnrädern nie zurecht.‹ Und ich dachte: Zahnräder? Er sagte: ›Du brauchst nichts weiter zu tun als die Gebrauchsanweisung zu lesen, Jackie.‹ – Ich meine, sogar er hatte allmählich genug. Es war so ermüdend, denn es war alles eine Show – sich nicht um die Gäste zu kümmern, sondern irgendwie aufzutrumpfen nach dem Motto: ›Hier bin ich, Leute, was habt ihr doch für ein Glück.‹ Also standen wir diese Scharade durch.«[11]

»Sie steckte voller Gegensätze und Widersprüche«, sagte eine Frau, die Jackie seit ihrer Teenagerzeit kannte. »Sie hatte einen starken Hang zu Konkurrenzdenken und Feindseligkeit. Zog Leute an sich, machte Wirbel um sie, dann ließ sie sie fallen, und keiner verstand je warum. In der Zeit nach Onassis' Tod hatten wir eine Dinnerparty. Es gab einen Mann, mit dem sie ausging, also organisierte ich, dass er sie abholen sollte. Sie war außer sich und sagte zwanzig Minuten vor acht ab. Wenn es um Kinder und Tiere ging, konnte man sich auf sie verlassen, nur mit Erwachsenen gab es diese Schwierigkeiten ...«[12]

Eine Dinnereinladung abzusagen, weil sie an etwas Anstoß nahm, das als hilfsbereite Geste ihr gegenüber gedacht war, zeugte von Armseligkeit. Die Absage hatte den Zweck, ihre ehemalige Freundin dafür zu bestrafen, weil sie sich angemaßt hatte, ohne ihr Einverständnis eine solche Verabredung zu treffen. Ein weiteres Opfer der »königlichen Jackie« wurde Andy Warhol, der es wagte, zu einer ihrer Partys nicht nur unentschuldbar spät zu erscheinen, sondern auch noch einen nicht eingeladenen Freund, Bob Colacello, mitzubringen. Selbst wenn man dies als ernsteren gesellschaftlichen Regelverstoß ansehen mochte, war Jackies Vergeltungsschlag maßlos und rachsüchtig. Ihre Freundin Marietta Tree, die frühere US-Botschafterin für Menschenrechte bei den Vereinten Nationen, eine amerikanische Aristokratin und gesellschaftliche Königin von New York, verbot Warhols Freund und Förderer Henry Gillespie, Warhol mit einer Gruppe von anderen Leuten in Mariettas Wohnung am Sutton Place zu bringen.[13] Später gestand sie ihm, der Grund dafür sei ein Erlass von Jackie gewesen. »Jackie hatte Marietta und ihre anderen Freunde aufgefordert, Warhol für seine Unhöflichkeit zu bestrafen und nicht zu ihren Partys einzuladen.«[14]

Gelegentlich fiel es sogar ihren Bewunderern schwer, hinter die Fassade der öffentlichen Person zu sehen. Um eine Beschreibung von Jackie gebeten, sagte ein Cousin: »Das ist sehr, sehr schwer, denn die enorme Herzlichkeit und das Entgegenkommen, das war bühnenreif. Es war sicher nicht alles aufrichtig, aber man war dankbar, wenn sie die Maske aufsetzte. Es war eine Art von Kompliment, dass sie es überhaupt für einen tat. Sie spielte beständig eine Rolle, das steht außer Frage. Aber sie war nicht ausschließlich Schauspielerin, ein paar Teile von ihr waren echt.« Er verglich Jackie mit der gefeiertsten amerikanischen Geisha, Pamela Harriman: »Mrs. Harriman hatte dieses wunderbare Talent, sie konnte einem das Gefühl geben, man sei der einzige Mann im Raum, sogar auf der ganzen Welt. Jackie besaß auch etwas von diesem Talent, andererseits aber nahm Mrs. Harriman jedes Wort wahr, das man sagte, und Jackie hörte die Hälfte der Zeit überhaupt nicht hin ... Sie ging außerdem schnell davon aus, die Leute würden tun, was sie sagte, weil sie diese enorm starke Persönlichkeit besaß. Und ich erinnere mich, wie ich einmal einen Vorschlag von ihr ablehnte ... Sie hörte mir nicht einmal zu. Schließlich sagte sie: ›Du meinst, du willst es nicht machen?‹ Sie hatte geglaubt, sie hätte mich in der Tasche, und dann ...«[15]

Der Schauspieler Anthony Quinn, mit dem sie freundschaftlich verkehrt hatte, wurde 1975 in die Kälte geschickt. Er hatte zugesagt, in dem Film *Der große Grieche* zu spielen, der offensichtlich auf der Geschichte von Onassis und Jackie basierte. Sofort nach der Ankündigung des Projekts erhielt er einen Anruf von Nancy Tuckerman. Sie erklärte, sie rufe im Auftrag von Mrs. Onassis an, die »großen Respekt« für ihn empfinde, doch es sehr zu schätzen wüsste, wenn er von diesem Film Abstand nähme. Quinn rief zurück: »Bitte sagen Sie Mrs. Onassis, dass der Film nur so eine Idee ist ... Aber so oder so ist meine Beteiligung die beste Garantie dafür, dass man sie mit Respekt und Zuneigung behandelt.« Quinn konnte hören, wie Nancy sich mit Jackie beriet, die selbst nicht ans Telefon kam. Die Botschaft lautete: »Mrs. Onassis würde es sehr zu schätzen wissen, wenn Sie widerrufen könnten, dass Sie in diesem Film auftreten werden.« Quinn aber tat etwas anderes: Er erschien auf dem Filmfestival in Cannes auf einer Werbeshow für den Film (der bisher noch nicht einmal ein Drehbuch hatte), zu der Szenen auf einer Yacht (in Wahrheit ein Besichtigungsboot für Touristen) und Bilder von ihm mit einer Onassis-Sonnenbrille gehörten. Noch in derselben Woche aß er im Colombe d'Or in St. Paul de Vence zu Mittag, als Jackie hereinkam. Quinn erhob sich, um sie zu begrüßen, »... und sie ging geradewegs an mir vorbei, als wenn wir uns nie begegnet wären«, berichtete er. »Ich versuchte einen Blick zu erhaschen und winkte sogar. Aber nichts. Sie nahm mich nicht wahr.«[16] Was, so mag man sich fragen, hatte Quinn erwartet?

Selbst Leute wie Louis Auchincloss, die sie gut kannten, waren zuweilen überrascht von ihrer Sprunghaftigkeit. Sie hatten zusammen an *Maverick in Mauve* gearbeitet, dem Tagebuch von Florence Adele Sloane, der Großmutter von Auchincloss' Frau. Auchincloss war verwirrt und ein wenig verärgert über Jackies plötzliche Weigerung, an der 1983 stattfindenden Party zur Veröffentlichung des Buches teilzunehmen. Dies zeigte, wie er es nannte, »eine merkwürdige Eigenheit ihrer Natur ... verwurzelt in ihrem ambivalenten Verhältnis zur Presse, die ihr sowohl Ruhm als auch Schmerz beschert hatte«. Sie hatte vorgeschlagen, es sei eine gute Idee, die Party im Museum von New York abzuhalten, wo Fotografien aus den sechziger Jahren des 19. Jahrhunderts den Hintergrund für Florence Sloanes Tagebuch bilden konnten. »Da ich der Präsident dieser Einrichtung und bereit war, für die Show zu zahlen, ließ sich das leicht arrangieren, doch im letzten Moment wurde mir mitgeteilt, dass Jackie nicht auf die Party kommen würde, weil Reporter da sein würden!«, lautete Auchincloss' Bericht. Nancy Tuckerman überbrachte die Nachricht. Für gewöhnlich, so sagte er, war Nancy eine unabhängige, ziemlich wichtige Quelle, doch als er in diesem Fall zu ihr sagte: »›Hören Sie, Nancy, Sie müssen mit ihr reden. Ich meine, das ist doch Unsinn, Sie wissen, dass es Unsinn ist‹, brach Nancy vor mir zusammen, sie brach völlig zusammen. Sie war ihre [Jackies] Sklavin. Sie war nicht bereit, irgendetwas zu tun. Ich sagte: ›Nun gut, sagen Sie ihr, ich schreibe ihr einen Brief.‹ Und augenblicklich wurde Jackie einsichtig. Sie kam frühzeitig, blieb lange, bezauberte jeden und schmiss die Party«, erinnerte sich Auchincloss.[17]

1978 hatte Jackie zwei entscheidende Schritte auf dem Weg zu Unabhängigkeit und Selbstverwirklichung unternommen. Der erste bestand in der Schaffung ihres eigenen, privaten Königreichs in Martha's Vineyard, das sich deutlich vom Kennedy-Lager in Hyannis Port abgrenzte. Martha's Vineyard war auf dem Luftweg nur einen Sprung weit entfernt, aber es war eine andere Welt, erlesener und schwerer zu erreichen. »Ich glaube, sie war sehr stolz auf diesen Besitz«, sagte ihr Freund Ashton Hawkins. »Sie liebte ihn und ich denke, er machte sie sehr glücklich, erinnerte sie irgendwie an eine Menge schöner Dinge und stand in keiner Weise in Verbindung mit der Kennedy-Familie. Ähnlich dem, was diese dort hatte, aber trotzdem ein anderer Ort. Ich weiß, ich hatte das Gefühl, sie sei extrem stolz darauf, vielleicht weil es in gewisser Weise das erste Heim war, das sie sich selbst aufgebaut hatte …«[18] Jackie selbst hatte einmal geschrieben: »Ich denke, es gehört zu den schönsten Dingen, die man in seinem Leben tun kann: ein geliebtes Haus zu schaffen, das Generationen beherbergt und ihnen Erinnerungen schenkt, auf denen sie aufbauen können.«[19]

Bei Gay Head, auf dem alten Hornblower Farmanwesen, hatte sie etwa vierhundert Morgen des Sumpflandes von Martha's Vineyard für nicht ganz eine Million Dollar erworben. An einer Stelle mit Ausblick auf den Squibnocket-Süßwassersee in Richtung des Meeres, das sie liebte, baute sie sich ihr Lieblingshaus. Jackies Land hatte einmal den Wampanoag-Indianern gehört, deren Nachfahren noch immer auf der Insel lebten. Es ist der Teil der Insel, der unter dem Namen Upisland bekannt ist, eine

Landschaft mit Wäldern und Seen und letzten Spuren der Steinmauern, die die sich ansiedelnden Farmer dort errichtet hatten. In einer Umgebung von größeren Anwesen und unbefestigten Straßen, die abenteuerlustige Touristen abschreckten (»Hier ist alles in Privatbesitz«, hieß es im Reiseführer und der Weg zu Jackies Haus wurde von einem grimmig aussehenden Wächter bewacht), erstreckte sich ihr Besitz von der Chilmark-Menemasha-Straße in weiten Wiesen und natürlichem Buschwerk bis zum Meer.

Der Architekt war Hugh Newell Jacobsen, ein als schick geltender und erfolgreicher, in Washington ansässiger Architekt, der ihr von I. M. Pei und Bunny Mellon empfohlen worden war. »Ich war der Dame begegnet, hatte einmal mit ihr getanzt«, erinnerte sich Jacobsen. »Aber sie erinnerte sich überhaupt nicht mehr an mich ... Und dann kam ein Anruf und, mein Gott, da war dieser Name und diese Stimme und dann kam die Frage, ob ich daran interessiert wäre, die Sache zu machen. Ich sagte: ›Und ob‹, und flog augenblicklich nach Hyannis Port.«

Auf die Frage, wie es war, für Jackie zu arbeiten, antwortete er: »Mit ihr zu arbeiten war fantastisch, weil sie sich wirklich hineinkniete und ehrlich zugab, dass sie keine Bauzeichnungen lesen konnte – etwas, das nur wenige Leute können, die meisten Leute erzählen Lügen darüber. Es ist, als müssten sie zugeben, dass sie einen fürchterlichen Makel an sich haben, wenn sie keine Blaupause lesen können. Aber sie spielte mir nichts in der Art vor. Sie legte den Grundriss des gesamten Hauses mit Schnüren am Strand aus, sodass sie von Zimmer zu Zimmer gehen konnte.«[20] Manchmal fuhren sie nach Osterville, um sich mit den Mellons zu treffen und die Pläne noch einmal mit Bunny durchzugehen, deren Vorstellung von Haus und Garten Jackie am stärksten beeinflusste.

Trotz all der Voraussicht und sorgfältig ausgelegten Schnüren ging von Zeit zu Zeit auf dem Bauplatz in Martha's Vineyard etwas schief. Einmal kamen Bunny und Jackie mit Jacobsen dort an und entdeckten, dass sowohl die Schnüre falsch gelegt als auch der Bauplatz falsch abgesteckt worden und nun in die falsche Richtung ausgerichtet worden war. »Jackie war überhaupt nicht zufrieden mit ihrem Architekten«, sagte Jacobsen. »Sie sagte: ›Wenn Sie wie Alex [Forger, ihr Anwalt] wären, hätten Sie sich einen Tag vorher auf den Weg hierher gemacht und das geprüft. Immer muss ich hier herkommen und die Dinge überprüfen.‹ Ich sagte: ›Deshalb machen wir es doch immer erst mit Schnur‹, aber es hatte keinen Sinn, und ich wurde auf der Insel mir selbst überlassen. Sie flogen in dem Flugzeug ohne mich ab und ich hatte die Schnur neu auszulegen!«

Jacobsen entwarf das Haus als eine Reihe miteinander verbundener Pavillons, von denen ein Flügel speziell als »Bunnys Raum« ausgewiesen wurde. Gebaut wurde mit den in der Gegend üblichen weißen Zederschindeln, und Fenster und Türen wurden weiß gestrichen. Es gab eine abgetrennte Scheune – ein Gästehaus mit einem großen Wohnzimmer, drei Schlafzimmern und einem »Getreidesilo«, das für John gedacht war – ein Schlafzimmer, ein Bad und ein riesiger Raum mit acht Metern Durchmesser.

Zwar liebte Jackie das Haus, aber Jacobsen hatte sie unabsichtlich verletzt. In typischer Jackie-Manier brach sie jede Beziehung mit ihm ab, ohne zu sagen, warum. Jacobsen war verstört, und als er Alex Forger wegen der Schlussrechnung aufsuchte, sagte er zu ihm: »›Alle meine Kunden sind meine Freunde und sie ist die erste Kundin, die ich je verloren habe. Ich habe seit bald zwei Monaten nicht mehr mit ihr gesprochen.‹ Forger antwortete ›Tja, ich kann Ihnen ganz genau sagen, was passiert ist, Herr Architekt.‹ – So nannte er mich immer. – ›Es war am 23. Oktober um vier Uhr nachmittags, als Sie hinauf nach Derry End gefahren sind. Sie wollten ihr dort ein neues Haus zeigen, das Sie gerade fertig gestellt hatten, und die Beleuchtung, die Sie verwenden wollten. Sie haben damit angedeutet, was noch nie ein Mensch zu ihr gesagt hat – nämlich dass sie keinen Geschmack besitze.‹«[21]

Wie alles, was Jackie tat, erregte auch ihr Haus in Martha's Vineyard, die Red Gate Farm, gewaltige Neugier. Von der Straße aus nicht sichtbar und bewacht, ließ es sich nur auf dem Luftweg erreichen. *Women's Wear Daily* organisierte einen Luftangriff der Fotografen. Ein Dienstmädchen plauderte Geschichten aus und ein Klempner verkaufte Kopien der Pläne. Die Kennedy-Schwestern waren ganz besonders neugierig – und wurden nicht zur Besichtigung gebeten. Joan jedoch erhielt eine Einladung. »Ich erinnere mich – im ersten Sommer, den sie dort verbrachte, rief sie mich in Hyannis Port an und lud mich ein, übers Wochenende zu ihr zu kommen. Ich sagte also: ›Vielen Dank, ich würde sehr gern kommen.‹ Denn jeder wäre doch dafür gestorben, etwas über das Haus herauszufinden. Es kam nämlich niemand nah genug heran, um es zu fotografieren. Als ich wieder abfuhr, sagte Jackie zu mir: ›Weißt du, was passieren wird, wenn du wieder zu Hause bist? Sie werden sich alle mit ihren Fragen auf dich stürzen.‹ Sie fand das lustig, genoss die Tatsache, dass sie alle sonst was getan hätten, um herzukommen, und nicht recht verstanden, warum sie mich eingeladen hatte, die anderen aber nicht. Sie war nie unfreundlich oder bösartig, aber sie hatte diesen köstlichen Hang zum Spott …«

Jackie hatte auch Spaß daran, Spott mit Teddy zu treiben, den sie – von gewissen Augenblicken ihres Lebens abgesehen – sehr gern mochte. »Eine andere Art von Spott machte sich bemerkbar, wenn ich sie besuchte, nachdem ich wieder einmal eine von Teddys Frauengeschichten herausgefunden hatte«, berichtete Joan. »Ich rief sie an, floh zu ihr und blieb ein paar Tage. Besonders das erste Mal – Teddy rief sie an, um zu hören, wie es uns ging. Sie sprach sehr höflich mit ihm, und als sie auflegte, sagte sie: ›Er kommt um … Er kommt wirklich um, weil er weiß, ich erzähle dir alles. Er will wissen, worüber wir reden. Dass er dich nicht fragen kann, ist ihm klar, aber mich kann er auch nicht fragen.‹ Es versetzte sie in Hochstimmung, dass sie ihm ein extrem unangenehmes Gefühl verschaffen konnte.«[22]

Im März 1979 schrieb Gloria Steinem einen Beitrag für die *Ms*, der sich mit Jackies Leben in Vergangenheit und Gegenwart, mit ihren Ehen mit Kennedy und Onassis und mit ihrer Erfahrung befasste, »wie ein völlig anderer Mensch behandelt zu werden, obwohl die einzige Veränderung die Identität des Mannes war, neben dem sie stand«. Selbst als sie nach Onassis' Tod allein lebte, gründeten sich Spekulationen über ihre Zukunft nur auf zwei mögliche Muster, die aus ihren früheren

Ehen stammten: »Würde sie wieder eine Kennedy werden (also politisch einflussreicher und ernsthafter) oder eine Onassis bleiben (vorgeblich mehr gesellig und einfach reich)? Niemand sagte voraus, sie würde in die Welt des Verlagswesens zurückkehren, in die sie nach dem College kurz hineingeschaut hatte – oder in Stellungen, die sie bereits vor Jahren allein aus eigener Kraft hätte haben können.« Es erforderte Mut und Entschlossenheit von der berühmtesten Frau der Welt, eine Stellung anzunehmen und sich in die gewöhnliche Welt zu begeben: »Hätte man uns die Gelegenheit gegeben, die Macht der Kennedys zu nutzen oder ein Leben im Stil von Onassis zu führen – wie viele von uns hätten wohl die Kraft gehabt, in unsere eigenen Berufe zurückzugehen und eigene Arbeit dem von anderen übernommenen Einfluss vorzuziehen?«, fragte Steinem.[23]

Im Februar 1978 war Jackie zur Arbeit im Verlagswesen zurückgekehrt, namentlich zu Doubleday, wo Nancy Tuckerman einst in der Öffentlichkeitsabteilung gearbeitet hatte und wo ihr alter Freund John Sargent Präsident war. In der Zeit bei Viking hatte sie sich die Hörner abgestoßen und ihr Handwerk gelernt. Die Jahre, die sie – von 1978 bis zu ihrem Tod – bei Doubleday verbrachte, sollten sich mehr und mehr als die erfolgreichsten und befriedigendsten ihrer Verlagskarriere herausstellen. An ihr war eine Schriftstellerin verloren gegangen, somit war sie als Lektorin wie geschaffen. Sie behandelte die Texte anderer Menschen mit der gleichen Präzision und Intelligenz, mit der sie ihr eigenes Leben redigierte. Sie formte, schnitt und entwarf das *mot juste,* das stimmige Bild.

Der Beruf der Lektorin sprach ihren Sinn für Abenteuer an. »Mir gefällt an der Lektoratsarbeit«, sagte sie, »dass man dabei sein Wissen erweitert und sein Urteilsvermögen schärft. Jedes Buch führt einen auf einen neuen Weg ...« *In the Russian Style* hatte sie mit Diana Vreeland und Tom Hoving nach Moskau und St. Petersburg geführt. *Atget's Gardens*, ein Buch mit Aufnahmen des französischen Fotografen von königlichen Parks und Gartenanlagen, rief ihre Jugenderinnerungen an Versailles und ihre Leidenschaft für französische Geschichte wach, ebenso wie Deborah Turbevilles *Das unbekannte Versailles* und Olivier Berniers Beschreibungen des Lebens von Ludwig XIV. und Marie Antoinette. *Frankreich nach der Befreiung: 1944–49* von Artemis Cooper und Antony Beevor beschrieben eine Welt, der Jackie bei ihrem ersten Parisbesuch begegnet war. Jonathan Cotts *The Search for Omm Sety*, die Geschichte einer englischen Osiris-Priesterin im 20. Jahrhundert, erweckte ihre Faszination vom alten Ägypten neu. (Sie war Dorothy Eady, alias Omm Sety, die in einer Lehmhütte am Abydos lebte, auf einer Nilreise mit Onassis begegnet.) Seit sie 1962 zum ersten Mal in Indien gewesen war, liebte sie indische Kunst. Naveen Patnaiks *A Second Paradise: Indian Country Life, 1590–1947* war eine Gelegenheit zu einer weiteren Entdeckungsreise, und mit ihren Freunden Cary und Edith Welch sowie Patnaik, einem Bruder von Gita Mehta, selbst begab sie sich auf eine Rundreise durch Indien, auf der sie alte Freunde wie die Jaipurs besuchte. Sie genoss es, mit Freunden zu arbeiten, zum Beispiel mit George Plimpton an einer Sammlung von Toni Frissells Fotografien und an seinem eigenen Buch über Feuerwerk, mit Mark Hampton an einem Werk über Innenarchitekten des 20. Jahrhunderts, mit John Pope-Hennessy und André Previn an ihren Autobiographien und an Diana Vreelands *Allure.* Sie überredete Rudolf Nurejew, ein Vorwort für eine Ausgabe von Puschkins Märchen zu verfassen, und die Ballerina Gelsey Kirkland, die kontroverse Geschichte ihres Lebens zu schreiben. »Als Jackie mir die Gelegenheit gab, meine Autobiographie zu schreiben, half sie mir, mein Leben und meine Karriere zu retten«, erinnerte sich die Kirkland.[24] Mit ihrem alten Freund Marc Riboud arbeitete Jackie an *The Capital of Heaven.* Sie fuhr zu ihm nach China, wo er an der Universität von Peking fotografierte, und arbeitete als seine Assistentin. Den ganzen Tag an der Universität über wurde sie von niemandem erkannt, was für sie eine nicht alltägliche Freude bedeutete.

Sogar alte Freunde entdeckten, dass die Arbeit mit Jackie eine Seite in ihr zum Vorschein brachte, von deren Existenz sie bis dato nichts gewusst hatten. »Ich kannte Jackie seit vielen Jahren«, berichtete Marc Riboud. »Aber erst bei der gemeinsamen Arbeit lernte ich sie wirklich kennen. Wir waren jetzt

Komplizen mit einem gemeinsamen Ziel: dem Erfolg eines Buches. Erst dann entdeckte ich unter der schimmernden Oberfläche eine intensive Ernsthaftigkeit und eine erstaunliche Willenskraft. Mit Intelligenz und Leidenschaft forderte sie die höchste Qualität.«[25]

Auch wenn sie nie eine volle Woche über im Büro arbeitete, widmete sie sich ihren Autoren noch in ihrer Abwesenheit in überwältigender Weise. Während der Arbeit mit Louis Auchincloss an *False Dawn* (1984), einer Serie biographischer Aufsätze über Frauen aus dem 17. Jahrhundert, nahm sie das Manuskript mit nach Martha's Vineyard und arbeitete Tag und Nacht ununterbrochen daran. Sie schickte ihm sieben Seiten mit wesentlichen, sachlichen Einzelheiten und ging dann zu ihrem generellen Eindruck von dem Buch über. Dabei bewies sie ihr Gefühl für die Frauen, um die es darin ging:

> Ich war stets der Ansicht, Henriette d'Angleterre muss eine der bezauberndsten Frauen gewesen sein, die je über diesen Planeten gewandelt sind. Könnten wir mehr über sie bekommen? … Vielleicht war Elisabeth von Böhmen nicht so schön, aber das Gedicht, dass Henry Wootton über sie geschrieben hat, gehört zu den reizendsten Dingen, die je über eine Frau geschrieben worden sind … Die Grande Mademoiselle ist mein Lieblingskapitel … Noch während ich dies schreibe, kann ich jeden einzelnen sehen und hören, spüre die Kälte, wenn sie mit Lauzun am Feuer sitzt, teile die Erregung auf den Schutzwällen, sehe ihre große rote Nase und ihren unbeholfenen Gang … Ich wünschte mir einen Roman von jedem einzelnen Kapitel, sodass ich mehr über diese Menschen erfahren und sie mir in ihrer Umgebung vorstellen kann …[26]

Louis Auchincloss schrieb: »Zeigt das nicht, warum sie als Lektorin der Traum jedes Schriftstellers war? Wo fände man in der heutigen Welt der Mega-Verleger noch eine wie sie?«[27] Sogar noch kurz vor ihrem Tod steckte sie alles, was sie hatte, in die Bücher, an denen sie arbeitete. »Ihre Art, zu erkennen, was im letzten Kapitel Not tat, war brillant«, erinnerte sich Antony Beevor an das Buch, das er gemeinsam mit seiner Frau Artemis

Cooper über Paris nach der Befreiung schrieb. »Sie sagte: ›Sie müssen Ihre drei Themen dort in einem Crescendo zusammenbringen, wo sie von allein zusammentreffen.‹ Sie hatte völlig Recht – und auf diese Weise wurde letzten Endes das ganze Buch zusammengesetzt und geordnet, der richtige Rat gerade im richtigen Moment.«[28]

Stephen Rubin, der von 1990 bis 1994 als Präsident und Verleger von Doubleday mit Jackie arbeitete, erinnerte sich daran, dass sie sich an einigen Projekten als gutes Mitglied eines Teams beteiligte. Aber »wenn ein Projekt ihr und ihr allein gehörte und sie sich einer Sache mit Leidenschaft widmete, jedem einzelnen Punkt, der gesetzt oder gestrichen wurde, dann mischte sie sich in jeden einzelnen Aspekt der Arbeit an dem Manuskript ein, also auch in die Vermarktung, einschließlich der Verhandlung mit Agenten. Sie war klug genug, zu wissen, was sie nicht wusste. Wenn sich ihr also jemand mit einer Frage näherte, die etwas – nun ja, wo sich ihre Antennen aufstellten, dann kam sie sofort zu mir und fragte: ›Kann ich das machen?‹ Sie sagte nie einfach: ›Das ist okay‹, sodass wir plötzlich in einen dummen Vertragsstreit geraten wären. Wenn das Manuskript fertig war, beteiligte sie sich an der Terminplanung für das Buch, am Design für das Buch, an dem Klappentext für das Buch, unbedingt an dem Schutzumschlag für das Buch, und wenn es ihres war, etwas für das sie sich von ganzem Herzen engagierte, ging sie auch auf die Verlagsparty, wenn es eine gab. Sie hasste ja solche Sachen. Aber so soldatisch, wie sie war, erschien sie trotzdem als Erste dort und ging als Letzte. Sie baute wirklich gute Beziehungen zu all ihren Autoren auf, wie es jeder gute Lektor tun sollte, und sie war richtig ein bisschen die Glucke, die, wenn es nötig war, ein bisschen gackerte, um ihre Autoren zu beschützen.«[29]

Wenn es um die finanzielle Realisierbarkeit eines Projektes ging, war Jackie jedoch eher praktisch eingestellt. Steve Rubin gestand ein, er habe sich »in einem Zustand des Schreckens befunden, als ich zum ersten Mal mit ihr zu tun hatte, denn ich dachte: ›Jetzt übernehme ich hier dieses Unternehmen zu einem Zeitpunkt, da es wirklich nicht gerade gesund ist, und dann muss ich sie Bücher machen lassen, bei denen wir Geld verlieren? Ich glaube, wir entwickelten ziemlich schnell ein ausgezeichnetes Arbeitsverhältnis. Wenn sie etwas einbrachte, das mir nicht ganz klar war, das finanziell aber Sinn machte – klar, das wurde gemacht. Wenn es finanziell keinen Sinn machte, sprach ich mit ihr und sie zog sich von diesen Sachen zurück …«

Das Wichtigste beim Umgang mit Jackie am Arbeitsplatz war laut Rubin ein ganz normales Verhalten. »Der einzige Weg, irgendeine Beziehung mit Jackie aufzubauen, bestand darin, dass man sie genauso wie alle anderen behandelte. In dem Augenblick, in dem man anfing, ihr als Jacqueline Onassis zu begegnen, ging sie in Habtachtstellung, ein unsichtbarer Schutzschild fuhr herunter und man kam nicht mehr zu ihr durch. Sie verschloss sich in einer Art, die absolut erschreckte und einen frieren ließ. Vor allem musste man also lernen, dass diese Frau tatsächlich selbst an der Kopiermaschine stand, dass all diese Geschichten der Wahrheit entsprachen, sie sich selbst ihren Kaffee holte und an öden Sitzungen teilnahm … Über diesen Punkt musste man hinauskommen, und wenn man das geschafft hatte, war es großartig. Denn sie hatte immer etwas Interessantes zu sagen und das lag immer ein wenig rechts oder links von der Mitte, war nie banal, sondern absolut erfrischend …«

Rubin amüsierte sich über die Art, in der Jackie mit der erregten Reaktion umging, die ihre Gegenwart auslöste. »Es war einfach verblüffend, mit ihr einen Fahrstuhl zu besteigen und zu sehen, wie jedermann aufmerkte – und Jackie, die war ja in engen Räumen wie ein Pferd mit Scheuklappen, die achtete überhaupt nicht darauf … Eines Tages sah ich sie das Gebäude verlassen und beschloss, ihr einfach hinterherzugehen, um zu erleben, was passieren würde. Und da sah ich dann, wie sie sich unsichtbar machte. Sie wusste, wie sie das zu machen hatte, sie verkroch sich gewissermaßen in sich selbst und ging einfach die Straße entlang, dazu hatte sie noch ein Kopftuch und die Sonnenbrille auf …«

Als Kollegin, so sagte er, war Jackie »fantastisch«. »Sie ging oft und bat sie [die anderen Lektoren] um Hilfe, um eine zweite

Begutachtung der Texte. Sie war in mancher Hinsicht sehr unsicher. Sie sagte zum Beispiel: ›Ach, das ist eingegangen und ich weiß nicht, was ich damit tun soll. Meinen Sie, ich könnte den und den fragen?‹ Sie alle liebten das, also kamen sie auch zu ihr und sagten: ›Jackie, könnten Sie das bitte lesen?‹ Und dazu verhielt sie sich immer fantastisch, sie tat, worum Leute sie baten, und wenn sie nicht im Büro war, war sie immer telefonisch erreichbar.«

Im Gegenzug verhielt sich die Belegschaft bei Doubleday ihr gegenüber fürsorglich: »Das A und O war, Jackie aus der Schusslinie zu bekommen«, sagte Rubin. »Deshalb hatte sie das schäbigste kleine Büro, so abgelegen wie man sich das nur vorstellen kann, mit einem altmodischen, scheußlichen Metallschreibtisch … Wir hatten ein schreckliches Problem mit der Sicherheit, denn Leute konnten ja einfach zu den Fahrstühlen gehen und erklären: ›Ich möchte Jacqueline Onassis sprechen.‹ Man macht sich keine Vorstellung von all den Irren, die da auftauchten. Aber wir hatten diese göttliche Frau am Empfang, die einfach mit allem fertig wurde, eine wundervolle schwarze Dame namens Emma Bolton, die Jackie liebte – und von Jackie geliebt wurde –, die hat sie beschützt.«[30] Neben dem Schutz von Jackies körperlicher Unversehrtheit galt bei Doubleday das ungeschriebene Gesetz, dass nicht über sie geredet wurde.

Und bei Doubleday wie in der 1040 gab es ein wesentliches Element, das dafür sorgte, dass ihr Leben reibungslos ablief, und das sie vor ungewollten Aspekten der Außenwelt abschirmte: Nancy Tuckerman. Zu Lebzeiten von Onassis hatte Nancy eine Stellung in der Öffentlichkeitsabteilung von Olympic Airways inne. (Während ihrer Zeit dort hatte sie Pierre Cardin angeheuert, um die Uniformen der Stewardessen zu entwerfen, aber weder er noch sie hatten sich eine Vorstellung davon gemacht, wie die griechischen Mädchen in dem schicken, ärmellosen Aufzug, den er kreierte, aussehen würden. Wenn sie sich in die Höhe reckten, um die oberen Gepäckfächer zu kontrollieren, sahen die Passagiere nur zu deutlich, dass die Mädchen behaarte Achselhöhlen hatten. Nancys Bemühungen, sie die feineren Aspekte der Etikette zu lehren, verliefen ebenfalls fruchtlos.)

Anrufe, die in der 1040 für Jackie oder die Kinder eingingen, wurden über Nancy im Olympic-Büro zur Überprüfung weitergeleitet.

Jetzt arbeitete sie am Vormittag für Doubleday und am Nachmittag für Jackie, ein Arrangement, das günstig für alle Beteiligten war. »Im Hinblick auf Jackie half sie uns an allen öffentlichen Fronten, und sie konnte mit ihr umgehen wie kein Zweiter«, sagte ein Kollege. Nancys Büro bei Doubleday lag neben dem von Jackie. »Jackie steckte immer ihren Kopf in Nancys Büro oder rief sie in ihres«, erinnerte sich Scott Moyers, Jackies Lektoratsassistent, der sein Büro neben dem von Nancy hatte. »Es war sehr herzlich, es war einfach wundervoll … weil man mit zwei guten Freundinnen arbeitete, die miteinander aufgewachsen waren, die sich miteinander wohl fühlten. Und so gab es einfach eine Menge Gelächter, und es herrschte gute Stimmung, wir hatten eine Menge Spaß.«[31]

Für Außenstehende gab es keinen Weg an Nancy Tuckerman vorbei. »Es gab Leute, die Nancy auszuhorchen versuchten«, erzählte ein Kollege. »Mit Tricks wie ›Geben wir ihr ein paar Bourbon, und dann sehen wir mal, was wir aus ihr herauskriegen‹. Aber sie kriegten überhaupt nichts aus ihr heraus. Man erfuhr, was Nancy preisgeben wollte, und das war's. Man kam an der Tuckerman nicht vorbei, wenn sie es nicht wollte. Sehr höflich, aber hart wie Stahl. Ich vermute, wenn man sein ganzes Leben lang Jacqueline Onassis beschützt hat, dann gibt es sonst absolut nichts, was einen umhaut …«[32]

Innerhalb von vier Jahren nach ihrem Eintritt in das Unternehmen begann Jackie sich ein eigenes Team aufzubauen. Sie hatte einen Cheflektor namens Shaye Erhart, der jahrelang mit ihr gearbeitet hatte. »Shaye erledigte einiges von der ›Schmutzarbeit‹«, sagte ein Mitglied des Teams, »er handelte das Kleingedruckte von Verträgen aus, stellte Bücher auf Verkaufs- und Marketing-Sitzungen vor und schrieb die Informationsblätter, die die Vertreter benutzten, sodass für sie [Jackie] wirklich nur die interessanten Sachen blieben, Akquisition und Lektorat.«[33] In der letzten Zeit arbeitete sie mit einem anderen Lektoratsassistenten, Bruce Tracy, und Scott Moyers verrichtete fast ausschließlich Arbeit für sie. Es war seine erste Stellung. »Ich kam geradewegs von der Schulbank«, berichtete Moyers, »kümmerte mich um ihre eingehenden Manuskripte, öffnete ihre Post, nahm ihre Anrufe entgegen, erledigte allgemeine Aufgaben eines Lektoratsassistenten. Drei Jahre lang blieb ich bei ihr und das waren geradezu zauberhafte Jahre. Sie hatte einfach unfassbar viel positive Lebenskraft, eine faszinierende Frau mit einem unglaublich katholischen Geschmack, und ich lernte ihre Interessengebiete kennen, denn da hinein fielen die Bücher, an denen sie arbeitete – französische Geschichte, russische Geschichte, Tanz, Architektur, die Künste im Allgemeinen, sie hatte eine ziemlich breite Palette.«

Jackie, so sagte Scott, war sehr darauf bedacht, nicht als Galionsfigur betrachtet zu werden, und setzte sich ständig selbst unter Druck. »Sie wollte einen Beitrag leisten und sie war äußerst loyal dem Unternehmen gegenüber. Deshalb ließ sie sich von Steve [Rubin] und anderen, die vor ihm da waren, dazu bewegen, berühmte Leute anzuschreiben, und im Laufe der Zeit tat sie es dann auch, aber aus ihrem eigenen Instinkt heraus tat sie so etwas normalerweise nicht.« Einigen Leuten gefiel es, das Ausmaß der Beziehungen zu übertreiben, die Jackie zu ihren wichtigsten prominenten Autoren unterhielt. Moyers, der ihre Anrufe entgegenkam und alle notierte, war empört über solche Behauptungen: »Dass Michael Jackson sie anrief, wenn er in Schwierigkeiten steckte – das ist einfach nicht passiert. Shaye Erhart hat mehr Zeit mit Michael Jackson verbracht als Jackie.« Jacksons erstes Buch, das unter Jackies Aufsicht entstand, *Moonwalk*, war ein gewaltiger kommerzieller Erfolg. Bei seinem zweiten Buch, *Dancing the Dream*, »wollte Jackie nichts mehr mit ihm zu tun haben, und Shaye musste sich ganz und gar um die Sache kümmern. Zu der Zeit hatten sich seine Merkwürdigkeiten schon herauskristallisiert.« Und weiter: »All dieses Zeug, Jackie hätte Camilla Parker Bowles angerufen und ihr zwei Millionen Dollar für ein Buch geboten, das ist Blödsinn, einfach erfunden. Ich war da, als das angeblich passiert sein soll, und es ist nicht passiert.«

Einer von Jackies größten Coups war die Sicherung der amerikanischen Rechte am Werk des ägyptischen Schriftstellers und Nobelpreisträgers Nagib Mahfus für Doubleday. Sie hatte sein Werk bereits auf Französisch gelesen. Außerdem entdeckte sie die schwarze amerikanische Schriftstellerin Dorothy West in Martha's Vineyard wieder. West war das älteste noch lebende Mitglied der Harlem Renaissance. Sie war nach Oak Bluffs gezogen, einem von reichen Bostoner Schwarzen errichteten Ferienort in Martha's Vineyard, und schrieb eine Kolumne in der *Vineyard Gazette*, die Jackie mit religiöser Regelmäßigkeit las, wenn sie in Vineyard war. In den fünfziger Jahren war West für einen Roman unter Vertrag genommen worden, den sie nie beendet hatte. Anfang der neunziger Jahre drängte sie eine New Yorker Freundin, die Anwältin war, das Buch zu Ende zu schreiben. Sie war der Ansicht, sie könnte ihr einen Vertrag besorgen. »Einfach, weil Jackie berühmt war und in Vineyard wohnte und weil sie die einzige Lektorin war, von der sie je gehört hatte«, berichtete Scott Moyers, »schickte sie ihr die ersten Seiten von diesem Roman zusammen mit der Inhaltsangabe und einem Exemplar der Virago-Ausgabe ihres früheren Buches. Steckte es in den Postkasten und schickte es zu Doubleday. Ich öffnete das Paket, und da lag es, eindeutig ein Klassiker, verfasst von dieser historischen Gestalt, ein zweiter Roman nach vierzig Jahren … Aber … Dorothy hatte Probleme beim Schreiben, also fuhr Jackie im Sommer, als sie in Chilmark war, jede Woche hinüber nach Oak Bluffs, um zu sehen, wie sie vorankam. Wenn Jackie diese wöchentlichen Besuche nicht gemacht hätte, wäre das Buch nie vollendet worden, und dieses Buch, *Die Hochzeit*, wird als echter Klassiker gefeiert.«

Jackies Arbeitsalltag veränderte sich kaum je: Sie kam am Dienstag, Mittwoch und Donnerstag morgens ins Büro und aß zur Mittagszeit an ihrem Schreibtisch die Sandwiches, Karotten und Sellerie, die sie sich aus der 1040 mitgebracht hatte. »Montags und freitags hörte ich immer von ihr. Ich schickte Boten mit Material zu ihrer Wohnung, und sie arbeitete von zu Hause aus«, sagte Moyers. »Auf das, was sie anhatte, legte sie keinen besonderen Wert. Wenn sie eine Sitzung oder so etwas hatte, kam sie in Arbeitskleidung, die sie immer wieder trug:

einen Hosenanzug, schwarz mit einem weißen Seidentop und mit Nadelstreifen.

Eines ist mir am stärksten von Jackie in Erinnerung«, fuhr er fort. »Ihr unglaublicher Enthusiasmus. Ihre mitfühlenden Ablehnungsbriefe und die Begeisterung bei der Jagd nach Büchern, die sie haben wollte, und der Moment, wenn sie ein fertig gestelltes Buch zum ersten Mal in der Hand hielt oder wenn sie sah, wie ein Buch herauskam. Wenn alles gut lief, hatte sie so ein fantastisches, mädchenhaftes Kichern und rieb sich die Hände. Sie war völlig frei von Affekthascherei und sich ihrer selbst überhaupt nicht mehr bewusst. Sie kniete sich hin und breitete die Fotos aus, um sie anzuschauen, fühlte sich einfach richtig wohl in ihrer Haut.«[34]

Der Cheflektor Bruce Tracy, der zu der Gruppe gehörte, die Steve Rubin das »Onassis-Totschlag-Team«[35] nannte, und der mit Jackie vor allem an illustrierten Büchern arbeitete, betonte: »Wichtig ist, dass sie wirklich gut war bei dem, was sie machte ... Ich glaube, die Leute nehmen immer an, dieser Job sei eben eingerichtet worden, um ihr eine Legitimation zu geben, aber nichts ist weiter von der Wahrheit entfernt. Jedes Buch, das sie lektoriert und veröffentlicht hat, war durch und durch sie selbst. Es gab eine außergewöhnlich breite Palette an Inhalten und Themen und ... sie liebte die Vorgänge bei der Arbeit an Büchern wirklich und hatte eine sehr mütterliche Haltung zu uns, die wir mit ihr arbeiteten. Wenn wir zum Beispiel an einem Buch arbeiteten, mit dessen Thema wir uns nicht auskannten, war es ihr sehr wichtig, dass wir uns informierten. Und dafür werde ich ihr ewig dankbar sein, denn dadurch kam ich mit Leuten und Dingen und Ideen in Berührung. Ich spreche hier nicht nur von den namhaften Gestalten, die sie nun einmal gewinnen konnte, sondern über die Themen, das war ihr wirklich, wirklich wichtig.«

Außerdem erinnerte sich Tracy daran, dass Jackie stets ihre Telefongespräche selbst führte und ihre Gäste selbst empfing. Kein einziges Mal schickte sie einen Assistenten in den Empfangsbereich, um einen Gast zu begrüßen. »Ich weiß nicht, ob das in Großbritannien genauso ist«, sagte Tracy. »Hier jedenfalls bringt man die Botschaft rüber, dass man ein hohes Tier ist, indem man seinen Assistenten die Anrufe machen und die Gäste begrüßen lässt.«[36]

Jackie wurde kritisiert, weil sie von ihrem gewaltigen politischen und gesellschaftlichen Einfluss nicht für wohltätige Zwecke Gebrauch machte. Die endlosen Komitees und Wohltätigkeitsveranstaltungen, die das profilierte Territorium von Frauen aus der reichen New Yorker Gesellschaft darstellten, waren nichts für sie. Sie war sich jedoch wohl bewusst darüber, dass ihr Einfluss, sparsam eingesetzt, umso größere Wirkung erzielte. Sie hatte kein »soziales Gewissen«. Um die Sorgen der Welt sollten sich andere kümmern. Sie leistete ihren Beitrag zu den Anliegen, die sie interessierten, und diese konzentrierten sich ausschließlich auf New York. Die einzige kommunale Wohlfahrts-Institution, mit der sie über lange Zeit in Verbindung stand, war die Bedford-Stuyvesant Corporation in Brooklyn, die ursprünglich von Bobby Kennedy ins Leben gerufen worden war und ihr deshalb am Herzen lag. In Bedford-Stuyvesant, jenseits des East River im Zentrum von Brooklyn, lebten 450 000 Menschen eng beieinander, 84 Prozent davon waren schwarzer, zwölf Prozent puertoricanischer Herkunft. Es war das größte nichtweiße Ghetto außerhalb der Südseite von Chicago und wurde in einer gegenwärtigen Studie als »deprimierender und schlimmer benachteiligt als Harlem« beschrieben. Am 4. Februar 1966 hatte Bobby sich mit schwarzen Gemeindevorsitzenden getroffen und ihre Wut kennen gelernt. Die Lösung sollte in einer Partnerschaft zwischen der Gemeinde, welche die Programme erstellen würde, und Wirtschaftsführern von außerhalb bestehen, die für Investitionen und Hilfe bei der Verwaltung sorgen sollten. Hilfe zur Selbsthilfe statt Wohltätigkeit des Bundes lautete der Grundgedanke (selbst wenn das Programm ursprünglich in erster Linie mit Regierungsmitteln finanziert wurde), wobei die Schaffung von Wohnräumen und die Instandsetzung mit Arbeitsbeschaffung und sozialen Diensten kombiniert werden sollte. 1978 sprach ein Experte von einem »bescheidenen Erfolg – was, wenn man die zahllosen Misserfolge bedenkt, einen beachtlichen Erfolg bedeutet«. Das Programm existiert unter dem Namen Bedford-Stuyvesant Restoration Corporation noch heute. Ethel Kennedy und ihr Sohn Robert jr. gehören dem Vorstand an und nehmen regelmäßig an Sitzungen teil.

Jackie spielte eine Rolle im künstlerischen Bereich, wo sie sich vor allem für die Designer-Werkstatt interessierte, die schöne handgearbeitete Textilien herstellte und als »geistiges Kind von Jackie Onassis«[37] bezeichnet wurde. Sie wurde in das Gesamtprojekt integriert, als Jackie Möglichkeiten entdeckte, aus den kreativen Talenten der Künstler auf diesem Gebiet Kapital zu schlagen. Die Inspiration war afrikanisch, wies kräftige Farben und kühne Muster auf. Jackie benutzte die Stoffe in ihrem Wohnzimmer in der 1040 und lud im November 1971 die Zeitschrift *House Beautiful* ein, Fotos zu machen, die zusammen mit einem Begleitartikel unter der Überschrift »Künstlerische Kräfte am Werk – die Stoffe aus Bedford-Stuyvesant« erschienen.

1974 wurde im Brooklyn Museum eine »Ausstellung von afrikanisch inspirierten Textilarbeiten aus Bedford-Stuyvesant« mit einer Gala-Vorbesichtigung eröffnet, die Arbeiten von Designern wie Pauline Trigère mit Materialien aus der Designer-Werkstatt vorstellte. Am 29. November arrangierte Jackie außerdem eine Ausstellung im Metropolitan Museum. Sie achtete darauf, Ethel nicht auf die Zehen zu treten, wenn es um Angelegenheiten der Corporation ging. So schrieb sie der Designerin Leslie Tillett: Ethel musste vor ihr beim Museum eintreffen und musste mit so viel Brimborium wie möglich empfangen werden. Es sollte Ethels Tag sein, betonte Jackie, nicht der ihre, »denn schließlich war das Bedford-Stuyvesant ja Bobbys Idee«. Jackie saß zu Hause und wartete auf den Anruf, der sie ins Museum beorderte, nachdem Ethel ihren triumphalen Auftritt gehabt hatte. Es war ein komplizierter Plan, aber wie Jackie sagte, gab es bestimmte Nuancen, bei denen es wichtig war, dass sie sichtbar wurden.

»Wenn man Menschen von ihrer geistigen Nahrung fern hält, stirbt etwas in ihnen«, sagte Jackie 1984. »Die Zukunft New Yorks sieht düster aus, wenn die Wahrzeichen verschwinden, die den hier lebenden Menschen und ihren Kindern und Kindeskindern so viel bedeuten.« Jackie war eine unermüdliche Kämpferin für »ihre Stadt«, das Zentrum von Manhattan, das sie ihr ganzes Leben lang gekannt und geliebt hatte. Menschen warfen ihr elitäres Denken vor und hatten Recht damit. Sie konzentrierte sich auf die paar Quadratmeilen, die ihre Heimat bildeten. Ihre vielleicht größte Errungenschaft war ihre Kampagne gegen den Plan von Grundstücksmaklern, die einen fünfzigstöckigen Gebäudekomplex auf dem Grand Central Terminal errichten wollten. Der alte Pennsylvania-Bahnhof war bereits niedergerissen worden.

Als sie 1975 las, dass ein Angriff auf den Grand Central im Gange war, trat sie dem Vorstand der Municipal Art Society (MAS) bei, einer Gruppe von Bürgern, die in den sechziger Jahren erfolglos versucht hatten, die Zerstörung des Penn-Bahnhofs aufzuhalten, und die bei der Etablierung der City Planning Commission [Stadtplanungskommission] und der Landmarks Preservation Commission [Kommission zur Bewahrung von Wahrzeichen] geholfen hatten. Der große Bewahrungskampf der siebziger Jahre wurde um den Grand Central ausgefochten, und nach Meinung aller Leute, die mit der MAS in Verbindung standen, leistete Jackies Einschreiten einen entscheidenden Beitrag. In jenem Februar schrieb sie einen leidenschaftlichen, beredten Brief an Bürgermeister Abraham Beame und bat ihn, seine Meinung zu ändern und Berufung gegen die anderslautende Entscheidung einer niedrigeren Instanz einzulegen.

»Ist es nicht grausam, unsere Stadt Stück für Stück sterben zu lassen?«, beschwor sie ihn. »Sie all unserer stolzen Monumente zu berauben, bis von ihrer Geschichte und ihrer Schönheit nichts mehr übrig sein wird, was unsere Kinder inspirieren könnte? Wenn aber die Geschichte unserer Stadt sie nicht inspiriert, wie sollen sie dann die Kraft finden, für die Zukunft dieser Stadt zu kämpfen?«[38]

1978, drei Jahre nach Jackies Beitritt, gewann die Vereinigung den zwölf Jahre währenden Kampf. Der Oberste Gerichtshof erhielt den Denkmalschutz des Gebäudes aufrecht. »Ohne ihre Führung und behutsam eingesetzte Berühmtheit hätte es den Sieg vor dem Obersten Gerichtshof oder das Denkmalschutzgesetz nie gegeben. Und es gäbe auch keinen Grand Central mehr«, sagte Frederic Papert, Jackies Mentor auf dem Gebiet der Stadterhaltung.[39]

Für Jackie war es eine Fortsetzung des Kampfes, den sie in den sechziger Jahren mit Jack um den Lafayette Square und den Erhalt des historischen Washington ausgefochten hatte. Gemeinsam mit dem namhaften Architekten Philip Johnson leitete Jackie eine Kampagne zur Rettung von Lever House, einem einunddreißig Jahre alten, vierundzwanzigstöckigen Glasgebäude in der Park Avenue, vor Grundstücksmaklern, die es durch einen massiven, vierzigstöckigen Büroturm ersetzen wollten. Sie versicherte sich der gewichtigen Unterstützung von Bürgermeister Koch und gewann persönlich den Stadtrevisor Harrison J. Goldin, dessen zwei Stimmen die Entscheidung herumreißen und dem Gebäude Denkmalschutz einbringen konnten. Ein Foto zeigt, wie Jackie Goldin voll und ganz den Genuss ihres »Leuchtturm«-Blicks zukommen lässt: Hinterher gab er bekannt, er »neige« zur Erteilung des Denkmalschutzes.

Einer der erbittertsten Erhaltungskämpfe, an dem Jackie und ihre Freunde Frederic Papert und Brendan Gill sich im Namen der Municipal Art Society beteiligten, wurde um die renommierte St. Bartholomew's Church und das Gemeindehaus in der Park Avenue und der 50th Street geführt. Die kirchlichen Behörden drohten die architektonische Harmonie, welche das Kirchengebäude, das Gemeindehaus und der Garten miteinander bildeten, zu zerstören, indem sie das Gemeindehaus niederreißen und durch einen siebenundvierzigstöckigen Wolkenkratzer aus Glas und Stahl ersetzen ließen. Wie so oft ging es bei der Angelegenheit im Grunde um Geld. Die Kirche versicherte sich der Hilfe von katholischen, protestantischen und jüdischen Führungskräften für die Durchsetzung des Planes. Von ihm behauptete sie, er solle Gewinn einbringen, mit dem den Armen geholfen werde. Es löste Bestürzung aus, als Jackie, »die sich ihre Themen mit Bedacht wählt und offensichtlich Einfluss auf die öffentliche Meinung besitzt«, für die Gegenseite auf den Plan trat. Der Pfarrer lud sie und Frederic Papert zum Tee ein und bemühte sich, sie umzustimmen. »Sie gab nicht nach«, berichtete Papert. Der Pfarrer nutzte dann die Gelegenheit, Jackie am folgenden Sonntag in seiner Predigt anzugreifen: »Was weiß sie denn schon von den Menschen, für die die Kirche zu sorgen hat?« und so weiter.[40] Der Fall landete vor Gericht und die Municipal Art Society trug den Sieg davon. 1987 gewann Jackie eine weitere Schlacht um die Silhouette New Yorks, diesmal indem sie den Makler Mort Zuckerman zwang, die Höhe der riesigen Hochbauten zu senken, die er in der Coliseums-Gegend am Columbus Circle bauen wollte. »Sie stehlen unseren Himmel«, sagte sie.

»Es gibt eine direkte Verbindung zwischen der Municipal Art Society, dem Kampf um die Rettung des Grand Central und der gemeinnützigen 42nd Street Development Corporation«, sagte Frederic Papert. »Mitte 1975 gingen Jackie und ich hinüber zur 42nd Street, die uns allen als einer der großartigen Orte in New York in Erinnerung war. Die Seele New Yorks bestand aus siebzehn Blocks, angefangen bei der 42nd mit all diesen herrlichen Theatern aus den zwanziger Jahren. Zwar waren wir alle nicht alt genug, die Gegend in ihrer Blütezeit selbst erlebt zu haben, aber wir wussten nur zu gut, dass sie zu den großen Erinnerungen der Stadt gehörte und jetzt ein Hundeleben führte. Wir gründeten eine Vereinigung, um zu sehen, ob ihr Verfall sich aufhalten ließe, scheiterten in vielerlei Hinsicht gründlich, doch erzielten wir auch gelegentlich Erfolge.« Heute ist die Gegend zwischen der Ninth und der Tenth Avenue ein blühendes Theaterviertel. »So oder so, Jackie war ein großartiges Vorstandsmitglied. Wir hatten nicht allzu viele Vorstandssitzungen als Organisation, aber sie kam zu jeder, zu der sie gebeten wurde, und es gab auch keine Eröffnung, keinen Durchschneiden eines Bandes oder sonstige Veranstaltungen mit dem symbolischen Zylinder auf dem Kopf und der Schaufel in der Hand, bei der sie sich den Zylinder nicht aufgesetzt und die Schaufel nicht ergriffen und getan hätte, was immer zu tun war. Sie war wirklich wundervoll bei alldem, und wenn wir losziehen und Unterstützung für Dinge gewinnen mussten, kam sie mit. Ich erinnere mich, wie wir einmal zu einem Treffen mit einem hohen Stadtfunktionär gingen, der am Ende der Sitzung sagte: ›Hätten Sie etwas dagegen, wenn ein paar Reporter, die wissen, dass Sie hier sind, also hätten Sie etwas dagegen, wenn die hereinkämen?‹ Und sie zeigte sich sehr entgegenkommend und sagte: ›Nein‹. Also öffnete er die Tür und sechs Reporter kamen herein, um ihn mit ihr abzulichten – er kandidierte für ein Amt. Sie verstand das alles sehr, sehr gut.«[41]

»Ich finde, sie war wirklich eine erstaunliche New Yorkerin«, sagte Ashton Hawkins, der ab Mitte der siebziger Jahre mit ihr in der Municipal Art Society tätig war. »Ich glaube, sie empfand New York wirklich als ihre Heimat, war hier am meisten zu Hause. Auch wenn sie gern am Wochenende hinausfuhr, auf die Fuchsjagd ging und andere Sachen machte: Der Mittelpunkt ihres Lebens war New York, und das gefiel ihr. Sie genoss es, sie nutzte es gut, sie fürchtete sich nicht davor und hatte es von einer gewissen Zeit an wirklich im Griff … Daher hatte ich immer das Gefühl, dass Jackies Prioritäten aus ihrer Sicht ziemlich gut organisiert waren. Sie mochte das Ballett, sie mochte die MAS, sie mochte die 42nd Street und das Costume Institute. Aus anderen Dingen hielt sie sich weitgehend heraus, es sei denn, sie waren absolut zwingend, wie zum Beispiel eine Kennedy-Veranstaltung, an der sie teilnehmen musste.«[42]

Jackie hatte umso mehr Freude an ihrem unabhängigen Berufsleben, als es nun eine zentrale, stabilisierende Figur in ihrem Leben gab, den »dritten Mann«, Maurice Tempelsman.

23
Die Matriarchin

»Die Entwicklung, die sie als Mensch durchlief, war wundervoll, und sie wurde mehr und mehr sie selbst. Und menschlich, im höchsten Maße menschlich. Ich bin sicher, dass sie sich, während sie älter wurde, ein bisschen schämte, weil sie nicht nett zu Menschen war.«
Edith Welch[1]

Am 9. September 1979 starb Jackies alter Freund André Meyer in Lausanne. Noch auf dem Totenbett galt seine Sorge ihr. »Das Letzte, was er zu Gianni Agnelli sagte, war, er solle sich um Jackie kümmern. ›Pass auf, dass es Jackie gut geht‹«, berichtete ein Freund von Agnelli. »Er starb in Sorge um eine Frau, die Millionen besaß … André Meyer, der ein wirklich hartgesottener Halsabschneider war, der Kopf von Lazard Freres, und auf seinem Totenbett denkt er an nichts anderes als an Jackie.«[2] Jackie nahm an seiner Trauerfeier teil und machte hinterher mit Ros Gilpatric einen Spaziergang durch ein paar Straßen. »Sie war sehr traurig«, erinnerte sich Gilpatric. »Sie spürte, dass es niemanden gab, der seinen Platz in ihrem Leben einnehmen konnte.«[3] Maurice Tempelsman aber sollte sich als fähig erweisen, für sie Sorge zu tragen, nicht allein finanziell, indem er das Kapital aus dem Onassis-Vergleich in ein weit größeres Vermögen verwandelte, sondern auch, indem er ihr eine emotionale Sicherheit gab, die sie nie zuvor erfahren hatte.

Maurice Tempelsman war einen knappen Monat jünger als Jackie. Er war am 26. August 1929 in Antwerpen, Belgien, als Sohn von Leon und Helene Tempelsman zur Welt gekommen. Seine beiden Eltern waren orthodoxe Juden. Maurice und seine jüngere Schwester Rachel verbrachten ihre ersten Lebensjahre im jüdischen Viertel der Hafenstadt, wo ihr Vater Importgeschäften nachging. Wie ihre Nachbarn sprach die Familie daheim Jiddisch. Nach dem Ausbruch des Zweiten Weltkriegs flüchteten die Tempelsmans vor den Nazis nach Manhattan, auf die Upper West Side, wo sie in einer eng verbundenen Flüchtlingsgemeinde lebten. Maurice heiratete eine Frau aus dieser Gemeinde, Lily Bucholz, die zwei Jahre älter war als er. Sie bekamen drei Kinder, Rena, Leon und Marcy. Maurice, der nie einen Collegeabschluss erworben hatte, trat in das neue Geschäft seines Vaters ein, das den Namen Leon Tempelsman & Son Inc., Diamantenhandel, trug, und erwies sich als vorausschauender Diamantenhändler. 1950 schuf er eine neue Marktnische, indem er die US-Regierung dazu bewegte, eine Reserve an afrikanischen Diamanten zu industriellen und militärischen Zwecken anzulegen. Er selbst trat dabei als Mittelsmann auf. 1957 reiste er im Alter von siebenundzwanzig Jahren mit seinem Anwalt Adlai Stevenson nach Afrika, wo er vielfältige Kontakte knüpfte, deren Spannbreite schließlich von dem ANC-Führer Oliver Tambo bis zu Joseph Mobutu reichte, dem berüchtigten Diktator Zaires. Er besitzt Anteile an einer Diamantenmine in Ghana und eine Diamantenschleiffabrik in Botswana. Quellen zufolge ist Tempelsman ein »bedeutender, ein sehr bedeutender Mann« in Afrika, die Art von Mensch, die »mal eben zum Barbecue mit dem Präsidenten von Namibia einfliegt«.[4]

Inzwischen ist Tempelsman nicht nur uneingeschränkter Partner in dem Familienunternehmen (sein Vater verstarb 1955) und Generaldirektor von Lazare Kaplan International, einem der ältesten Diamantenunternehmen der USA, sondern zugleich einer von nur 160 so genannten »Sichtvermerkinhabern«, was ihn dazu berechtigt, zehnmal im Jahr Diamanten von dem mächtigen De-Beers-Kartell direkt einzukaufen. Als ehemaliges Vorstandsmitglied des in New York City ansässigen African-American Institute sowie durch regelmäßige, großzügige Spenden für demokratische Anliegen macht er seinen Einfluss auch in Washington geltend und war besonders 1988 aktiv, als ein beabsichtigtes Embargo gegen südafrikanische Diamanten sein Geschäft bedrohte.

Afrika brachte das Paar zusammen. Ende der fünfziger Jahre äußerte Jack Kennedy, der zu jener Zeit noch Senator war, den Wunsch, Vertreter des südafrikanischen Diamantenhandels zu treffen, und Tempelsman organisierte die Zusammenkunft. Während der Kennedy-Jahre hatte er an Veranstaltungen im Weißen Haus teilgenommen, doch erst nach dem Tod von Aristoteles Onassis kamen er und Jackie sich näher.

Ende der siebziger Jahre trafen sie einander regelmäßig, besuchten gemeinsam die Oper und Wohltätigkeitsveranstaltungen, doch erst Mitte der achtziger Jahre wurde die Romanze bekannt. Schließlich war Tempelsman ein verheirateter Mann – auch wenn man kaum sagen kann, dass Jackie das je gestört hätte. Er wirkte älter, als er war, und sein geringer Bekanntheitsgrad in der Öffentlichkeit verbunden mit dem Fehlen äußerlichen Glanzes erleichterte es, die Affäre geheim zu halten. Als sie dann doch publik wurde, löste das bei weitem nicht den Skandal aus, der von der Presse möglicherweise erwartet wurde. Jackies Status bei ihren New Yorker Mitbürgern verhinderte das.

1982 verließ Tempelsman endlich seine Frau, zog erst in das Stanhope Hotel in der Nähe von Jackies Wohnung und dann in die 1040. Zwar wurden Maurice und Lily nie offiziell geschieden, doch Lily, eine Eheberaterin beim Jewish Board of Family and Child Services in New York, gewährte ihrem Mann später ein *»get«*, eine jüdisch-orthodoxe Scheidung. Einem Vertrauten von Maurice zufolge halten er und Lily noch heute Kontakt miteinander, und er steht Berichten zufolge seinen Kindern und sechs Enkelkindern nahe. Der Name seiner Yacht *Relemar* ist aus den Anfangsbuchstaben der Namen seiner Kinder zusammengesetzt. Leon, ein Absolvent der Harvard Business School, arbeitet als Präsident der Firma für seinen Vater und Marcy entwirft Schmuckstücke für das Unternehmen. Tempelsmans Kinder entwickelten auch ein enges Verhältnis zu Jackie und ihrer Familie und besuchten sie im Sommer in Martha's Vineyard. Seine Tochter Rena erzählte einmal einer Freundin, Jackie sei »für meine Kinder wie eine Großmutter«.

Für einige Angehörige von Jackies New Yorker Kreis war die

Überraschung groß. Marietta Tree war anfangs überhaupt nicht angetan davon, sondern schrieb am 28. April 1986 in ihr Tagebuch: »Hatte einen ziemlich interessanten Lunch mit Maurice Tempelsman. Er ist derzeit Jackie Onassis' bester Freund. Er ist verlässlich, eine Eigenschaft, die ihr offenbar bei einem Mann gefällt, da sie sie so selten erlebt hat ...«[5]

»Er ist ein sehr netter Mann«, sagte einer von Jackies englischen Freunden. »Er ist ein irgendwie sanftmütiger, eher schwer wirkender Diamantenhändler. Seine Anziehungskraft, würde ich sagen, besteht darin, dass er sehr beruhigend ist. Locker. Sehr zivilisiert. Ganz anders als Onassis ... freundlich und zivilisiert. Nicht langweilig, aber auch nicht gerade sprühend ...«[6]

»Er war mit Abstand der netteste Mann, den sie je hatte«, sagte Aileen Mehle.[7]

Auf die Frage, welchen gemeinsamen Nenner Jackie wohl zwischen Jack Kennedy, Onassis und Tempelsman gesehen haben mochte, antwortete Lee kurz und bündig: »Erfolg ...«[8]

Nicht jeder teilte Mehles Ansicht. Ein alter Freund von Jackie nahm einen anderen Standpunkt ein: »Wenn Sie mich fragen, der Typ ist schlichtweg grauenhaft«, sagte er. »Ich weiß, in New York gibt es einen regelrechten Tempelsman-Fanclub. Aber sprechen Sie mal mit ein paar Leuten in Südafrika, das verschafft Ihnen einen kleinen Eindruck von dem, wovon ich spreche. Ich konnte es einfach nicht fassen. Für mich ist er körperlich nicht eben der attraktivste Mann, der herumläuft. Das mit Onassis konnte ich verstehen, der war in gewisser Weise ja ein Sexsymbol, aber dieser Typ scheint mir das nicht zu haben. Er kann gut mit Diamanten, nehme ich an. Scheint Jackie glücklich zu machen und das ist das Einzige, wofür ich ihm dankbar bin.« Auch Bill Walton war kein Fan von ihm: »Bill Walton hasste Maurice Tempelsman, er hasste ihn und sagte immer: ›Diese Woche gehe ich mal Jackie besuchen, denn *er* ist nicht da.‹ Er nannte nie seinen Namen, wenn er von ihm sprach. Zum Teil, denke ich, lag das daran, dass er einfach gern mit Jackie zusammen war. Maurice war eben einfach da und Bill hatte den Eindruck, dass Maurice sehr eifersüchtig und penetrant war. Vielleicht bloß, weil er in Jackies Leben eingezogen war ... Ich glaube, Bill hatte nichts mit ihm gemeinsam und die Sachen, über die Maurice redete, interessierten ihn nicht.«[9]

»Ich glaube nicht, dass es in erster Linie eine sexuelle Beziehung war«, sagte eine Freundin von Jackie. »Aber sie standen sich sehr, sehr nahe. Sie sprachen französisch miteinander und lasen zusammen Gedichte. Meiner Meinung nach war sie äußerst merkwürdig, diese Beziehung, denn sie war nicht erdverbunden, nicht mal realistisch. Alles drehte sich irgendwie um hohe Kultur. Ja, ich denke, sie mochten einander sehr, sehr gern und er gab ihr gute Ratschläge. Er ist ein kluger Mann, über alles und jedes gibt er philosophische Kommentare ab. Und damit hat er eine Art, die Dinge augenblicklich in die richtige Perspektive zu rücken. Er ist wirklich ein politisches Wesen, und wenn ich mit ihm über das reden wollte, was heutzutage im Land so vor sich geht, würde er mir alles in umfassenden Zusammenhängen auseinander setzen. Aber er wäre auch gerne ein wenig heiter. Ich sage, er wäre, weil ich nicht sicher bin, dass er es wirklich ist, aber er lächelt immer und gibt sich so ein bisschen frotzelig und verkichert, aber ich glaube nicht, dass er von Natur aus so ist. Er spielt es vor. Ich nehme an, das hat er vielleicht gelernt, um ihr zu gefallen, denn sie frotzelt und spottet ja gerne und kichert über Leute, und er hat das, denke ich, von ihr übernommen.«[10]

Zu Anfang hatte Tempelsman Zeichen von Unsicherheit in Jackies Kreis erkennen lassen. »Ich bin Maurice zum ersten Mal auf der Weihnachtsparty begegnet, der ersten, die Jackie gab und auf der Maurice erschien. Nach der Weihnachtsparty blieben, ich denke, so zwölf oder fünfzehn von uns zum Abendessen und saßen auf dem Boden, um den Teetisch in ihrer Bibliothek. Ich fragte sie ein paar Sachen über ihr Haus in Martha's Vineyard … und jedes Mal, wenn ich Jackie etwas fragte, antwortete Maurice. Und bei dieser Gelegenheit sagte Caroline in einem ganz schrecklichen Ton: ›Das ist das Ereignis des Jahres, das Paar des Jahres ist das.‹ Aber ich denke, dass Maurice sich so verhielt, lag nur an seiner Unsicherheit, weil er da als Jackies Lebensgefährte zur Besichtigung ausgestellt war. Er redete die ganze Zeit und beantwortete jede Frage, er musste eben einfach seinen Senf dazugeben zu dem, was sie mit diesem Haus in Vineyard machten, und er redete viel über die Vögel und Schwäne. Mir kam es vor, als redete die ganze Zeit nur Maurice. Mit der Zeit machte er mir dann nicht mehr diesen Eindruck.

Denn dann fühlte er sich erwiesenermaßen sehr sicher. Ich weiß noch, dass ich ihn einmal fragte: ›Warum heiratest du Jackie denn nicht? Warum lässt du dich nicht scheiden und heiratest sie?‹ Er sagte: ›Ich bin nicht der Typ, der heiratet.‹« Auf die Frage, ob Jackie ihn gern geheiratet hätte, antwortete die Frau: »Nein, vermutlich nicht. Ich glaube, er gab ihr die Möglichkeit, völlig unabhängig zu sein und trotzdem einen Mann im Haus zu haben. Und einen Geschäftsmann noch dazu, was sich sehr gut traf, denn das gefiel ihr …«[11]

»Maurice, der war der *Grand Seigneur.* Es war ihre Wohnung. Er übernahm sie. Und er liebte sie wirklich«, sagte ein Freund. »Und wie eine Menge jüdischer Männer – die geben großartige Ehemänner ab – war er für sie da, als sie krank war. Nancy hat zu mir gesagt: ›Können Sie sich vorstellen, wie Aristoteles Onassis oder Jack Kennedy sagen: Liebling, es ist Zeit, deine Pillen zu nehmen?‹ Aber genau diese Art von Aufmerksamkeit bekam sie von Maurice, und sie hatten eine großartige Beziehung. Er war so fürsorglich, auf eine wundervolle Art. Es war sehr, sehr rührend, sie zusammen zu erleben.«[12]

Antonia Fraser blieb auch nach ihrer Hochzeit mit Harold Pinter mit Jackie befreundet, und die Pinters aßen gern mit dem Paar in der 1040 zu Abend: »Ich glaube, Maurice war ideal für sie mit seiner extremen Verlässlichkeit, ohne Untreue und mit dem vielen Geld, das er verdiente. Wenn wir dort – in ihrer schönen Wohnung – zu Abend aßen, ich muss sagen, das war ausgesprochen wundervoll. Alles lief so unglaublich glatt, die Autos schnurrten mehr oder weniger bis ins Wohnzimmer. Damit meine ich, selbst wenn ich nur zum Abendessen dorthin ging, fühlte ich mich richtiggehend umsorgt. Vielleicht war es das, was sie wollte.«[13]

Jackie gab Tempelsmans Selbstbewusstsein Auftrieb, indem sie sich in der Öffentlichkeit scheinbar nach seinen Wünschen richtete. »Sie tat eine Menge, um sicherzustellen, dass er im

Mittelpunkt stand«, erinnerte sich Edna O'Brien. »Ich besinne mich da auf ein Dinner mit ziemlich vielen Leuten – irgendein sehr wichtiger Diplomat – und das ist wirklich wahr: Sie richtete sich ganz nach Maurice, damit klar wurde, dass er der Gastgeber war, auch wenn die Wohnung ihr gehörte.«[14] Anderen Freunden fiel auf, dass sie von Zeit zu Zeit gern ihre Kleinmädchen-Karte vor ihm ausspielte, Witze erzählte und ihn um Zustimmung heischend anschaute, »als würde sie für Daddy eine Vorführung geben«.[15] Dieses Mal, zum ersten Mal in ihrem Leben, hatte sie einen Mann, von dem sie wusste, dass sie sich auf ihn verlassen konnte, einen Mann, für den sie ganz und gar und für alle Zeit die Nummer eins war. »Sie betete Maurice an«, sagte ihre Freundin Vivi Stokes Crespi. »Ich glaube, er gab ihr ihren Seelenfrieden …«[16]

Trotz anfänglicher Vorbehalte von Seiten der Kinder entwickelte Tempelsman laut Ted Sorensen eine »enge Beziehung« zu Caroline und John jr.[17] Zu der Zeit, als Tempelsman Einzug in Jackies Leben hielt, waren die Kinder bereits dabei, sich ein eigenes Leben aufzubauen. »Persönlich würde ich sagen, wollte sie für die Kinder Unabhängigkeit«, sagte Reinaldo Herrera. »Sie wollte, dass die Kinder vollkommen unabhängig waren und sich nicht auf irgendeine Familie verließen, sei es auf die Kennedys oder die Auchincloss' oder wen auch immer. Sie wollte, dass ihre Kinder unabhängig waren, und sie wollte ihnen die Freiheit geben – davon redete sie ständig – sie wollte ihnen die Freiheit geben, die sie ihrer Meinung nach nicht gehabt hatte, die Freiheit, wählen zu können.«[18]

»Ich glaube, sie [Jackie] hatte wirklich das Gefühl, sie fliegen zu lassen. In Bezug auf Caroline benutzte sie sogar diesen Ausdruck: ›Sie soll sich eigene Flügel wachsen lassen‹«, sagte Karen Lerner. »›Sie muss ihr eigenes Leben führen, muss flügge werden …‹«[19]

»In meiner Familie ist man einander extrem eng verbunden«, sagte John Kennedy jr. »Meine Mutter hatte nie einen Plan für mich oder meine Schwester. Wahrscheinlich stehen wir uns deshalb alle so nahe und haben ein verhältnismäßig normales Leben geführt. Sie war keine Kennedy, sie konnte die Gefahren und die positiven Aspekte erkennen. Eines hat sie getan, sie hat das Andenken und den Charakter unseres Vaters für uns sehr lebendig bewahrt. Sie hat uns nicht dazu gebracht, auf Kosten unseres eigenen Lebens mit religiöser Verehrung auf das unseres Vaters zu schauen. Was immer Caroline oder ich zu tun beschlossen, hat sie unterstützt, solange es uns nur ernst war und wir uns der Sache wirklich widmeten.«[20]

»Man weiß ja, dass die Leute denken, sie [Jackie] mochte die Kennedys nicht«, sagte Herrera. »Aber das ist nicht wahr. So war es nicht. Sie hielt nicht nur Kontakt zu ihnen, sondern verhielt sich zu ihnen extrem loyal. Was sie nicht mochte, war die Art, wie sie ihre Kinder erzogen. Die mochte sie nicht. Ganz und gar nicht. Sie fand, das war ganz und gar übel. Sie wurden im Stich gelassen, fand sie, und mit Geld und Privilegien überschüttet in einer Weise, in der sie ihre Kinder nie behandelt hat. Und die hatten mehr Geld und mehr Privilegien und eine wichtigere Position als die anderen. Niemals. Caroline wurde wie ein normales Kind behandelt und John ganz genauso. John war die Leidenschaft ihres Lebens, muss man sagen ... Er sah so gut aus. Aber natürlich ist die Interessanteste Caroline, diejenige, die ihr am ähnlichsten ist. Was Persönlichkeit und Verstand angeht, ist Caroline genau wie sie. Er ist als Person viel mehr ein Kennedy, aber Caroline ist geistig völlig die Tochter ihrer Mutter. Ich habe sie mal gefragt: ›Warum kandidierst du nicht für ein Amt, du solltest für ein Amt kandidieren.‹ Aber nein, sie war entsetzt davon. Zu Tode erschrocken.«[21]

Jackie hatte guten Grund, auf ihre beiden Kinder stolz zu sein. Caroline hatte 1980 das Radcliffe College, Harvard, mit einem Kunstdiplom abgeschlossen und war in das Office of Film and Television im Metropolitan Museum eingetreten, wo sie später Managerin und Co-Produzentin wurde. Während ihrer Zeit in Harvard hatte sie eine zweieinhalb Jahre währende Romanze mit dem jungen Schriftsteller Tom Carney. Doch 1980 trennten sie sich und Carney heiratete jemand anders. Seit 1981 traf sie sich mit Edwin Arthur Schlossberg, einem hochgewachsenen, ergrauenden Intellektuellen, der dreizehn Jahre älter war als sie. Schlossberg ist von seinen Freunden verschiedentlich als »Renaissance-Mensch, Künstler, Dichter, Designer, Wissenschaftler und Freidenker«, beschrieben worden, »ein intellektueller Hansdampf in allen Gassen und ein Freund des New Yorker Kulturadels«.[22] Zu diesem »Kulturadel« durfte auch George Plimpton gezählt werden, der Caroline seit ihrer Kindheit kannte. Damals hatte er ihr geholfen, zu ihrer Unterhaltung »Piratenpartys« am Strand zu organisieren, und war ein geschätzter Gast auf ihren Geburtstagspartys. Plimpton nannte Caroline ein »wundervolles Geschöpf«. »Als sie sieben oder acht war«, erinnerte er sich, »lagen wir immer auf dem Boden und führten die erstaunlichsten Erwachsenengespräche. Es war bezaubernd mit jemandem zu sprechen, der so jung war und solche Fantasie hatte.«

»Caroline ist umwerfend komisch«, sagte ein Freund aus den Tagen vor Schlossberg. »Ich meine, sie hat einen großartigen Sinn für Humor und kann mit Worten umgehen. Sie ist ein sehr komisches, ironisches Mädchen und hat den gleichen schwarzen Humor wie Jackie. Sie war einfach wirklich lustig und man hatte Spaß mit ihr.«[23]

Wie Jackie war Caroline schüchtern, und ebenfalls wie Jackie hatte sie die Bürde ihrer Berühmtheit zu tragen, während sie darum kämpfte, ihr eigenes Leben zu führen und ihre Privatsphäre zu bewahren. Und wiederum wie ihre Mutter war sie auf der Suche nach einer Vaterfigur, um dem Zustand der Vaterlosigkeit zu entfliehen. Der Altersunterschied zwischen ihr und Schlossberg glich beinahe genau dem zwischen Jackie und Jack Kennedy. Und noch einmal wie Jackie fühlte sie sich von Schlossbergs Brillanz und seinem Selbstbewusstsein angezogen. Wie Jack, so mag angemerkt werden, hatte er weder eine »feste Stellung« noch musste er sich allzu viele Sorgen um Geld machen. Er entstammte einer wohlhabenden, in der Textilindustrie tätigen Familie mit einem Heim in der Park Avenue und verfügte selbst über eine Dachwohnung und eine umgebaute Scheune in Berkshire. Der einzige Unterschied, der zwischen sie treten mochte, war ihre Religion: Sie kam aus einer irisch-katholischen Familie, während die Schlossbergs praktizierende Juden waren.

Letztendlich stellte sich keine der beiden Familien in den Weg und am 19. Juli wurde Caroline in einem katholischen Gottesdienst in der schlichten Schindelkirche Our Lady of Victory in Centerville Mrs. Edwin Schlossberg, auch wenn keine Messe abgehalten wurde. Dies war – verglichen mit der später im selben Monat stattfindenden Hochzeit von Prinz Andrew, dem zweitgeborenen Sohn der englischen Königin, mit Sarah Ferguson – Amerikas »königliche Hochzeit«. Wie *Newsweek* betonte, hatte es ein halbes Dutzend Präsidententöchter gegeben, seit Carolines Vater im Weißen Haus regiert hatte, aber »Amerikas Prinzessin bleibt sie«. Etwa zweihundert Reporter und Fotografen und tausend Zuschauer drängten sich vor der Kirche und verursachten solchen Lärm, dass die Braut bei ihrer Ankunft mit ihrem Onkel Teddy ihnen mit dem Finger auf den Lippen bedeuten musste, leise zu sein. Carolines enge Freundin und Cousine Maria Shriver, die im April Arnold Schwarzenegger geheiratet hatte, war die Ehrendame. Trauzeuge war John jr.

Carolines Hochzeitskleid war von Carolina Herrera entworfen worden, die seit 1982 Jackies Lieblingsdesignerin war. »Es war ein großartiges Erlebnis«, berichtete Carolina. »Denn sie [Jackie] vertraute mir völlig. Sie sagte: ›Ich lasse Caroline mit dir zusammen entscheiden, was sie möchte. Ich mische mich da nicht ein, denn ich habe sehr schlechte Erfahrungen bei meiner Hochzeit gemacht. Mein Kleid war das, was meine Mutter wollte, und ich habe es gehasst. Ich werde bei Caroline nicht den gleichen Fehler machen – sie muss entscheiden, was sie anziehen möchte.‹ Und das muss man sich vorstellen, das fertige Kleid hat sie erst gesehen, als es zwei Tage vor der Hochzeit in Hyannis Port eintraf.

Wir telefonierten die ganze Zeit über ständig. Ich sagte: ›Ich habe die Anproben gemacht und es sieht wundervoll aus.‹ ›Ist sie glücklich?‹, fragte sie. ›Ja, sie ist sehr glücklich.‹ ›Gefällt es ihr?‹ ›Ja, sie ist ganz begeistert.‹ ›Ausgezeichnet, das ist die Hauptsache.‹ So war sie. Und dazu muss man wissen, Caroline wollte ihre eigene Hochzeit nach ihrem eigenen Geschmack ausrichten, mit den französischen Einladungen, nicht im klassischen Stil, und Jackie war darüber sehr froh. Die Jungen wollten keine Vormittagsanzüge, sondern weiße Hosen und Blazer anziehen, und für Jackie war das auch in Ordnung. Sie sagte: ›Wenn es ihnen gefällt, ausgezeichnet. Dann machen wir das so.‹«[24]

Die Männergarderobe für die Hochzeit war in der Tat unkonventionell. Sie war von Ed Schlossbergs Freund, dem schwarzen Designer Willi Smith, in Zusammenarbeit mit Schlossberg entworfen worden und sollte »eine kultivierte, aber dennoch luftige« Wirkung erzielen. Der Bräutigam trug einen »unkonventionellen marineblauen Leinenanzug in modischer Übergröße«, während das Gefolge mit violetten Leinenblazern, weißen Leinenhosen und rosafarbenen Leinenkrawatten ausgestattet wurde.

Der Ablauf von Carolines Hochzeit wurde von Jackies Freund George Trescher, der Nummer eins unter den Organisatoren von Spendenaktionen und Wohltätigkeitsbällen, meisterhaft geplant. Robert Isabell arrangierte die Blumen, und auf dem Rasen vor Rose Kennedys Haus hatte Robert Stan über einem runden Tanzboden ein Zelt in blendendem Weiß aufgestellt, von dem ein gigantischer, mit Abertausenden von Blumen gefüllter Bovist hing. Sean Driscoll, der Inhaber des schicken New Yorker Party-Service Glorious Food (von der *Hyannis Gazette* in »Glorias Food« umbenannt), lieferte das Essen, wobei die Speisenfolge in Absprache mit Jackie geplant worden war, deren Kommentar lautete: »Ich weiß ja nicht, wie das bei diesen Fleisch-mit-Kartoffeln- und Vanilleeis-Kennedys ankommen wird.«[25]

Die Hochzeit war ein emotionsgeladener Moment für Jackie: Als sie nach der Zeremonie die Kirche verließ, lehnte sie sich weinend an Teddys Schulter. Teddy schien sich auf wundersame Weise von frühmorgendlichen Spielen im Meer mit ortsansässigen Kellnerinnen erholt zu haben. (Ein Zeuge jener Szene äußerte dazu: »Wissen Sie, was unheimlich war? Es war der Vorabend von Chappaquiddick …«)[26] Auf dem Empfang trieb er jedermann Tränen in die Augen, als er sein Glas auf Jackie als »diese einzigartige, tapfere Frau, Jacks einzige Liebe«, erhob.

Carly Simon, eine neue Freundin von Jackie und ihre Nachbarin in Martha's Vineyard, sang »Chapel of Love«, und für die Vollendung der Feier sorgte George Plimpton mit einem Feuerwerk, das fünfzehn Familienmitglieder und Freunde darstellte – eine Rose für Rose Kennedy, ein Segelboot für Teddy, eine Smokingfliege für Arthur Schlesinger. »Ich wollte mit dem Feuerwerk die Bedeutung jeder einzelnen Person herausstreichen«, sagte Plimpton. »Und dann gab es noch den Hauptteil der Show, den ich ›Was Ed Schlossberg so macht‹ nannte. Damit hatte ich ein Problem, weil gerade eine Nebelbank vom Meer herankam, als dieser Teil der Show stattfand. Ich versuchte, die Show zu verschieben, um den Wolken vom Meer zuvorzukommen, aber Carly Simons Manager erlaubte ihr nicht, früher als geplant zu singen. Also sang sie, und dann rollte der Nebel an. Und das ist das Schlimmste für Feuerwerkskörper: Er zerstört sie. Wenn Feuerwerkskörper in einer Wolke hochgehen, verzischen sie gewissermaßen. Das ist wie ein Sommergewitter. Man sieht nur die Farben, und die sind normalerweise durch den Nebel verwaschen. Ich war sehr enttäuscht, aber wie sich herausstellte, waren alle begeistert, weil sie das Gefühl hatten, dass es dem Thema gerecht wurde. Es spiegelte naturgetreu wider, ›was Ed Schlossberg so macht‹.« Plimpton eröffnete die Vorführung mit den Worten: »Und jetzt kommt Ed Schlossberg und was er eigentlich macht, weiß niemand so genau …«[27] Womit Ed Schlossberg sein Geld verdiente, blieb ein Geheimnis, aber das Paar war einander treu ergeben, und Schlossberg sollte seine Frau vor der Außenwelt abschirmen und behüten.

Auf dem Sitzproben-Dinner am Abend zuvor hatte John jr. dem zukünftigen Bräutigam einen Trinkspruch als Willkommensgruß dargebracht: »Wir drei sind für so lange Zeit allein gewesen«, sagte er. »Ein Vierter im Bunde ist uns herzlich willkommen.« Als Jackie John jr. ansah, erblickte sie Black Jacks dunkles, attraktives Äußeres und seine Hol's-der-Teufel-Einstellung zum Leben. Wie sein Vater und Black Jack war John stolz auf seinen Körper und führte ihn gern vor, schlenderte mit einem Handtuch um die Hüften in Hyannis Port umher oder radelte in altem T-Shirt und Jogginghosen, die mit Sicherheitsnadeln zusammengehalten wurden, durch den Central Park. Wie sein Vater war er groß, 1,84 Meter, hatte breite Schultern, schmale Hüften und lange Beine. Sein Oberkörper war so kräftig wie der seines Vaters, aber wies dennoch Spuren von dem auf, was Jack wütend »Fitzgerald-Brüste« genannt hatte. Er hatte die schauspielerische Begabung und das mimische Talent seiner Mutter geerbt. Er konnte jeglichen Akzent nachahmen und bewies sein Können 1985 in seinem Debüt als Schauspieler in dem irischen Stück *Winners.* Seine Mutter förderte seine Neigung zum Schauspiel nicht, aber ihr Freund Rudolf Nurejew hatte ihm einmal geraten, damit Ernst zu machen und zu tun, was er wollte: »Na los, hab ein bisschen Mumm.«[28] Die intellektuellen Fähigkeiten seines Vaters fehlten ihm, also ging er statt nach Harvard auf die Brown University in Providence, Rhode Island, wo er 1983 seinen Abschluss in dem Hauptfach Amerikanische Geschichte machte. Dann besuchte er die Juristische Fakultät der New York University. Bekanntermaßen fiel er zweimal durch sein Anwaltsexamen (was ihm die unfreundliche Schlagzeile »Schönheit schützt vor Scheitern nicht« eintrug), ehe er 1989 endlich sein Diplom erhielt und im Büro des Manhattan District Attorney eine Stellung annahm. John hatte die Leidenschaft der Kennedys für körperlich riskante Abenteuer geerbt, ging zum Fallschirmspringen und tauchte an den Küsten vor Cape Cod und Martha's Vineyard. Bei einer Gelegenheit, die wie ein schwacher Widerhall der Ereignisse um die PT-109 erschien, rettete er in einer gefährlichen Unterwasseraktion einem Kollegen das Leben.

John jr. entwickelte sich so, wie Jackie es sich insgeheim gewünscht hatte: zu einem Herzensbrecher mit unglaublicher Lebensgier. 1988, in dem Jahr, in dem Caroline ihr erstes Kind Rose zur Welt brachte, verlieh das Magazin *People* dem achtundzwanzigjährigen John jr. den Beinamen »Der Mann mit dem größten Sexappeal der Welt«: »Die Muskeln, der Stammbaum, der Charme, der Körper – wer anders als JFK jr. hätte den Titel Adonis des Jahres verdient?«, fragte das Magazin. »Ist dies der schönste Mann der Welt?«, lautete eine andere Schlagzeile. Anders als sein Vater hatte er lang andauernde Beziehungen mit

Frauen. Alice Munro und Christina Haag waren beide Brown-Absolventinnen. Seine Beziehung mit Alice dauerte vier Jahre und mit Christina, in die er sich während der Arbeit an *Winners* verliebte, war er sechs Jahre zusammen.

Im Umgang mit Fotografen und Journalisten besaß er die Ungezwungenheit seines Vaters. Er war selbstsicher, amüsant und wusste mit Auftritten in der Öffentlichkeit umzugehen, zum Beispiel als er seinen Onkel Teddy auf dem Konvent der Demokraten von 1988 ankündigte. Wenn ihm die unvermeidliche Frage gestellt wurde, ob er für politische Ämter kandidieren werde, brachte er seine ambivalenten Gefühle zum Ausdruck. Selbstverständlich denke er darüber nach, erklärte er, aber »offen gestanden habe ich den Eindruck, dass es auch außerhalb der offiziellen Funktionen jede Menge Gelegenheiten und Wege gibt, sich zu engagieren, und diese haben die gleiche Breitenwirkung, die einem die Regierung oder eine öffentliche Funktion verleiht. Wenn man einmal für ein solches Amt kandidiert, steckt man drin. Das ist in etwa so, wie wenn man zum Militär geht. Besser, man ist sich vorher todsicher, dass man das wirklich will und sein restliches Leben darauf eingerichtet hat. Es fordert einen gewissen Tribut von der eigenen Persönlichkeit und dem Familienleben. Ich habe das selbst erlebt. Wenn ich mich also dafür entscheiden sollte, würde ich sichergehen wollen, dass ich es selbst tun will, dass ich es nicht tue, weil Leute denken, ich müsste das machen … Ich möchte mir erst einiges an Lebenserfahrung erwerben, bevor ich daran denke.«[29] Joseph Nye, Dekan der Kennedy School of Government, erinnerte sich, wie er ihn, als sie nebeneinander in einer Empfangsreihe im Weißen Haus standen, fragte: »Erinnern Sie sich an diesen Ort?« Die Antwort lautete: »Nur schwach.« Nye fragte: »Haben Sie den Wunsch, hierher zurückzukehren?« John Kennedy jr. erwiderte mit einem Lächeln: »Nur schwach …«[30]

»Jackie, ach, Jackie liebte John einfach«, sagte Karen Lerner. »Wenn man in Jackies Gegenwart Johns Namen erwähnte, verwandelte sich ihre Stimme in ein zärtliches Gelächter. Sie sagte immer: ›Ach, John …‹ Sie liebte ihn einfach so sehr, sie wusste kaum, wie sie ihn einschätzen sollte, weil er so, nun ja, also als

Kind war er ein Kobold, er war einfach so liebenswert und unberechenbar. Und als er dann heranwuchs, war sie in der Lage, ihm seine Freiheit zu lassen.«[31] Edna O'Brien stimmte ihr zu: »Ich würde sagen, ihr Sohn war der hellste Stern in ihrem Leben und Caroline liebte sie auch, aber mit Müttern und Söhnen, ich denke, das ist die alte Geschichte ...«[32]

»Sybil [d'Origny] erzählte mir, am Ende ihres Lebens sei Jackie wahrhaftig zur Führerin des Clans geworden, zu dem Menschen, an den sich jedermann um Rat und Trost wandte«, berichtete Antony Beevor. »Rose war senil geworden, und die, offen gestanden, völlig gestörte Kennedy-Familie zerbrach.«[33] Jackies erweiterte Familie schloss nicht nur die Kennedys mit ein, sondern ebenso Lees Kinder, die beiden Kinder von Yusha Auchincloss und die kleine Janet und ihre Kinder – ganz besonders die Kinder der kleinen Janet. Im Sommer 1985 wurde während eines Familienurlaubs auf Fisher's Island mit deren Mann und Kindern sowie Sybil, einer Freundin der Familie aus Newport-Zeiten, deren Mann Henri Vicomte d'Origny und ihren Kindern bei der kleinen Janet Lungenkrebs diagnostiziert und sie starb binnen weniger Monate. Die kleine Janet, hübsch, lebhaft und herrlich humorvoll, war ein Liebling Jackies gewesen. Freunde beschrieben sie als »bezaubernd« und ihren gut aussehenden, sportlichen Mann als »umwerfend«: »Sie war das reizendste, liebenswerteste Mädchen, die Beste in dem ganzen Haufen«, sagte Oatsie Leiter Charles, eine Freundin der Familie. Nach ihrer Hochzeit mit Lewis Rutherfurd war sie mit ihm nach Hongkong gezogen, hatte zwei Söhne und wesentlich später eine Tochter bekommen. Auf Fisher's Island wurde ein riesiger Tumor in ihrer Lunge festgestellt (sie hatte nie geraucht). Der Tumor wurde entfernt, aber der Krebs hatte sich bereits ausgebreitet. Während Lewis Rutherfurd zwischen Massachusetts und Hongkong hin und her pendelte, flog Jackie nach Boston, um Blut für Janet zu spenden. »Sie war furchtbar, furchtbar gut zu Janet und so liebevoll«, sagte Sylvia Whitehouse Blake.[34]

Fürsorglich nahm Jackie Anteil am Leben von Cecil und Maya, den beiden Kindern ihres geliebten Yusha und seiner russischen Frau, von der er geschieden war. »Ich glaube, sie beschützte jeden«, sagte Maya. »Sie ließ einfach nicht zu, dass jemand, den sie liebte, verletzt wurde. Tante Janet [Jackies Mutter] dagegen konnte zu jedem fürchterlich sein.« Eines Tages sah Jackie, dass Maya weinte, weil »Tante Janet gemein zu mir gewesen war. Jackie sagte: ›Mach dir keine Gedanken deswegen. Mutter kann eiskalt sein – aber sie meint es nicht persönlich.‹« Jackie, sagte Janet, war »so gut zu ihren Neffen und Nichten. Die kleine Janet war bei Jackie, und Alexandra [Janets zwei Jahre alte Tochter] griff sich lauter Sachen und warf sie aus dem Fenster. Jackie sagte nur: ›Es sind doch nur Gegenstände, um Himmels willen.‹ Sie liebte Kinder. Darin war sie das Gegenteil ihrer Mutter, sie besaß keine Dinge, die man nicht berühren durfte. Sie wollte einfach, dass man sich wohl fühlte.«[35]

Christina Onassis und Jackie pflegten weiter oberflächlich höflichen Umgang miteinander. Nach ihrer Scheidung von Andreadis hatte Christina den Russen Sergej Kauzow geheiratet und sich auch von diesem scheiden lassen, blieb aber eng befreundet mit ihm. Am 25. Februar 1984 verkündete sie ihre Verlobung mit dem Franzosen Thierry Roussel, von dem sie völlig besessen war. Am 17. März wurden sie in Paris getraut. Womöglich in der Hoffnung, Thierry zu beeindrucken, fuhr sie mit ihm zu ihrer berühmten Stiefmutter nach New York.

Einige Geister der Vergangenheit schwanden dahin. Jacks guter Freund Lem Billings, der all seine Liebe und seinen Stolz auf Jack und Bobby übertragen hatte, auf Bobbys Kinder, vor allem auf Bobby jr., starb im Mai 1981. Jackie hatte Lem nicht erlaubt, sich ihren Kindern zu nähern, während diese heranwuchsen. Er nahm in seiner New Yorker Wohnung mit seinen »Nenn-Neffen« aus dem Kennedy- und Lawford-Clan Drogen, insofern betrachtete sie ihn nicht als wünschenswerten Einfluss. Am Ende jedoch war Caroline ihm sehr nahe gekommen: Schließlich war er der älteste und beste Freund ihres Vaters.

Peter Lawford starb 1984, am Morgen von Heiligabend, an einem Blutsturz. Seine Organe waren von Alkohol und Drogen zerstört. »Als ich nach Hause zurückkam, erhielt ich einen Anruf von Jackie Onassis«, berichtete seine letzte Frau, Patricia Seaton Lawford. »Sie war gütig und freundlich und konnte das

Grauen, das ich erlebt hatte, nachvollziehen. Sie hatte zweifellos das Krankenhaus gebeten, sie in dem Augenblick, in dem Peter starb, zu benachrichtigen. Sie wusste offensichtlich über diesen Alptraum von Blut Bescheid, das aus seinem Körper sickerte. Sie erwähnte, dass sie bei der Ermordung ihres Mannes Teile seines Gehirns in der Hand gehalten hatte. Und einen Moment lang waren wir nur zwei in ihrer Trauer vereinte Frauen, die beide miterlebt hatten, wie das Leben der Männer, die sie liebten, sich auflöste …«[36]

Jackie hatte Peter zum letzten Mal auf der Hochzeit seiner Tochter Sydney im September des Vorjahres gesehen. Um ein Haar wäre ihm dort dieselbe Rolle zuteil geworden wie Black Jack auf ihrer Hochzeit mit Jack. Zwar hatte er sich bemüht, nüchtern und in Form zu bleiben, um seine Tochter zum Altar zu führen, doch der Gedanke, jener Familie gegenüberzutreten, die ihn verbannt hatte, verleitete ihn dazu, am Morgen vor der Hochzeit puren Wodka hinunterzukippen. Anders als Black Jack aber gelang es ihm noch, seine Tochter in die Ehe zu geleiten. Jackie, die sich vielleicht an das Verhalten ihres Vaters erinnert fühlte und außerdem wusste, dass Jack Peter immer gemocht hatte, tauschte auf der Dinnerparty nach der Hochzeit ihre Tischkarte um, sodass sie neben ihm sitzen konnte.

Nicht Jackie, sondern Caroline war im April 1984 in Palm Beach gewesen, als Bobbys und Ethels von Tragik umgebener Sohn David, ein Außenseiter der Familie, im Alter von achtundzwanzig Jahren an einer Überdosis starb. Caroline war hinübergeflogen, um Großmutter Rose Lebwohl zu sagen. Diese hatte am Ostersonntag einen so schweren Schlaganfall erlitten, dass man als sicher annehmen musste, sie würde sterben (sie starb nicht, sondern überlebte schwer behindert). David war gerade aus einem Behandlungsprogramm in St. Paul, Minnesota, entlassen worden, wo er von Psychiatrie bis Gruppentherapie, von Methadon bis »Neuro-Elektro-Therapie« alles ausprobiert hatte. Er hatte versucht, die Familiendämonen in Gesprächen mit dem Journalisten David Horowitz auszutreiben, welcher als Co-Autor an einem Buch über die Kennedys arbeitete, das gerade erst als Serie in der Aprilausgabe des *Playboy* erschienen war.[37] Indem er dies tat, hatte er das ultimative Tabu der Kennedys verletzt. Schockiert von der infantilen Hilflosigkeit seiner einst so mächtigen Großmutter, hatte er zur Flasche gegriffen und vor Ort eine Quelle für Drogen aufgetan. Als er versuchte, sich betrunken und fluchend Einlass in das Kennedy-Haus in Palm Beach zu verschaffen, wurde er von dem Sicherheitsbeamten abgewiesen. Beim Dinner an jenem Abend sorgten sich die Kennedy-Frauen um David und um das, was er nicht nur sich selbst, sondern dem Familiennamen antun mochte. Am nächsten Morgen fuhr Caroline zu dem Hotel, in dem er wohnte, und rief in seinem Zimmer an. Sie erhielt keine Antwort. Später rief eine »Mrs. Kennedy aus Boston« an und bat den Empfangschef, das Zimmer zu überprüfen. Als Caroline und Sydney zum zweiten Mal kamen, erhielten sie die Nachricht, dass David tot sei. Obwohl die Polizei in der Toilette Spuren von heruntergespülten Drogen fand, gab es keine ernsthafte Untersuchung, abgesehen von der Verhaftung zweier Hotelpagen, die David mit Kokain beliefert hatten.

Eilig ließen die Kennedys den Leichnam zur Gedenkmesse nach Hickory Hill überführen und ihn dann in der Familiengrabstätte in Brookline beisetzen. Ein knappes Jahr zuvor, im August 1983, war Bobby jr. in Rapid City, South Dakota, wegen des Besitzes von Heroin verhaftet worden. Dies sollte vorläufig die letzte der Kennedy-Familienkatastrophen sein. Jackies Leistung, ihre Kinder dazu zu erziehen, ihren Vater zu lieben und zu schätzen, sich seiner Familie gegenüber aber aus sicherem Abstand loyal zu verhalten, scheint vor diesem Hintergrund nur umso bemerkenswerter.

Am 26. Januar 1985 starb ein weiterer Mann, der in Jackies Vergangenheit – und in der von Jack – eine wichtige Rolle gespielt hatte. David Harlech erlag in England den Folgen eines Autounfalls am Tag zuvor. »Jackie war praktisch die Erste, die mich anrief«, erinnerte sich Pamela Harlech. »Sie sagte: ›Wir wollen zur Beerdigung herüberkommen.‹ Nun ist aber die Kirche, wo er beerdigt wurde, winzig klein, mehr als sechzig Leute passen auf einmal nicht hinein. Also sagte ich: ›Jackie, das ist unheimlich nett von dir, komm rüber, aber ich sage dir, es wird ein bisschen Gerangel geben, denn die Familie wird die meisten der Plätze einnehmen.‹ ›Macht nichts‹, sagte sie. ›Wir müssen dabei sein.‹ Also kamen sie und Teddy, Jean Smith und einer der Shriver-Jungen, der reizend ist, rüber. Ich brachte sie nicht bei mir unter. Ich besorgte ihnen Zimmer im Hotel, direkt oberhalb des Anwesens, denn ich … es gab sowieso keine Schlafzimmer mehr, sie waren alle belegt, aber ich hätte es auch nicht ertragen können. Natürlich rückte das gesamte Pressecorps an und die gesamte Waliser Polizei. Zum Dinner waren es ungefähr siebenundzwanzig Personen. Ich kochte und Teddy benahm sich abscheulich. Wie üblich betrank er sich und verhielt sich wirklich schlimm. Ich sagte zu Jackie: ›Könntest du bitte irgendetwas unternehmen, denn du weißt, mein Mann wird morgen begraben, und ich fühle mich dem hier nicht gewachsen?‹ Sie sagte: ›Oh, ich könnte da überhaupt nichts tun.‹ Und Jean Smith sagte: ›Nein, ich kann auch nichts tun.‹ Und da fragte der Shriver-Junge, Gott segne ihn: ›Soll ich mich darum kümmern?‹ Und ich antwortete: ›Ja, bitte, schaff deinen Onkel hier heraus, denn anderenfalls bringe ich ihn um. Das ist nämlich keine Spielshow hier, verstehst du?‹ Und das taten sie dann auch.

Und dann erschien Jackie auf der Beerdigung wie die Witwe – sie wirkte sehr stark wie die Witwe«, sagte Pamela Harlech. Als nach der Bestattung Getränke gereicht wurden, sagte Jackie zu Lord Jenkins of Hillhead, einem alten Freund von ihr, David und Pamela: »›Wissen Sie, ich finde, wir sollten irgendetwas einrichten zum Gedenken an David, ein Stipendium oder so etwas. Ich werde in Amerika anfangen, Geld zu sammeln.‹ Gut und schön, sie fuhr zurück nach Amerika und bald darauf fingen wir an, Leuten zu schreiben: ›Wir wollen da ein Harlech-Stipendium einrichten.‹ Betsy Whitney, Gott segne sie, stiftete zwanzigtausend Dollar. Jackie gab zweitausend, sogar ihre Kleider kosteten mehr. Ich meine, das ist die Frau, die all das Geld von Onassis bekommen hat und angeblich Davids dicke Freundin war …«[38]

Die Anwesenheit der Kennedys – und insbesondere Jackies – hatte die Aufmerksamkeit der Presse in einer Form erregt, dass das Begräbnis nach Meinung von Pamela Harlech in einen »Zirkus mit drei Manegen« ausartete. Als Jackie sie in einem Brief nach dem Datum für den Gedenkgottesdienst in London fragte, schrieb Pamela zurück: »Ganz ehrlich, Jackie, ich möchte nicht *einen* Kennedy auf diesem Gedenkgottesdienst sehen. Ich habe nämlich viel Mühe auf mich genommen, um dies für David zu tun, und ich möchte nicht, dass derselbe Drei-Manegen-Zirkus daraus wird, den ihr alle schon aus der Beerdigung gemacht habt.« Gerechterweise muss man erwähnen, dass Jackie in ihrem Antwortbrief schrieb: »Das verstehe ich.«[39]

Zu Jackies Erleichterung heiratete Lee nach all ihren Schwierigkeiten in Liebes- wie in anderen Dingen zum dritten Mal. Der Bräutigam war der namhafte Hollywood-Regisseur Herbert Ross, der Filme wie *Funny Girl, Turning Point* und *Steel Magnolias* gedreht hatte. Die Trauung fand am 23. September 1988 in Lees Wohnung statt, und Rudolf Nurejew war einer der Trauzeugen. Hinterher gab Jackie eine Dinnerparty in der 1040 für das Paar. Sie stand zu der Zeit nicht in enger Verbindung mit Lee und kannte Herbert Ross nicht, aber einem Freund vertraute sie an: »Ich bin froh, was immer oder wer immer er auch ist. Ich freue mich für Lee, denn ganz unter uns, Lee hat in den Abgrund der Hölle gesehen.«[40] Zu guter Letzt konnte Jackie davon ausgehen, dass sie nicht länger die Verantwortung für Lee tragen musste. Lees Kindern, Christina und Anthony, blieb sie eng verbunden. Vor allem Anthony war ein enger Freund ihres eigenen Sohnes John.

»Die Gesellschaft von Newport nimmt Abschied von einer Lady«, schrieb das *Providence Journal Bulletin*. Prominente Newporter fanden sich auf Janets Begräbnis am 27. Juni 1989 ein. Unter den Ehren-Sargträgern befanden sich große Namen von Newport: Senator Claiborne Pell, John J. Slocum und John R. Drexel sowie der gefeierte, zu spät eintreffende Alan Pryce-Jones. Während der letzten sieben Jahre hatte Janet an der Alzheimerkrankheit gelitten, gegen die sie mit der für sie charakteristischen Courage ankämpfte. »Jackie war mehr als nur außergewöhnlich in den letzten Lebensjahren unserer Mutter«, sagte Lee Radziwill. »Sie rief sie jeden Tag an. Es war oft sehr schwierig, mit ihr umzugehen, und später wurde es natürlich fast die ganze Zeit über schwierig. Mir fallen nicht allzu viele Kinder ein, die sich besser verhalten hätten und ihrer Mutter mehr Zuspruch, Aufmerksamkeit und Fürsorge gegeben hätten.«

Als die Krankheit Besitz von ihr ergriff, wanderte Janets Geist zurück in die Vergangenheit, in der Black Jack eine große Rolle spielte. Damals hatte sie nie eingestanden, dass er gestorben war [d. h. 1957]. »Es war wirklich eigenartig«, berichtete Lee. »Ich nehme an, dass ihr Selbstwertgefühl unglaublich verletzt war. Aber es war so merkwürdig für mich, denn in den letzten acht oder zehn Jahren ihres Lebens sprach sie ständig von ihm. Ich meine, sie war krank. Und wie es nun mal ist, wenn man alt wird, verlor sie sich immer mehr in Erinnerungen, nicht an die letzten zehn oder zwanzig Jahre, sondern viel weiter zurück, und also war sie plötzlich ... Wir durften seinen Namen in ihrem Haus nie erwähnen und ihren nicht in seinem, obwohl er ihn ständig erwähnte ... Sie sprach immer von Jack Bouvier und mir und den Pferden, die wir hatten, und den Dingen, die wir taten. Und ich fing schon an, mir Sachen einzubilden. Das war äußerst merkwürdig.«[41] Sally Ewalt, die der Auchincloss-Haushälterin Lisa Sullivan half, Janet zu pflegen, bestätigte dies: »Mrs. Auchincloss erzählte jede Nacht, ihr Vater habe nicht gewollt, dass sie Mr. Bouvier heiratete, und dann sagte sie: ›Vielleicht habe ich es ja deshalb getan ...‹«[42]

In der letzten Phase ihrer Krankheit begegnete Jackie ihrer Mutter mit großer Fürsorge und Zärtlichkeit, aber ihre inneren Gefühle für sie blieben komplex, eine Mischung aus Schuld und Dankbarkeit, Ablehnung und Respekt, stark gefärbt von Zorn. In gewisser Weise war sie ihrer Mutter dankbar dafür, dass sie sie ihrem Platz an der Sonne entgegengedrängt und ihr ermöglicht hatte, die höheren Stufen zu erreichen, nach denen sie sich gesehnt hatte. Andererseits aber machte sie die Verwirrung wütend, die Janet in ihrem eigenen Charakter angerichtet hatte. Mit ihren eigenen Freunden sprach sie nie über ihre Mutter. »Darüber lag ein gewisses Dunkel«, sinnierte Edna O'Brien. Auf

Janets Beerdigung zeigte Oatsie Leiter Charles sich überrascht über Jackies distanzierte Haltung: »Zum letzten Mal sah ich Jackie auf der Beerdigung ihrer Mutter«, sagte sie. »Es war fast, als hätte sie mich noch nie zuvor gesehen. Ich war ziemlich überrascht über Jackies Verhalten mir gegenüber. Ich weiß nicht, ob sie das Gefühl hatte, jetzt, wo ihre Mutter tot war, sei das alles zu Ende ... Wir waren bis zu einem gewissen Grad Freundinnen und ich konnte das nicht begreifen, ich kann es immer noch nicht. Ich glaube nicht, dass da ein tief sitzender Groll gegen mich vorlag. Ich nehme eher an, es war etwas Emotionales, ein Schock oder so, der mit mir gar nichts zu tun hatte ...«[43]

Janets Tod hatte einen Strich unter die Vergangenheit gezogen, die jetzt weit zurückzuliegen schien. Auf der gemeinsamen Party zum achtzigsten Geburtstag ihrer Tanten, der Zwillinge Maude Davis und Michelle Putnam, war sie nicht erschienen. Als Michelle Putnam im September 1987 starb, besuchte sie den Trauergottesdienst in New York, sprach aber »kaum ein Wort« mit Maude Davis, und mit Maudes Sohn überhaupt nicht. Er hatte sich ihren Ärger durch das Schreiben zweier Bücher zugezogen, eines über die Bouviers und ein weiteres über seine angeheiratete Verwandtschaft, die Kennedys. Als jedoch 1990 Steve Smith starb, ging Jackie zum Trauergottesdienst und zur Bestattung in East Hampton, das einst so sehr der Mittelpunkt des Lebens der Bouviers gewesen war. William vanden Heuvel begleitete sie. »Sie und ich gingen hinüber zur Bouvier-Grabstätte, und sie zeigte mir, wer wo lag«, sagte er. »Ich glaube aber nicht, dass sie viele Gedanken auf sie verwendete ...« Im nächsten Jahr, als Steves Sohn Willie Smith wegen Vergewaltigung vor Gericht stand, fiel Jackies Abwesenheit beim Aufmarsch der älteren Kennedy-Frauen auf – Eunice, Pat und Jean –, denn diese waren jeden Tag im Gerichtssaal. Im Ganzen aber bewies sie, wie William vanden Heuvel sagte, »eine bemerkenswerte Toleranz den Eskapaden ihrer Neffen gegenüber«.

Mit Maurice als liebevolle Stütze im Zentrum fühlte Jackie sich frei, ein unabhängiges Leben zu führen, zu reisen, alte Freunde zu treffen und neue kennen zu lernen. 1984 fuhr sie wieder nach Middleburg, um zu reiten und zu jagen. In Virginia erfreute sie sich unter ihren alten Freunden wie Charlie Whitehouse, Bunny Mellon und Eve Fout einer Freiheit, die sie sonst nirgendwo fand. »Zuerst entschied sie mal, dass New Jersey sie nicht nervös machte«, sagte Charlie Whitehouse. »Und sie liebte den weiten Raum und die riesigen Felder von Virginia, dort galoppierte sie so gern. Teil ihres Charmes war diese ungewöhnliche, mädchenhafte Art. Ich hatte oft das Gefühl, hier unten sah sie sich selbst ein bisschen wie im Spiegel der Bücher über sechzehnjährige Mädchen und Pferde.

Sie war ein Mensch mit vielen Facetten und einer starken romantischen Seite«, erinnerte sich Charlie Whitehouse. »Und bis zu einem gewissen Grad brachten die Aufregung und die Schönheit eines Sports wie der Fuchsjagd diesen romantischen Geist in ihr zum Vorschein oder auch das Reiten durch das waldige Land an einem Frühlingstag mit einem alten Kumpel. Dieser zeigte sich auch in der Bereitschaft, bei Regen und Kälte draußen zu bleiben, denn auch das war irgendwie romantisch: das Unbequeme, der verschneite Boden, wenn wir von der Jagd kamen, alle mit hochgestellten Mantelkrägen, und der Regen stürmte elendig. Als ich nach Hause kam, war ich bis auf die Haut nass, und sie nicht minder. Sie lebte für die intensive Freude solcher Momente, das knisternde Feuer, die Heiterkeit der Freunde, das köstliche Dessert. Ich denke, Sorge und Leid können manche Menschen dazu bringen, den Glanz eines Augenblicks zu schätzen. Bei ihr, denke ich, war es so ...«[44]

Jackie fuhr im November und im März hinüber, wohnte anfangs bei den Whitehouses, aber zumeist in Bunny Mellons Haus Oak Spring, wo sie auch ihre Pferde hielt. Viele Jahre lang hatte sie auf dem Anwesen der Mellons ihr eigenes Haus, ein Landhaus im Garten, gleich neben dem Haupthaus, sodass sie sich unabhängig fühlen konnte. Als sie den Eindruck bekam, sie dränge sich auf, mietete sie ein zweistöckiges Stein- und Schindellandhaus mit einer Veranda. »Ich weiß noch, wie glücklich sie war, allein zu sein«, berichtete Charlie. »Sie hatte ihre Bücher. Ich neckte sie immer, sagte, sie würde vermutlich Hungers sterben, denn ich glaube nicht, dass sie wusste, wie man Wasser kochte. Also besorgte sie sich diese vorgekochten Mahlzeiten, die man nur in den Ofen zu schieben braucht.« Statt sich mit Dienstmädchen zu umgeben, hatte sie nur eine Putzfrau, »die täglich kam und den Staub aufwirbelte«. Ihre Reitkleidung und Stiefel aber wurden im Haus der Mellons in Ordnung gehalten. »Sie kam vielleicht einmal pro Woche zum Dinner zu uns. Jagen ging sie mit uns montags und mittwochs, dienstags und freitags mit den Piedmont Foxhounds und am Samstag wechselte sie dann zwischen uns und den anderen ab. Manchmal aß sie in Willow Oak mit Pam Harriman, die oft hier jagte.« Maurice kam sehr selten, manchmal zur »Mannschaftsjagd«, die Eve Fout organisierte, oder wenn Jackie gestürzt war. Ansonsten flog Jackie gelegentlich einmal in der Woche nach New York. »Zweimal stürzte sie schlimm«, erinnerte sich Charlie. »Beide Male in den allerletzten Novembertagen. Einmal in dem Jahr, bevor sie starb, das andere Mal vielleicht zwei Jahre zuvor.«[45]

In dieser Phase ihres Lebens unternahm Jackie viele Reisen. Im Oktober 1979 fuhr sie mit I. M. Pei und seiner Frau Eileen in einer Gruppe, zu der auch die New Yorker *Grandes Dames* Marietta Tree, Evangeline Bruce und Bunny Mellon gehörten, nach China, zur Eröffnung von Peis Fragrant Hill Hotel bei Peking. Mit ihren neuen Freunden Cary und Edith Welch ging sie auf zwei ausgedehnte Reisen nach Indien, die erste führte sie im Januar 1984 in den Norden und die zweite im Januar 1989 in den Süden. Sie und Cary Welch, einer der weltweit bedeutendsten Experten für indische Kunst, arbeiteten an zwei Projekten zusammen: das Buch *A Second Paradise* von Naveen Patnaik, für das Cary ein Vorwort verfasste und das 1985 bei Doubleday erschien, und die riesige Ausstellung im Metropolitan Museum, »Indien, Kunst und Kultur, 1300 bis 1900«.

»Es wird einem klar, dass sie eine Art Begabung für Freundschaft besaß«, sagte Cary Welch. »Ich nehme an, Sie haben bereits erfahren, dass sie mehr enge Freunde hatte, als Sie je gehört haben … Ich glaube auch«, fuhr er fort, »dass sie sich sehr stark zu Männern hingezogen fühlte, die Vaterfiguren, keine Liebhaberfiguren für sie waren. Ich war immer der Ansicht, dass ich, obwohl kaum eine Minute älter als sie, für sie so eine Art Vaterfigur war, vielleicht weil ich als verheirateter Mann mit einer ganzen Kinderschar sozusagen aus dem Rennen war … Von Zeit zu Zeit rief sie mich aus heiterem Himmel an, erzählte mir alle möglichen interessanten – das Wort ›menschlichen‹ drängt sich auf – und sehr persönlichen Dinge, die sie berührt oder amüsiert hatten oder von denen sie glaubte, dass ich sie gern hören würde.«

Die Welchs betrachteten Jackie als einen Menschen, der durch die Hölle gegangen war und irgendwie überlebt hatte. »Da wir sie nur während des letzten Jahrzehnts ihres Lebens gekannt haben, gründet sich unser Eindruck von ihr auf den Menschen, der schon entsetzliches Leid hinter sich hatte. Der Mensch, den wir kannten, hatte also das alles schon durchgemacht und war dadurch in ungeheurem Maße klüger geworden, hatte durch dieses Elend an Größe und Tiefe gewonnen und war viel mehr sie selbst geworden. Gereinigt durchs Feuer, aber das Feuer war grauenhaft«, fuhr er fort. »Ich erinnere mich an ein Gespräch, das ich einmal in Südindien mit ihr führte. Ich selbst hatte in den sechziger Jahren so eine Art lustigen Lenz erlebt, hatte Leute wie Mick Jagger kennen gelernt und so weiter. Ich fragte sie, was sie über die Epoche dachte, und zack, hatte ich die falsche Frage gestellt. Denn für sie war das natürlich die Zeit des großen Schmerzes. Sie dachte dabei nicht an Rock and Roll und Riesenspaß für jedermann, sie dachte an das Knallen von Geschossen … Es war, als wären wir leichthin umhergesegelt und plötzlich, zong, an einen Eisberg geprallt.«[46]

Jackies Freundeskreis setzte sich aus auffällig unterschiedlichen Menschen zusammen. Dazu gehörten die *Grandes Dames* von New York, angeführt von Brooke Astor, mit der sie regelmäßig zum Lunch in den Knickerbocker Club ging, wo die Tische so weit auseinander standen, dass die anderen Gäste nicht hören konnten, wie sie miteinander über die Unzulänglichkeiten ihrer Freunde und Bekannten tratschten und kicherten.[47] Der wilde gesellschaftliche Wirbelsturm der siebziger Jahre, der Zeit von Andy Warhol und dem Studio 54, war vorüber. Jackie konzentrierte sich jetzt auf Abendeinladungen für sechs bis acht Personen in der 1040. Sie ging auf Menschen zu, die sie interessierten, vor allem auf Schriftsteller und begabte Leute, die jünger waren als sie selbst und zu engen Freunden wurden – Jane Hitchcock, Edna O'Brien, Carly Simon, Joe Armstrong.

Bei ihnen allen ergriff Jackie die Initiative. Joe Armstrong, ein junger Texaner aus Abilene, hatte Anfang der siebziger Jahre das *Rolling-Stones*-Magazin vor dem Untergang gerettet. Er hob die Moral der Belegschaft, indem er ein Lied mit dem Titel »Dropkick Me Jesus« (Through The Goalposts Of Life)« abspielte und die Lautsprecher am Fenster in Richtung Park Avenue ausrichtete. »Jackie erfuhr davon durch einen Freund von mir, brach in Gelächter aus, bis sie Tränen lachte, und sagte: ›Besorg mir Joe Armstrongs Telefonnummer‹«, berichtete Armstrong. »Sie rief einfach an und lud mich zum Lunch ein. Sie wollte die Platte und der einzige Ort, an dem ich sie finden konnte, war ein Platten-Antiquariat in Dallas. Und Jackie lernte den ganzen Text des Liedes auswendig.«[48]

Jackies Freundschaft mit der Sängerin und Songschreiberin Carly Simon, die sie in Martha's Vineyard kennen gelernt hatte, begann ungefähr zur selben Zeit, Mitte der achtziger Jahre. Für Joe Armstrong und Carly war Jackie wie »eine große Schwester«. Sie lektorierte Carlys Kinderbücher. »Ich weiß, dass Carly sich bei ihren Kinderbüchern vollkommen auf sie verließ. Ich meine, Jackie und Carly waren sehr interessant«, sagte ein Freund. »Mutter-Tochter-Verhältnis mag zu weit gegriffen sein – vielleicht jüngere Schwester – ältere Schwester. [Es war eine] merkwürdige, interessante Beziehung ...« »Jackie war so stolz auf Carly«, sagte Joe Armstrong. »Sie nahm mich mit in ihre Oper *Romulus Grant.*«[49]

»Sie standen sich sehr, sehr nahe. Und es war rührend, sie zusammen zu erleben. Da lief wirklich etwas ab zwischen ihnen. Es war eine komplizierte Beziehung«, sagte ein Kollege aus dem Verlagswesen.[50]

»Jackie vertraute sich Carly an«, sagte eine gemeinsame Freundin. Sie erzählte Carly sogar, wie tief Jack Kennedys Untreue sie verletzt hatte. »Nach einer Weile«, sagte sie, wobei sie von sich selbst in der dritten Person sprach, wie sie es gewohnt war, wenn das Gespräch etwas sehr Persönliches berührte, »schaltet man einfach ab …« Carly wandte sich an Jackie um Rat wegen ihrer zerbrechenden Ehe mit dem Sänger James Taylor. Jackie versuchte ihr Selbstbewusstsein zu stärken, rief sie an, nachdem sie ein Lied von Taylor gehört oder ihn im Fernsehen gesehen hatte. »Sie [Jackie] sagte Sachen wie: ›Weißt du, er wirkt gar nicht glücklich. Du dagegen siehst blühend aus.‹ Sie war immer wie eine mütterliche Glucke.«[51]

Durch Männer verursachter Kummer und Probleme mit Müttern gehörten zu den Themen, über die Jackie mit ihren jüngeren Freundinnen sprach. Carly Simons schwierige Beziehung zu ihrer Mutter Andrea war berüchtigt und nicht anders erging es einer anderen Freundin von Jackie, der Schriftstellerin Jane Hitchcock. Jackie mochte Janes Buch *Trick of the Eye* über eine komplizierte Mutter-Tochter-Beziehung besonders gern. Ihre Freundschaft hatte 1985 begonnen, nachdem Jackie in Bunny Mellons Haus auf ein Buch von Jane gestoßen war. Sie trafen sich zu einem Dinner in der Morgan Library, Jackie beugte sich über den Tisch und begann ein Gespräch mit ihr: »›Ich habe gerade das Buch gelesen, das Sie Bunny gegeben haben …‹«, erinnerte sich Jane Hitchcock. »Sie nahm mich unter ihre Fittiche. Zwei meiner Bücher habe ich in ihrem Haus im Vineyard geschrieben.« Auch Jane litt unter einer unglücklichen Ehe und suchte bei Jackie Unterstützung. Sie war der Meinung, Jackie erkenne sich selbst in ihr wieder, in ihren jungen Jahren voll Unsicherheit und Belastung. »Sie wurde wie eine Ersatzmutter für mich und hat mir ganz gewiss beigebracht, wie man sich benimmt. Sie war der Maßstab, an dem ich mich selbst maß … Ich glaube, sie pflegte mehrere Freundschaften wie unsere mit Frauen. Sie verschenkte ihre Freundschaft und ihre Zeit in sehr großzügiger Weise. Sie war eine Frau, die sehr gut darüber Bescheid wusste, was es hieß, als Frau allein zu sein, und wie viel Mut man brauchte. Sie hatte sich in ihrem Leben sehr oft allein gefühlt und innerhalb dieser Grenzen etwas aus sich gemacht …«[52]

Auf Edna O'Brien kam Jackie in ganz ähnlicher Weise zu. »Ein Stück von mir wurde am Public Theater in New York geprobt«, erinnerte sie sich. »Ein Stück über Virginia Woolf, und eines Tages kam während einer Probe ein Bühnenhelfer zu mir und sagte: ›Wahrscheinlich erlaubt sich nur jemand einen Scherz, aber Jackie Onassis fragt am Telefon nach Ihnen.‹ Ich gehe also ans Telefon. Und natürlich ist es Jackie. Ich erkenne ihre Stimme und sie fragte: ›Edna, hätten Sie vielleicht etwas Zeit für mich?‹ Sie lud mich zum Essen ein. Ein Buch von mir, *Zeiten und Gezeiten*, war von einer Menge Kritikern verrissen worden und sie schrieb mir: ›Ich habe Ihr herzzerreißendes Buch gelesen und konnte es nicht aus der Hand legen. Es traf mich in die Magengrube. Das ist kein Buch, das man jemals wieder vergessen kann.‹ Und dann sagte sie, es sei das großartigste Buch, das sie über die Liebe zu Kindern und den Schmerz, der damit einherging, je gelesen habe, und sie liebte ihre eigenen Kinder. Ich meine, das tat sie wirklich und sie wusste, dass ich es tat. Sie war fähig – ja, sie konnte sich zurückziehen und heraushalten und ich habe erlebt, wie sie sehr kalt zu Menschen war – aber sie war fähig zu einer sehr kindlichen, intensiven Art von Zuneigung … In diesem Sinn war sie ein sehr, sehr anziehender Mensch.«[53]

»So viele ihrer Eigenschaften – ihre atemlose Begeisterung, eine gewisse Leichtfertigkeit, wenn es nachts spät wurde, eine leidenschaftliche Liebe zu Kleidern – zeigten das immerwährende Kind in ihr«, schrieb Edna später über ihre Freundin. »Aber die Barrieren, die sie um sich errichtete, enthüllten eine Frau, für die es von Anfang an um Selbsterhaltung gegangen war.« Episoden der Vergangenheit, die sie verletzt hatten, alte Eifersuchtsgefühle und Kränkungen, die lang zurückliegenden Qualen der Scheidung ihrer Eltern und ihrer Beziehung zu ihnen, all dies wurde in den »Eiszonen« verschlossen. Für sie liefen Enthüllungen auf das »Zeigen einer Wunde« hinaus. Psychologisch hatte sie sich selbst gelehrt, nicht zusammenzubrechen. »Distanz und Distanzierung waren entscheidend für sie«, schrieb O'Brien. »Nicht nur von anderen, sondern auch von riesigen Teilen ihrer selbst. Das verlieh ihr diese unerklärliche Aura. Ihr Geheimnis bestand darin, dass sie sich selbst ein Geheimnis war. Sie war gefangen in dem Riss zwischen der jugendlichen Naiven und der Kaiserin, zwischen Unschuld und Weltläufigkeit.«[54]

Weltläufigkeit war Jackies Schutzschild und ihre Verkleidung. Im Juni 1988 wurde sie zum ersten Mal Großmutter. Rose Schlossberg war ihr mit ihren weit auseinanderstehenden Augen und dem dunklen Haar wie aus dem Gesicht geschnitten. Als Reaktion auf ihren neuen Status und ihren eigenen sechzigsten Geburtstag ließ sie sich das Gesicht liften. Sie hatte ihr Äußeres bereits von dem üppigen Sexappeal Valentinos auf die damenhaftere, beherrschte Mode Carolina Herreras umgestellt und sich von Kenneth, ihrem langjährigen Friseur, der so viel getan hatte, um das »Jackie«-Image zu kreieren, und seiner Assistentin Mary Farr getrennt. Stattdessen suchte sie jetzt den jüngeren Thomas Morrissey auf, der zusammen mit Joseph Spadaro, der ihr Haar färbte, einen eigenen Salon eröffnet hatte – eine Revolution, welche die *New York Times* zu einem Artikel mit dem Titel »Salon-Krieg« veranlasste. Sie hielt Diät, joggte, beschäftigte sich mit Yoga und Akupunktur wie all die anderen New Yorker, die sich dies leisten konnten. Anscheinend besuchte sie auch einen Psychoanalytiker. Wie aber eine Freundin von ihr sagte: »Es gibt ein inneres Leben und ein äußeres Leben und die beiden stimmen nicht immer überein.« Es wäre tröstlich, doch zu simpel, zu behaupten, bei all der äußeren Zufriedenheit in ihrem Leben sei Jackie auch mit all ihren inneren Spannungen ins Reine gekommen. Diese aber stellten einen ungelösten Teil von ihr dar, ihr ureigenes Herz der Dunkelheit. »Ich sehe ihr Leben, wie man Märchen sieht, mit einer Menge juwelenbehängter Schönheit und einem dunklen, tragischen Schatten im Innern«, sagte O'Brien. »Aber es ist eben ein Märchen, und wie allen Märchen wohnt ihm eine Tragödie inne …«[55]

»Vor ein paar Jahren«, sagte Reinaldo Herrrera, »hatten wir eines dieser innigen Gespräche, wie man sie von Zeit zu Zeit eben führt, und dabei habe ich einen schweren Fehler begangen. Ich sagte zu ihr: ›Jackie, du bist eine so großartige Mutter.‹ Und das regte sie furchtbar auf. Sie sagte: ›Sogar die größte Verbrecherin ist eine gute Mutter oder sollte es zumindest sein. Ich fasse das fast als Beleidigung auf‹, sagte sie, ›eine gute Mutter genannt zu werden. Ich habe großartige Kinder.‹«[56]

Im Mai 1988, einen Monat bevor sie Rose zur Welt brachte, hatte Caroline die Columbia Law School abgeschlossen. Sie machte ihr Anwaltsexamen und bestand beim ersten Versuch im Februar 1989. Sie wurde dreißig und hatte sich zu einer Schönheit entwickelt, wobei sie eindeutig das Aussehen einer Kennedy, nicht das einer Bouvier besaß. Caroline schien nicht den Wunsch zu hegen, ein gesellschaftlicher Star in den Fußstapfen ihrer Mutter zu werden. In der Wohnung der Schlossbergs in der Park Avenue waren keine teuren Innenausstatter am Werk. Darum kümmerte sich ihr Mann, wie um das meiste andere auch. Die Familie verbrachte ihre Ferien auf Long Island, fern vom Kennedy-Lager, und machte nur selten Besuche in Martha's Vineyard. Caroline arbeitete als Co-Autorin mit Ellen Alderman, ihrer Studienkameradin von der Columbia Law School, an einem Buch über die Bill of Rights, das 1991 veröffentlicht werden sollte.[57] Zu diesem Zeitpunkt hatte sie bereits ihre zweite Tochter Tatiana zur Welt gebracht. Sie war Präsidentin der John F. Kennedy Library Foundation, eine Verpflichtung, die sie sehr ernst nahm. Zu Jackies Freude hatte Caroline sich zu einer Intellektuellen entwickelt, wie sie es sich erhofft hatte.

Um ihr Buch bekannt zu machen, tauchte Caroline aus ihrem streng privaten Leben auf und ging mit ihrer Co-Autorin auf Lesereise. Hier musste sie auch Interviews geben, was sie zutiefst verabscheute. Am 1. Juni 1992 schrieb sie einen leidenschaftlichen Beitrag für *Newsweek* unter dem Titel »Das Erbe meines Vaters«:

> Am 29. Mai hätte mein Vater seinen 75. Geburtstag gefeiert. Vielleicht, weil er nicht bei uns ist, habe ich in jüngster Zeit oft darüber nachgedacht, was für ihn wichtig war und wie wir damit umgehen können, dass wir ihn noch immer so sehr vermissen. Jahrelang war es mir zuwider, darüber öffentlich zu diskutieren. Das ist es mir noch immer. Aber ich mache mir zuweilen Sorgen darüber, dass die übergeordnete Botschaft seines Lebens noch immer im Dunkeln liegt.

> ... In letzter Zeit hatte ich das Gefühl, als werde das, was ich von meinem Vater in Erinnerung habe, was ich über ihn gelernt habe und wovon ich weiß, dass es der Wahrheit entspricht, beiseite geschoben. Sein Name ist in einer Form ausgebeutet worden, die eine Beleidigung für ihn und seine Präsidentschaft darstellt und die den Menschen, die heute innerhalb und außerhalb der öffentlichen Ämter daran arbeiten, dieses Land zu einem besseren Ort zu machen, einen schlechten Dienst erweist ... Vor allem junge Leute haben keine Erinnerung mehr an meinen Vater und an den Idealismus und die Begeisterung für den Dienst an der Allgemeinheit, die er weckte. Und genau diese übergeordnete Idee – die leuchtende Botschaft seines Lebens – ist in Gefahr ... Mein Vater glaubte daran, dass Politik nicht nur eine noble Beschäftigung ist, sondern der beste Weg, unsere gemeinsamen Probleme zu lösen.

Aus diesem Grund, erklärte sie, habe die Familie den John-F.-Kennedy-Zivilcourage-Preis ins Leben gerufen, um Politiker auszuzeichnen, die außergewöhnliche politische Courage bewiesen hatten. Caroline wünschte sich leidenschaftlich, Menschen daran zu erinnern, dass ihr Vater den Dienst an der Allgemeinheit als ein Ideal vertreten hatte: »Menschen traten seinetwegen in das Friedenscorps ein. Um seinetwillen arbeiteten sie in den Innenstädten. Sie kandidierten für Ämter, weil er sie bat, ihrem Land etwas zurückzugeben ...«

Es war nun eher Caroline als Jackie, die die ewige Flamme nicht ausgehen ließ, die durch alle Skandalgeschichten und die Verunglimpfung ihres Vaters hindurch ihren Kopf erhoben hielt, um das Andenken des Kennedy-Erbes am Leben zu halten. Gemeinsam mit ihrer Lieblingstante Eunice und ihrer älteren Cousine Kathleen Kennedy Townsend führte Caroline die beste, die idealistische Seite der Kennedys und die Stärke der Kennedy-Frauen vor. Jackie war stolz auf sie. Carolines Sohn, John Bouvier Kennedy Schlossberg, kam am 19. Januar 1993 zur Welt.

John Kennedy jr. hatte die Erfahrung im Büro des District Attorney in gewisser Weise genossen. Es gefiel ihm, Menschen zu treffen und mit ihnen zu reden, die er anderenfalls hoch über den Klippen des unterprivilegierten New York wohl kaum kennen gelernt hätte. Aber er war der Sohn John Kennedys, nicht der von Bobby, und dank seiner Mutter war er seinen Cousins auf ihre oft qualvollen Wege, sich ihres Vaters würdig zu erweisen, nicht gefolgt. Weder ernsthafte Gerichtsarbeit noch ernsthafte Politik reizten ihn. 1993 reifte allmählich die Idee in ihm heran, in den Journalismus und die Medienwelt zu gehen, die seinen Vater immer angezogen hatten. »Als John sicher war, dass er das Büro des DA verlassen würde«, erinnerte sich Joe Armstrong, »bat mich Jackie, ihn zu treffen und mit ihm darüber zu sprechen, was er als Nächstes tun wolle. Jackie bewunderte, dass er Dingen gegenüber so offen war, so neugierig, so abenteuerlustig. Sie identifizierte sich mit John – er steckte so voller Leben und guter Stimmung, ständig sprühte er Funken – und dennoch machte sie sich Sorgen um ihn. Sie wusste, er besaß Führungsqualitäten, aber er war immer auf so charmante Weise unbekümmert. Er musste losziehen und Dinge für sich allein tun, doch sie agierte immer hinter den Kulissen, ununterbrochen auf der Hut und darum bemüht, Dinge ins Rollen zu bringen, Möglichkeiten und Ideen aufzutun.«[58] Trotzdem war sie nicht bis ins Letzte überzeugt von Johns Eintreten für das, was sich zu seinem politischen Prominentenmagazin *George* entwickeln sollte und im September 1995 endlich an die Öffentlichkeit trat.

24
Das Ende einer Pilgerin

Gebt mir der Muschel stille Weise,
Vom Glauben meinen Wanderstab,
Mein Teil vom Glück, die ew'ge Speise,
Von Rettung füllt den Krug mir ab.
Den Rock des Ruhms, der Hoffnung wahrt,
So geh ich auf die Pilgerfahrt.
Sir Walter Raleigh

Im Juni 1993 unternahm Jackie mit Maurice eine Reise auf den Spuren der Orte und Erfahrungen ihrer Studienzeit in Frankreich. Auf einer Barke fuhren sie die Rhône hinunter durch die Provence und die Camargue, die, wie Maurice sagte, »Jackies Frankreich« war. Die wilden weißen Pferde sprachen ihren Sinn für Romantik an. Am Steuer ihrer Barke stand ein Nachfahre des großen Victor Hugo. Lediglich eine nagende Sorge um Jackies Gesundheit hing wie ein Schatten über der Reise. Sie war sehr dünn geworden. »Wir wussten, dass etwas nicht in Ordnung war, aber wir wussten nicht, was«, erzählte Maurice später einem Freund.

Auch einige andere Leute vermuteten, dass etwas »nicht in Ordnung« war, darunter Valentino, Jackies ehemaliger Designer und seit fast dreißig Jahren ihr Freund. »Ich erinnere mich«, sagte er, »jedes Mal, wenn ich in New York ankam, im Mai, im September, im November, rief ich sie an und fragte: ›Kriege ich einen Termin, Jackie, Tee oder Lunch oder was immer?‹ Und ich … weiß noch, bald ein Jahr vor ihrem Tod, sagte sie: ›Ich bin sehr, sehr beschäftigt. Vielleicht telefonieren wir nächste Woche noch mal.‹ Sie versuchte mir Aufregung zu ersparen und ich wusste instinktiv, weil mein Instinkt ihre Schwingungen spürte, dass sie sich nicht wohl fühlte … Sie schrieb mir einen schönen Brief, aber sie wollte sich vielleicht nicht vor jemandem zeigen, der solche Dinge bemerkt hätte …«[1]

Unter denen, die Jackie in diesem August auf ihrer Red Gate Farm in Martha's Vineyard besuchten, waren auch Solange Herter und ihr Mann Dr. Frederick Herter. Sie und Jackie waren nun seit mehr als vierzig Jahren Freundinnen. Die Freundschaft hatte angefangen in den Tagen in Paris und hatte sie begleitet durch die Hochs und Tiefs von Solanges erster Ehe, durch die Tragödien und Triumphe von Jackies Leben als Senatorenfrau in Georgetown, die Jahre im Weißen Haus, die schrecklichen Tage des Trauerjahrs in New York und durch ihre Ehe mit Onassis hindurch. Wie immer hatte Jackie Solange während ihrer Krankheiten als wahre Freundin zur Seite gestanden: »Vor etwa zwanzig Jahren wurde ich krank und es bestand Verdacht auf Krebs«, erinnerte sich Solange. »Sie war so wundervoll. Das erste Mal hatten mich viele Leute schon aufgegeben, aber sie kam mich jeden Tag besuchen. Das zweite Mal, ein Jahr später, gab es bei mir wieder einen Krebsverdacht, der überhaupt nicht damit in Zusammenhang stand, und ich musste operiert werden, und Jackie tat wieder genau das Gleiche. Dann vor acht oder zehn Jahren oder so ähnlich … hatte ich ein sehr schlimmes Rückenproblem … Sie kam zum Lunch her und ich erzählte es ihr: ›O Gott, Jackie, ich kann kaum aufstehen‹, und sie rief Dr. James Nicholas an, der sie behandelt und ihr bei Stürzen und all den Reitverletzungen sehr geholfen hatte. Natürlich ist es sehr schwer, bei ihm einen Termin zu bekommen – normalerweise hätte ich wochenlang warten müssen, aber er kam sofort zu mir.«[2]

Die Herters wohnten in »Bunnys Raum«, der ganz schlicht mit hölzernen Fensterläden ohne Vorhänge und mit einfachen, von den Schreinern vor Ort angefertigten Möbeln ausgestattet war, eine blaugraue Chintz-Tapete und einen gekachelten Kamin besaß. Die Aussicht ging geradewegs aufs Meer. Draußen hatte Jackie in einem Baum eine Hängematte aufgehängt. Sie unternahmen Fahrten aufs Meer mit Maurices *Relemar* oder ihrem eigenen kleinen Motorboot. Ein Foto, das Frederick Herter auf dem Boot aufgenommen hat, zeigt Jackie hoch aufgerichtet und hellwach, in weißer Seglerhose und einer gestreiften Matrosenbluse, einer Baseballkappe und dem Markenzeichen, der Sonnenbrille. Sie gingen schwimmen. Auf Anordnung von Dr. Nicholas trug Jackie jetzt einen Schnorchel und eine Maske, weil die Rückenverletzungen, die von ihren Stürzen vom Pferd herrührten, ihr Schwierigkeiten beim Drehen des Kopfes nach links oder rechts bereiteten.

Es gab Lunch- und Dinnerpartys mit alten Freunden aus dem Vineyard, wie Rose und William Styron, Art Buchwald und Carly Simon. Lady Bird Johnson, die bei Kay Graham zu Besuch war, kam zum Sonntagslunch. »Wir aßen draußen unter einem Dach von Weinreben. Hinter den Sanddünen und den Wiesen lag das Meer und murmelte zu uns herüber«, erinnerte sie sich. »Wir erwähnten die Vergangenheit nicht ...«[3] Neue Freunde, die Clintons, kamen im August, um den Geburtstag des Präsidenten zu feiern. Jackie verspürte Gemeinsamkeit mit ihm und seiner Frau. Natürlich wusste sie von dem Foto des jungen William Jefferson Clinton mit Jack im Rosengarten, und vieles an ihm erinnerte sie an Jack, sein berühmter Charme und seine intellektuelle Neugier zweifellos ebenso wie die Gerüchte über seine sexuellen Eskapaden. Durch die Ankunft des Präsidenten auf Maurices Boot regten sich alte politische Instinkte in Jackie. Sie wandte sich an Teddy, der neben ihr stand, während Maurice hinunterging, um Clinton willkommen zu heißen. »Teddy, geh nach unten und begrüß den Präsidenten«, sagte sie.

»Aber das hat Maurice doch schon getan.«

»Maurice kandidiert aber nicht um seine Wiederwahl.«

Beim Dinner in einem Lokal, das von der Familie James Taylors geführt wurde, sprach Jackie ausführlich mit Clinton, ungewöhnlicherweise sogar über ihr Leben mit Jack im Weißen Haus. Sie empfand Mitgefühl mit Hillary, die nach der Wahl ihres Mannes eine Periode der Unbeliebtheit durchmachte. Jackie und Hillary waren »gute Kumpel«, berichtete Arthur Schlesinger. Als Schlesinger behutsam andeutete, Hillary sei »humorlos«, erwiderte Jackie: »Sie könnten nicht falscher liegen. Sie macht jeden Spaß mit und ist sehr unterhaltsam.« Zu Vivi

Stokes Crespi sagte sie über Hillary: »Endlich einmal eine Frau, die nicht nur Bänder durchschneidet und Basare eröffnet …«

Jackies Interesse an den Clintons reichte bis 1991 zurück. Damals wurde Clinton, laut Hillary, zugetragen, Jackie und John jr. hätten über ihn als einen möglichen zukünftigen Präsidenten gesprochen. Sie waren unter den ersten Spendern für seinen Wahlkampf. Im Juni 1992 hatte sie Hillary zum Lunch in die 1040 eingeladen. »Als ich sie in dieser wundervollen Wohnung, in der überall Bücher standen, besuchte, gab sie mir das Gefühl, wir seien alte Freundinnen. Was als kurzer Höflichkeitsbesuch gedacht war, wurde zu einem mehrstündigen Gespräch. Wir sprachen viel über unser gemeinsames Interesse am Schreiben und warfen uns Ideen für Bücher zu, die sie für die Zukunft vielleicht planen mochte. Am meisten aber sprachen wir über unsere Kinder und darüber, wie es ist, im Weißen Haus zu leben. Sie war davon überzeugt, dass mein Mann gewinnen würde, und wollte mir ein paar Ratschläge geben …« Jackie rief Hillary in Washington an und lud sie zu einem weiteren Lunch ein. »Sie gab mir einige sehr gute Ratschläge, wie man das Weiße Haus zu einem Zuhause machen kann«, sagte Hillary Clinton. »Sie war sich der starken Herausforderung bewusst, in ihrer eigenen Zeit die verschiedenen Rollen und Verantwortlichkeiten in einer Weise erfüllt zu haben, die nicht nur ihren eigenen Stempel trugen, sondern auch zu dem Menschen passten, der sie war. ›Du musst das tun, was für dich das Richtige ist. Forme dich bloß nicht nach dem Vorbild von irgendjemandem um. Es mag gewisse Dinge geben, die andere Leute gemacht haben und die dich auch interessieren, über die du dich informieren solltest, aber du musst du selbst sein.‹«[4]

Bei dem traditionellen Picknick am Labour Day, das Jackie auf der Red Gate Farm veranstaltete, sangen sie und Carly Simon alberne Liedchen für Jackies Enkel Jack, der sieben Monate alt war. Dann fuhr Jackie wie Tausende anderer Amerikaner in die Stadt zurück. Im Oktober war sie zur Wiedereinweihung der John F. Kennedy Library in Boston, der Präsident Clinton beiwohnte. Es fiel auf, dass sie vor Clintons Kuss nicht zurückzuckte, wie sie dies bei seinem demokratischen Vorgänger Jimmy Carter getan hatte. Im November fuhr sie nach Virginia und ritt dort ihr großes graues Lieblingspferd Frank. Um den dreißigsten Jahrestag von Jacks Ermordung herum hatte sie einen schweren Sturz, war dreißig Minuten lang bewusstlos und musste einige Tage im Krankenhaus bleiben. Sie kehrte nach New York zurück und erschien seit Jahren zum ersten Mal nicht auf dem Thanksgiving-Treffen des Essex Hunt in Bernardsville. Merkwürdigerweise berichtete um dieselbe Zeit herum die *Courier News*, sie habe ihr Anwesen in Far Hills für eine nominelle Summe an John und Caroline verkauft. Sie musste diesen Schritt, den sie aus steuerlichen Gründen unternahm, seit einiger Zeit erwogen haben – Vorahnungen des Todes vielleicht.

Während sie in Virginia im Krankenhaus lag, hatte der Arzt in Jackies Leiste eine Schwellung bemerkt, die er einer Infektion zuschrieb. Er verordnete ihr Antibiotika. »Als sie aus dem Krankenhaus kam, rief sie mich an«, berichtete Caroline Herrera. »Sie erzählte, sie habe eine fürchterliche Erkältung, die sie einfach nicht loswerde … Und dann sagte sie – über das, was sie hatte, sprach sie nicht –, sie sagte, sie brauche eine gerade geschnittene Bluse oder Jacke, und ich fragte: ›Warum denn?‹ Sie antwortete: ›Ich weiß nicht, was mit mir los ist, aber seit dem Unfall ist [meine Taille] unheimlich dick, und ich muss ausgehen.‹ Ich glaube also, das war der Anfang und sie wusste es bereits.«[5]

Nach Weihnachten 1993 unternahmen Jackie und Maurice eine Kreuzfahrt in die Karibik und dort fing sie an, sich äußerst unwohl zu fühlen. Sie hatte einen quälenden Schmerz in der Leiste, der einfach nicht abklingen wollte. Nach New York kehrte sie mit schmerzhaften Schwellungen am Hals zurück.

> Sie wandte sich dort an Dr. Carolyn Agresti, eine Hals-und-Kopf-Chirurgin im New York Hospital Cornell Medical Center, die vergrößerte Lymphknoten an ihrem Hals und in der Achselhöhle entdeckte. Eine Computeraxialtomographie, auch CAT genannt, wies geschwollene Lymphknoten in ihrem Brustkorb und tief im Unterleib auf, einem Bereich, der als retroperitonea-

ler Bereich bekannt ist. Dr. Agresti ordnete eine Biopsie der Lymphknoten am Hals an, die ergab, dass Jackie an einem Non-Hodgkin-Lymphom litt. Ein Pathologe erklärte Lawrence Altman, einem medizinischen Experten, der für die *New York Times* schrieb, die Zellen seien anaplastisch – das bedeutete, sie waren unterentwickelt, in einem Zustand, den Ärzte »embryonal« oder »primitiv« nennen. Daraus ließ sich schließen, dass die Krankheit im höchsten Maße bösartig war und auf andere Teile ihres Körpers übergreifen konnte.[6]

»Sie machte Geheimnisse um ihr Leben und sie machte ein Geheimnis um ihren Tod«, sagte Edna O'Brien.[7] Ihre Fahrten zur Klinik, wo die Chemotherapie und regelmäßige CAT-Aufnahmen durchgeführt wurden, unternahm sie in Mantel-und-Degen-Manier. Sie traf in einem Cape mit Kapuze ein und betrat das Krankenhaus erst, nachdem Maurice sich vergewissert hatte, dass sich niemand im Warteraum befand. Vor ihren Freunden zeigte sie sich durchgehend guten Mutes, witzelte mit Arthur Schlesinger, sie wünschte, sie hätte nicht so viel Zeit auf »all diese Liegestützen« verwendet. Es war, so sagte sie, als wollten die Götter sie für ihre Hybris bestrafen – den Stolz auf ihre Fitness und die Bemühungen, diese zu erhalten, die Yogasitzungen, die Joggingrunden um das Reservoir, das Marathonschwimmen. Die Qualen der Chemotherapie tat sie leichthin ab. »So komme ich wenigstens dazu, ein Buch zu lesen«, sagte sie zu Arthur Schlesinger.[8] Die Überlebenschance wurde für die Form von Krebs, an der sie litt, nach fünf Jahren mit fünfzig bis zweiundfünfzig Prozent angegeben. Ob Jackie daran glaubte oder nicht, nach außen hin blieb sie zuversichtlich. John, der seine Tätigkeit im Büro des DA aufgegeben hatte, zog aus seiner Wohnung in der Innenstadt in ein nahes Hotel, sodass er seine Mutter jeden Tag besuchen und mit ihr spazieren gehen konnte, was darauf hinweist, dass er ihre Zuversicht nicht teilte.

Inzwischen gab Nancy Tuckerman am 11. Februar eine Presseerklärung heraus, die bestätigte, dass Jackie an einem Non-Hodgkin-Lymphom litt, aber betonte, es gehe ihr »sehr gut. Sie nimmt all ihre Termine wahr. Die Prognosen sind ausgezeichnet und die Ärzte sind sehr optimistisch.« Von ihrer engsten Familie abgesehen, war jeder schockiert von der Erklärung. Niemand hatte geahnt, dass etwas nicht stimmte. Ihr »Totschlag-Team« bei Doubleday verdrängte standhaft, dass sie ernsthaft krank war. »Wir waren so sicher, dass sie es schaffen würde«, sagte Scott Moyers. »Weil sie so tapfer war, sie ließ sich nicht unterkriegen und beklagte sich nie. Sie sagte immer, sie wolle nicht darüber sprechen, aber man bekam doch die Tendenz mit, wenn sie mit Nancy Tuckerman darüber sprach. Und sie biss immer noch die Zähne zusammen, noch lange nachdem sie vermutlich schon genau wusste, dass es unheilbar war …«[9]

Am 2. März schrieb Jackie Solange Herter einen, wie ihre Freundin sich ausdrückte, »bemerkenswerten Brief«, in dem sie ihre Krankheit herunterspielte. »Ich glaube, sie schrieb vielen Freunden so, als ob die Dinge so schlimm nicht stünden, wie sie in Wahrheit waren«, sagte Solange. Im März hatte sie zum ersten Mal Anfälle geistiger Verwirrung. Sie suchte einen bedeutenden Neurologen im New York Hospital auf, der eine Kernspintomographie durchführte. Darauf ließ sich erkennen, dass die Lymphome an ihrem Hals, dem Brustkorb und dem Unterleib verschwunden waren, dass aber ihr Kleinhirn, die Membran, die das Gehirn umgibt, und darüber hinaus ihr Rückenmark angegriffen waren. Der Neurologe erklärte ihr, die größten Überlebenschancen versprächen ein neues Verfahren, bei welcher der Schädel geöffnet und ein Schlauch eingeführt wird, über den die Anti-Krebs-Präparate direkt in das Gehirn verabreicht werden. Jackie stimmte diesem Eingriff, praktisch ihrer letzten Hoffnung, zu.

Am 31. Januar hatte sie handschriftlich eine Liste ihres persönlichen Nachlasses aufgesetzt: »Für meine Freundin Rachel Lambert Mellon … in Erinnerung an … den Entwurf des Rosengartens im Weißen Haus« zwei indische Miniaturen, von denen eine den Titel *Palastgärten des Radscha* trug. »Für meinen Freund Alexander D. Forger« das Exemplar der Antrittsansprache von JFK mit der Widmung von Robert Frost »für JBK«. Und »für meinen Freund Maurice Tempelsman einen griechischen Frauenkopf aus Alabaster«. Zwei Monate später unterschrieb sie am 22. März ihr endgültiges Testament und ihren letzten Willen. Die Hauptbegünstigten waren selbstverständlich Caroline und John. Lee, »für die ich große Zuneigung empfinde«, erhielt nichts, »da ich sie bereits zu meinen Lebzeiten unterstützt habe«, für Lees Kinder jedoch wurden Treuhandfonds über je eine halbe Million Dollar eingerichtet. Zu den weiteren Begünstigten gehörten Nancy Tuckerman, Marta Sgubin, Provi Paredes und Jackies Butler Efigénio Pinheiro. Die einzigen Bouviers, die berücksichtigt wurden, waren die Nachkommen des einen Familienmitgliedes, mit dem Jackie befreundet geblieben war, ihr Cousin und Taufpate Miche. Yusha bekam den Anteil an der Hammersmith Farm, den Jackie von ihrer Mutter geerbt hatte. Für die Kinder der kleinen Janet wurde Vorsorge getroffen. Jamie Auchincloss, der verstoßen worden war, weil er 1979 mit Kitty Kelly für deren Jackie-Biographie gesprochen hatte, erhielt nichts. Sie traf sorgsam bedachte Vorkehrungen, die es ihren Kindern ermöglichen sollten, Besitztümer zu verkaufen, die sie nicht behalten wollten. Ihren Sinn für Schalk und Ironie hatte Jackie nicht verloren, selbst als sie im Sterben lag. Als sie sich »ganz am Ende« in ihrer Wohnung umsah, sagte sie zu ihren Kindern: »Verkauft alles. Damit könnt ihr einen Haufen Geld machen.«[10] Es war, als hätte sie die dreitägige Hysterie vorausgeahnt, die aufkam, als ihr restlicher Besitz zwei Jahre später bei Sotheby's verkauft wurde – die Schlangen vor dem Podium, die Leute, die darum kämpften, völlig überhöhte Preise noch für den kleinsten Teil von ihr zu zahlen, als handle es sich um Reliquien einer mittelalterlichen Heiligen. Jackie kannte den Preis des Ikonenstatus.

Am 14. April luden Joe Armstrong und Carly Simon, deren Mutter nur vier Monate zuvor gestorben war, Jackie zum Lunch ein, »um sie aufzuheitern«. »Immer wieder sagte sie zu uns«, erinnerte sich Joe Armstrong, »›Nur noch vier Wochen, dann bin ich wieder ich selbst ...‹« Als Jackie aufbrach, gab Carly ihr das Notenblatt eines Liedes, das sie gerade geschrieben hatte, »Touched By the Sun«. »Das ist für dich«, sagte sie zu ihr. »Du hast mich dazu inspiriert.«[11] Am nächsten Tag erlitt Jackie einen Zusammenbruch. Die Stereoid-Behandlung, der sie sich hatte unterziehen müssen, hatte ein perforiertes Geschwür verursacht. Sie wurde zur Operation ins Krankenhaus eingewiesen. Nach ihrer Entlassung unternahm sie jede erdenkliche Anstrengung, um ihr normales Leben weiterzuführen, sich mit Freunden wie John Loring und Carolina Herrera zum Essen zu treffen. Für gewöhnlich gingen sie und Carolina zu Mortimer's, wo Jackie stets den Ecktisch bekam. »Wollen wir zu Mortimer's gehen?«, schlug Carolina vor, als Jackie sie nach ihrer Entlassung anrief. Rücksichtsvoll wie immer bedachte Jackie jedoch, dass Carolina mit ihrer April-Show beschäftigt war und dass Mortimer's zu weit von der Innenstadt entfernt lag, als dass sie hätte kommen können. »Sie war unglaublich, denn sie wusste, dass ich sehr viel zu tun hatte wegen der Show, die vor der Tür stand, und sie wusste auch, dass ich 44 mochte, das Royalton, wo jeder während der Modewoche hingeht. Ich fragte: ›Willst du auch ganz sicher da hin?‹ Und sie sagte: ›Ja, ja, ja‹, und also kam sie. Es ging ihr schlecht an diesem Tag, es ging ihr sehr, sehr schlecht. Sie konnte dort nichts essen, also brachte sie sich ihre eigene Suppe in einer Thermoskanne mit.«

Tapfer ließ Jackie Freunden gegenüber nie – und vielleicht nicht einmal vor sich selbst – anklingen, dass sie sterben könnte. Sie dachte an all die Freunde, die sie liebte und nicht noch einmal sehen würde, und schrieb ihnen, doch immer in einem Stil, als sei dies nicht ihr letzter Frühling. William vanden Heuvel schickte sie eine Notiz – »nur einen Abschnitt, wo wir doch wussten, was bevorstand, um zu sagen, was unsere Freundschaft ihr bedeutet hatte. Sie war eine der wundervollsten Briefschreiberinnen, die mir in meinem Leben begegnet sind.«[12]

Radikale Behandlungsmethoden wie zum Beispiel eine Knochenmarktransplantation wurden erwogen. Die Ärzte waren unsicher, was sie raten sollten: Diese Behandlung wird normalerweise bei Patienten über fünfzig nicht angewendet, aber Jackies körperliche Fitness mochte Alterungserscheinungen entgegengewirkt haben. »Ärzte verhalten sich zu jemandem, der so berühmt ist, in einer ganz merkwürdigen Weise ambivalent«, sagte ein Freund. »Ich meine, sie waren offensichtlich unsicher, ob sie sich wirklich hineinstürzen und etwas Radikales versuchen oder sie mit Samthandschuhen anfassen sollten ...«[13] Jackie aber hatte das Gefühl, dass eine weitere Behandlung im Krankenhaus keinen Sinn mehr haben würde. »Ihr Gefühl sagte ihr: Die Kinder haben das Nest verlassen, sie hatte ihre Pflicht für die Kinder getan und sie würde nicht mehr um ihr Leben kämpfen. Sie war nicht bereit, außergewöhnliche Maßnahmen zu ergreifen, um ihr Leben zu verlängern.«[14] Ihr Gefühl sagte ihr außerdem, dass all die Dinge, die das Leben bereicherten und die ihr so viel bedeutet hatten, wie das freie Reiten in Virginia, ihr versagt bleiben würden. An Virginia und ihre Freunde dort dachte sie, als sie am 19. April Eve Fout schrieb, was diese »meinen Lieblingsbrief von Jackie, den ich immer bei mir trage«[15], nannte. Eve und Charlie hatten eine mächtige Schlacht geschlagen, um Disney an der Errichtung eines gigantischen Vergnügungsparks bei Middleburg zu hindern, und Jackie hatte sie begeistert unterstützt. Jackie dankte Eve dafür, dass sie durch sie mit Middleburg in Berührung bleiben konnte, dem Ort, an dem sie so glücklich gewesen war. »Ich bete jede Nacht gegen Disney ...« »Sie starb, ganz kurz bevor wir den Sieg errangen«, sagte Charlie Whitehouse. »Sie erlaubte uns, ihren Namen zu benutzen, und schickte bedeutende Geldspenden, und sie sprach immer wieder mit Freunden über den Schrecken der Pläne ...«[16]

Cary und Edith Welch wollten Jackie vor ihrer Abreise nach Europa auf einen Sprung besuchen – sie hatten am Donnerstag, dem 12. Mai, kommen wollen, aber Jackie rief noch einmal an und bat: »Kommt doch am Mittwoch ...« Sie führten ein völlig normales Gespräch. »Eines finde ich noch immer nur schwer begreiflich«, sagte Cary Welch. »Als wir nach ihrem Tod aus Europa zurückkamen, gab unser Sohn Thomas uns einen großen Stapel Zeitungsberichte über ihre letzten Tage. Diesen Berichten zufolge hatte die Krankheit an dem Tag, als wir sie sahen, so von ihr Besitz ergriffen, dass es unmöglich gewesen wäre, ein solches Gespräch zu führen, wie wir es hatten. Ich finde, das widerspricht ganz erheblich dem, was wir erlebt haben.« Als sie aufbrachen, sagte Cary: »›Jackie, wir freuen uns darauf ...‹ Ich wusste nicht, wie ernst es war, aber was sagt man in so einem Fall? Und wir umarmten uns und Maurice schüttelte den Kopf. Er machte eine Bemerkung wie: ›Wir liegen derzeit so ziemlich im Hafen fest‹, oder etwas in der Art.«[17]

Das war am Mittwoch, dem 11. Mai. Am Sonntag, dem 15. Mai, unternahm Jackie mit Maurice und ihren Enkelkindern einen Spaziergang im Central Park. Am Montag wurde sie mit Schüttelfrost und einer beginnenden Lungenentzündung ins Krankenhaus eingeliefert. Der Krebs war in ihre Leber vorgedrungen. Am Montag wurde sie auf eigenen Wunsch entlassen und ging nach Hause in die 1040, um dort zu sterben. Unter den wenigen Männern, denen gestattet war, sie dort zu besuchen, befand sich Yusha Auchincloss, der sie geliebt hatte, seit sie einander 1941 in Washington zum ersten Mal begegnet waren. Er schrieb:

> Ich hätte traurig sein sollen, doch sie bewirkte, dass ich glücklich und stolz war, als mir klar wurde, wie privilegiert ich war, in einer so engen Freundschaft mit ihr verbunden gewesen zu sein. Noch immer vermochte sie diese ungeduldige Vorwärtsbewegung in ihren leisen Atem und ihre feste Berührung zu legen, die sie als Reitmeisterin zur Schau gestellt hatte. Ich wusste, dass sie wusste, wann es Zeit war weiterzugehen, und es hätte ihr nicht gefallen, ihren Schöpfer warten zu lassen. Sie ging ohne Selbstmitleid …«[18]

Sie starb am Donnerstag, dem 19. Mai 1994, um 22 Uhr 15. Am nächsten Tag gab John jr. eine schlichte Mitteilung an die wartende Presse heraus: »Sie hat es auf ihre eigene Weise und zu ihren eigenen Bedingungen hinter sich gebracht und dafür müssen wir alle uns glücklich schätzen.« Im Privaten sagte Maurice Tempelsman, der die ganze Zeit über bei ihr gewesen war: »Sie trat ab mit ihrer üblichen Courage und mit Stil.«

Mit Courage und Stil, doch auch mit jenem Sinn für Rituale und Bühnenwirkung, der sie ihr Leben lang begleitet hatte. Fernsehleuchten erhellten die Nacht und Hunderte von Menschen hatten sich vor dem Gebäude in respektvollem Abstand versammelt. Drinnen, in der 1040 Fifth Avenue, war Amerikas

Königin dem Tod mit Heiterkeit begegnet, auf ihrem eleganten Bett, umringt von ihrer Familie, ihrem Personal und einigen auserwählten Freunden. Es war eine Szene, die zu allen Zeiten den Tod von Königen, Kaisern und Königinnen begleitet hatte. Draußen rangen die Kommentatoren um Erklärungen, warum sich so etwas im demokratischen Amerika zutrug, warum so viele Menschen den Tod einer reichen, vierundsechzig Jahre alten Frau betrauerten.

Für die Trauernden war Jackie untrennbar mit der Geschichte ihres Landes und ihrer Epoche verbunden, das Bildnis von einem besseren Amerika, das vielleicht nur in ihren Köpfen existiert hatte. Mehr als dreißig Jahre lang war sie ein Teil ihres Lebens gewesen. Das gezeichnete Gesicht, das sie auf Fotografien aus ihren letzten Tagen sahen, war echt, keine schöne Maske mehr. Es war, wie ihre Freundin Edna O'Brien sagte, »das Gesicht einer Frau, die das Leben wahrhaftig gelebt hatte und sich anschickte, den Tod zu leben …« Die Nymphe aus dem Central Park, deren Wesen sie nie wirklich hatten greifen können, war vor ihren Augen entschwunden.

Und damit Lebewohl …

Am Sonntag, dem 22. Mai, stand Jackies Sarg, bedeckt mit ihrem antiken Bettüberwurf, vor dem Kamin in ihrem Wohnzimmer. Zuvor hatte an diesem Morgen Maurice daneben gesessen und die Sonntagszeitungen gelesen, wie sie es stets gemeinsam getan hatten. Er und die Kinder hatten Freunde und Verwandte zu einer zwanglosen Totenwache eingeladen, Jackies letzter Party vor ihrer Beerdigung. Weit entfernt von ihrem sonstigen beherrschten Auftreten war Caroline am Boden zerstört und schluchzte. John jr. dagegen behielt, vielleicht in einem Zustand von Schock, seine Gefühle unter Kontrolle. Einmal winkte er sogar zusammen mit seiner damaligen Freundin, der Schauspielerin Daryl Hannah, der Menge auf der Straße zu. Bunny Mellon war dort und selbstredend Nancy Tuckerman, die die Kraft aufgebracht hatte, die Vorkehrungen für das Begräbnis ihrer ältesten, engsten Freundin zu treffen. Mike Nichols und seine Frau Diane Sawyer, Richard und Doris Goodwin, Jane Hitchcock, Karen Lerner, Joe Armstrong und Carly Simon waren ebenfalls unter den Anwesenden. Ein leichter Aufruhr entstand, als Carly versuchte, eine Botschaft, die sie Jackie geschrieben hatte, in den Sarg zu legen, und von Ed Schlossberg angewiesen wurde, sie wieder zu entfernen: Es war ein Privileg, das Kindern und Enkelkindern vorbehalten blieb. In der Garage unter der Wohnung hatte Bunny Mellon sich bemüht, die Berge von Blumen zu sortieren, die in Strömen eintrafen, darunter zwei Dutzend rote Rosen von Frank Sinatra mit der Botschaft »Du bist Amerikas Königin« und ein Korb voll Kornblumen, den Lisa Sullivan gebracht hatte – Jackies Lieblingsblumen, die so sehr ein Symbol für sie waren wie die Pilgermuschel auf ihrem Briefpapier.

Der Trauergottesdienst wurde am Montag, dem 23. Mai, in der Kirche St. Ignatius Loyola abgehalten, wo sie getauft worden und zu ihrer Erstkommunion gegangen war. Jackies Sargträger wurden angeführt von dem Geheimdienstmann John F. M. Walsh, den die ganze Familie liebte. Unter ihnen waren Anthony Radziwill, Timothy Shriver, William Smith, Robert Kennedy jr., Christopher Lawford, Edward Kennedy jr. und der Mann der kleinen Janet, Lewis Rutherford. Provis Sohn Gustavo Paredes gehörte zum Gefolge. In einer ergreifenden Eröffnung erklärte John F. Kennedy jr., wie schwer es ihnen gefallen war, Texte für den Gottesdienst zu finden, »die das Wesen meiner Mutter zum Ausdruck bringen. Drei Dinge kamen uns wieder und wieder in den Sinn … ihre Liebe zur Sprache, ihre Bindungen an Heim und Familie und ihre Lust auf Abenteuer.«

Die Bibeltexte wurden von John jr., Jane Hitchcock und Mike Nichols verlesen, die Gebete von Nancy Tuckerman, Sydney Lawford McKelvy, Anna Christina Radziwill und Edwin Schlossberg. Teddy Kennedy hielt einen bewegenden und beredten Nachruf: »Niemand sah aus wie sie, sprach wie sie, schrieb wie sie oder war so originell wie sie in ihrer Art, Dinge zu tun. Niemand, den wir je gekannt haben, hatte einen besseren Instinkt für sich selbst …« Am bewegendsten aber waren die Lesungen von Maurice Tempelsman und Caroline, die zwei von Jackies Lieblingsgedichten vortrugen, »Ithaka« von C. P. Cavafy und »Memory of Cape Cod« von Edna St. Vincent Millay. Dieses Gedicht stammte aus dem Buch, das Jackie 1946 in der Miss Porter's School als Preis erhalten hatte. Es rief Erinnerungen an vergangene Sommer auf dem Kap wach, an die weiten Strände und das Meer, das Jackie und Jack so geliebt hatten:

Der Wind in der Esche rauscht wie die Brandung an der Küste Truros.
Ich schließe meine Augen …
Sie haben gesagt: Lass deine Kiesel im Sand, auch die Muscheln und komm,
Wir zeigen dir einen neuen Strand, wie den Strand von Truro.

Lasst mich dem Wind in der Esche lauschen … er rauscht
Wie die Brandung an der Küste.

Cavafys »Ithaka« besingt die Erlebnisse des Odysseus, die eine so große Rolle in Jackies Leben während ihrer Ehe mit Onassis gespielt hatten. Sie symbolisierten ihre Lust auf Abenteuer, doch ebenso das Gefühl, am Ende des Weges angelangt zu sein.

Nach Ithaka stichst du in See,
Hoffe, dein Weg ist lang,
Erfüllt von Abenteuern, von Entdeckungen.
Laistrygonier, Zyklopen,
Den Zorn des Poseidon – lass nichts dich schrecken.
Kein solches Grauen kreuzt deinen Weg,
Solange dein Denken himmelwärts fliegt,
Solang' die kostbare Erregung
Noch deinen Geist und deinen Körper treibt …

Hoffe, dein Weg ist lang,
Mag manch ein Sommermorgen kommen,
Voll Genuss, voll Seligkeit,
Wenn du in Häfen ankerst, die du nie zuvor gesehen hast …

Bewahre Ithaka stets im Gedächtnis,
Für die Ankunft dort hat dich dein Schicksal bestimmt.
Aber hüte dich, die Fahrt zu überhasten,
Lass sie Jahre währen, auf dass du alt bist, wenn die Insel dich
empfängt,
Reich an dem, was du errungen hast auf deinem Weg.

Und weise wirst du sein, dein Erfahrungsschatz
Groß genug, zu begreifen,
Was diese Ithakas dem Menschen sind …

Dem fügte Maurice seinen eigenen, traurigen Abschiedsgruß hinzu:

Und jetzt ist die Reise zu Ende,
Zu kurz, ach, viel zu kurz.

Erfüllt war sie
Von Weisheit und Abenteuer,
Lachen und Lieben,
Anmut und Tapferkeit …

Für den Gottesdienst legte Caroline ihren Ehenamen ab und wurde wieder zu »Caroline Kennedy«, und wenngleich der Schriftzug *Jacqueline Kennedy Onassis* in Jackies Grabstein eingemeißelt werden sollte, wurde der Name Onassis ansonsten weder im Gottesdienst noch auf dem Begräbnis in Arlington erwähnt. Hinterher wurde Jackies Leichnam nach Washington geflogen, wo sie neben Jack in Arlington begraben werden sollte. Ihr Grab liegt zwischen den Steinen, die das Grab ihrer tot geborenen Tochter und Jacks Grab markieren. Auch Bobbys Grab ist nicht weit. Im Tod bleibt sie ein Teil der Kennedys und die Königin von Camelot.

Epilog

»Von der Sonne geboren, machten sie ihren Weg, der Sonne entgegen,
für kurze Zeit,
Und verließen die leuchtende Luft ...«
Zeilen eines Gedichts von Stephen Spender,
rezitiert von John F. Kennedy jr. im Alter von neunzehn Jahren
anlässlich der Eröffnung der John-Fitzgerald-Kennedy-Bibliothek

Eine Tragödie, die sie nicht hätte ertragen können, blieb Jackie erspart. Am Abend des 16. Juli 1999 stürzten ihr über alles geliebter Sohn John F. Kennedy jr., seine Frau Carolyn Bessette Kennedy und seine Schwägerin Lauren aus dem sich verdunkelnden Himmel etwa vier Meilen vor Martha's Vineyard ins Meer. Die Teile des Wracks wurden am Strand von Gay Head angespült, keine Meile von dem Zufluchtsort entfernt, den Jackie so liebte, ihrer Red Gate Farm. Im Sinne der Mythen und Tragödien, die sich in Jackies Leben verkörpert fanden, mag Johns Tod als eine moderne Erfüllung der Sage von Ikarus verstanden werden, die sein Stiefvater Aristoteles Onassis vor langer Zeit auf Skorpios erzählt hatte: Ein Junge mit wächsernen Flügeln flog zu nah an die Sonne heran und stürzte auf die Erde hinab.

Danksagungen

All jenen, die mich im Laufe der vier Jahre dauernden Arbeiten an diesem Buch unterstützt haben, indem sie Interviews gaben, Informationen und Anleitung, Fotografien und Briefe zur Verfügung stellten und in zahlreichen Fällen mir ihre Gastfreundschaft gewährten, bin ich zutiefst zu Dank verpflichtet. In gleicher Weise danke ich jenen, die es vorgezogen haben, anonym zu bleiben. Sollte ich unwillentlich jemanden ausgelassen haben, dem mein Dank gebührt, so bitte ich dafür um Verzeihung.

Henriette, Lady Abel Smith, Howard W. Adams, Jonathan Aitken, Susan Mary Alsop, Jean Paul Ansellem, Robert Sam Anson, Joe Armstrong, Steven M. L. Aronson, Lord Ashcombe, Brooke Astor, Hugh D. Auchincloss III., Jamie Auchincloss, Louis Auchincloss, Maya Auchincloss, Sylvie Avizou, Letitia Baldrige, Louise Baring, Charles Bartlett, Louis M. S. Beal, Najma Beard, Peter Beard, Antony Beevor, Michael Bentley, James Biddle, Deeda McCormick Blair, Joan und Clay Blair, Sylvia Whitehouse Blake, Bill Blass, Maggie Boellart, Jean Bothorel, James Bowman, Benjamin C. Bradlee, John Bradlee, die Ehrenwerte Dinah Bridge (verst.), Mary L. Bundy, James McGregor Burns, Grace Mirabella Cahan, Ariadne und Mario Calvo-Platero, R. Campbell James, Cape Cod Chamber of Commerce, Teresa Cárcano, Elizabeth Carpenter, Oleg Cassini, Edward Lee Cave, Alexander Chancellor, Marion Oates Leiter Charles, Blair Clark, Nancy Tenney Coleman, Amy Fine Collins, Artemis Cooper, Janet Felton Cooper, Richmond J. Cooper, Newton Cope, das Komitee und die Belegschaft des Cosmopolitan Club, New York, Jan Cowles, Geoffrey Crawford, Countess Vivi Crespi, Robert Dallek, John H. Davis, Maude Davis (verst.), Richard de Combray, Elizabeth de Cuevas, Comte Paul de Ganay, Hubert de Givenchy, Vicomtesse de Ribes, Michael Deeley, der Herzog und die Herzogin von Devonshire, Douglas Dillon, Betty di Robilant, Ellen Gates D'Oench, Vicomtesse d'Origny, Marina Tchomlekdjoglou Dodero, Sholto Douglas-Home, Tiffany Dubin, Peter Duchin, Claude du Granrut, Grace, Countess of Dudley, Robin Biddle Duke, Domenick Dunne, Senator Mario d'Urso, William Voss Elder III., Donna Marina Emo di Capolista, Sally J. Ewalt, John B. Fairchild,

James Fallon, Hubert Faure, Paul B. »Red« Fay jr., Frances Daly Fergusson und das Personal des Vassar College, Alastair Forbes, Sir Edward Ford, M. Burch Tracy Ford und das Personal der Miss Porter's School, Eve Fout, Lady Antonia Fraser, Lady Fraser, Professor und Mrs. J. K. Galbraith, Prinzessin Irene Galitzine, Valentino Garavani, Joan Gardner, John »Demi« Gates, Brigitte Gerney, Philip und Cecilia Geyelin, Brendan Gill (verst.), Mrs. Roswell Gilpatric, Doris Kearns Goodwin, Richard N. Goodwin, Viscountess Gormanston, Professor Lewis L. Gould, Benno Graziani, Alexis Gregory, Geordie Greig, Louis Carron Greig, Deborah und Loyd Grossman, Lilian Grueff, der Ehrenwerte Desmond Guinness, Thomas H. Guinzburg, William Guthrie, Viscount Hambleden, Nigel Hamilton, Benjamin E. Hammond, Lord Harlech, Pamela, Lady Harlech, Elizabeth Forsling Harris (verst.), Cholmondeley Harrison, Kitty Carlisle Hart, Nicholas Haslam, Lady Selina Hastings, Eugenie Havemeyer, Ashton Hawkins, Professor Peter Hennessy, Carolina Herrera, Reinaldo Herrera, Solange Herter, C. David Heymann, Minnie Cassatt Hickman, Derek Hill (verst.), Barry Hillenbrand, Jane Stanton Hitchcock, Jim Hoagland, Lord Holderness, Nancy Holmes, Alistair Horne, Tony Howard, Heywood Isham, John Isham, Hugh N. Jacobsen, Ruth Jacobson, Ihre Hoheit der Radschmata of Jaipur, Lord Jenkins of Hillhead, Peter Jennings, Mrs. Lyndon B. Johnson, Mark Jones, Peter Keating, Joan B. Kennedy, James Roe Ketchum, David Koch, Suzanne P. Kloman, Lord Lambton, Kenneth Lane, Alan Lang, Laurence Leamer, Walter Lees, Patrick Leigh Fermor, Karen Lerner, Frances Lewine, Marguerite Littman, George Loudon, Principessa Letizia Buoncompagni Ludovisi, Diana McArthur, Colin Mackay, Catherine Maclean, Priscilla Johnson Macmillan, Bronwen Maddox, Professor William Manchester, Professor Burke Marshall, Martha's Vineyard Chamber of Commerce, Christopher Mason, der Master und die Fellows des St. John's College, Cambridge, Mary Tyler McClenahan, Mac McGarry, Camilla McGrath, Stryker McGuire, Kay Meehan, Aileen Mehle, Jay Mellon, David Metcalfe, Pauline C. Metcalf, Mrs. Cord Meyer, Melody Miller, Roderick B. Mitchell und das Personal der Bedford Stuyvesant Coprporation, Wendy Morgan, Thomas Morrissey, Scott Moyers, Edna Harrison Murray, Richard A. Nelson, Bruce M. Newman, Viscount Norwich, Edna O'Brien, Columbus O'Donnell, Deborah Owen, Stelio A. Papadimitriou, Frederic S. Papert, Naveen Patnaik, Endicott Peabody (verst.), Sam und Judy Peabody, John Pearson, Contessa Viviana Pecci Blunt, I. M. Pei, Senator und Mrs. Claiborne Pell, John Pierrepoint, Prinzessin Luciana Pignatelli, George Plimpton, L. Frank Plugge, Professor Robert L. Pounder, Alan Pryce-Jones (verst.), Eben Pyne, Lee Radziwill, Maree Rambo, Coates Redmon, Professor Richard Reeves, Tom Rhodes, John Richardson, Marie Ridder, Ian und Jenny Roberts, Professor und

Mrs. Walter Rostow, Stephen Rubin, Pierre Salinger, John Sargent, John Saumarez Smith, Gloria Schiff, Professor Arthur M. Schlesinger jr., Marian Cannon Schlesinger, John Schute, Caroline Seebohm, Jeff Seroy, Everett Sevier, James Sherwin, Dawn Langley Simmons, Senator George Smathers, Theodore C. Sorensen, Joseph Spadaro, Elizabeth Coxe Spalding, Thomas F. Staley, Francesca Stanfill, John Stefanidis, Gloria Steinem, Damaris, Lady Stewart, Julien Stock, der Earl von Stockton, MEP, Viscountess Stuart of Findhorn, Dr. Thomas Stuttaford, Lisa Sullivan, David Sulzberger, John A. H. Sweeney, Milbrey Rennie Taylor (Missie Rennie), Noreen Taylor, Taki Theodoracopoulos, Franklin A. Thomas, Helen Thomas, Michael Thomas, Susan Norton Thomas, Joan Thring, D. D. Tillett, Robert Tracy, Bruce Tracy, Aileen Bowdoin Train, Michael Tree (verst.), Baroness Trumpington, Jack Valenti, William vanden Heuvel, Hugo Vickers, Gore Vidal, Claus von Bülow, Peggy McDonnell Walsh, die Ehrenwerte Claire Ward, John Carl Warnecke, Washington Chamber of Commerce, Lord Weidenfeld, Edith und Cary Welch, Robert White, Philip Whitehead MEP, der Ehrenwerte Charles S. Whitehouse, Tom Wicker, Nia Mai Williams, David Williamson, Susan Neuberger Wilson, Helen und John Winslow, Philip Ziegler.

Ich schätze mich glücklich, die fachkundige Unterstützung von Forschern in zahlreichen Archiven der Vereinigten Staaten und Großbritanniens genossen zu haben, und es ist keine Übertreibung, wenn ich sage, dass ohne sie dieses Buch nicht hätte geschrieben werden können. Die Hauptlast ruhte auf Christopher Carberry von der Massachusetts Historical Society, der die Archive der John Fitzgerald Kennedy Library, Boston University, der Massachusetts Historical Society und der New Hampshire Historical Society durchkämmte. In Washington D.C. brachte Martin Morse Wooster nicht nur das Gewicht seines Fachwissens in den Archiven der Library of Congress und des FBI zum Tragen, sondern trieb auch entscheidendes Quellenmaterial in Form von Büchern und Artikeln auf und leistete großartige Hilfe bei der Bildrecherche. In New York war die Unterstützung Ann Chisholms unschätzbar, welche in der New York Public Library Zeitungsausschnitte und an der University of Columbia mündlich geführte Interviews ausfindig machte. Bill Pugsley durchforstete unermüdlich die umfangreichen Ressourcen der Lyndon Baines Johnson Library in Austin. In den Vereinigten Staaten möchte ich darüber hinaus Allison Bozniak, T. Mike Griffin, Carole-Anne Elliott, Laura E. Beardsley von der Historical Society of Pennsylvania, Lynn Roundtree für seine Arbeit an der Duke University, Julia Soyer für die ihre an der Arthur and Elizabeth Schlesinger Library on the History of Women in America und Suzanne Steele für ihre informative Führung durch East Hampton und ihre Hilfe bei den Quellen in Long Island danken.

In Großbritannien war Dr. Saul Kelly so freundlich, seine eigene Arbeit zu unterbrechen, um mir im Public Record Office in Kew und bei den Cecil Beaton Papers am St. John's College, Cambridge, behilflich zu sein. Guy Penman von der London Library trug unermüdlich Bücher aus ganz Großbritannien zusammen. Eileen Penman von der American School in London stellte mir freundlicherweise bedeutsame Arbeiten zur Verfügung.

Ich möchte den folgenden Archivaren, Kustoden und Bibliothekaren danken, die mir großzügig ihre Zeit zur Verfügung gestellt und durch ihre Unterstützung bei den Recherchen zu diesem Buch geholfen haben:

Eileen Penman, Dekanin des Abschlussjahres, The American School in London

Dr. Vincent Giroud, Kustos der Abteilung Moderne Bücher und Manuskripte, The Beinecke Rare Book and Manuscript Library, Yale University Library

Mary Clapinson, Aufseherin der Sonderkollektionen, Helen Langley, Leitende Bibliotheksassistentin, Abteilung für westliche Manuskripte, Bodleian Library, University of Oxford

Patrick T. Lawlor, Rare Books and Manuscripts Library, Anne M. Gefell, Oral History Research Office, Columbia University in the City of New York

Danielle Haase-Dubosc, Direktorin der Reid Hall and Associate Provost, Columbia University

Frederick Bauman jr., Ernest Emrich, Jeff Flannery, Henry Heiss, Library of Congress Manuscript Reading Room

William R. Erwin jr., Leitender Bibliothekar der Abteilung Nachschlagewerke, Dr. Linda M. McCurdy, Direktorin für Nachschlagedienste, Special Collections Library, Duke University

John Wickman, Direktor, Linda K. Smith, Archivspezialistin, Dwight D. Eisenhower Library

Merle Thomason, Delano Knox, Fairchild Fashion Library

Die Angestellten des FBI Reading Room

Harry Middleton, Direktor, Claudia Anderson, Leitende Archivarin, Lyndon Baines Johnson Library

William Johnson, Archivar, Megan Desnoyers, Archivarin, Allan Goodrich, Audiovideo-Archivar, John Fitzgerald Kennedy Library

Jeffrey Suchanek, Koordinator, Modern Political Archives, Margaret I. King Library, University of Kentucky

Richard Williams, Bibliothekar, Anna A. Malicka, Bibliotheksassistentin, Lewis Walpole Library

Dr. Alan Bell und dem Personal der London Library

Shirley Langhauser, Archivarin, Miss Porter's School

Cathy O'Callaghan, Municipal Art Society

Kevin Scott, The Museum of Television & Radio

The Librarian, *The News*, Portsmouth

Susan Naulty, Archivarin, Richard Nixon Library and Birthplace Philadelphia City Archives

Philadelphia Historical Society

William Joyce, Direktor, Princeton University Library

Anne Engelhart, Manuskriptverwaltung, Ellen M. Shea, Referenzassistentin, The Arthur & Elizabeth Schlesinger Library on the History of Women in America, Radcliffe College

Raymond Teichman, Archivar, Franklin D. Roosevelt Library

Amanda Saville, Bibliothekarin, Elizabeth Quarmby Lawrence, Bibliothekarin für Spezialsammlungen, St. John's College, Cambridge

Susan Scott, Archivarin, Savoy Group, London

Michael Brunton, Time Magazin Library

Dennis E. Bilder, Archivar, Harry S. Truman Library

Elizabeth Monkman, Kustos, Weißes Haus

Judith Ann Schiff, Leitende Forschungsarchivarin, William R. Massa jr., Archivar des öffentlichen Dienstes, Manuscripts and Archives, Yale University Library

Die Arbeit, die von der Belegschaft von Viking Penguin in London und New York für die Produktion dieses Buches aufgewendet worden ist, war gewaltig und von höchster Qualität. In London möchte ich mich speziell bei Helen Fraser, Juliet Annan, Kate Barker, Keith Taylor, Antonia Till und Hazel Omre bedanken, in New York schulde ich Wendy Wolf und Clifford Corcoran Dank. Lynda Marshall besorgte die Bildrecherche für dieses Buch wie auch schon für meine früheren Bücher mit Brillanz und ich bin ihr für ihre Weitsicht und ihre harte Arbeit dankbar.

Gillon Aitken, mein Agent, war wie ein Fels in der Brandung während der gesamten Arbeit, ebenso sein Assistent Lesley Shaw. Daneben möchte ich Clare Alexander und Sally Riley von Gillon Aitken Associates für ihre Hilfe und Unterstützung danken.

Zum Abschluss möchte ich meiner Assistentin Camilla Eadie meinen Dank aussprechen, die viel besser weiß, als ich es in Worte fassen könnte, welch tief empfundene Dankbarkeit ich ihr für ihr technisches Fachwissen, ihre Effizienz, Hingabe und Freundlichkeit in guten wie schlechten Augenblicken entgegenbringe. Ohne sie wäre ich wahrhaftig nicht zurechtgekommen. Ebenso vollkommen selbstlos war mein Mann William Bangor in seiner Hilfe und seinem Zuspruch während dieser vier langen Jahre, während deren ich seine Unterstützung nötig hatte, die er mir stets bereitwillig gab.

Anmerkungen

Einführung: Vier Tage in Amerika: 22.–25. November 1963

1 Botschafter William J. vanden Heuvel, Interview mit der Autorin, 1. April 1998

Kapitel 1: Die goldenen Gatsby-Jahre

1 Lee Radziwill, Interview mit der Autorin, 2. November 1997, und Zitat aus Lee Radziwill: »Opening Chapters«, *Ladies Home Journal*, Januar 1973
2 Interview mit der Autorin, 3. Dezember 1997
3 Interview mit Lee Radziwill
4 John Vernou Bouvier jr.: *Our Fourbears*, S. 39
5 John Vernou, Antrag auf Erteilung der Staatsbürgerschaft der Vereinigten Staaten von Amerika, aufgenommen, vereidigt und genehmigt, 25. Oktober 1808, Philadelphia City Archives
6 Francis J. Dallett
7 Siehe John H. Davis: *The Bouviers*, New York, 10. Januar 1972, S. 180
8 Gore Vidal, Interview mit der Autorin, 30. September 1996
9 Siehe *Our Fourbears*, S. 39
10 John »Demi« Gates, Interview mit der Autorin, 11. Mai 1997
11 Carl Sferrazza Anthony: *As We Remember Her – Jacqueline Kennedy Onassis in the Words of Her Family and Friends*, S. 12
12 Flora Rheta Schreiber: »Was Jackie Kennedy von ihrer Mutter gelernt hat«, *Good Housekeeping*, Oktober 1962
13 Interview mit Demi Gates
14 Siehe Mary Van Rensselaer Thayer: *Jacqueline Bouvier Kennedy*, S. 220
15 Interview mit Lee Radziwill
16 Interview mit Gore Vidal
17 Interview mit Lee Radziwill
18 Ebenda
19 Siehe John H. Davis: *The Bouviers*, S. 268
20 Interview mit Lee Radziwill
21 Interview mit der Autorin, 28. Oktober 1997
22 Interview mit der Autorin, 3. Dezember 1997
23 Interview mit Lee Radziwill
24 Zitiert nach C. David Heymann: *A Woman Named Jackie*, Ausgabe von 1994, S. 43
25 Ebenda
26 Ebenda
27 Interview mit Lee Radziwill
28 Siehe Mary Van Rensselaer Thayer: *Jacqueline Bouvier Kennedy*, S. 26

Kapitel 2: Papas kleines Mädchen

1 Peter Duchin mit Charles Michener: *Ghost of a Chance, A Memoir*, S. 334
2 Schriftliche Information, mit freundlicher Genehmigung von Minnie Cassatt Hickman, 14. Juli 1997

3 Interview mit Lee Radziwill
4 Minnie Hickman, 14. Juli 1997
5 Mary Van Rensselaer Thayer: *Jacqueline Bouvier Kennedy*, S. 36
6 Janet Felton Cooper, Interview mit der Autorin, 27. April 1997
7 Sally Smith Cross, in ihrer Antwort auf die Bitte der Studienkameradinnen in Vassar um Erinnerungen an Jackie, 1. Juli 1994
8 Siehe Carl Sferrazza Anthony: *As We Remember Her – Jacqueline Kennedy Onassis in the Words of Her Family and Friends*, S. 18
9 Interview mit Lee Radziwill
10 Hugh D. Auchincloss III.: *»Growing up with Jackie: my memories 1941–1953«*, *Groton School Quarterly*, Mai 1998, Band IX, Nr. 2, mit freundlicher Genehmigung von Hugh D. Auchincloss III. an die Autorin, S. 13 ff.
11 Ebenda, S. 14
12 Gore Vidal: *Palimpsest: A Memoir*, S. 15
13 Jacqueline Bouvier an Hugh D. Auchincloss III., 14. Januar 1946, Hugh D. Auchincloss Collection
14 Hugh D. Auchincloss III. an Jacqueline Bouvier, April 1946, Auchincloss Collection
15 Hugh D. Auchincloss III.: *Growing up with Jackie: my memories 1941–1953*, S. 15
16 Interview mit Lee Radziwill
17 James Auchincloss, Interview mit der Autorin, Mai 1997
18 Solange Batsell Herter, Interview mit der Autorin, 11. Mai 1998
19 Vidal, S. 373
20 James Auchincloss, Interview mit der Autorin, 3. Dezember 1997
21 Vidal, S. 373
22 Interview mit James Auchincloss
23 Mrs. Robert Oates »Oatsie« Leiter Charles, Interview mit der Autorin, 5. Mai 1997
24 Interview mit der Autorin, 3. Dezember 1997
25 Gore-Vidal-Interview mit der Autorin, 30. September 1996
26 Baroness Trumpington, Interview mit der Autorin, 24. Juni 1997
27 C. David Heymann: *A Woman Named Jackie*, Ausgabe von 1994, S. 59
28 Aileen Bowdoin Train, Interview mit der Autorin, 6. Mai 1997
29 Coates Redmon, Interview mit der Autorin, 28. April 1998
30 Vidal, S. 373
31 Interview mit Lee Radziwill
32 Interview mit Gore Vidal
33 Interview mit Oatsie Charles, 2. April 1998
34 Interview mit Lee Radziwill
35 Siehe Anthony, S. 28
36 Jacqueline Bouvier an Hugh D. Auchincloss III., Auchincloss Collection
37 Interview mit Lee Radziwill
38 L. Frank Plugge, Interview mit der Autorin, 16. September 1996
39 Kathleen Bouvier: *To Jack with Love, Black Jack Bouvier, A Remembrance*, S. 205
40 Mrs. Cord Meyer, telefonisches Interview mit der Autorin, 1. Mai 1998
41 Mrs. Ellen »Puffin« Gates D'Oench, Interview mit der Autorin, 7. Mai 1998
42 Nancy Davis und Barbara Donohue: *Mrs. Porter's School, A History*, S. 52
43 Interview mit Puffin D'Oench
44 Zitiert nach Thayer: *Jacqueline Bouvier Kennedy*, S. 29
45 Interview mit Puffin D'Oench
46 »A Remembrance of Jackie by Ellen Gates D'Oench, class of 1947«, 7. Mai 1994, mit freundlicher Genehmigung von Mrs. D'Oench an die Autorin
47 Interview mit Puffin D'Oench
48 Isabel Eberstadt, Interview mit der Autorin, 28. Oktober 1997
49 Interview mit Lee Radziwill
50 Interview mit der Autorin, 28. Oktober 1997
51 Jacqueline Bouvier an Hugh D. Auchincloss III., Auchincloss Collection

52 [Jacqueline Bouvier] »Spring Fever«, *Miss Porter's Salmagundy*, 13. Februar und 17. März 1947

Kapitel 3: Die Ausbildung einer Nymphe

1 Zitiert nach Mary Van Rensselaer Thayer: *Jacqueline Bouvier Kennedy*, S. 64–65
2 Zitiert nach Carl Sferrazza Anthony: *As We Remember Her – Jacqueline Kennedy Onassis in the Words of Her Family and Friends*, S. 22
3 Ebenda
4 Priscilla Johnson Macmillan, Interview mit der Autorin, 9. Mai 1998
5 Interview mit der Autorin, 9. Mai 1998
6 Susan Neuberger Wilson, Interview mit der Autorin, 29. April 1998
7 Columbus O'Donnell, Interview mit der Autorin, 25. Juni 1998
8 R. Campbell James, Interview mit der Autorin, 27. April 1997
9 Hugh D. Auchincloss III. an Jacqueline Bouvier, Auchincloss Collection
10 Hugh D. Auchincloss III.: »Growing up with Jackie«, *Groton School Quarterly*, Mai 1998, Band IX, Nr. 2, S. 1
11 Mrs. Susan Mary Alsop, Interview mit der Autorin, 5. Mai 1997
12 Der Ehrenwerte C. S. Whitehouse, Interview mit der Autorin, 1. Mai 1998
13 Edna Harrison Murray, telefonisches Interview mit der Autorin, 11. Mai 1998
14 Ebenda
15 Zitiert nach C. David Heymann: *A Woman Named Jackie*, Ausgabe von 1994, S. 73
16 Kathleen Bouvier: *To Jack with Love, Black Jack Bouvier, A Rembembrance*, S. 232
17 Interview mit Lee Radziwill
18 Lady Pamela Harlech, Interview mit der Autorin, 28. Januar 1997
19 Lord Jenkins of Hillhead, Interview mit der Autorin, 6. November 1996
20 George Plimpton, Interview mit der Autorin, 25. April 1997
21 Shirley Langhauser, Interview mit der Autorin, 30. Oktober 1997
22 R. Campbell Jones, Interview
23 Interview mit der Autorin, 28. Januar 1998
24 John Richardson, Interview mit der Autorin, 9. April 1997
25 Richard de Combray, Interview mit der Autorin, 31. Oktober 1997
26 Samuel Peabody, Interview mit der Autorin, 1. März 1997
27 Gore Vidal: *Palimpsest: A Memoir*, S. 310
28 Interview mit der Autorin, 11. Mai 1997
29 Interview mit der Autorin, 28. Oktober 1997
30 Zitiert nach C. David Heymann: *A Woman Named Jackie*, Ausgabe von 1994, S. 83
31 Ebenda, S. 69
32 Brief von Joan Kupfer Ross an Charlotte Look, als Antwort einer Anfrage im *Vassar Quarterly*, Juni 1994
33 Shirley Oakes war die Tochter von Harry Oakes, dem in Nassau ansässigen kanadischen Goldmillionär und Freund des Herzogs von Windsor, der 1943 brutal ermordet wurde. Sein Schwiegersohn Alfred de Marigny wurde des Verbrechens angeklagt, aber freigesprochen. Der Mörder wurde nie überführt. Shirley selbst starb 1986 unter ungeklärten Umständen.
34 Eugenie Aiguier Havemeyer, Erinnerungen, mit freundlicher Genehmigung von Mrs. Havemeyer für die Autorin
35 Gedicht von Jacqueline Bouvier, teilweise abgedruckt in Edward Klein: *All Too Human, The Love Story of John and Jackie Kennedy*, S. 27, zitiert nach einer Kopie des Gedichts, mit freundlicher Genehmigung von Ellen Gates D'Oench für die Autorin
36 Wilmarth Sheldon Lewis an Mrs. Lesley Kinney, 19. Januar 1949, freundlicherweise zur Verfügung gestellt von der Lewis Walpole Library
37 *Social Spectator*, 15. August 1949
38 Jacqueline Bouvier an Hugh D. Auchincloss, Auchincloss Collection
39 Black Jack Bouvier an Jacqueline Bouvier, freundlicherweise zur Verfügung gestellt von L. Frank Plugge

40 Jacqueline Bouvier Kennedy an Ann Plugge, ca. 10. März 1955, freundlicherweise zur Verfügung gestellt von L. Frank Plugge
41 Ich danke L. Frank Plugge für die Dokumentation bezüglich des Ankunftstages seiner Mutter in England im Juni 1943 und für die Geburtsurkunden der Zwillinge, datierend vom 4. November 1944. Entgegen den Behauptungen in früheren Biographien Jackies beweisen sie schlüssig, dass Black Jack nicht der Vater der Zwillinge hätte sein können. Die Zwillinge, Gale und Greville, starben beide im Alter von achtundzwanzig Jahren eines gewaltsamen Todes. Gale, die eine Schickeria-Ehe schloss und bald darauf geschieden wurde, unterhielt Beziehungen zu Angehörigen der Black-Power-Revolutionsbewegung und wurde 1972 in Trinidad von Anhängern von Michael X ermordet. Ihr Bruder Greville wurde auf dem Hippie-Trail im Süden Marokkos das Opfer eines Autounfalls.
42 Black Jack Bouvier an Jacqueline Bouvier, freundlicherweise zur Verfügung gestellt von L. Frank Plugge
43 Jacqueline Bouvier an Hugh D. Auchincloss, Auchincloss Collection
44 See Anthony, S. 42
45 Comte Paul de Ganay, Interview mit der Autorin, 27. Juni 1997
46 Jean Bothorel: *Louise, ou la vie de Louise de Vilmorin*, S. 224–226
47 Antony Beevor und Artemis Cooper: *Paris after the Liberation, 1944–1949*, S. 447
48 John »Demi« Gates, Interview mit der Autorin, 11. Mai 1997
49 Jacqueline Bouvier an Hugh D. Auchincloss III., Auchincloss Collection
50 Frances Daly Fergusson, Interview mit der Autorin, 21. April 1998
51 Jacqueline Bouvier, *Vogue* Prix de Paris Material, John F. Kennedy Library
52 Der Bericht über die Europareise von 1951 beruht auf *One Special Summer*, verfasst und illustriert von Jacqueline und Lee Bouvier, Delacorte Press 1974
53 Baroness Trumpington, Interview mit der Autorin, 24. Juni 1997
54 Interview mit der Autorin, 28. Oktober 1997
55 Bouvier: *One Special Summer*
56 Contessa Viviana Pecci Blunt, Principessa Letizia Buoncompagni Ludovisia, Donna Marina Emo Capolista und Senator Mario d'Urso, Interview mit der Autorin, 5. März 1997
57 Der Autorin zur Verfügung gestelltes Typoskript, Quelle vertraulich

Kapitel 4: Der tollkühne junge Mann auf dem fliegenden Trapez

1 Zitiert nach Mary Van Ransselaer Thayer: *Jacqueline Bouvier Kennedy*, S. 36
2 Ebenda, S. 83–84
3 Typoskript, siehe Kapitel 3, Anmerkung 57
4 Ebenda
5 »Girl Reporter« von Chuck Conconi in der *Washingtonian*, Juli 1994
6 *Washington Times-Herald*, 9. September 1952, 30. Mai 1952, 15. Mai 1952, 19. März 1952
7 Mac McGarry und Everett Sevier, telefonische Interviews mit der Autorin, 28. April 1998
8 Charles Bartlett, Interview mit der Autorin, 6. Mai 1997
9 John White, Interview mit C. David Heymann in *A Woman Named Jackie*, Ausgabe von 1994, S. 101–103
10 Mrs. Mary L. Bundy, Interview mit der Autorin, 28. Oktober 1997
11 William Walton, Interview mit Joan und Clay Blair
12 Interview mit Charles Bartlett
13 Interview mit Lee Radziwill
14 Interview mit der Autorin, 3. Dezember 1997
15 Cecilia und Philip Geyelin, Interview mit der Autorin, 27. April 1998
16 R. Campbell James, Interview mit der Autorin, 27. April 1997
17 *Quest*, Mai 1997
18 Heymann, S. 108
19 Interview mit der Autorin, 28. Januar 1997

20 Mary Van Rensselaer Thayer: *Jacqueline Bouvier Kennedy,* 1961
21 Rose Fitzgerald Kennedy: *Times to Remember: An Autobiography,* S. 321–322
22 Thayer, S. 95
23 Carl Sferrazza Anthony: *As We Remember Her – Jacqueline Kennedy Onassis in the Words of Her Family and Friends,* S. 71
24 Siehe Nigel Hamilton: *J.F.K., Reckless Youth,* S. 422
25 Siehe Seymour M. Hersh: *The Dark Side of Camelot,* S. 22
26 Interview mit Cecilia Geyelin
27 Aileen Bowdoin Train, Interview mit der Autorin, 6. Mai 1997
28 Hersh, S. 13
29 Ebenda, S. 14
30 Richard Reeves: *President Kennedy, Profile of Power,* S. 18–19
31 Zu einem späteren Zeitpunkt wurde entdeckt, dass Kennedy mit einem kürzeren Bein zur Welt gekommen war, was Skoliose und akute Schmerzen verursachte.
32 Hersh, S. 24
33 Die Kennedy-Presseerklärung von 1960 bestreitet, dass der Kandidat an der Addison-Krankheit litt, da er nicht die 1855 von Addison beschriebenen Symptome aufweise. Diese sind niedriger Blutdruck, Tuberkulose oder Pigmentierung. Das mag teilweise durchaus der Wahrheit entsprechen, doch litten nicht alle Patienten Addisons an Nebennierentuberkulose, und wenn er zu einem früheren Zeitpunkt an niedrigem Blutdruck gelitten hatte, so wäre dem durch die Steroid-Behandlung entgegengewirkt worden. Zwar ließ sich (aus demselben Grund) 1960 keine Pigmentierung erkennen, doch war er zum Zeitpunkt der Londoner Diagnose von 1947 um Mund und Lippen pigmentiert (Dr. Hugh L'Etang: *Fit to Lead,* S. 27–28). Freunde erinnerten sich an seinen »leberfarbenen Teint« gegen Ende der vierziger und zu Beginn der fünfziger Jahre in Washington. Kurz vor dem Umfragetag im November 1960 forderte Walter H. Judd, ein republikanischer Kongressabgeordneter und medizinischer Missionar, Kennedy solle bestätigen oder bestreiten, dass er an der Addison-Krankheit leide, da er als ein Patient mit Addison-Krankheit und Spinalproblemen identifiziert worden war, dessen Fallstudie 1955 in einem medizinischen Journal erschienen war. Durch sorgfältigste Recherchearbeit wurde Kennedy 1967 tatsächlich als der nämliche Patient identifiziert und der Artikel beschreibt unmissverständlich den Zustand seiner Nebenniere und die Notwendigkeit einer Behandlung mit Steroiden wie Kortison.
34 Symptome der Addison-Krankheit zeigen sich erst, wenn bereits 90 % der Nebennierenrinde zerstört sind. Der Zeitabstand zwischen dem Schiffbruch von 1944 und der ersten Diagnose in London 1947 weist darauf hin, dass dies der Fall ist. Information freundlicherweise zur Verfügung gestellt durch Dr. Thomas Stuttaford in einem Interview mit der Autorin, 7. Mai 1999
35 John Buchan: *Memory Hold-the-Door,* S. 59
36 *Washington Times-Herald,* 12. September 1952, 23. September 1952, 30. April 1952
37 Jacqueline Bouvier an Bess Armstrong, zitiert nach Mary Van Rensselaer Thayer: *Jacqueline Kennedy, The White House Years,* S. 293
38 Countess Vivian Stokes Crespi, telefonisches Interview mit der Autorin, 12. Mai 1998
39 Interview mit der Autorin, 24. April 1997
40 Jay Mellon, Interview mit der Autorin, 23. Oktober 1997
41 Interview mit der Autorin, 11. Mai 1998
42 Siehe Diana DuBois: *In Her Shadow: An Intimate Biography of Lee Radziwill,* S. 61
43 Interview mit der Autorin, 3. Dezember 1997
44 Interview mit Charles Bartlett
45 Der Autorin zur Verfügung gestelltes Typoskript, Quelle vertraulich
46 Siehe Heymann, S. 118
47 Ebenda, S. 117
48 Siehe Hamilton, S. 357
49 Interview mit Aileen Bowdoin Train

50 Lady Abel Smith, Interview mit der Autorin, 25. März 1997
51 Interview mit Aileen Bowdoin Train
52 John »Demi« Gates, Interview mit der Autorin, 11. Mai 1997
53 Interview mit Aileen Bowdoin Train
54 Gore Vidal: *Palimpsest: A Memoir*, S. 309–310
55 Siehe Hamilton, S. 200
56 Interview mit der Autorin, 3. Dezember 1997
57 Interview mit John Demi Gates
58 Alexis Gregory an die Autorin, 3. Mai 1997
59 Arthur M. Schlesinger jr., Interview mit der Autorin, 31. Oktober 1997
60 Erinnerung von Mrs. Marian Cannon Schlesinger, Interview mit der Autorin, 4. November 1997
61 Frederic S. Papert, Interview mit der Autorin, 23. April 1998
62 Elizabeth Coxe Spalding, Interview mit der Autorin, 29. April 1998
63 Heymann, S. 122
64 Ebenda, S. 113
65 Alastair Forbes, telefonisches Interview mit der Autorin, 27. November 1996
66 Gunilla von Post mit Carl Johnes: *Love, Jack*, S. 32
67 Laurence Leamer: *The Kennedy Women; The Triumph and Tragedy of America's First Family*, S. 521
68 Interview mit Charles Bartlett
69 Interview der Autorin mit einer mit JFK befreundeten Person, die ungenannt bleiben möchte, 1. Mai 1998
70 Interview mit Aileen Bowdoin Train
71 Ebenda
72 Interview der Autorin mit einer mit JFK befreundeten Person, die ungenannt bleiben möchte, 30. Juni 1998
73 Gore Vidal, Interview mit der Autorin, 30. September 1996
74 Lee Radziwill, Interview mit der Autorin, 2. November 1997
75 *Newport Daily News*, 12. und 13. September 1953
76 Mrs. Robert Oates »Oatsie« Charles, Interview mit der Autorin, 5. Mai 1997
77 Alan Pryce-Jones, Interview mit der Autorin, 29. April 1997
78 Ebenda
79 Interview mit Philip und Cecilia Geyelin
80 Heymann, S. 132
81 Ebenda
82 Ebenda
83 *Providence Sunday Journal*, 13. September 1953

Kapitel 5: Aufnahme in den Clan
1 Paul B. Fay jr.: *The Pleasure of His Company*, S. 141
2 Ebenda, S. 143
3 Ebenda, S. 148
4 Ebenda, S. 141
5 Arthur M. Schlesinger, Interview mit der Autorin, 31. Oktober 1997
6 Nigel Hamilton: *Life and Death of an American President, Bd. eins: Reckless Youth*, S. 59
7 Stephen Birmingham: *Real Lace*, S. 42
8 Doris Kearns Goodwin, interviewt von Phillip Whitehead für die Fernsehserie *The Kennedys*, WGBH Boston and Thames Television, 1992
9 Rose Kennedy: *Times to Remember: An Autobiography*, S. 72
10 Ebenda, S. 78
11 Siehe Ronald Kessler: *The Sins of The Father, Joseph P. Kennedy and the Dynasty He Founded*, S. 41
12 Hamilton, S. 47
13 Ebenda, S. 214
14 Gore Vidal, Interview mit der Autorin, 30. September 1996

15 Hamilton, S. 485
16 Eben Pyne, Interview mit der Autorin, 22. Oktober 1997
17 Joseph W. Alsop, mündliche Interview-Aufnahme mit Elspeth Rostow für die John-F.-Kennedy-Bibliothek, 18. Juni 1964 (MS Division, Library of Congress)
18 Hamilton, S. 420
19 William Walton, Interview für den CBS (»Wir lebten in nebeneinander liegenden Zellen … eine düstere Figur in seinem Leben.«)
20 Doris Kearns Goodwin, interviewt von Phillip Whitehead für *The Kennedys*
21 Kessler, S. 264
22 William Walton, interviewt von Phillip Whitehead für *The Kennedys*
23 Siehe Hamilton, S. 510
24 Ebenda, Seite 478
25 Charles Bartlett, interviewt von Phillip Whitehead für *The Kennedys*
26 Siehe Hamilton, S. 766
27 Heymann, S. 103
28 Alastair Forbes, telefonisches Interview mit der Autorin, 27. November 1996
29 Elizabeth Coxe Spalding und Nancy Tenney Coleman, Interview mit der Autorin, 19. April 1998
30 Gore Vidal: *Palimpsest: A Memoir*, S. 285
31 Doris Kearns Goodwin, Interview mit der Autorin, 9. Mai 1998
32 Interview mit der Autorin
33 Laurence Leamer: *The Kennedy Women; The Triumph and Tragedy of America's First Family*, S. 305
34 Ebenda, S. 506. 1956 bewegte Eunice ihren Vater dazu, die Fonds der Joseph P. Kennedy Foundation der Forschung über geistige Behinderungen zur Verfügung zu stellen; sie selbst widmete ihre Zeit der Förderung der Behinderten-Olympiade.
35 Siehe Leamer, S. 388–389
36 Kennedy, S. 48
37 Leamer, S. 290
38 Interview mit Arthur Schlesinger
39 Richard Naradof Goodwin, Interview mit der Autorin, 9. Mai 1998
40 Interview mit Doris Kearns Goodwin
41 Viscountess Stewart of Findhorn, Interview mit der Autorin, 5. Juni 1997

Kapitel 6: Zwillings-Eisberge

1 Mrs. Wendy Morgan, Interview mit der Autorin, 30. April 1998
2 Mrs. Robin Biddle Duke, Interview mit der Autorin, 6. Mai 1998
3 Siehe Rose Kennedy: *Times to Remember; An Autobiography*, S. 326–327
4 Janet Lee Bouvier Auchincloss, mündliche Interview-Aufnahme mit Joan Braden, 5. September 1964, JFKL
5 Interview mit Robin Biddle Duke
6 JFK, persönliche Papiere, Box 11A, Herbst-Krankenblätter, JFKL
7 Laut neuerer Studien haben Chlamydia-Infektionen in Uganda bei einer von vier Frauen zur Sterilität geführt. Information zur Verfügung gestellt von Dr. Thomas Stuttaford
8 Evelyn Lincoln: *My Twelve Years with John F. Kennedy*, S. 50
9 Senator Edward M. Kennedy und Letitia Baldrige, zitiert nach Carl Sferrazza Anthony: *As We Remember Her – Jacqueline Kennedy Onassis in the Words of Her Family and Friends*, S. 87–88
10 Theodore C. Sorensen: *Kennedy*, S. 37
11 Gunilla von Post mit Carl Johnes: *Love, Jack*, S. 37ff.
12 Lincoln, S. 53
13 Siehe C. David Heymann: *A Woman Named Jackie*, Ausgabe von 1994, S. 170–171
14 Interview mit der Autorin, 29. Oktober 1997
15 Interview mit Robin Biddle Duke
16 Graces beste Freundin und Brautjungfer Maree Frisbee Rambo aus Philadelphia

bestätigt Jackies Abneigung gegen Grace und Graces Wissen um dieselbe. Dass Grace und Jack je eine Affäre miteinander hatten, ist ausgeschlossen.

17 Gore Vidal: *Psalimpsest, A Memoir,* S. 374
18 Priscilla Johnson Macmillan, Interview mit der Autorin, 9. Mai 1998
19 Interview mit der Autorin, 29. Oktober 1997
20 Interview mit Priscilla Johnson Macmillan
21 Ebenda
22 Paul B. Fay jr.: *The Pleasure of his Company,* S. 149f.
23 Heymann, S. 172
24 Elizabeth Coxe Spalding, Interview mit der Autorin, 29. April 1998
25 Lincoln, S. 68
26 Janet Auchincloss, mündliche Aufnahme, JFKL
27 Interview mit der Autorin, 22. November 1996
28 Interview mit der Autorin, 13. Januar 1997
29 Michael Canfield MS Terminkalender, 1955, freundlicherweise zur Verfügung gestellt von Hugo Vickers
30 Von Post und Johnes, S. 103
31 Interview mit der Autorin, 24. Juli 1997
32 Die Ehrenwerte Clare Ward, telefonisches Interview mit der Autorin, Juni 1997
33 Diana DuBois: *In Her Sister's Shadow: An Intimate Biography of Lee Radziwill,* S. 82
34 William Douglas-Home: *Old Men Remember:* S. 93f.
35 Interview mit der Autorin 30. September
36 Ebenda
37 Ebenda
38 Ebenda
39 Peter Evans: *Ari: the Life and Times of Aristotle Socrates Onassis,* S. 164
40 Von Post und Johnes, S. 103
41 Sorensen, S. 81
42 Ebenda
43 Siehe Heymann, S. 185f.
44 Senator George Smathers, Interview mit der Autorin, 30. April 1998
45 Siehe Heymann, S. 192
46 Gore Vidal, Interview mit der Autorin, 30. September 1996
47 Lady Antonia Fraser, Interview mit der Autorin, 22. November 1996
48 Michael Tree, Interview mit der Autorin, 19. Februar 1998
49 Ebenda
50 Alastair Forbes: *The Spectator,* 28. September 1996, S. 45
51 Interview mit Michael Tree
52 Sorensen, S. 99f.
53 Heymann, S. 118
54 Lee Radziwill, Interview mit der Autorin, 2. November 1997

Kapitel 7: Die Suche nach dem Goldenen Vlies

1 Siehe Rose Fitzgerald Kennedy: *Times to Remember; An Autobiography,* S. 326f.
2 Janet Auchincloss, mündliche Aufnahme, JFKL
3 Maud Shaw: *White House Nannie: My Years with Caroline and John Kennedy jr.,* S. 60
4 Janet Auchincloss, mündliche Aufnahme, JFKL
5 Elizabeth Coxe Spalding, Interview mit der Autorin, 29. April 1998
6 William Walton, CBS-Interview
7 Lord Harlech, mündliche Aufnahme, JFKL (freigegeben am 4. März 1997)
8 Katharine Graham: *Personal History,* S. 259
9 Joseph W. Alsop an Jacqueline Kennedy, 12. Dezember 1956, Joseph-Alsop-Papiere, Box 13, MS Division, Library of Congress
10 Joseph Alsop an Mrs. William Patten, 30. April 1958, Alsop-Papiere, Box 14
11 Joseph Alsop an Mrs. David Bruce, 5. März 1959, Alsop-Papiere, Box 15

12 Interview mit Jacqueline Kennedy Onassis für die University of Kentucky »John Sherman Cooper«, mündliches Aufnahmeprojekt, 13. Mai 1981
13 Seymour M. Hersh: *The Dark Side of Camelot*, S. 340
14 Kenneth P. O'Donnell und David F. Powers mit Joe McCarthy: *Johnny We Hardly Knew Ye, Memories of John Fitzgerald Kennedy*, S. 145
15 Ebenda, S. 160
16 Mary Barelli Gallagher (Herausgeber: Frances Spatz Leighton): *My Life with Jacqueline Kennedy*, S. 54f.
17 Mr. und Mrs. Ian Roberts, Interview mit der Autorin, 19. Februar 1998
18 Richard Naradof Goodwin, Interview mit der Autorin, 9. Mai 1998
19 Richter Edmund M. Reggie, mündliche Aufnahme, JFKL
20 Jacqueline Kennedy an Joseph Alsop, August 1960, Alsop-Papiere, Box 130
21 James McGregor Burns, telefonisches Interview mit der Autorin, 25. Juni 1998
22 Nigel Hamilton
23 Laura Bergquist Knebel, mündliche Aufnahme, 8. Dezember 1965, JFKL
24 Ebenda
25 *Time*, 2. Dezember 1957
26 James McGregor Burns, Interview mit der Autorin
27 Laura Bergquist Knebel, mündliche Aufnahme
28 Benjamin C. Bradlee: *Conversations with Kennedy*, S. 23
29 Ebenda, S. 26
30 Joseph W. Alsop zus. m. Adam Platt: *»I've Seen the Best of It«: Memoirs*, S. 420
31 Senator und Mrs. Claiborne Pell, Interview mit der Autorin, 2. Mai 1998
32 Gore Vidal, Interview mit der Autorin, 30. September 1996
33 Siehe Laurence Leamer: *The Kennedy Women: The Triumph and Tragedy of America's First Family*, S. 577
34 Ebenda, S. 582
35 Interview mit Richard Naradof Goodwin
36 Joan Bennett Kennedy, Interview mit der Autorin, 4. November 1977
37 Ebenda
38 Bradlee, S. 28
39 Ebenda, S. 28f.
40 Laura Bergquist Knebel, mündliche Aufnahme
41 Professor John Kenneth Galbraith und Mrs. Kitty Galbraith, Interview mit der Autorin, 4. November 1997
42 Leo Damore: *The Cape Cod Years of John Fitzgerald Kennedy*, S. 176
43 Mailer übernahm seine Verteidigung vor den Augen der exotischen Versammlung selbst: Männer in geblümten Badehosen und glamouröse Damen der Schickeria verblüfften die eher gesetzten Einheimischen. Der Vorsitzende Richter sprach Mailer der Trunkenheit schuldig, verurteilte jedoch die Polizei wegen Überreaktion. Mailer verließ den Gerichtssaal im Triumph.
44 Norman Mailer: *The Presidential Papers*, S. 85f.
45 Ebenda, S. 86
46 Ebenda, S. 47
47 Robert Dallek: *Flawed Giant: Lyndon Johnson and His Times, 1961–1973*, S. ixf.
48 Mrs. Lyndon B. Johnson, Interview mit der Autorin, 4. Mai 1998
49 Zitiert nach Jan Jarboe Russell: *Lady Bird: A Biography of Mrs. Johnson*, S. 186f.
50 Conway, mündliche Aufnahme, JFKL, zitiert nach Arthur M. Schlesinger jr.: *Robert Kennedy and His Times*, S. 220f.
51 Joseph Alsop an JBK, 4. August 1960, Alsop-Papiere, Box 130
52 Siehe C. David Heymann: *A Woman Named Jackie*, Ausgabe von 1994, S. 240
53 Joseph Alsop an JBK, 4. August 1960, Alsop-Papiere, Box 130
54 *Time*, 26. September 1960
55 JBK an Ted Sorensen, ohne Datum (September 1960?)
56 Roy Jenkins: »Why We Mourn Jacqueline Kennedy«, *The Times*, 21. Mai 1994
57 Joan Braden: *Just Enough Rope: An Intimate Memoir*, S. 110

58 Janet Felton Cooper, Interview mit der Autorin, 27. April 1998
59 Siehe Hersh, S. 138
60 Blair Clark, Interview mit der Autorin, 24. April 1997
61 Hersh, S. 300
62 Theodore H. White: *The Making of the President*, 1960, S. 288f.
63 Alsop zus. m. Platt, S. 427
64 White, S. 291
65 Damore, S. 213, 216
66 Ebenda, S. 220, 222
67 Siehe Arthur M. Schlesinger jr.: *Robert Kennedy and His Times*, S. 220
68 Damore, S. 226
69 Ebenda, S. 227

Kapitel 8: Zirkuskönigin

1 Elizabeth Coxe Spalding, Interview mit der Autorin, 29. April 1998
2 J. B. West mit Mary Lynn Kotz: *Upstairs at the White House: My Life with the First Ladies*, S. 192
3 Ebenda, S. 194
4 Mrs. Henry Parish II. an JBK, undatierter Briefentwurf, der Autorin freundlicherweise zugänglich gemacht von Richard Nelson
5 Mary Van Rensselaer Thayer: *Jacqueline Kennedy: The White House Years*, S. 18f.
6 Igor Cassini mit Jeanne Molli: *I'd Do It All Over Again: The Life and Times of Igor Cassini*, S. 173
7 Oleg Cassini: *In My Own Fashion, An Autobiography*, S. 329
8 John Fairchild, Interview mit der Autorin, 27. März 1998
9 Brief von M. de Givenchy an die Autorin, 17. September 1999
10 Mary Barelli Gallagher, herausgegeben von Frances Spatz Leighton: *My Life with Jacqueline Kennedy*, S. 52
11 JBK an Marita O'Connor, siehe Sotheby's Katalog, 8. April 1998
12 JBK an Oleg Cassini, 13. Dezember 1960, siehe Oleg Cassini: *A Thousand Days of Magic: Dressing Jacqueline Kennedy for the White House*, S. 30
13 JBK, Notiz an Pamela Turnure, siehe Thayer, S. 33f.
14 Laura Bergquist Knebel, mündliche Aufnahme, JFKL
15 Helen Thomas: *Front Row at the White House: My Life and Times*, S. 244
16 Mary Bass Gibson, Columbia, mündliche Aufnahme
17 Eleanor Roosevelt an JBK, 1. Dezember 1960, JFKL
18 JBK an Eve Fout (1960), Mrs. Paul Fout Collection
19 West, S. 236f.
20 Der Ehrenwerte C. S. Whitehouse, Interview mit der Autorin, 1. Mai 1998
21 Mrs. Marie Ridder, Interview mit der Autorin, 1. Mai 1998
22 William Walton, Interview mit Joan und Clay Blair
23 Interview mit der Autorin, 29. Oktober 1997
24 Ebenda
25 Robin Biddle Duke, Interview mit der Autorin, 6. Mai 1998
26 Mrs. Katers Geschichte erschien erstmals in voller Länge im Mai 1963 im *Thunderbolt*, dem Organ der extremistischen, gegen Schwarze gerichteten National States Rights Party, die in Birmingham, Alabama, ansässig ist.
27 William Guthrie, Interview mit der Autorin, 4. November 1997
28 Siehe Cartha »Deke« DeLoach: *Hoovers FBI: The Inside Story by Hoovers Trusted Lieutenant*, S. 29. Diese Akten, bekannt als »offiziell – und – vertraulich«, waren aus leicht ersichtlichen Gründen nur befugten Personen zugänglich.
29 Siehe Richard Gid Powers: *Secrets and Power: The Life of J. Edgar Hoover*, S. 351
30 J. Edgar Hoover, O&C-Akten #17 (Kennedy, Joseph Patrick), Federal Bureau of Investigation, Reading Room, Washington DC (FBI)
31 J. Edgar Hoover, O&C-Akten #96 (Kennedy, John Fitzgerald), Memorandum 13. Juli 1960

32 Vertrauliches Telegramm an J. Edgar Hoover vom SAC Los Angeles, 1. April 1960, FBI
33 Interview mit der Autorin, 28. Oktober 1997
34 Gore Vidal: *Palimpsest: A Memoir*, S. 19
35 Diana DuBois: *In Her Sister's Shadow: An Intimate Biography of Lee Radziwill*, S. 107f.
36 Michael Tree, Interview mit der Autorin, 19. Februar 1998
37 Lord Ashcombe, Interview mit der Autorin, 4. März 1998
38 Interview mit der Autorin, 5. Juni 1997
39 Ebenda
40 Unveröffentliches autobiographisches Manuskript von Dr. Max Jacobsen, mit freundlicher Genehmigung von Mrs. Ruth Jacobson für die Autorin
41 Gallagher, S. 76f.
42 Evelyn Lincoln: *My Twelve Years with John F. Kennedy*, S. 220
43 Janet Travell, mündliche Aufnahme, JFKL
44 Sieh Robert E. Gilbert: *The Mortal Presidents: Illness and Anguish in the White House*, S. 640
45 Gallagher, S. 75

Kapitel 9: Krönung

1 Paul B. Fay jr.: *The Pleasure of His Company*, S. 79
2 Mary Van Rensselaer Thayer: *Jacqueline Kennedy: The White House Years*, S. 64
3 Ebenda, S. 66
4 Ebenda, S. 69
5 Fay, S. 81
6 Siehe John H. Davis: *The Kennedy Clan, Dynasty and Disaster*, S. 266
7 Thayer, S. 90
8 Fay, S. 84
9 Peter Duchin, Interview mit der Autorin, 24. Oktober 1997
10 Joseph W. Alsop zus. m. Adam Platt: *I've seen the Best of It, memoir*, S. 431f.

Kapitel 10: Das Haus des Sonnenkönigs

1 J. B. West mit Mary Lynn Kotz: *Upstairs at the White House: My Life with the First Ladies*, S. 240
2 William V. Elder III., Interview mit der Autorin, 27. April 1998
3 Alsop, Typoskript, S. 637–640, teilweise veröffentlicht in Alsop und Platt, 434f.
4 Richard Nelson, Interview mit der Autorin, 18. Mai 2000
5 Mary Van Rensselaer Thayer: *Jacqueline Kennedy: The White House Years*, S. 108
6 West, S. 235
7 Doris Kearns Goodwin, Interview mit der Autorin, 9. Mai 1998
8 West, S. 235f.
9 Ebenda, S. 234
10 Lee Radziwill, Interview mit der Autorin, 2. November 1997
11 Alastair Forbes, mündliche Aufnahme, JFKL
12 Während des Zweiten Weltkriegs legte die IG Farben all ihre US-Beteiligungen, einschließlich Agfa, Bayer-Leverkusen etc. in der Schweizer Treuhandgesellschaft Interhandel an. Während des Krieges sperrte die US-Regierung »sämtliches deutsche Eigentum«. Arkady Gerney und Stas Radziwill bewegten im Auftrag der Interhandel JFK und RFK dazu, die Sperre aufzuheben und eine Menge Geld zu verdienen. Information durch Alexis Gregory, 3. März 1997
13 West, S. 195f.
14 Ebenda, S. 198
15 Ebenda, S. 200
16 Clark Clifford mit Richard Holbrooke: *Counsel to the President, a memoir*, S. 362. Neben anderer bedeutsamer Hilfestellung, darunter der Erleichterung des Übergangs zwischen der Eisenhower- und der Kennedy-Verwaltung, hatte Clifford auch den Verkauf des Kennedy-Hauses in Georgetown und den Mietvertrag für Glen Ora ausgehandelt.

17 Das Datum war in Wahrheit der 21. Februar – siehe Bericht von Henry F. du Pont, David-Finley-Papiere, Library of Congress.
18 Thayer, S. 283
19 Janet Felton Cooper, Interview mit der Autorin, 27. April 1998
20 William Elder III., Interview mit der Autorin, 27. April 1998
21 James Roe Ketchum, Interview mit der Autorin, 27. April 1998
22 James A. Abbott und Elaine M. Rice: *Designing Camelot: The Kennedy White House Restoration*, S. 21
23 Ebenda, S. 24
24 Ebenda, S.25
25 Ebenda, S. 29
26 Interview mit der Autorin
27 Mrs. Susan Mary Alsop, Interview mit der Autorin, 5. Mai 1997
28 Lorraine Waxman Pearce an Henry du Pont, 13. Dezember 1961, Winterthur Archives, siehe Abbott und Rice, S. 37
29 Interview mit William Elder III.
30 Abbott und Rice, S. 41
31 JBK an Henry du Pont, 20. September 1962, beschrieben in Abbott und Rice, S. 232, 31
32 Siehe Abbott und Rice, S. 83
33 Ebenda, S. 161
34 Ebenda, S. 203f.
35 Die *HMS Resolute*, die zu einer Expedition gehörte, welche 1852 in nördlichen Breitengraden auf die Suche nach Sir John Franklin geschickt worden war, wurde drei Jahre später von einem US-Walfänger geborgen.
36 Siehe Abbott und Rice, S. 114
37 Arthur M. Schlesinger jr. an JBK, 9. Januar 1963, Arthur-M.-Schlesinger-Papiere, Box WH 24, White House Files, JFKL
38 JBK an James T. Babb, 30. April 1963, AMS-Papiere, Box WH 24, White House Files, JFKL
39 Siehe Christopher Ogden: *»Legacy: A Biography of Moses and Walter Annenberg*, S. 375
40 David E. Finley an Mrs. John N. Pearce, 1. Dezember 1961, David-Finley-Papiere, Box 6, MS Division, Library of Congress
41 Mario E. Campioli an Senator Carl Hayden, 8. Januar in der Lyndon B. Jones Library
42 JBK an LBJ, 5. Mai 1963, White House Famous Names File
43 JBK an LBJ, 5. Juni 1962, White House Famous Names File, LBJL
44 James Biddle, Interview mit der Autorin, 15. Februar 1997
45 Interview mit James Felton Cooper
46 Interview mit James Roe Ketchum
47 Interview mit William Elder III.
48 West, S. 209
49 Ebenda, S. 211
50 Ebenda, S. 215
51 Ebenda, S. 216
52 Nancy Tuckerman und Pamela Turnure, mündliche Aufnahme, JFKL
53 Susan Neuberger Wilson, Interview mit der Autorin, 29. April 1998
54 Ebenda
55 Maud Shaw, mündliche Aufnahme, JFKL
56 Ebenda
57 Letitia Baldrige: *In the Kennedy Style: Magical Evenings in the Kennedy White House*, mit Rezepten des Chefkochs des Weißen Hauses René Verdon, S. 50
58 Ebenda
59 Ebenda, S. 69
60 Zitiert nach Baldrige, S. 90
61 Blair Clark, Interview mit der Autorin, 24. April 1997

62 Norman Mailer: *The Presidential Papers*, S. 97
63 Ebenda
64 Richard Naradof Goodwin, Interview mit der Autorin, 9. Mai 1998

Kapitel 11: Amerikas Königin

1 Robin Biddle Duke, Interview mit der Autorin, 6. Mai 1998
2 Letitia Baldrige: *In the Kennedy Style: Magical Evenings in the Kennedy White House*, mit Rezepten des Chefkochs des Weißen Hauses René Verdon, S. 36
3 Aleksandr Fursenko und Timothy Naftali: *One Hell of a Gamble, Khrushchev, Castro, Kennedy 1958–1964*, S. 97
4 AMS-Papiere, Schriftliche Zeugnisse, Box W-7, JFKL
5 Robin Douglas-Home in *Now*, März 1967
6 Ebenda
7 Siehe Marie Brenner: »Carly Simon's Mother Load«, *Vanity Fair*, August 1955
8 Dr. Max Jacobson, unveröffentlichte Erinnerungen
9 M. de Givenchy, Brief an die Autorin, 27. September 1999
10 Sir Piers Dixon an den Earl of Home, 1. Juni 1961, Tel. 191 PRO, PREM, 11/3319, PRO, Kew
11 Anthony Rumbold an den Earl of Home, 7. Juni 1961, PRO, FO 371/160444, PRO, Kew
12 *Time*, 9. Juni 1961
13 Fursenko und Naftali, S. 130
14 »Es wird einen kalten Winter geben«, sagte Kennedy zu Chruschtschow. Ebenda, S. 130
15 Richard Reeves: *President Kennedy: Profile of Power*, S. 172
16 Siehe Alistair Horne: *Macmillan 1975–1986*, S. 303f.
17 Joseph Alsop, mündlich aufgenommenes Interview mit Elspeth Rostow, 18. Juni 1964, JFKL
18 Ebenda
19 Susan Mary Alsop, Interview mit der Autorin, 5. Mai 1997
20 Harold Macmillan, Tagebucheintrag vom 11. Juni 1961. Manuscripts Macmillan dep. 42, Bodleian Library, Oxford
21 Siehe Gore Vidal: *Palimpsest: A Memoir*, S. 371f.
22 Robin Biddle Duke, Interview mit der Autorin, 6. Mai 1998
23 Gore Vidal, Interview mit der Autorin, 30. September 1996
24 Vidal, S. 312
25 Cecil Beaton MS Tagebücher, Beaton Collection, St. John's College, Cambridge
26 Geheimdienst der Vereinigten Staaten: Aufzeichnungen über Termine, Boxes 2–12, JFKL
27 Vidal, S. 312
28 Pamela, Lady Harlech, Interview mit der Autorin, 28. Januar 1997
29 John »Demi« Gates, Interview mit der Autorin, 11. Mai 1997
30 Interview mit Robin Biddle Duke
31 William Guthrie, Interview mit der Autorin, 4. November 1997
32 Interview mit Robin Biddle Duke
33 Ellen Gates D'Oench, Interview, 29. Mai 2000, und Brief an die Autorin
34 Siehe Reeves: *President Kennedy, Profile of Power*, S. 290
35 Seymour M. Hersh: *The Dark Side of Camelot*, S. 389
36 Interview mit der Autorin
37 Brief Adlai Stevensons an Marietta Tree, 10. März 1963, Tree-Papiere, The Arthur & Elizabeth Schlesinger on the History of Women in America, Radcliffe College
38 Gore Vidal, S. 311
39 Interview mit Ellen Gates D'Oench
40 Benno Graziani, Interview mit der Autorin, 27. Juni 1997. C. David Heymann zitiert den Reporter Francis Lara: Dieser habe ihm erzählt, dass Jackie, als sie ihn [Graziani] durch das Weiße Haus führte, die Tür zu einem Büro, in dem zwei Frau-

en bei der Arbeit waren, geöffnet und gesagt habe: »Die beiden sind die Geliebten meines Mannes.« »An der Geschichte ist absolut nichts wahr«, erklärte Graziani gegenüber der Autorin. »Dieser Mann namens Francis Lara, ein französischer Journalist, war Korrespondent in Washington. Ich habe keine Ahnung, warum er das gesagt hat, es trifft überhaupt nicht zu. Ich habe Jackie das gesagt, und sie antwortete: ›Ich weiß, ich weiß, dass du das nicht gesagt hast.‹« Er wiederholte noch einmal: »Jackie hätte das niemals getan.«

41 Interview mit der Autorin
42 Marian Cannon Schlesinger, Interview mit der Autorin, 4. November 1998
43 Pierre Salinger, Interview mit der Autorin, 2. Mai 1998
44 Richard Naradof Goodwin, Interview mit der Autorin, 9. Mai 1998
45 Robin Douglas-Home, *Now,* März 1967
46 Vidal, S. 380
47 Mary Borelli Gallagher: *My Life with Jacqueline Kennedy,* S. 195
48 Ebenda, S. 220f.
49 Ebenda, S. 203
50 Benjamin C. Bradlee: *Conversations with Kennedy,* S. 118
51 Ebenda, S. 122
52 Benjamin C. Bradlee: *A Good Life: Newspapering and Other Adventures,* S. 229f.
53 Blair Clarke, Interview mit der Autorin, 24. April 1997
54 Im Zuge seines Langzeitstreits mit Vidal behauptete Truman Capote später in einem Interview 1975 mit dem *Playboy*, Vidal sei im wahrsten Sinne des Wortes aus dem Weißen Haus hinausgeworfen worden und dies habe ihm Lee erzählt. Das führte zu einer Klage und schließlich, nachdem Capote sich entschuldigt und seine Behauptung zurückgenommen hatte, zu einer außergerichtlichen Einigung.
55 Vidal, S. 380
56 Ebenda, S. 364
57 Interview mit Richard Naradof Goodwin
58 Jeffrey Potter: *Men, Money and Magic: The Story of Dorothy Schiff,* S. 292
59 Vidal, S. 365

Kapitel 12: Salattage

1 Edna O'Brien, *Independent on Sunday,* 22. Mai 1994
2 Helen Thomas: *Front Row at the White House: My Life and Times,* S. 247
3 John Kenneth Galbraith: *Ambassador's Journal, A Personal Account of the Kennedy Years,* S. 246f.
4 Ebenda, S. 247
5 Ebenda, S. 249
6 Arthur M. Schlesinger jr.: *A Thousand Days: John F. Kennedy in the White House,* S. 188
7 Galbraith, S. 251
8 Ebenda, S. 270
9 Ebenda, S. 326
10 Ebenda
11 Seine Hoheit, der Radschmata von Jaipur, Interview mit der Autorin, 23. Juli 1997
12 Galbraith, S. 300
13 J. K. Galbraith, Interview mit der Autorin, 24. November 1997
14 Kitty Galbraith, Interview mit der Autorin, 24. November 1997
15 Interview mit J. K. Galbraith
16 Truman Capote an Cecil Beaton, 9. Februar 1962, Cecil Beaton Collection, St. John's College, Cambridge
17 Benno Graziani, Interview mit der Autorin, 27. Juni 1997
18 Interview mit J. K. und Kitty Galbraith
19 Diana DuBois: *In Her Sister's Shadow: An Intimate Biography of Lee Radziwill,* S. 139
20 Dass der Vatikan es vorgezogen hätte, diese nicht eben rühmlichen Verfahren geheim zu halten, wurde deutlich, als die italienische Polizei am 12. November 1967

die gesamte Auflage eines Magazins namens ABC konfiszierte, das einen detaillierten Bericht enthielt. Siehe DuBois, S. 112–120

21 Marie Ridder, Interview mit der Autorin, 1. Mai 1998
22 Nancy Dickerson: *Among Those Present: A Reporter's View of Twenty-five Years in Washington*, S. 110f.
23 Patricia Seaton Lawford mit Ted Schwartz: *The Peter Lawford Story: Life with the Kennedys, Monroe and the Rat Pack*, S. 159f.
24 J. Edgar Hoover, O&C-Akten #9 Robert F. Kennedy, 14. Juni 1965, FBI
25 Siehe Seymour M. Hersh: *The Dark Side of Camelot*, Interview mit Exner, S. 314
26 Gerüchte, die Kennedys wären in irgendeiner Form für ihren Tod verantwortlich gewesen, werden von Monroes neuester, verlässlicher Biographin Barbara Leaming als keiner Erwähnung würdig ignoriert.
27 John »Demi« Gates, Interview mit der Autorin, 11. Mai 1997
28 Nina Burleigh: *A Very Private Woman: The Life and Unsolved Murder of Presidential Mistress Mary Meyer*, S. 170
29 Philip und Cecilia Geyelin, Interview mit der Autorin, 27. April 1998
30 Burleigh, S. 213
31 Ebenda, S. 216
32 Schlesinger, S. 650f.
33 Ebenda, S. 643f.
34 Ebenda, S. 644, 646f.
35 Ebenda, S. 646
36 Paul B. Fay jr.: *The Pleasure of His Company*, S. 163
37 Richard Reeves: *President Kennedy, Profile of Power*, S. 347
38 Viscount Hambleden, Interview mit der Autorin, 4. Dezember 1996
39 Irene Galitzine: *Dalla Russia Alla Russia, Memorie di Irene Galitzine, Raccolte da Cinzia Tani*, S. 158
40 Drew-Pearson-Papiere, LBJL
41 Laurence Leamer: *The Kennedy Women: The Triumph and Tragedy of America's First Family*, S. 670f.
42 J. Edgar Hoover, O&C-Akten, Hoover-Memorandum für persönliche Akten, 22. November 1961, FBI
43 Marion Oates »Oatsie« Leiter Charles, Interview mit der Autorin, 5. Mai 1997
44 Siehe Clark Clifford mit Richard Holbrooke: *Counsel to the President: A Memoir*, S. 365
45 Benjamin C. Bradlee: *Conversations with Kennedy*, S. 49
46 Brief von Mrs. Elizabeth Coxe Spalding an die Autorin, datierend vom 7. Juli 1999, im Anschluss an ein Telefoninterview vom 3. Juli 1999
47 Interview mit Oatsie Charles
48 Drew-Pearson-Papiere, Akte 22, LBJL
49 Mary Barelli Gallagher: *My Life With Jacqueline Kennedy* (herausgegeben von Frances Spatz Leighton), S. 218
50 Mrs. Lyndon B. Johnson, Interview mit der Autorin, 4. Mai 1998
51 Mrs. Elizabeth Carpenter, Interview mit der Autorin, 4. Mai 1998
52 August Heckscher, mündliche Aufnahme, JFKL
53 William Walton, Interview für den CBS
54 J. C. Warnecke, Interview mit der Autorin, 16. Mai 1998
55 Interview mit William Walton
56 Interview mit J. C. Warnecke
57 JBK an Bernard L. Boutin, 3. Juni 1962, Bernard-Boutin-Papiere, New Hampshire Historical Society
58 Bezüglich der Kennedy-Tonbänder zur Raketen-Krise siehe Ernest R. May und Philip D. Zelikow (Herausgeber): *The Kennedy Tales: Inside the White House During the Cuban Missile Crisis*; siehe auch Aleksandr Fursenko und Timothy Naftali: *One Hell of a Gamble, Khrushchev, Castro und Kennedy, 1958–1964*
59 David Harlech, mündliche Aufnahme, JFKL

60 Robin Douglas-Home, *Now*, März 1967
61 Susan Mary Alsop, Interview mit der Autorin, 5. Mai 1997
62 Benno Graziani, Interview mit der Autorin, 27. Juni 1997
63 Harlech, mündliche Aufnahme, JFKL. Ormsby-Gores Urteil über Kennedys Umgang mit der Kuba-Raketen-Krise wird durch die beiden neuesten Publikationen bestätigt: May und Zelikow: *The Kennedy Tapes* und Fursenko und Naftali: *One Hell of a Gamble*, die sowohl auf US- als auch auf russischen Archiven basieren
64 Robin Douglas-Home, *Now*, März 1967
65 Interview mit Senator und Mrs. Claiborne Pell, 2. Mai 1998

Kapitel 13: Rendezvous mit dem Tod

1 Alan Seeger
2 Mary Barelli Gallagher: *My Life with Jacqueline Kennedy* (herausgegeben von Frances Spatz Leighton), S. 234
3 Letitia Baldrige an Clare Boothe Luce, 8. Januar 1963, Clare-Boothe-Luce-Papiere, Box 39, Library of Congress
4 Letitia Baldrige, telefonisches Interview mit der Autorin, 2. Mai 1997
5 J. B. West mit Mary Lynn Kotz: *Upstairs at the White House: My Life with the First Ladies*, S. 265
6 John Fairchild, Interview mit der Autorin, 27. März 1998
7 Mary Van Rensselaer Thayer: »First Lady Will Be ›Found Laughing with Tucky‹«, *Washington Post*, 23. Februar 1963
8 Benno Graziani, Interview mit der Autorin, 27. Juni 1997
9 Bernard L. Boutin an JBK, 25. Januar 1963, Boutin-Papiere, New Hampshire Historical Society
10 JBK an Boutin, 30. Januar 1963 und 7. April 1963, Boutin-Papiere, New Hampshire Historical Society
11 Richard Naradof Goodwin, Interview mit der Autorin, 9. Mai 1998
12 Brief von Burke Marshall an die Autorin, 19. Februar 1998
13 Siehe Notiz von Letitia Baldrige an Ralph Dungan, 17. Mai 1963: »Wir haben es zu einer festen Regel gemacht, zumindest drei Paare schwarzer Herkunft zu allen offiziellen Dinner- oder Lunch-Veranstaltungen einzuladen ...« White House, Gesellschaftsakten, 946, JFKL
14 Benjamin C. Bradlee: *Conversations with Kennedy*, S. 167–169
15 Ebenda, S. 170
16 Benjamin C. Bradlee: *A Good Life: Newspapering and Other Adventures*, S. 240
17 Bradlee: *Conversations*, S. 191
18 Ebenda, S. 160
19 Maud Shaw, mündliche Aufnahme, JFKL
20 Bradlee: *Conversations*, S. 161
21 Maud Shaw, mündliche Aufnahme, JFKL
22 Basil-Rathbone-Papiere, Box 8, Boston University
23 JBK an Rathbone, siehe David C. Heymann: *A Woman Named Jackie*, Ausgabe von 1994, S. 377f.
24 Bradlee: *Conversations*, S. 195
25 Ebenda, S. 197
26 Ebenda, S. 201f.
27 Katharine Graham: *Personal History*, S. 337
28 Bradlee: *Conversations*, S. 195
29 Am 9. Januar 1964 wurden Cassini und seine beiden Partner zu einer Geldstrafe von je $ 10 000 verurteilt; verhängt wurde eine sechsmonatige Bewährung.
30 Elspeth Rostow, Interview mit der Autorin, 4. Mai 1998
31 Nancy Tuckerman und Pamela Turnure, mündliche Aufnahme, JFKL
32 Paul B. Fay jr., Interview mit der Autorin, 4. Mai 1998
33 Gallagher, S. 262
34 Evelyn Lincoln: *My Twelve Years With Kennedy*, S. 355

35 Bradlee: *Conversations*, S. 206
36 Ebenda, S. 208
37 Pamela Turnure, mündliche Aufnahme, JFKL
38 Irene Galitzine: *Dalla Russia Alla Russia, Memorie di Irene Galitzine, Raccolte da Cinzia Tani*, S. 167
39 Mrs. Suzanne Kloman, Interview mit der Autorin, 8. April 1998
40 Interview mit der Autorin, 6. April 1998
41 Peter Evans: *Ari: The Life and Times of Aristotle Socrates Onassis*, S. 26
42 Ebenda, S. 102
43 Ebenda, S. 195
44 *Time*, 11. Oktober 1963
45 Bradlee: *Conversations*, S. 219
46 Taki Theodoracopulos, Interview mit der Autorin, 20. März 1997
47 Galitzine, S. 169
48 Robert White, telefonisches Interview mit der Autorin, 22. Juni 1998
49 JBK an JFK, Oktober 1963. Siehe *Stern*, März 1968
50 Coates Redmon, Interview mit der Autorin, 28. April 1998
51 Richard Reeves: *President Kennedy: Profile of Power*, S. 565
52 Ebenda
53 Nelson D. Lankford: *The Last American Aristocrat: The Biography of David K.E. Bruce, 1898–1977*, S. 321
54 JBK an Harold Macmillan, zitiert nach Alistair Horne: *Macmillan 1957–1986*, Band II, S. 514
55 Horne, ebenda
56 J. Edgar Hoover, O&C Akten, Sitzungsnotizen, datierend vom 2. Juli 1963, an Hoover weitergeleitet von C. A. Evans, 3. Juli 1963, FBI
57 J. Edgar Hoover, O&C-Akten. Der Fall Keeler–Profumo war passenderweise unter dem Namen »Smokingfliege« bekann. Wie es scheint, haben Hoovers Mitarbeiter intensive Versuche unternommen, Verbindungen zwischen JFK und dem Callgirl-Ring des Harry Alan Towers zu durchleuchten.
58 Als Nachhall des Profumo-Falles bekam »Gloria« »einen der russischen Diplomaten dran und war bereit, ihn mitsamt Fotos und dem ganzen Drum und Dran auszuliefern«. Cartha »Deke« DeLoach: *Hoover's FBI, The Inside Story by Hoover's Trusted Lieutenant*, S. 38
59 Bradlee: *Conversations*, S. 230
60 William Manchester: *The Death of a President: November 20–November 25 1963*, S. 9
61 Galitzine, S. 170
62 Ebenda, S. 173
63 Robin Douglas-Home, *Now*, März 1967
64 Charles Bartlett, mündliche Aufnahme, JFKL
65 Laura Bergquist Knebel, mündliche Aufnahme, 1. August 1977
66 Manchester, S. 11, 18f.
67 Interview mit der Autorin, 29. Oktober 1997
68 Elizabeth Forsling Harris, Interview mit der Autorin, 20. April 1998
69 Manchester, S. 10
70 Lincoln, S. 365f.
71 Galitzine, S. 173
72 Mary Barelli Gallagher: *My Life with Jacqueline Kennedy*, S. 280
73 Ebenda, S. 282
74 Manchester, S. 82
75 Ebenda, S. 84
76 Ebenda, S. 87
77 Ebenda, S. 114
78 Gallagher, S. 286
79 Manchester, S. 116, 117, 119–120
80 Ebenda, S. 121

81 Ebenda, S.130
82 John Conally, Gouverneur von Texas: »Why Kennedy went to Texas«, *Life*, 17. November 1967, S. 104
83 Manchester, S. 154
84 Zeugenaussage von Mrs. John F. Kennedy, Freitag, 5. Juni 1964, *Hearings Before the President's Commission on the Assassination of President Kennedy*, Band V, 1964
85 Manchester, S. 158
86 Ebenda, S. 159
87 Ebenda, S. 161

Kapitel 14: Zivilcourage

1 Lady Bird Johnson: *A White House Diary*, S. 4
2 William Manchester: *The Death of a President: November 20 – November 25 1963*, S. 171
3 Elizabeth Forsling Harris, Interview mit der Autorin, 20. April 1998
4 Ebenda
5 Manchester, S. 185f.
6 Vizeadmiral George Gregory Burkley (MC) USN, mündliche Aufnahme, 8. April 1969, JFKL
7 Lady Bird Johnson, S. 50
8 Jack Valentini, Interview mit der Autorin, 12. Mai 1998
9 Elizabeth Forsling Harris, Fax an die Autorin, 3. Juni 1998
10 Vernon Oneal, der Bestattungsunternehmer aus Dallas, der den Sarg des Modells »Britannia« lieferte, war besorgt, die hellgrüne Satinauskleidung könne befleckt werden. Eine Lage Plastikplanen wurde benutzt, um den Sarg auszulegen, in eine weitere wurde der Leichnam gewickelt. Sieben Lagen eines Gummimaterials umgaben Kennedys zerstörten Kopf. Der Sarg, der auf dem Transport beschädigt worden war, wurde nicht für die Bestattung benutzt und wurde am 18. Februar 1967 auf Befehl Bobby Kennedys vor der Maryland-Delaware-Küste aus einem Marineflugzeug aus 3000 Metern Höhe ins Meer geworfen.
11 Jack Valentini, Interview
12 William Manchesters Bericht vom Rückflug aus Dallas betont die Entfremdung zwischen den Anhängern Kennedys und den Anhängern Johnsons. Sowohl Powers in seinen Erinnerungen an Kennedy als auch Valentini in einem Interview mit der Autorin bestreiten, dass dem so war. Als Ausnahme wird einzig Godfrey McHugh genannt, der seiner Karriere ein vorzeitiges Ende setzte, indem er während Johnsons Anhörung ausrief: »Mein Präsident ist da hinten in dieser Kiste!«
13 Kenneth P. O'Donnell und David F. Powers mit Joe McCarthy: *Johnny, We Hardly Knew You, Erinnerungen an John Fitzgerald Kennedy*, S. 42f.
14 Manchester, S. 378
15 Siehe C. David Heymann: *RFK: A Candid Biography of Robert F. Kennedy*, S. 350
16 Manchester, S. 406
17 Ebenda, S. 507
18 Ebenda, S. 416
19 Janet Auchincloss, mündliche Aufnahme, JFKL
20 Maud Shaw: *White House Nannie: My Years with Caroline and John Kennedy jr.*, S. 20
21 Manchester, S. 409
22 Ebenda, S. 418
23 Ebenda, S. 435
24 Ebenda, S. 443f.
25 Janet Auchincloss, mündliche Aufnahme
26 Manchester, S. 491
27 Ebenda, S. 503f.
28 Ebenda, S. 517
29 Ebenda, S. 518
30 Ebenda, S. 534

31 Ebenda, S. 542
32 Ebenda, S. 546
33 Ebenda, S. 590
34 Ebenda, S. 603

Kapitel 15: Die Ritter von Camelot

1 Nigel Hamilton
2 JBK an LBJ, 26. November 1963, LBJL, siehe Merle Miller: *Lyndon, An Oral Biography,* S. 335
3 Siehe Jeff Shesol: *Mutual Contempt: Lyndon Johnson, Robert Kennedy and the Feud That Defined a Decade,* S. 104
4 Siehe Jan Jarboe Russell: *Lady Bird, A Biography of Mrs. Johnson,* S. 231
5 LBJ an JBK, 1. Dezember 1963, LBJL
6 Charles Bartlett, Interview mit der Autorin, 6. Mai 1997
7 Jacqueline Kennedy Onassis, mündliche Aufnahme, LBJL
8 Jarboe Russell, S. 230–33, Zitat nach einem von Johnsons Sekretärin aufgenommenen Tonband
9 LBJ, Telefongespräch mit JBK, Aufnahme K6312.14 (Nr. 9), 21. Dezember 1963, 18.55 Uhr, LBJL
10 LBJ, Telefongespräch mit Pierre Salinger, Aufnahme K3612.16 (Nr. 5), 23. Dezember 1963, LBJL
11 JBK, Telefongespräch mit LBJ, Aufnahme K64.01 (Nr. 4), 9. Januar 1964, LBJL
12 Hand- und maschinegeschriebene Notizen von Theodore Whites »Camelot«-Interview mit JBK, Theodore-White-Papiere, Box 40, JFKL
13 Ebenda
14 Ebenda
15 Theodore White, Interview mit C. David Heymann: *A Woman Named Jackie,* Ausgabe von 1994, S. 419
16 Karen Lerner, telefonisches Interview mit der Autorin, 4. Dezember 1998
17 Pierre Salinger, Interview mit der Autorin, 2. Mai 1998
18 Maud Shaw: *White House Nannie: My Years with Caroline and John Kennedy jr.,* S. 167f.
19 Theodore-White-Papiere, Box 40, JFKL
20 Shaw, S. 31
21 Mary B. Gallagher: *My Life with Jacqueline Kennedy* (herausgegeben von Frances Spatz Leighton), S. 303
22 Shaw, S. 165
23 Ebenda, S. 165f.
24 Theodore-White-Papiere, Box 40, JFKL
25 Zitiert nach Heymann, S. 426
26 Gallagher, S. 312
27 Ebenda
28 Ebenda, S. 327
29 Ebenda, S. 328f.
30 Cecil Beaton, unveröffentlicher Abschnitt des Tagebuchs, Juni 1968, Cecil Beaton Collection, St. John's College, Cambridge
31 Diana Vreeland an Cecil Beaton, ohne Datum, Cecil Beaton Collection, St. John's College, Cambridge
32 Benjamin Bradlee: *A Good Life: Newspapering and Other Adventures,* S. 262
33 Ebenda, S. 263
34 Charles Bartlett, Interview mit der Autorin, 6. Mai 1997
35 William vanden Heuvel, Interview mit der Autorin, 1. April 1998
36 Interview mit Charles Bartlett
37 Siehe Heymann, S. 448
38 Robin Biddle Duke, Interview mit der Autorin, 6. Mai 1998
39 Elizabeth Coxe Spalding, Interview mit der Autorin, 29. April 1998

40 Interview mit Robin Biddle Duke
41 Interview mit der Autorin
42 Interview mit der Autorin, 28. Oktober 1997
43 Interview mit der Autorin, 4. Dezember 1998
44 Joseph W. Alsop mit Adam Platt: *I've Seen the Best Of It: Memoirs*, S. 464
45 Joseph Alsop, maschinegeschriebene Erinnerungen
46 Interview mit der Autorin, 11. Mai 1998
47 Arthur M. Schlesinger jr.: *Robert Kennedy and His Times*, S. 611
48 Bezüglich Waltons Moskauer Mission und der KGB-Analyse zur Theorie einer Verschwörung von rechts siehe Aleksandr Fursenko und Timothy Naftali: *One Hell of a Gamble, Khrushchev, Castro and Kennedy, 1958–1964*, S. 344–49
49 Richard Naradof Goodwin, Interview mit der Autorin, 9. Mai 1998
50 Siehe Schlesinger, S. 612
51 Ebenda, S. 613
52 Siehe C. David Heymann: *RFK, A Candid Biography of Robert F. Kennedy*, S. 354
53 J. C. Warnecke, Interview mit der Autorin, 16. Mai 1998
54 Schlesinger, S. 618
55 Siehe Edith Hamilton: *The Great Age of Greek Literature*, einschließlich des Materials, das bereits 1930 unter dem Titel *The Greek Way* veröffentlicht worden war.
56 Gore Vidal: *Palimpsest: A Memoir*, S. 311
57 Schlesinger, S. 654
58 Interview mit Charles Bartlett
59 Bezüglich dieser beiden Gespräche siehe Michael R. Beschloss: *Taking Charge: The Johnson White House Tapes, 1963–1964*, S. 125, 128
60 Ebenda, S. 451
61 Robert McNamara, Telefongespräch mit LBJ, 13. August 1964, in Beschlosss, S. 514
62 Edward Kennedy, Telefongespräch mit LBJ, 13. August 1964, in Beschloss, S. 514
63 Interview mit Willian vanden Heuvel
64 An dem Tag, an dem sie aus der N Street auszog, schickte sie Muggsy O'Leary mit einer Gold- und Türkis-Brosche als Geschenk zu Mary Gallagher, die darüber große Freude bekundete. Dennoch sollte sich ein bitterer Ton durch die Erinnerungen ziehen, die Gallagher mit Frances Spatz Leighton verfasste und fünf Jahre später veröffentlichte.
65 JBK an Macmillan, 31. Januar 1964, Macmillan-Manuskripte, dep. C. 553, Bodleian Library, Oxford
66 Kitty Carlisle Hart, Interview mit der Autorin, 11. März 1997
67 William Manchester: *Controversy and Other Essays in Journalism*, S. 6
68 Ebenda, S. 11
69 Harlech an Macmillan, 2. Juni 1964, Macmillan-Manuskripte, dep. C. 553, Bodleian Library, Oxford
70 Laura Bergquist Knebel, mündliche Aufnahme, 8. Dezember 1965, JFKL
71 Laura Bergquist Knebel, Sachakten zu Kennedy, Box 1-2, Boston University, Library
72 Ebenda
73 Solange Herter, Interview mit der Autorin, 11. Mai 1998
74 Jeffrey Potter: *Men, Money and Magic: The Story of Dorothy Schiff*, S. 291–295

Kapitel 16: La Dolce Vita

1 Theodore C. Sorensen, Interview mit der Autorin, 6. Mai 1998
2 Vertrauliches Interview mit der Autorin
3 Interview mit der Autorin
4 Taki Theodoracoupolos, Interview mit der Autorin, 20. März 1997
5 Bezieht sich auf Fisher, der Debbie Reynolds für Elizabeth Taylor verließ
6 Doris Kearns Goodwin, Interview mit der Autorin, 9. Mai 1998
7 J. C. Warnecke, Interview mit der Autorin, 16. Mai 1998
8 Lady Antonia Fraser, Interview mit der Autorin, 22. November 1996
9 Ebenda

10 JBK an Macmillan, 17. Mai 1965, Macmillan-Papiere, Macmillan-Manuskripte, dep. C. 553, Bodleian Library, Oxford
11 Maud Shaw: *White House Nannie: My Years with Caroline and John Kennedy jr.*, S. 201–203
12 Paul B. Fay jr., telefonisches Interview mit der Autorin, 30. Juni 1998
13 Interview mit Theodore Sorensen
14 Arthur M. Schlesinger jr. an Robert F. Kennedy, 4. September 1965, AMS-Papiere, schriftliche Zeugnisse, Box W-7, JFKL
15 Arthur M. Schlesinger jr.: *Robert Kennedy and his Times*, S. 817
16 Ebenda, S. 808
17 J. K. und Kitty Galbraith, Interview mit der Autorin, 4. November 1997
18 John Pierrepont, Interview mit der Autorin, 1. November 1997
19 Siehe Cary Reich: *Financier: The Biography of André Meyer, A Story of Money, Power and the Reshaping of American Business*, S. 81
20 Ebenda, S. 250
21 Ebenda, S. 252
22 Ebenda
23 Señora Teresa Cárcano, telefonisches Interview mit der Autorin, Frühling 2000
24 Interview mit J. C. Warnecke
25 Ebenda
26 William Manchester: *Controversy and Other Essays in Journalism*, S. 39
27 William Atwood, mündliche Aufnahme, University of Columbia in the City of New York
28 Manchester, S. 60
29 Richard Naradof Goodwin, Interview mit der Autorin, 9. Mai 1998
30 Am 17. Juni 1968, kurz nach Bobbys Tod, schrieb Jackie Manchester einen emotionalen Brief, der fünf handgeschriebene Seiten umfasste und mit der Anrede »Lieber Bill« überschrieben war. Darin erklärte sie ihm, wie hoch seine Taten geschätzt würden und dass »mein geliebter Schwager« sie gehindert habe, ihm zu schreiben und dies mitzuteilen, da er selbst Manchester habe schreiben und dafür danken wollen, dass dieser »die Tafel der Vergangenheit abgewischt« und die »Großzügigkeit zu solcher Hochherzigkeit und einem solchen Opfer« aufgebracht habe. Eine Kopie dieses Briefes wurde der Autorin von Professor Manchester freundlicherweise zur Verfügung gestellt.

Kapitel 17: Odysseus

1 Siehe Kiki Feroudi Moutsatsos mit Phyllis Karas: *The Onassis Women: An Eyewitness Account*, S. 3
2 Die Entscheidung wurde getroffen, ehe Warneckes Beziehung zu Jackie begann. Warneckes Beteiligung an JFKs Projekten in Washington, seine Arbeit für Teddy, Bobby und die Arlington-Kommission wären Gründe genug gewesen, Waltons Ansicht zu rechtfertigen.
3 I. M. Pei, Interview mit der Autorin, 23. April 1998
4 Mrs. Peggy McDonnell Walsh, Interview mit der Autorin, 23. April 1998
5 Der ehrenwerte Desmond Guinness, Interview mit der Autorin, August 1998. Eine Fußnote zu dieser Geschichte ereignete sich im darauf folgenden Januar 1968. Guinness hatte vor, die auf Castletown aufgenommenen Bilder mit Jackies Erlaubnis am Stand der Society auf dem New York Antiques Fair zu zeigen. »Und dann sagten die Leute, die den Antiques Fair aufziehen: ›O Gott, nein, wir können unmöglich ein Bild von Mrs. Kennedy ausstellen, denn wir sind im Wahljahr und das wäre eine politische Geste …‹«
6 Siehe C. David Heymann: *A Woman Named Jackie*, Ausgabe von 1994, S. 471f.
7 Siehe Diana DuBois: *In Her Sister's Shadow: An Intimate Biography of Lee Radziwill*, S. 184
8 Lord Harlech an Joseph Alsop, 18. Juni 1967, Joseph-Alsop-Papiere, Box 130, Library of Congress

9 Coates Redmon, Interview mit der Autorin, 28. April 1998
10 Pamela, Lady Harlech, Interview mit der Autorin, 28. Januar 1999
11 Lord Jenkins of Hillhead, Interview mit der Autorin, 6. November 1996
12 Interview mit der Autorin
13 Siehe Cecil Beaton, Tagebucheintrag, 6. Juni 1968, Cecil Beaton Collection, St. John's College, Cambridge
14 *Ladies Home Journal*, Juni 1968
15 Pamela, Lady Harlech, Interview mit der Autorin, 28. Januar 1999
16 Mrs. Roswell Gilpatric, Interview mit der Autorin, 7. November 1999
17 Siehe Heymann, S. 477
18 Taki Theodoracopoulos, Interview mit der Autorin, 20. März 1997
19 Moutsatsos, S. 69
20 George Loudon, Interview mit der Autorin, 18. Juli 1998
21 JBK an RFK, zitiert in Schlesinger, S. 845 ff.
22 Siehe Arthur Schlesinger: *Robert Kennedy and His Times*, S. 857
23 Ebenda, S. 874
24 Ebenda, S. 878
25 Joan Thring, Interview mit der Autorin, 11. Februar 1998
26 Cecil Beaton, Tagebucheintrag vom 19. Februar 1968, Cecil Beaton Collection, St. John's College, Cambrige
27 Robin Douglas-Home, *Now*, März 1967
28 Interview mit Joan Thring
29 Ebenda
30 Ebenda
31 Cecil Beatons Bericht über ein Gespräch mit Lee nach dem Dinner am 6. Juni, Cecil Beaton Collection, St. John's College, Cambridge
32 Heymann, S. 484
33 Richard Naradof Goodwin, Interview mit der Autorin, 9. Mai 1998
34 Ebenda
35 Lady Bird Johnson: *A White House Diary*, S. 684
36 Mrs. Lyndon B. Johnson, Interview mit der Autorin, 4. Mai 1998
37 Siehe Heymann, S. 485
38 Siehe C. David Heymann: *RFK, A Candid Biography of Robert F. Kennedy*, S. 511
39 William vanden Heuvel, Interview mit der Autorin, 1. April 1998
40 Rose Kennedy: *Times to Remember: An Autobiography*, S. 446–447
41 Peter Evans: *Ari: The Life and Times of Aristotle Socrates Onassis*, S. 218
42 Mary Tyler McClenahan, Interview mit der Autorin, 7. November 1997
43 Cary Reich: *Financier: The Biography of André Meyer, A Story of Money, Power and the Reshaping of American Business*, S. 254
44 Siehe Gerald Clarke: *Capote: A Biography*, S. 384
45 Prinzessin Luciana Pignatelli, Interview mit der Autorin, 23. Juni 1998
46 Jeffrey Potter: *Men, Money and Magic: The Story of Dorothy Schiff*, S. 313
47 Siehe Arianna Stassinopoulos: *Maria: Beyond the Callas Legend*, S. 249
48 Ebenda, S. 234
49 Interview mit Joan Thring
50 Moutsatsos mit Karas, S. 5
51 Clarke, S. 384
52 Marina Tchomlekdjoglou Dodero, Interview mit der Autorin, 18. Juni 1998
53 Pierre Salinger, Interview mit der Autorin, 2. Mai 1998
54 Nancy Mitford an Cecil Beaton, 24. Oktober 1968: »Als der General die Witwe Kennedy vor zwei Jahren sah, sagte er zu Gaston [Palewski]: *»au fond c'est une vedette – tout finira dans le yacht d'un millionaire«*, Cecil Beaton Collection, St. John's College, Cambridge
55 Interview mit Marina Tchomlekdjoglou Dodero
56 Interview mit Michael Tree
57 Moutstatsos mit Karas, S. 121

Kapitel 18: »Ein verrückter Traum«

1 Feroudi Moutsatsos mit Phyllis Karas: *The Onassis Women: An Eyewitness Account*
2 Michael Bentley, Interview mit der Autorin, 10. März 1997
3 Moutsatsos mit Karas, S. 186
4 Robert Sutherland: *Maria Callas: Diaries of a Friendship*, S. 121
5 Moutsatsos mit Karas, S. 145
6 Ebenda, S. 145
7 Ebenda, S. 225
8 Interview mit der Autorin, 26. Juni 1997
9 Professor Robert Pounder, Interview mit der Autorin, 21. April 1998
10 Gore Vidal, Interview mit der Autorin, 30. September 1996
11 Interview, 26. Juni 1997
12 Moutsatsos mit Karas, S. 156
13 Interview mit einer dem Onassis-Kreis angehörigen Person, die anonym zu bleiben wünscht
14 Interview mit der Autorin, 26. Juni 1997
15 Alexis Gregory, Interview mit der Autorin, 3. Mai 1997
16 Interview mit der Autorin, 26. Juni 1997
17 Damaris, Lady Stewart, Interview mit der Autorin, 2. Juni 1997
18 Brief von Patrick Leigh Fermor an die Autorin, 2. September 1997
19 Interview mit der Autorin, 26. Juni 1997
20 Moutsatsos mit Karas, S. 107
21 Ebenda, S. 117
22 Ebenda, S. 176f.
23 Ebenda, S. 177
24 Interview mit der Autorin, 26. Juni 1997
25 Interview mit Marina Tchomlekdjoglou Dodero, 18. Juni 1998
26 Interview mit der Autorin, 26. Juni 1997
27 Interview mit Marina Tchomlekdjoglou Dodero
28 Interview mit der Autorin, 26. Juni 1997
29 Vorwort von John F. Kennedy jr. für Marta Sgubin und Nancy Nicholas: *Cooking for Madam: Recipes and Reminiscences from the House of Jacqueline Kennedy Onassis*
30 Doris Kearns Goodwin, Interview mit der Autorin, 9. Mai 1998
31 Siehe Peter Collier und David Horowitz: *The Kennedys: An American Drama*, S. 478

Kapitel 19: Der Fluch des Hauses Onassis

1 JBK an Ros Gilpatric (Oktober 1968), *Time*, 23. Februar 1970 und später
2 Peter Evans: *Ari: The Life and Times of Aristotle Socrates Onassis*, S. 261
3 Kiki Feroudi Moutsatsos mit Phyllis Karas: *The Onassis Women: An Eyewitness Account*, S. 211
4 Ebenda, S. 211
5 Marina Tchomlekdjoglou Dodero, Interview mit der Autorin, 18. Juni 1998
6 Evans, S. 232
7 Ebenda, S. 238
8 Michael Tree, Interview mit der Autorin, 19. Februar 1998
9 Peter Beard an Steven M. L. Aronson, 1. August 1971
10 Interview mit Marina Tchomlekdjoglou Dodero
11 Moutsatsos mit Karas, S. 125
12 Interview mit Michael Tree
13 Lord Ashcombe, Interview mit der Autorin, 4. März 1998
14 Peter Beard, telefonisches Interview mit der Autorin, 31. Oktober 1997
15 Peter Beard, Interview mit Steven M. L. Aronson, mit freundlicher Genehmigung von Steven M. L. Aronson an die Autorin
16 Peter Beard, telefonisches Interview
17 Peter-Beard-Interview mit Steven M. L. Aronson
18 Interviews mit Aronson und Peter Beard

19 Interview mit Peter Beard
20 JBKs Nachwort zu Peter Beards *Longing for Darkness.* Als das Buch 1975 in Druck ging, versuchte Jackie über ihre Anwälte, ihre Einleitung zurückzuziehen, da sie sich mit Peter Beard inzwischen zerstritten hatte. Sie warf ihm vor, er nutze ihre Unterstützung für eine Ausstellung von Carolines fotografischen Arbeiten in seinem Fotolabor Lexington Labs in Manhattan aus. Die Verleger lehnten dies ab, und dies wurde ihre erste veröffentlichte Arbeit seit »Frühlingsfieber«, somit die erste allgemeine Veröffentlichung.
21 Moutsatsos mit Karas, S. 248
22 Gore Vidal, Interview mit der Autorin, 30. September 1996
23 Benno Graziani, Interview mit der Autorin, 27. Juni 1997
24 Interview mit Gore Vidal
25 Moutsatsos mit Karas, S. 239f.
26 Ebenda, S. 240
27 Informationen in Bezug auf die rechtlichen Angelegenheiten zwischen Jackie und Onassis sowie später Christina wurden, falls nicht anders angegeben, durch vertrauliche Quellen bezogen.
28 Evans, S. 268
29 Ebenda, S. 266f.
30 Reinaldo Herrera, Interview mit der Autorin, 24. April 1997
31 Interview mit der Autorin, 26. Juni 1997
32 Siehe Evans, S. 272. Auf die Bitte der Autorin um ein Interview antwortete die Baronin Thyssen, sie sei nicht bereit, über Jacqueline Kennedy Onassis zu sprechen, denn »wir sind uns nur ein einziges Mal begegnet. Und glauben Sie mir, wenn ich Ihnen sage: Was dort besprochen wurde, möchten Sie lieber nicht wissen.« Brief an die Autorin, 12. Juli 1998
33 Interview mit der Autorin, 26. Juni 1997
34 Interview mit Marina Tchomlekdjoglou Dodero

Kapitel 20: Griechisches Labyrinth

1 Pierre Salinger, Interview mit der Autorin, 2. Mai 1998
2 Solange Batsell Herter, Interview mit der Autorin, 11. Mai 1998
3 Siehe Pierre Salinger: *P.S.: A Memoir,* S. 211
4 Jay Mellon, Interview mit der Autorin, 23. Oktober 1997
5 Karen Lerner, Interview mit der Autorin, 4. Dezember 1998
6 Aileen Mehle: »The Jackie I Knew«, *Good Housekeeping,* September 1994
7 Kiki Feroudi Moutsatsos mit Phyllis Karas: *The Onassis Women: An Eyewitness Account,* S. 279
8 Siehe Edward Klein: *Just Jackie: Her Private Years,* S. 261, von Mr. Stelio Papadimitriou der Autorin gegenüber bestätigt
9 Details in Bezug auf das Testament Onassis' auf dieser und den folgenden Seiten entstammen, falls nicht anders angegeben, einer vertraulichen Quelle.
10 Marina Tchomlekdjoglou Dodero, Interview mit der Autorin, 18. Juni 1998
11 Robert Sutherland: *Maria Callas: Diary of a Friendship,* S. 263f.
12 Peter Evans: *Ari: The Life and Times of Aristotle Socrates Onassis,* S. 298
13 Interview mit Karen Lerner
14 Ebenda
15 Marina Tchomlekdjoglou Dodero. Jackies Biograph Edward Klein behauptet in *Just Jackie,* S. 285, die Geschichte sei »falsch«, und schreibt sie dem bösen Willen von Costa Gratsos zu. »Ich war nicht da, aber sie [Christina] rief mich sofort hinterher an«, berichtete Marina Dodero der Autorin, »und es gibt Leute, die mit im vorderen Wagen saßen. Teddy sagte zu ihr: ›Und was ist jetzt mit dem Geld?‹«
16 Moutsatsos mit Karas
17 Vertrauliches Interview mit der Autorin, 6. April 1998
18 Ebenda
19 Vertrauliche juristische Quelle

20 Siehe Klein, S. 288, anschließend durch Mr. Papadimitriou der Autorin gegenüber als »im Großen und Ganzen korrekt« bestätigt
21 Taki Theodoracopoulos, Interview mit der Autorin, 20. März 1997
22 Klein, S. 288f.
23 Vertrauliche juristische Quelle
24 Interview, 6. April 1998

Kapitel 21: New York – ein neues Leben

1 John Fairchild, Interview mit der Autorin, 27. März 1998
2 Jay Mellon, Interview mit der Autorin, 23. Oktober 1997
3 Interview mit John Fairchild
4 Ron Galella: *Jacqueline,* Ausschnitt aus *Good Housekeeping,* August 1974
5 Ebenda
6 Richard de Combray, Interview mit der Autorin, 31. Oktober 1997
7 Pierre Salinger, Interview mit der Autorin, 2. Mai 1998
8 Pierre Salinger: *P.S.: A Memoir,* S. 212
9 Benjamin C. Bradlee: *Conversations with Kennedy,* S. 152
10 Benjamin C. Bradlee: *A Good Life: Newspapering and Other Adventures,* S. 399f.
11 Ebenda, S. 400
12 Siehe *Washington Post,* 18. und 19. Dezember 1975
13 Chuck Spalding stritt ab, je mit Mrs. Jacobson gesprochen zu haben, um die Verabredung zu treffen. Sie versicherte jedoch, sie habe eine Aufzeichnung über den Anruf aufbewahrt und in den Terminkalender eingetragen. Sie zeigte den maschinegeschriebenen Bericht, den ihr Mann über den Vorfall verfasst hatte, C. David Heymann und Professor Richard Reeves und machte ihn freundlicherweise der Autorin des vorliegenden Buches zugänglich.
14 Karen Lerner, telefonisches Interview mit der Autorin, 4. Dezember 1998
15 Ebenda
16 Aileen Mehle, »Suzy«, telefonisches Interview mit der Autorin, 8. Mai 1998
17 Interview mit Karen Lerner
18 Gloria Steinem, Interview mit der Autorin, 5. November 1997
19 Privates Interview mit der Autorin
20 Truman Capote zu Cecil Beaton [Bridgehampton], 11. Juni 1964, Cecil Beaton Collection, St. John's College, Cambridge
21 Interview mit der Autorin, 5. November 1997
22 Vertrauliches Interview mit der Autorin
23 Peter Duchin, Interview mit der Autorin, 24. Oktober 1997
24 William vanden Heuvel, Interview mit der Autorin, 1. April 1998
25 Interview mit Karen Lerner
26 Interview mit Gloria Steinem
27 Truman Capote: *Answered Prayers: The Unfinished Novel,* S. 153
28 Thomas Guinzburg, Interview mit der Autorin, 23. April 1997
29 Ebenda
30 Alan Lang, Interview mit der Autorin, 24. Juni 1998
31 Interview mit Thomas Guinzburg
32 Ashton Hawkins, Interview mit der Autorin, 22. April 1998
33 Laut Dick Goodwin war einer der Gründe für die Wahl des Dendur-Tempels, dass seine Lage am Nil am Potomac in Washington nachempfunden werden konnte. Kennedy war bereits tot, als der Tempel in den Vereinigten Staaten eintraf. Wiederum laut Goodwin wurde die Smithsonian von Hoving und dem Met-Museum ausgeschaltet, sodass New York stattdessen den Tempel erhielt.
34 Siehe Thomas Hoving: *Making the Mummies Dance: Inside the Metropolitan Museum of Art,* S. 60f.
35 Interview mit Thomas Guinzburg
36 Deborah Owen, telefonisches Interview mit der Autorin
37 Interview mit Thomas Guinzburg

38 Ebenda
39 Ebenda
40 Joan Kennedy, Interview mit der Autorin, 4. November 1997
41 Inteview mit William vanden Heuvel
42 C. David Heymann: *A Woman Named Jackie,* Ausgabe von 1994, S. 550. Der Film, der später entstand, war *Grey Gardens.* Er konzentrierte sich auf die Beales und wurde von den Maysle-Brüdern produziert, die auch Regie führten.
43 Siehe Diana DuBois: *In Her Sister's Shadow: An Intimate Biographie of Lee Radziwill,* S. 234
44 Interview mit der Autorin, 4. Dezember 1998
45 Ebenda
46 Donna Marina Emo Capodilista, Interview mit der Autorin, 5. März 1997
47 Cecil Beaton, Tagebucheintrag vom 6. Juni 1968, Cecil Beaton Collection, St. John's College, Cambridge
48 Mary Tyler McClenahan, Interview mit der Autorin, 7. November 1997
49 Newton Cope, telefonisches Interview mit der Autorin, 27. Mai 1998
50 Ebenda
51 Ebenda
52 Dies bezog sich auf eine bevorstehende Gerichtsentscheidung: Gore Vidal hatte Truman Capote wegen Verleumdung auf eine Million Dollar verklagt. Grund dafür war ein Interview, das Capote 1975 gegeben hatte und in dem er den berühmten Zwischenfall beschrieb, der sich 1961 im Weißen Haus zugetragen habe. Er hatte behauptet, Vidal sei buchstäblich durch körperlichen Einsatz entfernt worden, was nicht der Wahrheit entsprach.
53 Interview mit Newton Cope
54 I. M. Pei, Interview mit der Autorin, 12. Mai 1998
55 Peter Collier und David Horowitz: *The Kennedys: An American Drama*, S. 547
56 Theodore Sorensen, Interview mit der Autorin, 6. Mai 1998
57 Richard Naradof Goodwin, 9. Mai 1998

Kapitel 22: Privatleben

1 Peter Beard, Interview mit Steven M. L. Aronson, Mai 1994
2 *Ladies' Home Journal,* June 1968
3 Richard Naradof Goodwin, Interview mit der Autorin, 9. Mai 1998
4 Jay Mellon, Interview mit der Autorin, 23. Oktober 1997
5 Siehe Stephen Birmingham: »How Jacqueline Onassis is Shaping Her Children«, *McCall's,* Januar 1973, S. 115
6 Siehe Willi Frischauer: »Caroline Kennedy, Adventures of an Innocent Abroad«, *Ladies' Home Journal,* Februar 1976
7 Siehe Peter Benson: »Caroline Kennedy: On Her Own in London …«, *Good Housekeeping,* April 1976
8 Michael Bentley, Interview mit der Autorin, 10. März 1997
9 Pamela, Lady Harlech, Interview mit der Autorin, 28. Januar 1997
10 John Pierrepont, Interview mit der Autorin, 1. November 1997
11 Interview mit der Autorin, 28. Januar 1997
12 Interview mit der Autorin
13 Siehe Pat Hackett (Herausgeber): *The Andy Warhol Diaries,* 20. Dezember 1978
14 Caroline Seebohm: *No Regrets: The Life of Marietta Tree,* S. 368
15 Interview mit der Autorin, 3. Dezember 1997
16 Anthony Quinn: »Ari Onassis & Me«, *Ladies' Home Journal,* Juni 1978
17 Siehe *Quest,* Mai 1997
18 Ashton Hawkins, Interview mit der Autorin, 22. April 1998
19 Siehe Nachruf von Anthony Beevor u. Artemis Cooper im *Independent,* 21. Mai 1994
20 Hugh Newell Jacobsen, Interview mit der Autorin, 3. Mai 1998. Später vergab Jackie Jacobsen seinen Fauxpas. Als sie sich vier Jahre danach bei gemeinsamen Freunden begegneten, begrüßte sie ihn mit einem Kuss auf die Wange.

21 Ebenda
22 Joan Kennedy, Interview mit der Autorin, 4. November 1997
23 Gloria Steinem über Jacqueline Kennedy Onassis: *Why Woman Work, Ms,* März 1979
24 Siehe Doubleday: *A Tribute to Jacqueline Kennedy Onassis,* S. 12
25 Ebenda, S. 26
26 *Quest,* Mai 1997
27 Auchincloss, ebenda
28 Anthony Beevor, Interview mit der Autorin, 21. Mai 1997
29 Stephen Rubin, Interview mit der Autorin, 28. Januar 1998
30 Ebenda
31 Scott Moyers, Interview mit der Autorin, 23. April 1998
32 Privates Interview
33 Interview mit Scott Moyers
34 Ebenda
35 SWAT (»Totschlag«) ist die Abkürzung für »Special Weapons And Tactics«. So werden spezielle Polizeieinheiten genannt, die jeder Stadtpolizeiabteilung der Vereinigten Staaten angehören und bei Krawallen, Terrorismus u.ä. eingesetzt werden.
36 Bruce Tracy, telefonisches Interview mit der Autorin, 23. Juni 1998
37 Siehe *New York Amsterdam News,* 4. Mai 1974
38 Siehe John Belle and Maxeem R. Leighton: *Grand Central: Gateway to a Million Lives,* S. 18
39 Frederic S. Papert, Interview mit der Autorin, 23. April 1998
40 Ebenda
41 Ebenda
42 Interview mit Ashton Hawkins

Kapitel 23: Die Matriarchin

1 Edith und Stuart Cary Welch, Interview mit der Autorin, 9. Mai 1998
2 Taki Theodoracopoulos, Interview mit der Autorin, 20. März 1997
3 Cary Reich: *Financier: The Biography of André Meyer,* S. 348
4 Anonyme Quelle, zitiert in »The Man Who Loved Jackie«, *People,* 11. Juli 1994, S. 76
5 Siehe Caroline Seebohm: *No Regrets: The Life of Marietta Tree,* S. 373
6 Lord Jenkins of Hillhead, Interview mit der Autorin, 6. November 1996
7 Aileen Mehle, telefonisches Interview mit der Autorin, 8. Mai 1998
8 Interview mit der Autorin
9 Interview mit der Autorin, 21. Januar 1999
10 Interview mit der Autorin, 20. Dezember 1998
11 Ebenda
12 Interview mit der Autorin, 12. Januar 1998
13 Lady Antonia Fraser, Interview mit der Autorin, 22. November 1996
14 Edna O'Brien, telefonisches Interview mit der Autorin, 2. November 1999
15 John Richardson, telefonisches Interview mit der Autorin, 9. April 1997
16 Countess Vivi Crespi, telefonisches Interview mit der Autorin, 12. Mai 1997
17 Theodore C. Sorensen, Interview mit der Autorin, 6. Mai 1998
18 Reinaldo Herrera, Interview mit der Autorin, 24. April 1997
19 Karen Lerner, Interview mit der Autorin, 4. Dezember 1998
20 Interview mit William Norwich in *Vogue,* Juni 1993
21 Interview mit Reinaldo Herrera
22 *People,* 17. März 1968
23 Interview mit Karen Lerner
24 Carolina Herrera, Interview mit der Autorin, 6. Mai 1998
25 Interview mit der Autorin, 26. Oktober 1997
26 Ebenda
27 Siehe C. David Heymann: *A Woman Named Jackie,* Ausgabe von 1994, S. 620
28 Robert Tracy, telefonisches Interview mit der Autorin, 7. November 1997
29 Interview mit William Norwich, *Vogue,* Juni 1993

30 John Updike: »Comment«, *New Yorker,* 2. August 1999
31 Interview mit Karen Lerner
32 Edna O'Brien, telefonisches Interview
33 Antony Beevor, Interview 21. Mai 1997
34 Sylvia Whitehouse Blake, telefonisches Interview mit der Autorin, 28. April 1998
35 Maya Auchincloss, Interview mit der Autorin, 28. April 1997
36 Patricia Seaton Lawford mit Ted Schwarz: *The Peter Lawford Story: Life with the Kennedys, Monroe and the Rat Pack,* S. 240
37 Peter Collier und David Horowitz: *The Kennedys: An American Drama,* und siehe Laurence Leamer: *The Kennedy Women: The Triumph and Tragedy of America's First Family,* S. 874–877
38 Pamela, Lady Harlech, Interview mit der Autorin, 28. Januar 1997
39 Ebenda
40 Interview mit der Autorin, 4. Dezember 1994
41 Lee Radziwill, Interview mit der Autorin, 2. November 1997
42 Lisa Sullivan und Sally Ewalt, Interview mit der Autorin, 28. April 1997
43 Mrs. Robert Oates »Oatsie« Leiter Charles, Interview mit der Autorin, 2. April 1998
44 Der Ehrenwerte C. S. Whitehouse, Interviews mit der Autorin, 8. Mai 1997 und 1. Mai 1998
45 Ebenda
46 Interview mit Edith und Stuart Cary Welch
47 Mrs. Vincent Astor, Interview mit der Autorin, 22. April 1998
48 Meghair Dawn: »Urban Cowboy«, *Texas Monthly,* März 1999
49 Joe Armstrong, Gespräch mit der Autorin, 6. Mai 1998
50 Interview mit der Autorin, 28. Januar 1998
51 Siehe Marie Brenner: »Carly Simon's Mother Load«, *Vanity Fair,* August 1995
52 Jane Stanton Hitchcock, Interview mit der Autorin, 22. Mai 1994
53 Interview mit Edna O'Brien
54 Edna O'Brien im *Independent on Sunday,* 22. Mai 1994
55 Interview mit Edna O'Brien
56 Interview mit Reinaldo Herrera
57 *In Our Defense: The Bill of Rights in Action*
58 Joe Armstrong in *New York,* 2. August 1999

Kapitel 24: Das Ende einer Pilgerin

1 Valentinino Garavani, telefonisches Interview mit der Autorin, 4. November 1999
2 Solange Batsell Herter, Interview mit der Autorin, 11. Mai 1998
3 Siehe Carl Sferrazza Anthony: *As We Remember Her: Jacqueline Kennedy Onassis in the Words of Her Family and Friends,* S. 345
4 Ebenda, S. 328
5 Carolina Herrera, Interview mit der Autorin, 6. Mai 1998
6 Siehe Edward Klein: *Just Jackie: Her Private Years,* S. 352f. und C. David Heymann: *A Woman Named Jackie,* Ausgabe von 1994, S. 654
7 Edna O'Brien, Interview mit der Autorin, 2. November 1999
8 Arthur M. Schlesinger jr.: »Why We Mourn Jacqueline«, *The Times,* 21. Mai 1994
9 Scott Moyers, Interview mit der Autorin, 23. April 1998
10 Frederic Papert, Interview mit der Autorin, 23. April 1998
11 Marie Brenner: »Carly Simon's Mother Load«, *Vanity Fair,* August 1995
12 William vanden Heuvel, Interview mit der Autorin, 1. April 1998
13 Interview mit der Autorin, 4. Dezember 1998
14 Ebenda
15 Eve Fout, Interview mit der Autorin, 1. Mai 1998
16 Der Ehrenwerte C. S. Whitehouse, Interview mit der Autorin, 1. September 1998
17 Edith and Stuart Cary Welch, Interview mit der Autorin, 9. Mai 1998
18 Hugh D. Auchincloss III.: »Growing up with Jackie«, *Groton School Quarterly,* Mai 1998, Band IX, Nr. 2, S. 20

Quellen: Bibliographie und Archive

Auswahlbibliographie

Nachstehend aufgeführte Bücher sind bei der Recherche für dieses Buch verwendet und in der Liste der Anmerkungen genannt worden. Die Ausgaben sind von verschiedenen Verlagshäusern und Herstellern von Druckerzeugnissen herausgegeben worden. Die Seitenzahlen in den Anmerkungen beziehen sich direkt auf die jeweilig aufgeführten Ausgaben.

Abbott, James A., und Rice, Elaine M.: *Designing Camelo:, The Kennedy White House Restoration*, Van Nostrand Reinhold, New York (1998)

Abramson, Rudy: *Spanning the Century: The Life of W. Averell Harriman*, William Morrow, New York (1992)

Adams, William Howard: *Atget's Gardens*, Doubleday, New York (1979)

Alphand, Hervé: *L'étonnement d'être, Journal 1939–1960*, Fayard, Paris (1977)

Alsop, Joseph W. zus. m. Platt, Adam: *»I've seen the Best of It«: Memoirs*, W.W. Norton, New York (1992)

Alsop, Susan Mary: *To Marietta from Paris 1945–1960*, Weidenfeld and Nicolson, London (1976)

Andersen, Christopher: *Jackie after Jack: Portrait of the Lady*, William Morrow, New York (1998)

Anderson, Jack: *The Anderson Papers*, Millington, London (1974)

Anthony, Carl Sferrazza: *As We Remember Her, Jacqueline Kennedy Onassis in the Words of Her Family and Friends*, HarperCollins, New York (1997)

Anthony, Carl Sferrazza: *First Ladies, Volume II, The Saga of the Presidents' Wifes and Their Power 1961–1990*, William Morrow, First Quill Edition, New York (1991)

Aronson, Steven M. L.: *Hype*, William Morrow, New York (1983)

Baldrige, Letitia: *In the Kennedy Style: Magical Evenings in the Kennedy White House*, mit Rezepten des Chefkochs des Weißen Hauses René Verdon, Doubleday, New York (1998)

Baldwin, Billy: *Billy Baldwin Remembers*, Harcourt Brace Jovanovich, New York (1974)

Ball, George: *The Past Has Another Pattern: Memoirs*, W.W. Norton, New York (1982)

Beale, Betty: *Power at Play: A Memoir of Parties, Politicians, and the Presidents in My Bedroom*, Regnery Gateway, Washington DC (1993)

Beard, Peter: *Longing for Darkness: Kamante's Tales from Out of Africa*, Harcourt Brace Jovanovich, New York (1975)

Beevor, Antony und Cooper, Artemis: *Paris after the Liberation, 1944–1949*, Hamish Hamilton, London (1994)

Belle, John: *Grand Central: Gateway to a Million Lives*, W.W. Norton, New York (1999)

Beschloss, Michael: *Taking Charge: The Johnson White House Tapes, 1963–1964*, Simon and Schuster, New York (1997)

Birmingham, Stephen: *Real Lace: America's Irish Rich*, Hamish Hamilton, London (1973)

Birmingham, Stephen: *Jacqueline Bouvier Kennedy Onassis*, Gollancz, London (1979)
Birmingham, Stephen: *The Right People: A Portrait of the American Social Establishment*, Little Brown, Boston (1984)
Bothorel, Jean: *Louise, ou la vie de Louise de Vilmorin*, Bernard Grasset, Paris (1993)
Bouvier, Jacqueline and Lee: *One Special Summer*, Delacorte Press, New York (1974)
Bouvier, John Vernou jr.: *Our Forebears*, Privatdruck (1931, 1942, 1944, 1947)
Bouvier, Kathleen: *To Jack with Love: Black Jack Bouvier, a Remembrance*, Kensington, New York (1979)
Braden, Joan: *Just Enough Rope: An Intimate Memoir*, Villard, New York (1989)
Bradlee, Benjamin C.: *Conversations with Kennedy*, Quartet, London (1975)
Bradlee, Benjamin C.: *A Good Life: Newspapering and Other Adventures*, Touchstone, New York (1995)
Bryant, Traphes und Spatz Leighton, Frances: *Dog Days at the White House, the Outrageous Memoirs of the Presidential Kennel Keeper*, Macmillan Inc., New York (1975)
Buchan, John: *Memory Hold the Door [The Pilgrim's Way]*, Hodder and Stoughton, London (1940)
Burleigh, Nina: *A Very Private Woman: The Life and Unsolved Murder of Presidential Mistress Mary Meyer*, Bantam, New York (1998)
Burns, James McGregor: *John Kennedy: A Political Profile*, Harcourt, Brace and World, New York (1961)
Cafarakis, Christian: *The Fabulous Onassis, His Life and Loves*, William Morrow, New York (1972)
Canfield, Cass: *Up and Down and Around*, Collins, London (1972)
Capote, Truman: *Answered Prayers: The Unfinished Novel*, Hamish Hamilton, London (1986)
Carpenter, Liz: *Ruffles and Flourishes*, Texas A&M University Press, College Station (1993)
Cassini, Igor mit Molli, Jeanne: *I'd Do It All Over Again: The Life and Times of Igor Cassini*, G. P. Putnam's Son, New York (1977)
Cassini, Oleg: *In My Own Fashion: An Autobiography*, Picket, New York (1987)
Cassini, Oleg: *A Thousand Days of Magic: Dressing Jacqueline Kennedy for the White House*, Rizzoli, New York (1995)
Cerf, Bennett: *At Random: The Reminiscences of Bennett Cerf*, Random House, New York (1977)
Chellis, Marcia: *The Joan Kennedy Story: One Woman's Victory over Infidelity, Politics and Privilege*, Sidgwick and Jackson, London (1985)
Cheshire, Maxine: *Maxine Cheshire, Reporter*, Houghton Mifflin, Boston (1978)
Churchill, Sarah: *Keep on Dancing: An Autobiography*, Coward, McCann and Geoghegan, New York (1981)
Clarke, Gerald: *Capote: A Biography*, Hamish Hamilton, London (1988)
Clifford: Clark mit Holbrooke, Richard: *Counsel to the President: A Memoir*, Random House, New York (1991)
Collier, Peter und Horowitz, David: *The Kennedys: An American Drama*, Pan, London (1985)
Cooper, Diana: *The Rainbow Comes and Goes*, Rupert Hart-Davis, London (1958)
Crick, Michael: *Jeffrey Archer: Stranger than Fiction*, Hamish Hamilton, London (1995)
Curtis, Charlotte: *First Lady*, Pyramid, New York (1962)
Dallek, Robert: *Flawed Giant: Lyndon Johnson and His Times, 1961–1973*, OUP, New York (1998)
Damore, Leo: *The Cape Cod Years of John Fitzgerald Kennedy*, Prentice Hall Inc., Englewood-Cliffs, New Jersey (1962)
Davis, John H.: *The Kennedys: Dynasty and Disaster*, Sidgwick and Jackson, London (1985)
Davis, John H.: *The Bouviers: From Waterloo to the Kennedys and Beyond*, National Press, Washington DC (1993)

Davis, John H.: *Jacqueline Bouvier: An Intimate Memoir,* John Wiley and Sons Inc., New York (1996)
Davis, Kenneth S.: *The Politics of Honor: A Biography of Adlai E. Stevenson,* G. P. Putnam's Sons, New York (1967)
Davis, Nancy und Donohue, Barbara: *Miss Porter's School: A History,* Miss Porter's School, Farmington, Connecticut (1992)
De Gaulle, Charles: *Mémoires d'espoir: Memoirs of Hope: Renewal 1958–62 and Endeavour 1962,* Weidenfeld and Nicolson, London (1971)
DeLoach, Cartha »Deke«: *Hoover's FBI: The Inside Story by Hoover's Trusted Lieutenant,* Regnery Publishing Inc., Washington DC (1995)
Dempster, Nigel: *Heiress: The Story of Christina Onassis,* Weidenfeld and Nicolson, London (1989)
Dickerson, Nancy: *Among Those Present: A Reporter's View of Twenty-five Years in Washington,* Random House, New York (1976)
Doubleday: *A Tribute to Jacqueline Kennedy Onassis,* Doubleday, New York (1995)
Doubleday: *In Memoriam Jacqueline Kennedy Onassis 1929–1994,* Doubleday, New York (1995)
Douglas Home, William: *Old Men Rembember,* Collins and Brown, London (1991)
DuBois, Diana: *In Her Sister's Shadow: An Intimate Biography of Lee Radziwill,* Little Brown, London (1995)
Duchin, Peter mit Michener, Charles: *Ghost of a Chance, A Memoir,* Random House, New York (1996)
Evans, Peter: *Ari: The Life and Times of Aristotle Socrates Onassis,* Jonathan Cape, London (1986)
Exner, Judith, nach ihren Erzählungen aufgezeichnet von Ovid, Demaris: *My Story,* Grove Press, New York (1977)
Fay, Paul B. jr.: *The Pleasure of His Company,* Author's Edition, USA (November 1982)
Fursenko, Aleksandr und Naftali, Timothy: *»One Hell of a Gamble«: Krushev, Castro, Kennedy 1958–1964,* W.W. Norton, New York und London (1997)
Galbraith, John Kenneth: *Ambassador's Journal: A Personal Account of the Kennedy Years,* Hamish Hamilton, London (1969)
Galella, Ron: *Jacqueline,* Sheed and Ward, New York (1974)
Galitzine, Irene: *Dalla Russia Alla Russia, Memorie di Irene Galitzine, Raccolte da Cinzia Tani,* Longanesi and C., Milan (1996)
Gallagher, Mary Barelli (herausgegeben von Frances Spatz Leighton): *My Life with Jacqueline Kennedy,* Michael Joseph, London (1970)
Gilbert, Robert E.: *The Mortal Presidency: Illness and Anguish in the White House,* Basic Books, New York (1992)
Goodwin, Doris Kearns: *The Fitzgeralds and the Kennedys: An American Saga,* Weidenfeld and Nicolson, London (1987)
Goodwin, Richard N.: *Remembering America: A Voice from the Sixties,* Little Brown, Boston (1988)
Graham, Katharine: *Personal History,* Alfred A. Knopf, New York (1997)
Guthman, Edwin: *We Band of Brothers: A Memoir of Robert F. Kennedy,* Harper and Row, New York (1971)
Hackett, Pat (Hg.): *The Andy Warhol Diaries,* Simon and Schuster, London (1989)
Halberstam, David: *The Best and the Brightest,* Barrie and Jenkins, London (1972)
Halberstam, David: *The Fifties,* Villard Books, New York (1993)
Hamilton, Edith: *The Great Age of Greek Literature,* W.W. Norton, London (1942)
Hamilton, Nigel: *Life and Death of an American President, Volume One: Reckless Youth,* Random House, London (1992)
Hersh, Seymour M.: *The Dark Side of Camelot,* Little Brown, Boston and New York (1997)
Heymann C. David: *A Woman Named Jackie: An Intimate Biography of Jacqueline Bouvier Kennedy Onassis,* vollständige aktualisierte Ausgabe, Birch Lane Press, New York (1995)

Heymann, C. David: *RFK: A Candid Biography of Robert F. Kennedy*, Heinemann, London (1998)
Home, Alistair: *Macmillan 1957–1986*, Macmillan, London (1989)
Horowitz, Helen Letkowitz: *Alma Mater: Design and Experience in Women's Colleges from Their Nineteenth-century Beginnings to the 1930s,* Alfred A. Knopf, New York (1984)
Hoving, Thomas: *Making the Mummies Dance: Inside the Metropolitan Museum of Art*, Simon und Schuster, New York (1993)
Isaacson, Walter und Thomas, Evan: *The Wise Men, Six Friends and the World They Made: Acheson, Bohlen, Harriman, Kennan, Lovett, McCloy,* Simon and Schuster, New York (1986)
Johnson, Lady Bird: *A White House Diary,* Holt, Rinehart and Winston, New York (1970)
Kelley, Kitty: *Jackie Oh!*, Hart-Davis MacGibbon, Granada Publishing, New York und London (1978)
Kennedy, John F. (Hg.): *As We Remember Joe,* Privatdruck (1945)
Kennedy, Rose Fitzgerald: *Times to Remember: An Autobiography,* Collins, London (1974)
Kessler, Ronald: *The Sins of the Father: Joseph P. Kennedy and the Dynasty He Founded*, Warner Books, New York (1996)
Klein, Edward: *All Too Human: The Love Story of Jack and Jackie Kennedy,* Pocket Books, New York (1996)
Klein, Edward: *Just Jackie: Her Private Years,* Ballantine New York (1998)
Koestenbaum, Wayne: *Jackie under My Skin: Interpreting an Icon*, Fourth Estate, London (1996)
Krock, Arthur: *Memoirs: Sixty Years on the Firing Line,* Funk and Wagnalls, New York (1968)
Kunhardt: Philip B. jr. (Hg.): *Life in Camelot: The Kennedy Years,* Little Brown, Boston (1988)
Kuntz, Tom und Phil (Hg.): *The Sinatra Files, The Secret FBI Dossier,* Three Rivers Press, New York (2000)
Lacouture Jean (aus dem Französischen von Alan Sheridan): *De Gaulle, The Ruler (1945–1970)*, Harvill, London (1991)
Landon, Angela: *»We Meet in Grief«: The Relationship between Jacqueline Kennedy and Lyndon Johnson,* unveröffentlichte Dissertation
Langley Hall, Gordon und Pinchot, Ann: *Jacqueline Kennedy: A Biography,* Signet, New York (1966)
Lankford, Nelson D.: *The Last American Aristocrat: The Biography of David K.E. Bruce, 1899–1977*, Little Brown and Company, Boston and New York (1996)
Lash, Joseph P.: *Eleanor: The Years Alone,* Andre Deutsch, London (1973)
Lawford, Patricia Seaton mit Schwarz, Ted: *The Peter Lawford Story: Life with the Kennedys, Monroe and the Rat Pack,* Carroll and Graf, New York (1988)
Leamer, Laurence: *The Kennedy Women: The Triumph and Tragedy of America's First Family,* Bantam, London (1995)
Leaming, Barbara: *Marilyn Monroe,* Weidenfeld and Nicolson, London (1998)
L'Etang, Hugh: *Fit to Lead,* William Heinemann Medical Books, London (1980)
Lilly, Doris: *Those Fabulous Greeks: Onassis, Niarchos and Livanos, Three of the World's Richest Men,* Cowles Book Company, Inc. New York (1970)
Lincoln, Anne H.: *The Kennedy White House Parties,* The Viking Press, New York (1967)
Lincoln, Evelyn: *My Twelve Years with John F. Kennedy,* David McKay, New York (1965)
Lowe, Jacques: *Jacqueline Kennedy Onassis: A Tribute,* Jacques Lowe Visual Arts Project, New York (1995)
Macmillan, Harold: *Pointing the Way,* Macmillan, London (1972)
Macmillan, Harold: *At the End of the Day,* Macmillan, London (1973)
McTaggart, Lynne: *Kathleen Kennedy: Her Life and Times,* Dial Press, Doubleday, New York (1983)

Mailer, Norman: *The Presidental Papers*, Andre Deutsch, London (1964)
Malraux, André: *Antimémoires 1*, Gallimard, Paris (1967, 1972)
Malraux, André (aus dem Französischen von Irene Clephane): *Fallen Oaks, Conversations with de Gaulle*, Hamish Hamilton, London (1972)
Malraux, André: *La Corde et les Souris*, Gallimard, Paris (1976)
Manchester, William: *The Death of a President: November 20 – November 25 1963*, Harper und Row, New York (1967)
Manchester, William: *The Glory and the Dream: A Narrative History of America 1932–1972*, Bantam, New York (1980)
Martin, John Bartlow: *Adlai Stevenson and the World: A Life of Adlai Stevenson*, Doubleday, New York (1977)
Martin, Ralph G.: *A Hero for Our Time: An Intimate Story of the Kennedy Years*, Ballantine Books, New York (1983)
Martin, Ralph G.: *Seeds of Destruction: Joe Kennedy and His Sons*, G. P. Putnam's Sons, New York (1995)
May, Ernest R. und Zelikow, Philip D. (Hg.): *The Kennedy Tapes: Inside the White House During the Cuban Missile Crisis*, Harvard University Press, Cambridge, Massachusetts (1997)
Morris, Sylvia Jukes: *Rage of Fame: The Ascent of Clare Boothe Luce*, Random House, New York (1997)
Mosley, Charlotte (Hg.): *The Letters of Nancy Mitford: Love from Nancy*, Hodder and Stoughton, London (1993)
Moutsatsos, Kiki Feroudi mit Karas, Phyllis: *The Onassis Women: An Eyewitness Account*, G. P. Putnam's Sons, New York (1998)
O'Donnell, Kenneth P. and Powers, David F. mit McCarthy, Joe: *Johnny, We Hardly Knew Ye, Memories of John Fitzgerald Kennedy*, Little Brown, Boston (1970)
Ogden, Christopher: *Legacy, A Biography of Moses and Walter Annenberg*, Little Brown, Boston (1999)
Oppenheimer, Jerry: *The Other Mrs. Kennedy, Ethel Shakel Kennedy: An American Drama of Power, Privilege and Politics*, St. Martin's Press, New York (1994)
Paglia, Camille: *Sexual Personae: Art and Decadence from Nefertiti to Emily Dickinson*, Penguin Books, London (1992)
Peyser, Joan: *Bernstein: A Biography*, William Morrow, New York (1987)
Plimpton, George: *Truman Capote*, Picador, London (1998)
Potter, Jeffrey: *Men, Money and Magic: The Story of Dorothy Schiff*, Coward, McCann and Geoghegan Inc., New York (1976)
Powers, Richard Gid: *Secrecy and Power: The Life of J. Edgar Hoover*, The Free Press, New York (1987)
Reeves, Richard: *President Kennedy, Profile of Power*, Simon and Schuster, New York (1993)
Reeves, Thomas C.: *A Question of Character: A Life of John F. Kennedy*, Forum, Prima Publishing, Rocklin, CA (1997)
Reich, Carly: *Financier: The Biography of André Meyer, A Story of Money, Power and the Reshaping of American Business*, John Wiley and Sons, Inc., New York (1997)
Rhea, Mini: *I was Jacqueline Kennedy's Dressmaker*, Fleet, New York (1962)
Rostow, Walt W.: *The Diffusion of Power: An Essay in Recent History*, Macmillan, New York (1972)
Rusk, Dean: *As I Saw It: A Secretary of State's Memoirs*, I. B. Tauris (1991)
Russell, Jan Jarboe: *Lady Bird: A Biography of Mrs. Johnson*, Lisa Drew/Scribner, New York (1999)
Salinger, Pierre: *With Kennedy*, Doubleday, New York (1966)
Salinger, Pierre: *P.S. : A Memoir*, St. Martin's Press, New York (1995)
Schlesinger, Arthur M. jr.: *A Thousand Days: John F. Kennedy in the White House*, Andre Deutsch, London (1965)
Schlesinger, Arthur M. jr.: *Robert Kennedy and His Times*, Andre Deutsch, London (1978)

Seebohm, Caroline: *No Regrets, The Life of Marietta Tree*, Simon und Schuster, New York (1997)
Sgubin, Marta und Nicholas, Nancy: *Cooking for Madam: Recipes and Reminiscences from the Home of Jacqueline Kennedy Onassis*, Lisa Drew/Scribner, New York (1998)
Shapley, Deborah: *Promise and Power: The Life and Times of Robert McNamara*, Little Brown, Boston (1993)
Shaw, Mark: *The John F. Kennedys: A Family Album*, Noonday Press, New York (1964)
Shaw, Maud: *White House Nannie: My Years with Caroline and John Kennedy jr.*, New American Library, New York (1966)
Shesol, Jeff: *Mutual Contempt: Lyndon Johnson, Robert Kennedy and the Feud That Defined a Decade*, W.W. Norton, New York (1997)
Sidey, Hugh, Clifton, Chester V. und Stoughton, Cecil: *JFK: The Memories*, W.W. Norton, New York (1973)
Smith, Sally Bedell: *Reflected Glory: The Life of Pamela Churchill Harriman*, Simon and Schuster, New York (1996)
Solway, Diane: *Nureyew, His Life*, Phoenix, London (1998)
Sorensen, Theodore C.: *Kennedy*, Hodder and Stoughton, London (1965)
Stassinopoulos, Arianna: *Maria: Beyond the Callas Legend*, Weidenfeld and Nicolson, London (1980)
Stein, Jean und Plimpton, George (Hg.): *American Journey, The Times of Robert Kennedy*, Harcourt Brace Jovanovich, New York (1970)
Sulzberger, C. L.: *The Last of the Giants*, Weidenfeld and Nicolson, London (1972)
Sutherland, Robert: *Maria Callas: Diaries of a Friendship*, Constable, London (1999)
Taki: *Princes, Playboys and High-class Tarts*, Karz-Cohl, New York (1984)
Tapert, Annette und Edkins, Diana: *The Power of Style: The Women Who Defined the Art of Living Well*, Crown Publishers, New York (1994)
Thayer, Mary Van Rensselaer: *Jacqueline Bouvier Kennedy*, Doubleday, New York (1961)
Thayer, Mary Van Rensselaer: *Jacqueline Kennedy: The White House Years*, Little Brown, Boston (1967)
Thomas, Helen: *Front Row at the White House: My Life and Times*, Lisa Drew/Scribner, New York (1999)
Thompson, Lawrence und Winnick, R. H.: *Robert Frost: The Later Years, 1938–1963*, Holt, Rinehart and Winston, New York (1976)
Truman, Margaret: *First Ladies: An Intimate Group Portrait of White House Wives*, Random House, New York (1995)
vanden Heuvel, William und Gwirtzman, Milton: *On His Own: Robert F. Kennedy, 1964–1968*, Doubleday, New York (1970)
Vidal, Gore: *Psalimpsest: A Memoir*, Andre Deutsch, London (1995)
von Post, Gunilla mit Johnes, Carl: *Love Jack*, Crown Publishers (1997)
Vreeland, Diana (herausgegeben von George Plimpton und Christopher Hemphill): *D.V.*, Da Capo Press, New York (1997)
West, J. B. mit Kotz, Mary Lynn: *Upstairs at the White House: My Life with the First Ladies*, W. H. Allen, London und New York (1974)
White House Historical Association: *The White House: A Historic Guide*, Washington DC (1967, 1995)
White, Theodore H.: *The Making of the President, 1960*, Jonathan Cape, London (1962)
White, Theodore H.: *In Search of History: A Personal Adventure*, Warner Books, New York (1978)
Wills, Garry: *The Kennedy Imprisonment: A Meditation on Power*, Little Brown, Boston (1981)
Wofford, Harris: *Of Kennedys and Kings*, Farrar, Straus and Giroux, New York (1980)
Youngblood, Rufus W.: *20 Years in the Secret Service: My Life with Five Presidents*, Simon and Schuster, New York (1973)
Ziegler, Philip: *Diana Cooper*, Hamish Hamilton, London (1981)

Archive

USA

John Fitzgerald Kennedy Library (JFKL): Das Hauptmagazin für Dokumente, Fotografien, Zeitungsausschnitte und Memorabilien der Familie Kennedy und der Präsidentschaft. Zu den zu Rate gezogenen Papieren gehören unter anderem:

Mündliche Aufnahmen, Akten des Weißen Hauses, Geheimdienstaufzeichnungen für das Tor des Weißen Hauses, Arthur-M.-Schlesinger-Papiere, August-A.-Heckscher-Papiere, Kay-Murphy-Halle-Papiere, JFK, persönliche Papiere, Krankenblätter, Dr. William P. Herbst, Krankenblätter. Die privaten Papiere JBKs befinden sich unter Verschluss, ihre Korrespondenz mit William Walton aus den Jahren 1960–1964 ist jedoch kürzlich freigegeben worden.

New Hampshire Historical Society: Bernard-Boutin-Papiere, einschließlich JBKs Korrespondenz mit Boutin bezüglich der Restauration und Bewahrung des Weißen Hauses sowie des Lafayette Squares

Massachusetts Historical Society: Lyman-Butterfield-Papiere, einschließlich Korrespondenz über die Bibliothek des Weißen Hauses und Möblierungen zwischen JBK, H. du Pont und anderen; Korrespondenz JBK und namhaften Personen aus Massachusetts

Dwight D. Eisenhower Library: Persönliche Akte des Präsidenten (PPF), Berichte des Gesellschaftsbüros des Weißen Hauses, Mamie Doud Eisenhowers Korrespondenz und DDE-Post-Präsidenten-Akten, welche die Korrespondenz zwischen den Eisenhowers und JBK aus den Jahren 1954–1964 enthalten

Lyndon Baines Johnson Library: Enthält eine umfangreiche Sammlung von Material, das für Studenten, die sich mit dem Thema JBK befassen, von Interesse ist. Lyndon B. Johnsons Tageskalender (Arbeitsblätter) vom 22. November bis 6. Dezember 1963; Terminkalender und Berichte; Aufzeichnungen des Geheimdienstes für dieselbe Zeitspanne; Akten über namhafte Persönlichkeiten des Weißen Hauses; JBKs Korrespondenz mit LBJ und Mrs. Johnson aus den Jahren 1954–1968; Aufnahmen von Telefongesprächen zwischen LBJ und JBK sowie zwischen LBJ und anderen Personen im Zusammenhang mit JBK; Zentralakten des Weißen Hauses mit Bezug auf JBK während der Jahre der Präsidentschaft und der Folgejahre; Pearsons handschriftliche Notizen

Federal Bureau of Investigation (FBI), Leseraum: Verfügbares Material zu JBK selbst bezieht sich vor allem auf Gefahren für ihre Sicherheit: Es finden sich Briefe von Geisteskranken über sie und, was von größerer Bedeutung ist, die von ihr in Auftrag gegebene Untersuchung des Büros bezüglich des nicht genehmigten Verkaufs ihrer Briefe. Andere Akten, die den offiziellen und vertraulichen – O and C – Akten Edgar Hoovers entstammen, enthalten #26 Joseph Alsop, #13 und #96 JFK: Verbindungen zu Frauen, Sinatra und Lawford, Kriminellen, etc. #17 Joseph Kennedy: Beziehungen zu Hoover und seinem Büro; #9 RFK: Anschuldigungen wegen sexueller Aktivitäten; #105-40018-1 Marilyn Monroe; #100-125834-1 Aristoteles Socrates Onassis; #92-3171 Frank Sinatra (freigegeben 1998)

Franklin D. Roosevelt Library: JBKs Korrespondenz mit Eleanor Roosevelt

Herbert Hoover Library: Briefe von JBK an Hoover, 1956–1964

University of Kentucky Library: John Sherman Cooper Collection, enthält mündliche Aufnahmen JBKs mit Bezug auf die Coopers

Lewis Walpole Library: Wilmarth-Sheldon-Lewis-Papiere, JBKs Korrespondenz mit Lewis

Miss Porter's School: Gedrucktes Material, Fotografien und Memorabilien mit Bezug auf JBKs Zeit an der Schule

The Museum of Television and Radio Library, New York City

The Richard Nixon Library und Birthplace Foundation, Yorba Linda, California: Originalbriefe von Jacqueline Kennedy Onassis in den Nixon Library Collections, 1954–1975

The Philadelphia City Archives: John Vernous Antrag auf Erteilung der Staatsbürgerschaft

Philadelphia Historical Society: Dokumente mit Bezug auf die Familien Bouvier und Vernou

The Arthur and Elizabeth Schlesinger Library on the History of Women in America, Radcliffe College: Lorraine-Rowan-Cooper-Papiere, Gloria-Emerson-Papiere, Edith-Spurlock-Sampson-Papiere, Dorothy-Feiner-Rodgers-Papiere, Helen-Hill-Miller-Papiere, Marietta-Tree-Papiere (unter Verschluss)

Harry S. Truman Library: Papiere von Harry S. Truman; Akten aus der Folgezeit der Präsidentschaft 1961–1963; Papiere von Clifton und Margaret Truman Daniel; Papiere von James P. Hendrick; Korrespondenz zwischen JBK und Hendrick mit Bezug auf Sicherheitsangelegenheiten 1967–1969

The Beinecke Rare Book and Manuscript Library: Nina-Berberova-Papiere

Yale University Library, Department of Manuscript Archives: JBK Korrespondenz mit Dean Acheson, Chester Bowles und Walter Lippmann; diverse Manuskripte, darunter unterschiedliche Korrespondenz zwischen JBK und James T. Babb bezüglich der Bibliothek des Weißen Hauses

Library of Congress, Manuscript Division: Joseph-Alsop-Papiere, Clare-Boothe-Luce-Papiere, David-Finley-Papiere, Mies-van-der-Rohe-Papiere, NAACP-Papiere, Agnes-Meyer-Papiere, Bess-Furman-Papiere

Boston University Library: Laura-Bergquist-Papiere, einschließlich Korrespondenz mit JBK und anderen Themen mit Bezug auf die Kennedys; Basil-Rathbone-Papiere, enthalten eine kurze, doch interessante Korrespondenz mit JBK

Princeton University Archives, Seeley G. Mudd Manuscript Library: JBKs Korrespondenz mit Arthur Krock aus den Jahren 1960–1965, mit Adlai Stevenson aus den Jahren 1960–1965, Bernard Baruch 1954–1962 und David A. Morse, 1988–1992

Municipal Art Society Archives, New York City

Columbia University in the City of New York: mündliche Aufnahmen

Duke University Special Collections Library: Angier-Biddle-Duke-Papiere, enthalten Korrespondenz zwischen Angier Biddle Duke und JBK sowie Papiere mit Bezug zum Weißen Haus der Kennedy-Jahre

Freunde und Bekannte von Jacqueline Kennedy Onassis haben mir den Zugang zu ihrer privaten Korrespondenz mit ihr gestattet. Dies ermöglichte mir einen Einblick, der mir allein durch die öffentlich zugänglichen Sammlungen verwehrt geblieben wäre. Der Stil, in dem ihre Briefe abgefasst sind, war in ausgeprägter Form ihr ganz eigener Stil. Dazu gehören ungewöhnliche Wendungen und eine fantasievolle Wortwahl. Ihre private Korrespondenz enthüllt eine geistige und seelische Unabhängigkeit, ein waches Verständnis für Politik und eine kluge Auffassungsgabe für die Realitäten hinter der Politur des öffentlichen und gesellschaftlichen Lebens. Für diesen privaten Einblick bin ich außerordentlich dankbar.

Großbritannien

Bodleian Library, Department of Western Manuscripts: Harold-Macmillan-Archiv. Harold Macmillans Tagebücher und seine Korrespondenz mit JBK (für allgemeine Recherchen derzeit noch nicht zugänglich)

The Library, St. John's College, Cambridge: Cecil Beaton Collection, Cecil Beatons Tagebücher und Korrespondenz mit JBK sowie anderen

Public Record Office, Kew: PRO, PREM II/3319; PRO, FO 371/160444

Michael Canfields Tagebuchmanuskript, mit freundlicher Genehmigung von Hugo Vickers

Hugo Vickers' Tagebuch, 1989, 1990

Archive der Brook-Lapping Productions: Mündliche Interviews von Phillip Whitehead und Marilyn Mellowes mit bedeutenden Angehörigen des Kennedy-Kreises für die Fernsehserie *The Kennedys* (WGBH Boston and Thames TV 1992). Für allgemeine Recherchen nicht zugänglich

Genehmigungen

Die Autorin und der Verleger sind dankbar für die Genehmigung zur Reproduktion des folgenden urheberrechtlich geschützten Materials:

Reproduktion des von Jacqueline Kennedy Onassis verfassten Materials erfolgte mit freundlicher Genehmigung von Caroline Kennedy Schlossberg.

Aus *»I've Seen the Best of It«: Memoirs* von Joseph W. Alsop und Adam Platt, Copyright © 1992 Joseph Alsop und Adam Platt. Nachdruck mit Genehmigung von W.W. Norton & Company Inc.

Aus »Growing up with Jackie, My Memories«, in den *Groton School Quarterly,* Mai 1998, Copyright © 1998 Hugh D. Auchincloss III., Nachdruck mit freundlicher Genehmigung des Autors

Aus *»In the Kennedy Style: Magical Evenings in the Kennedy White House* von Letitia Baldrige, Copyright © 1998 Letitia Baldrige, Nachdruck mit freundlicher Genehmigung der Autorin

Aus den Cecil-Beaton-Papieren © The Literary Executors of the late Sir Cecil Beaton (literarische Nachlassverwalter des verstorbenen Sir Cecil Beaton), Nachdruck mit freundlicher Genehmigung von Hugo Vickers, Nachlassverwalter von Sir Cecil Beaton

Aus *Paris after the Liberation 1944–1949* von Antony Beevor und Artemis Cooper, Copyright © 1994 Antony Beevor und Artemis Cooper, Nachdruck mit freundlicher Genehmigung der Autoren

Aus einem Nachruf für Jacqueline Bouvier Kennedy Onassis von Antony Beevor und Artemis Cooper in *The Independent* vom 21. Mai 1994, Nachdruck mit freundlicher Genehmigung der Autoren und von *The Independent*

Aus *Louise, ou la vie de Louise de Vilmorin* von M. Jean Bothorel, Copyright © 1993 M. Jean Bothorel, Nachdruck mit freundlicher Genehmigung des Autors

Aus *A Good Life: Newspapering and Other Adventures* von Benjamin Bradlee, Copyright © Benjamin C. Bradlee, Nachdruck mit freundlicher Genehmigung des Autors

Aus *Conversations with Kennedy* von Benjamin C. Bradlee, Copyright © 1975 Benjamin C. Bradlee, Nutzung mit Genehmigung von W.W. Norton & Company Inc.

Cavafy, C. P.: *Collected Poems,* Copyright © 1992 Princeton University Press, Nachdruck mit Genehmigung der Princeton University Press

Aus *The Cape Cod Years of John Fitzgerald Kennedy* von Leo Damore, Copyright © 1962 Leo Damore, Nachdruck mit Genehmigung von McIntosh & Otis Inc.

»The Private Thoughts of Jacqueline Kennedy« in: *Now,* März 1967, Copyright © 1967 Robin Douglas-Home, Nachdruck mit freundlicher Genehmigung von Sholto Douglas-Home

Aus *Ari: The Life and Times of Aristotle Socrates Onassis* von Peter Evans, Copyright © 1986 Peter Evans, Nachdruck mit freundlicher Genehmigung des Autors.

Aus *Ambassador's Journal: A Personal Account of the Kennedy Years* von John Kenneth Galbraith, Copyright © 1988 John Kenneth Galbraith, Nachdruck mit freundlicher Genehmigung des Autors

Aus *My Life with Jacqueline Kennedy* von Mary Barelli Gallagher, herausgegeben von Frances Spatz Leighton, Copyright © 1970 Mary Barelli Gallagher, Nachdruck mit freundlicher Genehmigung der Autorin

Aus *A Woman Named Jackie: An Intimate Portrait of Jacqueline Bouvier Kennedy Onassis* von C. David Heymann, Copyright © 1989 C. David Heymann, Nachdruck mit Genehmigung der William Morris Agency Inc. in Vertretung des Autors

Aus den Macmillan Archives, Nachdruck mit freundlicher Genehmigung des Earl of Stockton

Aus *Macmillan: 1957–1986* von Alistair Horne, Copyright © 1989 Alistair Horne, Nutzung mit freundlicher Genehmigung der Treuhänder des Harold Macmillan Book Trust

Aus *The Kennedy Woman: The Triumph and Tragedy of America's First Family* von Laurence Leamer, Copyright © 1995 Laurence Leamer, Nachdruck mit Genehmigung der Joy Harris Literary Agency Inc. in Vertretung des Autors

Aus *Miss Porter's Salmagundy* vom 13. Februar und 17. März 1947 und aus *Miss Porter's School: A History* von Nancy Davis und Barbara Donohue, mit Genehmigung der Miss Porter's School, Shirley B. Langhauser, Archivarin

Aus *The Presidential Papers* von Norman Mailer, Copyright © 1963 Norman Mailer, Nachdruck mit Genehmigung der The Wylie Agency Inc.

Aus *The Death of a President: November 20 – November 25 1963* von William Manchester, Copyright © 1967 William Manchester, Nachdruck mit freundlicher Genehmigung des Autors

Aus *Controversy and Other Essays in Journalism 1950 – 1975* von William Manchester, Copyright © 1976 William Manchester, Nachdruck mit freundlicher Genehmigung des Autors

Auszug aus »Memory of Cape Cod« von Edna St. Vincent Millay. Aus *Collected Poems*, Harper Collins, Copyright © 1923, 1951 Edna St. Vincent Millay und Norma Millay Ellis. Alle Rechte vorbehalten. Nachdruck mit Genehmigung von Elizabeth Barnett, literarische Nachlassverwalterin

Aus *The Onassis Women: An Eyewitness Account* von Kiki Feroudi Moutsatsos und Phyllis Karas, Copyright © 1998 Kiki Feroudi Moutsatsos, Nachdruck mit freundlicher Genehmigung der Autorinnen und der Helen Rees Literary Agency

Aus einem Artikel von Edna O'Brien, veröffentlicht im *Independent on Sunday* vom 22. Mai 1994, Copyright © 1994 Edna O'Brien, Nachdruck mit freundlicher Genehmigung der Autorin und des *Independent on Sunday*

Aus *»Johnny, We Hardly Knew Ye«, Memories of John Fitzgerald Kennedy* von David F. Powers und Kenneth P. O'Donnell (mit Joe McCarthy), Copyright © 1970 Kenneth P. O'Donnell, David F. Powers und Joe McCarthy, mit Genehmigung von Little, Brown und Company Inc.

Aus *White House Nannie: My Years with Caroline and John Kennedy jr.* von Maud Shaw, Copyright © 1966 Maud Shaw, Nachdruck mit freundlicher Genehmigung von Ian Roberts

Aus *Jacqueline Kennedy: The White House Years* von Mary Van Rensselaer Thayer, Copyright © 1967 Mary Van Rensselaer Thayer, mit Genehmigung von Little, Brown and Company Inc.

Aus *Palimpsest. Memoiren* von Gore Vidal, Copyright © 1995 Gore Vidal, Nachdruck mit freundlicher Genehmigung des Autors

Aus *Upstairs at the White House: My Life with the First Ladies* von J. B. West mit Mary Lynn Kotz, Copyright © 1974 J. B. West, Nachdruck mit freundlicher Genehmigung von Mrs. J. B. West

Aus mündlichen Interviews von Phillip Whitehead und Marilyn Mellowes für die Fernsehserie *The Kennedys* (Thames TV and WGBH, Boston), mit freundlicher Genehmigung von Phillip Whitehead, Produktionsleiter, Brook Lapping Productions

Der Verleger versichert, dass jegliche Anstrengung unternommen wurde, Genehmigungen der Copyright-Halter für den Nachdruck des in diesem Buch urheberrechtlich geschützten Materials zu erlangen. Für dennoch erfolgte Unterlassungen bittet der Verleger um Entschuldigung und wird fehlende Angaben in zukünftigen Ausgaben gern berücksichtigen.

Bildnachweis

Bert Morgan/Archive Photos (Nr. 1, 3); Mary V. R. Thayer Collection/Magnum (Nr. 2); Miss Porter's School (Nr. 4, 5); L. Frank Plugge Collection (Nr. 6); Hugh D. Auchincloss III Collection (7, 8, 10, 11, 12); Molly Thayer Collection/Magnum (Nr. 9); Mrs Claiborn Pell Collection und Dank an Wayne W. Fisher (Nr. 13); H. Y. Peskin/Time Life (Nr. 14); Bettman/CORBIS (Nr. 15, 16, 17, 18, 21, 22, 24, 25, 26, 27, 28, 34, 35, 37, 38, 40, 43, 45, 46, 47, 58, 61, 62, 65); Jacques Lowe/Camera Press (Nr. 19); Cornell Capa/Magnum (Nr. 20); Slim Aarons/Hulton Getty (Nr. 23); Kaughter/Camera Press (Nr. 29); Keystone/Hulton Getty (Nr. 30); JFK Library (Nr. 31); Ed Clark/LIFE/Time-Pix (Nr. 32); Marilyn Silverstone/Magnum (Nr. 33); Bert Stern (Nr. 36); Abraham Zapruder/Colorific! (Nr. 39); Hulton Getty (Nr. 41, 51, 60); Elliot Erwitt/Magnum (Nr. 42); Constanine Manos/Magnum (Nr. 44); Philip Jones Griffiths/Magnum (Nr. 48); P. Poulopoulos/Camera 5 (Nr. 49); Rex (Nr. 52, 54, 59; 70); Associated Press (Nr. 53); Joy Smith/Hulton Getty (Nr. 55); Ron Galella/Ron Galella Ltd. (Nr. 56); Solange Herter Collection (Nr. 57, 67); Fred R. Conrad/The New York Times (Nr. 63); The Honorable C. S. Whitehouse Collection (Nr. 64); Helaine Messer/Rex (Nr. 66); Globe Photos (Nr. 68); Marcel Thomas/SIPA (Nr. 69); Luc Novovitch/Associated Press (Nr. 71)

Namenregister